金融学译丛
FINANCE

债券市场：分析与策略（第九版）

Bond Markets, Analysis, and Strategies (Ninth Edition)

弗兰克·J·法博齐（Frank J. Fabozzi）／著
路蒙佳　／译

中国人民大学出版社
·北 京·

出版说明

作为世界经济的重要组成部分，金融在经济发展中扮演着越来越重要的角色。为了加速中国金融市场与国际金融市场的顺利接轨，帮助中国金融界相关人士更好、更快地了解西方金融学的最新动态，寻求建立并完善中国金融体系的新思路，促进具有中国特色的现代金融体系的建立，中国人民大学出版社精心策划了这套“金融学译丛”，该套译丛旨在把西方金融体系相对完善的国家最权威、最具代表性的金融学著作，被实践证明最有效的金融理论和实用操作方法介绍给中国广大读者。

该套丛书主要包括以下三个方面：

（1）理论方法。重在介绍金融学的基础知识和基本理论，帮助读者更好地认识和了解金融业，奠定从事深层次学习、研究等的基础。

（2）实务案例。突出金融理论在实践中的应用，重在通过实务案例以及案例讲解等，帮助广大读者将金融学理论的学习与金融学方法的应用结合起来，更加全面地掌握现代金融知识，学会在实际决策中应用具体理论，培养宏观分析和进行实务操作的能力。

（3）学术前沿。重在反映金融学科的最新发展方向，便于广大金融领域的研究人员在系统掌握金融学基础理论的同时，了解金融学科的学术前沿问题和发展现状，帮助中国金融学界更好地认清世界金融的发展趋势和发展前景。

我们衷心地希望这套译丛的推出能够如我们所愿，为中国的金融体系建设和改革贡献一份力量。

中国人民大学出版社

2004 年 8 月

序

1989 年出版的《债券市场：分析与策略》第一版旨在介绍为债券估值和量化利率变化时的债券风险的产品和分析技术以及实现客户目标的投资组合策略。在之后的七版以及现在这一版中，这些领域的内容均已进行了大量更新。本书中随处可见第三方商业公司提供的对原则的实际应用。

本书各版都受益于在大学课堂和培训课程中使用它的读者与教师的反馈。我与首席投资官、投资组合经理、分析师、交易员和监管机构的诸多讨论以及我在两家黑石基金家族董事会和咨询工作中的任职经验让我受益匪浅。

我相信第九版将沿承传统，继续为读者提供关于债券市场与债券组合管理工具的最新信息。

第九版的新章节

第 16 章：固定收益证券投资者的集合投资工具

在本书中，本章之前的章节重点介绍个体债务工具。新的这一章介绍了代表集合投资的投资工具，它们也被称为集体投资工具，包括投资公司股票、交易所交易股票、对冲基金和不动产投资信托基金。我们从两个角度对其进行讨论：它们的投资特征和它们在债券组合策略中的作用。

第 21 章：衡量公司债券的信用利差风险

本书之前的章节说明了如何量化债券和债券组合对国债利率水平变化的利率敏感度。在新的这一章中，重点是如何建立最好的信用利差行为模型以及如何衡量国债利率变化时的信用利差风险。

第 26 章：公司债券组合管理中考虑的因素

尽管本书之前的章节已经介绍了一般的债券组合策略和管理，但新的这一章介绍了专门与公司债券组合管理有关的问题，包括债券市场指数的投资特征稳定性、信用相对价值交易、约束容忍投资和如何量化公司债券的流动性风险。

第 27 章：固定收益养老金计划的负债驱动投资

本书第八版有一章题为“负债驱动策略”，它只是介绍了免疫策略和现金流匹配策略。该章（第 24 章）被新的这一章替代，后者的重点是固定收益养老金计划的负债驱动投资。本章首先介绍了历史上养老金计划发起人如何只注重资产方而错误制定投资政策。在介绍了用于形容固定收益养老金计划健康程度的指标之后，本章介绍了考虑负债的负债驱动投资策略。

大幅修改的章节

第 22 章：公司债券信用分析（上一版的第 19 章）

本章扩充了内容并加入了两个案例——Sirius XM 控股公司（Sirius XM Holdings Inc.）的信用分析和契约条款分析，以及嘉汉林业公司（Sino-Forest Corporation）（中国的一家商业林业公司）的信用分析。

第 24 章：债券组合管理策略（上一版的第 22 章）

本章提供了关于债券基准指数选择、市值加权债券指数存在的问题、定制指数、另类债券基准指数和智能 beta 策略的内容。

其他值得注意的章节变化

第 19 章：住房抵押贷款支持证券分析（上一版的第 18 章）

加入了 FactSet 提供的两个真实案例。

第 23 章：信用风险模型（上一版的第 21 章）

加入了镰仓公司（Kamakura Corporation）如何在相对价值分析中使用风险模型的案例。

教师补充材料*

采用本书的教师可以获得下列补充材料：

教师资源中心——注册、找回、登录

教师可以从以下网址下载本书各类纸质资源、媒体资源和幻灯片资源的电子版：http：//www.pearsonhighered.com/irc。

更方便。注册后，你无须填写额外表格，也无须记忆多个用户名和密码以获取新文章和（或）新版本。作为注册教员，你可以直接登录下载资源文件，直接访问并获得在你的校园服务器上安装课程管理内容的指南。

需要帮助？我们的专业技术支持团队随时准备帮助教师解决关于本书所附媒体补充材料的问题。请访问 http：//247pearsoned.custhelp.com 查询常见问题和免费用户支持电话号码。采用本书的教师可以获得下列补充材料。教师资源中心提供了下列补充材料的详细介绍。

附有答案的电子教师手册

* 中国人民大学出版社并未购买教师补充材料的版权。——出版者注

教师手册由沃西本恩大学商学院（Washburn University School of Business）的 Rub Hull 博士编写，包括章节总结和所有章末问题的参考答案。

幻灯片

幻灯片由沃西本恩大学商学院的 Rub Hull 博士编写，为教师提供了与正文配套的课程大纲。幻灯片包括本书中的所有图表。教师们可以直接使用这些课程笔记，也可以轻松对其进行修改，以反映具体授课需求。

致　谢

本人非常感谢下列人士提供的不同帮助：

- Cenk Ural（巴克莱资本）提供了第 4 章、第 25 章和第 26 章中的大量案例。
- Karthik Ramanathan（富达管理及研究公司（Fidelity Management and Research Company）/锥体全球顾问公司（Pyramis Global Advisors））对第 9 章提出了反馈意见。
- William Berliner（咨询师）对第 10 章提出了反馈意见。
- Anand Bhattacharya（亚利桑那州立大学（Arizona State University））对第 10 章提出了反馈意见。
- Alex Levin（安德鲁·戴维森公司（Andrew Davidson & Co.））审阅了第 19 章并提出了意见。
- Andrew Davidson（安德鲁·戴维森公司）审阅了第 19 章并提出了意见。
- Bill McCoy（FactSet）提供了第 19 章的两个案例。
- Oren Cheyette（卢米斯赛勒斯公司（Loomis Sayles））审阅了第 19 章并提出了意见。
- Jay Hyman（巴克莱资本）审阅了第 21 章并提出了意见。
- Lev Dynkin（巴克莱资本）对第 21 章和第 26 章提出了反馈意见。
- Jie Liu（前哨投资）对第 22 章做出了多项重要贡献，包括两个天狼星 XM 控股公司的案例和嘉汉林业的案例。
- Jane Howe 允许我在第 22 章中使用我们的部分共同研究。
- Donald van Deventer（镰仓公司）允许我在第 23 章中使用他的案例“美国银行公司：最新违约概率与相对价值”，并对该章提出了反馈意见。
- Tim Backshall 审阅了第 23 章并提出了意见。
- Bruce Phelps（巴克莱资本）审阅了第 26 章并提出了意见。
- Peter Ru 编写了第 29 章和第 30 章的对冲案例。
- Donald Smith（波士顿大学（Boston University））提供了第 31 章中利率上限和利率下限的正确估值方法。
- Mark Paltrowitz（黑石金融管理公司（BlackRock Financial Management））提供了第 29 章和第 31 章的部分案例。
- Harry Kim（韩国固定收益投资咨询有限公司（Korea Fixed-Income Investment Advisory Co.，Ltd））向我指出了第八版的错误。

我还要感谢下列人士与我分享他们对本书中不同主题的观点：

Sylvan Feldstein（卫士寿险公司（Guardian Life）），Michael Ferri，Sergio Focardi（纽约

州立大学石溪分校（Stony Brook，SUNY）），Laurie Goodman，David He，Claire Jahns，Frank Jones（圣何塞州立大学（San Jose State University）），Andrew Kalotay（安德鲁·卡洛泰事务所（Andrew Kalotay Associates）），Martin Leibowitz（摩根士丹利（Morgan Stanley）），Jack Malvey（纽约梅隆银行（BNY Mellon）），Steven Mann（南卡罗来纳大学（University of South Carolina）），Lionel Martellini（法国北方高等商学院（EDHEC Business School）），Wesley Phoa（资本集团公司（The Capital Group Companies）），Philippe Priaulet（法国外贸银行（Natexis Banques Populaires）和法国埃夫里大学（University of Evry Val d'Essonne）），Scott Richard（沃顿商学院（Wharton）），Ron Ryan（瑞安资产负债管理公司（Ryan ALM）），Richard Wilson，David Yuen（富兰克林顾问公司（Franklin Advisors））和Yu Zhu（中欧国际商学院）。

我还收到了许多在高校中使用本书的同事以及本书前几版审阅者提供的极其有帮助的意见。我真诚感谢他们的建议。他们是：

Sxenay Agca，乔治·华盛顿大学（George Washington University）

Michael J. Alderson，圣路易斯大学（St. Louis University）

David Brown，佛罗里达大学（University of Florida）

John Edmunds，巴布森学院（Babson College）

R. Philip Giles，哥伦比亚大学（Columbia University）

Martin Haugh，哥伦比亚大学

Ghassem Homaifa，中田纳西州立大学（Middle Tennessee State University）

Tao-Hsien Dolly King，北卡罗来纳大学夏洛特分校（University of North Carolina at Charlotte）

Deborah Lucas，麻省理工学院（MIT）

Davinder K. Malhotra，费城大学（Philadelphia University）

Peter Ritchken，凯斯西储大学（Case Western Reserve University）

Jeffery A. Schultz，基督兄弟大学（Christian Brothers University）

Shahzed Shaikh，于默奥大学（Umea University）

John H. Spitzer，艾奥瓦大学（University of Iowa）

Michael Stutzer，科罗拉多大学博尔德分校（University of Colorado at Boulder）

Joel M. Vanden，达特茅斯学院（Dartmouth College）

Ying Wang，纽约大学奥尔巴尼分校（University at Albany）

Russell R. Wermers，科罗拉多大学博尔德分校

Berry K. Wilson，佩斯大学（Pace University）

Xiaoqing Eleanor Xu，西顿霍尔大学（Seton Hall University）

目　录

第 1 章

导论

学习目标

阅读本章后，您将了解

- 债券的基本特征
- 债券发行人的类型
- 债券到期期限的重要性
- 浮动利率证券和反向浮动利率证券
- 附有嵌入式期权债券的含义与嵌入式期权对债券现金流的影响
- 嵌入式期权的各种类型
- 可转换债券
- 固定收益证券投资者面临的风险类型
- 债券的二级市场

债券是要求**发行人**（issuer）［也称为**债务人**（debtor）或**借款人**（borrower）］在规定期限内向债权人/投资者偿还借入款项并支付利息的债务工具。美国发行的典型（“普通”，plain vanilla）债券规定：(1) 应偿还借款（本金）的固定日期；(2) 合约规定的利息金额，通常每六个月支付一次。要求偿还本金的日期称为**到期日**（maturity date）。假设发行人没有违约，或在到期日之前没有赎回所发行的债券，那么持有债券至到期日的投资者就可以确知债券的现金流模式。

由于本章后面将讨论的各种原因，20 世纪 80 年代初以来，债券市场上出现了多种多样的债券结构。尤其是在住房抵押贷款市场中，出现了新型的抵押贷款设计。集中单笔抵押贷款以形成抵押转手证券的做法大幅增加。运用抵押贷款市场中的基本工具（抵押贷款和抵押转手证券），发行人创造出符合广大机构投资者特定投资需求的衍生抵押贷款工具，如抵押担保债券和剥离式抵押贷款支持证券。

美国债券市场的组成

美国债券市场是全球最大的债券市场。该市场可分为六个部分：美国国债市场、政府机构债券市场[①]、市政债券市场、公司债券市场、资产支持证券市场和抵押贷款支持证券市场。**国债**（Treasury bond）是指美国政府发行的证券，包括国库券、中期国债和长期国债。该市场对全球范围内的证券估值和利率决定起着至关重要的作用。

政府机构债券（agency bond）包括联邦政府相关机构和政府资助企业发行的证券。第6章将介绍这些发行人之间的区别。在没有任何担保品的支持下发行的证券被称为**政府机构信用证券**（agency debenture securities）。这类债券是债券市场中规模最小的债券。

市政债券（municipal bond）是州政府、地方政府及其权力机关筹集资金的工具。根据如何对投资者获得的利息征收联邦所得税，市政债券市场可以分为两个子市场。免税市政债券市场是最大的市场，在这个市场上，投资者获得的利息免缴联邦所得税。历史上，应税市政债券市场只占市政债券市场的一小部分。市政债券包括两种结构：（1）税收支持债券；（2）收益债券。

公司债券（corporate bond）包括美国公司发行的证券和非美国公司在美国发行的证券。公司债券发行人发行长期债券、中期债券、结构性票据和商业票据。除了发行这些证券，公司还向银行借款。发放这些贷款的商业银行一度在它们的贷款组合中持有这些贷款。现在，某些商业贷款在市场上交易。公司债券市场可以分为投资级公司债券市场和非投资级公司债券市场。分类依据是第三方商业机构确定的信用评级。我们将在第7章中讨论信用评级。

除了公司债券市场以外，公司筹集资金的另一个选择是**资产支持证券市场**（asset-backed securities sector）。在资产支持证券市场中，公司将贷款或应收款项集中起来，并用资产池作为担保发行证券。专属金融公司是经营性公司的子公司，它向购买母公司产品的客户提供贷款，通常是资产支持证券的发行人。哈雷-戴维森金融服务公司（Harley-Davidson Financial Services）、福特汽车信贷公司（Ford Motor Credit Company）和卡特彼勒金融服务公司（Caterpillar Financial Services Corporation）都属于专属金融公司。最著名的资产支持证券（尽管只占市场上的极小部分）恐怕就是David Bowie、Ashford & Simpson和James Brown发行的用音乐版权未来应收款项支持的资产支持证券。[②] 第15章将介绍不同类型的资产支持证券。

抵押贷款支持证券是由抵押贷款作为支持发行的证券。这些贷款是借款人为购买住房或购买商业不动产（即能产生收入的不动产）而借入的。因此，抵押贷款支持证券可以分为**住房抵押贷款支持证券**（residential mortgage-backed securities）和**商业不动产抵押贷款支持证券**（commercial mortgage-backed securities）。第10章至第13章将介绍住房抵押贷款支持证券，它包括一户至四户住房贷款。第14章将介绍商业不动产抵押贷款支持证券，它是由公寓楼、办公楼、工业不动产、购物中心、酒店、医疗保健设施等产生收入的不动产商业贷款支持的。

第10章将讨论不同类型的住房抵押贷款和根据借款人信用质量分类的抵押贷款：优质贷款和次级贷款。次级贷款是向信用评级较差的借款人发放的贷款。还可以根据贷款是否符合将住房贷款打包，以创建住房抵押贷款支持证券的联邦政府机构或政府资助企业的承销标准对其进行分类。由联邦政府机构［美国政府国民抵押贷款协会（the Government National

---

① 在后面的章节中，我们将看到创建债券市场指数的机构提供的更详细的市场分类。

② David Bowie是首位发行此类债券的唱片艺人，他的债券发行于1997年，因此这些债券通常被称为“Bowie债券”。这笔金额为5 500万美元的10年期债券被保诚集团（Prudential）买下，它以Bowie的一大部分音乐作品的未来版税作为支持。

Mortgage Association)，又称吉利美（Ginnie Mae）]、房利美（Fannie Mae）或房地美（Freddie Mac）（两家政府资助企业）发行的住房抵押贷款支持证券被称为**政府机构抵押贷款支持证券**（agency mortgage-backed securities）。第 11 章将介绍这种证券的基本类型：**政府机构抵押转手证券**（agency mortgage pass-through security），第 12 章将介绍根据政府机构抵押转手证券创建的证券：**抵押担保债券**（collateralized mortgage obligations）和**剥离式抵押贷款支持证券**（stripped mortgage-backed securities）。

不由吉利美、房利美或房地美发行的住房抵押贷款支持证券被称为**非政府机构抵押贷款支持证券**（nonagency mortgage-backed securities），这是第 13 章将要介绍的内容。非政府机构抵押贷款支持证券分为由优质贷款支持的证券和由次级贷款支持的证券。后一种证券被称为次级抵押贷款支持证券，它的主要问题在于容易违约。次级抵押贷款支持证券违约引起的金融市场危机被称为"次贷危机"。

非美国债券市场包括欧洲债券市场和其他国家的债券市场。我们将在第 9 章讨论这些市场。

债券投资者——散户投资者和机构投资者——有机会投资于集合投资工具以代替自己构建投资组合，从而投资于广大债券市场和（或）债券市场的特定部门。散户投资者投资于集合投资工具而非直接购买债券以创建投资组合的优点是：(1) 在进行所需投资时能更好地分散化；(2) 流动性更高；(3) 专业化管理。这些投资工具被称为集合投资工具，将在第 16 章中进行介绍。它们包括投资公司的股票、交易所交易股票、对冲基金和不动产投资信托。

债券特征概述

本节概述了债券的某些重要特征。后面的章节将对这些特征进行更详细的介绍。

债券发行人的类型

债券的重要特征之一就是债券发行人的性质。债券发行人包括三类：联邦政府及其机构、地方政府、（国内和国外）公司。在市政债券市场和公司债券市场上，存在多种多样的发行人，每个发行人履行其对贷款人负有的合约义务的能力都不同。

到期期限

债券的到期期限是债券发行人承诺履行偿债条款的年限。债券到期日是指债务停止存续，发行人通过偿还未偿本金赎回债券的日期。但是，在债券市场实务中，通常将债券的**到期期限**（term to maturity）简称为**期限**（maturity 或 term）。正如我们接下来将要说明的，在债券契约中，有些条款可能允许债券发行人或债券持有人更改债券的到期期限。

通常，期限在 1～5 年的债券被称为**短期**（short-term）债券。期限在 5～12 年的债券被称为**中期**（intermediate-term）债券。期限长于 12 年的债券被称为**长期**（long-term）债券。

债券的到期期限之所以重要，有三个原因。最明显的原因是，到期期限显示出债券持有人预期收到息票支付的时期以及还清本金之前的年数。到期期限之所以重要的第二个原因是，债券收益率取决于债券到期期限。如第 5 章将要说明的，收益率曲线的形状决定了到期期限如何影响债券收益率。最后一个原因是，在债券存续期内，债券价格将随着债券市场收益率的变化而波动。如第 4 章将要说明的，债券价格的波动性取决于到期期限。具体而言，当其他所有因素不变时，债券的到期期限越长，市场收益率变化导致的价格波动性就越大。

本金和息票利率

债券的**本金价值**（principal value，或简称为**本金**，principal）是债券发行人同意在到期日向债券持有人偿还的金额。该金额也被称为**赎回价值**（redemption value）、**到期价值**（maturity value）或**面值**（par value 或 face value）。

息票利率（coupon rate），也被称为**名义利率**（nominal rate），是债券发行人同意每年支付的利率。在债券存续期内，每年向债券持有人支付的利息被称为**息票**（coupon）。[①] 债券本金乘以息票利率就得到息票金额。例如，息票利率为 8%、本金为 1 000 美元的债券，每年支付的利息为 80 美元。在美国和日本，债券发行人通常每半年支付一次利息。对于在某些欧洲债券市场上发行的债券，每年仅支付一次利息。

注意，除了一种债券不支付利息以外，所有债券都定期支付利息。**零息债券**（zero-coupon bond）的持有人购买债券的价格远远低于其本金价值，以此获得利息。然后，在到期日向零息债券持有人支付利息，所支付利息的确切金额等于本金价值与债券购买价格之差。

浮动利率债券（floating-rate bonds）为根据公式定期（在调息日）重新设定息票利率的债券。所用的公式被称为**调息公式**（coupon reset formula），其一般形式如下：

参考利率＋报价利差

报价利差为债券发行人同意在参考利率之外额外支付的利率。例如，假设参考利率为 1 个月期伦敦银行同业拆借利率（LIBOR），这是我们将在后面章节中讨论的一个利率。假设报价利差为 150 个基点。那么，调息公式为

1 个月期 LIBOR＋150 个基点

因此，如果在调息日，1 个月期 LIBOR 为 3.5%，那么该期的息票利率将重新设定为 5.0%（3.5%加 150 个基点）。

多数浮动利率证券的参考利率都是某种利率或利率指数。全世界最常用的参考利率是**伦敦银行同业拆借利率**（London Interbank Offered Rate），它被称为 LIBOR。该利率是伦敦银行同业市场上最高信用质量的银行彼此借款的利率。LIBOR 是由英国银行协会（BBA）和路透社共同根据每天上午 11 点左右公布的至少 8 家银行的利率信息计算出来的。因此，在债务协议中，LIBOR 通常被称为 BBA LIBOR。该利率用 10 种货币报价：[②] 美元（USD）、英镑（GBP）、日元（JPY）、瑞士法郎（CHF）、加拿大元（CAD）、澳大利亚元（AUD）、欧元（EUR）、新西兰元（NZD）、瑞典克朗（SEK）和丹麦克朗（DKK）。因此，举例来说，AUD BBA LIBOR 就是英国银行协会计算出的用澳大利亚元计价的 LIBOR 贷款利率。

有些浮动利率证券的参考利率为某个金融指数（如标准普尔 500 指数的收益率）或非金

---

① 这里解释一下对债券支付的利息被称为“息票”的原因。以前，债券持有者收到的是实体债券，而这张债券附有息票，表明所欠利息金额以及到期时间。然后，债券持有人将息票存到银行以获得利息。尽管在美国，多数债券都是记名债券，因而没有实体“息票”，但息票利息或息票利率的称谓仍然沿用了下来。

② 每种货币后面括号中的代码为国际标准化组织用于定义货币的三字母代码。

融指数（如某种商品的价格）。人们越来越常用的一种重要非利率指数是通货膨胀率。利率与通货膨胀率挂钩的债券一般被称为**通货膨胀挂钩债券**（linkers）。正如我们将在第 6 章中看到的，美国财政部发行通货膨胀挂钩债券，它们被称为通货膨胀保值债券（TIPS）。

尽管与基准利率挂钩的浮动利率债券的息票利率会随着基准利率的升降而升降，但也有些浮动利率债券的息票利率与基准利率的变化方向相反。这种浮动利率债券被称为**反向浮动利率债券**（inverse-floating-rate bonds、inverse floaters 或 reverse floaters）。

20 世纪 80 年代，公司债券市场上的高收益债券（垃圾债券）出现了一些新结构，这使息票支付的方式发生了变化。一个原因是，杠杆收购（LBO）或用高收益债券融资的资本重组的利息支付负担很沉重，这就给公司施加了严重的现金流约束。为了减轻利息支付负担，进行杠杆收购和资本重组的公司发行了**延期付息债券**（deferred-coupon bonds），这种债券可以让发行人在规定年限中免于用现金支付利息。延期付息债券有三种类型：(1) 递延利息债券，(2) 逐步升息债券，(3) 实物付息债券。另一种高收益债券要求发行人重新设定息票利率，使债券能按预先确定的价格交易。第 7 章中将讨论高收益债券。

除了表明投资者预期将在债券存续期中获得的利息，息票利率还表明了债券价格受利率变化影响的程度。如第 4 章将要说明的，当其他所有因素不变时，息票利率越高，债券价格受市场收益率变化的影响越小。

分期偿还特征

债券的本金偿还有两种方式：(1) 在到期时一次性偿还全部本金，或 (2) 在债券存续期内分期偿还本金。后一种偿还方式有本金偿还时间表。该时间表被称为**分期偿还时间表**（amortization schedule）。有这种特征的贷款包括汽车贷款和住房抵押贷款。

我们将在后面的章节中了解到，有些证券是根据有分期偿还时间表的贷款创建出来的。因此，这些证券也将有分期偿还本金的时间表。这种证券被称为**分期偿还证券**（amortizing securities）。没有定期偿还本金时间表的证券被称为**非分期偿还证券**（nonamortizing securities）。

对于分期偿还证券而言，投资者不谈债券期限。这是因为，这种债券的期限只有当还清最后一笔本金时才能确定，而本金是在一段时期内逐渐偿还的。分期偿还证券需要计算证券的**加权平均存续期**（weighted average life）或简称为**平均存续期**（average life）。当本书后面讲到两类主要的分期偿还证券——抵押贷款支持证券和资产支持证券时，将说明这种计算方法。

嵌入式期权

在债券契约中常常会加入一种条款，给予债券持有人和/或债券发行人对另一方采取某种措施的期权。债券中最常见的一种嵌入式期权为**赎回条款**（call provision）。该条款赋予发行人在规定到期日之前全部或部分赎回债务的权利。对债券发行人而言，赎回条款的好处在于：当市场利率下降时，债券发行人可以用息票利率较低的新债券代替息票利率较高的已发行债券。赎回条款实际上使债券发行人得以改变债券期限。由于下一节中阐述的原因，赎回条款不利于债券持有人。

多数贷款中也包含债务的提前赎回权，因此由这种贷款创建的证券也包含提前赎回权。

这是因为，借款人通常有权在规定的贷款到期日之前的任何时间偿还部分或全部贷款。也就是说，借款人有权改变分期偿还证券的分期偿还时间表。

债券中也可能包括允许债券持有人变更债券期限的条款。附有**回售条款**（put provision）的债券契约赋予债券持有人在指定日期按票面价值将债券回售给发行人的权利。因此，对于投资者而言，回售条款的优点是，如果在发行日后市场利率上升，因而使债券价格下降，那么投资者可以要求发行人以本金价值赎回债券。

可转换债券（convertible bond）是给予债券持有人用债券交换特定数量普通股的权利的债券。这种特征使债券持有人可以利用债券发行人普通股股价的有利变动。**可交换债券**（exchangeable bond）允许债券持有人用债券交换特定数量的债券发行人以外的公司发行的普通股。第 20 章将讨论和分析这些债券。

某些债券给予债券发行人或债券持有人选择支付现金流的货币的权利。这种期权实际上给予有权选择支付货币的一方从有利的汇率变化中受益的机会。第 9 章将介绍这种债券。

嵌入式期权的存在使债券定价变得复杂。这要求投资者理解期权的基本原理，我们在第 18 章介绍可赎回债券和可回售债券以及在第 19 章介绍抵押贷款支持证券和资产支持证券时将探讨这一问题。计算附有嵌入式期权的债券的价值时，由于给定债券中往往存在多个期权，因此定价过程会变得更加复杂。例如，一只债券中可能包括赎回条款、回售条款和可转换条款，所有这些条款在不同情况下的重要性也不同。

债券辨识码

市场上发行的债券有数十万种之多。多数证券都有一个九位（由字母和数字组成）的 CUSIP 码。CUSIP 是证券统一辨识程序委员会（Committee on Uniform Security Identification Procedures）的缩写。CUSIP 国际编码系统（CINS）用于辨识国外证券，包含 12 个字符。CUSIP 编码系统由美国银行家协会（American Bankers Association）所有，由标准普尔管理。CUSIP 码对维护证券市场的良好运行十分重要，因为它能帮助市场参与者正确地识别交易和清算/结算过程中的证券。

CUSIP 码不是随机确定的，而是用一种特定方式指定的，以便在通用结构中识别证券的关键差异性特征。具体而言，前六个字符代表发行人：公司、政府机构还是市政当局。接下来两个字符代表证券是债券还是股票以及证券的发行人。最后一个字符只是一个检验码，用于检验准确性，有时被截去或忽略；也就是，只列出前八位字符。

其中的债务工具包括：

- 资产支持证券；
- 银行承兑汇票；
- 存单；
- 债务抵押债券；
- 商业票据；
- 公司债券；
- 中期票据；
- 抵押贷款支持证券；
- 市政债券；
- 结构性产品；

● 美国联邦政府机构债券；
● 美国国债：长期国债、国库券和中期国债。

其中，还包括衍生工具和信用衍生工具。

通常，当交易中提及具体债券，或列出在投资组合中持有的具体债券时，是用发行人、息票利率和到期日表示的。例如，美国铝业公司（Alcoa Inc.）发行的三只债券和它们的表示方法如下表所示：

息票利率	期限	
5.95%	2037 年 2 月 1 日	美国铝业，5.95%，2037 年 2 月 1 日到期，即美国铝业，5.95s 2/1/2037
6.15%	2020 年 8 月 15 日	美国铝业，6.15%，2020 年 8 月 15 日到期，即美国铝业，6.15s 8/15/2020
6.75%	2018 年 7 月 15 日	美国铝业，6.75%，2018 年 7 月 15 日到期，即美国铝业，6.75s 7/15/2018

与债券投资有关的风险

债券投资者面临着以下一种或多种风险：（1）利率风险；（2）再投资风险；（3）赎回风险；（4）信用风险；（5）通货膨胀风险；（6）汇率风险；（7）流动性风险；（8）波动性风险；（9）风险的风险。后面的章节将逐一深入讨论这些风险，但下面几节仍将对其进行简要介绍。在后面的章节中还将介绍其他风险，如收益率曲线风险、事件风险和税收风险。构建投资组合和控制投资组合风险时的关键是量化尽可能多的风险的能力。我们将在后面的章节中了解相关内容，尤其是在第 25 章介绍因素模型时。

利率风险

债券价格通常与利率反向变动：当利率上升时，债券价格将下降；当利率下降时，债券价格将上升。第 2 章将说明这一特征。如果投资者必须在到期日之前卖出债券，那么利率上升意味着投资者将遭受资本损失（即，债券出售价格低于债券购买价格）。这种风险被称为**利率风险**（interest-rate risk）或**市场风险**（market risk）。

如前所述，债券价格对市场利率变化的实际敏感度取决于债券的各种特征，例如息票利率和期限。这种敏感性也取决于债券中嵌入的期权（例如，赎回条款和回售条款），因为正如我们在后面章节中将要说明的，这些期权的价值也受利率变动的影响。

再投资收益或再投资风险

如第 3 章中将要说明的，计算债券收益率时，假设收取的现金流被用于再投资。这种再投资带来的额外收益（有时称为**利息的利息**，interest-on-interest）取决于再投资时的通行利率水平和再投资策略。市场利率变动引起的既定策略的再投资收益率波动性被称为**再投资风

险（reinvestment risk）。这种风险是指，在以通行市场利率对期间现金流再投资的时期内，通行市场利率下降的风险。持有债券的时间越长，再投资风险越高；同时，现金流越大、越早的债券（如高息票债券）的再投资风险也越高。第 3 章将详细分析这种风险。

应该注意，利率风险和再投资风险之间具有抵消效应。也就是说，利率风险是指利率升高，从而导致债券价格下降的风险。相反，再投资风险是指利率降低的风险。根据这种抵消效应而制定的投资策略被称为免疫策略，第 27 章将介绍这种策略。

赎回风险

如前所述，债券契约中可能包含允许发行人在到期日之前提前偿还或“赎回”全部或部分债券的条款。发行人通常会保留这种权利，以便在未来市场利率跌到息票利率之下时可以采取灵活的债券再融资策略。

从投资者的角度看，赎回条款有三个缺点。第一，投资者无法确知可赎回债券的现金流模式。第二，由于利率下降时发行人将赎回债券，因此投资者面临着再投资风险（即债券以相对较低的利率被赎回时，投资者不得不将债券收益进行再投资）。最后，由于可赎回债券的价格可能不会升到发行人赎回债券的价格之上很多，因此债券资本增值潜力将会降低。[①]

尽管投资者承担的赎回风险通常可以由较低的价格或较高的收益率补偿，但很难确定这种补偿是否足够。在任何情况下，具有赎回风险的债券的收益率或价格表现都可能与其他类似不可赎回债券的收益率或价格表现截然不同。赎回风险的大小取决于赎回条款的各种参数和市场状况。第 18 章中将说明可赎回债券的分析技术。

信用风险

信用风险（credit risk）通常被定义为：债券发行人无法履行及时支付利息和偿还所借款项的义务的风险。这种形式的信用风险也被称为**违约风险**（default risk）。市场参与者通过考察三大评级公司——标准普尔、穆迪和惠誉——对债券的**信用评级**（credit rating）来估计债券的违约风险。我们将在第 7 章中讨论这些评级公司（也称为评级机构）采用的评级体系，并将在第 22 章中讨论它们确定评级时所考虑的因素。

除了违约风险以外，还有一些风险与债券投资相关，这些风险也属于信用风险。即使没有发生违约，投资者也担心债券的市场价值下跌，或债券的相对价格表现差于投资者用来比较的其他债券。债券的收益率由两部分组成：(1) 类似期限的国债的收益率；(2) 用来补偿债券中存在而国债中不存在的风险的溢价，这种溢价也被称为利差。这部分违约风险产生的风险溢价或利差被称为**信用利差**（credit spread）。第 21 章将用一整章内容讨论信用利差的衡量，在第 26 章中，我们将说明在公司债券组合管理中如何使用这些指标。

非国债债券在某个投资期内的价格表现和收益率取决于债券的信用利差如何变化。如果信用利差增加——投资者称为利差“扩大”——那么债券的市场价格将会下降。由于信用利差增加而使债券价格下降的风险称为**信用利差风险**（credit spread risk）。这种风险存在于单个债券、特定行业或经济部门发行的债券，以及经济体中除了美国财政部以外的发行人发行的所有债券中。

---

① 第 18 章将解释出现这种情况的原因。

一旦确定了债券的信用评级，评级机构将监督发行人的信用质量，并可以变更其信用评级。如果债券或债券发行人的信用质量改善，将会被奖以更优的信用评级，称为**信用升级**（upgrade）；如果债券或债券发行人的信用质量恶化，将会被罚以更差的信用评级，称为**信用降级**（downgrade）。未预期到的债券或债券发行人的信用降级将会增加其在市场上的信用利差，导致债券价格下降。这种风险被称为**信用降级风险**（downgrade risk）。

因此，信用风险包括三类风险：违约风险、信用利差风险和信用降级风险。此外，即使有非政府第三方实体（如私人保险公司）的财务担保，这些风险也不会消失。2007 年底，当提供财务担保的专业保险公司面临财务困境、自身的信用评级下降时，市场参与者可以清楚地看到这一点。

最后，有一种信用风险涉及交易双方之间的交易。这种风险被称为对手风险（counterparty risk）。这里举两个例子。第一个例子是用借入资金购买债券的策略。使用借入资金购买债券被称为杠杆化，第 24 章将对此进行说明。在这种交易中，资金贷方面临着对手风险，因为存在着借款人无法偿还贷款的风险。第二个例子是衍生工具交易，在这种交易中也存在对手风险。在后面的章节中，我们将介绍衍生工具。有些衍生工具是在交易所中交易，如我们将要说明的，在这些交易中，交易所将成为交易的最终对手。在这种情况下，市场普遍认为对手风险非常小。与之完全相反，对于在场外市场交易的衍生工具，对手是交易所以外的实体。在这些交易中，人们十分关注对手风险；幸运的是，这些交易的对手可以运用风险管理机制最大限度地降低对手风险。

通货膨胀风险

通货膨胀风险（inflation risk）又称**购买力风险**（purchasing-power risk），是指以购买力衡量的通货膨胀引起证券现金流价值波动而形成的风险。例如，如果投资者购买息票利率为 7%的债券，但通货膨胀率为 8%，那么债券现金流的购买力实际上已经下降了。除了浮动利率债券以外，所有债券的投资者都面临着通货膨胀风险，因为债券发行人承诺支付的利率在债券存续期中是固定的。就利率反映预期通货膨胀率的程度来讲，浮动利率债券的通货膨胀风险水平较低。

汇率风险

从美国投资者的角度看，非美元计值债券（即用非美元货币进行支付的债券）的美元现金流是未知的。美元现金流取决于收到支付金额时的汇率。例如，假设投资者购买了用日元进行支付的债券。如果日元相对于美元贬值，那么投资者收到的美元将减少。这种风险称为**汇率风险**（exchange-rate）或**货币风险**（currency risk）。当然，如果日元相对于美元升值，那么投资者将能收到更多美元，从而从中获益。

流动性风险

流动性风险（liquidity risk）或**适销性风险**（marketability risk）取决于债券以等于或接近债券价值的价格出售的难易程度。衡量流动性的基本指标是交易商报出的买价和卖价之间的价差大小。交易商报出的价差越大，流动性风险越高。对于计划持有债券到期并有能力这样做的个人投资者而言，流动性风险并不重要。相反，机构投资者必须定期按市场价格调整头寸。**按市价调整头寸**（marking a position to market），简称**盯市**（marking to market），是指投资组合管理者必须定期确定投资组合中各种债券的市场价值。为了获得反映市场价值的价格，债券的交易必须足够频繁。

在第 26 章中，我们将讨论流动性风险的常用指标——巴克莱资本流动性信用评分（Barclays Capital Liquidity Credit Score）。

波动性风险

如第 18 章中将说明的，附有某种嵌入式期权的债券的价格取决于利率水平和影响嵌入式期权价值的因素。这些影响因素之一就是预期利率波动性。具体而言，当预期利率波动性增加时，期权的价值也随之增加。在可赎回债券或抵押贷款支持证券中，投资者将期权给予借款人。由于投资者出让了更有价值的期权，因此证券价格将下跌。波动性的变化会对债券价格产生不利影响，这种风险被称为**波动性风险**（volatility risk）。在第 25 章介绍的因素模型中，我们将看到用来量化波动性的指标被称为 vega，该指标取自我们将在第 30 章讨论的期权理论。

风险的风险

债券市场上已经出现了各种新型和创新性债券结构。遗憾的是，资金管理者并不是总能理解这些证券的风险/收益特征。**风险的风险**（risk risk）是指不知道证券的风险是什么的风险。当媒体上报道金融危机时，我们经常能听到受影响机构的资金管理者或董事说："我们不知道会发生这种事"。尽管资金管理者或董事可能无力预测未来，但他们没有理由不事先了解投资或投资策略的可能结果。

减轻或消除风险的风险的方法有两种。第一种方法是密切关注那些论述最先进的证券分析方法的文献。你阅读本书就是朝这个方向迈出的一步。第二种方法是远离你尚未清楚了解的证券。遗憾的是，投资的证券越复杂，获得更高收益率的机会就越大。这又使我们返回到第一种方法。

全书概览

接下来四章阐明了理解债券定价和债券投资特征所必需的基本分析框架。第 2 章介绍了如何确定债券的价格。第 3 章说明了衡量债券潜在收益率的各种指标，并对其进行了批判性评价。第 4 章说明了债券的价格—波动性特征。第 5 章说明了影响债券收益率的因素，并介绍了利率期限结构（即债券期限与收益率之间的关系）的重要作用。

第 6 章至第 15 章介绍了债券市场的各个组成部分。国债为所有债券的定价提供了一个基准，因此，全面了解国债市场是很有必要的。第 6 章介绍了国债、由国债衍生出来的证券（如零息国债和"剥离式"国债）和联邦政府机构证券。第 7 章至第 9 章分别介绍了美国公司债券、市政证券和非美国债券的投资特征和特点。

第 10 章至第 13 章的重点是住房抵押贷款支持证券。第 10 章介绍了各种住房抵押贷款工具。第 11 章讨论了吉利美、房地美和房利美发行的住房抵押贷款转手证券，第 12 章介绍了这三家机构发行的衍生抵押贷款支持证券（债务抵押债券和剥离式抵押贷款支持证券）。第 11 章和第 12 章介绍的是政府机构抵押贷款支持证券，第 13 章介绍的是非政府机构抵押贷款支持证券，包括次级抵押贷款支持证券。第 14 章介绍了商业不动产抵押贷款和商业不动产抵押贷款支持证券。第 15 章介绍了资产支持证券。第 16 章介绍了集合投资工具。

在接下来四章中，介绍了各种债券定价方法。第 17 章介绍了利率模型的基础。第 18 章介绍了为附有嵌入式期权的债券定价的树状图法。第 19 章介绍了为由住房贷款支持的抵押贷款支持证券和资产支持证券定价的蒙特卡洛模拟模型。这些定价模型的一个副产品是期权调整利差。第 20 章分析了可转换债券。

第 21 章、第 22 章和第 23 章都与公司债券信用风险有关。第 21 章介绍了衡量信用风险的不同方法以及支持本章所述指标之一的实证。第 22 章介绍了传统的信用分析方法。第 23 章说明了信用风险模型的基础，并介绍了两种主要的信用风险模型：结构模型和简化模型。

第 24 章至第 28 章讨论了投资组合策略。第 24 章说明了债券组合管理的目标、投资者类型和不同类型的投资组合策略。第 25 章说明了如何用因素模型构建投资组合以及如何控制投资组合风险。第 26 章介绍了管理公司债券投资组合时的特殊考虑因素。第 27 章介绍了负债驱动策略（免疫策略、现金流匹配策略和固定收益养老金计划的管理策略）。第 28 章介绍了如何衡量和评价债券组合管理者的投资业绩。

最后四章介绍了用来控制投资组合风险的各种工具。第 29 章介绍了利率期货合约；第 30 章介绍了利率期权；第 31 章介绍了利率互换、利率上限和利率下限。这几章的内容主要是分析这些合约的定价及其在债券组合管理中的作用。第 32 章介绍了信用衍生产品，具体包括信用违约互换（信用衍生产品的类型之一）。

问　题

1. 每半年付息一次，息票利率为 7%，面值为 100 000 美元的 10 年期债券的现金流为多少？

2. 面值为 10 000 美元的 7 年期零息债券的现金流为多少？

3. 请给出债券期限之所以重要的三个原因。

4. 请说明投资者当前能否确定浮动利率债券未来的现金流。

5. 假设浮动利率债券的调息公式为

1 个月期 LIBOR＋220 个基点

a. 参考利率是什么？

b. 报价利差是多少？

c. 假设调息日的 1 个月期 LIBOR 为 2.8%。那么该期限内的息票利率为多少？

6. 什么是延期付息债券？

7. 什么是通货膨胀挂钩债券？

8. a. 什么是分期偿还证券？

b. 为什么分期偿还证券的期限并非有价值的衡量指标？

9. 什么是附有嵌入式期权的债券？

10. 债券的赎回条款赋予债券发行人什么权利？

11. a. 对于债券发行人而言，赎回条款的优点是什么？

b. 对于债券持有人而言，赎回条款的缺点是什么？

12. 债券的回售条款赋予债券持有人什么权利？

13. 加拿大出口开发公司（Export Development Canada）在 2009 年 3 月 17 日发

行了一只债券。债券条款如下：

标价货币：日元（JPY）

面值：JPY100000000

到期日：2019年3月18日，或者可选赎回日

赎回/支付基准：以面值赎回

付息日：每年的3月18日和9月18日

可选赎回日：发行人有权在2012年3月18日开始以面值全部（而非部分）赎回债券

利率：

前3年（即2012年3月18日之前，不含2012年3月18日）为固定利率：1.5%

2012年3月18日—2012年9月18日为1.75%——6个月JPY LIBORBBA

2012年9月18日—2013年3月18日为1.75%——6个月JPY LIBORBBA

2013年3月18日—2013年9月18日为2.00%——6个月JPY LIBORBBA

2013年9月18日—2014年3月18日为2.00%——6个月JPY LIBORBBA

2014年3月18日—2014年9月18日为2.25%——6个月JPY LIBORBBA

2014年9月18日—2015年3月18日为2.25%——6个月JPY LIBORBBA

2015年3月18日—2015年9月18日为2.50%——6个月JPY LIBORBBA

2015年9月18日—2016年3月18日为2.50%——6个月JPY LIBORBBA

2016年3月18日—2016年9月18日为2.75%——6个月JPY LIBORBBA

2016年9月18日—2017年3月18日为2.75%——6个月JPY LIBORBBA

2017年3月18日—2017年9月18日为3.00%——6个月JPY LIBORBBA

2017年9月18日—2018年3月18日为3.00%——6个月JPY LIBORBBA

2018年3月18日—2018年9月18日为3.25%——6个月JPY LIBORBBA

2018年9月28日—2019年3月18日为3.25%——6个月JPY LIBORBBA

a. JPY LIBORBBA是什么意思？

b. 请描述这只债券的息票利率特征。

c. 如果投资者的母国货币不是日元，那么投资这只债券的风险是什么？

14. 什么是可转换债券和可交换债券？

15. 市场参与者如何评估债券的违约风险？

16. 请评论下列说法：信用风险不仅包括债券发行人的违约风险。

17. 请说明你是否同意下列说法：“由于我的债券由保险公司担保，因此我消除了信用风险。”

18. a. 什么是对手风险？

b. 请举出两个存在对手风险的交易的例子。

19. 购买零息债券的投资者是否有再投资风险？

20. 按市价调整头寸是什么含义？

21. CUSIP码的含义是什么？为什么CUSIP码很重要？

第 2 章

债券定价

学习目标

阅读本章后，您将了解

- 货币的时间价值
- 如何计算债券的价格
- 债券定价需要估计预期现金流，并确定用来贴现预期现金流的合适收益率
- 为何债券价格与必要收益率呈反向变化
- 未附期权的债券的价格与收益率之间呈凸性关系
- 息票利率、必要收益率和价格之间的关系
- 债券价格在临近到期时如何变动
- 债券价格变动的原因
- 债券定价的复杂性
- 浮动利率债券和反向浮动利率债券的定价
- 什么是应计利息以及如何对债券报价

在本章中，我们将说明如何确定债券价格；在下一章，我们将讨论如何衡量债券的收益率。理解货币的时间价值是理解债券定价模型和收益率衡量方法的基础。因此，本章就从回顾货币时间价值的概念开始。

货币时间价值综述

货币具有时间价值，这一概念是分析任何金融工具所必需的基础概念之一。货币具有时间价值，是因为货币具有以某种利率进行投资的机会。

终　值

为了确定现在投资的任意一笔资金的终值，可以使用式（2.1）：

$$P_n = P_0(1+r)^n \tag{2.1}$$

其中，

n=期数；

P_n=从现在起 n 期后的终值（以美元表示）；

P_0=初始本金（以美元表示）；

r=每期的利率（以小数表示）。

表达式 $(1+r)^n$ 表示了现在投资的 1 美元在 n 期后以复利 r 计算的终值。

例如，假设一位养老金经理将 1 000 万美元投资于一种金融工具，该金融工具承诺支付 9.2%的年利率，投资期限为 6 年。这 1 000 万美元投资的终值为 16 956 500 美元；即：

$$\begin{aligned} P_6 &= \$10\ 000\ 000\ (1.092)^6 \\ &= \$10\ 000\ 000\ (1.695\ 65) \\ &= \$16\ 956\ 500 \end{aligned}$$

这个例子说明了当每年付息一次（即期数等于年数）时如何计算终值。当每年的付息次数超过一次时，用于计算终值的利率和期数都必须作如下调整：

$$r = \frac{\text{年利率}}{\text{每年付息的次数}}$$

$$n = \text{每年付息的次数} \times \text{年数}$$

例如，假设第一个例子中的投资组合经理将 1 000 万美元投资于一种金融工具，该金融工具承诺支付 9.2%的年利率，投资期限为 6 年，但每半年付息一次（即每年付息两次）。那么：

$$r = \frac{0.092}{2} = 0.046$$

$$n = 2 \times 6 = 12$$

且

$$\begin{aligned} P_{12} &= \$10\ 000\ 000\ (1.046)^{12} \\ &= \$10\ 000\ 000\ (1.715\ 46) \\ &= \$17\ 154\ 600 \end{aligned}$$

注意，虽然两笔投资采用的年利率相同，但 1 000 万美元投资在每半年付息一次时的终值（17 154 600 美元）大于每年付息一次时的终值（16 956 500 美元）。每半年付息一次时的终值更高，这反映出在该情况下将所得利息再投资的机会也更高。

普通年金的终值

如果定期投资相同金额的资金，那么这笔资金就被称为**年金**（annuity）。如果第一笔投资在从现在起一期以后发生，那么这笔投资就被称为**普通年金**（ordinary annuity）。普通年金的终值可以通过计算每笔投资在投资期期末的终值，并加总这些终值而得出。但是，用下式计算普通年金的终值更容易：

$$P_n = A\left[\frac{(1+r)^n - 1}{r}\right] \tag{2.2}$$

其中，A 是年金的金额（以美元表示）。括号中的项为 n 期期末的 **1 美元普通年金的终值**（future value of an ordinary annuity of ＄1）。

现在举例说明如何应用该公式。假设一位投资组合经理购买了面值为 2 000 万美元、年利率为 10%的 15 年期债券。债券发行人每年付息一次，从现在起一年后支付第一笔年利息。如果：(1) 从现在起持有债券直到 15 年后到期；(2) 以 8%的年利率将每年的利息进行再投资，那么该投资组合经理将得到多少金额？

在 15 年期期末，该投资组合经理将获得的金额等于：

1. 债券到期时的本金偿还额 2 000 万美元。

2. 15 年的年利息 2 000 000 美元（0.10×2 000 万美元）。

3. 将每年获得的利息按 8%的年利率进行再投资获得的利息。

我们可以根据式（2.2）计算出第二项和第三项之和。在本例中，年金为每年 2 000 000 美元。因此，

$$A = \$2\,000\,000$$
$$r = 0.08$$
$$n = 15$$

且

$$\begin{aligned} P_{15} &= \$2\,000\,000\left[\frac{(1.08)^{15} - 1}{0.08}\right] \\ &= \$2\,000\,000\left[\frac{3.172\,7 - 1}{0.08}\right] \\ &= \$2\,000\,000\,[27.152\,125] \\ &= \$54\,304\,250 \end{aligned}$$

每年 2 000 000 美元的普通年金按 8%的年利率投资 15 年后的终值为 54 304 250 美元。由于该终值中的 30 000 000 美元（15×2 000 000 美元）表示发行人支付的年利息总额和投资组合经理投资的金额之和，因此剩下的 24 304 250 美元（54 304 250 美元－30 000 000 美元）为将这些年利息进行再投资所得的利息。因此，该投资组合经理的这笔投资在 15 年期期末的总额将为：

单位：美元

票面（到期）价值	20 000 000
利息支付	30 000 000
将利息进行再投资获得的利息	24 304 250
终值总额	74 304 250

如第 3 章中将要介绍的，为了评估债券的相对价值，有必要计算投资组合经理在投资期末的终值总额。

假定上例中的债券每 6 个月付息一次（以年利率为基准），收到前 6 个月的利息后，立即将其进行 6 个月期的再投资。现在重新对该债券进行分析，假设可以按 8%的年利率对每半年获得的利息进行再投资。

每 6 个月收到的利息为 1 000 000 美元。每半年付息一次，共支付 30 次的利息加上对这些利息进行再投资获得的利息的终值计算如下：

$$A = \$1\ 000\ 000$$

$$r = \frac{0.08}{2} = 0.04$$

$$n = 15 \times 2 = 30$$

$$P_{30} = \$1\ 000\ 000\left[\frac{(1.04)^{30}-1}{0.04}\right]$$

$$= \$1\ 000\ 000\left[\frac{3.243\ 4-1}{0.04}\right]$$

$$= \$1\ 000\ 000\ [56.085]$$

$$= \$56\ 085\ 000$$

由于利息支付等于 30 000 000 美元，因此对利息进行再投资获得的利息为 26 085 000 美元。由于有机会对所获得的利息进行更频繁的再投资，因此对利息进行再投资获得的利息 26 085 000 美元高于每年仅付息一次时获得的利息 24 304 250 美元。

通过进行这笔投资，投资组合经理在 15 年期期末将获得的终值总额如下：

单位：美元

票面（到期）价值	20 000 000
利息支付	30 000 000
将利息进行再投资获得的利息	26 085 000
终值总额	76 085 000

现　值

我们已经说明了如何计算一笔投资的终值。现在，我们将说明如何进行反向计算，即如何确定为了实现特定终值现在必须投资的货币金额。该金额被称为**现值**（present value）。因为正如本章后面所要介绍的，任何金融工具的价格都是其预期现金流的现值，因此有必要理解现值的概念，以确定固定收益工具的价格。

我们感兴趣的是，为了在 n 期后获得特定的终值，那么在每期利率为 r 的情况下，现在需要投资多少金额。根据式（2.1）给出的终值公式，可以求出初始本金（P_0）为：

$$P_0 = P_n\left[\frac{1}{(1+r)^n}\right]$$

但是，我们通常用 PV 而不是 P_0 来表示现值。因此，现值公式可以改写为

$$PV = P_n\left[\frac{1}{(1+r)^n}\right] \tag{2.3}$$

括号中的项表示 1 美元的现值；也就是说，它表示当每期利率为 r 时，为了在从现在起

n 期后获得 1 美元，现在必须投资多少金额。

计算现值的过程也被称为**贴现**（discounting）。因此，现值有时也被称为**贴现值**（discounting value），而利率也被称为**贴现率**（discount rate）。

为了说明如何应用式（2.3），假设一位投资组合经理有机会购买一种金融工具，这种金融工具承诺从现在起 7 年后支付 500 万美元，且不存在期间现金流。假设该投资组合经理希望该笔投资获得 10%的年利率，则这笔投资的现值计算如下：

$$r=0.10$$

$$n=7$$

$$P_7=\$5\ 000\ 000$$

$$\begin{aligned} PV &= \$5\ 000\ 000\left[\frac{1}{(1.10)^7}\right] \\ &= \$5\ 000\ 000\left[\frac{1}{1.948\ 717}\right] \\ &= \$5\ 000\ 000\ [0.513\ 158] \\ &= \$2\ 565\ 791 \end{aligned}$$

该式表明，如果现在以 10%的年利率投资 2 565 791 美元，那么在 7 年期期末该笔投资将增加到 500 万美元。假设该金融工具的售价实际上高于 2 565 791 美元。那么，该投资组合经理需要以高于 2 565 791 美元的买价投资该金融工具，因此获得的年利率将低于 10%。如果金融工具的售价低于 2 565 791 美元，那么情况将相反。此时，该投资组合经理获得的年利率将高于 10%。

你应该认识到，现值有两个特点：第一，对于未来特定时间的给定终值，利率（或贴现率）越高，现值越低。现值随着利率增加而减少的原因应该容易理解：现在能以越高的利率投资，获得特定终值需要在现在投资的金额就越少。

现值的第二个特点是，对于给定利率（贴现率），收到终值的时间离现在越久，现值越低。原因在于，收到给定终值的时间离现在越久，利息积累的机会就越多。因此，需要进行投资的金额也越少。

系列终值的现值

在多数投资组合管理的应用中，金融工具都将提供一系列终值。为了确定一系列终值的现值，必须先计算出每个终值的现值。然后，将这些现值加总以获得整个系列终值的现值。

一系列终值的现值的数学表达式如下：

$$PV=\sum_{t=1}^{n}\frac{P_t}{(1+r)^t} \tag{2.4}$$

例如，假设投资组合经理正在考虑购买承诺支付下列金额的金融工具：

从现在开始的年数	发行人承诺支付的金额（美元）
1	100
2	100

续前表

从现在开始的年数	发行人承诺支付的金额（美元）
3	100
4	100
5	1 100

假设该投资组合经理希望该笔投资的年利率为 6.25%。那么这笔投资的现值可以计算如下：

从现在开始的年数	支付的终值（美元）	以 6.25%的年利率计算的 1 美元的现值（美元）	支付的现值（美元）
1	100	0.941 2	94.12
2	100	0.885 8	88.58
3	100	0.833 7	83.37
4	100	0.784 7	78.47
5	1 100	0.738 5	812.35
			现值＝1 156.89

普通年金的现值

如果每期或每年收到的货币金额都相同，那么该系列资金被称为**年金**（annuity）。如果从现在起一期后收到第一笔支付，那么这种年金被称为**普通年金**（ordinary annuity）。如果立即收到第一笔支付，那么这种年金被称为**期初年金**（annuity due）。在本书讨论的所有应用实例中，我们指的都是普通年金。为了计算普通年金的现值，可以计算每笔终值的现值，然后将其加总。或者，也可以使用下列公式计算普通年金的现值：

$$PV=A\left[\frac{1-\frac{1}{(1+r)^n}}{r}\right] \tag{2.5}$$

其中，A 为年金金额（美元）。括号中的项为 ***n* 期 1 美元普通年金的现值**（present value of an ordinary annuity of ＄1 for n periods）。

假设投资者预计在开始投资后的 8 年中，每年年末都可以获得 100 美元的收入，且用于贴现的适当贴现率为 9%。那么，这笔普通年金的现值为

$$A=\$100$$

$$r=0.09$$

$$n=8$$

$$PV=\$100\left[\frac{1-\frac{1}{(1.09)^8}}{0.09}\right]$$

$$= \$100\left[\frac{1-\frac{1}{1.992\ 56}}{0.09}\right]$$
$$= \$100\ [5.534\ 811]$$
$$= \$553.48$$

每年付息一次以上时的现值

在我们计算现值时，曾假设每年收取或支付一次终值。而在实际中，每年收取或支付终值的次数可能多于一次。在这种情况下，现值的计算公式必须从两个方面加以修正。首先，用年利率除以每年的付息次数。① 例如，如果每半年收取一次终值，那么就用年利率除以 2；如果每季度收取一次终值，那么就用年利率除以 4。其次，收取终值的期限数必须调整为：年数乘以每年的付息次数。

债券定价

任何一种金融工具的价格都等于该金融工具预期现金流的现值。因此，确定债券的价格需要

1. 估算预期现金流。
2. 估算适当的必要收益率。

有些金融工具的预期现金流计算起来很简单；而有些金融工具的预期现金流计算起来很困难。必要收益率反映了具有可比风险（comparable risk）的金融工具，即替代投资［alternative (or substitute) investments］的收益率。

确定债券价格的第一步是确定其现金流。对于发行人在规定到期日之前不可赎回的债券（即未附期权的债券②）而言，其现金流包括：

1. 截至到期日的定期息票利息支付额。
2. 到期日的票面价值（到期价值）。

为了简化分析，我们举例说明债券定价时，作出了以下三个假设：

1. 每 6 个月支付一次利息。（对于多数美国国内债券而言，实际上是半年支付一次利息。）
2. 下一次支付债券利息的时间恰好是从现在起 6 个月后。
3. 在债券期限内，利率是固定的。

因此，未附期权的债券的现金流包括每半年支付一次固定利息的年金以及面值或到期价值。例如，息票利率为 10%，面值或到期价值为 1 000 美元的 20 年期债券有如下利息现金流：

年息票利息＝1 000 美元×0.10
＝100 美元

① 从技术上看，这并不是调整年利率的恰当方法。第 3 章将讨论恰当的年利率调整方法。

② 在第 18 章中，我们将讨论债券（即可赎回债券、可回售债券和可转换债券）定价。

半年息票利息＝100 美元/2

＝50 美元

因此，一共有 40 笔每笔金额为 50 美元、每半年发生一次的现金流，以及从现在起 40 个 6 个月期以后的 1 000 美元现金流。请注意，对面值进行处理时，并不是将面值当作从现在起 20 年后收到的一笔现金，而是将其作为每半年付息一次的利息现金流。

必要收益率是通过调查市场上可比债券提供的收益率确定的。可比债券是指相同信用质量、相同期限的未附期权债券。① 必要收益率通常用年利率表示。当每半年产生一次现金流时，市场惯例是用年利率的一半作为期间利率，并用其贴现现金流。

给定债券的现金流和必要收益率，我们就具备了为债券定价的全部分析工具。由于债券价格等于现金流的现值，因此可以将以下两个现值加总，来确定债券价格：

1. 半年付息一次的息票利息的现值。

2. 在到期日面值或到期价值的现值。

通常，可以用下列公式计算债券价格：

$$P=\frac{C}{1+r}+\frac{C}{(1+r)^2}+\frac{C}{(1+r)^3}+\cdots+\frac{C}{(1+r)^n}+\frac{M}{(1+r)^n}$$

或

$$P=\sum_{t=1}^{n}\frac{C}{(1+r)^t}+\frac{M}{(1+r)^n} \tag{2.6}$$

其中，

P＝价格（美元）；

n＝期数（年数乘以 2）；

C＝半年息票支付额（美元）；

r＝期间利率（必要年收益率除以 2）；

M＝到期价值；

t＝收取付款的时期。

由于按半年支付的息票支付等于普通年金，因此可以用普通年金的现值计算公式（2.5）求出息票支付的现值：

$$C\left[\frac{1-\frac{1}{(1+r)^n}}{r}\right] \tag{2.7}$$

为了说明如何计算债券价格，考虑一只利率为 10%、面值为 1 000 美元的 20 年期债券。假设该债券的必要收益率为 11%。该债券的现金流如下：

1. 40 笔每半年支付一次的利息，每笔利息的金额为 50 美元。

2. 从现在起 40 个 6 个月期后收到的 1 000 美元。

半年利率或期间利率（期间必要收益率）为 5.5%（11%除以 2）。

每半年支付一次，每笔金额为 50 美元的利息支付额按 5.5%的年利率贴现的现值为 802.31 美元，计算如下：

---

① 在第 4 章中，我们将介绍一种衡量利率风险的指标，这种指标被称为久期。届时，我们将不按照将期限相同的债券视为可比债券的方法来分析，而是将根据久期重新进行分析。

$C=\$50$

$n=40$

$r=0.055$

$$=\$50\left[\frac{1-\frac{1}{(1.055)^{40}}}{0.055}\right]$$

$$=\$50\left[\frac{1-\frac{1}{8.51332}}{0.055}\right]$$

$$=\$50\left[\frac{1-0.117463}{0.055}\right]$$

$$=\$50\ [16.04613]$$

$$=\$802.31$$

从现在起 40 个 6 个月期后收到的面值或到期价值为 1 000 美元按 5.5%的年利率贴现的现值为 117.46 美元，如下所示：

$$\left[\frac{\$1\,000}{(1.055)^{40}}\right]=\left[\frac{\$1\,000}{8.51332}\right]=\$117.46$$

因此，债券价格等于两个现值之和：

单位：美元

息票支付现值	802.31
+面值（到期价值）现值	117.46
债券价格	919.77

假设必要收益率不是 11%，而是 6.8%。那么，债券价格将为 1 347.04 美元，如下所示。

按 3.4%（6.8%/2）的期间利率贴现的息票支付的现值为：

$$\$50\left[\frac{1-\frac{1}{(1.034)^{40}}}{0.034}\right]=\$50\ [21.69029]$$

$$=\$1\,084.51$$

从现在起 40 个 6 个月期后收到的面值或到期价值 1 000 美元按 3.4%贴现的现值为：

$$\left[\frac{\$1\,000}{(1.034)^{40}}\right]=\$262.53$$

因此，债券价格如下：

单位：美元

息票支付现值	1 084.51
+面值（到期价值）现值	262.53
债券价格	1 347.04

如果必要收益率等于息票利率10%，那么债券价格即为面值，1 000美元，如下列计算所示。

用5%（10%/2）的期间利率贴现，息票支付的现值为：

$$\$50\left[\frac{1-\frac{1}{(1.050)^{40}}}{0.050}\right]=\$50\ [17.159\ 09]$$

$$=\$857.95$$

从现在起40个6个月期后收到的面值或到期价值1 000美元按5%贴现的现值为：

$$\left[\frac{\$1\ 000}{(1.050)^{40}}\right]=\$142.05$$

因此，债券价格如下：

单位：美元

息票支付现值	857.95
+面值（到期价值）现值	142.05
债券价格	1 000.00

零息债券的定价

有些债券并不支付期间利息，投资者的收益是通过债券到期价值和购买价格之差实现的。这种债券称为**零息债券**（zero-coupon bonds）。将0代入式（2.6）中的C，可以计算出零息债券的价格：

$$P=\frac{M}{(1+r)^n} \tag{2.8}$$

式（2.8）表明，零息债券的价格是到期价值的现值。但是，在计算现值时，用于贴现的期数并不是至债券到期时的年数，而是年数乘以2。贴现率是必要年收益率的一半。例如，从现在起15年后到期的零息债券，如果到期价值为1 000美元，必要收益率为9.4%，那么其价格为252.12美元，如下所示：

$$M=\$1\ 000$$

$$r=0.047\left[=\frac{0.094}{2}\right]$$

$$n=30\ (=2\times15)$$

$$P=\frac{\$1\ 000}{(1.047)^{30}}$$

$$=\frac{\$1\ 000}{3.966\ 44}$$

$$=\$252.12$$

价格与收益率的关系

债券的一个基本特性就是其价格与必要收益率呈反向变化。原因在于，债券价格是现金流的现值。当必要收益率上升时，现金流的现值减少，债券价格也随之下降。当必要收益率下降时，情况则相反：现金流的现值增加，债券价格也随之上升。通过分析必要收益率为11%、10%和6.8%，息票利率为10%的20年期债券的价格，可以说明上述结论。图表2—1显示了在各种必要收益率下，息票利率为10%的20年期债券的价格。

图表 2—1　　息票利率为 10%的 20 年期债券的价格—收益率关系

收益率	价格（美元）	收益率	价格（美元）
0.045	1 720.32	0.110	919.77
0.050	1 627.57	0.115	883.50
0.055	1 541.76	0.120	849.54
0.060	1 462.30	0.125	817.70
0.065	1 388.65	0.130	787.82
0.070	1 320.33	0.135	759.75
0.075	1 256.89	0.140	733.37
0.080	1 197.93	0.145	708.53
0.085	1 143.08	0.150	685.14
0.090	1 092.01	0.155	663.08
0.095	1 044.41	0.160	642.26
0.100	1 000.00	0.165	622.59
0.105	958.53		

如果我们将任意未附期权债券的价格—收益率关系用图形描绘出来，将发现其形状是弓形，如图表2—2所示。这种形状被称为凸性。正如我们将在第4章中说明的，价格与收益率的这种凸性关系对债券的投资特性有重要意义。也请注意，图表2—2中价格—收益率关系曲线与价格轴（即纵轴）相交那一点的价格。该价格是债券的最高价格，对应于债券未贴现现金流的价值，即所有息票支付额和面值之和。

图表 2—2　　未附期权债券的价格—收益率关系曲线的形状

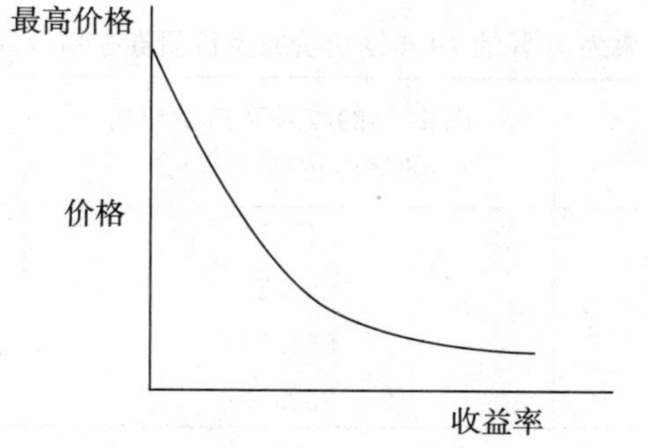

息票利率、必要收益率和价格之间的关系

当市场收益率发生变化时，能针对新的市场必要收益率相应变化以补偿投资者的唯一变量就是债券价格。正如息票利率为10%的20年期债券的例子所示，当息票利率等于必要收益率时，债券价格等于其面值。

当市场收益率在某个给定时点升到息票利率以上时，债券价格将会进行调整，以使打算购买债券的投资者能获得额外利息。如果债券价格没有进行调整，那么投资者将不会购买该债券，因为它提供的收益率低于市场收益率；结果，对债券的需求不足将导致债券价格下降，因此债券收益率上升。这就是债券价格为什么会跌至面值以下。

持有债券到期将获得资本增值，这表示由于息票利率低于必要收益率而补偿给新投资者的一种利息。当债券售价低于其面值时，称为以**折价**（discount）出售。在我们之前对债券价格的计算中可以发现，当必要收益率高于息票利率时，债券价格总是低于面值（1 000美元）。

当市场上的必要收益率低于息票利率时，债券的售价必然高于面值。这是因为有机会以面值购买债券的投资者将获得高于市场必要收益率的息票利率。结果，由于收益率太过诱人，投资者将竞相购买，抬高债券价格。最终，债券价格将被抬到使债券收益率等于市场必要收益率的水平。当债券售价高于其面值时，称为**溢价**（premium）出售。息票利率、必要收益率和价格之间的关系可以总结如下：

息票利率＜必要收益率↔价格＜面值（折价债券）
息票利率＝必要收益率↔价格＝面值
息票利率＞必要收益率↔价格＞面值（溢价债券）

利率不变的情况下债券价格与时间的关系

如果从购买债券至债券到期这段时间里，必要收益率没有变化，那么债券价格将会如何变化？对于以面值出售的债券而言，息票利率等于必要收益率。当债券临近到期时，债券将继续以面值出售。当债券接近到期日时，债券价格将保持不变。

对于以溢价或折价出售的债券而言，债券价格不会保持不变。图表2—3显示了息票利率为10%的20年期债券以折价和溢价出售时，其价格随着到期日的临近而变化的路径。注意，假设必要收益率不变，折价债券的价格将随着到期日的临近而升高。溢价债券的变动情况则恰好相反。在到期日时，两种债券的价格都等于其面值。

图表2—3　　息票利率为10%的20年期折价或溢价债券在临近到期时的价格变化路径

距离到期日的年数	以12%的收益率折价出售的债券价格（美元）	以7.8%的收益率溢价出售的债券价格（美元）
20.0	849.54	1 221.00
19.5	850.51	1 218.62
19.0	851.54	1 216.14
18.5	852.63	1 213.57

续前表

距离到期日的年数	以 12%的收益率折价出售的债券价格（美元）	以 7.8%的收益率溢价出售的债券价格（美元）
18.0	853.79	1 210.90
17.5	855.02	1 208.13
17.0	856.32	1 205.24
16.5	857.70	1 202.25
16.0	859.16	1 199.14
15.5	860.71	1 195.90
15.0	862.35	1 192.54
14.5	864.09	1 189.05
14.0	865.94	1 185.43
13.5	867.89	1 181.66
13.0	869.97	1 177.74
12.5	872.17	1 173.67
12.0	874.50	1 169.45
11.5	876.97	1 165.06
11.0	879.58	1 160.49
10.5	882.36	1 155.75
10.0	885.30	1 150.83
9.5	888.42	1 145.71
9.0	891.72	1 140.39
8.5	895.23	1 134.87
8.0	898.94	1 129.13
7.5	902.88	1 123.16
7.0	907.05	1 116.97
6.5	911.47	1 110.53
6.0	916.16	1 103.84
5.5	921.13	1 096.89
5.0	926.40	1 089.67
4.5	931.98	1 082.16
4.0	937.90	1 074.37
3.5	944.18	1 066.27
3.0	950.83	1 057.85
2.5	957.88	1 049.11
2.0	965.35	1 040.02
1.5	973.27	1 030.58
1.0	981.67	1 020.78
0.5	990.57	1 010.59
0.0	1 000.00	1 000.00

债券价格变动的原因

下列三个原因中的一个或多个原因都会导致债券价格发生变化：

1. 发行人信用质量的变化导致必要收益率发生变化。
2. 即使必要收益率没有变化，但只要债券临近到期，溢价或折价债券的价格也会发生变化。
3. 可比债券收益率的变化（即市场必要收益率的变化）导致必要收益率发生变化。

本章将讨论债券价格变化的第二个原因和第三个原因。在市场意识到债券信用质量变化之前预测出这一变化（原因 1）是投资管理面临的挑战之一。

复杂情况

本章中讨论的债券定价框架基于以下假设：

1. 下一次支付息票利息恰好是在 6 个月以后。
2. 现金流已知。
3. 可以确定恰当的必要收益率。
4. 所有现金流都用同一个贴现率贴现。

现在让我们来看每个假设对于债券定价的意义。

距离下一次付息时间少于 6 个月的情况

当投资者购买了距离下一次付息不到 6 个月的债券时，计算债券价格的公认方法如下：

$$P=\sum_{t=1}^{n}\frac{C}{(1+r)^{v}\,(1+r)^{t-1}}+\frac{M}{(1+r)^{v}\,(1+r)^{n-1}} \tag{2.9}$$

其中，

$$v=\frac{\text{结算日与下次付息日之间的天数}}{\text{6 个月的天数}}$$

请注意，当 v 为 1 时（即下一次付息日为 6 个月以后），式（2.9）简化为式（2.6）。

现金流未知的情况

对于未附期权的债券，假设债券发行人没有违约，那么现金流就是已知的。然而，对于多数债券而言，现金流是无法确知的。这是因为债券发行人可能在规定到期日前赎回债券。可赎回债券的现金流实际上取决于当期利率水平与息票利率的对比。例如，当市场利率跌到息票利率以下很多时，债券发行人通常会赎回债券，因为在到期日之前还清债券，并以更低的息票利率发行新债券是合算的。① 因此，可能在到期之前被提前赎回的债券的现金流取决

① 第 11 章至第 13 章讨论的住房抵押贷款支持证券是另一个例子；个人借款者有权在规定到期日前提前偿还全部或部分抵押贷款。

于市场即期利率。

确定适当的必要收益率

必要收益率通常是以国债提供的收益率为基准确定的，第 5 章将讨论这一问题。本书的分析框架是将债券的必要收益率分解为几个部分，这个问题将在后面的章节中讨论。

运用同一贴现率对所有现金流贴现

我们的定价分析假设用同一个贴现率贴现每笔现金流是恰当的。如第 5 章所述，债券可以被视为一篮子零息债券的组合，在这种情况下每笔现金流都应该用特有的贴现率贴现，从而确定其现值。

浮动利率债券和反向浮动利率债券的定价

浮动利率债券和反向浮动利率债券的现金流都是未知的；它们的现金流取决于未来的参考利率。

浮动利率债券的价格

浮动利率债券（floating-rate security，or floater）的息票利率等于参考利率加上某个利差或价差。例如，某只浮动利率债券的息票利率可以重新调整为 3 个月期国库券利率（参考利率）加 50 个基点（利差）。浮动利率债券的价格取决于两个因素：(1) 高于参考利率的利差；(2) 对重新调整息票利率可能施加的约束。例如，浮动利率债券可能有最高息票利率，称为**利率上限**（cap），也可能有最低息票利率，称为**利率下限**（floor）。只要满足下列条件，那么浮动利率债券的交易价格就将接近于其面值：(1) 市场要求的高于参考利率的利差保持不变；(2) 息票利率在利率上限和利率下限之间。①

如果市场要求的利差变大（变小），那么浮动利率债券的交易价格将低于（高于）其面值。如果由于存在利率上限，息票利率被限定在参考利率加利差的范围内变化，那么浮动利率债券的交易价格将低于其面值。

反向浮动利率债券的价格

通常，反向浮动利率债券是由固定利率证券派生出来的。② 派生出反向浮动利率债券的证券被称为担保品（collateral）。根据担保品可以派生出两种证券：浮动利率债券和反向浮动利率债券，如图表 2—4 所示。

---

① 在调息日之间，浮动利率债券的交易价格既可以高于面值，也可以低于面值。

② 也可以在不创建浮动利率债券的情况下，利用利率互换（第 31 章的内容）创建出反向浮动利率债券。

图表 2—4　　　　创建反向浮动利率债券

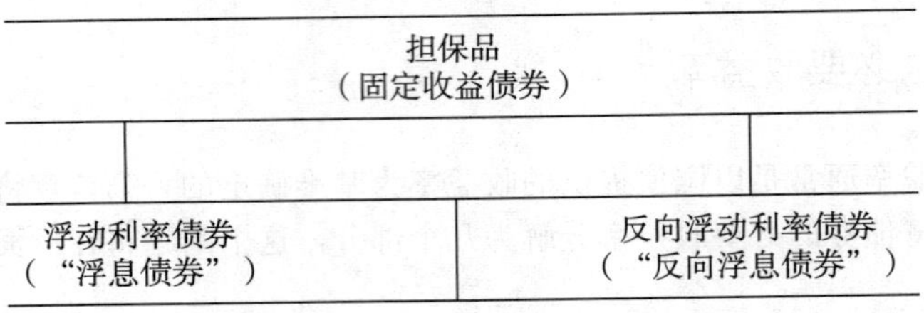

这两种债券的特点是：(1) 每期支付给两种债券的总利息小于或等于每期的担保品利息；(2) 两种债券的总面值小于或等于担保品的总面值。也就是说，浮动利率债券和反向浮动利率债券的结构使担保品产生的现金流足以偿还这两种债券的债务。

例如，考虑一只息票利率为7.5%、半年付息一次的10年期债券。假设将1亿美元的该债券用作担保品，派生出面值为5 000万美元的浮动利率债券和面值为5 000万美元的反向浮动利率债券。假设每6个月根据下列公式调整一次息票利率：

浮动利率债券的息票利率：参考利率+1%

反向浮动利率债券的息票利率：14%−参考利率

注意，浮动利率债券和反向浮动利率债券的面值之和等于担保品的面值，1亿美元。两种债券的加权平均息票利率为：

$$0.5\times(参考利率+1\%)+0.5\times(14\%-参考利率)=7.5\%$$

因此，不管参考利率为多少，这两种债券的加权平均息票利率都等于担保品的息票利率，7.5%。

这里给出的息票利率公式存在一个问题。假设参考利率高于14%。那么，根据该息票利率公式求出的反向浮动利率债券的息票利率将为负值。为了避免发生这种情况，对反向浮动利率债券的息票利率设定了下限。通常，下限被设为0。由于存在下限，因此浮动利率债券的息票利率必定受到限制，因此对这两种债券支付的息票利息不会超过担保品的息票利息。在我们的假设结构下，必须对浮动利率债券设定的最高息票利率为15%。因此，由担保品派生出浮动利率债券和反向浮动利率债券时，对反向浮动利率债券的息票利率设定了下限，对浮动利率债券的息票利率设定了上限。

上限和下限的估值超出了这里的讨论范围。这里指出以下这一点就足够了：反向浮动利率债券的价格是通过确定担保品和浮动利率债券的价格得出的。如下所示：

$$担保品的价格=浮动利率债券的价格+反向浮动利率债券的价格$$

因此，

$$反向浮动利率债券的价格=担保品的价格-浮动利率债券的价格$$

注意，反向浮动利率债券价格的影响因素受参考利率的影响程度以参考利率对浮动利率债券利率限制的影响程度为限。这是一个十分重要的结论。有些投资者错误地认为，由于息票利率上升，当参考利率下降时，反向浮动利率债券的价格应上升。这是不正确的。反向浮动利率债券定价的关键在于利率变化如何影响担保品的价格。参考利率的重要性取决于参考利率对浮动利率债券息票利率的限制。

报价和应计利息

报　价

在本章中，我们始终假设债券的到期价值或面值为 1 000 美元。但是，债券的到期价值或面值可能高于或低于 1 000 美元。因此，对债券报价时，交易商是以面值的百分比报价的。

以面值出售的债券的报价为 100，表示其面值的 100%。以折价出售的债券的报价低于 100；以溢价出售的债券的价格高于 100。图表 2—5 中的例子说明了如何将报价转换为美元价格。

图表 2—5　**将报价转换为美元价格**

(1) 报价	(2) 换算为小数形式 [=(1)/100]	(3) 面值（美元）	(4) 美元价格 [=(2)×(3)](美元)
97	0.970 000 0	10 000	9 700.00
$85\frac{1}{2}$	0.855 000 0	100 000	85 500.00
$90\frac{1}{4}$	0.902 500 0	5 000	4 512.50
$80\frac{1}{8}$	0.801 250 0	10 000	8 012.50
$76\frac{5}{32}$	0.761 562 5	1 000 000	761 562.50
$86\frac{11}{64}$	0.861 718 8	100 000	86 171.88
100	1.000 000 0	50 000	50 000.00
109	1.090 000 0	1 000	1 090.00
$103\frac{3}{4}$	1.037 500 0	100 000	103 750.00
$105\frac{3}{8}$	1.053 750 0	25 000	26 343.75
$103\frac{19}{32}$	1.035 937 5	1 000 000	1 035 937.50

在后面的章节中，我们将说明具体证券类型的报价惯例。

应计利息

当投资者在两个付息日之间购买债券时，投资者必须向债券卖方补偿从上一次付息到债券结算日之间应获得的利息。[1] 这部分利息称为**应计利息**（accrued interest）。应计利息的计算方法取决于债券类型。对于附息国债而言（将在第 6 章中讨论），应计利息根据卖方持有债券的实际天数来计算。对于公司债券和市政债券而言，应计利息以每年 360 天、每月 30 天为标准计算。

买方向卖方支付的金额为协议价格加上应计利息。该价格通常称为**全价**（full price）或**脏价**（dirty price）。不含应计利息的债券价格称为**净价**（clean price）。

要 点

· 债券价格为债券预期现金流的现值，贴现率等于可比债券提供的收益率。未附期权债券的现金流为息票支付加上面值或到期价值。必要收益率越高（低），债券价格越低（高）。

· 零息债券没有息票支付。零息债券的价格等于到期价值的现值，用于计算现值的期数是年数的两倍，贴现率为半年收益率。

· 债券价格与必要收益率反向变化。原因在于，随着必要收益率增加（减少），现金流现值将减少（增加）。

· 债券价格低于面值、等于面值还是高于面值取决于债券的息票利率和投资者的必要收益率。当息票利率等于必要收益率时，债券将以面值出售。当息票利率低于（高于）必要收益率时，债券将以低于（高于）面值的价格出售。

· 随着时间的推移，即使必要收益率不变，溢价债券或折价债券的价格也会变化。假设发行人的信用质量不变，债券价格变化可以分解为必要收益率变化导致的变化和债券时间路径导致的变化。

· 如果市场要求的利差不变，且对息票利率没有限制，那么浮动利率债券的交易价格将接近于面值。

· 反向浮动利率债券的价格取决于派生它的担保品价格和浮动利率债券的价格。

· 应计利息为两个付息日之间购买债券的债券买方必须向债券卖方支付的价格。该金额表示从最后一次付息到债券结算日之间应获得的利息。

问 题

1. 一位养老金经理将 1 000 万美元投资于一种债务工具，该债务工具承诺在四年中每年支付 7.3％的利率。这 1 000 万美元的终值是多少？

2. 假设一家寿险公司保证从现在开始的 4.5 年中向一家养老金支付 1 400 万美元。如果该寿险公司向养老金收取 1 040 万美元的保险费，并能将全部保险费以 6.25％的年利率投资 4.5 年，那么该寿险公司从这笔投资中能否获得足够的资金来偿还这 1 400 万美元的债务？

3. a. 一家免税基金的投资组合经理正在考虑投资 500 000 美元购买一种年利率为 5.7％的 4 年期债务工具。在第四年年末，该投资组合经理计划将所获收益再投资三年，并预期在这三年中将获得 7.2％的年利

[1] 债券发生违约是例外情况。这种债券被称为以平价（flat）报价，即没有应计利息。

率。那么，这笔投资的终值是多少？

b. 假设第 3 题第 a 问中的投资组合经理有机会将 500 000 美元投资于一种承诺支付 6.1%的年利率、每半年付息一次的 7 年期债务工具，利息按复利计算。这种投资选择是否比第 3 题第 a 问中的投资更具有吸引力？

4. 假设一位投资组合经理购买了面值为 1 000 万美元、息票利率为 7%、每年付息一次的 8 年期债券。第一次付息为从现在起一年以后。在下述两种情况下，该投资组合经理将能获得多少收益？(1) 从现在起持有债券，直至 8 年后债券到期；(2) 将所有年利息以 6.2%的年利率进行再投资。

5. a. 如果用于计算债务工具现金流现值的贴现率上升了，那么该债务工具的价格将如何变化？

b. 假设用于计算债务工具现金流现值的贴现率为 $x\%$。并假设该债务工具唯一的现金流为 4 年以后得到的 200 000 美元和 5 年以后得到的 200 000 美元。哪笔现金流的现值更大？

6. 公司应缴的养老金是将来必须支付给受益人的实际预期福利的现值。为什么用于贴现预期福利的利率很重要？

7. 一家养老金的经理知道必须偿还下列债务：

从现在起的年数	负债（百万美元）
1	2.0
2	3.0
3	5.4
4	5.8

假设该养老金经理希望投资一笔资金，并用这笔资金的收益偿还上述债务。假设现在的任意一笔投资都可以获得 7.6%的年利率，那么现在必须投资多少资金，才能满足偿还上述债务的需要？

8. 下列每只债券的面值均为 1 000 美元，假设每半年付息一次，请计算这些债券的价格。

债券	息票利率（%）	距到期日的年数	必要收益率（%）
A	8	9	7
B	9	20	9
C	6	15	10
D	0	14	8

9. 假设有一只按面值（100 美元）出售、息票利率为 6%、10 年后到期的债券。

a. 如果必要收益率为 15%，那么该债券的价格为多少？

b. 如果必要收益率从 15%上升到 16%，那么该债券的价格为多少？该债券的价格变化百分比为多少？

c. 如果必要收益率为 5%，那么该债券的价格为多少？

d. 如果必要收益率从 5%上升到 6%，那么该债券的价格为多少？该债券的价格变化百分比为多少？

e. 根据你对第 9 题第 b 问和第 d 问的答案，在高利率环境和低利率环境下，债券的相对价格波动性如何？

10. 假设你在 3 年前以 100 000 美元的面值购买了一只距到期日还有 9 年的债券。现在该债券的市场价格为 90 000 美元。为什么与 3 年前你买入该债券时相比，该债券的价格下降了？

11. 假设你正在研究一张债券价格表，并看到下列价格（每只债券的面值均为 100 美元）。你观察到有些地方似乎出了错误。在不计算每只债券价格的情况下，请指出哪只债券的价格存在错误，并说明原因。

债券	价格	息票利率（%）	必要收益率（%）
U	90	6	9
V	96	9	8
W	110	8	6
X	105	0	5

续前表

债券	价格	息票利率（%）	必要收益率（%）
Y	107	7	9
Z	100	6	6

12. 什么是债券的最高价格？

13. 什么是债券的“脏价”？

14. 你是否同意下列说法，并说明原因：“浮动利率债券的交易价格总是等于其面值。”

15. 你是否同意下列说法，并说明原因：“当参考利率下降时，反向浮动利率债券的价格将上升。”

第 3 章

债券收益率的衡量

学习目标

阅读本章后，您将了解

- 如何计算一笔投资的收益率
- 如何计算当期收益率、到期收益率、赎回收益率、回售收益率和现金流收益率
- 如何计算投资组合的收益率
- 如何计算浮动利率债券的贴现率利差
- 债券的三个潜在收益来源
- 什么是再投资风险
- 传统的债券收益率衡量指标的局限性
- 如何计算债券的总收益率
- 为什么总收益率优于传统的债券收益率衡量指标
- 如何运用期限分析法评估债券的潜在收益率表现
- 衡量债券收益率变化的方法

在第 2 章中，我们说明了如何确定债券的价格，并介绍了价格和收益率之间的关系。在本章中，我们将讨论各种收益率衡量指标以及这些指标对评估债券相对吸引力的意义。我们还将说明计算收益率变化的方法。首先，我们将说明如何计算一笔投资的收益率。

计算一笔投资的收益率或内部收益率

投资收益率是使投资获得的现金流现值等于投资价格（或成本）的利率。从数学角度看，投资收益率 y 是满足下式的利率：

$$P=\frac{CF_1}{1+y}+\frac{CF_2}{(1+y)^2}+\frac{CF_3}{(1+y)^3}+\cdots+\frac{CF_N}{(1+y)^N}$$

该式可以用简化符号记为

$$P = \sum_{t=1}^{N} \frac{CF_t}{(1+y)^t} \tag{3.1}$$

其中，

CF_t=第 t 年的现金流；

P=投资的价格；

N=年数。

根据这一关系式计算出的收益率也被称为**内部收益率**（internal rate of return）。

解出收益率（y）需要一个试错（迭代）过程。其目的是找出使现金流现值等于价格的利率。下面的例子说明了如何进行该过程。

假设某个金融工具的售价为 903.10 美元，并承诺每年支付下列金额：

从现在起的年数	每年承诺支付的金额（投资者收到的现金流）（美元）
1	100
2	100
3	100
4	1 000

为了计算收益率，必须尝试将不同的利率代入公式，直到使现金流的现值等于 903.10 美元（该金融工具的价格）。试用 10%的利率计算，可以得出下列现值：

从现在起的年数	每年承诺支付的金额（投资者收到的现金流）（美元）	按 10%贴现现金流得出的现值（美元）
1	100	90.91
2	100	82.64
3	100	75.13
4	1 000	683.01
		现值=931.69

由于用 10%的利率计算出的现值高于 903.10 美元的价格，因此必须使用更高的利率以降低现值。如果使用 12%的利率，那么现值将为 875.71 美元，计算如下：

从现在起的年数	每年承诺支付的金额（投资者收到的现金流）（美元）	按 12%贴现现金流得出的现值（美元）
1	100	89.29
2	100	79.72
3	100	71.18
4	1 000	635.52
		现值=875.71

采用 12%的利率时，现金流的现值低于该金融工具的价格。因此，应试用更低的利率，以提高现值。如果采用 11%的利率，那么：

从现在起的年数	每年承诺支付的金额（投资者收到的现金流）（美元）	按 11%贴现现金流得出的现值（美元）
1	100	90.09
2	100	81.16
3	100	73.12
4	1 000	658.73
		现值=903.10

使用 11%的利率时，现金流的现值等于该金融工具的价格。因此，投资收益率应为 11%。

尽管上述收益率公式是以年现金流为基础，但也可以推广到在一年中付息任意多次的情况。确定投资收益率的一般公式为：

$$P=\sum_{t=1}^{N}\frac{CF_t}{(1+y)^t} \tag{3.2}$$

其中，

CF_t=第 t 期的现金流；

n=期数。

记住，目前计算出的收益率是每期的收益率。也就是说，如果现金流按半年计，那么计算出的收益率就是半年收益率。如果现金流按月计，那么计算出的收益率就是月收益率。为了计算简单年利率，应用每期的收益率乘以每年的期数。

特例：只有一笔未来现金流的投资

在一种特殊情况下，没有必要通过费时的试错过程来确定收益率。这就是投资只有一笔未来现金流的情况。当一笔投资只在第 n 期有一笔未来现金流（CF_n）时，式（3.2）简化为：

$$P=\frac{CF_n}{(1+y)^n}$$

求解收益率 y，得到

$$y=\left[\frac{CF_n}{P}\right]^{1/n}-1 \tag{3.3}$$

现在举例说明如何应用式（3.3）。假设某种金融工具现在的售价为 62 321.30 美元，并承诺从现在起 6 年后支付 100 000 美元。那么，该笔投资的收益率为 8.20%，计算如下：

$$\begin{aligned}y&=\left[\frac{\$100\ 000.00}{\$62\ 321.30}\right]^{1/6}-1\\&=(1.604\ 59)^{1/6}-1\\&=1.082-1\\&=0.082\text{ 或 }8.2\%\end{aligned}$$

注意，在式（3.3）中，第 n 期的未来现金流与该金融工具的价格之比（即 CF_n/P）等于1美元投资的终值。

计算年收益率

在第2章中，我们通过每期的利率乘以一年中的期数计算年利率，并将得到的结果称为**简单年利率**（simple annual interest rate）。例如，用半年收益率乘以2可以得出年收益率。反过来，用年利率除以2也可以得到半年期利率。

这种在给定某个期间（周、月、季、半年，等等）利率的情况下计算年利率的简单方法并不准确。用下式可以求出与期间利率有关的实际年收益率：

$$\text{实际年收益率}=(1+\text{期间利率})^m-1$$

其中，m 是每年的付息次数。例如，假设期间利率为4%，每年付息两次。则

$$\begin{aligned}\text{实际年收益率}&=(1.04)^2-1=1.081\,6-1\\&=0.081\,6 \text{ 或 } 8.16\%\end{aligned}$$

如果每季付息一次，期间利率为2%（8%/4），那么实际年收益率将为8.24%，如下所示：

$$\begin{aligned}\text{实际年收益率}&=(1.02)^2-1=1.082\,4-1\\&=0.082\,4 \text{ 或 } 8.24\%\end{aligned}$$

我们还可以通过实际年收益率公式求出可产生给定年利率的期间利率。通过求解，可得

$$\text{期间利率}=(1+\text{实际年收益率})^{1/m}-1$$

例如，可产生12%的实际年收益率的季度期间利率为：

$$\begin{aligned}\text{期间利率}&=(1.12)^{1/4}-1=1.028\,7-1\\&=0.028\,7 \text{ 或 } 2.87\%\end{aligned}$$

传统的债券收益率衡量指标

有几种债券收益率衡量指标是交易商和投资组合经理经常报出的。在本节中，我们将讨论各种债券收益率衡量指标，并说明如何计算这些指标。下一节中，我们将从债券收益率指标反映债券相对价值的作用这一角度对其进行评价。

在我们举例说明每个指标时，首先将使用一只假想的债券，这样就不用担心如何处理在付息日之间交易的债券。我们将提供一只实际债券的收益率指标。我们将使用的具体债券是艾奥瓦大学医院（University of Iowa Hospitals and Clinics）发行的艾奥瓦州立医院收入债券（Iowa State Hospital Revenue Bond）。这只债券是市政收益债券，我们将在第8章中讨论这种债券结构。这只债券的信息如下：

CUSIP：46256QDN3

2010年11月5日的价格：99.531

息票利率：4.5%

到期日：09/01/2036

债券评级：Aa2（穆迪）；AA（标准普尔）

赎回时间表：2020 年 9 月 1 日以面值（100）首次赎回，然后可在提前 30 天通知的基础上持续赎回

偿债基金时间表：

9/1/2033，1 675 000 美元，面值

9/1/2034，1 750 000 美元，面值

9/1/2035，1 850 000 美元，面值

当期收益率

当期收益率等于年息票利息与市场价格之比。当期收益率的公式为

$$当期收益率=\frac{年息票利息}{价格}$$

例如，息票利率为 7%、面值为 1 000 美元、售价为 769.40 美元的 15 年期债券的当期收益率为 9.10%：

$$当期收益率=\frac{\$70}{\$769.42}=0.0910 或 9.10\%$$

面值为 100 美元的艾奥瓦州立医院收益债券的当期收益率为

$$当期收益率=\frac{\$4.50}{\$99.531}=4.52\%$$

计算当期收益率时，只考虑息票利息而不考虑影响投资者收益率的其他收益来源。也就是说，不考虑投资者以折价购买债券并持有至到期时实现的资本利得，也不考虑投资者以溢价购买债券并持有至到期时实现的资本亏损。另外，货币的时间价值也被忽略了。

到期收益率

在本章第一节中，我们说明了如何计算一笔投资的收益率或内部收益率。收益率是使现金流现值等于价格（或初始投资金额）的利率。**到期收益率**（yield to maturity）的计算方法与收益率（内部收益率）的计算方法相同；现金流是投资者持有债券至到期所实现的现金收入。对于半年付息一次的债券而言，到期收益率的计算方法是，首先算出满足下列关系式的每期利率 y：

$$P=\frac{C}{1+y}+\frac{C}{(1+y)^2}+\frac{C}{(1+y)^3}+\cdots+\frac{C}{(1+y)^n}+\frac{M}{(1+y)^n}$$

$$P=\sum_{t=1}^{n}\frac{C}{(1+y)^t}+\frac{M}{(1+y)^n} \tag{3.4}$$

其中，

P=债券价格；

C=半年期的息票利息（美元）；

M=到期价值（美元）；

n=期数（年数×2）。

对于半年付息一次的债券而言，将期间利率或贴现率（y）乘以 2 就得出到期收益率。然而，从我们关于年收益率计算方法的讨论中可知，用期间利率乘以 2 得到的结果低估了实际年收益率。尽管如此，市场惯例仍是用满足式（3.4）的期间利率 y 乘以 2 来计算到期收益率。根据这一市场惯例计算出的到期收益率被称为**债券等值收益率**（bond-equivalent yield）。

计算到期收益率需要经过一个迭代过程。现在举例说明计算到期收益率的方法。仍然考虑我们曾用于计算当期收益率的那只债券，该债券的现金流包括：（1）每 6 个月支付一次，每次支付 35 美元利息，共支付 30 次；（2）从现在起 30 个 6 个月期后支付的 1 000 美元。

为了求出式（3.4）中的 y，必须试算不同的利率，直到使现金流现值等于 769.42 美元的债券价格。用多个期间利率进行试算，得到该债券的现金流现值如下：

年利率（%）	半年期利率 y（%）	30 次 35 美元支付的现值[a]（美元）	从现在起 30 期后支付的 1 000 美元的现值[b]（美元）	现金流的现值（美元）
9.00	4.50	570.11	267.00	837.11
9.50	4.75	553.71	248.53	802.24
10.00	5.00	538.04	231.38	769.42
10.50	5.25	532.04	215.45	738.49
11.00	5.50	508.68	200.64	709.32

a. 利息的现值由下列公式给出：

$$\$35\left[\frac{1-\frac{1}{(1+y)^{30}}}{y}\right]$$

b. 到期价值的现值由下列公式给出：

$$\$1\,000\left[\frac{1}{(1+y)^{30}}\right]$$

当采用 5%的半年期利率时，现金流的现值为 769.42 美元。因此，y 为 5%，债券等值到期收益率为 10%。由于可以使用式（3.3），计算零息债券的到期收益率要容易得多。由于第 n 期的现金流为到期价值 M，因此式（3.3）可以改写为①

$$y=\left[\frac{M}{P}\right]^{1/n}-1 \qquad (3.5)$$

例如，对于到期价值为 1 000 美元、售价为 439.18 美元的 10 年期零息债券，y 等于 4.2%：

$$\begin{aligned} y&=\left[\frac{\$1\,000}{\$439.18}\right]^{1/20}-1=(2.276\,97)^{0.05}-1\\ &=1.042-1\\ &=0.042 \end{aligned}$$

① 即用 M 替代 CF_n。

注意，期数等于 20 个半年期，即年数的两倍。这里的计算没有使用年数，因为我们希望求出的收益率能与其他债券进行比较。为了得到债券等值年收益率，我们必须用 y 乘以 2，得到 8.4%。

计算到期收益率时，考虑的不仅是当期利息收入，还要考虑投资者持有债券至到期将实现的资本损益。此外，到期收益率还考虑了现金流产生的时间。息票利率、当期收益率和到期收益率的关系如下：

债券售价	关系
平价	息票利率＝当期收益率＝到期收益率
折价	息票利率＜当期收益率＜到期收益率
溢价	息票利率＞当期收益率＞到期收益率

债券计算器

尽管我们已经在前面的章节中学习了计算到期收益率和债券价格的步骤，但在实际中可以用软件计算这些指标。此外，在多数情况下，当经纪商向投资者提供债券信息时，报出的是到期收益率指标或接下来讨论的指标之一。

例如，可以从以下网址获得雅虎金融关于债券价格的信息：http：//c. finance. a1. b. yahoo. com/bonds/composite _ bond _ rates。

在该网站上，你可以找到大多数公开交易的债券。左侧是“特征：查阅债券：通过名称查找债券”专栏下的一张表格。在表格中输入发行人名称，就能找到所查询发行人发行的债券。比如，输入“美国铝业”这个名称。

按“美国铝业”筛选的债券列表出现了。2014 年 8 月 28 日执行这一操作时，表中出现了美国铝业发行的 8 只债券的下列信息：[①]

价格	息票利率（%）	期限	到期收益率（%）
105.1	5.95	2037 年 2 月 1 日	5.549
110.71	5.9	2027 年 2 月 1 日	4.748
112.88	5.87	2022 年 2 月 23 日	3.869
110.25	5.4	2021 年 4 月 15 日	3.642
114.21	6.15	2020 年 8 月 15 日	3.484
112.25	5.72	2019 年 2 月 23 日	2.787
115.63	6.75	2018 年 7 月 15 日	2.483
109.9	5.55	2017 年 2 月 1 日	1.361

最后一列显示了到期收益率。8 只债券中只有一只为可赎回债券。

当查询收益率的投资者只知道债券价格（或在已知债券收益率的情况下查询价格）时，

① 数据由 ValuBond，Inc. 向雅虎金融提供。

可以用手持计算器、电子表格附带函数和最方便的在线债券计算器进行计算。这解决了处理在付息期之间交易的债券的困难。例如，富达投资（Fidelity Investments）有一款在线债券计算器，网址为 https：//powertools. fidelity. com/fixedincome/yield. do。

以上表中列出的美国铝业的第一只债券为例，使用富达投资的债券计算器输入息票利率、到期日和价格。计算器将算出到期收益率为 5.55%，这与上表中的到期收益率吻合。

赎回收益率

如第 1 章所说明的，债券发行人可能有权在规定到期日之前赎回债券。在发行债券时即规定了赎回债券的时间和价格。发行人赎回债券的价格被称为**赎回价格**（call price）。对于有些债券而言，不论何时赎回债券，赎回价格都相同。而对于另一些可赎回债券而言，赎回价格取决于赎回债券的时间。也就是说，存在着一个**赎回时间表**（call schedule），该表规定了每个赎回日的赎回价格。

实践中经常需要计算可赎回债券的**赎回收益率**（yield to call）和到期收益率。计算赎回收益率时，假设债券发行人在某个规定的赎回日赎回债券，赎回价格为赎回时间表中规定的赎回价格。通常，投资者需要计算**首次赎回收益率**（yield to first call）或**下次赎回收益率**（yield to next call）、**首次按面值赎回收益率**（yield to first par call）和**再融资收益率**（yield to refunding）。首次赎回收益率计算的是现在不可赎回的债券的收益率，而下次赎回收益率计算的是现在可赎回的债券的收益率。再融资收益率计算的是假设在债券可再融资的第一天赎回债券时的收益率。（在第 7 章中我们将看到，虽然某些债券可以赎回，但在一段时期内，发行人可能无法以比债券本身成本更低的资金赎回债券；即该债券不可再融资。）

计算任何假定赎回日的收益率的方法与计算其他收益率的方法相同，都需要确定使预期现金流现值等于债券价格的利率。计算首次赎回收益率时，预期现金流为截至首次赎回日的利息支付额加上赎回时间表中规定的赎回价格。计算首次按面值赎回收益率时，预期现金流为截至债券发行人可以按面值赎回债券的首日的利息支付额加上最后一笔现金流——债券面值。

赎回收益率的数学计算公式可以表示如下：

$$P=\frac{C}{1+y}+\frac{C}{(1+y)^2}+\frac{C}{(1+y)^3}+\cdots+\frac{C}{(1+y)^{n^*}}+\frac{M^*}{(1+y)^{n}}$$

$$P=\sum_{t=1}^{n^*}\frac{C}{(1+y)^t}+\frac{M}{(1+y)^{n^*}} \tag{3.6}$$

其中，

M^* =赎回价格（美元）；

n^* =截至假定赎回日的期数（年数×2）。

对于半年付息一次的债券而言，用期间利率（y）乘以 2，即可得出债券等值赎回收益率。

现在举例说明这一计算过程。考虑一只息票利率为 11%、到期价值为 1 000 美元、售价为 1 169 美元的 18 年期债券。假设首次赎回日为从现在起 8 年后，赎回价格为 1 055 美元。如果在 13 年后赎回该债券，那么该债券的现金流为：(1) 26 笔每 6 个月支付 55 美元的利息支付额；(2) 从现在起 26 个 6 个月期后偿付的 1 055 美元。

式（3.6）中 y 的值为使截至首次赎回日的现金流现值等于债券价格 1 169 美元的利率。

求出首次赎回收益率的过程与求出到期收益率的过程相同。根据几个期间利率算出的债券现金流现值如下：

年利率（%）	半年期利率 y（%）	16 笔 55 美元支付额的现值[a]（美元）	从现在起 16 期后支付 1 055 美元的现值[b]（美元）	现金流的现值（美元）
8.000	4.000 0	640.88	563.27	1 204.15
8.250	4.125 0	635.01	552.55	1 187.56
8.500	4.250 0	629.22	542.05	1 171.26
8.535	4.267 5	628.41	540.59	1 169.00
8.600	4.300 0	626.92	537.90	1 164.83

a. 利息支付的现值由下列公式给出：

$$\$55\left[\frac{1-\frac{1}{(1+y)^{16}}}{y}\right]$$

b. 赎回价格的现值由下列公式给出：

$$\$1\,055\frac{1}{(1+y)^{16}}$$

由于期间利率 4.267 5%恰好使现金流的现值等于债券价格，因此 4.267 5%便是首次赎回收益率 y。由此，债券等值首次赎回收益率为 8.535%。

假设该债券的首次面值赎回日为从现在起 13 年后。那么，首次面值赎回收益率就是使未来现金流（包括接下来 26 笔每 6 个月支付 55 美元的利息，以及从现在起 26 个 6 个月期后的 1 000 美元面值）的现值等于价格（1 169 美元）的利率。这里为读者留下一道习题：请证明使现金流现值等于债券价格的半年期利率为 4.396 5%，即首次按面值赎回收益率为 8.793%。

债券计算器也可以用于计算任何赎回日的赎回收益率。使用计算器时，用赎回日代替到期日，用赎回价格代替到期价格。对于艾奥瓦州立医院收益债券，本例中使用了两个赎回日。该债券的第一个赎回日为 2020 年 9 月 1 日，债券以面值赎回。赎回收益率假设赎回日为 2020 年 9 月 1 日，使用富达投资债券计算器的赎回收益率计算结果为 4.56%。假设赎回日为 2028 年 9 月 1 日，则赎回收益率计算结果为 4.54%。

偿债基金收益率

正如第 1 章说明的，一些债券有偿债基金条款。这要求发行人在预定日期赎回特定金额的债券。假设债券将在特定偿债基金支付日被赎回，则计算出的收益率被称为偿债基金收益率。计算方法和到期收益率与赎回收益率相同：使用偿债基金支付日和偿债基金价格。

艾奥瓦州立医院收入债券有三个偿债基金支付日。第一个是 2033 年 9 月 1 日。使用富达投资债券计算器，算出偿债基金收益率为 4.53%。

回售收益率

如第 1 章所示，有些债券是可回售的。这意味着债券持有者可以要求债券发行人以规定价格买回债券。与可赎回债券一样，可回售债券也有回售时间表。回售时间表规定了债券被回售的时间和价格，后者被称为回售价格。

当债券可回售时，可以算出**回售收益率**（yield to put）。回售收益率是使截至假定回售日的现金流现值加上回售时间表规定的当日回售价格等于债券价格的利率。回售收益率的计算公式与式（3.6）相同，只是 M^* 现在被定义为回售价格，n^* 被定义为截至假定回售日的期数。除此之外，其计算方法与到期收益率和赎回收益率的计算方法相同。

例如，再次考虑利率为 11%、售价为 1 169 美元的 18 年期债券。假设该债券在 5 年后可以按面值（1 000 美元）回售。回售收益率为使未来现金流（10 笔每 6 个月支付的 55 美元利息加上 1 000 美元的回售价格）的现值等于债券价格（1 169 美元）的利率。这里请读者证明，3.471%的贴现率将使这一等式成立。该贴现率乘以 2 等于 6.942%，即回售收益率。

最差收益率

在行业实践中，投资者需要计算到期收益率、每个可能赎回日的收益率以及每个可能回售日的收益率。所有这些收益率中最低的收益率被称为**最差收益率**（yield to worst）。

对于艾奥瓦州立医院收益债券，可以计算出到期收益率、所有赎回日的赎回收益率和所有偿债基金支付日的偿债基金收益率。最低收益率为 4.53%。

现金流收益率

在后面的章节中，我们将讨论这样一种固定收益证券，其现金流包括在到期日前定期偿还的本金。也就是说，每期的现金流包括利息加上本金偿付。这种证券被称为**分期偿付证券**（amortizing securities）。抵押贷款支持证券和资产支持证券就是例子。此外，借款人偿还的本金金额可能会超过分期偿付时间表中规定的金额。超出规定金额的本金偿付额被称为**提前偿付额**（prepayment）。因此，对于分期偿付证券而言，每期的现金流包括三个部分：（1）息票利息；（2）分期偿付时间表中规定的本金偿付额；（3）提前偿付额。

市场参与者需要计算分期偿付证券的**现金流收益率**（cash flow yield）。这是使预期现金流现值等于市场价格的利率。困难在于如何预测每期的提前偿付额。我们将在第 11 章中说明计算现金流收益率的方法。

投资组合收益率（内部收益率）

债券组合的收益率并不是投资组合中单只债券到期收益率的简单平均或加权平均，它的计算方法是：首先确定投资组合的现金流，然后确定使现金流现值等于投资组合市场价值的利率。[①]

考虑下面由三只债券构成的投资组合：

---

① 在第 4 章中，我们将讨论久期的概念。用久期作为权数对投资组合中各只债券的到期收益率进行加权平均，可以得到比较理想的投资组合收益率近似值。

债券	息票利率（%）	期限（年）	面值（美元）	价格（美元）	到期收益率（%）
A	7.0	5	10 000 000	9 209 000	9.0
B	10.5	7	20 000 000	20 000 000	10.5
C	6.0	3	30 000 000	28 050 000	8.5

为了简化说明，假设每只债券的付息日相同。投资组合的市场价值总额为 57 259 000 美元。投资组合中每只债券的现金流和整个投资组合的现金流如下：

收到现金流的期数	债券 A（美元）	债券 B（美元）	债券 C（美元）	投资组合（美元）
1	350 000	1 050 000	900 000	2 300 000
2	350 000	1 050 000	900 000	2 300 000
3	350 000	1 050 000	900 000	2 300 000
4	350 000	1 050 000	900 000	2 300 000
5	350 000	1 050 000	900 000	2 300 000
6	350 000	1 050 000	30 900 000	32 300 000
7	350 000	1 050 000	—	1 400 000
8	350 000	1 050 000	—	1 400 000
9	350 000	1 050 000	—	1 400 000
10	10 350 000	1 050 000	—	11 400 000
11	—	1 050 000	—	1 050 000
12	—	1 050 000	—	1 050 000
13	—	1 050 000	—	1 050 000
14	—	21 050 000	—	21 050 000

为了确定由这三只债券组成的投资组合的收益率（内部收益率），必须找出使上表中最后一列所示的所有现金流现值等于 57 259 000 美元（该投资组合的市场价值总额）的利率。如果采用 4.77%的利率，则现金流现值将等于 57 259 000 美元。4.77%乘以 2 得到 9.54%，这就是该投资组合的债券等值收益率。

浮动利率债券的收益率利差衡量指标

浮动利率债券的息票利率根据调息公式定期变化，该公式由参考利率和报价利差构成。由于未来的参考利率是未知的，因此不可能确定现金流，也就意味着无法计算到期收益率。浮动利率债券的市场参与者采用几种传统指标作为利差的衡量指标。这些指标包括存续期利差（或简单利差）、调整后的简单利差、调整后的总利差和贴现利差。①

① 关于其他指标的讨论，见 Chapter 3 in Frank J. Fabozzi and Steven V. Mann，*Floating Rate Securities*（New York：John Wiley & Sons，2000）。

在这些指标中，最常用的是贴现利差，因此下面我们将讨论该指标及其局限性。贴现利差估计的是投资者预期将在证券存续期内获得的参考利率的平均利差。计算贴现利差的步骤如下：

第 1 步：假设证券存续期内的参考利率不变，确定债券的现金流。

第 2 步：选择一个利差。

第 3 步：用当前的参考利率加上第 2 步中选择的利差贴现第 1 步中算出的现金流。

第 4 步：将第 3 步算出的现金流现值与价格进行比较。如果现金流现值等于证券价格，那么贴现利差就等于第 2 步中选定的利差。如果现金流现值不等于证券价格，那么就返回第 2 步试用不同的利差进行计算。

对于按面值出售的证券而言，贴现利差就是高于参考利率的利差。

现在举例说明这一计算过程，假设有一只售价为 99.309 8 的 6 年期浮动利率债券，利率为参考利率加 80 个基点，每 6 个月重新调整一次息票利率。假设当前的参考利率为 10%。图表 3—1 显示了该证券贴现利差的计算结果。表中第二列显示了当前的参考利率。第三列给出了证券的现金流。前 11 期的现金流等于当前参考利率的一半（5%）加上 40 个基点的半年期利差再乘以 100。在第 20 个 6 个月期，现金流为 5.4 加上到期价值 100。最后五列的第一行显示了假定利差。假定利差的下面各行显示了各笔现金流的现值。最后一行给出了现金流的现值总额。

图表 3—1　　计算浮动利率债券的贴现利差

期限：6 年

息票利率：参考利率＋80 个基点

每 6 个月调息一次

时期	参考利率（%）	现金流[a]	假定年利差（基点）下的现金流现值				
			80	84	88	96	100
1	10	5.4	5.123 3	5.122 4	5.121 4	5.119 5	5.118 5
2	10	5.4	4.860 9	4.859 0	4.857 2	4.853 5	4.851 6
3	10	5.4	4.611 8	4.609 2	4.606 6	4.601 3	4.598 7
4	10	5.4	4.375 5	4.372 2	4.368 9	4.362 3	4.359 0
5	10	5.4	4.151 4	4.147 4	4.143 5	4.135 6	4.131 7
6	10	5.4	3.938 7	3.934 2	3.929 7	3.920 8	3.916 3
7	10	5.4	3.736 9	3.731 9	3.727 0	3.717 1	3.712 2
8	10	5.4	3.545 4	3.540 1	3.534 7	3.524 0	3.518 6
9	10	5.4	3.363 8	3.358 0	3.352 3	3.340 9	3.335 2
10	10	5.4	3.191 4	3.185 4	3.179 4	3.167 3	3.161 3
11	10	5.4	3.027 9	3.021 6	3.015 3	3.002 8	2.996 5
12	10	105.4	56.072 9	55.945 4	55.818 2	55.564 7	55.438 5
		现值＝	100.000 0	99.826 9	99.654 1	99.309 8	99.138 1

a. 第 1～11 期：现金流＝100×（参考利率＋假定利差）×0.5；第 12 期：现金流＝100×（参考利率＋假定利差）×0.5＋100。

对于五个假定的收益率利差，当假定利差为 96 个基点时，现值等于浮动利率债券的价格（99.309 8）。因此，半年期贴现利差为 48 个基点，年贴现利差为 96 个基点。（注意，当证券按面值出售时，贴现利差为 80 个基点，与高于参考利率的利差相同。）

贴现利差作为衡量浮动利率债券潜在投资收益率指标的缺点在于：第一，贴现利差方法假定在证券存续期内参考利率保持不变。第二，这种方法没有考虑浮动利率债券存在上限或下限的情况。

债券美元收益的潜在来源

购买债券的投资者可能会从以下一个或多个来源中获得收益金额：

1. 债券发行人定期支付的利息。
2. 当债券到期、被赎回或出售时的资本利得（或资本损失，即负收益金额）。
3. 将定期现金流进行再投资产生的利息收入。

其中，潜在收益金额的最后一个来源被称为**再投资收益**（reinvestment income）。对于只支付息票利息，而在到期日前不定期偿付本金的标准债券而言，期间现金流只是息票利息支付。因此，这类债券的再投资收益只是将息票利息进行再投资获得的利息。对于这些债券而言，收益金额的第三个潜在来源被称为**利息的利息**（interest-on-interest component）。对于分期偿付债券而言，再投资收益包括对息票利息和到期日之前定期偿还的本金进行再投资所得到的利息收入。在我们接下来的讨论中，将考察非分期偿付债券（即，在到期日之前不定期偿付本金的债券）的收益来源。

任何债券潜在收益率的衡量指标都应考虑上述三种潜在收益来源。当期收益率只考虑了息票利息支付，而没有考虑资本损益或利息的利息。到期收益率则既考虑了息票利息，又考虑了资本损益，而且考虑了利息的利息。但是，就像后面将说明的一样，计算到期收益率时有一个隐含的假设条件，即可以按计算出的到期收益率对息票利息进行再投资。因此，到期收益率是一种承诺收益率，即，只有在：（1）持有债券至到期；（2）按到期收益率对息票利息进行再投资时，才能实现到期收益率。如果（1）和（2）中任意一个条件不满足，那么投资者实现的实际收益率就可能高于或低于到期收益率。

赎回收益率也考虑了全部三个潜在收益来源。在计算赎回收益率时，假设可以按赎回收益率对息票利息进行再投资。因此，赎回收益率有和到期收益率相同的缺点，即假设按计算出的赎回收益率对息票利息进行再投资。而且，它还假设债券发行人将在假定的赎回日赎回债券。

正如到期收益率一样，将在第 11 章中详细讨论的现金流收益率也考虑了所有三个潜在收益来源，但它还有另外两个假设条件。第一，假设按计算出的现金流收益率对定期偿还的本金进行再投资。第二，假设实际出现了预期将获得现金流的提前偿付。

确定债券收益利息的利息

下面让我们重点分析非分期偿付债券。利息的利息是债券潜在收益的重要部分。运用第 2 章中给出的年金终值公式，可以计算出来自息票利息和利息的利息的潜在收益总额。令 r 表示半年期再投资收益率，可以根据下式得出利息的利息与全部息票利息之和：

$$\text{息票利息}+\text{利息的利息}=C\left[\frac{(1+r)^n-1}{r}\right] \tag{3.7}$$

用半年期息票利息乘以期数，可以得出息票利息总额：

$$息票利息总额=nC$$

利息的利息等于息票利息与利息的利息之和减去息票利息总额，如下式所示：

$$利息的利息=C\left[\frac{(1+r)^n-2}{r}\right] \tag{3.8}$$

到期收益率假设再投资收益率为到期收益率。

例如，让我们考虑说明如何计算当期收益率和到期收益率时曾用过的那只债券，即一只息票利率为7%的15年期债券。如果该债券每1 000美元面值的价格为769.40美元，则该债券的到期收益率为10%。假设年再投资利率为10%，半年期再投资利率为5%，那么根据式（3.7），利息的利息与息票利息总额之和为：

$$息票利息+利息的利息=\$35\times C\left[\frac{(1.05)^{30}-1}{0.05}\right]$$

根据式（3.8），利息的利息为：

$$\begin{aligned}利息的利息&=\$2\ 325.36-30\times(\$35)\\&=\$1\ 275.36\end{aligned}$$

到期收益率与再投资风险

让我们来分析持有该债券至到期时的潜在收益总额。如前所述，债券的收益总额来源于以下三个方面：

1.1 050美元的息票利息总额（每6个月支付的35美元利息，期限为15年）。

2. 对每6个月获得的半年期息票利息按5%的利率进行再投资，获得的利息的利息为1 275.36美元。

3.230.60美元的资本收益（1 000美元减去769.40美元）。

如果息票利息可以按10%的到期收益率再投资，那么潜在收益总额为2 555.96美元。

注意，如果投资者将本可以用来购买该债券的769.40美元存在储蓄账户中，在未来15年内每半年获得5%的利率，那么该储蓄账户的终值为：

$$\$769.40\ (1.05)^{30}=\$3\ 325.30$$

769.40美元的初始投资的收益总额为2 555.90美元。

因此，如果投资者以10%的年利率（5%的半年期利率）将769.40美元投资15年，那么他将在15年后收到769.40美元的初始投资加上2 555.90美元。如果忽略四舍五入的误差，这就是我们假设再投资收益率等于到期收益率（10%）时，通过分解债券收益金额得到的结果。由此可见，为了使债券收益率达到10%，投资者必须通过将息票利息进行再投资，产生1 275.36美元的利息收入。这意味着，为了创造出10%的到期收益率，大约一半的债券收益总额（1 275.36美元/2 555.90美元）必须来自息票利息的再投资。

只有在持有债券至到期，且按计算出的到期收益率将息票利息进行再投资时，投资者才能实现购买债券时的到期收益率。投资者面临的风险是，未来的再投资收益率低于购买债券时的到期收益率的风险。这种风险被称为**再投资风险**（reinvestment risk）。

债券的两个特征决定了利息的利息的重要性以及再投资风险的程度：债券期限和息票利息。对于给定的到期收益率和息票利率而言，期限越长，要实现购买时的到期收益率，债券收益总额就越依赖于利息的利息。也就是说，债券期限越长，再投资风险越高。这表明对于持有至到期的债券而言，长期附息债券的到期收益率指标几乎无法说明投资者可能实现的潜在收益率。对于长期债券而言，利息的利息占债券潜在收益总额的比例可能高达 80%。

回到息票利率上来，对于给定期限、给定到期收益率的债券，息票利率越高，为了实现购买债券时预期的到期收益率，债券收益总额越依赖于息票利息再投资。这意味着，当债券期限和到期收益率保持不变时，溢价债券对利息的利息的依赖性比按平价出售的债券大，折价债券对利息的利息的依赖性则比按平价出售的债券小。零息债券的债券收益总额不依赖于利息的利息，因此如果持有债券至到期，零息债券的再投资风险为零。因此，持有至到期的零息债券实现的收益率等于承诺的到期收益率。

现金流收益率与再投资风险

分期偿付证券的再投资风险比非分期偿付债券还高。原因在于，除了定期支付的息票利息，投资者现在还必须将定期偿付的本金再投资。而且，正如本书后面所说明的，当我们分析两种主要的分期偿付证券（抵押贷款支持证券和资产支持证券）时，现金流是按月计的，而不是像非分期偿付债券一样是按半年计的。因此，投资者不仅必须将定期支付的息票利息和本金再投资，而且再投资次数必须更多。这将增加再投资风险。

使分期偿付债券的再投资风险增加的原因还有一个。通常，对于分期偿付债券而言，借款人可以加速定期偿还本金。也就是说，借款人可以提前偿付。但是借款人通常只在利率下降时提前偿付。因此，如果借款人在利率下降时提前偿付，投资者就会面临更高的再投资风险，因为投资者必须将提前偿付的本金以较低的利率进行再投资。

总收益率

在前面的章节中，我们曾说明过到期收益率是一种**承诺**（promised）收益率。在购买债券时，如果下列两个条件均能满足，那么投资者将获得某个用到期收益率衡量的承诺收益率：

1. 持有债券至到期。
2. 按到期收益率将所有息票利息进行再投资。

我们重点考察第二个假设。我们曾说明，债券的利息的利息可能构成债券收益总额的一大部分。因此，将获得的息票利息按低于到期收益率的利率进行再投资，将产生低于到期收益率的收益率。

投资者可以不假设按到期收益率将息票利息进行再投资，而是根据个人预期，对再投资收益率作出明显的假设。**总收益率**（total return）是一种包含了关于再投资收益率的明确假设的收益率指标。

现在仔细考察第一个假设——持有债券至到期。例如，假设投资期为 5 年的投资者正在考虑下列四只债券：

债券	息票利率（%）	期限（年）	到期收益率（%）
A	5	3	9.0
B	6	20	8.6
C	11	15	9.2
D	8	5	8.0

假设以上四种债券的信用质量都相同，那么哪种债券对投资者最有吸引力？由于债券C提供了最高的到期收益率而选择债券C的投资者没有认识到，投资者要求在5年后卖出债券，售价取决于当时市场上息票利率为11%的10年期债券的必要收益率。因此，将可能出现资本利得或资本亏损，使实际收益率高于或低于现在承诺的到期收益率。而且，债券C的息票利率比其他三种债券更高，这意味着债券C的收益更多地取决于息票利息的再投资。

债券A提供了次高的到期收益率。表面上，这非常有吸引力，因为该债券不存在必须在到期日之前出售债券所可能带来的资本亏损问题。此外，由于息票利率最低，因此这种债券的再投资风险似乎也小于其他三种债券。然而，投资者的再投资风险并没有消除，因为3年后，投资者必须将到期时得到的收益进行2年期的再投资。投资者将实现的收益率取决于从现在起3年后，必须将收益进行再投资时的2年期债券的利率。

看来，到期收益率无法帮我们找出最佳的债券。那么，我们该如何找出最佳的债券呢？答案取决于投资者的预期。具体而言，这取决于投资者的计划投资期。而且，对于期限长于投资期的债券而言，这取决于投资者对计划投资期期末的市场必要收益率的预期。因此，任何一种债券都可能是最佳选择，这既取决于再投资收益率，也取决于计划投资期期末的未来必要收益率。总收益率指标将这些预期因素考虑在内，并将根据个人的预期确定对投资者而言的最佳投资。

赎回收益率指标和到期收益率有同样的问题。第一，它假设投资者持有债券至首次赎回日。第二，它假设投资者将息票利息按赎回收益率进行再投资。如果投资者的计划投资期短于到首次赎回日之前的时间，那么就必须以低于购买成本的价格出售债券。如果情况相反，计划投资期长于到首次赎回日之前的时间，那么就存在一个问题，即将赎回债券时至计划投资期期末所获收益进行再投资的问题。因此，赎回收益率并不能告诉我们多少信息。但是，总收益率可以用于分析可赎回债券。

计算债券的总收益率

总收益率的计算所依据的原理很简单。其目的首先是在特定的再投资收益率下，计算债券投资的未来收益总额。然后，计算出使债券初始投资增长为计算出的未来收益总额的利率，即总收益率。

对于在某段投资期中持有的债券而言，其总收益率的计算过程可以总结如下。对于假定的再投资收益率，在投资期期末可获得的收益包括息票利息和利息的利息。此外，在计划投资期期末，投资者还将收到债券面值或其他价值（取决于出售债券时的市场收益率）。因此，总收益率就是使债券投资额（即当前市场价格加上应计利息）增长至计划投资期期末可获得的未来收益的利率。

按更正式的方式表述，某段投资期内持有的债券的总收益率计算步骤如下：

第1步：计算息票利息总额与按假定再投资收益率计算出的利息的利息之和。根据式

（3.7），可以算出息票利息与利息的利息之和。其中，再投资收益率为投资者假定能从息票利息再投资中获得的年利率的一半。

第 2 步：确定计划投资期期末的预计售价。预计售价取决于计划投资期期末的预计必要收益率。预计售价等于按预计必要收益率贴现的债券剩余现金流的现值。

第 3 步：加总第 1 步和第 2 步算出的数值。该总和即为给定假定再投资收益率和投资期期末的预计必要收益率时，投资的未来收益总额。①

第 4 步：用以下公式计算半年期总收益率：

$$\left[\frac{\text{未来总收益}}{\text{债券买价}}\right]^{1/n}-1$$

其中，n 为投资期内包含的 6 个月期的期数。注意，该公式只是式（3.3）的一种应用形式，即只有一笔未来现金流时的投资收益率计算公式。

第 5 步：由于假定半年支付一次利息，因此将第 4 步中算出的收益率乘以 2，即可得到总收益率。

现在举例说明总收益率的计算方法。假设一位投资期为 3 年的投资者正在考虑以 828.40 美元的价格购买一只息票利率为 8％的 20 年期债券。该债券的到期收益率为 10％。投资者预期能以 6％的年利率将息票利息进行再投资，并预期在计划投资期期末，还剩 17 年到期的债券能按 7％的到期收益率出售。该债券总收益率的计算方法如下：

第 1 步：计算息票利息总额与利息的利息之和，假设再投资年收益率为 6％，或 6 个月期再投资收益率为 3％。在 3 年中，每 6 个月支付 40 美元的利息，即一共支付 6 期（计划投资期）。根据式（3.7），息票利息总额与利息的利息之和为：

$$\begin{aligned}\text{息票利息+利息的利息} &= \$40\times\left[\frac{(1.03)^6-1}{0.03}\right]=\$40\times\left[\frac{1.194\,052-1}{0.03}\right]\\ &=\$40\times[6.468\,4]\\ &=\$258.74\end{aligned}$$

第 2 步：假设 17 年期债券的到期必要收益率为 7％，确定 3 年后的预计售价。该预计售价是 34 笔 40 美元的息票利息支付与 1 000 美元的到期价值按 3.5％贴现的现值之和，即 1 098.51美元。②

第 3 步：将第 1 步和第 2 步得到的数值加总，得到未来收益总额为 1 357.25 美元。

第 4 步：半年期总收益率的计算公式如下：

$$\left[\frac{\$1\,375.25}{\$828.40}\right]^{1/6}-1=(1.638\,40)^{0.166\,67}-1$$

---

① 这里算出的未来收益总额与前一节中我们阐述利息的利息的重要性时使用的总收益不同。前述的总收益只包括资本利得（或资本亏损），并不包括购买价格，而计算未来收益总额时包括购买价格。即，

总收益＝未来收益总额－债券购买价格

② 34 笔息票利息支付额按 3.5％贴现的现值为：

$$\$40\left[\frac{1-\frac{1}{(1.035)^{34}}}{0.035}\right]=\$788.03$$

到期价值按 3.5％贴现的现值为

$$\left[\frac{\$1\,000}{(1.035)^{34}}\right]=\$310.48$$

预计售价等于 788.03 美元加上 310.48 美元，即 1 098.51 美元。

$$=1.085\,8-1$$
$$=0.085\,8 \text{ 或 } 8.58\%$$

第 5 步：用 8.58%乘以 2 得到 17.16%，即总收益率。

这里没有必要假设再投资收益率在整个投资期内保持不变。下面的例子将说明总收益率指标也适用于存在多个再投资收益率的情况。

假设一位投资者的投资期为 6 年。该投资者正在考虑购买一只息票利率为 9%的 13 年期债券，该债券按面值出售。该投资者的预期如下：

1. 在收到利息之日起至投资期结束的期间内，可以按 8%的简单年利率将前 4 次半年期利息支付额进行再投资。

2. 在收到利息之日起至投资期结束的期间内，可以按 10%的简单年利率将后 8 次半年期利息支付额进行再投资。

3. 在投资期期末，7 年期债券的必要到期收益率为 10.6%。

根据这三项假设，总收益率的计算步骤如下：

第 1 步：6 年（投资期）中每 6 个月收到的息票利息为 45 美元。假设半年期再投资收益率为 4%，则前 4 次收到的息票利息与利息的利息之和为：

$$\text{息票利息}+\text{利息的利息}=\$45\left[\frac{(1.04)^4-1}{0.04}\right]$$
$$=\$191.09$$

上式给出了截至第二年年末（4 期）的息票利息与利息的利息之和。在计划投资期结束之前按 5%的利率进行再投资，4 年（8 期）之后，191.09 美元将增至：

$$\$191.09\ (1.05)^8=\$282.32$$

假设半年期再投资收益率为 5%，则最后 8 笔息票利息与利息的利息之和为：

$$\text{息票利息}+\text{利息的利息}=\$45\left[\frac{(1.05)^8-1}{0.05}\right]$$
$$=\$429.71$$

全部 12 笔息票利息与利息的利息之和为 712.03 美元（282.32 美元+429.71 美元）。

第 2 步：假定必要收益率为 10.6%，则债券预计售价为 922.31 美元。①

第 3 步：未来收益总额为 1 613.54 美元（712.03 美元+922.31 美元）。

第 4 步：计算下式：

$$\left[\frac{\$1\,634.34}{\$1\,000.00}\right]^{1/12}-1=(1.634\,34)^{0.083\,33}-1$$
$$=1.041\,8-1$$

---

① 息票利息按 5.3%贴现的现值为：

$$\$45\left[\frac{1-\frac{1}{(1.053)^{14}}}{0.053}\right]=\$437.02$$

到期价值按 5.3%贴现的现值为：

$$\left[\frac{\$1\,000}{(1.053)^{14}}\right]=\$485.29$$

预计售价等于 437.02 美元加上 485.29 美元，即 922.31 美元。

$=0.0418$ 或 4.18%

第 5 步：用 4.18%乘以 2 得到 8.36%，即总收益率。

总收益率的应用（投资期分析）

总收益率指标使投资组合经理可以根据计划投资期和对再投资收益率与未来市场收益率的预期预测债券的表现。这使投资组合经理能够从准备购买的若干债券中，判断出哪种债券在计划投资期内将表现最好。正如我们所强调的，用到期收益率作为相对价值指标是无法做到这一点的。

用总收益率评估债券在某段投资期内的表现，被称为**投资期分析**（horizon analysis）。如果计算出的是某段投资期的总收益率，那么该收益率被称为**投资期收益率**（horizon return）。在本书中，我们将交替使用投资期收益率和总收益率这两个术语。

投资期分析也被用于评估债券互换。在债券互换中，投资组合经理考虑用投资组合中持有的某种债券交换为另一种债券。当债券互换的目的是提高投资组合在计划投资期内的收益率时，可以计算出考虑购买的债券的总收益率，并将其与投资组合中已持有的债券的总收益率进行比较，以确定是否应替换已持有的债券。我们将在第 24 章中讨论几种债券互换策略。

总收益率指标常被提到的一个缺点是，它要求投资组合经理对再投资收益率和未来收益率作出假设，同时还要考虑投资期方面的问题。遗憾的是，有些投资组合经理觉得使用到期收益率和赎回收益率等指标更顺手，因为这些指标不要求进行任何特定的预期。然而，投资期分析框架使投资组合经理能够分析债券在不同的再投资收益率和未来市场收益率下的表现。只有对多种情况进行研究，投资组合经理才能了解债券表现对各种情况的敏感性。第 24 章将说明包含对未来利率的市场预期的分析框架。

计算收益率的变动

当利率或收益率在两期之间发生变动时，实践中有两种方法可以计算这种变动：绝对收益率变动和相对收益率变动（收益率变动百分比）。

绝对收益率变动（absolute yield change）（也称为**绝对利率变动**，absolute rate change）是用基点衡量的，它是两种收益率之差的绝对值。即，

$$\text{绝对收益率变动(基点)} = |\text{初始收益率} - \text{新收益率}| \times 100$$

例如，考虑下列三种 3 个月期收益率：

第 1 个月：4.45%；

第 2 个月：5.11%；

第 3 个月：4.82%。

那么，绝对收益率变动的计算方法如下所示：

$$\text{第 1 个月到第 2 个月的绝对收益率变动} = |4.45\% - 5.11\%| \times 100$$
$$= 66 \text{ 个基点}$$
$$\text{第 2 个月到第 3 个月的绝对收益率变动} = |5.11\% - 4.82\%| \times 100$$

=29 个基点

收益率相对变动（percentage yield change）或**收益率变动百分比**（percentage yield change）是收益率变动比率的自然对数，计算方法如下：

相对收益率变动=100×ln(新收益率/初始收益率)

其中，ln 为自然对数。

使用前面的三个月收益率，可以得出相对收益率变动为：

第 1 个月到第 2 个月的相对收益率变动=ln(5.11%/4.45%)=13.83%

第 2 个月到第 3 个月的相对收益率变动=ln(4.82%/5.11%)=−5.84%

在第 21 章，我们将讨论信用价差的进一步变化以及是信用价差的绝对变化还是相对变化对历史收益率的变化作了更好的描述。

要　点

·任何投资的收益率或内部收益率都是令现金流现值等于投资价格（或成本）的利率。也可以用相同方法来计算债券收益率。

·债券市场参与者常用的传统收益率指标是当期收益率、到期收益率、赎回收益率、偿债基金收益率、回售收益率、最差收益率和现金流收益率。

·债券投资的三种潜在收益来源为息票利息、再投资收益和资本利得（或资本亏损）。

·传统收益率指标无法令人满意地衡量所有这些收益来源。当期收益率指标没有考虑再投资收益和资本利得（或资本亏损）。到期收益率考虑了全部三种来源，但它的不足是假设所有息票利息都能以到期收益率进行再投资。以低于到期收益率的收益率对息票利息进行再投资的风险被称为再投资风险。

·赎回收益率有相同的缺点；它假设息票利息可以按赎回收益率再投资。现金流收益率做出了和到期收益率相同的假设，并假设可以定期按计算出的现金流收益率对本金进行再投资，且实际上实现了提前偿付。

·给定投资者或投资组合经理的预期和计划投资期，总收益率是更有意义的债券吸引力评价指标。

·两期之间的收益率变化可以用绝对收益率变化或相对收益率变化（或收益率变化百分比）计算。

问　题

1. 某种债券的支付情况如下表所示：

从现在起的年数	投资者得到的现金流（美元）
1	2 000
2	2 000

续前表

从现在起的年数	投资者得到的现金流（美元）
3	2 500
4	4 000

假设该债券的价格为 7 704 美元，那么该债券的收益率或内部收益率是多少？

2. 如果半年定期利率为 4.3%，那么实际年收益率为多少？

3. 什么是债券的到期收益率？

4. 什么是按债券等值基础计算的到期收益率？

5. a. 下列四种债券中，每种债券的面值均为 1 000 美元，每半年付息一次，请给出这四种债券的现金流：

债券	息票利率（%）	距离到期的年数	价格（美元）
W	7	5	884.20
X	8	7	948.90
Y	9	4	967.70
Z	0	10	456.39

b. 请计算上述四种债券的到期收益率。

6. 一位投资组合经理正在考虑购买以下两种债券。债券 A 在 3 年后到期，息票利率为 10%，每半年付息一次。债券 B 的信用质量与债券 A 相同，10 年后到期，息票利率为 12%，每半年付息一次。两种债券的价格都等于面值。

a. 假设该投资组合经理计划将所购买的债券持有 3 年。该投资组合经理购买哪种债券最好？

b. 假设该投资组合经理计划将所购买的债券持有 6 年而不是 3 年。此时，该投资组合经理购买哪种债券最好？

c. 假设该投资组合经理正在管理一家人寿保险公司的资产，这家保险公司发行了一种 5 年期的担保投资合同（GIC）。该人寿保险公司同意支付 9%的利率，每半年付息一次。那么，投资组合经理应该购买两种债券中的哪一种，才能保证满足担保投资合同的支付需求，同时还能使人寿保险公司产生利润？

7. 考虑下列债券：

息票利率＝11%；

期限＝18 年；

面值＝1 000 美元；

13 年后首次按面值赎回；

5 年内仅可被回售一次，且按面值回售。

假设该债券的市场价格为 1 169 美元。

a. 请证明该债券的到期收益率为 9.077%。

b. 请证明首次按面值赎回收益率为 8.793%。

c. 请证明回售收益率为 6.942%。

d. 假设该债券的赎回时间表如下：

可以在 8 年后按 1 055 美元的价格赎回；

可以在 13 年后按 1 000 美元的价格赎回。

假设该债券只能在 5 年后被回售，首次按面值赎回收益率为 8.535%。那么，该债券的最差收益率是多少？

8. a. 什么是分期偿付证券？

b. 分期偿付债券的现金流包括哪三个组成部分？

c. 什么是现金流收益率？

9. 如何计算投资组合的内部收益率？

10. 用投资组合的内部收益率作为投资组合收益率衡量指标的局限性是什么？

11. 假设一只浮动利率债券的息票利率每 6 个月按参考利率加上 70 个基点的利差重新设定。如果该债券的交易价格低于面值，请说明贴现利差是高于还是低于 70 个基点。

12. 一位投资者正在考虑购买一只息票利率为 7%、售价为 816 美元、面值为1 000 美元的 20 年期债券。该债券的到期收益率为 9%。

a. 如果该投资者将 816 美元以 9%的半年利率投资 20 年，按复利计息，那么未来收益总额为多少？

b. 该债券存续期内的总息票利息为多少？

c. 在 20 年期期末，从息票利息和本金偿还中获得的未来收益总额为多少？

d. 对于和第 a 问产生相同未来收益总额的债券而言，利息的利息必须是多少？

e. 假设可以按 4.5％的利率每 6 个月对半年期息票利息进行一次再投资，请计算该债券的利息的利息，并证明所得结果与第 d 问相同。

13. 如果将到期收益率为 8％的 20 年期零息债券持有至到期，那么该债券的总收益率为多少？

14. 请说明为何持有债券至到期的总收益率介于到期收益率和再投资收益率之间？

15. 对于长期高收益率的附息债券，你认为持有债券至到期的总收益率更接近于到期收益率还是再投资收益率？

16. 假设一位投资期为 5 年的投资者正在考虑购买一只利率为 9％、按面值出售的 7 年期附息债券。该投资者预计他可以按 9.4％的年利率将息票利息进行再投资，并预期在投资期期末可以按产生 11.2％的到期收益率的价格出售期限还剩 2 年的债券。那么，该债券的总收益率是多少？

17. 两位投资组合经理正在讨论分期偿付债券的投资特征。经理 A 认为，分期偿付债券相对于非分期偿付债券的优势在于，其定期现金流既包括本金偿还额，也包括息票利息，因此投资组合经理可以获得更高的再投资收益。此外，由于通常是按月计息，因此产生的再投资收益甚至还会更高。经理 B 认为，每个月都要进行再投资的需要以及投资额高于息票利息的需要使分期偿付债券的吸引力较低。你同意谁的观点？为什么？

18. 假设收益率如下：

第 1 周：3.84％；

第 2 周：3.51％；

第 3 周：3.95％。

a. 请计算从第 1 周到第 2 周的绝对收益率变动和相对收益率变动。

b. 请计算从第 2 周到第 3 周的绝对收益率变动和相对收益率变动。

第 4 章

债券价格的波动性

学习目标

阅读本章后，您将了解

- 未附期权债券的价格与收益率之间的关系
- 当收益率发生变动时，影响债券价格波动性的因素
- 未附期权债券的价格波动性特征
- 如何计算基点的价值
- 如何计算和解释债券的麦考利久期、修正久期和金额久期
- 为什么久期是衡量债券价格对收益率变动敏感性的指标
- 固定利率债券和浮动利率债券的利差久期
- 如何计算投资组合的久期和投资组合久期的影响因素
- 用久期作为价格波动性衡量指标的局限性
- 如何根据债券的凸性调整通过久期估测的价格变动
- 如何计算债券的久期和凸性的近似值
- 反向浮动利率证券的久期
- 如何衡量投资组合对利率非平移的敏感性（关键利率久期和收益率曲线重构久期）

正如第 2 章说明的，与债券投资相关的主要风险是利率风险。因此，执行债券交易策略和投资组合策略时，必须能量化头寸或投资组合的利率风险。因此，本章的目的有两个。第一，说明债券的价格波动性特征。第二，介绍和举例说明量化头寸或投资组合的利率风险的几个指标。

未附期权债券的价格与收益率之间的关系综述

正如我们在第 2 章中所说明的，未附期权债券（即未附嵌入式期权的债券）的一个基本

特征是，债券价格与债券必要收益率呈反向变动。该特征符合债券价格等于债券预期现金流现值的事实。随着必要收益率的上升（下降），预期现金流的现值将下降（上升），因而会降低（提高）债券的价格。图表 4—1 利用下列 6 只假设债券说明了这种特征，其中假设债券面值为 100 美元，每半年付息一次。

1. 息票利率为 9%，还有 5 年到期的债券。
2. 息票利率为 9%，还有 25 年到期的债券。
3. 息票利率为 6%，还有 5 年到期的债券。
4. 息票利率为 6%，还有 25 年到期的债券。
5. 还有 5 年到期的零息债券。
6. 还有 25 年到期的零息债券。

未附期权债券的价格与收益率关系曲线的形状如图表 4—2 所示。注意，当必要收益率升高时，未附期权债券的价格将下降。但是，这种关系不是线性的（即不是一条直线）。未附期权债券的价格与收益率关系曲线形状被称为**凸性**（convex）。

我们讨论过的价格与收益率的关系是指必要收益率的即时变化。正如我们在第 2 章中所说明的，随着时间的推移，债券价格的变化受下列因素的影响：(1) 对债券发行人信用风险评价的变化；(2) 折价或溢价债券临近到期日；(3) 市场利率的变化。

图表 4—1　　6 只假设债券的价格与收益率之间的关系

必要收益率（%）	按必要收益率计算的价格（息票利率/距离到期日的年数）					
	9%/5	9%/25	6%/5	6%/25	0%/5	0%/25
6.00	112.795 3	138.594 6	100.000 0	100.000 0	74.409 4	22.810 7
7.00	108.316 6	123.455 6	95.841 7	88.272 2	70.891 9	17.905 3
8.00	104.055 4	110.741 0	91.889 1	78.517 8	67.556 4	14.071 3
8.50	102.002 7	105.148 2	89.986 4	74.258 7	65.953 7	12.479 5
8.90	100.396 6	100.996 1	88.498 3	71.110 5	64.701 7	11.339 1
8.99	100.039 5	100.098 8	88.167 6	70.431 8	64.423 6	11.097 5
9.00	100.000 0	100.000 0	88.130 9	70.357 0	64.392 8	11.071 0
9.01	99.960 4	99.901 3	88.094 3	70.282 4	64.362 0	11.044 5
9.10	99.605 3	99.019 9	87.765 4	69.616 4	64.085 5	10.809 3
9.50	98.045 9	95.253 9	86.321 4	66.777 3	62.872 3	9.824 2
10.00	96.139 1	90.872 0	84.556 5	63.488 1	61.391 3	8.720 4
11.00	92.462 4	83.068 5	81.155 9	57.671 2	58.543 1	6.876 7
12.00	88.959 9	76.357 2	77.919 7	52.714 4	55.839 5	5.428 8

图表 4—2　　未附期权债券的价格—收益率关系曲线

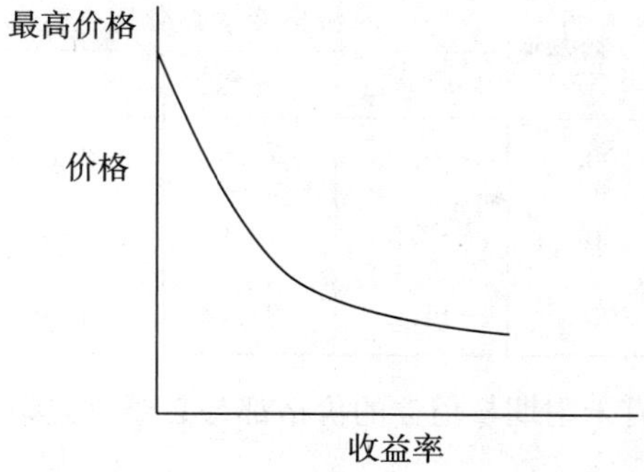

未附期权债券的价格波动性特征

图表 4—3 显示了假设图表 4—1 中的所有 6 只债券的初始收益率均为 9%时，在各种必要收益率变动情况下相应债券的价格变动百分比。通过分析图表 4—3，可以得出关于未附期权债券价格波动性的下列几个特征。

图表 4—3　　6 只假设债券的即时价格变动百分比

按 9%的收益率确定 6 只假设债券的初始价格：
息票利率为 9%的 5 年期债券，价格=100.000 0 美元
息票利率为 9%的 25 年期债券，价格=100.000 0 美元
息票利率为 6%的 5 年期债券，价格=88.130 9 美元
息票利率为 6%的 25 年期债券，价格=70.357 0 美元
息票利率为 0%的 5 年期债券，价格=64.392 8 美元
息票利率为 0%的 25 年期债券，价格=11.071 0 美元

收益率（%）变为	基点的变化	价格变动百分比（息票利率/距离到期日的年数）					
		9%/5	9%/25	6%/5	6%/25	0%/5	0%/25
6.00	−300	12.80	38.59	13.47	42.13	15.56	106.04
7.00	−200	8.32	23.46	8.75	25.46	10.09	61.73
8.00	−100	4.06	10.74	4.26	11.60	4.91	27.10
8.50	−50	2.00	5.15	2.11	5.55	2.42	12.72
8.90	−10	0.40	1.00	0.42	1.07	0.48	2.42
8.99	−1	0.04	0.10	0.04	0.11	0.05	0.24
9.01	1	−0.04	−0.10	−0.04	−0.11	−0.05	−0.24
9.10	10	−0.39	−0.98	−0.41	−1.05	−0.48	−2.36
9.50	50	−1.95	−4.75	−2.05	−5.09	−2.36	−11.26

续前表

收益率（%）变为	基点的变化	价格变动百分比（息票利率/距离到期日的年数）					
		9%/5	9%/25	6%/5	6%/25	0%/5	0%/25
10.00	100	−3.86	−9.13	−4.06	−9.76	−4.66	−21.23
11.00	200	−7.54	−16.93	−7.91	−18.03	−9.08	−37.89
12.00	300	−11.04	−23.64	−11.59	−25.08	−13.28	−50.96

特征 1：尽管所有未附期权债券的价格都与必要收益率反向变动，但并非所有债券的价格变动百分比都相同。

特征 2：当必要收益率的变动较小时，不管必要收益率是上升还是下降，给定债券的价格变动百分比都大致相同。

特征 3：当必要收益率的变动较大时，必要收益率上升和下降导致的债券价格变动百分比不同。

特征 4：当基点变动幅度较大时，价格上升的百分比大于价格下降的百分比。

特征 4 的含义是，如果投资者持有一只债券（即持有债券“多头”），则当必要收益率下降时价格的上升幅度将大于必要收益率下降相同基点时的资本损失幅度。对于持有债券“空头”的投资者而言，情况则恰好相反：如果必要收益率变动一定的基点，则潜在的资本损失将高于潜在的资本收益。

价格—收益率关系曲线的凸性说明了债券价格波动性的这四个特征。我们将在本章后面对此进行更详细的分析。

影响债券价格波动性的债券特征

未附期权债券的价格波动性是由它的两个特征决定的，这两个特征就是息票利率和到期期限。

特征 1：当给定到期期限和初始收益率时，息票利率越低，债券价格的波动性越大。通过比较期限相同、利率为 9%、6%的债券和零息债券就可以看出这一特征。

特征 2：当给定息票利率和初始收益率时，距离到期日的期限越长，价格波动性就越大。通过比较图表 4—3 中息票利率相同的 5 年期债券和 25 年期债券就可以看出这一特征。

第二个特征的含义是，在其他所有因素不变的情况下，由于预期利率下降而希望增加投资组合价格波动性的投资者应在投资组合中持有期限较长的债券。当预期利率上升时，为了降低投资组合的价格波动性，投资者应在投资组合中持有期限较短的债券。

到期收益率的影响

我们无法忽视这样一个事实，即使债券的息票利率和期限相同，信用因素也会导致债券交易时的收益率不同。但是，如果保持其他因素不变，到期收益率是否会影响债券的价格波动性？结果表明，债券交易时的到期收益率越高，价格波动性就越低。

为了说明这一结论，比较息票利率为 9%的 25 年期债券在图表 4—4 中各种收益率水平下的交易情况。第一列显示了债券交易时的收益率水平，第二列给出了初始价格，第三列显示了收益率变动 100 个基点时的债券价格，第四列和第五列显示了价格变动额和价格变动百分比。注意，在后两列中，初始收益率越高，价格波动性就越低。这意味着对于给定的收益率变动而言，市场收益率水平越低，价格波动性就越高，而市场收益率水平越高时，价格波动性就越低。

图表 4—4　　息票利率为 9%的 25 年期债券以不同收益率水平交易时，收益率变动 100 个基点所引致的价格变动

收益率水平（%）	初始价格（美元）	新价格[a]（美元）	价格下降额（美元）	价格下降百分比（%）
7	123.46	110.74	12.72	10.30
8	110.74	100.00	10.74	9.70
9	100.00	90.87	9.13	9.13
10	90.87	83.07	7.80	8.58
11	83.07	76.36	6.71	8.08
12	76.36	70.55	5.81	7.61
13	70.55	65.50	5.05	7.16
14	65.50	61.08	4.42	6.75

a. 收益率增加 100 个基点的结果。

债券价格波动性的衡量指标

为了实施对冲策略和交易策略，货币经理、套利商和交易商需要找到一种衡量债券价格波动性的方法。常用的三个衡量指标为：（1）基点的价值；（2）价格变动的收益率；（3）久期。

基点的价值

基点的价值（price value of a basis point），也称为**01 的美元价值**（dollar value of an 01，DV 01），是指必要收益率变化 1 个基点时的债券价格变动额。注意，这种债券波动性指标衡量的是以货币表示的**价格波动性**（dollar price volatility），而不是价格波动百分比（价格变动占初始价格的百分比）。通常，一个基点的价格用价格变动的绝对值表示。根据价格与收益率关系的第二个特征，必要收益率上升或下降 1 个基点时，价格波动性相同。

我们可以用图表 4—1 中的 6 只债券说明如何计算基点的价值。其中，每只债券的初始价格、必要收益率增加 1 个基点（从 9%增加到 9.01%）后的价格和 1 个基点的价格（前面两个价格之差）如下：

债券	初始价格（收益率为 9%）	收益率为 9.01%时的价格	1 个基点的价格[a]
息票利率为 9%的 5 年期债券	100.000 0	99.960 4	0.039 6

续前表

债券	初始价格（收益率为 9%）	收益率为 9.01%时的价格	1 个基点的价格[a]
息票利率为 9%的 25 年期债券	100.000 0	99.901 3	0.098 7
息票利率为 6%的 5 年期债券	88.130 9	88.094 5	0.036 4
息票利率为 6%的 25 年期债券	70.357 0	70.282 4	0.074 6
5 年期零息债券	64.392 8	64.362 0	0.030 8
25 年期零息债券	11.071 0	11.044 5	0.026 5

a. 每 100 美元面值的绝对值。

由于这种价格波动性指标是从价格变动的角度来衡量的，因此用 1 个基点的价格除以债券初始价格，即可得出收益率变动 1 个基点时的价格变动百分比。

价格变动的收益率

投资者使用的另一个债券价格波动性衡量指标是特定价格变化下的收益率。估算该指标时，首先应计算出债券价格降低 X 美元时的到期收益率。然后，求出初始收益率和新收益率之差，即债券价格变动 X 美元时的收益率。该收益率的值越小，价格波动性越大，因为较小的收益率变化即可导致 X 美元的价格变动。

久　期

在第 2 章中，我们说明了未附期权债券价格的数学计算公式①：

$$P=\frac{C}{1+y}+\frac{C}{(1+y)^2}+\cdots+\frac{C}{(1+y)^n}+\frac{M}{(1+y)^n} \tag{4.1}$$

其中，

P=债券价格；

C=半年息票利息额（以美元表示）；

y=到期收益率或必要收益率的一半；

n=半年期的期数（年数×2）；

M=到期价值（以美元表示）。

为了确定收益率小幅变化时的价格变动近似值，对式（4.1）的必要收益率求一阶导数，可得

$$\frac{\mathrm{d}P}{\mathrm{d}y}=\frac{(-1)C}{(1+y)^2}+\frac{(-2)C}{(1+y)^3}+\cdots+\frac{(-n)C}{(1+y)^{n+1}}+\frac{(-n)M}{(1+y)^{n+1}} \tag{4.2}$$

整理式（4.2），可得

① 式（4.1）假设下一次利息支付恰好为从现在起 6 个月后，且不存在应计利息。如我们在第 2 章结尾所说明的，可以很容易地将该公式推广至从价格确定日到首次付息日不足 6 个月的情况，并调整价格以考虑应计利息。

$$\frac{dP}{dy}=-\frac{1}{1+y}\left[\frac{1C}{1+y}+\frac{2C}{(1+y)^2}+\cdots+\frac{nC}{(1+y)^n}+\frac{nM}{(1+y)^n}\right] \tag{4.3}$$

括号中的项为债券现金流的加权平均到期值，其中权数为现金流的现值。

式（4.3）显示了必要收益率小幅变化导致的价格变动近似值。式（4.3）两侧除以 P，即可得出价格变动百分比的近似值：

$$\frac{dP}{dy}\frac{1}{P}=-\frac{1}{1+y}\left[\frac{1C}{1+y}+\frac{2C}{(1+y)^2}+\cdots+\frac{nC}{(1+y)^n}+\frac{nM}{(1+y)^n}\right]\frac{1}{P} \tag{4.4}$$

方括号中的表达式除以价格（或乘以价格的倒数），即得到通常所称的**麦考利久期**（Macaulay duration）[①]；即

$$\text{麦考利久期}=\frac{\frac{1C}{1+y}+\frac{2C}{(1+y)^2}+\cdots+\frac{nC}{(1+y)^n}+\frac{nM}{(1+y)^n}}{P}$$

该式可以改写为

$$\text{麦考利久期}=\frac{\sum_{t=1}^{n}\frac{tC}{(1+y)^t}+\frac{nM}{(1+y)^n}}{P} \tag{4.5}$$

用麦考利久期替换式（4.4）中的价格变动百分比近似值，得到

$$\frac{dP}{dy}\frac{1}{P}=-\frac{1}{1+y}\times\text{麦考利久期} \tag{4.6}$$

投资者通常将麦考利久期与（1+y）之比称为**修正久期**（modified duration）；即

$$\text{修正久期}=\frac{\text{麦考利久期}}{1+y} \tag{4.7}$$

将式（4.7）代入式（4.6），得到

$$\frac{dP}{dy}\frac{1}{P}=-\text{修正久期} \tag{4.8}$$

式（4.8）表明，修正久期与给定收益率变化下的价格变动百分比近似值有关。由于所有未附期权债券的修正久期均为正值，因此式（4.8）说明修正久期和给定收益率变化下的价格变动百分比近似值存在反向关系。这一结论可以根据债券价格与利率的变化方向相反的基本原理得出。

图表 4—5 和图表 4—6 说明了两只 5 年期附息债券的麦考利久期和修正久期的计算过程。这里求出的久期是每一期的久期。因为债券的现金流每 6 个月产生一次，因此这些久期是半年久期。为了将久期调整为以年数计算的久期，必须将其除以 2，如图表 4—5 和图

① 1938 年，在美国国家经济研究局对债券收益率的研究中，弗雷德里克·麦考利（Frederick Macaulay）创造出这一术语，并用该指标而不是期限作为债券投资余额平均期限长度的替代指标。［见 Frederick Macaulay，*Some Theoretical Problems Suggested by the Movement of Interest Rates*，*Bond Yields and Stock Prices in the U. S. Since 1856*（New York：National Bureau of Economic Research，1938）。］在分析金融机构的利率敏感性时，雷丁顿（Redington）和萨缪尔森（Samuelson）分别独立提出了久期的概念。（见 F. M. Redington，“Review of the Principle of Life Office Valuation，” *Journal of the Institute of Actuaries*，1952，pp. 286 - 340；及 Paul A. Samuelson，“The Effect of Interest Rate Increases on the Banking System，” *American Economic Review*，March 1945，pp. 16 - 27。）

表 4—6 底部所示。通常，如果现金流每年产生 m 次，就需要将久期除以 m 进行调整，即，

$$久期年数=\frac{每年\ m\ 期的久期}{m}$$

图表 4—5　计算息票利率为 9%、到期收益率为 9%的 5 年期债券的麦考利久期和修正久期

息票利率：9.00%

期限（年）：5

初始收益率：9.00%

时期（t）	现金流[a]（美元）	以 4.5%贴现的1 美元的现值	现金流的现值	t×现金流的现值[b]
1	4.50	0.956 937	4.306 220	4.306 22
2	4.50	0.915 729	4.120 785	8.241 56
3	4.50	0.876 296	3.943 335	11.830 00
4	4.50	0.838 561	3.773 526	15.094 10
5	4.50	0.802 451	3.611 030	18.055 14
6	4.50	0.767 895	3.455 531	20.733 18
7	4.50	0.734 828	3.306 728	23.147 09
8	4.50	0.703 185	3.164 333	25.314 66
9	4.50	0.672 904	3.028 070	27.252 62
10	104.50	0.643 927	67.290 443	672.904 42
			100.000 000	826.878 99

a. 每 100 美元面值的现金流。

$$麦考利久期（半年）=\frac{826.878\ 99}{100.000\ 000}=8.27$$

$$麦考利久期（年）=\frac{8.27}{2}=4.13$$

$$麦考利久期=\frac{4.13}{1.045\ 0}=3.96$$

b. 数值被四舍五入。

图表 4—6　计算息票利率为 6%、到期收益率为 9%的 5 年期债券的麦考利久期和修正久期

时期（t）	现金流[a]（美元）	以 4.5%贴现的1 美元的现值	现金流的现值	t×现金流的现值[b]
1	3.00	0.956 937	2.870 813	2.870 81
2	3.00	0.915 729	2.747 190	5.494 37
3	3.00	0.876 296	2.628 890	7.886 66
4	3.00	0.838 561	2.515 684	10.062 73
5	3.00	0.802 451	2.407 353	12.036 76

续前表

时期（t）	现金流[a]（美元）	以 4.5%贴现的 1 美元的现值	现金流的现值	$t\times$现金流的现值[b]
6	3.00	0.767 895	2.303 687	13.822 12
7	3.00	0.734 828	2.204 485	15.431 39
8	3.00	0.703 185	2.109 555	16.876 44
9	3.00	0.672 904	2.018 713	18.168 41
10	103.00	0.643 927	66.324 551	663.245 51
总计			88.130 923	765.895 20

a. 每 100 美元面值的现金流。

$$麦考利久期（半年）=\frac{765.895\ 20}{88.130\ 923}=8.69$$

$$麦考利久期（年）=\frac{8.69}{2}=4.35$$

$$麦考利久期=\frac{4.35}{1.045\ 0}=4.16$$

b. 数值被四舍五入。

6 只假设的债券以年计的麦考利久期和修正久期计算如下：

债券	麦考利久期（年）	修正久期
9%/5 年期	4.13	3.96
9%/25 年期	10.33	9.88
6%/5 年期	4.35	4.16
6%/25 年期	11.10	10.62
0%/5 年期	5.00	4.78
0%/25 年期	25.00	23.92

除了用式（4.5）计算麦考利久期、用式（4.7）计算修正久期以外，我们还可以推导出一个不必像式（4.5）那样需要大量计算的替代公式。通过改写债券价格的以下两个要素，即可实现上述目标：(1) 年金的现值，其中年金为息票利息之和；(2) 面值的现值。也就是说，每 100 美元面值债券的价格可以表示为①：

$$P=C\left[\frac{1-\frac{1}{(1+y)^n}}{y}\right]+\frac{100}{(1+y)^n} \tag{4.9}$$

将式（4.9）的一阶导数除以 P，可以得到修正久期的另一个计算公式：

$$修正久期=\frac{\frac{C}{y^2}\left[1-\frac{1}{(1+y)^n}\right]+\frac{n\ (100-C/y)}{(1+y)^{n+1}}}{P} \tag{4.10}$$

其中，价格表示为面值的百分比。麦考利久期可以用式（4.10）乘以（$1+y$）表示。为了说明如何应用式（4.10），考虑一只息票利率为 6%、售价为 70.357 美元、收益率为 9%

① 式（4.9）的第一项为式（2.7）中的息票利息支付按 y 贴现所得的现值。

的 25 年期债券。则

$C=3\ (0.06\times100\times1/2)$

$y=0.045\ (0.09\times1/2)$

$n=50$

$p=70.357$

代入式（4.10），得到

$$\text{修正久期}=\frac{\frac{3}{(0.045)^2}\left[1-\frac{1}{(1.045)^{50}}\right]+\frac{50\ (100-3/0.045)}{(1.045)^{51}}}{P}$$

$$=\frac{1\ 481.481\ (0.889\ 29)+176.570\ 4}{70.357}$$

$$=21.235\ 08$$

21.235 08 除以 2 可得 10.62，即修正久期。10.62 乘以 1.045 可得 11.10，即麦考利久期。

久期的特征

从 6 只假设债券计算出的不同久期可以看出，附息债券的修正久期和麦考利久期小于期限。从公式中可以很明显地看出，零息债券的麦考利久期等于其期限；但是，零息债券的修正久期小于其期限。而且，在通常情况下，息票利率越低，债券的修正久期和麦考利久期就越大。①

之前讨论的债券价格波动性的特征与修正久期的特征之间存在一致性。我们之前说明过，当其他所有因素不变时，期限越长，价格波动性越大。修正久期的一个特征是，当其他所有因素不变时，期限越长，修正久期越大。我们还说明了，当其他所有因素不变时，息票利率越低，债券价格波动性越大。如刚才所述，通常息票利率越低，修正久期就越大。因此，修正久期越大，价格波动性也越大。

最后，如前所述，影响价格波动性的另一个因素是到期收益率。在其他所有因素不变的情况下，到期收益率水平越高，价格波动性就越低。下表显示了息票利率为 9%的 25 年期债券在不同到期收益率水平上的修正久期，从中可以发现修正久期也有相同的性质。

收益率（%）	修正久期
7	11.21
8	10.53
9	9.88
10	9.27
11	8.70
12	8.16
13	7.66
14	7.21

① 期限较长的大幅折价债券不具有这种特征。

计算价格变化百分比的近似值

如果将式（4.8）的等号两侧同时乘以必要收益率的变动（dy），即可得到下列关系式：

$$\frac{\mathrm{d}P}{P}=-\text{修正久期}\times \mathrm{d}y \tag{4.11}$$

式（4.11）可用于计算给定必要收益率变动时的价格变动百分比近似值。

现在举例说明这种关系，考虑一只息票利率为6%、售价为70.357 0美元、收益率为9%的25年期债券。该债券的修正久期为10.62。如果收益率瞬间从9%增加到9.10%，即收益率变动为+0.001 0（10个基点）时，运用式（4.11）算出的价格变动百分比近似值为：

$$-10.62\ (+0.001\ 0)\ =-0.010\ 6\ \text{或}-1.06\%$$

注意，在图表4—3中，实际价格变动百分比为−1.05%。同理，如果收益率瞬间从9%降低到8.90%（降低10个基点），那么用式（4.11）算出的价格变动百分比近似值为+1.06%。根据图表4—3，实际价格变动百分比应为+1.07%。这个例子说明，当必要收益率变化较小时，修正久期可以较好地给出价格变动百分比的近似值。

假设必要收益率的变化幅度不是较小，而是上升了200个基点，从9%升至11%（收益率变动为+0.02）。用式（4.11）算出的价格变动百分比近似值为：

$$+10.62\ (+0.02)\ =-0.212\ 4=-21.24\%$$

这一近似值准确吗？如图表4—3所示，实际的价格变动百分比仅为−18.03%。而且，如果必要收益率下降200个基点，从9%降到7%，那么根据久期算出的价格变动百分比的近似值将为+21.24%，相比之下，实际的价格变动百分比为25.46%。所以修正久期提供的不仅是有缺陷的近似值，而且是对称的价格变动百分比，正如本章前面所指出的，这并非收益率发生较大变化时债券价格—收益率关系所呈现的特征。

我们可以用式（4.1）来解释修正久期。假设某只债券的收益率变动了100个基点。那么，将100个基点（0.01）代入式（4.11），得到下式：

$$\frac{\mathrm{d}P}{P}=-\text{修正久期}\times(0.01)=-\text{修正久期}(\%)$$

因此，修正久期可以解释为收益率变动100个基点时的价格变动百分比的近似值。

计算价格变动的近似值

修正久期是价格变动百分比的一种替代指标。投资者还希望了解债券的价格波动率。当然，式（4.2）可以用来计算价格波动率。另外，将式（4.8）的等号两侧同时乘以P，得出

$$\frac{\mathrm{d}P}{\mathrm{d}y}=(-\text{修正久期})\times P \tag{4.12}$$

等号右侧的表达式被称为**金额久期**（dollar duration）：

$$\text{金额久期}=-(\text{修正久期})\times P \tag{4.13}$$

当我们知道了价格变动百分比和初始价格后，就能根据修正久期估算出价格变动。通过

将式（4.11）两侧同时乘以 P，也可以得出估算的价格变动金额：

$$dP=-(\text{修正久期})\times P\times(dy)$$

根据式（4.13），用金额久期替代式（4.13）中的修正久期与 P 的乘积。则有

$$dP=-(\text{金额久期})\times(dy) \tag{4.14}$$

当必要收益率变动较小时，式（4.14）可以很好地估计价格变动。例如，考虑一只息票利率为6%、售价为 70.357 0 美元、收益率为 9%的 25 年期债券。该债券的金额久期为 747.200 9 美元。当必要收益率上升一个基点（0.000 1）时，每 100 美元面值的估计价格变动为：

$$\begin{aligned} dP &= -(\$747.200\,9)(0.000\,1) \\ &= -\$0.074\,7 \end{aligned}$$

从图表 4—1 中可以看到实际价格为 70.282 4 美元。因此，实际价格变动为 0.074 6 美元（70.282 4－70.357 0）。注意，1 个基点变动的金额久期等于 1 个基点的价格。

现在，让我们来看当同一只债券的必要收益率发生较大变化时会发生什么情况。如果必要收益率从 9%上升到 11%（即 200 个基点），则每 100 美元面值的价格变动近似值为：

$$\begin{aligned} dP &= -(\$747.200\,9)(0.02) \\ &= -\$14.94 \end{aligned}$$

从图表 4—1 中我们可以看到，如果必要收益率为 11%，则该债券的实际价格为 57.671 2 美元。因此，实际的价格下降幅度为 12.685 8 美元（57.671 2－70.357 0）。估计的价格变动幅度高于实际的价格变动幅度。必要收益率下降时的情况则正好相反。这一结果和我们先前说明的情况一致。当必要收益率的变动较大时，金额久期或修正久期不足以准确估计价格变动。当必要收益率上升时，久期会高估价格变动幅度，从而低估新的价格。当必要收益率下降时，久期会低估价格变动幅度，从而低估新的价格。

利差久期

市场参与者需要计算一种被称为利差久期的指标。该指标有两种用途。一种用于固定利率债券，另一种用于浮动利率债券。

首先考虑固定利率债券。正如我们曾说明过的，久期是一种衡量利率变化时的债券价格变动的指标。假设发生变化的利率为国债利率。然而，正如下一章将要说明的，对于非国债债券而言，其收益率等于国债收益率加上对国债收益率的利差。该利差表示对信用风险的补偿。非国债债券的价格受利差变动的影响，我们在第 1 章中曾将这种风险称为信用利差风险。即使国债利率不变，信用利差也可能由于市场必要利差的变化而变化。衡量市场必要利差变化时非国债债券价格变动的指标被称为**利差久期**（spread duration）。国债的利差久期为零。

即便对于固定利率债券而言，利差久期也有不同的用途。如后面的章节所示，存在着多种利差衡量指标。[①] 因此，在运用这一指标时，了解所用的是何种利差指标是很重要的。固定利率证券的利差久期是指：利差变动 100 个基点时固定利率债券的价格变动近似值。

① 具体而言，对于固定利率债券，有名义利差、零波动利差和期权调整利差。

我们将在第 21 章讨论利差久期。在那一章中，我们还将看到国债利率变化如何影响信用利率的变化以及它对公司债券久期的影响。

如第 2 章所示，浮动利率债券的敏感性取决于市场期望的利差是否会发生变动。前面曾经提到过，利差反映在调息公式的报价利差中。在典型的浮动利率债券中，报价利差在债券存续期内是固定不变的。利差久期是一种用于估计浮动利率债券价格对利差变动敏感性的指标。浮动利率债券的利差久期为 1.4 意味着，如果市场必要利差变动了 100 个基点，那么该浮动利率债券的价格将变化大约 1.4%。

投资组合的久期

至此，我们已经考察了单只债券的久期。投资组合的久期是投资组合中各债券的加权平均久期。也就是说，投资组合中每只债券的久期的权重都是该债券在投资组合中所占的百分比。例如，考虑下列由 4 只债券组成、总市值为 1 亿美元的投资组合，如图表 4－7 所示。债券在投资组合中的权重为该债券的市场价值除以 1 亿美元的总市场价值。因此，该投资组合的久期为：

$$0.1\times4+0.4\times7+0.3\times6+0.2\times2=5.4$$

图表 4—7　　四只债券组成的投资组合

债券	市场价值（百万美元）	投资组合权重	久期
A	10	0.10	4
B	40	0.40	7
C	30	0.30	6
D	20	0.20	2

该投资组合的久期为 5.4，意即：如果所有影响投资组合中四只债券的收益率均变动 100 个基点，则该投资组合的价值将变动约 5.4%。

投资组合经理从债券**对投资组合久期的贡献度**（contribution to portfolio duration）的角度考察特定债券的利率风险。该指标等于债券在投资组合中的权重与该债券的久期之积。即，

对投资组合久期的贡献度＝债券在投资组合中的权重×债券的久期

例如，对于图表 4—7 中由 4 只债券构成的投资组合（之前已经计算出了投资组合的久期），图表 4—8 的最后一列给出了各只债券对投资组合久期的贡献度。

图表 4—8　　计算对 4 只债券组成的投资组合的投资组合久期的贡献

债券	市场价值（美元）	投资组合权重	久期	对投资组合久期的贡献
A	10 000 000	0.10	4	0.40
B	40 000 000	0.40	7	2.80
C	30 000 000	0.30	6	1.80
D	20 000 000	0.20	2	0.40
总计	100 000 000	1.00		5.40

此外，投资组合经理还要考察债券市场中不同种类债券的投资组合久期。某类债券对投资组合久期的贡献度的计算方法和某只债券对投资组合久期的贡献度的计算方法相同。固定利率债券组合的利差久期也可以用这种方法计算。在这种情况下，投资组合久期可以分为两种：第一种是国债利率水平变化下的投资组合久期；第二种是利差久期。

现在举例说明上述情况。我们使用将在第 25 章中用来说明如何构建债券组合的一个投资组合。对于该投资组合，图表 4—9[①] 显示了投资组合经理投资的四个部门。我们将在接下来的章节中说明每个部门。现在，“政府机构抵押贷款支持证券”表示将在第 11 章中讨论的政府机构住房抵押贷款支持证券；“公司债券”指公司债券和其他形式的公司信贷。图表中第二列是对投资组合中每个部门的权重分配。第三列显示了每个部门的久期。实际上，除了国债部门，每个部门的久期都是用比本章中的模型更复杂的模型计算出来的，用它可以算出价格并代入久期公式。后面的章节中将对其进行讨论。“对投资组合久期的贡献”一栏中的最后一行显示了投资组合的久期：5.55。

图表 4—9　　部门分布与对投资组合久期的贡献

部门	投资组合的权重	部门久期	对投资组合久期的贡献
国债	0.295	7.25	2.14
政府相关债券	0.036	1.94	0.07
公司债券	0.379	4.85	1.84
政府机构抵押贷款支持证券	0.290	5.17	1.50
总计	1.000	—	5.55

正如第 24 章所示，典型投资组合经理的业绩是通过与基准指数——通常是债券指数——的对比来衡量的。假设某位投资组合经理构建了图表 4—9 中显示的投资组合，并将基准定为巴克莱资本美国综合指数（Barclays Capital U. S. Aggregate Index）。图表 4—10 显示了该基准指数的指数权重和各部门久期（分别为第二列和第三列）。第四列的最后一行显示了投资组合的基准指数久期：5.41。

图表 4—10　　部门分布与巴克莱资本美国综合指数对久期的贡献

部门	指数权重	部门久期	对指数久期的贡献
国债	0.333	5.32	1.77
政府相关债券	0.068	5.88	0.40
公司债券	0.266	6.50	1.73
抵押贷款支持证券	0.333	4.53	1.51
总计	1.000	—	5.41

注意，投资组合和指数的久期大致相同。这种投资组合被称为**久期中性**（duration neutral）。这表明当利率变化 100 个基点时，两者都将变化大约 5.5%。但是正如我们能看到的，投资组合对不同部门的敞口不同。如前所示，利差久期可以用于估计对不同部门的敞口；按照计算对投资组合和指数久期的贡献的方法，也可以计算出对利差久期的贡献。

① 该投资组合由巴克莱资本的 Cenk Ural 构建。

分析久期与实证久期

计算久期的目的是估计债券的利率风险。然而，考虑债券风险的一般方法是，债券风险由两个因素组成：权益风险和利率风险。对于高信用评级的公司债券（即投资级债券），利率风险是主要风险。相反，对于低信用评级的公司债券（即非投资级公司债券或高收益公司债券），权益风险更可能是主要风险。因此，用公式算出的久期指标可能不是此类债券利率风险的理想指标。在第 21 章中，将说明如何用统计分析——具体而言，是回归分析——估算公司债券的久期。根据历史数据用回归分析计算出的久期被称为实证久期。为了区别实证久期与用本章中介绍的公式计算的久期，我们称后者为分析久期。

凸 性

我们在前面几节介绍的三种衡量价格波动性的指标是在收益率或价格变动较小时较理想的指标。我们已经说明了这三种指标的关系。图表 4—11 对此进行了更正式的总结。

图表 4—11　　衡量债券价格波动性的指标及其相互之间的关系

符号定义：
D=麦考利久期；
D^*=修正久期；
PVBP=1 个基点的价值；
y=以小数形式表示的到期收益率；
Y=以百分比形式表示的到期收益率（$Y=100\times y$）；
P=债券价格；
m=每年付息的次数。
关系式：

$D^*=\dfrac{D}{1+y/m}$	根据定义
$\dfrac{\Delta P/P}{\Delta y}\approx D^*$	对于较小的 Δy，$\dfrac{\Delta P/P}{\Delta y}$的近似值
$\Delta P/\Delta Y\approx$价格—收益率曲线的斜率	对于较小的 ΔY，$\Delta P/\Delta Y$ 的近似值
PVBP$\approx\dfrac{D^*\times P}{100\ 000}$	近似值
对于按面值或接近面值交易的债券：	
PVBP$=D^*/100$	近似值
$D^*\approx\Delta P/\Delta Y$	对于较小的 ΔY，$\Delta P/\Delta Y$ 的近似值

由于所有久期指标都只是收益率小幅变动时的近似值，因此当收益率的变动幅度较大时，这种指标无法体现债券凸性对债券价格表现的影响。为了体现债券的曲率或凸性的影响，可以用另一种指标来补充久期指标。在本节中，我们将结合介绍债券价格与收益率的凸性关系和前面讨论过的几种债券价格波动性特性。

在图表 4—12 中，作出了一条经过收益率 y^* 点的价格—收益率曲线的切线。这条切线的斜率表示在该点（收益率水平）上利率变动下的价格变动率。该切线的斜率与1个基点的价格密切相关。因此，对于给定的初始价格，切线斜率（反映了绝对价格变动率）与债券的久期（反映了价格变动百分比）密切相关。切线越陡峭，久期就越大；切线越平坦，久期就越小。因此，对于给定的初始价格，切线和久期可以交换使用，并可以视为这种方法与价格变动率估计方法相同。

图表 4—12　　　　价格—收益率曲线的切线

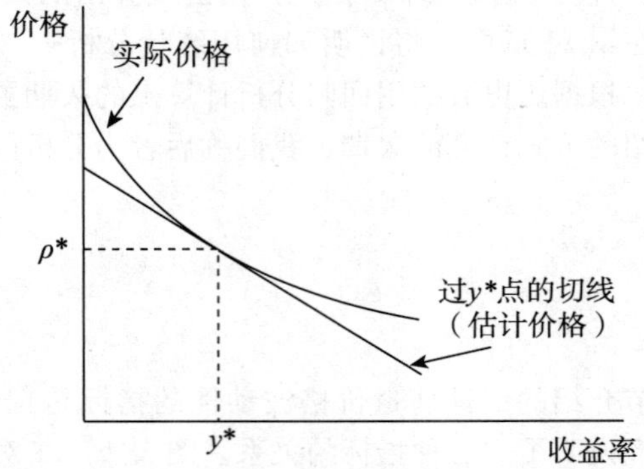

注意收益率发生变化时久期（切线的陡峭程度）的变化：当收益率升高（降低）时，久期随之降低（升高）。如前所述，全部未附期权债券都具有这种性质。

如图表4—13所示，如果从（横轴上）任一收益率引一条垂线，则横轴与切线之间的距离表示初始收益率为 y^* 时，根据久期计算出的近似价格。这一近似价格总是低于实际价格。这印证了我们之前说明的久期（以及切线）与价格变动近似值之间的关系。当收益率降低时，估计价格变动将小于实际价格变动，从而低估了实际价格。另一方面，当收益率上升时，估计价格变动将大于实际价格变动，从而低估*了实际价格。

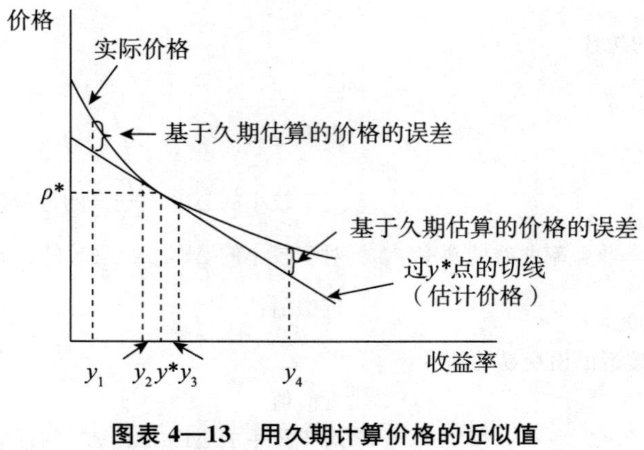

图表 4—13　用久期计算价格的近似值

当收益率变动较小时，切线和久期可以很好地用来估算实际价格。但是，距离初始收益率 y^* 越远，估算效果越差。很明显，近似值的准确度取决于债券价格—收益率曲线的凸性。

---

* 原书如此，疑应为"高估"。——译者注

凸性的衡量

久期（修正久期或金额久期）试图估计与一条直线（即切线）的凸性关系。当必要收益率发生变化时，能否确定一个给出债券价格变动的更优近似值的数学关系式呢？

我们可以利用泰勒展开式的前两项来估算价格变动的近似值，如下式所示[①]：

$$dP=\frac{dP}{dy}dy+\frac{1}{2}\frac{d^2P}{dy^2}(dy)^2+\text{误差项} \tag{4.15}$$

在式（4.15）两边同时除以 P，得到价格变动百分比，即：

$$\frac{dP}{P}=\frac{dP}{dy}\frac{1}{P}dy+\frac{1}{2}\frac{d^2P}{dy^2}\frac{1}{P}(dy)^2+\frac{\text{误差项}}{P} \tag{4.16}$$

式（4.15）右侧的第一项为式（4.14），即根据金额久期算出的价格变动。因此，式（4.15）右侧的第一项就是根据久期算出的价格变动近似值。在式（4.16）中，右侧的第一项是根据修正久期算出的价格变动百分比近似值。

式（4.15）和式（4.16）的第二项包括价格函数［式（4.1）］的二阶导数。该二阶导数被用作修正价格—收益率曲线凸性的替代指标。市场参与者将价格的二阶导数［式（4.1）］称为债券的**金额凸性值**（dollar convexity measure）；即

$$\text{金额凸性值}=\frac{d^2P}{dy^2} \tag{4.17}$$

金额凸性值与收益率变动值平方的乘积表示的是根据凸性求出的价格变动估计值。也就是说，根据凸性求出的价格变动近似值为

$$dP=(\text{金额凸性值})\times(dy)^2 \tag{4.18}$$

价格函数的二阶导数除以价格，可得到根据凸性求出的债券价格变动百分比的指标，简称为**凸性值**（convexity measure），即

$$\text{凸性值}=\frac{d^2P}{dy^2}\frac{1}{P} \tag{4.19}$$

根据凸性求出的价格变动百分比为

$$\frac{dP}{P}=\frac{1}{2}\times(\text{凸性值})\times(dy)^2 \tag{4.20}$$

价格公式（4.1）的二阶导数为

$$\frac{d^2P}{dy^2}=\sum_{t=1}^{n}\frac{t(t+1)C}{(1+y)^{t+2}}+\frac{n(n+1)M}{(1+y)^{n+2}} \tag{4.21}$$

图表 4—14 和图表 4—15 说明了如何计算两只 5 年期债券的二阶导数［式（4.21）］、年金额凸性值和年凸性值。凸性值是按期数的平方计量的。为了将凸性值转换为年数据，必须将式（4.17）和式（4.19）除以 4（2 的平方）。通常，如果每年出现 m 次现金流，则调整为年度值的凸性值如下：

① 微积分教科书中讨论的泰勒展开式可以用来计算数学函数的近似值。这里计算的是价格函数的近似值。

$$年凸性值=\frac{每年 m 期的凸性值}{m^2}$$

6 只假设债券的年化凸性和年化金额凸性可以总结如下：

债券（100 美元面值）	二阶导数	年化凸性值（100 美元面值）	年化金额凸性值（美元）
9%/5 年期	7 781.02	19.45	1 945.26
9%/25 年期	64 288.42	160.72	16 072.00
6%/5 年期	7 349.45	20.85	1 837.36
6%/25 年期	51 476.26	182.92	12 869.70
0%/5 年期	6 486.30	25.18	1 621.42
0%/25 年期	25 851.93	583.78	6 463.02

图表 4—14　计算息票利率为 9%、到期收益率为 9%的 5 年期债券的凸性值和金额凸性值

息票利率：9.00%
期限（年）：5
初始收益率：9.00%
价格：100

时期，t	现金流[a]（美元）	$\frac{1}{(1.045)^{t+2}}$	$t(t+1)CF$	$\frac{t(t+1)CF}{(1.045)^{t+2}}$
1	4.50	0.876 296	9	7.886
2	4.50	0.838 561	27	22.641
3	4.50	0.802 451	54	43.332
4	4.50	0.767 895	90	69.110
5	4.50	0.734 828	135	99.201
6	4.50	0.703 185	189	132.901
7	4.50	0.672 904	252	169.571
8	4.50	0.643 927	324	208.632
9	4.50	0.616 198	405	249.560
10	104.50	0.589 663	11 495	6 778.186
			12 980	7 781.020

a. 每 100 美元面值的现金流。

二阶导数＝7 781.02

$$凸性值（半年）=\frac{7\,781.020}{100.000}=77.810\,2$$

$$凸性值（年）=\frac{77.810\,2}{4}=19.452\,6$$

金额凸性值＝100×19.452 6＝1 945.26

图表 4—15　计算息票利率为 6%、到期收益率为 9%的 5 年期债券的凸性值和金额凸性值

息票利率：6.00%
期限（年）：5
初始收益率：9.00%
价格：88.130 9

时期，t	现金流[a]（美元）	$\frac{1}{(1.045)^{t+2}}$	$t(t+1)CF$	$\frac{t(t+1)CF}{(1.045)^{t+2}}$
1	3.00	0.876 296	6	5.257
2	3.00	0.838 561	18	15.094
3	3.00	0.802 451	36	28.888
4	3.00	0.767 895	60	46.073
5	3.00	0.734 828	90	66.134
6	3.00	0.703 185	126	88.601
7	3.00	0.672 904	168	113.047
8	3.00	0.643 927	216	139.088
9	3.00	0.616 198	270	166.373
10	103.00	0.589 663	11 330	6 680.891
			12 320	7 349.446

a. 每 100 美元面值的现金流。

二阶导数=7 349.45

凸性值（半年）$=\frac{7\ 349.45}{88.130\ 9}=83.392\ 4$

凸性值（年）$=\frac{83.392\ 4}{4}=20.848\ 1$

金额凸性值=88.130 9×20.848 1=1 837.36

另外，也可以对式（4.9）求二阶导数。这样，式（4.21）可以简化如下：

$$\frac{\mathrm{d}^2 P}{\mathrm{d}y^2}=\frac{2C}{y^3}\left[1-\frac{1}{(1+y)^n}\right]-\frac{2Cn}{y^2\ (1+y)^{n+1}}+\frac{n(n+1)(100-C/y)}{(1+y)^{n+2}} \tag{4.22}$$

现在举例说明如何运用式（4.22）。考虑一只息票利率为 6%、到期收益率为 9%、售价为 70.357 美元的 25 年期债券。其二阶导数为

$$\frac{2(3)}{(0.045)^3}\left[1-\frac{1}{(1.045)^{50}}\right]-\frac{2(3)(50)}{(0.045)^2\ (1.045)^{51}}+\frac{50(51)(100-3/0.045)}{(1.045)^{52}}$$
$$=65\ 843.62(0.889\ 29)-15\ 695.14+8\ 617.31$$
$$=51\ 476.26$$

这与前面得出的值一致。

用久期和凸性值计算价格变动百分比的近似值

由式（4.16）可知，可以用久期和凸性值估计债券价格变动百分比。现在举例说明其具

体应用。考虑一只息票利率为 6%、到期收益率为 9%的 25 年期债券。该债券的修正久期为 10.62，凸性值为 182.92。如果必要收益率升高 200 个基点，从 9%升至 11%，那么该债券价格变动百分比的近似值为：

由式（4.11），根据久期求出的价格变动百分比

$=-$修正久期$\times dy$

$=-10.62\times 0.02=-0.2124=-21.24\%$

由式（4.20），根据凸性求出的价格变动百分比

$=\frac{1}{2}\times$凸性值$\times(dy)^2$

$=\frac{1}{2}\times 182.92\times(0.02)^2=0.0366=3.66\%$

根据久期和凸性求出的价格变动百分比估计值为

$-21.24\%+3.66\%=-17.58\%$

从图表 4—3 中，可以看到实际价格变动百分比为-18.03%。在必要收益率变动较大的情况下，联合使用久期和凸性值可以得到更接近于实际价格变动的近似值。相反，假设必要收益率下降 200 个基点。此时用修正久期和凸性算出的债券价格变动百分比近似值为：

由式（4.11），根据久期求出的价格变动百分比

$=-$修正久期$\times dy$

$=-10.62\times(-0.02)=+0.2124=+21.24\%$

由式（4.20），根据凸性求出的价格变动百分比

$=\frac{1}{2}\times$凸性值$\times(dy)^2$

$=\frac{1}{2}\times 182.92\times(-0.02)^2=0.0366=3.66\%$

根据久期和凸性求出的价格变动百分比估计值为

$+21.24\%+3.66\%=24.90\%$

从图表 4—3 中可以看到，实际价格变动百分比为$+25.46\%$。这再次表明，当必要收益率变动幅度较大时，同时使用久期和凸性可以得出更接近于实际价格变动的近似值。

关于凸性的一些注意事项

关于债券的凸性和凸性值，有三点是应该牢记的。第一，理解凸性和凸性值这两个术语在使用上的区别是很重要的，前者是指价格—收益率曲线的一般形状，后者是指债券价格随利率变化而变动的量化值。

第二，应该理解如何解释凸性值。回想一下久期，这个衡量指标的含义十分简单明了。例如，如果久期为 4，这表示当利率变动 100 个基点时，债券价格变动百分比的近似值。那么，我们如何解释凸性值呢？这就不那么简单了，因为根据凸性算出的价格变动百分比近似值受利率变动的平方的影响，如式（4.20）所示。在该式中，根据凸性算出的价格变动百分比近似值为以下三个数值的乘积：（1）1/2；（2）凸性值；（3）收益率变动值的平方。

第三，在实践中，分析系统的不同开发商和研究人员计算凸性值的方法各不相同。为了说明其中的原因，让我们回顾一下式（4.16）并重点看等式右侧的第二项。在式（4.19）中，我们用该公式的一部分来定义凸性值。具体而言，凸性值等于二阶导数和价格倒数之积。如果用式（4.16）的第二项来定义凸性值，则有：

$$\text{凸性值}=\frac{1}{2}\frac{\mathrm{d}^2P}{\mathrm{d}y^2}\frac{1}{P}$$

即这里得出的凸性值恰好为式（4.19）给出的凸性值的一半。这有什么区别吗？完全没有。我们必须确定，我们对根据凸性计算出的价格变动百分比近似值和凸性值之间的关系式进行了调整。具体而言，在式（4.20）中，该关系式将变为如下形式：

$$\frac{\mathrm{d}P}{P}=(\text{凸性值})\times(\mathrm{d}y)^2$$

归根结底，无论是用上式还是式（4.20），根据凸性值计算出的价格变动百分比近似值都是相同的。这和上述第二点有关。在独立的基础上解释凸性值没有意义，因为不同的分析系统开发商和研究人员计算凸性值的方法各不相同，重要的是将凸性值和收益率变动（平方）联系起来。

凸性的价值

到目前为止，我们集中考察的是：在给定收益率变动时，考虑凸性如何提高债券价格变动近似值的准确性。但是，债券的凸性还有另一层重要的投资含义，如图表 4—16 所示。该图表中显示了两只债券，A 和 B。这两只债券的久期相同，收益率也相同，但它们的凸性不同。债券 B 的凸性大于债券 A 的凸性。

债券 B 的凸性更大意味着什么？不论市场收益率升高还是降低，债券 B 的价格都更高。也就是说，如果必要收益率升高，那么债券 B 的资本损失将小于债券 A 的资本损失。而当必要收益率下降时，债券 B 的价格上升幅度将大于债券 A。

通常，市场在为这两只债券定价时，都要考虑债券 B 的凸性大于债券 A 这一特性。也就是说，市场将为凸性定价。因此，尽管有时会出现图表 4—16 中描绘的情况，但市场通常会要求投资者对凸性更高的债券 B“多付钱”（接受较低的收益率）。

图表 4—16　　两只债券的凸性比较

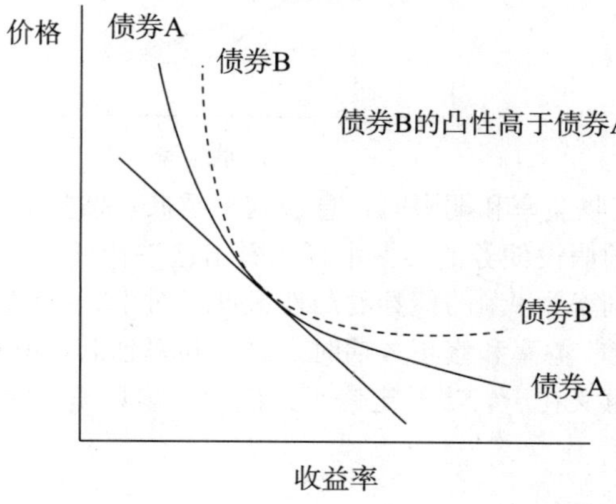

问题是：市场希望投资者为凸性多付多少钱？再来看图表 4—16。注意，如果投资者预期市场收益率的变化幅度非常小——也就是说，投资者预期利率波动性很低——这样，持有债券 B 相对于持有债券 A 的优势就很小，因为在收益率变动幅度较小时，这两种债券的价格几乎相同。在这种情况下，投资者不会愿意为凸性支付很高的价格。实际上，如果市场对凸性的定价很高，那么就意味着债券 A 的收益率高于债券 B 的收益率，预期利率波动性较低的投资者将可能愿意“卖出凸性”——也就是说，卖出他们所拥有的债券 B，买进债券 A。反之，如果投资者预期利率波动性较高，那么卖出债券 B 所产生的收益率将可能大大低于卖出债券 A 所产生的收益率。

凸性的特征

所有未附期权债券都有下列凸性特征。

特征 1：当必要收益率上升（下降）时，债券的凸性将减小（增大）。这种性质被称为**正凸性**（positive convexity）。

正凸性的一个含义是，未附期权债券的久期与市场收益率同向变动。也就是说，如果市场收益率上升，债券价格将下降。当市场收益率上升时，债券久期的下降减缓了债券价格的下降速度。相反，如果市场收益率下降，久期将增加，从而加速债券价格变动。对于未附期权债券而言，久期的这两种变动都有可能发生。

图表 4—17 描绘了上述特征。当必要收益率上升时，图中切线的斜率将变得平缓。变平缓的切线意味着当必要收益率上升时，久期将减小。相反，当必要收益率下降时，切线将变得陡峭，意味着久期将增加。所有未附期权债券都具有这种特征。同样，从这幅图中还能看出，凸性实际上衡量的是市场收益率变动时的金额久期变化率。

图表 4—17　　必要收益率变动时久期的变动

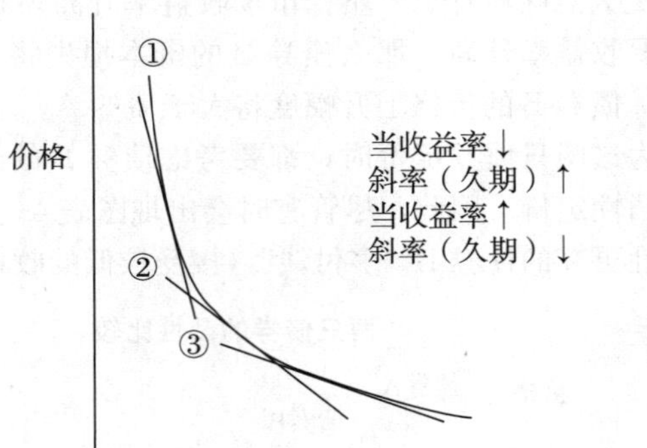

特征 2：当给定收益率和期限时，息票利率越低，债券的凸性越大。

从我们计算出的假设债券的凸性中可以看出这一特征。在三只 5 年期债券中，零息债券的凸性最高，息票利率为 9%的债券的凸性最低。对于 25 年期债券而言，同样如此。

特征 3：当给定收益率和修正久期时，息票利率越低，债券的凸性越小。

特征 3 的投资意义在于，当给定修正久期时，零息债券的凸性最小。

运用久期时需要注意的其他问题

前面的例子说明，将久期作为债券价格波动性的唯一衡量指标可能会误导投资者。此外，运用久期时还有两个问题值得注意。

第一，在推导修正久期和债券价格波动性之间的关系式时，我们是从式（4.1）开始的。式（4.1）假设债券的所有现金流都以相同的贴现率贴现。在第5章分析收益率曲线时将检验这一假设的准确性。从本质上讲，式（4.3）的推导假设收益率曲线是平坦的，且所有的曲线都是平行移动的。在第24章中，我们将说明当这一假设不成立，收益率曲线不是平行移动的时，应用久期的局限性。当我们试图用投资组合的久期量化投资组合的价值对利率变动的敏感性时，这一点极其重要。如果投资组合中含有不同期限的债券，那么，对于不同期限债券利率的不等变动，久期可能无法提供准确的估计。在本章最后，我们将介绍一种方法，它可以衡量各种期限的债券的利率变动不同基点时，投资组合对利率变动的敏感性。

第二，要注意不要错误地将久期用于附有嵌入式期权的债券。我们前面所述的原理仅适用于未附期权的债券。当收益率变动导致债券的预期现金流发生变化（即附有嵌入式期权债券的情况）时，久期和凸性值只适用于特定的情况。我们将在第18章和第19章中讨论附有嵌入式期权的债券的价格波动性。

这些章节中介绍的考虑了嵌入式期权的久期值被称为**实际久期**（effective duration）。

不要将久期当作时间衡量指标

遗憾的是，市场参与者经常搞不清久期的主要用途，总是认为久期是某种衡量债券加权平均存续期的指标。这是因为麦考利最初对久期的应用。仅依赖于这种对久期的解释，很难理解为何期限为20年的债券的久期会超过20年。例如，在第12章中，我们将讨论抵押担保债券（CMO）。某些抵押担保债券的久期大于标的抵押贷款的久期。也就是说，当创建出抵押担保债券的标的抵押贷款的期限只有30年时，该抵押担保债券的久期却可能为40。而且，有些抵押担保债券的久期为负值。这又是怎么产生的呢？

这个问题的答案是：久期是利率小幅变动时价格变动的百分比近似值。实际上，前面所说的正是记住久期定义的一个好方法，即久期为利率变动100个基点时的价格变动百分比近似值。

某些抵押担保债券是杠杆性工具，其价格敏感性或久期是创造出这类债券的标的抵押贷款的数倍。因此，抵押担保债券的久期为40并不意味着其加权平均存续期为40年，而是意味着收益率变动100个基点时，债券价格的变动幅度约为40%。

类似地，我们可以用相同的方法解释期权的久期。一份距离到期日为1年的看涨期权的久期可能为20。[①] 将久期解释为期权存续期指标的人会对此感到疑惑。实际上，其含义是：当期权的标的债券收益率变动100个基点时，期权价格的变动幅度约为20%。

① 第30章将介绍如何衡量期权的久期。

估算债券的久期和凸性值

我们说明久期时，首先从未附期权债券的价格开始，然后通过计算一阶导数和二阶导数计算了债券对利率变化的敏感度。一阶导数与久期有关。使用式（4.4）或式（4.5）计算久期的缺点在于，它假设现金流已知。然而，忽略违约情况，只有在未附期权债券中，现金流才是已知的。对于附有嵌入式期权的债券，即使在没有违约时，现金流也是未知的。例如，对于可赎回债券，发行人何时赎回债券是未知的。对于可回售债券，债券持有者何时回售债券是未知的。对于住房抵押贷款支持证券，抵押贷款借款人何时偿还贷款是未知的。

这并不是一个问题，因为我们已经了解到，久期与价格变动百分比有关。因此，可以用一个简单公式来计算本书介绍的债券或其他更复杂的衍生证券或期权的久期近似值。我们感兴趣的是，利率发生小幅变动时的债券价格变动百分比。这可以通过下列步骤计算出来①：

第 1 步：将债券收益率提高少许基点，并确定这个较高收益率水平下的新价格。我们将这一新价格用 P_{+} 表示。

第 2 步：将债券收益率降低相同的基点，并计算出新的价格。我们将这一新价格用 P_{-} 表示。

第 3 步：令 P_0 为初始价格，则可以根据下式求出久期的近似值：

$$\text{久期的近似值}=\frac{P_{-}-P_{+}}{2(P_0)(\Delta y)} \tag{4.23}$$

其中，Δy 为用来计算新价格（以小数表示）的收益率变动额。该式衡量的是收益率每变动 1 个基点时的平均价格变动百分比（相对于初始价格）。

为了检验这种近似值的准确度如何，以一只息票利率为 6%、收益率为 9%的 25 年期附息债券为例。图表 4—2 提供了所有的必要信息。初始价格（P_0）为 70.357 0 美元。计算步骤如下：

第 1 步：将债券的收益率提高 10 个基点，从 9%提高到 9.1%。那么，Δy 为 0.001。新的价格（P_{+}）为 69.616 4 美元。

第 2 步：将债券的收益率降低 10 个基点，从 9%降低到 8.9%。新的价格（P_{-}）为 71.110 5 美元。

第 3 步：由于初始价格 P_0 为 70.357 0 美元，因此可以按下列方法计算久期的近似值：

$$\text{久期的近似值}=\frac{71.1105-69.6164}{2(70.3570)(0.001)}=10.62$$

这种近似值的准确度有多高呢？通过式（4.5）和式（4.7）算出的修正久期为 10.62。

如果投资者想知道任何金融工具的久期，那么可以用式（4.23）进行计算。但是，为了运用该式，需要有一个良好的定价模型来求出第 1 步和第 2 步中的新价格。后面的章节将讨论这些模型。这里需要重点强调的是，久期是定价模型的副产品。如果定价模型不合理，那么得出的久期估计值也会不合理。

在实践中，没有商业软件使用式（4.4）或式（4.5）。它们使用的是式（4.23）。不同的

① 前面曾经提到，在算式中，一条曲线的切线的一阶导数是极限。式（4.23）不过是曲线的切线斜率的近似值。

软件开发商有自己确定利率变化幅度以计算式（4.23）中的价格的规则。对于未附期权债券，利率的任何小幅变化都会提供大致相同的值。对于附有嵌入式期权的债券，使用的利率变化必须足够合理，以得到期权价值的变化。

同理，可以用下列公式估算债券的凸性值：

$$凸性的近似值=\frac{P_{+}+P_{-}-2P_{0}}{P_{0}\,(\Delta y)^{2}} \tag{4.24}$$

沿用上面的例子，凸性的近似值为

$$凸性的近似值=\frac{71.110\,5+69.616\,4-2(70.357\,0)}{70.357\,0\,(0.001)^{2}}=183.3$$

根据上面的公式计算出的凸性值为 182.92。因此，式（4.24）的估算结果十分准确。

如前所述，可以用不同的方法衡量凸性值。式（4.24）可以将分母改写为含有 2 的形式。这意味着，当用式（4.20）计算凸性导致的价格变动百分比时，应该消去 1/2。

反向浮动利率债券的久期

在第 2 章中，我们讨论了如何创建反向浮动利率债券并为其定价。这里，我们将考察反向浮动利率债券的久期。反向浮动利率债券的久期与担保品的久期和浮动利率债券的久期有关。假设浮动利率债券的久期接近于零，则反向浮动利率债券的久期可表示如下[①]：

$$反向浮动利率债券的久期=(1+L)\times(担保品的久期)\times\frac{担保品价格}{反向浮利率债券的价格}$$

其中，L 是浮动利率债券的面值与反向浮动利率债券的面值之比。例如，当用面值为 1 亿美元的担保品创建面值为 8 000 万美元的浮动利率债券和面值为 2 000 万美元的反向浮动利率债券时，L 为 4（8 000 万美元/2 000 万美元）。

很容易理解为什么反向浮动利率债券的久期是担保品久期的数倍。假设担保品的 1 亿美元面值分拆为两部分：8 000 万美元面值的浮动利率债券和 2 000 万美元面值的反向浮动利率债券。再假设担保品和反向浮动利率债券均以面值交易，因此，价格比率为 1，而担保品的久期为 8。当利率变动 100 个基点时，担保品的价格将下降 8%，即 800 万美元（8%乘以 1 亿美元）。假设当利率变动时浮动利率债券的价格不变，则 800 万美元的价格下降必然来自反向浮动利率债券。如果反向浮动利率债券的价值为 2 000 万美元，那么当反向浮动利率的价值下降 800 万美元时，其久期必然为 40。也就是说，当久期为 40 时，表示债券价格的变动幅度为 40%或 800 万美元（40%乘以 2 000 万美元）。因此，该久期是担保品久期 8 的 5 倍。或者说，因为 L 为 4，所以债券的久期是担保品久期的（1+4）倍。

注意，即使担保品的期限为 30 年，反向浮动利率债券的久期也仍然大于担保品的期限。将久期理解为证券加权平均存续期的投资者会对这种结果感到奇怪。

---

① William R. Leach, "A Portfolio Manager's Perspective of Inverses and Inverse IOs," Chapter 9 in Frank J. Fabozzi (ed.), *Advances in the Valuation and Management of Mortgage-Backed Securities* (New Hope, PA: Frank J. Fabozzi Associates, 1998).

衡量债券组合对利率非平行变动的反应

本章前面分析久期缺点的时候曾指出，当利率以非平行方式变动时，用久期来衡量证券价格或投资组合价值的变动是不够的。（我们将在第 5 章中讨论收益率曲线如何移动。）对于债券组合而言，这个缺点尤其突出。因此，衡量收益率曲线移动对债券或债券组合形成的风险是很有必要的。衡量这种收益率曲线风险的方法有多种，下面将介绍其中主要的两种：收益率曲线重构久期和关键利率久期。[①]

收益率曲线重构久期

第一种方法重点考察投资组合对收益率曲线斜率变化的敏感性。这种方法的第一步是定义收益率曲线的斜率。市场参与者运用的定义多种多样。有些投资者将收益率曲线的斜率定义为两个期限水平的国债收益率之差。例如，收益率曲线的斜率可以定义为长期国债替代指标（30 年期国债）和 2 年期新发行国债的收益率之差。有些投资者将短期分界点定义为 6 个月期利率。

这种方法的前几个衡量指标之一是由所罗门兄弟公司（Salomon Brothers，现名为 Salomon Smith Barney）的三位研究人员 Klaffky、Ma 和 Nozari 提出的。[②] 他们将自己提出的这种指标称为**收益率曲线重构久期**（yield curve reshaping duration）。他们关注的是收益率曲线上的三个期限点：2 年、10 年和 30 年。用这三个时点，他们计算出 10 年期债券和 2 年期债券的收益率利差，并将其称为收益率曲线短端利差；30 年期债券和 10 年期债券的收益率之差被称为收益率曲线长端利差。Klaffky、Ma 和 Nozari 将投资组合对收益率曲线短端变化的敏感性称为**短端久期**（short-end duration，SEDUR），将投资组合对收益率曲线长端变化的敏感性称为**长端久期**（long-end duration，LEDUR）。这些概念也适用于收益率曲线上的其他点。

为了计算投资组合的 SEDUR，首先计算下列情况下每只证券的价格变动：

1. 收益率曲线在短端变陡峭 x 个基点。
2. 收益率曲线在短端变平坦 x 个基点。

通过加总收益率曲线变陡峭后投资组合中每只证券的价值，可以计算出收益率曲线变陡峭后的投资组合价值。我们用 $V_{SE,S}$ 表示该价值，其中，V 表示投资组合的价值，SE 表示收益率曲线的短端，S 代表收益率曲线变陡峭。类似地，通过加总投资组合中每只证券的价值，可以得出收益率曲线变平坦后的投资组合价值，该价值用 $V_{SE,F}$ 表示，其中 F 表示收益率曲线变平坦。因此，SEDUR 的计算方法如下：

$$\text{SEDUR}=\frac{V_{SE,S}-V_{SE,F}}{2(V_0)(\Delta y)}$$

① 其他衡量指标为收益率曲线重构久期和收益率曲线特定久期。以下文献的第 7 章讨论了这些指标：Frank J. Fabozzi，*Duration，Convexity，and Other Bond Risk Measures*（New Hope，PA：Frank J. Fabozzi Associates，1999）。本节中关于关键利率久期的讨论基于该章改编而成。

② Thomas E. Klaffky，Y. Y. Ma，and Ardavan Nozari，“Managing Yield Curve Exposure：Introducing Reshaping Durations，” *Journal of Fixed Income*（December 1992），pp. 5－15.

其中，V_0 为投资组合的初始价值（收益率曲线变陡峭或变平坦之前的价值），Δy 为用于计算收益率曲线（x）变陡峭和变平坦程度的基点数。

比较用于计算久期近似值的上式和式（4.23）。注意，这是同一个公式，只不过用 V 代替了 P，用 $V_{SE,S}$ 和 $V_{SE,F}$ 代替了 P_- 和 P_+。

为了计算投资组合的 LEDUR，首先计算下列情况下每只证券的价格变动：

1. 收益率曲线在长端变平坦 x 个基点。
2. 收益率曲线在长端变陡峭 x 个基点。

计算出每次变动后的投资组合价值，并分别用 $V_{LE,F}$ 和 $V_{LE,S}$ 表示，其中 LE 表示收益率曲线的长端。然后，根据下式可以算出 $LEDUR$ 的值：

$$\text{LEDUR}=\frac{V_{LE,S}-V_{LE,F}}{2(V_0)(\Delta y)}$$

SEDUR 和 LEDUR 的含义如下：SEDUR 是收益率短端的斜率变动 100 个基点时的投资组合价值变动百分比近似值。LEDUR 为收益率长端的斜率变动 100 个基点时的投资组合价值变动百分比近似值。

关键利率久期

在估计证券或投资组合对收益率曲线变动的敏感度的指标中，最常用的一种是关键利率久期。关键利率久期的基本原理是：改变收益率曲线上特定期限债券的收益率，并在其他所有收益率不变的情况下，确定某只证券或投资组合对这种变动的敏感度。证券或投资组合的价值变动对特定收益率变动的敏感度被称为**利率久期**（rate duration）。收益率曲线上的每个点都对应着一个利率久期。因此，不存在单独的利率久期，存在的只是代表收益率曲线上每个期限的利率久期向量。如果所有利率都变动相同数量的基点，那么证券或投资组合的价值变动总额就是我们在本章前面讨论过的证券或投资组合的久期。

1988 年，Donald Chambers 和 Willard Carleton 首次提出使用多维久期的概念；他们称其为**久期向量**（duration vectors）。[①] Robert Reitano 在一系列文章中提出了类似的方法，并将其称为部分久期（partial durations）。[②] 这种方法中最流行的一种形式是由 Thomas Ho 于 1992 年提出的，他称之为利率久期。[③]

Ho 的方法重点考察了国债收益率曲线的 11 个关键期限，我们将在第 5 章中介绍这一内容。分析中所用的这条收益率曲线被称为国债即期利率曲线；这条重要曲线显示了零息国债的期限与收益率之间的关系（见第 5 章的相关详细讨论）。该利率久期被称为**关键利率久期**（key rate durations）。即期利率曲线上用于计算关键利率久期的特定期限为 3 个月、1 年、2 年、3 年、5 年、7 年、10 年、15 年、20 年、25 年和 30 年。可以用线性估算法来计算两个关键利率之间的利率变动。

---

① Donald Chambers and Willard Carleton，"A Generalized Approach to Duration，" *Research in Finance* 7（1988）.

② 例如，可见 Robert R. Reitano，"Non-Parallel Yield Curve Shifts and Durational Leverage，" *Journal of Portfolio Management*，Summer 1990，pp. 62 - 67，and "A Multivariate Approach to Durational Leverage，" *Journal of Portfolio Management*，Summer 1990，pp. 62 - 67，and "A Multivariate Approach to Duration Analysis，" *ARCH* 2（1989）。

③ Thomas S. Y. Ho，"Key Rate Durations：Measure of Interest Rate Risk，" *Journal of Fixed Income*，September 1992，pp. 29 - 44.

特定投资组合期限的关键利率久期含义如下：保持其他所有期限债券的收益率不变，关键利率久期为利率发生变动的特定期限债券的收益率变动 100 个基点时，投资组合（或债券）价值变动百分比的近似值。因此，通过改变到期收益率并确定价值或价格如何变化，可以量化关键利率久期。实际上，这用到了式（4.23）。式中 P_- 和 P_+ 表示的价格为：其他所有利率保持不变，改变到期收益率（该期限债券的关键利率久期即为所求）时，单个债券和债券投资组合的价格。

下面用三个实际的投资组合来具体说明关键利率久期的概念。图表 4—18 显示了三个投资组合，它们由 2006 年 3 月 22 日的不同期限的国债构成。每个投资组合的久期都相同，均为 4.26。[①] 每个投资组合的关键利率久期都不同。先来看每个投资组合的 30 年期关键利率久期。对于图表中的第一个投资组合，30 年期关键利率久期为 0.675。这意味着，如果 30 年期的国债即期利率变动 100 个基点，而其他所有期限债券的即期利率不变时，投资组合的价值的波动幅度约为 0.675%。对于第二个投资组合，30 年期关键利率久期接近于零；因此，当 30 年期债券的即期利率变动 100 个基点，而其他所有期限债券的即期利率不变时，第二个投资组合的价值将不会变化。第三个投资组合的 30 年期关键利率久期为 0.594，因此，当其他期限债券的即期利率不变，而该 30 年期债券的即期利率变动 100 个基点时，该投资组合价值的变动幅度为 0.594%。

图表 4—18　　三个国债投资组合的关键利率久期（2006 年 3 月 22 日）

杠铃式投资组合		子弹式投资组合		阶梯式投资组合	
国债	权重（%）	国债	权重（%）	国债	权重（%）
2.625% 05/15/2008	3.71	3.875% 02/15/2013	0.50	14.000% 11/15/2011	36.47
4.000% 02/15/2015	14.95	3.875% 09/15/2010	69.73	10.375% 11/15/2012	13.92
4.250% 08/15/2015	9.12	4.250% 01/15/2011	29.41	12.000% 08/15/2013	7.81
4.500% 02/15/2036	6.90	4.500 7% 02/15/2036	0.35	12.500% 08/15/2014	8.57
4.625% 02/29/2036	65.31			6.000% 02/15/2026	6.06
				6.750% 08/15/2026	2.58
				5.375% 02/15/2031	2.89
				5.000% 08/15/2011	4.55
				4.000% 02/15/2015	7.74
				4.500% 02/15/2036	4.57
				4.500% 02/15/2016	4.85

关键利率久期

顶点	杠铃式投资组合	子弹式投资组合	阶梯式投资组合
0.083 3	0.000 0	0.000 0	0.001 5

① 注意，这三个投资组合被称为“阶梯式投资组合”、“杠铃式投资组合”和“子弹式投资组合”。我们将在第 22 章解释其中的原因。

续前表

顶点	杠铃式投资组合	子弹式投资组合	阶梯式投资组合
0.25	0.001 7	0.001 4	0.004 5
0.50	0.009 2	0.008 7	0.127 3
1	0.066 2	0.029 0	0.176 8
2	1.248 0	0.074 4	0.288 0
3	0.051 3	0.107 1	0.243 0
4	0.044 8	1.513 2	0.152 0
5	0.079 0	2.452 5	0.228 0
7	0.513 1	0.028 7	0.362 6
10	1.321 0	0.006 0	0.977 0
20	0.252 0	0.012 0	1.104 0
30	0.675 0	0.033 0	0.594 0
久期	4.261 3	4.266 0	4.258 6

注：本表是由 MSCI Barra 公司的 Dan Sinnreich 和 Oren Cheyette 用 Cosmos 软件为本书作者编制的。

从这个例子中可以看出，尽管三个投资组合的投资组合久期都相同（式（4.26）），但如果 30 年期债券的即期利率发生变动，每个投资组合的变化方式都不同。图表 4—18 表明，对于不同期限债券的利率的变动，每个投资组合的反应都大不相同。

要　点

· 所有未附期权债券的价格—收益率关系曲线都是凸性的。

· 未附期权债券的价格波动性有三个特点：(1) 当收益率变动幅度较小时，价格变动百分比是对称的；(2) 当收益率变动幅度较大时，价格变动百分比是非对称的；(3) 对于给定的收益率变化，当收益率变动幅度较大时，价格上升的幅度大于价格下降的幅度。

· 未附期权债券的价格波动性受债券的两个特征（期限和利率）和债券交易时的收益率水平的影响。对于给定的期限和收益率，息票利率越低，价格波动性越高。对于给定的息票利率和收益率，期限越长，价格波动性越大。

· 对于给定的息票利率和期限，收益率越低，价格波动性越大。

· 债券价格波动性的衡量指标有两种：基点的价格和久期。

· 修正久期是收益率变动 100 个基点时价格变动百分比的近似值。金额久期是价格变动的近似值。

· 久期可以很好地估计收益率变动幅度较小时的债券价格变动百分比。然而，当收益率变动幅度较大时，它的估算准确度并不高。凸性所导致的价格变动百分比可以用来补充用久期估算的价格变动百分比近似值。同时运用久期和凸性值，可以很好地估算出收益率变动时的价格变动。

· 久期是在假设收益率曲线平行移动时的价格变动近似值。

· 不应将久期解释为衡量债券加权平均存续期的指标。对于某些债券而言，修正久期可能大于债券的期限。

· 固定利率债券的利差久期是市场形成的利差变化时非国债债券价格变化的衡量指标。

· 通过考察收益率升高或降低少量基点时的债券价格变动，可以算出久期和凸性的近似值。

· 对于浮动利率债券而言，可以计算出其利差久期。

· 反向浮动利率债券的久期是基础担保品久期的数倍。

· 投资组合的久期是该投资组合中所包含债券久期的加权平均值。当投资组合经理试图通过计算投资组合的久期来估算债券组合对利率变动的敏感性时，通常假设所有期限债券的利率都变化相同数量的基点。

· 对投资组合久期的贡献衡量了投资组合中的某只债券或某类债券对投资组合久期的贡献，它的计算方法是用债券（或部门）在投资组合中的权重乘以该债券（部门）的久期。

· 为了估计债券组合对不同利率变动的敏感性，可以使用两种方法。第一种方法是计算收益率曲线重构久期。在运用这种方法时，需要计算两个指标：短端久期和长端久期。短端久期衡量的是投资组合对收益率曲线短端变动的风险敞口，长端久期衡量的是投资组合对收益率曲线长端变化的风险敞口。更常用的一种方法是计算关键利率久期。

· 利率久期是假设其他所有期限债券的利率都保持不变时，特定期限债券的利率变动所引起的投资组合（或债券）价值变动的近似值。市场参与者会计算关键利率久期，也就是关键期限的利率久期。

问　题

1. 无论收益率上升 1 个基点还是下降 1 个基点，1 个基点的价格都相同。然而，如果收益率上升或下降 100 个基点，100 个基点的价格（即利率变动 100 个基点时的价格变动）却并不相同。这是为什么？

2. 请按要求计算债券 A 和债券 B 的相关指标（假设每只债券都是每半年付息一次）：

	A	B
息票利率	8%	9%
到期收益率	8%	8%
期限（年）	2	5
面值	$100.00	$100.00
价格	$100.00	$104.055

a. 1 个基点的价格。

b. 麦考利久期。

c. 修正久期。

d. 请用简化公式计算收益率变动 20 个基点时的久期近似值，并将你的计算结果与第 c 问中计算出的凸性值比较。

e. 凸性值。

f. 请用简化公式计算收益率变动 20 个基点时的凸性近似值，并将你的计算结果与第 e 问中计算出的凸性值比较。

3. 假设下列三只债券的到期收益率相同，你能根据下列信息说出这三只债券中的哪一只价格波动性最大吗？

债券	息票利率（%）	期限（年）
X	8	9
Y	10	11
Z	11	12

4. 对于第 2 题中的债券 A 和债券 B：

a. 请计算利率上升 100 个基点时的债

券实际价格。

b. 请用久期估算利率上升 100 个基点时的债券价格。

c. 请同时运用久期和凸性值估算利率上升 100 个基点时的债券价格。

d. 请评价第 b 问和第 c 问计算结果的准确性，并说明为何其中一个估计值比另一个估计值更接近于实际价格。

e. 请在不进行计算的情况下，说明如果到期收益率是 10%而不是 8%，那么两只债券的久期将更高还是更低。

5. 请说明你是否同意下列说法：当零息债券的久期等于其期限时，无论利率水平为多少，零息债券对收益率变动的价格反应都是相同的。

6. 请说明你是否同意下列说法：当利率较低时，麦考利久期和修正久期值之间几乎没有差别。

7. 请说明你是否同意下列说法：如果两只债券的金额久期、收益率和价格相同，那么它们对给定利率变动的价格敏感性也相同。

8. 请说明你是否同意下列说法：当收益率变动 1 个基点时，1 个基点的价格等于金额久期。

9. 1990 年 11 月 26 日，《债券周刊》(*Bond Week*) 上刊登了题为《Van Kampen Merritt 公司缩短债券久期》的文章。该文章是这样开头的："Van Kampen Merritt 投资咨询公司的第一副总裁 Peter Hegel 正将其 30 亿美元债券组合的久期从 6 年（他通常设定的久期）的 110%减少到 103%～105%，因为他认为短期内债券市场的反弹已接近尾声。"请解释 Hegel 的策略，以及他在这种情况下对久期值的应用。

10. 请考虑下列两只国债：

债券	价格（美元）	修正久期
A	100	6
B	80	7

当利率变动 25 个基点时，哪只债券的价格波动性较大？

11. 用久期作为债券价格对利率变动敏感度的衡量指标的缺陷是什么？

12. 下文摘自一篇题为《Denver 投资咨询公司将对 8 亿美元的国债投资作出调整》的文章（载于 1991 年 12 月 9 日的《债券周刊》第 1 页）："Denver 投资咨询公司要将 8 亿美元的长期零息国债换为中期国债……这一举措将缩短其 25 亿美元固定收益证券投资组合的久期……"为什么这里所描述的互换交易将缩短投资组合的久期？

13. 假设你是一位投资组合经理，并向一位客户提交了一份报告。该报告指出了投资组合中每只证券的久期。其中一只证券的期限为 15 年，但久期为 25。该客户认为报告中有误，因为他认为久期不可能高于证券的期限。你将如何答复这位客户？

14. a. 假设一只固定利率债券的利差久期为 2.5。如果利差变动 50 个基点，那么债券价格变动的近似值是多少？

b. 什么是国债的利差久期？

15. 什么是浮动利率债券的利差久期？

16. 请说明为什么反向浮动利率债券的久期是其基础担保品的久期的数倍。

17. 考虑下列投资组合：

债券	市场价值（百万美元）	久期
W	13	2
X	27	7
Y	60	8
Z	40	14

a. 该投资组合的久期是多少？

b. 如果所有期限债券的利率都变动 50 个基点，那么该投资组合价值变动百分比的近似值为多少？

c. 每只债券对投资组合久期的贡献是多少？

18. "如果两个投资组合的久期相同，那么当利率变化时，它们的价值变动将相同。”请说明你是否同意这种说法。

19. 对于信用评级较低的公司债券，为什么分析久期作为利率风险指标可能有局限性？

20. 一些学者给出了凸性近似值的下列公式：

$$\frac{P_{+}+P_{-}-2(P_{0})}{2(P_{0})(\Delta y)^{2}}$$

其中，变量定义与本章的式（4.24）相同。请比较本式与式（4.24）给出的凸性近似值公式。哪个公式是正确的？

21. a. 如何计算投资组合的短端久期？

b. 如何计算投资组合的长端久期？

c. 如何定义投资组合的短端和长端？

d. 假设投资组合的 SEDUR 为 3。如果收益率曲线的短端斜率变动 25 个基点，那么投资组合价值变动的近似值是多少？

21. a. 请说明“10 年期关键利率久期为 0.35”是什么意思。

b. 如何计算关键利率久期？

第 5 章

影响债券收益率和利率期限结构的因素

学习目标

阅读本章后，您将了解

- 为何国债收益率是基准利率
- 影响两只债券收益率利差的因素
- 什么是收益率曲线
- 即期利率和即期利率曲线
- 如何利用套利理论从国债收益率曲线中推导出理论即期利率
- 什么是利率的期限结构
- 为什么国债价格应以理论即期利率为基础
- 远期利率及其推导
- 长期利率与当期短期利率和短期远期利率的关系
- 为什么应将远期利率视为可对冲利率
- 与期限结构的形状决定有关的各种理论：完全预期理论、流动性理论、期限偏好理论和市场分割理论
- 对国债收益率曲线形状的主要经济影响
- 什么是互换曲线/LIBOR 曲线，以及为何将其作为基准利率

在全球金融市场上，不存在一个适用于所有债券的收益率。特定债券的收益率取决于与发行人类型、债券特征和经济状况有关的众多因素。在本章中，我们将考察影响债券市场收益率的因素。首先，我们分析了投资者希望从债券投资中获得的最低利率，即美国国债收益率。然后，我们说明了非美国国债收益率与美国国债收益率不同的原因。最后，我们重点考察了影响证券收益率的一个特别因素：期限。发行人相同但期限不同的证券的利率结构被称为利率期限结构。本章将分析美国国债利率期限结构的重要性。在本章最后一节，我们介绍了另一个重要的利率基准——**互换曲线**（LIBOR curve）。

基础利率

美国财政部发行的证券由美国政府提供完全的信用支持。因此，历史上全球的市场参与者都认为这种证券没有信用风险，尽管最近这种观点受到了质疑。正因如此，国债利率是美国经济乃至国际资本市场上的重要基准利率。另一个重要的基准利率是利率互换市场利率，我们将在本章后面对其进行讨论。

投资者希望获得的最低利率被称为投资者对非国债投资要求的**基础利率**（base interest rate）或**基准利率**（benchmark interest rate）。该利率是最新发行的（或正在发行的）具有可比期限国债的到期收益率［以下简称**收益率**（yield）］。当我们提到债券利率时，指的是作为债券收益率的利率。在第 3 章中，我们说明了如何计算债券收益率。图表 5—1 显示了 2014 年 5 月 22 日的美国国债收益率。这些收益率代表了基准利率。因此，如果投资者希望在 2014 年 5 月 22 日购买一只 10 年期债券，那么该投资者要求的最低收益率将为 2.53%，即图表 5—1 中所示的 10 年期收益率。

图表 5—1　　2014 年 5 月 22 日的美国国债收益率

期限	收益率（%）
3 个月	0.01
6 个月	0.04
2 年	0.34
3 年	0.77
5 年	1.52
10 年	2.53
30 年	3.41

收益率数据来自 finance.yahoo.com，原始数据来自 ValuBond。

基准利差

两只债券的收益率之差被称为**收益率利差**（yield spread）。例如，考虑两只债券：债券 A 和债券 B。这两只债券的收益率利差为：

收益率利差＝债券 A 的收益率－债券 B 的收益率

通常用基点表示收益率利差，它被称为绝对收益率利差。

收益率利差反映了与两只债券有关的风险。尽管我们是用个体债券来说明收益率利差，但相关分析也适用于债券市场上不同类型债券之间的收益率利差。

当债券 B 为基准债券，债券 A 为非基准债券时，收益率利差被称为**基准利差**（benchmark spread）；即，

基准利差＝非基准债券的收益率－基准债券的收益率

基准利差反映了市场对承担非基准债券有而基准债券没有的风险给予的补偿。因此，可以将基准利差视为风险溢价。

有些市场参与者计算相对风险溢价，方法是计算收益率利差与收益率水平之比。该比率被称为**相对收益率利差**（relative yield spread），计算公式如下：

$$相对收益率利差=\frac{债券\text{A}的收益率-债券\text{B}的收益率}{债券\text{B}的收益率}$$

例如，2014 年 5 月 22 日，一只 AA 级 10 年期公司债券的交易收益率为 3.22%。由于当天的 10 年期国债交易收益率为 2.53%（见图表 5—1），因此相对收益率利差为

$$相对收益率利差=\frac{3.22\%-2.53\%}{2.53\%}=0.27=27\%$$

收益率比率（yield ratio）为两只债券的收益率之商：

$$收益率比率=\frac{债券\text{A}的收益率}{债券\text{B}的收益率}$$

AA 级 10 年期公司债券的收益率比率为

$$收益率比率=\frac{3.22\%}{2.53\%}=1.27$$

哪种方法是衡量收益率利差的更好方法呢？绝对收益率利差还是相对收益率利差？在第 21 章中，我们将讨论信用利差，我们提供了哪种收益率利差能最好地描述信用利差表现的实证。

下面，我们将讨论影响债券基准利差的下列因素：

1. 发行人的类型。
2. 发行人表现出的信用状况。
3. 债券的期限。
4. 赋予债券发行人或投资者某种期权的条款。
5. 利息的可征税性。
6. 债券的预期流动性。

发行人的类型

债券市场可以根据债券发行人的类型进行分类，这些发行主体包括美国政府、美国政府机构、地方政府、信用机构（国内公司和国外公司）和外国政府。这些类别被称为债券市场的**子市场**（market sectors）。不同的子市场通常被认为有不同的风险和收益。有些子市场还可以进一步细分为不同类别，其中每种类别反映了共同的经济特征。例如，在信用市场上，债券发行人可以分为：（1）工商业公司；（2）公用事业公司；（3）金融公司；（4）非公司。除了国债市场以外，其他子市场的发行人种类都很广泛，每类债券发行人履行合约义务的能力都不同。因此，债券的一个重要特征就是发行人的性质。

由不同类型债券发行人发行的期限相同的两只债券的利差被称为**市场间利差**（intermarket sector spread）。通常计算的市场间利差为期限相同的国债和某种市场上的非国债的利差。同一债券市场上两只债券的利差被称为**市场内利差**（intramarket sector spread）。

发行人表现出的信用状况

违约风险是指债券发行人无法及时偿还本金和/或支付利息的风险。多数市场参与者主要依靠商业评级公司来评估发行人的违约风险。我们将在第 7 章讨论这些评级公司。

除了信用质量以外在所有方面都相同的国债和非国债的利差被称为信用利差（credit spread）。记住"除了信用质量以外在所有方面都相同"的含义是很重要的。如第 4 章和第 7 章所说明的以及接下来将进一步讨论的，有些债券可能附有对债券持有者有利或不利的条款。国债未附有这些条款，而相比较的非国债可能附有这些条款。因此，信用利差将被扭曲，因为它反映了这些其他条款的价值。

图表 5—2 提供了 2014 年 5 月 22 日的信用利差示例。图表 5—1 显示了用于计算信用利差的国债收益率。如表所示，在给定的期限下，信用评级越高，信用利差就越小。

图表 5—2　　2014 年 5 月 22 日的公司债券收益率和相对于国债收益率的风险溢价指标

期限	评级	公司债券收益率（%）	国债收益率（%）	绝对收益率利差（基点）	价格
5 年	AA	1.92	1.52	40	26%
5 年	A	2.05	1.52	53	35%
10 年	AA	3.22	2.53	69	27%
10 年	A	3.43	2.53	90	36%

收益率数据来自 finance. yahoo. com，原始数据来自 ValuBond。

附有期权的债券

债券经常附有某些条款，给予债券持有人或债券发行人对另一方采取某种行动的选择权。本书中经常会讨论到这类嵌入式期权。债券中最常见的期权类型是赎回条款，它赋予债券发行人在规定到期日前全部或部分赎回债券的权利。附有赎回期权的债券允许债券发行人在市场利率下降时发行利率更低、因而成本也更低的债券来替代旧债券。实际上，赎回条款使发行人可以变更债券的期限。赎回条款对债券持有人是不利的，因为债券持有人必须以更低的利率对已获得的收益进行再投资。

嵌入式期权的存在对基准利差有影响。通常，市场参与者对有利于发行人的附有嵌入式期权（如赎回期权）的债券要求的基准利差高于未附此类期权的债券。相反，市场参与者对有利于投资者的附有嵌入式期权（例如，回售期权或转换期权）的债券要求较低的基准利差。实际上，对于附有有利于投资者的期权的债券，其利率可能低于可比基准利率！

既然部分收益率利差来自嵌入式期权的价值，那么是否有办法调整收益率利差，以去掉这部分来自嵌入式期权的收益率利差呢？也就是说，如果债券是可赎回的，那么由于投资者必须接受当利率跌到债券的息票利率以下时债券可能被赎回的风险，因此可赎回债券的基准利差高于不可赎回债券的基准利差。我们能否消除授予债券发行人的赎回期权的价值所形成的基准利差中的补偿部分？答案是可以。在第 18 章中，我们将讨论一种被称为**期权调整利差**（option-adjusted spread，OAS）的分析指标。正如该指标的名称所示，期权调整利差是调整了嵌入式期权的价值以后的利差（即收益率利差)。在第 19 章中，我们将看到如何计算公司债券的期权调整利差。在第 20 章中，我们将看到如何计算抵押贷款支持证券的期权调整利差。可以看到，这不是一个简单的计算过程，而是要依靠附有嵌入式期权的债券的定价模型。

从现在起，我们需要了解的重要问题是：基准利差包括了任何嵌入式期权的价值，而期权调整利差消除了该价值。这就是为什么当我们在给定时点观察市场上的两个基准利差时，基准利差起初看上去可能很让人疑惑。例如，考虑两只公司债券，一只评级为 AA 级，另一只评级为 AAA 级。人们预期，在未附嵌入式期权的情况下，利率较低的债券的基准利差将较高。假设市场上观察到的情况相反（即，利率较低的债券的基准利差较低)。这可能有如下几种原因。第一，利率较高的债券是可赎回债券。因此，基准利差反映了对赎回风险的补偿。第二，利率较低的公司债券可能是可回售债券或可转换债券。以上任何一种原因（即嵌入式期权）都可能导致利率较低的债券的基准利差较低。

利息的可征税性

除非根据联邦所得税法免于纳税，否则利息收入应缴纳联邦所得税。除了联邦所得税以外，利息收入可能还需要缴纳州所得税和地方所得税。

根据联邦税法，符合要求的市政债券利息收入可以免缴联邦所得税。由于市政债券的免税特征，市政债券的收益率低于相同期限的国债的收益率。从图表 5—3 中可以看出这一特征，该表显示了三个期限（5 年、10 年和 20 年，截至 2014 年 5 月 22 日）的 A 级市政债券收益率和公司债券收益率。表示相同期限和相同信用评级的市政债券和公司债券之间差别的常用指标并非收益率利差，而是本章前面介绍的收益率比率。表中最后一列显示了收益率比率。

图表 5—3　　2014 年 5 月 22 日 A 级市政债券的收益率与 A 级公司债券的收益率

期限	到期收益率（%）	公司债券的收益率（%）	收益率比率
5 年	2.05	1.25	0.61
10 年	3.43	2.14	0.62
20 年	4.44	3.53	0.80

收益率数据来自 finance.yahoo.com，原始数据来自 ValuBond。

应税债券在缴纳联邦所得税之后的收益率被称为**税后收益率**（after-tax yield）：

$$税后收益率=税前收益率\times(1-边际税率)$$

当然，不同投资者的边际税率也不同。例如，假设应税债券的收益率为 5%，且购买该债券的投资者面临的边际税率为 35%。则税后收益率为

$$税后收益率=0.05\times(1-0.35)=3.25\%$$

或者，我们也可以确定税后收益率与免税债券相同的应税债券必须提供多高的收益率。该收益率被称为**等值应税收益率**（equivalent taxable yield），计算方法如下：

$$等值应税收益率=\frac{免税收益率}{1-边际税率}$$

例如，假设一位边际税率为35%的投资者购买了收益率为3.4%的免税债券。则等值应税收益率为：

$$\text{等值应税收益率}=\frac{0.034}{1-0.35}=0.0523=5.23\%$$

注意，边际税率越高，等值应税收益率就越高。例如，在前面的例子中，如果边际税率是45%而不是35%，那么等值应税收益率就是6.18%，而不是5.23%：

$$\text{等值应税收益率}=\frac{0.034}{1-0.45}=0.0618=6.18\%$$

市政债券分为两个主要类别：税收支持债券（最常见的税收支持债券是一般责任债券）和收益债券。收益债券又可以再分为不同的类别，我们将在第8章中讨论这些债券。对于免税债券市场，计算利差的基准不是国债，而是有规定期限的标准AAA级一般责任债券。

州政府和当地政府可能对免缴联邦所得税的债券利息收入征税。有些地方政府对所有市政债券的利息收入免税，有些地方政府则不免税。有些州对本州内发行的市政债券利息收入免税，而对本州外发行的市政债券利息收入征税。这意味着，由于不同的州对市政债券的相对需求不同，因此，具有相同信用评级和相同期限的两种市政债券可能会有一定的交易利差。例如，与佛罗里达州等所得税率较低的州相比，在纽约等所得税率较高的州，对市政债券的需求会降低它们的相对收益率。因此，国债与期限相同的应税非国债的部分利差反映了免缴州所得税和地方所得税的价值。

债券的预期流动性

债券交易时的流动性各不相同。预期流动性越强，投资者要求的收益率就越低。如前所述，美国国债是世界上流动性最强的证券。国债的收益率相对于非国债债券较低，这反映了二者之间的流动性差异。即使在国债市场内部，正在发行的国债也比已发行的国债流动性更强。一项研究发现，尽管违约风险解释了公司债券和国债之间的大部分风险溢价，但公司债券的流动性较差也是影响风险溢价的一个重要因素。①

债券的融资能力

投资组合经理可以利用债券作为担保借入资金。通过借入资金，投资组合经理可以创造杠杆。我们将在第24章中讨论这种策略。回购协议市场（或称回购市场）是投资组合经理利用证券作为担保借入资金的典型市场。我们将在第24章讨论回购协议市场和回购协议。

通常，当投资组合经理希望通过回购协议借入资金时，交易商会提供资金。交易商收取的利率被称为回购利率。回购利率不止一个，而是根据贷款期限和被融资的特定债券的利率结构有所区别。对于被融资的特定债券，交易商有时需要特定债券来抛补空头头寸。当交易商需要特定债券时，交易商将愿意以低于市场一般回购利率的回购利率贷出资金。交易商之所以乐意提供有吸引力的资金，是因为他可以利用担保品（即交易商需要的特定债券）来抛

---

① Francis A. Longstaff, Sanjay Mithal, and Eric Neis, "Corporate Yield Spreads: Default Risk or Liquidity? New Evidence from the Credit Default Swap Market," *Journal of Finance* (October 2005), pp. 2213 - 2253.

补回购协议期间内的空头头寸。由于这种债券提供了比市场优惠的融资机会，因此其价格会被抬高，进而这些债券的收益率也低于其他可比债券的收益率。这类债券与无法提供低于市场回购利率的债券之间的收益率利差反映了它的融资优势。在国债市场上，这种利差通常可以在正在发行的国债与已发行国债上体现出来。因此，期限基本相同的正在发行的国债和已发行的国债之间的利差不仅反映了流动性的差异，还反映了融资优势的差异。这种利差不仅出现在正在发行的债券和已发行债券之间。当交易商在执行的各种交易活动中需要某种特定的已发行债券时，市场上也会出现这种利差。

到期期限

如第 2 章所说明的，债券价格在债券存续期内随市场收益率的变动而波动。债券存续期内剩余的时间被称为债券的**到期期限**（term to maturity）或简称为**期限**（maturity）。如第 4 章所示，债券价格的波动性取决于它的期限。具体而言，其他所有因素保持不变，债券的期限越长，市场收益率变动导致的价格波动性就越大。通常，债券可以按期限分为三类：期限在 1～5 年的债券被称为**短期**（short term）债券；期限在 5～12 年的债券被称为**中期**（intermediate term）债券；期限长于 12 年的债券被称为**长期**（long term）债券。市场上两种期限不同的债券之间的利差被称为**期限利差**（maturity spread）。期限不同的可比证券的收益率关系被称为**利率期限结构**（term structure of interest rates）。

利率期限结构

利率期限结构对于债券定价非常重要。因此，我们将用大量篇幅来分析这一重要问题。

收益率曲线

反映信用质量相同但期限不同的债券收益率关系的坐标图曲线被称为**收益率曲线**（yield curve）。过去，多数投资者都是通过观察国债市场上的价格和收益率来构建收益率曲线。这样做的原因有两个。第一，国债没有违约风险，信用质量的差异不会影响收益率。因此，这些工具是可以直接进行比较的。第二，作为最大、交易最活跃的债券市场，国债市场几乎不存在流动性低或交易不够频繁的问题。但是，如前所述，国债的缺点在于收益率可能偏低，因为它反映了优惠的融资机会。

图表 5—4 显示了收益率曲线常见的三种形状。有许多信息来源都提供实时的每日收益率曲线信息。从美国财政部的网站上可以获得自 1990 年至今的每日收益率曲线历史数据。[①]

如本章前面所述，从实践的观点看，国债收益率曲线的一个重要功能是作为债券定价的基准，而且也是设定其他所有债务市场（如银行贷款、抵押贷款、公司债券和国际债券）的收益率的基准。然而，市场参与者正逐渐认识到，传统结构的收益率曲线并不是衡量必要收益率和期限之间关系的理想指标。关键的原因在于，期限相同的证券实际上可能会有不同的收益率。正如我们在下一节中将要说明的，这一现象反映了债券息票利率差异的作用和影

① 网址：www. treasury. gov/resource-center/data-chart-center/interest-rates/Pages/TextView. aspx? data=yield。

响。因此，有必要对国债收益率曲线作出更准确和更可靠的估计。接下来，我们将说明传统的国债收益率曲线构建方法存在的问题，并给出了正确的收益率曲线构建方法。这种方法需要识别出可用于零息债券的收益率，因此消除了收益率—期限关系曲线中息票利率差异的问题。

图表 5—4　　收益率曲线呈现的三种形状

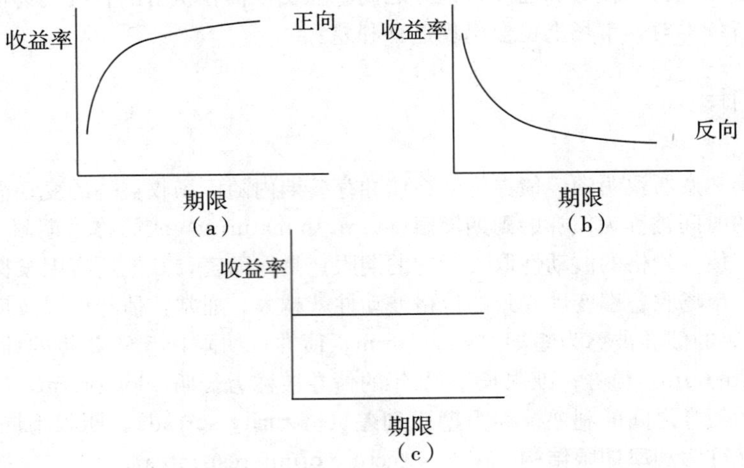

为何收益率曲线不能用于为债券定价

债券的价格是其现金流的现值。在第 2 章的债券定价示例以及相关的讨论中，我们假设用一个利率贴现债券所有的现金流。适当的利率为与债券期限相同的国债收益率加上适当的风险溢价。

但是，如前所述，用国债收益率曲线确定贴现债券现金流的适当收益率存在一个问题。现在举例说明。假设有下列两只 5 年期国债，A 和 B。这两只国债之间的区别在于息票利率，A 的息票利率为 12%，B 的息票利率为 3%。在到期前的 10 个 6 个月期（5 年），这两只债券每 100 美元面值的现金流为

时期	债券 A 的现金流（美元）	债券 B 的现金流（美元）
1～9	6.00	1.50
10	106.00	101.50

由于现金流的模式不同，因此用相同的利率贴现所有现金流是不恰当的。贴现每笔现金流的利率应与收到该笔现金流的时期相对应。但是每一期的利率应该是多少呢?

正确的方法是，不要将债券 A 和债券 B 想成债券，而是将其想成现金流的组合。更具体地说，它们是一篮子零息债券。因此，所获得的利息是债券到期价值和所支付价格之差。例如，债券 A 可以视为 10 只零息债券：第一只债券的到期价值为 6 美元，从现在起 6 个月以后到期；第二只债券的到期价值为 6 美元，从现在起 1 年后到期，第三只债券的到期价值为 6 美元，从现在起 1.5 年后到期；依此类推。最后一只零息债券从现在起 10 个 6 个月期后到期，到期价值为 106 美元。类似地，债券 B 可以被视为 10 只零息债券，前 9 个 6 个月

期的到期价值为 1.5 美元，最后一个 6 个月期的到期价值为 101.50 美元。显然，对于每只债券（A 或 B）而言，债券的价值或价格都等于组成它的零息债券的总价值。

通常，任何债券都可以看作是一篮子零息债券。也就是说，组合中每只零息债券都在其息票支付日或本金到期日到期。债券的价值等于组成该债券的所有零息债券的价值。如果这一点不成立，那么市场参与者就可能通过剥离这种债券的利息创建出息票剥离证券（见第 6 章），从而产生无风险利润。

为了确定每只零息债券的价值，有必要了解与之期限相同的零息国债的收益率。该收益率被称为**即期利率**（spot rate），表示即期利率与期限之间关系的曲线被称为**即期利率曲线**（spot rate curve）。由于零息国债的期限不超过一年，因此不可能仅凭观察国债市场活动就构建出这样一条曲线，而是应该从对国债实际交易收益率的理论思考中来推导即期利率曲线。这种曲线被称为**理论即期曲线**（theoretical spot rate curve），它是**利率期限结构**（term structure of interest rate）的图形表示。

构建国债的理论即期利率曲线

人们可以通过国债收益率构建无违约理论即期利率曲线。[①] 其中，可供考虑的国债包括：

1. 新发国债。
2. 新发国债和选出的已发国债。
3. 所有附息中长期国债和国库券。
4. 息票剥离国债。

下一章将介绍上述国债。在选定用来构建理论即期利率曲线的债券之后，接下来必须确定构建曲线的方法。这种方法取决于所选定的债券。如果选用息票剥离国债，那么步骤很简单，因为所观察到的利率就是即期利率。如果选用的是新发国债，或者新发国债和选出的已发行国债，那么就使用**自助法**（bootstrapping）。如果选用的是全部附息国债与国库券，那么就使用更精细的统计技术。

新发国债

新发国债（on-the-run Treasury issues）是最近拍卖发行的给定期限的国债。这些国债包括 3 个月期国库券和 6 个月期国库券，1 年期国库券、2 年、3 年、5 年、7 年和 10 年期中期国债，以及 30 年期长期国债。国库券为零息债券，中期国债和长期国债为附息债券。

每只新发国债都有一个可观察到的收益率。对于附息债券而言，当不按面值交易时，分析中就不采用这些收益率。对于每只新发附息债券，所采用的收益率是使附息债券按面值交易的预计收益率。由此得出的新发债券的收益率曲线被称为**面值收益率曲线**（par coupon curve）。

我们的目标是构建一条理论即期利率曲线，其中，以半年为间隔，从 6 个月期利率至 30 年期利率，共有 60 个即期利率。当只选用新发国债时，除去 3 个月期国库券以外，只有 8 个期限点可用。其余 52 个期限点是通过插值法，由面值收益率曲线上周围的期限点推算

---

① 本部分讨论选自以下著作的第 5 章：Frank J. Fabozzi，*Fixed Income Analysis for the Chartered Financial Analyst*（New Hope，PA：Frank J. Fabozzi Associates，2000）。

出来的。最简单和最常用的插值法是线性外推法。具体而言，给定面值收益率曲线上两个期限点的收益率，计算公式如下：

$$\frac{\text{较高到期日点的收益率}-\text{较低到期日点的收益率}}{\text{两个到期日点之间的半年期期数}+1}$$

那么，将较低期限点上的收益率加上这里计算出的值，便可以得出所有中期国债半年期期限点的收益率。

例如，假设在面值收益率曲线中，2 年期和 5 年期新发国债的收益率分别为 6％和 6.6％。在这两个期限点之间有 5 个半年期。那么，由 2.0 年、2.5 年、3.0 年、3.5 年、4.0 年以及 4.5 年期限点所推算出的收益率计算如下：

$$\frac{6.6\%-6\%}{6}=0.10\%$$

则有：

2.5 年期收益率＝6.00％＋0.10％＝6.10％
3.0 年期收益率＝6.10％＋0.10％＝6.20％
3.5 年期收益率＝6.20％＋0.10％＝6.30％
4.0 年期收益率＝6.30％＋0.10％＝6.40％
4.5 年期收益率＝6.40％＋0.10％＝6.50％

只用新发国债进行计算存在两个问题。第一，一些期限点之间的时间跨度很大，当运用线性插值法进行估算时，可能会导致算出的期限点收益率存在误导。具体来说，5 年到 10 年间，以及 10 年到 30 年间的期限点的时间跨度就很大。第二个问题是，新发国债收益率本身就可能是有误导性的，因为在前面提到的回购市场上，多数新发债券都会提供优惠的融资机会。这意味着实际收益率高于报价（观察到的）收益率。

现在来考察如何运用自助法将面值收益率曲线转化为理论即期利率曲线。为了简化起见，我们将用这种方法来计算 10 年期债券的理论即期利率曲线。也就是说，我们将计算 20 个半年期的即期利率。假设面值收益率曲线如图表 5—5 所示。[①]

为了说明根据观察到的国债收益率估计理论即期利率曲线的过程，我们使用了图表 5—5中所示的 20 只假设国债的价格、年收益率（到期收益率）和期限等数据。假设每只债券的市场价格都等于其面值，因此到期收益率等于息票利率。

在接下来的所有分析和例子中，我们需要铭记的一条重要基本原则是：附息国债的价值等于用来复制其现金流的一篮子零息债券的价值总和。

考虑图表 5—5 中的 6 个月期国库券。如第 6 章将要说明的，国库券是零息债券，因此，其 5.25％的年收益率等于即期利率。类似地，对于 1 年期国债，5.5％的收益率等于 1 年期国债的即期利率。给定这两个即期利率，我们就可以计算 1.5 年期零息国债的理论即期利率。1.5 年期零息国债的理论价格应等于实际的 1.5 年期零息国债的三笔现金流的现值，其中用于贴现的收益率是对应于现金流的即期利率。图表 5—5 显示了收益率为 5.75％的 1.5 年期国债的息票利率。面值为 100 美元的这种国债的现金流为：

0.5 年：0.057 5×＄100×0.5＝＄2.875

① 注意，图表 5—6 中的中期期限点并不是通过线性插值法计算出来的。

1.0 年：0.057 5×＄100×0.5＝＄2.875

1.5 年：0.057 5×＄100×0.5＋＄100＝＄102.875

现金流的现值为

$$\frac{2.875}{1+z_1}+\frac{2.875}{(1+z_2)^2}+\frac{102.875}{(1+z_3)^3}$$

其中，

z_1＝换算为年利率的 6 个月期债券理论即期利率的一半；

z_2＝1 年期债券理论即期利率的一半；

z_3＝换算为年利率的 1.5 年期债券理论即期利率的一半。

由于 6 个月期即期利率和 1 年期即期利率分别为 5.25%和 5.50%，因此有：

z_1＝0.026 25，z_2＝0.027 5

图表 5—5　　20 只假设国债的期限和到期收益率[a]

时期	年数	到期收益率/息票利率（%）
1	0.5	5.25
2	1.0	5.50
3	1.5	5.75
4	2.0	6.00
5	2.5	6.25
6	3.0	6.50
7	3.5	6.75
8	4.0	6.80
9	4.5	7.00
10	5.0	7.10
11	5.5	7.15
12	6.0	7.20
13	6.5	7.30
14	7.0	7.35
15	7.5	7.40
16	8.0	7.50
17	8.5	7.60
18	9.0	7.60
19	9.5	7.70
20	10.0	7.80

a. 除 6 个月和 1 年期债券以外，所有债券都按面值（100 美元）发行。这些债券的息票利率等于到期收益率。6 个月和 1 年期债券为零息债券，其价格低于面值。

从中我们可以计算出 1.5 年期附息国债的现值为

$$\frac{2.875}{1.026\ 25}+\frac{2.875}{(1.027\ 5)^2}+\frac{102.875}{(1+z_3)^3}$$

由于 1.5 年期附息国债的价格为 100 美元，因此下列关系式必定成立：

$$100=\frac{2.875}{1.026\ 25}+\frac{2.875}{(1.027\ 5)^2}+\frac{102.875}{(1+z_3)^3}$$

从中我们可以解出 1.5 年期附息国债的理论即期利率：

$$100=2.801\ 461+2.723\ 166+\frac{102.875}{(1+z_3)^3}$$

$$94.475\ 37=\frac{102.875}{(1+z_3)^3}$$

$$(1+z_3)^3=1.088\ 908$$

$$z_3=0.028\ 798$$

将该收益率乘以 2，可以得到债券等值收益率为 0.057 6，即 5.76%，这就是 1.5 年期债券的理论即期利率。如果这种债券在现实中存在，那么这一利率就是市场上将应用于 1.5 年期零息国债的利率。

给定 1.5 年期债券的理论即期利率，我们可以得到 2 年期债券的理论即期利率。图表 5—5中的 2 年期附息国债的现金流为

0.5 年：0.060×＄100×0.5=＄3.00
1.0 年：0.060×＄100×0.5=＄3.00
1.5 年：0.060×＄100×0.5=＄3.00
2.0 年：0.060×＄100×0.5+＄100=＄103.00

现金流的现值为：

$$\frac{3.00}{1+z_1}+\frac{3.00}{(1+z_2)^2}+\frac{3.00}{(1+z_3)^3}+\frac{103.00}{(1+z_4)^4}$$

其中，z_4 是 2 年期债券理论即期利率的一半。由于 6 年期债券的即期利率、1 年期债券的即期利率和 1.5 年期债券的即期利率分别是 5.25%、5.50%和 5.76%，因此有：

$$z_1=0.026\ 25 \quad z_2=0.027\ 5 \quad z_3=0.028\ 798$$

因此，2 年期附息国债的现值为：

$$\frac{3.00}{1.002\ 625}+\frac{3.00}{(1.027\ 5)^2}+\frac{3.00}{(1.028\ 798)^3}+\frac{103.00}{(1+z_4)^4}$$

由于 2 年期附息国债的价格为 100 美元，因此下列关系式必定成立：

$$100=\frac{3.00}{1.002\ 625}+\frac{3.00}{(1.027\ 5)^2}+\frac{3.00}{(1.028\ 798)^3}+\frac{103.00}{(1+z_4)^4}$$

由此可以解出 2 年期债券的理论即期利率：

$$100=2.923\ 26+2.841\ 56+2.755\ 06+\frac{103.00}{(1+z_4)^4}$$

$$91.480\ 11=\frac{103.00}{(1+z_4)^4}$$

$$(1+z_4)^4=1.125\ 927$$

$$z_4=0.030\ 095$$

将该收益率乘以 2，即得到 2 年期债券理论即期利率的债券等值收益率为 6.02%。

继续运用这种方法，在已经计算出的 z_1、z_2、z_3、z_4（6 个月期、1 年期、1.5 年期、2 年期利率）的值以及 2.5 年期债券的价格和利息的基础上，我们可以推导出 2.5 年期债券的理论即期利率。进一步地，我们可以推导出其余 15 个半年期的理论即期利率。

图表 5—6 显示了用这种方法计算的即期利率。这些即期利率代表了期限最长为 10 年的特定债券报价时点上的利率期限结构。

图表 5—6　　理论即期利率

时期	年数	即期利率（%）
1	0.5	5.25
2	1.0	5.50
3	1.5	5.76
4	2.0	6.02
5	2.5	6.28
6	3.0	6.55
7	3.5	6.82
8	4.0	6.87
9	4.5	7.09
10	5.0	7.20
11	5.5	7.26
12	6.0	7.31
13	6.5	7.43
14	7.0	7.48
15	7.5	7.54
16	8.0	7.67
17	8.5	7.80
18	9.0	7.79
19	9.5	7.93
20	10.0	8.07

新发国债和选定的已发国债

如前所述，仅运用新发国债进行计算的问题之一是期限跨度很大，尤其是在期限跨度超过 5 年的情况下。为了解决这一问题，某些交易商和服务商采用了选定的已发国债。通常采用的是 20 年期和 25 年期债券。如果面值收益率曲线包括所有选定的已发国债，那么可以用线性插值法弥补其他期限国债之间的期限跨度。然后，就可以用自助法构建理论即期利率曲线。

所有的附息国债和国库券

如果只选用新发国债，或者再补充一些已发国债，都无法识别出分析中不包括的国债价格中包含的信息。因此，有人认为，更适当的方法是用所有附息国债和国库券构建理论即期利率曲线。一些市场参与者不选用可赎回国债。①

当使用所有的附息国债和国库券时，必须运用统计方法而不是自助法来构建理论即期利率曲线，因为每个期限对应的收益率可能不止一个。构建即期利率曲线的统计方法有多种。最常用的方法是“指数样条拟合法”。② 统计模型中可以包括对美国国债税收效应和赎回特征的调整。对该统计方法的讨论超出了本章的范围。③

息票剥离国债

正如下一章将要说明的，息票剥离国债为零息国债。将观察到的息票剥离债券收益率用来构建实际即期利率曲线而不是使用我们这里所介绍的程序看来是合理的。但使用观察到的息票剥离债券收益率会产生三个问题。第一，息票剥离债券市场的流动性不如附息国债市场高。因此，观察到的息票剥离债券收益率反映了流动性溢价。

第二，息票剥离债券的税收待遇也有别于附息国债。具体而言，即使投资者没有收到现金，息票剥离债券的应计利息也要缴税。因此，对于纳税主体而言，息票剥离债券是现金流为负的证券。从而，息票剥离债券的收益率也反映了这种税收缺点。

第三，美国以外的投资者发现，对某些期限的债券来说，放弃一定的收益率来换取与息票剥离债券相关的税收优惠是有利的。具体而言，某些国外税务部门允许该国公民将债券到期价值与购买价格之差作为资本利得处理，且对这种资本利得按优惠税率征税。在某些国家，这种税收优惠只适用于由本金而非利息创建的剥离债券。因此，使用息票剥离国债代表理论即期利率的人就会限制将这些债券包括到息票剥离债券中。

理论即期利率曲线的运用

现在，我们可以用即期利率来为债券定价。在第 2 章中，我们说明了在假设每笔现金流都用同一个贴现率贴现时，如何为债券定价。图表 5—7 显示了如何用理论即期利率正确计

---

① 通常的做法是从国债中剔除那些在回购市场提供优惠融资的债券。

② Willard R. Carleton and Ian Cooper, “Estimation and Uses of the Term Structure of Interest Rates,” *Journal of Finance*, September 1976, pp. 1067 - 1083; J. Huston McCulloch, “Measuring the Term Structure of Interest Rates,” *Journal of Business*, January 1971, pp. 19 - 31; and McCulloch, “The Tax Adjusted Yield Curve,” *Journal of Finance*, June 1975, pp. 811 - 830.

③ 见 Oldrich A. Vasicek and H. Gifford Fong, “Term Structure Modeling Using Exponential Splines,” *Journal of Finance*, May 1982, pp. 339 - 358。关于交易商模型的例子，可见 Arnold Shapiro et al., *Merrill Lynch Exponential Spline Model*, Merrill Lynch & Co., Global Securities Research & Economics Group, Fixed Income Analytics, August 8, 1994。

算国债的价值。下例中的债券是一只息票利率为 10%的假想 10 年期国债。

图表 5—7　　根据理论即期利率确定息票利率为 10%的 10 年期国债的理论价值

时期	年数	现金流	即期利率（%）	以即期利率贴现的 1 美元的现值（美元）	现金流的现值（美元）
1	0.5	5	5.25	0.974 421	4.872 107
2	1.0	5	5.50	0.947 188	4.735 942
3	1.5	5	5.76	0.918 351	4.591 756
4	2.0	5	6.02	0.888 156	4.440 782
5	2.5	5	6.28	0.856 724	4.283 619
6	3.0	5	6.55	0.824 206	4.121 03
7	3.5	5	6.82	0.790 757	3.953 783
8	4.0	5	6.87	0.763 256	3.816 28
9	4.5	5	7.09	0.730 718	3.653 589
10	5.0	5	7.20	0.701 952	3.509 758
11	5.5	5	7.26	0.675 697	3.378 483
12	6.0	5	7.31	0.650 028	3.250 138
13	6.5	5	7.43	0.622 448	3.112 238
14	7.0	5	7.48	0.597 889	2.989 446
15	7.5	5	7.54	0.573 919	2.869 594
16	8.0	5	7.67	0.547 625	2.738 125
17	8.5	5	7.80	0.521 766	2.608 831
18	9.0	5	7.79	0.502 665	2.513 325
19	9.5	5	7.93	0.477 729	2.388 643
20	10.0	105	8.07	0.453 268	47.593 170
					理论价值＝115.420 6 美元

表中第 3 列显示了 20 个 6 个月期每 100 美元面值的现金流。第 4 列显示了图表 5—6 中给出的每个期限的理论即期利率。第 5 列给出了以第 4 列中的理论即期利率贴现的 1 美元的现值。最后一列给出了用第 3 列乘以第 5 列得出的现金流现值。该债券的理论价格为最后一列的现值之和，即 115.420 6 美元。

尽管我们已经阐明，国债价格应等于用理论即期利率贴现每一笔现金流时的现金流现值，但问题是：是什么因素迫使国债根据即期利率来定价？答案是套利因素。例如，115.420 6 美元的理论价格可以视为一篮子零息债券的价格。也就是说，如果购买了这只息票利率为 10%的 10 年期国债然后对其进行剥离，那么将产生 115.420 6 美元的收益。所产生的息票剥离国债就是我们将在第 6 章介绍的证券。

相反，现在假设市场根据收益率曲线显示的 10 年期国债到期收益率为息票利率是 10%

的 10 年期国债定价。如图表 5—5 所示，10 年期国债的到期收益率为 7.8%。如果用 7.8%的贴现率为息票利率为 10%的 10 年期国债定价，那么其价格为 115.082 6 美元，低于其理论价值。有机会以 115.082 6 美元的价格购买该国债的政府证券交易商将购买这只债券，然后将其剥离，并卖出所创建的零息债券。正如我们刚刚提到的，这一过程产生的总收益为 115.420 6 美元。因此，交易商每购买 100 美元面值的债券，将实现 0.338 美元的套利利润。交易商捕捉这种套利利润的行为将抬高这只国债的价格。只有当价格达到 115.420 6 美元——即用理论即期利率贴现现金流得到的理论价值时，套利才会消失。正是这种套利行为迫使国债按照理论即期利率定价。

即期利率与基础利率

现在，我们可以修正早前关于给定期限的基础利率的论述。基础利率并不是该期限的新发国债的收益率，而是该期限的国债的理论即期利率。计算非国债债券的价值时，必须在国债的理论即期利率上加上风险溢价。

远期利率

因此，我们发现可以从收益率曲线中推导出理论即期利率。此外，我们还可以推导出有些市场参与者所说的“市场对未来利率的一致预期”。为了说明了解市场对未来利率的一致预期的重要性，考虑投资期为 1 年的投资者的下列两种投资选择。

选择 1：购买 1 年期债券。

选择 2：购买 6 个月期债券，当该债券在 6 个月后到期时，购买另一只 6 个月期债券。

对于选择 1，投资者将得到 1 年期即期利率，且该利率是确切已知的。相比之下，对于选择 2，投资者将得到 6 个月期即期利率，但从现在起 6 个月后的 6 个月期即期利率是未知的。因此，对于选择 2，整个 1 年期内的利率是不确定的。图表 5—8 说明了这种情况。

图表 5—8　　1 年期投资的两种选择

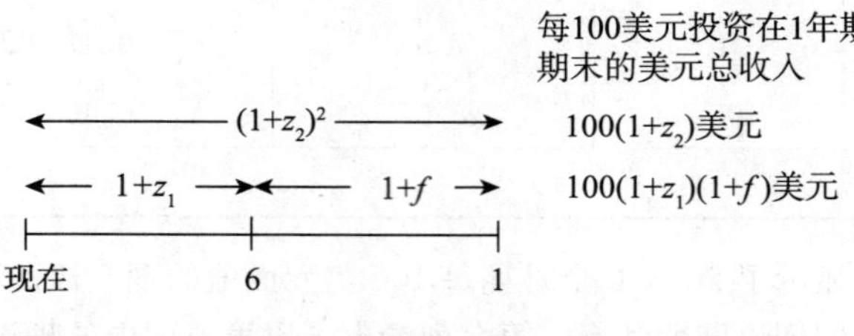

假设该投资者预期从现在起 6 个月后的 6 个月期利率将会升高。于是，这位投资者可能认为选择 2 是更好的投资策略。然而，这并不一定正确。为了理解其中的原因，并理解了解市场对未来利率的一致预期的必要性，我们将继续对本例进行分析。

如果上述两种选择能在 1 年的投资期中产生相同的收益，那么这两种选择对于投资者而言是无差异的。给定 1 年期即期利率，那么将存在一个从现在起 6 个月后的 6 个月期即期利率，该利率使这两种投资选择对于投资者而言无差异。我们用 f 表示该利率。

给定 1 年期理论即期利率和 1 个月期理论即期利率，就能确定 f 的值。如果一位投资者将 100 美元投资于 1 年期债券（选择 1），那么 1 年后产生的总收益为：

选择 1 下的年末总收益＝$\$100(1+z_2)^2$ (5.1)

其中，z_2 是 1 年期即期利率（记住，我们计算的是 6 个月期，因此上述公式中的下标 2 表示 2 个 6 个月期，即 1 年）。

如果按 6 个月期即期利率进行投资，那么 6 个月后产生的总收益为：

选择 2 下的 6 个月期末总收益＝$\$100(1+z_1)$ (5.2)

其中，z_1 是 6 个月期即期利率。如果将式（5.2）产生的美元收益按 6 个月后的即期利率（用 f 表示）进行再投资，那么 1 年后的总收益为：

选择 2 下的年末总收益＝$\$100(1+z_1)(1+f)$ (5.3)

如果总收益相等，那么投资者将认为这两种投资策略是无差别的。如果式（5.1）的结果等于式（5.3）的结果，就会产生上述情况。令以上两个等式相等，有：

$$\$100(1+z_2)^2=\$100(1+z_1)(1+f) \tag{5.4}$$

根据式（5.4）求解 f，得到：

$$f=\frac{(1+z_2)^2}{1+z_1}-1 \tag{5.5}$$

将 f 乘以 2，就可以得到从现在起 6 个月后的 6 个月期债券等值收益率，这正是我们感兴趣的。

我们可以用图表 5—6 中的理论即期利率说明式（5.5）的应用。从该表中我们得知：

6 个月期即期利率＝0.052 5；因此，z_1＝0.026 25

1 年期即期利率＝0.055 0；因此，z_2＝0.027 50

代入式（5.5），有：

$$f=\frac{(1.027\,50)^2}{1.026\,25}-1=0.028\,752$$

因此，以债券等值收益率表示的 f 换算成年利率后为 5.75%（2.875 2×2）。

下面将介绍如何运用 5.75%这个利率。如果从现在起 6 个月后的 6 个月期利率低于 5.75%，那么投资于 1 年期债券（选择 1）在 1 年后的总收益将较高。如果从现在起 6 个月后的 6 个月期利率高于 5.75%，那么先投资于 6 个月期债券，然后再将从现在起 6 个月后所得收益以当时的 6 个月期利率进行再投资（选择 2），在 1 年后得到的总收益将较高。当然，如果从现在起 6 个月后的 6 个月期利率为 5.75%，那么这两种选择在 1 年后所得的总收益相同。

既然现在我们已经求出了我们感兴趣的利率 f，并知道了如何应用该利率，那么不妨回头来考察开始时提出的问题。根据图表 5—7，6 个月期即期利率为 5.25%。假设投资者预期从现在起 6 个月后的 6 个月期即期利率为 5.60%。也就是说，投资者预计那时的 6 个月期即期利率将高于当前的水平。那么，投资者是否会因为预期从现在起 6 个月后的 6 个月期即期利率水平升高而选择第二种投资方式？答案是不会。如我们前面所说明的，如果利率低于 5.75%，那么选择 1 就是更好的选择。由于该投资者预期利率为 5.60%，因此他应该选择第一种投资方式，尽管他预期届时的 6 个月期即期利率将高于现在的水平。

对于有些投资者而言，这是个让人惊讶的结论，但其原因在于，市场在确定不同期限投资的收益率时，考虑了对未来利率的预期。这就是为什么了解市场对未来利率的一致预期很重要。我们所确定的 f 值就是市场对从现在起 6 个月后的 6 个月期即期利率的一致预期。根据即期利率或收益率曲线计算的未来利率被称为**远期利率**（forward rate）。

6 个月期远期利率与即期利率的关系

通常，t 期的即期利率、当前的 6 个月期即期利率和 6 个月期远期利率之间的关系如下：

$$z_t=[(1+z_1)(1+f_1)(1+f_2)(1+f_3)\cdots(1+f_{t-1})]^{1/t}-1 \tag{5.6}$$

其中，f_t 为从现在起 t 个 6 个月期后的 6 个月远期利率。

现在举例说明如何运用式（5.6）。让我们来考察与 6 个月期远期利率有关的 5 年期（10 期）即期利率。6 个月期远期利率是根据图表 5—6 中的即期利率计算出来的。f_1 到 f_9 的值计算如下：

$f_1=0.028\,75$　$f_2=0.031\,40$　$f_3=0.034\,01$　$f_4=0.036\,62$

$f_5=0.039\,53$　$f_6=0.042\,24$　$f_7=0.036\,10$　$f_8=0.044\,29$

$f_9=0.040\,96$

6 个月期即期利率为 2.625%（债券等值收益率为 5.25%）。将这些值代入式（5.6），有：

$$\begin{aligned}z_{10}&=[(1.026\,25)(1.028\,75)(1.031\,40)(1.034\,01)(1.036\,62)(1.039\,53)\\&\quad(1.042\,24)(1.036\,10)\cdot(1.044\,29)(1.040\,96)]^{1/10}-1\\&=0.036=3.6\%\end{aligned}$$

注意，该值乘以 2，即为图表 5—6 中的 5 年期（10 期）即期利率。

其他远期利率

我们可以在此基础上进行进一步分析，而没有必要局限于 6 个月期远期利率。即期利率可以用于计算未来任何时间、任何投资期的债券的远期利率。例如，可以计算下列数据：

- 从现在起 5 年后的 2 年期远期利率。
- 从现在起 10 年后的 6 年期远期利率。
- 从现在起 3 年后的 7 年期远期利率。

作为可对冲利率的远期利率

关于远期利率，人们自然而然地要问：它预测未来利率的准确性有多高？研究证明，远期利率并不能很好地预测未来利率。[①] 那么，为什么还要花费大量精力来了解远期利率呢？前文我们曾经举过如何在两种投资方式中进行选择的例子，正如这个例子所说明的，其原因在于，远期利率显示出投资者要作出正确决策，其预期与市场一致预期必须相差的程度。

---

① Eugene F. Fama, "Forward Rates as Predictors of Future Spot Rates," *Journal of Financial Economics*, Vol. 3, No. 4, 1976, pp. 361 - 377.

在我们的例子中，可能无法实现6个月期远期利率，但这并不重要。事实是，6个月期远期利率向投资者表明，如果投资者预期从现在起6个月后的6个月期即期利率低于5.75%，那么他选择第一种投资方式会更好。

由于这个原因以及稍后将会说明的其他原因，有些市场参与者不愿将远期利率当作市场一致预期利率。相反，他们将远期利率看作**可对冲利率**（hedgeable rates）。比如，通过购买1年期债券，投资者可以对从现在起6个月后的6个月期利率进行对冲。

决定期限结构形状的因素

如果我们画出期限结构的曲线（将不同期限的到期收益率或即期利率按照时间顺序排列并连成线），它可能是什么形状呢？图表5—4给出了美国国债收益率曲线的三种一般形状。图表5—9以表格的形式显示了选出的五只国债日收益率曲线的数据。

图表5—9　五个特定日期的美国国债收益率曲线数据

日期	3个月	6个月	1年	2年	3年	5年	7年	10年	20年	30年	形状
4/23/2001	3.75	3.78	3.75	3.77	4.15	4.38	4.78	5.06	5.84	5.73	普通
4/10/1992	3.74	3.88	4.12	5.16	5.72	6.62	7.03	7.37	N/A	7.89	陡峭
8/14/1981	N/A	N/A	16.71	16.91	15.88	15.34	15.04	NA	14.74	13.95	反向
1/3/1990	7.89	7.94	7.85	7.94	7.96	7.92	8.04	7.99	N/A	8.04	水平
1/4/2001	5.37	5.20	4.82	4.77	4.78	4.82	5.07	5.03	5.56	5.44	抛物线形

2001年4月23日、1992年4月10日、1990年1月3日和2001年1月4日这些日期的数据来自美国财政部提供的日收益率曲线；1981年8月14日的数据来自美国财政部发布的各种国债收益率表格。

图表5—4（a）显示了一条向上倾斜的收益率曲线；即收益率随着期限增加而稳定上升。这种形状通常被称为**正向倾斜收益率曲线**（positively sloped yield curve）。市场参与者根据曲线的陡峭度或斜率区别正向倾斜的收益率曲线。该斜率通常用期限利差衡量，期限利差为长期收益率与短期收益率之差。尽管有许多期限指标可以代表长期收益率和短期收益率，但我们只以6个月期收益率和30年期收益率之差为例。

图表5—9中的前两条日收益率曲线为正向倾斜收益率曲线。注意，3个月和6个月期收益率在这两个日期大致是相同的。然而，斜率的陡峭程度是不同的。2001年4月23日的30年期收益率和6个月期收益率的期限利差（即30年/6个月利差）为195个基点（5.73%－3.78%），1992年4月10日的30年期收益率和6个月期收益率的期限利差为401个基点（7.89%－3.88%）。按照市场惯例，6个月期收益率和30年期收益率的期限利差不高于300个基点的正向倾斜收益率曲线被称为**普通收益率曲线**（normal yield curve）；6个月期收益率和30年期收益率的期限利差高于300个基点的正向倾斜收益率曲线被称为**陡峭的收益率曲线**（steep yield curve）。

当收益率曲线的期限利差增加（或按市场说法称为“加宽”）时，称收益率曲线“变得陡峭”；当期限利差减少（即“缩窄”）时，称收益率曲线“变得平坦”。

图表5—4（b）显示了向下倾斜的收益率曲线，或称**反向收益率曲线**（inverted yield curve），其中，收益率通常随期限的增加而下降。在近期的美国国债市场上，收益率曲线表现出这种特征的情况并不多。最明显的例子出现在1981年8月。图表5—9显示了8月14

日这天的日收益率曲线。此时的国债收益率处于历史高点。2 年期国债的收益率为 16.91%，并在接下来每个期限均下降，直至降到 13.95%，即 30 年期国债的收益率。

最后，图表 5—4（c）显示了**平坦的收益率曲线**（flat yield curve）。尽管该图表明，对于平坦的收益率曲线，每个期限的收益率都是相同的，但实际市场中所观察到的情况却并非如此，而是所有期限的收益率都是相似的。1990 年 1 月 3 日的收益率曲线为平坦的收益率曲线。注意，6 个月/30 年期国债的期限利差非常小，只有 10 个基点。该平坦收益率曲线的一个不同之处在于，短期国债收益率和长期国债收益率类似，但中期国债收益率较低。

解释这些收益率曲线形状的理论主要有两种：**预期理论**（expectations theory）和**市场分割理论**（market segmentation theory）。

预期理论有几种形式：**完全预期理论**（pure expectations theory）、**流动性理论**（liquidity theory）和**期限偏好理论**（preferred habitat theory）。预期理论同意有关短期的远期利率行为的假设，同时也假设当前长期债券的远期利率与市场对未来短期利率的预期密切相关。然而，这三个理论在其他因素是否也影响远期利率、如何影响的问题上却存在差异。完全预期理论主张，除了预期的未来短期利率以外，没有系统性因素影响远期利率；流动性理论和期限偏好理论则断言存在着其他影响因素。因此，后两种预期有时也被称为**有偏预期理论**（biased expectations theory）。图表 5—10 描绘了这三种理论之间的关系。

图表 5—10　　期限结构理论

预期理论

该理论断言，短期的远期利率与当前长期债券的远期利率和市场对未来短期利率的预期密切相关。

完全预期理论：远期利率是唯一代表预期远期利率的利率。它有三种解释：

- 最广义的解释；
- 局部预期解释（最狭义的解释）；
- 到期收益率预期解释。

有偏预期理论：它包括两种理论：

- 流动性理论：隐含远期利率不是市场对未来利率预期的无偏估计，因为它们包含流动性溢价。
- 最优偏好理论：期限结构反映了未来利率预期加上反映给定期限范围内资金供求失衡的风险溢价。

市场分割理论：

该理论断言，投资者和借款人都不愿从一种期限的证券转而投资另一种期限的证券，以利用预期利率和远期利率之差产生的机会。

完全预期理论

根据完全预期理论，远期利率只表示预期的远期利率。因此，给定时点的整个期限结构反映了市场当前对未来各种短期利率的预期。根据这种观点，图表 5—4（a）所示的上升期限结构必然表明，市场预期短期利率将在未来相应时期内上升。类似地，平坦的期限结构反映的预期是，未来短期利率大多情况下将是固定不变的，而下降的期限结构反映的预期必然是，未来短期利率将稳定下降。

通过考虑对短期未来利率上升的预期如何影响各种市场参与者的行为，从而形成向上倾斜的收益率曲线，我们可以说明这一理论。假设期限结构最初是平坦的，且后来发生的经济新闻使市场参与者预期利率将上升。

1. 那些原本对长期投资感兴趣的市场参与者不希望购买长期债券，因为他们预期收益率结构曲线迟早会上升，导致债券价格下降，使购买的长期债券遭受资本损失。相反，他们希望投资于短期债券，直到收益率上升，允许他们将资金再投资于有较高收益率的债券。

2. 预期利率上升的投机者预期长期债券价格将下降，因此希望卖出他们拥有的长期债券，可能还会“卖空”某些他们现在并不拥有的长期债券。（如果利率如预期般上升，那么长期债券的价格将下降。由于投机者卖空了这些债券，因此可以以较低的价格买入他们以抛补卖空的部分，从而获得利润。）投机者将再投资于短期债券。

3. 希望获得长期资金的借款人会选择现在借款，因为根据市场预期，以后的借款成本会越来越高。

上述这三种反应要么会降低长期债券的净需求，要么会增加长期债券的供给，且全部三种反应都会增加短期债券的需求。这要求长期收益率相对于短期收益率上升，也就是说，投资者、投机者和借款人的这些行为将使期限结构向上倾斜，直到其与更高的未来利率一致。同理，导致未来利率降低预期的意外事件将导致收益率曲线向下倾斜。

遗憾的是，完全预期理论存在一个在本质上十分严重的缺点。该理论忽略了投资于债券和类似工具的内在风险。如果远期利率是完美的未来利率预测指标，那么就可以确切地知道未来的债券价格。任何投资期的回报率都将是确定的，且独立于投资者最初所购买工具的期限和需要变现该工具的时间。然而，由于无法确知未来利率，也就无法确知未来的债券价格，因此这些工具在某段投资期内的收益率是未知的，从而成为高风险投资。

导致某段投资期内收益率不确定性的风险有两种：价格风险和再投资风险。第一种风险是指债券价格在投资期结束时的不确定性。例如，一位计划投资 5 年的投资者可能会考虑下列三种投资选择：（1）投资于 5 年期债券，并持有该债券 5 年；（2）投资于 12 年期债券，并在第 5 年末将其卖出；（3）投资于 30 年期债券，并将其在第 5 年末卖出。第二种选择和第三种选择将实现的收益率是未知的，因为每只长期债券在 5 年后的价格是未知的。12 年期债券的价格取决于从现在起 5 年后的 7 年期债券的收益率；30 年期债券的价格取决于从现在起 5 年后的 25 年期债券的收益率。由于未来 12 年期债券和未来 25 年期债券的当前期限结构隐含的远期利率不是预测实际未来利率的理想指标，因此从现在起 5 年后两只债券的价格存在不确定性。因此，存在着价格风险，也就是债券价格低于当前预期的投资期末债券价格的风险。如第 4 章所说明的，价格风险的一个重要特征是，债券期限越长，价格风险就越高。

第二种风险是：在预期到期日前，对债券收益进行再投资的收益率具有不确定性。这种风险被称为再投资风险。例如，计划投资 5 年的投资者可能会考虑下列三种投资方式：（1）投资于 5 年期债券并持有 5 年；（2）投资于 6 个月期债券，当其到期时，将所得收益再投资于 6 个月期债券，如此循环直至 5 年投资期期满；（3）投资于 2 年期债券，当该债券到期时，将所得收益再投资于 3 年期债券。第二种和第三种投资策略的缺点是，由于将所得收益再投资直至到期的再投资收益率未知，因此无法得知 5 年投资期的收益率。

经济学家对完全预期理论提出了几种解释。这些解释并不完全相同，彼此也并不一致，这主要是由于这些解释对与实现收益相关的两种风险（我们刚刚说明过这两种风险）的处理不同。①

① 这些解释是由 John Cox，Jonathan Ingersoll，Jr. 和 Stephen Ross 总结的，见“A Reexamination of Traditional Hypotheses about the Term Structure of Interest Rates,” *Journal of Finance*, September 1981。

对完全预期理论最广义的解释认为，不论所选择的期限战略是什么，投资者对任何投资期的预期收益率都相同。① 例如，考虑一位投资期为 5 年的投资者。根据该理论，购买 5 年期、12 年期或 30 年期的债券并持有 5 年是无差异的，因为投资者预期所有三只债券在 5 年中的收益率都相同。对这种广义解释的一个主要批评是，由于存在价格风险，即投资于期限长于投资期的债券所产生的风险，因此，这三种差异很大的债券投资的预期收益率也有很大差异。②

第二种解释被称为**局部预期理论**（local expectations theory），这是完全预期理论的一种形式，该理论认为在较短的投资期内，不同期限的债券收益率是相同的。例如，如果投资者的投资期为 6 个月，购买了 5 年期、10 年期或 20 年期的债券，那么这些债券的 6 个月期收益率将相同。该理论证明，就较短的投资期而言，局部预期理论是唯一能在均衡时成立的完全预期理论解释。③

完全预期理论的第三种，也是最后一种解释认为，投资者在投资期内通过滚动投资短期债券实现的收益和持有期限与投资期相同的零息债券得到的收益相同。（由于零息债券没有投资风险，因此投资期内的未来利率不会影响收益率。）这种解释被称为**到期收益率预期解释**（return-to-maturity expectations interpretation）。例如，假设投资者的投资期为 5 年。通过买入 5 年期零息债券并持有至到期，投资者的收益率等于到期价值与债券价格之差除以债券价格。根据到期收益率预期，通过购买 6 个月期债券，并在 5 年内滚动投资，可以实现相同的收益率。这种解释的正确性目前受到很多质疑。

流动性理论

我们已经说明了，完全预期理论的一个缺陷是它没有考虑和债券投资相关的风险。在一段时期内持有长期债券是有风险的，而且这种风险随着债券期限的增加而升高，因为期限和价格波动性直接相关。

考虑到这种不确定性以及投资者通常不喜欢不确定性的情况，有些经济学家和金融分析师提出了另外一种不同的理论。这种理论认为，如果长期债券提供的长期利率高于平均预期未来利率，且高出的风险溢价与债券期限正相关，那么投资者将持有长期债券。④ 换句话说，远期利率应该同时反映利率预期和“流动性”溢价（实际上是风险溢价），且期限越长，该溢价应该越高。

根据这种理论，即**期限结构的流动性理论**（liquidity theory of the term structure），由于隐含的远期利率嵌入了流动性溢价，因此它不是市场对未来利率预期的无偏估计。因此，向上倾斜的收益率曲线可能反映了对未来利率的不同预期：（1）上升；（2）不变，甚至下降，但随着期限的延长，流动性溢价增加得很快，因此产生了向上倾斜的收益率曲线。

---

① Frederich A. Lutz, “The Structure of Interest Rates,” *Quarterly Journal of Economics*, 1940 - 1941, pp. 36 - 63.

② Cox, Ingersoll, and Ross, “A Reexamination of Traditional Hypotheses about the Term Structure of Interest Rates,” pp. 774 - 775.

③ Cox, Ingersoll, and Ross, “A Reexamination of Traditional Hypotheses about the Term Structure of Interest Rates,” pp. 774 - 775.

④ John R. Hicks, *Value and Capital*, 2nd ed. (London: Oxford University Press, 1946), pp. 141 - 145.

期限偏好理论

另一个理论，即期限偏好理论，也认为期限结构反映了对利率未来路径的预期以及风险溢价。然而，期限偏好理论不认为风险溢价必然随期限增加而匀速上升。[①] 期限偏好理论的拥护者认为，只有当所有投资者都倾向于在可能的最短时间内变现投资，而所有借款人都急于借入长期资金时，风险溢价才会随期限增加而匀速上升。由于机构根据负债性质决定其持有期间，因此很容易推翻这一假设。

期限偏好理论断定，根据给定期限范围内资金供求不匹配的程度，某些贷款人和借款人将趋于改变期限，显示出反向的不均衡。但是，他们需要得到适当的风险溢价来弥补，其大小反映了对价格风险或再投资风险的厌恶程度。

因此，该理论认为收益率曲线的形状是由对未来利率的预期和（正或负的）风险溢价共同决定的，这使市场参与者改变其期限偏好。显然，根据这种理论，收益率曲线向上倾斜、向下倾斜、水平或呈抛物线形都是有可能的。

市场分割理论

市场分割理论也认为，投资者的负债性质决定了他们有期限偏好。该理论还认为，收益率曲线的形状取决于（监管规定施加的或自我施加的）资产—负债管理约束和/或贷款人（借款人）对贷款（借款）用于特定期限债券品种的限制。[②] 但是，市场分割理论与期限偏好理论的不同在于，前者假设投资者和借款人都不愿意改变期限品种，以利用利率预期与远期利率之差产生的获利机会。因此，根据市场分割理论，收益率曲线的形状取决于各个期限品种的证券供求。

影响收益率曲线形状的主要因素

Antti Ilmanen 的著作对影响国债收益率曲线形状的主要因素进行了最全面的研究。[③] 他发现，三个主要的影响因素为：

1. 市场对未来利率变化的预期。
2. 债券风险溢价。
3. 凸性偏差。

在我们对期限结构完全预期理论的讨论中，说明了市场对未来利率变化的预期如何影响收益率曲线的形状。现在让我们考察后两个影响因素。

---

① Franco Modigliani and Richard Sutch, "Innovations in Interest Rate Policy," *American Economic Review*, May 1966, pp. 178 - 197.

② 该理论由 J. M. Culbertson 提出，见 "The Term Structure of Interest Rates," *Quarterly Journal of Economics*, November 1957, pp. 489 - 504。

③ 该研究最初是作为所罗门兄弟出版的一份报告出现。该研究报告的不同部分随后也分别出版。见 Antti Ilmanen, "Market's Rate Expectations and Forward Rates," *Journal of Fixed Income*, September 1996, pp. 8 - 22; Antti Ilmanen, "Does Duration Extension Enhance Long-Term Expected Returns?" *Journal of Fixed Income*, September 1996, pp. 23 - 36; Antti Ilmanen, "Convexity Bias in the Yield Curve," Chapter 3 in Narasimgan Jegadeesh and Bruce Tuckman (eds.), *Advanced Fixed-Income Valuation Tools* (New York: Wiley, 2000); and Antti Ilmanen, "Overview of Forward Rate Analysis," Chapter 8 in Frank J. Fabozzi (ed.), *The Handbook of Fixed Income Securities* (New York, NY: McGraw Hill, 2005)。

债券风险溢价是不同期限的国债的预期收益率之差。正如前面章节所说明的，某些利率期限结构理论假设了预期收益率随期限变化的原因。然而，这些理论在风险溢价是正还是负的问题上意见并不一致。例如，期限结构的流动性理论认为风险溢价应随期限的增加而增加；市场分割理论则认为债券风险溢价既可以为正，也可以为负。

Ilmanen用美国国债的历史平均收益率分析了债券风险溢价行为的影响。图表5—11显示了1972—2001年作为平均久期（而非期限）的函数的实际平均收益率曲线。（在第4章中曾提到，久期是债券价格对利率变动敏感性的衡量指标。）图表5—11中还显示了仅根据预期得出的理论预期收益率曲线（前面列出的第一个影响因素）。注意，该曲线是线性的（即它随久期的增加而线性上升），而实证表明，债券风险溢价与久期的关系不是线性的。相反，实证表明，在收益率曲线的前端（即久期为3以前），债券风险溢价随久期的增加而陡峭上升。但是，在久期为3以后，债券风险溢价将缓慢增加。Ilmanen认为，图表5—11中的形状"可能反映出养老金基金和其他长久期负债持有者对长期债券的需求"①。

现在让我们考察凸性偏差的影响，Ilmanen认为这种影响是我们在三种影响因素中所知最少的。回忆第4章中介绍过的凸性概念。当利率基点数变动较大时，国债的价格变动和利率的上升与下降幅度并不相同。具体而言，当利率下降时，价格的升高幅度大于利率升高相同基点时价格的下降幅度。例如，如果利率下降100个基点，那么国债价格可能上升20%，但如果利率升高100个基点，那么相同的国债价格可能只下降15%。债券的这种有吸引力的特征是由于第4章中介绍的价格—收益率关系曲线的形状，并被称为债券的凸性。期限越长，债券的凸性就越大。也就是说，由于具有凸性，长期国债比短期国债拥有更具吸引力的特征。因此，投资者愿意为长期国债付更多的钱，从而也愿意接受更低的收益率。对国债收益率曲线的这种影响被称为**凸性偏差**（convexity bias）。

图表5—11　　理论债券风险溢价与实际债券风险溢价

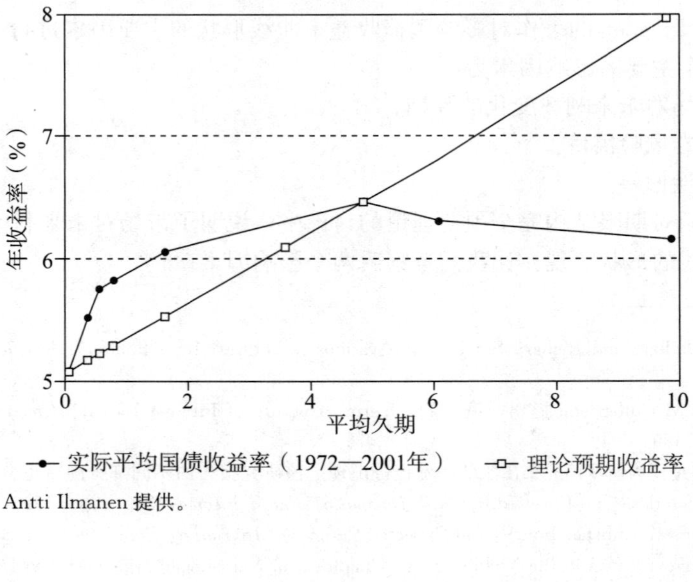

资料来源：由Antti Ilmanen提供。

① Ilmanen, "Overview of Forward Rate Analysis," p. 167.

互换利率收益率曲线

直到第 31 章，我们才会讨论利率互换。但是，利率互换的基本要素对于我们理解这里的内容是很重要的，因为这是一种常用的利率基准。实际上，尽管由于本节简述的原因，本章的重点是将国债市场作为利率基准，而在多数国家中也存在流动性政府债券市场，但利率互换市场仍然越来越多地被用作利率基准。这里我们将简要介绍其中的方法和原因。

在一般的利率互换中，双方在特定日期交换利息支付：在互换存续期内，一方支付固定利率，另一方支付浮动利率。在典型的互换中，浮动利率是根据参考利率制定的，而参考利率一般是伦敦银行同业拆借利率（LIBOR）。LIBOR 是伦敦优等银行支付给其他优等银行的美元存单利率。

固定利率一方支付的固定利率被称为**互换利率**（swap rate）。互换市场上的交易商对不同期限的互换利率给出报价。互换利率和互换期限之间的关系称为**互换利率收益率曲线**（swap rate yield curve），更常用的叫法是**互换曲线**（swap curve）。由于参考利率通常是 LIBOR，因此互换曲线也被称为 **LIBOR 曲线**（LIBOR curve）。

多数国家都有一条互换曲线。欧元利率互换的参考利率为欧元银行同业拆借利率（Euribor），这是一家优等银行对于采用欧元的欧盟成员国的银行存款支付给另一家优等银行的利率。

这条互换曲线被许多美国以外的国家用作基准。然而，和一国的政府债券收益率曲线不同，互换曲线不是无违约收益率曲线。相反，它反映了利率互换对方的信用风险。由于利率互换的对方通常为与银行有关的实体，因此互换曲线反映了提供利率互换的代表性银行的平均信用风险。具体而言，互换曲线被视为银行同业收益率曲线。这种曲线也称为 AA 级收益率曲线，因为相互借款的银行的评级至少为 AA 级。此外，互换曲线还反映了流动性风险。不过，近年来，利率互换的流动性有所增加，现在利率互换市场比某些政府债券市场的流动性更高。

人们会预期，如果一国存在政府债券市场，那么该市场上的收益率就将是最好的基准利率。但情况并不总是如此。用互换曲线代替一国的政府债券收益率曲线有以下几个优点。[①]

首先，可能存在一些技术原因，使政府债券市场上的某些利率不代表真实利率，而是由于该市场独有的某种技术因素或监管因素产生偏离。例如，市场参与者可能需要抛补特定政府债券的空头头寸，而抛补空头头寸的行为将推涨对该政府债券的需求，压低其收益率。在互换市场上，没有必须交割的标的，因此技术市场因素的影响较小。而且，政府债券的售价可能高于或低于其面值。此外，如前所述，如果购买这些债券并持有至到期，那么政府税务部门可能对这些债券征收不同的税率。因此，这些债券在市场上交易时的收益率将反映税收优势或税收劣势。尽管此时很难对这些因素进行评价，但关键是，由于这些因素，观察到的政府债券利率可能不反映真实利率。互换利率的情况就有所不同。互换市场上不存在监管，因此，互换利率就表示真实利率。但是请记住，互换利率并不反映信用风险和流动性风险。

其次，为了构建代表性政府债券收益率曲线，必须能获得许多种期限的债券数据。但

---

① 更多的讨论见 Uri Ron，"A Practical Guide to Swap Curve Construction，" Chapter 6 in Frank J. Fabozzi (ed.)，*Interest Rate，Term Structure，and Valuation Modeling* (New York：John Wiley & Sons，2002)。

是，在多数政府债券市场上，所发行债券的期限种类很少。例如，如我们在下一章讨论美国国债时将看到的，美国政府只发行四种期限在 2 年及以上的债券（2 年、5 年、10 年和 30 年）。尽管有许多已发债券可以用来构建政府债券收益率曲线，但由于之前提到的原因，这些债券的收益率可能不是真实利率。相比之下，互换市场上的债券期限品种十分丰富。实际上，美国曾暂停发行 30 年期债券，因此无法获得 30 年期国债的利率数据。但是，互换交易商会报出 30 年期互换利率。

最后，比较不同国家的政府债券收益率很难，因为各国的信用风险存在差异。相比之下，如前所述，互换曲线是银行同业收益率曲线，因此对基准利率进行跨国比较更容易。

要　点

· 在所有经济体中，都不是只存在一个利率，而是存在一个利率结构。

· 两种债券的收益率之差被称为收益率利差。当两种债券之一为基准债券时，收益率利差被称为基准利差，反映了风险溢价。

· 美国最常用的基准债券为美国国债。

· 影响收益率利差的因素包括：（1）发行人类型（例如，政府机构、公司、市政府）。（2）商业评级公司的评级体系对发行人信用质量的评估。（3）债券的期限。（4）债券的嵌入式期权（例如，赎回条款、回售条款或转换条款）。（5）利息收入应纳联邦所得税和州所得税的情况。（6）债券的预期流动性。（7）债券的融资能力。

· 信用利差是信用风险产生的收益率利差或基准利差。期权调整利差是用于调整债券中嵌入式期权的指标。

· 收益率和期限之间的关系被称为利率的期限结构。信用质量相同但期限不同的债券收益率之间的关系图形被称为收益率曲线。

· 用国债收益率曲线确定一个贴现债券所有现金流的收益率时存在一个问题。每笔现金流都应该用一个单独的利率贴现，该利率应与收到现金流的时期相匹配。由于任何债券都可以被视为一篮子零息债券，因此其价值应等于零息债券所有组成部分的价值之和。零息债券的利率被称为即期利率。即期利率和期限之间的关系被称为利率期限结构。

· 可以根据以下国债的收益率构建无风险理论即期利率曲线：（1）新发国债；（2）新发国债和选出的已发国债；（3）所有附息中长期国债和国库券；（4）息票剥离国债。如果采用的是（1）或（2）中的国债，那么将使用自助法来构建无风险理论即期利率曲线。如果采用的是所有的附息中长期国债和国库券，那么将使用更复杂的统计技术来构建无风险理论即期利率曲线。

· 在特定假设下，可以根据理论国债即期利率曲线推导出市场对未来利率的预期。用这种方法得出的远期利率被称为隐含远期利率。即期利率与当前的 6 个月期即期利率和隐含的 6 个月期远期利率有关。

· 关于期限结构的决定，存在以下几种理论：完全预期理论、有偏预期理论（流动性理论和期限偏好理论）和市场分割理论。所有预期理论都假设某一期间的远期利率代表市场对未来实际利率的预期。完全预期理论认为这是期限结构的唯一决定因素。有偏预期理论则认为还存在其他决定因素。

· 实证表明，影响国债收益率曲线的三个主要因素是：（1）市场对未来利率变动的预期；（2）债券风险溢价；（3）凸性偏差。

互换利率收益率曲线也提供了关于一国利率的信息，并可用作利率基准。互换利率收益率曲线（或简称为互换曲线或 LIBOR 曲线）不是无违约收益率曲线，而是反映了银行同业信用风险。在许多国家中，市场参与者都用本国互换曲线上的利率作为基准利率，而不是用本国政府债券收益率曲线上的利率作为基准利率。

问　题

1. 以下为 2007 年 12 月 31 日的美国国债基准利率：

US/T 3.125 11/30/2009	3.133
US/T 3.375 11/30/2012	3.507
US/T 4.25 11/15/2017	4.096
US/T 4.75 02/15/2037	4.518

同一天，发生了下列交易：

发行人	债券	收益率（%）
时代华纳有线电视公司	TWC 6.55 05/01/2037	6.373
味好美公司	MKC 5.75 12/15/2017	5.685
高盛集团	GS 5.45 11/01/2012	4.773

请根据以上数据，完成下表：

债券	收益率（%）	国债基准利率	基准利差（基点）	相对收益率利差
TWC 6.55 05/01/2037	6.373			
MKC 5.75 12/15/2017	5.685			
GS 5.45 11/01/2012	4.773			

2. 两只公司债券的收益率利差反映的不仅是信用风险的差异。收益率利差还反映了什么因素？

3. 为什么期权调整利差指标比收益率利差更适用于附有嵌入式期权的债券？

4. 假设一位客户观察到下列两种债券的两个基准利差：

评级为 A 级的债券 U：150 个基点；

评级为 BBB 级的债券 V：135 个基点。

你的客户感到迷惑，因为他认为利率较低的债券（债券 V）的基准利差应该高于利率较高的债券（债券 U）。请说明为何债券 V* 的基准利差较低。

5. 1992 年 5 月 29 日，高盛公司出版的《每周市场快报》（*Weekly Market Update*）中报道了下列信息，表中为截至 1992 年 5 月 28 日（周四）收市时高评级免税债券的数据：

期限（年）	收益率（%）	收益率占国债收益率的百分比（%）
1	3.20	76.5
3	4.65	80.4
5	5.10	76.4
10	5.80	78.7
30	6.50	82.5

a. 什么是免税债券？

b. 什么是高评级债券？

* 原文此处为“债券 U”，疑有误，为不影响读者理解，改为“债券 V”。——译者注

c. 为什么免税债券的收益率低于相同期限的国债收益率？

d. 什么是等值应税收益率？

e. 高盛同一期的报告中还提供了市场内收益率利差信息。什么是市场内收益率利差？

6. a. 什么是债券的嵌入式期权？

b. 请举出三个债券中的嵌入式期权的例子。

c. 嵌入式期权会增加还是减少相对于基础利率的风险溢价？

7. a. 什么是收益率曲线？

b. 为什么国债收益率曲线是最接近于市场参与者观察结果的收益率曲线？

8. 什么是即期利率？

9. 请说明为什么用一个收益率贴现某种金融资产的全部现金流是不恰当的。

10. 请说明为什么可以将一项金融资产视为一篮子零息债券。

11. 为什么即期利率与远期利率有关？

12. 假设你是一位金融顾问。你多次听到一位顾客对于利率的评论。你将如何回应下列评论？

a. “今天收益率曲线向上倾斜。这表明市场一致认为利率将在未来上升。”

b. “我无法理解今天的期限结构。对于短期收益率（不超过 3 年），即期利率随期限的增加而上升；对于期限超过 3 年但小于 8 年的债券，即期利率随期限的增加而下降；对于期限超过 8 年的债券，各种期限债券的即期利率基本相同。没有哪种理论能解释这种形状的期限结构。”

c. “如果我希望确定市场对未来利率的一致预期，我就计算远期利率。”

13. 请观察下表中的国债收益率（所有收益率均为债券等值收益率）。

所有期限不小于 1.5 年的国债都按面值出售。0.5 年期债券和 1.0 年期债券为零息债券。

a. 请计算缺失的即期利率。

b. 收益率为 6%的 6 年期国债的价格应为多少？

c. 第 6 年年初的 6 个月期远期利率是多少？

年数	到期收益率（%）	即期利率（%）
0.5	5.25	5.25
1.0	5.50	5.50
1.5	5.75	5.76
2.0	6.00	?
2.5	6.25	?
3.0	6.50	?
3.5	6.75	?
4.0	7.00	?
4.5	7.25	?
5.0	7.50	?
5.5	7.75	7.97
6.0	8.00	8.27
6.5	8.25	8.59
7.0	8.50	8.92
7.5	8.75	9.25
8.0	9.00	9.61
8.5	9.25	9.97
9.0	9.50	10.36
9.5	9.75	10.77
10.0	10.00	11.20

14. 请观察下列国债收益率（所有收益率均为国债等值收益率）：

年数	到期收益率（%）	即期利率（%）
0.5	10.00	10.00
1.0	9.75	9.75
1.5	9.50	9.48
2.0	9.25	9.22

续前表

年数	到期收益率（%）	即期利率（%）
2.5	9.00	8.95
3.0	8.75	8.68
3.5	8.50	8.41
4.0	8.25	8.14
4.5	8.00	7.86
5.0	7.75	7.58
5.5	7.50	7.30
6.0	7.25	7.02
6.5	7.00	6.74
7.0	6.75	6.46
7.5	6.50	6.18
8.0	6.25	5.90
8.5	6.00	5.62
9.0	5.75	5.35
9.5	5.50	?
10.0	5.25	?

所有期限不小于1.5年的国债都以面值出售。0.5年期债券和1.0年期债券为零息债券。

a. 请计算缺失的即期利率。

b. 利率为5%的4年期国债的价格应为多少？

15. 哪种国债可以用来构建即期利率曲线？

16. 只用新发国债构建理论即期利率曲线存在哪些问题？

17. 当用所有国债构建理论即期利率曲线时，应采用什么方法？

a. 用息票剥离国债构建理论即期利率曲线的局限性是什么？

b. 用息票剥离国债构建理论即期利率曲线时，为什么只用息票剥离债券？

18. 哪些行为会迫使市场上的国债按用国债即期利率贴现现金流得到的现值定价？

19. 请说明远期利率在投资决策中的作用。

20. “远期利率是糟糕的实际未来利率预测指标。因此，它对投资者没有什么价值。”请说明你是否同意这种说法。

21. Bart Simpson 正在考虑两种投资选择。第一种选择是投资于2年后到期的债券。第二种选择是投资于1年后到期的债券，并在第1年年末将所得收益再投资于1年期债券。他认为，从现在起1年后的1年期利率将高于现在的利率水平，因此倾向于选择第二种投资方式。你对 Bart Simpson 有何建议？

22. a. 关于短期的远期利率行为，各种预期理论的共同假设是什么？

b. 什么是价格风险和再投资风险？这两种风险如何影响完全预期理论？

c. 请给出完全预期理论的三种解释。

23. a. 关于利率期限结构的两种有偏预期理论是什么？

b. 这两种理论的基本假设是什么？

24. a. “实证表明，就影响国债收益率曲线形状的债券风险溢价而言，国债平均收益率与久期之间存在线性关系。”请说明你是否同意这一说法。如果你不同意，请说明你所观察到的国债平均收益率与久期的关系属于何种类型。

b. “凸性偏差”对国债收益率曲线形状有什么影响？

25. a. 什么是互换利率？

b. 什么是互换曲线？

c. 请说明你是否同意下列说法：“一国的互换曲线是无风险收益率曲线。”

26. 为什么有些国家的市场参与者更愿意使用互换曲线而不是政府债券收益率曲线？

27. 一位客户观察到，当基准利率为美

国国债利率时，他打算购买的一只 AAA 级公司债券的基准利差为正，而当基准利率为 LIBOR 曲线上的利率时，该债券的基准利差为负。这位客户问你为什么会出现这种情况。请你解释其中的原因。

第 6 章

美国国债与联邦政府机构证券

学习目标

阅读本章后，您将了解

- 美国财政部发行的各类证券
- 固定本金国债和通货膨胀保值国债的区别
- 国债拍卖过程
- 国债的二级市场
- 在二级市场上国债如何报价
- 零息国债市场
- 在联邦政府机构证券市场上发行债券的联邦相关机构与政府资助企业的区别
- 联邦政府机构证券市场上的发行人和它们发行的证券类别

美国国债市场是仅次于抵押贷款支持债券市场的第二大债券市场；美国政府机构证券市场是最小的债券市场之一。本章我们将同时讨论这两种市场。就像我们将在第 11 章中详细阐述的，多数抵押贷款支持证券由美国联邦政府资助的机构提供担保。这些证券属于抵押贷款支持证券，而非美国政府机构证券。

国　债

美国国债由美国财政部发行，并由美国政府提供完全信用担保。因此，市场参与者认为它们几乎没有信用风险，尽管近年来美国联邦政府赤字的增长使人们对美国国债信用风险的担心日益增加。国债利率是美国经济和国际资本市场中的基准利率。在第 5 章中，我们介绍过国债的这一重要作用。

有两个因素决定了美国国债的主导地位：交易量（以未清偿国债的金额衡量）和流动性。美国财政部是全球最大的债务发行人。高额债务总量和高额单笔交易使美国国债市场成为了世界上最活跃从而也最具流动性的市场。在美国国债市场中，交易商的买卖价差要比其他债券市场的买卖价差小得多。[①]

国债都是不可赎回的。因此，国债投资者没有赎回风险。

国债可以以联邦储备银行记账的方式获得。这意味着投资者只是获得收据而非证书作为所有权凭证。记账式国债的一个优点是债券所有权的变更很方便。国债的利息收入需要缴纳联邦所得税，但可以免缴州所得税和地方所得税。

国债的种类

美国财政部发行可流通证券和不可流通证券。这里我们重点考察可流通证券。[②] 可流通证券属于**固定本金证券**（fixed-principal securities），也可称为**与通货膨胀指数挂钩的证券**（inflation-indexed securities）。下面我们将分别介绍这两种证券。

固定本金国债

固定收入本金证券包括国库券、中期国债和长期国债。截至 2014 年年中，所有国库券和国债都支付固定利率。2014 年 4 月，美国财政部发行了浮动利率中期国债。

国库券（Treasury bills）按面值的折价发行，不支付利息，到期价值为面值。当前，美国财政部以折价发行所有债券，期限为 1 年或 1 年以下。作为折价债券，国库券不支付利息，而是以到期价值的折价发行；投资者获得的收益率为到期价值与购买价格之差。

所有初始期限为 2 年或 2 年以上的国债都以附息债券的形式发行。附息债券的发行价格接近于面值，如果属于固定本金债券，则在到期时按面值偿付。初始期限在 1 年以上、10 年以下的附息国债被称为**中期国债**（Treasury notes）。初始期限在 10 年以上的附息国债被称为**长期国债**（Treasury bonds）。[③]

截至 2014 年 5 月，美国财政部既发行固定利率中期国债，又发行浮动利率中期国债。（浮动利率中期国债被美国财政部和市场参与者称为“FRNs”，其中“F”表示“浮动”。）和半年付息一次的固定利率中期国债不同，浮动利率中期国债每季付息一次。利息按日孳生。计算每季调息日利率的息票公式确定方法如下。指数为拍卖浮动利率中期国债前最近的 13 周国库券拍卖利率。指数之上的报价利差由浮动利率中期国债的拍卖情况决定。报价利差可能为正也可能为负。不过，利率不能低于零。

通货膨胀保护国债

美国财政部发行根据通货膨胀调整的国债。这些国债通常被称为**通货膨胀保值国债**（Treasury inflation protection securities）或 TIPS。

---

① 关于国债二级市场的深入讨论，见 Frank J. Fabozzi and Michael J. Fleming，“U. S. Treasury Securities，” Chapter 7 in Frank J. Fabozzi (ed.)，*The Handbook of Financial Instruments*（Hoboken，NJ：John Wiley & Sons，2002）。本章的部分内容摘自该书。

② 美国财政部发行的不可流通证券包括销售给个人的储蓄债券以及销售给发行免税证券的州政府和地方政府的州政府和地方政府系列债券（SLGS）。

③ 在报价单上，“n”用来表示中期国债。没有符号通常表示某只债券为长期债券。

通货膨胀保值国债的运行机制如下。通货膨胀保值国债的息票利率是固定的。该利率由本节接下来将要介绍的拍卖程序决定。该息票利率被称为“实际利率”，因为该利率为投资者最终获得的超过通货膨胀率的利率。政府决定用作通货膨胀调整的通货膨胀指数为未经季节调整的美国城镇居民平均物品消费者价格指数（CPI-U）。

对通货膨胀的调整方法如下。美国财政部根据息票支付金额和到期价值每半年调整一次本金，这被称为**通货膨胀调整本金**（inflation-adjusted principal）。例如，假设通货膨胀保值国债的息票利率为 3.5%，年通货膨胀率为 3%。再假设投资者在 1 月 1 日购买了面值为 100 000美元（本金）的这种债券。半年期通货膨胀率为 1.5%（3%÷2）。前 6 个月期末的通货膨胀调整本金为：初始面值×(1+半年期通货膨胀率)。在我们的例子中，前 6 个月期末的通货膨胀调整本金为 101 500 美元。该通货膨胀调整本金为计算前 6 个月息票利息的基础。息票利息支付额为 1.75%（实际利率 3.5%的一半）乘以付息日的通货膨胀调整本金（101 500 美元）。因此，息票利息支付金额为 1 776.25 美元。

让我们来看一下 6 个月的情况。该期期初的通货膨胀调整本金为 101 500 美元。假设第二个 6 个月期的半年期通货膨胀率为 1%。那么，第二个 6 个月期期末的通货膨胀调整本金比 6 个月期期初的通货膨胀调整本金（101 500 美元）增加了 1 015 美元（1%乘以 101 500 美元）。因此，第二个 6 个月期期末（在我们的例子中为 12 月 31 日）的通货膨胀调整本金为 102 515 美元（101 500 美元+1 015 美元）。将在第二个付息日付给投资者的息票利息为付息日的通货膨胀调整本金（102 515 美元）乘以实际利率的一半（即 3.5%的一半）。也就是说，息票利息支付金额为 1 794.01 美元。

如前所述，对通货膨胀的调整部分体现在息票支付上，因为息票支付以通货膨胀调整本金为基础。然而，美国政府决定每年对调整部分征税，这降低了通货膨胀保值国债对纳税投资者的吸引力。

由于存在产生通货紧缩（即价格下降）的可能，因此到期时的通货膨胀调整本金可能小于初始面值。但是，美国财政部对通货膨胀保值国债的结构作出了规定，使其能按通货膨胀调整本金和初始面值中的较高者赎回。

此外，还必须计算结算日的通货膨胀调整本金。这里的通货膨胀调整本金被定义为一种指数比，即结算日的参考 CPI 与发行日的参考 CPI 之比。参考 CPI 的计算有三个月的时滞。例如，5 月 1 日的参考 CPI 就是 2 月份发布的 CPI-U。美国财政部在其网站（www.publicdebt.treas.gov）上公布每日的债券指数比。

国债拍卖程序

国债在一级市场上通过密封竞价拍卖的形式发售。每次拍卖都提前几天通过美国财政部的新闻发布会或记者招待会的形式对外公布。这种公告不仅提供了发行详情，包括国债的发行数量、期限和种类，而且介绍了部分拍卖规则和程序。国债拍卖对所有经济实体开放。

美国财政部除了定期通过拍卖发售新国债以外，还经常增发未清偿的国债，这被称为“债券增发”。美国财政部制定了 5 年期和 10 年期国债的定期增发时间表。

国债拍卖是在竞争性投标的基础上进行的。实际上，可供投标者选择的投标方式有两种：非竞争性投标和竞争性投标。**非竞争性投标**（noncompetitive bid）是指投标者愿意按拍卖过程确定的收益率来购买被拍卖的债券。

当采用非竞争性投标的方式时，投标者只需要说明购买数量。在非竞争性投标中，购买数量不得超过 500 万美元。在**竞争性投标**（competitive bid）中，投标者不仅要说明购买数量，还要说明愿意按多高的收益率购买被拍卖的国债。

确定拍卖结果时，首先从被拍卖的全部债券中扣除全部非竞争性投标和非公众性购买（如由美联储自己购买）的部分，剩余部分就是竞争性购买者所能获得的数量。然后，将竞争性投标按照收益率从低到高排序（这等于按投标者愿意支付的价格从高到低排序）。从最低收益率投标开始，接受所有竞争性投标，直到分配完竞争性投标者的全部配额。财政部接受的最高收益率被称为**停止收益率**（stop-out yield）（或**最高收益率**，high yield）。那些报价高于停止收益率的投标者不会分到任何新发国债（也就是说，他们是失败的投标者）。而那些报价与停止收益率（即财政部能接受的最高收益率）相同的投标者将根据投标数量按比例获得国债。例如，假设按照停止收益率报价的国债共有 20 亿美元，在向那些报价低于停止收益率的投标者分配后，只剩下 10 亿美元供分配。那么，每位按停止收益率报价的投标者只能获得所投标国债数量的 50%。因此，如果某位投资者投标 500 万美元，那么他只能获得 250 万美元的国债。

在下午 1：00 拍卖截止后的一个小时内，美国财政部将公布拍卖结果。所公布的结果包括停止收益率、相关价格以及分配给那些恰好以停止收益率中标的投资者的债券份额。此外，还会公布非竞争性投标者的数量、投标收益率的中位数，以及公众投标总额与公众中标金额之比［这被称为**认购倍数**（bid-to-cover ratio）］。对于中期国债和长期国债来说，公告的内容中还包括新发国债的息票利率。如果以成功投标者的中标收益率估算的价格最接近但不超过债券面值，那么这个收益率（单位为 1%的 1/8）就是息票利率。

为了确定成功投标者，将按照从最低投标收益率到最高投标收益率的顺序排列投标。财政部接受的被拍卖证券最高投标收益率为成功投标。

一旦确定了成功投标者和成功投标者分到的金额，下一个问题就是他们获得的被拍卖证券收益率。所有美国国债拍卖都是**单一价格拍卖**（single-price auctions）。在单一价格拍卖中，所有投标人获得的证券收益率均为被接受竞争投标的最高收益率（即最高收益率）。

二级市场

国债的二级市场是场外市场，由一群美国政府证券交易商对未清偿国债报出连续性买价和卖价。在国债二级市场上，实际上 24 小时都在进行国债交易。三家主要的国债交易所分别位于纽约、伦敦和东京。国债的结算日通常为交易日过后的第一个工作日（“翌日”结算）。

最近拍卖发行的国债被称为**新发国债**（on-the-run issue）或**当期国债**（current issue）。被新发国债所替代的国债被称为**已发国债**（off-the-run issues）。在某个特定时点上，可能存在与新发国债有大致相同剩余期限的多只已发国债。在财政部发行国债之前，国债就可以进行交易。这部分国债二级市场被称为**发行前交易市场**（when-issued market），或简称为 **wi 市场**（wi market）。国库券和附息国债的发行前交易从宣布拍卖之日开始，直到发行日为止。

政府交易商与投资大众以及其他交易商进行交易。他们彼此之间的交易是通过**交易商间经纪人**（interdealer brokers）完成的。交易商把固定的买卖报价委托给交易商间经纪人，这些交易商间经纪人在与每个交易平台相连并可在监控器上显示的计算机网络上显示出最高买价和最低卖价。交易商利用交易商间经纪人是为了快速和高效地完成交易。交易商间经纪人对参与交易的交易商名称保密。政府证券交易商的交易屏幕上所提供的报价代表“内部”或“交易商间”市场的价格。

国库券的报价

国库券与附息国债的买卖报价惯例不同。国库券的买卖报价采用一种特殊方式。与支付息票利息的国债不同，国库券的报价以**银行贴现额为基础**（bank discount basis），而不是以价格为基础。这个以银行贴现额为基础的收益率可以按以下公式计算：

$$Y_d = \frac{D}{F} \times \frac{360}{t}$$

其中，

Y_d=以银行贴现额为基础的年收益率（以小数表示）；

D=贴现额，等于国库券的面值与价格之差；

F=面值；

t=距离到期日的天数。

例如，对于一只还有 100 天到期、面值为 100 000 美元、售价为 99 100 美元的国库券，如果基于银行贴现额求出的收益率为 3.24%，那么，

$$\begin{aligned} D &= \$100\ 000 - \$99\ 100 \\ &= \$900 \end{aligned}$$

因此，

$$Y_d = \frac{\$900}{\$100\ 000} \times \frac{360}{100} = 3.24\%$$

给定以银行贴现额为基础的收益率，通过先解出含有 Y_d 的公式中的贴现额（D），可以求出国库券的价格：

$$D = Y_d \times F \times t/360$$

则价格为：

$$\text{价格} = F - D$$

对于面值为 100 000 美元、期限为 100 天的国库券来说，如果基于银行贴现额求出的报价收益率为 3.24%，那么 D 等于：

$$\begin{aligned} D &= 0.032\ 4 \times \$100\ 000 \times 100/360 \\ &= \$900 \end{aligned}$$

因此，

$$\text{价格} = \$100\ 000 - \$900 = \$99\ 100$$

基于银行贴现额求出的报价收益率并非衡量持有国库券的收益率的有效指标，原因有二：第一，该指标以面值投资额为基础，而不是以实际投资的金额为基础。第二，年度收益率是根据每年 360 天而不是每年 365 天计算，这导致很难将国库券收益率与以 365 天为付息基础的中长期国债进行比较。然而，将每年的天数设定为 360 天只是某些货币市场工具的货

币市场惯例。尽管该指标作为收益率衡量指标存在缺陷，但仍然被交易商作为国库券报价的方法。许多交易商报价单和一些报告服务机构提供了另外两种收益率指标，其目的是使报价收益率能够与附息债券和其他货币市场工具的收益率相比较。

试图使国库券报价可与中长期国债报价进行比较的指标被称为**债券等价收益率**（bond equivalent yield），我们已经在第3章介绍过这一指标。**CD 等价收益率**（CD equivalent yield）[也被称为**货币市场等价收益率**（money market equivalent yield）] 使国库券的收益率报价与其他货币市场工具（以360天为基础付息）的收益率报价之间更具可比性。该指标之所以能实现这一目的，是因为考虑了国库券的价格，而不是面值。CD等价收益率的计算公式为：

$$\text{CD 等价收益率} = \frac{360\,Y_d}{360 - t(Y_d)}$$

现在举例说明，重新考虑上述期限为100天、面值为100 000美元、售价为99 100美元、基于银行贴现额求出的报价收益率为3.24%的国库券。

$$\text{CD 等价收益率} = \frac{360(0.032\,4)}{360 - 100(0.032\,4)} = 0.327 = 3.27\%$$

附息国债的报价

与国库券不同，附息国债以点数为基础进行报价，其中一个点等于面值的1%①，每一个点又被分为32份。例如，如果国债面值为100，那么报价96-14就是指96加上14乘以1/32，即每100美元面值的国债的价格为96.437 5美元。下面的例子将债券的报价转换为每100美元面值对应的价格：

报价	1/32 的倍数	每 100 美元面值的价格
91-19	19	91.593 75
107-22	22	107.687 5
109-06	6	109.187 5

32等份本身又经常用附加的加号或数字进一步细分。加号表示债券价格加上1/32的一半（即1/64），而数字表示加到价格上的是多少个1/32的1/8（即1/256）。因此，价格96-14+表示：价格为96加上14个1/32再加上1个1/64，即96.453 125。价格96-142表示：价格为96加上14个1/32再加上2个1/256，即96.445 312 5。下面的例子将债券的报价转换为每100美元面值对应的价格：

报价	1/32 的倍数	1/64 的倍数	1/256 的倍数	每 100 美元面值的价格
91-19+	19	1		91.609 375
107-222	22		2	107.695 312 5
109-066	6		6	109.210 937 5

① 在发行前交易中，中长期国债以收益率的形式报价，因为这些新发国债的息票利率直到国债被拍卖后才能确定。

除了价格之外，到期收益率通常也与价格一起发布。

当投资者在付息日之间购买债券时，如果债券发行人没有违约，那么债券购买者必须向债券卖方补偿从最后一次付息日到债券结算日之间所赚取的利息。这笔利息被称为**应计利息**（accrued interest）。

当计算应计利息时，需要三项信息：（1）应计利息期间天数；（2）息票期间天数；（3）息票支付的金额。应计利息期间的天数表示投资者赚取利息的天数。给定上述数值，假定半年付息一次，则应计利息（AI）的计算公式如下：

$$AI=\frac{\text{每年的息票利息}}{2}\times\frac{\text{应计利息期间天数}}{\text{息票期间天数}}$$

例如，假设：(1) 应计利息期间天数为 50 天；(2) 息票期间天数为 183 天；(3) 每 100 美元面值债券的年息票金额为 8 美元。则应计利息为：

$$AI=\frac{\$8}{2}\times\frac{50}{183}=\$1.0929$$

计算应计利息期间天数和息票期间天数时，首先要明确三个关键日期：交易日、结算日和前一付息日。**交易日**（trade date）是执行交易的日期；**结算日**（settlement date）是完成交易的日期。国债的结算日是交易日的下一个工作日。附息国债的计息是从前一付息日（包括前一付息日）开始到结算日（不包括结算日）为止。

应计利息期间天数和息票期间天数可能并不是日历上两个日期之间的实际天数。原因在于，对于如何确定两个日期之间的天数，每种债券都有一个市场惯例。这种市场惯例被称为天数计算惯例。与政府机构债券、市政债券和公司债券相比，国债有多种不同的天数计算惯例。

附息国债采用的天数计算惯例是计算两个日期之间的实际天数，这被称为**实际天数计算惯例**（actual/actual day count convention）。例如，假设某只国债的前一次付息日为 5 月 15 日，下一次付息日为 11 月 15 日，结算日为 9 月 10 日。首先，计算应计利息期间的天数。从 5 月 15 日（前一个付息日）到 9 月 10 日（结算日）之间的实际天数为 118 天，如下：

5 月 15 日至 5 月 31 日	17 天
6 月	30 天
7 月	31 天
8 月	31 天
9 月 1 日至 9 月 10 日	9 天
实际天数	118 天

息票期间天数是从 5 月 15 日至 11 月 15 日之间的实际天数，总计为 184 天。因此，从结算日（9 月 10 日）到下一个付息日（11 月 15 日）之间的天数是 66 天（184 天－118 天）。注意，计算从 5 月 15 日至 5 月 31 日的天数时，5 月 15 日计算在应计利息期间之内。但是，结算日（9 月 10 日）却不包括在应计利息期间之内。

本息剥离的国债

财政部不发行零息中长期债券。然而，由于存在对无信用风险零息债券的需求，私人部门还是创建出了这种债券。政府证券交易商剥离国债本息的潜在利润取决于这种债券错误定价所产生的套利机会，其原因已在第 5 章中说明。

现在举例说明**剥息**（coupon stripping）过程。假设一家交易商购买了 5 亿美元息票利率为 5%的 10 年期固定本金中期国债，用于创建零息国债。该中期国债产生的现金流为 20 笔每半年付息一次、每笔 1 250 万美元（5 亿美元乘以 0.05 再除以 2）的利息，以及从现在起 10 年后偿还的 5 亿美元本金（也称为 corpus）。由于财政部支付了 11 笔不同的金额，因此所发行的债券代表了对每笔支付的单独支付承诺，这实际上是一种零息国债。由特定支付金额——不论是息票支付还是本金偿付——支持的债券的到期价值取决于财政部对标的中期国债支付的金额。在我们的例子中，20 只零息国债的到期价值都为 1 250 万美元，而一只由本金支持的零息国债的到期价值为 5 亿美元。零息国债的到期日与相应的国债支付日相符。

零息国债最初由交易商创建于 1982 年 8 月。这些债券的问题是，它们与特定交易商相联系，因此降低了流动性。此外，这个过程还涉及法律成本和保险费用。1985 年 2 月，美国财政部宣布了**注册的证券本金和利息的分离交易**（Separate Trading of Registered Interest and Principal of Securities，STRIPS）项目，以方便剥离指定国债的本息。现在，所有（固定本金和与通货膨胀指数挂钩的）中长期国债都符合剥离条件。根据 STRIPS 项目创建的零息国债是美国政府的直接债务。此外，这些债券是通过美联储的记账系统清算的。

STRIPS 可能会与市场参与者所说的“本息剥离国债”（stripped Treasury）发生混淆。现在，本息剥离国债通常是指 STRIPS 产品。然而，由于仍然存在商标产品（trademark products）和创建于 STRIPS 产生之前的其他种类的零息产品，因此投资者应该明确所讨论的是哪种产品。在下面的章节中，我们将本息剥离国债简称为“剥离国债”（strips）。

在交易商的报价单和显示屏上，我们可以通过现金流是否来自息票利息（用 ci 表示）、本金是否来自长期国债（用 bp 表示）或中期国债（用 np 表示）来识别 STRIPS。由息票利息派生的剥离国债被称为**息票剥离国债**（coupon strips），由本金派生的剥离国债被称为**本金剥离国债**（principal strips）。区分息票剥离国债和本金剥离国债的原因与非美国实体的税务处理有关，这将在下一节中讨论。

所有在同一天支付利息的固定本金中长期国债的 CUSIP 码都相同。例如，在 4 月 15 日和 10 月 15 日付息的多只固定本金中期国债和长期国债被剥离本息。那么，在同一天付息的息票剥离国债就具有相同的 CUSIP 码。相反，每只固定本金中长期国债的本金剥离国债的 CUSIP 码都是独一无二的，在同一天支付利息的、CUSIP 码不同的本金剥离国债不能互换。

税务处理

应税实体投资于本息剥离国债的一个缺点是，即使没有得到利息，每年也会对应计利息征税。这样，金融工具在到期日之前的现金流就将为负值。现金流之所以为负值，是因为必须对已赚取但尚未以现金形式收到的利息纳税。区分息票剥离国债和本金剥离国债的一个原因是，某些国外买家偏好本金剥离国债。这种偏好是由于其母国对利息收入的税务处理而造成的。某些国家的税法规定将本金剥离国债产生的利息视为资本利得，与息票剥离国债产生的普通利息收入相比，这部分利息收入可以享受优惠税收待遇（即较低的税率）。

债券重构

在第 5 章中我们曾举例说明息票剥离国债，在那个例子中，国债的价格低于其理论价格。相反，如果国债价格高于其理论价格，那么投资者可以在市场上购买一篮子零息国债，用一篮子零息国债的现金流复制定价有误的附息国债的现金流。这样，投资者将获得比附息国债收益率更高的收益率。这一过程被称为**债券重构**（reconstitution）。

息票剥离和债券重构过程可以防止观察到的零息国债实际即期利率曲线明显偏离理论即期利率曲线。当发生更多的息票剥离和债券重构时，需求和供给的力量将导致利率回到其理论即期利率水平。实际上，这正是美国国债市场和全球其他政府债券市场上经常发生的情况。

联邦政府机构证券

联邦政府机构证券是政府特许实体发行的证券。这些实体是政府相关机构或政府资助企业。联邦相关机构是联邦政府机构。政府资助企业（GSEs）是私人所有、得到公开特许的实体。它们是美国政府的执行机构（而非专业行政机构），联邦相关机构等赋予它们私人公司没有的特权。除了这一点差异，我们在本章中将政府资助企业称为政府机构。

根据摩根士丹利的统计，政府机构证券的主要发行人有：

联邦国民抵押贷款协会（FNMA 或 Fannie Mae）；

联邦住房贷款抵押公司（FHLMC 或 Freddie Mac）；

联邦住房贷款银行（FHLB）；

田纳西河流域管理局（TVA）；

联邦农业信贷银行（FFCB）。

与联邦政府机构证券相关的一个重要问题就是它们的信用质量。人们普遍认为，尽管没有哪种机构证券能得到美国政府的明确担保，但是它们向美国财政部借款的能力却形成了隐性担保。然而，尽管它们有这种向财政部借款的权利和相对于其他私人公司的特权，却不存在显性担保或隐性担保。不过，美国政府确实曾在危机时期对一些联邦政府机构证券提供过明确的政府担保。

由于存在信用风险，联邦政府机构证券在市场上的收益率高于美国国债。和国债一样，这些证券在有多个交易商的场外二级市场上交易，但交易量显著低于国债市场上的交易量。2000—2010 年，政府机构证券的主要交易商交易量平均为美国债券日交易量的 11%。

政府机构可以发行两种证券。第一种证券是债券市场上其他发行人发行的典型债券。这类债券被称为信用债券。另一种，也可能是债券市场参与者最熟知的债券，是由一组住房贷款抵押贷款支持的证券。这类债券被称为抵押贷款支持证券，它是本书中后面几章的主要内容。我们在本章其余部分的重点是联邦政府机构信用债券。考虑投资联邦政府机构证券时，投资者主要关心的是与这种证券相关的信用风险。

接下来，我们将考察三家大型活跃发行人（房利美、房地美和联邦住房贷款银行系统）

和三家较小型活跃发行人（联邦农业信贷银行系统、联邦农业抵押贷款公司和一家主要联邦相关机构——田纳西河流域管理局）发行的证券。应该指出，写作本书时，美国国会已经提出了关于政府资助企业的新规定。

房利美和房地美

我们将讨论住房抵押贷款市场上的两家主要资金供给人——房利美和房地美，将它们放在一起讨论是因为它们发行类似的债务工具，现在也面临着相同的法律约束。

房利美发行短期基准债券（benchmark bills）、中期基准债券（benchmark notes）、长期基准债券（benchmark bonds）、可赎回中期基准债券（callable benchmark notes）、次级中期基准债券（subordinated benchmark notes）、投资债券（investment notes）、可赎回债券和结构性债券。中期基准债券和长期基准债券为不可赎回债券。房利美的证券期限为 2 年、3 年、5 年、10 年和 30 年。房地美发行短期参考债券（reference bills）、贴现票据、中期票据、中期参考债券（reference notes）、长期参考债券（reference bonds）、可赎回中期参考债券（callable reference notes）、欧元中期参考债券（euro reference notes，即以欧元计值的债券）和全球债券。短期参考债券和贴现票据的期限为 1 年或 1 年以内；中长期参考债券的期限从 2 年到 30 年不等；可赎回中期参考债券的期限为 2～10 年。

两家政府资助企业的未清偿证券中都有结构性票据。正如第 7 章所说明的，这些债务工具是根据机构投资者的需求定制的。已发行结构性票据有各种浮动利率债券、零息债券和逐步升息债券（step-up securities）。有用美元计值的债券，也有用各种外币计值的债券。

由于 2007 年开始的住房与信贷市场大萧条，2008 年 9 月，监管房利美和房地美的联邦住房金融局（Federal Housing Finance Agency，FHFA）将这两家政府资助企业纳入托管。这意味着联邦住房金融局完全控制了这两家政府资助企业的经营和资产。联邦政府担心的是，由于这两家政府资助企业的证券持有者范围很广，这两家政府资助企业倒闭将导致住房金融市场耗竭并严重扰乱全球金融市场。因此，美国财政部出台了融资协议，以确保这两家实体能继续偿还它们发行的债券以及我们将在第 11 章和第 12 章中讨论的担保证券。

联邦农业信贷银行系统

联邦农业信贷银行系统（FFCBS）是由美国国会建立的，旨在促进向经济中的农业部门提供信贷。农业信贷银行系统由三部分组成：联邦土地银行、联邦中介信贷银行和合作银行。联邦农业信贷银行系统的所有融资都由联邦农业信贷银行融资公司（FFCBFC）安排，并由该公司发行联合债务。利息收入通常免缴州所得税和地方所得税。

联邦农业信贷银行融资公司，或简称农业信贷，发行多种结构和期限的债券。农业信贷贴现票据（Farm Credit Discount Notes）类似于期限从 1 天到 365 天的美国国库券。农业信贷指定债券（Farm Credit Designated Bonds）可能为不可赎回结构，也可能为可赎回结构，发行时的期限通常为 2～10 年。可赎回指定债券仅能被赎回一次。农业信贷债券可以根据机构投资者的需要定制为结构性票据。农业信贷大客户票据（Farm Credit Master Notes）为息票利率与某个参考利率挂钩的债券。截至 2011 年 2 月，联邦农业信贷银行融资公司发行的债券评级为 AAA 级。

联邦农业抵押贷款公司

联邦农业抵押贷款公司（Farmer Mac）为农业不动产第一抵押贷款提供二级市场。联邦农业抵押贷款公司通过出售信用债券和由所购贷款提供担保的住房抵押贷款支持证券来筹集资金，后一种债券又被称为农业住房抵押贷款支持证券（AMBS）。联邦农业抵押贷款公司发行的信用债券包括贴现票据和中期票据。

联邦住房贷款银行系统

联邦住房贷款银行系统（FHL Banks）由 12 家地区联邦住房贷款银行及其成员行组成。每家成员行发行联合债券，它是 12 家成员行联合发行的多笔债券。这些债券是期限从 1 天至 360 天不等的贴现票据和包括子弹式期限债券、可赎回债券和浮动利率债券的长期债券。

田纳西河流域管理局

田纳西河流域管理局于 1933 年经美国国会批准成立，主要工作为防洪、保障通航以及工农业发展。田纳西河流域管理局的创立目的是促进利用田纳西河流域的电力，现在田纳西河流域管理局已经成为美国最大的公共电力系统。由于它是一家自融资美国政府机构，因此田纳西河流域管理局通过经营收入和在资本市场上发行债券——田纳西河流域管理局电力融资项目——来筹集资金。这个项目是指发行仅用于为电力项目融资的债券，包括为现有债务再融资。尽管美国政府没有对田纳西河流域管理局的债券提供担保，但根据田纳西河流域管理局作为美国政府全资所有公司的地位和其财务实力，它的债券被评为 AAA 级。

田纳西河流域管理局发行多种期限的债券，目标投资者既包括个人投资者（散户投资者），也包括机构投资者。田纳西河流域管理局贴现票据的期限为 1 年或更短。它们是通过投资交易商和交易商银行持续向投资者发售的。它发行的债券被称为田纳西河流域管理局电力债券，最终期限可长达 50 年，并在两个项目中发行了具有多种债券结构的债券。一个项目为田纳西河流域管理局电力债券[R] 项目，发行对象为个人投资者。在这个项目中发行的债券为每月发行，期限可长达 30 年，它是标准可赎回债券，并附有一种有意思的卖出期权，被称为“不动产特征”。这种卖出期权允许在债券持有者死亡时以面值加上应计利息赎回债券。另一种以个人投资者为对象的田纳西河流域管理局电力债券项目是可回售自动调息证券（Putable Automatic Rate Reset Securities，PARRS）项目。在这个项目中，发行的不可赎回债券有两个有意思的特征。第一，它们在前 5 年为固定息票利率，然后，年调息条款规定，在特定情况下降低该债券的息票利率。第二，当息票利率降低时，债券持有者有权以面值加上应计利息的价格回售债券。在这个项目中发行的债券在纽约证券交易所上交易。

对于机构投资者而言，田纳西河流域管理局还发行了以美元和其他主要货币计值的不可赎回全球债券。田纳西河流域管理局还发行不可赎回可回售债券和通货膨胀挂钩债券。

要　点

· 美国国债利率是全世界的基准利率，因此，美国国债市场受到金融市场上所有参与者的密切关注。

· 美国财政部发行三种债券：国库券、中期国债和长期国债。国库券的期限为 1 年或 1 年以内，按面值折价发行，且不会定期支付利息。中长期国债都是附息债券。

· 有些中期国债为固定利率证券，有些中期国债为浮动利率证券。

· 美国财政部发行具有固定本金的附息国债以及具有通货膨胀保值本金的附息国债。后者的息票利息支付与消费者物价指数挂钩，通常被称为通货膨胀保值国债（TIPS）。

· 国债按照固定的拍卖周期，在竞争性投标的基础上拍卖发行。国债的二级市场是场外市场，交易商与普通投资大众以及其他交易商在此进行交易。

· 在二级市场上，国库券基于银行贴现额进行报价；附息国债则基于价格进行报价。

· 尽管美国财政部不发行零息国债，但是，政府债券交易商仍然通过所谓的本息剥离过程合成了这种债券。零息国债是通过美国财政部 STRIPS 项目创造出来的。

· 联邦政府机构证券市场是政府相关机构和政府资助企业发行的债务工具的市场。除非另有规定，否则这些实体发行的证券没有美国政府的显性或隐性完全信用担保。

问　题

1. 国库券、中期国债和长期国债之间有什么区别？

2. 请回答以下有关通货膨胀保护国债（TIPS）的问题。

a. 什么是实际利率？

b. 什么是通货膨胀调整本金？

c. 假设一种 TIPS 的息票利率为 3%。进一步假设投资者现在购买了这种面值（初始本金）为10 000美元的债券，半年期通货膨胀率为 1%。

（1）在第一个 6 个月期末，需要支付多少息票利息？

（2）6 个月期末的通货膨胀调整本金是多少？

d. 假设投资者购买了 5 年期的 TIPS，并且该期间内会发生通货紧缩。那么在到期日，财政部需要偿付多少本金？

e. 计算日指数比率的目的是什么？

f. 计算联邦所得税时，应如何处理 TIPS 的利息收入？

3. 什么是发行前交易市场？

4. 为什么政府交易商要使用政府经纪人？

5. 假设一只面值为 100 万美元的 90 天期国库券的价格为 980 000 美元。那么，基于银行贴现额的收益率是多少？

6. 交易商报出的某只国库券的买入收益率和卖出收益率分别为 5.91%和 5.89%。由于买入收益率表示交易商愿意支付的收益率，而卖出收益率表示交易商愿意卖出国库券的收益率，买入收益率是否应该低于卖出收益率？

7. 假设附息国债的面值为 10 万美元，请计算下列各种报价下的国债价格。

a. 84.14。

b. 84.14+。

c. 103.284。

d. 105.059。

8. 在国债拍卖中，下列名词的含义是什么？

a. 非竞争性拍卖者。

b. 最高收益率。

9. 在国债拍卖中，如何通过单一价格拍卖方式确定竞争性投标者必须支付的价格？

10. 在国债拍卖中，如何通过单一价格拍卖方式确定非竞争性投标者必须支付的价格？

11. 假设在 4 月 8 日购进一只附息国债，最近一次支付利息发生在 2 月 15 日。假设购买利息的那一年不是闰年。

a. 应计利息期间包括多少天？

b. 如果这只国债的息票利率为 7%，面值为 100 万美元，那么应计利息是多少？

12. a. 什么是国债市场上的息票剥离？

b. 国债市场上息票剥离所产生的是什么？

13. 为什么识别本息剥离的国债时要考察它是通过息票派生出来的还是通过本金派生出来的？

14. 计算联邦所得税时，应如何处理本息剥离国债的应计利息收入？

15. 什么是政府资助企业？

16. 请说明你是否同意下列说法：“政府所有企业的债务由美国政府提供完全信用担保，但政府资助企业的债务没有这种担保。”

17. 2010 年秋，本书作者收到了一位经纪商提供的极短期国库券报价单。其中一些国库券的售价超过了国库券的到期价值。当作者质疑这是否有误时，经纪商称没有错误，因为有机构投资者以高于到期价值的价格购买极短期国库券。这说明这些投资者愿意在当时得到怎样的收益率？

第 7 章

公司债务工具

学习目标

阅读本章后，您将了解

- 公司债务的不同类型：公司债券、中期票据、商业票据、银行贷款、可转换公司债券和资产支持证券
- 公司资本结构中的不同信用等级以及每种信用等级在破产时的优先权
- 美国《破产法》的主要条款和绝对优先权原则
- 公司债券评级以及什么是投资级债券和非投资级（或高收益）债券
- 在规定到期日前偿还债券的条款
- 高收益债券市场上使用的债券结构
- 公司债券的二级市场
- 股票和公司债券间交易活动的区别
- 交易商公司债券存货减少的原因
- 公司债券的私募市场
- 中期票据及其特征
- 结构性中期票据和不同类型的结构性票据
- 什么是商业票据以及直接发行的商业票据与通过交易商发行的商业票据之间的区别
- 什么是银行贷款，以及投资级银行贷款和杠杆银行贷款之间的区别
- 什么是贷款抵押债券
- 公司债券违约风险、违约率和回收率
- 公司债券降级风险和信用评级转换矩阵
- 公司债券利差风险和头条风险

公司债务工具是公司的金融债务，在公司破产时它相对于普通股和优先股具有优先权。公司债务工具可以分类为：(1) 公司债券；(2) 中期票据；(3) 商业票据；(4) 银行贷款；(5) 可转换公司债券；(6) 资产支持证券。我们将在本章中讨论前四种债务工具。我们将延后到第 20 章讨论可转换公司债券，在第 15 章讨论资产支持证券。

公司债券可以根据部门进行分类。这三个部门是：

- **公用事业部门：**生产、传输和分配电力、燃气和水的投资者所有公司。

● **金融部门**：各种金融机构——银行、保险公司、证券公司、经纪公司、抵押贷款公司和金融公司——的债券。

● **产业部门**：既不属于公用事业部门，也不属于金融部门的公司。

除了按债务类型和公司债务部门分类以外，还可以根据主要信用评级公司给出的信用评级衡量的信用风险对公司债务工具进行分类。我们在第1章中简要讨论了信用风险和信用评级，并将在本章中展开讨论。在我们的讨论中，我们将看到两个主要类别是投资级债务工具和非投资级债务工具。属于非投资级类别的公司债券通常被称为"高收益债券"。

公司资本结构中的债务优先级

公司资本结构是公司管理层选择为公司融资的方式。广义地讲，公司的资本结构由普通股、优先股和债务构成。在公司财务中，资本结构决策是公司管理层做出的主要决策之一。问题是——我们在本章中不会研究这个问题——是否存在最优资本结构，其中最优资本结构是指使股票市场价值最大的资本结构？设计公司资本结构的另一个问题是，如何构建最优债务结构？这个问题涉及破产时一类债权人相对于其他类别债权人的优先权。尽管最优资本结构和最优债务结构是公司财务和信用风险建模中的重要问题，但我们这里的重点仅仅是介绍优先权结构。

债权人的优先权如下：

● 高级担保债务。

● 高级无担保债务。

● 高级次级债务。

● 次级债务。

高级担保债务（senior secured debt）是由发行人的一般信用水平之外的某种形式的担保品支持或担保的。不动产（使用抵押贷款）或个人财产都可以作为抵押品提供担保。**抵押债券**（mortgage bond）向债权人提供了对抵押资产的留置权；也就是说，债权人有权出售抵押资产以收回未偿还的欠款。在实践中，抵押资产赎回权的取消和抵押资产的出售是不常见的。正如下一节将要说明的，在破产时，发行人通常会通过重组向债券持有者结算债务，结算金额少于所欠本金。但是，抵押品的留置权是很重要的，因为与其他债权人相比，在确定重组条款时，它给予抵押债券持有者更有利的谈判地位。

有些公司没有固定资产或其他不动产，因此就无法设置抵押留置权为债券持有者提供担保。但是，这些公司可能拥有其他公司的证券。在这种情况下，这些公司是控股公司，而其他公司是子公司。为了满足债券持有者对担保的需求，它们会用股票、票据、债券或者它们所拥有的任何其他类型的债务作质押。被这些资产担保的债券被称为**担保信托债券**（collateral trust bonds）。

无担保的债务显然被称为无担保债务。无担保债券被称为**信用债券**（debenture bonds）。

高级无担保债务（senior unsecured debt）是没有被特定财产抵押品担保的债务，但这不意味着持有此类债务的债权人没有对发行人财产或利润的索偿权。这类债权人拥有对发行人没有专门抵押用作其他债务担保品的所有资产的一般债权人索偿权。此外，它们还拥有对抵押资产的价值超过偿还对高级担保债权人所欠债务的部分索偿权。

持有**次级债务**（subordinated debt）的债权人顺序排在高级担保债权人和高级无担保债权人，通常还包括某些一般债权人对资产和利润的索偿权之后。反过来，次级债务可以分为两类。在这类债务中，存在一些索偿优先权高于其他次级债务持有者的债权人。这类在次级债务排序中拥有优先权的债务被称为**高级次级债务**（senior subordinate debt）。

重要的是意识到，任何债务的高级法律地位都不能使债权人在发行人产生足够现金流偿还债务的能力严重受损时免受金融损失。

破产与债权人的权利

正如我们之前指出的，当公司破产时，公司债务工具持有者的优先权高于股权所有者，并且某些债权人的优先权高于其他债权人。美国《破产法》为无力偿债的债务人提供了一种机制，即制定一项计划，通过将其资产分配给各债权人来解决其债务问题。[①]《破产法》的一个目的就是制定公司清算或重组的规则。

公司的**清算**（liquidation）是指所有资产将被分配给公司索偿权的持有者，且公司实体将不复存在。在公司**重组**（reorganization）中，一家新的公司实体将由此产生。一些破产公司索偿权的持有者将获得现金以换取其索偿权，其他持有者可能会获得重组所产生公司的新证券，还有一些持有者可能既会获得现金，又会获得新公司的证券。

《破产法》的另一个目的是给公司一定的时间来决定进行重组还是清算，然后，再给其必要的时间来制定完成重组或清算的计划。之所以能做到这一点，是因为当公司申请破产时，《破产法》为公司提供了避免债权人行使其索偿权的保护。[②] 申请获得《破产法》保护的公司一般都会变成**暂具占有权的债务人**（debtor in possession），并在法院的监督下继续经营其业务。

《破产法》一共由 15 章组成，每一章适用于一种破产类型。其中，第 7 章和第 11 章是与这里讨论的内容特别相关的。第 7 章与公司清算有关，而第 11 章则与公司重组有关。历史上，清算（《破产法》第 7 章）不如重组（《破产法》第 11 章）常见。一旦公司申请破产，就不再向债权人支付利息和本金，当然也不再向股东支付股利。[③]

指定的破产受托人负责管理和监督破产财产。该破产受托人被称为**案件受托人**（case trustee）。然而，在破产案件背后还有另一个实体。这个实体就是美国司法部下由国会建立的一个负责监督破产过程的部门：**美国受托人计划**（U. S. Trustee Program）或简称美国受托人（U. S. Trustee）。尽管美国受托人基本上是作为破产案件的监督者，但根据法律，美国受托人有权选择在破产法庭出庭，并在破产案件中发挥积极作用。美国受托人通常更多地参与破产重组（《破产法》第 11 章）。

当公司清算时，将所有资产分配给债权人（以及股东，如果有的话）后，公司将不复存在。资产分配基于**绝对优先权规则**（absolute priority rule）对可得资产进行分配。绝对优先权规则是指，完全偿付高级债权人之后再向低级债权人偿付。对于担保债权人和无担保债权人，绝对优先权规则确保了他们对股权持有者的优先地位。因此，在第 7 章破产登记中，债权人比股东更可能收回部分（如果不是全部的话）债务（投资）。

---

① 美国国会在宪法授权下通过了《破产法》（Bankruptcy Code），以“建立……关于全美破产问题的统一法律”。美国破产法庭负责监督和审理破产程序。

② 破产申请可以由公司本身或债权人提出，这两种情况分别被称为**自愿破产**（voluntary bankruptcy）和**非自愿破产**（involuntary bankruptcy）。

③ 预打包破产和预协商破产是传统的申请破产（《破产法》第 11 章）之外的法庭重组方案，它们的成本较低，可以被法庭更迅速地确认。

在申请重组（《破产法》第 11 章）的情况下，宣布破产的公司希望从破产过程中获得重生。基本上，重组是因为相关各方认为从长期看，重组能实现比公司清算更多的收益。公司不仅必须披露所有资产，还必须列出它寻求破产保护的债务。

破产公司必须提供允许公司向债权人偿还债务的重组计划。重组计划并不仅仅是解决破产公司和债权人之间的问题。债权人之间还要彼此竞争。银行受托人将委任一个委员会代表无担保债权人（包括债券持有者），甚至委任一个委员会代表股东。这些委员会与破产公司合作，制定重组计划。该计划必须得到债权人和股东的批准。即使计划由于只提供名义偿付或没有偿付而被股东拒绝，破产法庭仍可能批准破产计划。

公司债券的信用评级

职业资金管理者运用各种方法来分析公司和债券的信息，以便评估发行人在未来履行契约义务的能力。这一行为被称为**信用分析**（credit analysis），将在第 20 章分析。

一些大型机构投资者和许多银行都拥有自己的信用分析部门。还有些机构投资者并不自己进行信用分析，而是——尽管信用评级存在众所周知的问题——不当且过分依赖进行信用分析并以信用评级形式发布结论的信用评级公司。

进行信用评级并得到证券交易委员会（Securities and Exchange Commission，SEC）批准的实体通常被称为**国家认可统计评级机构**（nationally recognized statistical rating organizations，NRSROs）。具体而言，《1934 年证券交易法》将 NRSRO 定义为

> ……根据《1934 年证券交易法》第 15 节 E 条注册并发布由合格机构买方认证的信用评级的信用评级机构，根据《1934 年证券交易法》第 15 节 E（a）1（B）（ix）条，这些合格机构买方为：(i) 金融机构、经纪商或交易商；(ii) 保险公司；(iii) 公司发行人；(iv) 资产支持证券的发行人（定义见 17 CFR 229.1101（c））；(v) 政府证券、市政证券或外国政府发行的证券的发行人；或（vi）第（i）款至第（v）款描述的一种或多种债务人的结合。

证券交易委员会每年向国会提交一份报告，报告中包括登记为 NRSRO 的信用评级机构和这些指定机构适用的信用评级类别（即上一段引文中的第（i）类至第（v）类）。截至 2014 年 6 月 13 日，它们包括：

贝氏公司（A. M. Best Company，Inc.）	第（ii）、（iii）、（iv）类
多美年债券评级服务公司（DBRS，Inc.）	第（i）类至第（v）类
伊根-琼斯评级公司（Egan-Jones Ratings Co.）	第（i）类至第（v）类
惠誉公司（Fitch，Inc.）	第（i）类至第（v）类
墨西哥 HR 评级公司（HR Ratings de México，S. A. de C. V）	
日本信贷评级公司（Japan Credit Rating Agency，Ltd.）	第（i）、（ii）、（iii）、（iv）类
克罗尔债券评级公司（Kroll Bond Rating Agency，Inc.）	第（i）类至第（v）类
穆迪投资者服务公司（Moody's Investors Service，Inc.）	第（i）类至第（v）类
晨星信用评级公司（Morningstar Credit Ratings，LLC）	第（iv）类
标准普尔评级服务公司（Standard &Poor's Ratings Services）	第（i）类至第（v）类

《1934年证券交易法》在2010年7月作为《多德-弗兰克华尔街改革与消费者保护法案》(Dodd Frank Wall Street Reform and Consumer Protection Act)的一部分进行了修订，以提高对NRSROs的监管以及NRSORs的可信性和透明度。该法案规定，由证券交易委员会设立信用评级办公室负责此项工作。

三家主要的NRSORs

尽管有10家NRSROs，但主要的三家为：(1) 穆迪投资者服务公司；(2) 标准普尔评级服务公司和 (3) 惠誉公司。这三家评级公司使用的评级系统如图表7—1所示。第22章将讨论评级机构进行信用评级时考虑的因素。

图表7—1　　公司债券评级体系和符号总结

穆迪	标准普尔	惠誉	简明定义
投资级：信用度高			
Aaa	AAA	AAA	金边、优级、最安全
Aa1	AA+	AA+	
Aa2	AA	AA	高级、高质量
Aa3	AA−	AA−	
A1	A+	A+	
A2	A	A	中上级
A3	A−	A−	
Baa1	BBB+	BBB+	
Baa2	BBB	BBB	中下级
Baa3	BBB−	BBB−	
显著的投机类：信用度低			
Ba1	BB+	BB+	
Ba2	BB	BB	低级、投机性
Ba3	BB−	BB−	
B1	B+	B+	
B2	B	B	高度投机
B3	B−	B−	
重度投机类：风险极大或违约			
	CCC+		
Caa	CCC	CCC	风险很高，状况很差
	CCC−		
Ca	CC	CC	可能违约，极度投机

续前表

穆迪	标准普尔	惠誉	简明定义
C	C	C	比上述等级更具投机性
	CI		CI=收益债券；不支付利息
		DDD	违约
		DD	
	D	D	

在所有三种评级体系中，**“高级”**（high grade）意味着较低的信用风险和较高的未来还款概率。对于最高信用等级的债券，穆迪公司以字母 Aaa 表示，标准普尔和惠誉则用 AAA 表示。对于次高信用等级的债券，则分别用 Aa 或 AA 表示；对于第三信用等级债券，所有评级机构都用 A 表示。接下来的三个信用等级分别是 Baa 或 BBB，Ba 或 BB 和 B。评级体系中也存在 C 级。标准普尔和惠誉用加号和减号表示每个信用等级内更详细的信用质量分类，穆迪公司用数字 1，2，3 来表示每个信用等级内更详细的信用质量分类。这些评级详细分类被称为“子级”。

3A（AAA 或者 Aaa）级债券被称为**优级债券**（prime）；2A（AA 或 Aa）级债券被称为**高质量债券**（high quality）；1A 级债券被称为**中上级债券**（upper medium grade）；3B 债券被称为**中级债券**（medium grade）。更低级别的债券被称为具有投机性因素或具有显著投机性的债券。

前四种最高等级的债券被称为**投资级债券**（investment-grade bonds）。评级在前四种最高等级的债券以下的债券被称为**非投资级债券**（non-investment-grade bonds），或称为**高收益债券**（high-yield bonds）或**垃圾债券**（junk bonds）。因此，公司债券市场可以根据信用评级分成两部分：投资级债券市场与非投资级债券市场。这种区别很重要，因为机构投资者的投资准则可能禁止投资非投资级债券。

评级机构对已由其评级的债券和债券发行人进行监测。评级机构可能会宣布正在对某一信用等级的债券进行审查，还可能进一步指出审查结果可能会导致债券的信用评级下降（即给予更低的信用评级）或上升（即给予更高的信用评级）。当评级机构作出上述声明时，说明债券或债券发行人正受到信用审查。

公司债券

公司债券是公司发行的债券。大多数公司债券都是**定期债券**（term bonds）；也就是说，它们具有一定的存续年数，并应在到期时进行偿付。到期日前没有偿还的债务必须在到期日付清。债券的期限长短不一。一般来说，期限在 10 年以内的债券被称为**中期债券**（notes，然而，notes 一词有时也用来描述一些期限远远高于 10 年的特定类型的债券）。20～30 年期的公司债券常被称为**长期债券**（bonds）。在实际中，中期债券和长期债券的区别并不重要。定期债券可以在最终的到期日清偿，或者也可以根据协议条款在到期日之前清偿。某些公司债券被安排在特定的日期偿还规定的本金金额，这种债券被称为**分批还本债券**（serial bonds）。

到期前偿还债券的条款

一些公司债券具有赎回条款，给予发行人在规定的到期日之前购回全部或部分债券的选择权。某些债券规定，发行人必须定期按预先确定的金额赎回债券。下面分别讨论各种公司债券的赎回条款。

（1）**传统赎回条款和再融资条款**。债券的一个重要条款是，发行人是否拥有在到期日之前赎回全部未清偿债券的权利。债券发行人一般都希望享有这种权利，因为他们认为在未来某个时刻，市场上的一般利率水平可能远远低于债券的息票利率。如果是这样，那么债券发行人赎回全部未清偿债券，并发行息票利率水平较低的新债券代替旧债券是更具吸引力的选择。这种权利对债券持有者不利。

赎回价格（call price）是发行人赎回债券时必须支付的价格，它可能是单一赎回价格，也可能是根据发行人执行期权赎回债券的时间规定赎回价格的**赎回时间表**（call schedule）。赎回价格被称为**常规价格**（regular price）或**一般赎回价格**（general redemption price），因为还有通过偿债基金（接下来将讨论）和其他条款（例如通过征用权没收财产产生的收入）赎回债务的**特殊赎回价格**（special redemption price）。

一些可赎回债券要求发行人在执行该期权时支付高于面值的溢价。某些未清偿债券的初始赎回溢价为息票利息加上面值或初始再售价（在某些情况下它是二者之间的较高价格），并随着临近到期日而下降。

发行时，可赎回债券可能包括某种限制，阻止发行人在特定年限内执行赎回期权。具有这种特征的可赎回债券被称为具有**递延赎回权**（deferred call），发行人首次可以赎回的日期被称为**首次赎回日**（first call date）。如果可赎回债券没有对提前赎回的防护，那么它就被称为**当前可赎回债券**（currently callable issue）。

即使某只新债券现在可赎回，对于发行人提前赎回债券也可能有限制。最常见的限制是禁止在特定年限内对债券进行再融资。债券**再融资**（refunding）是指用通过出售新债券的收入赎回债券。在债券寿命内不可赎回的债券比在债券寿命内不可再融资但可赎回的债券更常见。

许多投资者对**不可赎回**（noncallable）和**不可再融资**（nonrefundable）这些词汇感到迷惑，赎回保护比再融资保护要绝对得多。**再融资**（refunding）是指发行新债券来替换旧债券（通常是以较低的利率成本）的行为。在佛罗里达电力照明公司（Florida Power & Light）的案例中，法官曾说过：

> 赎回和再融资不是同义词，赎回只是指债券的提前赎回。再融资是指债券发行人出售债券，并用销售收入赎回以前发行的债券。被销售的再融资债券与被赎回的债券在合同用语上密切相关，在时间上非常接近，因此，可以用再融资债券的销售收入支付赎回债券所需的费用。否则，在前一债券的赎回与后一债券的出售之间，债券发行人就需要承担市场情况无常的风险。①

尽管在某些情况下（例如偿债基金和根据特定强制性条款赎回债券），绝对赎回保护或完全赎回保护可能存在某些例外，但不可赎回债券仍能比再融资保护更有力地防止提前到期

① *Lucas et al. v. Florida Power & Light Company*，Final Judgment，paragraph 77.

和不利赎回。禁止再融资规定只是防止从某些来源，例如以较低成本出售其他债务的收入赎回债券的情况。持有者只有在利率下降，借款人可以获得更低成本的资金偿还债务时才得到保护。没有什么能防止公司在再融资保护期内从以更高利率出售的债券（尽管发行人通常不会这么做）或通过其他途径获得的资金赎回债券。债券持有者曾对赎回不可再融资债券的公司提起法律诉讼，他们认为用于赎回债券的资金实际上来自更廉价的融资来源。

从 1986 年初开始，一些工商业公司发行了附有赎回保护扩展条款的长期债券，这种债券不提供再融资保护。一些债券在存续期内是不可赎回的，这些债券的发行说明书上都明确表明禁止在到期日之前赎回。这些在存续期内不可提前赎回的债券被称为**子弹债券**（bullet bonds）。另外一些债券附有 15 年期的赎回保护条款。然而，这并不能阻止发行人通过投标方式回购债券。

债券可以被全部（整只债券）或部分（部分债券）提前赎回。如果只是部分债券被赎回，那么，债券发行人就会采取随机选取或按比例抽取的方式来决定被赎回的债券。

（2）**提前赎回赔偿条款**。根据传统赎回条款，赎回价格是固定的，它是赎回日的面值或超过面值的溢价。根据**提前赎回赔偿条款**（make-whole call provision），发行人赎回债券时支付的金额是剩余支付额以稍高于期限匹配国债收益率的利差贴现的现值。在债券寿命内固定的规定利差被称为**提前赎回溢价**（make-whole premium）。因为该利差小于发行时的市场利差，因此债券持有者很有可能在发行人触发该期权时受益。因此，“提前赎回赔偿”错误表述了这个条款。当发行人触发期权时，债券持有者获得的金额很可能高于对发行人行为做出赔偿所需的金额。截至 2010 年年中，50 000 只公司债券中约 7%有提前赎回赔偿条款。[①]

以 Southern California Edison 5 $\frac{1}{2}$s 2040 为例。[②] 该债券的提前赎回赔偿价格的计算方法为：触发赎回时的期限匹配国债收益率加上 15 个基点的提前赎回溢价。2010 年发行该债券时，该债券的期限为 30 年，售价比当时的 30 年期国债收益率高 90 个基点。这意味着只要该债券的利差在提前赎回赔偿条款被触发时高于 15 个基点，债券持有者获得的金额就将高于该债券的公允市场价值。执行期权时债券持有者利益受损的可能也微乎其微，因为这通常需要市场利差显著下降——在我们的例子中，是从 90 个基点降至 15 个基点。

注意，和传统赎回期权不同，这里没有再投资风险。而且，提前赎回赔偿条款不必补偿接受赎回风险的投资者，而是对投资者有吸引力。由于提前赎回赔偿条款的吸引力，发行人执行期权的可能性低于传统赎回情况下执行期权的可能性。

（3）**偿债基金条款**。公司债券可能要求发行人每年收回一定比例的债券，这被称为**偿债基金要求**（sinking fund requirement）。这种公司债券的偿还条款可能规定在到期日之前清偿完全部债券，或是在期末只清偿一部分债券。如果只清偿一部分债券，那么，剩余的部分被称为**气球型期限**（balloon maturity）债券。偿债基金条款的目的是降低信用风险。

通常，债券发行人可能选择下列方式中的一种来满足偿债基金要求：（1）赎回债券时，由债券发行人向受托人支付等于债券面值的现金，然后受托人通过抽签法来决定赎回的债券；（2）债券发行人将在公开市场上购买的债券移交给受托人，其中所购买的债券的面值总额等于必须赎回的债券金额。如果采用第一种方法赎回债券，那么将在赎回日停止支付利

---

① Andrew Kalotay, “Making Sense of the Make-Whole Call, From Its Origins to BABs,” *The Bond Buyer* (July 26, 2010).

② 这个例子摘自 Kalotay, “Making Sense of the Make-Whole Call, From Its Origins to BABs.”

息。通常，偿债基金要求每一期的定期偿还额都相等。一些债券可能允许定期偿还金额根据事先规定的某些条件而变化。有些公司债券包含如下条款，即赋予发行人一项选择权，其债券赎回额可以高于偿债基金规定的赎回额。这种选择权被称为**加速偿债基金条款**（accelerated sinking fund provision）。

如果债券最初是平价发行，那么偿债基金的赎回价格通常就等于面值。如果债券最初是溢价发行，那么偿债基金的赎回价格通常从发行价格开始，随着到期日的临近而逐渐降低至面值。

债券契约条款

详细规定公司债券发行人的承诺和购买公司债券的投资者的权利的合同被称为**债券契约**（bond indentures）。在公司债券和银行贷款的信用风险分析中，契约条款或对管理的限制很重要。第 20 章将介绍债券契约条款。

高收益公司债券的特殊结构

如前所述，非投资级债券是信用评级低于 3B 级的债券，通常被称为高收益公司债券和垃圾债券。在这个债券市场上发行的高收益债券或者是（1）在发行时被评为非投资级的债券，或者是（2）在发行时被评为投资级债券，但之后被降级至非投资级的债券。第一种债券被称为**初始发行时的高收益债券**（original-issue high-yield bonds）。第二类中的债券要么是由于杠杆收购或资本重组促使债券发行人自愿大幅改变资本结构，以提高负债与权益之比（即显著增加财务杠杆），从而导致信用评级降低的债券，要么是其他原因导致信用评级降低的债券。后一种债券通常被称为**"堕落天使"**（fallen angels）。

在早期的高收益债券市场上，所有债券都有一个传统结构：支付固定的息票利率，且都是定期债券。但是，现在的高收益公司债券具有更加复杂的债券结构，尤其是那些为了进行杠杆收购融资和资本重组而发行的负债水平更高的债券。下面我们将介绍的这种债券结构具有对发行人更具吸引力的特征。在杠杆收购或资本重组的过程中，沉重的利息负担对公司的现金流形成了严重约束。为了减轻利息负担，实施杠杆收购或资本重组的公司发行了具有**递延息票结构**（deferred coupon structure）的债券，这种结构允许发行人在 3～7 年的期间内不支付现金利息。具有递延息票结构的债券有三种类型：（1）递延利息债券；（2）逐步升息债券；（3）实物付息债券。

递延利息债券（deferred interest bonds）是一种最常见的递延息票结构债券。这些债券以高折价出售，并且通常在最初 3～7 年内不必付息（由于在发行初期不必付息，因此这些债券有时候也被称为零息债券）。**逐步升息债券**（step-up bonds）要支付利息，但是最初的息票利率很低，而后逐渐提高到较高的息票利率水平。**实物付息债券**（payment-in-kind bonds，PIK）赋予债券发行人一项选择权，要么在付息日以现金付息，要么给债券持有者类似的债券（即该债券具有同样的息票利率，并且其面值等于应已支付的息票利息金额）。发行人能够进行这种选择的期间为 5～10 年不等。

高收益债券市场上的另一种结构要求发行人重新设定息票利率，从而使债券能够以事先确定的价格交易。[①] 该息票利率可以每年甚至在更短的时间内重新设定，或者是在整个债券

① 多数债券都有一个调息公式，该公式要求发行人重新设定息票利率，以使债券在 101 美元的价格交易。

存续期内只调整一次。通常，重新设定的息票利率等于第三方（通常为两家银行）所提出的利率的平均值。新利率将反映出：(1) 调息日的利率水平，和 (2) 在调息日市场对该债券要求的信用利差。这种结构被称作**可延长的调息结构**（extendable reset)。

注意，可延长的调息债券和前面介绍过的浮动利率债券之间存在区别。对浮动利率债券而言，息票利率是根据基准利率之上的固定利差（即报价利差）重新设定的。报价利差或利差的大小反映了债券发行时的市场状况。与此相比，可延长的调息债券的息票利率是根据调息日的市场状况重新设定的。而且，新的息票利率反映的是新的利率水平和投资者所要求的新利差。

对债券发行人来说，可延长的调息债券的优点是发行人能够确保获得基于短期利率的长期资金来源。对投资者来说，该债券的优点在于息票利率会依据市场利率（利率水平和信用利差）重新确定，从而在理论上使债券价格保持在面值水平上。实际上，在最近的经济萧条时期，可延长的调息债券在高收益债券市场上并不是很受欢迎。违约风险的急剧增长意味着，要将债券价格保持在面值水平上就必须大幅度提高债券利率，这甚至可能会导致公司破产。因此，息票利率的提高往往不足以使债券价格保持在面值水平上。

应计利息

如第 2 章所述，除了协议价格，债券买方还必须向卖方支付应计利息。在公司债券息票周期的天数和从最后一个付息日到结算日之间的天数的确定方法上，公司债券采用的是与附息国债不同的市场惯例。按照公历，每年有 365 天（闰年为 366 天）；而在计算公司债券的利息时假设每年有 360 天。在一年中，公司债券每个月都按 30 天计，无论是 2 月份、4 月份，还是 8 月份。一只息票利率为 12%、面值为 1 000 美元的公司债券，每年付息 120 美元，每个月的应计利息为 10 美元，每天的应计利息为 0.333 33 美元。息票利率为 12%的公司债券 3 个月的应计利息是 30 美元；3 个月又 25 天的应计利息是 38.33 美元，依此类推。公司债券的天数计算惯例可以记为“30/360”。

公司债券的二级市场

和所有债券一样，公司债券的主要二级市场是场外市场。人们主要关心的是二级市场的透明度。在提高美国公司债券市场价格透明度的努力之下，对符合特定标准的公司债券实行了场外二级市场交易强制报告制度。该报告制度被称为交易报告与合规系统（Trade Reporting and Compliance Engine，TRACE)，要求所有作为美国金融诚信监管局（Financial Integrity Regulatory Authority，FINRA）成员公司的经纪商/交易商向 TRACE 报告公司债券的交易情况。在每个交易日末，将会发布关于公司债券市场活动的市场综合数据。所提供的日末综述信息包括：(1) 证券数量和交易面值总额；(2) 涨价幅度、降价幅度及 52 周最高点和最低点；(3) 当日 10 只最活跃的投资级债券、高收益债券和可转换债券。

公司债券交易与股票交易相比，难度在于公司债券比股票的异质性更强。1997 年，有 8 800只股票上市，这个数字后来有所下降。与 8 800 只上市股票的峰值相比，2012 年，有 37 000 只公开交易的 TRACE 合格公司债券。因此，股票和公司债券在现金市场上的交易活跃性不同。通过考察 2012 年的日交易活动就可以看出这一点。美国股票的日均交易次数约为 3 800 次。相比之下，美国流动性最高的 13 只投资级公司债券的日均交易次数仅为 85 次。美国流动性最高的 20 只高收益公司债券的日均交易次数甚至更低，仅为 65 次。根据 MarketAxess Research 的统计，在 2012 年的 37 000 只 TRACE 合格债券中，38%甚至一次都没交易过，23%只交易过少数几次。只有不到 1%的债券每日交易。此外，股票交易额远远低于公司债券交易额。例如，2012 年，每笔股票交易的平均价值为 7 000 美元，而投资级公司债券和高收益公司债券的每笔交易平均价值分别为 500 000 美元和 400 000 美元。①

如今，现货股票市场是通过电子交易。债券的情况则不是如此，尽管我们接下来介绍的电子交易（e-trading）平台激增。债券市场仍然严重依赖于传统交易系统，它是交易平台之间人与人的交流（即喊话交易）。然而，需要电子交易平台有两个原因。首先，债券交易商降低了它们持有公司债券存货的承诺。一项研究表明，2007 年以来，交易商的投资级债券和高收益债券存货都减少了 80%。② 债券交易商采取这一行动承诺对公司债券减少做市，因为监管机构提出了更高的资本要求，让这种活动的资本收益率的吸引力降低。因此，公司债券市场上的传统流动性/报价来源减少了。第二，与交易商公司债券存货减少同时发生的是，2007 年以来低利率造成的公司债券发行额大幅增加。因此，随着未清偿公司债券金额增加和债券交易商减少支持公司债券交易的资本，流动性受到了负面影响。希望在于，正如我们接下来将介绍的，较少依赖交易商投资的电子交易平台将提高流动性并提供更高的透明度。

电子债券交易：历史上，公司债券市场交易是在经纪商—交易商交易平台上通过电话进行交易的场外市场，这些经纪商和交易商持有主要的公司债券头寸，目的是执行客户的买卖命令。这种传统形式的债券交易正在转变为电子交易。和传统的公司债券交易相比，电子交易的主要优点是：（1）为市场提供了流动性；（2）能够发现价格（尤其是对流动性较差的市场而言）；（3）使用了新技术；（4）提高了交易和投资组合管理的效率。以最后一个优点为例，投资组合经理可以将买卖订单上传到一个网站，和其他订单交易，然后结清这些订单。

公司债券电子交易系统包括以下五类：

- 拍卖系统。
- 交叉匹配系统。
- 交易商间系统。
- 多交易商系统。
- 单交易商系统。

拍卖系统（auction systems）允许市场参与者对初级市场和二级市场上新发售的证券进行电子拍卖。在通常情况下，不使用拍卖系统。**交叉匹配系统**（cross-matching systems）将交易商和机构投资者在电子交易网络中撮合到一起，该网络提供了实时或定期交叉匹配交易。当匹配后，就自动执行买卖订单。**交易商间系统**（interdealer systems）允许交易商通过“交易商的交易商”的匿名服务和其他交易商执行电子交易。交易商的客户不参与交易商间系统。**多交易商系统**（multidealer systems）允许客户根据多个报价执行交易。多交易商系统也称为**客户对交易商系统**（client-to-dealer systems），通常向客户显示所有交易商给出的最优买价或卖价。参与交易商通常作为交易主体。**单交易商系统**（single-dealer systems）允许投资者和属意的具体交易商直接执行交易；该交易商作为交易主体，在交易中投资者可以联系到交易商，这一过程越来越多地借助网络进行。因此，单交易商系统只不过是用网络联系代替了单个交易商和顾客之间的电话联系。

① 这段的信息来自麦肯锡公司（McKinsey & Company）和 Greewich Associates 的联合研究，Corporate Bond E-Trading：Same Game，New Playing Field，pp. 10 - 11。

② Corporate Bond E-Trading：Same Game，New Playing Field，p. 6.

公司债券的私募市场

私募债券不必在证券交易委员会注册，因为它们不公开发行。证券交易委员会 144A 规则允许私募证券在合格的机构投资者之间进行交易。并非所有的私募都是 144A 规则下的私募。因此，私募市场可以分为两部分：第一部分是传统的私募市场，包括非 144A 规则下的证券；第二部分是 144A 规则下的证券市场。

与公开发行的债券一样，144A 规则下的私募证券目前也是由投资银行通过包销（firm commitment）的方式承销。这些债券的特征类似于公开发行的债券。例如，对借款人的限制不像传统的私募债券那样烦琐。被承销的债券的发行规模与公开发行的债券相似。

与公开发行的债券不同，私募债券的发行人往往知名度较低。在这方面，私募市场与我们本章后面将讨论的银行贷款市场具有同样的特点。公开发行债券市场上的借款人一般都是大型公司；私募债券的发行人常常是中等规模的公司；而那些从银行借款的公司多是小公司。尽管自 144A 规则生效以来，私募债券的流动性有所提高，但是仍然无法与公开发行债券的流动性相比。私募债券的收益率仍然高于公开发行的债券。但是，一位市场观察家报告称，随着投资银行投入资本和交易人员对 144A 规则下发行的债券做市，借款人在私募市场上必须支付的溢价已经降低了。

中期票据

中期票据（medium-term note，MTN）是一种公司债务工具，它的独特性在于：这种票据是由发行人的代理机构持续向投资者提供的。可供投资者选择的期限范围包括：9 个月到 1 年、1 年到 18 个月、18 个月到 2 年，依此类推，最高为 30 年。根据 415 规则（缓行注册规则），中期票据需在证券交易委员会注册，这给予了公司连续发行债券的最高灵活性。尽管我们选择在公司债券的部分中讨论中期票据，但它们也由联邦政府机构（正如我们在之前的章节中提到的）、超国家机构和主权政府发行。

采用中期票据这一术语来描述公司债务工具可能具有误导性。传统上，票据或中期票据是指期限在 1 年以上、15 年以内的债券。当然，这并非中期票据的特征，因为它们的期限范围是从 9 个月到 30 年，甚至更长。[①] 例如，1993 年 7 月，沃特・迪士尼公司（Walt Disney Corporation）发行了一只期限为 100 年的票据，该票据摆脱了 MTN 缓行注册规则（shelf registration）的限制。

借款人可以根据自己的要求，灵活设计所需要的中期票据。它们既可以发行固定利率的中期票据，也可以发行浮动利率的中期票据，既可以用美元也可以用外币支付息票。在本章前面的部分，我们已经介绍了各种债券结构，中期票据在设计上也采用了类似的结构。

当公司的财务主管考虑该发行中期票据还是发行公司债券时，有两个因素会影响他的决定。最显而易见的一个影响因素是将注册和分销成本考虑在内的筹资成本，这种成本被称为**资金的总成本**（all-in-cost of funds）。第二个影响因素是在证券设计方面给予发行人的灵活

① 通用汽车金融服务公司（General Motors Acceptance Corporation）最初于 1972 年使用中期票据为期限为 5 年或更短的汽车贷款融资。中期票据的目的是填补商业票据和长期债券之间的空白。因此，它们被称为"中期"票据。

性。某些中期票据具有成本和灵活性方面的比较优势，中期票据市场的急剧扩张就是这种比较优势的证明。但是，某些公司在筹资的时候既采用发行债券的方式，又采用发行中期票据的方式，这一事实证明，不存在在所有情况和市场环境下的绝对优势。

中期票据不同于公司债券的地方在于，它们最初出售时对投资者的分配方式。出售中期票据时，通常是连续或间歇地出售相对小额的中期票据，而公司债券的出售金额较大且分散。希望出售中期票据的公司将在证券交易委员会为将出售的中期票据进行缓行注册规则登记。尽管在证券交易委员会登记的中期票据销售金额在 1 亿～10 亿美元之间，但在出售全部中期票据之后，发行人可以进行另一笔缓行注册规则登记。

然后，发行人公布一系列期限的利率，例如，9 个月到 1 年、1 年到 18 个月、18 个月到 2 年，此后每年如此。通常，发行人公布的利率是可比期限国债利率之上的利差。例如，在 2～3 年的期限范围内，发售利率可能为高于 2 年期国债利率 120 个基点。发行人不会公布其不希望出售的期限范围的利率。然后，代理人向对中期票据感兴趣的投资者提供发售利率表。感兴趣的投资者将联系代理人。然后，代理人与发行人签订合同，确定交易条款。由于发售利率表的期限范围没有规定具体到期日，因此投资者可以选择发行人批准的最终期限对象。投资者可以购买的最小规模中期票据通常从 100 万美元到 2 500 万美元不等。发行人可以根据市场环境变化或由于发行人已筹集到给定期限的理想金额资金而随时变更发售利率表。在后一种情况下，发行人可能不会公布该期限范围的利率或较低的利率。

结构性票据

要求发行人同时在金融衍生品市场（例如互换市场或期权市场）上进行交易的中期票据被称为**结构性票据**（structured notes）。通过结合金融衍生品市场与中期票据，即使在投资者被禁止运用互换进行套期保值的情况下，借款人也能创造出更符合机构投资者要求的投资工具，以实现其投资目标。而且，对于那些只能投资于投资级债券的机构投资者而言，结构性票据还使它们有机会参与其他资产的市场交易。例如，如果投资者购买了息票利率与标准普尔 500 指数的表现挂钩的中期票据，那么，他可以在不必持有普通股的条件下参与股票市场。如果息票利率与国外的股票指数挂钩，那么，投资者可以在不必持有外国普通股的条件下参与外国股票市场。通过创造结构性票据，借款人可以降低筹资成本。

除了信用风险和投资者希望进行的交易本身的风险，结构性票据还使投资者暴露于流动性风险，因为结构性票据很少在二级市场上交易。

借款人及其代理人怎样发现愿意购买结构性票据的投资者呢？在典型的公司债券发行中，承销机构的销售人员从客户群中征集对债券感兴趣的客户。也就是说，销售人员需要进行调查。在结构性票据市场上，这一过程通常很不同。由于发行规模较小，以及可以在互换市场上灵活地按客户需求定制发行，因此，投资者可以将自己的证券设计要求通过代理人传达给发行人。这种通过发行人或其代理人对顾客的调查来设计证券的过程被称为**反向调查**（reverse inquiry）。

结构性票据包括[①]：

---

① 关于对不同类型结构性票据的详细讨论，见 John D. Finnerty and Rachael Park，“Structured Notes and Credit-Linked Notes，” in Frank Fabozzi（ed.），*The Handbook of Fixed Income Securities*：8th Edition（New York：McGraw-Hill，2012）。

● 反向浮动利率票据。

● 股票挂钩票据。

● 商品挂钩票据。

● 货币挂钩票据。

● 信用挂钩票据。

我们在第 1 章介绍不同类型的息票支付时讨论了第一类结构性票据。下面我们将简要介绍其他类型的结构性票据。

股票挂钩票据：**股票挂钩票据**（equity-linked note，ELN）不同于传统债券，因为它的本金和息票支付单独或同时与既定股票指数、股票投资组合或单只股票的表现挂钩。期限范围从 1 年至 10 年不等。大型经纪公司有自己的股票挂钩票据产品。此外，有些股票挂钩票据主要是为散户投资者设计的。比如股票参与票据（EPNs）、股票上涨票据（SUNs）、结构化上涨参与股票收据（SUPERs）和综合高收益股票挂钩证券（SHIELDS）。息票利息可能是固定的，也可能是浮动的，可以用任何货币计值。股票挂钩票据的支付额通常为股票升值的 100%，到期赎回价值为债券面值加上股票升值。①

典型的股票挂钩票据在经济意义上等同于由零息债券和股票指数看涨期权（该股票指数为股票挂钩票据的参考资产）构成的投资组合。这类结构性票据的现金流如下。发行时，投资者购买股票挂钩票据，它表示初始现金流。仅根据被挂钩股票指数的表现得出期间现金流。例如，如果当年股票指数上升 8%且股票参与比例为 100%，那么假设名义金额为 100 万美元，投资者将得到 80 000 美元的期间现金流。在到期日，期终现金流包括本金收益和最后一笔股票支付。然而，通常现金流是有上限的，它限制了上涨时的参与比例。

商品挂钩票据：商品挂钩票据的支付额与指定商品（例如原油、燃油、天然气或贵金属）或一篮子商品的价格表现挂钩。在到期日，投资者将收到初始本金加上基于指定商品或商品篮子价格变化百分比的收益。

以下用丹斯克银行（Danske Bank）2010 年 4 月发行的用丹麦克朗计值的商品挂钩票据举例说明。该票据不支付息票利息，并于 2013 年 5 月 10 日到期。它们在发行时的定价为 105，并将以反映道琼斯—瑞银商品指数表现的价格被赎回。这些票据不会以低于 80 的价格或高于指数初始水平的 70%（即 170）的价格赎回。价格上限为 70%，但根据市场环境可能更高。售价规定，最终上限最晚将于 2010 年 5 月 6 日根据市场环境确定。

信用挂钩票据：**信用挂钩票据**（credit-linked note，CLN）② 是信用风险与第二发行人（被称为参考发行人）挂钩，收益与参考发行人的信用表现挂钩的证券。信用挂钩票据可能非常复杂，因此我们的重点仅仅是基本结构。基本的信用挂钩票据类似于标准债券：它有息票利率（固定利率或浮动利率）、到期日和到期价值。然而，与标准债券相反，到期价值取决于参考发行人的表现。具体而言，如果参考发行人发生了信用事件，那么（1）债券将被偿付；（2）到期价值将被调低。发行说明书中介绍了如何进行调整。投资者接受参考发行人信用风险的补偿是更高的息票支付。

通常，信用挂钩票据的期限为 3 个月至数年，最可能的期限为 1 年至 3 年。信用挂钩票

---

① 股票参与通常是灵活的，变化取决于与股票挂钩的票据是否包括息票支付。

② 尽管多种结构性票据都用“CLN”表示，但在市场上，CLN 这个缩写通常是指与信贷挂钩的中期票据。

据的较短期限反映了投资者通过调整这种时期内的信用头寸获利的愿望。[①]

货币挂钩票据：**货币挂钩票据**（currency-linked note，CLN）支付的收益率与全球外汇指数挂钩。通常，这种结构性票据是短期票据，支付固定最低利率，该最低利率由外汇汇率在票据期限内的变化决定。在到期日，票据支付初始本金加上收益（如果有收益的话）。

对于以上结构性票据，如果标的参考资产或指数出现负收益率，投资者的收益可能低于初始投资。担保本金收益率（即担保参考资产或指数的最低收益为零）的结构性票据被称为**本金保值票据**（principal-protected notes）。这类结构性票据的发行人通常为银行。因此，投资者面临着发行银行的信用风险。

商业票据

商业票据是在公开市场上发行的短期无担保本票，它代表了发行公司的负债。某些发行人以 25 000 美元的面值出售商业票据，但是，最低的整批交易额为 100 000 美元。商业票据基本上不存在二级市场交易。通常，商业票据的投资者是那些计划持有票据至到期的实体。这很容易理解，因为投资者可以直接向发行人购买商业票据，而发行人可以根据投资者的具体期限要求来发行票据。

在美国，商业票据的期限为 1 天至 270 天。商业票据的期限不超过 270 天的原因如下：《1933 年证券法》要求证券在证券交易委员会注册，该法案中的特别条款规定，期限不超过 270 天的商业票据可免于注册。因此，为了规避在证券交易委员会注册的相关成本，企业很少发行期限超过 270 天的商业票据。决定票据期限的另一个因素是：商业票据能否成为希望从联邦储备银行贴现窗口借款的银行的合格抵押品。要成为合格的抵押品，票据的期限不得超过 90 天。由于成为合格抵押品的票据具有较低的交易成本，因此，发行人更愿意发行期限不超过 90 天的票据。根据纽约联邦储备银行的规定，商业票据的期限通常不得超过 30 天。通常，发行人利用出售新商业票据所获得的收入来对已到期票据的持有人进行偿付，这个过程经常被描述成**滚动发行**（rolling over）短期票据。商业票据的投资者面临的风险在于，发行人无法在到期日发行新票据。为了防范这种**滚动发行风险**（rollover risk），商业票据通常用尚未使用的银行信贷额度作为担保。由于银行对所提供的信贷额度收取承诺费，因此，这种担保措施提高了商业票据的实际发行成本。

金融公司包括三种类型：专属金融公司（captive finance company）、银行相关金融公司和独立金融公司。专属金融公司是设备制造公司的子公司，它们的主要任务是为母公司的客户提供融资。例如，美国三大汽车制造商都拥有自己的专属金融公司：通用汽车金融服务公司（GMAC）、福特汽车信贷公司和克莱斯勒金融公司。此外，银行控股公司也可能拥有自己的金融公司，这种金融公司提供贷款以使个人和企业能够购买更多种类的商品。独立金融公司既不是设备制造商的子公司，也不是银行控股公司的子公司。

三家评级公司对商业票据有特殊的评级系统，如图表 7—2 所示。与其他长期债券的信用评级一样，商业票据的评级可以分为**投资级**（investment grade）和**非投资级**（noninvestment grade）。

---

① 关于信用挂钩票据的更多讨论，见 Mark J. P. Anson，Frank J. Fabozzi，Moorad Choudhry，and Ren-Raw Chen，*Credit Derivatives：Instruments，Applications，and Pricing*（Hoboken，NJ：John Wiley & Sons，2004）。

图表 7—2 商业票据评级[a]

<table>
<tr><th rowspan="2">种类</th><th colspan="3">商业评级公司</th></tr>
<tr><th>惠誉</th><th>穆迪</th><th>标准普尔</th></tr>
<tr><td rowspan="4">投资级</td><td>F—1＋</td><td></td><td>A—1＋</td></tr>
<tr><td>F—1</td><td>P—1</td><td>A—1</td></tr>
<tr><td>F—2</td><td>P—2</td><td>A—2</td></tr>
<tr><td>F—3</td><td>P—3</td><td>A—3</td></tr>
<tr><td rowspan="2">非投资级</td><td>F—S</td><td>NP（非优等）</td><td>B</td></tr>
<tr><td></td><td></td><td>C</td></tr>
<tr><td>违约</td><td>D</td><td></td><td>D</td></tr>
</table>

a. 不同评级机构对信用评级的定义不同。

资料来源：Mitchell A. Post，“The Evolution of the U. S. Commercial Paper Market Since 1980，” *Federal Reserve Bulletin*，December 1992，p. 882.

直接募集票据与交易商募集的商业票据

商业票据分为直接募集票据和交易商募集的商业票据。**直接募集票据**（directly placed paper）不经过代理人或中介机构，直接由发行公司销售给投资者。（发行人可以建立自己的交易商公司来处理交易。）直接募集票据的发行人大多是金融公司。这些公司需要持续性资金来满足客户的贷款需求。结果，它们发现建立一支销售队伍将商业票据直接销售给投资者更加节省成本。机构投资者可以在彭博金融市场系统（Bloomberg Financial Markets）、桥讯财经资讯（Telerate/Bridge）、路透社（Reuters）和互联网（cpmarket. com）上找到发行人公布的利率信息。

通用电气资本公司（GE Capital）就是直接募集票据的发行人，该公司有 50 多年的商业票据发行历史。通用电气资本公司是通用电气公司主要的金融服务公司，也是目前美国最大、最活跃的直接募集票据发行人。通用电气资本公司的财务部负责管理通用电气公司、通用电气资本服务公司和通用电气资本公司的商业票据发行以及其他与通用电气相关的发行计划。这些票据由通用电气公司财务公司或通用电气资本市场公司（一家在 NASD 注册的经纪商—交易商）持续地直接发售给机构投资者。

交易商募集的商业票据（dealer-place commercial paper）需要通过代理机构来销售发行人的票据。代理机构在代销协议承销的基础上，通过商业银行和证券公司分销票据。

一级票据和二级票据

货币市场共同基金是商业票据的主要投资者。但是，证券交易委员会对货币市场共同基金施加了一些限制。具体而言，《1940 年投资公司法案》的规定 2a—7 通过限制货币市场共同基金对“合格”票据的投资，限制了货币市场共同基金的信用风险敞口。图表 7—12 从信用评级的角度给出了“合格”的定义。为了成为合格的商业票据，商业票据必须至少获得两家全国认可的统计评级机构给出的两种最高信用评级（1 或 2）之一。至少被两家评级机构评为1级的合格票据是**一级票据**（tier-1 paper）；一级票据之外的合格票据被定义为**二级票据**（tier-2 paper）。

银行贷款

向公司借款人发放的银行贷款分为两类：投资级贷款和杠杆贷款。**投资级贷款**（investment-grade loan）是向具有投资级评级的公司借款人发放的银行贷款。这些贷款通常通过放贷银行的投资组合发放并由其持有。原因在于，这些贷款为循环信用额度。在这类贷款安排中，银行设定一家公司可以借入的最高额度，该公司可以使用该额度以内任何金额的贷款，并在任何时刻偿还。由于公司借款人可以在任何时间还款，而且这种贷款也没有到期日，因此，放贷银行不会向机构投资者出售投资级银行贷款。

相反，**杠杆贷款**（leveraged loan）是向公司发放的低于投资级评级的银行贷款。杠杆贷款有期限，且利率为以LIBOR为参考利率的浮动利率。实际上，当市场参与者提到公司银行贷款时，他们通常指的是杠杆贷款。这种贷款可以出售给机构投资者。在公司的债务中，既可能有杠杆贷款，也可能有高收益债券。

辛迪加银行贷款

辛迪加银行贷款（syndicated bank loan）是一种由银团（或银行辛迪加）向借款人提供的资金。之所以需要银团，是因为借款人需要的资金数额可能很大，以至于一家银行无法承受借款人的信用风险。因此，希望通过贷款市场，而不是通过发行证券筹集巨额资金的借款人就会使用辛迪加银行贷款。

这种银行贷款被称为**高级银行贷款**（senior bank loans），因为就本息偿付而言，其地位优于次级贷款人（债券持有者）。辛迪加银行贷款的利率按照参考利率加利差定期调整。参考利率通常为LIBOR，但也可能是最优惠利率（即银行对信用最高的客户收取的利率）或存单利率。贷款期限是固定的。辛迪加贷款通常是可以根据预先确定的时间表分期偿还的，在特定年数（通常不超过五年或六年）后开始偿还本金。也有一些辛迪加贷款的还款结构被设计为直至到期日才偿还本金，这些辛迪加贷款被称为**子弹式贷款**（bullet loans）。

辛迪加贷款由银行或证券公司安排，由安排行组织辛迪加。辛迪加中的各家银行提供该行所承诺提供的资金。辛迪加中的银行有权在其后向其他银行出售该行持有的贷款份额。

发放辛迪加贷款的方式有两种：转让（assignment）和参与（participation）。每种方式都有相对优点和相对缺点，转让方式是两种方式中相对较理想的。

对出售贷款份额感兴趣的贷款持有者可以通过**转让方法**（method of assignment）让渡贷款权益。在这一程序中，卖方将所有权利完全转让给转让权持有者，现在被称为**受让人**（assignee）。受让人与借款人为**合同相对人关系**（privity of contract）。由于借款人和受让人之间的关系清晰，转让是更好的所有权转让选择。

参与（participation）是指贷款持有者“参与”所持有特定贷款的一部分。参与权持有者不会成为贷款协议的一方，和参与权卖方而不是借款人有关系。和转让不同，参与并不给予参与权持有者合同相对人关系，尽管参与权持有者有权就涉及贷款协议修订的特定法律事项投票。这些事项包括期限、利率以及有关贷款担保品等问题的变化。由于辛迪加贷款可以以这种方式出售，因此它们是可以交易的。

银行贷款的交易并不限于优良贷款，即借款人履行合约承诺的贷款。也存在着交易不良贷款——借款人违约的贷款——的市场。

辛迪加银行贷款的二级市场

尽管发放贷款的银行曾经受其贷款组合的限制，但是现在，这些贷款可以在二级市场上交易或进行证券化以创造贷款抵押债券（本章后面将对其进行讨论），因此需要定期盯市。

美国银团与贷款交易协会（Loan Syndications and Trading Association，LSTA）通过建立市场惯例和结算与操作程序，帮助促进流动、透明的银行贷款二级市场。该协会根据盯市价格提供交易商报价。美国银团与贷款交易协会提供的信息包括：

- 美国银团与贷款交易协会/汤姆森路透盯市定价系统（Thompson Reuters Market-to-Market Pricing）在每个交易日结束时提供的价格波动性最大的贷款名单；
- 根据三家或更多经纪商/交易商提供的报价每周发布的周价格波动性最大赢家、最大输家、波动性最高和最新交易名单；
- 每月月底根据三家或更多经纪商/交易商提供的报价汇编的所有盯市贷款价格文件；
- 每季度结束时根据五家或更多经纪商/交易商提供的报价汇编的所有盯市贷款价格文件。

美国银团与贷款交易协会和标准普尔旗下的杠杆评论与数据服务公司（Leveraged Commentary & Data）共同创建了一个杠杆贷款指数（标准普尔/LSTA 杠杆贷款 100 指数），以衡量辛迪加贷款市场不同部门的绩效。该指数是杠杆贷款市场上 100 个最大贷款设施的市场加权指数[①]，它是总收益率指数。

高收益债券与杠杆贷款

杠杆贷款是银行贷款，它的借款人是非投资级借款人。因此，杠杆贷款和高收益债券为非投资级借款人可以选择的其他债务来源。这里，我们将总结这些债务融资来源的特征。

高收益债券的息票利率通常为固定利率。杠杆贷款的利率为浮动利率，最常见的参考利率为 3 个月期 LIBOR。就期限而言，高收益债券的期限通常为 10 年，且发行后 3～5 年内不可赎回。杠杆贷款的期限较短，通常为 5～8 年，且不提供赎回保护，因为这种贷款可以在任意时间赎回。

在资本结构内部，杠杆贷款是最高级的，高收益债券次于银行贷款。就契约而言，杠杆贷款的契约约束力强于高收益债券，这是公司借款人更偏好发行债券的原因之一。最后，投资者关心的是在违约时能够收回的金额。如本章后面所示，历史上，违约杠杆贷款的平均回收率远远高于违约高收益债券。

贷款抵押债券

杠杆贷款可以进行集中并用作发行**贷款抵押债券**（collateralized loan obligation，CLO）的担保品。贷款抵押债券是用后面章节介绍的证券化技术创建的。这里，我们将简单说明贷

---

① 银行提供的贷款设施可能是短期贷款或信贷额度（也被称为周转贷款或循环信贷协议）。信用额度是一种贷款，它规定了借款人的最大借款金额。

款抵押债券。[1]

贷款抵押债券是一种特殊目的工具（SPV），它发行债务和股票，并用筹集的资金投资于杠杆贷款组合。负责管理杠杆贷款组合（即担保品）的实体是**担保品管理人**（collateral manager）。特殊目的工具发行的债券的投资者——被称为债券类别或组别——有权获得贷款投资组合产生的现金流。现金流按照考虑这些负债优先级的规定方式分配给债券类别。贷款抵押债券契约中规定了现金流分配方式的规则。除了债券类别，被称为**权益组别**（equity tranche）的证券也有权得到剩余现金流，如后面所示。

贷款抵押债券的负债结构被称为资本结构。这些债券类别通常被标为A类、B类、C类等等，按照优先级和信用评级在资本结构中由高到低排列。它们覆盖了资本结构的整个范围，从最安全的AAA级债券类别到最低评级的债券类别。图表7—3显示了贷款抵押债券的简化资本结构。资本结构中的A类债券，即AAA级债券，被称为**高级债券类别**（senior bond class）。其他三类债券类别被称为**次级债券类别**（subordinate bond classes）。注意，在典型的贷款抵押债券中，息票利率会随着参考利率（最常见的是LIBOR）浮动。

图表7—3　简单典型的贷款抵押债券资本结构

债券类别	资本结构百分比	评级	息票利率
A类	80	AAA	LIBOR+26
B类	8	A	LIBOR+75
C类	3	BBB	LIBOR+180
D类	2	BB	LIBOR+475
权益组别	7	无评级	剩余现金流

现金流信用结构是多数贷款抵押债券负债中的主要信用增级机制[2]，因为贷款抵押债券现金流结构的具体内容决定了债券类别承担的信用风险。为了理解现金流信用结构，必须理解担保品利息与担保品本金的分配规则。担保品利息和本金的这些分配规则被称为**现金流瀑布**（cash flow waterfalls），它们规定了债券类别获得偿付的顺序，并由此落实一个贷款抵押债券债权人对另一个贷款抵押债券债权人的优先权。

贷款抵押债券的另一个主要特征是契约中规定的**覆盖率测试**（coverage tests）。它们很重要，因为这些测试的结果会导致本属于次级债券类别的现金转移到高级债券类别。尽管有多种覆盖率测试，但我们这里只介绍一种：**面值覆盖率测试**（par coverage tests）。[3] 每种债券类别的面值覆盖率测试公式如下：

$$\text{A类面值覆盖率测试}=\frac{\text{资产的面值}}{\text{A类的面值}}$$

$$\text{B类面值覆盖率测试}=\frac{\text{资产的面值}}{\text{A类的面值}+\text{B类的面值}}$$

贷款抵押债券资本结构中其余债券类别的公式依此类推。

① 关于更详细的说明，见下列文献第4章：Stephen Antczak，Douglas J. Lucas，and Frank J. Fabozzi，*Leveraged Finance：Concepts，Methods，and Trading of High-Yield Bonds，Loans and Derivatives*（John Wiley & Sons，2009）。

② 一些未抵押贷款债券带有单一险种保险，这是信用增级的一种形式。

③ 关于其他覆盖率测试的讨论，见Antczak，Lucas，and Fabozzi，*Leveraged Finance：Concepts，Methods，and Trading of High-Yield Bonds，Loans and Derivatives*。

此外，重要的是理解在某段时期内，担保品的本金没有分配给债券类别或权益组别，而是由担保品管理者通过购买更多贷款进行再投资。这段时期被称为**再投资期**（reinvestment period）。

现在，让我们来看现金流瀑布如何与覆盖率测试和再投资期共同作用。以下是一个典型的基本利息瀑布，其中按照下列顺序向债券类别支付担保品利息：

1. 向受托人支付基本管理费和费用。

2. 向担保品管理人支付基本管理费。

3. 支付A类的利息费用。

4. 如果A类覆盖率测试失败，担保品利息将转移到A类偿还本金，直到A类通过覆盖率测试。这将导致A类的未清偿负债金额减少。

5. 支付B类的利息费用。

6. 如果B类未通过覆盖率测试，担保品利息将转移到最高级未清偿债券类别（可能是A类，如果A类已经得到完全偿付，则为B类）偿还本金，直到B类通过覆盖率测试。

7. 支付C类的利息费用。

8. 如果C类未通过覆盖率测试，担保品利息将转移到最高级未清偿债券类别偿还本金，直到C类通过覆盖率测试。

对剩余所有债券类别重复第7步和第8步。

9. 在再投资期内进行额外覆盖率测试，确定是否必须用担保品利息对额外担保品进行投资。

10. 向受托人支付额外费用。

11. 向担保品管理者支付额外费用。

此时，如果有剩余的担保品利息，它将根据与担保品管理者的利润分享协议分配给权益组别。

从上述利息瀑布中应该清楚地看到，覆盖率测试如何使人们做出向某个债券类别支付担保品利息还是偿还最高级未清偿债券类别本金的决定，以及这种担保品利息的转移可能如何大幅增加对高级债券类别的保护。

以下是将担保品本金分配给债券类别的典型基本本金瀑布：

1. 担保品本金被转移的程度取决于应在利息瀑布的第1步到第8步支付的金额是否存在短缺。

2. 在再投资期间，担保品管理者用担保品本金购买新贷款。

3. 在再投资期后，按照债券类别的优先级用担保品本金偿还本金。

4. 按照利息瀑布的第9步至第11步支付欠款。

5. 用剩余本金支付权益组别。

公司债务工具的违约风险

正如第1章说明的，信用风险有三种：违约风险、信用利差风险和降级风险。随着我们对债券的深入理解，我们将更仔细地考察这些风险。在本节中，我们的重点是公司违约风险。本章剩下两节介绍了公司信用风险的其他两种形式。

公司债务的违约风险是发行债务工具的公司无法及时支付利息和偿还借款，从而无法满足债务条款的风险。在第22章中，我们将仔细考察公司债务工具信用分析的因素。个人投资者使用的标准是三家主要商业评级公司的信用评级：穆迪、标准普尔和惠誉。尽管许多机构投资者都使用第22章介绍的框架自己进行信用分析，但它们的基准或起点还是一家或多家评级机构给出的信用评级。

为了评估公司债务投资的潜在收益率，除了违约率以外，还需要更多数据。原因在于，违约率本身并不是最优的指标。如果某个公司债券组合的收益率利差很高，足以抵消违约损失，那么很可能该公司债券组合在违约的同时表现又超过国债组合。

此外，违约债券持有者通常会回收其投资面值的一部分，这部分比例被称为回收率（recovery rate）。因此，研究公司债券绩效的一个重要指标是**违约损失率**（default loss rate），该指标的定义如下：

违约损失率＝违约率×（100%－回收率）

例如，当违约率为5%，回收率为30%时，违约损失率仅为3.5%（5%×70%）。因此，假定所有违约债券都完全失去了价值，那么只关注违约率不过是强调了分散化公司债券组合可能遭受的最坏结果。

接下来，我们将考察违约率的历史记录和公司债务工具（即债券和贷款）的回收率。

违约率

在介绍历史违约率前，有两点值得指出。第一，发生违约的原因多种多样：错过支付、破产和廉价交易（distressed exchanges）。这三个原因都被信用评级机构（CRAs）包括在历史违约率的计算中。记住，违约并不必然意味着发行人因为错过支付而被迫破产。发行人申请破产也不必然意味着错过支付。

一旦定义了违约，就可以通过计算加权平均违约率计算违约率和累计违约率。权数可以根据违约发行人数量与发行人数量之比或者违约债务金额与未清偿债务金额之比来计算。信用评级机构关注的重点是基于发行人的违约统计数据，它们的方法随着时间的流逝而趋同。① 纽约大学教授、一流学者Edward Altman用基于金额的违约率对违约信息（以及回收率统计数据）进行了研究。② 信用评级机构的研究似乎表明，从1981年至2012年，所有公司债券的平均年违约率约为1.5%。投资级公司债券和高收益公司债券的平均年违约率分别为0.11%和4.26%。

两项研究找出了造成违约率大幅波动的三个因素。③ 首先，违约率变化是由于高收益债券的信用质量会随着时间变化。具体而言，当高收益债券的市场占比大于低收益债券时，年总违约率将会增加。

其次，总违约率会随着经济状况而发生变化。在衰退期，违约率将会上升；在扩张期，

① David Hamilton and Richard Cantor, "Measuring Corporate Default Rates," Special Comment, Moody's Investors service, Global Credit Research, November 2006.

② Edward I. Altman and Scott A. Nammacher, *Investing in Junk Bonds* (New York: Wiley, 1987).

③ 见Jerome S. Fons, "An Approach to Forecasting Default Rates," Moody's Special Report, August 1991; and Jon G. Jonsson and Martin Fridson, "Forecasting Default Rates on High Yield Bonds," *Journal of Fixed Income* (June 1996), pp. 69-77。以下文献提供了对该问题的精彩分析：Jean Helwege and Paul Kleiman, "Understanding Aggregate Default Rates of High Yield Bonds," Current Issue in *Economics and Finance*, Federal Reserve Bank of New York, Vol. 1, No. 6 (May 1996), pp. 1-6。

违约率将会下降。例如，在1990—1991年的衰退期，高收益公司债券的违约率为11%左右。在2008—2009年的衰退期，高收益公司债券的违约率在2008年和2009年分别为7%和13%。在经济恢复期，高收益公司债券的违约率在1990—1991年的衰退期后大幅下降至2%，最近，在2008—2009年衰退期的四年后，降至2%左右。

最后，根据观察，发行高收益债券后的三年中最可能发生违约。因此，高收益债券距发行的时间长度将影响违约率，这被称为“老化效应”（aging effect）。

回收率

和违约率一样，计算回收率有不同的方法。债权人在最终结算日得到的是现金加上所得证券的估计价值。回收率可以按照名义值或者贴现值计算。名义回收率是根据债权人在结算日得到的金额（即现金加上所得证券的价值）计算出来的。贴现回收率是最终结算时得到的金额的现值。现值计算方法是将现金支付额贴现回进行现金支付的最后一天，而非工具违约日或公司破产日而计算出来的。用于计算所得金额的贴现率为工具的息票利率。贴现回收率优于名义回收率，因为它们更适合用于比较不同时间长度的破产。

根据标准普尔公司，1987—2013年，所有高收益债务工具的平均贴现回收率约为50%。1987—2009年，平均贴现回收率为51%，相比之下，2010年—2013年8月这段较近时期的平均贴现回收率为61%。

研究表明，回收率会根据行业、经济周期和债务工具的高级性变化。对堪萨斯城联邦储备银行的一项研究显示了1970—2008年的行业回收率如何变化。[①] 正如人们的预期，经济衰退期的回收率低于经济恢复期的回收率。2008年衰退期间，平均贴现回收率为42%。标准普尔进行的一项研究发现，随着经济恢复，平均回收率在2010年增至60%，在2013年增至70%。[②] 至于工具的高级性，标准普尔按照工具类型（贷款便利和高收益债券）报告的1987—2013年的贴现回收率表明，回收率越高，高级性越高。这也得到了堪萨斯城联邦储备银行对1970—2008年所有公司债务和优先股的一项研究的支持。这项研究发现，对于所有固定收益证券，整体回收率的均值和中位数分别为39%和30%。对于高级担保债权人，回收率的均值和中位数分别为56%和55%。沿着优先级向下，初级次级债权人的回收率均值为27%，回收率中位数为15%。

信用评级公司的服务提供了其他与违约率和回收率相关，并对投资者有用的信息。例如，穆迪公布了投机级债券和贷款的预期损失评级、损失给定违约率评估（LGDAs）和公司家族评级的违约概率评级（PDRs）。

标准普尔和惠誉制定了公司债券回收率评级体系。惠誉的投机性公司债券回收率评级体系如图表7—4所示。每种回收率评级类别对应着特定范围的回收率值。惠誉的公司债券回收率评级为B级以及更低。惠誉为债券回收率评级时考虑的因素为：（1）担保品；（2）相对于资本结构中其他债务的高级性；（3）危机时发行人的预期价值。回收率系统并不是为了精确预测给定水平的回收率。惠誉的回收率标准如图表7—4所示。惠誉列出了下列回收率指

① Nada Mora, “What Determines Creditor Recovery Rates?” *Economic Review*, Federal Reserve Bank of Kansas City, Second Quarter of 2012, pp. 70 - 109.

② “Recovery Study (U. S.): Are Second Liens and Senior Unsecured Bonds Losing Ground as Recoveries Climb?” *RatingsDirect*, Standard & Poor's, December 16, 2013, p. 2.

标的缺点：

● 评级没有预测出产生违约时具体的回收率百分比。

● 评级不对任何发行人的证券或股票的市场价值，或者该价值的变化可能性发表意见。

● 评级不对发行人的证券或股票发表意见。

● 除了评级机构对债务违约时被评级债务的相对损失严重性的意见，评级不对发行人或交易概况的质量发表意见。①

图表 7—4　　惠誉回收率评级体系

RR1：未清偿债务违约时的违约率预测
RR1 级证券的特征与历史上回收 91％～100％当期本金和相关利息的证券一致。
RR2：高级债务违约时的回收率预测
RR2 级证券的特征与历史上回收 71％～90％当期本金和相关利息的证券一致。
RR3：优质债务违约时的回收率预测
RR3 级证券的特征与历史上回收 51％～70％当期本金和相关利息的证券一致。
RR4：一般债务违约时的回收率预测
RR4 级证券的特征与历史上回收 31％～50％当期本金和相关利息的证券一致。
RR5：低于平均质量的债务违约时的回收率预测
RR5 级证券的特征与历史上回收 11％～30％当期本金和相关利息的证券一致。
RR6：低质量债务违约时的回收率预测
RR6 级证券的特征与历史上回收 0％～30％当期本金和相关利息的证券一致。

公司降级风险

评级公司监督它们评级的债务和发行人。公司降级风险是发行人的一笔或更多债务被降级的风险。

评级公司收集评级在不同时期的变化的统计数据。体现这种信息的表格被称为**信用评级转换矩阵**（rating transition matrix）或**信用评级转换表**（rating transition table）。图表 7—5 显示了假想的 1 年期信用评级转换矩阵。对该表的解释如下：各行表示年初的评级。各列表示年末的评级。以第二行为例。该行显示了年初被评级债券的转换。第二行的 91.40 这个数表示年初为 Aa 评级的债券平均有 91.40％在年末仍为 Aa 级。1.50 这个值表示年初的 Aa 级债券平均有 1.50％升为 Aaa 级。0.50 这个值表示年初的 Aa 级债券平均有 0.50％降级至 Baa 级。从图表 7—5 中可以看到，投资级债券的降级概率比升级概率高得多。实际上，在评级公司报告的评级转换矩阵中可以观察到这个特征。

图表 7—5　　假想的 1 年期评级转换矩阵

年初的评级	年末的评级							
	Aaa	Aa	A	Baa	Ba	B	C 或 D	总计
Aaa	91.00	8.30	0.70	0.00	0.00	0.00	0.00	100.00

① Fitch Ratings, "Definitions of Ratings and Other Forms of Opinion," January 2014, p. 22.

续前表

年初的评级	年末的评级							
	Aaa	Aa	A	Baa	Ba	B	C或D	总计
Aa	1.50	91.40	6.60	0.50	0.20	0.00	0.00	100.00
A	0.10	3.00	91.20	5.10	0.40	0.20	0.00	100.00
Baa	0.00	0.20	5.80	88.00	5.00	0.90	0.10	100.00

公司债务的信用利差风险

公司债务的信用利差风险是债务价格由于单笔债务、行业或部门的市场信用利差增加而下降的风险。也就是说，它是信用利差扩大的风险。

两种独特风险会改变公司债务的信用利差：事件风险和头条风险。这两种风险的区别如下。在**事件风险**（event risk）中，宣布某个事件时，受到不利影响的公司、部门或行业的信用评级几乎立即会降低。因此，事件风险与降级风险挂钩。另一方面，**头条风险**（headline risk）是指公告对信用利差造成的不利影响，这一点与事件风险相同，但它不会导致债务评级立即降低。

事件风险的一个例子是，公司接管或公司重组。事件风险的一个具体例子是1988年雷诺兹·纳贝斯克（RJR Nabisco）通过**杠杆收购**（leveraged buyout，LBO）这种融资方法以250亿美元被接管。新公司承担了为收购该公司而产生的一大部分债务。在雷诺兹·纳贝斯克的例子中，杠杆收购后的债务和股权分别为299亿美元和12亿美元。由于该公司必须偿还一大笔债务，因此它的债券质量评级下降了；穆迪对雷诺兹·纳贝斯克的质量评级从A1级降至B3级，初始杠杆收购公告对雷诺兹·纳贝斯克的债务信用利差的影响是，后者从100个基点升至350个基点。

事件风险可能对其他公司有溢出效应。再次考虑雷诺兹·纳贝斯克的杠杆收购。在雷诺兹·纳贝斯克被杠杆收购之前，250亿美元的杠杆收购被认为是不切实际的，但是雷诺兹·纳贝斯克的交易表明，规模并不是障碍，之前被认为不可能成为杠杆收购对象的其他大公司变成了合理的杠杆收购对象，导致它们的信用利差增加。

头条风险的一个例子是预期将对公司产生不利经济影响的自然灾害或产业事故。例如，核电厂事故可能对拥有该核电厂的公司的债务信用利差产生不利影响。和事件风险一样，这时可能存在溢出效应。

要　点

· 公司债务是要求公司定期支付利息并在到期时全额还款的债务。它包括公司债券、中期票据、商业票据、银行贷款、可转换公司债券和资产支持证券。

· 公司债务市场的部门包括公用事业部门、金融部门和工业部门。

· 公司资本结构中的不同债权人类别包括高级担保债权人、高级无担保债权人、高级次级债权人和次级债权人。

·美国的破产过程须遵守《破产法》，《破产法》的第 7 章是关于公司清算的，第 11 章是关于公司重组的。债权人依据绝对优先权法则获得资产分配。这意味着在低级债权人得到任何偿付之前，优先债权人已经得到了全额偿付。在清算的情况下该法则通常成立。与此不同，在重组过程中经常违反绝对优先权法则。

·公司借款人的信用风险可以通过由三家国家认可的信用评级机构中一家或多家评定的信用级别来衡量。

·被所有评级机构评为最高等级的债券被称为投资级债券。评级在前四种等级以下的债券被称为非投资级债券、高收益债券或垃圾债券。

·在到期前偿还债券的条款包括传统赎回条款和再融资条款、提前赎回赔偿条款和偿债基金条款。

·高收益公司债券市场是非投资级公司债券市场。

·高收益公司债券市场上有一些结构复杂的债券。这些债券包括递延息票债券（递延利息债券、逐步升息债券和实物付息债券）和可延长的调息债券。

·2007 年以来，债券交易商对保持公司债券存货的投资下降与低利率造成的公司债券发行增加导致了流动性降低。

·股票的交易特征与公司债券截然不同；公司债券的日交易频率远远低于股票。多达三分之一的公司债券是完全不交易的 TRACE 合格公司债券。

·有五类电子公司债券交易系统：拍卖系统、交叉匹配系统、交易商间系统、多交易商系统和单交易商系统。

·中期票据（MTN）是持续发售的公司债务工具。它需要按照缓行注册规则在证券交易委员会注册，并通过代理机构发售。公布的利率对应着各种期限范围，期限范围最短为 9 个月，最长为 30 年。

·中期票据在发行的同时，也在金融衍生品市场（尤其是互换市场）上交易，从而创造出结构性中期票据。这些产品给予发行人更大的灵活性，使其能创造出对被禁止进行套利或从事某些市场交易但又想进行这些交易的投资者具有吸引力的中期票据。

·结构性票据包括反向浮动利率票据、股票挂钩票据、商品挂钩票据、货币挂钩票据和信用挂钩票据。

·商业票据是在公开市场上发行的短期无担保本票，它代表了发行机构的债务。商业票据以贴现的方式销售。商业票据的期限通常小于 30 天。金融公司和非金融公司都发行商业票据，而大部分商业票据由前者发行。直接募集票据不通过作为中介机构的证券交易商，而是由发行公司直接出售给投资者。对于交易商募集的商业票据，发行人通过证券公司来销售其票据。

·商业票据市场的流动性很差。

·银行贷款提供了发行债券以外的另一种选择。向公司发放的银行贷款分为投资级贷款和杠杆化银行贷款。后者向机构投资者出售，并在二级市场上交易。

·集中杠杆银行贷款并将其用作发行不同高级性债务工具的担保品时，就创造出了贷款抵押债券。创建这种产品需要使用证券化技术。

·投资于公司债务的潜在收益既受违约率的影响，也受回收率或违约损失率的影响。

·除了提供信用评级，评级机构还提供违约率和回收率等对投资者有用的信息。

·投资者可以使用每家评级机构报告的信用评级转换矩阵，以便衡量降级风险。

·可以用利差变化的历史波动性衡量公司信用利差风险。

· 两种独特风险可以改变公司债务的信用利差：事件风险和头条风险。

问　题

1. 如果在重组中通常不遵循绝对优先权原则，那么担保地位的重要性何在？

2. a. 清算与重组的区别是什么？

b. 清算（《破产法》第 7 章）和重组（《破产法》第 11 章）的区别是什么？

3. 什么是暂具占有权的债务人？

4. 什么是绝对优先权原则？

5. 请评论下列说法："如果发行人破产，那么高级担保债权人出现亏损的风险很小。"

6. 债券或债券发行人正在受到信用审查是什么意思？

7. 请评论下列说法："购买某家公司抵押贷款债券的投资者知道，如果这家公司破产，抵押贷款债券持有者将在普通股股东获得收入之前获得全额偿付。"

8. a. 再融资保护与赎回保护之间的区别是什么？

b. 如果发行人在约定的到期日之前赎回债券，那么上述哪种保护能为投资者提供更好的保护？

9. a. 什么是子弹式债券？

b. 子弹式债券能否在约定的到期日前赎回？

10. a. 什么是提前赎回赔偿条款？

b. 什么是提前赎回溢价？

c. 提前赎回赔偿条款与传统赎回条款有什么区别？

d. 为什么提前赎回条款可能是错误的称呼？

11. a. 什么是债券中的偿债基金要求？

b. 请评论下列说法："债券的偿债基金条款有利于投资者。"

12. 堕落天使与初始发行的高收益债券之间的区别是什么？

13. "浮动利率票据和可延长的调息债券都定期重新调整息票利率。因此，它们基本上是相同的金融工具。"你同意这种说法吗？

14. 什么是实物付息债券？

15. a. 为什么公司债券的流动性会下降？

b. 为什么较少依赖于交易商存货的公司债券电子交易很重要？

16. a. 中期票据和公司债券的区别体现在哪些方面？

b. 创建结构性中期票据时，常用的衍生工具是什么？

17. 请说明你是否同意下列说法：

a. "多数中期票据在发行时的评级都为非投资级。"

b. "发行中期票据的公司通常会公布各个期限范围的利率。"

c. 什么是反向调查？

18. 请说明你是否同意与私募公司债务市场相关的下列说法：

a. "规则 144A 生效后，所有私募债券都可以在市场上买卖。"

b. "现在传统私募债券类似于公募债券。"

19. 皇家加拿大银行实际发行的一只票据的补充发行说明书内容如下：

> 参考资产：SGI Smart 市场中性商品指数（美元—超额收益率）（彭博代码：SGICVMX）。关于参考资产的介绍，见下一节"参考资产"。
>
> 规定货币：美元
>
> 最低投资额：1 000 美元
>
> 标价：1 000 美元
>
> 定价日期：2010 年 1 月 26 日
>
> 发行日期：2010 年 1 月 29 日
>
> CUSIP：78008HTY6

应付利息：无

到期支付（如持有至到期）：到期支付的计算方法如下：

1. 如果参考资产表现大于0，则应得到的金额等于：

本金金额+[（本金金额×参考资产表现）]×参与率

2. 如果参考资产表现小于或等于0，则应得到的金额等于票据的本金。

参考资产的表现：参考资产的表现表示为百分比，并四舍五入到四位小数，它将用下列公式计算：

20. 皇家加拿大银行实际发行的一只债券的补充发行说明书规定：

$$\frac{\text{最终水平}-\text{初始水平}}{\text{初始水平}}$$

参与率：100%

初始水平：109.069 4

期限：约为5年

a. 它是哪种结构性票据？

b. 投资于这种结构性票据的风险是什么？

21. a. 为什么商业票据是公司短期银行借款的替代品？

b. 直接发行票据与交易商发行票据的区别是什么？

c. 商业票据和相同期限的国库券反映的收益率利差是什么？

d. 为什么商业票据的期限短于270天？

e. 什么是一级商业票据和二级商业票据？

22. a. 银行贷款可以分为投资级银行贷款和杠杆化银行贷款。请说明这两种贷款的区别。

b. 这两种银行贷款中，哪种是通常在二级市场上出售和交易的？

23. a. 什么是辛迪加银行贷款？

b. 辛迪加银行贷款通常使用的参考利率是什么？

c. 分期偿还银行贷款和子弹式银行贷款的区别是什么？

24. 请说明银行出售其在辛迪加贷款中的头寸的两种方式。

25. 在贷款抵押债券中，如何对最高级债券类别进行保护？

26. 为什么违约率不是高收益公司债券组合潜在业绩的优秀单独指标？

27. 信用评级和回收率的区别是什么？

28. 什么是信用评级转换矩阵？

29. 事件风险和头条风险的区别是什么？

第 8 章

市政债券

学习目标

阅读本章后，您将了解

- 两种基本的债券结构：税收支持债券和收益债券
- 收益债券的资金流结构
- 具有混合结构或特殊债券担保结构的市政债券，例如再融资债券和有保险的市政债券
- 短期免税市政债券的各种类型
- 什么是可选择偿还债券
- 市政债券与公司债券的违约风险比较
- 市政债券违约的原因
- 市政府根据《破产法》第 9 章申请破产的目的是什么
- 市政债券投资者面临的税收风险
- 市政债券市场的收益率利差
- 市政债券收益率曲线的形状
- 市政债券的初级市场和二级市场
- 应税市政债券市场

市政债券是由州政府和地方政府及其下设机构发行的证券。美国的所有州都发行市政债券。地方政府包括市和县。发行市政债券的市政区划包括学区和防火区、上下水区和其他特定区划。公共机构或部门包括权力机关和委员会。市政债券发行人的数量非常多。彭博金融市场数据库（Bloomberg Financial Markets' database）中包括50 000多个活跃发行人。更值得一提的是不同债券的数量。彭博数据库中包括超过 150 万只附有完整说明的市政债券。相比之下，国债的数量不足 1 000 只，公司债券的数量在 5 000 只左右。

发行市政债券的目的多种多样。例如，短期票据一般是在预期将收到税收收入或债券销售收入的情况下发行的。利用来自短期票据的销售收入，发行该票据的市政当局可以弥补费用支出与税收收入之间的季节性失衡和临时性失衡。市政当局发行的长期市政债券主要是为以下两种情况融资：(1) 长期资本项目的融资需求，例如学校、桥梁、公路和机场的建设；(2) 弥补当前运营引起的长期预算赤字。

市政债券的吸引力在于其在联邦所得税层面上的税收待遇。尽管多数未清偿市政债券都是免税的，但仍有部分市政债券需要缴纳联邦所得税。州层面和地方层面上对利息的税收处理各不相同。各州对市政债券利息的征税规定可能是下列情况之一：（1）所有利息都免税，不论发行人是本州发行人还是其他州的发行人；（2）所有利息都应纳税，不论发行人是本州发行人还是其他州的发行人；（3）如果发行人是本州的，则利息免税，如果发行人是其他州的，那么利息应纳税。

历史上，市政债券投资者包括共同基金、银行信托部门、财产和意外保险公司以及高净值个人。这些投资者对市政债券的免税特征感兴趣。最近，对冲基金、套利者、寿险公司和国外银行也成为了这个市场上重要的参与者。这些投资者并不对免税特征感兴趣。相反，它们的主要兴趣在于从旨在创造资本收益的杠杆化策略中受益的机会。

在本章中，我们将讨论市政债券。

市政债券的种类和特征

市政债券的担保结构有两种基本类型：税收支持债券和收益债券。还有一些债券兼具税收支持债券和收益债券的特点。

税收支持债券

税收支持债券（tax backed debt）是由州、县、特区、市、镇和学区发行，并由某些形式的税收收入提供担保的债务工具。税收支持债券包括一般责任债券、拨款担保债券和由公开信用增级计划担保的债券。下面我们将分别介绍以上各种债券。

一般责任债券

税收支持债券中最大的一类就是**一般责任债券**（general obligation debt）。一般责任担保分为两种类型：无限担保和有限担保。**无限税收一般责任债券**（unlimited tax general obligation debt）是一般责任债券中担保形式较强的一种债券，因为它以发行人的无限征税能力为担保。税收收入来源包括公司所得税和个人所得税、销售税和财产税。无限税收一般责任债券由发行人的完全信用提供担保。**有限税收一般责任债券**（limited tax general obligation debt）以有限的税收收入作为担保，因为对这种债券来说，发行人为偿还债务所征收税款的税率受到法定限制。

某些一般责任债券不仅以发行人用以创造收入并在普通基金中累积的一般性征税能力为担保，而且还以提供普通基金之外的额外收入的某些专项收费、补助金以及特别收费为担保，这种债券因为其担保收入来源的二元性被称为**双重担保**（double-barreled）债券。例如，特殊目的服务部门发行的一般责任债券既可以由其所征收的财产税提供担保，也可以由从其提供的服务中所收取的特别费用/运营收入提供担保；还可以由财产税和特别费用/运营收入同时担保。后一种情形就被称为双重担保。

拨款担保债券

为了弥补发行人债务偿还额中不足的部分，部分州的政府机构或市政当局发行了带有该州潜在债务的债券。来自州的一般税收收入的拨款必须获得该州州议会的批准。但是，州的担保没有约束力，带有这种不具约束力的税收收入担保的债券被称为**道义责任债券**（moral obligation bonds）。因为道义责任债券需要经过法律许可才能拨款，因此它被归类为拨款担保债券。道义责任担保的目的是提高发行人的信用。然而，投资者必须依靠州政府的尽力推销（best efforts）使拨款得到批准。拨款担保债券的另一种类型是租赁担保债券（lease-backed debt）。

由公开信用增级计划担保的债券

尽管道义责任债券是州政府提供的一种信用增级形式，但是它不具有法律效力，或者说它是州政府的一种没有法律约束力的义务。有些发行人发行的债券具有某种形式的公开信用增级，并具有法律效力。当州或联邦政府机构提供担保时，或者当州政府有义务自动扣留并调度州政府援助款项以偿付发行人的违约债务时，发行人发行的债券就具有公开信用增级的性质。后一种公开信用增级形式通常用于各州的教育系统债券。

弗吉尼亚州的债券担保计划就是州政府信用增级计划的一个例子，它赋予该州州长扣留州政府给市政当局的援助拨款，并在一般责任债券违约时，运用这笔资金向一般责任债券持有者偿付本金和利息的权力。南卡罗来纳州的法律规定，如果学区无力偿付其一般责任债券，该州的财政部长可以强制扣留州政府对其的援助拨款。得克萨斯州设立了永久性教育基金，以保证及时偿付合格学区的一般责任债券的本金和利息。该基金的收入来源于得克萨斯州政府所拥有的土地和矿产的开采权。

收益债券

第二种具有基本担保结构的市政债券是收益债券（revenue bond）。发行这种债券要么是为了项目融资，要么是为了企业融资，而发行人利用融资项目的经营收入作为对债券持有者的担保。在研究决定项目是否可以自我维持之前，发行人会对项目进行可行性研究。

对于收益债券来说，企业的收入是清偿债务的保证。信托契约详细规定了如何分配企业收入。通常，收益债券的资金流情况如下。首先，企业的全部收入被投放到一个收入基金中。然后，以收入基金为资金来源向以下基金支付费用：**经营和维持基金**（operation and maintenance fund）、**偿债基金**（sinking fund）、**偿债准备基金**（debt service reserve fund）、**更新和重置基金**（renewal and replacement fund）、**维修准备基金**（reserve maintenance fund）和**盈余基金**（surplus fund）。[①]

对企业经营费用的支出要优先于债务的偿还，并且企业经营所需的现金来自从收入基金转存到经营和维持基金中的资金。对债券持有者的收入担保是一种净收入担保，所谓的“净”是指扣除了经营费用，所以用来清偿债务的资金接下来被存放到偿债基金里。然后，根据信托契约的规定，向债券持有者进行偿付。所有剩余的资金都将被分配至准备基金。偿债准备基金的目的是积累资金，以弥补未来收入不足以清偿债务的部分。信托契约中具体规定了必须存入的资金数量。更新和重置基金的作用是为周期性的大修和设备重置积累资金。维修准备基金的作用是为可能产生的意外维修和重置成本积累现金。最后，如果在支付了经

① 有些收入债券的结构使其他人可以在分配接下来介绍的资金结构的收入流之前合法地分配企业的收入。例如，收入债券的结构可能使收入首先用于偿还发行该债券的市政府的一般债务。

营费用、偿还了债务并提取了准备金之后，还余有现金，那么这些资金将存放于盈余基金中，债券发行人可以将盈余基金用于被认为合适的用途。

收益债券的信托契约中包含各种限制性条款，以保护债券持有者。费率或用户费用条款规定了如何确定企业销售的产品或服务的费用。这些条款可以规定一个最低费用，以满足费用支出和偿债的需要，也可以规定一个较高的费率，以提供一定数量的准备金。信托契约的附加条款规定了是否可以发行更多具有相同留置权的债券，如果可以发行更多这种债券，那么需要明确必须首先满足的条件。其他的契约条款规定了设备不得出售、需要维持一定的保险金额、必须由独立的会计师事务所对公司的财务报表进行留存和审计以及保持设备情况良好等要求。

收益债券包括：

- 机场收益债券。
- 高等教育债券。
- 医院收益债券。
- 单户住宅抵押贷款收益债券。
- 多户住宅收益债券。
- 公用电力收益债券。
- 资源回收收益债券。
- 学生贷款收益债券。
- 收费公路和汽油税收益债券。
- 自来水收益债券。
- 污染控制收益债券。
- 产业发展收益债券。

混合债券和特别债券

某些兼具一般责任债券和收益债券基本特征的市政债券还有着更多独具特色的结构，例如有保险的债券、银行担保市政债券、再融资债券和资产支持证券。

有保险的债券

除了以发行人的收入作担保以外，有保险的债券也以商业保险公司签发的保单为担保。对市政债券的保险是指保险公司所做的同意向债券持有者支付所有在规定到期日应付，但债券发行人未支付的债券本金和（或）息票利息的承诺。一旦发行，这种市政债券保险通常在所发行债券的期限内持续有效，且不能被保险公司撤销。

曾有一段时期，几乎一半新发行的市政债券都由单一业务型保险公司保险。投资者因为所提供的保险而感到安心，因为 2007 年 11 月以前，没有单一业务型保险公司违约或被调低信用评级（即降级）。由于单一业务型保险公司参与了次贷业务，这种情况在 2007 年底发生了改变。对这些债券，即次级抵押贷款支持债券提供保险，导致单一业务型保险公司遭受了重大损失，并使它们的信用评级被调低。结果，它们保险的市政债券也被降级。因此，单一业务型保险公司在市政债券市场上所起的作用将来会有所改变。

信用证支持市政债券

市政债券越来越多地受到商业银行提供的各种类型的信用便利的支持。这种支持是债券发行人现金流收入以外的支持。银行支持有三种基本类型：不可撤销的信用额度、循环信用额度和信用证协议。**不可撤销的信用额度**（irrevocable line of credit）虽然提供了一定的保障，但并不是对债券的担保。**循环信用额度**（revolving line of credit）是一种流动性信用便利，在发行人当前无法获得其他资金时，它提供了清偿到期债务的流动性来源。因为如果发行人未能遵守某些契约条款，银行可以在不予通知的情况下取消循环信用额度，所以，债券的安全性完全取决于市政债券发行人的信用。**信用证协议**（letter-of-credit agreement）是能够从商业银行得到的最强有力的支持，这里我们将对其进行详细讨论。

信用证中涉及三方：（1）信用证提供者；（2）市政债券发行人；（3）债券受托人。信用证提供者是发行信用证的银行，如果发生任何一种特定事件，信用证提供者都需要向受托人垫付资金。市政债券发行人是需要获得与所发行债券相关的信用证的市政部门。市政债券发行人同意：（1）向信用证提供者偿还信用证提供者根据协议必须支付的款项；（2）向信用证提供者定期支付信用证费用。信用证有特定的期限和金额，例如债券未清偿本金加上特定天数的应计利息。信用证费用通常为债券未清偿本金的50个基点～200个基点。

信用证安排有三种类型：（1）直接付款信用证；（2）备用信用证；（3）保兑信用证。**直接付款信用证**（direct-pay LOC）向受托人提供了发生特定事件、违约或市政债券发行人无法按合约在到期日时支付利息或偿还本金时，要求信用证提供者提供信用证支持市政债券的本金和（或）利息的权利。受托人可以在不要求市政债券发行人首先偿付的情况下，向信用证提供者要求这笔资金。从信贷角度看，直接付款信用证向受托人，因而向债券持有者提供了最安心的保障。这是因为与直接付款信用证相反，其他两种信用证安排（备用信用证和保兑信用证）都要求受托人在使用信用证之前，首先向市政债券发行人要求合约付款金额。

备用信用证（standby LOC）和**保兑信用证**（confirming LOC，也称为 LOC wrap）之间的区别在于，有些小型社区银行没有评级机构的评级，但仍然可以发行信用证。因此，这些小型银行要找一家较大的有评级的代理行为其信用证保兑。如果代理行无法保兑其信用证，那么小型银行就必须自己保兑。也就是说，信用证提供者是小型银行，但基础信用来自大银行。实际上，保兑信用证也可以由银行以外的机构提供。

再融资债券

虽然最初是作为收益债券或一般责任债券而发行，但是市政债券有时会进行再融资。再融资通常发生在原始债券被托管或者以政府担保的直接债务为担保的情况下。这种证券组合使得来自所有这些证券的现金流恰好与发行人必须偿付的债务相匹配。例如，假设某市政当局有一批利率为7%、金额为1亿美元、还有12年到期的债券。该市政当局的责任是在接下来的12年中每6个月支付350万美元，并在从现在起的第12年偿还1亿美元。如果发行人想要对该债券进行再融资，那么，他可以购买一组在接下来的12年里每6个月有350万美元的现金流，且在从现在起第12年可收到1亿美元的美国政府债券组合。

一旦该证券组合的现金流与市政债券的现金流相匹配，再融资债券就不再以一般责任债券或收益债券为担保。现在，它们由托管基金持有的证券组合提供担保。如果托管的是由美国政府担保的证券，那么这类债券几乎没有信用风险，它们是可以获得的最安全的市政债券投资。

再融资市政债券托管基金的结构可以安排为使再融资债券在原始债券契约中规定的第

一个可能的赎回日或紧随其后的赎回日被赎回，这样的债券被称为**提前再融资市政债券**(prerefunded municipal bonds)。虽然再融资债券通常在第一个可能的赎回日或之后的赎回日被赎回，但是某些债券会进行结构调整以与债券契约相匹配，直至到期日为止，这种债券被称为**托管至期满债券**（escrowed-to-maturity bond）。

市政债券发行人通过建立托管基金来为债券进行再融资有三方面的原因。首先，许多再融资债券最初都是作为收益债券发行的，包含在收益债券之内的是限制性债券契约条款，市政当局希望能够解除这些限制。创立托管基金来偿付债券持有者能够合法地取消各种限制性债券契约条款，这就是托管至期满债券的发行动机。其次，对某些债券进行再融资是为了改变债券的期限安排。最后，如果利率在市政债券发行后下降，那么发行人通过向现有的债券持有者支付较低的利率，并利用债券销售收入创造一个支付较高利率的美国政府债券组合，就可以获得税收套利的机会。① 这就是发行提前再融资市政债券的动机。

资产支持债券

近年来，州政府和地方政府开始发行这样一种债券，其代表的债务通过销售税、烟草税、收费和罚款等所谓的专项收入来偿还。这种债券的结构与我们在第15章中将要介绍的资产支持债券相似，资产支持债券也被称为**专项收益债券**（dedicated revenue bonds）或**结构化债券**（structured bonds）。

与其他类型的收益债券相比，这种债券具有独特的风险。例如，考虑一只由烟草税提供担保的债券。1998年，美国最大的四家烟草公司（Philip Morris，R. J. Reynolds，Brown & Williamson和Lorillard）与46个州的检察长达成了一项和解协议，将在之后的25年内支付总额超过2 060亿美元的资金。随后，各州和地方政府开始发行以烟草公司未来的支付额为担保的债券，通常称为**烟草税债券**（tobacco settlement bonds）。1999年11月，纽约州首先发行了总额为7.09亿美元的债券，这种债券的信用风险取决于烟草公司的支付能力。

第二个例子是新泽西经济发展局（New Jersey Economic Development Authority）于2004年发行的香烟税收益债券。在债券发行后产生的一个担忧是，新泽西州2007年的州预算增加了香烟税，但同时也增加了必须分配给州医疗补贴基金的香烟税收入金额。因此，有人担心在分配给该基金后，余下的金额可能不足以偿付债券持有者。②

市政货币市场产品

免税的货币市场产品包括市政票据和可变利率通知债券。

---

① 由于市政当局对其借入资金所必须支付的利率低于美国政府支付的利率，因此如果税法中没有任何限制性规定，市政债券发行人就可以实现税收套利。通过发行债券并立即将发行收入投资于美国政府债券，市政当局就可以实现上述套利收益。但是，税收法规可以防止产生这种套利行为。如果市政债券发行人违反了税收套利法规，那么国税局就有权对其发行的债券征税。然而，如果债券发行之后利率随即降低，发行人认为提前赎回债券更为有利，那么此时建立托管基金并不违反税收套利法规。

② "New Jersey Economic Development Authority's Cigarette Tax Revenue Bonds Rating Placed on Negative Credit-Watch," *Bonds OnLine*, September 12, 2006.

市政票据

市政票据（municipal notes）包括税收预期票据（TANs）、收入预期票据（RANs）、补助金预期票据（GANs）和债券预期票据（BANs）。这些票据是州政府、地方政府和特别行政区的临时性借款。尽管票据发行期限最短为 3 个月，最长达 3 年，但是，票据通常以 12 个月的期限发行。税收预期票据和收入预期票据（也被称为 TRANs）以预期税收或其他预期收入作为还款来源。这些票据是用来平衡流向发行实体库存中的不定期现金流的借款。债券预期票据的发行以长期债券的预期销售收入作为还款来源。

可变利率通知债券（variable-rate demand obligations，VRDOs）是一种浮动利率债券，它名义上是长期债券，但是息票利率每天或每 7 天重新调整一次。在提前 7 天通知的情况下，投资者可以随时把债券回售给受托人，回售价格等于面值加上应计利息。

浮动利率/反向浮动利率债券

市政债券市场上常见的衍生债券是从固定利率债券中派生出来的两类债券：**浮动利率债券**（floating-rate security）和**反向浮动利率债券**（inverse-floating-rate bond）。浮动利率债券的息票利率要根据荷兰式拍卖的结果重新调整。该拍卖可在 7～35 天之间的任何时间进行。浮动利率债券的息票利率与市场利率同向变动。反向浮动利率债券获得的是剩余利息；也就是说，该债券支付的息票利率等于标的债券的固定利率与浮动利率债券的利率之差。因此，反向浮动利率债券的息票利率与市场利率反向变动。

浮动利率债券和反向浮动利率债券所支付的利息总额（加上与拍卖相关的费用）应当始终等于标的固定利率债券支付的利息总额。反向浮动利率债券被设定了下限（最低利率）。通常，下限为零。因而，浮动利率债券也被设定了一个上限（最高利率），从而，反向浮动利率债券的零下限与浮动利率债券的上限之和恰好等于标的固定利率债券的总利率。

反向浮动利率债券有三种创造方法。第一种方法是，市政债券交易商在二级市场上买进一只固定利率市政债券，并将其交由信托公司托管。然后，信托公司发行浮动利率债券和反向浮动利率债券。第二种方法与第一种方法相似，区别在于市政债券交易商运用新发行的市政债券来创造浮动利率债券和反向浮动利率债券，如图表 8—1 所示。第三种方法是创造反向浮动利率债券而无须创造浮动利率债券。这一过程可以通过市政债券互换市场实现，我们将在第 32 章中讨论这种市场。用于创造反向浮动利率债券的结构被称为**可选择偿还债券**（tender option bond）结构。

图表 8—1　　反向浮动利率市政债券的创造

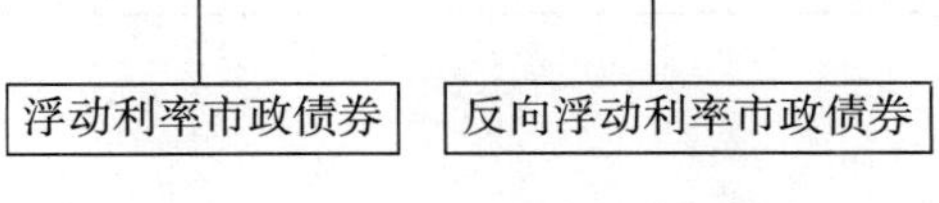

交易商须确定浮动利率债券和反向浮动利率债券之间的比例。例如，一家投资银行可以

在二级市场上购买 1 亿美元的标的债券，然后发行 5 000 万美元浮动利率债券和 5 000 万美元反向浮动利率债券。交易商也可以将两者之间的比例设定为（60/40）或按其他比例分配。浮动/反向浮动利率债券的分配比例决定了反向浮动利率债券的杠杆率，从而也影响着其价格在利率变化时的波动性。在第 4 章，我们已经说明过反向浮动利率债券的久期是标的固定利率债券久期的一个倍数。该倍数由杠杆率决定。到目前为止，最常见的浮动利率债券和反向浮动利率债券之间的分配比例是 50/50。在这种情况下，反向浮动利率债券的久期是标的固定利率债券久期的两倍。杠杆率是根据投资者在交易时的意愿确定的。

反向浮动利率债券的投资者可以在拍卖中购买相对应的浮动利率债券，并将这两种头寸组合到一起，从而实际上拥有标的固定利率债券。如果利率处于上升趋势且投资者希望将反向浮动利率债券的头寸平仓，那么就可以采取这种做法。因为反向浮动利率债券市场此时的流动性不高，所以，通过这种方式可以很容易地将反向浮动利率债券头寸转换成混合固定利率债券。将来，投资者可以选择再度分割这种混合债券，保留反向浮动利率债券。对投资者而言，这是一个有价值的期权。因此，该债券的收益率一般要低于不含这种期权的类似固定利率债券的收益率。

信用风险

市政债券被视为违约风险很低。鉴于近年来某些著名的市政府破产案例，例如底特律市的破产和波多黎各的财务问题，这种说法可能看起来很令人吃惊。Eaton Vance 的税收优惠债券策略总监对著名发行人面临财务问题时投资者对市政债券市场的不寻常态度提供了有意思的见解。他指出：

> 当通用汽车和美国航空破产时，没有哪个公司债券投资者担心这对于他们的宝洁债券或沃尔玛债券意味着什么。但是只要有市政债券发行人出现孤立问题，就会出现过度反应，认为这意味着整个市场都有问题。①

在本节中，我们将简要分析市政债券违约率和破产登记。

市政债券违约率

穆迪报告的违约记录显示，2012 年的市政债券违约率远远低于初始信用评级相同的公司债券违约率。例如，发行后 3 年和 10 年的市政债券和公司债券累计违约率（百分比）如下所示：

	AAA 级		AA 级		A 级		BBB 级	
	市政债券	公司债券	市政债券	公司债券	市政债券	公司债券	市政债券	公司债券
3 年后	0.00	0.01	0.00	0.14	0.01	0.41	0.06	0.90
10 年后	0.00	0.50	0.01	0.92	0.05	2.48	0.30	4.74

① Clara Fried, "Municipal Bonds, Stung Again," *New York Times* (October 5, 2013). 文章网址见 http://www.nytimes.com/2013/10/06/business/mutfund/municipal-bonds-stung-again.html?_r=0。

据穆迪的统计，在市政债券市场的不同部门中，1970—2012 年违约率最高的两个部门为住房部门和医院与医疗部门。这两个部门的违约率分别为大约 40%和 30%。因此，这两个部门占违约的 70%。一般责任债券的违约率远远低于这两个部门，为 6.8%。

Spiotto 提供了 2008 年市政债券的违约历史数据以及违约的原因和性质。[①] 这些原因包括：

- 经济状况：经济低迷和高利率导致的违约。
- 非必需服务：为不再需要的服务融资而发行的收益债券。
- 项目和行业可行性：收益债券是在完成项目可行性研究后发行的。项目可行性研究在对项目的需求或完成项目的成本方面可能过于乐观。
- 欺诈：市政府官员没有遵守相关文件的条款。
- 管理不当：不能成功管理项目。
- 不愿偿付：市政府不愿意还款（即拒付债务）。
- 自然灾害：市政府预算可能因为飓风等自然灾害而削减（税收减少、成本增加）。

1994 年加利福尼亚州奥兰治县政府的破产是该县的财政局长投资于抵押贷款支持证券的糟糕投资策略使（加利福尼亚州）奥兰治县投资基金［Orange County（California）Investment Pool］亏损 17 亿美元的结果。在上述破产的原因中，既有欺诈的因素，也有不愿意增加县税收而不愿还款的因素。另一宗重大违约事件是 20 世纪 80 年代初的华盛顿公用电力系统（WPPS）债券违约事件。该债券的昵称为“Whoops”，其问题在于可行性研究严重高估了对电力的需求。此外，该债券的结构未经合法检验，不能确保债券持有者的权利和债券发行者的义务。实际上，华盛顿最高法院并未支持债券持有者的权利。

市政府破产：《破产法》第 9 章

前面曾经提到，违约不一定导致破产登记。对于公司债券，正如前一章讨论的，《破产法》中相关的两章是第 7 章和第 11 章。市政府获得破产保护的相关规定是关于重组的第 9 章，在这种意义上它非常类似于公司破产重组（《破产法》第 11 章）。对于市政府，《破产法》中没有像《破产法》第 7 章那样等同于清算的规定。原因在于，市政府清算将违反美国宪法第 10 条修正案，它规定各州对内部事务有主权。

因此，在市政府破产中，破产法庭的通常作用不是像公司破产重组那样积极达成重组解决方案。在重组中，破产法庭的作用通常有三重：确定债务人是否符合登记破产的资格、批准要求债务调整的计划、确保执行得到批准的计划。

之前，我们介绍了违约率的原因。近年发生了更多桩市政府破产登记，其原因是无融资固定福利计划产生的养老金债务。我们将在第 27 章中讨论固定收益养老金计划。尽管本章的重点是与管理公司出资的固定收益养老金计划相关的问题，但固定收益养老金计划的市政府发起人也出现了相同问题。地方层面上的问题比州层面上的问题更严重。例如，底特律在 2014 年登记破产标志着美国最大的城市破产案件。在底特律登记破产时，该市的长期债务估计为 182 亿美元，几乎一半是无融资退休福利债务。

---

① James E. Spiotto, “A History of Modern Municipal Defaults,” Chapter 44 in Sylvan G. Feldstein and Frank J. Fabozzi (eds.), *The Handbook of Municipal Bonds* (Hoboken, NJ: John Wiley & Sons, 2008).

信用分析

与公司债券一样，市政债券市场上的一些机构投资者依靠本机构内部的市政债券信用分析师来确定市政债券的信用等级；其他投资者则依靠国家认可的评级公司来确定市政债券的信用等级。两家居领导地位的评级公司是穆迪公司和标准普尔公司，它们所采用的评级体系与公司债券的评级体系基本相同。

在评估一般责任债券时，商业评级公司需要评估四个基本方面的信息。第一个方面的信息包括确定发行人的总债务负担所需的债务结构信息。第二个方面的信息与发行人维持稳健预算政策的能力和政治约束有关。在这里，关注的焦点通常是发行人的一般运营资金和发行人是否在3～5年内至少维持了预算平衡。第三个方面的信息包括确定发行人可得到的地方税和政府间收入的具体金额，以及收集有关税收征得率和地方预算对特定收入来源的依赖程度的历史信息；其中，在考察财产税征收额时，税收征得率非常重要。第四个方面，也是最后一个方面的信息是信用分析师对发行人所处的整体社会经济环境进行评估时所必需的。这里需要确定的内容包括地方就业分布状况和构成、人口增长率、不动产价值、个人收入以及其他经济因素。①

市政债券的投资风险

市政债券的投资者除了面临与公司债券相同的风险，还面临着被称为**税收风险**（tax risk）的额外风险。免税市政债券的购买者面临着两类税收风险。第一种税收风险是联邦所得税税率降低的风险。边际税率越高，免税特征的价值就越大。当边际税率下降时，免税市政债券的价格也将下降。1995年，美国国会通过了关于实行单一低税率的议案，免税市政债券开始以较低的价格交易。

第二种税收风险是发行时为免税债券的市政债券可能最终被美国国税局（IRS）宣布为应税证券。产生这种情况的原因在于许多市政收益债券具有精细的证券结构，这在将来可能会遭受不利的国会动议和美国国税局解释的影响。免税特征的丧失将导致市政债券价值下降，以使其能提供与类似应税债券相近的收益率。例如，1980年6月，炮台公园（Battery Park）市政当局发行了9 731.5万美元的票据，这些票据在法律顾问建议的发行时间是免征联邦所得税的。然而，1980年11月，美国国税局坚持认为这些票据的利息不能免税。直到1981年9月，该市政当局和美国国税局签署了一项票据利息免税的正式协议，这个问题才得以解决。

市政债券的收益率

正如第5章所述，应税等值收益率是用来比较免税市政债券和应税市政债券收益率的常

① 关于各种收入债券结构分析的全面讨论，见 Feldstein and Fabozzi (eds.)，*The Handbook of Municipal Bonds*。

用收益率指标。应税等值收益率的计算公式如下：

$$应税等值收益率=\frac{免税收益率}{1-边际税率}$$

例如，假设边际税率为40%的投资者正在考虑购买一种提供6.5%的收益率的免税市政债券。那么，应税等值收益率为10.83%，计算如下：

$$应税等值收益率=\frac{0.065}{1-0.40}=0.108\ 3$$

计算应税等值收益率时，因为只有息票利息免缴联邦所得税，所以，如果债券折价发行，那么按照传统方法所计算出来的到期收益率就不是免税收益率。相反，考虑了资本利得税率后计算出的到期收益率将作为公式中的分子。到期收益率是在一个假定的资本利得税率的基础上计算得到的，其计算方法与第3章中说明的到期收益率的传统计算方法相同。

收益率利差

由于市政债券具有免税特征，所以市政债券的收益率要低于相同期限的国债的收益率。通过计算以下比率，我们可以对相同期限的市政债券和国债之间的收益率进行比较：

$$收益率比率=\frac{市政债券的收益率}{相同期限国债的收益率}$$

收益率比率随时间的推移而变化。例如，根据彭博社的数据，从2001年初到2014年3月，AAA级20年期一般责任债券的收益率比率最低为2005年5月31日的82.5%，最高为2003年6月30日的101%。如上所示，收益率比率有时可能高于1。

市政债券市场中存在收益率利差，是由于信用评级差异（例如，信用利差）、市场内各种债券之间的差异（市场内部利差）和期限差异（期限利差）导致的。

在第5章中我们对利率周期中不同信用评级公司债券之间的信用利差的描述也同样适用于市政债券：在经济衰退期，信用利差会扩大；而在经济繁荣期，信用利差会缩小。某个子市场内暂时性的债券过度供给是导致信用利差变化的另一个因素。例如，高信用等级的州新发行巨额一般责任债券时，通常会降低高信用等级收益债券和低信用等级收益债券间的利差。在疲软的市场环境下，高信用等级市政债券比低信用等级市政债券更容易上市。因此，高信用等级市政债券通常在市场疲软时充斥市场；与此同时，中等信用市政等级和较低信用等级市政债券却相对发行不足。

市政债券市场上存在多种基准曲线。有两家服务机构在每个交易日的下午提供不同期限和不同信用评级债券的一般“尺度”。所谓的尺度就是指收益率曲线。一种是由汤姆森市政债券市场数据（Thomson Municipal Market Data）提供的，行业内称为**MMD尺度**（MMD scale）。另一种是由市政债券市场顾问（Municipal Market Advisors，MMA）提供的。在国债和公司债券市场上，先后出现第5章所介绍的三种收益率曲线形状是很正常的。通常，市政债券收益率曲线的斜率为正。

某些州发行的市政债券的收益率远远低于在一般市场上交易的其他州发行的同等信用质量市政债券的收益率。原因之一是各州经常免除本州内债券利息的州与地方个人所得税，而对州外债券的利息通常不予免税。因此，在所得税很高的一些州，例如纽约州和加利福尼亚州，投资者对本州债券的强烈需求会降低其相对于其他州债券的收益率，在那些州（例如，佛罗里达州）中，州和地方所得税并非重要考虑因素。

市政债券市场

初级市场

每周都有大量的市政债券面市。州政府和地方政府在销售新发行的债券时，既可以通过向广大投资者公开发售的方式，也可以通过向一小部分投资者私募的方式。如果选择公开发售的方式，债券一般由投资银行和（或）商业银行的市政债券部承销。公开发售的债券可以通过竞争性报价或与承销商直接协商的方式销售。如果债券通过竞争性报价的方式发售，那么出价最高的买家将获得这笔债券。

通常，州政府和地方政府要求在一家公认的金融刊物上发布竞价销售公告，例如，可以在市政债券行业出版物《债券买家》（*Bond Buyer*）上发布公告，《债券买家》还提供即将开始的竞价销售和多数议价销售的信息，以及前几周的销售结果。

债券发行人所发售的债券，不论是通过竞价销售还是议价销售，都已变得更有效率、更依靠软件。两家为竞争性债券销售提供这种服务的公司为 I-Deal/Ipreo（该公司也提供债券议价销售的软件平台）和 MuniAuction（该公司主要提供竞价销售服务）。

对新发行的债券必须编写一份描述该债券及其发行人情况的**正式声明**（official statement）。市政债券需在正式声明中总结相关法律意见。法律意见与债券安全性之间的关系体现在两方面：一方面，债券法律顾问需要确定发行人是否确实能够合法地发行债券；另一方面，债券法律顾问需要证实，发行人在不违反其他任何法律法规的前提下，已经通过拟定各种必要的通告、决议和信托契约为债券销售做好了充分准备。

信息披露变得更及时，信息也更容易取得。截至 2007 年年中，美国证券交易委员会已经指定了四家信息企业作为国家认可的市政债券信息库（NRMSIRs）。在 NRMSIRs 可以查阅到债券发行人的正式声明和“重大事件通知”。尽管由于对“重大”的定义仍然有待债券持有者和承销人达成一致意见，这并不是持续披露的最终解决方案，但这是朝着正确方向迈出的一步。

二级市场

市政债券在全国各地市政债券交易商支持的场外市场上交易。规模较小的发行人（被称为**地方性发行机构**（local general credits））市场由区域性经纪公司、地方银行和某些大型华尔街公司支持。规模较大的发行人（被称为**大型发行机构**（general names））由大型经纪公司和银行支持，这类机构中许多与发行人之间有投资银行方面的业务往来。有些经纪商在大宗市政债券交易中充当交易商和大型机构投资者之间的交易中介。2000 年以来，大大小小的经纪商—交易商开始在互联网上面向机构投资者和个人投资者拍卖或出售二级市场上的债券以及某些以竞争性报价或议价方式发行的新债券。

在市政债券市场上，对散户投资者而言，面值在 25 000 美元或以下的交易被视为零星交易。对于机构而言，任何面值在 100 000 美元以下的交易都被视为零星交易。交易商的利差取决于若干因素。对散户投资者而言，大宗活跃债券的交易利差可低至1/4个百分点（每5 000美元面值为12.50美元）；而不活跃债券的零星交易的利差可高达4个百分点（每5 000美元面值为200美元）。对机构投资者而言，交易商的利差很少超过1/2个百分点（每5 000美元面值为25美元）。

按照惯例，公司债券和国债都是以100为面值，并按占面值百分比的形式报价。而市政债券通常是采用收益率的形式（到期收益率或赎回收益率）进行交易和报价。这种情况下的债券价格被称作**基本价格**（basis price）。但是，某些长期收益债券例外。以美元价格（实际上是按占面值的百分比）交易和报价的债券被称为**美元价格债券**（dollar bond）。

对二级市场的主要担心是其价格透明度有限。近年来，市政债券的交易和定价已经变得透明多了。从网站www.investinginbonds.com上可以免费获得每日的市政债券实际价格和交易信息。这个网站是美国证券业与金融市场协会（SIFMA）的主页，网站上提供的交易信息来源于市政债券规则制定委员会（Municipal Securities Rulemaking Board）和标准普尔J. J. Kenny（Standard & Poor's J. J. Kenny）。这些交易信息的原始来源为两个交易商之间的交易，或一个交易商与某个机构或散户（单个投资者）之间的交易。

市政债券的价格在交易日结束时盯市，现在则为每天确定。两家最广为使用的服务机构为金融时报交互数据（FT Interactive Data）和J. J. Kenny（标准普尔的证券估值机构）。①

有些市政债券指数可以衡量投资组合业绩和市场业绩。这些指数主要被受监管的投资公司（共同基金和封闭式基金）的投资组合经理用来评估业绩和作为交易所交易基金的基准指数。

机构投资者最常用的市政债券指数是由巴克莱资本（该公司收购雷曼兄弟后继承了该指数所有权）编制的。这个基础广泛的指数是巴克莱资本国民市政债券指数（Barclays Capital National Municipal Bond Index）。该指数涵盖了投资级长期免税债券。巴克莱资本还发布高收益市政债券指数和增强州市政债券指数。

2005年以来，市场上开始发布一个管理基金免税债券指数，以服务于在免税市政债券市场上的许可投资对象不太可能符合巴克莱资本市政债券指数要求的投资者群体对基准指数的需求。也就是说，尽管巴克莱资本市政债券指数提供了对市场的描述，但它不一定是适合某些机构投资者的指数。巴克莱资本管理基金市政债券指数的目的是为高净值投资者和小型机构投资者提供更有意义的基准指数，以便他们能评估管理业绩。该指数还有根据不同州和期限划分的子指数。

应税市政债券市场

应税市政债券就是利息收入需缴纳联邦所得税的市政债券。由于不存在税收优惠，发行人必须提供比免税市政债券更高的收益率。而且，由于投资应税市政债券会使投资者面临信用风险，因此应税市政债券的收益率必须高于国债收益率。应税市政债券的投资者将应税市政债券看作公司债券的替代品。

尽管市政债券部门的信用风险表现出色，但2008年，州政府、地方政府及其政府机构

① 关于金融时报交互数据的编制方法与程序介绍，见Gerard Brennan，"Evaluation of Municipal Bonds," Chapter 27 in *The Handbook of Municipal Bonds*。

面临着财务困境。为了对这些市政部门提供援助，美国《2009年复苏与再投资法案》* 授权发行了一种新的应税市政债券——建设美国债券（代码为BABs）。建设美国债券是应税市政债券，发行人由于发行高成本应税债券而不是免税债券而从美国财政部获得补贴。根据该项目，美国联邦政府向发行人提供的补贴相当于利息的35%。发行建设美国债券显著增大了2009年和2010年市政债券市场上应税市政债券的规模。尽管该项目已经结束，但市场上还有大量未清偿的建设美国债券。美国国会提出了各种重新设立该项目的提案。

要 点

· 市政债券是由州政府和地方政府及其下设机构发行的证券。市场上有免税市政债券，也有应税市政债券。"免税"是指市政债券的利息免缴联邦所得税。

· 两种基本的市政债券结构是税收支持债券和收益债券。

· 税收支持债券是州、县、特别行政区、市、镇和学区发行的债券，由某种形式的税收收入作为担保。税收支持债券包括一般责任债券（范围最宽的税收支持债券）、拨款支持债券和公共信用增级计划支持的债券。

· 当一般责任债券不仅有发行人创造税收并在一般基金中积累收入的一般征税能力作为担保，还有来自一般基金以外的额外收入提供的特定费用、补助和特别费用作担保时，一般责任债券被称为双重收入保证债券。

· 收益债券要么是为企业融资而发行的，由已完成项目本身创造的收入担保，要么是为一般公共目的融资而发行的，由发行人将之前作为一般基金一部分的税收和收入来源质押给债券持有者。

· 信用增级市政债券包括有保险债券和信用证支持市政债券。有保险债券除了有发行人的收入作为担保以外，还有商业保险公司签发的保单作为担保；信用证支持市政债券由商业银行提供的各种类型的信用便利支持。由于单一险种保险公司面临的困难，现在这种有保险市政债券的发行量非常少。

· 提前再融资债券最初发行时，不再由一般责任债券或收益债券担保，而是由托管基金中持有的债券组合支持。如果有美国政府担保的证券作抵押，那么提前再融资债券是现有的最安全的市政债券。提前再融资市政债券的托管基金设计使债券可以在初始债券契约中确定的第一个可能的赎回日或其后的赎回日被赎回。

· 按资产支持证券结构设计的市政债券由"专项"税收支持，如销售税和烟草税。

· 市政票据和可变利率需求债务是市政府发行的免税货币市场产品。

· 投资于市政债券使投资者面临着信用风险和税收风险。由于市政债券的历史违约率较低，因此直至最近其信用风险一直被视为较低。评级机构评估市政债券的信用风险，就像它们评估公司债券的信用风险一样。

· 市政债券的违约率低于发行时信用评级相同的公司债券的违约率。

· 对于寻求《破产法》保护的市政府，第13章提供了相关的登记规定。

· 与投资于市政债券有关的税收风险是最高的边际税率将降低的风险，这将导致市政债

---

* 原文为"American Recovery and Investment Act of 2009"，疑应为"American Recovery and Reinvestment Act of 2009"，译文已进行了改正。——译者注

券的价值下降。另一种与投资于市政债券相关的税收风险是，免税债券可能最终被美国国税局宣布为应税债券。

• 由于具有免税特征，市政债券的收益率要低于相同信用评级的应税债券的收益率。在市政债券市场上，存在着信用利差和期限利差。通常，市政债券的收益率曲线向上倾斜。此外，还存在州内债券与一般市政债券之间的差异所导致的收益率利差。

• 尽管免税市政债券在市政债券市场上占主导地位，但是，在市政债券市场上还存在着应税市政债券。最近，建设美国证券的发行大幅扩充了应税市政债券市场。根据该联邦补贴项目发行的债券已停止发行，因为该项目已在2010年底结束。

问　题

1. 请说明你是否同意下列说法；

a. "所有市政债券都免缴联邦所得税。"

b. "所有市政债券都免缴州所得税和地方所得税。"

2. 如果国会修改税法以提高边际税率，那么市政债券的价格会如何变化？

3. 税收支持债券和收益债券的区别是什么？

4. 投资者会用类似于分析公司债券的方法分析哪类市政债券？

5. 在收益债券中，哪种基金对来自准备基金、经营和维持基金或偿债准备基金的资金享有优先权？

6. "有保险债券比无保险债券安全。"请说明你是否同意这种观点。

7. 谁是信用证支持市政债券的相关方？它们的责任是什么？

8. a. 市政债券中三种不同类型的信用证是什么？它们有何不同？

b. 哪种信用证支持债券为投资者提供了最有力的保护？

9. a. 什么是提前再融资债券？

b. 为什么设计合理的提前再融资债券没有信用风险？

10. 为什么发行债券的市政当局希望对未清偿债券进行再融资？请举出两个理由。

11. 以下叙述出现在爱达荷州财政局长办公室的一份出版物中；

> 自从1982年以来，爱达荷州财政局长每年都会发行一只爱达荷州税收预期票据"TAN"。这些票据属于市政债券，是爱达荷州的1年期附息债券。市政债券的显著特征是，这些债券的利息免缴联邦所得税。爱达荷州市政债券还免缴州所得税。爱达荷州TAN按5 000美元的倍数发行，并在债券到期时偿付。爱达荷州TAN按固定利率发售。

为什么TAN由市政当局发行？

12. 支持市政当局发行的资产支持证券的收入是什么？

13. 美国四家最大的烟草公司与46个州的检察长达成一项结算协议，在接下来25年中支付总额为2 060亿美元的资金。

a. 州政府和市政府（首先是纽约市）出售由烟草公司未来付款支持的债券。这些债券叫什么？

b. 与这些债券相关的信用风险是什么？

14. a. 请说明反向浮动利率市政债券的创造过程。

b. 由谁确定反向浮动利率市政债券的杠杆率？

c. 什么是反向浮动利率市政债券的久期？

15. 从历史上看，市政府破产的原因是什么？

16. 信用违约互换是第32章中将要介绍的一种衍生工具，它允许投资者买卖对市政债券发行人违约的保护。找出愿意购买市政债券发行人违约保护的投资者很难，但有许多投资者愿意卖出这种保护，你认为原因是什么？

17. a. 为什么破产登记第 13 章不允许市政府清算？

b. 破产法庭在第 13 章破产案件中的作用是什么？

18. 在收益债券中，什么是灾难赎回条款？

19. 什么是与市政债券投资相关的税收风险？

20. a. 对于面临着 40％的边际税率，能够以 7.2％的收益率购买免税市政债券的投资者而言，等值应税收益率是多少？

b. 使用等值应税收益率作为免税债券与应税债券相对价值衡量指标的局限性是什么？

21. 你如何评价短期市政债券收益率与长期市政债券收益率的典型关系？

22. 国债收益率曲线与市政债券收益率曲线相比的陡峭性如何？

23. 请说明为何应税市政债券市场会与公司债券市场上的投资者竞争？

24. 什么是收益率比率？为什么该指数通常低于 1？

25. a. 什么是建设美国债券？

b. 授权发行这种债券的联邦政府项目现在的状况是什么？

第 9 章

国际债券

学习目标

阅读本章后，您将了解

- 全球金融市场的分类
- 投资于非美元债券的动机
- 国际债券的非美国发行人：主权政府、次主权政府、超国家机构、金融机构和公司
- 基础设施债务及其在国际市场上的作用
- 投资于以非美元货币标价的债券的投资者面临的外汇风险
- 非美国实体发行的债券的特征：扬基债券、114a 规则下的私募、欧洲债券、欧洲中期票据、全球债券、非美国国内债券和新兴市场债券
- 证券交易委员会 S 规则及其对非美国债券投资的意义
- 欧洲债券结构的不同类型
- 如何比较美国债券与欧洲债券的收益率
- 非美国政府债券市场
- 欧洲担保债券
- 新兴市场主权债券分析中考虑的因素

美国投资者已经越来越意识到美国市场以外的利率动向以及它们与美国市场利率的关系。此外，很多国家也已经实行了债券市场自由化，这使债券市场更具流动性，也更易于国际投资者进入。在许多情况下，预扣税（withholding taxes）已经被取消或降低。在一些主要的发达国家，政府债券的期货和期权市场已经发展起来，套期保值和套利策略得以更加有效地执行。人们普遍逐渐意识到，国际债券市场是提高收益和（或）降低风险的一个潜在来源。因此，美国的债券管理者们已经越来越多地采用全球化投资策略，并投资于多个国家的债券。

美国投资者应该将一部分固定收益投资组合配置给非美元标价（即非美元）债券有几个原因。它们的共同点就是在不同国家之间分散债券投资——尤其是用被套期保值的货币投资——可以提供分散化，降低风险。这通常可以用现代投资组合理论证明，这种理论表明，投资者可以通过向包含美国债券的投资组合中加入非美元债券在给定风险水平（以收益率的

标准差衡量）上实现更高的预期收益率。尽管 20 世纪 80 年代和 90 年代初的大量证据表明情况的确如此，但近期证据表明，风险降低程度可能没有那么大。[①]

一项研究表明，尽管分散化收益可能没有那么大，但美国投资者投资于非美元债券的一个有力原因是，"找到多个市场提供的价值的机会增加"，但这种收益很难量化，因为它取决于投资者的天分。[②] 也就是说，非美元债券——以被套期保值的货币标价——让投资者可以执行基于不同国家之间利率变化的投资策略，因而为实际投资决策或更广泛的投资选择提供更多角度。非美元债券投资的另一个原因是，不对组成货币进行套期保值的决定可能被认为是积极的货币策略。

本章中的内容限于从美国投资者角度考虑的国际债券市场。

全球债券市场的分类

虽然没有一个对全球债券市场的各个组成部分进行分类的统一体系，但是，我们可以采用下面的方法来对全球债券市场进行分类。从一个国家的角度看，全球债券市场可以分为两部分：内部债券市场和外部债券市场。**内部债券市场**（internal bond market）也被称为**国家债券市场**（national bond market），它可以进一步被分为两个部分：本国债券市场和外国债券市场。**本国债券市场**（domestic bond market）是居住在本国的发行人发行并交易债券的市场。

一个国家的**外国债券市场**（foreign bond market）是指债券发行人不居住在本国，但在本国发行和交易债券的市场。例如，在美国，外国债券市场就是非美国发行主体发行和交易债券的市场。在美国的外国债券市场上交易的债券俗称**扬基债券**（Yankee bonds）。在日本，由一家英国公司在日本债券市场上以日元标价发行和交易的债券是日本的外国债券市场的一部分。由非日本发行主体发行的以日元标价的债券被称为**武士债券**（Samurai bonds）。在英国发行的外国债券被称为**猛犬债券**（bulldog bonds）。在荷兰发行的外国债券被称为**伦勃朗债券**（Rembrandt bonds），在西班牙发行的外国债券被称为**斗牛士债券**（matador bonds）。

外部债券市场（external bond market）也被称为**国际债券市场**（international bond market），包括具有下列区别特征的债券：

- 它们由某个国际辛迪加承销。
- 它们在发行时同时向多个国家的投资者出售。
- 它们的发行不由任何单一国家管辖。
- 它们是无记名债券。

外部债券市场通常被称为**离岸债券市场**（offshore bond market），或按更通俗的叫法称为**欧洲债券市场**（Eurobond market）。这里所采用的分类方法未必被广泛接受。有些市场观察家认为外部债券市场由外国债券市场和欧洲债券市场组成。

对全球债券市场分类的另一种方法是根据交易区分类。这种分类方法中参与者使用的交

① 见 Robert Litterman, "Nondollar Bond Markets: Opportunities for U. S. Portfolio Managers," *Fixed Income Research* (New York: Goldman, Sachs & Co., April 1992); and Michael R. Rosenberg, "International Fixed Income Investing: Theory and Practice," Chapter 49 in Frank J. Fabozzi (ed.), *The Handbook of Fixed Income Securities* (New York: McGraw-Hill, 2001)。

② Litterman, "Nondollar Bond Markets," pp. 2-3.

易区有美元区、欧洲区、日本和新兴市场。[①] **美元区**（dollar bloc）包括美国、加拿大、澳大利亚和新西兰。**欧洲区**（European bloc）分为两组：（1）欧元区市场区（euro zone market bloc），该区内的国家（德国、法国、荷兰、比利时、卢森堡、奥地利、意大利、西班牙、芬兰、葡萄牙和希腊）使用通用货币——欧元；（2）**非欧元区市场区**（non-euro zone market bloc）（挪威、丹麦和瑞典）。英国通常自成一区，主要在本国市场上交易，这些交易既受欧元区和美国的影响，又受英国自身经济基本面的影响。

交易区结构很有用，因为每个区都有一个对其他市场的价格变化有重大影响的基准市场。投资者通常更注重利差水平，例如，相对于丹麦的绝对收益率水平，投资者更注重丹麦相对于德国的收益率利差。

非美元债券发行人与债券结构

在本节中，我们将介绍不同的国际债券非美国发行人、债券结构的类型和国际债券的发行货币。

非美国债券发行人

国际债券的非美国发行人包括：

- 主权政府。
- 次主权政府。
- 超国家机构。
- 金融机构。
- 公司。
- 基础设施项目的特殊目的实体。

主权债券（sovereign bonds）是由中央政府发行的。中央政府以下的政府实体发行的债券被称为**次主权政府债券**（subsovereign government bonds）。这种发行人包括地区、省、州和市。**超国家机构**（supranational agency）是由两个或两个以上中央政府通过国际条约组成的。创建超国家机构（也被称为**国际组织**（international organization））的目的是促进成员国的经济发展。超国家机构的两个例子是国际复兴开发银行（通常被称为世界银行）和泛美开发银行。前者的总目标是提高国际金融与交易市场的效率。后者的目标是促进美洲发展中国家的经济增长。**金融机构**（financial institutions）主要是银行，**公司**（corporations）是非金融公司实体。

一个有望大幅增长的市场部门是**基础设施债务**（infrastructure debt）。这是私募发行的债务，收入用于为一国的基础设施资产融资。这种债务工具是由特殊目的实体（SPE）发行的，我们将在介绍资产支持证券的第 15 章中介绍这种实体。除了基础设施资产以外，特殊目的实体不能参与其他任何活动。在金融危机之前，基础设施债务是通过单一险种保险包发行的，正如第 8 章所说明的，这是一种在市政债券中一度很流行的信用增级工具。基础设施资产由发行人所

---

① 见 Christopher B. Steward，J. Hank Lynch，and Frank J. Fabozzi，“International Bond Portfolio Management，” in Frank J. Fabozzi (ed.)，*Fixed Income Readings for the Chartered Financial Analysts Program*（New Hope，PA：Frank J. Fabozzi Associates，2004）。

有，债权人通过基础设施资产产生的现金流获得利息和本金偿付，发行人通常没有追索权。[1] 对于什么是“基础设施资产”没有明确定义，但它主要产生于一种被称为**项目融资**（project finance）的融资形式。[2] 基础设施对债务的吸引力在于，长期投资者在当前债务市场上可以获得的债务通常对信用很敏感，而他们希望获得一种比前者期限更长的资本市场工具。

收集国际债务发行数据的组织使用不同定义对发行人国籍进行分类。例如，经济合作与发展组织（OECD）在统计术语表中将发达国家与发展中国家定义为：

> 在联合国系统中，对于“发达”和“发展中”国家或地区的定义没有既定惯例。在通常的实践中，亚洲的日本、北美的加拿大和美国、大洋洲的澳大利亚和新西兰以及欧洲被认为是“发达”地区。在国际贸易统计中，南非关税联盟也被认为是发达地区，以色列也被认为是发达国家。前南斯拉夫解体后产生的国家被认为是发展中国家；东欧国家和欧洲的苏联国家既不包括在发达地区中，也不包括在发展中地区里。

根据国际清算银行（BIS）的定义，发达国家包括奥地利、比利时、加拿大、塞浦路斯、丹麦、芬兰、法国、德国、希腊、冰岛、爱尔兰、意大利、日本、卢森堡、荷兰、新西兰、挪威、葡萄牙、斯洛伐克、西班牙、瑞典、瑞士、英国和美国。

经合组织将**离岸金融中心**（offshore financial center）或**离岸中心**（offshore center）定义为

> 拥有金融中心且金融中心包括主要处理非居民和（或）外币交易且这种交易占比远高于与东道国经济规模相应比例的金融机构的国家或地区。非居民所有或控制的金融机构在离岸中心内发挥重要作用。离岸中心的金融机构可能获得离岸中心外的金融机构无法享受的税收优惠。

国际清算银行将阿鲁巴、巴哈马、百慕大、开曼群岛、香港特别行政区、黎巴嫩、荷属安的列斯、巴拿马、新加坡和英属西印度群岛定义为离岸中心。

在之前的章节中，我们介绍了不同类型的债券结构。我们找出了所有这些结构的国际债券（浮动利率债券、普通固定利率债券、与股权相关的债券）以及由各种货币标价的国际债券。根据国际清算银行的数据，截至2010年6月，绝大多数国际债券为普通固定利率债券，而浮动利率债券约占债券总发行额的30%，它们主要是由金融机构发行的。最大的债券标价货币为欧元，其次是美元，英镑位列第三。[3]

外汇风险和债券收益

影响债券价格和收益率的关键因素是标价货币。从美国投资者的角度看，这意味着非美国实体发行的美元标价债券将主要受美国利率的影响。因此，管理包括美国实体发行的债券和非美国实体发行的美元债券的投资组合不需要特别处理。增加非美国发行实体只要求对外国发行人进行信用分析。

---

① 关于如何对基础设施资产估值的讨论，见 Frédéric Blanc-Brude and Omneia R. H. Ismail，“Measuring the Credit Risk of Unlisted Infrastructure Debt：Theoretical Framework and Cash Flow Reporting Requirements，” EDHEC Business School，EDHEC Risk Institute-Asia，October 2013。

② 关于项目融资的深入讨论，见 Frank J. Fabozzi and Carmel de Nahlik，*Project Finance*：*Eighth Edition*（London：Euromoney，2012）。

③ *BIS Quarterly Review*, December 2010.

相反，当投资组合包括非美国实体发行的非美元债券时，要考虑发行人信用分析以外的两个因素。第一个因素是有货币敞口的所有国家的利率变化。第二个因素是投资组合对其有敞口的所有货币的汇率变化。**汇率**（exchange rate）是一种货币可以被兑换为另一种货币的数量，或者说是一种货币以另一种货币表示的价格。因此，每天一种货币相对于另一种货币的价值可能持平、上升或者下降。当一种货币相对于另一种货币的价值下降时，我们就称其相对于另一种货币**贬值**（depreciated）。反之，我们就称其相对于另一种货币**升值**（appreciated）。

从美国投资者的角度看，外币资产的现金流使投资者面临美元现金流的不确定性风险。投资者的实际美元收入取决于取得非美元现金流并兑换成美元时美元与外币之间的汇率。如果外币相对于美元贬值（即价值下降），那么现金流的美元价值将成比例地降低，这种风险被称为**汇率风险**（foreign exchange risk）或**货币风险**（currency risk）。这种风险可以通过运用外汇即期、远期、期货、互换或期权工具来对冲（尽管存在一定的对冲成本）。

包括非美元债券的投资组合的收益由三个部分组成：(1) 收入；(2) 用当地货币表示的资本利得/亏损；(3) 外币收益/亏损。关于这三个部分的重要性，从历史上看，外币部分是投资组合总收益的主要贡献者，表现出很高的波动性。

非美国实体发行的债券

非美国实体发行的债券包括：

- 扬基债券。
- 114a 规则下的私募。
- 欧洲债券。
- 欧洲中期票据。
- 全球债券。
- 非美国国内债券。
- 新兴市场债券。

下面我们将逐一介绍。

扬基债券

扬基债券（Yankee bonds）是在美国证券交易委员会（SEC）登记的非美国实体发行并在美国交易的债券。扬基债券市场的发行人为主权政府、次主权实体、超国家机构、金融机构和公司。

历史上，扬基债券市场上超过一半的扬基债券是由超国家机构、加拿大各省（包括省级公用事业单位）和金融机构发行的。2011 年第一个月，欧洲投资银行（一家超国家机构）和德国 KIW 发行了 50 亿美元扬基债券。2011 年仅前两周，欧洲银行就发行了 54 只扬基债券，总额为 360 亿美元，超过了欧洲银行 2010 年的发行总额。[①] 近年来，欧洲公司成为了扬

---

① Helen avery, "Yankee bonds: European Banks Turn to Eager US Investors," *Euromoney*, February 2011, http: //www. euromoney. com/Article/2759845/ChannelPage/8959/AssetCategory/14/Yankee-bonds-European-banks-turn-to-eager-US-investors. html.

基债券的主要发行人。例如，2010年前8个月，欧洲公司发行的债券中，约20%为扬基债券。[①] 欧洲公司发行的扬基债券约占2010年在美国发行的公司债券的43%，约占2009年在美国发行的公司债券的37%。[②]

144a规则下的私募

正如我们在第7章中说明的，由于债券发行是私募交易而不涉及公募，因此不用在证券交易委员会进行登记。证券交易委员会144a规则允许在合格机构买方之间进行证券私募交易。由于报告要求降低，因此144a规则下的债券发行成为了非美国借款人筹资的重要市场。尽管美国公司是主要发行人，但欧洲和澳大利亚公司也越来越多地通过出售144a规则下的债券筹资。它对币种没有限制；然而，大部分未清偿144a规则下的债券是用美元标价的。

欧洲债券

根据债券的标价货币，欧洲债券市场可以划分为若干部分。例如，当欧洲债券以美元标价时，它们被称为**欧洲美元债券**（Eurodollar bonds）。欧洲美元债券市场是最大的欧洲债券市场。

根据先前介绍的区别特征，已经越来越难区分一种债券属于外国债券还是欧洲债券。如前所述，欧洲债券发行最重要的特征就是辛迪加承销团的组成。但是，"全数包销"（bought deal，即只有一家承销商的情况）正变得越来越常见。如果债券发行时只有一家承销商，且债券主要在发行人和承销商本国市场以外募集资金，那么这种债券在传统上就不属于欧洲债券。欧洲债券的另一个特征是，债券不受单个国家（该国货币为用来向债券持有人进行支付的货币）的监管。然而，在实践中，只有美国和加拿大没有对在两国之外发售的以美元或加元标价的债券施加限制。对于那些货币被用于欧洲债券标价的其他国家而言，其监管当局对这些债券的发行进行密切监管。它们监管欧洲债券发行的权力来自它们施加外汇和（或）资本限制的能力。

尽管欧洲债券一般都在国家证券交易所注册（其中最常见的是卢森堡证券交易所、伦敦证券交易所和苏黎世证券交易所），但是，大部分交易都是在场外市场上进行的。上市完全是为了绕过对某些机构投资者施加的限制，这些投资者被禁止购买未在交易所上市的证券。一些实力更强大的发行人对国际机构投资者进行私募发行。

在美国投资者购买欧洲美元债券方面，美国证券法对在美国以外出售欧洲美元债券有限制。1990年4月颁布的证券交易委员会《S规则》规定了在美国以外发行，不用按照《1933年证券法》规定的注册证券需要遵守的准则。基本要求有两条。第一，交易必须为离岸交易。第二，不能直接出售在美国发行的欧洲美元债券。这两条规定以外的要求取决于《S规则》下的发行人地位。发行人有三类。根据《S规则》，如果发行人合理认为美国市场对其债券没有显著兴趣，或者有其他在证券交易委员会注册的债券，那么第一类发行人就其债务

① Richard Milne and Anousha Sakoui, "Europe Leads Way for Yankee Bond Sales," FT. com Financial Times, August 10, 2010, http: //www. ft. com/cms/s/0/f781862a-ae0f-11df-bb55-00144feabdc0. html#axzz1FmsYjc4T.

② Sapna Maheshwari, "Yankees Scoop Biggest Market Share in 10 Years: Credit Markets," *Bloomberg*, October 4, 2010, http://www. bloomberg. com/news/2010-10-03/yankees-scoop-biggest-market-share-in-10-years-credit-markets. html.

而言就是非美国非政府发行人。对第一类发行人，除了之前两条要求以外没有其他限制。对第二类发行人有发行限制。具体而言，《S规则》要求证券在美国出售前有40天的限制期（“成熟期”）。非报告美国发行人的债券属于第三类，对这类发行人的限制高于对第二类发行人的限制。《S规则》的后果是，新发行市场被欧洲投资者主宰，因为美国投资者通常不参与新发行市场。相反，美国投资者只有在成熟期过后才能参与二级市场。

欧洲美元债券的主要买方是计划在投资组合中持有这种债券的投资者。因此，尽管欧洲美元债券的发行规模很大，但它们的流动性往往不如扬基债券。

公司债券和契约

在第22章中，我们将讨论美国公司债券的契约。在欧洲债券市场中，人们对契约赋予债券的较弱保护展开了争论。主要的原因在于，欧洲公司债券的投资者在地理上较为分散。因此，潜在债券投资者很难对哪种契约能提供真正的保护达成一致。

对于欧洲债券市场上的投资级公司债券而言，相关文件都是标准化的。根据David Munves的总结，欧洲债券文件的主要条款如下：

- 监管法律。尽管偶尔以纽约州的法律进行监管，但大多数交易都受英国法律的监管。
- 担保品。根据规定，欧洲公司债券不由公司资产担保。
- 消极担保条款。消极担保条款普遍存在。除非所有债券持有者获得同等水平的担保保证，否则该条款禁止债券发行人对其资产作出担保。
- 次级性。除了银行和保险公司发行的欧洲公司债券，大部分欧洲债券都以高级债券的形式发售。
- 交叉违约条款。交叉违约条款规定，如果发行人对其他债务违约，那么其债券立即到期且须立即偿付。条款中对债务的定义可能会变化。交叉违约条款通常会规定一个债务违约的最高限额（例如，1万美元），以避免债券持有者因发生小型交易纠纷或漏开发票而将债券回售给债券发行人。
- 禁止出售重要资产。为保护债券持有者，大多数欧洲公司债券文件都禁止出售或转让公司的重要资产或子公司。与交叉违约条款一样，对重要资产的定义可能相差甚远。①

欧洲债券市场上发行的债券

欧洲债券市场以满足发行人和投资者特定需求的新型和创新型债券结构为特征。当然，该市场上也存在一种被称为**普通欧洲债券**（Euro straights）的普通型固定利率债券。由于这种债券没有担保，因此它们通常是由高信用质量的实体发行的。

由于向地理上分散的债券持有者派发利息的成本较高，因此，利息每年支付一次，而非每半年支付一次。此外，欧洲债券市场上还有前面章节中介绍过的零息债券和递延息票债券。

浮动利率债券　浮动利率欧洲债券种类繁多。浮动利率债券的息票利率为伦敦银行同业

---

① 此处的引用已通过Wiley出版社获得了原作者的许可。David Munves，“The Eurobond Market，” Chapter 6，in Frank J. Fabozzi and Moorad Choudhry (eds.)，*The Handbook of European Fixed Income Securities* (Hoboken，NJ：John Wiley & Sons，2003)，由版权清算中心公司（Copyright Clearance Center，Inc.）代为传达许可。

拆借利率（LIBOR）、伦敦银行同业拆入利率（LIBID），或 LIBOR 与 LIBID 的算术平均数（LIMEAN）加上一个规定的利差。这个利差的大小反映了市场对发行人信用风险的判断、在辛迪加贷款市场上可得到的利差以及债券的流动性。通常，息票利率的调整周期是 6 个月或一个季度，这两种情况下的利率分别盯住 6 个月期或 3 个月期 LIBOR。也就是说，调息期的长度与用于确定该期利率的指数的期限相匹配。

许多债券要么有一个利率不得降至其下的最低息票利率（或称下限），要么有一个利率不能升至其上的最高息票利率（或称上限）。同时具有下限和上限特征的债券被称为**双限债券**（collared）。有一些债券赋予借款人在某一时间将浮动息票利率转换成固定息票利率的权利；还有一些债券被称为**利率止跌债券**（drop-lock bonds），它们在某些情况下自动将浮动息票利率变为固定息票利率。

浮动利率债券既可以有既定的到期日，也可以是没有明确到期日的**永久性（无限期）债券**［perpetual（undated）issue］。对于有到期日的浮动利率债券，其期限通常大于 5 年，常见的期限在 7～12 年之间。也有可赎回和可回售的浮动利率债券；有些债券既可以赎回，也可以回售。

双货币债券　以一种货币支付息票利息而以另一种不同的货币偿还本金的债券被称为**双货币债券**（dual-currency bonds）。双货币债券有三种类型：对第一种类型的债券而言，在债券发行时就确定了将本金和利息支付额转换成某种货币的汇率。第二种类型的债券与第一种类型的债券的区别在于，适用的汇率是现金流发生时通行的汇率（即进行支付时的即期汇率）。第三种类型的债券赋予投资者或发行人对货币的选择权，这种债券通常被称为**具有货币选择权的债券**（option currency bond）。

可转换债券和附有认购权证的债券

可转换欧洲债券是可以转换成另一种资产的债券。附有认购权证的债券在欧洲债券市场上占很大一部分。认购权证赋予权证所有人在执行权证使其受益的情况下与发行人进行另一笔金融交易的权利。大多数权证都能与债券分离；也就是说，债券持有者可以将权证与债券分离并予以出售。

附有认购权证的债券有多个种类：认股权证、债务认购权证和**货币认购权证**（currency warrants）。**认股权证**（equity warrants）允许权证所有人以特定价格购买发行人的普通股。**债务认购权证**（debt warrants）授权权证所有人以与主债券相同的价格和收益率向发行人增购债券。如果利率下降，债务认购权证的所有人将从中获益，因为他能够从同一发行人手中购买到利率更高的债券。**货币认购权证**（currency warrants）允许权证所有人按既定的价格（即某一固定汇率）将一种货币兑换成另一种货币。这一特征确保债券持有者免遭因债券现金流计价外币发生贬值而造成损失。

息票利率递增或息票利率递减债券　在第 1 章中，我们已经介绍了由于时间的推移或参考利率的变化，息票利率将如何随之递增。在欧洲债券市场上有一种独特的债券结构，这种债券附有息票利率递增或递减的条款，其中，息票利率的变化是由发行人信用评级的变化引起的。这种结构在电信公司发行的大额债券中尤其常见。发行人信用评级上升会导致息票利率降低，发行人信用评级下降则会导致息票利率上升。

美国债券和欧洲美元债券的收益率比较

由于欧洲美元债券每年付息一次，而不是每半年付息一次，因此，为了直接比较美国固定利率债券和欧洲美元固定利率债券的到期收益率，我们需要进行一些调整。给定欧洲美元固定利率债券的到期收益率，其债券等值收益率的计算公式如下：

$$欧洲美元债券的债券等值收益率=2\times[(1+欧洲债券到期收益率)^{1/2}-1]$$

例如，假设欧洲美元债券的到期收益率为6%，那么，债券等值收益率为：

$$2[(1.06)^{1/2}-1]=0.059\,1=5.91\%$$

注意，该债券等值收益率总是小于欧洲美元债券的到期收益率。

为了将美国债券的债券等值收益率转换成按年付息的形式，以便同欧洲美元债券的到期收益率相比较，我们可以使用下面的公式：

$$按年付息的到期收益率=\left(1+\frac{债券等值到期收益率}{2}\right)^2-1$$

例如，假设根据债券等值收益率得出的美国债券到期收益率为5.5%，那么，按年付息的到期收益率为

$$[(1.027\,5)^2-1]=0.055\,8=5.58\%$$

按年付息的到期收益率总是高于债券等值到期收益率。

欧洲中期票据

在第8章中，我们讨论了中期票据（MTN）。在美国，证券交易委员会第415条规定允许实体制定中期票据计划。**欧洲中期票据**（Euro medium-term note，EMTN）是主要在美国以外发行的债务。通常，欧洲中期票据面向欧洲投资者。它可以用任何货币标价。

关于欧洲中期票据的主要欧洲法律是欧盟议会在2010年中期规定的《发售说明书指令》2003/71/EC（简称为PD）及其修正案。对于希望投资于欧洲中期票据的美国投资者，出售这些债务必须遵守美国《1933年证券法》S规则的免于登记规定。此外，一些欧洲中期票据符合144a规则，因此可以向合格机构投资者出售。和美国中期票据一样，欧洲中期票据可以搭配衍生产品，以创造出第7章介绍的各类结构化产品。

全球债券

全球债券（global bond）是同时在世界上几个债券市场上发行，且能以任何货币发行的债券。全球债券的三个特征为：

1. 在发行时，同时在世界上的多个债券市场以相同的售价发售。
2. 在世界上多个债券市场交易，不受类似于国内债券交易的结算限制。
3. 发行规模较大，允许根据期限分为多个组别（tranches）。

组别（tranche）是指同时发行的几只相关证券中的一只。最近发行的全球债券中，许多都有两个到期日和息票利率不同的组别。

以下是全球债券的三个例子，前两个是美元债券，第三个是非美元债券。

2009年，印度尼西亚发行了有史以来金额最高的债券，发行金额为30亿美元，分为两个组别：一个5年期（10亿美元）组别和一个10年期（20亿美元）组别。根据媒体发布的消息，5年期组别中，55%向亚洲投资者发行，18%向欧洲投资者发行，27%向美国投资者发行。10年期组别中，一半向美国投资者发行，30%向亚洲投资者发行，20%向欧洲投资者发行。

2010年1月，菲律宾发行了15亿美元双重组别债券。第一个组别于2020年1月到期，金额为6.5亿美元（10年期组别）；第二个组别于2034年10月到期，金额为8.5亿美元（约24.5年组别）。10年期组别的地理分布如下：23%为菲律宾，25%为亚洲其他国家，35%为美国，17%为欧洲。第二个组别的地理分布如下：19%为菲律宾，21%为亚洲其他国家，40%为美国，20%为欧洲。

非美元全球债券的一个例子是2009年10月世界银行发行的两个组别的债券：一个是5年期组别（于2014年10月到期），一个是10年期组别（于2019年10月到期）。两个组别都用澳元标价。8亿澳元的5年期组别面向澳大利亚（67%）、亚洲（20%）、北美（6%）和欧洲（7%）的机构投资者发行；6亿澳元的10年期组别面向澳大利亚（37%）、亚洲（32%）、北美（20%）和欧洲（11%）的机构投资者发行。世界银行在2009年10月7日的媒体发布会上称："投资者被这个市场上发行人的稀缺、对发行人声誉的全球认可、信用实力、期限选择以及交易的流动性和基准规模所吸引。"

非美国国内市场

全世界的国内债券市场向美国投资者提供了购买非美国债券的机会。根据国际清算银行的统计，截至2010年中期，美国国内债券市场约占全球国内债券市场的39%。所有国家发行的未清偿国内债券与未清偿美国国内债券之差为未清偿非美国国内债券。按发行人类别统计，非美国国内债券市场上的债券分布如下：政府，65%；金融机构，25%；公司，10%。

根据国际清算银行的统计，截至2010年6月，非美国国内债券市场和未清偿金额（按美元计算）最大的五个国家为：日本（12.456 9万亿美元）、意大利（3.191 6万亿美元）、中国（2.843万亿美元）、法国（2.850 1万亿美元）和德国（2.411 3万亿美元）。接下来，我们将重点考察非美国国内债券市场上最大的部门——非美国政府债券和欧洲担保债券市场。

非美国政府债券市场

世界各国的政府债券市场的制度环境各不相同，这些差异会影响债券的流动性和投资策略的实施方式；或者更确切地说，会影响投资策略的具体运用。例如，在政府债券市场上，不同的初级市场发行惯例会影响到一国特定政府债券的流动性和价格走势。二级市场的性质会影响交易的便利性和交易成本。各个国家基准效应的重要性会影响交易和持有哪只债券。此外，各个国家的收益率计算方法也不同，这些差异将影响对收益率利差的解释。税收规定的保留或变更也会影响债券的全球投资策略。

如第6章所示，证券可以进行本息剥离——也就是说，可以分离每一笔利息和本金偿付，并作为独立的证券出售。尽管许多欧洲政府债券都可以剥离，但欧洲政府剥离债券的流动性不如美国剥离债券高。主权政府也发行通货膨胀挂钩债券。如第6章所示，美国财政部发行与消费者价格指数挂钩的中长期国债。这些债券被称为财政部通货膨胀保值债券（TIPS）。尽管直到1997年都没有发行通货膨胀挂钩债券，但美国迄今为止仍然是最大的通货膨胀挂钩债券发行人。除了美国，最大的通货膨胀挂钩债券的政府发行人为英国，然后是法国。这些债券在欧洲通常被称为**挂钩债券**（linkers)，通常与消费者价格指数（CPI）挂钩。

新发政府债券的发售方法 发售新发中央政府证券的四种方法是：

- 定期拍卖法/荷兰式拍卖法。
- 定期拍卖法/最低价发行法。
- 特别拍卖法。
- 水龙头式拍卖法。

在**定期拍卖法/荷兰式拍卖法**（regular calendar auction/Dutch style auction system）中，债券将定期拍卖，中标者可以按照所报的收益率（价格）购得债券。

在**定期拍卖法/最低价发行法**（regular calendar auction/minimum-price offering system）中，债券将定期发行。中标者购得债券的价格（收益率）与荷兰式拍卖系统不同。中标者不是按照所报的收益率（价格）购买债券，而是以政府接受的最高收益率（即最高得标收益率）来购买债券。例如，如果某只政府债券拍卖的最高收益率或最高得标收益率为5.14%，投标者的报价是5.12%，那么在荷兰式拍卖系统中，投标者将以5.12%的收益率购得政府债券。相反，在最低价发行系统中，投标者将以5.14%的收益率购得债券，即债券的购买价格要比收益率为5.12%时的报价低。在第6章中，我们把这种拍卖方法称为单一价格拍卖，这是美国政府债券市场使用的拍卖方法。德国和法国的政府债券拍卖也采用定期拍卖法/最低价发行法。

在**特别拍卖法**（ad hoc auction system）中，政府在现行市场条件有利的情况下才宣布拍卖发行。所拍卖债券的数量和期限直到拍卖时才公布。这是英格兰银行在发行英国政府债券时所采用的一种方法。从债券发行政府的角度看，这种方法与定期拍卖法相比具有两个优势：第一，与特别拍卖法相比，定期拍卖法会导致更大的市场波动，因为随着公布的拍卖日期的临近，收益率会先上升，之后又逐渐下降。第二，与定期拍卖法相比，特别拍卖法在筹资方面具有更高的灵活性。

在**水龙头式拍卖法**（tap system）中拍卖的是未清偿债券的增发部分。政府会定期宣布增加对这种债券的供应。

主权政府债券的信用评级 主权政府债券是一个国家中央政府的债务。一国政府的债务由评级机构评级。由于随后将讨论的原因，评级机构授予的主权政府债券的评级有两种：本币债务信用评级和外币债务信用评级。

标准普尔、穆迪和惠誉都对主权政府债券进行评级。在评级中，将评估两大类风险：经济风险和政治风险。经济风险是对政府偿债能力的评价，在评估经济风险时，要同时使用定量分析和定性分析。政治风险是对政府偿债意愿的评价，政府有时虽然有能力偿还债务，却未必愿意偿还债务。在评估政治风险时，需要对影响政府经济政策的经济和政治因素进行定性分析。在我们本章后面对新兴市场主权债务的分析中，将进一步讨论这些因素。

区分本币债务评级和外币债务评级的原因在于：在历史上，不同债务计价币种所引起的违约频率也不同。具体而言，外币债务的违约情况更多。本币债务和外币债务违约率存在差别的原因在于，如果政府愿意征税并控制国内金融体系，那么就能产生足够的本币来偿还本币债务。但是对于外币计价债务就并非如此。一国政府必须购买外币以偿还外币债务，因此对其汇率的控制就较弱。因此，本币相对于作为债务标价货币的外币显著贬值将削弱一国政府偿还这种债务的能力。

这意味着标准普尔在评估一国政府本币债务和外币债务的信用时所分析的因素存在着

某种程度的差异。例如，在评价本币债务的信用质量时，标准普尔强调促进或阻碍及时偿债的国内政府政策。对于外币债务，标准普尔的信用分析将重点放在国内政府政策与国外政府政策的相互作用上。标准普尔分析一国的国际收支表和外部资产负债表的结构。对外部资产负债表的分析领域为净公共债务、净外部债务总额和净外部负债。

欧洲担保债券市场

欧洲市场最大的部门之一就是担保债券市场。**担保债券**（covered bonds）是由银行发行的。担保债券的担保品可以是：（1）住房抵押贷款；（2）商业抵押贷款；（3）公共部门贷款。（用公共部门贷款作为担保品的情况正在减少。）它们被称为“担保债券”，是因为作为担保品的贷款组合被称为“担保池”。担保池在担保债券的期限内不是固定不变的。也就是说，担保池的构成是随着时间变化的。

担保债券的运作原理如下。担保债券投资者有两项索偿权。第一项索偿权是对担保池的索偿权。发行时，法律上没有将担保池与发行行的资产分离。然而，如果接下来发行行破产，那么那时包括在担保池中的资产就与发行行的其他资产相分离，以保护担保债券投资者的利益。第二项索偿权是针对发行行的。由于担保池包括高质量的担保贷款，并由实力较强的银行发行，因此担保债券被视为高度安全的债券，通常会得到 AAA 级或 AA 级的信用评级。担保债券可以用任何货币发行。

在许多国家，担保债券都是通过证券化过程创造出来的，后面的章节将介绍这一过程。由于这一原因，担保债券通常被拿来与住房抵押贷款支持证券（RMBS）、商业抵押贷款支持证券（CMBS）和其他资产支持证券（ABS）比较。然而，这些通过证券化创造出来的证券与担保债券有四方面的差异。其一，发行时，发放贷款的银行将出售一个贷款池给特殊目的机构（SPV）。通过这样做，银行从它的资产负债表中去掉了贷款池。特殊目的机构是证券的发行人。相反，对于担保债券，发行行在资产负债表中持有贷款池。只有当发行行违约时，资产才为保护担保债券投资者的利益而分离出来。其二，住房抵押贷款支持证券/商业抵押贷款支持证券/资产支持证券的投资者对出售贷款池给特殊目的机构的银行没有索偿权。相反，担保债券的投资者有向发行行的索偿权。其三，对于由住房抵押贷款和商业抵押贷款支持的住房抵押贷款支持证券/商业抵押贷款支持证券/资产支持证券，贷款组合一旦集中到一起，就不会改变，然而担保债券不是固定不变的。其四，担保债券通常有一个到期日（即它们是子弹式债券），而住房抵押贷款支持证券/商业抵押贷款支持证券/资产支持证券通常有按时间划分的债券种类。

一国需要特别立法才能发行担保债券。立法机构制定的法律必须解决的两个主要问题是：（1）可以纳入担保池的资产应符合的资格；（2）当担保债券持有者破产时的处理方法。根据 2010 年 4 月欧洲中央银行的报告①，欧洲的 24 个国家允许金融机构发行担保债券。②在欧元区中，担保债券的最大发行人是德国、法国和西班牙。

德国的抵押债券市场被称为**潘德布雷夫债券市场**（Pfandbriefe market），它是最大的担保债券市场。实际上，它约占德国债券市场的三分之一，是欧洲债券市场上最大的资产类

① *Financial Integration in Europe*.

② 这些国家是奥地利、保加利亚、比利时、捷克、丹麦、芬兰、法国、德国、希腊、匈牙利、爱尔兰、意大利、拉脱维亚、卢森堡、荷兰、波兰、葡萄牙、罗马尼亚、斯洛伐克、斯洛文尼亚、西班牙、瑞典、瑞士和英国。

型。[1] 该市场上的债券——潘德布雷夫债券，由德国抵押银行发行。潘德布雷夫债券有两类，其区别在于贷款的借款方。Ofentliche Pfandbriefe 是完全由向公共部门实体发放的贷款担保的债券。这些债券被称为公共潘德布雷夫债券。当债券完全由住房抵押贷款和商业抵押贷款担保时，它们被称为 Hypotheken Pfandbriefe 或抵押潘德布雷夫债券。

潘德布雷夫债券可进一步分为传统潘德布雷夫债券和巨额潘德布雷夫债券。传统潘德布雷夫债券代表小规模潘德布雷夫债券市场。历史上，该市场曾是一个流动性较差的分割市场，因此，并没有引起非德国投资者的多少兴趣。传统潘德布雷夫债券使用水龙头式拍卖法发行。在潘德布雷夫市场中，全球债券机构投资者对**巨额潘德布雷夫**（Jumbo Pfandbriefe）市场最感兴趣。该市场于 1995 年开放，它被称为巨额市场，是因为债券的最小规模为 5 亿欧元。由于其规模，它吸引了非德国机构资金经理。参与债券发行的交易商所负的义务进一步增强了巨额潘德布雷夫债券市场的流动性。

新兴市场债券

南美、亚洲（日本除外）和东欧的金融市场被视为新兴市场。关于何种国家应被定义为新兴国家，尚无正式共识。一种定义是，如果某国对其国际债务至少违约过一次，就被分类为新兴市场国家。第二种定义是根据该国的特定宏观经济标准。一种相对宽松的新兴市场定义是，新兴市场国家包括所有尚未被认为是工业化国家或“发达国家”，因此被称为“较不发达国家”（LDC）或发展中国家的国家。然而，即使在没有正式定义的情况下，机构投资者和散户投资者也理解新兴市场的含义。

新兴市场国家的政府也发行布雷迪债券、欧洲债券、全球债券和国内债券。我们已经在本章前面讨论过欧洲债券和全球债券。**布雷迪债券**（Brady bonds）基本上是指将政府不良银行贷款重组为可交易证券的债券。[2] 然而，如今，多数国家已经偿还了未清偿的布雷迪债券，并发行其他三类债券。引入布雷迪债券导致新兴市场债券被作为一种独立资产对待。这些债券被新兴市场国家的机构和专门的国际新兴市场基金购买。随着这些市场的发展，投资者对高收益国际基金和机构的证券也产生了兴趣。此外，新兴市场政府债务信用违约互换（第 32 章的内容）的发展也促进了信用风险交易。

曾经，新兴市场国家政府发行的证券全部用美元或其他主要货币标价。现在，新兴市场当地债务既用当地货币标价，又用主要货币标价。当地市场的发展既受到当地养老金的推动，也受到外国投资者兴趣增长的推动。

信用风险

投资于新兴市场国家政府债券的信用风险远大于投资于主要工业国政府债券的信用风险。标准普尔和穆迪为新兴市场主权债务评级。在评估新兴市场国家的主权债务时，必须同时考虑经济因素和政治因素。经济分析涉及分析一国的宏观经济基本面。政治因素涉及一国的政治分析。Loucks、Penicook 和 Schillhorn 沿着一条时间线讨论宏观经济基本面和政治分

---

① 数据来自德国潘德布雷夫银行协会网站，见下列网址：http：//www.pfandbrief.org/internet.nsf/tindex/en_pfandbrief.htm。

② 不良银行贷款的重组协议最初是由墨西哥和美国签订的，美方签订人是当时的国务卿尼古拉斯·布雷迪（Nicholas Brady），因此，其昵称为“布雷迪债券”。该协议呼吁美国政府和多边支持力量在墨西哥成功执行某些结构改革的情况下，减免墨西哥所欠国外银行的本金和利息。这项美国政府计划后来扩展至其他新兴市场的政府债务。

析：对信用质量有即时影响、中期影响和长期影响的因素。①

宏观经济基本面　这些因素分为三大类：②

- 保障性因素：即时影响。
- 清偿能力因素：中期影响。
- 结构性因素：长期影响。

保障性（serviceability）是指影响一国外汇储备头寸与债务和流动性对比情况的因素。衡量保障性的两个指标——**再融资风险**（refinancing risk）和**基本余额**（basic balance）定义如下：

$$再融资风险=\frac{短期债务存货+利息支付+中长期债务分期偿还额}{外汇储备}$$

$$基本余额=\frac{经常账户余额+外国直接投资}{国内生产总值（GDP）}$$

再融资风险衡量了一国必须通过外部借款再融资的债务规模。该值越低，一国的再融资风险越低。基本余额衡量了一国的外币流入与 GDP 之比。该比率的分子是一国外币流入的两个来源：用一国贸易余额和外国直接投资衡量的贸易流入。该比率越高，保障性风险越低。

清偿能力（solvency）是指一国政府偿还国内债务和国外债务的能力。用于衡量一国能否进入外部金融市场，为本国即期债务融资的比率为**国内信贷比率**（domestic credit ratio）、**外部债务比率**（external debt ratio）、外部保障比率和**公共部门借款要求**（public-sector borrowing requirement）。这四个清偿能力指标如下：

$$国内信贷比率=\frac{(1+3\text{ 年期的预期国内信贷增长})\times 国内信贷}{(1+3\text{ 年期的预期 GDP 增长})\times \text{GDP}}$$

$$外部债务比率=\frac{外部债务}{\text{GDP}}$$

$$外部保障比率=\frac{利息支付+中长期债务分期偿还额}{商品与服务出口+收益}$$

$$公共部门借款要求=\frac{基本财政余额+利息支付}{\text{GDP}}$$

国内信贷比率的原理如下。如果一国政府将该国信贷有效配置于生产性投资，那么该国的 GDP 增长将逐渐超过信贷增长。没有将一国信贷配置于生产性投资将导致低于理想水平的 GDP 增长率。因此，国内信贷比率越低，清偿能力风险越低。Loucks、Penicook 和 Schillhorn 认为，1997 年和 1978 年亚洲金融危机的原因之一是国内信贷的无效配置。那些年中，泰国的国内信贷比率超过了 130%，而马来西亚和韩国的国内信贷比率超过了 150%。由于实施了纠正银行体系问题的政策，这些比率后来降至 100%左右。

一国的债务规模与债务负担指标为外部保障比率和外部债务比率。这两个比率的值越低，保障性风险越低。

在公共部门借款要求指标中，分子的第一个部分（基本财政余额）表示一国当前的财政

---

① Maria Mednikov Loucks，John A. Penicook，Jr.，and Uwe Schillhorn，"A Discipline Approach to Emerging Markets Debt Investing，" Chapter 4 in Frank J. Fabozzi and Efstathia Pilarinu (eds.)，*Investing in Emerging Market Fixed Income Markets* (Hoboken，NJ：John Wiley & Sons，2002).

② Ibid.

问题。持续存在这种问题将增加一国未来的利息支付。分子的第二个部分为反映之前财政问题的利息支付。例如，一国可能有基本财政盈余，但由于为之前的财政赤字融资的高昂利息成本，仍要支付很高的利息。实际上，这正是巴西2000年发生的情况。公共部门借款要求越低，清偿能力风险越低。

结构性因素是指对一国长期健康的评估——尽管它不与主权实体违约直接相关，但确实有助于指示结构性基本面变差时经济问题的可能发展。这些因素包括对特定出口创收商品的依赖、人均收入等经济福利指标和收入分配指标。用于衡量结构性风险的两个宏观经济指标是5年期人均GDP增长率和平均通货膨胀率年变化。分析结构性因素的关键是预测市场何时将重点关注它们，并因此提高保障性风险和清偿能力风险。

政治分析 与经济因素不同，政治因素难以量化。这些因素包括

- 选举因素：即时影响。
- 系统/机构因素：中期影响。
- 地缘政治重要性：长期影响。

关于选举，考虑的因素是选举的公平性和政治反对派的计划。Loucks、Penicook 和 Schillhorn 举例说明了这些因素的即时影响。在2000年5月的秘鲁总统选举中，在任总统 Alberto Fujimori 赢得了选举。然而，他受到了欺诈指控。在选举期间，秘鲁债券的利差比一个常用新兴债券市场指数的利差高出了200个基点。在2000年9月初，人们发现，Fujimori 的首席安全顾问在国会中向反对党议员行贿以扭转局面。之后不久，Fujimori 召开了新总统和议会选举，并宣布放弃权力。在一系列与首席安全顾问相关的其他丑闻曝出后，2001年6月，举行了总统大选，一名候选人是秘鲁前总统 Alan Garcia。在他就任期间，他曾将秘鲁推入1987年债务危机。由于他可能被选为总统所伴随的不确定性，秘鲁债券利差相对于同一个新兴债券市场指数的利差再度增加了200个基点。

系统/机构因素是指政治领导、地区一体化和社会构成稳定性。处理一国面临的挑战性经济问题和与国际金融社会打交道时，强大的领导力非常重要。Santiso 认为，财政部长或经济部长通过与国际金融市场沟通，确保市场信心在新兴市场政府中起着重要作用。[①] Moser 根据一项对1992—2007年12个拉美国家内阁改组对财政部或经济部的影响的研究，发现了支持这种观点的依据。[②] 他的实证分析表明，这种政治新闻（1）即时提高了债券利差和（2）部长更换前40天的利差显著提高，并在后40天中缓慢平稳在一个较高水平。

《自由字典》（*The Free Dictionary*）将地缘政治定义为“对政治与地理、人口和经济，尤其是一国的外交政策之间关系的研究”。当一个新兴市场国家面临重大信用危机时，地缘政治的重要性就凸显出来。当新兴市场国家发生的信用危机被认为将引起重大全球反应时，工业化国家和超国家机构会承诺投入大量资源防止该国的经济崩溃和政治不稳定。因此，地缘政治因素是需要考虑的重要政治因素。

---

① Javieer Santiso, *The Political Economy of Emerging Markets: Actors, Institutions and Crisis in Latin America* (New York: Palgrave, 2003).

② Christoph Moser, "The Impact of Political Risk on Sovereign Bond Spreads-Evidence from Latin America," Department of Economics, University of Mainz, Germany, November 2007.

要　点

• 全球债券市场可以分为两个市场：内部债券市场或国家债券市场，后者包括本国债券市场和外国债券市场，以及外部债券市场或国际债券市场（或欧洲债券市场）。

• 尽管人们常说投资于非美国债券的主要动机是它提供了分散化收益，但这种收益可能并不明显。然而，投资于非美国债券使资金经理有机会利用影响非美元债券市场上债券价格的因素，并允许进行货币操作。

• 国际债券的非美国发行人包括主权政府、次主权政府、超国家机构、金融机构和公司。

• 标价货币是影响债券价格和收益率的主要因素。当投资组合包括非美国实体发行的非美元标价债券时，债券收益率受投资组合有货币敞口的所有货币所属国利率变化和外汇变化的影响。

• 包含非美元债券的投资组合收益率由三个部分组成：(1) 收入；(2) 当地货币的资本利得/亏损；(3) 外币收益/亏损。

• 非美国实体发行的债券包括扬基债券、144a 规则下的私募、欧洲债券、欧洲中期票据、全球债券、非美国国内债券和新兴市场债券。

• 扬基债券是在证券交易委员会登记、在美国交易的非美国实体发行的债券。

• 由于报告要求降低，144a 规则下的债券市场已经变为非美国借款人筹资的重要市场。

• 欧洲债券市场根据债券的标价货币分为不同部门。欧洲债券市场引入了许多创新性债券结构。

• 欧洲中期票据是主要在美国以外的市场上发行的债务。

• 全球债券是在全球多个债券市场上同时发行，并可以用任何货币发行的债券。

• 全球国内债券市场为美国投资者提供了购买非美国实体债券的机会。全球最大的国内债券市场部门是政府部门债券。

• 主权债券是一国中央政府的债务。本币计价债务和外币计价债务被分别评级。评级公司评级时所分析的两大类风险是经济风险和政治风险。

• 担保债券是主要使用住房贷款和抵押贷款作为担保品的银行在欧洲发行的债券。尽管担保债券经常被用来与抵押贷款支持证券和资产支持证券相比较，但它们的信用保护和结构存在差异。

• 新兴市场国家的政府发行布雷迪债券、欧洲债券、全球债券和国内债券。布雷迪债券的未清偿金额很小。新兴市场国家还发行其他类型的债券。

• 新兴市场政府债券分析中考虑的宏观经济因素包括保障性因素、清偿能力因素和结构性因素。与经济因素不同，政治因素难以量化。这些因素包括选举因素、系统/机构因素和地缘政治因素。

问　题

1. 请描述对全球债券市场分类时使用　　的交易区。

2. 购买英国政府债券的美国寿险公司面临的风险是什么？

3. “投资于非美元债券的最强有力的理由是这样做可以获得分散化收益。”请说明你是否同意这种说法。

4. 支持投资于非美元债券的理由是什么？

5. LIBID 和 LIMEAN 的区别是什么？

6. 什么是一国的外国债券市场？

7. 关于欧洲债券市场上的公司债券契约，存在什么争论？

8. 请说明欧洲债券市场上使用的逐步升息结构和逐步降息结构。

9. 假设欧元债券的到期收益率为 7.8%。债券等值收益率是多少？

10. 这篇专业论述摘自 1989 年欧洲投资银行发表于《国际资本市场》（*International Capital Market*）的一篇文章，文中讨论了双重货币债券：

> 双重货币债券这个通称隐藏了许多不同的变型，很难详细描述这些变型的特征。这些基于相同基本概念的变型催生了具体的债券名称，例如指数货币期权票据（ICON）、国外利息支付债券（FIPS）、外汇挂钩债券、天堂与地狱债券，等等。尽管这些名称差异如此之大，但仍可以对各类双重货币债券进行粗略分类。
>
> 第一类包括用一种货币标价，但用另一种规定货币以发行时固定的汇率支付利息和偿还本金的债券。第二类包括按照支付利息和偿付本金时通行的即期汇率，用不同于标价货币的货币支付利息和偿还本金的双重货币债券。
>
> 在这类债券中，包括外汇挂钩债券、外币债券和天堂与地狱债券。最后一类包括允许发行人或持有者选择以未来即期汇率支付利息并（或）偿还本金的货币的债券。ICON 属于后一种，因为它包含由于汇率修订公式而产生的隐含选择权。通常，这些债券被称为货币选择权债券。
>
> 不管上述分类的结果如何，所有双重货币债券都使发行人和持有者面临着某种外汇风险……因此，为双重货币债券定价就成为期权定价的一种应用，因为债券可以被视为普通债券和货币期权的结合。普通债券组成部分的价值是根据传统固定利率债券估值模型获得的。期权部分的事后定价等于双重货币债券价格与其普通债券部分的价格差……

a. 为什么不论债券类型为何，所有货币债券都“使发行人和持有者面临着某种外汇风险”？

b. 你是否同意所有双重货币债券的定价都是期权定价的应用？

c. 为什么期权部分的价格应该“等于双重货币债券价格与其普通债券部分的价格差”？

11. a. 为什么评级机构根据债务用本币还是外币标价，对主权实体的债务会给出不同的评级？

b. 评级机构在进行主权评级时所分析的两大类风险是什么？

12. 政府证券的不同发行方法有哪些？

13. a. 什么是担保债券？

b. 担保债券与住房抵押贷款支持证券、商业抵押贷款支持证券和资产支持证券的区别是什么？

c. 什么是潘德布雷夫债券市场？

14. 在新兴市场主权债券分析中，结构性因素指什么？

15. 在新兴市场主权债券分析中，为什么地缘政治因素很重要？

16. 为什么在新兴市场国家中，在总统选举中出现腐败或者更换财政部长被视为头条风险？（前一章介绍了头条风险。）

17. 1 月 9 日，路透社宣布由澳大利亚和新西兰银行集团发行了价值 26 亿美元的债券。下列内容摘自该公告：

> 债券：符合第 144a 规则 S 要求、

金额总计为26亿美元的2年期债券和3年期债券。其中包括利率高于平均市场互换利率100个基点、金额为19亿美元的3年期债券和利率高于LIBOR70个基点、金额为7亿美元的2年期债券。

参与者：（在增加债券发售金额前）45个投资者。

3年期组别：65%来自北美，10%来自欧洲，20%来自亚洲，10%来自其他地区。

2年期组别：40%来自北美，20%来自欧洲，40%来自亚洲

请描述这只债券。

18.1月9日，路透社宣布由澳洲联邦银行发行30.75亿美元债券。下列内容摘自该公告：

债券：符合第114a规则S要求、价值30.75亿美元的债券，定价日期为1月9日。其中包括利率高于平均市场互换利率78个基点、金额为25亿美元的3年期债券和利率高于平均市场互换利率85个基点、金额为5.75亿美元的5年期债券。

参与者：近100个投资者，来自亚洲、美国和欧洲。

买方主要包括资产经理和银行。

请描述这只债券。

19.基础设施债务是什么意思？

第 10 章

住房抵押贷款

学习目标

阅读本章后，您将了解

- 什么是抵押贷款
- 谁是住房抵押贷款的主要发放人
- 贷款人评估抵押贷款申请人的信用风险时考虑的借款人和财产特征
- 偿还住房抵押贷款时涉及的因素
- 根据留置权状况、信用类别、利率类型、分期还款类型、信用担保、贷款余额、提前还款和提前还款罚金划分的住房抵押贷款类别
- 什么是提前还款
- 抵押贷款的现金流
- 什么是提前还款惩罚抵押贷款
- 与投资于抵押贷款相关的风险
- 提前还款风险的重要性

尽管美国梦可能是拥有一所住房，但在购买住房的资金中，大部分却必须通过借款得来。借入这些资金的市场被称为抵押贷款市场。**抵押贷款**（mortgage）是将财产抵押，以保证偿还债务而借入的贷款。通常，财产是指不动产。如果不动产拥有者（抵押人）不能向贷款人（被抵押人）还款，贷款人就有权取消抵押品赎回权，并扣押财产以确保贷款得到偿还。可抵押的不动产可以分为两大类：独栋住宅（一至四户式）和商用不动产。前一类不动产包括住宅、住宅单元、合作住房和公寓。商用不动产是能创造收入的不动产，包括：多户不动产（即公寓楼）、办公楼、工业不动产（包括仓库）、购物中心、酒店和保健护理设施（例如，养老院）。

本章介绍了住房抵押贷款，之后的三章介绍了用住房抵押贷款作为担保品所创造的证券。在第 14 章中，我们将介绍商业抵押贷款和由商业抵押贷款支持的证券。

住房抵押贷款的发放

最初的贷款人被称为**抵押贷款发放人**（mortgage originator）。住房抵押贷款的主要发放人为储蓄机构、商业银行和抵押贷款银行。抵押贷款的发放人可以通过所发放的抵押贷款获得收入，即**服务费**（servicing fee）。对抵押贷款提供服务包括从抵押人处收取月供并将收取的款项交给贷款所有者、向抵押人发出付款通知、当过期未得到付款时提醒抵押人、保留抵押贷款余额记录、向抵押人提供税收信息、管理不动产税和保险代管账户，并在必要的时候启动取消抵押品赎回权程序。服务费是未清偿抵押贷款余额的一个固定百分比，通常为每年25个基点至100个基点。抵押贷款发放人可以将抵押贷款服务工作出售给另一方，这时后者将得到服务费。

这里是抵押贷款发放人发放贷款后可做的选择：

- 在投资组合中持有抵押贷款。
- 将抵押贷款卖给希望在投资组合中持有抵押贷款，或者将把抵押贷款放在用作发行债券担保品的抵押贷款池中的投资者。
- 用抵押贷款本身作为发行证券的担保品。

当抵押贷款发放人希望出售抵押贷款时，将获得潜在投资者（买方）的承诺。两家政府资助企业（GSEs）和几家私人公司购买抵押贷款。由于这些实体将这些抵押贷款集中在一起，并将它们出售给投资者，因此它们被称为**导管企业**（conduits）。

当抵押贷款被用作发行证券的担保品时，称为抵押贷款被**证券化**（securitized）。在后面三章中，我们将讨论住房抵押贷款的证券化。

承销标准

希望借入资金购买住房的人将向抵押贷款发放人申请贷款。多数抵押贷款发放时的初始期限为30年，但有些借款人偏好更短的期限，如20年、15年或10年。潜在的住房所有者填好一份申请表，提供关于申请人的财务信息，并支付申请费；然后，抵押贷款发放人对申请人进行信用评估。发放人为了提供贷款而规定的要求被称为**承销标准**（underwriting standards）。

两个主要的承销量化标准为：

- 还款额与收入之比。
- 贷款额与抵押品价值之比。

还款额与收入之比

还款额与收入之比（payment-to-income ratio，PTI）为月还款额与月收入之比，衡量了申请人每月还款（偿还抵押贷款和缴纳不动产税）的能力。还款额与收入之比越低，申请人越容易支付必要的抵押贷款月供。

贷款额与抵押品价值之比

不动产买价和借款额之差为借款人的首期付款。**贷款额与抵押品价值之比**（loan-to-value ratio，LTV）为贷款额和不动产市场价值（或评估价值）之比。如果申请人违约无法还款，贷款人必须收回不动产并将其出售，因此该比率越低，对贷款人的保护越高。例如，如果申请人希望为购买评估价值为 300 000 美元的不动产借入 225 000 美元，那么贷款额与抵押品价值之比为 75%。假设申请人随后对抵押贷款违约，那么，贷款人可以收回不动产，并将其出售，以收回贷款。但贷款人将收到的金额取决于不动产的市场价值。在我们的例子中，即使住房市场的环境不景气，令不动产的价值降低 75 000 美元，贷款人可能仍然可以收回贷款。相反，假设申请人希望为购买相同的不动产借入 270 000 美元，那么，贷款额与抵押品价值之比将为 90%。如果由于申请人违约，贷款人必须取消不动产赎回权，然后将不动产出售，那么对贷款人的保护会更少。

许多研究都发现贷款额与抵押品价值之比是最重要的违约概率决定因素。其逻辑很简单明了：在不动产中拥有大额权益的住房所有者不太可能违约。他们要么试图通过维持当前状况来保护这种权益，或者，如果他们无法还款的话，会卖掉住房或重新融资，以取回权益。在任何情况下，贷款人都受到买方自我利益的保护。另一方面，如果借款人在不动产中的权益很少或没有权益，那么违约选择权的价值就会高得多。实际上，2006 年后借款人的行为数据表明，一旦当前贷款额与抵押品价值之比（其定义为当前贷款余额与估计市场价值之比）超过 125%，他们将越来越倾向于自愿停止偿还抵押贷款，即使他们能负担得起月供。这种行为被称为“策略性违约”。

住房抵押贷款的类型

住房抵押贷款有各种不同的类型。可以根据下列特征对其进行分类：

- 留置权状况。
- 信用类别。
- 利率类型。
- 分期还款类型。
- 信用担保。
- 贷款余额。
- 提前还款和提前还款罚金。[①]

留置权状况

抵押贷款的**留置权状况**（lien status）表示由于债务人违约，不动产被迫变现时的贷款优先性。对于具有**第一留置权**（first lien）的抵押贷款而言，如果不动产将被收回，贷款人拥有对不动产的变现收入的优先索偿权。抵押贷款也可能具有**第二留置权**（second lien）或**次级留置权**（junior lien），变现不动产时，这种贷款人在第一留置权持有者得到全额偿付后才能对变现收入进行索偿。

---

① 见 Frank J. Fabozzi，Anand K. Bhattacharya，and William S. Berliner，*Mortgage-Backed Securities：Products，Structuring，and Analytical Techniques*（Hoboken，NJ：John Wiley & Sons，2007）。

信用类别

当借款人被视为拥有高信用质量（即借款人有良好的工作和信用历史记录，收入足以偿还贷款，而不会伤及借款人的信用，且在标的不动产中拥有大量权益）时，所发放的贷款被分类为**优级贷款**（prime loan）。当借款人的信用质量较低，或贷款不拥有对不动产的第一留置权时，该贷款属于**次级贷款**（subprime loan）。2006 年以后，次级贷款的发放量大幅减少，当时，向次级借款人发放的贷款明显受到不良承销、欺诈和过度依赖房价上涨的冲击。在优级贷款和次级贷款之间的贷款是一种模糊的贷款类别，称为**可选 A 级贷款**（alternative-A loan），更通常的说法是 **alt-A 贷款**（alt-A-loan）。这些贷款被视为优级贷款（“A”指承销系统评定为 A 级），但它们的某些特征增加了其信用风险或导致其由于有限的收入或资产记录难以被分类或评估。2006 年后，由于住房价格和抵押贷款信用表现下降，alt-A 贷款的发放量急剧下降。

在评估抵押贷款申请人的信用质量时，贷款人会考察各种指标。考察起点是申请人的信用分数。有几家企业从贷款机构收集个人的还款历史数据，并用统计模型评估和量化个人信用水平，结果用信用分数表示。基本上，信用分数是用数字表示的借款人历史信用等级。三家最著名的计算信用分数的信用报告公司是 Experian、Transunion 和 Equifax。尽管计算信用分数有不同的基本方法，但这些分数一般被称为“FICO 分数”。[①] 通常，贷款人将获得多个分数，以尽量降低不同打分者打出不同信用分数的影响。FICO 分数从 350 分至 850 分不等。FICO 分数越高，信用风险越低。

贷款额与抵押品价值之比被证明是一种良好的违约预测指标：贷款额与抵押品价值之比越高，违约的可能性越大。根据定义，不动产购买交易中的贷款额与抵押品价值之比是首期付款和不动产买价的函数。但是，当利率降低时，借款人将对贷款进行再融资。当贷款人评估正在再融资的借款人的申请时，贷款额与抵押品价值之比取决于所要求的新贷款金额和评估所确定的不动产市场价值。当所要求的贷款金额超过初始贷款金额时，交易被称为**套现再融资**（cash-out-refinancing）。如果情况相反，融资时贷款余额保持不变，那么该交易就被称为**利率与期限再融资**（rate-and-term refinancing）或**非套现再融资**（no-cash refinancing）。也就是说，贷款再融资的目的是获得更有利的名义利率或改变贷款期限。

贷款人计算还款额与收入之比等收入比率，以评估申请人的还款能力。这些比率比较的是按申请人的月收入发放贷款后，申请人每月必须偿还的款项。最常见的指标是前端比率和后端比率。**前端比率**（front ratio）的计算方法是将月还款总额（包括贷款的本金和利息加上财产税和住房所有者保险）除以申请人的税前月收入。**后端比率**（back ratio）的计算方法与之类似。不同之处在于，它在总还款额之上加上了其他债务偿还额，如汽车贷款还款和信用卡还款。贷款如果要想被评为“优级”，前端比率和后端比率应分别不高于 28% 和 36%。

信用评分是用于判断贷款属于优级还是次级的主要特征。优级（或 A 级）贷款的 FICO 分数通常为 660 分以上，前端比率和后端比率为上述最高限，28% 和 36%，贷款额与抵押品价值之比小于 95%。可选 A 级贷款的信用等级差别很大，从质量上接近优级的贷款到特征上基本属于次级的贷款不等。尽管次级贷款的 FICO 分数通常低于 660 分，但贷款项目和

---

① 这是因为信贷评分公司通常使用 Fair，Isaac & Company 建立的模型。该模型用 45 项标准为个人信用评分。

贷款等级都是与贷款人高度相关的。一个贷款人可能认为 FICO 分数为 620 分的贷款为“B 级贷款”，而另一个贷款人可能对同一笔贷款的评分更高或更低，尤其是当该贷款的其他特征（例如贷款额与抵押品价值之比）高于或低于平均水平时。

利率类型

借款人同意支付的利率称为**票面利率**（note rate），该利率可以是固定利率，也可以在贷款期限内变化。对于**固定利率抵押贷款**（fixed-rate mortgage，FRM）而言，利率是在签订贷款时确定的，且在贷款期限内保持不变。

对于**可调整利率抵押贷款**（adjustable-rate mortgage，ARM）而言，如其名称所示，其票面利率在贷款期限内是变化的。票面利率是根据基础利率（称为**指数利率**（index rate）或**参考利率**（reference rate））的变化和指数利率之上的利差确定的。可调整利率抵押贷款中使用的参考利率有两类：(1) 市场确定的利率；(2) 根据储蓄机构资金成本计算的利率。市场确定的利率包括伦敦银行同业拆借利率（LIBOR）、1 年期固定期限国债利率（CMT）和 12 个月国债移动平均利率（MTA），其中 12 个月国债移动平均利率是根据 1 年期固定期限国债利率的月平均值计算出来的利率。最常被计算的两种利率为联邦住房贷款银行委员会第 11 区资金成本指数（COFI）和国民资金成本指数。存款机构更愿意在投资组合中持有可调整利率抵押贷款而不是固定利率抵押贷款，因为可调整利率抵押贷款能更好地与负债相匹配。

基本的可调整利率抵押贷款定期调整利率，且没有其他影响抵押贷款月还款额的条件。通常，抵押贷款利率受其他条件的影响。这些条件包括：(1) 期间利率上限；(2) 贷款期限内的利率上限和下限。**期间利率上限**（periodic rate cap）限制了利率在调息日上升或下降的幅度。期间利率上限以百分点表示。对于多数可调整利率抵押贷款而言，在贷款期限内收取的抵押贷款利率有上限。这种**存续期利率上限**（lifetime rate cap）以初始利率表示。可调整利率抵押贷款在贷款期限内收取的利率也可能有低限（下限）。

2001—2007 年期间，当可调整利率抵押贷款的发放量处于高点时，最常见的可调整利率抵押贷款形式是**混合可调整利率抵押贷款**（hybrid ARM）。这种贷款类型在特定年数（3 年、5～7 年、10 年）下的票面利率是固定的。在初始固定利率期末，贷款调息的形式非常类似于更传统的可调整利率抵押贷款。

分期还款类型

表示借入本金偿还额的贷款月还款额被称为**分期还款**（amortization）。传统上，固定利率抵押贷款和可调整利率抵押贷款都是**完全分期还款贷款**（fully amortizing loans）。这意味着借款人的抵押贷款月还款额不仅足以向贷款人支付合约利息，而且当最后一笔抵押贷款月还款还清后，也足以完全偿还借款。因此，例如，对于一笔完全分期还款的 30 年期贷款，在第 360 个月的月末，最后一笔抵押贷款还款额足以偿还所有贷款余额，因此在这笔还款后，所欠款项为零。

完全分期还款的固定利率贷款在贷款期限内的还款额是固定的。例如，假设一笔贷款的初始余额为 200 000 美元，票面利率为 7.5%，期限为 30 年。那么，抵押贷款的月还款额为

1 398.43 美元。计算抵押贷款月还款额的公式为：

$$MP = MB_0\left[\frac{i(1+i)^n}{(1+i)^n-1}\right]$$

其中，

MP=抵押贷款月还款额（$）；

MP_0=初始贷款余额（$）；

i=票面利率除以 12（以小数表示）；

n=抵押贷款的月数。

例如，假设 $MB_0=\$200\ 000$，$i=\frac{0.075}{12}=0.006\ 25$，$n=360$，那么，月还款额为

$$MP=\$200\ 000\left[\frac{0.006\ 25(1.006\ 25)^{360}}{(1.006\ 25)^{360}-1}\right]=\$1\ 398.43$$

可以用下列公式计算月末的抵押贷款余额：

$$MB_t = MB_0\left[\frac{(1+i)^n-(1+i)^t}{(1+i)^n-1}\right]$$

其中，

MB_t=t 个月后的抵押贷款余额。

例如，假设对于 12 个月而言（$t=12$），有：

$$MB_0=\$200\ 000，i=0.006\ 25，n=360$$

第 12 个月月末的抵押贷款余额为：

$$MB_t=\$200\ 000\left[\frac{(1.006\ 25)^{360}-(1.006\ 25)^{12}}{(1.006\ 25)^{360}-1}\right]=\$198\ 156.33$$

为了计算抵押贷款月还款额，也就是计划每月偿还的本金所占的比例，可使用下列公式：

$$SP_t = MB_0\left[\frac{i\ (1+i)^{t-1}}{(1+i)^n-1}\right]$$

其中，

SP_t=计划在第 t 月偿还的本金。

例如，假设对于第 12 个月（$t=12$）而言，有

$$MB_0=\$200\ 000，i=0.006\ 25，n=360$$

那么，第 12 个月计划偿还的本金为：

$$SP_{12}=\$200\ 000\left[\frac{0.006\ 25(1.006\ 25)^{12-1}}{(1.006\ 25)^{360}-1}\right]=\$158.95$$

假设借款人及时按月偿还了所有欠款，那么在付清最后一笔月还款额后，未清偿余额为零（即贷款被还清）。这一过程可见图表 10—1 的还款日程表，该表被称为**分期还款时间表**（amortization schedule）。（为了节省篇幅，没有列出全部 360 个月。）标为“本金偿还额”的

列显示的是贷款的月偿还额。注意，在第360个月时，期末余额为零。也请注意，用于计算利息的月抵押贷款偿还额每个月都在下降。这是因为未清偿余额每个月都在下降。

图表 10—1　　分期还款时间表

初始余额：200 000.00美元

票面利率：7.50%

期限：30年

月还款额：1 398.43美元

月份	期初余额（美元）	利息（美元）	本金偿还额（美元）	期末余额（美元）
1	200 000.00	1 250.00	148.43	199 851.57
2	199 851.57	1 249.07	149.36	199 702.21
3	199 702.21	1 248.14	150.29	199 551.92
4	199 551.92	1 247.20	151.23	199 400.69
5	199 409.69	1 246.25	152.17	199 248.52
6	199 248.52	1 245.30	153.13	199 095.39
7	199 095.39	1 244.35	154.08	198 941.31
8	198 941.31	1 243.38	155.05	198 786.27
9	198 786.27	1 242.41	156.01	198 630.25
10	198 630.25	1 241.44	156.99	198 473.26
11	198 473.26	1 240.46	157.97	198 315.29
12	198 315.29	1 239.47	158.96	198 156.33
13	198 156.33	1 238.48	159.95	197 996.38
14	197 996.38	1 237.48	160.95	197 835.43
……	……	……	……	……
89	182 656.63	1 141.60	256.83	182 399.81
90	182 399.81	1 140.00	258.43	182 141.37
91	182 141.37	1 138.38	260.05	181 881.33
……	……	……	……	……
145	165 499.78	1 034.37	364.06	165 135.73
146	165 135.73	1 032.10	366.33	164 769.40
147	164 769.40	1 029.81	368.62	164 400.77
……	……	……	……	……
173	154 397.69	964.99	433.44	153 964.24
174	153 964.24	962.28	436.15	153 528.09
175	153 528.09	959.55	438.88	153 089.21

续前表

月份	期初余额（美元）	利息（美元）	本金偿还额（美元）	期末余额（美元）
……	……	……	……	……
210	136 417.23	852.61	545.82	135 871.40
211	135 871.40	849.20	549.23	135 322.17
212	135 322.17	845.76	552.67	134 769.51
……	……	……	……	……
290	79 987.35	499.92	898.51	79 088.84
291	79 088.84	494.31	904.12	78 184.71
292	78 184.71	488.65	909.77	77 274.94
……	……	……	……	……
358	4 143.39	25.90	1 372.53	2 770.85
359	2 770.85	17.32	1 381.11	1 389.74
360	1 389.74	8.69	1 389.74	0.00

对于可调整利率抵押贷款来说，抵押贷款月还款额是按期调整的。因此，必须在每个调息日重新计算抵押贷款月还款额。这一重新确定抵押贷款还款额的过程被称为**贷款重估**（recasting the loan）。例如，再次考虑一笔 200 000 美元的 30 年期贷款。假设每年对贷款进行调整，初始票面利率（即前 12 个月的票面利率）为 7.5%。那么一年后，未清偿的贷款为多少？我们可以通过查看图表 10—1 最后一列（“期末余额”）中第 12 个月的数据来确定该金额。该金额为 198 156.33 美元。（或者，也可以使用早前给出的公式得出该金额。）现在，重估贷款需要计算在 29 年（348 个月）中完全分期偿还 198 156.33 美元贷款的抵押贷款月还款额，因为一年以后，贷款期限还剩下 29 年。所使用的票面利率为重新设定的利率。假设重新设定的利率为 8.5%。那么，完全分期偿还这笔贷款所需的抵押贷款月还款额为 1 535.26美元，即下 12 个月的抵押贷款月还款额。

2001—2007 年间，几种非传统的分期还款贷款在抵押贷款市场上变得流行起来。最流行的是**仅付利息产品**（interest-only product，或 IO 产品）。这类贷款在被称为**锁定期**（lock-out period）的预先确定的时期内，只支付利息。在锁定期之后，对贷款进行重估，使剩下的贷款期限内，抵押贷款月还款额足以完全分期偿还初始贷款额。仅付利息产品可以是固定利率抵押贷款、可调整利率抵押贷款或混合可调整利率抵押贷款。

信用担保

抵押贷款可以根据信用担保是否与联邦政府、政府资助企业或私人企业提供的贷款有关进行分类。由联邦政府机构担保的贷款被通称为**政府贷款**（government loans），是由美国政府的完全信用担保的。美国住房与城市发展部（HUD）负责监督两家为政府贷款提供担保的机构。第一家机构是联邦住房管理局（FHA），这是一家由国会于 1934 年建立的政府机构，1965 年并入住房与城市发展部。联邦住房管理局为那些只能负担较低的首期付款，通常收入水平较低的借款人提供贷款担保。第二家机构是退伍军人管理局（VA），它隶属于美国退伍军人事务部。退伍军人管理局担保贷款面向合格退伍军人和预备役军人发放，使他们可以获得优惠贷款条件。

与政府贷款相反，还有些贷款没有联邦政府的显性担保。这种贷款据称是通过“常规融资”获得的，因此在市场上称为**常规贷款**（conventional loans）。尽管常规贷款在发放时可能没有保险，但当它被纳入由抵押贷款支持证券（MBS）所构成的抵押贷款池中时，可能符合被保险的资格。具体而言，抵押贷款支持证券是两家政府资助企业——房地美和房利美——发行的证券。由于房地美和房利美的担保没有美国政府的全额信用作保证，因此不属于政府贷款。我们将在下一章对其进行讨论。

常规贷款可以由**私人抵押贷款保险商**（private mortgage insurer）提供保险。从投资者的角度看，担保的安全性和保险人的信用评级是相称的。

贷款余额

如前一节所说明的，政府贷款和房地美与房利美担保的贷款对贷款余额有限制。一至四户式房屋的最高贷款规模每年都会变化。贷款限额也被称为**合规限额**（conforming limits），对于房地美和房利美来说，贷款限额是相同的，因为两者的地位相同。高于给定不动产类型合规限额的贷款被称为**巨额贷款**（jumbo loans）。《2008 年经济刺激法案》临时授权房利美和房地美在指定高成本地区购买高于贷款限额的贷款。

提前还款和提前还款罚金

房屋拥有者经常在预计到期日之前偿还全部或部分抵押贷款余额。所偿还的超过抵押贷款月还款额的金额被称为**提前还款额**（prepayment）。例如，考虑一笔金额为 200 000 美元、票面利率为 7.5%的 30 年期贷款。该笔抵押贷款的月还款额为 1 398.43 美元。假设房屋所有者的还款额为 5 398.43 美元。这笔还款额超过抵押贷款月还款额 4 000 美元。该金额为提前还款额，并降低了 4 000 美元的未清偿抵押贷款余额。例如，观察图表 10—1 中的数据。假设该笔提前还款发生在第 90 个月。在没有提前还款的情况下，第 90 个月的期末抵押贷款余额为 182 141.37 美元。由于提前偿还了 4 000 美元，因此第 90 个月的期末抵押贷款余额为 178 141.37 美元。

这种没有还清全部抵押贷款余额的提前偿付被称为**部分偿付**（partial payment）或**部分提前清偿**（curtailment）。当进行部分提前清偿时，不对贷款进行重估，而是借款人继续支付相同金额的抵押贷款月还款额。提前偿付的影响是，在接下来的抵押贷款月还款中，更多的部分被用于偿还本金。例如，再次假设第 90 个月提前偿付了 4 000 美元。在下一个月，第 91 个月，所支付的利息金额是根据 178 141.37 美元算出的。利息为 1 113.38 美元（7.5%除以 12 乘以 178 141.37 美元），这小于图表 10—1 中显示的金额。因此，对第 91 个月而言，本金偿还额为 1 398.43 美元减去 1 113.38 美元的利息，即 285.05 美元。相比之下，图表 10—1 中显示的金额为 260.05 美元。提前还款的净效应是，还清贷款的时间早于预计到期日。也就是说，贷款期限被“缩短”了。

更常见的提前还款类型是，还清整笔抵押贷款余额。所有抵押贷款都有“转售即还”（due on sale）条款，该条款是指当出售房屋时，必须还清贷款余额。如果现行抵押贷款利率水平下降，或者存在更有吸引力的融资工具，那么债务人也可以对现有抵押贷款进行再融资。

实际上，借款人全部或部分提前偿还贷款而不用缴纳罚款的权利被称为选择权。降低借款人提前还款权利的抵押贷款被称为**提前还款惩罚抵押贷款**（prepayment penalty mortgage）。这种抵押贷款在借款人提前还款时收取罚金。罚金是为了阻止再融资行为，如果在融资后特定时间内提前偿还贷款，就需要缴纳一笔费用。罚金相关规定通常允许借款人每年提前偿还贷款的一部分，该比例最高为20%，罚金实际上是向借款人收取的提前偿还的剩余80%贷款的6个月利息。如果在出售房屋的情况下有些罚金可以免除，则这些罚金被称为“软”罚金；硬罚金要求，即使由于出售房屋而发生提前还款，也需要支付罚金。[①]

合规贷款

如第6章所说明的，房地美和房利美是政府资助企业（GSEs），其任务是向抵押贷款市场提供流动性和支持。尽管房利美和房地美是私人公司，但得到了联邦政府发放的特许。这种联邦特许给予这些政府资助企业某些其他企业无法获得的利益。然而，联邦特许对其业务也有限制。2008年9月，它们被美国政府接管。

政府资助企业完成任务的方法之一是买卖抵押贷款。[②] 它们可以在投资组合中持有所购买的贷款，或将其打包创造出抵押贷款支持证券。它们所创造出的证券是下一章的讨论对象。尽管房利美和房地美可以买卖任何类型的住房抵押贷款，但被打包为证券的抵押贷款仅限于政府贷款和满足其承销原则的贷款。符合条件的常规贷款被称为**合规贷款**（conforming loans）。合规贷款是一种符合房利美和房地美承销标准的常规贷款。因此，市场上的常规贷款被称为**合规常规贷款**（conforming conventional loans）和**非合规常规贷款**（nonconforming conventional loans）。

承销标准之一是发放贷款时的贷款余额。如前一节所示，符合两家政府资助企业的承销标准的常规贷款被称为合规限额贷款。但是合规贷款也必须满足其他重要的承销标准，如下[③]：

- 不动产的类型（主要住房、度假/第二套住房、投资性不动产）。
- 贷款类型（例如，固定利率贷款、可调整利率抵押贷款）。
- 交易类型（利率和期限再融资、股权收购、变现再融资）。
- 根据贷款类型计算出的贷款额与抵押品价值之比。
- 根据贷款类型和交易类型算出的贷款额与抵押品价值之比。
- 借款人信用历史。
- 文件。

符合合规贷款的要求对于借款人和抵押贷款发放人都是很重要的。这是因为，两家政府

---

① 联邦法律和州法律中均有关于征收提前还款罚金的法律法规。通常，适用于固定利率抵押贷款的法律为州法律。有些州不允许对拥有第一留置权的固定利率抵押贷款收取提前还款罚金。也有些州允许收取提前还款罚金，但限制罚金的类型。对于某些抵押贷款，例如可调利率抵押贷款和气球型抵押贷款，联邦法律的效力高于州法律。

② 两家政府资助企业必须将一定比例的贷款发放给中低收入家庭或位于住房与城市发展部指定地区的不动产。这类贷款属于“经济适用房贷款”。

③ 例如，可见房利美于2007年1月出版的《DU承销指南》（Guide to Underwriting with DU），其中包括常规贷款承销。DU是房利美的自动承销系统，目的是帮助抵押贷款的贷款人作出信贷决策。

资助企业是美国最大的抵押贷款购买人。因此，符合合规贷款要求的贷款有更大的可能被房利美和房地美购买，打包成为抵押贷款支持证券。因此，它们的利率低于非合规常规贷款的利率。

与抵押贷款投资相关的风险

抵押贷款的主要投资者包括储蓄机构和商业银行。养老金和寿险公司也投资于这些贷款，但它们的所有权相对于银行和储蓄机构而言很小。投资者投资于住房抵押贷款面临的四种主要风险是：(1) 信用风险；(2) 流动性风险；(3) 价格风险；(4) 提前还款风险。

信用风险

信用风险是住房所有者/借款人违约的风险。对于由联邦住房管理局和退伍军人管理局保险的抵押贷款而言，这种风险很小。对于私人保险的抵押贷款而言，这种风险可以通过为抵押贷款提供保险的私人保险公司的信用评级来衡量。对于没有保险的常规抵押贷款而言，信用风险取决于借款人的信用质量。贷款额与抵押品价值之比是衡量违约时的本金损失风险的有用指标。当贷款额与抵押品价值之比较高时，更容易违约，因为借款人在财产中的权益很少。

投资者曾经只在发放贷款时在信用风险分析中考虑贷款额与抵押品价值之比（称为**初始贷款额与抵押品价值之比**（original LTV））。由于有些时期的不动产价格会下降，因此**当期贷款额与抵押品价值之比**（current LTV）成为了关注的焦点。当期贷款额与抵押品价值之比是根据当期未偿抵押贷款余额和不动产的估计当前市场价值计算出的贷款额与抵押品价值之比。具体而言，人们担心的是房价下降会导致当期贷款额与抵押品价值之比显著高于初始贷款额与抵押品价值之比。这将导致这类抵押贷款的信用风险高于发放贷款时的信用风险。

流动性风险

尽管抵押贷款存在二级市场，也就是我们将在下一章讨论的内容，但事实是相对于其他债务工具，抵押贷款的买卖价差较大。也就是说，抵押贷款的流动性较差，因为其规模较大且不可分割。

价格风险

如第 2 章所说明的，固定收益工具的价格和市场利率的变化方向相反。因此，利率上升将降低抵押贷款的价格。

提前还款和现金流的不确定性

抵押贷款现金流的三个组成部分为：

● 利息。

● 本金偿还（计划本金偿还或分期还款）。

● 提前还款。

提前还款风险（prepayment risk）是与提前还款导致的抵押贷款现金流相关的风险。具体而言，投资者担心借款人在现行抵押贷款利率跌到贷款的票面利率以下时提前还清抵押贷款。例如，如果一笔5年前发放的抵押贷款的票面利率为8%，现行抵押贷款利率（即获得新贷款的利率）为5.5%，那么借款人就有动机对贷款进行再融资。再融资决策取决于几个因素，但最重要的一个因素是与票面利率相比的现行抵押贷款利率。对投资者而言，不利的因素是：由于借款人提前偿还贷款而收到的款项必须以低于票面利率的利率进行再投资。

这种风险和投资者在可赎回公司债券或市政债券中面临的风险相同。然而，不同于可赎回债券，借款人对于住房抵押贷款不必支付溢价。在计划到期日前偿还的本金是按面值偿还的。当然，提前还款惩罚抵押贷款是个例外。

要　点

· 抵押贷款是一种以财产为抵押的贷款，通常以不动产形式的财产作为偿还债务的保证。

· 可用于抵押的不动产一般有两类：独栋住宅（一至四户式）和商用不动产。

· 住房抵押贷款可以根据留置权状况（第一留置权或第二留置权）、信用类别（优级或次级）、利率类型（固定利率和可调整利率）、分期还款类型（完全分期还款和仅付利息）、信用担保（政府贷款和常规贷款）、贷款余额、提前还款与提前还款惩罚分类。

· 房利美和房地美这两家政府资助企业可以购买任何类型的贷款；然而，它们能够进行证券化以创造抵押贷款支持证券的唯一一种常规贷款是合规贷款，即满足其承销标准的常规贷款。

· 抵押贷款的现金流包括利息、计划本金还款和提前还款。

· 贷款人投资于住房抵押贷款面临着四种主要风险：(1) 信用风险；(2) 流动性风险；(3) 价格风险；(4) 提前还款风险。

· 提前还款风险是与提前还款导致的抵押贷款现金流相关的风险。

问　题

1. 哪类不动产是住房抵押贷款的担保？

2. 确定是否将资金借给住房抵押贷款申请人时考虑的两个主要因素是什么？

3. 请说明为什么贷款额与抵押品价值之比越高，贷款人面临的信用风险越大？

4. 变现再融资和利率与期限再融资之间的区别是什么？

5. 什么是前端比率和后端比率？它们的区别是什么？

6. 优级贷款和次级贷款的区别是什么？

7. 如何在贷款分类中应用FICO分数？

8. 什么是可选A级贷款？

9. 什么是联邦住房管理局保险贷款？

10. 什么是常规贷款？

11. a. 合规限额的含义是什么？

b. 什么是巨额贷款？

12. a. 当提前还款额小于完全还清贷款所需全部金额时，固定利率抵押贷款的未来抵押贷款月还款额将会发生什么变化？

b. 当提前还款额小于完全还清贷款所需金额时，提前还款的影响是什么？

13. 考虑下列固定利率、平均还款的抵押贷款：

期限＝360 个月；

借入金额＝100 000 美元；

年抵押利率＝10%。

a. 请编制前 10 个月的分期还款时间表。

b. 假设没有提前还款，那么第 360 个月月末的抵押贷款余额将是多少？

c. 在不编制分期还款时间表的情况下，假设没有提前还款，那么第 270 个月月末的抵押贷款余额将是多少？

d. 在不编制分期还款时间表的情况下，假设没有提前还款，那么第 270 个月月末的计划本金还款额将是多少？

14. 请说明为什么在固定利率抵押贷款中，用于计算利息的抵押贷款还款额逐渐减少，而用于计算本金偿还额的抵押贷款还款额逐渐增加。

15. 为什么住房抵押贷款的现金流是未知的？

16. 从何种意义上说，住房抵押贷款的投资者向借款人（住房所有者）提供的贷款类似于可赎回债券？

17. 什么是策略性违约行为？

18. 从贷款人的角度看，什么是提前还款惩罚抵押贷款的优点？

19. 请说明你是否同意下列说法：

a. “房地美和房利美只能购买合规常规贷款。”

b. “在对贷款进行打包以创造抵押贷款支持证券时，房地美和房利美只能使用政府贷款。”

20. a. 可调整利率抵押贷款的哪些特征将影响其现金流？

b. 哪两类基准指数被用于可调整利率抵押贷款？

21. a. 什么是抵押贷款的初始贷款额与抵押品价值之比？

b. 什么是抵押贷款的当期贷款额与抵押品价值之比？

c. 使用初始贷款额与抵押品价值之比评估分期偿还抵押贷款违约的可能性存在什么问题？

22. 对于抵押贷款而言，什么是提前还款风险？

第 11 章

政府机构抵押转手证券

学习目标

阅读本章后，您将了解

- 什么是抵押贷款支持证券
- 住房抵押贷款支持证券市场各部分的区别
- 什么是抵押转手证券
- 抵押转手证券的现金流特征
- 估计抵押转手证券的现金流时提前偿付预测的重要性
- 转手证券的加权平均票面利率和加权平均期限
- 政府机构转手证券的不同类型
- 什么是公共证券协会提前偿付基准，以及如何用其确定转手证券的现金流
- 影响政府机构抵押贷款支持证券提前偿付的因素
- 什么是现金流收益率及其局限性
- 如何计算抵押转手证券的平均期限
- 为什么提前偿付风险可以分为缩期风险和延期风险
- 抵押转手证券的市场交易惯例

当住房抵押贷款被打包到一起，形成抵押贷款组合，然后发行一种或多种以抵押贷款组合产生的现金流为支持的债务工具时，**住房抵押贷款支持证券**（residential mortgage-backed security，RMBS）便被创造出来。“支持”是指投资者在住房抵押贷款支持证券中应得的本金和利息来自抵押贷款组合中的贷款的借款人偿付的本金和利息。我们称住房抵押贷款支持证券中的抵押贷款为**被证券化**（securitized），称创造住房抵押贷款支持证券的过程为**证券化**（securitization）。

在本章和接下来两章中，我们将讨论住房抵押贷款支持证券市场的不同部分。在本章中，我们将重点讨论什么是政府机构抵押转手证券和住房抵押贷款支持证券的一般情况。在本章开始时，将讨论住房抵押贷款支持证券市场的不同部分。这一讨论将向我们提供本章和接下来两章的分析框架。

住房抵押贷款支持证券市场的组成部门

我们在前一章中关于住房抵押贷款市场的讨论将帮助我们理解住房抵押贷款支持证券市场的不同部门。如前一章所说明的以及在图表 11—1（a）中所显示的，可以根据借款人的信用质量将住房抵押贷款市场分为两个子部门：

- 优级抵押贷款市场。
- 次级抵押贷款市场。

图表 11—1　　住房抵押贷款市场与住房抵押贷款支持证券市场组成部门的分解图

（a）住房抵押贷款市场

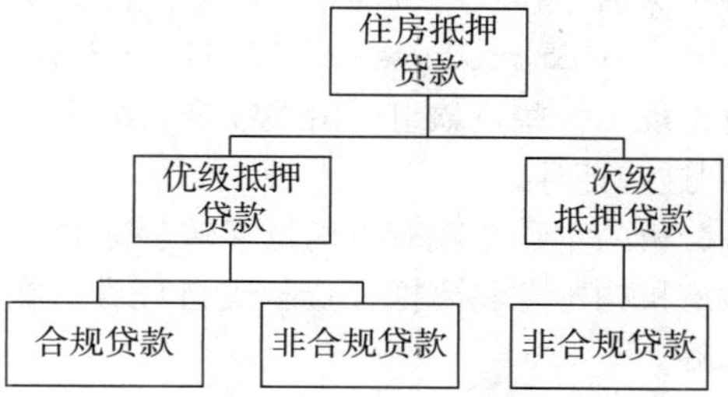

（b）住房抵押贷款支持证券市场的组成部分

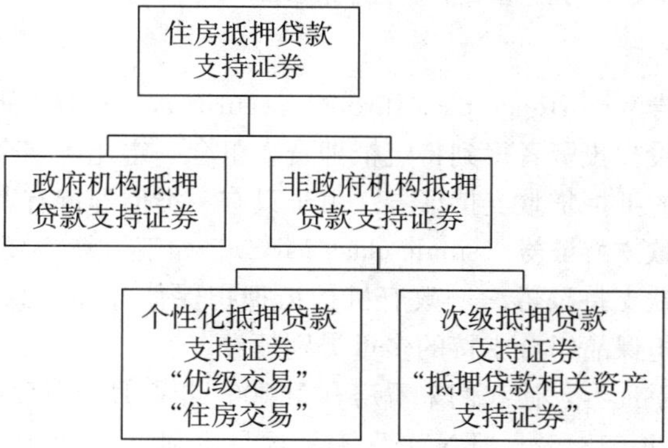

优级抵押贷款市场包括：（1）满足吉利美、房利美和房地美承销标准的贷款（即合规贷款）；（2）由于信用质量以外的原因，或由于贷款不具有对不动产的第一留置权而无法合规的贷款（即非合规贷款）。次级抵押贷款部门是向信用评级降低或贷款具有第二留置权的借款人所提供贷款的市场，这些贷款为非合规贷款。

所有这些贷款都可以被证券化为不同类别的住房抵押贷款支持证券。满足政府机构承销标准的贷款通常被用于创造被称为**政府机构抵押贷款支持证券**（agency mortgage-backed securities，MBS）的住房抵押贷款支持证券。其他所有贷款都属于通常被称为**非政府机构抵押贷款支持证券**（nonagency MBS）的类别。该子部门还可以分为**个性化抵押贷款支持证券**（private label MBS，其中优级贷款为担保品）和**次级抵押贷款支持证券**（subprime MBS，其中次级贷款为担保品）。非政府机构抵押贷款支持证券的名称是主观确定的。有些市场参与者将个性化抵押贷款支持证券称为“住房交易”或“优级交易”。次级抵押贷款支持证券被称为“抵押贷款相关资产支持证券”。[①] 实际上，市场参与者经常将政府机构抵押贷款支持证券和个性化抵押贷款支持证券归类为住房抵押贷款支持证券，将次级抵押贷款支持证券归类为资产支持证券，我们将在第 15 章中讨论后者。这种分类是有些随意的。

根据市场规模，政府机构抵押贷款支持证券市场是最大的美国投资级债券市场。也就是说，在拥有投资级评级的所有债券（包括美国国债）中，政府机构抵押贷款支持证券是规模最大的债券。实际上，截至 2008 年，该类债券约占投资级债券市场的 45%。

政府机构抵押贷款支持证券市场上包括三类证券：

- 政府机构抵押转手证券。
- 政府机构抵押担保债券（CMOs）。
- 政府机构本息剥离抵押贷款支持证券。

政府机构抵押担保债券和本息剥离抵押贷款支持证券是从抵押转手证券中创造出来的。因此，政府机构抵押担保债券和政府机构本息剥离抵押贷款支持证券一般是指**衍生抵押贷款支持证券产品**（derivative MBS products）。图表 11—1 对住房抵押贷款支持证券市场进行了总结，但近年来，也出现了一些贷款组合由次级贷款组成的政府机构抵押贷款支持证券。我们将在第 12 章中提到这些证券。

在本章中，我们分析的重点是政府机构抵押转手证券。在下一章中，我们将介绍政府机构抵押担保债券和政府机构本息剥离抵押贷款支持证券。在第 13 章中，我们将考察非政府机构抵押贷款支持证券。

对政府机构抵押转手证券的一般介绍

抵押转手证券（mortgage pass-through security），或简称为转手证券，是一种通过集中抵押贷款并发行授权投资者得到特定抵押贷款组合一定比例现金流的凭证，以其作为证券担保品而创造出来的抵押贷款支持证券。由于只有一类债券持有者，因此这些证券有时被称为**单一类别抵押贷款支持证券**（single-class MBS）。如下一章将要说明的，转手证券和另两类政府机构抵押贷款支持证券——政府机构抵押担保债券和本息剥离抵押担保债券——的区别是，前者为有担保品组合支持的多重类别债券。

为了说明转手证券，让我们来看房利美 2007 年 5 月 1 日发行的一只政府机构转手证券：FNMS 05.5000 CL-918462。“FNMS”表示这是房利美发行的证券。“05.5000”意味着该证券的息票利率为 5.5%。作为该证券担保品的贷款组合是房利美编号为 CL-918462 的贷款组合，其中包括 1 103 只贷款。出现在贷款组合编号之前的“CL”被称为**组合前缀**（pool prefix）。所有政府机构发行人都有自己的组合前缀，它显示了担保品的类型。对于房利美而言，该前缀说明了两个特征：（1）贷款是常规的、由政府保险的还是由某家实体担保的；（2）贷款的票面利率是固定的还是可调整的，如果是可调整的，那么调整特点是什么；（3）发行贷款时的一般到期期限。在这个房利美的例子中，“CL”的意思是“常规长期、等额还款的抵押贷款；单户；30 年以内到期”。房利美所用的其他组合前缀的例子有：“CI”，意思是担保品为“常规中期、等额还款的抵押贷款；单户；15 年以内到期”。“A1”，意思是担保品为

---

① 见 Frank J. Fabozzi，Anand K. Bhattacharya，and William S. Berliner，*Mortgage-Backed Securities: Products, Structuring, and Analytical Techniques*（Hoboken，NJ：John Wiley & Sons，2007）。

"可调整利率抵押贷款；单户；与1年期国债固定期限利率挂钩；利率调整单位为1%；存续期上限依贷款组合而定"。

在发行日，编号为FNMS 05.5000 CL-918462的贷款组合的本金总额为285 296 859美元（因此发行日的平均贷款余额约为259 000美元）。例如，如果该证券的投资者购买了5 920 000美元的本金，那么投资者便购买了该证券的2.075%，并有权获得投资者可获得现金流的2.075%。

当首次发行转手证券时，本金是已知的。随着时间的流逝，由于按计划定期偿还本金和提前偿付，贷款组合中未清偿的贷款余额将逐渐减少。**组合系数**（pool factor）是仍然未清偿的初始本金所占的百分比。发行时，组合系数为1，并逐渐减少。每月发布组合系数信息。

转手证券的现金流取决于标的贷款的现金流。如我们在第10章中所说明的，标的贷款的现金流包括代表利息的抵押贷款月还款额、计划本金偿还额和提前偿付额。

向证券持有者进行支付的频率为每月一次。但是，来自贷款组合的现金流和流向投资者的现金流的金额和时间并不相同。转手证券的月现金流小于贷款组合的月现金流，其差额等于服务费和其他费用。其他费用是转手证券的发行人或担保人为担保证券而收取的费用。因此，转手证券的息票利率，也称为**转手息票利率**（pass-through coupon rate），低于贷款组合的抵押贷款利率，其差额等于服务费率和担保费率。FNMS 05.5000 CL-918462的转手息票利率为5.5%。

现金流产生的时间也不同。每个抵押人应在每月的第一天偿还抵押贷款月还款，但在转手证券中，相应的月现金流到达证券持有者手中要经过一定的延迟。延迟时间的长短因转手证券的类型而不同。

由于存在提前偿付，转手证券的现金流也无法确知。本章后面将讨论估计现金流的各种常规方法。

并不是所有被证券化的贷款组合中的抵押贷款都需要有相同的票面利率和期限。因此，当描述一只转手证券时，需要确定加权平均息票利率和加权平均期限。

加权平均票面利率（weighted-average contract rate，WAC）是用发行时未清偿的抵押贷款金额加权贷款组合中每只抵押贷款的票面利率得到的。**加权平均期限**（weighted-average maturity，WAM）是用发行时未清偿的抵押贷款金额加权贷款组合中每只抵押贷款到期前剩余的月数得到的。这种指标也被称为**加权平均贷款期限**（weighted average loan term，WALT)。FNMS 05.5000 CL-918462证券发行时的加权平均票面利率为6.2%，加权平均期限为360个月。加权平均期限为360个月意味着该抵押贷款是新发行的。

发行抵押贷款支持证券之后，贷款组合的加权平均期限将发生变化。房利美和房地美将报告贷款组合到期之前剩下的月数，这被称为**加权平均剩余期限**（weighted average remaining maturity，WARM)。房利美和房地美还报告发行由贷款组合中的贷款支持的证券后，贷款组合的加权平均月数。该指标被称为**加权平均贷款账龄**（weighted average loan age，WALA)。

除此以外，发行说明书补充文件还提供了其他关于贷款组合的信息，帮助投资者评估证券价值或更具体地说，评估贷款组合中可能发生的提前偿付情况。

政府机构转手证券的发行人

政府机构转手证券是由政府国民抵押贷款协会（Ginnie Mae)、联邦国民抵押协会

(Fannie Mae）和联邦住房贷款抵押公司（Freddie Mac）发行的。它们所发行的转手证券如下：

吉利美　抵押贷款支持证券（简称为 MBS）

房利美　担保抵押转手凭证或 MBS 凭证（简称为 MBS）

房地美　抵押贷款参与凭证（简称为 PC）

不要被通称“MBS”所混淆，吉利美和房利美也将转手凭证称为 MBS。

吉利美

如第 6 章所说明的，吉利美是一家联邦相关机构，因为它隶属于住房与城市发展部。因此，它担保的转手证券有美国政府对及时支付利息并偿还本金的全额信用担保。也就是说，即使抵押人无法偿还抵押贷款月还款，利息和本金也会得到及时偿付。

我们在本节开始时曾说过，吉利美是转手证券的发行人。从技术上讲，这种说法并不正确。吉利美提供担保，但它并不是发行人。由它担保并以其名义发行的转手证券是由它批准的贷款人发行的，例如储蓄机构、商业银行和抵押贷款银行。因此，这些被批准的实体被称为“发行人”。只有当标的贷款满足吉利美规定的承销标准时，这些贷款人才能获得批准。当吉利美担保被批准贷款人发行的证券时，它允许这些贷款人将流动性差的单笔贷款转换为由美国政府支持的流动性强的证券。在这一过程中，吉利美实现了向住房抵押贷款市场供给资金并提供活跃二级市场的目标。由于提供了担保，吉利美将收到一笔费用，这笔费用被称为**担保费**（guaranty fee）。

房利美和房地美

尽管房利美和房地美发行的抵押贷款支持证券通常被称为“政府机构抵押贷款支持证券”，但实际上二者都是由国会特许的、以实现公共目标为任务的股东所有公司。[①] 它们的股票在纽约证券交易所上交易。它们没有得到政府补贴或拨款，且像其他公司一样需要缴税。如第 6 章所示，房利美和房地美是政府资助企业（GSEs)。1992 年，国会成立了联邦住房企业监督办公室（OFHEO)，以监管房利美和房地美。联邦住房企业监督办公室负责监督其安全性和稳健性。2008 年 9 月，这两家政府资助企业均被美国政府接管。

这两家政府资助企业的任务是支持抵押贷款市场的流动性和稳定性。它们完成这一任务的方法包括：(1) 买卖抵押贷款；(2) 创造转手证券并为其提供担保；(3) 购买抵押贷款支持证券。房利美和房地美作为投资购买的抵押贷款是在投资组合中持有的，该组合被称为保留投资组合。但是，它们所发行的抵押贷款支持证券没有美国政府的完全信用作担保。对抵押贷款支持证券投资者的偿付首先由标的贷款组合的现金流提供保证，然后再由公司担保提供保证。但是，从历史上看，这种公司担保和对两家政府资助企业的其他债权人提供的公司担保是相同的。2008 年，政府提供了进一步的支持，作为对两家政府资助企业救助措施的一部分。和吉利美一样，两家政府资助企业都为承担了与借款人无法履行还贷义务相关的信用风险而收取担保费。

---

① 房利美和房地美发行的证券有时被称为“常规转手证券”。这是因为担保品通常是符合这两家政府资助企业的承销标准的常规贷款，如前一章所述。

当发行抵押贷款支持证券时，政府资助企业将提供发行说明书。首先发布的是“发行说明书”。发行说明书包括每家政府资助企业发行的证券的一般信息和与投资于抵押贷款支持证券相关的一般风险。发行说明书将定期修订。它并不提供关于某只证券的贷款组合的具体信息。该信息在发行说明书补充文件中提供，房利美称之为**发行说明书补充文件**（prospectus supplement），房地美称之为**贷款组合补充文件**（pool supplement）。

提前偿付惯例与现金流[①]

为了计算转手证券的价值，必须估计其现金流。困难在于，由于存在提前偿付情况，现金流是未知的。估计现金流的唯一方法是对标的抵押贷款组合存续期内的提前偿付率作出某些假设。假设的提前偿付率被称为**提前偿付速度**（prepayment speed）或简称**速度**（speed）。根据预计现金流计算的收益率被称为**现金流收益率**（cash flow yield）。

估计转手证券的现金流需要对未来提前偿付情况作出假设。被用作提前偿付率基准的惯例包括：（1）联邦住房管理局（FHA）的经验数据；（2）有条件的提前偿付率；（3）公共证券协会（PSA）提前偿付基准。尽管第一项惯例已不再使用，但由于其历史重要性，我们仍将对其进行讨论。

在转手证券市场发展的早期阶段，现金流是在假设前 12 年中不发生提前偿付的情况下计算出来的，而到满 12 年时，假设组合中的所有抵押贷款都提前偿付。这种简单方法被**联邦住房管理局提前偿付经验**（FHA prepayment experience）方法所取代。根据从关于抵押贷款存续系数的联邦住房管理局表格中得出的 30 年期抵押贷款提前偿付经验数据，该提前偿付假设曾经是最常使用的提前偿付率标准。它要求在假设提前偿付率与联邦住房管理局的 30 年期抵押贷款提前偿付经验数据相同的条件下，预计抵押贷款组合的现金流。

尽管这种方法过去很流行，但根据联邦住房管理局经验数据预测出的提前偿付率并不必然表示某个特定抵押贷款组合的提前偿付率，这主要是因为联邦住房管理局提前偿付经验数据是针对各种利率时期的抵押贷款的。然而，提前偿付率与利率周期紧密相关，因此各种周期的平均提前偿付率在估计提前偿付率时并不太有用。此外，新的联邦住房管理局表格会定期公布，这会让人搞不清应根据哪种联邦住房管理局提前偿付表格进行预测。最后，由于不同于房利美和房地美的抵押贷款和多数有转售即还条款的非合规抵押贷款，联邦住房管理局抵押贷款是可承继抵押贷款，因此联邦住房管理局的统计数据低估了非联邦住房管理局抵押贷款的提前偿付率。由于使用联邦住房管理局经验数据估计出的提前偿付率可能产生误导，因此所得到的现金流对计算转手证券的价值来说没有意义。

条件提前偿付率

预测提前偿付额和转手证券现金流的另一个基准要求假设在抵押贷款剩余期限中，每月提前偿还组合中剩余本金的一部分。某个组合的假设提前偿付率被称为**条件提前偿付率**（conditional prepayment rate，CPR），它是根据组合特征（包括历史提前偿付经验数据）和

① 本节和下一节摘自 Chapter 3 of Frank J. Fabozzi and Chuck Ramsey，*Collateralized Mortgage Obligations：Structures and Analysis*（New Hope，PA：Frank J. Fabozzi Associates，1999）。

当前与预期的未来经济环境计算出来的。它被称为条件提前偿付率，是因为它取决于月初的抵押贷款余额。

单月提前偿付率

条件提前偿付率是年提前偿付率。为了估计月提前偿付率，必须将条件提前偿付率转换为月提前偿付率，该比率通常被称为**单月提前偿付率**（single-monthly mortality rate，SMM）。对于给定的条件提前偿付率，可以用以下公式计算单月提前偿付率：

$$SMM=1-(1-CPR)^{\frac{1}{12}} \tag{11.1}$$

假设用于估计提前偿付额的条件提前偿付率为6%，则相应的单月提前偿付率为：

$$\begin{aligned} SMM &=1-(1-0.06)^{\frac{1}{12}} \\ &=1-(0.94)^{0.083\,33}=0.005\,143 \end{aligned}$$

单月提前偿付率和月提前偿付额

单月提前偿付率为$w\%$意味着月初的抵押贷款余额中约$w\%$（减去预计本金偿付额）将在该月被提前偿还。也就是说，

$$\begin{aligned} \text{第}\ t\ \text{月的提前偿付额}=\text{单月提前偿付率}\times(&\text{第}\ t\ \text{月月初的抵押贷款余额} \\ &-\text{第}\ t\ \text{月的计划本金偿付额}) \end{aligned} \tag{11.2}$$

例如，假设某位投资者拥有一只转手证券，其中某个月月初的抵押贷款余额为2.90亿美元。假设单月提前偿付率为0.514 3%，计划本金偿付额为300万美元，则该月的估计提前偿付额为：

$$0.005\,143(\$290\,000\,000-\$3\,000\,000)=\$1\,476\,041$$

公共证券协会提前偿付基准

公共证券协会（PSA）[①] 提前偿付基准是以按月发布的一系列年提前偿付率表示的。[②] 提前偿付基准假设新发放抵押贷款的提前偿付率较低，然后提前偿付速度将随着抵押贷款临近到期而加快。

公共证券协会基准对30年期抵押贷款的条件提前偿付率假定如下：（1）第一个月的条件提前偿付率为0.2%，在接下来的30个月中，年条件提前偿付率每个月上升0.2%，直至达到6%。（2）在剩余年份中，条件提前偿付率一直保持为6%。这个基准被称为“100% PSA”或简称为“100PSA”，如图表11—2所示。100PSA可以用数学表达式表示为：

如果$t\leqslant 30$，则CPR=6%（$t/30$）；

如果$t>30$，则CPR=6%。

---

① 公共证券协会曾更名为债券市场协会（BMA），之后又更名为证券业与金融市场协会（SIMFA）。不管名称如何变化，PSA提前偿付基准这一术语仍然沿用下来。

② 该基准通常被称为提前偿付模型，这表明它可以被用来估计提前偿付额。但将该基准描述为提前偿付模型是不恰当的，因为它只是提前偿付行为的一种市场惯例。

图表 11—2　　　　100PSA 的图示

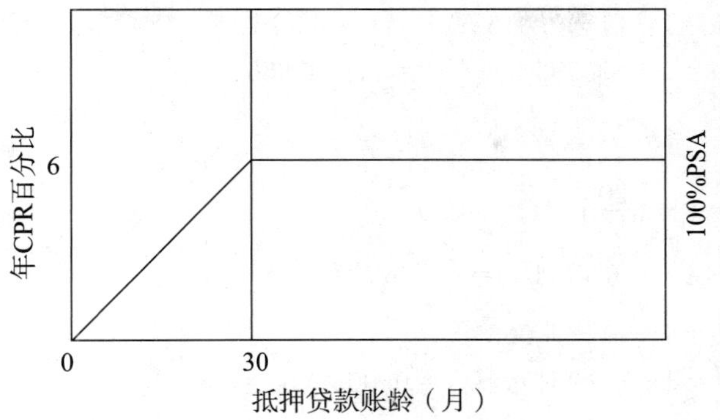

其中，t 为发放抵押贷款后经过的月数。

比这个基准更慢或更快的速度可以表示为 PSA 的某个百分比。例如，50PSA 表示 PSA 基准提前偿付率的条件提前偿付率的一半；150PSA 表示 PSA 基准提前偿付率的条件提前偿付率的 1.5 倍；300PSA 表示 PSA 基准提前偿付率的条件提前偿付率的 3 倍。提前偿付率为 0PSA，则表示假设没有提前偿还额。

条件提前偿付率可以用式（11.1）换算为单月提前偿付率。例如，假设条件提前偿付率为 100PSA，则第 5 个月、第 20 个月、第 31 个月直至第 360 个月的单月提前偿付率可以按如下方法计算：

第 5 个月：

$$CPR=6\%\left(\frac{5}{30}\right)=1\%=0.01$$

$$\begin{aligned}SMM&=1-(1-0.01)^{\frac{1}{12}}\\&=1-(0.99)^{0.83333}=0.000837\end{aligned}$$

第 20 个月：

$$CPR=6\%\left(\frac{20}{30}\right)=4\%=0.04$$

$$\begin{aligned}SMM&=1-(1-0.04)^{\frac{1}{12}}\\&=1-(0.96)^{0.083333}=0.003396\end{aligned}$$

第 31 个月至第 360 个月：

$$CPR=6\%$$

$$\begin{aligned}SMM&=1-(1-0.06)^{\frac{1}{12}}\\&=1-(0.94)^{0.083333}=0.005143\end{aligned}$$

假设条件提前偿付率为 165PSA，则第 5 个月、第 20 个月、第 31 个月直至第 360 个月的单月提前偿付率可以按如下方法计算：

第 5 个月：

$$CPR=6\%\left(\frac{5}{30}\right)=1\%=0.01$$

$$165PSA = 1.65(0.01) = 0.0165$$

$$SMM = 1 - (1 - 0.0165)^{\frac{1}{12}}$$
$$= 1 - (0.9835)^{0.083333} = 0.001386$$

第 20 个月：

$$CPR = 6\%\left(\frac{20}{30}\right) = 4\% = 0.04$$

$$165PSA = 1.65(0.04) = 0.066$$

$$SMM = 1 - (1 - 0.066)^{\frac{1}{12}}$$
$$= 1 - (0.934)^{0.083333} = 0.005674$$

第 31 个月至第 360 个月：

$$CPR = 6\%$$

$$165PSA = 1.65(0.06) = 0.099$$

$$SMM = 1 - (1 - 0.099)^{\frac{1}{12}}$$
$$= 1 - (0.901)^{0.083333} = 0.007828$$

注意，假设条件提前偿付率为 165PSA 时的单月提前偿付率并不是假设条件提前偿付率为 100PSA 时的单月提前偿付率的 1.65 倍。它是假设条件提前偿付率为 100PSA 时条件提前偿付率的倍数。

月现金流构建

现在，我们说明如何在给定条件提前偿付率假设下，构建假想转手证券的月现金流。就本例而言，假设假想转手证券的标的抵押贷款为固定利率等额偿付抵押贷款，其加权平均票面利率为 8.125%。假设转手证券的利率为 7.5%，加权平均期限为 357 个月。

图表 11—3 显示了假设条件提前偿付率为 100PSA 时部分月份的现金流。现金流可分解为三个部分：(1) 利息（根据转手证券利率计算而得）；(2) 定期计划本金偿付额；(3) 根据 100PSA 计算出的提前偿付额。

图表 11—3　　假设条件提前偿付率为 100PSA、加权平均票面利率为 8.125%、加权平均期限为 357 个月、利率为 7.5%的 4 亿美元转手证券的月现金流　　单位：美元

(1) 月份	(2) 未清偿余额	(3) 单月提前偿付率	(4) 抵押贷款偿付额	(5) 利息	(6) 计划本金偿付额	(7) 提前偿付额	(8) 总本金	(9) 总现金流
1	400 000 000	0.000 67	2 975 868	2 500 000	267 535	267 470	535 005	3 035 005
2	399 464 995	0.000 84	2 973 877	2 496 656	269 166	334 198	603 364	3 100 020
3	398 861 631	0.001 01	2 971 387	2 492 885	270 762	400 800	671 562	3 164 447
4	398 190 069	0.001 17	2 968 399	2 488 688	272 321	467 243	739 564	3 228 252
5	397 450 505	0.001 34	2 964 914	2 484 066	273 843	533 493	807 335	3 291 401

续前表

(1) 月份	(2) 未清偿 余额	(3) 单月提前 偿付率	(4) 抵押贷款 偿付额	(5) 利息	(6) 计划本金 偿付额	(7) 提前 偿付额	(8) 总本金	(9) 总现金流
6	396 643 170	0.001 51	2 960 931	2 479 020	275 327	599 514	874 841	3 353 860
7	395 768 329	0.001 68	2 956 453	2 473 552	276 772	665 273	942 045	3 415 597
8	394 826 284	0.001 85	2 951 480	2 467 664	278 177	730 736	1 008 913	3 476 577
9	393 817 371	0.002 02	2 946 013	2 461 359	279 542	795 869	1 075 410	3 536 769
10	392 741 961	0.002 19	2 940 056	2 454 637	280 865	860 637	1 141 502	3 596 140
11	391 600 459	0.002 36	2 933 608	2 447 503	282 147	925 008	1 207 155	3 654 658
12	390 393 304	0.002 54	2 926 674	2 439 958	283 386	988 948	1 272 333	3 712 291
13	389 120 971	0.002 71	2 919 254	2 432 006	284 581	1 052 423	1 337 004	3 769 010
14	387 783 966	0.002 88	2 911 353	2 423 650	285 733	1 115 402	1 401 134	3 824 784
15	386 382 832	0.003 05	2 902 973	2 414 893	286 839	1 177 851	1 464 690	3 879 583
16	384 918 142	0.003 22	2 894 117	2 405 738	287 900	1 239 739	1 527 639	3 933 378
17	383 390 502	0.003 40	2 884 789	2 396 191	288 915	1 301 033	1 589 949	3 986 139
18	381 800 553	0.003 57	2 874 992	2 386 253	289 884	1 361 703	1 651 587	4 037 840
19	380 148 966	0.003 74	2 864 730	2 375 931	290 805	1 421 717	1 712 522	4 088 453
20	378 436 444	0.003 92	2 854 008	2 365 228	291 678	1 481 046	1 772 724	4 137 952
21	376 663 720	0.004 09	2 842 830	2 354 148	292 503	1 539 658	1 832 161	4 186 309
22	374 831 559	0.004 27	2 831 201	2 342 697	293 279	1 597 525	1 890 804	4 233 501
23	372 940 755	0.004 44	2 819 125	2 330 880	294 005	1 654 618	1 948 623	4 279 503
24	370 992 132	0.004 62	2 806 607	2 318 701	294 681	1 710 908	2 005 589	4 324 290
25	368 986 543	0.004 79	2 793 654	2 306 166	295 307	1 766 368	2 061 675	4 367 841
26	366 924 868	0.004 97	2 780 270	2 293 280	295 883	1 820 970	2 116 852	4 410 133
27	364 808 016	0.005 14	2 766 461	2 280 050	296 406	1 874 688	2 171 092	4 451 144
28	362 636 921	0.005 14	2 752 233	2 266 481	296 879	1 863 519	2 160 398	4 426 879
29	360 476 523	0.005 14	2 738 078	2 252 978	297 351	1 852 406	2 149 758	4 402 736
30	358 326 766	0.005 14	2 723 996	2 239 542	297 825	1 841 347	2 139 173	4 378 715
……								
100	231 249 776	0.005 14	1 898 682	1 445 311	332 928	1 187 608	1 520 537	2 965 848
101	229 729 239	0.005 14	1 888 917	1 435 808	333 459	1 179 785	1 513 244	2 949 052
102	228 215 995	0.005 14	1 879 202	1 426 350	333 990	1 172 000	1 505 990	2 932 340
103	226 710 004	0.005 14	1 869 538	1 416 938	334 522	1 164 252	1 498 774	2 915 712
104	225 211 230	0.005 14	1 859 923	1 407 570	335 055	1 156 541	1 491 596	2 899 166
105	223 719 634	0.005 14	1 850 357	1 398 248	335 589	1 148 867	1 484 456	2 882 703
……								
200	109 791 339	0.005 14	1 133 751	686 196	390 372	562 651	953 023	1 639 219

续前表

(1) 月份	(2) 未清偿 余额	(3) 单月提前 偿付率	(4) 抵押贷款 偿付额	(5) 利息	(6) 计划本金 偿付额	(7) 提前 偿付额	(8) 总本金	(9) 总现金流
201	108 838 316	0.005 14	1 127 920	680 239	390 994	557 746	948 740	1 628 980
202	107 889 576	0.005 14	1 122 119	674 310	391 617	552 863	944 480	1 618 790
203	106 945 096	0.005 14	1 116 348	668 407	392 241	548 003	940 243	1 608 650
204	106 004 852	0.005 14	1 110 607	662 530	392 866	543 164	936 029	1 598 560
205	105 068 823	0.005 14	1 104 895	656 680	393 491	538 347	931 838	1 588 518
……								
300	32 383 611	0.005 14	676 991	202 398	457 727	164 195	621 923	824 320
301	31 761 689	0.005 14	673 510	198 511	458 457	160 993	619 449	817 960
302	31 142 239	0.005 14	670 046	194 639	459 187	157 803	616 990	811 629
303	30 525 249	0.005 14	666 600	190 783	459 918	154 626	614 545	805 328
304	29 910 704	0.005 14	663 171	186 942	460 651	151 462	612 113	799 055
305	29 298 591	0.005 14	659 761	183 116	461 385	148 310	609 695	792 811
……								
350	4 060 411	0.005 14	523 138	25 378	495 645	18 334	513 979	539 356
351	3 546 432	0.005 14	520 447	22 165	496 435	15 686	512 121	534 286
352	3 034 311	0.005 14	517 770	18 964	497 226	13 048	510 274	529 238
353	2 524 037	0.005 14	515 107	15 775	498 018	10 420	508 437	524 213
354	2 015 600	0.005 14	512 458	12 597	498 811	7 801	506 612	519 209
355	1 508 988	0.005 14	509 823	9 431	499 606	5 191	504 797	514 228
356	1 004 191	0.005 14	507 201	6 276	500 401	2 591	502 992	509 269
357	501 199	0.005 14	504 592	3 132	501 199	0	501 199	504 331

让我们逐列分析图表 11—3。

第 1 列　本列表示的是月份。

第 2 列　本列给出了月初的未清偿抵押贷款余额。该金额等于上月的月初未清偿抵押贷款余额减去上月的总本金偿付额。

第 3 列　本列显示了 100PSA 假设下的单月提前偿付率。关于本列，应注意两点。第一，第 1 个月的单月提前偿付率表示已经发行 3 个月的转手证券的单月提前偿付率。也就是说，条件提前偿付率为 0.8%。这是因为加权平均期限为 357。第二，从第 27 个月开始，单月提前偿付率为 0.005 14，相应的条件提前偿付率为 6%。

第 4 列　本列显示了抵押贷款月偿付总额。注意，由于提前偿付减少了未清偿抵押贷款余额，抵押贷款月偿付总额随着时间的推移而逐渐下降。在给定提前偿付额的条件下，有一个公式可用来计算每月的抵押贷款余额。[1]

第 5 列　本列显示了每月支付给转手证券投资者的利息。利息金额等于月初的未清偿抵押贷款余额乘以转手证券利率 7.5%再除以 12。

第 6 列　本列给出了定期计划本金偿付额。其金额等于抵押贷款月偿付总额（第 4 列显示的数据）与该月的息票利息总额之差。总息票利息等于 8.125%乘以月初未清偿抵押贷款余额再除以 12。

第 7 列　本列显示了月提前偿付额。该提前偿付额是通过式（11.2）计算出来的。因此，例如，在第 100 个月中，月初抵押贷款余额为 231 249 776 美元，计划本金偿付额为 332 928美元，100PSA 假设下的单月提前偿付率为 0.005 143 01（为了节省篇幅，表中只显示为 0.005 14），因此提前偿付额为：

$$0.005\ 143\ 01(\$231\ 249\ 776-\$332\ 928)=\$1\ 187\ 608$$

第 8 列　本列中显示的是本金偿付总额，即第 6 列与第 7 列之和。

第 9 列　最后一列显示了该转手证券的预计月现金流。月现金流等于支付给转手证券投资者的利息（第 5 列）与该月的本金偿付总额（第 8 列）之和。

图表 11—4 显示了假设条件提前偿付率为 165PSA 时，同一只转手证券的部分月现金流。

图表 11—4　　假设条件提前偿付率为 165PSA、加权平均票面利率为 8.125%、加权平均期限为 357 个月、利率为 7.5%的 4 亿美元转手证券的月现金流　单位：美元

(1) 月份	(2) 未清偿余额	(3) 单月提前偿付率	(4) 抵押贷款偿付额	(5) 利息	(6) 计划本金偿付额	(7) 提前偿付额	(8) 本金总额	(9) 总现金流
1	400 000 000	0.001 11	2 975 868	2 500 000	267 535	442 389	709 923	3 209 923
2	399 290 077	0.001 39	2 972 575	2 495 563	269 048	552 847	821 896	3 317 459
3	398 468 181	0.001 67	2 968 456	2 490 426	270 495	663 065	933 560	3 423 986
4	397 534 621	0.001 95	2 963 513	2 484 591	271 873	772 949	1 044 822	3 529 413
5	396 489 799	0.002 23	2 957 747	2 478 061	273 181	882 405	1 155 586	3 633 647
6	395 334 213	0.002 51	2 951 160	2 470 839	274 418	991 341	1 265 759	3 736 598
7	394 068 454	0.002 79	2 943 755	2 462 928	275 583	1 099 664	1 375 246	3 838 174
8	392 693 208	0.003 08	2 935 534	2 454 333	276 674	1 207 280	1 483 495	3 938 287
9	391 209 254	0.003 36	2 926 503	2 445 058	277 690	1 314 099	1 591 789	4 036 847
10	389 617 464	0.003 65	2 916 666	2 435 109	273 631	1 420 029	1 698 659	4 133 769
11	387 918 805	0.003 93	2 906 028	2 424 493	279 494	1 524 979	1 804 473	4 228 965
12	386 114 332	0.004 22	2 894 595	2 413 215	280 280	1 628 859	1 909 139	4 322 353

① 该公式可见 Chapter 22 of Frank J. Fabozzi，*Fixed Income Mathematics*：*Analytical and Statistical Techniques*，4th ed.（New York：McGraw Hill，2006）。

续前表

(1) 月份	(2) 未清偿余额	(3) 单月提前偿付率	(4) 抵押贷款偿付额	(5) 利息	(6) 计划本金偿付额	(7) 提前偿付额	(8) 本金总额	(9) 总现金流
13	384 205 194	0.004 51	2 882 375	2 401 282	280 986	1 731 581	2 012 567	4 413 850
14	382 192 626	0.004 80	2 869 375	2 388 704	281 613	1 833 058	2 114 670	4 503 374
15	380 077 956	0.005 09	2 855 603	2 375 487	282 159	1 933 203	2 215 361	4 590 848
16	377 862 595	0.005 38	2 841 068	2 361 641	282 623	2 031 931	2 314 554	4 676 195
17	375 548 041	0.005 67	2 825 779	2 347 175	283 006	2 129 159	2 412 164	4 759 339
18	373 135 877	0.005 97	2 809 746	2 332 099	283 305	2 224 805	2 508 110	4 840 210
19	370 627 766	0.006 26	2 792 980	2 316 424	283 521	2 318 790	2 602 312	4 918 735
20	368 025 455	0.006 56	2 775 493	2 300 159	283 654	2 411 036	2 694 690	4 994 849
21	365 330 765	0.006 85	2 757 296	2 283 317	283 702	2 501 466	2 785 169	5 068 486
22	362 545 596	0.007 15	2 738 402	2 265 910	283 666	2 590 008	2 873 674	5 139 584
23	359 671 922	0.007 45	2 718 823	2 247 950	283 545	2 676 588	2 960 133	5 208 083
24	356 711 789	0.007 75	2 698 575	2 229 449	283 338	2 761 139	3 044 477	5 273 926
25	353 667 312	0.008 05	2 677 670	2 210 421	283 047	2 843 593	3 126 640	5 337 061
26	350 540 672	0.008 35	2 656 123	2 190 879	282 671	2 923 885	3 206 556	5 397 435
27	347 334 116	0.008 65	2 633 950	2 170 838	282 209	3 001 955	3 284 164	5 455 002
28	344 049 952	0.008 65	2 611 167	2 150 312	281 662	2 973 553	3 255 215	5 405 527
29	340 794 737	0.008 65	2 588 581	2 129 967	281 116	2 945 400	3 226 516	5 356 483
30	337 568 221	0.008 65	2 566 190	2 109 801	280 572	2 917 496	3 198 067	5 307 869
……								
100	170 142 350	0.008 65	1 396 958	1 063 390	244 953	1 469 591	1 714 544	2 777 933
101	168 427 806	0.008 65	1 384 875	1 052 674	244 478	1 454 765	1 699 243	2 751 916
102	166 728 563	0.008 65	1 372 896	1 042 054	244 004	1 440 071	1 684 075	2 726 128
103	165 044 489	0.008 65	1 361 020	1 031 528	243 531	1 425 508	1 669 039	2 700 567
104	163 375 450	0.008 65	1 349 248	1 021 097	243 060	1 411 075	1 654 134	2 675 231
105	161 721 315	0.008 65	1 337 577	1 010 758	242 589	1 396 771	1 639 359	2 650 118
……								
200	56 746 664	0.008 65	585 990	354 667	201 767	489 106	690 874	1 045 540
201	56 055 790	0.008 65	580 921	350 349	201 377	483 134	684 510	1 034 859
202	55 371 280	0.008 65	575 896	346 070	200 986	477 216	678 202	1 024 273
203	54 693 077	0.008 65	570 915	341 832	200 597	471 353	671 950	1 013 782

续前表

(1) 月份	(2) 未清偿余额	(3) 单月提前偿付率	(4) 抵押贷款偿付额	(5) 利息	(6) 计划本金偿付额	(7) 提前偿付额	(8) 本金总额	(9) 总现金流
204	54 021 127	0.008 65	565 976	337 632	200 208	465 544	665 752	1 003 384
205	53 355 375	0.008 65	561 081	333 471	199 820	459 789	659 609	993 080
……								
300	11 758 141	0.008 65	245 808	73 488	166 196	100 269	266 465	339 953
301	11 491 677	0.008 65	243 682	71 823	165 874	97 967	263 841	335 664
302	11 227 836	0.008 65	241 574	70 174	165 552	95 687	261 240	331 414
303	10 966 596	0.008 65	239 485	68 541	165 232	93 430	258 662	327 203
304	10 707 934	0.008 65	237 413	66 925	164 912	91 196	256 107	323 032
305	10 451 827	0.008 65	235 360	65 324	164 592	88 983	253 575	318 899
……								
350	1 235 674	0.008 65	159 202	7 723	150 836	9 384	160 220	167 943
351	1 075 454	0.008 65	157 825	6 722	150 544	8 000	158 544	165 266
352	916 910	0.008 65	156 460	5 731	150 252	6 631	156 883	162 614
353	760 027	0.008 65	155 107	4 750	149 961	5 277	155 238	159 988
354	604 789	0.008 65	153 765	3 780	149 670	3 937	153 607	157 387
355	451 182	0.008 65	152 435	2 820	149 380	2 611	151 991	154 811
356	299 191	0.008 65	151 117	1 870	149 091	1 298	150 389	152 259
357	148 802	0.008 65	149 809	930	148 802	0	148 802	149 732

慎用提前偿付惯例

公共证券协会提前偿付基准只是一种市场惯例。它是公共证券协会根据联邦住房管理局提前偿付经验数据得到的一项研究成果。公共证券协会委员会考察的数据似乎表明，抵押贷款在 30 个月后开始变得稳定（即提前偿付率趋于稳定），此时的条件提前偿付率将保持在 6%。但是，公共证券协会是如何求出第 1 个月到第 29 个月的条件提前偿付率的呢？事实上，这些数字并非以实证为基础，而是以从第 1 个月到第 30 个月的线性上升趋势为基础，使第 30 个月的条件提前偿付率达到 6%。而且，我们对转手证券报价时也采用了同样的基准或趋向稳定的提前偿付过程，不论抵押贷款属于下列哪种情况：30 年期还是 15 年期贷款；固定利率还是可调整利率贷款；常规贷款还是由退伍军人管理局/联邦住房管理局保险的贷款。

敏锐的基金经理认识到，条件提前偿付率是一种便利的工具，它有助于市场参与者报出收益率和（或）价格，不过作为一种市场惯例，它在定价方面仍然存在诸多局限性。

影响提前偿付行为的因素

提前偿付模型是一种用来预测提前偿付额的统计模型。建立提前偿付模型，首先要建立提前偿付额影响因素之间统计关系的模型。出售抵押贷款支持证券的华尔街企业和独立研究企业已经建立了一些提前偿付模型。

由于受由抵押贷款支持证券所构成的贷款组合中单笔贷款的数据限制，提前偿付模型曾将借款人视为一个总体，造成借款人唯一重大区别的原因是：

1. 当借款人面临再融资机会时，根据抵押贷款利率与市场利率之比以及贷款账龄（即已借入抵押贷款的时间），一般会作何反应。

2. 贷款类型（即固定利率贷款还是可调整利率贷款）。

现在，可以获得更多关于借款人和贷款特征的数据，尤其是非政府机构抵押贷款支持证券的数据。模型构建者发现的非政府机构抵押贷款支持证券市场上的重要特征已被应用于因无法获得单笔贷款数据而使用替代指标的政府机构抵押贷款支持证券市场。因此，现在有更多变量可以用于计算再融资和住房周转造成的提前偿付额。

建模者已经建立了不同的政府机构抵押贷款支持证券和非政府机构抵押贷款支持证券提前偿付模型。然而，政府机构抵押贷款支持证券的借款人和贷款数据远远少于非政府机构抵押贷款支持证券的借款人和贷款数据。因此，提前偿付模型是在组合水平而非贷款水平上建立的。

政府机构提前偿付模型包括三个部分：

- 住房周转率。
- 变现再融资。
- 利率/期限再融资。

现在，让我们讨论政府机构抵押贷款支持证券的这些因素。尽管在提前偿付模型中，促使进行提前偿付的因素通常不会随时间的推移而变化（除非可以获得更详细的数据），但这些因素价值的相对重要性却会变化。

住房周转率因素

住房周转率（housing turnover）是指现有住房的销售情况。影响现有住房销售情况的两个因素包括：

- 就业和家庭状况变化（例如，家庭规模的变化、离婚）导致的搬家。
- 利率、收入和房价变化导致的卖掉差房买好房或卖掉好房买差房的行为。

通常住房周转率对抵押贷款利率水平不敏感。

通常用来预测住房周转导致的提前偿付额的因素有：（1）成熟效应（seasoning effect）；（2）房价上升效应；（3）季节效应。

由于存在交易成本和搬迁成本，人们不太可能预期在购置新房屋后的较短时间内将其出售。基准公共证券协会模型中 30 个月的成熟期就反映了这种观点。然而，由于存在大规模再融资期（即再融资波动），有证据表明 30 个月的成熟期无法再恰当地表示成熟过程，因为必须确认房屋所有者对房屋的占有期限（并不必然与再融资导致的贷款账龄相对应）。例如，在一幢房屋中住了10年，但在6个月前进行再融资的房屋所有者对卖掉房屋这一决定的看法将和6个月前刚搬进一幢房屋的人的看法不同。因此，必须将这一点考虑在内。

当房价上涨时，贷款额与抵押品价值之比也会逐渐变化。这是由于贷款的分期偿还和住房价值的变化。如果住房价值上升，就存在变现再融资（接下来将讨论）的动机。因此，在提前偿付模型中，为了估计由于房价上升而产生的提前偿付额，需要用一个替代变量描述贷款组合中贷款额与抵押品价值之比的变化。建模者在建立政府机构提前偿付模型时，是通过构建复合房价上升指数（HPI）来描述这种变化的。

最后，存在一种有充分证据支持的提前偿付季节性模式。这种模式被称为**季节性效应**（seasonality effect）。[①] 这种季节性效应与初级住房市场的活动有关，春季住房购买量上升，并在夏末逐渐达到顶峰，秋冬季的住房购买量下降。与这种活动相对照的是，当买房者卖掉现有房屋，购买新房屋时，住房周转所导致的提前偿付行为。在冬季月份中，提前偿付率较低，在春季提前偿付率开始上升，并在夏季达到顶峰。但是，如果转手证券提前偿付出现延迟，那么可能直到初秋也观察不到顶峰的出现。

变现再融资因素

变现再融资（cash-out refinancing）是指借款人为变现不动产价格上涨的货币收益而进行的再融资行为。显然，由于变现再融资而产生的提前偿付将取决于该不动产所在经济体或地区的房价上涨情况。增强借款人变现价格上涨货币收益动机的还包括关于资本利得税的有利税法规定。因此，即使抵押贷款利率升高并考虑交易成本，变现再融资仍可能是合算的。基本上，变现再融资更像是住房周转再融资，因为它与房价挂钩，而且对抵押贷款利率并不敏感。提前偿付模型中使用的价格上涨替代指标为HPI。

利率/期限再融资因素

利率/期限再融资（rate/term refinancing）是指借款人获得了现有不动产的一笔新抵押贷款，以节省利息成本或缩短抵押贷款期限，而不增加月偿付额。房屋所有者进行再融资的动机是基于扣除预计再融资交易成本后，抵押贷款利率降低所节省利息的预计现值。

在提前偿付模型中，哪项指标是利率/期限再融资节约动机的替代指标呢？一个简单的替代指标是现行抵押贷款利率与房屋所有者贷款的票面利率之差。但是，这不是一个好的替代指标。原因在于，如果借款人的票面利率为11%而不是6%，那么房屋所有者票面利率和现行抵押贷款利率相差的100个基点对借款人节约行为的影响将增大。提前偿付模型的建模者发现，一个更好但并不完美的体现再融资动机的替代指标是借款人的票面利率与当前抵押贷款利率之比。该比率被称为**再融资比率**（refinancing ratio）。对于政府机构抵押贷款支持证券而言，加权平均票面利率为分子。再融资比率小于1，意味着借款人的抵押贷款利率小于现行抵押贷款利率，因此，借款人没有进行利率/期限再融资的动机；再融资比率为1，也意味着借款人没有动机进行再融资，因为他的抵押贷款票面利率和市场利率相同。当再融资比率超过1时，借款人就有动机进行再融资。

再融资决策不只是根据抵押贷款利率与现行市场利率之比决定的，还要参考借款人面临

① 不要混淆季节性和成熟性。季节性是一年中的时间，成熟性是贷款账龄。

的其他环境。这在**提前偿付 S 曲线**（S-curve for prepayments）中得以体现，图表 11—5 用图形描绘了这一曲线。我们观察到的提前偿付 S 曲线之所以呈现这一形状，是因为当利率之比增加时，CPR（即提前偿付率）也随之增加。但是，当利率之比达到某个水平时，提前偿付率就开始趋于平缓。这种提前偿付率趋于平缓的原因在于，贷款组合中仅剩的借款人要么无法获得再融资，要么由于其他原因而使再融资不可行。

图表 11—5 **提前偿付的 S 曲线示例**

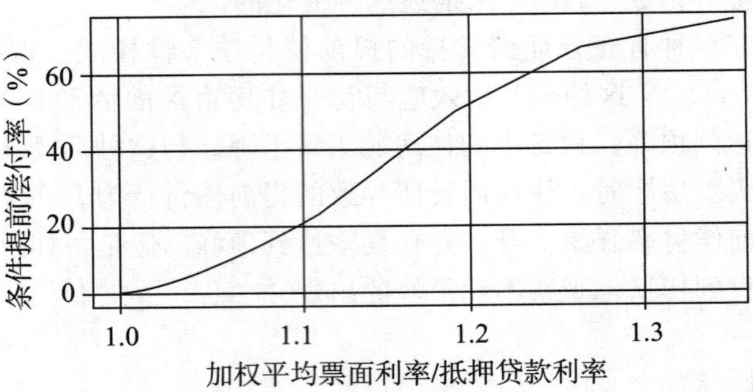

仅靠 S 曲线并不足以建立利率/期限再融资模型。这是因为 S 曲线无法充分考虑两种影响再融资决策的借款人动态特征：（1）燃尽效应；（2）临界媒体效应。产生**燃尽效应**（burnout effect）是由于抵押贷款组合中的借款人构成因成熟模式和再融资模式而逐渐发生变化。具体而言，当抵押贷款利率下降时，贷款组合中对利率最敏感的借款人将进行提前偿付。贷款组合中剩下的贷款人对利率不那么敏感，但当抵押贷款利率继续下降时，这些借款人也会进行提前偿付。当抵押贷款利率继续下降时，新出现的提前偿付行为也开始减少，在某个点上，融资动机被"燃烧殆尽"。

现金流收益率

如果已知转手证券的预期现金流和价格，那么就可以据此计算出转手证券的收益率。该收益率为使预期现金流的现值等于价格的利率。用这种方法计算出的收益率被称为**现金流收益率**（cash flow yield）。

债券等值收益率

对于转手证券而言，使其现金流现值等于价格的收益率是月利率。下面分析将月利率换算为年利率的方法。按照市场惯例，在比较转手证券的收益率和国债或公司债券的收益率时，不应简单地用月收益率乘以 12 的方法将月收益率换算为年收益率。原因在于，国债和公司债券每半年付息一次，而转手证券每月都产生现金流。与那些半年才能收到一次利息用于再投资的债券持有者相比，转手证券持有者可以将月现金流再投资，从而有机会创造更高的利息收益。因此，必须计算转手证券的收益率，以便将其与债券的到期收益率进行比较。

通过计算**债券等值收益率**（bond-equivalent yield），可以实现上述目的。正如第 3 章所说明的，这是计算每年付息超过一次的固定收益工具的年收益率的市场惯例。债券等值收益率等于半年期收益率的 2 倍。对转手证券而言的半年期收益率为：

$$半年期现金流收益率=(1+y_M)^6-1$$

其中，y_M为使转手证券的预期月现金流现值等于其价格的月利率。将半年期现金流收益率乘以 2，即得到债券等值收益率，为：

$$债券等值收益率=2[(1+y_M)^6-1]$$

现金流收益率指标的局限性

根据价格计算收益率时必须符合提前偿付假设。尽管经常会有收益率报价，但要记住，收益率是以某种提前偿付假设为基础的。因此，根据 150％PSA 计算出的收益率为 9％，意味着假设标的抵押贷款将以 150％PSA 的速度被提前偿付。不符合提前偿付假设的收益率数据是没有意义的。

实际上，即使有具体的提前偿付假设，从转手证券相对价值的角度看，收益率数据也是没有意义的。对于想根据某种 PSA 假设实现该收益率的投资者而言，必须满足下列条件：(1) 投资者必须按计算出的收益率将所有现金流再投资；(2) 投资者必须持有转手证券，直至所有抵押贷款均被清偿；(3) 假设的提前偿付率必须在转手证券存续期内确实发生。只有在满足上述条件时，我们才能相信这些收益率数据。否则，投资者在应用收益率数据计算转手证券的价值时必须谨慎小心。

转手证券与国债的收益率价差

尽管我们已经说明无法确切地计算出收益率，但我们也指出，转手证券提供了比国债更高的收益率。通常，这种比较是在吉利美转手证券和国债之间进行的，因为这两种证券都没有违约风险。两种收益率之差可能主要反映了提前偿付风险。但问题在于，投资者收到的较高的潜在收益率溢价是否足以弥补其承担的提前偿付风险。这正是将期权理论用于转手证券所要解决的问题。期权理论有助于我们确定转手证券是否为承担提前偿付风险提供了适当的补偿。

当我们比较抵押贷款转手证券与可比国债的收益率时，“可比”的含义是什么？由于存在提前偿付行为，因此抵押贷款转手证券的规定期限不是一个合适的指标。市场参与者使用的是另外两种指标：麦考利久期和平均存续期。正如我们在第 4 章所说明的，麦考利久期是以现金流的现值为权数计算的加权平均期限。平均存续期是一个更常用的指标。

平均存续期

抵押贷款支持证券的**平均存续期**（average life）是以预期本金金额为权数求出的收到本金偿付（计划本金偿付和预计提前偿付）的平均时间。平均存续期的数学表达式如下：

$$平均存续期=\sum_{t=1}^{T}\frac{t\times 在第\ t\ 个月收到的本金}{12\times 本金总额}$$

其中，T 表示月数。转手证券的平均存续期取决于 PSA 提前偿付假设。为了说明这一点，图表 11—6 显示了我们曾在图表 11—2 和图表 11—3 中用来计算 100PSA 和 165PSA 假定下现金流的转手证券在不同提前偿付速度下的平均存续期。

图表 11—6　　不同 PSA 提前偿付假设下的转手证券平均存续期

PSA 速度	50	100	165	200	300	400	500	600	700
平均存续期	15.11	11.66	8.76	7.68	5.63	4.44	3.68	3.16	2.78

提前偿付风险与资产负债管理

由于现金流取决于提前偿付情况，因此持有转手证券的投资者并不知道现金流将是多少。与提前偿付相关的风险被称为**提前偿付风险**（prepayment risk）。为了理解提前偿付风险，假设某投资者在抵押贷款率为10%时购买了息票利率为10%的吉利美转手证券。让我们来考虑一下，如果抵押贷款利率降低到6%，那么提前偿付情况将会发生什么变化。在这种情况下，将产生两种不利后果。第一，根据固定收益证券的基本特征，我们知道未附期权的债券价格将会上升。但是对于转手证券而言，其价格上升幅度将没有未附期权债券的上升幅度大，因为利率下降增加了借款人提前偿还贷款并按较低的利率对债务进行再融资的动机。这将导致转手证券持有者面临着与可赎回公司债券和市政债券持有者相同的不利后果。和上述证券的情况一样，提前偿付导致转手证券的价格上升潜力减弱。正如我们将在第18章中说明的，这种特征被称为**负凸性**（negative convexity）。这并不令人意外，因为抵押贷款实际上向借款人提供了以面值赎回贷款的权利。第二种不利后果是，必须将现金流按较低的利率进行再投资。抵押贷款利率下降导致的这两种不利后果被称为**缩期风险**（contraction risk）。

现在考察抵押贷款利率上升到15%时的情况。与其他债券的价格一样，转手证券的价格也将下降，但下降的幅度更大，因为利率升高趋向于减缓提前偿付速度，从而实际上增加了按息票利率（低于市场利率）投资的金额。当抵押贷款利率高于10%的合同利率时，房屋所有者将不会进行再融资或部分提前偿还抵押贷款，因此，提前偿付速度会减慢。当然，此时正是投资者希望提前偿付加速，以便他们能以更高的市场利率对提前偿付额进行再投资的时候。这种抵押贷款利率上升所导致的不利后果被称为**延期风险**（extension risk）。

因此，提前偿付风险包括缩期风险和延期风险。由于存在提前偿付风险，因此从资产负债角度看，持有转手证券对特定金融机构失去了吸引力。以下是某些机构投资者认为转手证券不具有吸引力的原因：

1. 储蓄机构和商业银行希望锁定其资金成本之上的利差。它们的资金是通过短期融资筹集的。如果它们投资于固定利率转手证券，就会由于转手证券是长期证券而产生期限不匹配的问题。特别是当储蓄机构投资于转手证券时，它们会面临延期风险。

2. 在偿还保险公司的特定债务方面，转手证券可能不具吸引力。具体而言，以一家发行了一份4年期担保投资合同（GIC）的寿险公司为例。转手证券现金流的不确定性和提前偿付放缓的可能将导致这种工具的期限变长，从而使之成为不具吸引力的投资工具。在这种情况下，转手证券使保险公司面临着延期风险。

3. 以一家希望通过锁定现行利率偿还长期债务的养老金为例。购买转手证券使这家养老金面临提前偿付加速、投资期限显著缩短的风险。当利率下降时，提前偿付将加速，从而迫使投资者按较低的利率对提前偿付额进行再投资。在这种情况下，养老金会面临缩期风险。

我们可以看到，当购买转手证券时，一些机构投资者担心延期风险，而另一些机构投资者担心缩期风险。是否有可能改变转手证券的现金流，以降低机构投资者的缩期风险和延期风险呢？这是可以做到的，我们将在下一章中说明这种做法。

我们应该明白，提前偿付对于投资者而言并不必然是不利事件。它对投资绩效的影响取决于以折价还是溢价购买转手证券。当以折价购买转手证券时，提前偿付会提高持有转手证券的收益率，其中有两个原因。第一，投资者实现了资本收益，该资本收益等于面值与所支付价格之差。第二，转手证券的息票利率低于新发行转手证券的现行息票利率，因而，转手证券将以折价交易。因此，提前偿付使投资者可以按更高的息票利率对所得收益进行再投资。当以溢价购买转手证券时，提前偿付会降低投资收益率，其中也有两个原因：(1) 投资者遭受了资本亏损，亏损额等于所支付价格与面值之差；(2) 必须以更低的息票利率对收益进行再投资。

二级市场交易

转手证券的报价方法和美国附息国债的报价方法相同。报价 94－05 表示面值的 94%加上面值的 5/32，即面值的 94.156 25%。正如我们在对提前偿付的讨论中所说明的，与某个价格对应的收益率必须满足提前偿付假设。

如前所述，转手证券是通过政府机构提供的抵押贷款组合前缀和抵押贷款组合号码识别的。前缀表示担保品的类型。组合号码表示转手证券的标的抵押贷款和转手证券的发行人。

许多交易在贷款组合尚不明确的时候就发生了，因此，在交易时贷款组合信息可能是未知的。这种交易被称为“TBA”（信息尚未公布的）交易。例如，如果投资者在 TBA 交易中购买了 100 万美元的吉利美 4s，那么投资者最多可以收到三个贷款组合，组合号码将在结算日之前不久公布。由于公共证券协会已经制定了抵押贷款支持证券的交割和结算标准的指南①，因此，这三个贷款组合可以被交割。根据该指南，假定的 TBA 交易将允许三个可能的贷款组合用于交割。由卖方决定对哪个贷款组合进行交割，前提是选择和交割行为遵守公共证券协会指南。与 TBA 交易不同，贷款组合号码可能是详细规定的。在这种情况下，交易将涉及对具体指定的贷款组合进行交割。

在某个给定时点，会有许多同一家政府机构发行的、具有相同息票利率的未清偿既有证券（seasoned issues）。某只转手证券可能由一个抵押贷款组合提供担保，该组合中所有不动产都位于加利福尼亚州，而另一只转手证券可能由所有不动产均位于明尼苏达州的抵押贷款组合提供担保，也可能有一只转手证券由位于美国多个地区的不动产组成的抵押贷款组合提供担保。那么，当交易商谈论吉利美 4s 时，他们指的是哪个抵押贷款组合呢？尽管由分布于不同地区的抵押贷款组合提供担保的转手证券的提前偿付特征不同，但他们指的不是任何具体的抵押贷款组合，而是一类证券的通称。因此，交易商所报告的转手证券的预计提前偿付率是针对转手证券总体而言的。所购买的特定抵押贷款组合可能显示出与总体截然不同的提前偿付速度。此外，当投资者购买没有标明组合号码的转手证券时，只要所交割的贷款组

① Public Securities Association，*Uniform Practices for the Clearance and Settlement of Mortgage-Backed Securities* (New York：SIFMA，2008)．具体而言，良好交割要求允许每交易 100 万美元，最多有三个抵押贷款组合；或者，对于息票利率为 12%或 12%以上的抵押贷款组合，允许每交易 100 万美元，最多有四个抵押贷款组合。

合满足良好交割要求，卖方就能交割偿付情况最差的组合。

在 1999 年 3 月之前，公共证券协会交割标准允许 TBA 交易的卖方以低于或高于每 100 万美元交易额的 1%的幅度交割。因此，如果按平价出售面值为 100 万美元的证券，那么卖方可以按最低 990 000 美元、最高 1 010 000 美元的价格交割。卖方将根据现行价格选择所交割的金额。对于 TBA 交易中的卖方来说，这是一种有价值的期权；但是，这不利于买方。1999 年 3 月，公共证券协会修改了交割标准，TBA 交易中的卖方只能以低于或高于每 100 万美元的 0.1%的幅度交割。因此，交割期权对卖方的价值现在已经变得微不足道了。

要　点

・住房抵押贷款支持证券可以分为两类：政府机构抵押贷款支持证券和非政府机构抵押贷款支持证券。

・住房抵押贷款支持证券的创建方法是集中多笔住房贷款，并发行一只或多只证券，用来自贷款组合的现金流偿还其债务。

・抵押转手证券是一种住房抵押贷款支持证券，它的创建方法是一个或多个抵押贷款持有者将抵押贷款集中到一起，并出售单独一笔债务，用来自特定贷款组合、每个投资者都有权按比例获得的现金流偿还该债务。

・政府机构抵押贷款支持证券包括政府机构抵押转手证券、政府机构抵押担保债券和政府机构本息剥离抵押贷款支持证券。后两类抵押贷款支持证券的现金流来自第一类抵押贷款支持证券，因此它们被称为衍生抵押贷款支持证券。

・抵押转手证券的月现金流取决于标的抵押贷款的现金流，因此包括代表利息的抵押贷款月偿付额、计划本金偿付额和提前偿付额。该现金流低于标的抵押贷款的现金流，差额等于服务费和担保费。

・与单笔抵押贷款相同，由于存在提前偿付行为，因此转手证券的现金流也具有不确定性。政府机构抵押贷款支持证券是由吉利美、房利美和房地美发行的。吉利美转手证券是由美国政府的全额信用担保的，因此被视为没有违约风险。房地美和房利美是政府资助企业，因此并不具备美国政府的全额信用担保。

・估算抵押转手证券的现金流需要预测提前偿付额。当前的习惯做法是采用 PSA 提前偿付基准（即一系列条件提前偿付率）来估算现金流。

・要建立提前偿付模型，首先要建立提前偿付预期影响因素之间的统计关系模型。提前偿付模型的主要部分包括住房周转率、变现再融资和利率/期限再融资。

・如果已知转手证券的预计现金流和市场价格，就能据此计算出现金流收益率。投资者必须认识到，PSA 提前偿还基准只是使市场参与者能够报出收益率和（或）价格的一种惯例，它在确定转手证券价值时存在许多局限性。收益率利差是按现金流收益率与可比国债到期收益率之差的形式进行报价的。

・平均存续期是估计转手证券存续期的常用指标。

・与抵押转手证券投资相关的提前偿付风险可以分解为缩期风险和延期风险。由于存在着提前偿付风险，因此从资产负债的角度看，持有抵押转手证券对特定金融机构不具吸引力。

・抵押转手证券的报价方式与美国附息国债的报价方式相同。

·抵押转手证券是通过抵押贷款组合前缀和抵押贷款组合号码来识别的。在抵押贷款组合尚未明确时，TBA交易就发生了。因此，在交易时贷款组合信息可能是未知的。在这种情况下，卖方有权交割由满足公共证券协会良好交割要求的组合提供担保的抵押转手证券。

问　题

1. a. 请说明什么是住房抵押贷款支持证券。

b. 请说明住房抵押贷款证券市场的组成部分。

2. 什么是抵押转手证券？

3. 个性化抵押贷款支持证券有哪两类？

4. 什么是次级抵押贷款支持证券？

5. 什么是衍生抵押贷款支持证券？

6. 请说明抵押转手证券的现金流。

7. a. 什么是转手证券的加权平均票面利率和加权平均期限？

b. 在发放抵押贷款支持证券后，加权平均期限发生了变化。房利美和房地美用什么指标描述贷款组合中剩下的贷款的期限？

8. 人们常说吉利美发行抵押贷款支持证券，但为什么这种说法在技术上是错误的？

9. 政府机构转手证券有哪些不同类别？

10. 吉利美抵押贷款支持证券的担保和房利美与房地美发行的抵押贷款支持证券的担保有何不同？

11. 2005年10月1日，房利美发行了一只抵押贷款转手证券，其发行说明书补充文件如下：

房利美[①]

抵押贷款支持证券项目

2004年7月1日的发行说明书补充文件

464 927 576.00美元

发行日期：2005年10月1日

证券描述：FNMS 05.000 0 CL-844801

转手利率：5.000 0%

房利美贷款组合号码：CL-844801

CUSIP码：31407YRW1

每月25日支付本金和利息

从2005年11月25日开始

贷款组合统计数据

卖方	富国银行
服务商	富国银行
抵押贷款笔数	1 986美元
平均贷款规模	234 312.06美元
到期日	2035年10月1日
加权平均息票利率	5.750 0%
加权平均贷款账龄	1个月
加权平均贷款期限	360个月
加权平均剩余期限	359个月
加权平均贷款额与抵押品价值之比（LTV）	73%
加权平均信用分数	729

① 资料来源：房利美。

a. 这只证券的“转手利率”为 5%是什么意思？

b. 贷款组合的借款人为该证券支付的平均票面利率是多少？

c. 为什么转手证券的利率不同于该证券的贷款组合中借款人支付的平均票面利率？

d. 该证券的贷款组合号码是什么？为什么贷款组合号码很重要？

e. 该证券的前缀是什么？前缀显示了什么信息？

f. 该证券的“到期日”显示为“2035年10月1日”。该证券的投资者可能担心它的期限太长（30年）。为什么用到期日作为证券期限指标具有误导性？

g. 如果一位投资者购买了本金为1 500万美元的该只证券，且在某个月，可支付给该只债券持有者的现金流（支付所有费用后）为1 200万美元，那么这位投资者有权获得多少现金？

h. 房利美每个月都会公布这只证券的组合系数。如果某个月的组合系数为 0.92，那么该月贷款组合中未清偿的抵押贷款余额为多少？

i. 为什么加权平均贷款期限不同于加权平均剩余期限？

j. 富国银行的身份是卖方和服务商。这意味着什么？

k. 下列说法是什么意思：“2004年7月1日的抵押贷款支持证券计划发行说明书补充文件”？

12. 为什么预测转手证券现金流时，有必要对提前偿付速度作出假设？

13. 条件提前偿付率为 8%是什么意思？

14. 请说明你是否同意下列说法：“PSA 提前偿付基准是预测转手证券提前偿付额的模型。”

15. a. 请完成下列表格：

条件提前偿付率假设：

月份	100%PSA	70%PSA	320%PSA
1			
4			
9			
27			
40			
120			
340			

b. 请完成下列表格：

单月提前偿付率假设：

月份	100%PSA	70%PSA	320%PSA
1			
4			
9			
27			
40			
120			
340			

16. 请完成下列表格（以千美元为单位），假设提前偿付率为 165PSA：

初始余额：100 000 000 美元

转手证券利率：9.0%

加权平均期限：360 个月

月份	未清偿余额	单月提前偿付率	抵押贷款偿付额	利息	计划本金偿付额	提前偿付额	本金总额	现金流
1	100 000		841					
2	99 934		841					

17. 由于下列原因导致的提前偿付是什么意思：

a. 住房周转。

b. 变现再融资。

c. 利率/期限再融资。

18. a. 哪种因素可以用作变现再融资动机的替代变量?

b. 为什么变现再融资引起的提前偿付对抵押贷款利率的变化不敏感?

19. 什么是提前偿付S曲线?请说明出现这种形状的原因。

20. 什么是燃尽效应?

21. a. 什么是抵押转手证券的现金流收益率?

b. 抵押转手证券现金流收益率指标的局限性是什么?

22. 如果月现金流收益率为0.7%,那么债券等值收益率是多少?

23. 转手证券的平均存续期是多长?它取决于什么因素?

a. 什么是缩期风险和延期风险?

b. 为什么加权平均期限为350个月的转手证券对储蓄与贷款协会而言可能是一项没有吸引力的投资?

24. a. 什么是TBA交易?

b. 在TBA交易中,卖方被赋予哪些交割期权?

第 12 章

政府机构抵押担保债券和剥离式抵押贷款支持证券

学习目标

阅读本章后，您将了解

- 创建政府机构抵押担保债券的原因和方法
- 什么是不动产抵押投资管道，以及为什么抵押担保债券被称为不动产抵押投资管道或不动产抵押投资管道结构
- 什么是顺序偿付的抵押担保债券
- 如何比较顺序偿付抵押担保债券与创建它们的基础担保品的平均存续期
- 什么是应计利息组别，以及它对抵押担保债券结构中顺序偿付组别的平均存续期的影响
- 如何由抵押担保债券组别创建浮动利率证券和反向浮动利率证券
- 什么是按计划分期偿付类组别，以及如何创建按计划分期偿付类组别
- 按计划分期偿付类组别的提前偿付保护如何随着时间的推移而变化
- 什么是支持组别以及它给投资者带来的巨大提前偿付风险
- 什么是附有时间表的支持债券
- 什么是名义纯利息债券组别，以及如何创建名义纯利息债券组别
- 如何创建政府机构剥离式抵押贷款支持证券
- 政府机构剥离式抵押贷款支持证券的各种类型
- 政府机构剥离式抵押贷款支持证券的投资特征

在本章中，我们将讨论两种根据政府机构抵押转手证券创建的政府机构抵押贷款支持证券：政府机构抵押担保债券和剥离式抵押贷款支持证券。在政府机构抵押贷款支持证券市场中，这些证券被称为**衍生抵押产品**（derivative mortgage products），因为它们的现金流来自基础担保品——转手证券或转手证券组合。与只有一种债券的转手证券不同，衍生抵押产品包括多种债券，它们是由担保品支持的。

发行这些抵押产品的实体与发行政府机构转手证券的实体相同，为吉利美、房利美和房

地美。与这些抵押产品相关的信用风险和政府机构转手证券相同。在本章我们介绍的政府机构证券交易中包括多种债券类别，这些债券是由抵押担保债券中的贷款组合支持的。这些交易类似于下一章介绍的非政府机构证券交易。这其中的重要区别，以及我们分两章进行讨论的原因是，非政府机构证券交易的信用风险更高，因此它要求更复杂的结构。在创建多类非政府机构证券交易时，必须运用多种机制，作为贷款组合提供的债券种类支持的补充。

政府机构抵押担保债券①

在第 11 章结尾，我们讨论了与政府机构转手证券投资相关的风险：缩期风险和延期风险。我们提到，某些机构投资者投资于转手证券时，担心延期风险，而另一些投资者更担心缩期风险。幸运的是，将现金流从转手证券重新导向不同债券类别，可以重新分配希望降低提前偿付风险的投资者面临的提前偿付风险。由于转手证券的总提前偿付风险不随现金流的变动而变化，因此必须找到其他愿意接受不受欢迎的提前偿付风险的投资者。

抵押担保债券（collateralized mortgage obligations，CMOs）是通过重新定位抵押相关产品的现金流减轻提前偿付风险而创建的债券类别。仅靠创建抵押担保债券不能消除提前偿付风险，只能将各种形式的风险在不同类别的债券持有者之间转移。利用将基础抵押相关产品产生的息票利息和本金在不同类别的债券之间重新分配的技术，可以使抵押担保债券类别具有和基础担保品不同的息票利率，从而可以创造出拥有不同风险—收益特征的工具。这些特征可能与投资者的需求和期望更加吻合，因而增加了抵押贷款支持产品对各种传统固定收益证券投资者的吸引力。

所创建出的债券类别通常被称为**组别**（tranches）。根据发行说明书中规定的条款，源自基础担保品的本金偿付将按优先顺序对各个组别进行清偿。

发行政府机构转手证券的三家实体也都发行抵押担保债券，吉利美是最晚进入该市场的，于 1994 年发行了它的第一只抵押担保债券。这些发行人不称抵押担保债券为抵押担保债券，它们将其称为 **REMICs** 或 **REMIC 结构**（REMIC structures）。REMIC 是指**不动产抵押投资管道**（Real Estate Mortgage Investment Conduit），也是《1986 年税收改革法案》的一项规定。税法中的这条规定使有效创建抵押担保债券结构成为可能。因此，发行人——不论是政府机构发行人还是非政府机构发行人——都设法使其抵押担保债券交易的结构满足不动产抵押投资管道税收待遇的要求。人们通常不将这种多类别抵押债券称为抵押担保债券，而是将其称为不动产抵押投资管道。

顺序偿付组别

第一只抵押担保债券（CMO）创建于 1983 年，其结构使每种类别的债券按顺序依次偿付。这种结构的债券被称为**顺序偿付抵押担保债券**（sequential-pay CMOs）。为了说明顺序偿付抵押担保债券，下面以 FJF-01② 为例进行讨论，这是为了说明该结构的基本特征而假

① 本节改编自 Frank J. Fabozzi and Charles Ramsey，*Collateralized Mortgage Obligations：Structures and Analysis*，3rd ed.（New Hope，PA：Frank J. Fabozzi Associates，1999）第 1 章至第 7 章。

② 所有抵押担保债券结构都有一个名称。在本例中使用的是 FJF，即本书作者名字的首字母。

想的一笔交易。该交易假定抵押担保债券的担保品是面值总额为 4 亿美元的转手证券，该转手证券具有如下特征：(1) 转手证券的息票利率为 7.5%；(2) 加权平均息票利率 (WAC) 为 8.125%；(3) 加权平均期限 (WAM) 为 357 个月。这与我们在第 11 章用来说明在某些 PSA 假设下的转手证券现金流时采用的转手证券相同。

这 4 亿美元的担保品一共创造出四个债券类别或债券组别。图表 12—1 归纳了它们的特征。这四个组别的面值总和等于担保品（即转手证券）的面值。在这种简单的结构中，每个组别的息票利率相同，并且等于担保品的息票利率。这种安排没有什么必然的原因，而且实际上不同的组别一般具有不同的息票利率。

图表 12—1　　FJF-01：假设的四个组别顺序偿付结构[a]

组别	面值（美元）	息票利率（%）
A	194 500 000	7.5
B	36 000 000	7.5
C	96 500 000	7.5
D	73 000 000	7.5
	400 000 000	

a. 偿付规则：

1. 定期息票利息支付：根据期初未清偿本金余额计算每个组别的定期息票利息支付。

2. 本金偿付：首先对组别 A 进行本金偿付，直至完全清偿。待还清组别 A 的本金后，再对组别 B 进行本金偿付，直至完全清偿。待还清组别 B 的本金后，再对组别 C 进行本金偿付，直至完全清偿。待还清组别 C 的本金后，再对组别 D 进行本金偿付，直至完全清偿。

现在需要记住的是，抵押担保债券是根据一套偿付规则将现金流（利息和本金）重新分配到各个组别而创建的。图表 12—1 底部的偿付规则说明了如何将转手证券（即担保品）的现金流分配到四个组别。息票利息的支付和本金的偿还有不同的规则，其中的本金包括定期的计划本金偿付额和提前偿付额之和。

在 FJF-01 中，每个组别根据月初未清偿余额获得定期息票利息支付。但是，本金的偿付则采用一种特殊的方式。每个组别必须在前一组别的本金被完全清偿之后，才有权获得本金偿付。具体来说，组别 A 首先获得全部本金偿付，直至 194 500 000 美元的应偿付金额被偿还完毕；然后偿付组别 B 的 36 000 000 美元应偿付金额；接下来，再依次偿还组别 C 和组别 D 的本金。

尽管本金偿付的优先规则是已知的，但是，每个时期的准确本金偿付金额却是未知的。这将取决于担保品的现金流，因而最终取决于担保品的本金偿付；而担保品的本金偿付取决于担保品的实际提前偿付率。我们可以根据假定的 PSA 速度来预计现金流。图表 12—2 给出了在 165PSA 假定下的现金流（利息、定期的计划本金偿付额和提前偿付额）。假设担保品的确在 165PSA 下提前偿付，那么 FJF-01 中所有四个组别的现金流就恰好是图表 12—2 所显示的现金流量。

现在举例说明 FJF-01 的优先偿付规则如何运作，图表 12—2 给出了在 165PSA 假定下担保品提前偿付时所选取月份的现金流。对于每个组别，图表 12—2 都给出了：(1) 月末余额；(2) 每期偿付的本金（定期的计划本金偿付额加上提前偿付额）；(3) 利息。在第 1 个月，担保品的现金流包括 709 923 美元的本金偿付和 250 万美元的利息支付（0.075 乘以 4

亿美元再除以 12)。利息支付额根据未清偿面值被分配到四个组别。这样一来，组别 A 会获得 250 万美元中的 1 215 625 美元（0.075 乘以 194 500 000 再除以 12)。但是，本金将全部分配给组别 A。因此，组别 A 在第 1 个月的现金流为 1 925 548 美元。在第 1 个月月末，组别 A 的本金余额为 193 790 076 美元（初始本金额 194 500 000 美元减本金偿付额 709 923 美元)。因为组别 A 尚有未清偿的本金，所以，其他三个组别均未获得本金偿付。这种情况从第 2 个月持续到第 80 个月。

图表 12—2　　165PSA 假定下 FJF-01 选定月份的月现金流量　　单位：美元

月份	组别 A			组别 B		
	余额	本金	利息	余额	本金	利息
1	194 500 000	709 923	1 215 625	36 000 000	0	225 000
2	193 790 077	821 896	1 211 188	36 000 000	0	225 000
3	192 968 181	933 560	1 206 051	36 000 000	0	225 000
4	192 034 621	1 044 822	1 200 216	36 000 000	0	225 000
5	190 989 799	1 155 586	1 193 686	36 000 000	0	225 000
6	189 834 213	1 265 759	1 186 464	36 000 000	0	225 000
7	188 568 454	1 375 246	1 178 553	36 000 000	0	225 000
8	187 193 208	1 483 954	1 169 958	36 000 000	0	225 000
9	185 709 254	1 591 789	1 160 683	36 000 000	0	225 000
10	184 117 464	1 698 659	1 150 734	36 000 000	0	225 000
11	182 418 805	1 804 473	1 140 118	36 000 000	0	225 000
12	180 614 332	1 909 139	1 128 840	36 000 000	0	225 000
75	12 893 479	2 143 974	80 584	36 000 000	0	225 000
76	10 749 504	2 124 935	67 184	36 000 000	0	225 000
77	8 624 569	2 106 062	53 904	36 000 000	0	225 000
78	6 518 507	2 087 353	40 741	36 000 000	0	225 000
79	4 431 154	2 068 807	27 695	36 000 000	0	225 000
80	2 362 347	2 050 422	14 765	36 000 000	0	225 000
81	311 926	311 926	1 950	36 000 000	1 720 271	225 000
82	0	0	0	34 279 729	2 014 130	214 248
83	0	0	0	32 265 599	1 996 221	201 660
84	0	0	0	30 269 378	1 978 468	189 184
85	0	0	0	28 290 911	1 960 869	176 818
95	0	0	0	9 449 331	1 793 089	59 058
96	0	0	0	7 656 242	1 777 104	47 852
97	0	0	0	5 879 138	1 761 258	36 745

续前表

月份	组别 A			组别 B		
	余额	本金	利息	余额	本金	利息
98	0	0	0	4 117 880	1 745 550	25 737
99	0	0	0	2 372 329	1 729 979	14 827
100	0	0	0	642 350	642 350	4 015
101	0	0	0	0	0	0
102	0	0	0	0	0	0
103	0	0	0	0	0	0
104	0	0	0	0	0	0
105	0	0	0	0	0	0
1	96 500 000	0	603 125	73 000 000	0	456 250
2	96 500 000	0	603 125	73 000 000	0	456 250
3	96 500 000	0	603 125	73 000 000	0	456 250
4	96 500 000	0	603 125	73 000 000	0	456 250

月份	组别 C			组别 D		
	余额	本金	利息	余额	本金	利息
5	96 500 000	0	603 125	73 000 000	0	456 250
6	96 500 000	0	603 125	73 000 000	0	456 250
7	96 500 000	0	603 125	73 000 000	0	456 250
8	96 500 000	0	603 125	73 000 000	0	456 250
9	96 500 000	0	603 125	73 000 000	0	456 250
10	96 500 000	0	603 125	73 000 000	0	456 250
11	96 500 000	0	603 125	73 000 000	0	456 250
12	96 500 000	0	603 125	73 000 000	0	456 250
95	96 500 000	0	603 125	73 000 000	0	456 250
96	96 500 000	0	603 125	73 000 000	0	456 250
97	96 500 000	0	603 125	73 000 000	0	456 250
98	96 500 000	0	603 125	73 000 000	0	456 250
99	96 500 000	0	603 125	73 000 000	0	456 250
100	96 500 000	1 072 194	603 125	73 000 000	0	456 250
101	95 427 806	1 699 243	596 424	73 000 000	0	456 250
102	93 728 563	1 684 075	585 804	73 000 000	0	456 250
103	92 044 489	1 669 039	575 278	73 000 000	0	456 250

续前表

月份	组别 C			组别 D		
	余额	本金	利息	余额	本金	利息
104	90 375 450	1 654 134	564 847	73 000 000	0	456 250
105	88 721 315	1 639 359	554 508	73 000 000	0	456 250
175	3 260 287	869 602	20 377	73 000 000	0	456 250
176	2 390 685	861 673	14 942	73 000 000	0	456 250
177	1 529 013	853 813	9 556	73 000 000	0	456 250
178	675 199	675 199	4 220	73 000 000	170 824	456 250
179	0	0	0	72 829 176	838 300	455 182
180	0	0	0	71 990 876	830 646	449 943
181	0	0	0	71 160 230	823 058	444 751
182	0	0	0	70 337 173	815 536	439 607
183	0	0	0	69 521 637	808 081	434 510
184	0	0	0	68 713 556	800 690	429 460
185	0	0	0	67 912 866	793 365	424 455
350	0	0	0	1 235 674	160 220	7 723
351	0	0	0	1 075 454	158 544	6 722
352	0	0	0	916 910	156 883	5 731
353	0	0	0	760 027	155 238	4 750
354	0	0	0	604 789	153 607	3 780
355	0	0	0	451 182	151 991	2 820
356	0	0	0	299 191	150 389	1 870
357	0	0	0	148 802	148 802	930

第 81 个月之后，组别 A 的本金余额将变为零。担保品在第 81 个月的现金流为 3 318 521美元，包括 2 032 196 美元的本金偿付额和 1 286 325 美元的利息支付额。在第 81 个月月初（第 80 个月月末），组别 A 的本金余额为 311 926 美元。因此，来自担保品本金偿付额 2 032 196 美元中的 311 926 美元将支付给组别 A。在完成该支付后，不必再对组别 A 进行本金偿付，因为其本金余额为零。来自担保品的剩余本金偿付额 1 720 271 美元被支付给组别 B。根据假定的 165PSA 提前偿付速度，组别 B 从第 81 个月开始获得本金偿付。

图表 12—2 显示，组别 B 在第 100 个月时被全额清偿，然后，组别 C 开始获得本金偿付。组别 C 在第 178 个月时被全额清偿；从第 178 个月开始，组别 D 获得剩余的本金偿付。在 165PSA 假定下，这四个组别的期限（即，本金被完全偿付所需的时间）分别是：组别 A 为 81 个月，组别 B 为 100 个月，组别 C 为 178 个月，组别 D 为 357 个月。

每个组别的**本金清偿窗口**（principal pay-down window）是指该组别本金偿付的起始日与结束日之间的时期。例如，在 165PSA 假定下，组别 A 的本金清偿窗口为第 1 个月到第

81 个月；组别 B 的本金清偿窗口为第 81 个月到第 100 个月。该窗口还可以从本金清偿窗口的起始日与结束日之间的时间长短的角度来定义。例如，组别 A 的窗口可以表示为 80 个月，组别 B 的窗口则可以表示为 19 个月。

让我们来看创建抵押担保债券的结果。首先，在第 11 章中，我们曾指出在 165PSA 的提前偿付速度假定下，转手证券的平均存续期为 8.76 年。图表 12—3 给出了在不同的提前偿付速度下担保品和四个组别的平均存续期。注意，这四个组别的平均存续期有的比担保品的期限长，有的比担保品的期限短，因此，这吸引了那些平均存续期偏好与担保品的平均存续期不同的投资者。

图表 12—3　　　　FJF-01 中的担保品和四个组别的平均存续期

提前偿付速度（PSA）	平均存续期				
	担保品	组别 A	组别 B	组别 C	组别 D
50	15.11	7.48	15.98	21.02	27.24
100	11.66	4.90	10.86	15.78	24.58
165	8.76	3.48	7.49	11.19	20.27
200	7.68	3.05	6.42	9.60	18.11
300	5.63	2.32	4.64	6.81	13.36
400	4.44	1.94	3.70	5.31	10.34
500	3.68	1.69	3.12	4.38	8.35
600	3.16	1.51	2.74	3.75	6.96
700	2.78	1.38	2.47	3.30	5.95

仍有一个重要的问题：各个组别的平均存续期有很高的波动性。我们在后面将研究如何解决这个问题。但是，每个组别仍然具有某些防范提前偿付风险的保护措施。这是因为本金分配的优先规则（即建立本金偿付规则）使这种结构中期限较短的组别 A 有效地防范了延期风险。这种保护肯定来自某个来源，实际上它来自其他三个组别。类似地，组别 C 和组别 D 为组别 A 和组别 B 提供了防范延期风险的措施。同时，组别 A 和组别 B 又为组别 C 和组别 D 提供了防范缩期风险的措施。因此，组别 C 和组别 D 也会受益。

应计利息债券

在 FJF-01 中，利息支付规则规定，每个月都要向所有组别支付利息。在许多顺序偿付抵押担保债券结构中，至少有一个组别不获得当期利息，而是将利息累加起来并加到本金余额中。这类债券通常被称为**应计利息组别**（accrual tranche）或 **Z 债券**（Z bond）（因为这类债券类似于零息债券）。本应支付给应计利息债券的利息被用来加速偿付前面债券组别的本金。

现在举例说明，假设 FJF-02 是一种虚构的抵押担保债券结构，它具有和 FJF-01 相同的担保品，且包括四个组别，每个组别的息票利率为 7.5%。它与 FJF-01 的区别在于最后一个组别 Z，Z 组别属于应计利息债券。FJF-2 的结构如图表 12—4 所示。

图表 12—4　　FJF-02：假设的具有应计利息债券的四组别顺序偿付结构[a]

组别	面值（美元）	息票利率（%）
A	194 500 000	7.5
B	36 000 000	7.5
C	96 500 000	7.5
Z（应计利息债券）	73 000 000	7.5
	400 000 000	

a. 偿付规则：

1. 定期支付息票利息：根据期初未清偿本金余额定期支付组别 A、组别 B 和组别 C 的息票利息。组别 Z 的利息为根据本金计算出的利息加上前期累计的利息。组别 Z 的利息作为本金偿付额被支付给前面的组别。

2. 偿付本金：首先对组别 A 进行本金偿付，直至完全清偿。待还清组别 A 的本金后，再对组别 B 进行本金偿付，直至完全清偿。待还清组别 B 的本金后，再对组别 C 进行本金偿付，直至完全清偿。待还清组别 C 的本金后，再对组别 Z 进行本金偿付，直至初始本金余额加上应计利息被全部清偿为止。

图表 12—5 显示了组别 A 和组别 B 在选定月份的现金流。让我们来考察第 1 个月的情况，并将其与图表 12—2 中第 1 个月的情况进行比较。两张表中的现金流都是以 165PSA 假定为基础。来自担保品的本金偿付额为 709 923 美元。在 FJF-01 中，这是组别 A 的本金偿付额。在 FJF-02 中，本应支付给组别 Z 的 456 250 美元利息并没有支付给该组别，而是用于偿付组别 A 的本金。因此，在图表 12—5 中，组别 A 的本金偿付额为 1 166 173 美元，等于担保品的本金偿付额 709 923 美元加上来自组别 Z 的利息 456 250 美元。

图表 12—5　　165PSA 假定下 FJF-02 中组别 A 和组别 B 选定月份的月现金流　　单位：美元

月份	组别 A			组别 B		
	余额	本金	利息	余额	本金	利息
1	194 500 000	1 166 173	1 215 625	36 000 000	0	225 000
2	193 333 827	1 280 997	1 208 336	36 000 000	0	225 000
3	192 052 829	1 395 531	1 200 330	36 000 000	0	225 000
4	190 657 298	1 509 680	1 191 608	36 000 000	0	225 000
5	189 147 619	1 623 350	1 182 173	36 000 000	0	225 000
6	187 524 269	1736 446	1 172 027	36 000 000	0	225 000
7	185 787 823	1 848 875	1 161 174	36 000 000	0	225 000
8	183 938 947	1 960 543	1 149 618	36 000 000	0	225 000
9	181 978 404	2 071 357	1 137 365	36 000 000	0	225 000
10	179 907 047	2 181 225	1 124 419	36 000 000	0	225 000
11	177 725 822	2 290 054	1 110 786	36 000 000	0	225 000
12	175 435 768	2 397 755	1 096 474	36 000 000	0	225 000
60	15 023 406	3 109 398	93 896	36 000 000	0	225 000
61	11 914 007	3 091 812	74 463	36 000 000	0	225 000

续前表

月份	组别 A			组别 B		
	余额	本金	利息	余额	本金	利息
62	8 822 195	3 074 441	55 139	36 000 000	0	225 000
63	5 747 754	3 057 282	35 923	36 000 000	0	225 000
64	2 690 472	2 690 472	16 815	36 000 000	349 863	225 000
65	0	0	0	35 650 137	3 023 598	222 813
66	0	0	0	32 626 540	3 007 069	203 916
67	0	0	0	29 619 470	2 990 748	185 122
68	0	0	0	26 628 722	2 974 633	166 430
69	0	0	0	23 654 089	2 958 722	147 838
70	0	0	0	20 695 367	2 943 014	129 346
71	0	0	0	17 752 353	2 927 508	110 952
72	0	0	0	14 824 845	2 912 203	92 655
73	0	0	0	11 912 642	2 897 096	74 454
74	0	0	0	9 015 546	2 882 187	56 347
75	0	0	0	6 133 358	2 867 475	38 333
76	0	0	0	3 265 883	2 852 958	20 412
77	0	0	0	412 925	412 925	2 581
78	0	0	0	0	0	0

由于组别 Z 的存在，组别 A、组别 B 和组别 C 的预期最终期限被缩短了。组别 A 最终被清偿的时间是第 64 个月，而不是第 81 个月；组别 B 最终被清偿的时间是第 77 个月，而不是第 100 个月；组别 C 最终被清偿的时间是第 112 个月，而不是第 178 个月。

由于包括应计利息债券，与 FJF-01 相比，组别 A、组别 B 和组别 C 在 FJF-02 中的平均存续期缩短了。例如，在 165PSA 假设下，平均存续期如下所示：

结构	组别 A	组别 B	组别 C
FJF-02	2.90	5.86	7.87
FJF-01	3.48	7.49	11.19

非应计利息组别的平均存续期缩短的原因在于，本应支付给应计利息债券的利息被分配给其他组别。FJF-02 中组别 Z 的平均存续期要长于 FJF-01 中组别 D 的平均存续期。

因此，加入应计利息债券可以创造出短期组别和长期组别。应计利息债券对那些担心再投资风险的投资者颇具吸引力。由于没有利息支付用于再投资，因此在其他组别被全部清偿之前不存在再投资风险。

浮动利率组别

前面讨论过的抵押担保债券结构对所有组别均提供了固定息票利率。如果抵押担保债券类别的利率只能是固定利率，那么抵押担保债券市场将很有限。许多金融机构都偏好浮动利率资产，因为浮动利率资产可以更好地与其负债相匹配。

通过创建浮动利率债券和反向浮动利率债券，我们就可以由固定利率组别创建浮动利率组别。现在举例说明如何运用 FJF-02 中假定的抵押担保债券结构（具有应计利息债券的四组别顺序偿付结构）创建浮动利率债券和反向浮动利率债券。我们从中任意选择一个组别来创建浮动利率组别和反向浮动利率组别。实际上，我们可以用四个组别中的多个组别或仅用某个组别中的一部分来创建这两种债券。

在本例中，我们通过组别 C 来创建一个浮动利率债券组别和一个反向浮动利率债券组别。组别 C 的面值为 9 650 万美元，我们将创建两个组别，其面值合计为 9 650 万美元。我们将具有浮动利率组别和反向浮动利率组别的抵押担保债券结构称为 FJF-03，它由组别 A、B、FL、IFL 和 Z 五个组别组成；其中，FL 是浮动利率组别，IFL 是反向浮动利率组别。图表 12—6 描述了 FJF-03。任何一种参考利率都可以用来构造浮动利率债券组别和相应的反向浮动利率债券组别。在 FJF-03 中，用来确定 FL 和 IFL 组别息票利率的参考利率是 1 个月期 LIBOR。

图表 12—6　FJF-03：假设的具有浮动利率组别、反向浮动利率组别和应计利息债券的五组别顺序偿付结构[a]

组别	面值（美元）	息票利率（%）
A	194 500 000	7.50
B	36 000 000	7.50
FL	72 375 000	1 个月期 LIBOR＋0.50
IFL	24 125 000	28.50－3×(1 个月期 LIBOR)
Z（应计利息债券）	73 000 000	7.50
	400 000 000	

a. 偿付规则：

1. 定期支付息票利息：根据期初未清偿本金余额定期支付组别 A、组别 B、组别 FL 和组别 IFL 的息票利息。组别 Z 的利息为根据本金计算出的利息加上前期累计的利息。组别 Z 的利息作为本金偿付额被支付给前面的组别。组别 FL 的最高息票利率为 10%；组别 IFL 的最低息票利率为 0。

2. 偿付本金：首先对组别 A 进行本金偿付，直至完全清偿。待还清组别 A 的本金后，再对组别 B 进行本金偿付，直至完全清偿。待还清组别 B 的本金后，再对组别 FL 和组别 IFL 进行本金偿付，直至完全清偿。组别 FL 和组别 IFL 之间的本金偿付以下列方式进行：75%支付给组别 FL，25%支付给组别 IFL。待全部还清组别 FL 和组别 IFL 的本金后，才对组别 Z 进行本金偿付，直至初始本金余额和累计利息被完全清偿。

浮动利率组别的面值金额为 9 650 万美元的一定比例。有无数种方法可以将这 9 650 万美元在浮动利率组别和反向浮动利率组别之间分配。最终的分配结果取决于投资者的需求。在 FJF-03 结构中，我们用 72 375 000 美元，即 9 650 万美元的 75%来构造浮动利率组别。浮动利率组别的息票利率被设定为 1 个月期 LIBOR 加上 50 个基点。因此，如果调息日的 LIBOR 为 3.75%，那么，浮动利率组别的息票利率就为 4.25%（3.75%＋0.5%）。浮动利率组别的息票利率有利率上限（稍后将对此进行讨论）。

在公司债券市场上，浮动利率债券的本金在整个存续期内保持不变；与此不同，由于本金偿付的进行，浮动利率组别的本金余额将随时间的推移而逐渐减少。浮动利率组别的本金偿付取决于创建该浮动利率组别的基础组别的本金偿付情况。在我们的抵押担保债券结构中，这个组别就是组别 C。

由于浮动利率组别的面值为 9 650 万美元中的 72 375 000 美元，因此，剩余的部分就是反向浮动利率组别。假定以 1 个月期 LIBOR 为参考利率，那么，反向浮动利率组别的息票利率的形式如下：

$K-L\times$(1 个月期 LIBOR)

在 FJF-03 中，K 为 28.50%，L 为 3；如果 1 个月期 LIBOR 为 3.75%，那么，该月的息票利率为

$28.50\%-3\times 3.75\%=17.25\%$

K 为反向浮动利率组别的利率上限或最大息票利率。在 FJF-03 中，反向浮动利率组别的利率上限为 28.50%。

该公式中用来确定反向浮动利率组别息票利率的 L 或倍数被称为**息票杠杆率**（coupon leverage）。息票杠杆率越高，1 个月期 LIBOR 变动带来的反向浮动利率组别的利率变动也越大。例如，息票杠杆率为 3.0 意味着 1 个月期 LIBOR 变化 100 个基点将导致反向浮动利率组别的利率变化 300 个基点；息票杠杆率为 0.7 则表示 1 个月期 LIBOR 变动 100 个基点将导致反向浮动利率组别的利率变化 70 个基点。市场上有各种息票杠杆率的反向浮动利率组别。息票杠杆率在 0.5～2.1 之间的反向浮动利率组别被市场参与者称为低杠杆率反向浮动利率组别；息票杠杆率在 2.1～4.5 之间的反向浮动利率组别被称为中等杠杆率反向浮动利率组别；息票杠杆率超过 4.5 的反向浮动利率组别则被称为高杠杆率反向浮动利率组别。在发行时，发行人通常根据投资者的需要确定息票杠杆率。在 FJF-03 中，息票杠杆率被设定为 3。

让我们来考察支付给浮动利率组别和反向浮动利率组别的利息总额如何由它们所创建的息票利率为 7.5% 的债券类别所支持。浮动利率组别的息票利率为：

1 个月期 LIBOR$+0.50$

反向浮动利率组别的息票利率为：

$28.50-3\times$(1 个月期 LIBOR)

由于浮动利率组别和反向浮动利率组别分别占 9 650 万美元的 75% 和 25%，因此，加权平均息票利率为：

$0.75\times$浮动利率组别的息票利率$+0.25\times$反向浮动利率组别的息票利率

无论 LIBOR 为多少，加权平均息票利率均为 7.5%。例如，如果 1 个月期 LIBOR 为 9%，那么

浮动利率息票利率$=9.0\%+0.5\%=9.5\%$

反向浮动利率息票利率$=28.5-3\times 9.0\%=1.5\%$

加权平均息票利率为：

0.75×9.5%+0.25×1.5%=7.5%

因此，必须支付给这两类债券的利息总额可以由创建它们的息票利率为7.5%的债券类别所支持。与浮动利率组别的情况一样，反向浮动利率组别的本金偿付额是组别C的本金偿付额的一定比例。

由于1个月期LIBOR总是正值，所以，支付给浮动利率债券类别的利息不可能是负值。然而，如果对反向浮动利率债券的息票利率不施加任何限制，那么，这类债券的息票利率就有可能是负值。为了避免这种情况的发生，可以对息票利率设定一个下限或最小值。在许多结构中，这一下限被设定为0。一旦对反向浮动利率债券设定了下限，那么也就对浮动利率债券设定了一个上限或最大值。在FJF-03中，反向浮动利率债券的下限为0，这导致浮动利率债券的上限或最高息票利率为10%。其计算方法如下：在加权平均息票利率的计算公式中，用0代入反向浮动债券的息票利率，并令该公式等于7.5%。

浮动利率债券和反向浮动利率债券的利率上限、反向浮动利率债券的利率下限、息票杠杆率和利差（margin spread）这五个变量不是独立确定的。给定其中四个变量，就可以确定第五个变量。

按计划分期偿付类别债券的组别

前面讨论的抵押担保债券创新吸引了许多机构投资者。以前，这些机构投资者要么尽量避免投资于抵押贷款支持债券，要么只将其投资组合中很少一部分投资于这类固定收益证券市场。尽管一些传统的公司债券购买者将投资转向抵押担保债券，但大部分机构投资者仍然在场外观望，虽然出现了旨在降低提前偿付风险的金融创新工具，但这些机构投资者仍然对那些因平均存续期的剧烈变动而具有较高提前偿付风险的投资工具心存疑虑。

20世纪80年代中期，对现金流不确定性较小的抵押担保债券产品的潜在需求有所增加，这是由于公司债券市场上的两种趋势：第一种趋势是投资者面临的事件风险增加，一个比较典型的例子是1988年发生的雷诺兹·纳贝斯克公司（RJR Nabisco）的杠杆收购；第二种趋势是AAA级公司债券的发行数量减少。传统的公司债券购买者开始寻求一种既具有公司债券特征（子弹式期限结构，或具有本金偿付时间表的偿债基金）又具有高信用等级的新型投资工具。抵押担保债券虽然符合第二个条件，但却不符合第一个条件。

1987年3月，M.D.C.抵押融资公司发行的O系列抵押担保债券包含了一种被称为**稳定抵押递减条件（SMRT）债券**（stabilized mortgage reduction term bonds）的债券类别，在其发行的P系列抵押担保债券中还包括了一种被称为**按计划分期偿付类别（PAC）债券**（planned amortization class bonds）的债券类别。牛津承兑公司Ⅲ系列C抵押担保债券（Oxford Acceptance Corporation Ⅲ Series C CMOs）中包括了一种被称为**按计划赎回债务（PRO）债券**（planned redemption obligation bonds）的债券类别。这三种债券的共同特征是：如果提前偿付发生在规定的范围内，那么现金流模式是已知的。

这些债券目前被统称为按计划分期偿付类别债券。这些债券的现金流之所以具有较高的可预测性，是因为存在一个必须履行的本金偿付时间表。与抵押担保债券发行中其他债券类别的持有者相比，按计划分期偿付类别债券持有人在获取基础担保品的本金偿付方面具有优先权。按计划分期偿付类别债券现金流的较高确定性是以非按计划分期偿付类别债券为代价而得到的；这些非按计划分期偿付类别债券被称为**支持债券**（support bonds）或伴侣债券（companion bonds）。正是这些债券吸收了提前偿付风险。由于按计划分期偿付类别债券能够防范延期风险和缩期风险，因而被称为提供了**双向提前偿付保护**（two-sided prepayment protection）。

我们用息票利率为7.5%、加权平均息票利率为8.125%、加权平均期限为357个月的4亿美元转手证券作为担保品，来举例说明如何创建按计划分期偿付类别债券。图表12—7的第二列显示了在90PSA的提前偿付速度假定下所选定月份的本金偿付额（定期的计划本金偿付额加上提前偿付额），第三列显示的是在300PSA假定下所选定月份的本金偿付情况。

图表12—7　在90PSA和300PSA的提前偿付假定下，面值为4亿美元、息票利率为7.5%、加权平均息票利率为8.125%、加权平均期限为357个月的转手证券的月本金偿付额

月份	90%PSA假定下	300%PSA假定下	最低本金偿付额——按计划分期偿付类别时间表
1	508 169.52	1 075 931.20	508 169.52
2	569 843.43	1 279 412.11	569 843.43
3	631 377.11	1 482 194.45	631 377.11
4	692 741.89	1 683 966.17	692 741.89
5	753 909.12	1 884 414.62	753 909.12
6	814 850.22	2 083 227.31	814 850.22
7	875 536.68	2 280 092.68	875 536.68
8	935 940.10	2 474 700.92	935 940.10
9	996 032.19	2 666 744.77	996 032.19
10	1 055 784.82	2 855 920.32	1 055 784.82
11	1 115 170.01	3 041 927.81	1 115 170.01
12	1 174 160.00	3 224 472.44	1 174 160.00
13	1 232 727.22	3 403 265.17	1 232 727.22
14	1 290 844.32	3 578 023.49	1 290 844.32
15	1 348 484.24	3 748 472.23	1 348 484.24
16	1 405 620.17	3 914 344.26	1 405 620.17
17	1 462 225.60	4 075 381.29	1 462 225.60
18	1 518 274.36	4 231 334.57	1 518 274.36
101	1 458 719.34	1 510 072.17	1 458 719.34
102	1 452 725.55	1 484 126.59	1 452 725.55
103	1 446 761.00	1 458 618.04	1 446 761.00
104	1 440 825.55	1 433 539.23	1 433 539.23
105	1 434 919.07	1 408 883.01	1 408 883.01
211	949 482.58	213 309.00	213 309.00
212	946 033.34	209 409.09	209 409.09

续前表

月份	90%PSA 假定下	300%PSA 假定下	最低本金偿付额——按计划分期偿付类别时间表
213	942 601.99	205 577.05	205 577.05
346	618 684.59	13 269.17	13 269.17
347	617 071.58	12 944.51	12 944.51
348	615 468.65	12 626.21	12 626.21
349	613 875.77	12 314.16	3 432.32
350	612 292.88	12 008.25	0
351	610 719.96	11 708.38	0
352	609 156.96	11 414.42	0
353	607 603.84	11 126.28	0
354	606 060.57	10 843.85	0
355	604 527.09	10 567.02	0
356	603 003.38	10 295.70	0
357	601 489.39	10 029.78	0

图表 12—7 的最后一列给出了担保品的提前偿付速度为 90PSA 或 300PSA 的假定下，第 1 个月至第 349 个月的最低本金偿付额（如果提前偿付速度在 90PSA 到 300PSA 之间，那么第 349 个月之后，未清偿本金余额将被清偿）。例如，在第 1 个月，如果担保品按 90PSA 进行提前偿付，那么，本金偿付额为 508 169.52 美元；如果担保品按 300PSA 进行提前偿付，那么，本金偿付额为 1 075 931.20 美元。因此，如图表 12—7 最后一列所示，最低本金偿付额为 508 169.52 美元。在第 103 个月，如果担保品按 90PSA 进行提前偿付，那么最低本金偿付额为 1 446 761 美元；如果担保品按 300PSA 进行提前偿付，那么本金偿付额为 1 458 618.04美元。但是，在第 104 个月，按 300PSA 进行提前偿付时的本金偿付额为 1 433 539.23美元，低于按 90PSA 进行偿付时的本金偿付额 1 440 825.55 美元。所以，图表 12—7 中最后一列显示的是 1 433 539.23 美元。实际上，从第 104 个月开始，最低本金偿付额等于在提前偿付速度为 300PSA 假定下的本金偿付额。

实际上，如果担保品的提前偿付速度为 90PSA 和 300PSA 之间的任意速度，那么，最低本金偿付额将是图表 12—7 最后一列中显示的数据。例如，如果我们加入了 200PSA 提前偿付速度假定下的本金偿付情况，那么最低本金偿付额并不会发生变动；从第 11 个月至第 103 个月，最低本金偿付额等于 90PSA 提前偿付速度假定下的本金偿付额；但是，从第 104 个月开始，最低本金偿付额等于 300PSA 提前偿付速度假定下的本金偿付额。

如果担保品在存续期内的提前偿付速度在 90PSA 至 300PSA 之间，那么，担保品的上述特征使创建按计划分期偿付类别债券成为可能。在抵押担保债券结构中，规定按计划分期偿付类别债券持有者有权优先于其他类别债券持有者获得计划本金偿付。图表 12—7 的最后一列给出了本金偿付的月进度表，它显示了最低本金偿付额。尽管不能确保担保品会按这两个速度之间的速度进行提前偿付，但是，我们在构建按计划分期偿付类别债券时可以假定情况将是如此。

图表 12—8 给出了一种抵押担保债券结构，FJF-04，它是以息票利率为 7.5%、加权平均息票利率为 8.125%、加权平均期限为 357 个月的 4 亿美元转手证券为基础构建的。该抵押担保债券结构中仅包含两个债券类别：90PSA 至 300PSA 假定下创建的面值为 2.438 亿美元、息票利率为 7.5%的按计划分期偿付类别债券；面值为 1.562 亿美元的支持债券。用来创建按计划分期偿付类别债券的两个提前偿付速度被称为**初始按计划分期偿付类别双限**（initial PAC collars），或**初始按计划分期偿付类别边界**（initial PAC bands）。在我们的例子中，90PSA 是下限，300PSA 是上限。

图表 12—8　FJF-04：具有一种按计划分期偿付类别债券和一种支持债券的抵押担保债券结构[a]

组别	面值（美元）	息票利率（%）
P（按计划分期偿付类别债券）	243 800 000	7.5
S（支持债券）	156 200 000	7.5
	400 000 000	

a. 偿付规则：

1. 支付期间息票利息：根据期初未清偿本金余额支付各个组别的期间息票利息。

2. 偿付本金：根据组别 P 的本金偿付时间表偿还组别 P 的本金。对于满足时间表要求的当前和未来本金偿付，组别 P 具有优先获得偿付的权利。每个月的本金偿付额中超过组别 P 时间表要求的金额将支付给组别 S。当组别 S 被全部清偿后，无论时间表如何规定，所有的本金偿付都支付给组别 P。

图表 12—9 给出了各种实际提前偿付速度假定下，FJF-04 中按计划分期偿付类别债券和支持债券的平均存续期。注意，在 90PSA 和 300PSA 的提前偿付速度假定之间，按计划分期偿付类别债券的平均存续期稳定在 7.26 年。但是，如果 PSA 速度较慢或较快，那么这将打破时间表的安排，平均存续期也会发生变化。当提前偿付速度低于 90PSA 时，平均存续期会变长；当提前偿付速度高于 300PSA 时，平均存续期会缩短。即使如此，支持债券的平均存续期的波动性仍然高得多。

图表 12—9　不同提前偿付速度假定下 FJF-04 中按计划分期偿付类别债券和支持债券的平均存续期

提前偿付率（PSA）	按计划分期偿付类别债券（P）	支持债券（S）
0	15.97	27.26
50	9.44	24.00
90	7.26	18.56
100	7.26	18.56
150	7.26	12.57
165	7.26	11.16
200	7.26	8.38
250	7.26	5.37
300	7.26	3.13
350	6.56	2.51

续前表

提前偿付率（PSA）	按计划分期偿付类别债券（P）	支持债券（S）
400	5.92	2.17
450	5.38	1.94
500	4.93	1.77
700	3.70	1.37

创建按计划分期偿付类别债券系列

多数抵押担保债券的按计划分期偿付类别结构都具有多种按计划分期偿付类别债券。从FJF-04中可以创建出六种按计划分期偿付类别债券，我们称之为FJF-05。图表12—10给出了这种抵押担保债券结构的相关信息。这六种按计划分期偿付类别债券的面值总额为2.438亿美元，等于FJF-04中单只按计划分期偿付类别债券的金额。

图表12—10　FJF-05：具有六种按计划分期偿付类别债券和一种支持债券的抵押担保债券结构[a]

组别	面值（美元）	息票利率（%）
P-A	85 000 000	7.5
P-B	8 000 000	7.5
P-C	35 000 000	7.5
P-D	45 000 000	7.5
P-E	40 000 000	7.5
P-F	30 800 000	7.5
S	156 200 000	7.5
	400 000 000	

a. 偿付规则：

1. 支付期间息票利息：根据期初未清偿本金余额支付各个组别的期间息票利息。

2. 偿付本金：根据各自的本金偿付时间表，对组别P-A至组别P-F进行本金偿付。对于满足时间表要求的当前和未来的本金偿付，组别P-A具有优先获得偿付的权利。每个月的本金偿付额中超过组别P-A时间表要求的金额将支付给组别S。当组别P-A被全部清偿后，组别P-B将具有优先获得偿付的权利；然后是组别P-C，依此类推。在组别S被全部清偿后，无论时间表如何规定，所有的本金偿付将按照优先权顺序偿付给剩余的按计划分期偿付类别债券的组别。

图表12—11给出了不同提前偿付速度假定下FJF-05中六种按计划分期偿付类别债券和一种支持债券的平均存续期。如果提前偿付速度稳定在90PSA与300PSA之间，我们可以根据FJF-04中平均存续期为7.26年的按计划分期偿付类别债券创建出平均存续期短至2.58年（P-A）、长达16.92年（P-F）的六种按计划分期偿付类别债券。

图表12—11　在不同提前偿付速度假定下FJF-05中六种按计划分期偿付类别债券的平均存续期

提前偿付率（PSA）	按计划分期偿付类别债券					
	P-A	P-B	P-C	P-D	P-E	P-F
0	8.46	14.61	16.49	19.41	21.91	23.76

续前表

提前偿付率 (PSA)	按计划分期偿付类别债券					
	P-A	P-B	P-C	P-D	P-E	P-F
50	3.58	6.82	8.36	11.30	14.50	18.20
90	2.58	4.72	5.78	7.89	10.83	16.92
100	2.58	4.72	5.78	7.89	10.83	16.92
150	2.58	4.72	5.78	7.89	10.83	16.92
165	2.58	4.72	5.78	7.89	10.83	16.92
200	2.58	4.72	5.78	7.89	10.83	16.92
250	2.58	4.72	5.78	7.89	10.83	16.92
300	2.58	4.72	5.78	7.89	10.83	16.92
350	2.58	4.72	5.49	6.95	9.24	14.91
400	2.57	4.37	4.91	6.17	8.33	13.21
450	2.50	3.97	4.44	5.56	7.45	11.81
500	2.40	3.65	4.07	5.06	6.74	10.65
700	2.06	2.82	3.10	3.75	4.88	7.51

根据预期，如果提前偿付速度介于 90PSA 和 300PSA 之间，那么平均存续期将是稳定的。注意，即使提前偿付速度超出这一范围，其中几种按计划分期偿付类别债券的平均存续期仍然是稳定的。例如，即使提前偿付速度高达 400PSA，按计划分期偿付类别债券的 P-A 组别的平均存续期也依然很稳定；对于按计划分期偿付类别债券的 P-B 组别而言，如果提前偿付速度位于初始按计划分期偿付类别双限内且不超过 350PSA，它的平均存续期就将保持不变。为什么按计划分期偿付类别债券的平均存续期越短，对快速提前偿付的保护就越强呢?

为了了解其中的原因，请记住有 1.562 亿美元的支持债券对 8 500 万美元的按计划分期偿付类别债券的 P-A 组别进行保护。因此，即使提前偿付速度超过了初始按计划分期偿付类别双限的上限，支持债券依然足以满足偿还时间表的要求。实际上，正如我们在图表 12—11 中所看到的，即使在担保品的整个存续期内提前偿付速度达到了 400PSA，平均存续期也会保持不变。

再来考察按计划分期偿付类别债券的 P-B 组别的情况。支持债券同时对 8 500 万美元的按计划分期偿付类别债券的 P-A 组别和 9 300 万美元的按计划分期偿付类别债券的 P-B 组别提供保护。从图表 12—11 中可以看出，提前偿付速度可能为 350PSA，但是，平均存续期仍然不变。从图表 12—11 中还可以看出，按计划分期偿付类别债券的平均存续期越短，对延期风险的防范程度就越强。所以，尽管按计划分期偿付类别双限可能在 90PSA 到 300PSA 之间，但平均存续期较短的按计划分期偿付债券组别的**实际双限**（effective collar）较大。图表 12—12 给出了 FJF-05 中六个按计划分期偿付债券组别的实际双限。

图表 12—12　　FJF-05 中每个按计划分期偿付债券组别的实际双限

支持债券的金额：1.562 亿美元	
组别	实际双限
P-A	90-450PSA
P-B	90-350PSA
P-C	90-300PSA
P-D	90-300PSA
P-E	90-300PSA
P-F	90-300PSA

按计划分期偿付类别窗口

如前所述，计划本金提前偿付的期间长度被称为窗口。按计划分期偿付类别窗口可宽可窄，按计划分期偿付类别窗口越窄，就越类似于采用子弹式偿付方式的公司债券。虽然面临债务偿付时间表的机构投资者通常偏好与负债相匹配的窗口，但是，按计划分期偿付类别债券的购买者看来更偏好较窄的窗口。发行人根据投资者的需要决定按计划分期偿付类别窗口的大小。相应地，投资者的需求受制于其负债的性质。

实际双限和实际提前偿付

我们已经多次强调过，创建抵押贷款支持证券并不能消除提前偿付风险。对于转手证券和抵押担保债券来说也是如此。所以，按计划分期偿付类别债券所降低的提前偿付风险（延期风险和缩期风险）必然来自其他某处。

对提前偿付风险的保护来自何处？答案是来自支持债券。如果担保品的提前偿付速度较慢，那么这种保护来自放弃了本金偿付的支持债券；直到按计划分期偿付类别债券获得了计划的本金偿付额后，支持债券才获得本金偿付。这降低了按计划分期偿付类别债券面临的延期风险。类似地，支持债券吸收了所有超过计划本金偿付额的超额本金偿付。这又降低了按计划分期偿付类别债券面临的缩期风险。因此，按计划分期偿付类别债券提供的提前偿付保护的关键在于未清偿的支持债券余额。如果快于预期的提前偿付行为促使支持债券被迅速清偿，那么，按计划分期偿付类别债券提供的保护将不复存在。实际上，在 FJF-05 中，如果支持债券被全部清偿，那么这一结构将实际退化为顺序偿付抵押担保债券结构。

支持债券可以被视作按计划分期偿付类别债券持有者的“保镖”。当子弹飞来时（即提前偿付行为发生时），首先中弹身亡的是保镖。在这里，保镖是用来挡子弹的。当所有的保镖都中弹身亡后（也即快于预期的提前偿付行为促使支持债券被迅速清偿），按计划分期偿付类别债券必须自我保护；它们也将暴露在枪林弹雨中。

如果前 12 个月的提前偿付速度如图表 12—13 所示，并且未来的提前偿付速度与前 12 个月相同，那么图表 12—13 的上半部分显示的是 FJF-05 中所有按计划分期偿付债券组别从现在开始一年后的平均存续期变化。例如，如果担保品在前 12 个月的提前偿付速度为 165PSA，且随后的提前偿付速度保持不变，那么，从现在开始 1 年后组别 P-A 的平均存续期将为 1.81 年。注意，对所有按计划分期偿付债券组别而言，初始按计划分期偿付类别双限内的平均存续期仍然是稳定的。与此相反，如果担保品在前 12 个月按 42CPR 进行偿付，并且随后按表中所显示的速度进行提前偿付，那么图表 12—13 的下半部分显示的是 FJF-05 中所有按计划分期偿付债券组别从现在起一年后的平均存续期变化。选择 42CPR 的原因是，在这种条件下，支持债券在第一年末即可被全部清偿。现在，这种结构实际上属于顺序偿付结构；根据图表 12—13 显示的平均存续期，初始按计划分期偿付债券组别具有很高的平均存续期波动性。图表 12—13 的上半部分和下半部分的对比可以清楚地表明支持债券的作用。

图表 12—13　在前 12 个月的各种提前偿付速度假定下 FJF-05 中所有按计划分期偿付债券组别从现在起一年后的平均存续期

速度		按计划分期偿付类别债券					
前 12 个月	前 12 个月之后	P-A	P-B	P-C	P-D	P-E	P-F
90PSA	90PSA	1.81	3.72	4.77	6.89	9.82	15.91
100PSA	100PSA	1.81	3.72	4.77	6.89	9.82	15.91
165PSA	165PSA	1.81	3.72	4.77	6.89	9.82	15.91
200PSA	200PSA	1.81	3.72	4.77	6.89	9.82	15.91
300PSA	300PSA	1.81	3.72	4.77	6.89	9.82	15.91
400PSA	400PSA	1.80	3.37	3.90	5.17	7.32	12.21
600PSA	600PSA	1.41	2.16	2.50	3.29	4.65	7.83
800PSA	800PSA	1.09	1.56	1.79	2.34	3.28	5.48

速度		按计划分期偿付类别债券					
前 12 个月	前 12 个月之后	P-A	P-B	P-C	P-D	P-E	P-F
42CPR	90PSA	2.73	6.17	8.26	12.78	18.86	25.42
42CPR	100PSA	2.52	5.69	7.63	11.92	17.93	24.92
42CPR	165PSA	1.70	3.77	5.06	8.08	12.91	21.07
42CPR	200PSA	1.46	3.19	4.28	6.83	11.03	18.94
42CPR	300PSA	1.05	2.24	2.96	4.69	7.61	13.97
42CPR	400PSA	0.84	1.74	2.28	3.55	5.72	10.67
42CPR	600PSA	0.60	1.23	1.57	2.37	3.73	6.92
42CPR	800PSA	0.47	0.97	1.22	1.77	2.71	4.92

记住我们将支持债券比作保镖的比喻，现在考虑抵押担保债券购买者提出的两个问题：

1. 如果提前偿付速度快于初始按计划分期偿付类别上限，那么，本金偿付的时间表能否被履行？

2. 是否只要提前偿付速度维持在初始按计划分期偿付类别双限内，本金偿付的时间表就能够被履行？

首先解答第一个问题。FJF-05 的初始按计划分期偿付类别上限为 300PSA。假设实际的提前偿付速度连续 7 个月保持为 500PSA，这是否会破坏本金的提前偿付时间表？答案是：视情况而定！

为了回答这一问题，我们需要两条信息：第一，500PSA 是何时发生的？第二，在提前偿付速度达到 500PSA 之前，实际发生的提前偿付情况如何？例如，假设从现在开始的 6 年后提前偿付速度达到 500PSA；同时，假设此前的 6 年内每个月的实际提前偿付速度为 90PSA。这意味着，按照初始双限构建按计划分期偿付类别债券时，按计划分期偿付类别债券持有者的附近存在更多保镖（即支持债券）。在确定本金偿付时间表时，假定在 300PSA 的提前偿付速度下保镖将中弹身亡；但是，实际发生的提前偿付行为导致在 90PSA 的提前偿付速度下保镖就会中弹身亡。因此，从现在开始的 6 年后提前偿付速度达到 500PSA 时，保镖的数量将会超过预期。所以，连续 7 个月的 500PSA 可能不会对满足本金偿付时间表的能力产生影响。

相反，假定前 6 年的实际提前偿付速度为 300PSA（初始按计划分期偿付类别双限的上限）。在这种情况下，按计划分期偿付类别债券持有者身旁不会存在额外的保镖。因此，任何快于 300PSA 的提前偿付速度（比如本例中的 500PSA）都将破坏本金偿付时间表的履行，并增加延期风险。但是，这并不意味着时间表**被打破**（busted）——这是描述抵押担保债券市场上按计划分期偿付类别时间表被破坏的一个术语。不过，这的确意味着提前偿付保护减弱了。

从这些观察结果中可以清楚地看到，在评估既有按计划分期偿付类别债券的提前偿付保护时，初始按计划分期偿付类别双限的作用是有限的。理解这一点非常重要，因为抵押担保债券的买方通常会比较各种抵押担保债券结构中的按计划分期偿付类别债券所提供的提前偿付保护，并且认为按计划分期偿付类别债券具有的双限越宽，所提供的保护程度越大。这种分析方法是不恰当的，因为担保品的提前偿付保护程度以及预期未来提前偿付行为是由实际的提前偿付情况决定的。

确定这种提前偿付保护程度的方法是计算既有按计划分期偿付类别债券的实际双限。既有按计划分期偿付类别债券的实际双限是未来可能发生并仍能维持本金偿付时间表的 PSA 上限和下限。

实际双限每个月都会发生变化。如果在一段时期内实际提前偿付速度低于初始按计划分期偿付类别双限的上限，那么，这将提高实际双限的上限。这是因为按计划分期偿付类别债券持有者身旁将会出现比预期更多的“保镖”。如果在较长一段时期内的提前偿付速度慢于初始按计划分期偿付类别双限的下限，那么，这会提高实际双限的下限。这是因为，这将需要更快的提前偿付速度来弥补计划本金偿付额中应偿而未偿的部分与计划未来本金偿付额。

即使实际的提前偿付速度从未超出初始双限，按计划分期偿付类别的本金偿付时间表也可能无法被满足。这看来有些出乎意料，因为我们前面的分析表明，如果提前偿付速度为初始双限的上限或下限，那么平均存续期将保持不变。然而，我们前面所有的分析都是以该种债券结构的存续期具有单一 PSA 速度为基础。

如果在某几个月里，提前偿付速度位于初始双限的上限水平，那么我们可以运用向量分析（vector analysis）来观察这种情况对实际双限的影响。图表 12—14 给出了在前 24 个月的提前偿付速度为 300PSA 的条件下，FJF-04 中按计划分期偿付类别债券从现在开始两年后的平均存续期。注意，如果随后几个月的提前偿付速度位于 115PSA 和 300PSA 之间，那么，平均存续期将稳定在 6 年。也就是说，实际 PSA 双限不再是初始双限。相反，下限已经向上平移。这意味着，从第 2 年开始，即使较早的提前偿付速度没有超过初始双限的上限水平，所提供提前偿付保护的范围也将是 115PSA 到 300PSA，比初始范围缩小了。

图表 12—14　在前 24 个月的提前偿付速度为 300PSA 的假设条件下，FJF-04 中按计划分期偿付类别债券从现在开始 2 年后的平均存续期

从现在开始 2 年后的 PSA	平均存续期（年）
95	6.43
105	6.11
115	6.01
120	6.00
125	6.00
300	6.00
305	5.62

为按计划分期偿付类别债券提供更高的提前偿付保护

有两种方法可以为按计划分期偿付类别债券提供更高的提前偿付保护：锁定按计划分期偿付类别债券和反向按计划分期偿付类别债券。相对于支持债券，发行较少的按计划分期偿付类别债券是一种显而易见的为按计划分期偿付类别债券提供更高的提前偿付保护的方法。例如，在 FJF-05 中，我们不必创建面值总额为 2.438 亿美元的六种按计划分期偿付类别债券，而可以通过削减这六种按计划分期偿付类别债券中每只债券的金额，仅用 4 亿美元担保品中的 1.588 亿美元来创建这些债券。另一种方法是不发行某种按计划分期偿付类别债券，通常是短期按计划分期偿付类别债券。例如，假定我们只创建 FJF-05 中六种按计划分期偿付类别债券中的后五种。那么，原本用于创建按计划分期偿付类别债券 P-A 组别的 8 500 万美元就可以用来创建更多的支持债券。这种在前几年不必向按计划分期偿付类别债券偿还本金的抵押担保债券结构被称为**锁定结构**（lockout structure）。

锁定结构对抵押担保债券结构中所有的按计划分期偿付类别债券都提供了更高的提前偿付保护。只对某些按计划分期偿付类别债券提供更高提前偿付保护的一种方法是：当所有支持债券被清偿完毕时，改变本金分配的本金偿付规则。例如，在 FJF-05 中，当该结构中的支持债券被清偿完毕后，该结构实际上变成了顺序偿付结构。对于按计划分期偿付类别债券中的 P-A 组别而言，这意味着虽然存在防范延期风险的保护措施，但是由于该组别先于其他五种按计划分期偿付类别债券获得本金偿付，因此不存在任何防范缩期风险的保护措施。

为了对按计划分期偿付类别债券中的 P-A 组别提供更高的保护，在所有支持债券被清偿后，可以对支付规则作出相应规定：所有超过计划本金偿付额的本金偿付都将支付给最后一种按计划分期偿付类别债券，即 P-F 组别。因此，按计划分期偿付类别债券中的 P-F 组别面临着较高的缩期风险，这为其他五种按计划分期偿付类别债券提供了较高的缩期风险保护。本金支付规则也可以规定：在支持债券和按计划分期偿付类别债券中的 P-F 组别被清偿之后，所有超过对前面组别的计划本金偿付额的本金偿付都将支付给倒数第二种按计划分期偿付类别债券，在我们的例子中，该组别即为按计划分期偿付类别债券中的 P-E 组别。

有的抵押担保债券结构要求在所有支持债券被清偿后，将所有超过计划本金偿付额的本金都偿还给较长期的按计划分期偿付类别债券，这种抵押担保债券结构被称为**反向按计划分期偿付类别结构**（reverse PAC structure）。

其他按计划分期偿付类别债券的组别

前面我们已经讨论了如何利用担保品来创建具有应计利息债券、浮动利率债券和反向浮动利率债券的抵押担保债券。除此之外，还可以由此创建纯利息债券组别和纯本金债券组别（后面将讨论这些债券组别）。这些相同类型的债券类别可以通过按计划分期偿付类别债券创建出来。前面所介绍的债券类别与通过按计划分期偿付类别债券创建的债券之间的区别仅仅在于按计划分期偿付类别债券提供的提前偿付保护不同。

目标分期偿付类别债券

目标分期偿付类别债券［targeted amortization class（TAC） bonds］与按计划分期偿付类别债券的相似之处在于，两者都具有本金偿付时间表。按计划分期偿付类别债券与目标分期偿付类别债券之间的区别在于，前者的 PSA 速度的波动范围较大，在此范围内，本金偿付时间表可以受到保护，从而防范缩期风险和延期风险。相比之下，目标分期偿付类别债券具有单一的 PSA 速度，并通过该 PSA 速度对本金偿付时间表提供保护。因此，目标分期偿付类别债券获得的提前偿付保护程度低于按计划分期偿付类别债券。

如果债券具有的本金偿付时间表是根据单一提前偿付率设定的，那么该债券的创建能够防范缩期风险，却无法防范延期风险。因此，尽管按计划分期偿付类别债券具有双向提前偿付保护，但目标分期偿付类别债券只具有单向提前偿付保护。目标分期偿付类别债券更容易被那些并不太关注延期风险，却十分关注缩期风险的机构投资者接受。

有些机构投资者希望防范延期风险，却愿意承担缩期风险。这种风险防范偏好与目标分期偿付类别债券购买者的风险防范偏好恰好相反。为了提供这种风险防范而设计出来的债券结构被称为**反向目标分期偿付类别债券**（reverse TAC bonds）。

有准确到期日的债券

在抵押担保债券结构中，应计利息债券或 Z 债券曾经被用来为**有准确到期日的债券**（very accurately determined maturity，VADM）或**最终到期日有保证的债券**（guaranteed final maturity bonds）提供支持。在这种情形下，Z 债券所积累的（即未被支付的）利息被用来支付有准确到期日的债券的本金和利息。由于 Z 债券积累的利息足以偿付有准确到期日的债券的计划本金和利息，因此，即使在提前偿付减缓的情况下，实际上也可以提供防范延期风险的保护。因此，就可以很有把握地确定最终期限的最大值。但是，如果提前偿付率很高，那么就将导致提供支持的 Z 债券的清偿加快，从而，有准确到期日的债券的期限就会缩短。

有准确到期日的债券的特征类似于反向目标分期偿付类别债券。但是，相对于具有类似担保品的债券结构，有准确到期日的债券提供了更有效的延期风险保护。而且，即使提前偿付的速度加快，大部分有准确到期日的债券的期限也不会明显缩短。因此，与具有同样基础担保品的反向目标分期偿付类别债券相比，有准确到期日的债券提供了更有效的缩期风险保护。与按计划分期偿付类别债券相比，有准确到期日的债券具有更有效的防范延期风险的绝对保护力，而且，如前所述，尽管有准确到期日的债券防范缩期风险的能力不强，但是，包含这类债券的结构所具有的缩期风险通常都不显著。

纯利息组别和纯本金组别

如本章后面的部分所述，剥离式抵押贷款支持证券将所有本金支付给一种债券类别，而将所有的利息支付给另一种债券类别。这两种债券类别分别被称为**纯本金债券类别**［principal-only (PO) bond class］和**纯利息债券类别**［interest-only (IO) bond class］。我们稍后将讨论这些证券的投资特征。

抵押担保债券结构可以设计为其中的一个组别只接受本金或只接受利息。例如，在FJF-01中，该结构的B组别可以分为两个组别：纯本金组别和纯利息组别。

名义纯利息组别

在我们前面的例子中，所采用的抵押担保债券结构中所有的组别都具有同样的息票利率(7.5%)，并且与担保品的利率相同。在实际情况中，各个组别不会具有相同的利率。相反，息票利率将取决于利率期限结构、组别的平均存续期以及其他因素。

在早期的抵押担保债券交易中，组别的息票利率与担保品的息票利率之间的所有超额利息都支付给被称为**抵押担保债券剩余权益组别**（CMO residual）。现在，已经不采用这种做法了。现在的做法是构建一个收取这些超额利息的债券组别，该组别被称为**名义纯利息债券类别**（notional IO class），或**结构性纯利息组别**（structured IO）。

为了了解名义纯利息组别的创建过程，我们以图表12—15中的抵押担保债券结构FJF-06为例。该结构与FJF-02类似，只是FJF-06中各组别的息票利率不同，并且有一个支付利息的纯利息债券组别。

图表12—15　FJF-06：假设的具有应计利息债券组别和纯利息债券组别的五个顺序偿付组别[a]

组别	面值（美元）	名义金额（美元）	息票利率（%）
A	194 500 000		6.00
B	36 000 000		6.50
C	96 500 000		7.00
Z	73 000 000		7.25
IO		52 566 666	7.50
	400 000 000		

a. 偿付规则：

1. 支付期间息票利息：根据期初未清偿本金余额支付组别A、组别B和组别C的期间息票利息。组别Z的利息等于根据本金计算出的利息加上前期累计的利息。组别Z的利息被作为本金偿付额支付给前面的组别。根据期初的名义金额向纯利息组别支付期间利息。

2. 偿付本金：首先对组别A进行本金偿付，直至完全清偿。待还清组别A的本金后，再对组别B进行本金偿付，直至完全清偿。待还清组别B的本金后，再对组别C进行本金偿付，直至完全清偿。待还清组别C的本金后，再对组别Z进行本金偿付，直至初始本金余额加上累计的利息被全部清偿为止。

注意，在这种结构中，图表12—15中显示的纯利息债券组别的面值为52 566 666美元，息票利率为7.5%。由于这是一种纯利息债券组别，因而不存在面值。表中所列示的金额是用来确定利息支付额的金额，而不是支付给债券所有者的金额。因此，该金额被称为**名义金**

额（notional amount）。

让我们来考察如何确定名义金额。首先考虑组别 A。该组别的面值为 1.945 亿美元，息票利率为 6%。由于担保品的息票利率为 7.5%，因而，超额利率为 150 个基点（1.5%）。因此，可以由组别 A 创建息票利率为 1.5%、名义金额为 1.945 亿美元的纯利息债券组别。但是，该纯利息债券组别与息票利率为 7.5%、名义金额为 3 890 万美元的纯利息债券组别价值相同。名义金额的数学计算式如下：

$$\text{息票利率为 7.5\% 的纯利息债券组别的名义金额}=\frac{\text{组别的面值}\times\text{超额利率}}{0.075}$$

其中，

$$\text{超额利率}=\text{担保品的息票利率}-\text{债券组别的息票利率}$$

例如，对于组别 A，

$$\text{超额利率}=0.075-0.060=0.015$$

$$\text{组别的面值}=\$194\,500\,000$$

$$\text{息票利率为 7.5\% 的纯利息债券组别的名义金额}=\frac{\$194\,500\,000\times 0.015}{0.075}$$

$$=\$38\,900\,000$$

类似地，对于面值为 3 600 万美元的组别 B，超额利率为 100 个基点（1%），因此，可以由组别 B 创建出息票利率为 1%、名义金额为 3 600 万美元的纯利息债券组别。但是，该纯利息债券组别与息票利率为 7.5%、名义金额为 480 万美元的纯利息债券组别价值相同。所有四个组别的计算过程如下表所示。

组别	面值（美元）	超额利率（%）	息票利率为 7.5%的纯利息组别的名义金额（美元）
A	194 500 000	1.50	38 900 000
B	36 000 000	1.00	4 800 000
C	96 500 000	0.50	6 433 333
Z	73 000 000	0.25	2 433 333
	息票利率为 7.5%的纯利息组别的名义金额		52 566 666

支持债券

支持债券（或称保镖）是为按计划分期偿付债券组别提供提前偿付保护的债券。因此，这类债券面临的提前偿付风险最大。由于这个原因，投资者必须非常谨慎地估算支持债券的现金流量特征，以便降低提前偿付行为对投资组合产生不利影响的可能性。

支持债券通常可分为不同的债券类别。本节前面的部分已经讨论了这些债券类别，它们包括顺序偿付支持债券、浮动利率支持债券和反向浮动利率支持债券以及应计利息支持债券。

支持债券甚至还能分成若干部分，以便创建具有本金偿付时间表的支持债券类别。也就是说，可以创建出属于按计划分期偿付类别债券的支持债券类别。在一个包含按计划分期偿付类别债券和具有按计划分期偿付类别本金偿付时间表的支持债券的结构中，前者被称为按计划分期偿付类别Ⅰ债券或Ⅰ级按计划分期偿付类别债券，后者被称为按计划分期偿付类别Ⅱ债券或Ⅱ级按计划分期偿付类别债券。尽管与没有本金偿付时间表的支持债券相比，按计划分期偿付类别Ⅱ债券具有更多的提前偿付保护，但是，其提前偿付保护程度低于按计划分期偿付类别Ⅰ债券。

实际交易

现在我们已经了解了抵押担保债券，下面来看一个实际例子。我们将以一笔吉利美的交易为例。我们将介绍的交易为吉利美 REMIC 信托 2008－004。图表 12—16 显示了发行说明书补充文件的前五页。由于吉利美是一家联邦政府机构，因此它不需要将发行说明书在证券交易委员会备案。

图表 12—16　　吉利美 REMIC 信托 2008－004 发行说明书补充文件选页

发行说明书补充文件

（基础发行说明书，2004 年 10 月 1 日）

375 000 000 美元

政府国民抵押贷款协会

吉利美®

担保 REMIC 转手证券和 MX 证券

吉利美 REMIC 信托 2008－004

证券

本信托基金将发行本发行说明书补充文件封面列示的证券种类。

吉利美的担保

吉利美将对证券本金和利息的及时偿还提供担保。吉利美的担保是由美国政府的全额信用为支持的。

信托基金及其资产

本信托基金将拥有吉利美发行的凭证。

REMIC 证券类别	初始本金余额（2）	利率	本金类别（3）	利息类别（3）	CUSIP 码	最终分配日期（4）
FA....	100 000 000	e	PT	FLT	38375PEQ0	2038 年 1 月
FB....	50 000 000	e	PT	FLT	38375PER8	2038 年 1 月
FC....	100 000 000	e	PT	FLT	38375PES6	2038 年 1 月
FI....	3 019 154	6.50%	NTL（SEQ）	FIX/IO	38375PET4	2038 年 2 月
FJ....	250 000	e	NTL（PT）	FLT/INV/IO/SP[f]	38375PEU1	2038 年 1 月
HA....	12 500 000	5.25	SUP	FIX	38375PEV9	2037 年 10 月
HB....	5 000 000	5.50	SUP	FIX	38375PEW7	2037 年 5 月

HC....	3 643 000	5.25	SUP	FIX	38375PEX5	2037 年 5 月
HD....	1 357 000	5.50	SUP	FIX	38375PEY3	2037 年 12 月
HG....	1 201 000	5.50	SUP	FIX	38375PEZ0	2037 年 12 月
HI....	165 591	5.50	NTL (SUP)	FIX/IO	38375PEA4	2037 年 5 月
HT....	12 500 000	5.75	SUP	FIX	38375PFB2	2037 年 10 月
PF....	59 686 786	e	PAC Ⅰ	FLT	3837PFC0	2038 年 1 月
PO[a]...	16 278 214	0.00	PAC Ⅰ	PO	38375PED8	2038 年 1 月
PY[a]...	59 686 786	e	NTL (PAC Ⅰ)	INV/IO	38375PFE6	2038 年 1 月
QA....	3 933 000	5.50	PAC Ⅱ	FIX	38375PFF3	2038 年 1 月
SA....	250 000 000	e	NTL (PT)	INV/IO	38375PFG1	2038 年 1 月
UA....	7 500 000	5.50	SUP	FIX	38375PFH9	2037 年 12 月
UB....	1 401 000	5.50	SUP	FIX	38375PFJ5	2038 年 1 月
剩余类别	0	0.00	NPR	NPR	38375PFK2	2038 年 1 月

a. 这些债券可能被换为表Ⅰ中描述的 MX 债券。

b. 根据本补充文件中的“规模增加”部分所介绍的规模增加情况，每个名义类别（根据本金类型以“NTL”表示）显示的金额为其初始类别名义余额，不表示将被偿付的本金。

c. 如基础发行说明书补充文件中“类别”的定义。括号中显示了每个名义类别中类别名义余额将降低的类别类型。

d. 见本补充文件的“收益率、期限和提前偿付考虑因素——最终分配日期”。

e. 见本补充文件的“条款清单——利率”。

f. 类别 FJ 的利率类别有 SP(“特别”) 标示，因为在特定的 LIBOR 水平上利率将发生显著变化。见本补充文件的“期限表——利率”。

这些证券可能并不适合您投资。您应该仔细考虑投资于这些证券的风险。

从第 S－6 页开始的“风险因素”强调了这些风险中的一部分。

保荐人和合作保荐人将在议价交易中不时提供不同价格的证券。我们预计发行结束日为 2008 年 1 月 30 日。

您应该阅读基础发行说明书以及本补充文件。

这些证券免于根据《1933 年证券法》登记，且根据《1934 年证券交易法》属于“豁免证券”。

花旗 **Guzman & Company**

本发行说明书补充文件的日期为 2008 年 1 月 23 日

可得信息

只有在您阅读并理解下列文件后，您才应购买这些证券：

- 发行说明书补充文件（“补充文件”）。
- 基础发行说明书。

基础发行说明书可以在吉利美的网站上查阅，网址为 http://www.ginniemae.gov。

如果您无法上网，请致电本信托基金的信息代理商纽约银行索取基础发行说明书的副本，电话为 (800) 234－GNMA。

关于大写术语的定义，请参考基础发行说明书附录Ⅰ中的类别标准缩写和基础发行说明书附录Ⅱ

中的术语表。

目　录

条款清单

本条款清单有选择地提供了部分信息，仅供快速参考之用。您应该阅读补充文件，尤其是“风险因素”部分，以及“可得信息”后面列出的每份文件。

保荐人：花旗集团全球市场公司

受托行：富国银行

税务管理：受托行

截止日期：2008 年 1 月 30 日

发行日期：从 2008 年 2 月开始每个月的第 20 天，如果第 20 天不是工作日的话，即为之后的第一个工作日。

受托资产：

受托资产类型	凭证利率（%）	初始期限（年）
吉利美Ⅱ	6.5	30

受托资产的标的抵押贷款的假定特征[a]：

本金余额[b]（美元）	加权平均剩余期限（月）	加权平均贷款账龄（月）	加权平均抵押贷款利率[c]（%）
375 000 000	358	2	6.922

a. 截至 2008 年 1 月 1 日。

b. 不包括将为支付托管费而增加的受托资产。

c. 受托资产的标的抵押贷款可能需支付高于凭证利率 0.25%至 1.50%不等的年利率。

许多抵押贷款的实际剩余期限、贷款账龄和抵押贷款利率将不同于以上显示的加权平均数值，其差异可能很大。见本补充文件中的“受托资产——抵押贷款”。

证券发行：除了剩余证券以外，这些证券最初将通过美国联邦储备银行的记账系统（“Fedwire 记账系统”）以记账形式发行。剩余证券将以完全记名的凭证形式发行。见本补充文件中的“证券介绍——证券形式”。

修订和交易：如果您拥有可交易证券，您将能在接到通知并支付交易费的情况下，用这些证券交换本补充文件附表Ⅰ中相关证券一定比例的利息。见本补充文件中的“证券介绍——修订和交易”。

增加的最低面额类别：每个类别都包括纯本金组别、纯利息组别、反向浮动利率组别或特殊组别。见本补充文件中的“证券介绍——证券形式”。

利率：本补充文件封面显示了固定利率类别的利率。

根据1个月期 LIBOR（以下简称“LIBOR”）确定的浮动利率组别和反向浮动利率组别的年利率如下所示：

类别	利率公式[a]	初始利率[b]（%）	最低利率（%）	最高利率（%）	延迟（天）	计算最低利率所用的 LIBOR（%）
FA	LIBOR＋0.48%	4.995 000 00%	0.48%	7.000 000 00%	0	0.000%
FB	LIBOR＋0.48%	4.891 250 00%	0.48%	7.000 000 00%	0	0.000%
FC	LIBOR＋0.49%	4.860 630 00%	0.49%	7.000 000 00%	0	0.000%
FJ	c	0.000 000 00%	0.00%	2.400 000 00%	0	d
PA	13.36%－(LIBOR×2.00)	4.721 240 00%	0.00%	13.360 000 00%	0	6.680%
PB	15.03%－(LIBOR×2.25)	5.311 395 00%	0.00%	15.030 000 00%	0	6.680%
PC	16.70%－(LIBOR×2.50)	5.901 550 00%	0.00%	16.700 000 00%	0	6.680%
PD	18.37－(LIBOR×2.75)	6.491 705 00%	0.00%	18.370 000 00%	0	6.680%
PE	20.04%－(LIBOR×3.00)	7.081 860 00%	0.00%	20.040 000 00%	0	6.680%
PF	LIBOR＋0.32%	4.639 380 00%	0.32%	7.000 000 00%	0	0.000%
PG	21.71%－(LIBOR×3.25)	7.672 015 00%	0.00%	21.710 000 00%	0	6.680%
PH	23.38%－(LIBOR×3.50)	8.262 170 00%	0.00%	23.380 000 00%	0	6.680%
PS	24.493 333 33%－(LIBOR×3.666 666 67)	8.655 606 65%	0.00%	24.493 333 33%	0	6.680%
PY	6.68%－LIBOR	2.360 620 00%	0.00%	6.680 000 00%	0	6.680%
SA	6.516%－LIBOR	2.001 000 00%	0.00%	6.516 000 00%	0	6.516%

a. 如本补充文件的“证券介绍——利息分配——浮动利率组别和反向浮动利率组别”所示，LIBOR将根据BBA LIBOR方法确定。

b. 初始利率将在第一个应计利息期生效，此后，利率将每个月调整一次。

c. 如果LIBOR小于等于6.516%，则为(LIBOR×400)－2 604.0%；如果LIBOR大于6.516%，则为3 912.0%－(LIBOR×600)。

d. 小于等于6.51%，或大于等于6.52%。

本金分配：在每个分配日，一定比例的本金分配额将被用于支付托管费，同时，剩下的本金分配额（“调整本金分配额”）将按照如下方式分配：

1. 66.666 666 666 7%同时按比例分配给组别FA、组别FB和组别FC，直至清偿完毕。

2. 33.333 333 333 3%按下列优先顺序分配：

a. 同时按比例分配给组别PF和组别PO，直到在分配日降低到合计计划本金余额。

b. 分配给组别 QA，直到在分配日降低到其计划本金余额。

c. 同时按如下方法分配：

ⅰ. 将 17.162 078 671 0%分配给组别 UA，直至完全清偿。

ⅱ. 将 22.882 771 561 3%按下列优先顺序分配：

(1) 同时按比例分配给组别 HB 和组别 HC，直至完全清偿。

(2) 分配给组别 HD，直至完全清偿。

ⅲ. 将 59.955 149 767 7%按下列优先顺序分配：

(1) 同时按比例分配给组别 HA 和组别 HT，直至完全清偿。

(2) 分配给组别 HG，直至完全清偿。

d. 分配给组别 UB，直至完全清偿。

e. 分配给组别 QA，不考虑计划本金余额，直至完全清偿。

f. 同时按比例分配给组别 PF 和组别 PO，不考虑合计计划本金余额，直至完全清偿。

计划本金余额：下列类别的计划本金余额或合计计划本金余额包括在本补充文件附表Ⅱ中。它们是根据下列结构范围计算出来的：

类别	结构范围
PF 和 PO（合计）	125%PSA 至 400%PSA
QA	140%PSA 至 400%PSA

名义类别：名义类别将不会分配到本金，但是有类别名义本金余额，以便说明获得利息的权利。每个名义类别的类别名义本金余额表示为以下各项的一定百分比，并逐渐降低至所示类别本金余额为止：

类别	初始类别名义本金余额（美元）	近似表示
FI[a]..........	798 077	组别 FB 的 1.596 153 846 2%（PT 类别）
	2 221 077	组别 FC 的 2.221 076 923 1%（PT 类别）
	3 019 154	
FJ..........	250 000	组别 FA、组别 FB 和组别 FC 的 0.1%（PT 类别）
HI..........	165 591	组别 HC 的 4.545 454 545 5%（SUP 类别）
PY..........	59 686 786	组别 PF 的 100%（PAC I 类别）
SA..........	250 000 000	组别 FA、组别 FB 和组别 FC 的 100%（PT 类别）

a. 2008 年 2 月的分配日；在此之后，组别 FI 的名义余额将为 0。

税收地位：双重 REMIC 系列。见本补充文件和基础发行说明书的“特定联邦所得税后果”。

常规类别和剩余类别：组别 RR 是剩余类别，包括发行中的 REMIC 和组合 REMIC 的剩余利息；其他所有 REMIC 证券类别都是常规类别。

资料来源：转载自 Offering Circular Supplement for Ginnie Mae REMIC Trust 2008-004，pages S-1 through S-5。吉利美及其标志是政府国民抵押贷款协会的注册服务商标，版权所有。

发行说明书补充文件的第一页显示了所发行的组别（REMIC 证券类别）。初始本金总额为 3.75 亿美元。注意，该发行说明书是对“基础发行说明书，2004 年 10 月 1 日”

的补充。基础发行说明书对这些证券进行了更详细的介绍。图表 12—17 提供了基础发行说明书中的四页：(1) 封面；(2) 目录（两页）；(3) 附录Ⅰ，其中包括吉利美对不同类别债券的标准缩写。注意，发行说明书补充文件的附录Ⅰ提供了基础发行说明书对债券类别——本金类别和利息类别——的定义。

图表 12—17　　吉利美担保转手证券基础发行说明书选页，2004 年 10 月 1 日

基础发行说明书
2004 年 10 月 1 日

政府国民抵押贷款协会
吉利美®
担保 REMIC 转手证券
（可按系列发行）

政府国民抵押贷款协会担保 REMIC 转手证券将在一个或多个系列中适时发售，代表在适时建立的独立吉利美 REMIC 信托中的权益。政府国民抵押贷款协会（“吉利美”）是一家美国政府全资所有的公司，隶属于美国住房与城市发展部，该协会对每个证券类别的及时本金偿付和利息支付进行担保。吉利美的担保有美国政府的全额信用支持。

发行说明书补充文件中将介绍每个系列的条款。每个信托主要由以下部分组成：（ⅰ）根据吉利美Ⅰ计划或吉利美Ⅱ计划，由吉利美担保及时偿付本金并支付利息的“完全修正转手”抵押贷款支持凭证；（ⅱ）根据吉利美白金计划（Ginnie Mae Platinum Program)，由吉利美抵押担保支持证券担保及时偿付本金并支付利息的凭证；（ⅲ）之前发行的 REMIC 或可比抵押贷款凭证或标的可赎回证券；（ⅳ）之前发行的吉利美担保剥离式抵押贷款支持证券，在每种情况下，信托中所显示的利益都主要包括对吉利美凭证的直接权益或间接权益，相关发行说明书补充文件中对此进行了详细介绍。吉利美凭证的标的抵押贷款包括由联邦住房管理局（“FHA”)、美国退伍军人管理局（“VA”)、美国住房与城市发展部（“HUD”）或农村住房服务局（“RHS”，即前农民住房管理局）保险或担保的一至四户住房抵押贷款。见“吉利美凭证”。

每个系列都将以两个或以上的类别发行。一个系列中的每个证券类别都代表对相关信托中的受托资产或相关信托中的受托资产组合的未来本金偿付和（或）未来利息支付的权益。根据相关发行说明书补充文件的规定，一个系列中的一个或多个证券类别的持有者可能有权先于该系列一个或多个其他证券类别的持有者或在特定事件发生后获得本金、利息、其他收入或上述任意组合的分配。

根据本基础发行说明书和相关发行说明书补充文件的说明，每个证券类别的加权平均存续期可能受到相关受托资产标的抵押贷款的本金偿付率（包括违约产生的其他某些提前偿付和偿付）和收款时间的影响。吉利美对及时偿付本金和支付利息的担保并不是对某个证券类别加权平均存续期的担保，也不是对信托资产或信托资产组合标的抵押贷款的特定本金提前偿付率的担保。当相关发行说明书补充文件描述的情况出现时，信托可能需要提前终止。

计算联邦所得税时，需要选择将各信托还是各信托的特定资产作为一个或多个不动产抵押贷款投资管道。见本基础发行说明书的“特定联邦所得税后果”。

政府国民抵押贷款协会对证券本金和利息的及时偿还提供担保。吉利美的担保有美国政府的全额信用支持。这些证券免于遵守《1933 年证券法》的登记要求，且根据《1934 年证券交易法》属于豁免证券。

证券可以通过一种或多种方法发行，包括通过保荐人发行，相关发行说明书补充文件对此进行了更全面的介绍。本基础发行说明书不可用于说明证券销售已完成，除非您已经收到了相关发行说明书补充文件。

本基础发行说明书的日期为 2004 年 10 月 1 日。

基础发行说明书——单户

目　录

页码

附录Ⅰ

证券类别

下表包括用于描述某些证券类别的标准缩写。这些类别的定义可见附录Ⅱ。这些定义的目的并不是描述与任何类别相关的重大风险。关于与特定类别有关的风险的讨论，投资者应参考相关发行说明书补充文件的“风险因素——类别投资因素”。

标准缩写	类别定义
本金类型	
AD	利息偿付（Accretion Directed）证券
CC	可赎回类别（Callable Class）证券
CPT	成份（Component）证券
JMP	跳跃（Jump）证券
NPR	无偿付剩余（No Payment Residual）证券
NSJ	非黏性跳跃（Non-Sticky Jump）证券
NTL	名义（Notional）证券
PAC	PAC（计划分期偿付类别）（PAC or Planned Amortization Class）证券
PT	转手（Pass-Through）证券
SC	结构性担保（Structured Collateral）证券
SCH	计划（Scheduled）证券
SEQ	顺序偿付（Sequential Pay）证券
SJ	黏性跳跃（Sticky Jump）证券
STP	剥离式（Strip）证券
SUP	支持（或伴侣）[Support（or Companion）] 证券
TAC	TAC（目标分期偿付类别）（TAC or Targeted Amortization Class）证券
XAC	指数分配（Index Allocation）证券
利率类型	
ARB	递增利率（Ascending Rate）证券
DLY	延迟（Delay）证券

DIF	差别（Differential）证券
DRB	递减利率（Descending Rate）证券
EXE	超额（Excess）证券
FIX	固定利率（Fixed Rate）证券
FLT	浮动利率（Floating Rate）证券
INV	反向浮动利率（Inverse Floating Rate）证券
IO	纯利息（Interest Only）证券
NPR	无偿付剩余（No Payment Residual）证券
PO	纯本金（Principal Only）证券
PZ	部分应计利息（Partial Accrual）证券
WAC	WAC（加权平均息票）（WAC or Weighted Average Coupon）证券
Z	应计利息（Accrual）证券
其他类型	
SP	特殊（Special）证券
基础发行说明书——单户	

资料来源：转载自 pages 1，3，and 44 of *Ginnie Mae Guaranteed Pass-Through Securities Base Offering Circular*，October 1，2004. *Ginnie Mae*. 吉利美及其标志是政府国民抵押贷款协会的注册服务商标，版权所有。

发行说明书补充文件的第 S—3 页、S—4 页和 S—5 页显示了发行说明书补充文件的条款清单。第 S—3 页和第 S—4 页说明了交易中的浮动利率证券和反向浮动利率证券。第 S—4 页和第 S—5 页说明了对各类证券的本金分配。第 S—5 页说明了按计划分期偿付类别债券的结构范围。对于 PF 组别和 PO 组别，初始按计划分期偿付类别债券的提前偿付速度范围（即结构范围）为 125%～400%PSA；对于 QA 组别，初始按计划分期偿付类别债券的提前偿付速度范围为 140%～400%PSA。第 S—5 页还对名义类别进行了总结。

图表 12—18 摘自另一份吉利美的出版物，显示了用于不同类别证券的缩写惯例。

图表 12—18　　多类别证券的吉利美命名惯例

吉利美确立了下列用于确定类别标示的惯例。

种类	名称[a]
应计利息	Z、ZA、ZB、ZC 等
纯利息、从整笔交易中剥离[b]	IO
纯本金、从整笔交易中剥离[c]	PO
浮动利率	F、FA、FB 等
反向浮动利率	S、SA、SB 等；与浮动利率证券相匹配[d]
按计划分期偿付类别 1[e]	PA、PB、PC 等[f]
按计划分期偿付类别 1 浮动利率证券	PF

续前表

种类	名称[a]
应计利息	Z、ZA、ZB、ZC 等
按计划分期偿付类别 1 反向浮动利率证券	PS
按计划分期偿付类别 1 应计利息证券	PZ、PU、PV、PW、PX、PY
其他类别[g]	A 至 X（F、I、Q、R 和 S 除外）
成份证券[H]	数字下标——A1 和 A2
凭证式常规类别（初始发行）	数字下标 Q——AQ、ZQ、SQ 等
剩余证券	R、RI、RP、RR[i]

a. 不允许使用三个字母。

b. 从一类（多类）证券中剥离的纯利息组别将按字母顺序，以与之相关的证券类别的下一个字母命名。例如，本金名义余额为 PA、PB 和 PC 一定比例的按计划分期偿付类别 1 纯利息组别应被命名为 PD。

c. 从一类（多类）证券中剥离的纯本金组别将按字母顺序，以与之相关的证券类别的下一个字母命名。例如，本金额为 PA、PB 和 PC 一定比例的按计划分期偿付类别 1 纯本金组别应被命名为 PD。

d. 例如：如果 F 用 S 和 SA 支付，则略过 FA。下一个浮动利率类别应为 FB，该类别用 SB 支付。

e. 按计划分期偿付类别债券的提前偿付速度范围必须至少为定价 PSA 的上下 30%。按计划分期偿付类别 2 的范围窄于按计划分期偿付类别 1 的范围，但仍须在定价 PSA 的上下 30%。不符合这些标准的"按计划分期偿付类别"将被称为计划类别。

f. 避免使用 PO 和 PQ，以免与纯本金类别和凭证式常规类别混淆；避免使用 PP，因为除了 RR 这个特例以外，不允许出现字母重复。

g. 除了纯利息组别这个特例以外，不用"I"表示任何类别。除了剩余证券这个特例以外，不用"R"表示任何类别。

h. 只有成份证券可以用字母—数字组合表示，不允许使用连字符。

i. R——单独 REMIC 剩余证券，RI——发行 REMIC 剩余证券，RP——组合 REMIC 剩余证券，RR——分级剩余证券。

资料来源：转载自 Government National Mortgage Association，*Multiclass Structure Guide*：*Part I*：*Ginnie Mae REMIC and MX Transactions*：*Guidelines and Selected Transaction Documents*，January 1，2002，p. I-5-1。Ginnie Mae. 吉利美及其标志是政府国民抵押贷款协会的注册服务商标，版权所有。

政府机构剥离式抵押贷款支持证券

政府机构剥离式抵押贷款支持证券（stripped mortagage-backed securities，SMBSs）是抵押贷款衍生产品的另一个例子。抵押转手证券将来自标的抵押贷款组合的现金流按比例分配给证券持有者。剥离式抵押贷款支持证券通过将本金和利息的分配从按比例分配变为不均等的分配而创建出来。因此，所创建的一些证券的价格—收益率关系与标的抵押贷款组合的价格—收益率关系不同。

剥离式抵押贷款支持证券有三种类型：

- 合成式息票转手证券。
- 纯利息/纯本金证券。
- 剥离式抵押担保债券。

合成式息票转手证券

第一代剥离式抵押支持证券被称为**合成式息票转手证券**（synthetic-coupon pass-throughs），其中两只证券将由一只转手证券支付部分利息和本金，但利息和本金的分配不均等。结果是两只合成式息票利率证券，它们的息票利率与创建它们的标的转手证券不同。

为了说明这个过程（后面我们将说明原因），假设用一只息票利率为6%的10亿美元转手债券创造两只证券。进一步假设通行的抵押贷款利率为6%，创造出的两只证券A-1和A-2如下所示：

A-1 收到 75%的利息和 50%的本金

A-2 收到 25%的利息和 50%的本金

这意味着在发行时，两只证券的本金和利息为

A-1 和 A-2：本金＝10 亿美元×0.5＝5 亿美元

A-1 的利息：0.06×0.75×10 亿美元＝4 500 万美元

A-2 的利息：0.06×0.25×10 亿美元＝1 500 万美元

那么，两只证券的合成式息票利率为

A-1 的合成式息票利率：4 500 万美元/5 亿美元＝9%

A-2 的合成式息票利率：1 500 万美元/5 亿美元＝3%

这些证券如何在市场上交易？假设现行市场利率为6%（这是用来创建两只证券的转手证券的息票利率）。证券A-1将在市场上以溢价（即高于面值的价格）出售，因为它的合成式息票利率高于现行市场利率（6%）。证券A-2将在市场上以面值的折价出售，因为它的合成式息票利率低于现行市场利率（6%）。

这是一项有意思的金融工程，但为什么要这么做？首先要记住，担保品（即息票利率为6%的10亿美元转手证券）的息票利率为6%。假设某位投资者认为该担保品的提前偿还速度慢于市场预期。如果该投资者购买了证券A-1，那么他在利率为6%的环境中将得到高于市场的息票利率（9%），并将在较长时期内这样做，只要提前偿付速度实际上慢于为这只证券定价的市场的预期。假设另一位投资者的预期恰好相反：提前偿付速度将比市场预期快得多。那么，证券A-2将给这位投资者在提前偿付买价低于面值的证券时得到面值的机会。因此，这两只证券让投资者得以表达对同一种担保品（即利率为6%的转手证券）提前偿付速度的不同看法。

纯利息/纯本金证券

注意，在合成式息票转手证券中，至少向两只创造出来的证券支付了部分利息和本金。在纯利息（IO）证券和纯本金（PO）证券中，所有利息都被分配给纯利息证券，所有本金都被分配给纯本金证券。这两种剥离式抵押支持证券被称为**抵押贷款本息剥离证券**（mortgage strips）。

投资者可以按很高的面值折扣购买纯本金证券。投资者能够实现的收益率取决于提前偿付速度。提前偿付速度越快，投资者实现的收益率越高。在极端的情况下，如果标的抵押贷款组合中的所有房屋所有者都决定立即提前偿付他们的抵押贷款，那么，纯本金证券投资者

将立即得到转手证券的所有本金。

现在让我们来考察随着抵押贷款市场利率的变动，纯本金证券的价格预期将如何变动。当抵押贷款利率降到息票利率以下时，贷款的提前偿付速度预期会加快，对纯本金证券持有者的偿付也会加速。因此，纯本金证券的现金流状况将得到改善（即提前获得本金偿付）。由于市场上抵押贷款利率下降，因此现金流将以较低的利率贴现。结果，抵押贷款利率下降时，纯本金证券的价格将上升。当抵押贷款利率上升到息票利率之上时，贷款提前偿付速度预期会减慢，从而使纯本金证券的现金流状况恶化（即需要花更长的时间收回本金）。再加上较高的贴现率，因此抵押贷款利率上升时，纯本金证券的价格将下降。

纯利息证券没有面值。与纯本金证券的投资者相反，纯利息证券的投资者希望放慢提前偿付的速度。原因在于，纯利息证券投资者收到的只是未清偿本金余额的利息。当发生提前偿付行为时，未清偿的本金余额将下降，从而收到的利息会减少。实际上，如果提前偿付进行得过快，纯利息证券投资者可能无法收回购买纯利息证券所支付的金额。

现在让我们来考察随着抵押贷款利率的变动，纯利息证券的价格预期将如何变动。如果抵押贷款利率降到息票利率以下，贷款的提前偿付速度预期将加快。这将导致纯利息证券投资者的预期现金流状况恶化。尽管现金流将以较低的利率贴现，但净影响通常是纯利息证券的价格下降。如果抵押贷款利率上升到息票利率之上，那么预期现金流状况将得以改善，但是，现金流将以较高的利率贴现。净影响可能是纯利息证券的价格上升或下降。由此，我们可以发现纯利息证券的一个有趣特征：当抵押贷款利率降到息票利率以下，或高于息票利率一定范围时，纯利息证券的价格与抵押贷款利率的变动方向趋于一致。

这种效应的一个例子如图表 12—19 所示，该图显示了各种抵押贷款利率与下列证券价格之间的关系：(1) 转手证券；(2) 由这种转手证券创建的纯本金证券；(3) 由这种转手证券创建的纯利息证券。注意，当抵押贷款利率跌到某个水平以下时，转手证券的价格并没有太大变化。这是转手证券的负凸性（或价格抑制）特征。对于纯本金证券而言，当抵押贷款利率上升时，证券价格将单调下降。对于纯利息证券而言，当抵押贷款利率高于特定水平时，证券价格将随着抵押贷款利率的上升而下降；当抵押贷款利率低于特定水平时，纯利息证券价格将随着抵押贷款利率的下降而下降。当抵押贷款利率发生变化时，纯本金证券和纯利息证券均表现出很高的价格波动性。与作为标的资产的转手证券相比，纯利息证券和纯本金证券具有较高的价格波动性，这可以通过曲线上任何给定抵押贷款利率所对应的切线的陡峭程度看出来。

图表 12—19　转手证券、纯本金证券、纯利息证券的价格与抵押贷款利率之间的关系

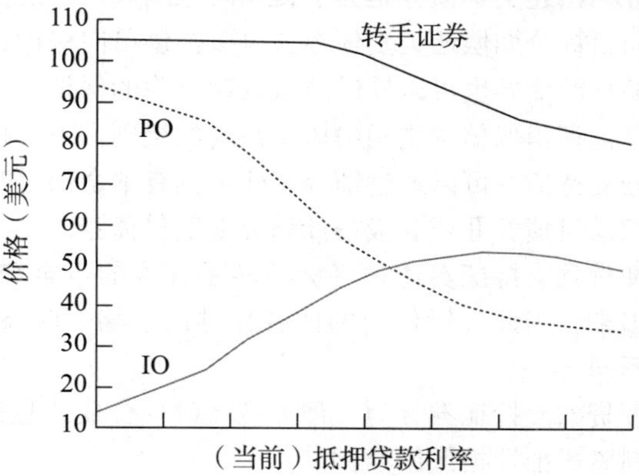

剥离式抵押担保债券

纯本金证券类别和纯利息证券类别都是抵押担保债券结构中的一类。这种类别被称为剥离式抵押担保债券或结构性纯利息证券。我们已经在前面讨论过如何创建剥离式抵押担保债券组别。

要　点

· 政府机构抵押担保债券是指由政府机构作为不动产抵押投资管道发行的债券，它是一种通过重新分配抵押贷款相关产品（抵押转手证券）的现金流而创建的债券类别。

· 创建抵押担保债券并不能消除提前偿付风险；它只能将各种形式的提前偿付风险在各类被称为组别的债券之间重新分配。

· 政府机构抵押担保债券的信用风险与政府机构转手证券的信用风险相同。

· 抵押担保债券中规定了担保品本息的分配规则。

· 第一种抵押担保债券结构使每种类别的债券按顺序依次偿付，因此，这种结构被称为顺序偿付抵押担保债券。债券组别的平均存续期不同于担保品的平均存续期。

· 与未引入应计利息组别的顺序偿付抵押担保债券相比，引入应计利息组别可以创建平均存续期更短或更长的组别。

· 以固定利率债券组别为基础，可以派生出浮动利率债券组别和反向浮动利率债券组别。

· 纯利息组别和纯本金组别可以从债券组别中创建出来。名义纯利息组别源自担保品的息票利息与支付给组别的总息票利息之差。

· 尽管顺序偿付抵押担保债券和应计利息抵押担保债券可以重新分配提前偿付风险，但是，提前偿付风险仍然很大。也就是说，对于给定的债券组别，其平均存续期仍具有很大的波动性。通过创建按计划分期偿付组别可以缓解这一问题。该类抵押担保债券组别降低了平均存续期的波动性。

· 抵押担保债券结构中包含的为按计划分期偿付组别提供更有效保护的债券是支持组别或伴侣组别。对抵押担保债券结构中某些或全部按计划分期偿付类别债券提供更多提前偿付保护的方法很多，锁定结构和反向按计划分期偿付类别结构就是其中的两种方法。

· 创建目标分期偿还类别债券是为了提供防范缩期风险的保护，但它无法提供防范延期风险的保护。反向目标分期偿还类别债券还可以提供单向保护：防范延期风险，而不是缩期风险。有准确到期日的债券也可以提供防范延期风险的保护。

· 支持债券是抵押担保债券结构中风险最高的组别。由支持债券可以创建其他类型的债券。例如，一部分支持债券可以通过细分创建出具有本金偿付时间表的支持债券。这类债券被称为按计划分期偿付债券Ⅱ或Ⅱ级按计划分期偿付债券。

· 剥离式抵押贷款支持证券通过将标的转手证券的本金和利息按不均等的比例分配给两种债券而创建出来。因此，所创建的两种债券的价格—收益率关系与标的转手证券的价格—收益率关系不同。

· 剥离式抵押贷款支持证券分为三种类型：（1）合成式息票转手证券；（2）纯利息/纯本金证券；（3）剥离式抵押担保债券。

问　题

1. 抵押担保债券如何改变来自抵押贷款的现金流，从而将提前偿付风险在各类债券持有者之间转移？

2. 不动产抵押投资管道和抵押担保债券的区别是什么？

3. a. “通过创建抵押担保债券，发行人消除了与标的抵押贷款有关的提前偿付风险。”你是否同意这种说法？

b. 华尔街经常把抵押担保债券称为“定制证券”，请解释原因。

4. 在关于抵押担保债券市场的讨论中，主流媒体有时认为此类抵押贷款支持证券的风险最大，而转手债券的风险最小。请对此进行评论。

5. 请说明在抵押担保债券结构中包含应计利息组别对顺序偿付结构平均存续期的影响。

6. 应计利息债券对哪类投资者具有吸引力？

7. 假定用来创建反向浮动利率债券的组别的平均存续期为 5 年，那么，反向浮动利率债券的平均存续期为多长？

8. 以下引文摘自 1991 年某一期的《债券周刊》：

> 得克萨斯州第一州际银行的副总裁 Jules Pollard 称，该行在 1991 年第二季度后某个时间开始实施其购买计划，将考虑购买一些不同种类的抵押担保债券组别。Pollard 还称，他正在考虑用短期的伴侣组别和计划分期偿付债券类别取代即将到期的可调整利率抵押转手证券，因为可调整利率抵押转手证券已经太多了……Pollard 并没有透露计划投资金额，计划投资金额需要与银行负债相匹配，以便为偿还银行负债融资。他说，如果他投资的话，会偏好政府担保的证券或具有隐含担保的证券。

a. 请说明 Pollard 正在买卖的证券类型。

b. 根据引文中最后一句话所述的偏好，Pollard 可能偏好哪种发行人？他会拒绝哪种发行人？

9. 请说明如何创建按计划分期偿付组别的偿付时间表。

10. 请说明支持债券在抵押担保债券结构中的作用。

11. 创建按计划分期偿付类别债券的动机是什么？

12. 假设某储蓄贷款协会决定投资于抵押贷款支持证券，并正在考虑以下两种证券：(i) 加权平均期限为 340 个月的房地美转手证券；(ii) 房地美发行的抵押担保债券中的计划分期偿付组别，其平均存续期为 2 年。从资产负债的角度看，哪种抵押贷款支持证券更好？

13. 假设在提前偿付速度为 80PSA 和 350PSA 的条件下创建了按计划分期偿付类别债券。如果存续期内担保品的实际偿付速度为 100PSA，那么，按计划分期偿付组别的平均存续期为多长？

14. 假设用 10 亿美元的转手证券来创建抵押担保债券结构，其中按计划分期偿付类别债券的面值为 7 亿美元，支持债券的面值为 3 亿美元。

a. 下列哪种债券的平均存续期波动性最大：(i) 担保品；(ii) 按计划分期偿付类别债券；(iii) 支持债券？为什么？

b. 下列哪种债券的平均存续期波动性最小：(i) 担保品；(ii) 按计划分期偿付类别债券；(iii) 支持债券？为什么？

15. 假设第 14 题中 10 亿美元的担保品

被分为面值为8亿美元的按计划分期偿付类别债券和面值为2亿美元的支持债券。与第14题中的按计划分期偿付类别债券相比，该抵押担保债券结构中的按计划分期偿付类别债券的风险防范力度是增强了还是削弱了？

16. 假设用10亿美元转手证券创建一个抵押担保债券结构，其中按计划分期偿付类别债券（PAC Ⅰ）的面值为7亿美元，有偿付时间表的支持债券（PAC Ⅱ）的面值为1亿美元，无偿付时间表的支持债券的面值为2亿美元。

a. 对于PAC Ⅰ债券和PAC Ⅱ债券而言，哪种债券的平均存续期波动性较小？为什么？

b. 对于没有偿付时间表的支持债券和PAC Ⅱ债券而言，哪种债券的平均存续期波动性较大？为什么？

17. 在包含若干按计划分期偿付类别债券的抵押担保债券结构中，当支持债券被全部清偿后，该抵押担保债券结构将类似于顺序偿付抵押担保债券，请说明其中的原因。

18. 假设在一种抵押担保债券结构的前四年中，提前偿付速度恰好处于初始按计划分期偿付类别双限内，那么，实际上限会受到什么影响？

19. 考虑下列由息票利率为8%的担保品提供支持的抵押担保债券结构：

组别	面值（百万美元）	息票利率（%）
A	300	6.50
B	250	6.75
C	200	7.25
D	250	7.75

假设某客户希望购买息票利率为8%的名义纯利息债券，请计算该名义纯利息债券的名义金额。

20. 某发行人正在考虑下列两种抵押担保债券结构：

结构Ⅰ

组别	面值（百万美元）	息票利率（%）
A	150	6.50
B	100	6.75
C	200	7.25
D	150	7.75
E	100	8.00
F	500	8.50

组别A至组别E是PAC Ⅰ债券，组别F是支持债券。

结构Ⅱ

组别	面值（百万美元）	息票利率（%）
A	150	6.50
B	100	6.75
C	200	7.25
D	150	7.75
E	100	8.00
F	200	8.25
G	300	?

组别A至组别E为PAC Ⅰ债券，组别F为PAC Ⅱ债券，组别G为没有PAC偿付时间表的支持债券。

a. 结构Ⅱ中的组别G是由结构Ⅰ中的组别F创建出来的。假定结构Ⅱ中组别F和组别G的综合息票利率为8.5%，那么，组别G的息票利率为多少？

b. 在结构Ⅱ中引入PAC Ⅱ会对组别A到组别E的价值和平均存续期产生什么影响？

c. 结构Ⅱ中的组别G与结构Ⅱ中的组别F的平均存续期波动性有什么差别？

21. a. 抵押担保债券结构中的锁定有什么作用？

b. 请说明为什么在反向按计划分期偿付类别债券结构中，当支持债券被全部清偿时，平均存续期最长的债券实际上已经转化为支持债券？

22. 下列债券获得了哪类提前偿付保护：(a) 目标分期偿付类别债券；(b) 反向目标分期偿付类别债券；(c) 有准确到期日

的债券？

23. a. 什么是纯本金证券？什么是纯利息证券？

b. 当利率变化时，纯利息证券的价格将如何变动？

24. 假定息票利率为 8%的转手证券被剥离为两个类别：X-1 类别获得 75%的本金和 10%的利息，X-2 类别获得 25%的本金和 90%的利息。那么，

a. 这是哪种类型的剥离式抵押贷款支持证券？

b. X-1 类别的实际息票利率为多少？

c. X-2 类别的实际息票利率为多少？

第 13 章

非政府机构住房抵押贷款支持证券

学习目标

阅读本章后，您将了解

- 什么是非政府机构住房抵押贷款支持证券
- 2007 年次贷危机以来非政府机构住房抵押贷款支持证券市场的变化
- 在非政府机构住房抵押贷款支持证券中被用作担保品的贷款类型
- 信用增级需求
- 信用增级的三种类型（结构性信用增级、发放者提供的信用增级、第三方提供的信用增级）
- 非政府机构住房抵押贷款支持证券的现金流和违约率、回收率与回收时间的重要性
- 贷款组合的逾期指标与违约指标

如第 11 章所述，住房抵押贷款支持证券（RMBS）市场分为两个部分：政府机构住房抵押贷款支持证券和非政府机构住房抵押贷款支持证券。第 11 章和第 12 章讨论了在政府机构住房抵押贷款支持证券市场上发行的证券。在非政府机构住房抵押贷款支持证券市场上发行的住房抵押贷款支持证券要求提供信用增级，以保护贷款组合免受损失。

非政府机构住房抵押贷款支持证券市场分为个性化住房抵押贷款支持证券市场和次级住房抵押贷款支持证券市场。个性化住房抵押贷款支持证券也称为优级抵押贷款交易工具或住房抵押贷款交易工具（prime or residential deals），是由优级抵押贷款支持的；次级住房抵押贷款支持证券是由次级抵押贷款支持的，在 2007 年以前通常属于资产支持证券的一部分，并被称为抵押贷款相关资产支持证券。2007 年夏开始的次贷危机以及之后的房市危机之前，个性化住房抵押贷款支持证券和次级住房抵押贷款支持证券被视为两种不同的产品，并在独立的市场上交易。然而，由于支持这两种非政府机构住房抵押贷款支持证券的标的住房抵押贷款表现不佳，市场不再对这两种产品进行区分。因此，本章也不再对它们进行区分。

非政府机构抵押贷款支持证券是由商业银行、储蓄机构和私人部门管道（private conduits）发行的，有时它被称为非政府机构抵押担保债券（非政府机构 CMO）。私人部门管道购买不良抵押贷款，将它们组合在一起，并出售以标的不良抵押贷款组合为担保品的抵押担保债券。发行住房抵押贷款支持证券的私人部门管道所做的正是政府创建政府机构管道（agency conduits）以处理合规贷款时所做的，只是前者没有美国政府提供的任何（隐性或显性）担保。非政府机构住房抵押贷款支持证券必须在证券交易委员会登记。对非政府机构住房抵押贷款支持证券进行评级的机构与对公司债券和市政债券进行评级的机构相同。担保品被卖给特殊目的实体（SPE），后者在证券化交易中的关键作用将在第 15 章中详细介绍。特殊目的实体也被称为信托，它是非政府机构住房抵押贷款支持证券的发行人。

2006 年，非政府机构住房抵押贷款支持证券的发行额超过 1 万亿美元。从那时起，糟糕的担保品表现和房价巨跌导致 2007 年非政府机构住房抵押贷款支持证券发行额大幅下降，之后三年的发行额也极低。尽管市场观察家认为优级贷款支持的非政府机构住房抵押贷款支持证券市场将会部分复苏，但几乎没有人认为在可以预见的未来，次级贷款支持的交易将会复苏。《多德-弗兰克华尔街改革与消费者保护法案》（Dodd-Frank Wall Street Reform and Consumer Protection Act）列出了关于住房抵押贷款支持证券的监管规定。该法案关于住房抵押贷款支持证券证券化的部分要求对贷款进行证券化的实体在它们证券化的标的贷款中保留经济权益，并规定了抵押贷款适用的广泛要求。具体而言，关于抵押贷款，抵押贷款发放者和承销人能得到的补偿、贷款服务商要求和承销标准都有详细要求。这些要求旨在避免非政府机构住房抵押贷款支持证券再次发生危机。

尽管预期发行额下降，但仍有足够的公开交易非政府机构住房抵押贷款支持证券保证对这个债券市场部门的了解。截至 2010 年年底，约有 1.46 万亿美元未清偿非政府机构住房抵押贷款支持证券。[①] 从发行年份（即发行证券的年份）上说，发行额最大的年份为 2005 年和 2006 年。第三大发行年份为 2007 年，但该年的发行额远远低于前两年。

在本章中，我们将讨论非政府机构住房抵押贷款支持证券市场，重点是创建出的证券结构，尤其是信用增级。我们将在本章中介绍信用增级的不同形式，并在第 15 章对其进行进一步讨论。在第 15 章，我们将讨论由非抵押贷款支持的资产支持证券。个性化住房抵押贷款支持证券和次级住房抵押贷款支持证券的区别在于：由于次级抵押贷款的信用风险较高，因此处理所需信用增级的证券结构也更复杂。第 15 章没有讨论贷款证券化过程的其他细节。

担保品的类型

正如我们在第 10 章说明的，抵押贷款分为合规抵押贷款和非合规抵押贷款。前者通常是政府机构住房抵押贷款支持证券的担保品，后者通常是非政府机构住房抵押贷款支持证券的担保品。我们也提到了属于非合规抵押贷款的部分不同类型的抵押贷款。发行说明书中列出了支持非政府机构住房抵押贷款支持证券的担保品。通常，交易是由不同类型担保品的组合支持的。

以下是 2010 年年底根据担保品类型分类的未清偿非政府机构住房抵押贷款支持证券金额：

---

① Dapeng Hu and Robert Goldstein, "Non-Agency Residential Mortgage-Backed Securities," Chapter 31 in Frank J. Fabozzi (ed.), *The Handbook of Fixed Income Securities*: 8th edition (New York: McGraw-Hill, 2011).

● 优级贷款：3 180 亿美元。
● 次级贷款：3 950 亿美元。
● alt-A 贷款：4 320 亿美元。
● 第二留置权贷款：1 560 亿美元。
● 选择性可调整利率抵押贷款：1 580 亿美元。

优级贷款是借款人视为具有以下特征的贷款：（1）高信用质量，衡量标准是有优秀的工作经历和信用历史，且收入足以偿还贷款而不会损害借款人的信誉；（2）在标的不动产中有大量权益。次级贷款是：（1）向被认为信用质量较低的借款人发放的贷款；（2）对不动产没有第一留置权的贷款。注意，在我们列出的上述未清偿非政府机构住房抵押贷款支持证券中，次级贷款和第二留置权贷款各属于一类。alt-A 贷款（alternative-A 贷款的简称）是优级贷款与次级贷款之间的一个有些模糊的类别。

在第 10 章中，我们介绍了可调整利率抵押（ARM）贷款。2001—2007 年，可调整利率抵押贷款的发行额达到顶峰时，一类可调整利率抵押贷款很流行，它就是混合可调整利率抵押贷款，也被称为**选择性可调整利率抵押贷款**（option ARM loans）。这种产品使本不符合传统抵押贷款申请要求的借款人有资格获得贷款。在这种贷款安排中，贷款利率在合同规定的年数（3 年、5 年、7 年或 10 年）内是固定的。在初始固定利率期结束时，以非常类似于传统可调整利率抵押贷款的方式重新规定贷款利率。这些贷款被称为“选择性”可调整利率抵押贷款的原因是，借款人有权选择不同的支付方式。

信用增级

由于没有政府担保或政府资助企业的担保，为了得到投资级评级，非政府机构住房抵押贷款支持证券必须得到更多信用支持。之所以需要信用支持，是为了吸收标的贷款组合违约的预期损失。这种额外的信用支持被称为**信用增级**（credit enhancement）。信用增级有不同形式。我们将在这里进行简要介绍。

当评级机构对非政府机构住房抵押贷款支持证券中的债券类别进行评级时，它们必须分析与债券类别相关的信用风险。基本上，这种分析从考察标的贷款组合的信用质量开始。例如，贷款组合可以由优级借款人和次级借款人组成。显然，与由次级借款人组成的贷款组合相比，人们会预期由优级借款人组成的贷款组合的预期损失占贷款组合金额的比例较小。给定贷款组合中的借款人信用质量和交易结构等其他因素，评级机构将确定某个债券类别得到特定信用评级所需的信用增级额。评级机构确定获得特定评级所需信用增级额的过程被称为**估算信用增级额**（sizing the transaction）。

为非政府机构住房抵押贷款支持证券提供信用增级有标准机制，我们将简要介绍这些机制。对优级贷款进行证券化时，所使用的信用增级机制并不复杂，因此证券结构也不复杂。然而，对次级贷款进行证券化时，证券结构变得更加复杂，因为需要较多的信用增级。在某些类别的资产支持证券（ABS）中可以发现这些更复杂的结构，这就是在 2007 年之前市场参与者将涉及次级贷款的证券化归为资产支持证券市场的一部分的原因（前面曾提到，它们被称为抵押贷款相关资产支持证券）。

在非政府机构住房抵押贷款支持证券结构中，经常会用到利率互换和利率上限等利率衍生工具，在政府机构住房抵押贷款支持证券结构中，是不允许使用这些利率衍生工具的。我们直到后面的章节才会涉及利率衍生工具。这里，我们只指出当贷款组合的现金流特征和必须向债券类别偿付的现金流特征不匹配时，会使用利率衍生工具。例如，某些或全部债券类别的利率可能为浮动利率，而所有贷款的利率都为固定利率。

信用增级有三种形式。它们是：

1. 结构性信用增级。
2. 发行人/卖方提供的信用增级。
3. 第三方提供的信用增级。

下面将逐一介绍这些信用增级类型。[①]

结构性信用增级

结构性信用增级（structural credit enhancement）是指在组成结构的债券类别之间重新分配信用风险，由债券结构中的一类债券向结构中的其他债券类别提供信用增级。这是通过创建具有不同现金流优先级的债券类别实现的，它被称为**高级—次级结构**（senior-subordinated structures）。

在高级—次级结构中，创建了两大类债券：一个高级债券类别和多个次级债券类别。例如，考虑下列假想的由 4 亿美元担保品组成的非政府机构住房抵押贷款支持证券结构：

债券类别	本金金额（百万美元）	信用评级
X1	350	AAA
X2	20	AA
X3	10	A
X4	5	BBB
X5	5	BB
X6	5	B
X7	5	未评级

整体上，组成结构的债券类别被称为交易的**资本结构**（capital structure）。这里的资本结构含义与我们在第 7 章中介绍的标准公司债券结构中的索偿权优先级相同。也就是说，高级担保债务的索偿权优于无担保债务，而后者的索偿权优于次级债务、优先股和股票。然而，正如第 7 章说明的，在第 11 章公司破产中，债权人的优先级通常被违反。非政府机构住房抵押贷款支持证券（以及我们将在第 15 章中讨论的资产支持证券）的情况不是如此，它们的优先级规则是按照资本结构严格执行的。

在资本结构中评级最高的债券类别被称为**高级债券类别**（senior bond class）。在高级债券类别之下的均为**次级债券类别**（subordinated bond classes）。发行说明书中说明了将现金流（利息和本金）和损失在债券类别之间分配的规则。这些规则被称为交易的**现金流瀑布**（cash flow waterfall），或简称为瀑布。基本上，损失是根据资本结构中债券类别的地位进行

① 关于更详细的讨论，见以下参考文献第 7 章：Frank J. Fabozzi and Vinod Kothari，*Introduction to Securitization*（Hoboken，NJ：John Wiley & Sons，2008）。

分担的。底部的债券类别（最低的债券类别或未评级债券类别）最先承担损失，然后债券类别按照由低到高的顺序依次承担损失。例如，如果在该非政府机构住房抵押贷款支持证券的存续期内，损失小于500万美元，那么只有X7债券类别遭受损失。如果损失为1 500万美元，那么X7、X6和X5债券类别将遭受损失，其他债券类别不遭受损失。

注意该结构的几个要点。第一，债券类别的信用增级是由结构中的其他债券类别提供的。例如，高级债券类别X1受到的保护最高可防范5 000万美元的损失。这是因为直到发生5 000万美元的损失，债券类别X1才会遭受损失。债券类别X3的信用增级为2 000万美元，因为在债券类别X3遭受损失之前，担保品会遭受2 000万美元的损失。

第二，比较在该非政府机构住房抵押贷款支持证券中分配信用风险的方法与在政府机构抵押担保债券（CMO）中分配信用风险的做法。在政府机构抵押担保债券中，吉利美发行的债券结构没有信用风险，而房利美和房地美发行的债券结构的贷款组合直到近年来一直被视为信用风险很低。在创建政府机构抵押担保债券中不同债券类别时的做法是对提前偿付风险进行再分配。相反，在非政府机构住房抵押贷款支持证券中，既存在信用风险，也存在提前偿付风险。通过创建高级—次级债券类别，信用风险得以在结构中不同的债券类别之间重新分配。因此，这种做法被称为**信用分组**（credit tranching）。提前偿付风险也可以被重新分配吗？这种做法通常用在非政府机构住房抵押贷款支持证券中，但只用于高级债券类别。也就是说，在我们假想的非政府机构抵押担保债券结构中，3.50亿美元的高级债券类别可以创建出具有不同提前偿付风险的高级债券类别。

最后，不同债券类别是以不同的收益率在市场上出售的。显然，债券类别的信用评级越低，其必须提供的收益率就越高。

多数AAA债券类别都在2007年以后降级。根据担保品类型，截至2010年年底，AAA级债券类别的降级情况如下：优级贷款，85%；次级贷款，94%；alt-A贷款，97%；选择性可调整利率抵押贷款，99%。[①] 许多债券都从AAA级降至投资级以下。因此，截至2010年年底，只有少数未清偿非政府机构住房抵押贷款支持证券有投资级评级。[②]

高级—次级结构中的变动利益机制

由于对次级住房抵押贷款支持证券交易信用的关注以及保护高级债券类别的需要，几乎所有由次级贷款支持的高级—次级结构都包括变动利益机制。该机制将对次级债券类别的提前偿付依照规定时间表不按比例地重新分配给高级债券类别。采用变动利益结构是为了拥有足够的未清偿次级债券类别，以弥补未来的信用损失。

高级债券类别投资者在信用方面的基本顾虑是：尽管在完成交易时，次级债券类别为高级债券类别提供了一定水平的信用保护，但保护水平可能会由于提前偿付和某些清算收入而逐渐削弱。目标是对这些本金偿付进行分配，以使高级债券类别的信用保护不会随着时间的流逝而削弱。

次级债券抵押贷款余额占整笔交易抵押贷款余额的百分比被称为**次级水平**（level of subordination）或**次级利益**（subordinate interest）。该百分比越高，高级债券类别的受保护

① Hu and Goldstein，“Non-Agency Residential Mortgage-Based Securities.”

② 2010年年初，不同交易的这些降级债券类别被用于创造一种新的证券化产品。由于这种新产品需要对已经是证券化一部分的产品进行证券化，因此它们被称为“再证券化”。对这些交易的处理是：创造一种简单的债券结构，在这种结构中有一个高级债券类别和一个低级债券类别。本金支付给高级债券类别，直到本金完全清偿。因此，信用增级是结构性的。

水平越高。当交易由于提前偿付而结束时，次级利益会发生变化。也就是说，次级利益发生改变（因而得名变动利益）。变动利益机制的目的是分配提前偿付额，使次级利益维持在一个可接受的水平，以保护高级债券类别。

发行说明书将规定如何在高级债券类别和次级债券类别之间分配不同的计划本金偿付额和提前偿付额。计划本金偿付额是根据高级百分比分配的。**高级百分比**（senior percentage）也称为**高级利益**（senior interest），其定义是高级债券类别余额与整笔交易余额之比，它等于100%减去次级利益。因此，如果某个月的高级百分比为82%，且计划本金偿付额为100万美元，那么高级债券类别将得到820 000美元（0.082×1 000 000美元），而次级债券类别将得到180 000美元（1 000 000美元－820 000美元）。

提前偿付额是根据**高级提前偿付百分比**（senior prepayment percentage）［在有些交易中也被称为**加速分配百分比**（accelerated distribution percentage）］分配的。其定义式如下：

高级提前偿付百分比＋(变动利益百分比×次级利益)

发行说明书中详细说明了上式中的"变动利益百分比"。现在举例说明该公式。假设某个月的高级利益为82%，次级利益为18%，变动利益百分比为70%。则该月的高级提前偿付百分比为：

$$82\%+0.70\times18\%=94.6\%$$

因此，如果该月的提前偿付额为1 000 000美元，那么946 000美元将被分配给高级债券类别，54 000美元将被分配给次级债券类别。

发行说明书将提供计算高级提前偿付百分比的变动利益百分比时间表。常用的变动利益百分比时间表为：

发行后的年份	变动利益百分比（%）
1～5	100
6	70
7	60
8	40
9	20
第9年后	0

发行说明书给出的变动利益百分比时间表为"基础"时间表。该时间表根据担保品的绩效而随时间变化。如果担保品的绩效使信用保护削弱或可能削弱，那么基础变动利益百分比将被推翻，更高的提前偿付额将被分配给高级债券类别。担保品的绩效分析是由受托人进行的，目的是确定是否推翻基础时间表。绩效分析是以测试形式进行的，如果担保品或债券结构无法通过任意一项测试，那么基础时间表就会被推翻。下面将介绍这些测试。

尽管从信用角度看，变动利益结构对高级债券类别持有者有益，但即使在没有发生违约的情况下，它也会改变高级债券类别的现金流特征。次级债券类别的规模也有影响。较大规模的次级债券将会把较高比例的提前偿付额分配给高级债券类别，因而进一步缩短平均存续期。

交易的逐步降低信用支持条款

分析由住房抵押贷款支持的高级—次级债券类别或交易时，一个重要特征就是交易的**逐步降低信用支持条款**（step-down provisions）。该条款允许逐渐降低信用支持。如前所述，高级债券类别投资者的一个担心是，如果担保品的绩效恶化，逐步降低信用支持条款将被更改。阻止信用支持降低的条款被称为“触发条件”（triggers）。如果达到“触发条件”，次级债券类别的本金偿付将被转移到高级债券类别。本金的转移随发行人的不同而不同。最保守的方法是停止将所有本金偿付额分配给次级债券类别。某些发行人也可能允许次级债券类别定期按比例收到计划本金偿付额（分期偿付额），但将所有提前偿付额转移给高级债券类别。

在降低信用支持之前，必须通过两种基于信用绩效水平的“触发条件”：逾期触发条件和损失触发条件。这些触发条件的表示形式为每个时期使用的测试。在最常见的**逾期测试**（delinquency test）形式中，只要当前60天以上贷款的逾期率超过当前贷款组合余额的特定比例，就能阻止逐步降低信用支持的情况发生。在**本金损失测试**（principal loss test）中，只要累计损失超过初始贷款组合余额的特定限额（随时间变化），就能阻止逐步降低信用支持的情况发生。

除了基于担保品绩效的触发条件以外，还有**余额测试**（balance test）。这种测试需要比较从交易截止日至当前月份的高级利益变化。如果高级利益增加，余额测试就无法通过，因此，从次级债券类别转移分配给高级债券类别的本金偿付额的基础时间表需要重新修订。与增加分配给高级债券类别的本金偿付额的触发条件不同，有些余额测试将增加分配给次级债券类别的本金偿付额。当次级利益大幅增加时，就会发生这种情况。发行说明书中列明了这一金额。例如，发行说明书可能规定，如果次级利益加倍，那么基础时间表就将被推翻，因此更多的本金偿付额将被分配给次级债券类别。

发行人/卖方提供的信用增级

特殊目的实体担保品的发行人/卖方可以按以下三种方式中的一种或多种为交易提供信用支持：

- 超额利差。
- 现金担保。
- 超额担保。

超额利差

信用增级最自然的形式是没有用于偿还负债的担保品产生的利息（即支付给结构中债券类别的利息）和费用（例如抵押贷款服务费和管理费）。担保品产生的利息支付中超过必须作为利息和费用支付给债券类别的部分被称为**超额利差**（excess spread）或**超额利息**（excess interest）。例如，假设一组贷款的加权平均利率为8%，且发行人获得1%的服务费。如果负债的加权平均成本为5%，那么超额息差为2%（8%−1%−5%）。

月超额利差可以用于：（1）分配给特殊目的实体担保品的卖方；（2）支付当月担保品实现的亏损；（3）由特殊目的实体保留并在准备金账户中累积，除了用于核销担保品的当期损失，还可以用于核销担保品的未来损失；或（4）其他因素的某种结合。当超额利差被留存并累积在现金准备账户中时，超额利差称为被交易“陷住”。偿付最后一笔交易负债后剩下的超额利差被返还给担保品卖方。或者，如果满足特定条件且现金准备达到特定水平，交易的发行说明书可能允许将更多超额利差支付给担保品卖方。

在优级住房抵押贷款支持证券交易中，超额利差通常很小。相反，在次级住房抵押贷款支持证券交易中，次级贷款的贷款利率远远高于优级贷款，因为次级贷款的预期损失更高。因此，超额利差是次级住房抵押贷款支持证券信用增级的重要来源。

现金担保

我们刚才介绍的超额利差是担保品发行人/卖方可以提供现金吸收担保品损失的三种方式之一。还有另两种方式。第一种是在将担保品出售给特殊目的实体时，将现金存储起来以备其他形式的信用增级不足以弥补担保品亏损时利用。第二种是向特殊目的实体提供次级贷款。

超额担保

在我们假想的非政府机构抵押担保债券中，负债为 4 亿美元，假设这些负债是与担保品金额相匹配的。假如担保品的面值为 4.10 亿美元，这意味着资产超过负债的金额为 1 000 万美元。这种超额担保品被称为**超额担保**（overcollateralization），并可用于吸收担保品损失。因此，这是信用增级的一种形式。

与优级交易相比，次级交易中更常将超额担保作为一种信用增级。这是使次级交易更复杂的原因之一，因为对于何时释放担保品，债券结构中需要进行一系列测试。

第三方信用增级

2007 年之前，通常与上述其他两种形式结合使用的一种信用增级形式是某种类型的第三方信用增级。这些担保通常包括以下方式之一：保险、信用证和相关方担保。当然，担保的信用和第三方担保人的信用相同。也就是说，第三方信用增级面临着第三方信用风险——第三方担保人可能被降级或无法履行承诺的风险。

现在，很少有交易是在单一险种保险人保险、银行信用证和相关方担保下进行的。正如关于市政债券的第 8 章中提到的，单一险种保险人已经被降级，因此它们不能为 AAA 级债券提供担保。基于风险的资本要求让信用证对银行失去吸引力。最后，第三方担保人也很少见，因为发行人/卖方的母公司通常不是 AAA 级。

非政府机构抵押贷款支持证券的现金流

在政府机构住房抵押贷款支持证券中，即使违约导致某种债券类别的本金减少，也不会影响现金流。因为违约的本金由政府机构弥补，作为其担保的一部分。对于非政府机构住房抵押贷款支持证券而言，一种或多种债券类别可能受到违约的影响，因此，在估算某个债券类别的现金流时必须考虑违约。具体而言，必须预测违约率、损失严重性（即违约时损失了多少未清偿本金）和违约与回收之间的时间差。

在第 11 章中，我们讨论了影响住房抵押贷款支持证券，尤其是政府机构住房抵押贷款支持证券提前支付的因素。这三个部分是住房周转率、变现再融资和利率/期限再融资。我们的重点不是违约造成的提前偿付。在次贷危机之前，投资者认为非政府机构住房抵押贷款支持证券的AAA级高级债券面临的信用风险很低。支持非政府机构住房抵押贷款支持证券的贷款绩效证明了评估违约影响因素的至关重要性。

次贷危机清楚地表明，违约不仅和经济活动水平有关，还与房价有关。只要贷款额与抵押品价值之比（LTV）不高，借款人在房价上升时期后面临的经济困难就为贷款人提供了对担保品的有利地位。发行证券时松懈的贷款实务和高贷款额与抵押品价值之比（由虚高的评估价值造成）导致借款人发生违约时，房价上升对于贷款人收回未清偿抵押贷款至关重要。实际上，升高的房价避免了违约情形，而是让借款人可以选择卖掉房产偿还贷款。在估算提前偿付活动的统计中，避免违约的这种情况只是作为提前偿付中房屋周转的一部分报告的。

相反，如果房价降至低于未清偿抵押贷款余额的水平（即贷款额与抵押品价值之比超过1，或借款人在房产中的权益为负值），就失去了出售房产偿还贷款的机会。在这种情况下，借款人可以执行选择权，将房产回售给贷款人。贷款人没有追索借款人资产弥补出售止赎房产的净收入与未清偿抵押贷款余额之差的权利。正如第11章提到的，当借款人有能力偿还抵押贷款但发现这样做没有经济收益，因为房价上升以消除负权益需要的时间太长时，借款人采取的这种行为被称为策略性违约。这种情况增加了，尤其是在美国房价大幅下跌的地区。例如，在内华达州，房价下跌了60%，一项研究报告称，几乎四分之一止赎房产的房主可以负担抵押贷款月供。①

了解如何报告违约率在分析担保品绩效中很重要。政府机构住房抵押贷款支持证券和非政府机构住房抵押贷款支持证券的违约报告方法不同。对于前者，严重逾期的贷款被归为不良贷款。然后，这些贷款将被贷款池担保人按全额未清偿本金的价格购买。偿还给投资者的本金被分类为分期偿还本金（即定期偿还已到期的部分）和不定期偿还的本金。因此，不定期偿还的本金将在政府机构住房抵押贷款支持证券中被作为正常住房周转的一部分处理。

相反，非政府机构住房抵押贷款支持证券的报告方法不同。一旦一笔贷款从逾期类别转入违约类别，借款人就丧失了对房产的所有权，抵押贷款服务商接手房产所有权，目的是出售房产。服务商得到的收入减去出售房产的成本被称为**已回收本金**（recovered principal）。服务商必须分别报告传统提前偿还额——称为**自愿提前偿还额**（voluntary prepayments）——和信用相关偿还额——称为**非自愿提前偿还额**（involuntary prepayments）。这样做的原因是为了确定必须分配给高级债券类别的本金偿还额和必须分配给次级债券类别的损失（即抵押贷款余额和回收本金之差）。

逾期指标

在贷款被分类为违约贷款之前，需要先逾期。贷款被分类为**当期贷款**（current loans）或**逾期贷款**（delinquent loans）。当期贷款是借款人按期偿还所有抵押贷款的贷款。逾期贷款是借款人一次或多次未及时偿还的贷款。在某个时点上，逾期贷款被分类为**违约贷款**（defaulted loan）。

贷款组合中逾期的严重性可以根据服务商选择的方法分类。服务商可以选择两种分类方法：美国储蓄机构管理局（OTS）的方法和抵押贷款银行协会（MBA）的方法。抵押贷款

① Nevada Association of Realtors, "The Face of Foreclosure: An Analysis of the Nevada Foreclosure Crisis," 2010.

银行协会的方法比美国储蓄机构管理局的方法更严格，因此可能导致一个贷款组合报告的逾期率显著不同。这是因为根据美国储蓄机构管理局的方法，错过一次支付的贷款被分类为当期贷款，但根据抵押贷款银行协会的方法，同一笔贷款属于逾期贷款。优级住房抵押贷款支持证券交易的标准做法是使用抵押贷款银行协会的方法（更严格的方法）；美国储蓄机构管理局的方法是次级住房抵押贷款支持证券的标准做法。在建立违约模型时，与逾期分类相关的细微定义问题很重要。①

衡量违约率

有两种指标可以用于量化贷款组合的违约率：

- 条件违约率。
- 累计违约率。

条件违约率（conditional default rate，CDR）是新违约贷款在一个月内的未付本金余额换算为年度值后占该月月初（在计划本金偿付之前）贷款组合未付本金余额的百分比。计算时，首先要算出下式中的**月违约率**（monthly default rate，MDD）：

$$第\ t\ 月的违约率=\frac{第\ t\ 月的违约贷款余额}{第\ t\ 月的期初余额-第\ t\ 月的计划本金偿付额}$$

然后，按如下方法换算为年度值，得到条件违约率：

$$CDR_t=1-(1-第\ t\ 月的违约率)^{12}$$

月违约率表示计算出的非政府机构住房抵押贷款支持证券非自愿提前偿还速度，条件违约率表示计算出的非政府机构住房抵押贷款支持证券非自愿提前偿还速度。**累计违约率**（cumulative default rate，缩写为CDX，目的是避免与CDR混淆）是贷款组合中的违约贷款面值总额与贷款组合中贷款面值总额之比。

标准违约率假设

违约率的标准基准是由公共证券协会（PSA）制定的。PSA标准违约假设（SDA）基准给出了抵押贷款组合的年违约率，该年违约率是抵押贷款账龄的函数。PSA的标准违约假设基准为100SDA，该基准规定了下列事项：

1. 第1个月的违约率为0.02%，每月递增0.02%，直至第30个月，因此第30个月的违约率为0.60%。
2. 从第30个月到第60个月，违约率维持在0.60%。
3. 从第61个月到第120个月，违约率从0.60%降低到0.03%。
4. 从第120个月以后，违约率维持在0.03%不变。

图表13—1说明了这一模式。

和PSA提前偿付基准一样，用违约率乘以假定乘数将得到数倍于基准违约率的违约率。例如，200SDA意味着下列模式：

1. 第1个月的违约率为0.04%，每月递增0.04%，直至第30个月，因此在第30个月，

① Kyle G. Lundstedt and Andrew Davidson, "Modeling Mortgage Risk: Definitional Issues," Andrew Davidson & Co., Inc., April 2005.

违约率为 1.20%。

2. 从第 30 个月到第 60 个月，违约率维持在 1.20%。

3. 从第 61 个月到第 120 个月，违约率从 1.20%降低到 0.06%。

4. 从第 120 个月以后，违约率维持在 0.06%不变。

0SDA 意味着假定没有发生违约。

图表 13—1 **PSA 标准违约假设基准**

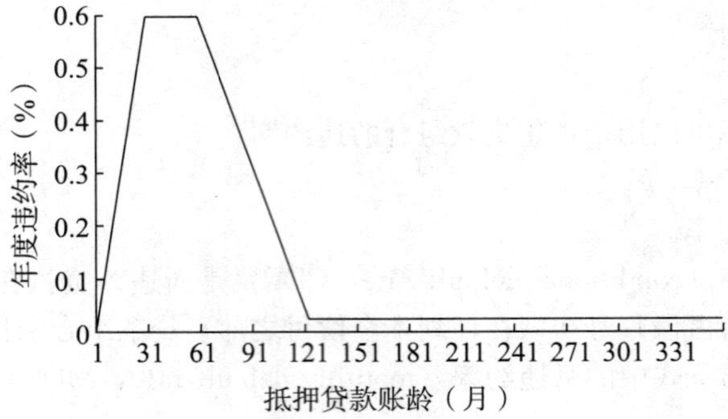

提前偿付指标

提前偿付是根据条件提前偿付率（CPR）衡量的。当估算特定交易的提前偿付额时，必须谨记借款人特征和成熟过程。在发行说明书中，做出了基本情况提前偿付假设——初始速度和预计担保品成熟之前经历的时间。因此，提前偿付基准根据发行人的不同而不同。发行说明书中的基准速度被称为**发行说明书提前偿付曲线**（prospectus prepayment curve，PPC）。不管快慢，提前偿付速度都是 PPC 的倍数。

例如，某笔次级抵押贷款交易的发行说明书可能规定，贷款组合中固定利率抵押贷款的基本提前偿付假设如下：

> ……根据 100%提前偿付假设，在抵押贷款存续期的第 1 个月中，抵押贷款未清偿本金的条件提前偿付率为 5%（年率），此后直到第 12 个月的每个月都增加 1.0%（年率）。从第 12 个月开始直到抵押贷款存续期结束的每个月内，根据 100%提前偿付假设，每个月的条件提前偿付率均为 16%（年率）。

因此，如果一个投资者根据 200% PPC 对交易进行分析，那么这意味着将引文中提到的条件提前偿付率乘以 2，并以 12 个月作为成熟期。

在非政府机构住房抵押贷款支持证券中，预测了两个提前偿付率：**自愿提前偿付率**（voluntary prepayment rate）和**非自愿提前偿付率**（involuntary prepayment rate）。自愿提前偿付率（VPR）的计算方法类似于非自愿提前偿付率。首先，计算出类似于第 11 章介绍的单月提前偿付率（SMM）的自愿月提前偿付率（VMM）。然后将该月率年化，就得到自愿提前偿付率。如前所述，非自愿提前偿付率被称为 CDR。一笔交易的单月提前偿付率是该月的自愿月抵押贷款利率和非自愿提前偿付率之和。

影响现金流的交易特定因素

影响非政府机构住房抵押贷款支持证券的两个重要交易特定因素是服务商垫付款和对调整贷款的处理。

服务商垫付款

在非政府机构住房抵押贷款支持证券交易中，服务商有一项重要职能，不仅是收取贷款组合中借款人的应付款项并在发生违约时收回房产将其出售，还包括对逾期贷款垫付本金和利息。惠誉的一份关于抵押贷款服务的报告发现，2006 年市场达到顶峰时，抵押贷款服务商垫付了 90%的逾期贷款。惠誉报告称，截至 2010 年 11 月，抵押贷款服务垫付了 63%的次级逾期贷款、88%的 alt-A 逾期贷款和 96%的优级逾期贷款。

然而，服务商何时无须垫付这些款项有具体条件。在多数交易中，服务商无须垫付止赎过程中注定“不可收回”的金额。服务商关于应在多久时间内垫付严重逾期的贷款以及房产当前的贷款额与抵押品价值之比的政策表明，它将如何解释“可回收性”一词。由于房产的预计回收本金取决于当前的贷款额与抵押品价值之比，因此当前贷款额与抵押品价值之比大于特定标准时，服务商通常会停止垫付贷款利息和本金。

贷款调整

调整贷款（modified loan）是条款发生变化以帮助借款人偿还抵押贷款月供的贷款。在市场出现问题之前，交易给予服务商调整贷款的权利，但通常没有说明应如何处理贷款调整。

贷款调整计划是由几家政府机构制定的，这种计划有针对调整贷款的货币激励措施，例如 2009 年推出的可负担房贷调整计划（HAMP）。可负担房贷调整计划的主要目标是将有实际困难的借款人的月抵押贷款偿还额降至不超过收入的 31%。要实现这个目标，需要结合降低利率、延长期限和推迟还款。尽管人们承认，这些计划并没有给借款人带来很大帮助①，但有许多调整贷款在交易。实际上，截至 2010 年年底，根据可负担房贷调整计划调整了 120 万美元贷款。

关键问题是，服务商如何对待调整贷款，因为这影响高级交易和次级交易。例如，考虑本金已经过调整，因此本金偿还延迟的贷款组合中的贷款。问题是，这种贷款是否应该被立即核销为损失，因而对高级债券类别有益。另一方面，如果直到信托本金实现亏损时仍未确认延迟偿还本金，那么这将导致对本金原本会被核销的次级债券类别支付更多利息。

要　点

- 非政府机构住房抵押贷款支持证券是由商业银行、储蓄机构和私人部门管道等实体发行的。担保品被出售给特殊目的实体，然后特殊目的实体发行证券。

---

① 累犯率（即调整贷款在此违约的比例）很高。例如，美国通货监理署的研究发现，超过一半调整贷款的借款人在贷款人调整贷款后，至少在六个月中错过了一次付款。其他研究也报告了类似结果。

• 历史上，尽管非政府机构住房抵押贷款支持证券被分类为个性化住房抵押贷款支持证券和次级住房抵押贷款支持证券并在独立市场上交易，但在 2007 年次贷危机和住房市场危机后，这两个部门不再被区别对待。

• 尽管 2008 年以来发行额很低，但优级贷款、次级贷款、alt-A 贷款、二级留置权贷款和期权可调整利率抵押贷款支持的未清偿非政府机构住房抵押贷款支持证券金额仍然很大。

• 和政府机构抵押贷款支持证券不同，非政府机构抵押贷款支持证券是由国家认可的评级公司进行评级的，且需要某种形式的信用增级以获得目标信用评级。

• 获得特定信用评级所需的信用增级额取决于评级机构，这被称为估算信用增级额。

• 信用增级的三种形式为：(1) 结构性信用增级（高级—次级结构）；(2) 发行人提供的信用增级（超额利差、现金准备、超额担保）；和 (3) 第三方提供的信用增级。

• 非政府机构抵押贷款支持证券的现金流取决于违约情况和提前偿付情况。

• 违约率是由条件违约率和累计违约率衡量的。违约率的标准基准是由公共证券协会制定的。公共证券协会 SDA 基准给出了抵押贷款组合的年违约率，该年违约率是抵押贷款账龄的函数。

• 提前偿付率是由条件提前偿付率衡量的。可以针对某个发行人制定其特有的提前偿付基准，这种提前偿付基准被称为发行说明书提前偿付曲线。

• 在预测担保品的现金流时，必须预测自愿提前偿付额和非自愿提前偿付额。

• 对抵押贷款服务商的垫付款和修正贷款的处理会影响非政府机构住房抵押贷款支持证券交易中的债券类别。

问　题

1. a. 为什么非政府机构抵押贷款支持证券需要有信用增级？

b. 由谁决定所需的信用增级额？

2. 个性化抵押贷款支持证券和次级抵押贷款支持证券的区别是什么？请说明它们在信用增级方面有何不同。

3. a. 什么是期权可调整利率抵押贷款？

b. 为什么未来不太可能发行这种贷款？

4. a. 优级住房抵押贷款支持证券和次级住房抵押贷款支持证券曾经在独立市场上交易，为什么？

b. 为什么 2007 年后，优级住房抵押贷款支持证券和次级住房抵押贷款支持证券被作为一类资产处理？

5. a. 高级—次级结构是什么意思？

b. 为什么高级—次级结构是信用增级的一种形式？

6. 超额利差为什么是信用增级的一种形式？

7. a. 信用分组和提前偿付分组之间有何区别？

b. 为什么在非政府机构证券交易中存在两类分组，而在政府机构证券交易中只有一类分组？

8. a. 什么是条件违约率？

b. 什么是累计违约率？

9. 为什么要创建 PSA 标准违约率曲线？

10. 为什么利率互换或利率上限等利率衍生工具被用于住房抵押贷款的证券化交易中？

11. 为什么在担保品为住房抵押贷款的证券化中包含变动利益机制？

12. 假设在有变动利益机制的证券化中，给定了某个月的下列信息：

次级利益＝25％

变动利益百分比＝85％

定期计划本金偿付额＝3 000 000 美元

提前偿付额＝1 200 000 美元

a. 该月的高级提前偿付百分比是多少？

b. 在 3 000 000 美元的定期计划本金偿付额中，多少被分配给高级类别？

c. 在 1 200 000 美元中，多少被分配给高级类别？

13. 证券化中逐步降低信用支持条款的目的是什么？

14. 发行说明书提前偿付曲线的含义是什么？

15. a. 自愿提前偿付是什么意思？

b. 为什么在非政府机构住房抵押贷款支持证券中，自愿提前偿付和非自愿提前偿付的区别很重要？

16. 何时抵押贷款服务商不会垫付本金和利息？

17. 为什么在非政府机构住房抵押贷款支持证券交易中，对修正贷款的处理会影响债券类别？

18. 一些抵押贷款是气球型贷款。这意味着当贷款到期时，需要对抵押贷款余额进行融资。借款人负责获得再融资。气球型贷款支持的贷款组合的附加风险是什么？

19. 假设非政府机构住房抵押贷款支持证券交易的担保品组合中的贷款有浮动利率。发行固定利率债券类别的风险是什么？

20. 当负债为浮动利率时，将固定利率抵押贷款加入担保品组合需要注意什么？

21. 利率上限允许上限买方在利率升至高于参考利率后获得补偿。买方必须定期支付溢价以获得该保护。当住房抵押贷款支持证券交易有浮动利率贷款组合时，利率上限将提供哪类保护？

第 14 章

商业不动产抵押贷款和商业不动产抵押贷款支持证券

学习目标

阅读本章后，您将了解

- 商业不动产抵押贷款与住房抵押贷款的区别
- 获得商业不动产抵押贷款的各种不动产类型
- 用来评价商业不动产抵押贷款的两个绩效指标：债务偿还比率和贷款额与担保品价值之比
- 提供给商业不动产抵押贷款和商业不动产抵押贷款支持证券的各种提前赎回保护
- 什么是商业不动产抵押贷款和商业不动产抵押贷款支持证券的气球型风险
- 商业不动产抵押贷款和住房抵押贷款支持证券交易在结构上的区别
- 商业不动产抵押贷款支持证券交易的结构特征
- 商业不动产抵押贷款支持证券的提前偿付费用如何在债券持有者之间分配
- 单一借款人/多笔不动产交易与管道机构交易之间的区别
- 商业不动产抵押贷款支持证券交易中的各类服务商
- 分析商业不动产抵押贷款支持证券的担保品所需考虑的因素

抵押贷款市场由住房抵押贷款和商业不动产抵押贷款组成。住房抵押贷款是为一至四户式住宅组成的不动产提供的贷款。住房抵押贷款支持证券是我们在前面两章讨论过的证券，它是由住房抵押贷款支持的。在本章中，我们将考察商业不动产抵押贷款和由商业不动产抵押贷款支持的证券——**商业不动产抵押贷款支持证券**（commercial mortgage-backed securities，CMBS）。

商业不动产抵押贷款

商业不动产抵押贷款是向收益性不动产提供的贷款。这些不动产包括：

● 多户不动产。

● 公寓楼。

● 办公楼。

● 工业不动产（包括仓库）。

● 购物中心。

● 酒店。

● 保健护理设施（例如养老院）。

发放商业不动产抵押贷款的目的要么是为商业性采购融资，要么是为具有优先偿付权的抵押债务提供再融资。商业不动产抵押贷款是**无追索权贷款**（non-recourse loans）。这意味着贷款人只能凭借收益性不动产为贷款的本息偿付提供担保。

潜在绩效的评价指标

商业不动产抵押贷款是无追索权贷款，因此，贷款人只能凭借不动产产生足够的现金流来偿还本金和支付利息。如果发生违约，贷款人将通过出售不动产获得的收入来收回贷款，但对于借款人无力偿付的贷款余额，贷款人没有追索权。不同种类的不动产投资具有不同风险。本章后面将通过摘录一笔实际商业不动产抵押贷款支持证券交易的信息来介绍各种不动产的风险。

无论不动产属于哪种类型，都可以用下面两个指标作为评价其潜在信用绩效的重要指标：债务偿还比率和贷款额与担保品价值之比。

债务偿还比率（debt-to-service coverage，DSC）等于不动产的净营业收入（net operating income，NOI）与还本付息额之比。不动产的净营业收入被定义为租金收入减去现金营运费用（根据重置准备金进行调整）。如果该比率大于 1，那么这意味着不动产产生的现金流足以还本付息。该比率越高，借款人利用不动产产生的现金流来偿还债务的能力就越强。

和住房抵押贷款一样，研究发现**贷款额与担保品价值之比**（loan-to-value ratio）是违约的重要预测指标。对于住房抵押贷款而言，“价值”是指市场价值或者评估价值。对于收益性不动产而言，不动产的估值依据是估值基本原理：即资产价值等于预期现金流的现值。估值需要预测资产的现金流，并以适当的利率折现。在为商业不动产估值时，现金流就是未来的净营业收入。贴现率（单利）被称为“资本化率”，反映了与现金流相关的风险，并被用来计算未来净营业收入的现值。因此，在估算某项不动产的市场价值时，对净营业收入和适当资本化比率的估计可能存在很大差异。所以，分析师们常对不动产的市场价值估计以及由此得出的贷款额与担保品价值之比表示怀疑。

赎回保护

对于住房抵押贷款而言，只有提前偿付惩罚抵押贷款提供了防范提前偿付的保护。商业不动产抵押贷款的赎回保护可以采取下列形式：

- 提前偿付锁定。
- 废止条款。
- 提前偿付罚点。
- 收益率维持费用。

提前偿付锁定

提前偿付锁定（prepayment lockout）是指在规定的时期内禁止进行任何提前偿付的契约性协议，这一规定的时期被称为**锁定期**（lockout period）。锁定期可以为2～10年。锁定期期满后，赎回保护通常采用提前偿付罚点或收益率维持费用的形式。提前偿付锁定和废止条款（下面将会讨论）是最强有力的提前偿付保护方式。

废止条款

通过**废止条款**（defeasance），借款人向服务商提供足够的资金来投资国债投资组合，该投资组合能够复制未发生提前偿付时将产生的现金流。[①] 例如，2005年5月，迈阿密的Fountainbleau Hilton抵押贷款被废止。由于我们稍后介绍商业不动产抵押贷款支持证券时所说明的原因，这种提前偿付保护形式已经成为最常用的形式。

提前偿付罚点

提前偿付罚点（prepayment penalty points）是指如果借款人希望再融资，那么必须支付的预先确定的罚金。例如，5—4—3—2—1是一种常见的提前还款罚点结构。也就是说，如果借款人希望在第一年内提前还款，那么他必须支付5%的罚金，也就是要偿付105美元的总金额，而不是100美元；在第二年，他需要支付4%的罚金，依此类推。

有观点认为，提前偿付罚点不是抑制再融资的有效方法。然而，在利率上升的环境下，提前偿付罚点可能优于收益率维持费用。这是因为在利率上升时，仍然会发生提前偿付行为。在收益率维持费用方式下，罚金将为零（除非存在规定了最低罚金的"收益率维持费用下限"）。相较而言，在提前偿付罚点方式下，即使在利率上升的环境下也会存在罚金。

收益率维持费用

从其最简单的形式看，**收益率维持费用**（yield maintenance charge）的目的是使贷款人对提前偿付时间变得无所谓。收益率维持费用也被称为整体收费（whole charge），这种方式使只为了获得较低的抵押贷款利率而进行再融资成为一种不经济的行为。收益率维持费用的最简单和限制性最强的形式（"国债固定收益率维持费用"）是根据担保品的息票利率和现行国债利率之差向借款人收取罚金。

实践中用来计算收益率维持费用的方法有多种。这些方法包括：简单模型、子弹模型、单一贴现系数模型、复合贴现系数模型、利差模型和截断式利差模型。[②] 为了对贷款人提供

---

① 废止条款是市政债券发行人提前再融资时使用的一种方法。

② 关于这些方法的介绍，见 Da Cheng，Adrian Cooper，and Jason Huang，"Understanding Prepayments in CMBS Deals，" Chapter 8 in Frank J. Fabozzi and David Jacob，*The Handbook of Commercial Mortgage-Backed Securities*（Hoboken，NJ：John Wiley & Sons，1999）。

进一步的保护，通常会存在收益率维持下限，它规定了最低费用。

气球型期限规定

商业不动产抵押贷款通常是气球型贷款，它要求在气球型期限的期末偿还大量本金。如果借款人无法进行气球型偿付，借款人就会违约。贷款人可以延长贷款期限，这种做法通常会改变最初的贷款期限。在重新安排贷款的时期（work-out period），贷款人将收取更高的利率，这种利率被称为**违约利率**（default interest rate）。

由于借款人无法在气球型偿付日安排再融资，或者无法出售不动产以产生足够的资金来偿付气球型余额，因此借款人将无法进行气球型偿付的风险被称为**气球型风险**（balloon risk）。由于在重新安排贷款期间，贷款期限会被贷款人延长，因此气球型风险也被称为**延期风险**（extension risk）。

商业不动产抵押贷款支持证券

很多类型的商业贷款都可以被贷款发放人作为商业全额贷款（commercial whole loan）出售，或者被构建为商业不动产抵押贷款支持证券（commercial mortgage-backed security，CMBS）交易。商业不动产抵押贷款支持证券是由一笔或多笔商业不动产抵押贷款提供担保的证券。全额贷款市场由保险公司和银行主导，集中在以传统的不动产类型（多户住宅、商铺、写字楼和工业不动产）为担保发放的金额为 1 000 万～5 000 万美元之间的贷款。相比之下，商业不动产抵押贷款支持证券交易几乎涉及所有规模的贷款（小到 100 万美元，大到 2 亿美元的单笔不动产交易）和（或）不动产类型。

商业不动产抵押贷款支持证券的发行人

和住房抵押贷款支持证券（RMBS）一样，商业不动产抵押贷款支持证券可以由吉利美、房利美、房地美和私人实体发行。吉利美、房利美和房地美发行的所有证券都和它们提供住房融资的目标一致。这些证券包括由居家看护项目和保健护理设施支持的证券。

吉利美发行的证券是由联邦住房管理局（FHA）保险的多户住房贷款支持的。这些贷款被称为**项目贷款**（project loans）。从这些贷款中，吉利美创建出项目贷款转手证券。这些证券可以由某个已完成项目的单笔项目贷款或一笔或多笔项目贷款支持。房地美和房利美向已获批贷款人购买多户贷款，并将这些贷款留在自己的投资组合中或将其作为证券的担保品。这与这两家政府资助企业对其购买的单户抵押贷款的处理没有什么不同。

尽管由吉利美担保的证券和由两家政府资助企业发行的证券构成了住房抵押贷款支持证券市场上最大的部分，但迄今为止，商业不动产抵押贷款支持证券市场上最大的部分是由私人实体发行的证券。通常，这些证券所占的比例不到市场上证券总量的 3%。本章的重点是私人实体发行的商业不动产抵押贷款支持证券。

如何在市场上交易商业不动产抵押贷款支持证券

人们可能认为，由于商业不动产抵押贷款支持证券和住房抵押贷款支持证券都是由抵押贷款支持的，因此它们在市场上的交易方式也类似。但情况并非如此，主要的原因是，与住房抵押贷款支持证券相比，商业不动产抵押贷款支持证券提供给投资者的提前偿付保护更多。我们曾介绍过贷款层面上的这种保护。正如接下来所要说明的，在结构层面上（即将商业不动产抵押贷款集中起来创建商业不动产抵押贷款支持证券时），可以创建出某些能提供更高提前偿付保护的组别。因此，商业不动产抵押贷款支持证券交易很像公司债券交易。①

商业不动产抵押贷款支持证券和非政府机构住房抵押贷款支持证券结构的区别

商业不动产抵押贷款支持证券与非政府机构住房抵押贷款支持证券的多数交易结构中都具有多种不同评级的债券类别（组别），向债券类别分配利息和本金也有一定的规则，在这一点上，这两种抵押贷款支持证券的结构是相同的。然而，由于标的贷款的特征不同，它们之间存在三种主要区别。②

第一，如前所述，商业不动产抵押贷款的提前偿付条款和住房抵押贷款有显著不同。前者对提前偿付收取提前偿付罚金或施加限制。尽管有些住房抵押贷款有提前偿付罚金，但它们只占市场上的一小部分。③ 在构建商业不动产抵押贷款支持证券时，需要遵守在债券持有者之间分配提前偿付罚金的规则。此外，如果有废止条款，那么商业不动产抵押贷款支持证券的信用风险实际上就消失了，因为此时这种证券是由美国国债支持的。实际上，由于投资者喜欢被用作商业不动产抵押贷款支持证券担保品的商业不动产抵押贷款的废止特征，废止条款已经成为最常用的一类提前偿付保护。

第二种结构上的区别是由于商业不动产抵押贷款和住房抵押贷款发生违约时，服务商的作用存在显著区别。在商业不动产抵押贷款中，当借款人违约、即将违约或违反合约条款时，服务商可以将贷款转移给特别服务商。这里的关键是，贷款将在即将违约时被转移。特别服务商有责任在即将违约时修改贷款期限，以降低违约的可能性。在即将违约时，住房抵押贷款没有相同的特性。在商业不动产抵押贷款中，特别服务商可能采取的特定行为选择通常会对商业不动产抵押贷款支持证券结构中的不同债券类别产生不同的影响。此外，如果在贷款期末无法进行气球型偿付，还可能导致违约。贷款的差异还可能体现在如何处理无法进行气球型偿付所导致的违约上。因此，在构建商业不动产抵押贷款支持证券交易时必须考虑气球型风险，这是因为大规模偿付可能对证券结构的现金流有重大影响。在构建住房抵押贷款支持证券时，气球型风险不是必须处理的风险。

---

① Brian P. Lancaster, "Introduction to Commercial Mortgage-Backed Securities," Chapter 23 in Frank J. Fabozzi (ed.), *The Handbook of Nonagency Mortgage-Backed Securities* (Hoboken, NJ: John Wiley & Sons, 1999).

② David P. Jacob, James M. Manzi, and Frank J. Fabozzi, "The Impact of Structuring on CMBS Bond Class Performance," Chapter 51 in Frank J. Fabozzi (ed.), *The Handbook of Mortgage-Backed Securities*, 6th ed. (New York: McGraw-Hill, 2006).

③ 在有提前偿付罚金抵押贷款的住房抵押贷款支持证券中，传统上，所支付的罚金是由独立于证券化的服务商持有的。近期的一个趋势是，创建一个组别，用来将罚金传递给投资者（私人投资者或服务商）。纯利息证券的投资者喜欢用它们来进行对冲。

商业不动产抵押贷款支持证券和住房抵押贷款支持证券在结构上的第三种区别与创建证券结构时的买方作用有关。具体而言，在构建交易前，发行人通常首先寻找的是低级债券类别的潜在买方。潜在买方首先对建议的抵押贷款组合进行审核，在审核过程中，根据商业不动产抵押贷款支持证券产品的市场需求，可能需要从贷款组合中剔除某些贷款。在住房抵押贷款支持证券交易中不存在构建过程的这个阶段。这个阶段为高级买方提供了额外一层保护，因为某些低级债券类别的买方已经是很在行的不动产投资者。

商业不动产抵押贷款支持证券交易的结构性特征

为了理解商业不动产抵押贷款支持证券交易的特征，让我们来考察一笔假想交易。图表14—1显示了一种假想结构。这笔交易中有18个组别。图表14—1给出了每个组别的下列交易条款：信用评级、组别余额（“余额”）、息票利率和对每个组别的介绍。

组别可以分类为高级、中级和低级。高级组别包括A-1类别、A-2类别、A-2F类别和X类别。除了一种高级组别和纯利息组别以外，其他所有的组别均为固定利率组别。假设支持这笔交易的商业不动产抵押贷款为固定利率抵押贷款，这意味着A-2F类别的利息债务和担保品的利息债务之间存在着不匹配。运用利率互换可以解决这笔交易中存在的不匹配问题，我们将在第31章讨论这种衍生工具。[①]

本金和利息支付按降序做如下分配。首先对高级类别进行支付——类别A-1、类别A-2、类别A-2F定期利息和类别X。然后分配给类别B、类别C等等。

当存在抵押贷款损失时，本金和利息按照升序向各债券类别分配。在我们的假想交易中，由于X类别为纯利息证券，因此不向该类别分配本金偿付或贷款损失。但是，X类别的名义金额因本金偿付或贷款损失而降低。

上一章介绍的非政府机构住房抵押贷款支持证券的信用增级也可以用于商业不动产抵押贷款支持证券结构。通常，信用支持的主要形式为高级—次级结构，例如图表14—1显示的假想交易。为每种债券类别提供的信用支持如该表所示。

图表14—1　　国家银行的商业抵押贷款

抵押贷款					
债券	信用评级	余额（美元）	信用支持（%）	息票利率（%）	描述
A-1	AAA	161 603 149	22.01	6.09	高级固定利率
A-2	NA	527 811 659	22.01	6.50	高级固定利率
A-2F	NA	50 000 000	22.01	2.16	高级浮动利率
B	AA	35 576 642	18.26	6.67	夹层固定利率
C	A+	21 345 985	16.01	6.77	夹层固定利率
D	A	18 974 209	14.01	6.85	夹层固定利率
E	A−	9 487 105	13.01	6.97	夹层固定利率

① 利率互换通常用于结构性产品中。

续前表

抵押贷款					
债券	信用评级	余额（美元）	信用支持（%）	息票利率（%）	描述
F	BBB+	9 487 105	12.01	7.22	夹层固定利率
G	BBB	18 974 209	10.01	7.32	夹层固定利率
H	BBB−	14 230 657	8.51	7.51	夹层固定利率
J	NA	13 281 946	7.10	6.13	初级固定利率
K	NA	23 480 584	4.63	6.13	初级固定利率
L	NA	2 134 598	4.40	6.13	初级固定利率
M	NA	5 538 842	3.82	6.13	初级固定利率
N	NA	6 788 329	3.10	6.13	初级固定利率
O	NA	5 883 218	2.48	6.13	初级固定利率
P	NA	23 532 872	0	6.13	初级固定利率
X	AAA	948 131 109	0.99	1.09	纯利息高级浮动利率

提前偿付保护和提前偿付费用的分配

在商业不动产抵押贷款支持证券结构中，有两个层面的提前偿付保护。第一个层面是贷款层面。如前所述，提供提前偿付保护的形式多种多样（例如，锁定、提前偿付罚点、收益率维持费用和废止条款）。第二个层面是结构层面。例如，高级组别可以构造为第 12 章介绍的抵押担保债券结构，按顺序依次偿付。

当发生废止时，不会对债券持有者进行分配。由于不存在罚金或费用，因此在商业不动产抵押贷款支持证券结构中，也不存在借款人支付的罚金如何在债券持有者之间分配的问题。当存在提前偿付罚点时，一些规定说明了如何在商业不动产抵押贷款支持证券持有者之间分配罚金。对于具有收益率维持条款的贷款，实际操作中采用了多种收益率维持费用分配方式，而且，根据交易规定的具体分配方法，可能并非由商业不动产抵押贷款支持证券的所有持有者作为一个整体分配。这些分配方式包括：本金分配方式、基础利率方式、债券收益率维持方式和现值收益率损失方式。[①] 提前偿付罚金和收益率维持费用被称为提前偿付费用（prepayment premiums）。

商业不动产抵押贷款支持证券交易中的气球型风险

如前所述，商业不动产抵押贷款具有气球型期限条款。气球型风险或延期风险是指借款人无法通过再融资履行气球型偿付的风险。因此，具有高级—次级结构的商业不动产抵押贷款支持证券面临的风险是，所有的贷款必须被再融资，以还清对多数高级债券持有者的债务。因此，最高级组别的气球型风险可能等于交易中最低级类别债券的气球型风险。

在商业不动产抵押贷款支持证券交易中，有两类结构性规定可以用来减轻气球型风险：内尾法和外尾法。**内尾法**（internal tail）要求借款人对在气球型到期日前 1 年内着手进行贷

① 关于这些方法的介绍，见 Cheng，Cooper，and Huang，“Understanding Prepayments in CMBS Deals”。

款再融资。在气球型到期日之前的6个月内，借款人必须获得再融资承诺。在**外尾法**（external tail）下，商业不动产抵押贷款支持证券设定的到期日要比商业不动产抵押贷款组合的气球型支付时间长。由于这给予借款人安排再融资的时间，并避免了债券违约，因此外尾法深受信用评级机构的青睐。

清收赎回条款

每笔商业不动产抵押贷款支持证券交易都有清收赎回条款，它允许未清偿的债券类别购买信托中的剩余抵押贷款。在所有证券化中，清收赎回条款的目的都是在交易中的余额过小，不足以支付未来管理费时，逐渐减少交易。通常，清收赎回条款仅适用于抵押贷款组合中的抵押贷款余额为交易初始余额的1%～3%时。通常，剩余贷款的回购价格为未清偿抵押贷款余额加上应计利息。

交易类型

商业不动产抵押贷款支持证券交易包括两大类：单一借款人/多笔不动产交易（single borrower/multiproperty deals）和多笔不动产管道交易（multiproperty conduit deals）。

单一借款人/多笔不动产交易

如其名称所示，单一借款人/多笔不动产交易包括一个借款人和多笔不动产。这类交易具有三个重要的结构性特征：交叉担保特征、交叉违约特征和不动产让渡条款。

交叉担保特征（cross-collateralization feature）是一种机制，其中，为抵押贷款组合中的各笔贷款提供担保的不动产作为每笔贷款的质押。在任何一笔不动产违约时，**交叉违约特征**（cross-default feature）允许贷款人赎回抵押贷款组合中的每笔贷款。通过加入这两项特征，所有不动产的本金和利息支付可以用来偿还全部贷款。因此，如果抵押贷款组合中其他贷款的本金和利息支付不低于单笔贷款的亏空（shortfall）金额，单笔贷款的亏空就不会引起债务拖欠。①

由于只有一个借款人，因此人们担心的一个问题是，借款人可以通过提前偿付余额和出售不动产的方式，将最好的不动产从抵押贷款组合中转移出去，并从中获益。这种行为将削弱提供给债券持有者的结构性保护。**不动产让渡条款**（property release provisions）的目的是防止投资者遭受借款人的这种行为的影响。以下是不动产让渡条款的两个例子：(1) 如果不动产被出售，那么不动产让渡条款要求借款人偿付的金额必须超过贷款组合中的初始抵押贷款余额（比如，偿付的金额需超过贷款组合中初始抵押贷款余额的125%）；(2) 如果在出售不动产之后的债务偿还比率低于出售不动产之前的债务偿还比率，那么该销售交易将不会发生。

---

① 关于这两个特征重要性的阐述，见 Frank J. Fabozzi and John N. Dunlevy, *Real Estate-Backed Securities* (Hoboken, NJ: John Wiley & Sons, 2001), pp. 139-140。

多借款人交易

第二种类型的交易涉及管道机构提供的贷款。管道机构是一种商业贷款实体，其设立的唯一目的就是为实施证券化提供担保品，由此产生的商业不动产抵押贷款支持证券交易也被称为**管道机构交易**（conduit deals）。信用评级机构将管道机构交易称为多借款人交易（multi-borrower deals）。当管道交易包括一笔高于 5 000 万美元的大型不动产以及之后的较小额贷款时，它被称为**融合管道交易**（fusion conduit deal）。在管道机构中，贷款发放人可能不止一个。

服务商

对于非政府机构住房抵押贷款支持证券，服务商不仅是必需的，而且发挥着重要作用。服务商的职责包括收取月还贷款、对相关款项收付进行记录、为代管不动产纳税和上保险、监督标的不动产的状况、为受托人编写报告，以及将收取的资金转交给受托人以向债券持有者还款。

根据交易的情况，服务商可以分为几类。在商业不动产抵押贷款支持证券交易中，次服务商、主服务商和特别服务商是最常见的三类服务商。**次服务商**（sub-servicer）负责收取全部付款并收集不动产信息，然后将其发送给主服务商。**主服务商**（master servicer）负责：（1）监督交易；（2）核实所有的服务协议都在正常履行；（3）为及时偿付本金和利息提供便利。最后一项职能是商业不动产抵押贷款支持证券交易的关键。如果发生贷款违约，主服务商必须提供垫付款服务。为了履行这一职责，主服务商必须具有提供垫付款的财务能力。

只有当贷款逾期天数超过 60 天时，才需要**特别服务商**（special servicer）履行职责。通常，特别服务商有下列权限：（1）贷款展期；（2）修改贷款条款；（3）调整贷款结构；（4）取消贷款的抵押品赎回权并出售不动产。

担保品分析

由于商业不动产抵押贷款的无追索权特征，商业不动产抵押贷款支持证券的投资者必须将每一笔不动产视为独立的业务，并运用前面讨论过的指标（债务偿还比率和贷款额与担保品价值之比）来为每笔不动产估值。虽然有一些基本原则可用来评估各类不动产的信用风险，但评估商业不动产抵押贷款支持证券担保品信用风险与评估非政府机构住房抵押贷款支持证券担保品信用风险的传统方法不同。对于非政府机构住房抵押贷款支持证券，通常根据某些贷款特征将贷款集中归类，然后，再对每一类别的违约率和提前偿付率做出假设。相比之下，对于商业不动产抵押贷款，在为商业不动产抵押贷款支持证券交易提供担保的组合中，每笔收益性不动产的独特经济特征要求不仅要在发放贷款时对逐笔贷款进行信用风险分析，而且要对其进行持续监督。分析的起点是对抵押贷款组合中贷款发放人的承销标准进行调查。

对于为商业不动产抵押贷款支持证券交易提供担保的所有不动产，我们都需要计算加权平均债务偿还比率和加权平均贷款额与担保品价值之比。在分析商业不动产抵押贷款支持证券结构的信用质量时，我们还需要考察标的贷款的债务偿还比率和贷款额与担保品价值之比的离差。例如，人们可能需要观察某项交易的债务偿还比率低于某个值的百分比。

在分析担保品时，我们需要考察收益性不动产的类型。通常，投资者偏好不集中于一种不动产的交易。投资者对不动产的地理分布也很感兴趣。他们担心的是，如果不动产集中于一个地理区域，那么投资者将面临该地理区域特有的经济衰退风险。

交易结构的压力测试

如本章前面的内容所述，分析商业不动产抵押贷款支持证券中各组别的信用质量时，我们需要在对逐笔贷款进行评估的基础上考察商业不动产抵押贷款。然后，评级机构和分析师将在结合违约假设和提前偿付假设的情况下对证券结构进行压力测试。

在对违约风险进行压力测试时，需要作出以下三个重要假设。第一个假设是：用条件违约率（CDR）衡量的年违约率。信用评级机构和分析师通常使用的基准条件违约率衡量依据是 20 世纪 70 年代和 80 年代的商业贷款违约经验数据。例如，分析师经常用 2%的条件违约率假设对强式交易进行压力测试，用 3%的条件违约率假设对弱式交易进行压力测试。[①] 但是，Patrick Corcoran 和 Joshua Phillips 认为，由于多种原因，20 世纪 70 年代和 80 年代的商业贷款违约经验数据并不适合用来对当今的商业不动产抵押贷款支持证券市场的违约风险进行压力测试。他们认为："现代商业不动产抵押贷款支持证券市场主要受益于公共市场的严格监督和规范措施，其突出表现就是评级机构的主导作用"[②]。具体来说，当今商业不动产抵押贷款支持证券交易的现金偿债能力比过去强得多，而不动产现金流下降了。

第二个重要假设是违约时间。违约可能发生在贷款期限的初期或气球型日期（即需要再融资时）。违约发生的时间越早，对交易绩效的不利影响越大。第三个重要假设是发生违约时损失的贷款余额所占比例。这一指标被称为损失幅度（loss severity）。

要　点

・商业不动产抵押贷款是为收益性不动产提供的贷款。因此，贷款人只能寄希望于不动产产生足够现金流来偿还本金和支付利息。如果发生违约，贷款人将寄希望于出售不动产的收益来获得偿付。

・债务偿还比率和贷款额与担保品价值之比被认为是衡量商业不动产抵押贷款潜在信用表现的两个重要指标。

・对于商业不动产抵押贷款而言，赎回保护可以采取以下形式：提前偿付锁定、废止条款、提前偿付罚点、收益率维持费用。

・商业不动产抵押贷款通常是气球型贷款，它要求在气球型期限的期末偿还大量本金。如果借款人未能进行气球型偿付，那么借款人将违约。气球型风险也被称为延期风险，它是指由于借款人无法在气球型偿付的偿付日安排再融资，或者无法出售不动产以产生足够的资

---

① Patrick Corcoran and Joshua Phillips, "Stress and Defaults in CMBS Deals: Theory and Evidence," J. P. Morgan Credit Research (June 18, 1999), p. 1.

② Corcoran and Phillips, "Stress and Defaults in CMBS Deals: Theory and Evidence," p. 1.

金来偿还气球型贷款余额而无法进行气球型偿付的风险。

• 商业不动产抵押贷款支持证券可由吉利美、房利美和房地美发行，也可由非政府机构发行。

• 商业不动产抵押贷款支持证券的交易结构与非政府机构住房抵押贷款支持证券相同，具有由不同信用评级的多种债券类别组成的典型结构。

• 针对各债券类别利息和本金分配以及损失的分担有专门的规定。但是，结构性交易中仍然存在提前偿付特征、即将违约时特别服务商的作用以及设计交易结构时潜在投资者的作用所导致的差异。

• 在商业不动产抵押贷款支持证券结构中，存在着贷款层面和结构层面上的赎回保护。当存在提前偿付费用（即提前偿付罚点或收益率维持费用）时，针对提前偿付费用在商业不动产抵押贷款支持证券持有者之间的分配，有专门的规定。

• 在商业不动产抵押贷款支持证券交易中，有两类结构性规定可以用来降低气球型风险：内尾法和外尾法。

• 由于在贷款层面和结构层面存在大量提前偿付保护，因此市场上的商业不动产抵押贷款支持证券更像是公司债券，而不是非政府机构住房抵押贷款支持证券。

• 商业不动产抵押贷款支持证券交易主要有两种类型。第一种类型是单一借款人/多笔不动产交易。这类交易具有三个重要的结构性特征：交叉担保特征、交叉违约特征和不动产让渡条款。

• 商业不动产抵押贷款支持证券交易的第二种类型是多借款人交易，也称为管道机构交易。管道机构是一种商业贷款实体，其设立的唯一目的就是为证券化提供担保品。根据交易的不同，服务商可以分为多种类型。商业不动产抵押贷款支持证券交易中最常见的三种交易商是次服务商、主服务商和特别服务商。

• 由于商业不动产抵押贷款具有无追索权特征，商业不动产抵押贷款支持证券的投资者必须将每笔不动产视为独立的业务。在为商业不动产抵押贷款支持证券交易提供担保的贷款组合中，每笔收益性不动产具有的独特经济特征要求不仅要在发放贷款时在对逐笔贷款进行评估的基础上进行信用分析，而且要对其进行持续监督。分析的起点是调查抵押贷款组合中的贷款发放人的承销标准。

• 在分析商业不动产抵押贷款支持证券结构的信用质量时，我们还需要考察标的贷款的债务偿还比率和贷款额与担保品价值之比的离差、收益性不动产的类型和不动产的地理分布。

• 然后，信用评级机构和分析师将结合违约假设和提前偿付假设对证券结构进行压力测试。

问　题

1. 如何确定商业不动产的净营业收入(NOI)?

2. 为什么投资者可能对商业不动产抵押贷款的贷款额与担保品价值之比产生怀疑?

3. 请说明收益率维持费用的基本原理。

4. 如果借款人进行提前偿付，那么哪类提前偿付保护条款会导致产生提前偿付费用?

5. 下列叙述出自惠誉发布的一份特别报告，“商业不动产抵押贷款特别报告”(2005年9月19日，第2页)：“商业不动产抵押贷款支持证券交易中的贷款废止条款是正面信用事件”。请说明其中的原因。

6. 在 Matt Hudgines 发表于 2010 年 8 月 18 日的文章《及时偿还气球型抵押贷款的商业不动产抵押贷款支持证券借款人增加》中，有如下内容（http：//nreionline. com/finance/news/cmbs _ borrowers _ pay _ balloon _ mortgages _ 0818/＃）：

> 根据纽约公司 Trepp LLC 的统计，约 49.9％在 7 月到期的证券化贷款成功进行了气球型支付，这与商业不动产抵押贷款支持证券（CMBS）市场密切相符。这比上个月的 38.7％高出 11％还多，是 2008 年年底以来的最高水平。

在这篇文章后面，有如下内容：

> 到 2008 年第 4 季度，金融市场在雷曼兄弟破产以后出现了暴跌，根据 Trepp 的统计，及时进行的气球型支付月均数量超过 70％。
>
> 2009 年年初以来，没有一个月商业不动产抵押贷款到期时能进行气球型支付的借款人达到一半。过去 12 个月及时进行气球型支付的借款人平均百分比为 32.2％。

请说明这条信息对商业不动产抵押贷款投资者的重要性。

7. 请说明你是否同意下列各种说法：

a. “商业不动产抵押贷款支持证券市场最大的部门是政府机构和政府资助企业发行的证券。”

b. “多数商业不动产抵押贷款支持证券交易都是由新发放的商业不动产抵押贷款担保的。”

c. “混合商业不动产抵押贷款支持证券交易只有一个大借款人。”

8. 为什么市场上的商业不动产抵押贷款支持证券交易更像是公司债券而不是住房抵押贷款支持证券？

9. 设计商业不动产抵押贷款支持证券交易和住房抵押贷款支持证券交易时的主要区别是什么？

10. 在商业不动产抵押贷款支持证券中，当借款人支付提前偿付费用时，债券持有者的担心是什么？

11. 咨询服务机构 Chatham Financial 的网站上有下列内容：

> 宾夕法尼亚州肯尼特斯奎尔（Kennett Square），2010 年 6 月 21 日——Chatham Financial 今日宣布，该公司建议 Primus Capital 废止两笔商业不动产抵押贷款支持证券中持有的 12 座房产担保的 7 690 万美元债务。废止这些将于 2018 年到期的贷款将为出售 12 座影院提供方便。

请说明贷款废止的含义。

12. 请说明为什么市场上的商业不动产抵押贷款支持证券交易不同于住房抵押贷款支持证券交易？

13. 请解释用来降低气球型风险的两种方法的含义：

a. 内尾法；

b. 外尾法。

14. 请说明商业不动产抵押贷款支持证券交易中单一借款人/多笔不动产交易的下列特征，并说明其重要性：

a. 交叉担保特征；

b. 交叉违约特征；

c. 不动产让渡条款。

15. a. 单一借款人/多笔不动产交易和管道机构交易之间有什么区别？

b. 混合管道机构交易的含义是什么？

16. 特别服务商的一般职责是什么？

17. 分析商业不动产抵押贷款支持证券与分析住房抵押贷款支持证券有什么区别。

18. 在评估商业不动产抵押贷款支持证券交易的潜在绩效时，为什么说仅仅观察商业不动产抵押贷款组合的加权平均债务偿还比率和加权平均贷款额与担保品价值之比是不够的？

19. 在分析商业不动产抵押贷款支持证券交易时，为什么考察不动产类型的分布和不动产的地理位置很重要？

第 15 章

资产支持证券

学习目标

阅读本章后，您将了解

- 如何创建资产支持证券
- 证券化的基本结构
- 证券化的参与方
- 通过证券化筹集资金的主要动机
- 特殊目的机构的作用
- 什么是两步证券化
- 资产支持证券的各类结构：自清算型和循环型
- 信用增级的不同形式
- 选择性赎回条款的不同类型
- 不由住房抵押贷款支持的几种主要资产支持证券类别的结构
- 与资产支持证券有关的信用风险以及如何分析这些信用风险
- 《多德-弗兰克华尔街改革与消费者保护法案》对证券化的意义
- 债务抵押债券、债券抵押债券和贷款抵押债券的区别
- 债务抵押债券的结构和担保品管理者的职责

在第 11 章至第 13 章中，我们讨论了由住房抵押贷款组合支持的证券；在前面一章中；还讨论了由商业不动产抵押贷款支持的证券。通过集中优级住房抵押贷款和商业不动产抵押贷款以外的贷款创造的证券被称为**资产支持证券**（asset-backed security，ABS）。在第 11 章中，曾经提到市场上将由次级抵押贷款支持的证券称为抵押贷款相关资产支持证券。

可以用作资产支持证券化的担保品的两类资产是现有资产/现有应收款项或在未来出现的资产/应收款项。用现有担保品进行的证券化被称为**现有资产证券化**（existing asset securitizations）。用在未来出现的资产/应收款项进行的证券化被称为**未来资产证券化**（future flow securitizations）。

被证券化的资产通常可分为以下两类：(1) 消费者资产支持证券和次级住房抵押贷款支持证券（MBS）；(2) 商业不动产资产支持证券。消费者资产支持证券和次级住房抵押贷款

支持证券证券化包括：

- 住房权益贷款。
- 汽车贷款和租赁。
- 信用卡应收款项。
- 公用事业公司收取的竞争性交易费用应收款项。
- 预制房贷款。
- 学生贷款。
- 其他消费者贷款；例如住房装修贷款。

商业不动产资产支持证券证券化包括：

- 交易应收款项（例如：医疗保健应收款项）。
- 设备租赁。
- 经营性资产（例如：飞机、海运集装箱）。
- 娱乐资产（例如：电影拍摄权、音乐版税）。
- 特许贷款。
- 小企业贷款。

广义的债券市场指数包括资产支持证券。在资产支持证券中，五个最大的子类别为：(1) 信用卡应收款项资产支持证券；(2) 汽车资产支持证券；(3) 住房权益资产支持证券；(4) 费率降低债券（也称为套牢成本资产支持证券）；(5) 预制房资产支持证券。商业不动产抵押贷款支持证券（CMBS）是第14章的主题；在广义债券市场指数中，它被作为独立的部分对待。

在本章中，我们将讨论资产支持证券的基本性质，并概述三种主要的与抵押贷款无关的资产支持证券，它们既不是由住房抵押贷款支持的，也不是由商业不动产抵押贷款支持的。一种使用证券化技术的产品是债务抵押债券（CDO）。我们将在本章末尾简要介绍债务抵押债券，尽管——有一种形式是例外，即我们在第7章中介绍的贷款抵押债券（CLOs）——2007年以后已停止发行这种产品。

创建资产支持证券

为了说明如何创建资产支持证券以及证券化的参与方，我们将举一个例子。假设卓越牙科设备公司（Exceptional Dental Equipment Inc.）生产高质量的牙科设备。尽管该公司有现金销售，但大量销售收入都来自分期收款销售合同。分期收款销售合同是对牙医设备买方（即执业牙医）的贷款，其中买方同意在规定期限内偿还向卓越牙科设备公司借入的金额加上利息。所购买的牙科设备是贷款的担保品。我们将假设这些贷款都为5年期贷款。

卓越牙科设备公司的信贷部门将作出是否向消费者提供贷款的决定。也就是说，信贷部门将收到潜在顾客的信用申请，并根据该公司制定的标准，决定是否发放贷款。提供贷款的标准被称为**承销标准**（underwriting standards）。由于卓越牙科设备公司提供了贷款，因此该公司被称为**贷款发放人**（originator）。

此外，卓越牙科设备公司可能有一个专门负责贷款服务的部门。如前面的章节所说明的，贷款服务包括：收取借款人的还款，提醒可能拖欠债务的借款人，如果借款人无法按合同偿还贷款，还应在必要的时候收回并处置担保品（在本例中即是牙科设备）。尽管贷款服务商不一定是贷款的发放人，但在我们的例子中，我们假设卓越牙科设备公司是贷款服务商。

现在让我们来看如何在证券化交易中使用这些贷款。我们假设卓越牙科设备公司有超过3亿美元的分期收款销售合同。进一步假设，卓越牙科设备公司希望筹集3亿美元。该公司的财务主管并不打算发行3亿美元的公司债券，而是决定通过证券化筹集资金。为此，卓越牙科设备公司将建立一个被称为**特殊目的机构**（special purpose vehicle，SPV）的法人实体。此时，我们不会说明该法人实体的目的，但后文中将阐明特殊目的机构在证券化交易中的重要性。在我们的例子中，所建立的特殊目的机构被称为DE资产信托公司（DEAT）。卓越牙科设备公司将向DE资产信托公司出售3亿美元贷款，并从DE资产信托公司收到3亿美元现金，这正是它希望筹集的资金金额。DE资产信托公司通过出售由3亿美元贷款担保的证券，获得了3亿美元。这些证券就是我们前面提到的资产支持证券。

证券化的参与方

我们务必要理解证券化的参与方。在我们假想的证券化中，卓越牙科设备公司不是资产支持证券的发行人（尽管由于它是最终筹集资金的实体，因此有时被称为发行人），而是贷款发放人。因此，在这笔交易中，卓越牙科设备公司被称为“卖方”。它被称为“卖方”的原因是它将应收款项出售给DE资产信托公司。卓越牙科设备公司也被称为“发放人”，因为它发放了贷款。在发行说明书中，证券化中的特殊目的机构被称为“发行实体”、“发行人”或“信托机构”（trust）。

尽管在这笔简单交易中，卓越牙科设备公司生产牙科设备并发放贷款，但还有另一种涉及另一家公司的证券化交易，这家公司被称为**管道机构**（conduit），它购买贷款并将其证券化。以一家假想的公司——牙科设备融资公司（Dental Equipment Financing Corporation）为例，这家公司的业务是向希望按分期收款方式销售其设备的牙科设备生产商提供融资。然后，牙科设备融资公司将与牙科设备生产商（例如卓越牙科设备公司）建立合作关系，购买它的分期收款合同。接下来，牙科设备融资公司将积攒所购买的分期收款合同，直至达到足够金额以出售给特殊目的机构，后者将发行资产支持证券。

所发行的证券将有一个受托人。受托人的责任是：通过监督契约遵守情况，代表债券类别的利益，并在违约时执行管理文件中规定的补救措施。[①]

两步式证券化

上述对证券化参与方的介绍被称为“一步式证券化”。由于对投资者而言并不重要的某些原因，证券化可能会涉及两个特殊目的机构，以确保交易被认为是税收意义上的真实销售交易。一个特殊目的机构被称为**中介特殊目的机构**（intermediate SPV），它是贷款发放人全资所有的子公司，其活动受到限制。[②] 它是从贷款发放人处购买资产的中介特殊目的机构。中介特殊目的机构其后将资产出售给发行资产支持证券的特殊目的机构（即发行机构）。在

---

① 关于证券化中受托人作用的深入讨论，见 Karen Cook and F. Jim Della Sala，“The Role of the Trustee in Asset-Backed Securities,” Chapter 7 in Frank J. Fabozzi (ed.)，*Handbook of Structured Financial Products*（Hoboken，NJ：John Wiley & Sons，1998）。

② 具体而言，它（1）仅被允许从事购买、持有和出售应收款项业务，（2）在自愿申请破产时受到多种限制。

证券化交易的发行说明书中，中介特殊目的机构被称为**存款人**（depositor）。

这类被称为“两步式证券化”的证券化交易现在已经很普遍了。从 1997 年起，市场上便开始使用这种证券化方式，原因是为了满足第 125 号财务会计准则（FASB 125）规定的财务报告要求。因此，在更早的证券化交易中，担保品的卖方在发行说明书和发行说明书补充文件中被称为“卖方”，但如今在两步式证券化中，相同的实体被称为“存款人”。

让我们以一笔实际证券化交易为例。哈雷-戴维森信贷公司发放了贷款，并用这些贷款进行证券化。哈雷-戴维森摩托信托 2007—3 就属于此类交易。在一步式证券化中，哈雷-戴维森信贷公司将把贷款出售给特殊目的机构（哈雷-戴维森摩托信托 2007—3），后者将依此发行证券。但事实情况却是，哈雷-戴维森信贷公司将贷款出售给哈雷-戴维森消费者融资公司，即中介特殊目的机构。然后，贷款将被出售给哈雷-戴维森摩托信托 2007—3。因此，这笔交易中的参与方如下：

卖方：哈雷-戴维森信贷公司。

存款人：哈雷-戴维森消费者融资公司。

发行实体：哈雷-戴维森摩托信托 2007—3。

在这笔交易中，卖方为贷款提供服务。

交易结构

在证券化中创建各种债券类别（或组别）时，针对本金和利息的分配有专门的规定。如第 12 章和第 13 章所说明的，创建不同债券类别将产生风险—收益特征各异的证券。证券结构的设计目的是创建出具有对机构投资者更具吸引力的投资特征的债券类别。通过这样做，希望筹集资金的实体可以获得其所售证券的最优价格（被称为“最优执行价”）。

如第 13 章所说明的，非政府机构抵押贷款支持证券是有信用增级的。信用增级的两种一般形式为内部信用增级和外部信用增级。所有资产支持证券都是有信用增级的。信用增级水平是相对于卖方/服务商偏好的具体证券评级确定的，这种评级是由各家信用评级机构给出的。在证券化中，通常至少有两类债券：高级债券类别和次级债券类别。这种结构被称为高级—次级结构，我们在第 13 章中介绍过这种结构。

特殊目的机构的作用

为了理解特殊目的机构的作用，我们需要理解为何一家公司希望通过证券化而不是仅仅通过发行公司债券来筹集资金。公司可能选择通过证券化而不是发行公司债券来筹集资金有四个基本原因。它们是：

1. 降低融资成本的可能。
2. 分散融资来源。
3. 在财务报告中加速实现利润。
4. 被监管实体免受资本要求限制的可能。

我们将只重点考察这些原因中的第一个，以说明特殊目的机构在证券化中的重要作用。①

① 关于其他原因的讨论，见 W. Alexander Roever and Frank J. Fabozzi, “Primer on Securitization,” *Journal of Structured and Project Finance*, Summer 2003, pp. 5 - 19。

我们假设卓越牙科设备公司的信用评级为 BB 级（即低于投资级信用评级）。如果该公司希望通过发行公司债券筹集 3 亿美元的资金，那么其融资成本将为基准国债收益率加上 BB 级发行人的信用利差。反之，假设卓越牙科设备公司用其 3 亿美元的分期收款销售合同（即该公司对顾客发放的贷款）作为债券的担保品，那么融资成本将是多少？这种情况下的融资成本可能与其发行公司债券的成本相同。原因在于，如果卓越牙科设备公司对任何未清偿债务违约，那么债权人就会追索其全部资产，包括向其顾客发放的贷款。

假设卓越牙科设备公司可以创建一家法人实体，并将贷款出售给该实体。该实体为特殊目的机构。在我们的例子中，特殊目的机构为 DE 资产信托公司。如果卓越牙科设备公司以恰当方式将贷款出售给 DE 资产信托公司①，而不是卓越牙科设备公司，将合法拥有应收款项。因此，如果卓越牙科设备公司被迫进入破产程序，而出售给 DE 资产信托公司的贷款仍然未清偿，那么卓越牙科设备公司的债权人将无法收回贷款，因为它们是由 DE 资产信托公司合法所有的。

其法律含义是，当 DE 资产信托公司发行由贷款支持的资产支持证券时，打算购买债券类别的投资者将评估与收回贷款相关的信用风险，其中作为担保品的贷款独立于卓越牙科设备公司的信用评级。证券化中创建的不同债券类别将被给予信用评级，这些信用评级取决于信用评级机构如何根据担保品（即贷款）评估信用风险。反过来，这取决于每种债券类别的信用增级。因此，根据特殊目的机构、担保品的质量和信用增级，公司可以通过证券化筹集资金，其中某些债券类别的信用评级优于希望筹集资金的公司本身的信用评级，从而使总融资成本低于发行公司债券的成本。

信用增级

在第 13 章中，我们简要论述了非政府机构抵押贷款支持证券的不同信用增级形式。这些信用增级形式包括结构性信用增级、发行人提供的信用增级和第三方提供的信用增级。前两种信用增级形式被称为内部信用增级，后一种信用增级形式被称为外部信用增级。第 13 章还说明，2007 年以后第三方信用增级已经很少见。信用增级形式既可单独使用，又可结合使用，这取决于支持证券的贷款类型。

外部信用增级涉及第三方提供的担保。投资者面临的风险是第三方信用评级下降，因而导致第三方担保的债券类别信用评级下降的可能。最常见的外部信用增级形式是**债券保险**（bond insurance），它被称为**担保债券**（surety bond）或**打包债券**（wrap）。债券保险是单一险种保险公司提供的财务担保，要求保险人担保在标的贷款组合产生的现金流无法偿还本金和支付利息时，及时偿还本金和支付利息。除非保险人选择加速偿付，否则偿付本金时不会出现加速偿付。

内部信用增级的形式比外部信用增级复杂，并且即使在没有发生违约的情况下，也可能改变贷款的现金流特征。信用增级水平（即交易中使用的每种增级形式的次级类别金额）是由信用评级机构确定的，这些评级机构将为保险人的债券类别进行信用评级。评级机构确定信用增级水平的行为被称为“估算信用增级额”，信用增级额是根据信用评级机构对作为交易担保品的贷款绩效的预期确定的。

多数使用内部信用增级的证券化交易都遵循事先确定的时间表，时间表中列出了必须使

① 具体而言，它必须是以公允市场价值达成的贷款销售交易。

用的基础担保品产生的本金和利息的优先顺序。在交易的发行说明书中将说明这种时间表，它被称为**现金流瀑布**（cash flow waterfall）或简称为**瀑布**（waterfall）。在瀑布的顶端为应付高级债券持有者的现金流（根据本金偿付时间表确定的利息和本金）和某些标准费用（例如，管理费和服务费）。在偿还瀑布顶端的现金流债务后，现金向下流往优先级较低的债券类别（AA级、A级、BBB级等债券类别）。在对所有债务按计划进行定期偿付后，剩余的现金流就是**超额利差**（excess spread）。超额利差是防范担保品损失的第一道防线，因为拥有大量超额利差的交易能吸收相对较高水平的担保品损失。如果超额利差被损失完全耗用，那么下一个评级最低的债券类别将开始受到信用损失的负面影响。

最常见的内部信用增级形式为高级—次级结构、超额担保和准备基金。在第13章中，我们介绍了各种内部信用增级形式。

选择性清收赎回条款

资产支持证券向受托人提供了选择性清收赎回条款。选择性清收赎回条款分为几类：担保品赎回百分比、组别清收赎回百分比、在规定日期或规定日期之后发生的赎回、按百分比或日期孰先达到赎回、拍卖赎回和保险人赎回。

在**担保品赎回百分比**（percent of collateral call）中，如果未清偿担保品余额占初始担保品余额的百分比低于预先确定的百分比，那么就可以按面值赎回未清偿债券。这是分期偿付资产最常见的清收赎回条款类型，预先确定的水平通常为10%。

债券清收赎回百分比（percent of bonds clean-up call）类似于担保品赎回百分比，唯一的不同是引发赎回的百分比为未清偿债券金额与已发行债券初始金额之比。**组别清收赎回百分比**（percent of tranche clean-up call）的赎回权利是基于该组别的未清偿面值与该组别的初始面值之比。

在规定日期或规定日期之后发生的赎回（call on or after specified date）的操作方式就如同标准的债券赎回条款。在**按百分比或日期孰先达到赎回**（latter of percent or date call）中，未清偿债券类别可以在以下任何一种情况下被赎回：（1）未清偿的担保品在规定赎回日之前达到预先确定的水平，（2）即使未清偿担保品高于预先确定的水平，但已经到了规定赎回日。在**拍卖赎回**（auction call）中，如果拍卖使未清偿担保品以高于其面值的价格出售，那么将在特定日期执行赎回。从被拍卖担保品中收到的高于面值的溢价由受托人保留，并最终通过剩余组别支付给卖方。

除了上述允许受托人赎回债券的清收赎回条款，还可能存在**保险人赎回**（insurer call）。这种赎回允许保险人在担保品累计损失达到预先确定的水平时赎回债券。

担保品类型和证券化结构

证券化结构取决于标的资产的特征。这里，我们将讨论分期偿付和利率这两个特征如何影响证券化结构。具体而言，证券化结构取决于：（1）资产是分期偿付还是非分期偿付，（2）担保品的利率是固定利率还是浮动利率。

分期偿付资产与非分期偿付资产

证券化中的担保品可以分为分期偿付资产和非分期偿付资产。**分期偿付资产**（amortizing assets）是这样一种贷款：借款人的定期偿付包括贷款存续期中的计划本金偿付和利息支付。本金的偿付时间表被称为**分期偿付时间表**（amortization schedule）。标准的住房抵押贷款就属于分期偿付资产。汽车贷款和某些类别的住房权益贷款（具体而言，即本章后面讨论的封闭式住房权益贷款）也是分期偿付资产。

担保品的分期偿付时间表可以在组合层面或贷款层面上确定。在组合层面上的分析中，假设所有构成担保品的贷款都是同质的。分期偿付资产的分期偿付时间表是基于单笔贷款的总加权平均息票利率（GWAC）和加权平均期限（WAM）得出的。当标的贷款同质时，就应该进行组合层面上的分析。贷款层面上的分析则需要考虑每笔分期偿付的贷款（或同质贷款的组合）。

如第 11 章所说明的，提前偿付是在计划本金偿付之上的超额偿付。预测分期偿付资产的现金流时，需要预测提前偿付情况。与分期偿付资产相反，非分期偿付资产（nonamortizing assets）没有个体借款人必须遵守的定期偿付时间表，而是借款人必须进行最低定期偿付的资产。如果偿付额低于未清偿贷款余额的利息，那么不足额就会加到未清偿贷款余额之上。如果定期偿付高于未清偿贷款余额的利息，那么其差额将被用于减少未清偿贷款余额。由于非分期偿付资产没有本金偿付时间表（即没有分期偿付时间表），因此不适用提前偿付的概念。信用卡应收款项是非分期偿付资产的一个例子。

通常，当分期偿付贷款被证券化时，担保品在结构存续期内是固定的。也就是说，在结构存续期内不会购入新资产。担保品的构成是固定不变的，除非发生提前偿付和违约。因此，信托收到的所有本金都被支付给债券类别。这个例子中的结构被称为**自清算结构**（self-liquidating structure）。对于非分期偿付资产而言，在被称为**锁定期**（lockout period）或**循环期**（revolving period）的期间内，所有收到的本金都被用于购买新的担保品。因此，新的资产被加入到担保品中，这种结构被称为**循环结构**（revolving structure）。在锁定期之后的时期被称为**分期偿付期**（amortization period），在这个时期内收到的本金将被分配给债券类别。

固定利率资产与浮动利率资产

被证券化的资产可能为固定利率资产或浮动利率资产。这会影响所发行债券的息票利率结构。例如，如果所有浮动利率债券类别都由纯固定利率合同组成的担保品支持，那么债券持有者将面临利率风险。如果浮动利率债券类别的参考利率大幅上升，那么担保品收到的利息将不足以支付债券类别的总利息。如果担保品仅由浮动利率合同组成，且债券类别均为固定利率，那么这种情况下的风险是：合同参考利率大幅下降，使借款人支付的利息低于应支付给债券持有者的利息总额。

为了处理资产和负债的现金流特征之间可能出现的不匹配，需要在证券化中使用利率衍生工具。常用的两种利率衍生工具是利率互换和利率上限，第 31 章中将介绍这两种工具。[①]

---

① 关于如何在证券化中使用利率衍生工具的说明，见 Frank J. Fabozzi，Raymond Morel，and Brian D. Grow，“Use of Interest Rate Derivatives in Securitization Transactions，” *Journal of Structured Finance*，Summer 2005，pp. 22 - 27。

与资产支持证券投资相关的信用风险

资产支持证券的投资者面临着信用风险，并依靠信用评级机构评估证券化中债券类别的风险。尽管三家信用评级机构的信用评级方法不同，但它们所分析的重点领域相同。例如，穆迪公司分析的是：（1）资产风险，（2）结构性风险，（3）证券结构的第三方。① 接下来我们将逐一进行讨论。此外，评级机构还分析法律结构（即特殊目的机构）。我们还将讨论与证券化有关的一般法律问题。

资产风险

评估资产风险需要分析担保品的信用质量。评级机构将考察基础借款人的偿付能力和借款人在资产中的权益。考察后者的原因在于，它是决定基础借款人是将违约还是将出售资产并偿还贷款的关键因素。评级机构还将考察标的贷款发放人的贷款发放历史，并将评估特定交易的标的贷款是否与贷款卖方报告的曾发放的贷款具有相同特征。

评估资产风险时还需要分析贷款的集中度。资产证券化的基本原则是，贷款组合中的大量借款人将通过分散化降低信用风险。如果贷款组合中有些借款人的规模相对于整个贷款组合余额来说很大，那么就可能失去这种分散化收益，导致更高水平的信用风险，这种信用风险被称为**集中度风险**（concentration risk）。为了降低集中度风险，评级机构将确定来自任何一个借款人、国内地区或行业（当应收款项属于商业资产时）的应收款项金额或百分比的集中度限度。如果发行时超过了集中度限度，那么某些或全部债券类别得到的信用评级将低于集中度限度在确定范围内时的信用评级。在发行之后，如果超过了集中度限度，那么债券类别的评级可能被降低。

运用统计分析，评级机构可以评估担保品绩效最可能给债券类别造成的损失，方法是分析评级机构规定的各种情景。根据分析结果，评级机构既计算加权平均损失，又计算每种债券类别的损失波动性。为了正确评价损失波动性的重要性，假设某债券类别可以在违约时对7%的担保品价值损失提供保护。为了简化说明，假设评级机构评估了两种概率相同的情形，在第一种情形中，损失为6%，在第二种情形中，损失为4%。加权平均损失为5%。这在该债券类别的保护范围（7%的损失）之内，因此该评级机构预期该债券类别将不太可能遭受损失。现在，让我们改变这两种结果。假设两种情形的结果是，第一种情形下损失为8%，第二种情形下损失为2%。尽管损失的预期价值仍然为5%，但损失的波动性比之前高得多。实际上，如果在第二种情形下出现8%的损失，那么该债券类别将遭受1%的损失（该情形下8%的损失减去7%的保护）。

结构性风险

关于证券结构的决策是由卖方作出的。一旦选定证券结构，评级机构就会分析担保品产

---

① Andrew A. Silver, "Rating Structured Securities," Chapter 5 in Frank J. Fabozzi (ed.), *Issuer Perspectives on Securities* (Hoboken, NJ: John Wiley & Sons, 1998).

生的现金流能偿还证券结构中所有债券类别债务的程度。基础担保品的现金流是利息和本金偿付。必须支付的现金流是支付给投资者的利息和本金、服务费和发行人应付的其他费用。该证券结构的现金流瀑布对其进行了描述。评级机构分析证券结构，以检验担保品的现金流是否与必须为偿还发行人债务而支付的金额相匹配。这要求评级机构对损失和拖欠行为作出假设，并分析在考虑信用增级后的各种利率情形。

在考虑证券结构时，评级机构将考虑：(1) 损失分担（如何在证券结构中的债券类别之间分担损失）；(2) 现金流分配（即现金流瀑布）；(3) 担保品获得的利率与支付给债券类别的利率之差加上服务费率；(4) 发生导致交易提前分期偿付的触发事件的可能（稍后将讨论）；(5) 随着时间的推移，信用增级可能将如何变化。

第三方提供者

在证券化中，涉及若干个第三方。这些第三方包括第三方信用担保人（多数情况下为债券保险人）、服务商、受托人、发行人的顾问、担保投资合同的提供者（该实体为可投资资金的再投资率提供保险）和会计。评级机构将调查所有第三方提供者。对于第三方担保人，评级机构将对其支付能力进行信用分析。

所有贷款都必须有配套服务。这些服务包括收取借款人的还款、通知可能拖欠还款的借款人，如果借款人没有在规定时间内偿还贷款，还要在必要时收回并处置担保品。服务商负责这些工作。此外，尽管在许多证券化中仍然被视为“第三方”，但服务商很可能是作为担保品的贷款的发放人。

除了刚才介绍的贷款组合管理之外，服务商还负责将从借款人处收取的款项根据现金流瀑布分配给证券结构中不同的债券类别。当交易中存在浮动利率证券时，服务商将确定该期的利率。服务商还可能负责在出现拖欠还款（该款项有可能在未来收回），导致必须偿还给债券持有者的款项暂时出现不足的情况下垫付款项。

服务商在证券化中的作用很重要。因此，评级机构会在对交易中的债券进行评级之前，考察服务商履行所有职责的能力。例如，评估服务商时要审查下列因素：服务历史、经验、发放贷款的承销标准、服务能力、人力资源、财务状况和成长/竞争/商业环境。当人们对服务商履行职责的能力存在担忧时，可能存在以下两种情况：(1) 债券没有评级，(2) 评级机构要求有候补服务商。

最近发生的一些情况已经使评级机构更加关注卖方/贷款发放人的基础业务、服务商实力和将产生担保品现金流的经济环境的重要性。这主要是美国世纪金融公司（National Century Financial Enterprises，NCFE）和 DVI 被指控诈骗的结果。前者是当时被证券化并接受服务的医疗保健应收款项买方，后者是一笔医疗设备租赁的证券化服务商。此外，NCFE 和 DVI 的案例还凸显了在服务商绩效恶化的情况下受托人积极作为的必要性。也就是说，受托人的作用应该不仅限于执行交易文件中规定的对担保品进行持续测试的传统职能。实际上，在近期的交易中已经出现了这种情况，即受托人在特定环境下起到了更多作用。这被称为**受托人事件触发**（trustee event trigger）。

潜在的法律难题

长期以来，有一种观点认为，资产支持证券的投资者受到担保品卖方债权人的保护。也就是说，当担保品卖方将担保品转移给信托机构（特殊目的机构）时，这种转移就代表着“真实销售”，因此，当卖方破产时，破产法庭无法干预信托机构来收回担保品或担保品产生的现金流。然而，这个问题从未被充分检验过。最近出现的一个难题就是 LTV 钢铁公司的破产。在破产中，LTV 辩称其证券化不是真实销售交易，因此应该有权获得它转移给信托机构的现金流。尽管这一案例已经得以解决，且调解书中包括认定 LTV 的证券化是真实销售交易的简要结论，但投资者担心的主要问题是，法庭决定允许 LTV 在案件解决之前使用现金流。

Conseco 财务公司的破产结果也引起了人们的担心。这家企业于 2002 年 12 月登记破产。Coseco 财务公司曾经是预制房贷款的最大发放人，也是其他类型资产支持证券的发行人。在登记破产时，Conseco 是该公司之前进行的证券化交易的服务商，收取 50 个基点的服务费。破产法庭的观点是，50 个基点的服务费并不足以用来补偿，并下令增加服务费（增至 115 个基点）。服务费的增加是通过降低 Conseco 服务的证券化交易的超额利差来实现的。由于超额利差下降，接受服务的交易的信用增级水平降低，交易中的几个次级组别被调低评级。①

几种主要的资产支持证券综述

在资产支持证券市场上，不由住房抵押贷款支持的三种规模最大的资产支持证券为：（1）信用卡应收款项支持证券，（2）汽车贷款支持证券，（3）费率降低债券（rate reduction bonds）。本章最后将总结这些资产支持证券类型。

信用卡应收款项支持证券

信用卡是由银行（例如，维萨卡和万事达卡）、零售商（例如，杰西潘尼和西尔斯）和领先的全球支付与旅行公司（例如，美国运通公司）发行的。信用卡应收款项组合的现金流包括：

- 收取的融资费。
- 收取的本金。
- 收取的手续费。

收取的融资费是指根据宽限期后的未付余额对信用卡借款人收取的期间利息。

交易的结构

信用卡发行人有大量信用卡账户可以用来质押给信托机构。构建交易的过程从信用卡发行人建立信托机构，并将信用卡账户质押给信托机构开始。在信用卡交易中使用的信托类型被称为**主信托**（master trust），在发行说明书中被称为**信托组合**（trust portfolio）。要成为被质押给主信托的账户，账户必须符合特定的资格要求。如果符合资格要求，新的信用卡账户就可以被质押给主信托。如果主信托中的信用卡账户产生了应收款项，那么该应收款项就属

① 关于 Conseco 财务公司破产案意义的深入讨论，见 Frank J. Fabozzi, “The Structured Finance Market: An Investor's Perspective,” *Financial Analysts Journal*, May-June 2005, pp. 27 - 40。

于主信托。

每个系列都是一笔独立的信用卡交易，信托机构可以向公众发行各种证券或债券类别。例如，一个系列可以有一个高级债券类别和两个次级债券类别。然而，每个系列都将有不同的信用增级水平。信托组合产生的现金流将被用来偿付所有系列的债券类别。

由于信用卡应收款项是非分期偿付资产，因此具有循环结构。在循环期或锁定期内，由受托人保留组合中信用卡借款人偿付的本金，并将其再投资于更多的应收款项，以维持组合的规模。循环期从 18 个月至 10 年不等。因此，在循环期内，支付给债券类别的现金流取决于所收取的融资费和手续费。循环期之后就是本金分期偿付期，在这一期间内，不再对从账户收到的本金进行再投资，而是将其支付给债券持有者。在本金分期偿付期内偿付本金的方法有许多种。

当发生特定事件时，有些信用卡应收款项支持证券的条款要求提前分期偿付本金。这些事件被称为支付事件（pay-out events）。这种条款被称为**提前分期还款条款**（early amortization provision）或**快速分期还款条款**（rapid amortization provision），其目的是保证证券结构的信用质量。改变本金现金流的唯一方法是发生支付事件。当发生提前分期偿付时，债券类别会按顺序被偿付（即最高评级的债券类别最先被偿付，然后是次高评级的债券类别被偿付，依此类推），做法是将本金偿付分配给特定债券类别，而不是用其购买更多应收款项。收回本金之前的时间长度主要是我们下面介绍的月支付率的函数。

应收款项组合的绩效

为了评估应收款项组合的绩效和担保品按计划偿还利息和本金的能力，必须理解下列概念：总投资组合收益率、核销率、净投资组合收益率、拖欠率和月支付率。

总投资组合收益率（gross portfolio yield）是指收取的融资费和手续费与应收款项组合金额的比率。**核销率**（charge-offs）是指作为不可回收账款被核销的账款与应收款项组合金额的比率。**净投资组合收益率**（net portfolio yield）等于总投资组合收益减去核销额所得差额与应收款项组合金额的比率。净投资组合收益率很重要，因为债券持有人可以通过该收益率获得利息支付。例如，如果必须支付给证券结构中各种债券类别的加权平均息票利率为 6%，且该月的净投资组合收益率为 5%，那么就存在无法偿还债券持有者债务的风险。

拖欠率（delinquencies）是超过一定月数（通常是 30 天、60 天和 90 天）逾期未还的应收款项百分比。它们被视为是潜在未来核销率的指标。

月支付率（monthly payment rate，MPR）表示信用卡应收款项组合的月支付额（包括融资费、手续费和本金偿付）占上一个月未清偿信用卡债务的百分比。例如，假设 2 月份的 6 亿美元信用卡应收款项组合在 3 月份支付了 6 000 万美元，那么 3 月份的月支付率就是 10%（6 000 万美元除以 6 亿美元）。月支付率之所以很重要，有两个原因。第一，如果月支付率达到极低的水平，那么债券类别的本金偿付就可能存在延期风险。第二，如果月支付率非常低，那么就有可能没有足够现金流来清偿本金。这是可能引发提前分期偿付条款的事件之一。

汽车贷款支持证券

汽车贷款支持证券由下列机构发行：汽车制造商的（国内和国外）财务子公司、商业银行、独立财务公司和专门从事汽车贷款的小型金融机构。汽车贷款支持证券的现金流由定期计划月贷款偿付（利息和计划本金偿付）和提前偿付构成。以下事件可能导致汽车贷款支持证券发生提前偿付：(1) 要求全额付清贷款的汽车销售或以旧换新；(2) 汽车回收和其后的再出售；(3) 汽车的丢失或损坏；(4) 用现金还清贷款以节省利息成本；(5) 以更低的利率成本对贷款进行再融资。尽管再融资可能是住房抵押贷款提前偿付的主要原因，但它不是汽车贷款提前偿付的主要原因。

汽车贷款支持证券的提前偿付是由**绝对提前偿付速度**（absolute prepayment speed，ABS）衡量的。[①] 绝对提前偿付速度指标是用初始担保金额的一定百分比表示的月提前偿付率。如第 11 章所示，单月提前偿付率（SMM）是根据前一个月的余额计算出的月条件提前偿付率（CPR）。在绝对提前偿付速度和单月提前偿付率之间存在数学关系。给定单月提前偿付率（用小数表示），绝对提前偿付速度（用小数表示）可以根据下式求得：

$$\mathrm{ABS}=\frac{\mathrm{SMM}}{1+\mathrm{SMM}\times(M-1)}$$

其中，M 是发放贷款后的月数（即贷款账龄）。

例如，假设第 32 个月的单月提前偿付率为 2.1%，即 0.021。那么，绝对提前偿付速度为：

$$\mathrm{ABS}=\frac{0.021}{1+0.021\times(32-1)}=0.012\,7=1.27\%$$

给定绝对提前偿付速度，就可以根据下式求得单月提前偿付率：

$$\mathrm{SMM}=\frac{\mathrm{ABS}}{1-\mathrm{ABS}\times(M-1)}$$

可以用第 11 章中的公式将单月提前偿付率转换成条件提前偿付率。

为了说明该公式，假定第 26 个月的绝对提前偿付速度为 1.5%，即 0.015。那么，单月提前偿付率为：

$$\mathrm{SMM}=\frac{0.015}{1-0.015\times(26-1)}=0.024=2.4\%$$

示例：戴姆勒-克莱斯勒汽车信托 2007—A

我们以戴姆勒-克莱斯勒汽车信托 2007—A 为例，说明汽车贷款支持交易。以下是关于这笔交易的信息，图表 15—1 以图示方式进行了说明：

发行实体：戴姆勒-克莱斯勒汽车信托 2007—A

保荐人、发放人、存款人和服务商：戴姆勒-克莱斯勒金融服务美洲公司

月服务费率：截至上一个日历月第一天的应收款项总计本金余额的 1%的 1/12

贷款组合包括直接从戴姆勒-克莱斯勒金融服务美洲公司购买的汽车应收款项和轻型载重卡车应收款项。

这笔交易的本金金额为 1 689 500 000 美元。交易中的债券类别为 A-1、A-2a、A-2b、A-3a、A-3b、A-4a、A-4b、B、C 和 D。所有标明“A”的债券类别均为高级债券。仅向公众发售的债券类别为 A-2a、A-2b、A-3a、A-3b、A-4a 和 A-4b。A-1 类别债券为发行后约 1 年到期的短期债券。所发行高级债券类别的本金金额总结如下：

---

① 使用缩写 ABS 可能是因为它是第一个用于资产支持证券的提前偿付指标。

图表 15—1　戴姆勒-克莱斯勒汽车信托 2007—A 发行说明书补充文件选页：交易总结

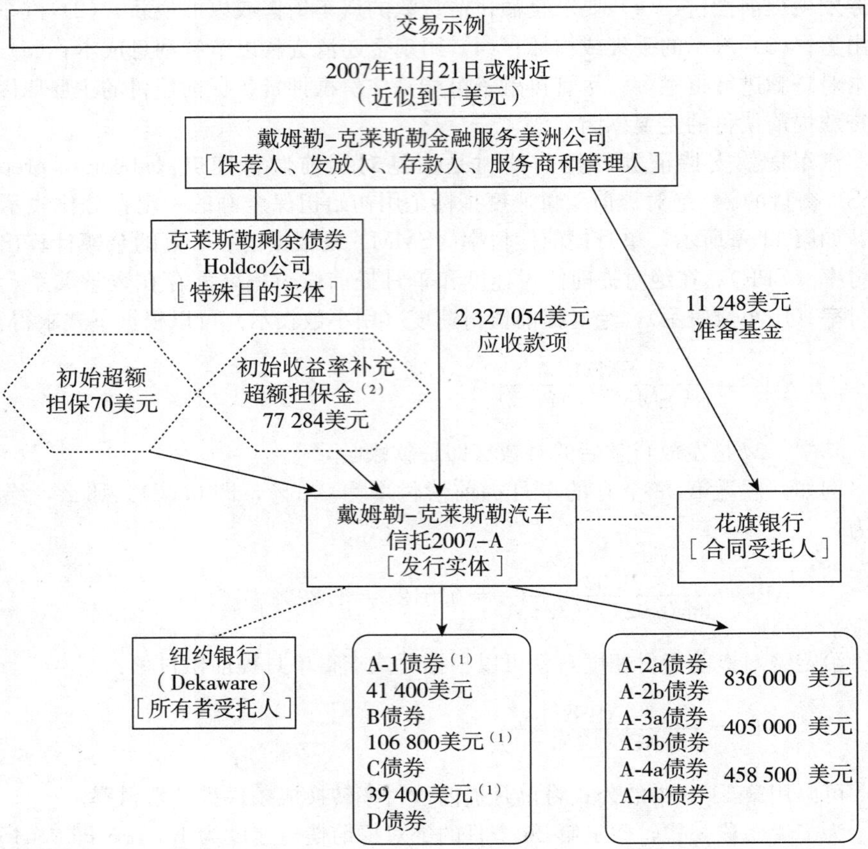

（1）既不公开提供，也不在本文件中提供。

（2）收益率补充超额担保金额从该金额开始，按照本文件第 5～45 页规定的速度下降。

资料来源：克莱斯勒财务公司。发行说明书补充文件，2007 年 11 月 21 日，戴姆勒-克莱斯勒汽车信托，2007—A，第 S—5 页。

类别	本金金额（美元）
A-2a 和 A-2b	836 000 000
A-3a 和 A-3b	405 000 000
A-4a 和 A-4b	448 500 000

债券类别 A-2a、A-3a 和 A-4a 均为固定利率债券类别。债券类别 A-2b、A-3b 和 A-4b 均为浮动利率债券类别，其中参考利率为 1 个月期 LIBOR。

由于应收款项组合中的贷款都是固定利率，因此导致了基于固定利率的现金流和对债券类别 A-2b、A-3b、A-4b 的浮动利率偿付之间的不匹配。为了处理这种错配风险，该信托对每个浮动利率债券类别进行了利率互换。我们将在第 31 章中介绍利率互换，在这里只作为一种应用提及。在利率互换中，信托机构将向对方支付固定利率（从应收款项组合中收取的固定利率），并向对方收取浮动利率。在这笔交易中，互换对方为高盛三井海洋衍生产品有限合伙公司。

每个月，担保品现金流首先被用于支付服务费，然后向互换对方进行偿付（如果有偿付的话）。首先，向债券类别中的高级类别进行本金偿付，对高级债券类别按顺序进行本金偿付，对固定利率债券类别或浮动利率债券类别则按比例进行本金偿付。

高级票据的信用增级是由B、C和D债券类别以及超额担保和准备基金形式的初始信用增级提供的。此外，还有超额利差，它在发行说明书补充文件中被称为“收取的超额利率”。

发行说明书补充文件还提供了关于不同绝对提前偿付速度的高级债券类别的加权平均存续期的信息（本章前面给出了绝对提前偿付速度的定义，发行说明书补充文件中给出了绝对提前偿付模型的定义）。图表15—2显示了在发行说明书补充文件中的不同绝对提前偿付速度假设下，高级债券类别在每个偿付日的初始票面本金百分比。

费率降低债券

费率降低债券是由公用事业客户的电费账单中包括的特别费（费率）支持的。这种费用被称为**竞争性过网费**（competitive transition charge，CTC），实际上是一种法定资产。它是通过放松行业管制使电力行业更具竞争性的行动的结果。在放松管制之前，电力企业有权制定电费费率，以获得有竞争力的账面资产收益率。在放松管制后，电力企业不能再通过制定电费费率实现有竞争力的收益率。因此，许多电力企业在放松管制之前购置的资产中有很多都可能变得不经济，而电力企业不再能确保收取足够高的费率以收回这些资产的成本。这些资产被称为“套牢资产”（stranded assets），相关的成本被称为“套牢成本”。因此，费率降低债券也被称为**套牢成本债券**（stranded cost bonds）或**套牢资产债券**（stranded asset bonds）。有些市场参与者将这部分资产支持证券市场称为“公用事业”资产支持证券。

竞争性过网费是由公用事业单位在特定时期内收取的。由于州立法机关指定竞争性过网费为法定产权，因此公用事业单位可以将其出售给特殊目的的机构并进行证券化。正是由于立法机关将竞争性过网费指定为资产，才使费率降低债券和一般的证券化资产不同。

竞争性过网费最初是根据对公用设施使用情况和收取费用能力的预估计算的。然而，实际的收费情况可能与最初的预估不同。因此，在这些证券化过程中存在着“校准”机制。这种机制允许公用事业单位根据实际收款经验定期重新计算证券化期限内的竞争性过网费。债券类别校准机制的优点是，它使现金流更加稳定，并提供了一种信用增级形式。

《多德-弗兰克华尔街改革与消费者保护法案》

由于证券化市场和金融市场相关部门发生的危机，2010年7月，美国国会通过了**《多德-弗兰克华尔街改革与消费者保护法案》**（Dodd-Frank Wall Street Reform and Consumer Protection Act）。尽管该法案涉及的问题不仅仅是证券化，但我们这里的讨论仅限于这个问题。

法案中影响证券化的关键内容是：

1. 要求“证券化机构”[①] 须保留交易的一部分信用风险。

---

① 该法案将证券化机构定义为资产支持证券交易的发行人或通过直接或间接（包括通过附属机构）将资产出售或转移给发行人组织和发起资产支持证券交易的人。

图表 15—2 戴姆勒-克莱斯勒汽车信托 2007—A 发行说明书补充文件选页：在不同绝对提前偿付速度百分比下，偿付日的高级债券类别票面本金金额所占百分比

	A-1 债券						A-2 债券					
偿付日	0.00%	0.50%	1.20%	1.40%	1.60%	1.80%	0.00%	0.50%	1.20%	1.40%	1.60%	1.80%
截止日	100.00%	100.00%	100.00%	100.00%	100.00%	100.00%	100.00%	100.00%	100.00%	100.00%	100.00%	100.00%
2007 年 12 月	90.13%	87.27%	82.94%	81.60%	81.17%	78.11%	100.00%	100.00%	100.00%	100.00%	100.00%	100.00%
2008 年 1 月	81.23%	75.60%	67.07%	64.44%	61.65%	58.07%	100.00%	100.00%	100.00%	100.00%	100.00%	100.00%
2008 年 2 月	72.28%	63.97%	51.38%	47.52%	43.43%	38.78%	100.00%	100.00%	100.00%	100.00%	100.00%	100.00%
2008 年 3 月	63.27%	52.37%	35.87%	30.82%	25.50%	19.80%	100.00%	100.00%	100.00%	100.00%	100.00%	100.00%
2008 年 4 月	54.23%	40.83%	20.56%	14.37%	7.90%	1.14%	100.00%	100.00%	100.00%	100.00%	100.00%	100.00%
2008 年 5 月	45.15%	29.33%	5.44%	0.00%	0.00%	0.00%	100.00%	100.00%	100.00%	99.09%	95.34%	91.48%
2008 年 6 月	36.02%	17.88%	0.00%	0.00%	0.00%	0.00%	100.00%	100.00%	95.30%	91.19%	86.93%	82.56%
2008 年 7 月	26.84%	6.48%	0.00%	0.00%	0.00%	0.00%	100.00%	100.00%	88.01%	83.41%	78.67%	73.80%
2008 年 8 月	17.84%	0.00%	0.00%	0.00%	0.00%	0.00%	100.00%	97.69%	80.89%	75.81%	70.58%	65.20%
2008 年 9 月	8.80%	0.00%	0.00%	0.00%	0.00%	0.00%	100.00%	92.19%	73.86%	68.47%	62.93%	57.23%
2008 年 10 月	0.00%	0.00%	0.00%	0.00%	0.00%	0.00%	99.86%	87.00%	67.78%	61.97%	55.99%	49.84%
2008 年 11 月	0.00%	0.00%	0.00%	0.00%	0.00%	0.00%	96.07%	82.39%	61.79%	55.56%	49.16%	42.58%
2008 年 12 月	0.00%	0.00%	0.00%	0.00%	0.00%	0.00%	92.34%	77.78%	55.88%	49.26%	42.26%	35.46%
2009 年 1 月	0.00%	0.00%	0.00%	0.00%	0.00%	0.00%	88.58%	73.19%	50.05%	43.05%	35.87%	28.49%
2009 年 2 月	0.00%	0.00%	0.00%	0.00%	0.00%	0.00%	84.79%	68.61%	44.29%	36.95%	29.41%	21.66%
2009 年 3 月	0.00%	0.00%	0.00%	0.00%	0.00%	0.00%	80.97%	64.05%	38.62%	30.94%	23.06%	14.97%
2009 年 4 月	0.00%	0.00%	0.00%	0.00%	0.00%	0.00%	77.12%	59.50%	33.03%	25.04%	16.85%	8.44%
2009 年 5 月	0.00%	0.00%	0.00%	0.00%	0.00%	0.00%	73.25%	54.97%	27.52%	19.24%	10.75%	2.05%
2009 年 6 月	0.00%	0.00%	0.00%	0.00%	0.00%	0.00%	69.34%	50.44%	22.09%	13.54%	4.79%	0.00%

续前表

	A-1 债券						A-2 债券					
2009 年 7 月	0.00%	0.00%	0.00%	0.00%	0.00%	0.00%	65.50%	46.03%	16.81%	8.00%	0.00%	0.00%
2009 年 8 月	0.00%	0.00%	0.00%	0.00%	0.00%	0.00%	61.63%	41.63%	11.61%	2.57%	0.00%	0.00%
2009 年 9 月	0.00%	0.00%	0.00%	0.00%	0.00%	0.00%	57.74%	37.24%	6.49%	0.00%	0.00%	0.00%
2009 年 10 月	0.00%	0.00%	0.00%	0.00%	0.00%	0.00%	53.81%	32.87%	1.46%	0.00%	0.00%	0.00%
2009 年 11 月	0.00%	0.00%	0.00%	0.00%	0.00%	0.00%	49.85%	28.51%	0.00%	0.00%	0.00%	0.00%
2009 年 12 月	0.00%	0.00%	0.00%	0.00%	0.00%	0.00%	45.86%	24.17%	0.00%	0.00%	0.00%	0.00%
2010 年 1 月	0.00%	0.00%	0.00%	0.00%	0.00%	0.00%	41.84%	19.84%	0.00%	0.00%	0.00%	0.00%
2010 年 2 月	0.00%	0.00%	0.00%	0.00%	0.00%	0.00%	37.79%	15.53%	0.00%	0.00%	0.00%	0.00%
2010 年 3 月	0.00%	0.00%	0.00%	0.00%	0.00%	0.00%	33.70%	11.24%	0.00%	0.00%	0.00%	0.00%
2010 年 4 月	0.00%	0.00%	0.00%	0.00%	0.00%	0.00%	29.59%	6.96%	0.00%	0.00%	0.00%	0.00%
2010 年 5 月	0.00%	0.00%	0.00%	0.00%	0.00%	0.00%	25.44%	2.69%	0.00%	0.00%	0.00%	0.00%
2010 年 6 月	0.00%	0.00%	0.00%	0.00%	0.00%	0.00%	21.26%	0.00%	0.00%	0.00%	0.00%	0.00%
2010 年 7 月	0.00%	0.00%	0.00%	0.00%	0.00%	0.00%	17.04%	0.00%	0.00%	0.00%	0.00%	0.00%
2010 年 8 月	0.00%	0.00%	0.00%	0.00%	0.00%	0.00%	12.95%	0.00%	0.00%	0.00%	0.00%	0.00%
2010 年 9 月	0.00%	0.00%	0.00%	0.00%	0.00%	0.00%	8.90%	0.00%	0.00%	0.00%	0.00%	0.00%
2010 年 10 月	0.00%	0.00%	0.00%	0.00%	0.00%	0.00%	4.82%	0.00%	0.00%	0.00%	0.00%	0.00%
2010 年 11 月	0.00%	0.00%	0.00%	0.00%	0.00%	0.00%	0.71%	0.00%	0.00%	0.00%	0.00%	0.00%
2010 年 12 月	0.00%	0.00%	0.00%	0.00%	0.00%	0.00%	0.00%	0.00%	0.00%	0.00%	0.00%	0.00%
加权平均存续期(年)[a]	0.46	0.36	0.27	0.25	0.23	0.21	1.99	1.61	1.19	1.10	1.02	0.94

续前表

	A-3 债券						A-4 债券					
偿付日	0.00%	0.50%	1.20%	1.40%	1.60%	1.80%	0.00%	0.50%	1.20%	1.40%	1.60%	1.80%
截止日	100.00%	100.00%	100.00%	100.00%	100.00%	100.00%	100.00%	100.00%	100.00%	100.00%	100.00%	100.00%
2007 年 12 月	100.00%	100.00%	100.00%	100.00%	100.00%	100.00%	100.00%	100.00%	100.00%	100.00%	100.00%	100.00%
2008 年 1 月	100.00%	100.00%	100.00%	100.00%	100.00%	100.00%	100.00%	100.00%	100.00%	100.00%	100.00%	100.00%
2008 年 2 月	100.00%	100.00%	100.00%	100.00%	100.00%	100.00%	100.00%	100.00%	100.00%	100.00%	100.00%	100.00%
2008 年 3 月	100.00%	100.00%	100.00%	100.00%	100.00%	100.00%	100.00%	100.00%	100.00%	100.00%	100.00%	100.00%
2008 年 4 月	100.00%	100.00%	100.00%	100.00%	100.00%	100.00%	100.00%	100.00%	100.00%	100.00%	100.00%	100.00%
2008 年 5 月	100.00%	100.00%	100.00%	100.00%	100.00%	100.00%	100.00%	100.00%	100.00%	100.00%	100.00%	100.00%
2008 年 6 月	100.00%	100.00%	100.00%	100.00%	100.00%	100.00%	100.00%	100.00%	100.00%	100.00%	100.00%	100.00%
2008 年 7 月	100.00%	100.00%	100.00%	100.00%	100.00%	100.00%	100.00%	100.00%	100.00%	100.00%	100.00%	100.00%
2008 年 8 月	100.00%	100.00%	100.00%	100.00%	100.00%	100.00%	100.00%	100.00%	100.00%	100.00%	100.00%	100.00%
2008 年 9 月	100.00%	100.00%	100.00%	100.00%	100.00%	100.00%	100.00%	100.00%	100.00%	100.00%	100.00%	100.00%
2008 年 10 月	100.00%	100.00%	100.00%	100.00%	100.00%	100.00%	100.00%	100.00%	100.00%	100.00%	100.00%	100.00%
2008 年 11 月	100.00%	100.00%	100.00%	100.00%	100.00%	100.00%	100.00%	100.00%	100.00%	100.00%	100.00%	100.00%
2008 年 12 月	100.00%	100.00%	100.00%	100.00%	100.00%	100.00%	100.00%	100.00%	100.00%	100.00%	100.00%	100.00%
2009 年 1 月	100.00%	100.00%	100.00%	100.00%	100.00%	100.00%	100.00%	100.00%	100.00%	100.00%	100.00%	100.00%
2009 年 2 月	100.00%	100.00%	100.00%	100.00%	100.00%	100.00%	100.00%	100.00%	100.00%	100.00%	100.00%	100.00%
2009 年 3 月	100.00%	100.00%	100.00%	100.00%	100.00%	100.00%	100.00%	100.00%	100.00%	100.00%	100.00%	100.00%
2009 年 4 月	100.00%	100.00%	100.00%	100.00%	100.00%	100.00%	100.00%	100.00%	100.00%	100.00%	100.00%	100.00%
2009 年 5 月	100.00%	100.00%	100.00%	100.00%	100.00%	100.00%	100.00%	100.00%	100.00%	100.00%	100.00%	100.00%
2009 年 6 月	100.00%	100.00%	100.00%	100.00%	100.00%	91.35%	100.00%	100.00%	100.00%	100.00%	100.00%	100.00%
2009 年 7 月	100.00%	100.00%	100.00%	100.00%	97.90%	78.80%	100.00%	100.00%	100.00%	100.00%	100.00%	100.00%
2009 年 8 月	100.00%	100.00%	100.00%	100.00%	86.16%	66.55%	100.00%	100.00%	100.00%	100.00%	100.00%	100.00%
2009 年 9 月	100.00%	100.00%	100.00%	94.28%	74.68%	54.60%	100.00%	100.00%	100.00%	100.00%	100.00%	100.00%

续前表

	A-3 债券						A-4 债券					
2009 年 10 月	100.00%	100.00%	100.00%	83.48%	63.46%	42.95%	100.00%	100.00%	100.00%	100.00%	100.00%	100.00%
2009 年 11 月	100.00%	100.00%	92.79%	72.89%	52.50%	31.60%	100.00%	100.00%	100.00%	100.00%	100.00%	100.00%
2009 年 12 月	100.00%	100.00%	82.75%	62.52%	41.80%	20.57%	100.00%	100.00%	100.00%	100.00%	100.00%	100.00%
2010 年 1 月	100.00%	100.00%	72.88%	52.37%	31.37%	9.48%	100.00%	100.00%	100.00%	100.00%	100.00%	100.00%
2010 年 2 月	100.00%	100.00%	63.19%	42.45%	21.20%	0.00%	100.00%	100.00%	100.00%	100.00%	100.00%	99.48%
2010 年 3 月	100.00%	100.00%	53.67%	32.74%	11.30%	0.00%	100.00%	100.00%	100.00%	100.00%	100.00%	90.14%
2010 年 4 月	100.00%	100.00%	44.34%	23.27%	1.68%	0.00%	100.00%	100.00%	100.00%	100.00%	100.00%	80.97%
2010 年 5 月	100.00%	100.00%	35.20%	14.02%	0.00%	0.00%	100.00%	100.00%	100.00%	100.00%	92.95%	72.11%
2010 年 6 月	100.00%	96.79%	26.23%	5.00%	0.00%	0.00%	100.00%	100.00%	100.00%	100.00%	84.44%	63.55%
2010 年 7 月	100.00%	88.05%	17.46%	0.00%	0.00%	0.00%	100.00%	100.00%	100.00%	96.58%	76.20%	55.30%
2010 年 8 月	100.00%	79.61%	9.04%	0.00%	0.00%	0.00%	100.00%	100.00%	100.00%	88.71%	68.32%	47.43%
2010 年 9 月	100.00%	71.34%	0.90%	0.00%	0.00%	0.00%	100.00%	100.00%	100.00%	81.11%	60.75%	39.91%
2010 年 10 月	100.00%	63.10%	0.00%	0.00%	0.00%	0.00%	100.00%	100.00%	93.52%	73.72%	53.45%	32.69%
2010 年 11 月	100.00%	54.89%	0.00%	0.00%	0.00%	0.00%	100.00%	100.00%	86.22%	66.54%	46.40%	25.77%
2010 年 12 月	92.91%	46.71%	0.00%	0.00%	0.00%	0.00%	100.00%	100.00%	79.10%	59.58%	39.61%	19.15%
2011 年 1 月	84.29%	38.57%	0.00%	0.00%	0.00%	0.00%	100.00%	100.00%	72.15%	52.84%	33.08%	12.85%
2011 年 2 月	75.60%	30.47%	0.00%	0.00%	0.00%	0.00%	100.00%	100.00%	65.38%	46.32%	26.83%	6.86%
2011 年 3 月	66.84%	22.40%	0.00%	0.00%	0.00%	0.00%	100.00%	100.00%	58.78%	40.03%	20.84%	1.19%
2011 年 4 月	58.01%	14.36%	0.00%	0.00%	0.00%	0.00%	100.00%	100.00%	52.37%	33.96%	15.12%	0.00%
2011 年 5 月	49.11%	6.37%	0.00%	0.00%	0.00%	0.00%	100.00%	100.00%	46.15%	28.12%	9.68%	0.00%
2011 年 6 月	40.14%	0.00%	0.00%	0.00%	0.00%	0.00%	100.00%	98.56%	40.11%	22.51%	4.51%	0.00%
2011 年 7 月	31.10%	0.00%	0.00%	0.00%	0.00%	0.00%	100.00%	91.22%	34.25%	17.14%	0.00%	0.00%
2011 年 8 月	22.48%	0.00%	0.00%	0.00%	0.00%	0.00%	100.00%	84.18%	28.77%	12.13%	0.00%	0.00%
2011 年 9 月	13.96%	0.00%	0.00%	0.00%	0.00%	0.00%	100.00%	77.28%	23.53%	7.39%	0.00%	0.00%

续前表

	A-3 债券						A-4 债券					
2011 年 10 月	5.37%	0.00%	0.00%	0.00%	0.00%	0.00%	100.00%	70.42%	18.47%	2.87%	0.00%	0.00%
2011 年 11 月	0.00%	0.00%	0.00%	0.00%	0.00%	0.00%	97.03%	63.60%	13.59%	0.00%	0.00%	0.00%
2011 年 12 月	0.00%	0.00%	0.00%	0.00%	0.00%	0.00%	88.88%	56.80%	8.89%	0.00%	0.00%	0.00%
2012 年 1 月	0.00%	0.00%	0.00%	0.00%	0.00%	0.00%	80.62%	50.05%	4.38%	0.00%	0.00%	0.00%
2012 年 2 月	0.00%	0.00%	0.00%	0.00%	0.00%	0.00%	72.30%	43.32%	0.05%	0.00%	0.00%	0.00%
2012 年 3 月	0.00%	0.00%	0.00%	0.00%	0.00%	0.00%	63.92%	36.64%	0.00%	0.00%	0.00%	0.00%
2012 年 4 月	0.00%	0.00%	0.00%	0.00%	0.00%	0.00%	55.46%	29.99%	0.00%	0.00%	0.00%	0.00%
2012 年 5 月	0.00%	0.00%	0.00%	0.00%	0.00%	0.00%	46.94%	23.38%	0.00%	0.00%	0.00%	0.00%
2012 年 6 月	0.00%	0.00%	0.00%	0.00%	0.00%	0.00%	38.36%	16.80%	0.00%	0.00%	0.00%	0.00%
2012 年 7 月	0.00%	0.00%	0.00%	0.00%	0.00%	0.00%	29.70%	10.27%	0.00%	0.00%	0.00%	0.00%
2012 年 8 月	0.00%	0.00%	0.00%	0.00%	0.00%	0.00%	20.98%	3.77%	0.00%	0.00%	0.00%	0.00%
2012 年 9 月	0.00%	0.00%	0.00%	0.00%	0.00%	0.00%	15.34%	0.00%	0.00%	0.00%	0.00%	0.00%
2012 年 10 月	0.00%	0.00%	0.00%	0.00%	0.00%	0.00%	9.64%	0.00%	0.00%	0.00%	0.00%	0.00%
2012 年 11 月	0.00%	0.00%	0.00%	0.00%	0.00%	0.00%	3.90%	0.00%	0.00%	0.00%	0.00%	0.00%
2012 年 12 月	0.00%	0.00%	0.00%	0.00%	0.00%	0.00%	0.00%	0.00%	0.00%	0.00%	0.00%	0.00%
加权平均存续期（年）[a]	3.50	3.06	2.38	2.20	2.03	1.88	4.48	4.18	3.49	3.24	2.99	2.75
加权平均赎回存续期（年）[a]	N/A	N/A	N/A	N/A	N/A	N/A	4.47	4.17	3.47	3.22	2.98	2.75
最早的可能赎回日	N/A	N/A	N/A	N/A	N/A	N/A	2010 年 10 月	2012 年 7 月	2011 年 12 月	2011 年 8 月	2011 年 5 月	2011 年 2 月

a. 票据的加权平均存续期是由（1）每只票据的本金偿付额乘以从票据发行日到相应偿付日的年数；（2）将结果相加；（3）将总和除以票据的相应初始本金金额。

本绝对提前偿付速度表格是根据上述假设编制的（包括不同于实际特征和绩效的应收款项的特征和绩效假设），并应结合上下文阅读。

b. 票据的加权平均存续期是由（1）每只票据的本金偿付额乘以从票据发行日到相应偿付日的年数；（2）将结果相加；（3）将总和除以票据的相应初始本金金额。

资料来源：发行说明书补充文件，2007 年 11 月 21 日，戴姆勒-克莱斯勒汽车信托，2007－A，第 S－27 页至第 S－28 页。

2. 关于证券化交易报告准则与披露的要求。

3. 需要在证券化交易中提供的陈述和保证以及执行它们的机制。

4. 对证券化交易标的贷款的尽职调查要求。

该法案中没有详细规定应该如何实施上述要求。美国国会将该职责及其执行权指派给三家联邦银行机构（美联储委员会、货币监理署和联邦储备保险公司）和证券交易委员会（SEC）。关于非政府机构住房抵押贷款支持证券，三家联邦银行机构、联邦住房金融局（FHFA）与住房和城市发展部需要制定联合规则。

对于没有"合格住房抵押贷款"的证券化和完全由此类抵押贷款组成的证券化，关于证券化机构必须保留的信用风险大小和形式的规定不同。对于完全由"合格住房抵押贷款"组成的证券化，没有风险自留要求。三家联邦银行机构、证券交易委员会、联邦住房金融局与住房和城市发展部负责确定哪些贷款构成"合格住房抵押贷款"，并考虑贷款的承销特征和产品特征及其历史绩效。

需要保留信用风险的证券化机构不能（直接或间接）对冲或转移信用风险。

债务抵押债券

资产支持证券市场最初存在一种债务产品，它利用证券化技术创造某种资产类别的分散化组合并发行由该资产组合现金流支持的证券。这种债务产品被称为**债务抵押债券**（collateralized debt obligations，CDOs）。债务抵押债券不同于资产支持证券，因为正如本章之前讨论的，这种资产组合由被称为担保品管理者的实体负责积极管理。

尽管许多资产类别都被用于债务抵押债券中的担保品，但其中以下列资产为主：

- 投资级公司债券。
- 高收益公司债券。
- 新兴市场债券。
- 非政府机构住房抵押贷款支持证券（非政府机构 RMBS）。
- 商业不动产抵押贷款支持证券（CMBS）。
- 杠杆化银行贷款。
- 债务抵押债券。

由前三类资产支持的债务抵押债券被称为**债券抵押债券**（collateralized bond obligations），由非政府机构住房抵押贷款支持证券和商业不动产抵押贷款支持证券的债务抵押债券被称为**结构性融资债务抵押债券**（structured finance CDOs）。杠杆化银行贷款支持的债务抵押债券被称为**贷款抵押债券**（collateralized loan obligations，CLOs），我们在第 8 章中讨论过。最后，由其他债务抵押债券支持的债券类别被称为**债务抵押债券平方**（CDO-squared）或 CDO^2。

尽管从 20 世纪 90 年代中期到 2007 年年初，债务抵押债券发行额显著增长，但除了贷款抵押债券以外，几乎所有债务抵押债券的发行都停止了，因为这种产品表现惨淡。市场观察家认为贷款抵押债券以外的债务抵押债券市场不会复苏。正因如此，我们的讨论限于这种产品的基本特征。[①] 这种考察也可以清晰区分资产支持证券和债务抵押债券。

---

① 在本书之前的版本中，用了一整章讨论债务抵押债券。本章从发行人角度讨论了创建债务抵押债券的动机。

债务抵押债券的结构

在债务抵押债券的结构中，担保品管理者负责管理债务组合。担保品管理者投资的债务组合被称为**担保品**（collateral）。组成担保品的资产被称为**担保资产**（collateral assets）。

购买担保资产的资金来自发行债务。和资产支持证券一样，债务被称为组别（tranches）或**债务类别**（bond classes）。这些组别包括：

- 高级组别。
- 夹层组别。
- 次级/权益组别。

债务抵押债券可能有夹层组别，也可能没有夹层组别。

除了次级/权益组别以外的所有组别都需要得到特定评级。高级组别通常至少需要达到A级。夹层组别需要达到B级至BBB级。次级/权益组别得到剩余现金流，因此该组别不需要评级。担保品管理者的行为受到限制，债务抵押债券必须满足特定测试才能保留发行时的评级。

担保品管理者向组别支付利息并随着组别到期偿还组别的能力取决于担保品的绩效。偿还债务抵押债券组别债务（利息和本金偿付）所需的收入可能来自

- 担保资产产生的息票利息。
- 担保资产到期。
- 出售担保资产。

在普通结构中，一个或多个组别为浮动利率组别。由于预期交易由浮动利率银行贷款支持，因此担保品管理者投资于固定利率债券。现在有一个问题——向组别投资者支付浮动利率，而投资于固定利率资产。为了解决这个问题，担保品管理者使用衍生工具，以将一部分该资产产生的固定利率支付转换为浮动利率现金流以支付浮动利率组别。特别是，可以使用利率互换。我们将在第31章中介绍的这种工具允许市场参与者将固定利率支付换为浮动利率支付或者将浮动利率支付换为固定利率支付。因为投资组合管理者投资的债务的现金流性质与组别的浮动利率负债的不匹配，担保品管理者必须使用利率互换。评级机构将要求使用互换消除这种不匹配。

担保品管理者必须监督担保品以确保通过特定测试。评级机构进行两类测试：质量测试和保障测试。在对交易进行评级时，评级机构关心的是资产的分散度。因此，评级机构会进行关于资产分散度的测试。这些测试被称为**质量测试**（quality tests）。担保品管理者不会进行导致违反任何质量测试的交易。还有些测试是确保担保品表现良好因而足以向不同组别进行支付的。这些测试被称为**保障测试**（coverage tests），正如接下来要说明的，如果没有通过保障测试，那么来自担保品的收入被转而用来从上至下支付高级组别。

分配规则

与分配相关的时期有三个。第一个时期为**启动时期**（ramp-up period）。这是在交易截止日之后，担保品管理者开始用出售债务的收入进行投资的时期。这段时期通常会持续一两年。**再投资期**（reinvestment period）或**循环期**（revoloving period）是本金收入被再投资的时期，通常为5年或更久。在最后一段时期中，担保品被出售，债务持有者得到偿付。

收入分配

收入来自担保资产和资本升值产生的利息收入。然后，按照下列方法使用收入。首先，向受托人和管理方进行支付，然后向高级担保品管理者进行支付。一旦支付了这些费用，就向高级组别支付利息。此时，在继续进行其他支付之前，必须通过特定测试。正如之前所提到的，这些测试被称为保障测试。如果通过了保障测试，利息将支付给夹层组别。一旦支付完夹层组别，利息将支付给次级/权益组别。

相反，如果没有通过保障测试，就将进行支付以保护高级组别。支付费用和高级组别利息后剩余的收入被用于赎回高级组别（即偿还本金），直到通过保障测试。如果由于没有通过保障测试，高级组别被完全清偿，那么剩下的收入将被用于赎回夹层组别。然后，剩余收入被用于赎回次级/权益组别。

本金现金流的分配

向受托人、管理者和高级经理支付费用后，本金现金流的分配方式如下：如果支付给高级组别的利息存在缺口，就用本金收入弥补缺口。假设通过了保障测试，那么在再投资期内，将对本金进行再投资。在再投资期后或者没有通过保障测试的情况下，本金现金流将用于从上至下支付高级组别，直到通过保障测试。如果所有高级组别都得到清偿，则开始清偿夹层组别，最后清偿次级/权益组别。

在所有债务都清偿完毕后，如果允许的话，将向股权投资者进行支付。通常，还要根据业绩向管理层支付激励费。通常是在交易开始时确定股权投资者的目标收益率。然后，一旦实现了目标收益率，管理层就可以按比例分享激励费。

要　点

·资产支持证券是通过集中贷款和应收款项，并经过被称为证券化的过程而创建出来的。

·证券化的主要参与方是卖方/发放人（希望筹集资金的参与方）、特殊目的机构和服务商。

·发行资产支持证券而不是公司债券的动机是前者有可能降低融资成本。这种成本节约的关键是特殊目的机构的作用。

·资产支持证券是为防止违约而对债券类别提供更多保护的信用增级。常见的信用增级结构有两种：内部信用增级和外部信用增级。

·内部信用增级包括结构性信用增级（高级—次级结构）和发行人提供的信用增级（现金准备、超额利差和超额担保）。

·外部信用增级的形式是第三方担保，历史上最常见的形式是债券保险，2007 年以后交易中已不再使用这种信用增级形式。

·在分析信用风险时，评级机构将分析资产风险、结构性风险和证券结构的第三方。根据该分析，评级机构将确定债券类别获得特定信用评级所需的信用增级额。

问　题

1. 为什么希望通过证券化筹集资金的实体会被称为“卖方”或“发放人”？

2. 在获得与证券化有关的收益时，为什么特殊目的机构对于交易很重要？

3. 在证券化中，服务商和特殊目的机构之间的区别是什么？

4. a. 一步式证券化和两步式证券化之间的区别是什么？

b. 什么是证券化中的“存款人”？

5. 现金流瀑布是什么意思？

6. 请说明对于自清算信托和循环信托，收到的本金在处理上有何差异。

7. 在证券化中，什么是循环期和提前分期偿付条款？

8. a. 为什么在证券化中需要信用增级？

b. 哪种实体确定了证券化中所需的证券金额？

9. 为什么信用卡应收款项支持证券的月支付率很重要？

10. 作为信用增级形式的第三方担保的局限性是什么？

11. 一种资产支持证券通过银行信用证得到信用增级，该银行的信用评级为 A 级。如果这是信用增级的唯一形式，请说明该证券能否在发行时得到 AAA 级信用评级。

12. 一家公司正在考虑进行证券化，同时也在考虑由汽车贷款组合支持的两种可能的信用增级结构。资产支持证券的基础本金价值总额为 3 亿美元。

本金价值	结构Ⅰ（百万美元）	结构Ⅱ（百万美元）
汽车贷款组合	304	301
高级类别	250	270
次级类别	50	30

a. 哪种结构将得到较高的信用评级？为什么？

b. 在两种结构中采用了何种形式的信用增级？

13. a. 集中度风险是什么意思？

b. 评级机构如何限制贷款组合的集中度风险？

14. 组合层面分析和贷款层面分析的区别是什么？

15. 证券化中的选择性赎回条款和标准公司债券中的赎回条款有何不同？

16. 评级机构在分析证券化中的结构性风险时会考虑什么因素？

17. 为什么要在证券化结构中使用利率衍生工具？

18. 以下是与汽车贷款支持证券有关的几个问题：

a. 汽车贷款支持证券的现金流是什么？

b. 为什么提前偿付对于汽车贷款支持证券不太重要？

c. 如何衡量汽车贷款组合的提前偿付额？

19. 以下是与信用卡应收款项支持证券有关的几个问题：

a. 在锁定期内，信用卡应收款项支持证券借款人偿付的本金会发生什么变化？

b. 在信用卡应收款项支持证券结构中，提前分期偿付条款的作用是什么？

c. 在本金分期偿付期之前，如何改变信用卡应收款项支持证券的现金流？

d. 当考虑投资于信用卡应收款项支持证券时，为什么月支付率是重要的分析指标？

20. 以下是与费率降低债券有关的几个问题：

a. 什么资产属于担保品？

b. 什么是创建费率降低债券的证券化

中的校准条款？

21. 关于证券化机构保留证券交易中的信用风险，《多德-弗兰克华尔街改革与消费者保护法案》是如何规定的？

22. 债务抵押债券与资产支持证券交易有何不同？

23. a. 如果支付给债务抵押债券高级组别的利息存在缺口，如何弥补这种缺口？

b. 如果债务抵押债券没有通过保障测试，应如何使用从担保品获得的本金？

第 16 章

固定收益证券投资者的集合投资工具

学习目标

阅读本章后，您将了解

- 什么是投资于债券和其他债务工具的集合投资工具
- 集合投资工具对投资者而言的优点
- 什么是集合投资工具的净资产价值，以及净资产价值和股票市场价值的关系
- 不同类型的投资公司/注册投资工具：开放式基金（共同基金）和封闭式基金
- 如何确定投资公司的股价
- 投资公司作为投资工具的设计缺陷
- 什么是交易所交易基金，以及它在债券组合管理中的应用
- 交易所交易基金与封闭式基金的相似之处与区别
- 如何创建和赎回交易所交易基金
- 什么是对冲基金、它的一般特征和投资于债券的不同类型对冲基金
- 什么是不动产投资信托，以及抵押贷款不动产投资信托的特征
- 不动产投资信托的税收优惠

本书迄今为止关注的都是单个债务工具。在本章中，我们将介绍代表集合投资的投资工具，它们被称为**集合投资工具**（pooled investment vehicles）或**集体投资工具**（collective investment vehicles）。包括投资公司股票、交易所交易基金股票、对冲基金和不动产投资信托。

集合投资工具投资

债券投资者——个体投资者和机构投资者——有机会投资于集合投资工具以代替自己构建投资组合，从而获得对整体债券市场和（或）债券市场具体部门的敞口。对于散户投资

者而言，投资于集合投资工具而不是直接购买债券建立投资组合的优点是：(1) 在获得理想敞口的同时更好地分散化；(2) 提高流动性；(3) 专业管理。

机构债券投资者使用集合投资工具获得对他们并不擅长的不同债券部门的敞口。例如，正如第24章将要说明的，债券组合管理可能有一个基准指数，这个基准指数是广义的市场指数。然而，投资组合经理可能并不具有对该指数中的一个或多个部门的专业知识。例如，债券组合经理可能熟稔公司债券，但是并不擅长抵押贷款支持证券（MBS）投资。他不用组建一支精通抵押贷款支持证券的团队，因为有抵押贷款支持证券专家团队管理的集合投资工具。这种工具可以用于获得对抵押贷款支持证券部门的敞口。机构债券组合经理可能使用集合投资工具的另一个原因是基金规模可能不够大，无法获得足够数量的债券以跟踪理想敞口所属部门的市场变化。此外，特定集合投资工具还允许建立杠杆并做空债券市场。

集合投资工具的投资者按比例享有对投资组合价值的权益。投资组合价值等于基金投资组合资产的市场价值减去基金负债。当这个差额除以对基金资产有索偿权的股票数量时，就得到了**净资产价值**（net asset value，NAV）。也就是说，

$$NAV=\frac{投资组合资产的市场价值-负债}{流通股股数}$$

例如，假设某个有500万股流通股的集合投资工具有市场价值为3.2亿美元、负债为2 000万美元的投资组合。净资产价值为

$$NAV=\frac{320\ 000\ 000美元-20\ 000\ 000美元}{5\ 000\ 000}=60美元$$

当我们讨论不同的集合投资工具时，我们将看到基金净资产价值与其市场价值的关系。某些集合投资工具以净资产价值出售。还有些集合投资工具可能以溢价（即高于净资产价值的价格）或折价（即低于净资产价值的价格）出售。

美国联邦证券法涵盖了集合投资工具，当我们说明每种集合投资工具及其税务处理时，我们将介绍这些法律。如第25章所讨论的，集合投资工具经理可能采用积极策略或消极策略。当投资目标为复制某种债券指数时，集合投资工具被称为**消极（或指数）基金**（passive (or indexed) fund)，并被称为**贝塔产品**（beta product）。当投资目标为超越某种债券指数时，集合投资工具被称为**积极基金**（active fund)，并被称为**阿尔法产品**（alpha product)。

管理集合投资工具的债券组合经理以收取费用的形式获得报酬。**管理费**（management fee）——也被称为**投资顾问费**（investment advisory fee）——基于所管理资产的金额，并可能取决于相对于基准的绩效。集合投资工具的管理费可能基于基金规模按比例增减。第二种费用类型是**激励费**（incentive fee)。这种费用是在管理费以外的，根据绩效支付。

投资公司股票

投资公司向公众出售股票，并将收入投资于分散化金融资产组合。这里，我们的重点是投资于债券、银行贷款和证券化产品（资产支持证券、住房抵押贷款支持证券和商业不动产抵押贷款支持证券）等债务工具的投资公司。正如之前说明的，每股基金股票都代表对基金投资的净资产按比例拥有的权益。

根据联邦证券法，《1940年证券交易法》将投资公司定义为：“主要从事或计划主要从

事投资、再投资或‘证券’交易业务的发行人或者表现出上述行为的发行人。”如果集合投资工具满足这个定义，那么它就是投资公司并必须在美国证券交易委员会注册。因此，投资公司更适合被称为**注册投资公司**（registered investment companies，RICs）。投资公司分为管理公司和单位投资信托。这里我们只讨论前者。

管理公司的类型

管理公司分为开放式公司（open-end company）（**开放式基金**（open-end funds））或**封闭式公司**（closed-end company）（**封闭式基金**（closed-end fund））。尽管两类管理公司都常被称为“共同基金”，但严格意义上，只有开放式基金是共同基金。管理公司的组织形式通常为法人公司或信托基金。金融顾问负责管理管理公司，并受董事会或受托人委员会的监督。

开放式债券基金（open-end bond funds）是净资产价值或价格仅在每天收盘时确定一次的债券组合。股数不是固定的，而是随着基金出售新股或赎回流通股而增减。基金股票以收盘净资产价值出售或赎回。

封闭式债券基金（closed-end bond fund）的股票类似于公司的普通股。封闭式基金的新股票最初由承销商发行，在发行后，股数保持不变。也就是说，在初始发行后，基金不会出售或强制购买股票。[①] 基金股票在二级市场上交易，因此可以凭保证金购买股票、卖空股票并使用各类可得指令持有股票头寸（例如止损指令或限价指令）。和开放式债券基金不同，封闭式债券基金的净资产价值是由基金股票交易的市场供求决定的，这种交易要求支付经纪佣金。由于基金价格是由市场决定的，因此基金价格可能不同于净资产价值；也就是说，高于净资产价值的基金价格被称为“以溢价交易”，而低于净资产价值的基金价格被称为“以折价交易”。

因此，两个重要特征可以区别开放式债券基金与封闭式债券基金。首先，开放式债券基金的股票数量是变化的，因为开放式债券基金会出售新股票并赎回现有股票。第二，通过这样做，开放式债券基金的股价恒为基金的净资产价值。相反，封闭式债券基金的流通股股数在发行后是固定的，由市场决定基金股价。

对于封闭式基金，大量研究试图解释为何基金市场价格和基金净资产价值之间可能存在显著差异。最大的封闭式债券基金发起人之一黑石金融管理公司（BlackRock Financial Management）提供了一些导致市场价格与净资产价值出现差异的因素。这些因素都影响供求，它们包括：

- 股票价格/净资产价值的当期收益率（相对于其他封闭式基金/投资产品）。
- 当期折价/溢价。
- 股利减少/增加。
- 基金业绩（相对于其他封闭式基金/投资产品）。
- 投资者感受。
- 市场前景。
- 部门前景。

---

① 和任何发行股票的公司一样，封闭式基金会自愿回购股票。

● 类似产品的可得性。①

我们在接下来一节介绍的另一类集合投资工具——交易所交易基金（ETFs）——对两类管理公司的发展都形成了威胁。从严格意义上讲，根据联邦证券法，交易所交易基金是一种受管制的投资公司。基本上，交易所交易基金是一种混合封闭式基金，它在交易所中交易，但通常交易价格非常接近于净资产价值。

基金费用

管理公司的投资者承担了两类成本。第一类是**股东费**（shareholder fee），通常被称为**销售费**（sales charge）。这种成本是在某次具体交易中向投资者收取的"一次性"费用，例如购买交易、赎回交易或股票交易。这类费用与基金出售或分配的方式有关。不收取销售费的基金被称为"免销售费"基金。当共同基金收取销售费时，可以选择在购买时支付费用（先付费）或者在出售股票时支付费用（后付费）。尽管基金可能自称是无销售费基金，但它可能收取其他费用。

第二种成本是**年营业费用**（annual operating expense）。基金发起人每年从投资者的基金余额中扣除营业费用。年营业费用主要有三种：管理费、分配费和其他费用。**管理费**（management fee）也被称为**投资顾问费**（investment advisory fee），是投资顾问收取的基金投资组合管理费用。管理费根据基金种类而变化，具体而言，是根据资产类别的复杂程度和投资策略类型而收取。例如，采取消极策略（beta 产品）的基金的管理费可能低于采取积极策略（alpha 产品）的基金的管理费。一些基金的管理费随着投资金额的增加而减少。

许多共同基金还收取固定年费以支付年分配成本和营销成本。这种年费被称为 12b-1 费用（12b-1 fee），通常被作为销售费的替代。通常，这笔费用中的大部分以准佣金的形式支付给向投资者出售股票的个人或组织。12b-1 费用最高为 1%。

其他费用主要包括以下成本：(1) 保管成本（持有现金和基金的证券）；(2) 转让代理成本（例如，在证券买卖双方之间转移现金和证券以及基金分配的成本）；(3) 独立注册会计师费用；(4) 董事费。

基金的基金年营业费用总额（fund's total annual fund operating expenses）被称为**费用比率**（expense ratio），它是年管理费、12b-1 费用（若有的话）和其他年费用之和。基金的发行说明书显示了所有成本信息。根据投资公司协会的统计，2012 年，与指数债券基金的资产加权平均费用（12 个基点）相比，积极管理债券基金的资产加权平均费用比率为 65 个基点。②

共同基金可能有多重类别结构，赋予投资者选择其偏好的手续费和费用结构的权利。例如，多重类别结构可能有 A 类股票、B 类股票和 C 类股票。相对于结构中的其他共同基金类别，A 类股票有前期销售费，但 12b-1 费用和年费较低。B 类股票通常没有前期销售费，但是可能有递延销售费以及 12b-1 费用和其他年费。C 类股票有 12b-1 费用和其他年费，其销售费可能为前期销售费或后期销售费，但低于 A 类股票和 B 类股票的销售费。

---

① 见 http://www2.blackrock.com/us/individual-investors/insight-education/investing-basics/understanding-discount-and-premiums。

② Figure 5.6, Chapter 5, in *2013 Investment Company Fact Book*, 53rd Edition, Investment Company Institute. 见 http://www.icifactbook.org/fb_ch5.html。

根据投资目标对债券基金分类

投资于固定收益产品的管理公司有多种多样的投资目标。基金管理方式可能为积极型或消极型。基金有不同的分类方法。最广义的分类为应税基金和免税基金（也被称为市政债券基金）。根据投资公司协会的统计，2012 年应税债券基金和免税债券基金的简单平均费用比率（资产加权费用比率）分别为 103（62）个基点和 97（60）个基点。[①]

应税基金

政府债券基金（government bond funds）至少有 90%的资产投资于政府债券投资。**投资级债券基金**（investment-grade bond funds）投资于公司债券和其他投资级债券，例如非政府机构抵押贷款支持证券组别和投资级资产支持证券组别。至少 65%的资产投资于非投资级债券（即评级低于 BBB/Baa 级）的债券基金被称为**高收益率债券基金**（high-yield bond fund）。属于**通货膨胀保值债券基金**（inflation-protected bond funds）的债券基金主要投资于根据通货膨胀率调整本金价值的债券。正如第 6 章所讨论的，多数这种债券是由美国财政部发行的，尽管一些公司债券也具有相同的特征。银行贷款债券基金主要投资于银行贷款；正如第 7 章所说明的，银行贷款的利率为浮动利率。**多部门债券基金**（multi-sector bond funds）投资于多种多样的债券类别：美国政府债券、外国债券和美国实体发行的高收益债券。**可转换债券基金**（convertible bond funds）既投资于可转换债券，也投资于可转换优先股。

一些特殊的债券基金被称为反向债券基金和杠杆债券基金。**反向债券基金**（inverse bond fund）的管理者采用的策略创造出与基准指数相反的收益率。实际上，这类基金做空基准指数，因此也被称为**空头债券基金**（short bond fund）。**杠杆债券基金**（leveraged bond fund）的管理者使用杠杆创造多倍于基准指数收益率的收益率。

政府债券基金和投资级债券基金都可以根据投资组合久期或投资组合的平均实际期限分为长期债券基金、中期债券基金和短期债券基金，如下所示：

长期债券基金	久期>6 年	或	平均实际期限>10 年
中期债券基金	3.5 年≤久期<6 年	或	4 年≤平均实际期限<10 年
短期债券基金	1 年≤久期<3.5 年	或	1 年≤平均实际期限<4 年

投资组合久期少于一年或平均实际期限必须少于一年的基金被称为**超短期债券基金**（ultrashort bond fund）。**有限久期债券基金**（limited duration bond fund）是投资组合久期通常不超过三年的基金。有些基金被称为**目标期限信托基金**（target term trusts），它的结构为封闭式基金。目标期限信托基金有结束日或到期日。管理者追求的收益为初始发行价格加上信托基金期限内有竞争力的收益。

刚才列出的债券基金投资于美国实体发行的证券。如果基金资产中至少有 40%投资于在外国市场上交易的外国债券，就被称为**全球债券基金**（global bond fund）或**世界债券基金**（world bond fund）。这些基金可能有外币敞口或对冲外币风险。**新兴市场债券基金**（emer-

① Figure 5.7，Chapter 5，in *2013 Investment Company Fact Book*，53rd Edition.

ging-market fund）的资产中至少有65%投资于新兴市场实体发行的债券。

免税债券（市政债券）基金

免税债券基金或市政债券基金（tax-exempt or municipal bond funds）投资于市政债券，这些债券的利息收入免缴联邦所得税。各州的税务处理存在差异。此类债券基金分为市政国家基金和州基金。

市政国家基金（municipal national funds）持有的投资组合并不集中于任何特定的州。这些债券基金可以根据投资组合中允许的证券信用程度进一步分类。具体而言，**高收益市政债券基金**（high-yield municipal bond fund）的资产中至少有50%投资于无评级或评级不高于BBB/Baa级的市政债券。**州市政债券基金**（state-specific municipal bond funds）投资于一个特定的州，且持有的投资组合中至少80%为该州发行的市政债券。加利福尼亚州、马萨诸塞州、明尼苏达州、新泽西州、纽约州、艾奥瓦州和宾夕法尼亚州都有州市政债券基金。

市政债券基金可以根据久期或平均实际期限分类为长期市政债券基金、中期市政债券基金和短期市政债券基金，如下：

长期市政债券基金	久期>7年	或	平均实际期限>12年
中期市政债券基金	4.5年≤久期<7年	或	5年≤平均实际期限<12年
短期市政债券基金	久期<4.5年	或	平均实际期限<5年

受监管投资公司的税务处理

为符合受监管投资公司的资格，从而在基金水平上不纳税而只在个人水平（即股东水平）上纳税，债券基金必须满足几条标准。一条标准是，债券基金必须将至少90%的净投资收入（债券息票和优先股股利）分配给基金股东，其中不包括股东的已实现资本损益，并且在分配给股东之前无须在基金水平上纳税。

资本利得要么是长期资本利得，要么是短期资本利得（取决于基金持有证券的时间是否超过一年），且必须每年分配。通常，分配在基金财政年度结束时进行。由于基金投资者对分配规模没有控制权，因此对在基金中的投资所纳税款的时间和金额也基本没有控制权。人们特别关心的问题是，当一些基金投资者赎回股票时，根据赎回金额，这可能需要基金经理卖掉持有的部分投资组合。因此，赎回可能产生已实现资本利得，因而剩余基金投资者会出现应纳税款。

当投资者购买基金股票时，投资者可能要承担纳税义务，即使没有实际实现资本利得。这是投资于受监管投资公司的主要不利税务影响。这是因为截至登记日，每个股东都会分配到全年的股利和资本利得，即使股东只持有股票一天。

交易所交易基金

交易所交易基金（exchange-traded fund，ETF）是一种集合投资工具，根据联邦证券法，它是一类投资公司。和任何上市公司的股票一样，每个交易日内，交易所交易基金的股票持续在交易所中进行交易。此外，投资者可以凭保证金购买交易所交易基金的股票和卖空交易所交易基金的股票，并利用可以进行的交易类型执行订单以持有股票头寸（例如止损指令或限价指令）。甚至有以交易所交易基金为标的工具的期货和期权。

交易所交易基金基于基准指数进行管理。第一代交易所交易基金要求投资组合的绩效尽可能接近于基准指数。另一种表述方式是，交易所交易基金投资组合经理的目标是使交易所交易基金实现与基准指数相同的总收益率。因此，第一代交易所交易基金和当今市场上的主流交易所交易基金为指数化产品或 beta 产品。第二代交易所交易基金是积极管理以使绩效超过基准指数的交易所交易基金。因此，这类积极管理的交易所交易基金为 alpha 产品。

尽管交易所交易基金具有类似于开放式基金和封闭式基金的特征，但它的另一些特征使其成为更具吸引力的集合投资工具。实际上，自 1993 年初次引入交易所交易基金以来，交易所交易基金的大幅增长是由于其具有开放式基金和封闭式基金中被视为缺陷的设计特征。为了理解其中的原因，请回忆管理公司（即开放式基金和封闭式基金）股票的特征。

开放式基金的股价为当日收盘价。也就是说，不能以盘中价格进行交易（即买卖），而只能以收盘价进行交易。相反，封闭式基金是在交易所交易的，可以按盘中价格进行交易。因为它们是股票，因此交易所交易基金和封闭式基金一样，可以按盘中价格交易。从这个角度讲，交易所交易基金类似于封闭式基金。然而，不同于市场价格可能显著低于净资产价值的封闭式基金，后面将讨论的交易所交易基金的创造与赎回过程提供了让交易所交易基金以非常接近于净资产价值的市场价格交易的机制。

另两个特征让交易所交易基金比开放式基金和封闭式基金更具吸引力。第一个是其他投资者赎回在集合投资工具中的股份时将产生不利税收后果（我们之前在开放式基金中介绍过这种情况）。赎回可能迫使开放式基金经理出售证券（如果现金头寸不足以为赎回提供资金），因而导致持有股份的投资者产生资本损益。由于封闭式基金不能赎回股票，因此不会出现这个问题。由于不同的原因，交易所交易基金也不会出现这个问题。具体而言，交易所交易基金的经理不必出售投资组合证券，因为赎回过程中进行的是实物交易，在这种交易中，用交易所交易基金股份换取一篮子标的投资组合证券——根据美国联邦所得税法，投资者的这种活动无须纳税。因此，交易所交易基金的股东只有在出售交易所交易基金股份时才需要缴纳资本利得税（以高于初始买价的价格）。交易所交易基金确实会分配现金股利，并可能分配有限金额的已实现资本利得，而这些分配是应税的。正如采用指数策略的开放式基金一样，由于投资组合交易额很低，因此消极管理的交易所交易基金避免了已实现资本利得，因此也就无须纳税。然而，与消极管理的开放式基金相反，交易所交易基金经理的行为不会导致高额资本利得税，而为了满足股东赎回要求而持有头寸的基金可能由于独特的赎回方式而产生高额资本利得税。

交易所交易基金相对于类似开放式基金或封闭式基金的最后一个优点是，交易所交易基金的费用比率通常较低。

债券交易所交易基金的类型和发起人

图表 16—1 显示了根据交易所交易基金数据库的数据得出的四类债券交易所交易基金和

每种类别中不同类型的债券交易所交易基金。[1] 根据交易所交易基金数据库的统计，截至2013年12月，共有522家债券交易所交易基金。表中显示的基金类型与开放式债券基金和封闭式债券基金的类型相同。图表16—2显示了部分债券交易所交易基金类别中资产排在前五位的交易所交易基金。

图表16—1　债券交易所交易基金（截至2013年12月为522家债券交易所交易基金）

分类依据（括号中显示的为交易所交易基金数量）				
久期（242）	资产类型（应税）（203）	国家（13）	资产类型（免税）（29）	其他类型（35）
所有期限（95）	银行贷款债券（4）	澳大利亚债券（2）	加利福尼亚州市政债券（3）	反向债券交易所交易基金（14）
中期（61）	建设美国债券（3）	加拿大债券（1）	高收益市政债券（2）	杠杆债券交易所交易基金（21）
长期（30）	可转换债券（1）	中国债券（2）	市政债券（21）	
短期（51）	资产担保债券（1）	德国债券（4）	纽约市政债券	
超短期（5）	新兴市场债券（13）	日本债券（4）		
	欧洲债券（1）			
	浮动利率债券（3）			
	国际公司债券（4）			
	国际国债（6）			
	投资级公司债券（41）			
	垃圾债券（29）			
	货币市场债券（4）			
	抵押贷款支持证券（5）			
	TIPS（16）			
	总债券市场（19）			
	国债（52）			
	美国政府机构债券（1）			

本表是作者根据交易所交易基金数据库网站（http：//etfdb.com/）提供的信息编制的。五列类别是作者所作的分类。每个类别中的交易所交易基金类型标题是数据库中使用的类型。"垃圾债券"指高收益债券。"TIPS"指财政部通货膨胀保值债券。

[1] http：//etfdb.com/.

图表 16—2 不同类别中净资产价值最高的五家债券交易所交易基金（截至 2013 年 12 月）

代码	名称	资产（千美元）
	债券久期交易所交易基金	
BND	Vanguard 总债券市场交易所交易基金	17 637 955
HYG	iShares iBoxx ＄高收益公司债券基金	15 650 843
LQD	iShares iBoxx ＄投资级公司债券基金	15 365 701
AGG	iShares Core 总美国债券市场交易所交易基金	15 209 718
BSV	Vangaurd 短期债券交易所交易基金	14 028 368
	国债交易所交易基金	
SHY	iShares 巴克莱 1～3 年国债基金	8 235 825
TBT	ProShares 超短期 20 年国债	4 455 365
IEF	iShares 巴克莱 7～10 年国债基金	3 584 208
SHV	iShares 巴克莱短期国债基金	3 317 923
IEI	iShares 巴克莱 3～7 年国债基金	2 746 927
	投资级公司债券交易所交易基金	
LQD	iShares iBoxx ＄投资级公司债券基金	15 365 701
CSJ	iShares 巴克莱 1～3 年信用债券基金	11 638 966
VSDH	Vanguard 短期公司债券交易所交易基金	7 267 260
CIU	iShares 巴克莱中期信用债券基金	5 422 102
VCIT	Vanguard 中期公司债券指数基金	
	垃圾债券交易所交易基金	
HYG	iShares iBoxx ＄高收益公司债券基金	15 650 843
JNK	SPDR 巴克莱资本高收益债券交易所交易基金	9 721 478
HYS	PIMCO 0～5 年美国高收益公司债券指数交易所交易基金	3 552 775
SJNK	SPDR 巴克莱资本短期高收益率债券	2 917 226
BSJF	Guggenheim BulletShares 2015 高收益公司债券交易所交易基金	705 304
	市政债券交易所交易基金	
MUB	iShares S&P 国家市政债券基金	3 038 331
SHM	SPDR Nuveen 巴克莱资本短期市政债券交易所交易基金	2 079 990
TFI	SPDR Nuveen 巴克莱资本市政债券交易所交易基金	915 509
SUB	iShares S&P 短期国家市政债券	753 381
ITM	Market Vectors 中期市政指数交易所交易基金	575 239

资料来源：作者根据交易所交易基金数据库编纂的表格。

债券交易所交易基金的主要发起人为 AdvisorShares，Guggenheim，Invesco Power-

Shares，iShares，PIMCO，ProShares，State Street SPDR，Van Eck，Vanguard 和 WisdomTree。从数量上看，债券交易所交易基金最大的发行人是由黑石公司管理的 iShares。截至 2013 年 12 月，六家总资产最大的 iShares 债券交易所交易基金为：

iShares iBoxx ＄投资级公司债券基金（LQD）	15 365 701 000 美元
iShares Core 总美国债券市场交易所交易基金（AGG）	15 209 718 000 美元
iShares 巴克莱财政部通货膨胀保值证券基金（TIP）	12 962 600 000 美元
iShares 道琼斯精选股利指数基金（DVY）	12 628 550 000 美元
iShares 巴克莱 1～3 年信用债券基金（CSJ）	11 638 966 000 美元
iShares 巴克莱 1～3 年国债基金（SHY）	8 235 825 000 美元

PIMCO 和黑石公司是债券共同基金的主要发行人和债券市场的主要投资者。截至 2013 年 12 月，PIMCO 资助的总资产最高的六家交易所交易基金为：

PIMCO 增级短期交易所交易基金（MINT）	3 847 229 000 美元
PIMCO 总收益率交易所交易基金（BOND）	3 596 631 000 美元
PIMCO 0～5 年美国高收益公司债券指数（HYS）交易所交易基金	3 552 775 000 美元
PIMCO 1～5 年美国 TIPS 指数（STPZ）交易所交易基金	1 297 844 000 美元
PIMCO 中期市政债券交易所交易基金（MUNI）	197 891 000 美元
PIMCO 投资级公司债券指数（CORP）交易所交易基金	167 597 000 美元

正如之前说明的，对债券交易所交易基金可以进行消极管理或积极管理。例如，PIMCO 出资的两家最大的债券交易所交易基金为两家最大的积极管理债券交易所交易基金。PIMCO 的中期市政债券交易所交易基金也是积极管理交易所交易基金。

创建和赎回消极管理交易所交易基金股票

对于积极管理的交易所交易基金，基金经理的目标是建立一个尽可能匹配基准指数绩效的债券组合。我们将在第 24 章中介绍对债券投资组合进行指数化的难点。为了避免基金市场价格低于基金净资产价值这个封闭式债券基金的缺点，投资者希望交易所交易基金的市场价格不要严重偏离交易所交易基金的净资产价值。为了实现这个目标，需要第三方干预，后者负责通过套利消除交易所交易基金净资产价值和交易所交易基金股价之间的差异。

第三方的套利过程必须按照以下步骤进行。以下列两种情况为例：

情景 1：交易所交易基金的股价超过交易所交易基金的净资产价值。

情景 2：交易所交易基金的股价低于交易所交易基金的净资产价值。

在情景 1 下，交易所交易基金的股价相对较高。第三方采取的行动将是购买标的交易所交易基金投资组合并卖出交易所交易基金的股份。第三方的行为结果将是产生有利可图的套利，这种结果将降低交易所交易基金的股价，直到它足够接近交易所交易基金的净资产价值，从而不再可能产生有利可图的套利。

在情景 2 中，交易所交易基金的股价相对便宜，第三方采取的行为将是出售标的交易所交易基金投资组合并购买交易所交易基金的股票。和情景 1 一样，第三方采取的行为将创造有利可图的套利。在情景 2 中，这种行为的结果是增加交易所交易基金的股价，直到它足够接近交易所交易基金的净资产价值，因而不再存在有利可图的套利。

如上所示，第三方在保持交易所交易基金的股价接近于交易所交易基金的净资产价值的过程中起着至关重要的作用。在这个过程中，第三方是交易所交易基金发起人选出的一群执行上述职能的大型机构投资者。由于这些机构投资者执行套利，因此它们被称为**套利者**（arbitrageurs)。由于它们被交易所交易基金发起人限制只能采取上述行为，通过创造和赎回交易所交易基金股份使交易所交易基金股价与交易所交易基金净资产价值相等，因此它们被称为**授权参与者**（authorized participants，APs)。

只有授权参与者有权通过向交易所交易基金发起人提供特定篮子证券以换取获得交易所交易基金股份的凭证来创造交易所交易基金股份，这种凭证被称为**创造单位**（creation units)。这些单位只能通过特定数目的大量交易所交易基金股份创造出来。情景 1 中的受权参与者采取的行为产生了创造单位。当授权参与者将特定数量的交易所交易基金股份交割给交易所交易基金发起人以换取特定篮子证券时，被交易的交易所交易基金股票被称为**赎回单位**（redemption units)。在情景 2 中，授权参与者采取的行为产生了赎回单位。

刚才介绍的套利过程对于积极管理的交易所交易基金来说更加困难。原因在于，授权参与者不知道标的投资组合是什么，因为投资组合可以偏离基准指数。因此，交易所交易基金股价偏离交易所交易基金净资产价值的风险很高。

跟踪债券交易所交易基金的绩效

消极管理的交易所交易基金跟踪各自基准指数的效果如何？Buetow 和 Henderson 进行的一项研究通过考察一个在美国交易所上交易的交易所交易基金大样本分析了这个问题。[①] 他们的样本包括所有美国交易所交易基金，他们从这些交易所交易基金的招股说明书中识别出基准指数，并收集了交易所交易基金和基准指数的收益率数据。我们这里的讨论仅限于他们样本中的 87 家债券交易所交易基金。

Buetow 和 Henderson 使用日收益率考察了三个指标，以确定交易所交易基金跟踪各自基准指数的紧密程度：日跟踪误差和绝对日跟踪误差。日跟踪误差被定义为

日跟踪误差＝交易所交易基金的收益率－基准指数的收益率

日跟踪误差可能为正，也可能为负。因此，日均跟踪误差被大量正值和负值相互抵消。相反，Buetow-Henderson 研究中使用的第二个指标——绝对日跟踪误差——不允许在进行平均时抵消大量正跟踪误差和负跟踪误差。[②]

Buetow 和 Henderson 发现，基准指数由流动性较差的债券组成的债券交易所交易基金的三个跟踪误差指标往往较大。例如，美国国债基准指数的流动性高于投资级信用债券基准指数和政府债券基准指数，后者的流动性又高于高收益基准指数。这个结果与以下关系一致：美国国债交易所交易基金的平均绝对日跟踪误差为 15 个基点，投资级信用债券交易所交易基金和政府债券交易所交易基金的平均绝对日跟踪误差为 20 个基点，高收益交易所交

① Gerald W. Buetow and Brian J. Henderson, "A Empirical Analysis of Exchange-Traded Funds," *Journal of Portfolio Management* (Summer 2012), pp. 112－127.

② 注意，我们在关于债券组合管理的第 25 章中讨论跟踪误差时，对跟踪误差的定义不同于本章。该章将跟踪误差定义为投资组合收益率与基准指数收益率之差的一个标准差。这个指标是这项研究中使用的第三个指标。

易基金的平均绝对日跟踪误差为80个基点。

基于研究中每年的年跟踪误差（使用Buetow和Henderson使用的第三个指标）的其他证据对跟踪误差与流动性的关系提供了更多支持。高收益交易所交易基金——基准指数由应税债券市场上流动性最高的债券组成的交易所交易基金——在2008年的金融危机中遭受了巨大亏损，当时交易所交易基金使用的多种高流动性基准指数降幅超过23%。例如，让我们来看图表16—2中这个部门最大的两家交易所交易基金——iShares HYG和State Street JNK的绩效。iShares HYG的收益率为−18%，而其基准指数（iBoxx美国高收益指数）的收益率为−23.9%，跟踪误差为5.9%。State Street JNK跟踪的是巴克莱美国高收益极高流动性指数，它的收益率为−24.7%，而基准指数的收益率为−28.4%（跟踪误差为3.7%）。因此，这两家高收益交易所交易基金都出现了正跟踪误差。2009年是信用危机延续的一年，这两家高收益交易所交易基金出现了负跟踪误差。iShare HYG的收益率为28.6%，相对于基准指数的跟踪误差为−15.9%；State Street JNK的收益率为37.5%，跟踪误差为−25.9%。

Buetow和Henderson用金融危机期间高收益市场的低流动性解释观察到的高收益债券交易所交易基金的高跟踪误差。在金融危机期间，信用市场的流动性变得甚至比通常信用市场环境下更差。[①] 因此，我们之前介绍的使交易所交易基金的市场价格接近于交易所交易基金净资产价值的交易所交易基金股份创造/赎回机制要求授权参与者交易交易所交易基金的债券组合。当金融危机期间高收益债券市场上的信用利差变得极高时，创造/赎回交易的成本对受权参与者而言变得越来越高，风险也越来越大，因为他们既面临着高利差，也面临着是否能交易标的债券组合的不确定性。最后的结果就是观察到的高跟踪误差。

对冲基金

另一种可能由债券组成投资组合的集合投资工具是**对冲基金**（hedge fund）。法律上没有给对冲基金下定义。证券交易委员会将这种集合投资工具解释为：

> “对冲基金”是用于描述传统上限于资深富裕投资者使用的私人无记名投资工具的一般非法律术语。对冲基金不是共同基金，因此不用遵守适用于共同基金以保护投资者的大量监管法规——包括要求一定程度流动性的法规、要求共同基金股份可以随时赎回的法规、保护投资者免受利益冲突影响的法规、确保基金股票定价公平的法规、披露法规、限制使用杠杆的法规，等等。[②]

尽管在通过2010年《多德-弗兰克华尔街改革和消费者保护法案》之前，根据联邦证券法，这是对对冲基金的恰当描述，但是这种描述中的某些要素已经发生了变化。这项法案改变了之前由于被归类为“私人咨询机构”而免于登记的对冲基金登记程序，用几项范围更严格的咨询机构免于登记条款代替了免于登记条款。这项法案不仅规定了对冲基金登记的监管变化，还提出了报告与记录保存要求。

一种公允的对冲基金特征描述如下：

---

① 在第26章中，讨论了流动性及其对公司债券组合管理的影响。

② http：//www.sec.gov/investor/pubs/inwsmf.htm.

1. “对冲基金”中的“对冲”一词是有误导性的。

2. 对冲基金使用多种多样的交易策略和技术以获取超常收益。这些策略可能包括以下一种或多种：杠杆、卖空、套利（即同时买卖相关金融工具以实现其价格暂时错配产生的利润）和风险控制（比对冲更一般，通常需要使用衍生工具等金融工具以降低损失风险）。

3. 管理费用由管理费和激励费组成。

在评估对冲基金时，投资者关注的是已实现绝对收益率，而非相对收益率。对冲基金的**绝对收益率**（absolute）就是已实现收益率；对冲基金的**相对收益率**（relative return）是绝对收益率与某个基准指数或指数的收益率之差。使用绝对收益率而非相对收益率评估对冲基金绩效与评估资产经理对本章前述其他类型集合投资工具的管理绩效的标准有很大不同。

对冲债券基金的类型

各种不同的对冲基金投资于不同的资产类别。我们称投资于债券的对冲基金为对冲债券基金，它分为两类：收敛交易和不良资产投资。

收敛交易对冲债券基金

为了解采用收敛交易策略的对冲债券基金，有必要了解在债券市场上观察到的某些被视为典型事实的收益率关系。例如，假设两类债券的收益率之差在历史上绝大多数时间落在某个特定区间。如果观察到的两只债券的收益率关系与历史关系不一致，但预期将与历史关系重新一致，那么就出现了利用这种预期获利的机会。为了使策略成功，被认为不一致的收益率关系必然重返或“收敛于”预期关系。因此，这些对冲债券基金被称为收敛交易策略。

对冲基金经理认为，收益率关系不一致将在风险很低的情况下产生利润，因而这种策略常被称为“风险套利策略”。对于收敛交易而言，这是一种令人遗憾的错误标签，因为套利策略表示没有风险。

属于收敛交易对冲基金的债券对冲基金包括固定收益套利对冲基金、可转换债券套利对冲基金和相对价值对冲基金。

不良债券投资对冲债券基金

采取不良债券投资策略的对冲债券基金持有头寸，利用破产对债券价值的预期影响获利。它可能投资于处于第11章破产进程中的公司，或者对冲基金经理预期将被迫进入第11章破产登记的公司。然而，这种策略并不限于公司破产。对冲债券基金也是破产城市或可能破产城市的债券市场上的主要参与者。破产不是唯一可能创造有吸引力的收益率机会的情况。随着债券价格下降，对债务违约的公司也可能提供这样的机会。主权债券就是一个好例子。破产实体的债券和发行人违约的债券被称为不良债券。对冲基金经理的目标是找出价值低于对冲基金经理认为破产过程将产生的价值的不良债券。

为了解对冲债券基金如何参与不良债券，让我们来看最近的一次市政债券破产。截至2014年6月中旬，底特律市的破产是最大的一次市政府破产。对冲债券基金购买了单一险种保险公司支持的养老金债券和一般债券，对冲基金经理认为它们的价值被低估。例如，养老金债券的购买价格为41（1美元面值的债券价格为41美分）。底特律市登记破产仅仅两周后，这种债券在市场上即告售罄。

债券不一定必须以非常高的折扣价格出售，才能被对冲债券基金经理视为机会。以

2014 年面临严重金融危机的波多黎各为例。2014 年 4 月，波多黎各刚刚被三家主要信用评级机构从投资级降为非投资级之后，就卖出了 35 亿美元市政债券。降级是美国国内金融危机的结果。这些债券于 2035 年到期，息票利率为 8%，售价为 93 美元，收益率为 8.727%。金融媒体报道称，非传统投资者（即对冲基金）购买了 70%的债券。[①] 对冲基金持有波多黎各债券的时间长度不得而知。然而，根据市政证券规则制定委员会提供的交易数据，在发行后不久，该债券交易金额已达 17 亿美元。

不动产投资抵押贷款信托

不动产投资信托（REIT）是指对以下对象拥有权益的股票的发行实体：

- 不动产集合（称为**权益不动产投资信托**（equity REIT））。
- 不动产抵押贷款债务集合（称为**抵押贷款不动产投资信托**（mortgage REIT））。或
- 由不动产和不动产抵押贷款债务组成的集合（称为**混合不动产投资信托**（hybrid REIT））。

在交易的不动产投资信托中，约 90%是权益不动产投资信托。因为本章我们的重点是标的工具为 A 级债务产品的集合投资工具，因此我们的讨论限于第二类不动产投资信托，即抵押贷款不动产投资信托，这是不动产投资信托中一个较小的部门。但首先我们将讨论不动产投资信托的一般特征。

不动产投资信托的一般特征

不动产投资信托类似于封闭式基金，因为股票是公开交易的，市场价格可能不同于不动产投资信托的净现值。和其他集合投资工具一样，投资于抵押贷款不动产投资信托的主要优点是，它们：(1) 使投资者能投资于个体投资者难以直接投资的低流动性资产类别；(2) 提供的分散化程度优于个人投资者能实现的分散化程度，因为与个人投资者相比，抵押贷款不动产投资信托拥有的不动产相关债务数量更多、来自更多不同的借款人；(3) 为管理层提供了更出色的方法，以评估与选择投资组合中的借款人。

符合不动产投资信托资格的公司可以获得税收优惠。具体而言，根据美国联邦税法，公司支付的股利在确定应税收入时不能抵扣税款，导致公司所得双重纳税（即在公司水平上缴纳一次税款，在分配给股东时又缴纳一次税款）。符合不动产投资信托资格的公司就可以避免这种缺点，因为这种公司可以在确定公司应税所得时扣除支付给股东的股利。股东只需在获得股利时纳税。对于不动产投资信托，多数州也采取与联邦所得税法相同的税务处理。因此，为了避免对所得双重纳税，多数不动产投资信托采取将所有应税所得分配给股东的股利分配政策，这样就不用缴纳公司所得税。

根据联邦所得税法，要符合不动产投资信托的资格，公司必须满足特定要求。它投资的大部分资产必须是与不动产相关的投资。公司创造的收入必须主要来自不动产投资，并且每年至少将 90%的应税所得以股利形式分配给股东。

---

① Matt Wirz, "Big Hedge Funds Roll Dice on Puerto Rick Debt," *Wall Street Journal* (April 9, 2014), http://online.wsj.com/news/articles/SB10001424052702303873604579491992862363698.

抵押贷款不动产投资信托的类型

抵押贷款不动产投资信托不拥有不动产，而是发行各种债务用于购买不动产或购买抵押贷款支持证券等不同类型的抵押贷款相关债务，并在投资组合中保留这些债务。因此，抵押贷款不动产投资信托的投资组合包括为不动产所有者、开发商和购买者提供融资的债务工具。投资者的收益来自他们提供的融资获得的利息。

抵押贷款不动产投资信托根据所提供融资的不动产类型可以分为住宅不动产和商业不动产。住宅不动产包括单户住宅。商业不动产包括我们介绍商业不动产抵押贷款支持证券的第14章中介绍的其他不动产类型。

要　点

·集合投资工具，也称为集体投资工具，表示对某个资产组合的权益。

·集合投资工具的经理收取基于所管理资产金额的管理费，可能还收取基于绩效的激励费。

·集合投资工具的净资产价值计算方法是用净资产价值（资产的市场价值减去负债）除以股数。

·基金的净资产价值不一定与基金股票的市场价格相同。

·从投资者的角度看，集合投资工具与对基金投资组合中相同资产的直接投资相比，通常有三个优点：更优的投资组合分散化、更高的流动性和专业管理。

·某些类型的投资工具有税收优惠。

·投资于债券的集合投资工具包括投资公司、交易所交易基金、对冲基金和不动产投资信托。

·投资公司必须在证券交易委员会注册，因此被称为注册投资公司，根据联邦证券法，一种投资公司被称为管理公司。

·管理公司，不论以法人公司还是信托基金的形式建立，都可以分为开放式基金（也被称为共同基金）和封闭式基金。

·基金的发行说明书中介绍了投资公司的投资目标。

·投资于固定收益产品的管理公司有各式各样的投资目标，最广义的管理公司类别是应税基金和免税基金（也被称为市政债券基金）。

·基金可能是积极管理基金（alpha产品），也可能是消极管理基金（beta产品）。

·投资于管理公司股票的投资者承担了两类成本：股东费（通常被称为销售费）和年营业费用（包括管理费、分配费和其他费用）。

·管理公司分为开放式公司（开放式基金或共同基金）和封闭式公司（封闭式基金）。

·开放式债券基金是净资产价值或价格在当日收盘时决定的债券投资组合，股数不是固定的，因为基金会出售新股或赎回流通股。

·与开放式基金相反，封闭式基金的股数在发起基金时是固定的，并在二级市场上交易。

·与开放式基金不同，封闭式基金的市场价格是由供给决定的，可以按净资产价值的溢价或折价出售。市场上的股价可能不同于净资产价值有几种原因。

· 交易所交易基金是集合投资工具，它克服了开放式基金的两个设计特征：只能以交易日结束时的价格交易和税收低效。

· 交易所交易基金与开放式基金的类似之处在于，它们都是根据净资产价值交易的，但是与开放式基金不同，它的交易方式类似于股票。

· 主要的交易所交易基金类型是消极管理交易所交易基金，这种基金尽可能复制指定基准指数的绩效。

· 交易所交易基金的主要参与者之一是授权参与者，它的作用是通过套利消除交易所交易基金净资产价值和市场价格的差异，使交易所交易基金的股票市场价格接近于基金净资产价值。

· 一项研究调查了市场价格是否与净资产价值基本一致，这项研究发现，差异越大，基准指数中的债券流动性越差。

· 被称为对冲基金的集合投资工具的共同特征是：它们试图运用高杠杆、卖空、套利和风险控制创造超常收益率，这种收益率通常以绝对收益率衡量。

· 尽管对冲基金的名字中有“对冲”一词，但它并不会完全对冲头寸。

· 对冲债券基金采取以下两种策略之一：收敛交易策略或不良债券投资策略。

· 不动产投资信托是公开交易的股票，它代表对标的不动产相关投资集合的权益。

· 不动产投资信托的净资产价值确定方式与封闭式基金类似：它们都是由供求决定的。因此，市场价格可能不同于不动产投资信托的净资产价值。

· 不动产投资信托的一种类型是抵押贷款不动产投资信托，它为不动产提供融资，方式是发放或收购贷款并投资于抵押贷款相关证券。

· 抵押贷款不动产投资信托是根据抵押贷款债务类型分类的，它可以分为住房抵押贷款债务或商业不动产抵押贷款债务。

· 符合不动产投资信托资格的公司可以享受税收优惠，例如所得无须双重纳税。

问　题

1. 集合投资工具相对于直接购买固定收益资产的优点是什么？

2. 某家开放式投资公司有 5.10 亿美元资产、1 000 万美元负债和 5 000 万美元流通股。

a. 该公司的净资产价值是多少？

b. 假设该基金偿还负债的同时，资产价值加倍。投资了 50 000 美元的投资者将获得多少股票？

3. “开放式基金的净现值是在交易日中持续确定的。”请说明你是否同意这种表述。

4. 为什么封闭式基金的股价不同于它的净资产价值？

5. 为什么共同基金有不同类别的股票？

6. 当投资者购买共同基金时，将产生什么成本？

7. 共同基金的设计缺陷是什么？

8. 交易所交易基金相对于开放式投资公司和封闭式投资公司的优点是什么？

9. 交易所交易基金授权参与者的作用是什么？

10. “消极管理的交易所交易基金的股票市场售价将为其净资产价值上下 1%。”请解释你是否同意这种表述。

11. 为什么积极管理的交易所交易基金的股价和净资产价值很难一致？

12. 对冲债券基金采用的两类主要策略是什么？

13. 一些对冲基金将它们的策略称为“风险套利策略”。这是什么意思？

14. 对冲基金与共同基金的资产经理管理费结构有何不同？

15. 符合不动产投资信托资格的公司有什么税收优惠？

16. 两个投资者正在争论不动产投资信托进行的投资类型。一个投资者认为，不动产投资信托是投资于不动产的投资者。另一个投资者认为，不动产投资信托为购买不动产提供融资。这两个投资者问你：谁是对的？你如何回答这两位投资者？

17. 抵押贷款不动产投资信托的两种类型是什么？

第 17 章

利率模型

学习目标

阅读本章后，您将了解

- 什么是利率模型
- 如何用数学方法表示利率模型
- 利率模型的特征：漂移、波动率、均值回归
- 什么是单因素利率模型
- 无套利模型和均衡模型的区别
- 无套利模型的不同类型，以及为何要在实际中运用这些模型
- 正态模型和对数正态模型的区别
- 关于利率变动的实证
- 选择利率模型时的考虑因素
- 如何计算历史波动率

在执行债券组合策略时，管理者将采取两种重要的行动。第一种行动是，确定将要购买或出售的债券的定价是否公允。当管理者希望运用利率衍生工具控制利率风险或提高潜在收益时，也会对利率衍生工具进行相同的考察。第二种行动是，管理者希望评估债券组合在未来实际利率背景下的表现。在这两种行动中，管理者都必须依赖于利率模型。

当然，远期利率是未知的。利率模型用数学方法描述了远期利率的不确定性。具体而言，**利率模型**（interest-rate model）是对利率如何随时间推移而变动的概率描述。在本章中，我们对利率模型进行了概述。我们将重点放在名义利率而非实际利率（即名义利率减通货膨胀率）上。在本章最后，我们将了解到如何用历史数据计算利率波动率。

单因素利率模型的数学描述

利率模型必须包括利率变动的统计特征。这些特征为：(1) 漂移；(2) 波动率；(3) 均值回归。我们接下来将逐一介绍这些特征。用来说明包括这些特征的利率变动的常用数学工

具为**随机微分方程**（stochastic differential equations，SDEs）。要想严格地进行利率建模，需要理解这项专业数学工具。由于金融课程（除了金融工程课程）中通常不包括随机微分方程的内容，因此我们这里只介绍该问题的基本要素。同时也有必要指出，在期权定价中也会用到随机微分方程，最著名的期权定价模型是 Black-Scholes 模型，我们将在第 30 章中对其进行介绍。

用来描述利率行为的最常见的利率模型假设短期利率遵循某种统计过程，且期限结构中的其他利率与短期利率相关。短期利率是假设中唯一一种决定其他所有期限利率的利率。因此，这种模型被称为**单因素模型**（one-factor models）。一旦确定了短期利率，就不能随机确定其他利率。利用套利理论，可以确定其他所有期限的利率。

文献中还介绍了多因素模型。最常见的多因素模型是一种双因素模型，其中长期利率为第二个因素。但是，实际中使用的是单因素模型，因为即使是双因素模型，使用上也存在困难。不同期限的利率变动之间的高相关性为使用单因素模型提供了支持。实证也支持利率平移占收益率曲线变动主要部分的观点。[①] 因此，我们的分析重点是单因素模型。

尽管在某个未来时期的短期利率值是不确定的，但是可以假设其随时间推移而变动的模式。在统计术语中，这种模式或行为被称为**随机过程**（stochastic process）。因此，描述短期利率的动态变化意味着详细描述短期利率变动的随机过程。按照假设，短期利率是连续随机变量，因此所使用的随机过程为**连续时间随机过程**（continuous-time stochastic process）。

连续时间随机过程分为不同类型，我们接下来将介绍在利率模型中运用的连续时间随机过程。在所有这些模型中，时间是连续变量，因此用字母 d 来表示某些变量的“变化”。具体而言，在下面的模型中，我们将令：

r＝短期利率，因此 dr 表示短期利率的变动

t＝时间，因此 dt 表示时间的变化，或者时间间隔的长度（dt 为非常短的时间间隔）

z＝随机项，dz 表示随机过程

基本的连续时间随机过程

让我们从描述短期利率动态变化的基本连续时间随机过程开始，短期利率由下式给出：

$$dr = b\,dt + \sigma\,dz \qquad (17.1)$$

其中，dr、dt 和 dz 的定义如上，且

σ＝短期利率变动的标准差

b＝预期利率变动方向

预期短期利率变动方向（b）被称为**漂移项**（drift term），σ 被称为**波动项**（volatility term）。[②]

用文字来叙述就是：式（17.1）表示短期利率（dr）在时间间隔（dt）中的变动取

① 注意，在计算清偿金额取决于即期利率曲线形状而不仅是利率水平的金融工具的价值时，不应使用单因素模型。双指数浮动利率债券和收益率曲线期权就是两个例子。

② 当 b 等于 0，σ 等于 1 时，式（17.1）描述的随机微分方程的一个特殊例子被称为标准维纳过程，这是构建连续时间模型的基础。

决于：

1. 预期短期利率变动方向（b）。

2. 受波动率影响的随机过程（dz）。

短期利率变动的随机性质来自随机过程 dz。

假设：

1. 随机项 z 遵循正态分布，均值为 0，标准差为 1（即标准正态分布）。

2. 短期利率变动与随机项的值成比例，后者取决于短期利率变动的标准差。

3. 任何两个不同短期时间间隔的短期利率变动彼此独立。

根据上述假设，可以显示出式（17.1）的重要特征。短期利率变动的预期值等于 b，即漂移项。注意，在漂移项等于零的特殊例子中，根据式（17.1）可得出短期利率变动的预期值等于零。这意味着短期利率的预期值就是其当前值。注意，在漂移项为零且方差为 1 的特殊例子中，某个时间间隔长度 T 内的短期利率变动方差等于 T，因此，标准差为 T 的平方根。

伊藤过程

注意，在式（17.1）中，漂移项和短期利率变动的标准差都不取决于短期利率水平或时间。因此，举例来说，在当前的短期利率为 3%和 12%这两种假设条件下，式（17.1）给出的随机微分方程假定 b 是相同的。有些经济原因可能表明预期利率变动方向取决于当前的短期利率水平。σ 也具有相同的性质。

如果允许漂移项和波动项取决于短期利率水平和（或）时间，就能改变漂移项和波动项的动态变化。我们可以用 $b(r,\ t)$ 表示漂移项取决于短期利率水平和时间。同理，我们可以用 $\sigma(r,\ t)$ 表示波动项。然后，我们可以将公式改写为：

$$dr=b(r,t)dt+\sigma(r,t)dz \tag{17.2}$$

式（17.2）给出的连续时间随机模型被称为**伊藤过程**（Itô process）。

具体说明漂移项的动态变化

在具体说明漂移项的动态变化时，可以通过假设漂移项遵循**均值回归过程**（mean-reversion process），规定漂移项取决于短期利率水平。均值回归意味着假设短期利率有某个长期稳定均值。我们将用 $\bar{r}$ 表示该值。因此，如果 r 大于 $\bar{r}$，那么短期利率的变动方向将是沿着长期稳定均值的方向向下移动，反之亦然。但是，在具体说明均值回归过程时，有必要指出短期利率移动的速度或与长期稳定均值趋同的速度。该参数被称为**调整速度**（speed of adjustment），我们将用 α 表示。因此，具体说明漂移项动态变化的均值回归过程为：

$$b(r,t)=-\alpha(r-\bar{r}) \tag{17.3}$$

具体说明波动项的动态变化

表示波动项动态变化的公式有几个。如果假设波动率不取决于时间，那么 $\sigma(r,t)=\sigma(r)$。通常，波动项的动态变化可以表示如下：

$$\sigma r^{\gamma}dz \tag{17.4}$$

其中，γ 等于**固定方差弹性**（constant elasticity of variance）。式（17.4）被称为**固定方差弹性模型**（constant elasticity of variance model，CEV model）。固定方差弹性模型使我们可以区别研究人员提出的各种利率模型的波动项动态变化的不同范式。

下面考察 γ 的三种情况：0、1 和 1/2。用 γ 的这些值代入式（17.4），可以得到下列模型，这些模型用首先提出它们的研究人员的名字命名：

$\gamma=0$：　$\sigma(r,t)=\sigma$　Vasicek 范式①

$\gamma=1$：　$\sigma(r,t)=\sigma r$　Dothan 范式②

$\gamma=1/2$：$\sigma(r,t)=\sigma\sqrt{r}$　Cox-Ingersoll-Ross 范式③

在 Vasicek 范式中，和式（17.1）中一样，波动率独立于短期利率水平，并被称为**正态模型**（normal model）。在正态模型中，有可能产生负利率。在 Dothan 范式中，波动率与短期利率成比例。这种模型被称为**比例波动模型**（proportional volatility model）。由于显而易见的原因，Cox-Ingersoll-Ross（CIR）范式被称为**平方根模型**（square-root model），这种范式令波动率与短期利率的平方根成比例。在平方根模型中，不可能出现负利率。

结合漂移项和波动项的动态变化，可以建立下列常用的利率模型：

$$dr=-\alpha(r-\bar{r})dt+\alpha\sqrt{r}dz \tag{17.5}$$

注意，该模型规定了漂移项的均值回归过程和波动率的平方根模型。式（17.5）给出的模型被称为**均值回归平方根模型**（mean-reverting square-root model）。

无套利模型与均衡模型

利率模型可以分为两大类：无套利模型和均衡模型。本节中我们将介绍这两种模型。

无套利模型

在**无套利模型**（arbitrage-free models，也称为 no-arbitrage models）中，分析的起点是一组金融工具的市场价格观测值。金融工具可能包括现货市场工具和利率衍生工具，它们被称为**基准工具**（benchmark instruments）或**参考组**（reference set）。基础假设为，基准工具是公允定价的。假设产生期限结构的过程为某个随机过程。随机过程假设了利率的漂移项和利率的波动率。根据随机过程和表示漂移项的参数的假设值，可以用某个计算程序计算出使定价过程产生的基准工具价格等于市场价格观测值的利率期限结构（即，即期利率曲线）。这种模型被称为无套利模型，因为它与基准工具的观测价格相匹配。换言之，人们无法通过基于该模型产生的证券价值和市场价格观测值的策略实现套利利润。然后，用估计的利率期限结构和假设的波动率计算非基准工具的价值。

---

① Oldrich A. Vasicek, "An Equilibrium Characterization of the Term Structure," *Journal of Financial Economics*, 1977, pp. 177 - 188.

② L. Uri Dothan, "On the Term Structure of Interest Rates," *Journal of Financial Economics*, 1978, pp. 59 - 69.

③ John C. Cox, Jonathan E. Ingersoll, Jr., and Stephen A. Ross, "A Theory of the Term Structure of Interest Rates," *Econometrica*, 1985, pp. 385 - 407.

我们将在下一章中介绍如何进行上述计算。我们将从基准债券的价格开始，创建与基准债券市场价格匹配的即期利率曲线，然后用该模型计算非基准债券的理论价格。无套利模型也可用于为某些使用现货市场工具持续定价方法的衍生工具（期权、利率上限、利率下限、互换）定价。在第 30 章中，我们将了解到如何用无套利模型为期权类衍生工具定价。

最常用来定价的无套利利率模型为①

- Ho-Lee 模型。
- Hull-White 模型。
- Kalotay-Williams-Fabozzi 模型。
- Black-Karasinki 模型。
- Black-Derman-Toy 模型。
- Heath-Jarrow-Morton 模型。

第一个无套利利率模型是由 Ho 和 Lee 于 1986 年建立的。② 在 Ho-Lee 模型中，没有均值回归，且波动率独立于短期利率水平。也就是说，它是正态模型［即在式（17.4）中 $\gamma=0$］。Hull-White 模型也是正态模型。③ 但是，和 Ho-Lee 模型不同，它允许均值回归。因此，Hull-White 模型是第一个无套利均值回归正态模型。

上面列出的最后三个模型为对数正态模型。在 Kalotay-Williams-Fabozzi（KWF）模型④中，短期利率变动是用 r 的自然对数建模得到的；在该模型中考虑了不允许均值回归的情况。下一章中将用这种模型为附有嵌入式期权的债券定价。Black-Karasinki 模型⑤是通过允许均值回归，对 KWF 模型的一般化。也就是说，Black-Karasinski 模型是 KWF 模型的对数扩展，就像 Hull-White 模型是 Ho-Lee 模型的正态模型扩展一样。Black-Derman-Toy（BDT）模型⑥允许均值回归。然而，与 Black-Karasinski 模型不同，均值回归对于模型而言是内生的。BDT 模型中的均值回归是由市场状况决定的。

Heath-Jarrow-Morton（HJM）模型是一般连续时间多因素模型。⑦ HJM 模型在金融业和金融文献中都得到了大量关注。其他许多非套利模型都是 HJM 模型的特殊例子。HJM 模型不要求作出关于投资者偏好的假设，只要求描述远期利率的波动率结构。Jeffrey 推导出

---

① 更详细的讨论，包括关于这些模型的解的讨论，见 Gerald W. Buetow，Frank J. Fabozzi，and James Sochacki，"A Review of No Arbitrage Interest Rate Models，" Chapter 3 in Frank J. Fabozzi（ed.），*Interest Rate，Term Structure，and Valuation Modeling*（Hoboken，NJ：John Wiley & Sons，2002）。

② Thomas Ho and Sang Lee，"Term Structure Movements and Pricing Interest Rate Contingent Claims，" *Journal of Finance*，1986，pp. 1011 - 1029.

③ John Hull and Alan White，"Pricing Interest Rate Derivative Securities，" *Review of Financial Studies*，1990，pp. 573 - 592.

④ Andrew Kalotay，George Williams，and Frank J. Fabozzi，"A Model for the Valuation of Bonds and Embedded Options，" *Financial Analyst Journal*，May-June 1993，pp. 35 - 46.

⑤ Fisher Black and Piotr Karasinski，"Bond and Option Pricing When Short Rates are Lognormal，" *Financial Analyst Journal*，July-August 1991，pp. 52 - 59.

⑥ Fischer Black，Emanuel Derman，and William Toy，"A One Factor Model of Interest Rates and Its Application to the Treasury Bond Options，" *Financial Analyst Journal*，January-February 1990，pp. 33 - 39.

⑦ David Heath，Robert A. Jarrow，and Andrew J. Morton，"Bond Pricing and the Term Structure of Interest Rates：A New Methodology for Contingent Claims Valuation，" *Econometrica*，60，1992，pp. 77 - 105. Brace-Gatarek-Musiela 模型是 HJM 模型的一个特别应用，这对应于一种波动项的特别选择：Alan Brace，Dariusz Gatarek，and Marcek Musiela，"The Market Model of Interest Rate Dynamics，" *Mathematical Finance*，7，1997，pp. 127 - 155。

了单因素HJM模型的一个特殊例子。[1]

均衡模型

无套利均衡模型的一个特征可以恰当地描述为：假设人们可以依赖所使用的市场价格，无套利均衡模型允许人们将某个时点上的一系列市场价格观测值插入利率期限结构。而**均衡模型**（equilibrium models）是用某些基本经济变量（假定这些基本经济变量会影响利率过程）描述期限结构动态变化的模型。在建模过程中有一些限制，以求出债券和利率衍生工具的均衡价格的闭合解。在这些模型中：(1) 假设利率波动率为函数形式；(2) 假设了漂移项随时间推移向上移动或向下移动的方式。

在描述无套利模型和均衡模型之间的区别时，人们可以考虑下列区别：(1) 该模型的设计是否与初始期限结构一致；(2) 参数关系是否显示出某类特别的利率期限结构。无套利模型的缺点是：初始期限结构是输入值，而不是由模型所解释。基本上，均衡模型和套利模型是为了说明不同的问题。

尽管均衡模型有许多发展，但最著名的模型是前面讨论过的 Vasicek 模型和 CIR 模型，以及 Brennan 和 Schwartz 模型[2]、Longstaff 和 Schwartz 模型。[3] 为了使用这些模型，需要对假设利率过程做出参数估计，包括利率波动率函数的参数。这些估计参数通常都是用使用历史收益率曲线的计量经济方法获得的，不论最终的模型与市场价格是否匹配。

在实践中，关于执行和运用均衡模型有两方面担忧。第一，许多经济理论都从一种描述投资者如何进行选择的效用函数假设开始。均衡模型也不例外：建模者必须规定假设的效用函数类别。第二，如前所述，这些模型并不是根据市场校准的，因此根据模型得到的价格会使当前的期限结构中出现套利机会。[4] 在这些模型中，波动率是输入值，而不是可以从金融工具观测价格中求出来的输出值。

利率变动的实证

现在，我们已经熟悉了不同种类的利率模型，下面让我们来考察关于利率历史变化的实证。这样做是为了帮助评估各种无套利利率模型。具体而言，在我们考察利率模型时，遇到了下列问题：

1. 正态模型（即波动率独立于利率水平的模型）与对数模型之间的选择。

---

① Andrew Jeffrey, "Single Factor Heath-Jarrow-Morton Term Structure Models Based on Spot Interest Rate Dynamics," *Journal of Financial and Quantitative Analysis*, 30, 1995, pp. 619 - 642.

② Michael Brennan and Eduardo Schwartz, "A Continuous Time Approach to the Pricing of Bonds," *Journal of Banking and Finance*, 1979, pp. 133 - 155; "An Equilibrium Model of Bond Pricing and a Test of Market Efficiency," *Journal of Financial and Quantitative Analysis*, 1982, pp. 301 - 329.

③ Francis Longstaff and Eduardo Schwartz, "Interest Rate Volatility and the Term Structure: A Two-Factor General Equilibrium Model," *Journal of Finance*, 1992, pp. 1259 - 1282.

④ 为了解决这个问题，Dybvig 提出了一种方法，一些分析系统开发商已经采用了这种方法。见 Philip Dybvig, "Bond and Bond Option Pricing Based on the Current Term Structure," in Michael A. H. Dempster and Stanley Pliska (eds.), *Mathematics of Derivatives Securities* (Cambridge, U. K.: Cambridge University Press, 1997)。

2. 如果利率基本上不可能为负，那么允许出现负利率的利率模型可能就较不适合用来描述利率过程。

因此，我们提供了关于下列问题的实证：

● 利率波动率与利率水平之间的关系。

● 负利率。

第3章中曾提到，利率变动可以用绝对利率变动（两个时期之间的利差变化绝对值，用基点表示）或利率变动百分比（用两个时期的收益率之比的自然对数计算）衡量。

利率波动率与利率水平

我们将首先考察利率的历史变化，以分析利率波动率是受利率水平影响还是独立于利率水平。如果是前一种情况，那么利率水平越高，利率波动率就越大。也就是说，利率水平与利率波动率正相关。如果这两种因素彼此独立，那么二者之间的相关性就会很低。

几位研究者分析了利率波动率对利率水平的依赖性。早期研究关注的是短期利率，并使用了被称为广义自回归条件异方差模型（GARCH）的统计时间序列模型。[①] 关于短期利率的分析没有得出确定性结论。

摩根士丹利资本国际公司（MSCI Barra）的 Oren Cheyette 没有将重点放在短期利率上，而是分析了从1977年到1996年初这段时期内国债收益率曲线的全部即期利率，这段时期内的利率范围很广，也出台了不同的联邦储备政策。[②] 他发现，在不同的时期中，利率波动率对利率水平的依赖程度也不同。（在 Cheyette 的研究中，利率变动是以绝对利率变动衡量的。）具体而言，在20世纪70年代末到80年代初的高利率环境中，利率超过10%，此时利率波动率和利率水平之间存在正相关。然而，当利率低于10%时，这种关系就会变弱。因此，这一发现表明，从20世纪80年代起，利率波动率就独立于利率水平。Levin 对1980—2003年的10年期国债利率和1989—2003年的10年期互换利率的研究支持了这些结论。[③]

这些研究的意义在于，在建立利率模型时，人们可以假设在利率低于10%的环境中，利率波动率独立于利率水平。因此，在建立波动项动态变化的模型时，可以使用正态模型。

负利率

我们的分析重点是名义利率。尽管我们知道经济中的实际利率（经过通货膨胀调整后的利率）曾经为负值，但人们通常认为名义利率不可能是负值。原因在于，如果名义利率为负值，那么投资者将持有现金。然而，在某些国家中利率曾经在短期内为负值，这反驳了投资者不愿以负利率贷款的说法。

例如，在美国大萧条期间，金融史学家找出了国债以负收益率交易的时期。日本提供了

---

① 例如，可见 K. C. Chan，G. A. Karolyi，Francis A. Longstaff，and Anthony B. Sanders，"An Empirical Comparison of Alternative Models of the Short Rate，" *Journal of Finance* 47：3，1992，pp. 1209 - 1227；Robin J. Brenner，Richard H. Harjes，and Kenneth F. Kroner，"Another Look at Alternative Models of the Short-Term Interest Rate，" *Journal of Financial and Quantitative Analysis*，31，1996，pp. 85 - 107；and Yacine Aït-Sahalia，"Testing Continuous Time Models of the Spot Interest Rate，" *Review of Financial Studies*，9：2，1996，pp. 385 - 426。

② Oren Cheyette，"Interest Rate Models，" Chapter 1 in *Interest Rate*，*Term Structure*，*and Valuation Modeling*.

③ Alexander Levin，"Interest Rate Model Selection，" *Journal of Portfolio Management*，Winter 2004，pp. 74 - 86.

另一个例子。在1998年11月初，西方银行吸纳2个月或3个月期日元存款要向日本银行收取3～6个基点的利率，而日本银行不愿将这笔钱存在当地金融机构，因为它们认为日本金融体系不稳定。在1998年11月的一个交易日中，3个月期日元国库券的收益率跌到了－5个基点，尽管收市时收益率为正。

一种公允的说法是：尽管负收益率并非不可能出现，但却不太可能出现。这一结论的重要性在于，人们可能认为利率模型不应允许出现负利率（或者低于零以下几个基点的负利率）。然而，在用基点表示波动率的模型中——就像在正态模型中一样——是可能出现负利率的。而如果用收益率变动百分比（即收益率之比的对数）衡量利率波动率，那么利率就不可能为负。因此，使用利率波动率独立于利率水平的利率模型的优点就是，不可能出现负收益率。在决定是否使用对数正态模型而不是正态模型时，这种假设有多重要呢？我们将在下一节中解决这一问题。

选择利率模型

Cheyette提供了选择利率的指南。他写道：

> 看来，人们在选择利率模型时主要应该关心利率模型表示利率期限结构实证波动率的准确性及其拟合平价利率上限和互换期权等普通衍生工具市场价格的能力。这些显然都是很重要的标准，但不是决定性标准。第一项标准的约束力很弱，它在很大程度上取决于人们选择哪个历史时期进行分析。对于多数常用模型，根据允许预测未来波动率依赖于时间的简单（但没有吸引力的）假设，第二项标准很容易满足。因此，尽管这种担心很重要，但它实际上并不太有助于筛选选择。①

此外，就像Cheyette提到的，应用的方便性是选择利率模型时的关键问题。尽管本章的重点是介绍利率模型，但也会涉及应用问题。为了估值的一致性，某位投资组合管理者希望找到一个可以用来计算投资组合中所有金融工具价值的模型。在实际中，“很难或不可能”为文献中提出的某个利率模型编写有效的对数模型来计算可能包括在投资组合中的全部金融工具的价值。②

根据实证，Cheyette和Levin得出结论，认为正态模型是一个合适的模型。Cheyette认为对于典型的初始即期利率曲线和波动率参数而言，该模型产生负利率的概率微乎其微。③从实际角度看，重要的不只是正态模型是否允许出现负利率，还有负利率是否可能对金融工具的定价产生重大影响。Cheyette通过为一只零息债券的看涨期权定价，对其进行了检验，并得出结论：“检验证明，常被提起的可怕的负利率对期权定价几乎没有影响，因为模型参数的合理值和初始期限结构中出现负利率的概率非常低。”④

对抵押贷款支持证券定价问题进行过实证研究的Levin也得出结论，认为正态模型——尤其是Hull-White模型——是合适的模型。他写道：“即使在最坏的抵押贷款无关情况下，

---

① Cheyette, “Interest Rate Models,” p. 4.

② Cheyette, “Interest Rate Models,” p. 4.

③ Cheyette, “Interest Rate Models,” p. 10.

④ Cheyette, “Interest Rate Models,” p. 25.

也不会导致严重的定价错误。”[①] 但就像他提到的，“当然也有必要对这个结论进行定期检查。”[②]

用历史数据估计利率波动率

如我们所见，利率模型中的一个输入值为利率波动率。市场参与者从哪里获得这个值来使用利率模型呢？市场参与者用以下两种方法之一估算收益率波动率。第一种方法是估计历史利率波动率。这种方法用历史利率来计算利率变动的标准差，由于显而易见的原因，这种方法被称为**历史波动率法**（historical volatility）。第二种方法在本书此处说明起来较为复杂。这种方法需要用模型为期权类衍生工具定价，以获得市场对利率波动率预期的估计。基本上，在任何期权定价模型中，模型中唯一观察不到的输入值就是利率波动率。一般做法是，假设期权类衍生工具的观测价格是根据某种期权定价模型定价的。计算过程中需要确定何种利率波动率会使期权类衍生工具的市场价格等于根据期权定价模型算出的价值。由于所得到的预期利率波动率是通过模型倒算出来的，因此被称为**隐含波动率**（implied volatility）。

我们用图表 17—1 中的数据说明如何计算历史波动率，该历史波动率是用根据绝对利率变动和利率变动百分比得出的标准差衡量的。图表 17—1 中显示的历史利率为 2004 年 7 月 30 日至 2005 年 7 月 29 日的 1 个月期 LIBOR 的周收益率。观测值是基于美国东部时间上午 9:30 左右收集到的欧洲美元存款的买入利率。[③] 计算过程可以用电子表格进行。该表中给出了周标准差。绝对利率变动为 2.32 个基点；利率变动百分比为 1.33%。

周指标必须换算为年指标。将周标准差换算为年标准差的公式为[④]

$$周标准差\times\sqrt{52}$$

图表 17—1　　计算历史波动率的数据：2004 年 7 月 30 日至 2005 年 7 月 29 日的 1 个月期数据

日期	1 个月期 LIBOR（%）	绝对利率变动（基点）	利率变动百分比（%）
2004 年 7 月 30 日	1.43		
2004 年 8 月 6 日	1.49	6	4.110
2004 年 8 月 13 日	1.51	2	1.333
2004 年 8 月 20 日	1.52	1	0.660
2004 年 8 月 27 日	1.54	2	1.307
2004 年 9 月 3 日	1.59	5	3.195
2004 年 9 月 10 日	1.67	8	4.909

① Levin, “Interest Rate Model Selection,” p. 85.

② Levin, “Interest Rate Model Selection,” p. 85.

③ 数据来自《联邦储备统计公报》H. 15。

④ 在年标准差公式中，使用一年中时期数的平方根时作出了如下假设：随时间推移发生的利率变动之间的相关性并不显著。在描述这种相关性时，使用了序列相关性这一术语。

续前表

日期	1 个月期 LIBOR (%)	绝对利率变动 (基点)	利率变动百分比 (%)
2004 年 9 月 17 日	1.73	6	3.530
2004 年 9 月 24 日	1.77	4	2.286
2004 年 10 月 1 日	1.77	0	0.000
2004 年 10 月 8 日	1.78	1	0.563
2004 年 10 月 15 日	1.81	3	1.671
2004 年 10 月 22 日	1.86	5	2.725
2004 年 10 月 29 日	1.90	4	2.128
2004 年 11 月 5 日	1.98	8	4.124
2004 年 11 月 12 日	2.03	5	2.494
2004 年 11 月 19 日	2.06	3	1.467
2004 年 11 月 26 日	2.11	5	2.398
2004 年 12 月 3 日	2.24	13	5.979
2004 年 12 月 10 日	2.30	6	2.643
2004 年 12 月 17 日	2.35	5	2.151
2004 年 12 月 14 日	2.34	1	−0.426
2004 年 12 月 31 日	2.34	0	0.000
2005 年 1 月 7 日	2.34	0	0.000
2005 年 1 月 14 日	2.39	5	2.114
2005 年 1 月 21 日	2.44	5	2.070
2005 年 1 月 28 日	2.50	6	2.429
2005 年 2 月 4 日	2.53	3	1.193
2005 年 2 月 11 日	2.53	0	0.000
2005 年 2 月 18 日	2.53	0	0.000
2005 年 2 月 25 日	2.59	6	2.344
2005 年 3 月 4 日	2.66	7	2.667
2005 年 3 月 11 日	2.71	5	1.862
2005 年 3 月 18 日	2.77	6	2.190
2005 年 3 月 25 日	2.79	2	0.719
2005 年 4 月 1 日	2.81	2	0.714
2005 年 4 月 8 日	2.85	4	1.413
2005 年 4 月 15 日	2.89	4	1.394

续前表

日期	1个月期 LIBOR（%）	绝对利率变动（基点）	利率变动百分比（%）
2005年4月22日	2.95	6	2.055
2005年4月29日	3.01	6	2.013
2005年5月6日	3.04	3	0.992
2005年5月13日	3.03	1	−0.329
2005年5月20日	3.02	1	−0.331
2005年5月27日	3.03	1	0.331
2005年6月3日	3.08	5	1.637
2005年6月10日	3.12	4	1.290
2005年6月17日	3.19	7	2.219
2005年6月24日	3.25	6	1.863
2005年7月1日	3.28	3	0.919
2005年7月8日	3.29	1	0.304
2005年7月15日	3.32	3	0.908
2005年7月22日	3.38	6	1.791
2005年7月29日	3.44	6	1.760
平均值		3.98	1.690
周方差		6.84	1.780
周标准差		2.62	1.330
年标准差		18.86	9.620

资料来源：《联邦储备统计公报》H.15。

将两个周波动率指标换算为年波动率指标：

绝对利率变动：$2.62\times\sqrt{52}=18.89$ 个基点

对数百分比变化：$1.33\times\sqrt{52}=9.62\%$

如果我们用日数据或月数据来计算标准差，那么应该用下列公式换算为年数据：

$$月标准差\times\sqrt{12}$$

$$日标准差\times\sqrt{一年中的交易日天数}$$

注意，将日波动率换算为年波动率需要确定一年中的交易日天数。不同市场管理规定的上述年标准差公式中使用的年交易日天数也不同。通常，既有用250天的，也有用260天的。对于许多使用日利率的交易者而言，在不同的年交易日天数假设下，计算出的历史年波动率之间的差异可能很大。具体而言，根据假设的年交易日天数，日标准差将乘以不同的系数，如下：

假设的天数	假设天数的平方根
250	15.81
260	16.12

要　点

• 利率模型是对利率如何随时间推移而变动的概率描述。随机微分方程是最常用来描述构成利率变动统计特征（漂移、波动率和均值回归）的利率变动的数学工具。

• 实践中，单因素模型被用来描述利率行为；单因素模型假设短期利率遵循某种统计过程，而期限结构中的其他利率与短期利率有关。

• 在单因素模型中，随机微分方程根据以下两个要素，用短期利率在时间间隔中的变动表示利率变动：(1) 短期利率的预期变动方向（漂移项）；(2) 随机过程（波动项）。

• 利率模型可分为两大类：无套利模型和均衡模型。

• 对于无套利模型，分析师从假设定价公允的基准工具的市场价格观测值开始，用这些价格推导出与基准工具的市场价格观测值一致的期限结构。该模型被称为无套利模型，因为它与基准工具的观测价格相匹配。

• 均衡模型试图用假定会影响利率过程的基础经济变量描述期限结构的动态变化。

• 在实际中，由于执行均衡模型比较困难，因此使用的是无套利模型。

• 将模型归类为正态模型还是对数正态模型取决于对随机微分方程随机项动态变化所作的假设。正态模型假设利率波动率独立于利率水平，因此允许出现负利率。对数正态模型假设利率波动率与利率水平成比例，因此不可能出现负利率。

• 本章中考察的关于利率波动率与利率水平关系的实证显示，这种关系在利率水平低于10%时很弱。但是，当利率高于10%时，二者之间通常存在正向关系。这一实证表明，在利率低于10%的环境中，正态模型可以比对数正态模型更贴切地描述利率行为。

• 此外，实证检验还表明，负利率对定价的影响微乎其微，因此人们不必过分担心正态模型允许出现负利率的可能。

• 人们可以用历史波动率或隐含波动率估计利率波动率。

• 历史波动率是根据某段时期中观察到的利率计算出来的。当使用日观测值计算历史波动率时，由于对一年中的交易日天数可以作出不同假设，因此给定观测值系列的年波动率可能出现差异。根据期权定价模型和期权类衍生工具的观测价格可以得到隐含波动率。

问　题

1. 利率模型的含义是什么？

2. 请说明利率模型的下列三个特征：

a. 漂移。

b. 波动率。

c. 均值回归。

3. 描述体现利率模型特征的利率变动的常用数学工具是什么？

4. a. 为什么最常用来描述利率行为的利率模型是单因素模型？

b. 单因素利率模型中的单因素是什么？

5. 以下术语是什么意思？

a. 利率的正态模型。

b. 利率的对数正态模型。

6. 请说明下列利率模型如何处理波动项的动态变化：

a. Vasicek 模型。

b. Dothan 模型。

c. Cox-Ingersoll-Ross 模型。

7. 什么是无套利利率模型？

8. a. Ho-Lee 无套利利率模型的一般特征是什么？

b. Ho-Lee 无套利利率模型和 Hull-White 无套利利率模型有何区别？

9. 什么是均衡利率模型？

10. 请说明为什么实践中通常使用的是无套利模型而非均衡模型？

11. a. 关于波动率和利率水平之间关系的实证是什么？

b. 请说明历史证据支持使用正态模型还是对数正态模型。

12. 请评论下列说法："如果利率模型允许出现负利率，那么它在实践中就没有用。"

13. a. 历史波动率是什么意思？

b. 隐含波动率是什么意思？

14. 假设周利率波动率的估计值如下：

绝对利率变动＝3.85 个基点；

利率变动百分比＝2.14％。

a. 绝对利率变动的年波动率是多少？

b. 利率变动百分比的年波动率是多少？

第 18 章

附有嵌入式期权债券分析

学习目标

阅读本章后，您将了解

- 传统的收益率利差分析的缺陷
- 什么是静态利差，以及在什么条件下静态利差不同于传统的收益率利差
- 从投资者的角度看，可赎回债券有什么缺点
- 最差收益率以及传统的可赎回债券定价方法的缺陷
- 可赎回债券的价格—收益率关系
- 负凸性以及可赎回债券在什么时候表现为负凸性
- 如何分解附有嵌入式期权债券的价值
- 树状图法以及如何用树状图法计算附有嵌入式期权债券的价值
- 如何构建利率二叉树，使其与证券发行人新发行证券的价格和给定的价格波动率假设保持一致
- 什么是期权调整利差，以及如何运用二叉树法计算期权调整利差
- 运用修正久期和标准凸性作为附有嵌入式期权债券的价格敏感性衡量指标的局限性
- 有效久期和修正久期之间的区别
- 如何运用二叉树法计算实际久期和实际凸性

在前面几章里，我们讨论了未附期权债券的定价、收益率指标和价格波动性。在第 2 章中，我们了解到债券价格以债券现金流的现值为基础。附有嵌入式期权债券是指债券发行人或债券持有者有权选择改变债券现金流的债券。在本章中，我们将考察如何分析附有嵌入式期权的债券。由于债券附有的期权中最常见的是赎回期权，所以，我们重点考察可赎回债券。我们首先考察传统的收益率利差分析的局限性。虽然我们采用的例子是公司债券，但是，本章的分析同样适用于政府机构证券和市政债券。在下一章，我们将集中分析抵押贷款支持证券。

传统收益率利差分析法的缺陷

对于非国债债券而言，传统的收益率利差分析需要计算债券的到期收益率（赎回收益率）与可比期限国债的到期收益率之差。后者可以通过国债收益率曲线获得。例如，考虑下面两只息票利率均为 8.8%的 25 年期债券：

债券种类	价格（美元）	到期收益率（%）
国债	96.613 3	9.15
公司债券	87.079 8	10.24

按传统计算方法求出的两种债券之间的收益率利差为 109 个基点（10.24%－9.15%）。然而这种计算惯例有两个缺点：(1) 两种债券收益率的计算方法都没有考虑利率期限结构；(2) 对于可赎回债券和（或）可回售债券而言，预期利率波动可能会改变债券的现金流。现在，我们仅集中研究第一个缺点：没有考虑利率期限结构。

静态利差：收益率利差的替代指标

在传统的收益率利差分析中，投资者需要将债券的到期收益率与类似期限的新发行国债的到期收益率进行比较。这意味着，一只 25 年期的零息公司债券和一只 25 年期的息票利率为 8.8%的公司债券的到期收益率都需要与作为基准的 25 年期国债的到期收益率进行比较。这种比较的意义不大，因为这两种公司债券的现金流特征与基准国债的现金流特征不同。

对具有相同期限和不同息票利率的非国债债券进行比较的一种适当方法是：将其与具有相同现金流的国债组合进行比较。例如，考虑一只息票利率为 8.8%、售价为 87.079 8 美元的 25 年期公司债券。假设利率保持不变（即假定利率是静态的），那么，每 100 美元面值的这种公司债券的现金流为：49 笔每 6 个月付息一次的 4.40 美元和一笔 25 年（50 个 6 个月期）后的本息偿付 104.4 美元。能够复制上述现金流的债券组合包括与公司债券现金流的金额和产生时间相匹配的 50 只零息国债。公司债券的价值等于所有现金流的现值。

假定现金流无风险，那么公司债券的价值将等于所复制的国债组合的现值。反过来，我们可以用国债的即期利率来为这些现金流定价。假设国债的即期利率曲线如图表 18—1 所示，该图表显示了如何计算无风险利率为 8.8%的 25 年期债券的价格。该债券的价格应为 96.613 3 美元。公司债券的价格为 87.079 8 美元，低于零息国债组合的价格。这是因为与持有无风险国债组合相比，持有公司债券的投资者实际上要求为所承担的相关风险获得收益率溢价。

图表 18—1　　运用国债即期利率计算息票利率为 8.8%的 25 年期债券的价格

期限	现金流（美元）	国债即期利率（%）	现值（美元）
1	4.4	7.000 00	4.251 2
2	4.4	7.049 99	4.105 5

续前表

期限	现金流（美元）	国债即期利率（%）	现值（美元）
3	4.4	7.099 98	3.962 8
4	4.4	7.124 98	3.825 1
5	4.4	7.139 98	3.692 2
6	4.4	7.166 65	3.562 2
7	4.4	7.199 97	3.435 1
8	4.4	7.262 40	3.307 7
9	4.4	7.333 15	3.182 0
10	4.4	7.389 77	3.061 1
11	4.4	7.445 17	2.943 4
12	4.4	7.491 35	2.830 2
13	4.4	7.538 10	2.720 0
14	4.4	7.578 19	2.614 1
15	4.4	7.619 59	2.511 2
16	4.4	7.662 05	2.411 1
17	4.4	7.705 38	2.313 9
18	4.4	7.743 91	2.220 7
19	4.4	7.788 88	2.129 1
20	4.4	7.834 34	2.040 4
21	4.4	8.223 00	1.887 9
22	4.4	8.333 33	1.792 3
23	4.4	8.400 00	1.708 0
24	4.4	8.500 00	1.620 4
25	4.4	8.542 30	1.546 5
26	4.4	8.723 45	1.450 0
27	4.4	8.900 00	1.358 1
28	4.4	9.000 00	1.282 9
29	4.4	9.014 50	1.225 2
30	4.4	9.230 00	1.136 7
31	4.4	9.390 00	1.061 1
32	4.4	9.448 40	1.004 5
33	4.4	9.500 00	0.951 4
34	4.4	9.500 00	0.908 3

续前表

期限	现金流（美元）	国债即期利率（%）	现值（美元）
35	4.4	9.500 00	0.867 1
36	4.4	9.500 00	0.827 8
37	4.4	9.550 00	0.783 3
38	4.4	9.560 00	0.746 2
39	4.4	9.580 00	0.709 5
40	4.4	9.580 00	0.677 1
41	4.4	9.600 00	0.643 6
42	4.4	9.700 00	0.602 0
43	4.4	9.800 00	0.562 5
44	4.4	9.900 00	0.525 1
45	4.4	10.000 00	0.489 7
46	4.4	10.100 00	0.456 3
47	4.4	10.300 00	0.415 4
48	4.4	10.500 00	0.377 4
49	4.4	10.600 00	0.350 3
50	104.4	10.800 00	7.527 8
理论价格			96.613 4

静态利差（static spread），也被称为**零波动率利差**（zero-volatility spread），是指投资者持有债券至到期的情况下，通过整个国债即期利率曲线实现的收益率利差。与传统的收益率利差不同，静态利差不是指国债收益率曲线上某一点所对应的收益率利差。如果以国债即期利率加上某个利差进行贴现，所得到的公司债券现金流的现值恰好等于公司债券的价格，那么该利差就是静态利差。确定静态利差时需要运用试错法。

我们以第一个例子中的公司债券为例，说明静态利差的计算过程。任意选择一个利差，比如 100 个基点。这样，图表 18—2 第三列的每个国债即期利率将分别加上 100 个基点。例如，14 年期国债（第 28 个期间）的即期利率为 10%（9%+1%）。然后，用即期利率加上 100 个基点得到的值计算出现值为 88.547 4 美元。由于该现值与公司债券的价格（87.079 6 美元）不相等，因此静态利差不是 100 个基点。如果将利差设定为 110 个基点，那么根据图表 18—2 倒数第二列得到的现值为 87.802 9 美元；该现值同样不等于公司债券的价格，因此静态利差也不是 110 个基点。图表 18—2 最后一列显示了将利差设定为 120 个基点时的现值。该现值与公司债券的价格相等。因此，静态利差为 120 个基点，而传统收益率利差为 109 个基点。

图表 18—2　　　　计算息票利率为 8.8%的 25 年期公司债券的静态利差

时期	现金流（美元）	国债即期利率（%）	运用以下利差求出的现值（美元）		
			100 个基点	110 个基点	120 个基点
1	4.4	7.000 00	4.230 8	4.228 7	4.226 7
2	4.4	7.049 99	4.066 1	4.062 2	4.058 3
3	4.4	7.099 98	3.905 9	3.900 3	3.894 7
4	4.4	7.124 98	3.752 1	3.744 9	3.737 7
5	4.4	7.139 98	3.604 3	3.595 7	3.587 1
6	4.4	7.166 65	3.460 7	3.450 8	3.440 8
7	4.4	7.199 97	3.321 2	3.310 1	3.299 0
8	4.4	7.262 40	3.182 8	3.170 6	3.158 4
9	4.4	7.333 15	3.047 2	3.034 0	3.021 0
10	4.4	7.389 77	2.917 4	2.903 4	2.889 5
11	4.4	7.445 17	2.791 7	2.777 0	2.762 4
12	4.4	7.491 35	2.671 5	2.656 2	2.640 9
13	4.4	7.538 10	2.555 2	2.539 4	2.523 6
14	4.4	7.578 19	2.444 0	2.427 7	2.411 5
15	4.4	7.619 59	2.336 6	2.319 8	2.303 2
16	4.4	7.662 05	2.232 7	2.215 7	2.198 8
17	4.4	7.705 38	2.132 5	2.115 2	2.098 1
18	4.4	7.743 91	2.036 8	2.019 3	2.002 0
19	4.4	7.788 88	1.943 5	1.925 9	1.908 5
20	4.4	7.834 34	1.853 6	1.835 9	1.818 4
21	4.4	8.223 00	1.707 2	1.690 2	1.673 3
22	4.4	8.333 33	1.613 1	1.596 3	1.579 6
23	4.4	8.400 00	1.530 0	1.513 2	1.496 7
24	4.4	8.500 00	1.444 6	1.428 2	1.411 9
25	4.4	8.542 30	1.372 2	1.355 9	1.339 8
26	4.4	8.723 45	1.280 6	1.264 8	1.249 2
27	4.4	8.900 00	1.193 8	1.178 5	1.163 5
28	4.4	9.000 00	1.122 4	1.107 5	1.092 9
29	4.4	9.014 50	1.066 8	1.052 2	1.037 8
30	4.4	9.230 00	0.985 2	0.971 2	0.957 5
31	4.4	9.390 00	0.915 4	0.902 0	0.888 8

续前表

时期	现金流（美元）	国债即期利率（%）	运用以下利差求出的现值（美元）		
			100 个基点	110 个基点	120 个基点
32	4.4	9.448 40	0.862 5	0.849 5	0.836 7
33	4.4	9.500 00	0.813 1	0.800 4	0.788 0
34	4.4	9.500 00	0.772 5	0.760 1	0.748 0
35	4.4	9.500 00	0.734 0	0.721 9	0.710 0
36	4.4	9.500 00	0.697 4	0.685 5	0.673 9
37	4.4	9.550 00	0.656 8	0.645 3	0.634 1
38	4.4	9.560 00	0.622 7	0.611 6	0.600 7
39	4.4	9.580 00	0.589 3	0.578 5	0.567 9
40	4.4	9.580 00	0.559 7	0.549 2	0.538 9
41	4.4	9.600 00	0.529 5	0.519 3	0.509 3
42	4.4	9.700 00	0.492 9	0.483 2	0.473 7
43	4.4	9.800 00	0.458 5	0.449 2	0.440 1
44	4.4	9.900 00	0.426 0	0.417 2	0.408 6
45	4.4	10.000 00	0.395 5	0.387 1	0.378 9
46	4.4	10.100 00	0.366 8	0.358 8	0.351 1
47	4.4	10.300 00	0.332 3	0.325 0	0.317 9
48	4.4	10.500 00	0.300 6	0.293 9	0.287 3
49	4.4	10.600 00	0.277 8	0.271 4	0.265 2
50	104.4	10.800 00	5.941 6	5.803 0	5.667 7
现值总额			88.547 4	87.802 9	87.079 6

假设国债即期利率如图表 18—1 所示，图表 18—3 给出了不同期限和价格的债券的静态利差和传统收益率利差。注意，债券的期限越短，传统收益率利差与静态利差之差就越小。传统收益率利差与静态利差之差的大小也取决于收益率曲线的形状。对于给定的息票利率和债券期限，收益率曲线越陡峭，两者之差就越大。

图表 18—3　　不同债券的传统收益率利差与静态利差的比较[a]

债券	价格	到期收益率（%）	利差（基点）		
			传统收益率利差	静态利差	差额
息票利率为 8.8%的 25 年期债券					
国债	96.613 3	9.15	—	—	—
A	88.547 3	10.06	91	100	9
B	87.803 1	10.15	100	110	10

续前表

债券	价格	到期收益率（%）	利差（基点）		
			传统收益率利差	静态利差	差额
C	87.079 8	10.24	109	120	11
息票利率为 8.8%的 15 年期债券					
国债	101.960 3	8.57	—	—	—
D	94.192 8	9.54	97	100	3
E	93.463 9	9.63	106	110	4
F	92.743 3	9.73	116	120	4
息票利率为 8.8%的 10 年期债券					
国债	107.490 6	7.71	—	—	—
G	100.613 7	8.71	100	100	0
H	99.958 5	8.81	110	110	0
I	99.308 8	8.91	120	120	0
息票利率为 8.8%的 5 年期债券					
国债	105.955 5	7.36	—	—	—
J	101.791 9	8.35	99	100	1
K	101.386 7	8.45	109	110	1
L	100.983 6	8.55	119	120	1

a. 假设国债的即期收益率曲线如图表 18—1 所示。

公司债券在到期日采取子弹式偿付模式，这是图表 18—3 中传统收益率利差与静态利差之差较小的另一个原因。在收益率曲线比较陡峭的情况下，偿债基金债券和抵押贷款支持证券的传统收益率利差和静态利差之差将变得相当大。

可赎回债券及其投资特征

现在我们已经了解了传统的收益率利差分析存在的问题，下面我们将介绍另一个复杂问题：债券的可赎回性。我们首先考察可赎回债券的特征。可赎回债券持有者同意给予债券发行人在债券到期日之前赎回债券的权利。这种赎回期权对债券持有者产生了两方面不利影响。

第一，可赎回债券持有者面临着再投资风险，因为在债券的市场收益率低于债券的息票利率时，发行人将赎回债券。例如，如果可赎回公司债券的息票利率为 13%，当前的市场收益率为 7%，那么，债券发行人就会发现赎回息票利率为 13%的债券，并重新发行息票利率为 7%的债券是经济合理的。从投资者的角度看，必须按较低的利率对投资收益进行再投资。

第二，正如我们在本章后面将要说明的，在利率下降的环境中，可赎回债券的价格上升潜力有限。这是因为当利率下降时，市场会越来越强烈地预期债券会按赎回价格被提前赎回。可赎回债券的这种现象被称为**价格抑制**（price compression）。

由于有这两个缺点，因此，可赎回债券通常附有赎回保护期，在该初始期限内的债券不可被赎回。那么，当存在价格抑制和再投资风险时，投资者为什么仍然愿意持有可赎回债券呢？如果投资者能够以高潜在收益率的形式获得足够多的补偿，那么投资者将愿意承担赎回风险。

可赎回债券的传统估值方法

当债券可赎回时，按照惯例要计算**最差收益率**（yield to worst）。如第 3 章所说明的，最差收益率是到期收益率和所有可能赎回日的赎回收益率中最低的收益率。最差收益率是根据传统方法，投资者认为在可赎回债券相对价值分析中应该采用的收益率。

第 3 章阐述了**赎回收益率**（yield to call）作为证券潜在收益率衡量指标的局限性。赎回收益率考虑了持有债券的全部三种潜在收益来源。然而，与到期收益率一样，这里也假设所有现金流都可以按计算出的收益率（在这种情况下为赎回收益率）进行再投资，直至假定的赎回日为止。此外，赎回收益率还假设：（1）投资者将在假定赎回日之前一直持有债券；（2）债券发行人将在该日赎回债券。

通常，这些有关赎回收益率的基础假设都是不切实际的，因为它们没有考虑如果债券被赎回，投资者将如何对投资收益进行再投资。例如，考虑两种债券：M 和 N。假定 5 年期不可赎回债券 M 的到期收益率为 10%，且可在 3 年后赎回的可赎回债券 N 的赎回收益率为 10.5%。那么，对一位投资期限为 5 年的投资者来说，投资哪一种债券更好呢？我们无法根据所给出的收益率进行回答。假如投资者希望持有债券 5 年，但是发行人在 3 年后将债券赎回，那么，在第 5 年年末，投资者的全部收益将取决于从赎回日到投资期期末这段时期内投资者将这笔资金进行再投资的收益率。

可赎回债券的价格—收益率关系

如第 4 章所述，未附期权债券的价格—收益率关系曲线为凸型曲线。图表 18—4 显示了其他条件都相同的不可赎回债券和可赎回债券的价格—收益率关系曲线。凸形曲线 α—α' 表示不可赎回债券（未附期权债券）的价格—收益率关系。非正常形状的曲线 a—b 表示可赎回债券的价格—收益率关系。

可赎回债券的价格—收益率曲线呈现这种形状的原因如下。当可比债券当前的市场收益率高于可赎回债券的息票利率时，债券发行人不太可能赎回债券。例如，如果债券的息票利率为 8%，可比债券当前的市场收益率为 16%，那么，债券发行人赎回息票利率为 8%的债券而发行息票利率为 16%的债券的可能性很小。由于债券被赎回的可能性很小，所以当市场收益率高于 y^* 时，可赎回债券与不可赎回债券将具有相同的凸形价格—收益率关系曲线。但是，即使息票利率刚好低于市场收益率，投资者也不会对可赎回债券支付与不可赎回债券相同的价格，因为只要市场收益率有可能继续降低，赎回债券就对发行人有利。

随着市场收益率的降低，收益率将进一步下降，从而发行人从赎回债券中获益的可能性将上升。我们可能无法确知从哪个收益率水平起投资者开始认为债券可能被赎回，但是，我们知道的确存在这样一个收益率水平。在图表 18—4 中，当收益率水平低于 y^* 时，可赎回债券的价格—收益率关系曲线与不可赎回债券的价格—收益率关系曲线之间将产生差异。考虑某只可按 104 美元的价格赎回的债券。如果根据市场收益率求出的可比不可赎回债券的价格为 109 美元，那么，理性投资者将不会为这种可赎回债券支付 109 美元。如果投资者支付 109 美元且债券被发行人赎回，那么，投资者以 109 美元购买的债券将只能获得 104 美元（赎回价格）。

图表 18—4　　　　不可赎回债券与可赎回债券的价格—收益率曲线

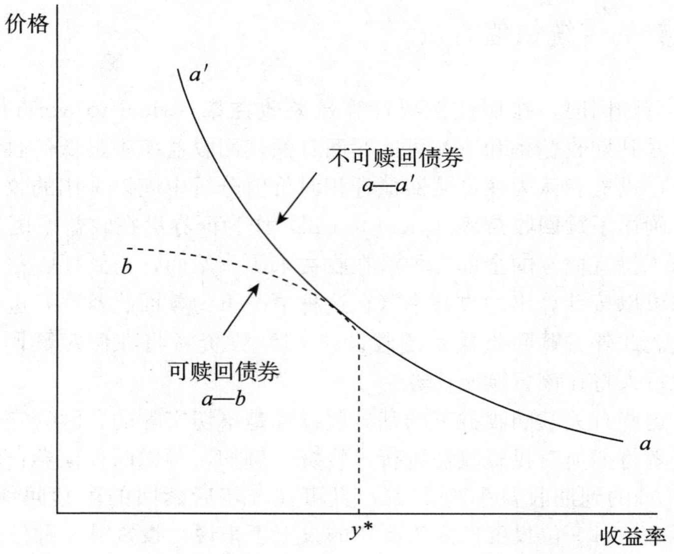

注意，在收益率低于 y^* 的区间内存在价格抑制——也就是说，随着收益率的下降，价格上升的势头将受到限制。y^* 以下的可赎回债券的价格—收益率关系曲线形状被称为负凸性。

负凸性（negative convexity）是指波幅为给定基点数的收益率大幅波动下，债券价格上升的幅度小于价格下降的幅度。未附期权的债券具有正凸性，即对于给定的收益率大幅波动，债券价格上升幅度大于价格下降幅度。因债券呈正凸性和负凸性而导致的价格变化如图表 18—5 所示。

图表 18—5　　　　正凸性和负凸性的价格波动性含义

利率变动	价格变动百分比的绝对值	
	正凸性	负凸性
−100 个基点	X%	小于 Y%
+100 个基点	小于 X%	Y%

即使债券很有可能被赎回，但是债券仍然可以按高于赎回价格的价格进行交易，理解这一点是很重要的。例如，考虑一只息票利率为 13%的 10 年期可赎回债券，该债券 1 年后将以 104 美元的赎回价格被赎回。假设 10 年期债券的收益率为 6%，而 1 年期债券的收益率为 5%。在 10 年期债券的利率为 6%的情况下，投资者预期债券将在一年后被赎回。因此，投资者将把该债券视为 1 年期债券，并据此为债券定价。这个价格必定反映了投资者将在 1 年

后获得13%的息票利率这一事实。因此，债券价格将等于以下两笔现金流的现值之和：（1）从现在开始6个月后的息票利息6.50美元（每100美元面值）；（2）息票利息（6.5美元）加上从现在开始1年后的赎回价格（104美元）。将这两笔现金流按照1年期债券的现行市场收益率5%（6个月期市场收益率为2.5%）贴现，则债券价格为

$$\frac{\$6.5}{1.025}+\frac{\$110.5}{(1.025)^2}=\$111.52$$

该价格高于赎回价格。因此，投资者愿意支付高于赎回价格的价格来购买该债券。

附有嵌入式期权债券的构成

为了建立附有嵌入式期权债券的分析框架，有必要将债券分解为若干组成部分。**可赎回债券**（callable bond）是指债券持有者向债券发行人出售了一项期权（更具体地说，是赎回期权）的债券，该期权允许债券发行人在债券的首个可赎回日与到期日之间回购债券合约规定的现金流。

考虑以下两种债券：（1）息票利率为8%、5年后可按104美元的价格赎回的20年期可赎回债券；（2）息票利率为9%、可以按面值立刻赎回的10年期可赎回债券。第一种债券的债券持有者拥有的实际上是一只5年期不可赎回债券，且债券持有者出售给债券发行人一项赎回期权，该期权赋予债券发行人从现在起5年后以104美元的价格从债券持有者那里赎回15年的现金流的权利。第二种债券的债券持有者拥有的实际上是一只10年期不可赎回债券，且债券持有者出售给债券发行人一项赎回期权，该期权赋予债券发行人以100美元的价格立刻赎回合约规定的10年中所有现金流，或债券被赎回时所有剩余现金流的权利。

实际上，可赎回债券持有者进行了两笔独立的交易。首先，他以某个价格从债券发行人那里购买了不可赎回债券。然后，他又向债券发行人出售了一项赎回期权，并获得了相应的期权价格。

因此，从价格的角度看，可赎回债券的价格等于两个组成部分的价格之和，即：

可赎回债券的价格＝不可赎回债券的价格－赎回期权的价格

将赎回期权的价格从不可赎回债券的价格中剔除的原因是，当债券持有者出售赎回期权时，他获得了赎回期权的价格。图表18—6用图形显示了这一原理。在任意给定的收益率水平下，不可赎回债券与可赎回债券之间的价格差就是嵌入式赎回期权的价格。①

对于**可回售债券**（putable bonds）来说是同样的道理。当持有可回售债券时，债券持有者有权在指定的时间按指定的价格将债券回售给债券发行人。可回售债券可以被分解为两笔独立的交易。首先，投资者购买不可回售债券。然后，投资者从发行人那里购买一项回售期权，该期权允许投资者将债券回售给债券发行人。这样，可回售债券的价格可以表示为：

---

① 实际上，该头寸比我们描述的更复杂。债券发行人可能有权在首个赎回日和其后的任何时间，或者在首个赎回日和其后任何一年的付息日赎回债券。因此，投资者实际上向发行人出售了一个美式赎回期权，但是赎回价格可以随着赎回期权的执行日而变化。这是因为债券的赎回时间表根据不同的赎回日而设定了不同的赎回价格。而且，赎回期权的标的债券是发行人在债券未被赎回的情况下所应支付的剩余息票利息。为了便于说明，可将投资者的头寸描述成一只不可赎回债券和一个赎回期权，这使我们更容易理解与可赎回公司债券的投资特征相关的原理。

可回售债券的价格＝不可回售债券的价格＋回售期权的价格

图表 18—6　　可赎回债券的价格分解

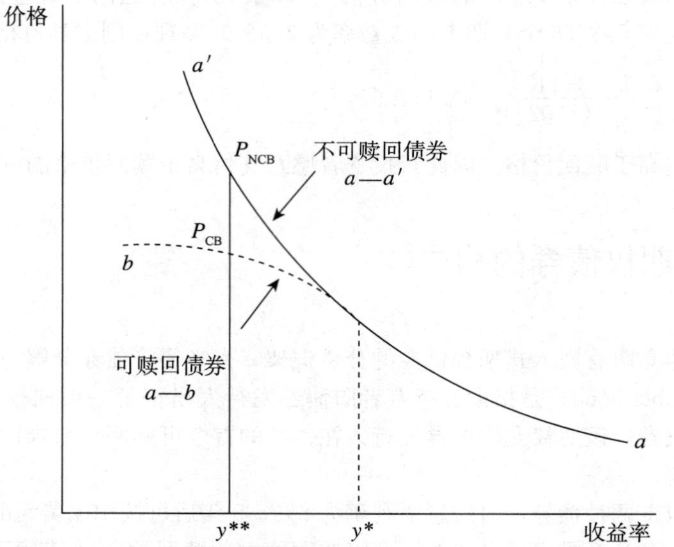

在 y^{**} 的收益率水平上：P_{NCB}＝不可赎回债券的价格；P_{CB}＝可赎回债券的价格；$P_{NCB}-P_{CB}$＝赎回期权的价格。

估值模型①

到目前为止，我们已经介绍了从概念上理解附有嵌入式期权债券的方法。具体而言，可赎回债券的价值等于可比不可赎回债券的价值减去赎回期权的价值。在本节中，我们将介绍一个附有嵌入式期权债券的定价模型。

这里运用了本书迄今为止讨论过的估值原理。具体而言，我们需要回顾第 5 章阐述的两个重要问题。第一，运用一个利率贴现债券的所有现金流是不恰当的。第二，用来贴现每笔现金流的正确利率应该是理论即期利率。这相当于用一系列远期利率来贴现。

我们必须在估值程序中加入的一个考虑因素是，利率的波动如何通过对嵌入式期权的影响来影响债券价格。根据所分析证券的结构，共有三种定价模型。第一种模型适用于不属于抵押贷款支持证券和资产支持证券，但在存续期内可以执行多次所附期权的债券。例如，一只可以在从现在起 3 年后每年的息票支付日赎回的 10 年期公司债券。本节将讨论这种债券的估值模型。第二种估值模型适用于所附期权只能被执行一次的附有嵌入式期权债券。例如，一只只能在特定日期执行期权的可赎回债券。具有这种特征的债券通常由政府资助企业房利美和房地美发行。我们将在本章后面的内容里讨论这种债券的估值方法。第三种估值模型适用于抵押贷款支持证券和某些类型的资产支持证券。我们将在下一章阐述并举例说明这种定价模型，即蒙特卡洛模拟模型。

① 本节中介绍的估值模型是在以下文章中首先提出的：Andrew J. Kalotay，George O. Williams，and Frank J. Fabozzi，"A Model for the Valuation of Bonds and Embedded Options，" *Financial Analysts Journal*，May-June 1993，pp. 35 - 46。

我们首先来回顾未附嵌入式期权债券的估值模型。

未附期权债券估值

在第 5 章中，我们曾提到未附期权债券的价格等于以即期利率贴现的现金流的现值。为了说明这一点，我们采用以下假设的收益率曲线：

期限（年）	到期收益率（%）	市场价值（美元）
1	3.50	100
2	4.00	100
3	4.50	100

为了简化说明，我们假设债券为每年偿付一次。根据第 5 章介绍的自助法，我们可以得出即期利率和 1 年期远期利率。

年	即期利率（%）	1 年期远期利率（%）
1	3.500	3.500
2	4.010	4.523
3	4.541	5.580

现在考虑一只息票利率为 5.25%、距离到期日还剩 3 年的未附期权债券。该债券价格的计算方法有两种，两种方法都可以得出相同的结果。第一种方法是用零息债券的利率贴现息票支付额：

$$\frac{\$5.25}{1.035}+\frac{\$5.25}{(1.040\,1)^2}+\frac{\$100+\$5.25}{(1.045\,31)^3}=\$102.075$$

第二种方法是以 1 年期远期利率贴现息票支付额：

$$\frac{\$5.25}{1.035}+\frac{\$5.25}{(1.035)(1.045\,23)}+\frac{\$100+\$5.25}{(1.035)(1.045\,23)(1.055\,80)}=\$102.075$$

引入利率波动性

当存在嵌入式期权时，就必须考虑利率波动性。常用的方法是引入**利率树**（interest-rate tree），也被称为**利率树状图**（interest-rate lattice）。利率树是以某种利率模型和利率波动性假设为基础，描述某个期间内的远期利率如何随时间推移而变化的图形。

利率模型

如前一章所述，**利率模型**（interest-rate model）是一种对利率在所评估金融工具的存续期内如何变动的概率描述。利率模型通过假设以下两个变量之间的关系来做出这种描述：(1) 短期利率水平；(2) 利率的波动性。利率的标准差是利率波动性的衡量指标。

常用的利率模型是根据短期利率如何随时间演变（即变化）而建立的无套利模型。如第16章所述，仅依靠短期利率变动建立的模型被称为单因素模型。

利率树状图

图表18—7显示了一类最基本的利率树状图或利率树的例子——**利率二叉树**（binomial interest-rate tree）。与此相对应的模型被称为**二叉树模型**（binomial model）。该模型假定利率在下一个期间为两种可能利率中的一种。我们在本章中介绍的估值模型都是二叉树模型。假设在下一个期间有三种可能利率的估值模型被称为**三叉树模型**（trinomial models）。一些更复杂的模型假设在下一个期间会有三种以上可能的利率。

现在回过头来看图表18—7中的利率二叉树。在该利率二叉树上，每个节点（用实心圆表示）表示距其左边节点1年的时点。每个节点都用字母 N 和一个下标表示，字母 N 代表**节点**（node），下标表示1年期远期利率到达该节点所采取的路径。在两个1年期远期利率中，H 代表较高的远期利率，L 代表较低的远期利率。例如，节点 N_{HH} 表示，到达该节点的1年期远期利率路径为：第一年实现的1年期利率是两个远期利率中较高的利率，第二年实现的1年期利率仍然是两个远期利率中较高的利率。[①]

图表18—7　　3年期利率二叉树

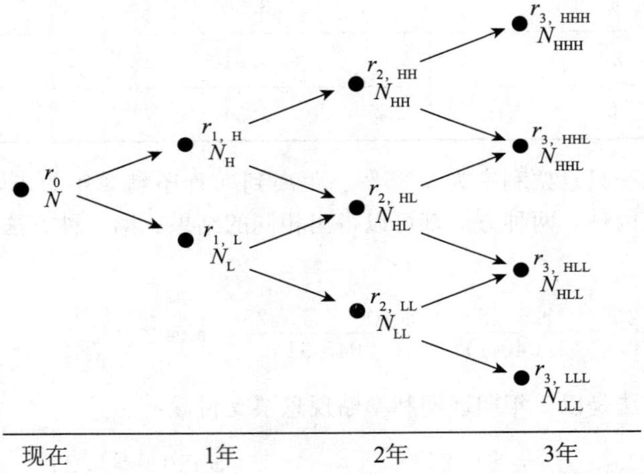

首先，我们观察图表18—7中标记为 N 的节点。这是二叉树的根部，它表示当前的1年期利率，也就是1年期远期利率，我们用 r_0 表示。该模型为单因素利率模型。具体而言，我们假设1年期远期利率基于随机过程而随时间演变，这种随机过程被称为具有确定波动性的**对数正态随机漫步**（lognormal random walk）。

我们用下列符号来描述第一年的利率二叉树，令

σ＝假设的1年期远期利率的波动性；

$r_{1,L}$＝从现在起1年后较低的1年期远期利率；

$r_{1,H}$＝现在起1年后较高的1年期远期利率。

---

① 注意，在第二年，N_{HL} 等于 N_{LH}，在第三年，N_{HHL} 等于 N_{HLH} 和 N_{LHH}，且 N_{HLL} 等于 N_{LLH}。为了避免在图形中堆积不必要的信息，我们对每个节点只选择了一个标记符号。

$r_{1,L}$和 $r_{1,H}$之间的关系如下：

$$r_{1,H}=r_{1,L}(e^{2\sigma})$$

其中，e是自然对数 2.718 28 的底数。例如，假设 $r_{1,L}$为 4.074%（年利率），σ 为 10%（年波动率），则：

$$r_{1,H}=4.074\%(e^{2\times 0.10})=4.976\%$$

第二年，1 年期远期利率可能取三种值，分别表示如下：

$r_{2,LL}$＝假设第一年的远期利率较低且第二年的远期利率较低时，第二年的 1 年期远期利率；

$r_{2,HH}$＝假设第一年的远期利率较高且第二年的远期利率较高时，第二年的 1 年期远期利率；

$r_{2,HL}$＝假设第一年的远期利率较高且第二年的远期利率较低，或第一年的远期利率较低且第二年的远期利率较高时，第二年的 1 年期远期利率。

$r_{2,LL}$与其他两个 1 年期远期利率之间的关系如下：

$$r_{2,HH}=r_{2,LL}(e^{4\sigma})$$

且

$$r_{2,HL}=r_{2,LL}(e^{2\sigma})$$

例如，如果 $r_{2,LL}$为 4.53%，那么仍然假设 σ 为 10%，则

$$r_{2,HH}=4.53\%\ (e^{4\times 0.10})\ =6.757\%$$

且

$$r_{2,HL}=4.53\%\ (e^{2\times 0.10})\ =5.532\%$$

图表 18—7 给出了利率二叉树在第三年的标记符号。为了简化标记符号，我们令 r_t 表示从现在开始 t 年后较低的 1 年期远期利率。因为从现在起 t 年后其他所有远期利率都取决于 r_t。图表 18—8 显示了采用这种简化标记表示的利率树。

在继续说明如何利用利率二叉树为债券估值之前，我们还需要集中解决两个问题。首先，表达式 $e^{2\sigma}$中的波动性参数 σ 代表什么含义？其次，如何确定每个节点处的债券价值？

波动性和标准差

我们可以证明，1 年期远期利率的标准差等于 $r_0\sigma$。[①] 标准差是衡量波动性的统计指标。现在，重要的是了解这一点：我们假设的利率二叉树（即远期利率）形成过程表明，波动性指标衡量的是相对于当前利率水平的利率波动。例如，如果 σ 为 10%，1 年期利率（r_0）为 4%，那么，1 年期远期利率的标准差将为 4%×10%＝0.4%，即 40 个基点。然而，如果当前的 1 年期利率为 12%，那么，1 年期远期利率的标准差将为 12%×10%，即 120 个基点。

---

① 由于 $e^{2\sigma}\approx 1+2\sigma$，因此，单期远期利率的标准差为$\frac{r\,e^{2\sigma}-r}{2}\approx\frac{r+2\sigma-1}{2}=\sigma r$。

图表 18—8　　3 年期利率二叉树和 1 年期远期利率

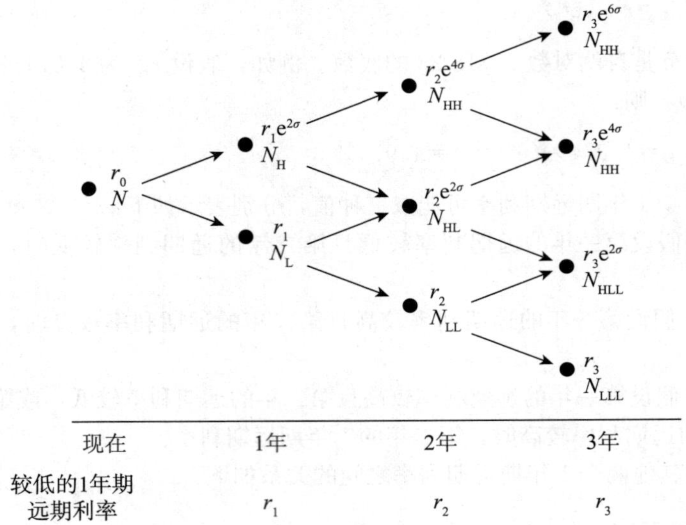

确定节点处的债券价值

第二个问题是如何确定节点处的债券价值，答案如下。首先，计算我们想要确定债券价值的节点右边两个节点的债券价值。例如，在图表 18—8 中，假设我们希望确定债券在节点 N_H 处的价值，那么，我们必须先确定债券在节点 N_{HH} 和 N_{HL} 处的价值。我们暂时不考虑如何得出这两个节点处的价值，因为正如我们将看到的，计算时要从利率树的最后一年开始往前推算，以求出我们想得到的最终解，因此，这两个值将是已知的。

实际上，我们要说明的是，如果我们处于某个节点，那么该节点上的价值将取决于未来的现金流。反过来，未来的现金流又取决于：(1) 从现在起一年后的债券价值；(2) 从现在起一年后的息票利息支付。后者是已知的，而前者取决于我们选取的是较高的 1 年期远期利率还是较低的 1 年期远期利率。债券的价值取决于我们所关注节点的右边两个节点采用的是较高的还是较低的远期利率。因此，某个节点处的现金流将是：(1) 短期利率为较高远期利率时的债券价值加上息票利息支付；(2) 短期利率为较低远期利率时的债券价值加上息票利息支付。例如，假如我们感兴趣的是 N_H 处的债券价值，那么现金流要么是债券在 N_{HH} 处的价值加上息票利息支付，要么是债券在 N_{HL} 处的价值加上息票利息支付。

为了求出债券在节点处的价值，我们需要遵循基本的定价原则：债券价值等于预期现金流的现值。所使用的适当贴现率是节点处的 1 年期远期利率。现在，这种情况下会产生两个现值：1 年期远期利率为较高利率时的现值和 1 年期远期利率为较低利率时的现值。假定两种结果的出现概率相同，那么，我们可以计算两个现值的平均值。图表 18—9 给出了债券在每个节点处的价值，假设我们将要确定价值的节点处的 1 年期远期利率为 r_*，并令：

V_H＝1 年期远期利率为较高利率时的债券价值；

V_L＝1 年期远期利率为较低利率时的债券价值；

C＝息票利息支付。

用我们的标记符号表示的节点处的现金流为

$V_H + C$，1 年期远期利率为较高利率时

或

$V_L + C$，1 年期远期利率为较低利率时

图表 18—9　　计算债券在节点处的价值

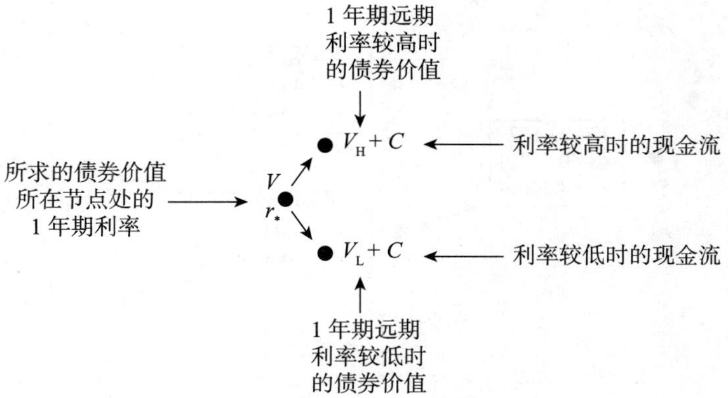

因此，我们利用节点处的 1 年期远期利率 r 来计算这两笔现金流的现值，即：

$\frac{V_H + C}{1 + r_*}$，1 年期远期利率为较高利率时的现值

$\frac{V_L + C}{1 + r_*}$，1 年期远期利率为较低利率时的现值

从而，债券在节点处的价值为：

$$节点处的价值 = \frac{1}{2} \times \left[\frac{V_H + C}{1 + r_*} + \frac{V_L + C}{1 + r_*}\right]$$

构建利率二叉树

为了说明如何构建利率二叉树，我们仍然采用前面使用过的新发行债券的当前收益率假设。我们假定波动率 σ 为 10％，并使用息票利率为 4％的 2 年期债券来构建一个 2 年期模型。

图表 18—10 给出了一个更详细的利率二叉树，并标出了每个节点处的现金流。我们将考察如何得出图中标明的所有数值。利率树根部的利率 r_0 表示当前的 1 年期远期利率，即 3.5％。

在第 1 年，1 年期远期利率可能取两个值：较高的远期利率和较低的远期利率。我们希望求得的是与波动性假设、远期利率的假设形成过程以及观察到的债券市场价值一致的两个远期利率。这无法通过一个简单公式解决，只能通过迭代过程（即试错法）解决。具体的步骤描述如下：

第 1 步：为 r_1 选择一个值。r_1 是从现在开始 1 年后较低的 1 年期远期利率。在第一次试验中，我们任意假定 r_1 的值为 4.5％。

第 2 步：确定与 r_1 对应的较高的 1 年期远期利率。如前所述，该利率与较低的 1 年期远

期利率的关系如下：$r_1 e^{2\sigma}$。由于 r_1 为 4.5%，所以较高的 1 年期远期利率为 5.496%（4.5% $e^{2\times 0.10}$）。图表 18—10 的节点 N_H 给出了这一数值。

图表 18—10　　用息票利率为 4%的新发行 2 年期债券计算第 1 年的 1 年期远期利率：第一次试验

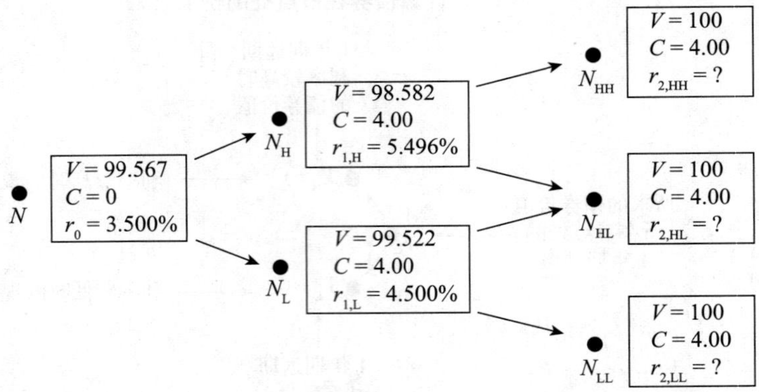

第 3 步：计算 1 年后的债券价值。其计算方法如下：

3a. 必须确定从现在起两年后的债券价值。在我们的例子中，这很简单。我们所采用的是 2 年期债券，因此债券价值等于债券的到期价值（100 美元）加上最终的息票利息支付（4 美元），也就是 104 美元。

3b. 以较高的 1 年期远期利率作为贴现率，计算 3a 中求出的债券价值的现值。在我们的例子中，适当的贴现率为较高的 1 年期远期利率，即 5.496%。现值为 98.582 美元（104 美元/1.054 96），这是我们前面提到的 V_H 的值。

3c. 以较低的 1 年期远期利率作为贴现率，计算 3a 中求出的债券价值的现值。那么，适当的贴现率为较低的 1 年期远期利率，即 4.5%。因此，现值为 99.522 美元（104 美元/1.045），这是 V_L 的值。

3d. 将息票利息分别与 V_H 和 V_L 相加，求出节点 N_H 和 N_L 处的现金流。在本例中，我们在远期利率较高时得到的现金流为 102.582 美元，在远期利率较低时得到的现金流为 103.522 美元。

3e. 使用 1 年期远期利率 r_*，计算两笔现金流的现值。在这个估值步骤中，r_* 采用的是利率树根部的利率 3.50%。因此，

$$\frac{V_H + C}{1 + r_*} = \frac{\$102.582}{1.035} = \$99.113$$

以及

$$\frac{V_L + C}{1 + r_*} = \frac{\$103.522}{1.035} = \$100.021$$

第 4 步：计算第 3 步中求出的两笔现金流的平均现值。这就是我们在前面提到的：

$$节点处的价值 = \frac{1}{2} \times \left[\frac{V_H + C}{1 + r_*} + \frac{V_L + C}{1 + r_*}\right]$$

在本例中，我们可以得到：

节点处的价值 $=\frac{1}{2}\times(\$99.113+\$100.021)=\$99.567$

第 5 步：比较第 4 步中得到的债券价值与债券的市场价值。如果两者相等，那么我们在试验中使用的 r_1 就是我们要找的利率。这就是我们将在利率二叉树中用作较低利率的 1 年期远期利率，并可求出相应的用作较高利率的 1 年期远期利率。相反，如果两者不相等，那么这说明我们在试验中使用的 r_1 值不是与下列情况一致的 1 年期远期利率：(1) 波动率为 10%的假设；(2) 假定的 1 年期远期利率的形成过程；(3) 观察到的债券市场价值。在这种情况下，我们必须选择另一个 r_1 值，并重复上述五个步骤。

在本例中，当 r_1 为 4.5%时，我们从第 4 步中得到的债券价值为 99.567 美元，小于观察到的债券市场价值 100 美元。因此，4.5%这个利率值过高，我们需要试验一个较低的 r_1 值，并重复上述五个步骤。

在这个例子中，我们直接选定正确的 r_1 值，并重新进行第 1 步至第 5 步。此时 r_1 值为 4.074%。图表 18—11 显示了相应的利率二叉树。

图表 18—11　用息票利率为 4%的新发行 2 年期债券计算第 1 年的 1 年期远期利率

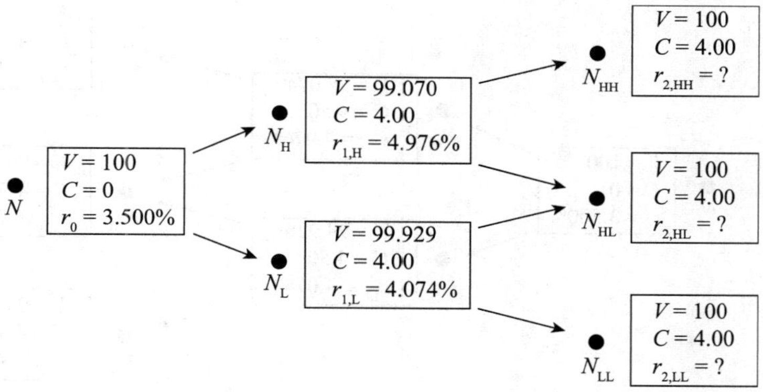

第 1 步：在这次试验中，我们选取的 r_1 的值为 4.074%。

第 2 步：较高的 1 年期远期利率相应为 4.976% ($4.074\%e^{2\times0.10}$)。

第 3 步：从现在起 1 年后债券价值的确定方法如下：

3a. 与第一次试验相同，从现在起两年后的债券价值为 104 美元。

3b. 以较高的 1 年期远期利率作为贴现率，计算 3a 中求出的债券价值的现值。可以求出 V_H 为 99.070 美元（104 美元/1.049 76）。

3c. 以较低的 1 年期远期利率作为贴现率，计算 3a 中求出的债券价值的现值。可以求出 V_L 为 99.929 美元（104 美元/1.040 74）。

3d. 将息票利率分别与 V_H 和 V_L 相加，我们在远期利率较高时得到的现金流为 137.071 美元，在远期利率较低时得到的现金流为 103.929 美元。

3e. 用左边节点的 1 年期远期利率 3.5%作为贴现率，计算两笔现金流的现值，可得：

$$\frac{V_H+C}{1+r_*}=\frac{\$103.071}{1.035}=\$99.586$$

以及

$$\frac{V_L+C}{1+r_*}=\frac{\$103.929}{1.035}=\$100.414$$

第 4 步：平均现值为 100 美元，即债券在节点处的价值。

第 5 步：因为平均现值与观察到的债券市场价值相等，均为 100 美元，所以，r_1 为 4.074%。

到此还没有结束。假设我们希望这棵利率树再“生长”一年——也就是说，我们希望确定 r_2 的值。现在，我们将用一种息票利率为 4.5%的 3 年期新发行债券来计算 r_2。我们在迭代过程中利用同样的五步，计算从现在起两年后的 1 年期远期利率。但是现在我们的目标是：确定一个 r_2 的值，使节点 N_H 处的平均现值等于债券在该节点处的价值（98.074 美元），同时使节点 N_L 处的平均现值等于债券在该节点处的价值（99.926 美元）。确定 r_2 的值后，在给定用来计算 r_1 的远期利率的条件下，我们就可以求出利率树根部的债券价值——支付给我们的最终利息的价值——为 100 美元，也就是观察到的债券市场价值。

我们可以证明，能够产生该理想结果的 r_2 的值为 4.530%。图表 18—12 给出了一棵完整的利率二叉树。利用这棵利率二叉树，我们可以为任何未附期权的债券或附有嵌入式期权的债券估值。

图表 18—12　用息票利率为 4.5%的新发行 3 年期债券计算第 2 年的 1 年期远期利率

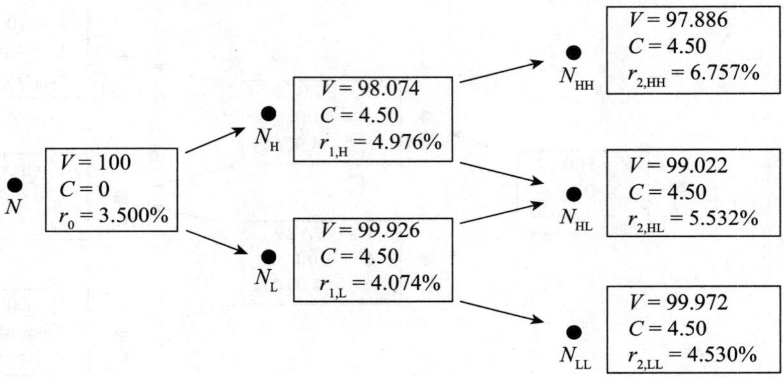

这里所构建的利率二叉树被称为**无套利树**（arbitrage-free tree）。之所以如此命名，是因为它对新发行债券进行了公允定价。

应用：为未附期权的债券估值

为了说明如何运用利率二叉树模型，考虑一只息票利率为 5.25%，还有两年到期的未附期权公司债券。同时假设新发行债券的收益率曲线与上一个例子中的收益率曲线相同，因此，其利率二叉树就是图表 18—12 中的利率二叉树。图表 18—13 显示了贴现过程中各个节点的债券价值，并求出债券价值为 102.075 美元。

值得注意的是，这里求出的债券价值等于前面用零息利率或 1 年期远期利率贴现求出的债券价值。我们应该预料到这个结果，因为这个例子中的债券未附期权。这清楚地表明，这种债券估值模型与未附期权债券的标准估值模型一致。

为可赎回公司债券估值

现在，我们说明如何利用利率二叉树为可赎回公司债券估值。这一估值过程与未附期权债券的估值方式基本相同，但有一个例外：当发行人执行赎回期权时，节点处的债券价值必然会变化，以反映债券未被赎回时的价值（即运用上述递归估值公式得到的价值）与赎回价格两者中的较低者。

图 18—13　　为息票利率为 5.25%还有 3 年到期的未附期权公司债券估值

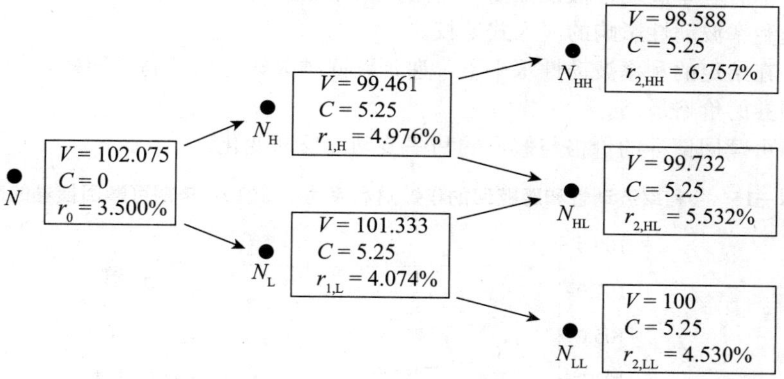

例如，考虑某只息票利率为 5.25%、还有 3 年到期并且 1 年后可按 100 美元赎回的公司债券。图表 18—14 给出了利率二叉树上每个节点处的债券价值。贴现过程与图表 18—13 基本相同，但是在 N_L 和 N_{LL} 两个节点处，根据递归公式求出的价值（N_L 处为 101.001 美元，N_{LL} 处为 100.689 美元）高于赎回价格（100 美元），因此，用赎回价格（100 美元）取代这两个值。每当根据递归公式求出的值被取代时，我们就必须从节点右边的时期开始，重新计算该节点处的价值。这只可赎回债券的价值为 101.432 美元。

图表 18—14　　为息票利率为 5.25%还有 3 年到期且 1 年后可按 100 美元赎回的可赎回公司债券估值

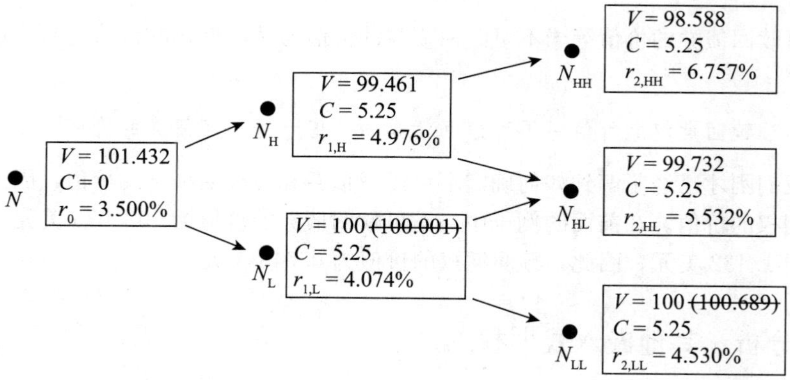

这个例子中没有提到但很重要的一个问题是：债券发行人将在什么情况下赎回债券。关于债券赎回规则的详细讨论不在本章的范围内。它涉及的基本内容是，按税后金额计算，债权人什么时候赎回债券是经济可行的。

预期利率波动性对价格的影响

正如我们说明过的，预期利率波动性是附有嵌入式期权的债券估值中重要的数据。为了解它对可赎回债券价格的影响，图表18—15显示了在不同的预期短期利率波动性假设下，具有不同递延赎回结构（6个月、2年、5年和7年）的四只利率为5%的10年期可赎回债券的价格。图表中还显示了一只利率为5%的10年期未附期权债券的价格。我们从图表中观察到下列信息：

● 不管利率波动性假设如何，未附期权债券的价格都相同。之所以有如此预期，是因为没有受利率波动性影响的嵌入式期权。

● 在给定的利率波动性水平下，递延赎回越久，价格越高。同样，正如预期所示，未附期权债券的价格最高。

● 可赎回债券的价格与假设的利率波动性反向变化。

图表 18—15　　利率波动性和距赎回的年数对利率为5%的10年期可赎回债券的影响

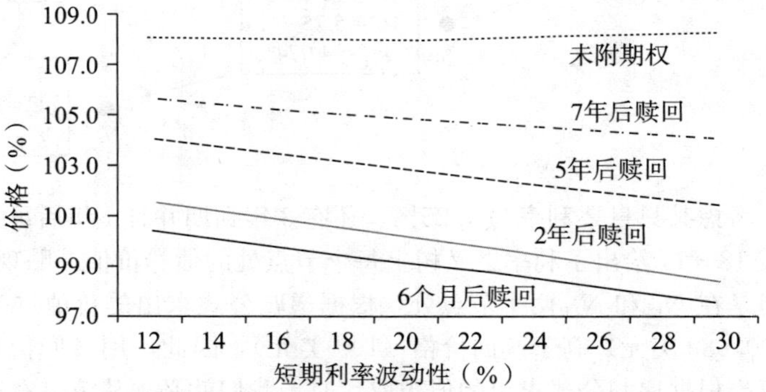

价格是使用3 000个利率树状图根据 Andrew Kalotay Associates BondOAS™计算出来的。

确定赎回期权的价值（或赎回期权的成本）

可赎回债券的价值等于不可赎回债券的价值与赎回期权的价值之差。这种关系可以表示如下：

赎回期权的价值＝不可赎回债券的价值－可赎回债券的价值

我们刚才已经了解到如何确定不可赎回债券和可赎回债券的价值，因此，两者之差就是赎回期权的价值。在前面的例子中，不可赎回债券的价值为102.075美元，可赎回债券的价值为101.432美元，因此，赎回期权的价值为0.643美元。

扩展分析：其他嵌入式期权

这里介绍的债券估值模型也可以用于分析其他嵌入式期权，如回售期权、浮动利率债券的上限和下限以及发行人为满足偿债基金要求而拥有的加速赎回期权。① 以一只可回售债券为例。假设这只公司债券的息票利率为5.25%，还有3年到期，1年后可按面值（100美元）回售给发行人。同时，假设该债券发行人适用的利率二叉树如图表18—12所示。在图

① Andrew Kalotay and George O. Williams, "The Valuation and Management of Bonds with Sinking Fund Provisions," *Financial Analysis Journal*, March-April 1992, pp. 59 - 67.

表 18—16 的利率二叉树中，由于债券在两个节点（N_{HH}和 N_{LH}）处的价值均低于 100 美元（可回售债券的价值），因此，在这两个节点处债券价值将发生变动。该可回售债券的价值为 102.523 美元。

图表 18—16　　为息票利率为 5.25%、还有 3 年到期且 1 年后可按 100 美元回售的可回售公司债券估值

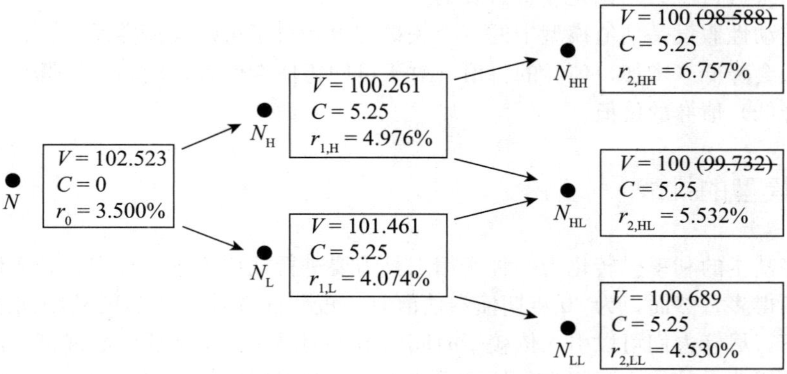

由于不可回售债券的价值可以表示为可回售债券的价值减去回售期权的价值，因此，这意味着：

回售期权的价值＝不可回售债券的价值－可回售债券的价值

在我们的例子中，可回售债券的价值为 102.523 美元，相应的不可回售债券的价值为 102.075 美元，因此，回售期权的价值为－0.448 美元。负号表示债券发行人已经出售了回售期权，或者说，投资者已经购买了回售期权。

我们还可以利用这一方法为附有多个或互相关联的嵌入式期权的债券估值。根据其中的某个嵌入式期权是否被执行，债券在各个节点处的价值会发生相应的变动。

考虑违约风险

John Finnerty 对上述基本二叉树模型进行了扩展，以考虑违约风险。[①] 这项扩展需要根据支付违约概率以及发生违约时预期可以收回的现金金额调整预期现金流。因此，这项扩展要求投资组合经理估计：(1) 具有相似信用评级的债券的历史违约情况；(2) 预期可以回收的现金金额。根据商业评级机构收集的经验数据以及 Edward Altman 完成的几项著名研究，投资组合经理能够对这些必需的数据进行正确估计。

至于具体说明如何对该模型进行调整，已经超出了本章的范围。Finnerty 的论文不仅详细讨论了估值过程，而且说明了如何运用该模型为布鲁塞斯-埃瑞公司（Bucyrus-Erie Company）的实物付息（pay-in-kind）信用债券估值，在进行此项分析时，该债券被评为非投资级，且附有多项嵌入式期权。

---

① John D. Finnerty, "Adjusting the Binomial Model for Default Risk," *Journal of Portfolio Management*, Winter 1999, pp. 93 - 104.

模型风险

任何定价模型的使用者都面临着**模型风险**（modeling risk）。模型风险是指由于模型的基础假设不正确，导致模型结果出现错误的风险。因此，通过改变模型的基础假设对估值模型的结果进行压力测试是非常必要的。

波动性假设是估值模型中的一个关键假设。对于可赎回债券而言，较高（较低）的波动性假设会降低（增加）债券的价值。对于可回售债券而言，较高（较低）的波动性假设会增加（降低）债券的价值。

运用模型的挑战

将基本的利率树转化为一种实用工具需要进行几项改进。首先，利率树中的节点间隔必须精细得多。然而，为 30 年期债券估值时，短期证券估值所需的精细间隔将使计算效率非常低下。尽管人们可以引入依赖于时间的节点间隔，但仍需要小心谨慎。波动性的期限结构很容易扭曲。其他实际困难包括管理位于两条节点线之间的现金流。

期权调整利差

投资者希望购买价值高于市场价格的债券。例如，利用刚才介绍的估值模型，投资者能够估算证券的价值，并足以据此判断证券价格的公允性。也就是说，投资者能够了解债券价格被低估了多少。

但是，估值模型不应仅仅停留在这个层面上。相反，它可以将观察到的证券市场价格与根据估值模型推算出的证券价值之差转化为收益率利差指标。这一步是必要的，因为多数市场参与者都发现用收益率利差比用价格差分析问题更方便。

期权调整利差（option-adjusted spread，OAS）是一个衡量收益率利差（以基点表示）的指标，它可以将债券价值与债券市场价格之差转换为收益率利差。因此，期权调整利差基本上是用来协调债券价值与债券市场价格的。但是，“利差”到底是针对什么而言的呢？期权调整利差是指超过估值中运用的即期利率曲线或基准利率的利差。由于我们所估值证券的现金流已经过了调整以反映嵌入式期权的价值，因此，这种利差被称为期权调整利差。

在二叉树分析法中，期权调整利差是相对于利率二叉树的利差。一些市场参与者运用国债即期利率来构建利率二叉树。在这种情况下，期权调整利差反映的是债券的昂贵或便宜程度以及信用利差的大小。另一些市场参与者运用发行人的即期利率曲线来构建利率二叉树。在这种情况下，分析中已经考虑了信用风险，因此，期权调整利差反映的就是证券的昂贵或便宜程度。因此，了解建模者用以构建利率二叉树模型的新发行证券是非常关键的。

将期权调整利差转换为理论价值

虽然估值模型求出的结果是期权调整利差，但是也可以逆向运用估值过程。对于特定的期权调整利差，估值模型也可以确定与期权调整利差相应的证券理论价值。与证券理论价值一样，期权调整利差也受到假定利率波动性的影响。预期利率波动性越高（低），期权调整利差就越小（大）。

运用利差确定期权价值

前面我们已经介绍了如何计算期权的价值，用利差确定期权价值的公式如下：

期权价值（以基点表示）＝静态利差－期权调整利差

实际久期和凸性

如第 4 章所述，资金管理者也希望了解债券价格对利率变动的敏感性。假设预期现金流不随利率变动而改变，那么修正久期就是衡量债券价格对利率变动的敏感性的指标。因此，对于附有嵌入式期权债券而言，修正久期可能不是一个合适的衡量指标，因为预期现金流将随着利率变动而改变。例如，当利率下降时，可赎回债券的预期现金流可能发生变化。当利率上升时，可回售债券的预期现金流可能发生变化。

虽然修正久期可能不是一个衡量债券价格对利率变化的敏感性的合适指标，但是有一个久期指标更适合附有嵌入式期权的债券。由于久期衡量的是价格对利率变动的反应，因此，我们可以通过以下方法估算附有嵌入式期权债券的久期：令利率围绕当前的收益率上下浮动几个基点，并观察债券价格的变化。如第 4 章所述，通常，任何债券的久期都可以近似表示为：

$$久期=\frac{P_{-}-P_{+}}{2\ (P_0)\ (\Delta y)}$$

其中，

P_{-}＝收益率降低 x 个基点时的价格；

P_{+}＝收益率增加 x 个基点时的价格；

P_0＝初始价格（每 100 美元面值）；

Δy＝用来计算价格的利率变动（以小数形式表示的 x 个基点）。

由于现金流不随收益率的变动而改变，因此我们可以利用上述公式计算未附期权债券的修正久期，第 4 章中曾阐述过这种计算方法。

当我们将近似久期公式应用于附有嵌入式期权的债券时，与较高收益率水平或较低收益率水平对应的新价格应反映根据估值模型求出的价值。用这种方法算出的久期称为**实际久期**（effective duration）或**期权调整久期**（option adjusted duration）。

通常，久期、修正久期和实际久期之间有以下关系。久期是用来衡量债券对利率变动反应程度的一般性指标；修正久期假设现金流不随利率的变动而改变；而实际久期衡量的是嵌入式期权导致预期现金流随着利率变动而改变时，债券价格对利率变动的反应程度。对于附有嵌入式期权的债券而言，修正久期和实际久期之间的差别可能相当显著。例如，可赎回债券的修正久期可能为 5，实际久期可能为 3。对于某些高度杠杆化的抵押贷款支持证券而言，其修正久期可能为 7，而实际久期可能为 50！图表 18—17 概括了修正久期和实际久期之间的区别。

图表 18—17　　　　修正久期与实际久期

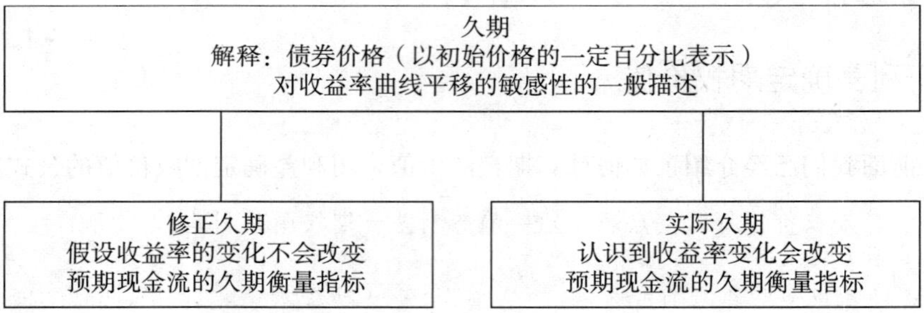

同理，标准凸性指标也不适用于附有嵌入式期权的债券，因为该指标没有考虑利率变动对债券现金流产生的影响。如第 4 章所示，可以用下列公式近似计算债券的凸性：

$$\frac{P_{+}+P_{-}-2(P_{0})}{(P_{0})(\Delta y)^{2}}$$

当该式中使用的价格假定现金流不随收益率的变化而变化时，我们得到的凸性就是未附期权债券标准凸性的良好近似值。当该式中使用的价格假定现金流随收益率的变化而变化时，那么，我们所得到的凸性就是**实际凸性**（effective convexity）。

运用二叉树分析法计算用来计算实际久期和实际凸性的 P_{+} 的步骤如下：

第 1 步：计算债券的期权调整利差（OAS）。

第 2 步：将新发行债券的收益率曲线向上移动少量基点。

第 3 步：根据第 2 步中的新收益率曲线构建利率二叉树。

第 4 步：将期权调整利差与利率二叉树上的每个短期利率相加，得到调整后的利率树。

第 5 步：利用第 4 步求出的调整后的利率树确定债券价格，即 P_{+}。

为了确定 P_{-} 的值，我们可以采用相同的五个步骤，只是在第 2 步中，需要将新发行债券的收益率曲线向下移动少量基点。

要　点

• 传统的收益率利差分析法没有考虑以下三个因素：(1) 利率期限结构；(2) 债券的嵌入式期权；(3) 预期利率波动性。静态利差衡量的是假设利率未来不发生变化的情况下相对于国债即期利率曲线的利差。

• 可赎回债券的潜在投资者承担了发行人在规定到期日之前赎回债券的风险，因此必须获得相应的补偿。可赎回债券的潜在投资者面临着再投资风险和收益率下降时债券价格上升潜力被抑制的风险（即负凸性）。

• 附有嵌入式期权债券的传统估值方法依赖于最差收益率。现在，人们已经充分认识到这种方法的局限性。而且，这种传统方法没有考虑到未来的利率波动如何影响嵌入式期权的价值。

· 为附有嵌入式期权的债券估值时，需要理解债券可以分解为未附期权的部分和附有期权的部分。

· 我们可以利用二叉树分析法为附有嵌入式期权的债券估值。我们可以根据以下条件建立利率二叉树：(1) 发行人的收益率曲线；(2) 利率模型；(3) 假定的利率波动性。利率二叉树提供了由波动性决定的某一期间的适当远期利率，该利率应该用来贴现债券的预期现金流。关于预期利率波动性的假设是估值过程的关键。

· 期权调整利差将债券的便宜或昂贵程度转换为相对于未来可能的即期利率曲线的利差。由于这种利差考虑了未来利率波动对现金流的影响，因此，它被称为期权调整利差。

· 修正久期和标准凸性可以用来衡量未附期权债券的利率敏感性。但是，这些指标不适于衡量附有嵌入式期权债券的利率敏感性，因为它们假设现金流不随利率的变动而改变。

· 无论债券是否附有嵌入式期权，我们都可以近似计算它的久期和凸性。这种近似计算需要确定利率上下浮动少量基点时，债券价格将如何变化。如果假定现金流不随利率的变动而改变，那么得出的指标就是修正久期和标准凸性。然而，如果假定现金流随着利率的变动而改变，那么得出的指标就是实际久期和实际凸性。

问　题

1. 传统的附有嵌入式期权债券的估值方法有哪两个缺点？

2. 假设有一只息票利率为 9% 的 3 年期公司债券，售价为 105.58 美元。已知下列国债即期利率的理论值，那么静态利差等于 50 个基点、100 个基点还是 120 个基点？

月份	即期利率（%）
1	4.0
2	4.2
3	4.9
4	5.4
5	5.7
6	6.0

3. 在什么情况下，传统收益率利差将接近于静态利差？

4. 为什么可赎回债券的投资者面临着再投资风险？

5. 什么是负凸性？

6. 可赎回债券表现为负凸性还是正凸性？

7. 假设两只可立即赎回的可赎回债券的信息如下：

	利率变动导致的估计价格变动百分比	
	−100 个基点	+100 个基点
债券 ABC	+5%	−8%
债券 XYZ	+22%	−16%

已知两只债券的期限相同，一只债券的息票利率为 7%，另一只债券的息票利率为 13%。假设两个发行人的收益率曲线都是水平的，为 8%。根据这一信息，请判断哪只债券是低息票利率债券，哪只债券是高息票利率债券，并说明原因。

8. 已知某只不可赎回债券的理论价值为 103 美元，某只可赎回债券的理论价值为 101 美元。请确定赎回期权的理论价值。

9. 请说明你是否同意下列说法："可回售债券的价值永远不会大于可比未附期权债券的价值"，并说明原因。

10. 请说明你是否同意下列说法："对于一只可能被赎回的债券，投资者不愿意支付超过赎回价格的价格"，并说明原因。

11. 在 Rober Litterman、Jose Scheinkman 和 Laurence Weiss 的《波动性和收益率曲线》（*Journal of Fixed Income*，*Premier Issue*，1991，p. 49）一文中有如下陈述："许多固定收益证券（如可赎回债券）都附有嵌入式期权，其价格对波动性水平非常敏感。如果建立模型来反映波动性对息票价值产生的额外影响，将有助于我们更好地理解这些证券的价格表现。"请解释。

12. 如果运用二叉树模型对某只新发行债券进行合理估值，那么，该债券的理论价值与实际市场价格相比如何？

13. 拉姆齐公司（Ramsey Corporation）新发行债券的当前收益率如下：

期限（年）	到期收益率（%）	市场价格（美元）
1	7.5	100
2	7.6	100
3	7.7	100

假设每种债券都按年付息且按面值交易，因此，息票利率等于到期收益率。

a. 请运用自助法（bootstrapping methodology）完成下表：

年	即期利率（%）	1 年期远期利率（%）
1		
2		
3		

b. 根据即期利率，该发行人的息票利率为 8.5%的未附期权债券的价值是多少？

c. 根据 1 年期远期利率，该发行人的息票利率为 8.5%的未附期权债券的价值是多少？

d. 根据二叉树模型（假设 1 年期利率服从波动性为 σ 的对数正态随机游走），请证明，如果假设 σ 为 10%，那么，从现在起 1 年后较低的 1 年期远期利率不可能为 7%。

e. 请证明：如果假设 σ 为 10%，那么，从现在起 1 年后较低的 1 年期远期利率为 6.944%。

f. 请证明：如果假设 σ 为 10%，那么，从现在起 2 年后较低的 1 年期远期利率约为 6.437%。

g. 请给出可用于为该发行人的债券估值的利率二叉树。

h. 请利用第 g 问中的利率二叉树，确定该发行人的息票利率为 8.5%的未附期权债券的价值。

i. 假设当债券价格高于面值时，债券发行人将赎回债券，请确定可按面值（100）赎回的、息票利率为 8.5%的债券的价值。

14. 请说明预期利率波动性升高将如何降低可赎回债券的价值。

15. a. 什么是期权调整利差？

b. 这种利差是相对于什么而言的？

16. "期权调整利差衡量的是相对于新发行国债收益率曲线的利差"，请说明你是否同意这种说法。

17. 预期利率波动性升高会对证券的期权调整利差产生什么影响？

18. 下面的段落摘自一篇题为《可赎回债券发行量下降》的文章，该文章发表于 1992 年 1 月 27 日的《债券周刊》第 2 页：

> 华尔街资本市场的高管们称，利率下降消除了许多发行人对赎回期权支付额外价格的动机，因此长期可赎回债券的发行量在去年进一步下降……
>
> 始于 20 世纪 80 年代末的不可赎回债券的发行浪潮反映出投资者不愿意承担提前偿付风险的长期趋势，可能还反映了一种周期性趋势，即企业相信利率已经降至历史低点……

a. 在本段引文中，第一句话中的“动机”指的是什么？

b. 如果发行人认为利率将继续下降，那么他们为什么不愿意为这种动机付款？

19. 下面的段落摘自一篇题为《Eagle公司关注高息票利率可赎回公司债券》的文章，该文章发表于1992年1月20日《债券周刊》第7页：

> 根据Eagle资产管理公司资深副总裁约瑟夫·布兰德（Joseph Blanton）的说法，如果债券市场进一步回升，Eagle资产管理公司准备用800万美元的7～10年期国债换购可在2～4年内赎回的高息票利率A级工业债券，并从中获利。但是，他认为债券市场进一步回升的可能性不大……
>
> 布兰德称，这种公司债券有95%的可能在2～4年内被赎回，因此在计算投资组合的久期时，它们可以被视为2～4年期债券。

a. 为什么对于高息票利率可赎回债券而言，修正久期不适于用作衡量指标？

b. 哪种指标比修正久期指标更好？

c. 为什么将10年期国债替换为高息票利率可赎回债券会降低投资组合的久期？

第 19 章

住房抵押贷款支持证券分析①

学习目标

阅读本章后，您将了解

- 用于分析住房抵押贷款支持证券的现金流收益率分析法
- 现金流收益率分析法的局限
- 如何计算现金流收益率分析法中的实际久期和实际凸性
- 一种估算提前偿付敏感性的指标
- 为什么用蒙特卡洛模拟法为住房抵押贷款支持证券估值
- 如何在蒙特卡洛模拟法中模拟利率路径
- 如何运用蒙特卡洛模拟法确定住房抵押贷款支持证券的理论价值
- 如何运用蒙特卡洛模拟法计算期权调整利差、实际久期和实际凸性
- 建立抵押担保债券模型的复杂性
- 期权调整利差的局限性
- 模型风险，以及如何对模型风险进行压力测试
- 如何计算住房抵押贷款支持证券的总收益率
- 用总收益率框架分析住房抵押贷款支持证券的困难

住房抵押贷款支持证券［包括转手证券、抵押担保债券（CMOs）和剥离式抵押贷款支持证券］的分析方法有两种：（1）静态现金流收益率分析法；（2）蒙特卡洛模拟法。用蒙特卡洛模拟法可以计算出住房抵押贷款支持证券的理论价值，因此它是一个估值模型。与其他所有估值模型一样，期权调整利差（OAS）也是蒙特卡洛模拟估值模型的一个结果。在本章中，我们将分析静态现金流收益率分析法及其局限性，然后重点考察蒙特卡洛模拟法。本章提供的分析框架适用于政府机构住房抵押贷款支持证券和非政府机构住房抵押贷款支持证券。

① 本章中部分内容摘自以下著作的第 9 章和第 10 章：Frank J. Fabozzi，Chuck Ramsey，and Frank Ramirez，*Collateralized Mortgage Obligations：Structures and Analysis*（Buckingham，PA：Frank J. Fabozzi Associates，1994）。

静态现金流收益率分析法①

静态现金流收益率分析法运用起来最为简单，但是我们会发现，它几乎没有提供多少关于住房抵押贷款支持证券（RMBS）相对价值的信息。静态现金流收益率分析法首先计算的是现金流收益率指标，我们在第 11 章中分析转手证券时已经介绍过这个指标。现金流收益率以某个提前偿付假设为基础。

现在举例说明现金流收益率，我们将采用第 12 章建立的抵押担保债券结构——FJF-06。图表 12—15 对该结构进行了总结。图表 19—1 根据各种公共证券协会（PSA）的提前偿付假定，概括了具有不同购买价格的四个债券组别的现金流收益率。注意，假设对组别支付的折价越高，组别从提前偿付加速中获益也越多。获得溢价付款的组别情况恰好相反：提前偿付速度越快，现金流收益率就越低。

图表 19—1　　FJF-06 中四个组别的价格与现金流收益率

支付的价格	A 组别：初始面值：194 500 000 美元；类型：顺序偿付；息票利率：6.00%（固定利率）							
	50.00 PSA	100.00 PSA	165.00 PSA	250.00 PSA	400.00 PSA	500.00 PSA	700.00 PSA	1 000.00 PSA
90 - 24	8.37	9.01	9.76	10.61	11.87	12.59	13.88	15.63
91 - 24	8.09	8.66	9.32	10.07	11.17	11.81	12.94	14.47
92 - 24	7.82	8.31	8.88	9.53	10.49	11.03	12.01	13.33
93 - 24	7.56	7.97	8.45	9.00	9.81	10.27	11.10	12.22
94 - 24	7.29	7.63	8.03	8.48	9.14	9.52	10.20	11.12
95 - 24	7.03	7.30	7.61	7.97	8.49	8.79	9.32	10.04
96 - 24	6.78	6.97	7.20	7.46	7.85	8.06	8.45	8.98
97 - 24	6.53	6.65	6.80	6.97	7.21	7.35	7.60	7.94
98 - 24	6.28	6.34	6.40	6.48	6.59	6.65	6.76	6.91
99 - 24	6.04	6.02	6.01	6.00	5.97	5.96	5.94	5.91
100 - 24	5.79	5.72	5.62	5.52	5.37	5.28	5.13	4.92
101 - 24	5.56	5.41	5.24	5.05	4.77	4.61	4.33	3.95
102 - 24	5.33	5.12	4.87	4.59	4.18	3.95	3.54	2.99
103 - 24	5.10	4.82	4.50	4.14	3.61	3.30	2.77	2.05
104 - 24	4.87	4.53	4.14	3.69	3.04	2.66	2.01	1.12

① 以下文献广泛讨论了抵押贷款产品的估值模型，并附有精彩的案例：Andrew Davidson and Alexander Levin, *Mortgage Valuation Models: Embedded Options, Risk, and Uncertainty* (New York: Oxford University Press, 2014)。

续前表

支付的价格	A组别：初始面值：194 500 000美元； 类型：顺序偿付；息票利率：6.00%（固定利率）							
	50.00 PSA	100.00 PSA	165.00 PSA	250.00 PSA	400.00 PSA	500.00 PSA	700.00 PSA	1 000.00 PSA
105-24	4.65	4.25	3.78	3.25	2.47	2.03	1.26	0.21
106-24	4.42	3.96	3.42	2.81	1.92	1.41	0.52	-0.68
107-24	4.21	3.69	3.07	2.38	1.37	0.80	-0.21	-1.57
108-24	3.99	3.41	2.73	1.96	0.83	0.20	-0.93	-2.44
109-24	3.78	3.14	2.39	1.54	0.30	-0.40	-1.64	-3.29
平均存续期	5.09	3.80	2.93	2.33	1.79	1.58	1.31	1.07
修正久期	4.12	3.22	2.57	2.09	1.64	1.46	1.22	1.00
预期期限	9.40	7.15	5.40	4.15	3.07	2.65	2.24	1.82

支付的价格	B组别：初始面值：36 000 000美元； 类型：顺序偿付；息票利率：6.50%（固定利率）							
	50.00 PSA	100.00 PSA	165.00 PSA	250.00 PSA	400.00 PSA	500.00 PSA	700.00 PSA	1 000.00 PSA
90-31	7.85	8.12	8.49	8.95	9.69	10.13	10.89	11.83
91-31	7.69	7.93	8.25	8.66	9.31	9.70	10.36	11.18
92-31	7.54	7.75	8.02	8.37	8.94	9.27	9.84	10.55
93-31	7.39	7.57	7.80	8.09	8.57	8.85	9.33	9.92
94-31	7.24	7.39	7.58	7.82	8.20	8.43	8.82	9.31
95-31	7.10	7.21	7.35	7.54	7.84	8.02	8.32	8.70
96-31	6.95	7.03	7.14	7.27	7.49	7.61	7.83	8.10
97-31	6.81	6.86	6.92	7.00	7.13	7.21	7.34	7.51
98-31	6.67	6.69	6.71	6.74	6.79	6.82	6.86	6.92
99-31	6.53	6.52	6.50	6.48	6.45	6.42	6.39	6.35
100-31	6.39	6.35	6.29	6.22	6.11	6.04	5.92	5.78
101-31	6.26	6.19	6.09	5.97	5.77	5.66	5.46	5.22
102-31	6.13	6.02	5.89	5.72	5.44	5.28	5.00	4.66
103-31	5.99	5.86	5.69	5.47	5.12	4.91	4.55	4.12
104-31	5.86	5.70	5.49	5.22	4.79	4.54	4.11	3.58
105-31	5.74	5.55	5.30	4.98	4.48	4.18	3.67	3.04
106-31	5.61	5.39	5.10	4.74	4.16	3.82	3.23	2.51
107-31	5.48	5.24	4.91	4.50	3.85	3.46	2.80	1.99
108-31	5.36	5.08	4.72	4.27	3.54	3.11	2.38	1.48

续前表

支付的价格	B组别：初始面值：36 000 000美元； 类型：顺序偿付；息票利率：6.50%（固定利率）							
	50.00 PSA	100.00 PSA	165.00 PSA	250.00 PSA	400.00 PSA	500.00 PSA	700.00 PSA	1 000.00 PSA
109-31	5.24	4.93	4.54	4.04	3.24	2.76	1.96	0.97
平均存续期	10.17	7.76	5.93	4.58	3.35	2.89	2.35	1.90
修正久期	7.23	5.92	4.78	3.84	2.92	2.56	2.11	1.74
预期期限	10.90	8.40	6.49	4.99	3.65	3.15	2.49	1.99

支付的价格	C组别：初始面值：96 500 000美元； 类型：顺序偿付；息票利率：7.00%（固定利率）							
	50.00 PSA	100.00 PSA	165.00 PSA	250.00 PSA	400.00 PSA	500.00 PSA	700.00 PSA	1 000.00 PSA
90-03	8.34	8.53	8.80	9.15	9.77	10.16	10.89	11.85
91-03	8.20	8.37	8.61	8.92	9.47	9.81	10.46	11.31
92-03	8.06	8.21	8.42	8.70	9.17	9.48	10.05	10.79
93-03	7.92	8.06	8.24	8.47	8.88	9.14	9.63	10.27
94-03	7.79	7.90	8.05	8.25	8.60	8.81	9.22	9.76
95-03	7.66	7.75	7.87	8.03	8.31	8.49	8.82	9.25
96-03	7.53	7.60	7.69	7.82	8.03	8.17	8.42	8.76
97-03	7.40	7.45	7.52	7.61	7.76	7.85	8.03	8.26
98-03	7.28	7.31	7.35	7.40	7.48	7.54	7.64	7.78
99-03	7.15	7.16	7.17	7.19	7.21	7.23	7.26	7.30
100-03	7.03	7.02	7.01	6.98	6.95	6.93	6.88	6.83
101-03	6.91	6.88	6.84	6.78	6.69	6.63	6.51	6.36
102-03	6.79	6.74	6.67	6.58	6.43	6.33	6.14	5.90
103-03	6.67	6.61	6.51	6.39	6.17	6.03	5.78	5.45
104-03	6.56	6.47	6.35	6.19	5.92	5.74	5.42	5.00
105-03	6.44	6.34	6.19	6.00	5.67	5.46	5.07	4.56
106-03	6.33	6.21	6.03	5.81	5.42	5.17	4.72	4.12
107-03	6.22	6.08	5.88	5.62	5.18	4.89	4.37	3.69
108-03	6.11	5.95	5.73	5.43	4.94	4.62	4.03	3.26
109-03	6.00	5.82	5.57	5.25	4.70	4.34	3.69	2.84
平均存续期	12.77	10.16	7.98	6.24	4.54	3.87	3.04	2.37
修正久期	8.18	7.04	5.92	4.89	3.76	3.28	2.65	2.12
预期期限	14.57	11.90	9.57	7.65	5.57	4.74	3.65	2.82

续前表

支付的价格	Z组别：初始面值：73 000 000 美元；类型：顺序偿付；息票利率：7.35%（固定利率）							
	50.00 PSA	100.00 PSA	165.00 PSA	250.00 PSA	400.00 PSA	500.00 PSA	700.00 PSA	1 000.00 PSA
90-01	7.87	7.96	8.09	8.27	8.61	8.84	9.33	10.10
91-01	7.82	7.89	8.00	8.16	8.47	8.68	9.11	9.79
92-01	7.76	7.83	7.93	8.07	8.33	8.51	8.89	9.49
93-01	7.71	7.76	7.85	7.97	8.20	8.35	8.68	9.20
94-01	7.65	7.70	7.77	7.87	8.06	8.19	8.47	8.90
95-01	7.60	7.63	7.69	7.77	7.93	8.04	8.26	8.61
96-01	7.54	7.57	7.62	7.68	7.80	7.88	8.05	8.33
97-01	7.49	7.51	7.54	7.59	7.67	7.73	7.85	8.04
98-01	7.44	7.45	7.47	7.49	7.54	7.58	7.65	7.76
99-01	7.38	7.39	7.39	7.40	7.42	7.43	7.45	7.49
100-01	7.33	7.33	7.32	7.31	7.29	7.28	7.26	7.21
101-01	7.28	7.27	7.25	7.22	7.17	7.14	7.06	6.95
102-01	7.23	7.21	7.18	7.13	7.05	6.99	6.87	6.68
103-01	7.18	7.15	7.11	7.05	6.93	6.85	6.68	6.42
104-01	7.13	7.09	7.04	6.96	6.81	6.71	6.49	6.16
105-01	7.08	7.04	6.97	6.88	6.69	6.57	6.31	5.90
106-01	7.04	6.98	6.90	6.79	6.58	6.43	6.13	5.65
107-01	6.99	6.93	6.84	6.71	6.46	6.29	5.94	5.39
108-01	6.94	6.87	6.77	6.62	6.35	6.16	5.77	5.15
109-01	6.89	6.82	6.70	6.54	6.24	6.03	5.59	4.90
平均存续期	22.39	19.57	16.21	12.78	9.01	7.46	5.49	3.88
修正久期	19.42	16.68	13.81	11.08	8.06	6.78	5.11	3.67
预期期限	29.74	29.74	29.74	29.74	29.74	29.74	29.74	24.24

使用 SFW 软件计算。版权所有，© 1989 Wall Street Analytics，Inc.

向量分析法

为了克服 PSA 基准的缺陷，市场参与者在实践中可以假定 PSA 速度能够随着时间的推移而变化。这种方法也被称为**向量分析法**（vector analysis）。**向量**（vector）是一组数字。在提前偿付的情况下，向量指的是提前偿付速度的向量。向量分析法尤其适用于受提前偿付先减速后加速（或者先加速后减速）重要影响的抵押担保债券组别。

图表 19—2 给出了根据向量分析法求出的 FJF-06 中四个组别和担保品的现金流收益率。该图表上半部分给出了 165PSA 假定下的现金流收益率。然后，该图表分别给出了 PSA 在第 1～36 个月内保持不变，在第 37～138 个月内发生变化，以及在第 139～357 个月内继续变化的假设条件下的九个向量。

图表 19—2　　对 FJF-06 中四个组别和担保品的现金流收益率向量分析

	息票利率（%）	价格	165PSA 假定下的现金流收益率（%）
A 组别	6.00	99-24	6.00
B 组别	6.50	99-31	6.50
C 组别	7.00	100-03	7.00
Z 组别	7.25	100-01	7.25
担保品	7.50	100-00	?

		PSA 向量情形								
组别/参数	月份	(1)	(2)	(3)	(4)	(5)	(6)	(7)	(8)	(9)
	1～36	165	165	165	165	165	165	165	165	165
	37～138	50	50	300	400	400	400	400	500	600
	139～357	250	400	400	200	700	500	165	200	1 000
A 组别										
现金流收益率		6.02	6.02	6.01	6.00	6.00	6.00	6.00	6.00	6.00
平均存续期		3.51	3.51	2.71	2.63	2.63	2.63	2.63	2.58	2.54
修正久期		2.97	2.97	2.40	2.34	2.34	2.34	2.34	2.30	2.27
B 组别										
现金流收益率		6.52	6.52	6.48	6.48	6.48	6.48	6.48	6.47	6.46
平均存续期		8.51	8.51	4.82	4.39	4.39	4.39	4.39	4.11	3.91
修正久期		6.35	6.35	4.02	3.71	3.71	3.71	3.71	3.50	3.36
C 组别										
现金流收益率		7.03	7.03	6.98	6.97	6.97	6.97	6.97	6.96	6.95
平均存续期		11.15	11.07	6.24	5.52	5.52	5.52	5.52	5.04	4.68
修正久期		7.50	7.47	4.89	4.43	4.43	4.43	4.43	4.11	3.87
Z 组别 *										
现金流收益率		7.26	7.25	7.21	7.19	7.19	7.20	7.20	7.17	7.14
平均存续期		17.08	15.29	11.47	10.49	9.55	11.42	10.65	8.92	7.49
修正久期		15.44	14.19	10.28	9.19	8.76	9.56	9.26	8.01	6.98
担保品										
现金流收益率		7.54	7.53	7.50	7.49	7.49	7.49	7.49	7.48	7.47
平均存续期		10.90	10.05	6.31	5.68	5.40	5.95	5.72	5.02	4.48
修正久期		6.47	6.25	4.50	4.14	4.07	4.21	4.16	3.82	3.55

使用 SFW 软件计算。版权所有，© 1989 Wall Street Analytics，Inc.

* 原文此处为“Tranche D”，疑为“Tranche Z”。为不影响读者理解，此处译为“Z 组别”。——译者注

现金流收益率的局限性

正如我们曾多次指出的那样，作为衡量债券潜在收益率的指标，到期收益率有两个缺点：(1) 它假设息票支付可以按与到期收益率相等的利率进行再投资；(2) 它假设债券被持有至到期。现金流收益率指标在应用时同样存在上述缺点：(1) 假设预期现金流可以按现金流收益率进行再投资；(2) 基于某种提前清偿假设，假设持有住房抵押贷款支持证券 (RMBS) 直至最终清偿。再投资风险是指将现金流按低于现金流收益率的利率进行再投资的风险。由于许多住房抵押贷款支持证券每个月偿付一次，因此，再投资风险对于它们而言尤为重要。而且，现金流收益率取决于基于某种提前偿付率假定所实现的预期现金流。如果实际提前偿付率不同于假设提前偿付率，那么，现金流收益率将无法实现。

与国债之间的收益率利差

显然，投资者在购买住房抵押贷款支持证券时不可能计算出确切的住房抵押贷款支持证券收益率；该收益率将取决于贷款组合中抵押贷款的实际提前偿付经验数据。然而，所有固定收益证券市场的惯例都是，根据“可比”国债收益率来衡量非国债证券的收益率。

由于住房抵押贷款支持证券的本金随着时间推移而偿付，因此，比较住房抵押贷款支持证券的收益率与具有规定期限的国债的收益率是不恰当的。市场参与者使用的是另外两个指标：麦考利久期（在第 4 章介绍过）和平均存续期（在第 11 章介绍过）。

静态利差

如第 18 章所述，即使忽略利率波动性，将收益率平摊至插值 (interpolated) 国债收益率曲线平均存续期的做法也不适用于分期偿付债券。相反，正确的做法是计算所谓的**静态利差** (static spread)。静态利差是在静态环境中（即利率不发生波动）整条理论国债即期利率曲线的收益率利差，而非国债收益率曲线上某一点对应的收益率利差。

如第 18 章所述，传统收益率利差与静态收益率利差之差取决于收益率曲线的陡峭程度：收益率曲线越陡峭，两者之差就越大；收益率曲线越平缓，两者之差就越小。

住房抵押贷款支持证券静态利差的计算方法有两种。第一种方法是用当前的收益率曲线贴现未来的现金流，并将抵押贷款再融资利率固定在当前的抵押贷款利率水平上。由于抵押贷款再融资利率是固定的，因此投资者通常能规定证券存续期内的合理提前偿付率。投资者可以利用这个提前偿付率估计证券未来的现金流。利用这种方法计算的静态利差反映出将在未来某日交割的金额现在的不同价格。这使投资者能够在保持抵押贷款利率不变的同时正确地贴现现金流。实际上，当前的价格表明了未来的贴现率大小，而未来利率的最佳估计值是当前的利率。

第二种方法是计算允许抵押贷款利率沿曲线向上移动（如远期利率所示）的静态价差。这一过程有时被称为**零波动率期权调整利差** (zero-volatility OAS) 或 **Z 利差** (Z-spread)。在这种情况下，投资者需要运用一个提前偿付模型来确定未来再融资利率向量隐含的未来提前偿付率向量。运用静态利差的资金管理者应决定使用哪一种计算方法。

实际久期

修正久期（modified duration）是在假定预期现金流不随利率变化的条件下，衡量债券价格对利率变动敏感性的指标。因此，修正久期不适合衡量抵押贷款支持证券，因为提前偿付行为会导致预期现金流随着利率的变动而改变。当利率下降（上升）时，预期提前偿付行为将增加（减少）。因此，当利率下降（上升）时，久期可能会下降（上升）而不是上升（下降）。如第 18 章所述，这种特性被称为**负凸性**（negative convexity）。

负凸性对住房抵押贷款支持证券价格的影响与其对可赎回债券（第 18 章讨论过这种债券）价格的影响相同。当利率下降时，附有嵌入式赎回期权的债券（例如，住房抵押贷款支持证券）的价格表现将不如未附期权的债券。修正久期并不是衡量利率敏感性的合适指标，但是，有一种方法允许现金流的提前偿付率随着利率变动而变动。通过计算**实际久期**（effective duration）就能实现上述目标，实际久期允许现金流随着利率变动而变动。

现在举例说明如何计算抵押担保债券类别的实际久期，仍然以 FJF-06 为例。图表 19—3的上半部分总结了抵押担保债券的结构。图表 19—3 的第二部分提供了计算四个组别和担保品的修正久期与实际久期所需的全部数据。这部分给出了在 165PSA 的提前偿付速度假定下，各个组别的现金流收益率假设和相应的初始价格。初始价格右侧的两列给出了在现金流收益率变动 25 个基点且提前偿付速度保持不变的情况下，各个组别形成的新价格。最后两列显示了在现金流收益率变动 25 个基点且提前偿付速度也发生变化的情况下，各个组别形成的新价格。其中，如果现金流收益率增加 25 个基点，则提前偿付速度下降到 150PSA；如果现金流收益率减少 25 个基点，则提前偿付速度上升到 200PSA。

图表 19—3　　计算 FJF-06 的实际久期和实际凸性

FRR-06 的结构

组别	面值（美元）	息票利率（%）
A	194 500 000	6.00
B	36 000 000	6.50
C	96 500 000	7.00
Z（应计利息组别）	73 000 000	7.25
R	0	0
担保品	400 000 000	7.50

组别	现金流收益率（%）	初始价格（美元）	新价格：165PSA（美元）		新价格：现金流收益率（美元）	
			现金流收益率变动（基点）		变动（基点）/新 PSA	
			+25 个基点	−25 个基点	+25/150	−25/200
A	6.00	99.781 3	99.062 5	100.531 3	99.031 3	100.437 5
B	6.50	100.031 3	98.625 0	101.500 0	98.562 5	101.281 3
C	7.00	100.281 3	98.406 3	102.187 5	98.343 8	101.906 3
Z	7.25	100.625 0	98.062 5	103.250 0	98.031 3	103.031 3
担保品	7.50	100.125 0	98.750 0	101.500 0	98.718 8	101.343 8

续前表

修正久期/凸性与实际久期/凸性				
组别	修正久期	实际久期	标准凸性	实际凸性
A	2.94	2.82	25.055	−75.164
B	5.75	5.44	49.984	−174.945
C	7.54	7.11	24.930	−249.299
Z	10.31	9.94	49.689	−149.068
担保品	5.49	5.24	0	−149.813

图表 19—3 显示了修正久期与实际久期。现在以 C 组别为例，说明这两个指标的计算方法。运用近似公式计算修正久期需要用到下列公式：

$$P_{-}=102.1875 \quad P_{+}=98.4063 \quad P_{0}=100.2813 \quad \Delta y=0.0025$$

将以上数据代入久期公式，可得：

$$修正久期=\frac{102.1875-98.4063}{2(100.2813)(0.0025)}=7.54$$

同一债券类别的实际久期的计算方法如下：

$$P_{-}=101.9063\ (200PSA) \quad P_{+}=98.3438\ (150PSA) \quad P_{0}=100.2813 \quad \Delta y=0.0025$$

将以上数据代入计算公式，可得：

$$实际久期=\frac{101.9063-98.3438}{2\ (100.2813)\ (0.0025)}=7.11$$

注意，所有四个组别和担保品的实际久期均小于修正久期。

对于按很高的折价或溢价交易的债券类别而言，其修正久期与实际久期之间的偏差更加显著。为了证明这一点，我们可以创建另一种假想的抵押担保债券结构，这种结构与FJF-06不同的是，它包括由 C 组别组成的纯本金类别和纯利息类别。我们首先考察纯本金类别的久期。假设纯本金类别的现金流收益率为 7%，根据 165PSA 的提前偿付假设，我们可以得到以下价格：

单位：美元

初始价格	新价格		新价格	
	165PSA 现金流收益率为 7.25%	165PSA 现金流收益率为 6.75%	150PSA 现金流收益率为 7.25%	200PSA 现金流收益率为 6.75%
60.3125	59.2500	61.3750	57.6563	64.5938

该纯本金类别的修正久期为 7.05，与 23.01 的实际久期之间的偏差非常显著。

实际凸性

图表 19—3 给出了 FJF-06 中四个组别和担保品的标准凸性与实际凸性。为了说明凸性

公式，再次以 FJF-06 中的 C 组别为例。标准凸性的近似值为：

$$\frac{98.4063-102.1875-2(100.2813)}{(100.2813)(0.0025)^2}=24.930$$

实际凸性的近似值为：

$$\frac{98.3438-101.9063-2(100.2813)}{(100.2813)(0.0025)^2}=-249.299$$

请注意这里求出的两个凸性指标与图表 19—3 中两个凸性指标的显著区别。标准凸性表明四个债券组别具有正凸性，而实际凸性表明四个债券组别具有负凸性。对于交易价格与面值偏离较大的债券而言，这种差别更为明显。对于由 C 组别创建的纯本金类别来说，标准凸性接近于零，而实际凸性高达 2 155！这意味着如果收益率变动 100 个基点，则凸性引起的价格变动百分比将为：

$$2155(0.01)^2(100)=21.6\%$$

提前偿付敏感性的衡量指标

住房抵押贷款支持证券的价值取决于提前偿付行为。为了评估提前偿付的敏感性，市场参与者采用了以下衡量指标：提前偿付增加 1%引起的住房抵押贷款支持证券价格变动的基点数。具体而言，提前偿付敏感性被定义为：

P_0＝在假定的提前偿付速度下的初始价格（每 100 美元面值）；

P_S＝假定提前偿付速度增加 1%时的价格（每 100 美元面值）。

$$\text{提前偿付敏感性}=(P_S-P_0)\times 100$$

例如，在 300PSA 假设下，假设某住房抵押贷款支持证券的初始价格为 106.10 美元。PSA 提前偿付率增加 1%意味着提前偿付速度从 300PSA 增加到 303PSA。于是，在 303PSA 的提前偿付速度假设下，通过定价模型重新计算出来的价格为 106.01。因此，

$P_0=106.10$

$P_S=106.01$

$$\text{提前偿付敏感性}=(106.01-106.10)\times 100=-9$$

注意，当提前偿付速度加快而使证券受到不利影响时，证券将具有负提前偿付敏感性；当提前偿付速度加快而使证券受到有利影响时，证券将具有正提前偿付敏感性。

蒙特卡洛模拟法[①]

对于某些固定收益证券和衍生工具，期间现金流具有**路径依赖性**（path dependent）。这

① 本节和下一节的部分内容改编自：Frank J. Fabozzi and Scott F. Richard，“Valuation of CMOs，” in Frank J. Fabozzi (ed.)，*CMO Portfolio Management*（Summit，NJ：Frank J. Fabozzi Associates，1994）。金融文献中还提出过一些回归定价模型（即前一章介绍的附有嵌入式期权的定价模型）。但是，实际中并未采用过这些模型。

意味着，某个时期内获得的现金流不仅取决于当前和未来的利率水平，而且还取决于利率达到当前水平的路径。

抵押转手证券的提前偿付具有路径依赖性，因为当月的提前偿付率取决于：在发放标的抵押贷款后，发行人是否有更好的再融资机会。与抵押贷款不同，在当前的利率低于债券的息票利率时，公司债券发行人是否选择再融资不取决于利率达到当前水平的路径。

此外，可调整利率转手证券（ARMs）的提前偿付不仅具有路径依赖性，而且期间息票利率还取决于参考利率的历史变动情况。这是因为可调整利率转手证券具有期间利率上限和下限以及存续期上限和下限。例如，对于每年调整一次息票利率的可调整利率转手证券而言，其息票利率可能存在下列限制：（1）息票利率每年的变化不能超过 200 个基点；（2）息票利率与初始息票利率的偏离不能超过 500 个基点。

转手证券组合被用作创建抵押担保债券（CMOs）的担保品。因此，抵押担保债券组别现金流的路径依赖性主要有两个来源。第一，与前面讨论的一样，担保品的提前偿付具有路径依赖性。第二，当月抵押担保债券组别收到的现金流取决于交易中其他组别的未清偿余额。因此，我们需要利用提前偿付的历史数据来计算这些余额。

由于住房抵押贷款支持证券的现金流具有路径依赖性，因此，我们需要采用蒙特卡洛模拟法，而非我们在第 18 章介绍的静态分析法来分析这些证券。

利用蒙特卡洛方法估计转手证券的价值在概念上很简单。然而，实际操作却非常复杂。在运用模拟方法时，需要根据模拟的抵押贷款未来再融资利率生成一系列现金流，相应地，再融资利率中也隐含了模拟的提前偿付率。

如第 12 章所述，尽管由于发行人将提前偿付风险和利率风险分割为更小的组别而增加了定价的难度，但是，抵押担保债券的估值模型与转手证券的估值模型基本相同。构成担保品的转手证券对这两种风险的敏感性并不是均等地传递给每个组别。与担保品相比，一些组别对提前偿付风险和利率风险更为敏感，而另一些组别对这两种风险的敏感性则小得多。

资金管理者的目标是弄清楚担保品的价值如何分配到各个抵押担保债券组别。具体而言，这个目标就是计算出价值和风险的流向，以便资金管理者识别出具有低风险和高价值的组别。这种组别正是我们希望购买的组别。好消息是，这种组别总是存在于每笔交易中；但坏消息是，每笔交易中也总存在具有低价值和高风险的组别。

利用模拟法生成利率路径和现金流

华尔街的公司和分析模型开发商通常用来产生随机利率路径的模型都采用当前的利率期限结构和波动性假设作为输入变量。利率期限结构是指当前的国债隐含的理论即期利率（或零息）曲线。波动性假设确定了模拟模型中未来利率的离散程度。我们应对模拟模型进行正态化，以使零息国债的平均模拟价格等于当前的实际价格。

每个模型都具有自己的未来利率演变模型和波动性假设。通常，交易商和分析模型开发商之间的利率模型不存在显著差别，但他们的波动性假设可能大不相同。

我们应根据未来利率期限结构的无套利模型生成利率的随机路径。无套利是指模型复制了当前的利率期限结构（即模型的一个输入变量），且在未来任何日期，模型中都不可能存在套利机会。

模拟过程需要通过生成许多未来利率路径的情形来完成。在利率模拟情形的每个月中，模型都生成一个月利率和一个抵押贷款再融资利率。月利率用来贴现该情形下的预期现金流。抵押贷款再融资利率用来确定现金流，因为它代表了抵押贷款借款人当时面临的机会成本。

如果再融资利率高于抵押贷款借款人的合同利率，那么，借款人再融资的动机将会降低，甚至受到积极抑制（即房主将避免搬迁以避免再融资）。如果再融资利率低于借款人的合同利率，那么，借款人将有再融资动机。

通过将再融资利率和贷款特征（例如，贷款账龄）输入提前偿付模型中，我们可以预测提前偿付的情况。在非政府机构证券交易中，提前偿付行为可能是非自愿的。非自愿是指由于房主违约导致提前偿付行为增加。因此，在建立提前偿付模型时，必须预测违约风险。在对违约导致的提前偿付行为建模时，需要预测违约的严重程度（即确定回收率的大小）以及违约的时间。给定了预期的提前偿付情况（自愿和非自愿）后，我们就可以确定利率路径上的现金流。

为了更具体地说明以上问题，以一只新发行的期限为 360 个月的抵押转手证券为例。图表 19—4 显示了 N 种情况下的模拟利率路径情形。每种情形都由一条利率路径组成，在这条路径上有 360 个模拟 1 个月远期利率。我们将在后面说明究竟会产生多少条路径。图表 19—5 显示了与图表 19—4 的情形相对应的模拟抵押贷款再融资利率的路径。在这些抵押贷款再融资利率的假定下，图表 19—6 显示了每种情形下各条利率路径上的现金流。

图表 19—4　　1 个月远期利率的模拟路径

月份	利率路径编号[a]				
	1	2	3…	n…	N
1	$f_1(1)$	$f_1(2)$	$f_1(3)$	$f_1(n)$	$f_1(N)$
2	$f_2(1)$	$f_2(2)$	$f_2(3)$	$f_2(n)$	$f_2(N)$
3	$f_3(1)$	$f_3(2)$	$f_3(3)$	$f_3(n)$	$f_3(N)$
4	$f_4(1)$	$f_4(2)$	$f_4(3)$	$f_4(n)$	$f_4(N)$
⋮					
t	$f_t(1)$	$f_t(2)$	$f_t(3)$	$f_t(n)$	$f_t(N)$
⋮					
358	$f_{358}(1)$	$f_{358}(2)$	$f_{358}(3)$	$f_{358}(n)$	$f_{358}(N)$
359	$f_{359}(1)$	$f_{359}(2)$	$f_{359}(3)$	$f_{359}(n)$	$f_{359}(N)$
360	$f_{360}(1)$	$f_{360}(2)$	$f_{360}(3)$	$f_{360}(n)$	$f_{360}(N)$

a. $f_t(n)$ 为路径 n 上第 t 月的 1 个月远期利率；N 为利率路径总数。

图表 19—5　　抵押贷款再融资利率的模拟路径

月份	利率路径编号[a]				
	1	2	3…	n…	N
1	$r_1(1)$	$r_1(2)$	$r_1(3)$	$r_1(n)$	$r_1(N)$
2	$r_2(1)$	$r_2(2)$	$r_2(3)$	$r_2(n)$	$r_2(N)$
3	$r_3(1)$	$r_3(2)$	$r_3(3)$	$r_3(n)$	$r_3(N)$
4	$r_4(1)$	$r_4(2)$	$r_4(3)$	$r_4(n)$	$r_4(N)$

续前表

月份	利率路径编号[a]				
	1	2	3…	n…	N
⋮					
358	$r_{358}(1)$	$r_{358}(2)$	$r_{358}(3)$	$r_{358}(n)$	$r_{358}(N)$
359	$r_{359}(1)$	$r_{359}(2)$	$r_{359}(3)$	$r_{359}(n)$	$r_{359}(N)$
360	$r_{360}(1)$	$r_{360}(2)$	$r_{360}(3)$	$r_{360}(n)$	$r_{360}(N)$

a. $r_t(n)$为路径 n 上第 t 月的抵押贷款再融资利率；N 为利率路径总数。

图表 19—6　　各条利率路径的模拟现金流

月份	利率路径编号[a]				
	1	2	3…	n…	N
1	$C_1(1)$	$C_1(2)$	$C_1(3)$	$C_1(n)$	$C_1(N)$
2	$C_2(1)$	$C_2(2)$	$C_2(3)$	$C_2(n)$	$C_2(N)$
3	$C_3(1)$	$C_3(2)$	$C_3(3)$	$C_3(n)$	$C_3(N)$
4	$C_4(1)$	$C_4(2)$	$C_4(3)$	$C_4(n)$	$C_4(N)$
⋮					
t	$C_t(1)$	$C_t(2)$	$C_t(3)$	$C_t(n)$	$C_t(N)$
⋮					
358	$C_{358}(1)$	$C_{358}(2)$	$C_{358}(3)$	$C_{358}(n)$	$C_{358}(N)$
359	$C_{359}(1)$	$C_{359}(2)$	$C_{359}(3)$	$C_{359}(n)$	$C_{359}(N)$
360	$C_{360}(1)$	$C_{360}(2)$	$C_{360}(3)$	$C_{360}(n)$	$C_{360}(N)$

a. $C_t(n)$为路径 n 上第 t 月的现金流；N 为利率路径总数。

计算某种情形下利率路径上的现金流现值

给定某条利率路径上的现金流，可以计算出现金流的现值。用以确定现值的贴现率等于利率路径上每个月的模拟即期利率加上一个适当的利差。利率路径上的即期利率可以根据模拟的未来月利率来确定。第 n 条路径上第 T 个月的模拟即期利率和模拟 1 个月远期利率之间存在如下关系：

$$z_t(n)=\{[1+f_1(n)][1+f_2(n)]\cdots[1+f_t(n)]\}^{1/T}-1$$

其中，

$z_t(n)$＝路径 n 上第 T 月的模拟即期利率；

$f_j(n)$＝路径 n 上第 j 月的模拟 1 个月远期利率。

因此，如图表 19—7 所示，我们可以将模拟 1 个月远期利率的利率路径转换为模拟月即期利率的利率路径。

图表 19—7　　月即期利率的模拟路径

月份	利率路径编号[a]				
	1	2	3…	n…	N
1	$z_1(1)$	$z_1(2)$	$z_1(3)$	$z_1(n)$	$z_1(N)$
2	$z_2(1)$	$z_2(2)$	$z_2(3)$	$z_2(n)$	$z_2(N)$
3	$z_3(1)$	$z_3(2)$	$z_3(3)$	$z_3(n)$	$z_3(N)$
4	$z_4(1)$	$z_4(2)$	$z_4(3)$	$z_4(n)$	$z_4(N)$
⋮					
t	$z_t(1)$	$z_t(2)$	$z_t(3)$	$z_t(n)$	$z_t(N)$
⋮					
358	$z_{358}(1)$	$z_{358}(2)$	$z_{358}(3)$	$z_{358}(n)$	$z_{358}(N)$
359	$z_{359}(1)$	$z_{359}(2)$	$Z_{359}(3)$	$z_{359}(n)$	$z_{359}(N)$
360	$z_{360}(1)$	$z_{360}(2)$	$z_{360}(3)$	$z_{360}(n)$	$z_{360}(N)$

a. $z_t(n)$为路径 n 上第 t 月的即期利率；N 为利率路径总数。

因此，我们以第 T 月的模拟即期利率加上一定的利差作为贴现率，对利率路径 n 上第 T 月的现金流进行贴现，得到的现值为：

$$PV[C_T(n)]=\frac{C_T(n)}{[1+z_T(n)+K]^T}$$

其中，

$PV[C_T(n)]$＝路径 n 上第 T 月的现金流现值；

$C_T(n)$＝路径 n 上第 T 月的现金流；

$z_T(n)$＝路径 n 上第 T 月的即期利率；

K＝适当的风险调整利差。

路径 n 上的现金流现值等于路径 n 上每个月现金流的现值之和。即，

$$PV[\text{path}(n)]=(1/360)\{PV[C_1(n)]+PV[C_2(n)]+\cdots+PV[C_{360}(n)]\}$$

其中，$PV[\text{path}(n)]$表示第 n 条利率路径上的现值。

确定理论价值

如果某条给定的利率路径成为现实，那么我们可以将这条给定利率路径上的现金流现值看作转手证券的理论价值。通过计算所有利率路径的平均理论价值，我们可以确定转手证券的理论价值。也就是说，理论价值的计算公式为：

$$\text{理论价值}=(1/N)\{PV[\text{path}(1)]+PV[\text{path}(2)]+\cdots+PV[\text{path}(N)]\}$$

转手证券的这种定价方法也适用于抵押担保债券组别的定价。根据交易中的本金偿付和利息分配规则，我们可以求出每条利率路径上每个月的现金流。为此，我们需要建立一个抵

押担保债券结构模型。在所有抵押担保债券分析中，能否获得优质的抵押担保债券结构模型是面临的主要障碍之一。

考察路径价值的分布

根据蒙特卡洛模拟法获得的理论价值是路径价值的平均值。路径价值的分布中包含了很有价值的信息。以一种受到完好保护的按计划分期偿付类别债券（Planned Amortization Class Bonds）为例。如果根据蒙特卡洛模拟法得到的理论价值为 88，且路径价值的标准差为 1，那么路径价值的离散程度不会很高。相反，如果根据蒙特卡洛模拟法得出的支持债券的理论价值为 77，路径价值的标准差为 10，那么，路径价值的离散程度显然相当高。因此，投资者会担心模型价值的潜在波动性。①

模拟平均存续期

在第 11 章中，我们介绍了抵押贷款支持证券的平均存续期指标。蒙特卡洛分析法计算出的平均存续期是指利率路径上一系列平均存续期的平均值。也就是说，每条利率路径都有一个平均存续期。这些平均存续期的平均值就是计算出来的平均存续期。与理论价值一样，平均存续期的分布还传达出更多的信息。平均存续期的范围和标准差越大，债券平均存续期的不确定性也越大。

期权调整利差

如第 18 章所述，期权调整利差是衡量收益率利差的一个指标，它可以将债券价值与价格之差转化为收益率利差。它表示相对于发行人的即期利率曲线或基准利率的利差。

在蒙特卡洛模型中，如果我们将利差 K 与所有利率路径上的所有即期利率相加的结果恰好使利率路径上现金流的平均现值与观察到的市场价格（加上应计利息）相等，那么期权调整利差就等于利差 K。用数学公式表示，期权调整利差是满足如下条件的利差：

$$\text{市场价格}=(1/N)\{PV[\text{path}(1)]+PV[\text{path}(2)]+\cdots+PV[\text{path}(N)]\}$$

其中，N 为利率路径的数目。

期权成本

我们可以通过计算假定利率波动性下的期权调整利差与静态利差之差，求出住房抵押贷款支持证券中嵌入式期权的隐含成本。也就是说，

期权成本＝静态利差－期权调整利差

以这种方式衡量期权成本的原因如下。在利率不变的环境下，投资者将会获得静态利差。然而，在未来利率不确定时，由于房主有提前偿付的权利，因此利差会减小。期权调整

① 有关的例子，参见 Robert W. Kopprasch，“A Further Look at Option-Adjusted Spread Analysis,” Chapter 30 in Frank J. Fabozzi (ed.)，*The Handbook of Mortgage-Backed Securities* (Burr Ridge，IL：Irwin Professional Publishing，1995)。

利差反映了对该期权进行调整后的利差。因此，期权成本是在静态利率环境中求得的利差（静态利差）与对房主的期权作出调整后的利差之间的差额。

通常，当市场发生变化时，组别的期权成本比期权调整利差更稳定。这种有意思的特点有助于在市场变动的情况下降低期权调整利差的计算成本。对于较小的市场变动，可以通过重新计算静态利差（运算成本相对较低，且容易计算）再减去期权成本来近似计算组别的期权调整利差。

实际久期和实际凸性

在第 18 章中，我们说明了如何确定证券的实际久期和实际凸性。我们也可以用蒙特卡洛方法来计算这些指标，计算步骤如下：首先，利用当前的利率期限结构求出债券的期权调整利差。接下来，保持期权调整利差不变，只改变利率期限结构，对债券重新定价。我们需要分别计算收益率提高和收益率降低情形下的价格。然后，将求得的两个价格代入实际久期和实际凸性公式。

选择利率路径的数目

现在，我们来解决为住房抵押贷款支持证券估值所需的路径情形的数目或重复次数 N 的问题。计算典型的期权调整利差需要 512～1 024 条利率路径。利用模拟法产生的情形看上去非常真实，并能复制当前的国债利率曲线。通过这种方法，资金管理者能够有效地确定当前的国债定价是否公允，目标是确定某只住房抵押贷款支持证券的价格与国债相比是偏高还是偏低。

利率路径的数量决定了估计的准确程度。准确程度不是相对于真实情况而言的，而是相对于模型而言的。路径越多，平均利差就越趋于确定。这是一个统计抽样问题。

多数蒙特卡洛模拟模型都运用某种形式的**方差缩减**（variance reduction）技术，来减少获得良好的统计样本所需的样本路径数量。通过方差缩减技术，我们能够获得变化范围在一个单位以内的估计价格。这意味着如果我们运用该模型创建更多的情形，那么模型得到的估计价格的变化不会超过一个单位。对于某些敏感性很高的抵押担保债券组别，我们可能需要超过 1 024 条路径来估计变化范围在一个单位以内的估计价格。

期权调整利差指标的缺陷

期权调整利差法提供了一个衡量抵押贷款支持证券产品相对价值的指标，它远远优于投资组合经理曾经使用（令人遗憾的是，他们仍在使用）的某些专门指标。这些传统指标没有考虑这些复杂产品中的嵌入式期权。然而，这种方法不是没有缺点。Davidson 和 Levin 介绍了“从业人员普遍忽略、低估或者根本不了解”的期权调整利差法的相关问题。[①]

他们讨论的第一个缺点是提前偿付模型的不确定性。期权调整利差可以被解释为投资者在无风险利率下预期获得的超额收益率。在另一个解释中，Davidson 和 Levin 指出，由于期权调整利差法使用了无套利法（前面曾经提到，利率路径经过了调整以使模型根据基准进行校准），因

① Davidson and Levin, *Mortgage Valuation Models*, p. 218.

此，期权调整利差可以解释为假设投资者能对冲利率风险情况下的“有保证收益率”。然而，“有保证收益率”依赖于假设的提前偿付模型，因此“有保证收益率”可能是有问题的。

第二个缺点是，为抵押贷款支持证券定价时，期权调整利差水平参差不齐。因此，投资组合经理不能确定是否观察到根据计算出来的期权调整利差认定的廉价证券，或者“廉价”是市场为证券错误定价的结果还是这种方法中没有考虑的因素导致的结果。例如，证券流动性就是影响期权调整利差但没有被这种方法考虑的这样一种因素。

期权调整利差的恒定性问题

Davidson 和 Levin 还指出了一个使用期权调整利差法计算价格敏感性指标（例如利率敏感性和提前偿付敏感性）的问题。[①] 前面曾经提到，衡量实际久期和实际凸性时，计算方法假设期权调整利差保持不变，利率路径移动特定数量的基点。在新的利率路径上加入初始期权调整利差后，证券被重新估值以获得两个值，用于代入实际久期和凸性公式。让我们通过一个简单例子来看假设期权调整利差固定所导致的问题。[②]

在第 12 章中，我们说明了纯利息（IO）抵押贷款支持证券和纯本金（PO）抵押贷款支持证券。（这些产品被称为剥离式抵押贷款支持证券。）它们是通过将所有利息和本金重新分配给两只信托，从转手证券创造出来的。因此，从估值角度看，下列平价关系必然成立：纯利息抵押贷款支持证券的价值加上纯本金抵押贷款支持证券的价值必然等于创造出这两种证券的转手证券的价值。

在市场上，所有三种抵押贷款支持证券现在均根据不同的期权调整利差水平定价。例如，实际上，纯利息抵押贷款支持证券有很高的正期权调整利差，而纯本金抵押贷款支持证券有负期权调整利差，转手证券的期权调整利差在二者之间。如果利率下降，那么纯利息抵押贷款支持证券的价值将下降，它在投资组合中的份额也会下降。因此，转手证券的期权调整利差将接近纯本金抵押贷款支持证券的期权调整利差。如果利率上升，则情况相反。转手证券的期权调整利差将远离纯本金抵押贷款支持证券的期权调整利差。因此，平价关系中的三种抵押贷款支持证券产品不能同时保持期权调整利差水平不变。

这对于保持期权调整利差固定以衡量价格对所有敏感性指标（例如，利率敏感性和提前偿付敏感性）变化的敏感性是一个严重打击。尽管我们的例子中使用了纯利息抵押贷款支持证券、纯本金抵押贷款支持证券和转手证券，但当几种工具合并为另一种工具时也是同理，例如抵押担保债券的担保品价值等于构成抵押担保债券的组别的价值之和。同理，抵押贷款支持证券的投资组合价值等于组成该投资组合的抵押贷款支持证券之和。在所有这些情况下，问题不在于期权调整利差，而在于对不同工具使用不同的期权调整利差水平。如果纯利息抵押贷款支持证券、纯本金抵押贷款支持证券和转手证券的初始期权调整利差水平相同，就不可能创造出刚才介绍的有问题的例子。正如 Davidson 和 Levin 指出的，从这个例子可以推导出一个结论：应该调整（并使用）提前偿付模型，令期权调整利差的水平相等。

示　例

在本节中，我们提供了三个应用蒙特卡洛模拟的示例。第一个例子是对某种简单顺序偿

① Davidson and Levin, *Mortgage Valuation Models*, pp. 219 - 220.

② Andrew Davidson 和 Alex Levin 在私人交流中向我们慷慨提供了这个简单案例。

付政府机构抵押担保债券的几个债券类别的详细分析。后两个例子是两种抵押贷款产品的介绍：一种是一般转手证券，一种是使用 FactSet 估值模型的非政府机构抵押贷款担保债券的一个债券类别。[1]

示例：政府机构顺序偿付抵押担保债券

我们在第一个例子中采用 FNMA89－97 这一普通顺序偿付抵押担保债券结构。图表 19—8 给出了 FNMA89－97 本金分配结构的示意图。该结构包括五个组别：A 组别、B 组别、C 组别、D 组别、Z 组别和一个剩余组别。[2] Z 组别是应计利息债券，D 组别是纯利息债券。[3] 我们分析的重点是 A 组别、B 组别、C 组别和 Z 组别。

图表 19—8　　FNMA89-97 的本金分配结构

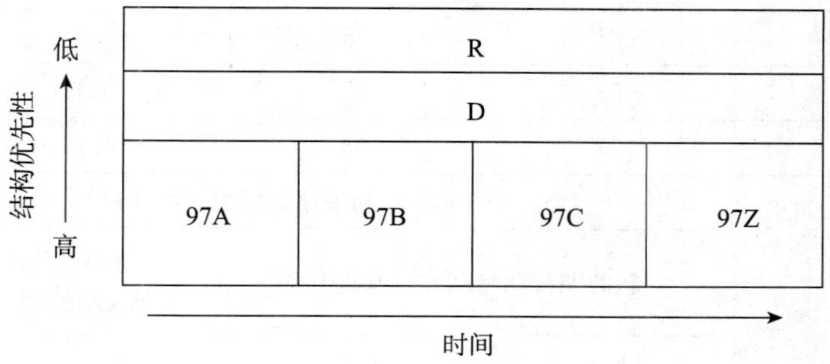

图表 19—9 的最上一栏显示的是担保品和抵押担保债券结构中四个组别的期权调整利差和期权成本。担保品的期权调整利差为 70 个基点。由于期权成本为 45 个基点，所以，静态利差为 115 个基点（70 个基点加 45 个基点）。所有组别（包括剩余组别）的加权平均期权调整利差等于担保品的期权调整利差。

图表 19—9　　对 FNMA89－97 中 A 组别、B 组别、C 组别和 Z 组别的分析（截至 1990 年 4 月 27 日）

	基本情形（假定利率波动率为 12%）	
	期权调整利差（基点）	期权成本（基点）
担保品	70	45
组别		
A	23	29
B	46	41
C	59	36
Z	74	50

① 该分析是由 FactSet 的 Bill McCoy 进行的。

② 这个例子摘自以下著作：Frank J. Fabozzi，Scott F. Richard，and David S. Horovitz，“Valuation of Mortgage-Backed Securities，” Chapter 25 in Frank J. Fabozzi（ed.），*The Handbook of Mortgage-Backed Securities*，5th ed.（New York：McGraw-Hill，2001）。

③ 这是一种具有名义面值的纯利息组别。直到 1992 年，抵押担保债券结构中的所有组别都必须具有一定的面值。正如第 12 章所说明的，目前市场上已经产生了名义纯利息债券。

续前表

	提前偿付速度为 80%和 120%的提前偿付模型 （假定利率波动率为 12%）			
	新的期权调整利差（基点）		每 100 美元面值的价格变动 （期权调整利差保持不变）（美元）	
	80%	120%	80%	120%
担保品	70	71	0.00	0.04
组别				
A	8	40	−0.43	0.48
B	31	65	−0.86	1.10
C	53	73	−0.41	0.95
Z	72	93	−0.28	2.70
	利率波动率为 8%和 16%			
	新的期权调整利差（基点）		每 100 美元面值的价格变动 （期权调整利差保持不变）（美元）	
	8%	16%	8%	16%
担保品	92	46	1.03	−1.01
组别				
A	38	5	0.42	−0.51
B	67	21	1.22	−1.45
C	77	39	1.22	−1.36
Z	99	50	3.55	−3.41

进行这项分析的时间是 1990 年 4 月 27 日，当时的国债收益率曲线并不陡峭。如前所述，在这种收益率曲线条件下，静态利差与用传统方法计算出的收益率利差之间没有显著差别。因此，图表 19—9 所示的四个组别的静态利差分别为：A 组别为 52 个基点，B 组别为 87 个基点，C 组别为 95 个基点，D 组别为 124 个基点。

注意，各个组别的期权调整利差并不相等，各个组别的期权成本也不相等。与典型的抵押担保债券交易相同，静态利差和期权成本随着组别期限的增加而趋于上升。只有 B 组别和 C 组别是看上去比较便宜的组别。准备购买这些中间组别的资金管理者会发现，C 组别比 B 组别具有更高的期权调整利差，却承担较低的风险。其中，风险由期权成本衡量。资金管理者可能遇到的问题是，由于久期、期限或平均存续期的约束，他们不能将期限延长到 C 组别那么长。

现在，让我们来考察模型风险。分析各个债券组别对提前偿付变化和利率波动性的敏感性将有助于我们理解债券结构中各组别之间的相互作用和风险承担主体。

我们首先考察提前偿付行为。具体而言，我们采用的利率路径与在基本情形下（图表 19—9 的最上面部分）用来计算期权调整利差的利率路径相同，但是，我们将每条利率路径上的提前偿付率降低为预期提前偿付率的 80%。

从图表 19—9 的第二部分可以看出，提前偿付速度的降低完全不会改变担保品的期权调整利差和价格。这是因为担保品的交易价格接近于面值。然而，通过该担保品创建的债券组别却以不同的方式变化。表中给出了敏感性分析的两个结果。第一，表中显示了期权调整利差的变化。第二，表中显示了保持基本情形下的期权调整利差不变时的价格变化。

为了说明资金管理者如何使用图表 19—9 中第二部分的信息，我们来考察 A 组别。在提前偿付速度下降到 80%时，A 组别的期权调整利差从 23 个基点下降到 8 个基点。该部分的数据显示，如果期权调整利差保持不变，那么 A 组别的购买者每 100 美元面值将损失 0.43 美元。

注意，图表 19—9 中的所有组别都将遭受损失。如果提前偿付速度下降且抵押品没有减值，那么，这四个组别怎么会都遭受损失呢？原因在于，D 组别和未在表中出现的剩余组别（R 组别）获得了提前偿付减速产生的全部好处。注意，Z 组别实际上得到了相当完好的保护，所以，提前偿付减速并未导致 Z 组别的价值下降多少。相比之下，B 组别则受到了严重影响。

图表 19—9 的第二部分还列出了提前偿付敏感性测试的第二部分：假设提前偿付率为基本情形的 120%。当担保品的交易价格接近于面值时，担保品的价格不会发生太大变动，每 100 美元面值大约变动 4 美分。实际上，由于担保品的交易价格略低于面值，因此提前偿付加速将使担保品看起来更有吸引力，而期权调整利差只变动了 1 个基点。

现在考察全部四个组别。这四个组别都将获益。表中显示的结果表明，对于愿意投资于长期债券的组别（如组别 Z）的投资者而言，他们将获得提前偿付加速产生的大部分收益。由于四个组别全部获益，并且担保品的获益较少，因此 D 组别、纯利息组别和剩余组别将受到不利影响。一般而言，纯利息组别将受到提前偿付加速的不利影响。

现在，我们来考察对利率波动性假设的敏感性，假设基础情形下的利率波动率为 12%。我们将进行两项测试：将利率波动率降低至 8%或将利率波动率升高到 16%。图表 19—9 的第三部分显示了测试的结果。

将利率波动率降低到 8%使担保品的价格增加了 1 美元，同时使期权调整利差从基础情形下的 70 个基点增加到 92 个基点。但是，担保品价格增加的 1 美元并不是平均分配给四个组别。大部分增加的价值都被期限较长的组别获得。各个组别的期权调整利差增加值或多或少地取决于该组别期权调整利差的久期。这种情况是合理的，因为久期越长，风险就越高。当利率波动性下降时，因承担高风险而获得的回报也将提高。

在利率波动率为 16%的较高水平上，担保品将受到严重影响。担保品的损失将按预期的方式在各个组别中分担：久期越长，损失就越大。在这种情况下，D 组别和剩余组别受到的影响最小。

根据运用蒙特卡洛模拟法求出的期权调整利差，我们对这种简单的普通结构可以得出以下合理结论：所见即所得。这种结构中唯一的意外之处似乎就是 B 组别和 C 组别。但是，愿意延长债券久期的资金管理者通常会从所承担的风险中获得回报。

示例：政府机构抵押贷款转手证券

在我们的第二个例子中，使用了 FactSet 固定收益模型分析利率为 4% 的房地美（FHLMC）普通抵押贷款支持证券。该证券发行于 2012 年 5 月 1 日，息票利率固定，发行额为 27 131 762 847 美元。进行分析的时间为 2014 年 5 月 28 日。截至 2014 年 5 月 1 日的余额为 21 402 150 315 美元（即未清偿率为 0.79)。分析时的价格和应计利息分别为 106.087 美元和 0.300 美元。担保品的信息总结如下：

担保品类型	30 年期单户抵押贷款
净加权平均成本（美元）	4.000
总加权平均成本（美元）	4.493
初始加权平均期限（美元）	355
当前加权平均期限（美元）	327
加权平均贷款账龄（美元）	24
当前平均贷款余额（美元）	209 569.53
初始平均贷款余额（美元）	241 250.90
FICO 评分	736
平均贷款与担保品价值之比（%）	81
历史条件提前偿付年数（年）	9.392

例中使用了 FactSet 的 30 年期 FHLMC 提前偿付模型。提前偿付模型每月产生一个新的条件提前偿付率。固定条件提前偿付率是月条件提前偿付率的加权算术平均值，权数按剩余本金决定。在这个例子中，使用了 10.639%的条件提前率偿付本金余额加权平均值。使用的提前偿付速度假设为这些月提前偿付速度的加权算术平均值（根据对应的条件提前偿付率换算得出），权数按剩余本金决定。在这个例子中，使用了 178.639PSA 本金余额加权平均值。

到期收益率（使用 FactSet 的术语）为 2.939%。到期收益率是本章前面介绍的静态现金流收益率。前面曾经提到，在关于现金流实现情况和对期间现金流（本金偿付和利息）再投资能力的假设下，该收益率指标的值是有问题的。对国债的利差是 94.4 个基点，Z 利差为 71.9 个基点。平均存续期为基于静态现金流的平均存续期。

再来看蒙特卡洛模拟分析，该分析使用了 200 条利率路径。FactSet 没有使用单一的利率波动率，而是使用短期利率波动性的期限结构作为波动性假设。它是从利率上限市场推导出来的。①

蒙特卡洛模拟分析中使用了两个基准利率来确定期权调整利差：国债利率和 LIBOR。与国债基准相比，期权调整利差为 65.6 个基点；使用 LIBOR 曲线作为基准时，期权调整利差为 55.3 个基点。

FactSet 报告了下列价格敏感性指标：

修正久期	5.667
实际久期	5.489
实际凸性	0.284
部分久期——6 个月	−0.041

① 第 30 章将说明利率上限。

部分久期——1年	−0.056
部分久期——2年	0.554
部分久期——5年	1.604
部分久期——10年	2.735
部分久期——30年	0.692
利差久期	5.588

对于该证券而言，实际久期和修正久期几乎相同。按照预期，该证券应具有较小的负凸性。[1]“部分久期”和第4章中介绍的关键利率久期相同，衡量了对国债即期曲线移动选定点数的敏感性。利差久期衡量了利率对期权调整利差变化的敏感性。

示例：非政府机构住房抵押贷款支持证券

在我们的最后一个例子中，使用FactSet模型分析了次级住房抵押贷款支持证券的一个债券类别：富国住房权益资产支持证券2004—2信托。在2004年9月29日发行该证券时，向公众发行了22个债券类别（证书）。图表19—10显示了22个债券类别中每个类别的初始本金、息票利率、本金类型和四家信用评级机构（标准普尔、穆迪、惠誉和DBRS）的评级。我们的重点是债券类别AI—8，这是一个高级债券类别，它是顺序偿付债券。分析是在2014年5月28日进行的。进行分析时，债券类别AI—8尚未偿付任何本金，因此本金余额与发行时相同，为196 162 000美元。进行分析时，该债券类别的市场价格为99.413，因此该债券类别的市场价值为195 010 529美元（\$196 162 000×0.994 13），且应计利息为790 057美元。因此，投资价值为195 800 585美元。

基准利率为2014年4月30日的美国国债利率。假设提前偿付率如下：

本金余额加权平均条件提前偿付率＝17.544%
本金余额加权平均提前偿付速度＝292.408
条件违约率(CDR)＝2.60%[2]

图表19—10　富国住房权益资产支持证券2004—2信托：发行时的债券类别（2004年9月）

债券类别	初始本金余额	息票利率	本金类型	评级			
				标准普尔	穆迪	惠誉	DBRS
AI—1A	\$336 661 000	FR	高级顺序偿付浮动利率	AAA	Aaa	AAA	AAA
AI—1B	\$75 000 000	2.940%	高级顺序偿付固定利率	AAA	Aaa	AAA	AAA
AI—2	\$81 688 000	3.450%	高级顺序偿付固定利率	AAA	Aaa	AAA	AAA
AI—3	\$247 199 000	3.970%	高级顺序偿付固定利率	AAA	Aaa	AAA	AAA
AI—4	\$56 870 000	4.430%	高级顺序偿付固定利率	AAA	Aaa	AAA	AAA

① 第4章曾经提到，可以用不同方式调整凸性指标。
② 第13章说明过条件违约率。

续前表

债券类别	初始本金余额	息票利率	本金类型	评级			
				标准普尔	穆迪	惠誉	DBRS
AI—5	$ 180 369 000	4.890%	高级顺序偿付固定利率	AAA	Aaa	AAA	AAA
AI—6	$ 160 165 000	5.000%	高级顺序偿付固定利率	AAA	Aaa	AAA	AAA
AI—7	$ 85 036 000	5.000%	高级顺序偿付固定利率	AAA	Aaa	AAA	AAA
AI—8	$ 196 152 000	5.000%	高级顺序偿付固定利率	AAA	Aaa	AAA	AAA
AI—9	$ 157 682 000	4.980%	高级锁定固定利率	AAA	Aaa	AAA	AAA
AII—1A	$ 1 010 967 000	FR	超高级转手浮动利率	AAA	Aaa	AAA	AAA
AII—1B	$ 252 742 000	FR	超高级支持转手浮动利率	AAA	Aaa	AAA	AAA
AIII—1	$ 571 857 000	FR	高级顺序偿付浮动利率	AAA	Aaa	AAA	AAA
AIII—2	$ 715 171 000	FR	高级顺序偿付浮动利率	AAA	Aaa	AAA	AAA
AIII—3	$ 183 573 000	FR	高级顺序偿付浮动利率	AAA	Aaa	AAA	AAA
M—1	$ 106 478 000	FR	次级浮动利率	AA+	Aa1	AA+	AA（高）
M—2	$ 96 574 000	FR	次级浮动利率	AA	Aa2	AA+	AA
M—3	$ 56 953 000	FR	次级浮动利率	AA−	Aa3	AA	AA（低）
M—4	$ 54 477 000	FR	次级浮动利率	A+	A1	AA−	AA（高）
M—5	$ 49 525 000	FR	次级浮动利率	A	A2	A+	A
M—6	$ 74 287 000	FR	次级浮动利率	A	Baa1	AA	（低）
M—7	$ 54 478 000	FR	次级浮动利率	BBB+	Baa3	BBB+	BBB（高）

FR=浮动利率债券类别。这里没有给出浮动利率债券类别的息票利息公式。

这个蒙特卡洛模拟中使用了 200 条利率路径。对收益率和利差的模拟结果如下所示（由 FactSet 模型提供）：

到期收益率	5.11%
I 利差	335 个基点
Z 利差	330 个基点
期权调整利差	296 个基点

“I利差”是本章介绍的名义利差（即静态现金流收益率和可比国债收益率利差之差）。最后两个利差指标是本章之前介绍过的指标。

下列价格敏感性指标是模型提供的结果：

平均存续期	5.271
修正久期	4.379
实际久期	6.530
实际凸性	0.196
利差久期	5.293

注意，该债券类别显示出了负凸性。

总收益率分析法

无论是静态现金流分析法还是蒙特卡洛模拟法都无法告诉资金管理者能否实现投资目标。对某只住房抵押贷款支持证券的表现进行评估时需要详尽说明投资期。对大多数金融机构来说，投资期的长度是由其负债的性质决定的。

我们可以运用第3章讨论的总收益评估某段投资期内某只证券或某个投资组合的表现。投资于住房抵押贷款支持证券获得的总收益包括：

1. 预期利息支付和预期本金偿付（计划本金偿付加上提前偿付）产生的预期现金流。
2. 对预期利息支付和预期本金提前偿付进行再投资得到的利息。
3. 投资期期末的住房抵押贷款支持证券的预期价格。

为了求出预期利息支付和预期本金偿付的现金流，必须设定投资期的提前偿付率。第二步需要设定再投资利率。最后，在一些特定的假设条件下，可以运用本章介绍的现金流收益率分析法或蒙特卡洛模拟法来计算投资期期末的价格。这两种方法都需要假定投资期期末的提前偿付率和国债利率（即国债收益率曲线）。现金流收益率分析法使用与可比国债之间的假定利差来确定必要的现金流收益率，然后，利用该收益率计算预期价格。蒙特卡洛模拟法要求假定投资期的期权调整利差。根据这一假设，我们可以利用期权调整利差法求出投资期内的价格。

为了检验总收益率相对于各种假设的敏感性，情景分析法将派上用场。其局限性在于：这种分析法中只能考虑少量可能情形，并且没有考虑收益率曲线和交易结构的动态变化。

抵押担保债券结构中各组别的到期日价格

估计到期日价格是估计总收益率时最困难的部分。抵押担保债券结构中各组别的价格取决于组别的特征和到期日债券组别与国债之间的利差。主要的决定因素是组别的“质量”、平均存续期（或久期）和凸性。

“质量”是指抵押担保债券结构中各组别的类型。例如，某投资者购买的抵押担保债券组别可能是按计划分期偿付类别债券，但是，预计的提前偿付行为可能使该组别变为顺序偿付组别。再例如，假设某只按计划分期偿付类别债券是反向按计划分期偿付类别结构中平均存续期最长的组别。在这种情况下，如果预计的提前偿付行为达到一定的金额，就可能导致该组别从平均存续期较长的按计划分期偿付组别变为支持组别。反过来说就是，债券组别的质量既可能上升，也可能下降。例如，当提前偿付行为使未清偿支持债券组别的面值按交易额的一定比例增加时，按计划分期偿付组别的实际双限就会在到期日变宽。

期权调整利差的总收益率

我们可以结合总收益率和期权调整利差法，以确定到期日的预期价格。在投资期期末，需要详细说明期权调整利差预期会如何变动。我们可以根据蒙特卡洛模拟模型“倒算”出到期日的价格。

关于投资期内期权调整利差数值的假设反映了资金管理者的预期。通常，假设到期日的期权调整利差与购买证券时的期权调整利差相同。根据该假设计算出来的总收益率有时被称为**固定期权调整利差总收益率**（constant-OAS total return）。或者，积极的总收益率管理者也可以赌一赌期权调整利差将如何变化——扩大还是缩小。我们可以运用总收益率法评估住房抵押贷款支持证券的表现对期权调整利差变化的敏感性。

要　点

· 住房抵押贷款支持证券（政府机构住房抵押贷款支持证券和非政府机构住房抵押贷款支持证券）的分析方法通常有两种：现金流收益率分析法和蒙特卡洛模拟法。

· 现金流收益率是使住房抵押贷款支持证券产生的预期现金流的现值等于其市场价格的利率。现金流收益率法假设：(1) 所有的现金流都能以与现金流收益率相等的利率进行再投资；(2) 持有住房抵押贷款支持证券至到期日；(3) 用来预计现金流的提前偿付速度将会实现。但是，现金流收益率法未考虑未来利率变动对现金流的影响。

· 修正久期并非衡量住房抵押贷款支持证券价格波动性的良好指标，因为它假设现金流不随收益率变动而改变。实际久期则考虑了收益率变动将如何影响提前偿付行为，进而影响现金流。

· 住房抵押贷款支持证券的现金流有路径依赖性。这意味着某个时期获得的现金流不仅取决于当前和未来的利率水平，还取决于利率达到当前水平的路径。

· 蒙特卡洛模拟法经常被用来分析现金流有路径依赖性的证券。蒙特卡洛分析法需要随机产生许多未来利率路径的情形，这些利率路径是基于某种利率波动性假设而生成的。随机利率路径应根据未来利率期限结构的无套利模型生成。应用于住房抵押贷款支持证券的蒙特卡洛模拟法需要根据模拟的未来抵押贷款再融资利率而随机产生一系列现金流。

· 证券在利率路径上的理论价值等于该利率路径上所有现金流的现值，其中，即期利率为相应利率路径上的利率。

· 证券的理论价值等于所有利率路径上的理论价值的平均值。路径价值的分布信息有助于我们理解围绕理论价值的波动性。

· 平均存续期是指所有利率路径上的平均存续期的平均值，平均存续期的分布信息也很有用。

·在蒙特卡洛模拟法中，如果将某利差与所有利率路径上的所有即期利率相加所得到的值，恰好可以使利率路径的平均现值等于所观察到的市场价格（加上应计利息），那么，该利差就是期权调整利差。

·运用蒙特卡洛模拟法，保持期权调整利差不变，并令利率期限结构上下移动，即可计算出实际久期和实际凸性。

·使用期权调整利差作为相对价值指标有缺点。

·在计算利率敏感性指标时假设期权调整利差固定的一个问题是，不能从理论上证明该假设的合理性。

·总收益率是评估某段投资期内抵押担保债券组别潜在表现的正确指标。

·我们可以将静态现金流收益率或蒙特卡洛模拟法与总收益率分析法结合起来，计算投资到期日的抵押贷款支持证券的价格。

·情景分析是评估住房抵押贷款支持证券投资风险的一种方法。

问　题

1. 假设已知某只转手证券的现金流收益率为 9%，并且你希望投资于一只收益率高于 8.8%的证券。

a. 在投资该转手证券之前，你还需要了解什么信息？

b. 运用现金流收益率法评估住房抵押贷款支持证券的潜在投资收益率有哪些局限性？

2. 在现金流收益率分析法中，利差是相对于可比国债计算出来的。那么，如何确定可比国债？

3. 什么是向量分析？

4. 在计算实际久期和实际凸性时，为什么需要提前偿付模型？

5. 以下引文摘自题为《富达基金（Fidelity）考虑将 2.5 亿美元投向溢价按计划分期偿付类别和纯利息类别》的一篇文章。该文章发表于 1992 年 1 月 27 日《债券周刊》的第 1 页和第 21 页：

> 投资组合经理 Jim Wolfson 称：三家富达投资抵押贷款基金正考虑在本季度向溢价发行的计划分期偿付抵押担保债券类别和一些纯利息剥离式债券投资 2.5 亿美元。Wolfson 主要关注的是联邦住房抵押贷款公司提供 9%～10%担保的按计划分期偿付类别债券和联邦国民抵押贷款协会担保的转手证券。他认为与普通的政府机构转手证券或类似的溢价发行的政府国民抵押贷款协会担保的按计划分期偿付类别债券相比，这些证券的期权调整利差更高。他预计随着本季度提前偿付速度减缓，纯利息组别将开始有更好的表现。
>
> Wolfson 认为，纯利息组别和溢价按计划分期偿付类别债券的更高收益率是对其更高的提前偿付风险的一种补偿。“因为承担了负凸性，你将获得收益率上的补偿”，他说。他感觉提前偿付速度不会加快……

a. 在市场预期提前偿付速度加快或具有高度不确定性时，为什么溢价按计划分期偿付类别债券和纯利息剥离式证券将提供更高的收益率？

b. Wolfson 称，“因为承担了负凸性，你将获得收益率上的补偿”，他的话是什么含义？

c. Wolfson 运用了哪些方法来评估与提前偿付有关的风险？

6. 在 1991 年 11 月 4 日发表的《债券周刊》第 6 页的一篇题为《信合共同保险集团

(CUNA) 希望购买不可赎回公司债券》的文章中，信合共同保险集团的投资组合经理 Joe Goglia 称，他投资于“计划分期偿付债券组别，这些债券具有更低的提前偿付风险，并且比其他抵押贷款支持证券具有更高的正凸性”。这是真的吗？

7. 什么是有现金流路径依赖性的证券？

8. 为什么转手证券属于有现金流路径依赖性的证券？

9. 请给出抵押担保债券组别属于有现金流路径依赖性的证券的两个原因。

10. 请说明：在给定模拟利率路径的现金流条件下，如何确定住房抵押贷款支持证券的理论价值。

11. 请说明：在给定模拟利率路径的现金流条件下，如何确定住房抵押贷款支持证券的平均存续期。

12. 假设我们运用蒙特卡洛模拟法分析一只支持债券。运用 1 500 条利率路径得到的理论价值为 88。利率路径上的现金流现值范围为 50～115。标准差为 15 个基点。你认为理论价值为 88 的置信度是多少？

13. 与来自同一抵押担保债券结构的支持债券相比，你预计受到完好保护的按计划分期偿付类别的路径现值分布和平均存续期的情况如何？

14. 对于每个提前偿付假设，假定某只住房抵押贷款支持证券的下列价值都是正确的。

PSA 假设	证券的价值
192	112.10
194	111.80
200	111.20
202	111.05
210	110.70

当证券的提前偿付速度为 200PSA 时，该证券的市场价值为 111.20。那么，该证券的提前偿付敏感性为多少？

15. 如下表所示，我们运用蒙特卡洛模拟法分析某抵押担保债券结构。假设波动率为 12%：

	期权调整利差（基点）	静态利差（基点）
担保品	80	120
组别		
按计划分期偿付类别债券 IA	40	60
按计划分期偿付类别债券 IB	55	80
按计划分期偿付类别债券 IC	65	95
按计划分期偿付类别债券 II	95	125
支持债券	75	250

a. 请计算各组别的期权成本。

b. 哪个组别明显过于昂贵？

c. 如果假设波动率为 15%，各组别的静态利差将如何变化？

d. 如果假设波动率为 15%，各组别的期权调整利差将如何变化？

16. 为什么不同交易商的期权调整利差会有差异？

17. 请说明如何确定蒙特卡洛模拟法中使用的利率路径数量。

18. 请说明你是否同意下列说法：“当运用蒙特卡洛模拟法对住房抵押贷款支持证券估值时，所有利率路径都采用相同的 PSA 假设。”

19. a. 在计算住房抵押贷款支持证券的实际久期和实际凸性时，对期权调整利差作出了什么假定？

b. 该假设有保证吗？

20. 期权调整利差指标有哪些局限性？

21. 估计住房抵押贷款支持证券的潜在总收益率时需要哪些假设条件？

22. 运用总收益率分析法估计抵押担保

债券组别的潜在总收益率时存在哪些复杂性？

23. 2013年7月1日，有人用FactSet的蒙特卡洛估值模型分析了房地美2012年发行的利率为4%的30年期普通证券。进行分析时，该证券的价格为104.644美元，应计利息为0.300美元（每100美元面值）。该证券的相关信息总结如下：

息票利率（%）	4.000
到期日	2041年10月1日
发行日	2012年5月1日
初始余额（美元）	26 885 718 052.11
当前余额（美元）	23 341 475 489.50
系数确定日	2013年6月1日

使用了200条利率路径的模拟结果如下所示：

到期收益率（%）	2.981
平均存续期	5.307
修正久期	4.551
实际久期	4.135
实际凸性	−1.905
部分久期——6个月	−0.088
部分久期——2年	0.516
部分久期——1年	0.097
部分久期——5年	1.500
部分久期——10年	1.806
部分久期——30年	0.304
利差久期	4.338
利差（TRSY）	1.585
Z利差	97.232
期权调整利差（TRSY）	95.158
期权调整利差（LIBOR）	77.909
预测条件提前偿付率（PB WAVG）	14.870
预测PSA（PB WAVG）	278.342

a. 请说明上述每个指标的含义。

b. 给定计算出的凸性指标，如果国债利率期限结构以平行方式显著下降，该转手证券相对于可比国债的预期表现如何？

第 20 章

可转换债券分析

学习目标

阅读本章后，您将了解

- 什么是可转换债券
- 什么是可交换债券
- 可转换证券的基本特征
- 可转换证券的类型
- 可转换债券的转换价值、市场转换价格、每股转换溢价、转换溢价率和超过直接价值的溢价
- 可转换证券的投资特征
- 可转换债券的最低价值
- 溢价偿还期
- 与可转换债券相关的跌价风险
- 期权理论中用于衡量可转换债券的指标：delta、gamma 和 vega
- 投资于可转换债券的利弊
- 可转换债券的特征
- 可转换债券的期权估值方法
- 为什么需要运用期权估值方法为可转换证券恰当估值

在第 7 章中，我们介绍过可转换债券。在本章中，我们将阐述可转换债券的分析方法，首先让我们来了解可转换债券的基本条款。

可转换债券的条款

公司债券中的转换条款授予债券持有者将债券转换为预定数量的债券发行人普通股的权利。因此，**可转换债券**（convertible bond）是一种对债券发行人的普通股拥有买入期权的公司债券。**可交换债券**（exchangeable bond）授予债券持有者将债券交换为债券发行人之外的其他公司的普通股的权利。

在执行可转换债券或可交换债券的买入期权时，债券持有者获得的普通股股数被称为**转**

换比率（conversion ratio）。转换权利可以存在于债券的整个存续期或其中部分时间，且规定的转换比率可能随时间的推移而下降。转换比率总是根据股票拆分和股票派息情况按比例调整。一些可转换债券可能有初始不可转换期。这一时期从 6 个月到 12 个月不等。

在债券转换为普通股时，债券持有者通常会从发行人手中得到标的股票，这被称为**实物结算**（physical settle）。发行人也可以选择向债券持有者支付与标的股票价值相当的现金，这被称为**现金结算**（cash settle）。

在发行可转换债券时，发行人实际上授予了债券持有者按照以下价格购买普通股的权利：

$$\frac{\text{可转换债券的面值}}{\text{转换比率}}$$

在授予债券持有者转换期权的同时，多数可转换债券都可由债券发行人选择在特定日期赎回。可转换债券的这种标准赎回期权被称为**无保护赎回**（unprotected call）。某些可转换债券中还包括另一种赎回特征：债券可能只能在标的股票的价格（或某些天数内的平均股价）超过特定触发价格（trigger price）时被赎回。这种赎回被称为**保护赎回**（protected call）。某些可转换债券是可回售的。回售期权可分为硬回售期权和软回售期权。**硬回售期权**（hard put）是指债券发行人必须用现金赎回可转换证券。**软回售期权**（soft put）是指债券发行人可选择用现金、普通股、次级票据或上述三者的组合赎回可转换证券。多数可转换证券都包括另一种在公司控制权发生变化情况下的回售期权。通常，如果另一方获得一定百分比的股份（通常为 51%），投资者就可以按面值或稍高于面值的价格回售债券。回售价格应用现金支付（即硬回售期权）。

另一种曾因有税收优惠而发行的债券附有**或有偿付条款**（contingent payment provision）。它的昵称为“CoPa”债券。和息票利率在债券存续期中固定的传统可转换债券不同，CoPa 债券在基础股价达到特定限值（例如，转换价格的 125%）时支付更高的息票利率。

特殊转换条款

投资者必须仔细考察转换期权，因为不是所有债券都赋予投资者刚才介绍的直接转换期权。2008 年之前发行的有别于传统转换期权的两类可转换债券为净股结算可转换债券和或有转换可转换债券。

当可转换债券持有者执行转换期权时，传统结果是发行人按照转换比率用债券交换一定数量的股票。对于包括**净股结算条款**（net share settlement）的可转换债券，在执行转换期权时，发行人应用现金支付面值，赎回债券，但债券交易价格将高于面值。正如本章后面将说明的，这种债券具有转换价值。转换价值和面值之差为债券持有者应得的额外补偿。该差额通过发行人向债券持有者提供股票补足。在某些可转换债券中，发行人有权通过提供现金和股票的组合进行结算。发行人发行附有这种条款（也被称为**现金—面值结算条款**（cash-par settlement provision））的可转换债券的动机是，从财务会计的角度看，附有净股结算条款的可转换债券在计算发行人的每股利润时比较有利。然而，2008 年开始实施的财务会计规则的变化让这类融资对公司不再具有吸引力。这些债券在之前很受欢迎，举例来说，自从 2005 年它们开始流行以来，1 710 亿美元美国可转换债券中有 1 200 亿美元可转换债券包含这种条款。[1]

在传统可转换债券中，债券持有者有权在任何时间进行转换。根据**或有可转换条款**(contingent convertible provision)，持有者仅在标的股票价格在特定交易天数内超过特定限价后有权进行转换。[2] 通常，这种限价为转换价格的130%。(我们将在后面说明转换价格。)在那时之前，债券持有者无权进行转换。附有这种条款的债券被昵称为"CoCo"债券，它出现在1999年年底，到2003年占新发行可转换债券的70%以上。[3] 附有这种条款的可转换债券受欢迎的原因是，从发行人的角度看，它具有税收和财务会计优势。这些优势已随着税法和财务报告要求的变化而消失。

可转换债券的类别

美国的可转换债券市场是迄今为止世界上最大的可转换债券市场。多数美国可转换债券都是根据证券交易委员会（SEC）第144A条规定作为私募证券发行的。雷曼兄弟发布巴克莱资本美国可转换债券指数，主要的指数为巴克莱资本可转换债券综合指数。该指数的下列不同子指数显示了可转换债券市场的不同部分或分类方法：

类型：

- 现金支付可转换债券。
- 零息/初始发行折价可转换债券。
- 优先可转换债券。
- 强制可转换债券。

基础市值：

- 小市值可转换债券。
- 中市值可转换债券。
- 大市值可转换债券。

信用质量：

- 投资级可转换债券。
- 中级可转换债券。
- 垃圾级可转换债券。
- 未评级可转换债券。

特征：

- 典型可转换债券。
- 股权敏感型可转换债券。
- 丧失转换价值的可转换债券。
- 不良债券。

还可以根据行业进一步分类。

---

① "No More Net-Share Settle," *International Financing Review* (March 23, 2011), http://www.ifre.com/no-more-net-share-settle/552214.article.

② 对于熟悉期权的人，这类期权被称为"触碰生效期权"。

③ Mihir Bhattacharya, "Convertible Securities and Their Valuation," Chapter 60 in Frank J. Fabozzi (ed.), *Handbook of Fixed Income Securities*, 7th ed. (New York: McGraw-Hill, 2005).

就可转换证券的“类型”而言，**现金支付债券**（cash-pay bonds），也被称为传统可转换债券，是支付息票利息的可转换债券。**零息可转换债券**（zero-coupon convertible bonds）则和其他任何不支付息票利息的债券一样。常见的一种零息债券是被称为 LYON 的美林公司的产品，LYON 的意思是流动收益率期权票据（liquid yield option notes，LYON）。初始发行折价（OID）可转换债券是以面值的一定折价发行的，但有息票利息；息票利率低于市场利率。**优先可转换债券**（convertible preferred）是一种可以转换为普通股的优先股。最后，**强制可转换债券**（mandatory convertible）是一种在到期时自动转换为发行人的普通股的可转换债券。这种自动转换不同于可选择是否进行转换的可转换债券。

“基础市值”表示可转换债券发行人的股权市值（或称“cap”）。公司的市值是其未清偿普通股和普通股每股价格的乘积。信用质量完全基于可转换债券的信用评级。

我们将在本章后面的内容中说明“特征”的含义。

可转换债券分析的基础方法和概念

在本节中，我们将介绍可转换债券分析中使用的某些基本指标和概念。在我们的例子中，我们将使用下列假想的可转换债券：

可转换债券＝XYZ 债券
期限＝10 年
息票利率＝10%
转换比率＝50
面值＝1 000 美元
XYZ 债券的当前市场价格＝950 美元
XYZ 普通股的当前市场价格＝17 美元
每股股利＝1 美元

我们假设该可转换债券既不是可赎回债券，又不是可回售债券。

XYZ 债券的转换价格为：

$$转换价格=\frac{\$1\,000}{50}=\$20$$

可转换债券的最低价值

可转换债券的**转换价值**（conversion value）是指债券被立即转换时的价值。[①] 也就是说，

转换价值＝普通股的市场价格×转换比率

可转换债券的最低价格为以下两个价值中的较高者[②]：

① 严格地讲，这里给出的转换价值的标准教科书定义在理论上是错误的，因为当债券持有者进行转换时，股票价格会下降。理论上，转换价值的正确定义是转换比率与转换后股票价格的乘积。

② 如果转换价值是这两个价值中的较高者，那么可转换债券就可能以低于转换价值的价格交易。发生这种情况的原因包括：（1）一些限制性因素阻碍了投资者进行转换；（2）标的股票缺乏流动性；（3）预期的强制转换将导致高息票债券的应计利息遭受损失。见 Mihir Bhattacharya，“Convertible Securities and Their Valuation，” p. 1395。

1. 可转换债券的转换价值。

2. 其作为不含转换期权的公司债券的价值，即在假设债券不可转换的情况下（即普通债券），根据可转换债券的现金流确定的债券价值。这种价值被称为**直接价值**（straight value）。

为了估算直接价值，我们必须确定具有相同信用评级和类似投资特征的不可转换债券的必要收益率。在给定估算的必要收益率后，直接价值就等于使用该收益率对债券现金流进行贴现所得到的现值。

如果可转换债券的售价并非以上两个价格的较高者，那么，投资者将能获得套利利润。例如，假设转换价值高于直接价值，并且债券以直接价值交易。那么，投资者可以按直接价值购买可转换债券，然后将其转换为普通股。通过上述交易，投资者可以从中获益，获益金额等于转换价值与直接价值之差。反之，假设直接价值高于转换价值，且债券以转换价值交易。通过以转换价值购买可转换债券，投资者实现的收益率将高于可比普通债券的收益率。

示　例

对于 XYZ 可转换债券，

$$\text{转换价值} = \$17 \times 50 = \$850$$

为了确定直接价值，需要确定在市场上交易的可比债券。假设可比债券交易时的收益率为 14%。那么，直接价值就等于销售时收益率为 14%、息票利率为 10%的 10 年期债券的价格。这种债券的价格为 788 美元。[①]

如果转换价值为 850 美元，直接价值为 788 美元，那么，XYZ 债券的最低价格为 850 美元。为了说明这一点，注意，如果债券以直接价值而非转换价值出售，那么投资者就可以按 788 美元的价格购买该债券，同时按每股 17 美元的价格出售 50 股 XYZ 股票。将债券转换为普通股时，就是投资者补进卖空的股票时。通过这笔交易，投资者购买的每只 XYZ 债券会产生 62 美元的套利利润。以等于转换价值的价格（850 美元）出售 XYZ 债券是消除套利利润的唯一方法。

相反，假设可比的不可转换债券以 11.8%的收益率进行交易。那么，XYZ 债券的直接价值为 896 美元。在这种情况下，XYZ 债券的最低价格必定等于其直接价值，因为该价格高于 850 美元的转换价值。为了说明这一点，假设 XYZ 债券的市场价格为 850 美元。在这个价格水平上，债券收益率大约为 12.7%，比可比的不可转换债券的收益率高 90 个基点。投资者会发现该债券很有吸引力。当投资者购买该债券时，他们的相互竞价会使债券收益率达到 11.8%的新水平。

市场转换价格

如果投资者购买了可转换债券并将其转换为普通股，那么投资者为普通股实际支付的价格被称为**市场转换价格**（market conversion price）。[②] 其计算公式如下：

---

① 实际上是 788.10 美元，但我们在例子中用的是 788 美元。

② 市场转换价格也被称为转换平价（conversion parity price）。

$$\text{市场转换价格}=\frac{\text{可转换债券的市场价格}}{\text{转换比率}}$$

市场转换价格是一个很有用的基准指标，因为当股票的实际市场价格升到市场转换价格以上时，股票价格的任何进一步上升都至少会引起可转换债券价值的同比上升。因此，市场转换价格可以被视为盈亏平衡点。

如果投资者购买了可转换债券而非标的股票，那么，投资者通常要支付高于当前股票市场价格的溢价。每股溢价等于市场转换价格与当前的普通股市场价格之差，即：

$$\text{每股市场转换溢价}=\text{市场转换价格}-\text{当前市场价格}$$

每股市场转换溢价通常表示为当前市场价格的百分比，如下所示：

$$\text{市场转换溢价率}=\frac{\text{每股市场转换溢价}}{\text{普通股的市场价格}}$$

人们为什么愿意支付溢价购买这种债券呢？前面曾经提到，可转换债券的最低价格是转换价值和直接价值中的较高者。因此，当股票价格下降时，可转换债券的价格不会降至直接价值以下。因此，直接价值可以充当可转换债券价格的下限。

由此看来，每股市场转换溢价可以被视为看涨期权的价格。如第 28 章将要阐述的，看涨期权的购买者限制了期权价格的下跌风险。可转换债券的持有者通过溢价限制了债券直接价值的下跌风险。看涨期权购买者与可转换债券购买者之间的区别在于，前者准确地知道下跌风险的大小，而后者只知道损失最高不超过可转换债券价格与直接价值之差。然而，未来某个日期的直接价值是未知的，价值将随着利率的变动而改变。

示　例

已知债券市场价格为 950 美元，股票价格为 17 美元，转换比率为 50，那么，XYZ 可转换债券的市场转换价格、每股市场转换溢价和市场转换溢价率的计算结果如下：

$$\text{市场转换价格}=\frac{\$950}{50}=\$19$$

$$\text{每股市场转换溢价}=\$19-\$17=\$2$$

$$\text{市场转换溢价率}=\frac{\$2}{\$17}=0.118\text{ 或 }11.8\%$$

可转换债券与股票的当期收入比较

如果投资者选择投资于可转换债券而不是直接购买股票，那么这通常意味着从实现的当期收入的角度看，投资者从可转换债券中获得的息票利息要高于从按转换比率换算的股票中获得的股利，两者之间的差额可以抵消每股市场转换溢价。在对可转换债券估值时，分析师通常通过计算**溢价偿还期**（premium payback period）［或称为**盈亏平衡点**（break-even time)］来求出收回每股溢价所需的时间。溢价偿还期的计算公式如下：

$$\frac{\text{每股市场转换溢价}}{\text{每股收入顺差}}$$

其中，每股收入顺差等于[①]：

$$\frac{\text{债券的息票利息}-(\text{转换比率}\times\text{每股股利})}{\text{转换比率}}$$

注意，溢价偿还期没有考虑货币的时间价值。

示　例

XZY 可转换债券的每股市场转换溢价为 2 美元。每股收入顺差的计算方法如下：

债券的息票利息＝0.10×＄1 000＝＄100

转换比率×每股股利＝50×＄1＝＄50

因此，

$$\text{每股收入顺差}=\frac{\$100-\$50}{50}=\$1$$

$$\text{溢价偿还期}=\frac{\$2}{\$1}=2\text{ 年}$$

在不考虑货币时间价值的情况下，投资者将在两年后收回每股市场转换溢价。

可转换债券的跌价风险

由于可转换债券的价格不会降至直接价值以下，因此，投资者通常将债券的直接价值用作衡量可转换债券跌价风险的指标。因此，直接价值可以作为当前可转换债券价格的下限。跌价风险可以表示为直接价值的百分比，计算方法如下：

$$\text{超过直接价值的溢价}=\frac{\text{可转换债券的市场价格}}{\text{直接价值}}-1$$

在其他因素保持不变的情况下，超过直接价值的溢价越高，可转换债券的吸引力就越低。

尽管人们在实践中使用这种跌价风险指标，但是由于直接价值（下限）随着利率的变动而变化，因此，这种指标存在缺陷。如果利率上升（下降），则直接价值将下降（上升），从而使价格下限下降（上升）。因此，跌价风险也随着利率的变动而变化。

示　例

如前所述，如果可比的不可转换债券以 14％的收益率交易，那么 XYZ 可转换债券的直接价值为 788 美元。因此，超过直接价值的溢价为：

$$\text{超过直接价值的溢价}=\frac{\$950}{\$788}-1=0.21\text{ 或 }21\%$$

如果可比的不可转换债券的收益率为 11.8％而非 14％，那么直接价值为 896 美元，超

① 关于持有可转换债券产生的收入顺差的更准确的计算方法，请参见 Luke Knecht and Mike McCowin, "Valuing Convertible Securities," in Frank J. Fabozzi (ed.), *Advances and Innovations in Bond and Mortgage Markets* (Chicago: Probus Publishing, 1989)。在多数情况下，掌握本书中介绍的传统计算公式就已足够。

过直接价值的溢价为：

$$超过直接价值的溢价=\frac{\$950}{\$896}-1=0.06 或 6\%$$

期权指标

由于可转换债券中嵌入了标的普通股的赎回期权，因此我们可以根据期权理论中使用的指标估计可转换债券价格的敏感性。尽管我们将在第 30 章中介绍这些债券期权指标，但是这里我们仍将介绍一些管理普通股期权风险的从业者使用的相关指标及这些指标与可转换债券的关系。在本章后面的内容中，我们将了解在可转换债券套利策略中如何运用这些指标。

我们介绍的指标是：

- delta。
- gamma。
- vega。
- 隐含波动率。

基本上，这些指标都与我们在第 30 章中将要介绍的影响期权价值的因素相关。这三个指标显示了期权价格对已知会影响价格的某个特定因素的变化的敏感性。以下是股票期权中此类因素的几个例子：

- 标的股票的价格。
- 标的股票价格的预期波动率。
- 距期权到期日所剩的时间。

这些指标是通过运用期权定价理论模型（最常用的普通股期权估值模型是第 30 章介绍的著名的 Black-Scholes 期权定价模型）和确定某个因素变化时（保持其他所有因素不变）理论价值如何改变而计算出来的。

Delta

期权的 delta 衡量了期权价格对标的工具价格变化的敏感性。对于普通股期权而言，标的工具为普通股。对于可转换债券而言，标的工具为债券发行人的普通股。因此，可转换债券的 delta 为可转换债券的价值对标的股票价格变动的敏感性。（delta 的另一个名称是**对冲比率**（hedge ratio）或**中性对冲比率**（neutral hedge ratio）。）具体而言，delta 是可转换债券的价值变动与标的股票价格变动之比。

delta 可以用来估计标的股票每股价格变动对可转换债券价值的影响，如下：

$$可转换债券价值的近似变动=每股股价变动\times 转换比率\times delta$$

例如，考虑我们假想的可转换债券，XYZ 债券。转换比率为 50。假设 delta 为 0.60。当每股股价变动 0.125 美元时，可转换债券价值的近似变动为：

$$\$0.125\times 50\times 0.60=\$3.75$$

delta 的变化范围为 0～1。delta 有助于描述可转换债券的特征。如果 delta 为 0，那么基本上这只债券就是直接债券，因为标的股票的价格变动对可转换债券的价格没有影响。在另一个极端，当 delta 为 1 时，可转换债券的价格变动等于标的股票的价格变动。

在期权理论中，delta 也被称为对冲比率，因为它表示对于某只期权，为了使标的工具价格发生小幅变化时期权中的多头和标的工具中的空头合并起来能够中和必须卖空的标的工具金额。对于可转换债券而言，对冲比率是指通过持有可转换债券并卖空对冲比率表示的股数，使股票价格发生小幅变动时头寸价值将不会发生变动所需要卖空的股数。可转换债券头寸和股票空头的合并头寸被称为 **delta 对冲**（delta hedged）、**delta 中性**（delta neutral）或**市场中性**（market neutral）。

例如，我们假想的可转换债券的 delta 为 0.60。用该 delta 乘以转换比率（0.60×50），结果为 30。这意味着为了获得市场中性头寸，必须卖空 30 股。例如，假设标的股票的价格增加 0.125 美元。这意味着由 30 股股票组成的空头将损失 3.75 美元。如上所述，这与可转换债券多头的收益金额相同。因此，合并头寸既没有收益也没有损失。

关于 delta，有两点重要内容需要了解。第一，就像我们在第 4 章介绍的久期一样，delta 只是一个近似指标。也就是说，久期是利率小幅变动时债券价格变动的近似值；delta 是股票价格小幅变动时可转换债券价值变动的近似值。

第二，期权的 delta 会随着时间的推移而改变。它会由于标的股票价格的变动以及已知影响期权价值的其他因素（如期权到期之前的剩余时间）的变化而改变。因此，如果投资者希望在可转换债券中维持对冲头寸（即市场中性头寸）和股票空头，那么 delta 变化时空头就必须变动。

Gamma

我们在第 4 章中曾经讨论过久期和凸性。久期是衡量利率变动时的债券价格变动的一级近似值。凸性指标显示了利率大幅变动时，债券价格的额外变动是多少。基本上，凸性与较大的利率变动或利率波动率的相关收益有关。在期权理论中，gamma 与凸性起的作用相同。对于可转换债券而言，gamma 是标的股票价格大幅变动时，可转换债券价值的额外变动。

Vega

期权的 vega 是期权价格对标的工具预期波动率变化的敏感性。对于可转换债券而言，它是可转换债券价格对预期股票价格波动率变化的敏感性。

隐含波动率

通常，预期波动率越高，期权的价值就越高。在期权定价模型中，唯一必须估计的未知输入值就是预期波动率。市场参与者根据历史波动率（也称为已实现波动率和实际波动率）估计预期波动率。在期权市场中，通常的做法是，给定期权的市场观测价格和期权定价模型，“倒算”出预期波动率。用这种方法得到的波动率被称为**隐含波动率**（implied volatility）。

隐含波动率和历史波动率之差通常是期权市场上交易策略的基础，而在可转换债券市场上也被用于相同的用途。如果隐含波动率小于历史波动率，就认为期权是便宜的。对于可转换债券而言，如果隐含波动率小于历史波动率，就认为可转换债券是便宜的。

应该指出，建立波动率模型并不简单，且基于波动率的交易策略显然假设波动率得到了正确衡量。

可转换债券的特征

在本章开头介绍如何对可转换债券分类时，一种方法是根据可转换债券的特征分类。基本上，所根据的特征是指决定可转换债券表现的因素，如发行人的股价或利率和利差水平。根据已破产的投资银行雷曼兄弟的分类方法，可转换债券可以分为：（1）典型可转换债券；（2）股权敏感型可转换债券；（3）丧失转换价值的可转换债券；（4）不良可转换债券。

Bhattacharya 将可转换债券称为**平衡可转换债券**（balanced convertible），并对其定义如下：

> 转换溢价为 25%～40%，且投资溢价为 15%～25%的可转换债券对标的股票价格变动和利率以及信用利差变动的反应都很显著。因此，有这些特征的可转换债券都被称为平衡可转换债券，不论这些特征在发行时就具有还是后来股价变化的结果。其对冲比率，也就是平衡可转换债券价格与股价变动的相关系数从约 55%至 80%不等。[①]

股权敏感型可转换债券（equity sensitive convertible），也被市场参与者称为**股权替代可转换债券**（equity substitute convertible），是标的股票价格超过股票转换价格的可转换债券。因此，股票价格的变动将改变可转换债券的价格，且收益率和收益率利差的改变产生的影响较小。这类证券的转换溢价较低，且在期权市场用语中，可转换债券被称为“价内”（in the money）证券。

当标的股票价格远低于转换价格时，可转换债券被称为**丧失转换价值的可转换债券**（busted convertible）。使丧失转换价值的可转换债券的价值变化的主要因素是收益率和收益率利差的变化。丧失转换价值的可转换债券通常有较高的转换溢价，并在期权术语中被称为“深度价外”证券。

不良可转换债券（distressed convertible）可以被视为一种特殊的丧失转换价值的可转换债券，在这种可转换债券中，标的股票价格跌至远远低于转换价格的水平，以至于发行人很可能被迫破产。这种证券的信用评级已经被调低或预期会被调低。

可转换债券投资的利弊

到目前为止，我们已经给出了几种可转换债券的分析指标。现在，我们将通过 XYZ 可转换债券分析可转换债券投资的利弊。

假设一位投资者正在考虑购买股票或可转换债券。投资者在市场上可以按 17 美元的价

---

① Mihir Bhattacharya, “Convertible Securities and Their Valuation,” Chapter 60 in Frank J. Fabozzi (ed.), *Handbook of Fixed Income Securities*, 7th ed. (New York: McGraw-Hill, 2005), p. 1409.

格购买股票。通过购买可转换债券，投资者实际上是以 19 美元的价格（每股市场转换价格）购买股票。

考察从现在开始一个月后的结果，假设 XYZ 股票的价格升高至 34 美元。购买股票的投资者每投资 17 美元将实现 17 美元的收益（34 美元－17 美元），即收益率为 100％。相比之下，债券的转换价值将为 1 700 美元（34 美元×50）。由于 XYZ 可转换债券的价格为 950 美元，因此投资者将实现约 79％的收益率。可转换债券以稍高于转换价值的溢价交易，因此收益率实际上可能会略高一些。购买可转换债券的收益率要低于直接购买股票的收益率，原因在于投资者购买可转换债券时实际上每股多付了 2 美元。因此，投资者实现的收益是相对于 19 美元的股价，而非 17 美元的股价而言。

到目前为止，我们已经举例说明了当股票价格上升时持有股票而非持有可转换债券的好处。现在，让我们来考察股票价值降至 7 美元时的情况。购买股票的投资者将遭受每股 10 美元的损失，即收益率为－59％。XYZ 债券的转换价值也同样下降，并降至 350 美元（7 美元×50）。但是，XYZ 债券的价格不会下降到这个水平。根据前面的讨论，可转换债券的最低价格为转换价值或直接价值中的较大者。假设直接价值在一个月内保持 788 美元不变，那么 XYZ 可转换债券的价格只能跌到 788 美元。这意味着投资者遭受的损失仅为 17％。实际损失甚至更小，因为可转换债券将按照超过直接价值的溢价进行交易。

这种分析方法的关键假定是直接价值保持不变，但是，直接价值可能因第 2 章提到的任何原因而改变。具体而言，如果经济体中的利率上升，那么直接价值将下降。即使利率不上升，发行人的信用质量印象也可能恶化，导致投资者要求更高的收益率。实际上，股票价格与投资者要求的收益率并不是彼此独立的。当股票价格骤然下降时，例如像我们例子中的那样从 17 美元下降到 7 美元，发行人的信用质量印象将下降，从而导致直接价值下降。无论如何，虽然直接价值可能下降，但它仍然是可转换债券价格的下限（即使该下限会发生变动）。在我们的例子中，直接价值必须下降约 390 美元（950 美元损失的 59％）才能与购买股票的损失相等。

我们的例子清楚地表明，投资可转换债券有利也有弊。不利之处是必须支付每股溢价而牺牲了价格上升潜力。有利之处是降低了跌价风险（由直接价值决定），并有机会通过持有可转换债券获取更高的当期收入来补偿每股溢价。

投资组合经理感兴趣的是持有可转换债券的总收益率。总收益率的比较基准是标的普通股的表现。因此，投资组合经理必须用情景分析法来分析总收益率。

赎回风险

债券发行人可以赎回可转换债券。对债券发行人而言，这是一个有价值的债券特征。因为如果发行人认为当前的股票市场价格被严重低估，那么直接卖出股票就会稀释现有股东的股权。企业更愿意用发行股票而不是发行债券的方式融资，所以，企业发行可转换债券，并根据可接受的股票价格来设定转换比率。当市场价格达到转换临界点时，企业将希望进行转换以避免未来价格下跌的风险。这使企业对强制性转换感兴趣，即使这并不符合证券所有人的利益，因为赎回行为可能对证券价格产生不利影响。

被收购风险

公司被收购是投资于可转换债券面临的另一种风险。如果债券发行人被另一家公司或本公司管理层收购（例如管理层杠杆收购），那么股票价格的上升幅度可能不足以让可转换债券的持有者从债券的转换特征中获益。由于被收购公司的股票在收购活动完成后可能不再进行交易，因此留给投资者的只是息票利率低于同等风险公司债券息票利率的债券。

可转换债券套利

由于我们在本章中介绍的可转换债券的投资特征，其偿付特征可以创造出不同的头寸，这些头寸可以从可转换债券的错误定价中获益。试图从可转换债券的错误定价中获利的行为被称为**可转换债券套利**（convertible bond arbitrage）。就像投资管理行业中的其他许多例子一样，这里对“套利”的使用较为随意，其含义也不同于金融理论中使用的无风险套利。

利用可转换债券错误定价获利的方法众多，这是可转换债券广受对冲基金经理欢迎的原因之一。因此，基于对特定可转换债券价格的各种影响因素的看法，产生了大量可转换债券套利策略。

在所有可转换债券套利策略中，第一步都是找出交易价格显著偏离对冲基金经理的可转换债券模型显示的理论价值的可转换债券。因此，这个过程严重依赖于该估值模型。对于市场上被认为严重错误估值的可转换债券而言，应持有可转换债券、标的普通股和对冲市场风险（这种市场风险可能会对可转换债券套利策略的目标产生不利影响）所需的衍生工具的头寸。前面讨论过的 delta 对冲介绍过这种做法，其目的是对冲标的股票价格的不利变化。如果要对冲其他不利的市场风险，则需要持有利率衍生工具（通常使用的是利率互换）和信用衍生工具（通常使用的是信用违约互换）的头寸。[①]

可转换债券套利策略所使用债券的特征

在筛选可用于可转换债券套利策略的可转换债券时，对冲基金经理更偏好那些标的普通股和可转换债券本身有某些特征的可转换债券。在可转换债券套利中，具有下列特征的可转换债券是比较理想的：（1）良好的流动性；（2）低转换溢价；（3）高凸性；（4）低隐含波动率。[②]

具有下列特征的标的普通股是比较理想的：（1）高预期价格波动率；（2）可以方便地借入；（3）支付很少的利息或不支付利息。标的普通股的第一个特征之所以受欢迎，是因为可转换债券套利策略追求的是从可转换债券的大幅价格变化中获益。这是因为如果股价中嵌入式看涨期权的价值上升，那么就能实现这一目标，且预期股价波动率升高增加了嵌入式期权的价值。第二个特征之所以受欢迎，是因为经常创造出标的普通股空头。在股票市场上，卖空股票并不总是那么简单。借入股票的市场被称为证券借贷市场。在证券借贷市场上，借入某些股票很容易，而借入另一些股票就要付出非常高昂的成本。[③] 最后一个特征之所以受欢迎，是因为在证券借贷交易中借入标的股票时，不必向贷出股票者支付款项（对不支付股利

① 第 31 章和第 32 章将分别介绍利率互换和信用违约互换。

② Filippo Stetanini，“Convertible Bond Arbitrage，” Chapter 48 in Frank J. Fabozzi (ed.)，*The Handbook of Finance*：*Volume Ⅱ* (Hoboken，NJ：John Wiley & Sons，2008).

③ 关于证券借贷市场的讨论，见 Frank J. Fabozzi and Steven V. Mann (eds.)，*Securities Finance* (Hoboken，NJ：John Wiley & Sons，2005)。

的股票而言）或只需支付少量款项（对支付低股利的股票而言）。

可转换债券套利策略的类型

Stefanini 总结了下列八种对冲基金经理使用的可转换债券套利策略：现金流套利策略、波动率交易策略、gamma 交易策略、信用套利策略、偏斜套利策略、利差交易策略、再融资策略和晚期重组策略。[①] 这些策略中的某些类似于期权交易中使用的策略。我们将简要介绍前三种策略。

如本章前面的内容所述，可转换债券的现金流不同于股票的现金流。**现金流套利策略**（cash flow arbitrage strategy）的做法是建立相同的可转换债券头寸和标的股票头寸，这样，在消除或减轻风险时，就能从可转换债券中获得额外的现金流。具体而言，可转换债券是用卖空标的股票所得的资金购买的。

在可转换债券套利交易中，通常是建立一个可转换债券多头，同时建立一个标的股票空头。卖空的股数使得可转换债券的价值变化等于卖空的股票头寸。如前所述，这是由可转换债券的 delta 决定的，得到的头寸被称为市场中性头寸。

波动率交易策略（volatility trading strategy）的目标是，不管标的股票价格如何变化，错误定价的可转换债券的价值都将超过标的股票价值中空头的价值。因此，这种可转换债券策略是一种无方向策略。也就是说，该策略的绩效完全取决于标的股票价格的波动率，而不是股票价格变动的方向。实际上，这种策略是估计标的股票的波动率，因此这类可转换债券套利策略的名称是波动率交易。

和多数期权交易策略一样，策略的头寸必须随着标的工具价格的变动而变化。因此，在执行这种策略时，必须考虑与卖空股票相关的交易成本。这种策略存在着某些风险，可以用期权理论中的其他指标对这些风险进行量化，第 30 章将介绍这些指标。

有些期权策略需要利用期权 delta 的预期变动。如前所述，gamma 是衡量期权 delta 变化的指标，在可转换债券中，gamma 是标的股票价格变动时 delta 的变动。正如刚刚说明的，在波动率交易策略中，标的股票的空头必须定期变动，以保持头寸为市场中性。在可转换债券套利 **gamma 交易策略**（gamma trading strategy）中，对冲基金经理不按 delta 的规定调整标的股票空头，而是根据 delta 的预期变动持有头寸。根据预期，股价变动时将产生额外收入。

期权估值方法

在对可转换债券的讨论中，我们尚未解决下列问题：

1. 每股转换溢价的公允价值是多少？
2. 如何处理附有赎回/回售期权的可转换债券？
3. 利率变动如何影响股票价格？

第 18 章介绍的期权定价方法有助于我们回答这些问题。我们首先来考察不可赎回/不可

① Stefanini, "Convertible Bond Arbitrage," and Filippo Stefanini, *Investment Strategies of Hedge Funds* (Chichester, UK: John Wiley & Sons, 2006).

回售可转换债券。购买这种债券的投资者实际上进行了两笔独立的交易：（1）买入不可赎回/不可回售直接债券；（2）买入股票的看涨期权（或认股权证），其中，看涨期权可以购买的股票数量等于转换比率。

问题是：买入期权的公允价值是多少？公允价值取决于影响看涨期权价格的因素（将在第28章中讨论）。其中一个关键因素是预期股票价格波动率：预期价格波动率越大，买入期权的价值就越高。我们可以运用Black-Scholes期权定价模型①或二项式期权定价模型②确定看涨期权的理论价值。用下列公式可以计算出可转换债券的一级近似价值：

可转换债券的价值＝直接价值＋股票看涨期权的价格

看涨期权的价格需要与直接价值相加，这是因为投资者已经购买了股票的看涨期权。

现在我们为可转换债券增加一项普通特征：发行人赎回债券的权利。发行人可以通过赎回债券来实现强制转换。例如，假设赎回价格为每1 000美元面值1 030美元，转换价值为1 700美元。如果发行人赎回债券，那么对投资者来说，最优策略是转换债券并获得价值1 700美元的股票。③ 但是，投资者损失了反映在市场价格中的超过转换价值的溢价。因此，对可转换债券的分析必须考虑发行人赎回债券的权利的价值。这种价值取决于：（1）未来的利率波动率；（2）决定发行人赎回债券是否为最优选择的经济因素。

Black-Scholes期权定价模型无法处理这种情况。而二项式定价模型可同时用来为债券持有者的股票看涨期权和发行人的债券赎回期权估值。二项式期权定价模型也适用于为债券持有者的回售权利估值。为了将利率与股票价格联系起来（我们前面提出的第三个问题），必须对这两个变量的历史变动进行统计分析，并将估计结果纳入模型中。

期权定价方法提出了大量假设，且早在1977年就提出了模型。④ 根据作者的经验，Black-Scholes模型是市场参与者使用的最复杂的模型，它对影响其他嵌入式期权的因素进行了敏感性测试。⑤

---

① Fischer Black and Myron Scholes, "The Pricing of Corporate Liabilities," *Journal of Political Economy*, May-June 1973, pp. 637 - 659.

② John C. Cox, Stephen A. Ross, and Mark Rubinstein, "Option Pricing: A Simplified Approach," *Journal of Financial Economics*, September 1979, pp. 229 - 263; Richard J. Rendleman and Brit J. Bartter, "Two-State Option Pricing," *Journal of Finance*, December 1979, pp. 1093 - 1110; and William F. Sharpe, *Investments* (Upper Saddle River, NJ: Prentice Hall, 1981), Chapter 16.

③ 实际上，转换价值将低于1 700美元，因为债券转换后的每股价值将下降。

④ 例如，可见Michael Brennan and Eduardo Schwartz, "Convertible Bonds: Valuation and Optimal Strategies for Call and Conversion," *Journal of Finance*, December 1977, pp. 1699 - 1715; Jonathan Ingersoll, "A Contingent-Claims Valuation of Convertible Securities," *Journal of Financial Economic*, May 1977, pp. 289 - 322; Michael Brennan and Eduardo Schwartz, "Analyzing Convertible Bonds," *Journal of Financial and Quantitative Analysis*, November 1980, pp. 907 - 929; and George Constantinides, "Warrant Exercise and Bond Conversion in Competitive Markets," *Journal of Financial Economics*, September 1984, pp. 371 - 398。

⑤ 例如，可见Mihir Bhattacharya and Yu Zhu, "Valuation and Analysis of Convertible Securities," Chapter 36 in Frank J. Fabozzi and T. Dessa Fabozzi (eds.), *The Handbook of Fixed Income Securities* (Burr Ridge, IL: Irwin Professional Publishing, 1995); and Frank J. Fabozzi, *Valuation of Fixed Income Securities and Derivatives* (New Hope, PA: Frank J. Fabozzi Associates, 1995), Chapter 9。

要　点

· 可转换债券赋予债券持有者将债券转换为事先确定数量的发行人普通股的权利。转换股数被称为转换比率。

· 2008 年以前发行的可转换债券附有某些条款，投资者应该意识到这些条款独有的转换期权：净股结算条款和或有转换条款。

· 分析可转换债券需要计算转换价值、直接价值、市场转换价格、市场转换溢价率和溢价偿还期。

· 可转换债券的跌价风险通常可以通过计算直接价值之上的溢价估计出来。这种指标的局限性是直接价值（下限）随着利率的变动而变动。

· 由于可转换债券基本上属于一种附有标的股票嵌入式看涨期权的债券，因此期权市场上的参与者使用的期权理论和指标也可用于描述可转换债券的投资特征。这些指标包括 delta、gamma、vega 和隐含波动率。

· 可转换债券可以根据其投资特征分类为：典型可转换债券（也被称为平衡可转换债券）、股权敏感型可转换债券（也被称为股权替代可转换债券）、丧失转换价值的可转换债券和不良可转换债券。

· 有几种策略可以用来利用可转换债券的错误定价获利。这些策略被称为可转换债券套利策略。

· 期权估值法可以用来确定嵌入式看涨期权的公允价值。这种方法运用某种股票期权定价模型（例如，Black-Scholes 模型）来估算看涨期权的价值。

问　题

1. 1992 年 10 月 26 日，利率为 5%、1999 年到期的可转换次级信用债券的发行说明书摘要称："可以按照每股 45 美元的转换价格转换为普通股……" 如果债券的面值为 1 000 美元，那么，转换比率为多少？

2. 软回售期权和硬回售期权的区别是什么？

3. 在执行可转换债券的转换期权时，所有发行人必须用股票交换债券。请说明你是否同意这种说法。

4. 什么是强制可转换债券？

5. 以下引文摘自 1992 年 1 月 13 日《债券周刊》第 7 页的一篇题为《凯伍德公司考虑投资于可转换债券》的文章：

> 凯伍德·克里斯蒂安资本管理公司（Caywood Christian Capital Management）的首席执行官 James Caywood 称，他将在该公司 4 亿美元的高收益率投资组合中增加对"丧失转换价值的可转换债券"，即 BB 或 BBB 级的公司可转换债券的投资……Caywood 称，他偏好这些可转换债券是因为这些债券以折价销售，且被赎回的可能性不大。

a. 什么是丧失转换价值的可转换债券？

b. 超过债券直接价值的溢价是多少？

c. 为什么 Caywood 希望投资于具有较高投资级评级的可转换债券？

d. 为什么 Caywood 对赎回保护感兴趣？

6. 请说明利用超过直接价值的溢价作为衡量可转换债券跌价风险指标的局限性。

7. 以下引文摘自1991年10月7日《债券周刊》第7页的一篇题为《巴特莱特公司偏好可转换债券》的文章：

> 巴特莱特公司（Bartlett & Co.）是一家总资产为8亿美元，位于辛辛那提的基金。该基金的固定收益部总监Dale Rabiner称，该公司正在有选择地寻找那些因债券发行人的股票价值下跌而导致廉价交易的可转换债券的投资机会。Rabiner称，他在寻找一些5年期可转换债券，这种债券的交易收益率与他认为价格将会反弹的直接债券的收益率相当。

请讨论上述可转换债券的投资策略。

8. 考虑以下可转换债券：

面值＝1 000美元；

息票利率＝9.5%；

可转换债券的市场价格＝1 000美元；

转换比率＝37.383；

估计债券直接价值＝510美元；

直接债券的到期收益率＝18.7%。

假设普通股的价格为23美元，且每年每股股利为0.75美元。

a. 请计算下列各项：

（1）转换价值；

（2）市场转换价格；

（3）每股转换溢价；

（4）转换溢价率；

（5）超过直接价值的溢价；

（6）每股收益顺差；

（7）溢价偿还期。

b. 假设普通股的价格由23美元上升到46美元。

（1）投资可转换债券实现的收益率约为多少？

（2）如果对普通股投资23美元，那么实现的收益率将是多少？

（3）为什么直接投资普通股的收益率高于投资可转换债券的收益率？

c. 假设普通股的价格由23美元下降至8美元。

（1）投资可转换债券实现的收益率约为多少？

（2）如果对普通股投资23美元，那么实现的收益率将是多少？

（3）为什么投资可转换债券的收益率高于直接投资普通股的收益率？

9. 美林公司创建了一种被称为流动收益期权票据（liquid yield option note，LYON）的票据。这种票据是一种零息工具，这种工具可以转换为发行人的普通股。在票据的整个存续期内，转换比率都是固定的。如果投资者希望将其转换为发行人的股票，那么他们必须用LYON交换股票。结果，这将导致转换价格随着时间的推移而上升。为什么？

10. a. 假设一只可转换债券的转换比率为20，delta为0.70。当每股股价变化0.125美元时，可转换债券的价值变化约为多少？

b. 为了通过持有可转换债券和卖空股票创建市场中性头寸，必须卖空多少股股票？

11. 为什么你预期不良可转换债券的delta应为零？

12. 假设可转换债券的标的股票价格显著高于转换价格。你预期该可转换债券的delta为多少？

13. 以下引文摘自Mihir Bhattacharya的《可转换证券及其估值》一文，选自Frank J. Fabozzi编著的《固定收益证券手册》（第6版）（New York：McGraw-Hill，2001）一书中的第51章。

a. “债务市场波动率的扩大使所有固定收益证券（包括可转换债券）固有的久期风险凸显出来。利差（高于国债或其他利率基准的收益率）波动率的扩大提高了投资者对可转换债券的固定收益下限或债券价值的可靠度的敏感性。”在上面这段文字中，作者试图向投资者传达什么信息？

b. “可转换债券包含股票期权和利率期

权，偶尔还包含货币期权。发行人和投资者越来越意识到期权价值受另外一些因素的影响：(a) 股票波动率；(b) 利率波动率；(c) 利差波动率。在某些情况下，可以很容易地分离出嵌入式期权并对其估值。但是，在大多数情况下，它们之间相互影响，很难被分离出来。投资者应注意将嵌入式期权作为可分离期权那样估值的内在危险。”请解释上述引文中提及的因素为什么会影响可转换债券的价值以及这些因素为什么会相互影响。

14. 为什么波动率交易策略被视为无方向策略？

15. 丧失转换价值的可转换债券和不良可转换债券的区别是什么？

16. 什么是涉及可转换债券的现金流套利策略？

第 21 章

衡量公司债券的信用利差风险

学习目标

阅读本章后，您将了解

- 衡量信用利差的两种方式：绝对变化和百分比（相对）变化
- 公司信用利差最佳衡量方法的实证
- 估计公司债券信用利差敏感性的两个指标：利差久期和久期与利差之积
- 为什么久期与利差之积和对久期与利差之积的贡献是更好的公司债券信用利差敏感性量化指标
- 正确估计高收益债券久期的重要性
- 调整公司债券久期的其他方法
- 什么是经验久期以及如何衡量经验久期
- 分析久期与经验久期之间的理论关系
- 为什么国债收益率变化与公司信用利差变化之间的相关性在计算公司债券久期时很重要
- 久期乘数是什么意思

在第 4 章中，我们的重点是衡量债券的利率敏感性和债券组合对国债收益率水平变化和国债收益率曲线斜率变化的敏感性。在本章中，我们的重点是国债收益率或信用利差变化导致的公司债券利率风险。

衡量信用利差的变化

信用风险债券的信用利差是债券收益率与可比国债收益率之差。含有信用风险债券的投资组合绩效的一个重要影响因素是信用利差的变化。信用利差变化有两种衡量方法：信用利差的绝对变化和信用利差的变化百分比。令 s_i 表示债券 i 的信用利差，Δs_i 表示债券 i 的信用利差变化，有

信用利差的绝对变化$=\Delta s_i$

信用利差的变化百分比$=\frac{\Delta s_i}{s_i}$

注意，使用信用利差变化百分比作为信用利差变化指标时，人们假设信用利差变化与信用利差水平成比例。这意味着信用利差较大的证券往往比信用利差较小的证券的利差变化更大。

决定使用绝对变化还是变化百分比衡量信用利差变化在信用风险投资组合管理中很重要，正如第 26 章所说明的。因此，一个经验问题是，哪个指标能最好地描述信用利差的历史变化？一项综合研究使用了一个庞大的公司数据库（该数据库包括 1989 年 9 月至 2005 年 1 月的 560 000 多个观察值），并发现信用利差变化与信用利差水平成比例。①

衡量信用利差的敏感性

在第 4 章中，我们说明了如何用久期和国债收益率曲线形状的变化衡量债券对国债收益率水平变化的敏感性。然而，当涉及信用风险债券和包括这种债券的投资组合时，也存在信用利差变化的风险。对于这种风险有两个衡量指标：利差久期和久期与利差之积。我们将说明这两个指标，然后讨论关于哪个指标在使用历史数据时表现最好的实证。

利差久期

投资组合通常包括不同债券市场部门的债券。如果只考察用市场权重（即部门市场价值除以投资组合市场价值所得的百分比）衡量的对每个部门的投资配置，很难说明投资组合的久期。对债券市场不同部门配置相同的两个投资组合的投资组合久期可能相差很大。因此，在构建来自不同债券市场部门的债券组合时，使用了第 4 章介绍的对投资组合久期的贡献这一概念。对投资组合的贡献是指国债收益率曲线平移导致的某只债券或某个部门对投资组合久期的敞口。计算对投资组合的贡献时，首先要计算投资组合中每只债券的久期。

用于债券、债券部门和含有信用风险债券的债券组合的一个相应指标是利差久期。**利差久期**（spread duration）是债券、债券部门或债券投资组合对信用利差平移的敏感性。它的含义与第 4 章介绍的久期相同：它是信用利差变化 100 个基点时债券价格的近似变化百分比。给定债券或债券部门的利差久期，就能确定对**投资组合利差久期的贡献**（contribution to portfolio spread duration）。

利差久期的计算方法与计算衡量利率对国债收益率曲线平移的敏感性的久期一致。近似久期公式（见式（4.23））为：

$$近似久期=\frac{P_{-}-P_{+}}{2(P_0)(\Delta y)} \tag{21.1}$$

其中，

---

① Arik Ben Dor, Lev Dynkin, Jay Hyman, Patrick Houweling, Erick van Leeuwen, and Olaf Penninga, "DTS℠ (Duration Times Spread)," *Journal of Portfolio Management*, 33, 2 (2007), pp. 77-100.

P_-=国债收益率下降导致的债券价格；

P_+=国债收益率上升导致的债券价格；

Δy=用于计算新价格（以小数表示）P_-和P_+的收益率变化。

利差久期的相应公式为

$$近似利差久期=\frac{P_- - P_+}{2(P_0)(\Delta s)} \tag{21.2}$$

其中，P_0与近似久期公式（21.1）中的含义相同；P_-和P_+现在表示国债收益率保持不变时，信用利差下降或上升导致的债券价格；Δs是用于计算新价格（以小数表示）的信用利差变化。

让我们来看前一章用来计算近似久期的同一只债券：交易价格为70.357 0、收益率为9%、息票利率为6%的25年期债券。假设这只债券为公司债券，且25年期国债的收益率为7.5%。这意味着这只债券的信用利差为150个基点（9%−7.5%）。久期可以通过降低或提高国债收益率——例如，10个基点（正如第4章我们所做的那样），并计算相应的价格P_-和P_+得出来。计算这两个价格的新收益率为8.9%和9.1%，它们是通过保持信用利差为150个基点不变，然后令7.5%的国债收益率变化10个基点得出的。于是，可以看到P_-=71.110 4，P_+=69.616 4。假设P_0=70.357 0，Δy=0.001。将这些值代入式（21.1），得出近似久期为10.62。

现在，让我们来看用式（21.2）计算的利差久期。计算利差久期时，需要小幅改变信用利差——比如10个基点——并保持国债收益率不变。对于我们假想的债券，这意味着保持国债收益率为7.5%，并改变信用利差10个基点，使用于确定P_-和P_+的新信用利差分别为140个基点和160个基点。这意味着使用8.9%（7.5%+140个基点）和9.1%（7.5%+160个基点）获得P_-和P_+。然而，它们恰好是用于获得近似久期的收益率。假设使用的信用利差变化（Δs）与国债收益率的变化（Δy）相同，均为10个基点，式（21.2）中使用的所有用来计算利差久期的值都与用来计算式（21.1）中的久期的值相同，则近似久期和近似利差久期将相同。这是我们在本章后面将使用的重要前提。

那么，我们如何解释久期和利差久期这两个指标呢？它们均为10.62。假设投资者希望这只假想债券的收益率变化50个基点。不管国债收益率水平变化多少，也不管信用利差变化多少，债券价格的近似变化都将是5.31%。假设50个基点的变化是由于国债收益率变化40个基点且信用利差同向变化10个基点导致的。那么我们就知道，债券价格变化5.31%是由于国债收益率变化4.2%和信用利差变化1.1%导致的。

在我们讨论下一个指标之前，需要注意两点。首先，在之前说明利差久期计算方法的简化分析中，假设所有现金流均以单一收益率贴现。这就是为什么久期（对收益率变化的敏感性）、利率久期（对利率变化的敏感性）和利差久期（对利差变化的敏感性）之间完全没有差异。那么，为什么还要将它们当做不同的量化指标呢？在实际中，正如第5章所说明的，当考虑用相对于国债收益率曲线的固定利差贴现现金流时，这种区别变得略微更加重要。在第4章中，我们介绍了浮动利率债券的利差久期。当考虑浮动利率公司债券时，利差久期和国债久期的差异变得很重要，浮动利率公司债券的利率风险可能近乎为零，但利差久期很大。

第二点指出了我们将在本章后面讨论的其他指标的必要性。在我们的例子中，我们提供了国债收益率变化和信用利差变化同向移动的例子。然而，后面提供的实证表明，有时国债收益率水平变化和信用利差变化为反向相关。当衡量投资组合对利率变化的敞口时，应该考虑这种二阶影响，正如本章后面所示。

久期与利差之积指标

确定某个债券部门对投资组合利差久期的贡献时，人们可以使用利差久期的一个替代指标，这个指标是Barclays Research提出的，被称为**久期与利差之积**（duration times spread），即DTS[①]。人们用两个要素的乘积来计算DTS，这两个要素是利差久期和信用利差。例如，假设某只债券的利差久期为4，信用利差为90个基点。因此，

$$DTS=4\times 0.09=0.036=3.6\%$$

某只债券或某个债券部门对投资组合的贡献被称为**对投资组合DTS的贡献**（contribution to portfolio DTS），它是DTS和这只债券或这个债券部门在投资组合中的权重之积。例如，假设某只债券的DTS为3.6%，在投资组合中的权重为3%，那么它对投资组合DTS的贡献为

$$对投资组合DTS的贡献=0.03\times 0.036=0.001\,08=10.8个基点$$

让我们举例说明DTS指标背后的直观原理。我们将使用下列符号：

$D_{利差}$＝利差久期

$\frac{\Delta P_{利差}}{P}$＝信用利差变化导致的信用风险债券或部门的价格变化百分比

Δs＝信用利差的变化

于是，我们知道信用利差变化导致的价格变化百分比为利差久期与信用利差变化的乘积，即：

$$\frac{\Delta P_{利差}}{P}=-D_{利差}(\Delta s) \tag{21.3}$$

负号是由于信用利差变化将导致价格与信用利差的变化方向相反。

为了用信用久期公式（21.3）得出价格对信用利差变化的敏感性，我们用利差久期乘以信用利差的绝对变化。前面的讨论曾经指出，信用利差的绝对变化是衡量信用利差变化的一种方式，且这个指标不如信用利差的相对变化好。

我们如何在分析中使用信用利差的相对变化呢？可以用式（21.3）右侧的分子和分母乘以s，得到：

$$\frac{\Delta P_{利差}}{P}=-D_{利差}\,s\,\frac{\Delta s}{s} \tag{21.4}$$

现在，我们将信用利差变化导致的价格变化表示为利差久期、信用利差和信用利差相对变化的乘积。注意，右侧前两项为久期乘以信用利差，因此它的提出者将其称为“久期与利差之积”。

关于价格对利差变化的敏感性，式（21.3）和式（21.4）给出的表达式得出了相同的计算结果。为什么使用了DTS的式（21.4）更优呢？和利差的绝对变化与相对变化一样，答

① Ben Dor et al.，“DTS[SM]（Duration Times Spread）.”

案要看哪个指标能更好地描述信用市场上观察到的历史关系。

为了对这个问题进行实证检验，可以用超额收益率波动性（即超过国债收益率的收益率）表示式（2.3）和式（2.4）。超额收益率波动性可以用绝对利差变化和相对利差变化近似计算，如下：

$$\sigma_{\text{收益率}} = D_{\text{利差}} \sigma_{\text{绝对}} \tag{21.5}$$

以及

$$\sigma_{\text{收益率}} = D_{\text{利差}} s \sigma_{\text{相对}}$$

其中，

$\sigma_{\text{收益率}}$ =超额收益率波动性；

$\sigma_{\text{绝对}}$ =绝对信用利差波动性；

$\sigma_{\text{相对}}$ =相对信用利差波动性。

然后，可以分析历史超额收益率波动性，以确定使用绝对利差波动性还是相对利差波动性能更好地解释历史超额收益率波动性。研究绝对信用利差与相对信用利差的同一项研究还指出，由于在解释超额收益率波动性时发现的稳定关系，DTS（根据相对信用利差衡量）优于信用利差（根据绝对信用利差衡量）。具体而言，超额收益率波动性随DTS线性增加，这个发现与式（21.4）一致。此外，这项研究还发现，信用利差和利差久期不同，但DTS类似的投资组合具有相同的超额收益率波动性。实际上，不仅在美国公司债券（既包括投资级债券，也包括高收益债券）中观察到了这种情况，在欧洲公司债券中也观察到了这种情况。

我们在第 26 章中观察到的公司债券组合管理和策略的主要含义是，DTS和对投资组合DTS的贡献是管理投资组合对不同部门的信用利差风险的更好指标。也就是说，估计投资组合对信用利差变化的风险时，用对利差久期的贡献描述投资组合不如用对 DTS 的贡献描述投资组合准确。

公司债券的经验久期

两个风险因素影响公司债券的价格表现：对利率的敏感性和对股票风险的敞口。每个风险因素的重要程度取决于与债券发行人相关的信用风险。根据合理预期，投资级公司债券的主要风险因素是利率风险。相比之下，股票风险因素对于高收益公司债券变得越来越重要，尤其是债券信用评级较低时。这是因为投资者将低评级高收益公司债券作为与股票类似的证券。此外，对于利率风险因素，公司债券面临两种风险因素：国债收益率风险因素和信用利差风险因素。人们预期，公司债券的信用风险越低，国债收益率风险因素相对于信用利差风险因素越重要。

假设高收益债券对股票风险因素和信用利差风险因素的敞口更大，那么当我们计算公司债券的利率敏感性时，这意味着什么？当然，我们可以在分析中使用第 4 章中的标准久期公式，式（4.23）——给定息票利率、期限和收益率——计算修正久期。然而，得出的修正久期是不是预测利率变化时债券价格如何变化的有用指标？假定修正久期没有考虑股票风险因素和信用利差如何变化，那么通过分析推导出的修正久期就可能没太大用。

投资组合经理采用不同方法估计高收益债券的久期，因为它们对国债收益率变化不太敏感。[1] 第一个方法是一个启发式经验法则，它需要将通过分析推导出的修正久期减少一些。例如，如果通过分析得出的某只高收益公司债券的修正久期为 5，那么投资组合经理可能决定将这个值减少 75%，并使用 1.25（5×0.25）的修正久期。

第二种方法是使用回归分析方法对高收益债券对利率变化的敏感性进行实证估计。从回归获得的估计修正久期被称为**经验久期**（empirical duration）。对于任何高收益公司债券，过去 30 天（或 60 天、90 天）其价格变化相对于国债收益率变化的简单回归将给出这只债券的经验久期估计。和任何此类数学方法一样，经验久期的直接计算结果可能对价格数据的不规则点非常敏感。人们可以计算多期中许多债券的经验久期，然后将这些结果与利差或信用评级等基于债券特征的估计进行比较。

一项研究使用回归分析研究了不同信用评级的公司债券的利率敏感性。[2] 这项研究使用了 1998 年 8 月至 2009 年 11 月巴克莱资本公司投资级与高收益指数（Barclays Capital Corporate Investment Grade and High Yield Indices）的六类信用评级（Aaa/Aa、A、Baa、Ba、B 和 Caa）。前三类信用评级（Aaa/Aa、A 和 Baa）为投资级信用评级。后三类信用评级（Ba、B 和 Caa）为高收益信用评级。计算国债收益率变化时，使用了 10 年期收益率。回归结果表明，对于较低评级的公司债券，债券价格变化对利率水平（用 10 年期国债利率衡量）变化较不敏感。

在每个信用评级中，该研究均发现了对利差的明显依赖：高利差债券的经验久期较低。正如我们将在本章后面讨论的，这种影响与 DTS 方法一致。然而，研究发现，高收益债券的经验久期系统性地低于投资级债券的经验久期，即使对其较高的利差进行调整以后仍是如此。高收益债券的利率敏感性低于投资级债券的一个可能原因是，它们在市场上的售价主要是基于违约率/回收率预期。

正确估计高收益债券久期的重要性

为了说明正确估计投资组合中高收益债券久期的必要性，我们将使用投资组合经理面临的一个常见问题进行说明。假设某位投资组合经理希望在含有投资级债券的投资组合中加入高收益债券。在这个例子中，假设：

- 投资组合当前久期的分析久期为 6，投资组合经理希望将该久期降至 5.5（即目标久期为 5.5）。
- 当前的投资组合对高收益公司债券部门没有敞口。
- 在重新平衡投资组合以实现目标久期的过程中，投资组合经理决定将对高收益公司债券部门的敞口提高至投资组合的 15%，该部门债券的分析久期为 5。
- 出售足够债券以购买高收益公司债券后，债券组合的久期为 5.8（不考虑高收益公司债券部门）。

增加 15%的高收益公司债券投资后，投资组合的分析久期为

$$0.85(5.8)+0.15(5.0)=5.68$$

[1] Madhur Ambastha, Arik Ben Dor, Lev Dynkin, Jay Hyman, and Konstantinovsky, "Empirical Duration of Corporate Bonds and Credit Market Segmentation," *Journal of Fixed Income* 20, 1 (Summer 2010), pp. 5-27.

[2] Ambastha et al., "Empirical Duration of Corporate Bonds and Credit Market Segmentations."

由于目标久期为5.5，这意味着根据分析久期，投资组合经理必须调整投资组合，将久期从5.68降至5.5。方法是重新平衡非高收益债券组合的久期，使投资组合久期为5.5。也就是说，

$$0.85(X)+0.15(5.0)=5.5$$

解上式，得到 $X=5.59$。因此，投资组合中非高收益债券的久期必然从5.8降至5.59。

然而，我们从经验上知道，投资组合经理投资的高收益债券的真实久期小于分析久期5。假设它是分析久期的25%（使用前面提到的经验法则）。这意味着高收益公司债券的久期为1.25（0.25×5），因此投资组合的真实久期为

$$0.85(5.8)+0.15(1.25)=5.12$$

于是，真实久期小于目标久期5.5。因此，投资组合经理必须采取的行为是将高收益债券的久期提高至6.25，如下：

$$0.85(Y)+0.15(1.25)=5.5$$

$Y=6.25$。因此，目标久期的这种变化导致投资组合经理必须采取的行为与将15%的资产配置于高收益公司债券的行为存在巨大差异，这取决于是否正确计算出高收益公司债券的真实久期。

分析久期与经验久期的理论差异

让我们来看分析久期和经验久期的理论差异。[①] 为此，我们假设一个简单的双因素模型，其中两个风险因素为利率因素：

- 国债收益率曲线的平移，用 Δy 表示。
- 信用利差的变化，用 Δs 表示。

这两个因素导致的近似价格变化百分比（$\Delta P/P$）可以表示为

$$\frac{\Delta P}{P}\approx\frac{\Delta P_{国债}}{P}+\frac{\Delta P_{利差}}{P} \tag{21.7}$$

其中，$\Delta P_{国债}$为国债收益率曲线平移导致的价格变化，$\Delta P_{利差}$为信用利差变化导致的价格变化。

国债收益率曲线平移导致的近似价格变化百分比为修正久期乘以国债收益率变化：

$$\frac{\Delta P_{国债}}{P}\approx-D_{修正}\Delta y \tag{21.8}$$

其中，$D_{修正}$为修正久期，Δy 为国债收益率的变化。负号是价格变化百分比与收益率变化的反向关系造成的。

信用利差变化导致的近似变化百分比可以从式（21.4）获得，后者使用了DTS公式。将式（21.4）与式（21.8）相加，我们可以得到

① 式中部分符号变化和增加的步骤参见以下文献：Ambastha et al.，“Empirical Duration of Corporate Bonds and Credit Market Segmentation”。

$$\frac{\Delta P}{P} \approx -D_{修正} \times \Delta y - (D_{利差} \times s) \times \frac{\Delta s}{s} \tag{21.9}$$

正如本章之前说明的，修正久期近似等于利差久期，因此将修正久期表示为 D，式（21.9）可以改写为

$$\frac{\Delta P}{P} \approx -D \times \Delta y - (D \times s) \times \frac{\Delta s}{s} \tag{21.10}$$

简化起见，将信用利差的相对变化表示为：

$$\Delta s_{相对} = \frac{\Delta s}{s}$$

因此，式（21.10）可以改写为

$$\frac{\Delta P}{P} \approx -D \times \Delta y - (D \times s) \times \Delta s_{相对} \tag{21.11}$$

将式（21.11）两侧除以 Δy，得到：

$$\frac{1}{P}\frac{\Delta P}{P} \approx -D - (D \times s) \times \frac{\Delta s_{相对}}{\Delta y} \tag{21.12}$$

注意式（21.12）的左侧。它是久期的数学定义式。现在，重点来看式（21.12）右侧的比率：相对信用利差的变化除以国债收益率变化。这种变化的简单近似公式为：

$$\frac{\Delta s_{相对}}{\Delta y} \approx \frac{\partial s_{相对}}{\partial y} = \frac{\mathrm{Cov}(\Delta y, \Delta s_{相对})}{\mathrm{Var}(\Delta y)} \tag{21.13}$$

其中，

$\mathrm{Cov}(\Delta y, \Delta s_{相对})$＝国债收益率曲线平移变化与信用利差变化的协方差；

$\mathrm{Var}(\Delta y)$＝国债收益率曲线平移变化的方差。

令

σ_y＝国债收益率变化的标准差；

σ_s＝信用利差相对变化的标准差；

$\rho_{y,s}$＝国债收益率变化与信用利差变化的相关系数。

然后，代入式（21.3），得到

$$\frac{\partial s_{相对}}{\partial y} = \frac{\rho_{y,s}\sigma_y\sigma_s}{\sigma_y^2} \tag{21.14}$$

它可以简化为

$$\frac{\partial s_{相对}}{\partial y} = \rho_{y,s}\frac{\sigma_s}{\sigma_y} \tag{21.15}$$

因此，需要三个指标确定式（21.15）给出的关系：

- 国债收益率曲线平移和信用利差变化的相关性。
- 信用利差相对变化的标准差。
- 国债收益率曲线平移变化的标准差。

这三个指标没有分析答案。它们必须进行实证估计。在本章后面，我们将提供关于这些指标的信息。

将式（21.15）代入式（21.12），得到

$$\frac{1}{P}\frac{\Delta P}{\Delta y}\approx -D-(D\times s)\times\rho_{y,s}\frac{\sigma_s}{\sigma_y} \tag{21.16}$$

该式可以改写为

$$\frac{1}{P}\frac{\Delta P}{\Delta y}\approx -D\left[1+s\times\rho_{y,s}\frac{\sigma_s}{\sigma_y}\right] \tag{21.17}$$

式（21.17）说明了关于公司债券分析久期的下列事实：当国债收益率曲线平移时，债券价格的变化百分比取决于调整国债收益率变化导致的信用利差变化影响后的公司债券修正久期。

这种变化将增加还是减少国债收益率曲线平移导致的变化的影响？答案取决于相关系数$\rho_{y,s}$的大小和符号。人们预期国债收益率变化和公司信用利差变化存在相关关系，因为它们都受经济状况的影响。具体而言，当经济疲软时，国债收益率下降；当经济繁荣时，国债收益率上升。公司信用利差变化趋向于与经济状况反向变化。也就是说，当经济疲软时，公司信用利差趋于上升；当经济繁荣时，公司信用利差趋于下降。因此，假设国债收益率变化与公司信用利差变化负相关是合理的。

图表21—1显示了不同信用评级的公司债券市场量化指标估计结果，这些估计是计算式（21.17）方括号中的项所需的。例如，A级公司债券的估计值为：

$$\left[1+(1.50)(-0.17)\frac{0.0180}{0.064}\right]=0.93$$

图表21—1　　不同信用评级的公司债券国债对冲比率（久期乘数）

	Aaa级—Aa级	A级	Baa级	Ba级	B级	Caa级
常数（a）	0.94	0.92	0.85	0.41	0.15	0.07
利差系数（b）	−0.05	−0.05	−0.02	−0.05	−0.03	−0.02
平均利差（%）	1.04	1.50	2.16	3.92	5.77	10.75
平均对冲比率（久期乘数）	0.88	0.85	0.80	0.22	−0.03	−0.15

资料来源：摘自以下文献：Exhibit 1，Panel A of Madhur Ambastha，Arik Ben Dor，Lev Dynkin，Jay Hyman，and Vadim Konstantinovsky，"Empirical Duration of Corporate Bonds and Credit Market Segmentation，" *Journal of Fixed Income 20*，1（Summer 2010）. 版权归 Institutional Investor LLC 所有。

式（21.7）提供了用利差线性函数表示债券利率敏感性的理论支持。也就是说，我们看到真实久期可以表示为分析久期的乘数：

$$\frac{1}{p}\frac{\Delta P}{\Delta y}\approx -DM$$

其中，M为以下形式：

$$M=a+bs$$

图表21—2显示了根据1998—2009年不同信用评级公司债券的日价格与收益率变化回归研究得到的a和b的值。这些结果提供了根据债券利差和信用评级估计久期乘数的简单线

性规则。例如，对于A级债券，该图表给出的近似值为

$$M=0.92-0.05s$$

图表 21—2　　不同信用评级的公司债券国债对冲比率

	Aaa级—Aa级	A级	Baa级	Ba级	B级	Caa级
国债收益率变化的波动性（%/天）	0.064	0.064	0.064	0.064	0.064	0.064
相对利差变化的波动性（%/天）	2.30%	1.80%	1.60%	2.50%	2.00%	1.80%
收益率变化与利差变化的相关系数	−0.14	−0.17	−0.23	−0.50	−0.56	−0.40
平均利差（%）	1.04	1.50	2.16	3.92	5.77	10.75
平均利差水平上的理论对冲比率*	0.95	0.93	0.88	0.24	−0.04	−0.23

*根据式（21.7）得到的计算结果。

资料来源：摘自以下文献：Exhibit 1，Panel A of Madhur Ambastha，Arik Ben Dor，Lev Dynkin，Jay Hyman，and Vadim Konstantinovsky，"Empirical Duration of Corporate Bonds and Credit Market Segmentation，" *Journal of Fixed Income 20*，1（Summer 2010）. 版权归 Institutional Investor LLC 所有。

因此利差为100个基点的债券算出的乘数为0.87，利差为150个基点（如表所示，为一般A级债券的利差）的基点算出的乘数为0.85。注意，尽管三种投资级信用评级债券得出的久期乘数（国债对冲比率）相当类似，但高收益债券的久期乘数要低得多——接近零甚至为负。这种基于利差的线性近似方法提供了在给定市场环境下获得给定债券的近似久期乘数而无须估计式（21.17）中所有参数的便捷方法。

图表21—3显示了国债收益率水平变化和公司信用利差变化的相关性。为了解如何解释该表中显示的相关性，让我们用银行与经纪业的A级债券举例说明。其相关系数为−33%。解释如下：对于典型的国债收益率曲线向上移动，银行与经纪业A级债券的信用利差很可能会减少，降幅约为信用利差典型变化的33%。信用利差下降的原因是相关系数为负号。

图表 21—3　　国债收益率曲线移动时的行业投资组合利差相关系数（2013年6月）

	AAA/A	A	BBB
金融业			
银行与经纪	−32%	−33%	−31%
金融公司、保险与不动产投资信托	−26%	−33%	−38%
工业			
基本工业品与生产资料	−32%	−35%	−35%
可循环消费品	−38%	−34%	−30%

续前表

	AAA/A	A	BBB
不可循环消费品	−35%	−32%	−30%
通信与科技	−31%	−34%	−36%
能源与交通	−37%	−37%	−38%
公用事业	−24%	−35%	−34%
非公司企业	−32%	−34%	−36%

资料来源：摘自下列文献：Figure 3，Antonio B. Silva，"Insights from Point（R）Global Risk Model：Credit in a Turning Rates Environment，" *Barclays Index*，*Portfolio and Risk Solutions Research/Portfolio Modeling*，November 21，2013. 结果也可见：Arthur Berd，Elena Ranguelova，and Antonio B. Silva，"Credit Portfolio Management in a Turning Rates Environment，" *Journal of Investment Strategies*，3，1（December 2013）. 转载已得到巴克莱资本的许可。

久期乘数

投资组合中的高收益率公司债券久期不是用专门指标调整，而是用经验久期或之前介绍的分析久期（参数必须进行实证估计）调整。含有公司债券的投资组合真实久期可以表示为：[①]

$$\frac{1}{P}\times\frac{\Delta P}{\Delta y}\approx -DM$$

其中，

$$M=\left[1+\rho_{y,s}\frac{\sigma_s}{\sigma_y}\right] \tag{24.18}$$

由于相关系数 $\rho_{y,s}$ 在历史上为负，因此公司债券的 M 将小于 1 个单位，而修正久期将减少 M。式（21.18）与式（21.17）基本相同，除了式（21.18）是由绝对利差变化而非相对利差变化表示的。

例如，根据巴克莱风险模型（Barclays Risk Model），国债收益率的标准差（即 σ_y）为每月 24 个基点。根据巴克莱风险模型，AAA/A 级债券信用利差的标准差为每月 10.1 个基点，A 级公司债券信用利差的标准差为每月 18.2 个基点，BBB 级公司债券信用利差的标准差为每月 29.6 个基点。图表 21—3 显示了该行业 AAA/A 级、A 级和 BBB 级债券的相关系数（$\rho_{y,s}$）。将这些值代入式（21.8），我们将得到下列久期乘数：

$$\text{AAA/A 级公司债券的 } M=\left[1+(-0.38)\frac{0.001\,01}{0.002\,40}\right]=0.84$$

$$\text{A 级公司债券的 } M=\left[1+(-0.34)\frac{0.001\,82}{0.002\,40}\right]=0.74$$

$$\text{BBB 级公司债券的 } M=\left[1+(-0.34)\frac{0.002\,96}{0.002\,40}\right]=0.63$$

---

① Arthur Berd，Elena Ranguelova，and Antonio B. Silva，"Credit Portfolio Management in a Turning Rates Environment，" *Journal of Investment Strategies*，3，1（December 2013）.

如你所见，信用评级越低，分析久期 D 必须减少得越多。

要　点

· 信用风险债券的风险敞口应该同时用国债收益率变化和信用利差变化衡量。

· 利差变化可以用信用利差的绝对（基点）变化或百分比（相对）变化衡量。

· 实证表明，信用利差的相对变化是描述公司债券信用利差风险的最佳指标。

· 可以用于衡量公司债券对信用利差变化敏感性的两个指标是利差久期和久期与利差之积。

· 利差久期是债券、债券部门或债券组合对信用利差平移的敏感性。它可以解释为信用利差变化 100 个基点时的债券价格近似变化百分比。

· 债券（或债券部门）对投资组合利差久期的贡献是通过利差久期乘以债券（或债券部门）在投资组合中的权重计算出来的。

· 久期与利差之积（DTS）是利差久期的替代指标，它的计算方法是用利差久期乘以信用利差。

· 债券（或债券部门）对投资组合 DTS 的贡献的计算方法是用 DTS 乘以债券（或债券部门）在投资组合中的权重。

· 实证表明，DTS 是比利差久期更优的信用利差风险指标。

· 影响公司债券价格表现的两个风险因素是它对利率的敏感性和对股票风险的敞口。

· 公司债券的利率风险和股票风险的相对重要性取决于和债券发行人相关的信用风险。

· 实证支持以下预期：投资级公司债券的主要风险因素是利率风险；高收益债券的股票风险因素变得越来越重要。

· 人们可以计算出任何公司债券的分析久期（即基于公式的久期），但这不意味着公司债券的真实利率敏感性为计算出来的利率敏感性。

· 在实际中，确定投资组合中的高收益率债券的久期时，投资组合经理会使用两种方法：（1）启发式经验法则，即将分析得出的修正久期减少一些；或（2）通过经验估计久期。

· 对某段时期内的公司债券价格变化和国债收益率变化进行简单回归分析从而估计出的久期被称为经验久期。

· 没有恰当考虑投资组合中较低信用评级公司债券的久期可能导致无意的利率赌注（即投资组合的真实久期可能不同于计算出的投资组合久期）。

· 可以计算出分析久期与经验久期的理论差异。

· 分析久期和经验久期的差异取决于下列三个必须进行实证估计的要素：（1）国债收益率曲线平移与信用利差变化的相关系数；（2）信用利差相对变化的标准差；（3）国债收益率曲线平移变化的标准差。

· 经验久期随着利差扩大而下降。因此，利差的简单线性函数可以用于获得久期乘数的近似值。

· 实证表明，国债收益率曲线的平移和信用利差变化负相关。

· 久期乘数越低，公司债券的信用评级越低。

· 由于在公司债券市场上能观察到国债收益率曲线平移与信用利差变化的负相关性，因此久期乘数小于 1，且通过调整久期乘数得到的真实久期将小于通过分析推导出的久期。

问　题

1. 使用信用利差变化百分比作为信用利差变化指标时，要做出什么假设？

2. 实证认为应该用绝对指标衡量还是用相对指标衡量公司债券的信用利差变化？

3. 利差久期和对利差久期的贡献是什么意思？

4. 当假设所有现金流都用单一收益率贴现时，为什么久期（对收益率的敏感性）、利率久期（对利率的敏感性）和利差久期（对利差的敏感性）没有区别？

5. 假设公司债券 A 的数据如下：

利差久期＝5；

信用利差＝100 个基点；

投资组合权重＝6％。

a. 债券 A 的久期与利差之积是多少？

b. 债券 A 对久期与利差之积的贡献是多少？

6. 为什么在估计公司债券的信用利差风险时，久期与利差之积方法优于利差久期方法？

7. a. 公司债券价格有利率风险和股票风险。为什么？

b. 哪类公司债券更可能有较大的股票风险，投资级债券还是高收益债券？请说明原因。

8. 用来估计高收益公司债券久期的不同方法有哪些？

9. a. 公司债券经验久期是什么意思？

b. 如何估计公司债券的经验久期？

10. 现在，某位投资组合经理的投资组合仅由分析久期为 6.6 的投资级公司债券组成。该投资组合经理希望出售 20％的投资组合，并将收入投资于高收益公司债券。客户许可投资组合经理这样做。出售足够债券以购买高收益公司债券后，投资级公司债券组合的久期为 6.2（即忽略了高收益公司债券部门的投资组合久期为 6.2）。此外，投资组合经理还希望将投资组合的久期从 6.6 降至 6.0（即目标久期为 6.0）。将购买的高收益公司债券的分析久期为 5.4。

a. 增加 20％的高收益公司债券后，投资组合的分析久期是多少？

b. 为什么该投资组合经理投资的高收益公司债券的真实久期低于分析久期 5.4？

c. 假设该投资组合经理认为高收益公司债券的久期为分析久期的 25％。根据该假设，由投资级公司债券和高收益公司债券组成的投资组合的真实久期是多少？

11. 假设公司债券的数据如下表所示，请计算三个信用评级的平均利差水平上的平均对冲比率（久期乘数）（M_1、M_2 和 M_3）：

	Aaa 级—Aa 级	A 级	Baa 级
常数（a）	1.04	0.95	0.91
利差系数（b）	−0.08	−0.08	−0.04
平均利差（％）	1.15	1.70	1.80
平均对冲比率（久期乘数）	M_1	M_2	M_3

12. 假设公司债券的数据如下表所示，请计算三个信用评级的平均利差水平上的理论对冲比率（X、Y 和 Z）：

	Aaa 级—Aa 级	A 级	Baa 级
国债收益率变化的波动性（％/日）	0.074	0.074	0.074
相对利差变化的波动性（％/日）	2.80％	2.00％	1.80％

续前表

	Aaa 级—Aa 级	A 级	Baa 级
收益率变化和利差变化的相关系数	−0.20	−0.27	−0.32
平均利差（%）	1.15	1.70	2.30
平均利差水平上的理论对冲比率	X	Y	Z

13. 请使用图表 21—3 显示的通信与科技业的相关系数，计算图表中三类信用评级的久期乘数。

14. a. 如果国债收益率变化与信用利差变化的相关系数为零，那么久期乘数是多少？

b. 如果在一段时期内，国债收益率变化与信用利差变化的相关系数为正，那么久期乘数将如何变化？

第 22 章

公司债券信用分析①

学习目标

阅读本章后，您将了解

● 债券信用分析的主要领域：合约、担保品和偿付能力

● 必须对合约进行分析的原因

● 评估债券发行人偿债能力时考虑的因素

● 评估公司经营风险时考虑的因素

● 为什么对公司进行分析时必须考虑其所在的行业

● 为什么公司治理风险很重要，以及如何降低公司治理风险

● 重要财务指标

● 公司债券信用分析与普通股分析的关系

如第 1 章所说明的，信用风险包含三类风险：违约风险、信用利差风险和信用降级风险。由于信用评级公司（穆迪投资者服务公司、标准普尔公司和惠誉评级公司）都建立了完善的公司债券违约风险分析方法，因此我们将在本章中介绍它们评估信用风险时考虑的因素。我们在本章中介绍的分析方法被称为“传统信用分析”。在本章结尾，我们提供了两个案例以说明传统信用分析的所有重要因素。在第 23 章中，我们将阐述评估信用风险的信用风险模型，并考察此类模型的结果相对于信用评级的潜在优点。

公司债券信用分析概述

在分析公司债券发行人的违约风险和具体债券时，债券信用分析师将分析以下三方面

① Jie Liu 对本章有重要贡献。本章的两个 Sirius XM 持股公司案例是由 Jie Liu 提供的。本章的嘉汉林业案例摘自以下文献：Jie Liu and Frank J. Fabozzi，“Investing in China's High-Yield Debt Market：A Proposed Credit Analysis Framework”（Forthcoming in Special Issue on China，*Journal of Portfolio Management*）。

内容：

1. 债券持有者享有的、由限制管理层相机抉择行为的合约提供的保护。
2. 当债券发行人无法进行必要的偿付时，债券持有者可以获得的担保品。
3. 债券发行人按合约向债券持有者进行偿付的能力。

在本节中，我们将简要介绍公司债券信用分析的这三方面内容。

合约分析

合约分析是公司债券信用审查的一部分。合约条款确定了公司经营管理几个重要方面的规定。这些条款是债券持有者的保障，因此应该仔细分析合约条款。公司的债券发行说明书上对债券进行了一般性介绍。然而，发行说明书中通常说明所载的只是合约条款摘要。合约的用语往往是比较模糊的。分析师必须注意合约中的定义，因为每份合约的定义都不同。

高收益投资组合经理 Robert Levine 总结了理解合约的重要性，如下所示：

> 通过合约可以了解公司战略。作为信贷过程的一部分，人们必须结合公司战略来阅读合约。仅靠雇佣律师来审查合约是不够的，因为律师可能会遗漏做出正确决策所必需的关键因素。合约中也可能存在一些漏洞，这些漏洞往往会透露关于管理团队意图的线索。①

合约可以分为两大类。**肯定合约**（affirmative covenants）要求企业承诺采取某些行动。**否定合约**（negative covenants），也称为**限制性合约**（restrictive covenants），要求借款人不能采取某些行动。通过否定合约的形式，可以对借款人施加无限多种限制。

某些更常见的限制性合约包括对公司举债能力的各种限制，因为无限制借款可能严重有损于债券持有者。因此，对于未清偿债务或需要进行某种固定费用保障倍数测试的债务，债券持有者可能希望合约中加入对债务绝对金额的限制。我们将在本章后面讨论这些比率。两种最常见的测试是维持测试和举债测试。**维持测试**（maintenance test）主要在银行贷款合约中使用，它要求在之前某段时期内，每个要求报告日（如每季或每年）借款人可用于支付利息或固定费用的利润比率均至少达到某个最低数字。**举债测试**（debt incurrence test）主要用于公司债券合约，只有在公司希望举借更多债务时才进行。为了举借更多债务，根据新债务调整的必要利息保障倍数或固定费用保障倍数必须在融资前特定时期达到某个最低水平。举债测试通常被认为不如维持测试严格。另外，还有**现金流测试**（cash flow tests）[或**现金流要求**（cash flow requirements）] 和**营运资本维持条款**（working capital maintenance provisions）。

有些合约可能禁止子公司从母公司以外的其他任何公司借款。合约通常将子公司分类为受限子公司或不受限子公司。受限子公司是指由于财务测试目的而被合并进来的子公司；不受限子公司（通常是国外公司和某些特殊目的公司）是指被适用于母公司的合约排除在外的子公司。通常，子公司被归为不受限子公司，以允许其通过外部资金来源为自身融资。

---

① Robert Levine, "Unique Factors in Managing High-Yield Bond Portfolios," in Frank K. Reilly (ed.), *High-Yield Bonds: Analysis and Risk Assessment* (Charlottesville, VA: Association for Investment Management and Research, 1990), p. 35.

担保品分析

公司债券可能是有担保的，也可能是无担保的。在公司清算时，根据绝对优先权规则，破产收入将被分配给债权人。相比之下，如第7章所述，重组中很少遵守绝对优先权规则。在这种情况下通常看到的是，公司的无担保债权人可能得到相当于其全部索偿权的分配款项，普通股股东可能得到部分分配款项，而有担保债权人只得到相当于其部分索偿权的分配款项。有担保债权人愿意将破产收入分配给无担保贷款人和普通股股东，以获得重组计划的批准——这一计划需要获得各方的批准。

问题是，如果重组中没有遵守绝对优先权规则，那么在重组中"有担保地位"意味着什么呢？有担保债权人的索偿权地位在谈判过程中是很重要的。然而，由于没有遵循绝对优先权规则，且重组中的最终分配取决于各方的谈判能力，因此相对于合约和经营风险，有些分析师不太重视担保品。

评估发行人的偿债能力

在评估发行人的偿债能力（即按时偿付本金和利息的能力）时，人们会立即想到根据发行公司财务报表计算出的各种数据。尽管这是极其重要的，但是仅靠计算和分析众多财务比率和现金流指标这种基本的公司财务风险评估方法，还不足以评估发行人创造现金流的能力。分析师还会考察发行人的经营风险和公司治理风险等质量因素，以评估发行人的偿债能力。

因此，评估发行人的偿债能力需要分析以下因素：

1. 经营风险。
2. 公司治理风险。
3. 财务风险。

我们将在下面几节中逐一分析这些因素。

经营风险分析

经营风险（business risk）被定义为与经营现金流相关的风险。经营现金流是不确定的，因为构成经营现金流的收入和支出是不确定的。收入取决于整体经济状况和公司所在行业的经济状况，以及管理层和竞争者的行为。营业支出由可变成本和固定成本构成，这些成本取决于众多因素。

经营风险分析始于对公司如何赚钱的理解。它太过基本，以至于许多"有经验"的投资者等不及就跳过第一步，投入更"深入"的分析。但没有对公司经营模式[①]运行方式的透彻把握，深入分析得出的结论通常是非常脆弱的。本章结尾三个案例研究之一的嘉汉林业公司

① 经营模式没有标准定义。Osterwalder 和 Pigneur 称，"经营模式描述了某个组织创造、产生和反映价值的基本方式。"见 Alexander Osterwalder and Yves Pigneur，*Business Model Generation：A Handbook for Visionaries，Game Changers，and Challengers*（Hoboken，NJ：John Wiley & Sons，2010）。

(Sino-Forest Corporation) 提供了一个说明为何理解公司经营模式至关重要的绝佳案例。

在评估经营风险时，三家评级机构考察的是相同的一般领域。标准普尔（S&P）称，该公司在分析经营风险时考虑了国家风险、行业特征、公司地位、产品组合/营销、技术、成本效率、战略和经营管理能力以及盈利能力/同业组别比较。① 穆迪分析了行业趋势、国家政治与监管环境、管理层质量和承担风险的态度以及基本经营与竞争地位。② 惠誉考察了行业趋势、经营环境、市场地位和管理层。③

对行业趋势的分析是很重要的，因为只有在行业背景下，公司分析才是有效的。例如，假设过去三年中某家公司的年增长率为 20%。独立地看，这可能是一个很有吸引力的增长率。但是，假设在同一时期，该公司所在的行业的增长率为 45%。尽管有许多因素可以解释这种相对表现的差异，但人们可能会得出结论：该公司的竞争力较弱。行业分析应该在国际背景下进行。以汽车业为例，如果不考虑全球竞争地位，就没有充足的依据来分析企业在该行业中的竞争地位。当国际贸易壁垒消除时，许多公司需要具有的全球竞争力也随之增强。

事实表明，以下方面的信息将足以为信用分析师提供正确阐述公司经济前景的框架：经济周期性、成长前景、研究与开发费用、竞争、供给资源、管制程度、劳动力。④ 这些一般内容包括了评级机构评估经营风险时考虑的大多数领域。我们将逐一简要介绍这些领域。

分析中的首要内容之一是调查行业跟随国内生产总值（GDP）增长的紧密程度。这样做是为了理解行业的经济周期性。但是，要注意 GDP 增长率所衡量的经济增长率并不总是最适于评估行业潜在增长率的基准。某些行业对许多经济变量都很敏感，不同的行业子部门经常呈现反周期变动，或至少不同程度地滞后于总体经济的变动。某些行业的增长可能在某种程度上依赖于总体经济的增长，但对人口变动更敏感。行业增长前景与经济周期分析有关。这需要分析行业增长率是将增加并维持在高水平还是将降低。分析师设计了各种增长情形以评估行业增长对公司的意义。

为了评估增长前景，信用分析师必须调查对维持或扩展公司市场地位所需的研究与开发支出的依赖性。尽管所分析的公司目前可能在其所处的行业中处于不错的地位，但缺乏继续保持技术领先的财务能力，或至少是缺乏支出足够资金以保持先进技术的财务能力将可能导致其在长期的相对地位被削弱。

信用分析师将考察一个行业的市场结构（例如，无管制的垄断、寡头，等等），因为它影响定价灵活性。此外，如果市场结构对之前介绍的其他行业因素之一——供给资源——有影响，那么市场结构就很重要。生产要素无法自给自足，但在行业中有足够的力量将增加的成本向外传递的公司就比在行业中无法将增加的成本传递给消费者或只能将一小部分增加的成本传递给消费者的公司地位更强。

就管制而言，不应关注行业本身是否存在管制，而应关注管制的方向及其可能对企业的当前与未来盈利能力产生的影响。管制也包括政府对非美国公司经营的干预。

行业成本结构中的一个关键因素是劳动力。在分析劳动力状况时，信用分析师将考察该行业中的工会组织是否很强大，如果是的话，那么信用分析师将研究：(1) 管理层是否拥有

---

① Standard & Poor's Corporation, *Corporate Rating Criteria*, 2005, p. 20.

② Moody's Investors Service, *Industrial Company Rating Methodology*, July 1998, p. 3.

③ FitchRatings, *Corporate Rating Methodology*, undated, pp. 1 - 2.

④ Frank J. Fabozzi, "Credit Analysis for Corporate Bonds," Chapter 32 in Frank J. Fabozzi (ed.), *The Handbook of Fixed Income Securities* (New York, NY: McGraw-Hill, 2005), p. 735.

裁员的灵活性；（2）当前的劳动合同何时续约；（3）历史上的罢工情况。在没有建立工会的企业中，信用分析师将考察未来组成工会后的情况。在进行行业分析时，还要考察对特定专家的需求。

公司治理风险

公司治理问题包括：（1）公司的所有权结构；（2）管理层遵循的惯例；（3）财务披露政策。公司管理层渴望向股东和市场展现有利业绩已经成为近年来导致多桩公司丑闻的主要因素之一。首席执行官、首席财务官和董事们直接对财务报表的披露和其他公司决策负责。

关于许多公司治理问题的基础经济理论是公司高管与公司股东之间的委托—代理关系。① 代理人（公司的高管）负责代表委托人（公司的股东）行事。在委托—代理关系中，代理人可能没有追求委托人的最佳利益，而是追求符合其自身利益的政策。

有一些机制可以降低管理层按自身利益行事的可能性。这些机制可以分为两大类。第一类是将管理层的利益和股东利益更有力地结合在一起。这可以通过授予管理层有经济意义的公司股权来实现，也可以令管理者的薪酬与公司普通股的绩效挂钩。

第二类机制是公司的内部公司控制系统，这是一种有效监督管理层绩效和决策行为的方法。例如，在这种系统下，如果董事会认为首席执行官的表现没有代表股东的最佳利益，就可以及时撤换首席执行官。通常，内部公司控制系统的几个关键特征对于有效监督管理层是很有必要的。从公司丑闻中可以很清楚地看到，内部公司控制系统的瓦解导致公司陷入困境、股东财富遭到破坏。

由于董事会的重要作用，董事会的结构和组成对于有效的公司治理是至关重要的。关键是消除首席执行官和高级管理层对董事会的影响。这可以通过几种方法实现。第一，尽管不存在最优董事会规模，但是董事越多，首席执行官可能产生的影响就越小。当拥有更多董事时，可以建立许多委员会处理重要的公司事务。② 第二，在董事会的构成中，独立董事应该占多数，且委员会只应包括独立董事。③ 最后，有些公司治理专家认为首席执行官不应担任董事会主席，因为这种做法允许首席执行官对董事会施加过多影响，同时也使其拥有过多影响其他重要公司行为的权力。④

有效公司治理的最佳实务有标准和规范。⑤ 最佳实务的标准和规范比适用的证券法的要求更高。一般而言，采用最佳公司治理实务对于投资者来说是一种信号，它显示出管理层的

---

① 关于公司财务中委托—代理关系的开创性论文是：Michael Jensen and William Meckling，"The Theory of the Firm：Managerial Behavior，Agency Costs and Ownership Structure，" *Journal of Financial Economics*（October 1976），pp. 305 - 360。

② 至少应该建立一个审计委员会、一个（董事）提名委员会和一个薪酬委员会。

③ 董事可以分为两类。身为雇员、管理层或拥有证券交易委员会规定的某些经济利益的董事（例如，拥有养老金的前雇员、高管的亲属或承销该公司证券的投资银行的雇员）被称为"内部董事"。不属于内部董事的董事被称为"外部董事"或"独立董事"。

④ 这是证券交易委员会的观点。

⑤ 经济合作与发展组织（OECD）1999 年公布的最佳实务标准被公认为最佳实务标准的基准。其他建立了公司治理标准与规范的实体包括英联邦公司治理协会（Commonwealth Association for Corporate Governance）、国际公司治理网络（International Corporate Governance Network）和商业圆桌会议（Business Roundtable）。有些国家已经利用 OECD 准则建立了自己的公司治理标准与规范。

特征。有实证支持公司治理与债券评级（进而与债券收益率）之间存在关系。①

有数家机构提供公司治理评估服务，并以评级的形式表达评估意见。通常，这些评级根据要求进行评估的公司的意见而公开。标准普尔公司就提供此类服务，该公司根据对公开信息的分析、与高级管理层和董事的面谈以及标准普尔从对该公司的债务信用评级中可以获得的保密信息得出公司治理分数。分数范围为从 10 分（最高分数）到 1 分（最低分数）不等。②

除了公司治理情况，信用分析师还通过评估公司的偿付能力来考察管理质量。例如，评估管理质量时，穆迪公司试图了解管理层制定的商业战略和政策。穆迪公司考虑的因素有：(1) 战略方向；(2) 财务理念；(3) 保守程度；(4) 历史记录；(5) 后续规划；(6) 控制系统。

财务风险

了解公司的经营风险和公司治理风险后，分析师将继续评估财务风险。这需要进行传统比率分析和对企业融资的其他影响因素的分析。接下来，我们简要总结了某些更重要的财务比率：利息保障倍数、杠杆比率、现金流、净资产和营运资本。计算出这些比率后，还有必要分析其相对于行业比率的绝对水平。

在进行财务报表分析之前，分析师必须确定公司所在的行业是否有特定会计惯例，例如保险业就有特定会计惯例。如果有，那么分析师应该熟悉这些行业惯例。此外，分析师必须考察会计政策以确定管理层在应用公认会计准则（GAAP）时采用的是自由政策还是保守政策。分析师应该留意公司采用的公认会计准则政策的变化以及变化的原因。由于分析的是历史数据，因此分析师应该认识到公司会调整以往年份的业绩以适应不连贯经营和会计变化，这会掩盖不利的变化趋势。通过评估公司的未调整业绩和调整后业绩的趋势可以了解这一情况。

利息保障倍数

利息保障倍数（interest coverage ratio）衡量的是税前利润与所支付利息的倍数关系。通常，所使用和公布的利息保障倍数是税前数据而不是税后数据，因为利息支付是税前费用。**税前利息保障倍数**（pretax interest coverage ratio）的计算方法是用息税前利润（EBIT）除以总利息费用，它通常被称为**息税前利润与利息保障倍数之比**（EBIT-to-interest coverage ratio）。其他所有因素不变，该比率越高，信用风险就越低。如果一家公司的税前利息保障倍数小于 1 倍，那么就必须借款或者使用现金流或资产出售收入以支付利息。另一种方法是在分子中使用息税折旧摊销前利润（EBITDA）以获得**息税折旧摊销前利润与利息保障倍数之比**（EBDITA-to-interest coverage ratio），它总高于利息保障倍数或息税前利润与利息保障倍数之比，因为分子中加入了折旧和摊销。

① Sanjeev Bhojraj and Partha Sengupta, "Effect of Corporate Governance on Bond Ratings and Yields: The Role of Institutional Investors and Outside Directors," *Journal of Business*, 76, 2003, pp. 455 - 476.

② Standard & Poor's, *Corporate Governance Evaluations & Scores* (2004), p. 3.

如果除了利息，还存在其他重要的固定债务，那么只计算税前利息保障倍数就可能产生误导。此时，更恰当的保障倍数应该包括其他固定债务，由此得到的比率被称为**固定费用保障倍数**（fixed charge coverage ratio）。其他重要固定债务的一个例子是租金。分析师还应该留意或有负债，如一家公司对另一家公司债务提供的担保。

分析师还应注意公司报告的利息费用数字。公司可能在利润表中报告利息费用减去资本化利息费用和利息收入的净值。这种净利息费用数字低估了公司的利息负债。在计算利息保障倍数时使用总利息费用而不是净利息费用是更为审慎的做法。

不使用税前收入而使用现金流计算出来的比率被称为**现金流比率**（cash flow ratio）。稍后我们将讨论各种现金流比率。

杠杆比率

第二个重要比率是**杠杆比率**（leverage ratio）。尽管杠杆比率没有统一的定义，但最常用的一个定义是总债务与总资本之比。① 债务水平越高，必须用来偿还固定债务的营业收入百分比就越高。在计算杠杆比率时，通常使用的是最近的资产负债表中的公司资本结构。为了补充这一指标，分析师应该用普通股的估计市场价值计算总资本。

除了总债务与总资本之比，评估公司杠杆时通常还使用另两个比率：(1) 总债务与息税折旧摊销前利润之比；(2) 总债务与息税前利润之比。然而，总债务与总资本之比衡量了公司资本结构中用债务融资的比例，而另两个比率直接衡量了公司与债务相关的现金流创造能力。

在分析高杠杆公司（即有高杠杆比率的公司）时，必须分析安全边际。**安全边际**（margin of safety）的定义是营业收入在足以偿还公司固定债务的情况下最多下降的百分比。不同行业的杠杆程度和安全边际有显著差异。

在分析中还必须考虑公司的经营租赁。经营租赁是除用借入资金为资产融资以外的另一种选择。因此，重大经营租赁的存在会低估公司的杠杆比率。经营租赁应该算入资本中，以得出真实的杠杆比率指标。

此外，还应该考虑另外两个因素：债务期限结构和银行信用额度。就第一个因素而言，分析师希望了解将在接下来五年内到期的债务所占比例以及如何对该债务进行再融资。就第二个因素而言，公司的银行信贷额度通常构成其总债务的一大部分。分析师应该仔细分析这些信贷额度，以确定公司拥有的灵活性。分析师应按照未使用额度和证券利息对信贷额度进行评估。在分析中还要确定信用额度是否包括“重大不利改变”条款，在这种条款下，银行可以撤回信用额度。

现金流

信用分析师一致认为，公司现金流分析在评估信用风险时很重要。对于投机级发行人的债券，这种观点尤为正确，因为和投资级发行人不同，投机级发行人面临暂时现金短缺时，

① 总债务是长期债务与短期债务之和。尽管在多数情况下，短期债务远远小于长期债务，但有时短期债务也可能很高，尤其是对高收益债券发行人而言。此外，将短期债务包括在内是因为分母——总资本——既包括长期债务又包括短期债务。因此，使用总债务更加准确。

对内部创造资金的依赖性更高。

遗憾的是，对于现金流没有一致定义。例如，标准普尔讨论了四种现金流概念：经营现金流、自由经营现金流、可自由支配现金流和融资前现金流。给定现金流指标，就能计算出现金流比率。[①] 这些比率只是前面介绍的保障比率的变体。

在财务报表中，现金流量表需要与利润表和资产负债表一起公布。现金流量表是对一段时期内公司的经营活动、投资活动和融资活动产生的现金流的总结。分析师将重新调整该信息的格式，将其与利润表中的信息结合，以更好地描述公司活动。例如，标准普尔公司首先计算**经营所得资金**（funds from operations）（其定义为调整了折旧和其他非现金借贷科目之后的净收入）。

经营现金流（operating cash flow）是经营所得资金减去或增加营运资本投资变化（流动资产减流动负债）之后的现金流。在公司的现金流量表中，经营现金流通常被称为**经营产生的现金流**（cash flow from operations）。经营现金流减去资本支出，便得到标准普尔定义的**自由经营现金流**（free operating cash flow）或**自由现金流**（free cash flow）。分析师在计算自由现金流时，必须密切关注资本支出。公司的资本支出通常是由维持性资本支出和增长性资本支出组成的。前者是维持公司现有经营所需的资本支出，后者是未来增长所需的资本支出。分析师必须自行判断计算自由现金流时使用哪种资本支出。股利和收购的资金均可以利用这种内部产生的现金流。从自由经营现金流中减去现金股利，将得到**可自由支配现金流**（discretionary cash flow）。根据管理层作出的收购其他公司、资产处置（例如，处置业务部门或子公司）决策和其他现金来源或用途对可自由支配现金流进行调整后，将得到融资前现金流。如标准普尔所述，**融资前现金流**（prefinancing cash flow）“表示来自所有内部来源的公司现金流能够弥补所有内部需求的程度”[②]。

得出现金流指标后，可以用其计算不同的现金流比率。使用哪种现金流比率通常取决于被分析的公司类型。

净资产

第四个重要比率是净资产与总债务之比。在分析该比率时，应该考虑资产的清算价值。清算价值往往与资产负债表中标明的价值相差很大。因此，**企业价值**（enterprise value）经常被用于衡量公司中创造现金流的资产的市场价值。企业价值的计算方法是用股票的市场价值加上总债务再减去现金。除了资产的市场价值以外，还应该考虑资产的流动性。

就资产状况而言，资产中现金和有价证券占比很高的公司比主要资产都是流动性很差的不动产的公司要强得多。最后，还应该考虑其他几个财务变量，包括无形资产、养老金负债和厂房的已使用年限与状况。

营运资本

营运资本（working capital）是指当期资产减去当期负债后所剩的部分。营运资本被视为是衡量公司财务灵活性的主要指标。其他此类指标包括流动比率（流动资产除以流动负

① Standard & Poor's Corporation，*Corporate Rating Criteria*（2003），p. 27.

② Standard & Poor's Corporation，*Corporate Rating Criteria*（2003），p. 27.

债）和酸性测试（现金、有价证券和应收款项之和除以流动负债）。公司的流动性指标越强，越能经受住企业经营状况下滑和现金流减少的打击。

在评估该变量时，应该考虑公司和行业的正常营运资本需求。分析时还应该考虑营运资本的组成部分。尽管应收账款被视为流动性较强，但平均应收账款收款天数的增加可能表明，需要更高水平的营运资本来维持企业的有效运转。此外，公司经常需要对应收账款进行融资，有些融资是附带追索权条款的。在这种情况下，进行同行业公司比较时就可能产生偏差。

投资决策

进行任何投资都必然支付特定价格。这个价格通常决定了最终行为。在高收益投资中，经验法则是：不要用安全换收益。信用风险不是线性的，当风险和收益在高收益投资中不对称时，投资者放弃安全的行为很少获得足够补偿。典型的例子就是评估对同一家公司发行的不同债券的投资机会。低级债务通常在新发行时提供超过高级债务的收益率（根据次级状况，在几百个基点的范围内），以吸引投资者。对于信贷投资者，多获得几百个基点的收益的确很有吸引力。但是如果发生不利事件，低级债务持有者和高级债务持有者的损失差可能 10 倍于初始收益率之差甚至更高。也就是说，如果价格跌至显著低于内在价值的水平，风险与收益的不对称性也可能改变位置。低价是为投资错误提供转圜余地的最终来源。因此，可以通过足够高的质量或足够低的价格获得安全边际。例如，不良债务投资者更可能通过低价获得安全边际。但是典型的高收益债务投资者以合理价格买入高质量资产可以获益更多。说到底，投资是艺术与科学的结合，但可能更多地是艺术而非科学。

公司债券信用分析与股权分析

前面介绍的经营风险、公司治理风险和财务风险分析与普通股分析师进行的分析有相同之处。许多固定收益投资组合管理者都坚信，应该从股票分析师的视角进行公司债券分析，尤其是高收益债券分析。正如 Stephen Esser 所述：

> 使用股权方法，或至少考虑高收益债务的混合性，可以验证或反驳传统信用分析的结果，使分析师进行深入分析。[①]

他进一步写道：

> 对于那些从事高收益债券投资的人，不管这些债券由上市公司发行还是由私人公司发行，股权导向的动态分析都是非常有价值的。当分析师考虑他们是否希望购买某个高收益公司的股票，以及该公司的未来股票价值将发生什么变化时，这是一种很有用的方法，因为当股票价值上升时，公司债务下的股权缓冲垫也会增厚。此时，当其他所有条

① Stephen F. Esser, "High-Yield Bond Analysis: The Equity Perspective," in Ashwinpaul C. Sondhi (ed.), *Credit Analysis of Nontraditional Debt Securities* (Charlottesville, VA: Association for Investment Management and Research, 1995), p. 47.

件不变时，这些债券成为更好的投资，并且其相对于与之竞争的债券投资的价值将会上升。①

案例研究：对 Sirius XM 控股公司的信用分析

在这个案例研究中，我们将考察 Sirius XM 控股公司的利率为 5.25%、2022 年到期的债券（以下简称 2022 债券）。它的合约保护远远优于该公司的其他债券。由于该公司合约的重要性，我们在下一个案例研究中进行了合约分析。正如我们将看到的，合约是 2022 债券表现明显优于该公司其他债券的最主要原因。

这项分析最初是在 2012 年进行的，并在 2014 年补充了最新信息以便本案例进行说明。2022 债券发行于 2012 年，发行价高于可比期限国债（1.75% 05/15/2022）362 个基点，穆迪和标准普尔对其评级分别为 B1 级和 BB 级。2014 年，该债券分别被穆迪和标准普尔调高评级至 Baa3 级和 BBB 级。2012 年发行该债券以来（进行本分析时为 21 个月），持有期总收益率为 17.6%。根据我们的观点，尽管这在利率很低的环境中是令人满意的，但考虑到该公司的信用风险，我们很难从当前水平上看到有利因素。由于预测该债券将在 2017 年被赎回，因此我们认为 2022 债券是一笔估计收益率为 3.4%的 3 年期投资，它是当前极低收益率环境下的优秀投资选择。假设 2022 债券实际上在 3 年后被赎回，和 3 年期美国国债相比，该债券提供了约 250 个基点的利差，在进行分析时，这对于 BBB 级债券而言是非常具有吸引力的收益率。

图表 22—1 显示了本章讨论的 Sirius XM 控股公司在 2009—2013 财年的财务比率。

图表 22—1　　**对 Sirius XM 控股公司的财务分析**　　单位：百万美元

	12/31/2009	12/31/2010	12/31/2011	12/31/2012	12/31/2013
资产负债表分析					
市值	2 330	6 412	6 831	15 208	21 276
现金与现金等价物	383	587	774	521	135
优先股及其他	0.04	0.01	0.01	0.01	0.00
总债务	3 077	3 218	3 014	2 435	3 602
企业价值	5 023	9 042	9 071	17 123	24 743
利润表分析					
收入	2 473	2 817	3 015	3 402	3 799
服务成本	1 064	1 099	1 121	1 229	1 395
折旧与摊销	307	271	265	264	251
总利润	1 409	1 718	1 893	2 173	2 405
利润率（%）	57.0	61.0	62.8	63.9	63.3

① Esser, " High-Yield Bond Analysis: The Equity Perspective," p. 54.

续前表

	12/31/2009	12/31/2010	12/31/2011	12/31/2012	12/31/2013
营业费用	1 148	1 189	1 217	1 301	1 360
息税折旧摊销前利润	568	800	941	1 136	1 295
利润率（%）	23.0	28.4	31.2	33.4	34.1
息税前利润	261	529	676	872	1 044
利息费用	306	301	305	265	205
现金流分析					
营业产生的现金流	434	513	544	807	1 103
资本支出	−249	−312	−137	−97	−174
自由现金流	185	201	406	709	929
信用比率分析					
资产保障倍数					
企业价值/净债务	1.9×	3.4×	4.0×	8.9×	7.1×
杠杆比率					
债务/息税折旧摊销前利润	5.4×	4.0×	3.2×	2.1×	2.8×
债务/息税前利润	11.8×	6.1×	4.5×	2.8×	3.4×
营业产生的现金流/债务	14.1%	15.9%	18.0%	33.1%	30.6%
利息保障倍数					
息税折旧摊销前利润/利息费用	1.9×	2.7×	3.1×	4.3×	6.3×
息税前利润/利息费用	0.9×	1.8×	2.2×	3.3×	5.1×

基本情况

Sirius XM是美国唯一采用订购收入模式的卫星广播运营商。因此，它享有市场垄断地位，客户流失率（或损耗率）非常低。因此，一旦Sirius和XM在2009年合并后业务达到足够大的临界数量，该公司就开始创造稳定的正自由现金流（FCF）。该公司多年来使用的资本很低（不足收入的5%），因为它不必建造新的卫星。该公司的利润率很高，资本收益率也很有吸引力。我们认为，该公司在2014—2017年的3年中能继续创造约10亿美元的稳定正自由现金流。我们认为Sirius XM的业务模式具有吸引力。

由于该公司的管理具有对股东友好的性质，该公司最近的杠杆比率高达4.0×息税折旧摊销前利润或 4.5×息税前利润。通常，债券持有者不喜欢这种财务政策。然而，鉴于该公司创造稳定现金流的能力，他们可能对现有杠杆水平感到满意。此外，按照我们的评估，该公司的利息保障性和财务流动性始终很健康。

我们认为，从长期看，该公司面临着科技发展带来的潜在竞争，这种科技发展提出了联网汽车的理念。评估它对该公司经营和盈利能力的潜在影响还为时过早。但是，如果公司在享受业务增长周期的同时继续增加杠杆，就值得担心了。这会让该公司没有多少财务缓冲来处理不利商业条件开始出现时的气球型债务负担。当该公司向股东返还足够资本后，受损失的将是债券持有者。

商业模式与竞争地位

Sirius XM 是美国最大的订购广播服务提供商和唯一被授权通过卫星传送声音信号的广播服务提供商，该公司有约 2 600 万名订购用户。它通过 150 多个频道将高分辨率声音内容直接传送给订购用户并收取月费。

该公司在两个关键方面不同于其主要竞争对手——地面广播。首先，它运用了基于订购的无广告收入模式。这让 Sirius XM 可以有效地将内容转化为收入，与既受广播广告市场周期性趋势影响又受长期性趋势影响的地面广播相比，该公司的收入足够明朗。第二，该公司基于卫星的电信基础设施既有资本效率又高度可规模化，这让它能服务于全国听众，不像地面广播那样受无线电信号传输范围的限制。这两个不同点为 Sirius XM 提供了购买高质高价节目的平台，反过来又为它提供了对地面广播的可持续竞争优势。

Sirius XM 通过汽车直接定位目标客户，因为 50%的广播都是在汽车里收听的。该公司的主要目标客户是新车购买者；然而，它的目标客户中二手车买家也在逐渐增加。对于新车，该公司与初始设备生产商（OEM）签订协议，初始设备生产商将在车中安装 Sirius XM 的设备，为试订购提供方便，并向 Sirius XM 提供客户信息，换取补贴或一部分订购收入。对于二手车，该公司与二手车交易商签订协议，提供客户信息以换取试听权用于促销。在两个终端市场上，折扣试听或免费试听的时间范围均为 3～12 个月。一旦试听期结束，公司将努力将客户转变为付费订购用户。卫星广播订购费为每月 9.99～18.99 美元，这取决于套餐种类，公司通常的客户转变成功率约为 40%。

尽管这项业务的基础很牢固，但新兴的互联网协议（IP）技术可能削弱它在未来的地位。竞争者将希望利用这项技术，两个最值得注意的竞争者是 Pandora 和 Songza。目前，这项技术尚不足以支持这些企业的收入模式。例如，当客户使用互联网接收流媒体广播内容时，数据成本可能非常高。然而，这种情况可能会发生较快变化。经常被提到的一个词是联网汽车，它是指在每辆汽车中必然要安装的操作系统、LTE 连接，可能还有应用程序。如果与之竞争的设备开始蚕食 Sirius XM 的汽车垄断地位，其定价能力和听众份额就可能被大大削弱。但根据我们对 Sirius XM 目前市场环境和科技发展进程的评估，我们认为在近期内不会发生这种情况。

收　入

Sirius XM 的订购业务创造了近 85%的总收入，剩余收入来自广告、版权费和设备出售等其他来源。该公司的收入受单位用户平均收入（ARPU）和订购用户总数的影响。单位用户平均收入主要受价格的影响，而订购用户总数受汽车销售量、新汽车和二手汽车普及率、客户转化率和流失率的影响。定价、流失率和转化率必须认真平衡，因为定价与转化率负相关，与流失率正相关。再往后，预期收入将随着公司增加订购用户而继续增加，其中按净值计算，新汽车订购用户的增加速度下降，而二手汽车订购用户的增加速度上升。该公司的新汽车普及率可能已达到顶峰，而由于二手车购买者通常对价格更敏感，因此转化率和单位用户平均收入可能都会降低。

成 本

Sirius XM 的成本结构解释如下：26%来自收入分享与版权费，22%来自销售费用、一般费用和管理费用，20%来自订购用户获取成本（SAC），13%来自客户服务，12%来自电台节目，7%来自技术与设备。现金经营收入总共占截至 2014 年第一季度的最近 12 个月收入的 67%，换算为息税折旧摊销前利润率约为 33%。与发行高收益债务的许多企业相比，这个利润率非常高。

该公司的收入增长快于营业成本增长，因此，在过去 3 年中（2011—2013 年），其利润率节节攀升。我们预期，由于这种经营模式提供的规模经济，这种趋势将在 2014 年开始的接下来几年中继续。也就是说，我们认为，根据我们的观察，该公司的盈利能力将在新汽车普及率达到顶峰后很快达到顶峰。然而，该公司的收入和利润应能继续增长，因为其二手车市场将继续增长。

财务分析：资产负债表

资产保障

2014 年第一季度结束时，Sirius XM 的总债务与总资产之比约为 56%，反映出资本结构中债务比率较高。然而，由于该公司股票交易价格明显高于账面价值，其净债务与企业价值之比仅为 15%左右。评估公司的资产保障时，我们更愿意使用市场价值与账面价值之比。最重要的是公司资产现在的价值，以及更重要的未来价值，而不是过去的价值。因此，Sirius XM 的债务有充足的资产保障，这为债务持有者提供了充足的安全边际。

商誉与无形资产

根据我们的观察，截至 2014 年 3 月 31 日，Sirius XM 的商誉和无形资产总计为 49 亿美元。投资者必须非常关注公司的商誉和无形资产等非有形资产，因为它们常常高估公司的资产价值。在 Sirius XM 的例子中，22 亿美元的商誉主要由 Sirius 花 46 亿美元收购 XM 时支付的溢价构成。在 27 亿美元的无形资产中，美国联邦通信委员会（FCC）执照赋予该公司通过卫星传输声音内容的价值为 21 亿美元。我们认为，联邦通信委员会执照非常有价值，且对于其市场领导地位至关重要。因此，尽管这是一笔很大的数目，但我们并不十分担心该公司商誉和无形资产在未来产生大额减值费用或账面减值。

流动性

截至 2014 年第一季度末，该公司有超过 20 亿美元的充足流动性，足以偿还在接下来 12 个月到期的 5 亿美元债务。流动性来自 2014 年的预计自由现金流、未利用的信用便利和现金余额。然而，由于该公司的杠杆比率目标为 4.0 倍，它不太可能希望还清债务。我们认为，该公司将继续发行债务为到期债务再融资，并通过对股东友好的活动回报股权投资者，例如股票回购和发放股利。

财务分析：盈利能力、杠杆比率和保障倍数以及自由现金流

盈利能力

该公司的总利润率和息税折旧摊销前利润率在过去 3 年（2011—2013 年）保持在 60%和 30%左右，反映出其业务的高利润性。其资本收益率也对年轻人很有吸引力。随着业务在新车市场上日渐成熟，我们预测其盈利能力已达到顶峰，但在接下来几年中将保持在高位。

自由现金流

自从 2009 年 Sirius 和 XM 合并后业务达到临界规模起，该公司能够连续 5 年创造不断增加的正自由现金流。它的高自由现金流转换率既是高息税折旧摊销前利润率的结果，也是业务运营必需的相对低资本支出的结果。与电信公司和有线电视公司等其他通信公司相比，该公司不需要对实物基础设施投入很大支出。它的维持性资本支出平均不到收入的 5%，但可能根据建造新卫星的时间而波动。2011—2013 年，该公司花了约 2 亿美元建造一个人造卫星，并且至少在 2017 年之前不用替换另一个人造卫星。即使在资本投入最集中的年份里，资本支出也没有超过 3.5 亿美元。该公司现在创造的息税折旧摊销前利润超过 10 亿美元。因此，我们预期它将在未来年份中继续创造大量自由现金流。

杠杆比率与保障倍数

该公司在 2014 年 5 月 1 日发行 15 亿美元 10 年期债券后，用总债务/息税折旧摊销前利润衡量的财务杠杆达到了管理层的目标，4.0 倍。即使用更保守的总债务/息税前利润衡量，考虑到该公司创造稳定自由现金流的能力，约 4.5 倍的杠杆仍然是可接受的。也就是说，我们通常不喜欢公司的债券收益率低于其杠杆比率。在这个例子中，Sirius XM 的部分债券收益率接近于 4%，这是负面信号，因为该公司的杠杆为 4 倍。

我们预期，该公司的息税折旧摊销前利润和现金流将在近期继续增长；因此，如果管理层决定将杠杆比率保持在 4 倍或 4 倍以上，该公司将继续发行更多债务。

我们认为，该公司的息税前利润/利息保障倍数为 3.5 倍就足矣。在计算杠杆比率和保障倍数时，我们更偏好息税前利润而不是息税折旧摊销前利润。

当公司将大部分自由现金流分配给股东，并继续提高杠杆，就像它在商业周期上升阶段能做的那样时，我们可能开始担心。这可能使其背上沉重的债务负担，并在科技发展使潜在竞争显现，导致商业环境开始恶化时缺少财务缓冲。尽管这并不是我们的基础情况并可能要经过许多年才对债券持有者形成实际威胁，但科技发展速度可能远远快于多数人的想象。在过去十年中，我们已经见证了科技创新以许多明显方式表现出的建设性破坏力量。

管　理

Sirius XM 的管理层在经营媒体与相关业务方面有充足的行业经验。

● James E. Meyer 从 2012 年 12 月开始担任 Sirius XM 的首席执行官。2004 年 5 月至 2012 年 12 月，他担任运营与销售总裁，负责监督和指导该公司的车载 OEM 业务、在线服务、零售市场、产品管理和工程业务。加入 Sirius 前，Meyer 是 Aegis Ventures（一家一般性管理咨询公司）的总裁，负责为 Sirius 提供支持。在加入 Aegis 之前的 25 年中，他在消费电子产品领域担任过多种高级管理职务，包括消费电子产品全球领导者 Thomson 的数字媒体解决方案高级执行副总裁，全权负责 Thomson 的数字媒体解决方案业务部门，这是一项全球业务，服务于娱乐业、广播业和内容业。加入 Thomson 之前，Meyer 还担任过通用电子和美国无线电公司（RCA）的高管。

● David J. Frear 于 2003 年 6 月加入 Sirius，担任该公司的执行副总裁和首席财务官。加入 Sirius 前，他曾担任 SAVVIS Communications（一家在 44 个国家开展经营的全球管理网络服务提供商）的执行副总裁、首席财务官和总监。Frear 还曾担任 Millicom 的首席财务官，在 Millicom 重组后，他担任 Orion Network Systems 的高级副总裁和首席财务官。

● Sirius XM 的首席内容官 Scott Greenstein 曾在多家媒体公司担任最高职务，包括 USA Films 主席和 October Films 联合总裁，并曾在 Viacom 担任过不同高管职务。

● Dara Altman 从 2006 年开始担任 Sirius 的副总裁和首席行政官，在此之前曾在 Discovery Communications 的商业事务部工作。她也曾在 HBO 担任过其他法律/管理职务。

Sirius XM 的管理层明确，他们将以对股东友好的方式经营该公司。近年来，通过大量股票回购和发行债务，这个过程加速发展。管理层希望同时利用 Sirius XM 的资产负债表和几乎所有自由现金流将现金返还给股东。一个主要例子就是，该公司为其利率为 5.25%、2022 年到期的债券提供了担保，以绕过限制股利分配和股票回购的合约限制。

所有权

John Malone 通过 Liberty Media 持有 Sirius XM 超过 50%的普通股。众所周知，著名的电信与有线电视大亨 Malone 偏爱投资于以明显对股东友好的方式运营、财务杠杆为 4～5 倍的公司。Sirius XM 的运营方式与 John Malone 偏好的公司运营方式一致。

结　论

在利差为 300 多个基点、期限不到 10 年的条件下，我们认为 Sirius XM 的高级无担保债券是有吸引力的。我们的观点主要是根据它有吸引力的经营模式形成的，这以它的垄断市场地位和基于订购的收入模式为前提。2009 年达到客户基础临界规模以来，该公司的财务业绩一直很稳健并不断改善。我们对于其超过 60%的总利润率和超过 30%的息税折旧摊销前利润率尤为印象深刻，加上经营业务所必需的资本支出很低，这些因素转化为正自由现金流。抵消其财务优势的是，管理层实施的对股东极其友好的财务政策。也就是说，由于其创造强大稳定的自由现金流的能力，我们认为 4.0 倍的目标杠杆是可以接受的。我们意识到，科技发展和演变可能产生潜在竞争，这可能在长期削弱该公司的竞争优势。然而，这并不是我们的基础情况，这种结果不会很快出现，以至于蒸发掉该公司偿还现有债务的能力。

Sirius XM 控股公司的合约分析

Sirius XM 的利率为 5.25%、2022 年 8 月 15 日到期的债券表现明显优于该公司的其他未清偿债券，尤其是在 2014 年 4 月初该公司决定向利率为 5.25%、2022 年到期的债券提供担保以来。2022 债券的最差收益率比曲线上的其他高级无担保债券低大约 150～200 个基点。在这种情况下，合约是决定债券表现的最重要因素。

在该公司不同的未清偿债券中，利率为 5.25%、2022 年 8 月 15 日到期的 4 亿美元债券是唯一具有标准高收益合约的组别。这些合约通常有充足的限制条件和“基于事件”的测试，这限制了公司在杠杆不低于特定水平时举借更多债务、支付股利或出售资产等活动的灵活性。

该公司其他所有债券的合约类似于投资级发行人的合约，它通常微不足道，并被认为是“不重要合约”（见图表 22—2）。为方便说明，该公司的利率为 4.25%、2020 年 5 月 15 日到期的 5 亿美元债券被用来与利率为 5.25%、2022 年到期的债券进行比较。

图表 22—2　　Sirius XM 控股公司截至 2014 年 5 月 2 日的未清偿债券

发行人	代码	息票利率	到期日	评级	类型	发行日	货币	未清偿金额（百万美元）
Sirius XM Radio Inc.	SIRI	7.00	12/1/2014	NR	可转换	7/29/2008	美元	502.37
Sirius XM Radio Inc.	SIRI	4.25	5/15/2020	BB—	可赎回	5/2/2013	美元	500.00
Sirius XM Radio Inc.	SIRI	5.88	10/1/2020	BB—	可赎回	9/19/2013	美元	650.00
Sirius XM Radio Inc.	SIRI	5.75	8/1/2021	BB—	可赎回	7/29/2013	美元	600.00
Sirius XM Radio Inc.	SIRI	5.25	8/15/2022	BBB—	可赎回	8/8/2012	美元	400.00
Sirius XM Radio Inc.	SIRI	4.63	5/15/2023	BB—	可赎回	5/2/2013	美元	500.00
Sirius XM Radio Inc.	SIRI	6.00	7/15/2024	BB—	可赎回	5/1/2014	美元	1 500.00

Sirius XM 在高资本收益率下创造了大量自由现金流。该公司努力将杠杆比率从 2.5 倍提高到 4.0 倍，并几乎将增加的杠杆和年自由现金流产生的所有现金都支付给股东。然而，它受到利率为 5.25%的 2022 债券合约限制，该合约限制在杠杆高于 3.5 倍的情况下向股东进行支付。由于该债券在 2017 年 8 月 15 日之前不可赎回，因此如果该公司希望将杠杆提高到 3.5 倍以上，并在赎回日之前向股东进行支付，那么它的“唯一”选择是以国债利率＋50 个基点赎回债券。但是这样做的成本非常高。动机的力量很强大。Sirius XM 在这方面很有创造力。该公司选择为利率为 5.25%的 2022 债券提供担保，因而使其相对于其他所有未清偿高级无担保债券“在合约上更高级”。因此，三家主要信用评级机构将利率为 5.25%的 2022 债券从高收益级提升至投资级，引发合约终止条款，使该公司基本上不再受利率为 5.25%的 2022 债券合约的所有限制性条款的限制。

利率为 5.25%的 2022 债券由于有限制性更高的合约，因此总是以相对于其他高级无担保债券的溢价交易。该公司为该债券提供担保以摆脱合约约束的决定立即使债券价格提高了 4 美元。同时，由于投资者预期该公司将通过发行更多债务加速股票回购，因此该公司的其他债券遭受了损失。毫不令人意外的是，该公司在 2014 年 5 月 1 日发行了 15 亿美元债券，这离它摆脱合约限制还不到一个月。

高级性、安全性和次级担保

两只债券最初都由 Sirius XM 和 Sirius XM 的经营性子公司提供高级无担保保证。对子公司提供的保证让母公司发行的债券拥有和子公司直接发行的高级无担保债务相同的对发行人子公司资产的索偿权，这避免了所谓的结构性从属问题。和有担保索偿权不同，无担保索偿权不允许债权人扣押公司有担保物权的资产。满足对抵押资产的担保物权后，无担保债权人在清算中拥有对公司资产的同等（即 pari-passu）分配权。

正如以下 Sirius XM 发生的事件所说明的，与无担保索偿权相比，担保索偿权对债权人有利得多。

控制变化

Sirius XM 的两只债券都包括被称为控制权变动回售期权的标准条款，它赋予债券持有者在公司出现控制权变化时以发行价格的 101%执行的回售期权。该合约的目标是在公司被可能对债权人不友好的新所有者收购时为债券持有者提供某种退出途径，例如杠杆收购（LBO）。

控制权变化的定义可能根据合约条款组合的严格性而变化。通常，控制权变化发生在合约允许范围以外的人获得超过一定比例的公司投票控制权的情况下。对于 Sirius XM 的两只债券，该比例均为 50%；然而，一些更严格的合约条款规定的比例低至 35%。

通常，为了激活控制权变动回售期权条款，必须发生控制权变化事件，且一家或多家信用评级机构必须降低公司的信用评级。

举债测试

只有 Sirius XM 的利率为 5.25%的 2022 债券有举债合约条款，正如之前提到的，它限制了该公司在杠杆超过特定水平时发行债务的能力。利率为 5.25%的 2022 债券不允许该公司举借更多债务，除非杠杆比率低于 6 倍。这条合约条款的语言效力可能被“拆离条款”削弱，后者允许特定情况下的例外。例如，2022 债券的举债测试允许在 6.0 倍限制之外再增加 10 亿美元信用便利债务，根据合约，这种债务比债券高级。

受限支付合约条款

只有 Sirius XM 的利率为 5.25%的 2022 债券有受限支付合约条款，它限制以股利或股票回购形式向股东支付现金流。利率为 5.25%的 2022 债券只在以下情况下允许受限支付：

● 通过了举债测试；并且

● 支付给股东的合并现金流不超过从发行前 1 个月至今的累计营业现金流，且小于累计利息费用的 1.3 倍。

和举债测试类似，受限支付可能被拆离条款削弱。5.25%的 2022 债券允许不受限支付，只要杠杆比率低于 3.5 倍，这是非常宽松的结构。尽管如此，该公司仍然感到受合约限制并希望摆脱这种约束。

消极担保或留置权限制

Sirius XM 的两只债券合约都包括被称为消极担保的标准条款，它限制了公司向任何其他方提供资产担保物权而不对债券提供相同担保的能力。如前所述，有担保索偿权为债权人提供了对特定资产的直接索偿权。

这个条款是必要的，因为通常债券对公司资产拥有无担保索偿权，这意味着有必要限制合约从属关系。该条款可以通过加入一些例外情况而变得更宽松，这些例外情况被称为允许留置权。在4.25%的2020债券例子中，存在一个允许留置权最高为以下两者中较高者的例外：(1) 14亿美元；(2) 1.5倍现金流。而5.25%的2022债券允许留置权最高为以下两者中的较高者：(1) 30亿美元；(2) 担保杠杆比率为3.5倍。

条款中止

5.25%的2022债券包括条款中止条款，它允许债券的信用评级被两家或两家以上信用评级机构提升至投资级时中止高收益条款，包括举债条款和受限支付条款。

结论

Sirius XM结合条款中止和留置权限制成功摆脱了作为高收益发行人的大多数限制性条款。合约条款是债券持有者最重要的信用考虑因素之一。在Sirius XM的例子中，合约条款是5.25%的2022债券和该公司其他债券绩效的主要差异。也就是说，单靠条款远远不足以保护债券持有者，发行人的商业质量仍然是信用分析中最重要的因素。在许多情况下，薄弱的合约条款可能是审慎投资者交易破裂的原因。但是强有力的合约条款不是投资于弱小企业的理由。成功的投资需要仔细分析所有重要因素。

案例研究：嘉汉林业公司

嘉汉林业公司是中国的一家商业林业公司。它于1994年开始经营，并于1995年以代码"TRE"在多伦多证券交易所（TSX）上市。它是最早一批在外国股市上市的中国公司，并成为其中最大的公司之一，截至2011年3月31日，企业价值为72亿加元。该公司于截至2011年6月30日的季度末发布了最后一份财务报告，然后于2012年3月申请破产保护，这距离其价值达到最高点不足一年。因此，该公司股东面临着投资可能遭受100%损失的境地，根据市场报价，债券回收率预期为10%～15%。

该公司被选为我们的案例研究对象，是因为它具有独一无二的中国商业林业公司的企业特征：规模大、历史久、市场影响巨大。[①] 我们选择这家公司，还因为本案例研究作者之一的实际生活经验，这位作者曾经对该公司进行过分析，并在2010年末至2011年初与该公司首席财务官会面。这家公司目前正在进行重组，债券持有者设法确保其在中国11个省的资产安全。然而，最终的结果非常难以预料，因为对于在国外上市的中国控股公司，传统上很难对中国境内资产声明所有权和变现资产，这个过程预期将非常漫长。

---

① 2011年6月，嘉汉林业被浑水公司指控有欺诈活动以后，中国美元高收益债务市场普遍经历了大规模抛售潮。1个月后，也就是2011年7月，穆迪发布了一份报告，标题为《新兴市场公司的红灯警告：聚焦中国》。这篇文章为该公司当时给出评级的几乎全部61个中国美元高收益发行人亮起了红灯。

案例研究的目的是通过实际生活案例详细说明本章之前讨论的信用分析方法。分析违约发行人也有助于强化我们以避免失败投资为重点的投资理念。我们认为，只要确立并严格执行明确的分析过程，就更容易找出失败投资而不是成功投资。即使一家公司的大部分行为正确，也不一定成功，但只要犯了几个错误，就非常可能失败。从投资者的角度看，这意味着我们需要投资对象在所有方面都表现正确，以充满信心地抓住投资机会，但是只要出现一些或仅仅一个问题，就应该拒绝投资机会。

我们的目标不是判断公司是否已经做出欺诈活动，正如卖空公司浑水公司（Muddy Waters）在 2011 年 6 月 2 日发布的 39 页报告中所声称的，这催化并触发了该公司的破产。相反，我们的分析严格基于该公司的公开披露资料。该公司 2010 年的年报和年度信息表(AIF)① 是我们最新的信息来源。我们承认浑水公司所做的现场渠道检查的重要性。但我们的目标是证明投资者仅根据公开可得信息就应能做出避免失败投资的正确决策。关键是通过深入审慎调查做出正确的信用分析。

经营模式

让我们首先来看该公司的经营模式。这永远应该是任何旨在了解公司将如何创造利润的投资分析的第一步。投资者需要回答关于公司的三个基本问题：(1) 它在做什么；(2) 它的收入来自哪里；(3) 它的成本来自哪里。这三个问题听起来容易回答，但实际上没那么容易。

在该公司年报中，第一页写道：

> 嘉汉林业是中国的领先商业人工林运营商。公司主业包括持有并管理人工林、出售活立木和原木以及配套生产下游工程木产品。②

根据这段叙述，三个问题的答案跃然纸上：(1) 该公司种植并出售树木与相关产品；(2) 该公司的收入来自出售树木和相关产品；(3) 该公司的成本产生于种植树木并制造和出售它们的过程。初看上去它们是令人满意的答案。这些答案提供的最重要的信息是，该公司的主产品是树木和相关产品。有经验的投资者会非常自然地产生一个想法：该公司生产与竞争者几乎没有差异的标准商品。

投资者的下一步是用证据和信心证明第一印象。深入分析可能揭露出几个质疑该公司经营模式的重要发现：

1. 该公司所管理的树木种植数据显示，超过 90%的树木是买来的，只有不到 10%是自己种植的。因此，该公司的陈述中“我们出售的多数活立木和原木来自自己的人工林”③ 很有误导性，尽管它确实是事实。该公司拥有的树木主要是通过收购而非自己种植得来。于是，我们第一个和第三个经营模式问题的答案应是：(1) 该公司购买树木并出售树木和相关产品；(3) 该公司的主要成本来自购买树木。该公司并不像自己声称的那样是商业人工林运营商，对其经营模式更准确的描述是：嘉汉林业是买卖树木的中间商。

2. 该公司通过木材交易商进行买卖活动，这种木材交易商被该公司称为“授权中间商”(AIs)。因此，该公司既不与上游供应商也不与下游客户直接互动。它只与授权中间商打交

① AIF 等同于美国的 10K 登记表。

② 本段文字摘自该公司 2010 年年报第一页。

③ 本段文字摘自该公司 2010 年年度信息表。

道。此外，该公司的大部分交易只依赖四五家授权中间商。[①] 因此，对该公司经营模式更准确的描述应该是：嘉汉林业是买卖树木的中间商的中间商。

3. 该公司称，收获购买的人工林后，该公司长期租出林地并重新进行种植。然后，林地被分类为已种植林场，约占其管理的总林场的10%。看来该公司不是100%的中间商，而的确从事一些与林木种植相关的业务。然而，进一步的审慎调查揭示，多数这种业务并不是由该公司自己从事的。该公司在2010年年度信息表中写道："我们雇用第三方从事林场的所有实地经营。第三方服务提供商从事的业务包括：场地准备、种植、林场管理、施肥和收获。"

现在，我们更好地了解了该公司的经营模式：该公司的目标是通过非常有限的木材交易商买卖树木而获利，因此该公司本质上是一家基本无法控制交易双方的树木交易商。该公司从未披露最终供应方或客户。由于该公司的交易活动是通过林木交易商进行的，因此该公司可能从来不知道它们是谁。对于其余实际林业相关活动，该公司仍然很难控制，而是雇佣了第三方服务提供商进行这项工作。我们了解到，中国的林业相关活动主要是由当地农民进行的。中国政策制定者鼓励并有时要求这样做，以保护农民的利益。因此，该公司的方法是可以理解的。然而，从投资者角度看，一个可接受的原因并不能证明不利商业做法的合理性。

下一步是根据我们对经营模式的结论进行进一步分析，以确定该公司能否通过第一项测试：经营模式。

首先，投资者应该对林业有一个基本了解。通常来说，林业是在周期环境中经营的。供给是由种植和收获的树木的生命周期决定的。需求严重受经济周期的影响：（1）工业需求直接受经济繁荣和经济衰退的影响；（2）居民需求受家庭构成的影响，而后者影响建材和家具市场。家庭构成受个人财务状况的影响，后者是经济周期的结果。在中国，林业是高度碎片化的。大量运营商的经营记录相对较短。由于木产品是同质化商品，竞争非常激烈。

根据该行业的周期性和竞争性，投资者应该问一个重要问题：该公司是否具有竞争优势，确保中长期的利润确定性？正如我们将在接下来的讨论中证明的，答案显然是"否"。

使用迈克尔·波特（Michael Porter）[②] 用来评估公司竞争地位的五个因素进行分析，该公司至少在四个因素上都失败了：（1）该公司对有限供应商的议价能力非常低；（2）该公司对有限客户的议价能力非常低；（3）由于产品同质化，现有市场竞争非常激烈；（4）新进入者面临的障碍相对较低，这又是由于产品同质性和有限的监管门槛。木产品替代者可能是唯一对整个林业产生某种保护的领域。

如何评价该公司大肆宣传的全球融资市场进入优势？据该公司称，由于必要的前期资本支出相对较高，这是一个很大的进入门槛。沃伦·巴菲特曾就如何衡量公司的核心竞争力置评。他以可口可乐为例，说如果现在你给我200亿美元创造一个可口可乐的竞争对手，我不知道该怎么做。原因在于，该公司的核心竞争力不能仅仅被竞争对手的财务资源蒸发。同理，如果经营模式本身有问题，那么财务资源本身不能创造竞争优势。

因此，该公司没有通过第一个经营模式测试。如果一家公司的基本经营模式有问题，那么不管测试时它的财务指标多好，出现不利商业条件时，它们都可能变为一场灾难。

如果公司没有通过经营模式测试，那么最好排除这个投资机会，因为这是决定任何公司

---

① 根据该公司2010年年度信息表，该公司最大的五家供应商和客户（主要是授权中间商）约占2010年该公司总销货成本的60.6%和收入的71.3%。

② Michael E. Porter，*Competitive Advantage*（New York，NY：Free Press，1985）.

未来的最基本因素。然而，出于本案例研究的目的，我们将继续分析下一个重要的信用指标，以进一步说明我们提出的信用分析方法。

基于息税折旧摊销前利润的杠杆比率和保障倍数

该公司多年来使用传统息税折旧摊销前利润指标呈现出非常健康和令人满意的信用状况。例如，2010 年该公司用总债务/息税折旧摊销前利润衡量的总杠杆比率仅为 1.5 倍，而之前三年甚至更低。2010 年，该公司用息税折旧摊销前利润/利息费用衡量的保障比率为 10.4 倍，这个水平很充足，在之前三年甚至更高。自从该公司在多伦多证券交易所上市以来的 15 年中，该公司的收入增长率和息税折旧摊销前利润增长率基本均为两位数，只有少数例外。该公司用以下三个比率衡量的盈利能力也都非常高：总利润率、息税折旧摊销前利润率和净收入利润率。2010 年，它们分别为 34.6%、69.2%和 23.9%。基于息税折旧摊销前利润的传统方法当然会得出对该公司投资的结论。

然而，我们对息税前利润和现金流的进一步分析揭示出一个大问题：该公司 1995 年在多伦多证券交易所上市以来的 15 年中从未产生正自由现金流。从投资者角度看，这是一个令人震惊的观察结果，因为它意味着尽管所有非现金指标都表现出色，但该公司在 15 年中从未向投资者返还一分钱，没有例外。此外，该公司还不得不向投资者要求更多投资以弥补现金短缺：该公司在 15 年中筹集的净资金累计约 30 亿美元。作为投资者，自然要问该公司一个问题：什么时候是个头？遗憾的是，在本例中，答案是公司破产时。

息税折旧摊销前利润出了什么问题？它难道不是营业产生的现金流的良好指标吗？答案是：要看情况。对于日常经营使用很少资本的成熟企业而言，答案是肯定的。但对于多数企业，资本支出是绝对需要的。息税折旧摊销前利润不需要折旧和摊销（D&A），原因在于它们不是非现金科目。我们承认，折旧和摊销不是现金营业成本，但是为了保持厂房、财产、设备等的当前状态，公司必须付出至少能抵消折旧与摊销的资本支出，以维持正常的企业经营。这些资本支出被称为维持性资本支出，并且是保持公司具有竞争力所必需的。因此，息税前利润或更精确的“折旧摊销息税前利润——维持性资本支出”是公司可持续盈利能力的更好指标。如果一家公司在成长，例如嘉汉林业，它必须付出额外的增长性资本支出。这是为了提高未来利润，但不可避免地降低了当期现金流，因为收益直到未来年份才能实现。公司从内部产生的现金流中为维持性资本支出和增长性资本支出融资是保守的。只要预期未来增量利润能将资本返还给投资者，定期从外部资本为增长性资本支出融资就是可接受的。但是永远依赖外部资金进行企业经营是不可接受的。

嘉汉林业已经依赖外部资本超过 15 年。它的最新财务报告显示，2011 年的资本支出预算创下纪录，为 19 亿美元。这并没有发生，因为该公司的业务经营在 2011 年终止了。否则，该公司将连续 16 年记录负自由现金流，并向投资者要求至少为几亿美元的更多投资，为 2011 年的资金缺口融资。该公司没有给投资者创造正现金流回报，而是成为了现金无底洞。它没有通过我们的现金流测试。

使用我们建议的 2010 年信用分析框架，嘉汉林业很容易没有通过 2010 年的负选择过程。如果我们要研究 2010 年前该公司的财务状况，将得出相同结论，因为该公司的业务模式和融资情况一直没有变。正如我们能看到的，我们的分析全部基于公开可得的信息，关键结论也不难得出。但是为什么还有数十亿美元的投资并发生损失？我们将这个原因归于缺乏定义清晰、严格执行的信用分析过程。忽视基本事实，加上想当然的态度，使信用分析成为一张废纸。

信用评级机构

鉴于它们在信用市场上的位置，我们认为有必要在讨论中纳入信用评级机构（CRAs）给出的信用评级。信用评级对于希望进入国际债务市场的中国高收益发行人甚至更重要，因为国际投资者对这些发行人的了解相对有限，他们更多地依赖信用评级机构的分析和判断。信用评级机构通常利用在新加坡和中国的当地资源对中国公司进行评级分析，因此被认为更了解这些企业并拥有关于它们的更多信息。多数（如果不是全部的话）中国美元高收益债务发行人都获得了以下三家主要信用评级机构中至少一家的信用评级：标准普尔、穆迪和惠誉。

信用评级机构在对新证券定价中发挥了非常重要的作用。我们已经看到不同信用评级发行人融资成本的明显差异：多数时候，高评级公司可以发行低利率债务。然而，我们还观察到二级市场上收益率与信用评级的显著差异。新发行后，高评级债务的交易收益率远远高于低评级债务。这里讨论的目的不是研究信用评级质量。但是作为投资者，我们的责任是发现并寻找错误评级的公司债务并从中受益。信用评级机构根据历史统计数据对非金融公司的评级正确的时候多于错误的时候，这可能是对的。但在高收益投资中，总是这些不常发生的错误让你一败涂地。因此，投资者必须能独立于信用评级机构对发行人的信用质量做出判断。

穆迪和标准普尔都对嘉汉林业的债务给出了次高信用评级（标准普尔给出的评级为BB级，穆迪给出的评级为Ba2级）。惠誉甚至对该公司给出了最高的高收益信用评级，BB+级。全部三家信用评级机构一致给出的BB类信用评级必然有助于投资者对该公司建立大量信心。全部三家信用评级机构也都没有警告投资者在合理时间范围内的违约风险。该公司的股票和债务在信用评级机构竞相对其降级之前大幅跳水。在信用评级机构开始意识到它们错了之后数月内，嘉汉林业申请破产。

一家公司的信用质量不会在一夜之间削弱。信用评级机构本应从长期给出信用评级。嘉汉林业的违约也不是在一夜之间发生的。它高度可疑的业务模式和多年的负自由现金流很久以前就决定了该公司的命运。在这个例子中，所有三家信用评级机构的人物都失败了。对于依赖信用评级机构对中国的高收益债务做出投资决策而非执行独立分析的投资者而言，他们几乎都没能躲开这粒子弹。

卖方研究

如果我们在讨论中加入信用评级机构，忽略卖方公司几乎是不公平的。毕竟，是这些市场参与者将数十亿美元的该公司证券卖给了投资者。再一次地，我们在这里的目标不是研究投资银行的承销实务。我们的目标也不是质疑卖方分析师的研究质量。但是我们的经验告诉我们，动机的力量非常强大。对于投资者，重要的是始终记住谁付给投资银行和信用评级机构报酬。只有一个答案：发行人。这是众所周知的，任何投资者都不应该感到意外。

2010年年末至2011年年初，多数卖方公司都对嘉汉林业的股票给出了“优秀”或“买入”评级。唯一几个例外是由于估值太过丰富而非薄弱的基本因素。没有人质疑过该公司主要作为树木交易商，而完全不自己种植和收获树木的业务模式。几份报告提出了大量资本支出和负自由现金流的问题。但这种担心被该公司的高增长率和给人希望的未来现金流创造能力覆盖了。因此，结论普遍乐观。为了更好地说明我们的观点，接下来我们将对不同卖方公司研究部门得出的投资结论提供一些现实案例。如果投资者没有读过这些报告，他们的境况可能会更好。

“我们相信（现在比以往更相信）嘉汉林业是中国林地管理的出类拔萃者。我们仍然认为该公司是利用中国不断严重的木纤维短缺的最佳人选（以及全球最低成本的木材种植管理者/所有者），”一位分析师在2011年2月写道。

“我们认为，嘉汉林业在林地投资机会中仍然独一无二。TRE的中国敞口相对于其他林地市场参与者是最显著的区分特征，”一位分析师在2010年12月写道。

“嘉汉林业是中国最大的外国所有森林经营者，它控制着4%的国内工业木纤维市场。其迅速增长是有保证的，市场份额将会扩大，”一位分析师在2010年11月写道。

“嘉汉林业有很长的增长历史，并已成功执行为中国增长的木纤维缺口提供原料的策略。我们认为，鉴于该公司利用资本市场和与当地政府的强大关系的能力，该公司的核心种植业务应能进一步增长，”一位分析师在2010年11月写道。

独立思考是聪明的投资者另一个最重要的特征之一，尤其是当存在压倒性的市场舆论时，比如嘉汉林业的例子。然而，这样做的能力存在于稳健的思考框架中。

要　点

· 公司债券信用分析需要对债券合约中规定的债券持有者保护、如果发行人无法进行必要偿付时债券持有者可以得到的担保品以及发行人履行其偿付义务的能力进行评估。

· 债券合约中包含的条款规定了对管理层的限制，因此也为债券持有者提供了保护。

· 尽管担保品分析很重要，但是还有一个问题：如果重组中没有遵循绝对优先权规则，那么在重组中，有担保头寸意味着什么？

· 在评估发行人的偿债能力时，分析师将考察众多财务比率以及发行人的经营风险和公司治理风险等量化因素。

· 在评估发行人的偿债能力时，分析师将评估发行人的经营风险、公司治理风险和财务风险。

· 经营风险是和经营现金流相关的风险，它始于对公司业务模式的理解。

· 在评估经营风险时，考虑的主要因素包括行业特征和趋势、公司的市场地位和竞争地位、管理层特征和国家政治与监管环境等。

· 公司治理风险分析需要评估：（1）公司的所有权结构；（2）管理层遵循的惯例；（3）财务披露政策。

· 评估财务风险时需要进行传统的比率分析，并考虑其他影响企业融资的因素。分析中更重要的财务比率为利息保障倍数、杠杆比率、现金流、净资产和营运资本。

· 有些固定收益投资组合管理者坚信应该从权益分析师的视角进行公司债券分析，尤其是高收益债券分析。

问　题

1. a. 肯定合约和否定合约的区别是什么？

b. 在评估发行人的信用风险时，为什么要对合约进行分析？

2. a. 什么是维持测试？

b. 什么是举债测试？什么时候进行举债测试？

3. 与合约风险和经营风险相比，有些信用分析师不那么重视担保品。请说明其中的原因。

4. 为什么信用分析师在评估公司债券发行人的经营风险时，首先要进行行业分析？

5. 信用分析师调查行业市场结构（例如，无管制垄断、寡头独占等）的目的是什么？

6. 分析师进行行业监管分析时的重点应该是什么？

7. 在分析公司所在行业的劳动力状况时，信用分析师应考察哪些因素？

8. 许多公司治理问题的基础经济理论都是公司高级管理层与公司股东之间的委托—代理关系。请说明这种关系。

9. 就公司治理而言，哪些机制可以降低管理层按自身利益行事的可能性？

10. 为什么了解公司的商业模式很重要？

11. 请说明信用分析师在撰写财务报表分析报告时应该做的工作。

12. a. 利息保障倍数的作用是什么？

b. 利息保障倍数为1.8×是什么意思？

c. 为什么利息保障倍数通常是按税前数据计算的？

d. 为什么固定费用保障倍数与利息保障倍数相差很大？

13. a. 杠杆比率的作用是什么？

b. 总资本的杠杆比率中使用了哪些指标？

c. 什么是安全边际指标？

14. 为什么分析师要调查公司拥有的银行信贷额度？

15. 请说明下列术语：

a. 经营所得资金。

b. 经营现金流。

c. 自由经营现金流。

d. 可自由支配的现金流。

e. 融资前现金流。

16. 在分析净资产时，应该考虑哪些因素？

17. a. 营运资本的含义是什么？

b. 为什么营运资本分析很重要？

18. 为什么高收益公司债券的分析师认为应该从股票分析师的角度进行分析？

第 23 章

信用风险模型

学习目标

阅读本章后，您将了解

- 与衡量利率风险相比，衡量信用风险的困难
- 两类基本的信用风险模型：结构模型和简化模型
- 什么是结构模型及其与期权理论的联系
- 基本结构模型（Black-Scholes-Merton 模型）及其拓展（Geske 模型和首次通过时间模型）
- 违约相关系数的含义与用关联结构衡量投资组合信用风险的原因
- 简化模型的基本特征
- 简化模型中泊松过程的作用
- 两种主要简化模型的区别：Jarrow-Turnbull 模型和 Duffie-Singleton 模型
- 什么是不完全信息模型

在财务分析中，信用风险模型被用于衡量、监测和控制投资组合的信用风险。在固定收益分析中，信用风险模型也被用于高信用风险债务工具的定价。信用风险模型可分为结构模型或简化模型。关于使用哪种模型更好，存在着巨大争论。这并不只是学者之间的争论。通常，争论的双方是将模型出售给资产管理公司的分析模型开发商和需要信用风险管理系统的金融机构。

我们将在本章中介绍结构模型和简化模型的要素。此外，还有结构/简化混合模型，我们将讨论此类模型中的一种——不完全信息模型。关于如何估计信用风险模型的参数，则不在本章的讨论范围之内。

信用风险建模的难点

在第 4 章中，我们介绍了如何量化债券和债券投资组合的利率风险。尽管在有些复杂的证券中，利率风险模型使投资组合经理面临着模型风险，但量化利率风险比建立信用风险模型要简单。以下是三个原因：

1. 信用违约风险很少发生，因此，可供计算信用风险模型输入值的历史数据（例如，违约率和回收率）比建立利率风险模型时的可利用数据（例如，几十年来每日美国国债价格的历史数据）少得多。

2. 即使可以得到违约数据，也很难得出关于违约概率的有意义的预测性结论，原因在于所涉及公司（就行业部门、规模和杠杆水平而言）很分散，而且缺乏完整的公司实务信息。

3. 公司借款人违约的原因各不相同——从微观经济因素（例如管理水平低下）到宏观经济因素（例如高利率和经济衰退）——这让违约情况难以预测。

此外，尽管本章的重点是建立美国公司的信用风险模型，但由于违约并不是一个通用概念，因此将这些模型应用于非美国公司会很复杂。每个国家的破产法中处理违约事件的规定都不尽相同。此外，也无法确保破产法的管理人（例如美国的破产法官）是否会以与破产法典一致的方式适用该法律。例如，如第 7 章所述，美国《破产法》规定，当公司被清算时，债权人根据“绝对优先权规则”对可供清算的资产进行分配。绝对优先权规则是指在向低级债权人偿付前，首先向高级债权人进行全额偿付的原则。绝对优先权规则确保有担保债权人和无担保债权人对股东的优先权。在清算中，通常遵守绝对优先权规则。然而，多数证据显示，在公司重组中，法庭并未严格遵守绝对优先权规则。

从以上内容可以看到，信用风险模型看来不太可能提供丰富而有意义的信息。但是，金融业和保险业长期以来一直使用信用风险模型。早期模型的重点集中在对违约率、信用评级和信用利差（相对于美国国债的利差）进行预测上。① 从投资组合的角度看，假设公司债券的信用违约风险是特异的，因此可以通过包含大量公司债券的投资组合分散掉。在单个公司债券的信用风险模型中，使用了某些风险—收益指标（例如夏普比率）来计算观察到的信用利差。②

从 20 世纪 90 年代中期起，出现了更复杂的信用风险建模方法，投资组合经理可以通过商业途径获得这些方法。在这些可以通过商业途径获得的方法中，有一种方法的模型理论基础可追溯到 20 世纪 70 年代早期。

---

① 一种方法是信用评分模型，这种方法使用了 Edward Altman 于 1968 年提出的多元判别分析法：Edward I. Altman，“Financial Bankruptcies，Discriminant Analysis and Prediction of Corporate Bankruptcy，” *Journal of Finance*（September 1968），pp. 589 - 609。该模型的后续更新见 Edward I. Altman，Robert G. Haldeman，and Paul Narayann，“Zeta Analysis：A New Model to Identify Bankruptcy Risk of Corporations，” *Journal of Banking and Finance*（June 1977），pp. 29 - 54 and Chapters 8 and 9 in Edward I. Altman，*Corporate Financial Distress and Bankruptcy：A Complete Guide to Predicting and Avoiding Distress and Profiting from Bankruptcy*（New York，NY：John Wiley & Sons，1993）。

② 见 H. Gifford Fong and Frank J. Fabozzi，*Fixed Income Portfolio Management*（Homewood，IL：Dow Jones-Irwin，1985）。使用夏普的公司债券收益率指标的一个问题是假定收益率对称分布。但是，公司债券收益率的风险—收益分布却是不对称的。因此，传统的风险—收益指标，例如基于方差的夏普比率并不能很好地衡量公司债券的信用风险，尤其是信用评级发生变化的债券——从高收益债券变为投资级债券的债券。

信用风险模型概述[①]

信用风险模型可用于：

- 估计违约概率。
- 为单个公司债券定价。
- 衡量投资组合的信用风险。

违约概率（default probability 或 probability of defaults）是借款人在债务工具存续期中的某个时间违约的可能性。违约是指借款人未能履行协议条款（例如未根据协议要求偿付本金或支付利息）或违反了合约。违约概率有时被称为**预期违约频率**（expected default frequency)。为了估计某段时期（例如 1 年、5 年等等）的违约概率，信用风险模型需要下列信息：(1) 对违约事件的定义；(2) 投资者不确定性模型（即哪些信息是我们无法确知的?）；(3) 这些信息如何随时间的推移而变化。[②]

给定信用风险模型以及观察到的公司债券和（或）信用衍生产品（例如第 32 章介绍的信用违约互换）的市场价格，可以估计出具有给定信用评级或其他信用特征的低流动性或未定价公司债券信用利差的公允价值。这种信用利差被称为**公允市场信用利差**（fair market credit spread)。公允市场信用利差可以用来为其他具有类似特征的高信用风险资产定价。为了估计公允市场信用利差，信用风险模型需要是：(1) 用于估计发生违约时的回收率的模型；(2) 表明投资者为接受系统性信用风险和特异性风险而希望得到的信用利差——这种利差主要是由该公司违约时间的不确定性决定的——的模型；(3) 无风险利率模型。[③]

衡量投资组合的信用风险需要一个模型，将公司债券的违约联系起来。人们可能认为，可以通过考察债券市场上不同类别公司债券发行人的违约相关性来估计这种联系。然而，正如本章后面将要说明的，估计这种联系时使用的是其他统计工具。

信用评级与信用风险模型

上文曾经提到，长期信用评级是对发行人或债券的违约可能和损失严重程度的预测。为什么不能仅仅依靠信用评级作为违约预测指标呢？信用风险模型开发商 Kamakura 公司的 van Deventer 给出了下列原因。[④] 首先，评级是不连续的、数量有限，第 7 章中曾介绍过这一特性。相反，违约概率是连续的，变化范围从 0 至 100%不等。第二，尽管信用评级很少更新，但可以对违约概率进行实时估计。van Deventer 给出了一个例子，即默克公司在 2004

① 对信用风险建模过程目标的详细讨论见 Donald R. van Deventer and Kenji Imai, *Credit Risk Models and the Basel Accords* (Hoboken, NJ: John Wiley & Sons, 2003)。

② Tim Backshall, Kay Giesecke, and Lisa Goldberg, "Credit Risk Modeling," Chapter 33 in Frank J. Fabozzi (ed.), *The Handbook of Fixed Income Securities* (New York, NY: McGraw-Hill, 2004), p. 779.

③ Backshall, Giesecke, and Goldberg, "Credit Risk Modeling," pp. 779 - 780.

④ Donald R. van Deventer, "An Introduction to Credit Risk Models," Chapter 14 in Frank J. Fabozzi, Lionel Martellini, and Philippe Priaulet (eds), *Advanced Bond Portfolio Management: Best Practices in Modeling and Strategies* (Hoboken, NJ: John Wiley & Sons, 2006).

年被降级（从 AAA 级降到 AA 级）。这次降级是在一种主要药物停产后三周发生的，这严重影响了默克公司的股价。最后，信用评级没有明确的期限。尽管信用评级可分为短期信用评级和长期信用评级，但信用风险模型能提供不同期限债券的违约概率（即违约概率的期限结构），借此可以深入了解处于商业周期中不同阶段的违约概率。

结构模型

1973 年，Fischer Black 和 Myron Scholes 建立了一个普通股期权定价模型。① 在文章结尾，作者通过说明如何将股东视为资产价值看涨期权的持有者（这种权利是由债券持有者赋予的），讨论了他们的期权定价模型在公司债券定价中的应用。在这篇开创性论文发表一年后，Robert Merton 扩展了 Black 和 Scholes 提供的框架，以分析如何将其用于计算公司债券等高信用风险债券的价值。② 接下来我们将介绍该模型——现在被称为 Black-Scholes-Merton（BSM）模型——的基础知识。当我们分析该模型时，将看到它有许多简化假设。BSM 模型可进行多种扩展以使该模型更符合现实，我们也将简要介绍这些扩展模型。

BSM 模型及其扩展模型被称为**结构模型**（structural models）。所有结构模型共有的基本特征是，违约可以被视为权益所有者对公司资产的某种期权，当公司资产的价值下降到某个特定的违约点以下时，这种期权便被触发（即公司违约）。③ 期权定价理论在应用时避免使用风险溢价，并试图用其他有价证券为期权定价。对期权定价理论的应用使传统的公司债券定价方法有了飞跃进步。结构模型的结果表明，公司债券的信用风险是发行人的杠杆化程度和发行人资产波动性的函数。这些模型的结果还提供了关于如何对冲违约风险的信息，而传统方法则没有提供这些信息。

银行和债券组合管理者都使用结构模型，其中银行将其用于进行信贷决策。根据资本集团公司（Capital Group Companies）的 Wesley Phoa 的观点，债券组合管理者将结构模型用于以下一种或多种用途④：

1. 估计公司债券的违约风险。
2. 预测信用评级的变化情况（升级或降级，尤其是降级）。
3. 对于资本结构中有数只债券的公司债券发行人来说，可利用结构模型找出相对价值机会。
4. 预测公司债券信用利差的变化。
5. 从公司债券市场中找出相对价值机会。
6. 评估公司债券信用利差对股价的敏感性。

在评估结构模型的价值时，必须记住这些可能的用途。结构模型可能在债券投资组合管

---

① Fischer Black and Myron Scholes, "The Pricing of Options and Corporate Liabilities," *Journal of Political Economy*, 81 (1973), pp. 637 - 654.

② Robert Merton, "On the Pricing of Corporate Debt: The Risk Structure of Interest Rates," *Journal of Finance*, 29 (1974), pp. 449 - 470.

③ 由于具有这种特征，结构模型也被称为"公司价值模型"。

④ Wesley Phoa, "Implications of Merton Models for Corporate Bond Investors," Chapter 16 in Frank J. Fabozzi, Lionel Martellini, and Philippe Priaulet (eds), *Advanced Bond Portfolio Management: Best Practices in Modeling and Strategies* (Hoboken, NJ: John Wiley & Sons, 2006).

理的某个应用领域表现良好，但可能在其他应用领域没有用武之地。当考虑结构模型的潜在用途时，意识到结构模型的基础假设是很重要的，因为这些假设可能会限制模型在上述六个领域中的一个或多个领域中的作用。

Black-Scholes-Merton 模型的基本内容①

BSM 模型做出了下列假设：

假设 1：一家公司的债务结构中只有一种未清偿债券。

假设 2：未清偿的债券为 T 年后到期的零息债券。

假设 3：债券存续期内的利率为无风险固定利率。

假设 4：公司违约时，是根据绝对优先权规则向债券持有者进行偿付的。

假设 5：假定波动性是固定的。

假设 1 显然是不实际的，后文讨论的 BSM 模型的扩展允许存在多种类型的债券。假设 2 是很重要的，因为它排除了公司在零息债券到期日之前违约的可能。之所以排除了在零息债券到期日之前违约的可能，是因为没有必须偿付的款项，因此，如果未清偿债券为零息债券，那么即使忘记偿付也不会造成违约。因此，不管在发行日至到期日之间公司发行的零息债券价值发生什么变化，和该债券有关的行为都不会构成违约事件。这一假设也是不现实的，有一些模型允许在到期日之前违约。

为了描述该模型，令：

$E(t)$＝时点 t 上公司的股权价值

$A(t)$＝时点 t 上公司的资产价值

K＝公司发行的零息债券的到期价值

在零息债券的到期日 T，公司的股权价值为 $E(T)$，公司的资产价值为 $A(T)$。

现在，让我们考察在零息债券到期日会发生什么。在时点 T 上只有三种可能的情形：

情形 1：总资产大于零息债券的到期价值，即 $A(T)>K$。

情形 2：总资产小于零息债券的到期价值，即 $A(T)<K$。

情形 3：总资产等于零息债券的到期价值，即 $A(T)=K$。

时点 T 上的股权价值 $E(T)$ 为资产价值 $A(T)$ 和零息债券的到期价值 K 之差。即，

$$E(T)=A(T)-K$$

在情形 1（总资产大于零息债券的到期价值）中，

$$E(T)=A(T)-K>0$$

即股权价值为正，股东肯定将全额清偿债券以保住公司。

在情形 2（总资产小于零息债券的到期价值）中，

$$E(T)=A(T)-K<0$$

在这种情形中，股东将违约，债券持有者将得到小于债券到期价值的金额。实际上，债

① 关于 BSM 模型的数字示例，见 Chapter 8 in Mark J. P. Anson，Frank J. Fabozzi，Moorad Choudhry，and Ren-Raw Chen，*Credit Derivatives：Instruments，Pricing，and Applications*（John Wiley & Sons，2004）。

券持有者将拥有公司。

在情形 3（总资产等于零息债券的到期价值）中，股权价值为零。在这种情况下，股东将全额清偿债券，并拥有价值为零的公司。

如果我们令 $B(T)$ 表示公司的零息债券的价值，那么其在到期日的价值可以表示为：

$$B(T)=A(T)-\max[A(T)-K,0] \tag{23.1}$$

$\max[A(T)-K,0]$ 表示 $A(T)-K$ 和 0 二者之中的最大值。在情形 1 中，$A(T)-K$ 为正，因此最大值为 $A(T)-K$，且债券价值为 K，

$$B(T)=A(T)-[A(T)-K]=K$$

在情形 2 中，$A(T)-K$ 为负，因此 $\max[A(T)-K,0]$ 为 0。因此，债券价值为：

$$B(T)=A(T)-0=A(T)$$

在情形 3 中，债券价值为 K。

如果我们仔细考察式（23.1），就能看到为什么 Black 和 Scholes 从期权价值的角度来看待公司债券价值。式（23.1）中的 $\max[A(T)-K,0]$ 项是在时点 T 到期，执行价格为 K 的看涨期权的回报，其标的工具为公司资产。由于该项在公式中的值为负，因此这意味着看涨期权为空头（即卖出看涨期权）。因此式（23.1）给出的头寸情况为：债券持有者持有公司资产的多头，并向普通股股东出售公司资产的看涨期权。据此，可以确定公司债券的价值：公司债券的价值为总资产的价值减去看涨期权的价值。看涨期权的价值可以用 Black-Scholes 模型等期权定价模型确定。

如果我们改写式（23.1），会得到另一个有用的解释。该式可改写为：

$$B(T)=K-\max[K-A(T),0] \tag{23.2}$$

当然，三种情形的结果都将与式（23.1）相同。$\max[K-A(T),0]$ 仍表示 $K-A(T)$ 和 0 两者中的最大值。在情形 1 中，$K-A(T)$ 为负，因此最大值为 0，债券价值为 K。在情形 2 中，$K-A(T)$ 为正，因此 $\max[K-A(T),0]$ 为 $K-A(T)$。因此，债券价值为：

$$B(T)=K-[K-A(T)]=A(T)$$

在情形 3 中，债券价值为 K。

$[K-A(T),0]$ 项是执行价格为 K 的公司资产看跌期权在时点 T 的回报。由于该项在式（23.2）中的符号为负，因此它是看跌头寸空头的价格。人们可以将式（23.2）给出的头寸解释为无风险债券头寸减去股东出售给债券持有者的公司资产看跌头寸。

为了用这种使用期权定价模型的公司债券估值方法评估期权的价值，需要下列输入值：

1. 公司的资本结构；
2. 公司的市场价值（通常可以从公司股价中推导出来）；
3. 公司市场价值的波动性（通常可以从公司股价波动性中推导出来）。

Black-Scholes-Merton 模型的扩展

研究人员通过放松假设，对 BSM 模型进行了扩展。推导模型的数学方法变得更复杂。此外，债券持有者向普通股股东提供的期权类型不再是基本的看涨期权，而是复杂期权或奇异期权。我们在本书中没有涉及此类期权。因此，这里我们仅将介绍该模型的扩展形式及其

产生原因，并为那些有兴趣深入研究该问题的读者提供参考文献。

首先，考虑假设 1（公司只有一种未清偿债券）。如果公司有一系列期限不同的未清偿零息债券，那么 BSM 模型可以很容易地描述不同时期的违约特征。Geske 证明了如何通过“复合期权”模型做到这一点。[①] 复合期权是另一个期权的期权。Geske 模型的主要特点是，违约可以被描述为一系列或有事件，较晚的违约取决于之前是否发生过违约的或有事件。根据这一概念，多重或有违约建立起一系列顺序复合期权，彼此相互联系。

另一个系列的 BSM 扩展模型是针对不仅在到期日可能发生违约，而且在到期之前的任何时间也可能发生违约的情况。这里的基础法律原则是，典型债券合约通常会赋予债券持有者在公司资产价值跌到给定金额，即**违约界限**（default barrier）以下时，重组公司的权利。这种模型被称为**首次通过时间模型**（first-passage time models），其中第一个模型是由 Black 和 Cox 提出的。[②] 所有这些模型都定义了门槛值（违约界限），当公司的资产价值超过门槛值时，就会出现违约。违约被视为一种界限期权。[③] 界限期权是一种路径依赖期权。对于这种期权而言，期权回报和期权能否存续到规定到期日都取决于标的资产价格是否在期权存续期内达到了特定水平。[④]

Shimko、Tejima 和 van Deventer 针对假设 3（即无风险固定利率假设）对 BSM 模型进行了扩展，扩展后的模型允许出现随机利率。[⑤]

结构模型的优点和缺点

从理论角度说，结构模型是根据合理的假设对违约进行分析的，即假设违约是公司发行人的资产价值小于债务价值的结果。除了提供违约概率，这些模型还使债券组合管理者得以了解公司债务的信用风险与发行人杠杆水平和资产波动性的函数关系。据此，可以评估新股发行或新债券发行对公司资本结构的影响。

尽管优于前面介绍的模型，但结构模型还是存在两方面问题：难以校准和计算麻烦。我们首先讨论在第 17 章中讨论利率模型时提到过的将模型与市场数据校准的问题。校准是固

---

① 见 Robert Geske，“The Valuation of Corporate Liabilities as Compound Options，” *Journal of Financial and Quantitative Analysis*，12（1977），pp. 541 - 552。也可见 Robert Geske and Herbert Johnson，“The Valuation of Corporate Liabilities as Compound Options：A Correction，” *Journal of Financial and Quantitative Analysis*，19（1984），pp. 231 - 232。关于 Geske 模型的数字示例，见 Chapter 8 in Anson，Fabozzi，Choudhry，and Chen，*Credit Derivatives：Instruments，Pricing，and Applications*。

② Fischer Black and John Cox，“Valuing Corporate Securities：Some Effects of Bond Indenture Provisions，” *Journal of Finance*，31（1976），pp. 351 - 367.

③ 其他将违约视为界限期权的扩展模型包括：Francis Longstaff and Eduardo Schwartz，“A Simple Approach to Valuing Risky Fixed and Floating Rate Debt，” *Journal of Finance*，50（1995），pp. 789 - 819；Eric Briys and Francois de Varenne，“Valuing Risky Fixed Rate Debt：An Extension，” *Journal of Financial and Quantitative Analysis*，32（1997），pp. 239 - 248；Chunsheng Zhou，“An Analysis of Default Correlations and Multiple Defaults，” *Review of Financial Studies*（2001），pp. 555 - 576；and Ming Huang and Jay Huang，“How Much of the Corporate-Treasury Yield Spread Is Due to Credit Risk?” working paper，Stanford University，2002。

④ 这种形式的界限期权也被称为“下降敲出界限”期权。界限期权有两类：敲出期权和敲入期权。敲出期权是一旦标的资产达到特定价值就终止的期权。敲入期权是一旦标的资产达到特定价值就触发的期权。关于界限期权的进一步说明，见 John Hull，*Options，Futures，and Other Derivatives*（New York：Prentice Hall，2002）。

⑤ David C. Shimko，Naohiko Tejima，and Donald R. van Deventer，“The Pricing of Risky Debt When Interest Rates Are Stochastic，” *Journal of Fixed Income*（September 1993），pp. 58 - 66.

定收益证券交易时所必需的第一步，因为它使交易者能清楚了解相对价格，因而能制定套利交易策略。为了校准结构模型以对公司债券定价，需要根据资产波动性、资产价值、公司发行人的债务面值、（在首次通过时间模型中的）违约界限和无风险利率进行校准。[①] 尽管校准所需的部分数值是可以根据市场数据估计出来的（例如，用国债利率估计无风险利率），但许多数据是观察不到或者难以获得的。公司价值是根据公开交易公司的股价估算出来的。确定公司债务的面值看上去可能很简单，但是，当发行人面临涉及多只债券、银行债务、对其他公司发行的债务的担保、养老金债务、租赁债务和利率衍生工具的复杂资本结构时，这并不简单。对于首次通过时间模型来说，必须估计出合适的违约界限。由于存在这种困难，因此有意见认为结构模型不适合对信贷或有证券市场进行频繁盯市。

我们刚才介绍的是对单只公司债券进行校准的问题。当评估公司债券组合的信用风险时，运用结构模型会更加复杂。分析师必须估计投资组合发行人之间的相关性。接下来将介绍可实现这一目的的统计工具。

从计算的角度看，举例来说，公司零息债券的定价就像是我们在第 30 章中介绍的债券期权的定价。然而，对于附息公司债券而言，问题变成了为复合期权定价，这是一个更困难的问题。为了给次级债券定价，需要同时为所有更高级的债务（债券和贷款）定价。因此，当需要快速准确地为公司债券定价时，有些市场参与者不愿使用结构模型。

实际中对结构模型的应用主要是在信用分析领域。市场参与者认为，结构模型比稍后将讨论的简化模型更可能有能力预测公司证券的信用质量，而且结构模型的预测肯定比评级公司的评级结果或前面章节介绍的基础分析更及时。因此，银行发现结构模型是确定公司信贷额度的实用模型，也是公司债券组合风险分析的实用工具。

估计投资组合的信用风险：违约相关性和关联结构

至此，我们已经讨论了如何用结构模型评估单个公司的信用风险。而公司债券组合存在以下风险：某些引发投资组合中某只公司债券违约的事件将对投资组合中的另一只公司债券产生负面影响，从而增加第二只公司债券的违约概率。常用于衡量两个变量之间的依赖性的一个统计概念是相关系数。在信用风险管理中，这种风险被称为违约相关系数。人们预期同一个行业部门中的公司发行人的**违约相关系数**（default correlation）较高。

信用风险模型的创建者需要估计违约相关系数，以评估投资组合和信用衍生工具的信用风险。用于估计违约相关系数的方法有多种。例如，穆迪公司在分析中使用评级转换和违约的历史数据进行蒙特卡洛模拟。另一家评级机构——惠誉评级公司使用的是基于股价变化的相关系数。

尽管我们刚才提到，相关系数量化了两个变量之间的依赖性，但是应该指出，相关系数经常被错误地用于表示两个变量之间的任何相关性。然而，相关系数只是统计学中用于量化相关结构的几个指标之一，而且由于某些原因，该指标并不适合用于信用风险模型。其中一个原因是，两个随机变量的独立性表明其相关性等于零。但相反地，相关系数为零并不表明两个随机变量彼此独立。

为了了解信用风险管理的重要性，假设汽车业的某个部门有许多潜在的供应商。假设

---

① 为了对债券进行真实定价（在真实世界中），我们实际上还需要风险溢价——因为标准 BSM 模型将产生风险中性差价。

ABC公司就是这样一家供应企业。从ABC公司的角度看，汽车业中的公司违约可能造成严重的负面经济后果，有可能导致其破产。因此，从ABC公司债券投资者的角度看，ABC公司和汽车业之间存在高违约风险。然而，从汽车业公司的公司债券持有者的角度看，ABC公司的违约基本不可能影响这些公司。因此，从汽车业的角度看，ABC公司的违约对违约风险的影响很可能为零。

由于这种不对称相关性和作为风险衡量指标的相关系数的其他缺陷，许多信用风险模型的研发者使用不同的相关性指标来理解债券组合中所有债券之间的多元关系。一系列单个违约概率（或违约分布）与其相关性结合起来在数学上被称为“关联结构”。这里无法讨论理解关联结构所需的背景。需要理解的重要问题是，通过使用关联结构而不是简单相关系数衡量两个变量的相关性，建模者可以更好地建立极端情况的模型。

简化模型

简化模型是于20世纪90年代中期出现的。两个最著名的简化模型是Jarrow-Turnbull模型①和Duffie-Singleton模型。②

简化模型和结构模型最主要的区别是如何处理违约。和所有经济模型一样，结构模型和简化模型只是经济变量之间关系的简化数学表达式。经济模型中的变量包括内生变量和外生变量。内生变量的价值是由经济模型内部决定的，它被称为“因变量”，因为其价值取决于经济模型中的其他变量。外生变量的价值是由经济模型外部决定的，它被称为“自变量”，因为其价值的确定独立于经济模型中的其他变量。在结构模型中，违约是内生的；在简化模型中，违约是外生的。人们后来发现，将违约规定为外生变量，正如在简化模型中的处理方法那样，可以很大程度地简化信用风险模型，因为它没有考虑导致违约的原因，而只考虑违约事件本身。对不同期限公司债券的定价过程可以被视为是独立的，这与结构模型不同，在结构模型中，发行人的长期公司债券的违约与同一发行人的短期公司债券的违约有关。

简化模型的关键要素为：(1) 违约时间；(2) 回收率过程；(3) 无风险利率。对发行人违约时的违约发生时间和回收过程的建模方式是各种简化模型的区别所在。准确地对破产回收过程建立模型并不简单。③ 必须承认易分析性和实际可用性之间存在着取舍关系。根据对违约和回收过程的动态变化的限制性假设，建模者推导出了简化模型的封闭解。

简化模型的理论框架是泊松过程。我们将简要说明这种简单随机过程。

泊松过程

在第17章中，我们在介绍利率模型时说明了什么是随机过程。泊松过程是最重要的随机过程之一。为了理解泊松过程，我们从一个数列开始分析，这个数列对从初始时点起发生的某些定义事件进行计数（即1，2，…）。我们用 N_t 表示时点 t 时的计数数值。即，

---

① Robert Jarrow and Stuart Turnbull，“Pricing Derivatives on Financial Securities Subject to Default Risk，” *Journal of Finance*，50 (1995)，pp. 53 - 86.

② Darrell Duffie and Kenneth Singleton，“Modeling the Term Structure of Defaultable Bonds，” *Review of Financial Studies*，12 (1999)，pp. 687 - 720. “简化模型”这一名称是由Darrell Duffie提出的，以区别于结构模型。

③ 有三种回收过程模型：(1) 市场价值回收模型；(2) 面值和应计利息回收模型；(3) 国债价值回收模型。

N_t＝0 至 t 的时间间隔中发生定义事件的次数

因此，每发生一次事件，N_t 就将增加 1，这些增加的数值被称为“增量”。

在较小的时间间隔 dt 中，从一个整数时点到下一个整数时点之间发生事件的概率由下式给出①：

$$概率 [N_{t+dt}+N_{t-1}=1]=\lambda dt$$

其中，参数 λ 被称为泊松过程的密度参数。同理，相同时间间隔中没有发生事件的概率由下式给出：

$$概率 [N_{t+dt}+N_{t-1}=0]=1-\lambda dt$$

在简化模型中，泊松过程中的事件被定义为违约。简化模型中的密度参数被称为**违约密度**（default intensity），是模型中的关键参数。实际上，简化模型也被称为**基于密度的模型**（intensity-based models）和**随机违约率模型**（stochastic default rate models）。在简化模型中，可以将时点 t 的违约密度视为一种概率。具体而言，它是指公司之前没有违约时，每单位时间的违约条件概率。② 因此，泊松过程基本上描述了公司的近期违约风险。

泊松过程的密度参数可以用以下三种方法中的一种具体描述。第一种方法很简单，就是独立于时点 t 的确定值或常数值。前面的公式就采用了这种描述方法。第二种方法是将密度参数表示为时点 t 的确定函数。最后，密度函数还可以表示为取决于某个外生规定状态变量的随机变量。例如，违约过程可能与无风险利率过程相关。③ 实践中使用的多数简化模型都用随机密度参数建立违约过程模型。

如果我们假设密度参数为常数，那么可以证明直到第一次违约事件发生之前所经历的时间（即**违约时间**，default time）都遵循下式给出的指数分布：

$$概率 (T>t)=e^{-\lambda(T-t)}$$

Jarrow-Turnbull 模型

Jarrow-Turnbull 模型是一个简单的违约和回收模型。它假设不论何时发生违约，都在到期日支付回收额。通过假设在到期日支付回收额，Jarrow 和 Turnbull 排除了债券价格和条件违约概率之间的相关性。

Jarrow、Lando 和 Turnbull 扩展了基本的 Jarrow-Turnbull 模型④，以考虑不同的信用评级，而不只是两种状态（违约状态和存续状态）。也就是说，模型中不是只有一个违约（存续）状态，而是可以有许多概率，每个概率都是从一个信用评级变为另一个信用评级的概率。通过提供这些信用评级变化的概率可以做到这一点。我们在第 7 章中曾经说明过，可以

---

① 在第 17 章中，我们提到过随机微分方程，其中 dt 表示时间变化或时间间隔的长度，而且是非常小的时间间隔。

② 由于其前提是公司之前没有违约，因此是一种条件概率。

③ 在此类情况下，有一种被称为 Cox 过程（或双随机泊松过程）的特殊类型泊松过程。关于 Cox 过程的讨论，见 Chapter 10 in Svetlozar T. Rachev，Christian Menn，and Frank J. Fabozzi，*Fat-Tailed and Skewed Asset Return Distributions：Implications for Risk Management，Portfolio Selection，and Option Pricing*（Hoboken，NJ：John Wiley & Sons，2005）。

④ Robert Jarrow，David Lando，and Stuart Turnbull，“A Markov Model for the Term Structure of Credit Spreads，” *Review of Financial Studies*，10（1997），pp. 481-532.

从评级机构定期发布的评级转变表中获得这些概率。因此，这些扩展的简化模型分析的是信用评级的变动风险而不是违约风险。

Duffie-Singleton 模型

Jarrow-Turnbull 模型假设只有在到期日才支付回收额，而不是当违约实际发生时（或不久以后）支付回收额，并据此推导出封闭解，但这一假设并不符合实际。这是该模型的两个主要缺陷之一。第二个缺陷是，回收额可能会随着时间的推移而随机波动。回收额之所以会波动，是因为它取决于公司在违约时的清算价值。因此，在 Jarrow-Turnbull 模型中，可能出现回收额超过债券违约时的价格的情形，因为回收率是由外生确定的，表示为无风险债券面值的一定百分比。

相比之下，Duffie 和 Singleton 提出的模型：（1）允许在任何时间支付回收额；（2）将回收额限为违约时未违约债券价格的固定比例。由于第二个假设，Duffie-Singleton 模型又被称为**比例回收模型**（fractional recovery model）或**违约前市场价值比例回收模型**（fractional recovery of predefault market value model）。该假设的原理是，当公司债券的信用质量下降时，其价格也会下跌。在违约时，回收价格将是违约前最终市场价格的一部分，因此，模型使用者不会遇到 Jarrow-Turnbull 模型的缺点，即回收价格可能高于违约前价格。

简化模型的优点和缺点

由于违约概率和回收率是在模型中外生规定的，因此人们可以用一系列高风险零息债券校准出一条违约概率曲线，从而得到一条信用利差曲线。简化模型可以快速与市场校准，因此交易者可以评估相对价格并制定套利交易策略，这是简化模型非常受信用衍生产品市场参与者欢迎的主要原因。①

对简化模型的批评恰恰是其拥护者提到的优点：它没有解释违约背后的经济原因，而是将违约作为外生事件来处理。将来对简化模型进行改进时，可能会将导致违约的因素加入密度率和损失率模型中。一个例子就是密度参数与企业价值的联系。② 此外，简化模型面临的约束还包括始终要将违约事件当成意外事件来处理。但在实际情况中，违约事件很少是意外事件。评级机构的研究显示，很少有投资级质量的公司债券在不经历一系列降级的情况下就发生违约的。因此，此类公司债券的违约是可以预期到的。

实证：信用评级、结构模型和简化模型

几项学术研究尝试评估使用公司信用评级和信用风险模型（即结构模型和简化模型）预测信用风险的相对表现。

---

① 我们将在第 32 章中讨论信用衍生工具。关于 Jarrow-Turnbull 模型校准过程的一个例子，见 Chapter 9 in Anson, Fabozzi, Choudhry, and R. Chen, *Credit Derivatives: Instruments, Applications, and Pricing*。

② Sanjiv Das and Peter Tufano, "Pricing Credit-Sensitive Debt When Interest Rates, Credit Ratings, and Credit Spreads Are Stochastic," *Journal of Financial Engineering*, 5 (1996), pp. 161 - 198.

Hilscher 和 Wilson 的一项研究分析了信用评级与违约概率的关系。[①] 尽管他们发现，信用评级是不准确的违约概率指标，且预测违约率的表现主要由一个基于公开可得财务信息的简单信用风险模型决定，但信用评级的确包含重要信息。他们认为，情况之所以如此，是因为信用评级与对违约概率普通（且不可分散的）变化的敞口指标相关。他们认为，由于信用风险的多维性，仅靠一个指标不能反映关于信用风险的所有重要信息。

两项研究比较了基于 Merton 模型的结构模型和简化模型的预测能力。Campbell、Hilscher 和 Szilagyi 进行的这项研究得出结论：尽管结构模型反映了影响公司破产过程中的重要方面，但简化模型在预测公司破产时表现更优。[②] 这个结论与 Bharath 和 Shumway 得出的结论一致。[③] 然而，Afik、Arad 和 Galil 最近的一项研究挑战了这些结论，他们认为 Bharath-Shumway 研究中使用的 Merton 模型是基于一种市场参与者用粗略术语描述的简单使用方法，然后将其用于学术研究。[④]

信用风险模型的应用

我们用一个例子对本章进行总结，它显示了如何用信用风险模型对公司债券市场进行相对价值分析。尽管一些软件/咨询公司建立了信用风险模型，但我们的例子中使用了 Kamakura Corporation 的风险管理软件。Kamakura 模型不仅限于信用风险，还包括利率风险。

该模型使用基于 Merton 模型的结构模型或简化模型计算公司债券发行人的违约概率。由使用者决定选择使用哪种模型。据 Kamakura Corporation 总裁 Donald van Deventer 称，该公司软件的资深用户有超过 90%都选择简化模型而非 Merton 模型，因为本章之前提出，前者的准确性已被证明。

这里，我们介绍了 Kamakura Corporation 信用风险模型的一种应用方法，以确定美国银行公司（BAC）截至 2014 年 6 月 11 日发行的债券的违约概率及其相对价值。[⑤] 2014 年 6 月 10 日，美国银行公司是美国固定利率债券市场上交易量最大的公司，上一周是按信用违约

---

① Jens Hilscher and Mungo Ivor Wilson，“Credit Ratings and Credit Risk：Is One Measure Enough?”（March 7，2013），AFA 2013 San Diego Meetings Paper，文章网址见 SSRN：http：//ssrn. com/abstract = 1474863 或 http：//dx. doi. org/10. 2139/ssrn. 1474863。

② John Y. Campbell，Jens Hilscher，and Jan Szilagyi，“In Search of Distress Risk，” *Journal of Finance* 63，6（2008），pp. 2899 - 2939. 以下研究也得出了类似结论：John Y. Campbell，Jens Dietrich Hilscher，and Jan Sazilagyi，“Predicting Financial Distress and The Performance of Distressed Stock，” *Journal of Investment Management* 9，2（2011），pp. 14 - 34.

③ Sreedhar T. Bharath and Tyler Shumway，“Forecasting Default with the Merton Distance to Default Model，” *Review of Financial Studies* 21（2008），pp. 1339 - 1369.

④ Zvika Afik，Ohad arad and Koresh Galil，“Using The Merton Model：An Empirical Assessment of Alternatives，” Discussion Paper No. 12 - 02，Monaster Center for Economic Research，Ben-Gurion University of the Negev（April 2012）.

⑤ 本例摘自 Donald van Deventer，“Bank of America Corporation：Default Probabilities and Relative Value Update，” June 11，2014，http：//www. kamakura. com/Blog/tabid/231/EntryId/670/Bank-of-America-Corporation-Default-Probabilities-and-Relative-Value-Update. aspx。

互换市场交易量排序的前 20 种债券发行人中唯一的非主权债券发行人。[①] 211 只美国银行债券发生了 951 笔交易，日总交易量为 3.94 亿美元。就这里的分析而言，总体交易中所有非高级/非赎回债券的交易都被剔除。这种过滤的结果是，91 只美国银行债券发生了 613 笔交易，交易额为 3.69 亿美元。

Kamakura 的分析估计了美国银行截至 2014 年 6 月 10 日的年化违约概率，如下：

美国银行的违约概率（%）	
1 个月期债券	0.33
3 个月期债券	0.28
6 个月期债券	0.23
1 年期债券	0.21
2 年期债券	0.25
3 年期债券	0.21
4 年期债券	0.30
5 年期债券	0.36
7 年期债券	0.41
10 年期债券	0.56

尽管这些违约概率提供了一些信息，但投资者如何使用它们？违约概率应和信用利差一起使用，以获得收益率—风险衡量标准。这个指标是信用利差（收益率）与违约概率（风险）之比。按期限估计的违约概率如上所述。因此，具体而言，这个指标是信用利差与期限匹配的违约概率之比。投资者可以据此选择每个期限债券的每个违约风险基点的最高信用利差。

我们需要每只债券的每个期限下的信用利差估计。这包括两步。首先，我们需要下列收益率，它们来自 TRACE 报告的每只美国银行债券的当日交易：最低收益率、加权平均收益率、最高收益率。此外，还要计算与最佳拟合交易加权信用利差一致的收益率。

下一步是根据某些基准计算信用利差。在 Kamakura 的分析中，有两个潜在基准：

● 由美联储当天发布的 H15 统计报告插值得到的美国国债到期收益率，它与交易的美国银行债券期限完全匹配；

● 根据以下假设，投资者同意上述概率观点时应有的估计收益率：(1) 违约事件中回收率为 0；(2) 投资者不要求高于违约调整后无风险收益率的流动性溢价。

图表 23—1 显示了交易的 91 只美国银行债券样本和分析中使用的下列信息。图表前 3 列提供了每只债券的如下信息：息票利率、到期日和距到期的时间。接下来 4 列显示了每只债券基于低收益率、交易加权平均收益率、高收益率和拟合信用利差的信用利差。于是，在 Kamakura 对每只债券估计的违约概率下的四个信用利差之后的一列显示了期限匹配的美国国债。然后，根据低收益率信用利差、交易加权平均收益率信用利差和高收益率信用利差，显示了信用利差与期限匹配债券的违约概率之比。该比率的范围为 1.15～5.9。

在第 26 章中，我们将讨论公司债券的相对价值分析。这里进行的分析是为了说明如何

① 作为美洲银行综合紧急借款规模或美国政府注资规模的指标，在最近这次信用危机期间，该指标最高达到了 481 亿美元。这一借款金额几乎是雷曼兄弟要求的金额的两倍，但后者在 2008 年 9 月 14 日申请破产之前没有从美联储拿到这笔援助。

用信用风险模型识别同一个发行人发行的不同债券的相对价值。这种分析可以扩展至评估其他发行人的债券之间的相对价值。在美国银行债券的例子中，这样做的方法是确定收益与风险之比是否“正常”——也就是说，确定它们是高于还是低于平均值。为了解决这个问题，有必要比较其他公司发行的一系列类似债券的收益与风险之比和信用利差与违约概率之比。在这个例子中，类似意味着高级债券有固定利率且不可赎回。这是因为所分析的美国银行债券有这些特征。此外，其他公司发行的债券交易额必须超过 500 万美元，且截至 2014 年 6 月 10 日（分析日期）的期限至少为 1 年。

当日，有 431 只交易的债券符合这些标准。在这些债券中，包括 15 只美国银行债券。分析中计算了所有 431 只债券的信用利差。431 只债券的信用利差中值和平均值分别为 77 个基点和 104.2 个基点。这 431 笔交易的信用利差与违约概率之比中值为 7.952，平均值为 13.641。在 2014 年 6 月 10 日的 431 笔大额交易中，根据信用利差与违约概率之比排序的 15 只美国银行债券顺序如下：第 359 位、第 360 位、第 363 位、第 364 位、第 367 位、第 373 位、第 374 位、第 380 位、第 381 位、第 383 位、第 386 位、第 387 位、第 388 位、第 388 位和第 391 位。也就是说，排在第 358 位的债券的信用利差与违约概率之比优于任何交易额至少为 500 万美元的美国银行债券。因此，在交易量最大的美国银行债券中，根据收益率—风险标准，这些债券的信用利差与违约概率之比排在最后 17%。因此，分析表明，根据相对价值，没有一只美国银行债券有吸引力。

这需要解答下列问题：为什么在给定收益与风险之比没有信用风险模型表现得那样有吸引力时，投资者会购买这些债券？这是因为许多投资者依靠信用评级机构的信用评级，尽管信用评级有众所周知的缺陷。由于债券价格仍然在很大程度上受信用评级、公司规模、公司“品牌”吸引力和其他因素的影响，因此只关注风险和收益的投资者有很大机会表现超过使用信用风险模型、关注传统因素的投资者。

不完全信息模型

在结构模型和简化模型中，都没有考虑投资者使用的信息可能是不完全信息这一事实。例如，在结构模型中，公司价值是在假设市场对公司价值评估正确的情况下得出的。但市场对公司价值的评估依据可能是表外衍生工具、租赁融资、养老金债务等基于公认会计准则但不反映真实经济状况的项目。此外，安然、泰科、世通和帕玛拉特等公司丑闻不断提醒我们，公司提供的财务信息可能与其真实经济状况相去甚远。例如，如前所述，在首次通过时间模型中需要使用违约界限。而使用安然、泰科和世通提供的信息就会得到有误导性的违约界限。

不完全信息模型考虑了财务报表中的不完全信息。尽管几位研究人员提出过不完全信息模型[①]，但 Giesecke 和 Goldberg 提出了基于不完全信息的结构/简化混合模型。[②] MSCI Barra

① Darrell Duffie and David Lando, "Term Structures of Credit Spreads with Incomplete Accounting Information," *Econometrica*, 69 (2001), pp. 633 - 664; Umut Cetin, Robert A. Jarrow, Philip Protter, and Yildiray Yildirim, "Modeling Credit Risk with Partial Information," *Annals of Applied Probability*, 14 (2004), pp. 1167 - 1178; and Kay Giesecke, "Correlated Default with Incomplete Information," *Journal of Banking and Finance* 28 (2004), pp. 1521 - 1545.

② Kay Giesecke and Lisa Goldberg, "Forecasting Default in the Face of Uncertainty," *Journal of Derivatives* 12 (2004), pp. 14 - 25. 关于本模型的深入介绍，见 Backshall, Giesecke, and Goldberg, "Credit Risk Modeling," pp. 794 - 797。

图表 23—1　美国银行公司债券的信用利差与违约概率之比分析(部分列表):2014 年 7 月 10 日

债券息票利率	到期日	距到期的年数	信用利差			拟合信用利差	期限匹配的美国国债	Kamakura 违约概率	利差/违约概率之比				交易金额(美元)
			低	加权平均	高				低	加权平均	高	交易数量	
5.450	2014 年 7 月 15 日	0.096	0.370	0.376	0.469	0.437	0.040	0.329	1.126	1.143	1.426	5	180 000
5.125	2014 年 11 月 15 日	0.433	0.454	0.569	0.991	0.461	0.055	0.245	1.857	2.326	4.051	5	316 000
5.000	2015 年 1 月 15 日	0.600	0.412	0.566	1.115	0.472	0.070	0.230	1.795	2.465	4.855	5	943 000
4.050	2015 年 2 月 15 日	0.684	0.521	0.624	0.703	0.479	0.078	0.227	2.298	2.753	3.105	4	100 000
4.400	2015 年 3 月 15 日	0.761	1.162	1.329	1.496	0.484	0.086	0.224	5.195	5.940	6.686	2	40 000
4.500	2015 年 4 月 1 日	0.808	0.118	0.472	0.708	0.487	0.091	0.222	0.532	2.127	3.187	11	3 839 000
4.000	2015 年 4 月 15 日	0.846	1.011	1.193	1.766	0.490	0.095	0.221	4.583	5.406	8.003	8	26 000
4.250	2015 年 5 月 15 日	0.928	0.615	0.669	0.722	0.496	0.103	0.218	2.829	3.073	3.318	2	22 000
4.750	2015 年 8 月 1 日	1.142	0.551	0.589	1.594	0.512	0.158	0.219	2.510	2.685	7.269	4	595 000
3.400	2015 年 8 月 15 日	1.180	1.183	1.268	1.353	0.514	0.171	0.221	5.364	5.749	6.134	2	10 000
1.476	2015 年 8 月 17 日	1.185	0.706	0.748	0.834	0.515	0.173	0.221	3.197	3.390	3.777	3	75 000
3.700	2015 年 9 月 1 日	1.227	0.443	0.483	1.051	0.518	0.187	0.222	1.996	2.177	4.732	10	6 680 000
5.350	2015 年 9 月 15 日	1.265	0.617	0.655	0.694	0.521	0.200	0.223	2.762	2.935	3.108	2	20 000
—	—	—	—	—	—	—	—	—	—	—	—	—	—
6.500	2016 年 8 月 1 日	2.144	0.163	0.588	0.720	0.586	0.519	0.241	0.677	2.444	2.991	8	510 000
3.650	2016 年 8 月 15 日	2.182	0.943	0.943	0.943	0.589	0.537	0.239	3.942	3.942	3.942	2	200 000
5.450	2016 年 9 月 15 日	2.267	1.095	1.112	1.164	0.595	0.578	0.236	4.640	4.714	4.933	4	20 000
3.750	2016 年 9 月 15 日	2.267	0.707	0.774	1.144	0.595	0.578	0.236	2.999	3.279	4.851	6	106 000
5.150	2016 年 9 月 15 日	2.267	0.894	0.972	1.020	0.595	0.578	0.236	3.789	4.121	4.324	5	41 000

续前表

债券息票利率	到期日	距到期的年数	信用利差			拟合信用利差	期限匹配的美国国债	Kamakura违约概率	利差/违约概率之比			交易数量	交易金额（美元）
			低	加权平均	高				低	加权平均	高		
5.625	2016年10月14日	2.434	0.534	0.841	1.217	0.608	0.658	0.229	2.327	3.665	5.305	3	75 000
3.550	2016年11月15日	2.434	0.534	0.841	1.217	0.608	0.658	0.229	2.327	3.665	5.305	3	75 000
1.350	2016年11月21日	2.450	0.322	0.570	0.583	0.609	0.666	0.229	1.406	2.492	2.547	10	713 000
5.000	2017年3月15日	2.762	1.020	1.173	1.364	0.633	0.816	0.217	4.708	5.410	6.291	15	440 000
3.875	2017年3月22日	2.782	0.385	0.537	0.624	0.634	0.825	0.216	1.782	2.486	2.890	16	9 673 000
6.000	2017年8月15日	3.181	0.968	0.968	0.968	0.665	1.001	0.225	4.310	4.310	4.310	2	2 000
6.400	2017年8月28日	3.217	0.710	0.759	0.935	0.667	1.015	0.228	3.114	3.327	4.100	17	494 000
6.000	2017年9月1日	3.228	0.343	0.710	0.854	0.668	1.019	0.229	1.489	3.102	3.730	11	280 000
—	—	—	—	—	—	—	—	—	—	—	—	—	—
4.200	2032年5月1日	17.930	1.148	1.209	1.270	1.593	3.084	0.555	2.068	2.177	2.287	2	16 000
4.000	2032年8月7日	18.160	1.824	1.905	1.986	1.599	3.097	0.555	3.285	3.431	3.577	2	40 000
10.250	2033年7月11日	19.086	7.539	7.539	7.539	1.620	3.149	0.555	13.579	13.579	13.579	1	25 000
10.000	2033年8月6日	19.157	7.535	7.535	7.535	1.621	3.153	0.555	13.571	13.571	13.571	3	47 000
5.875	2042年2月7日	27.663	1.299	1.300	1.301	1.407	3.407	0.555	2.340	2.342	2.343	2	10 000 000
5.000	2044年1月21日	29.615	1.202	1.246	1.249	1.233	3.460	0.555	2.165	2.245	2.250	7	1 960 000
4.875	2044年4月1日	29.810	1.086	1.249	1.265	1.213	3.465	0.555	1.957	2.249	2.279	11	19 955 000

资料来源：摘自 Donald van Deventer, "Bank of America Corporation: Default Probabilities and Relative Value Update"(June 11, 2014), http://www.kamakuraco.com/Blog/tabid/231/EntryID/670/Bank-of-America-Corporation-Default-Probabilities-and-Relative-Value-Update.aspx。版权所有。

使用了他们的模型，这是一种首次通过时间模型，其中假设投资者不知道违约界限。这种方法允许投资组合经理或信用分析师在根据市场数据校准模型时加入他们对公司财务稳健状况的观点。

要　点

• 信用风险模型用于衡量、监测和控制投资组合的信用风险，并用于为有信用风险的债务工具定价。

• 信用风险模型分为结构模型和简化模型。

• 期权理论提供了所有结构模型的框架。

• 结构模型的基本观点是：如果某家公司的资产价值跌到特定违约点以下，那么这家公司的债务就将违约，且可以建立公司债券价值的模型，在这种模型中，公司债券的价值是公司资产的期权。根据这种观点，研究人员可以根据与期权定价原则相同的原则，用发行人的股票价格和资产负债表数据为公司债券定价。

• Black-Scholes-Merton 结构模型是在某些简化假设的基础上建立的。该模型已有若干修正和扩展模型。

• 简化模型没有考虑公司的微观经济因素，而是直接建立违约概率或转换风险模型。

• 简化模型的理论框架是泊松过程。

• 两个最著名的简化模型是 Jarrow-Turnbull 模型和 Duffie-Singleton 模型。

• 结构模型和简化模型都假设发行公司报告的信息是准确的。然而，由欺诈和不透明/不准确的财务会计数据导致的公司破产使市场参与者意识到，当建立信用风险模型时，必须考虑信息不完全的可能性。因此，不完全信息模型应运而生。

• Giesecke 和 Goldberg 的模型结合了结构模型和简化模型，但考虑了不完全信息。

问　题

1. 为什么建立信用风险模型比建立利率模型更困难？

2. 一位公司债券组合经理不屑一顾地说："为什么我需要信用风险模型？我可以从信用评级中获得关于违约概率的信息。"你对这位公司债券组合经理的话作何反应？

3. 所有结构模型的共同特征是什么？

4. 请从期权角度给出债券价值的两种解释。

5. 请说明为什么要扩展 Black-Scholes-Merton 模型，以允许公司债务结构中存在多只债券。

6. 请说明为什么要扩展 Black-Scholes-Merton 模型，以突破只能在到期日发生违约的假设。

7. 债券组合管理者如何使用结构模型？

8. 结构模型和简化模型对违约的处理有何不同？

9. Jarrow-Turnbull 简化模型和 Duffie-Singleton 简化模型有何不同？

10. Jarrow-Turnbull-Lando 模型和基本的 Jarrow-Turnbull 模型有何不同？

11. a. 在泊松过程中如何定义一个事件？

b. 泊松过程中的密度参数是什么含义？

12. a. 简化模型中的违约密度参数是什

么含义？

b. 在简化模型中反映违约密度参数的不同方法有哪些？

13. 违约相关系数是什么意思？

14. 违约相关系数指标的缺陷是什么？衡量投资组合的信用风险还可以使用什么指标？

15. 做出相对价值决策时，评估相对信用风险的合适指标是什么？

16. 建立不完全信息信用风险模型的动机是什么？

17. 为什么在固定收益证券交易中，将信用风险模型与市场进行校准很重要？

第 24 章

债券组合管理策略

学习目标

阅读本章后，您将了解

- 资产配置的含义
- 投资组合管理团队的构成
- 债券组合管理的自上而下法和自下而上法
- 投资组合管理策略的范围
- 核心/卫星策略的含义
- 债券市场指数与基准指数的差异
- 如何创建市值债券指数，以及使用这种指数作为绩效基准指数的问题
- 什么是定制债券指数和另类债券指数
- 各类积极的债券组合管理策略：利率预期策略、收益率曲线策略、收益率利差策略、期权调整利差策略和单个证券选择策略
- 子弹式收益率曲线策略、杠铃式收益率曲线策略和阶梯式收益率曲线策略
- 运用久期和凸性评估债券组合策略潜在投资绩效的局限性
- 当实施收益率利差策略时，为什么需要使用金额久期
- 什么是智能贝塔策略以及使用这种策略的动机
- 投资组合管理者和交易者为什么要运用杠杆，以及与杠杆相关的风险与收益
- 如何运用回购市场进行杠杆化

本章和接下来两章讨论的是债券组合管理策略。我们在本章中首先考察债券组合策略，其中债券组合经理评估的基准指数是债券指数。在下一章中，我们将考察如何使用因素模型建立投资组合，在第 27 章中，我们将讨论负债驱动策略。

我们在本章中讨论债券组合管理之前，首先将讨论两种语境下的资产配置决策：在资本市场上的不同资产类别之间分配资金；在债券市场内分配资金。我们也将在介绍债券组合管理策略之前介绍债券组合管理团队。

资产配置决策

本书的重点是债券组合管理。也就是说，假设投资组合经理的任务是管理固定收益产品中的特定金额资金，我们将考察如何完成这项工作。不考虑机构投资者，投资者/客户需要作出两项重要决策：

1. 应该分配给债券多少资金？
2. 谁应该负责管理分配给债券的资金？

应该分配给债券多少资金？

关于向主要资产类别进行多少投资的决策被称为**资产配置决策**（asset allocation decision）。这种决策是投资者必须做出的第一个决策。必须根据投资者的投资目标做出资产配置决策。投资目标将根据投资者的类型而变化。

对于养老金等金融机构，投资目标是让投资创造足够现金流以偿还养老金负债。寿险公司的基本目标是偿还保单规定的债务，并创造利润。多数保险产品都保证在未来某个时间支付一笔或一系列现金。寿险公司向保单持有者收取的某种产品的保费取决于该公司的投资能获得的利率。为了实现利润，寿险公司用保费投资的收益率必须高于它对保单持有者保证的隐性（或显性）利率。

银行和储蓄机构等金融机构通过发行存单、短期货币市场工具或浮动利率票据获得资金。然后，这些资金被投资于贷款和有价证券。在这种情况下，目标是使投资的收益率超过获得资金的成本。这些金融机构的投资目标主要是由其负债性质决定的——对养老金收受人、保单持有者和存款人的负债。投资公司（共同基金和封闭式基金）的投资目标将在发行说明书中列出。通常，基金将制定目标股利分配计划。由于负债性质对确定投资目标的重要性，我们将在第 27 章中更详细地研究这个问题。

谁应该负责管理分配给债券的资金？

让我们假设一位投资者已经决定向固定收益部门分配特定金额的资金。接下来必须做出的决策是，应该由内部经理还是外部经理管理这笔资金。有三种选择：（1）只使用内部经理；（2）只使用外部经理；（3）既使用内部经理又使用外部经理。例如，一些养老金没有内部经理，因此显然必须雇用外部经理。如果雇用了外部经理，就必须决定雇用哪些经理（即资产管理公司）。

在实际中，资产配置这个词在两种语境下使用。第一种语境是在主要资产类别中分配资金。[①] 尽管我们提到债券和股票是主要资产类别，但现在人们接受了一类被称为**另类资产**（alternative assets）的资产类别。

---

① 人们可以根据资产类别成员共有的投资特征定义资产类别。这些特征包括：（1）影响资产类别成员价值的关键经济因素；（2）资产类别成员风险/收益关系的类似性；（3）共有的共同法律结构。给定这些特征，同一资产类别成员的收益率相关性将很高，而不同资产类别成员的收益率相关性将很低。

我们在这里简要讨论资产配置决策不表示这种决策不重要。实际上，研究表明，资产配置决策是影响绩效的最重要的决策。只是这种决策不在本书范围之内。

使用资产配置的第二种方式是在做出投资于某个特定资产类别的决策之后，如何在该资产类别内的不同部门之间分配资金。例如，对于股票，客户不会把股票当成一大类资产思考，而是将股票按照市值（即大市值股票、中市值股票和小市值股票）和增长率等其他特征分类并对股票估值。在债券市场上，我们在本书前面的章节介绍了不同部门。在本章后面和接下来的章节中，当我们提到资产配置时，指的是第二种方式。

在债券市场上不同部门之间配置资产分为两个层面。第一个层面是客户必须决定对每个部门的分配。然后，如果雇用外部资金经理，就要决定雇用哪家资产管理公司和对每家资产管理公司分配的金额。

投资组合管理团队

在本书中，我们将做出投资决策的人称为“经理”或“投资组合经理”。在实际中，尽管有人负责做出关于投资组合构成因而关于投资组合风险敞口的最终决策，但这种决策是投资组合管理团队提供的建议和研究的结果。

资产管理公司或“商店”管理的内容可能不止债券组合。一家公司可能管理着多种资产——债券、股票和另类投资。客户可能包括公司、州政府、当地政府和 Taft-Hartley 养老金、富人和保险公司。公司还可能管理着受监管投资公司（共同基金和封闭式基金）、对冲基金和交易所交易基金。

在投资团队的投资组织结构图顶端的是首席投资官，他负责所有投资组合。首席投资官可能是某个具体投资组合的经理，也可能不是。和首席投资官一起负责所有投资组合的是首席合规官。首席合规官监督投资组合以确保持有的投资组合符合基金的投资方针，且基金经理从事的活动不违反联邦证券法和州证券法或投资政策。这是一个极为重要的职位，如果负责人无法正确履行职责，就可能造成某些公司中出现重大问题。在资产管理公司的营销资料中，重要卖点之一通常就是公司强有力的内部控制。

资产管理公司还应雇用分析师和交易员。分析师负责不同部门和行业。交易员负责执行投资组合经理授权的交易。分析师和交易员可以为公司管理的所有投资组合服务或只为指定的投资组合服务。例如，管理债券和股票的公司将雇用专门为这两个资产类别服务的分析师和交易员。债券分析师可以负责所有债券组合或特定的债券组合。例如，如果资产管理公司同时管理着投资级投资组合和高收益投资组合，那么专门从事高收益信用分析的分析师可能仅被指派给后一类投资组合。当然，高收益信用分析师提供的观点将与公司内其他团队共享，例如股票分析师和公司投资级分析师。

大公司也可以雇用为公司管理的所有投资组合服务的经济学家或经济类员工。

在个体投资组合水平上，有投资组合总经理（有时被称为高级投资组合经理）或联合经理。总经理或联合经理通常负责一个以上的投资组合。总经理或联合经理负责做出关于投资组合利率敞口和基金资产在不同国家（如果允许进行国外投资的话）、部门和行业之间分配的决策。这些决策由负责该投资组合的分析师员工采纳的宏观经济观点支持。

债券组合策略的种类

投资者或客户选择的债券组合策略取决于投资目标和政策方针。通常，债券组合策略可以分为以下三类：

1. 基于债券基准指数的策略。
2. 绝对收益率策略。
3. 负债驱动策略。

基于债券基准指数的策略

选择债券指数作为基准指数的投资者或客户有许多债券组合管理策略可以选择。Vanguard Group 的应税债券团队负责人 Kenneth Volpert 将基于债券基准指数的传统策略分类为①：

- 纯债券指数匹配策略。
- 增强指数化策略：匹配基本风险因素。
- 增强指数化策略：少量风险要素错配。
- 积极管理策略：大量风险因素错配。
- 积极管理策略：完全成熟的积极策略。

这些策略包括从上述列表顶部的低风险策略到底部的高风险容忍策略。注意，这些策略是根据投资组合经理偏移基本风险因素的程度分类的。（我们将简要讨论“基本风险因素”的含义。）基本上，人们可以将基准指数（债券指数）视为一组风险因素。将投资策略分为上述哪种策略取决于投资组合经理被允许偏离基准指数风险量的程度。因此，它不仅对于理解什么是风险因素很重要，也对于如何量化这些风险很重要。

尽管我们将简要讨论基本风险要素，但我们现在可以将重点放在其中一个风险因素上。正如我们在第 4 章中说明的，一个主要风险因素是基准指数或投资组合对利率水平变化的敞口。久期是该风险的量化指标，这就是我们用一整章讨论该风险指标的原因。对于上述前三种策略，投资组合经理不可以偏离基准指数的久期。也就是说，尽管在增强指数化策略中允许基本风险要素的少量错配，但这种错配不能出现在久期上。因此，假设基准指数为巴克莱资本美国综合指数，且该指数的久期为 5。那么，追求上述前三种指数化策略中任何一种的投资组合经理就不能构建久期不同于 5 的投资组合。

刚才介绍的最后两种策略是积极债券组合管理策略。它们允许相对于基准指数错配的程度不同。例如，上述两种积极策略的第一种策略允许少量久期错配。因此，如果基准指数的久期为 5，那么投资组合可能允许偏离正负 10%。也就是说，如果基准指数的久期为 5，那么投资组合经理可以构建久期在 4.5 和 5.5 之间的投资组合。对于完全成熟的积极管理策略，投资组合经理没有久期约束。值得指出的重要一点是，即使投资组合经理采用积极策略，也仍然可能选择与基准指数相同的久期（即采用**久期匹配策略**（duration-matching

---

① Kenneth E. Volpert, "Introduction to Bond Portfolio Management," Chapter 49 in Frank J. Fabozzi (ed.), *The Handbook of Fixed Income Securities*, 8th ed. (New York: McGraw-Hill, 2012).

strategy))。在这种情况下，投资组合经理选择其他基本风险因素承担风险。

在实践中，采用第一种策略是极为困难的：纯债券指数化策略不同于基准指数是股票市场指数时的指数化策略。我们将在下一章中解释原因。

现在，投资组合经理更多地采用**核心/卫星策略**（core/satellite strategy）。[①] 基本上，这种策略是指使用指数化策略和积极策略构建混合投资组合。核心要素是使用指数化策略构建的低风险投资组合。核心投资组合的基准指数是广义高流动性债券市场指数，核心要素提供了广泛的市场敞口，它基本上和基准指数的主要风险因素敞口相同。卫星要素是用基准指数为专业化指数而非广义高流动性债券市场指数的积极策略构建的。投资组合经理正是用投资组合的这个部分对基本市场因素碰运气（即表达其对市场的观点）。

核心要素提供了大量市场敞口，因此反映出系统性市场风险或通常所称的"beta"。与之相比，积极管理的卫星投资组合反映的是积极收益率或通常所称的"alpha"。核心/卫星策略的优点是，它提供了控制相对于基准指数的投资组合风险的高成本—收益方法。（正如下一章将要说明的，这种相对风险被称为跟踪误差。）

绝对收益率策略

在**绝对收益率策略**（absolute return strategy）中，投资组合经理希望在某个时间范围内获得与市场条件无关的正收益率。基本风险因素敞口几乎没有限制。使用杠杆的对冲基金经理通常会采用绝对收益率策略。其他绝对收益率经理将年目标收益率定为高于现金收益率150个基点至400个基点，因此这种策略被称为**基于现金的绝对收益率策略**（cash-based absolute return strategies）。"现金"是指3个月期LIBOR等货币市场参考利率。通常，这些策略需要使用固定收益衍生工具（即利率衍生工具和信用衍生工具）。

绝对收益率债券策略也被用作我们接下来讨论的负债驱动策略的补充。

负债驱动策略

负债驱动投资（liability-driven investing，LDI）是关于控制投资风险的，此时评估绩效的基准不是资产基准或同类投资而是以客户负债为参考。这些策略是指同时管理资产和负债以实现某个收益率目标或管理客户面临的一系列负债。寿险公司对它们发行的多种产品使用被称为免疫和现金流匹配的负债驱动策略：年金、担保投资合同和保证最低收益率的结构性产品。固定收益养老金计划越来越多地使用负债驱动策略。我们将在第27章中讨论负债驱动策略，重点关注固定收益养老金计划如何使用这种策略。

债券基准指数

通常，债券组合经理需要达到某个硬性标准，这需要评估他们相对于某个基准指数的绩效。给定实现投资目标时客户的理想风险敞口，基准指数表示给定理想风险敞口下预期收益

① 关于这种策略的深入讨论，见 Noël Almenc Philippe Malaise，and Lionel Martelinni，"Revisiting Core-Satellite Investing—A Dynamic Model of Relative Risk Mangement，" EDHEC Risk and Asset Management Research Centre，2004。

率最高的投资组合。构建基准指数需要制定一系列规则，以确定应该包括和排除哪些具体债券。

历史上，客户选择债券市场指数作为基准指数。然而，问题是在给定理想风险敞口下，债券市场指数是否提供了最高的预期收益率。世纪之交以来，由于后文介绍的原因，债券市场指数作为债券基准指数的适合性遇到了挑战。这导致了定制化债券指数和另类债券指数的诞生。这里，我们将介绍债券市场指数、定制债券指数和另类债券指数。

债券市场指数

历史上，债券市场指数曾被用于描述债券市场的表现。这里，我们将：(1) 介绍不同类型的债券市场指数；(2) 介绍债券市场指数的风险特征；(3) 介绍债券市场指数的局限性。在关于公司债券组合管理的第 26 章中，我们将介绍公司债券市场指数的风险特征和稳定性。

根据指数中所含债券的一个或多个下列特征，可以对美国债券市场指数进行分类：(1) 涵盖的部门（即政府债券、公司债券、证券化产品）；(2) 信用评级（即投资级债券和高收益债券）；(3) 期限（即短期债券、中期债券和长期债券）。

市值加权债券指数

在投资组合构建中，一旦确定了所有债券，就涉及如何为每只债券加权的问题。典型的债券市场指数是基于市值加权的。债券的市值就是它的市场价值。假设 N 只债券的市值表示为 M_1，M_2，…，M_n，那么债券指数的市值就是 $M_{指数}=M_1+M_2+\cdots+M_n$。用 w_i 表示指数中每只债券的权重，则指数中每只债券的权重为 $w_i=M_i/M_{指数}$。

常用的债券市场指数

让我们来看机构投资者使用的某些最常用的市值债券市场指数。最常使用的广义美国债券市场指数为巴克莱资本美国综合债券指数。[①] 该指数中有 6 000 多只债券，只包括投资级债券。该指数每日进行计算。每个指数中的证券价格要么是交易价格，要么是根据模型计算出的价格。每个广义债券指数可以分为不同部门。巴克莱资本美国综合债券指数的部门包括

- 国债。
- 政府机构债券。
- 公司债券。
- 抵押贷款转手证券。
- 商业不动产抵押贷款支持证券。
- 资产支持证券。

政府机构债券部门包括政府机构信用债券，不包括联邦政府机构发行的抵押贷款支持证券或资产支持证券。抵押贷款转手证券部门包括政府机构转手证券。该指数中不包括政府机构担保抵押贷款债券和政府机构剥离抵押贷款支持证券。这些抵押贷款衍生产品不包括在其中，是因为它们是从政府机构转手证券中创造出来的，如果计入将会出现重复计算问题。在构建指数中的抵押贷款部门时，巴克莱资本将 800 000 多笔固定息票利率抵押贷款汇总为不

① 在 2008 年 11 月之前，雷曼兄弟和巴克莱资本创建了各种债券指数。2008 年 11 月，巴克莱资本收购了雷曼兄弟债券指数，并重新将商标注册为巴克莱资本指数。

同大类。这些大类按照政府机构（即吉利美、房利美、房地美）、计划类型（例如，30 年期、15 年期、气球型抵押贷款）、转手证券的息票利率和发行转手证券的年份（即发行年份）定义。

要想加入指数，证券的未清偿金额通常至少需为 2.5 亿美元。资产支持证券和商业不动产抵押贷款支持证券的交易金额至少需为 5 亿美元（组别规模为 2 500 万美元）；商业不动产抵押贷款支持证券的未清偿金额至少需为 3 亿美元。

基于期限的资格要求是，距到期必须至少有一年（无论该证券当年之前是否可赎回）。指数中只包括固定利率证券。

理解加入债券指数的资格要求很重要。积极债券组合策略通常通过购买不合格证券或非指数证券追求超过指数的业绩。例如，由于之前介绍的原因，巴克莱资本美国综合债券指数中不包括抵押担保债券。因此，如果抵押担保债券的预期相对表现超过指数，就有机会购买抵押担保债券组别。

尽管我们的重点是巴克莱资本广义美国债券指数，但该公司还创建了其他指数，例如：

- 巴克莱资本美国中期综合债券指数。
- 巴克莱资本美国国债指数。
- 巴克莱资本美国政府相关债券指数。
- 巴克莱资本美国政府机构债券指数。
- 巴克莱资本美国公司债券指数。
- 巴克莱资本美国证券化债券指数。
- 巴克莱资本美国抵押贷款支持证券指数。
- 巴克莱资本美国资产支持证券指数。
- 巴克莱资本美国商业不动产抵押贷款支持证券（仅包括根据《雇员退休收入保障法案》符合投资资格的商业不动产抵押贷款支持证券）指数。

还有更详细的子指数，例如：

- 巴克莱资本美国 1～3 年期国债指数。
- 巴克莱资本美国 3～7 年期国债指数。
- 巴克莱资本美国 7～10 年期国债指数。
- 巴克莱资本美国 10～20 年期国债指数。
- 巴克莱资本美国 20 年期以上国债指数。
- 巴克莱资本美国工业债券指数。
- 巴克莱资本美国公用事业债券指数。
- 巴克莱资本美国金融机构债券指数。

对于负责国债和信用产品（没有结构性产品）的债券组合经理，可参考的指数例子包括：

- 巴克莱资本美国政府/信用债券指数。
- 巴克莱资本美国中期政府/信用债券指数。
- 巴克莱资本美国长期政府/信用债券指数。
- 巴克莱资本短期政府/公司债券指数。

随着巴克莱资本美国综合债券指数的发展，还创建了各种全球债券指数。

当然，巴克莱资本不是广义和专业化债券指数的唯一创建者。向客户咨询的经理或客户顾问可以从几类被视为适于衡量市场敞口的指数中进行选择。

与市值加权债券指数相关的问题

在理论水平上，资本市场理论提供了使用市值加权债券指数的理由。根据该理论，如果市场是价格有效的，反映市场效率的最佳方式就是持有市值加权市场投资组合，它恰好是市值加权债券指数所要代表的投资组合。然而，从投资者的角度看，这种指数还存在一些问题。Goltz 和 Campani 指出了三个问题：(1) 久期问题；(2) 风险敞口改变问题；(3) 所谓的“流浪汉问题”。[①]

久期问题是指债券发行人和债券投资者之间存在的关于所发行债券的久期和债券市场指数久期的冲突。Laurence Siegel[②] 发现的这个问题是债券发行人关于它们发行的债券久期做出决策的问题。这种决策的基础是最小化发行人的融资成本。当投资者做出久期决策时，这种决策的基础是在投资目标下最大化总收益。没有理由认为，发行人的成本最小化目标和投资者的收益最大化目标在确定市场久期时存在任何一致性。因此，Siegel 将从指数中获得的久期称为“历史偶然”。

通过考察股票市场指数的市场风险敞口，可以正确地认识这一点。beta 是股票、股票指数和股票投资组合的市场风险敞口指标。股票市场指数的 beta 为 1 时，表示中性头寸。相比之下，债券指数没有由投资者确定的中性头寸。正如 Siegel 指出的，久期只是一个历史偶然；相反，久期应该是投资组合经理（或客户）做出的积极决策，而不是由债券市场指数表示。

使用债券市场指数作为基准指数的第二个问题是，指数的投资特征会随着时间推移而变化。这种变化可能很大，以至于选择的债券市场指数的新风险—收益特征不再可接受。例如，随着利率变化和债券临近到期，利率风险（由久期和凸性衡量）将会发生变化。因此，即使最初选择的债券市场指数具有可接受的利率风险水平，这种风险对于投资者也会逐渐变得不可接受。此外，债券市场指数的信用风险也可能随着指数中包含的债券种类变化以及债券的降级而变化。在第 26 章中，我们将讨论公司债券指数的投资特征不稳定性问题。

最后，构建债券市场指数时，公司或国家等发行人的未清偿债务越多，其在债券市场指数中的权重越高。这导致了 Laurence Siegel 所谓的“流浪汉问题”（或“赖账者问题”）。因此，发行大量债务的高杠杆公司债券发行人和遇到问题的主权债务发行人在市值指数中的权重增加了。尽管有人不同意市值加权方法导致赋予指数中风险较高的债券权重过高，但是无疑这将导致这种债券过度集中，因而降低投资组合的分散度。

除了刚才讨论的三种批评意见，人们还担心这种指数中的债券流动性较差。市值加权债券指数中的一些债券可能根本没有交易。

定制债券指数

定制债券指数是为了提供反映投资者的投资目标和风险容忍度的更加定制化的基准，或者消除由于大发行人占指数主要部分所导致的风险集中（即“流浪汉问题”）。

---

① Felix Goltz and Carlos Heitor Campani, “Review of Corporate Bond Indices: Construction Principles, Return Heterogeneity, and Fluctuations in Risk Exposures,” EDHEC-Risk Institute Publication, June 2011.

② Laurence B. Siegel, *Benchmarks and Investment Management* (Charlottesville, Virginia: The Research Foundation of the Association for Investment Management and Research, 2003).

更好地反映投资目标和风险容忍度的定制债券指数的一个例子是，机构投资者设计的只包括为其投资管理团队制定的自营投资规则的债券指数。例如，假设一家寿险公司规定了债券组合管理团队可以投资的债券类型和最高金额，并进一步假设这些规定不同于现有债券市场指数的规定。寿险公司将从定制债券指数中受益，因为任何现有债券市场指数都无法代表其投资管理团队能获得的投资。

为了处理集中风险以避免异质风险，债券指数制定者规定了给定发行人在公司债券中的权重上限（即最大金额）或给定国家在国际政府债券指数中的权重上限。例如，巴克莱资本美国公司 Aaa—A 级上限指数规定任何单只债券的权重上限为 3%。在巴克莱资本全球国债指数（一种全球政府债券指数）中，两个国家占该指数市值的 50%以上：美国和日本。定制该指数的目的是降低这两国以及不同地区的权重。尽管规定发行人上限听起来很简单，但必须认真确定上限如何影响有上限发行人指数的风险—收益特征。一项研究分析了有发行人上限的债券指数可能如何在无意间引入相对于无上限债券指数的不利部门和信用风险。[①]

定制债券指数更好地反映投资者目标和风险容忍度的另一个重要例子是在必须考虑负债时。通常，债券投资者使用的指数仅包括债券并忽略了负债。然而，债券市场上的主要参与者是固定收益养老金计划，它们的投资目标是管理养老金资产以偿还将支付给养老金计划成员的预计负债。对于这种投资者，最合适的基准指数不是债券指数或任何资产指数，而是基于预计负债的基准指数。也就是说，合适的基准指数是定制负债指数。[②] 在第 27 章中，我们将在介绍负债驱动投资时讨论这类指数。

另类债券指数

由于刚才指出的市值加权债券市场指数的缺点，指数提供商和第三方开发商根据非市值加权方法建立了公司债券和主权债券的另类债券指数。另类加权方法是特别加权法和基于风险的加权法。[③]

特别加权法

公司债券指数和国际政府债券指数使用两类特别加权法：平均加权法和基本面加权法。公司债券有第三种加权方法：债务面值加权法。国际政府债券使用第三种加权方法：国内生产总值（GDP）加权法。

在平均加权法中，每只债券被赋予均等权重。例如，如果用 N 只候选债券创建债券指数，那么每只债券均被赋予 $1/N$ 的权重。平均加权公司债券指数的一个例子是道琼斯平均加权美国公司债券指数，它由 96 只最近发行的阶梯式期限投资级公司债券组成。

尽管平均加权法解决了“流浪汉问题”，但它没有解决久期问题。除了久期问题，平均

① 见 Chapter 13 in Lev Dynkin，Anthony Gould，Jay Hyman，Vadim Konstantinovsky，and Bruce Phelps，*Quantitative Management of Bond Portfolios*（Princeton，NJ：Princeton University Press，2007）。

② 2006 年，Markit 建立了一组美国养老金负债指数，即美国 iBoxx 美国养老金负债指数系列。这些负债不是某个具体固定收益养老金计划的负债，而是一家养老金咨询公司，Hewitt Associated 提供的负债。LIBOR 利率被用于计算预计负债的现值。该公司还创建了一个对活跃成员、退休成员和所有成员（活跃成员和退休成员）的负债的独立负债指数。

③ 以下文献的附录提供了更多关于这些另类加权方法的详情：Felix Goltz and Carlos Heitor Campani，“Review of Corporate Bond Indices：Construction Principles，Return Heterogeneity，and Fluctuations in Risk Exposures，” EDHEC—Risk Institute Publication，June 2011.

加权法还有另两个问题。首先，它赋予小额极低流动性债券与大额极高流动性债券相同的权重。其次，因为新债券被定期加入或移出指数，因此这意味着使用平均加权债券指数作为基准指数的投资组合经理必须频繁重新平衡投资组合，在债券市场上这是一个成本高昂的过程。

一个实证问题是，平均加权债券指数相对于市值加权债券指数在风险和收益上的表现如何。一项研究使用夏普比率（见第 28 章）作为衡量收益与风险之比的指标，发现道琼斯平均加权美国公司债券指数的表现优于市值加权公司债券指数。①

一家公司的基本面是其现金流、账面价值与市场价值之比、每股股利、销售收入增长率等特征。在股票市场上，创建指数时，赋予指数中某家公司的权重是基于一系列公司基本面得出的。得到的指数被称为**基本面指数**（fundamental index）。最先将基本面指数用于债券指数的是 Research Affiliates②，该公司与 Ryan ALM 共同推出了两个 RAFI 美国公司债券指数（一个是投资级公司债券指数，另一个是高收益公司债券指数）。和平均加权法一样，基本面债券指数解决了"流浪汉问题"，但是没有解决久期问题。

Research Affiliates 提出的另一个公司债券指数结合了平均加权法和市值加权法，它是基于债务面值而非市场价值。这种加权方法没有解决久期问题，只部分解决了流浪汉问题。

2009 年 1 月，PIMCO 提出了一种国际政府债券指数的加权法，同年晚些时候，巴克莱资本提出了基于 GDP 的加权法。基本上，这种方法解决了"流浪汉问题"，也就是大量借款并可能违约的政府被赋予更高权重的问题。为了纠正这一点，PIMCO 提出使用一国的 GDP 对该国债务进行加权。

基于风险的加权法

人们根据不同的基于风险的加权法创建出了不同类型的另类债券指数，但这些债券指数只曾用于美国国债指数。

一种基于风险的加权法通过取久期的倒数对国债指数中的每只债券加权。这种指数被称为久期加权债券指数，它令风险—收益曲线上的每个债券头寸在指数收益率中不起任何作用，而每只债券对指数整体利率风险的贡献都相同。

Ryan ALM 和 Mergent 联合创建了具有阶梯式国债期限的风险加权国债指数，即 Ryan/Mergent 美国国债阶梯式指数系列。该指数中的 30 只国债是权重相同的固定息票利率美国国债，30 年中每年有一只债券到期。通过指数设计，这组国债指数消除了"流浪汉问题"，因为 30 只国债的市场价值对指数没有任何影响。久期问题没有消除，但是减轻了，因为相较于市值加权债券指数，平均指数久期的波动性要小得多。

Ryan 创建了仅由美国剥离式国债组成的国债指数系列——Ryan 剥离式国债[30]指数系列。该指数包括 30 只剥离式国债，每只剥离式国债都是该期限的国债中最有代表性的。每个指数的设计都使其有固定久期，且不存在"流浪汉问题"。

正如之前讨论定制指数时提到的，固定收益养老金计划发起人可以根据预计负债构建负债指数。尽管 Ryan 剥离式国债[30]指数系列没有根据计划发起人的未来负债进行定制，但它被用作构建一般负债指数的基础。

---

① Goltz and Campani, "Review of Corporate Bond Indices: Construction Principles, Return Heterogeneity, and Fluctuations in Risk Exposures."

② Robert D. Arnott, Jason Hsu, Feifei Li, and Shane D. Shepherd, "Valuation-Indifferent Weighting for Bonds," *Journal of Portfolio Management* 36 (Spring 2010), pp. 117 - 130.

基本风险要素

债券指数的基本风险要素是什么？也就是说，哪些风险要素影响债券指数的收益率？是投资组合经理构建投资组合时可能匹配或错配的风险因素。错配不是任意进行的。如果投资组合管理者（根据研究）获得了强烈暗示错配预期将产生收益（以超过基准指数绩效的形式）的信息，那么投资组合经理只会有意进行错配。我们还将看到，由于很难构建与债券指数匹配的债券组合，投资组合经理可能被迫进行错配。

基本风险可以分为两大类：系统性风险因素和非系统性风险因素。**系统性风险因素**（systematic risk factors）是影响基准指数特定类别中所有证券的因素。**非系统性风险因素**（nonsystematic risk factors）是非系统性风险因素造成的风险。

进而，系统性风险因素可以分为两类：期限结构风险因素和非期限结构风险因素。**期限结构风险因素**（term structure risk factors）是与期限结构形状变化（水平和形状变化）相关的风险。**非期限结构风险因素**（non-term-structure risk factors）包括

- 部门风险。
- 信用风险。
- 期权风险。

非期限结构风险可以进一步细分，我们将在下一章中介绍，但这里我们只介绍以上三种风险。

部门风险（sector risk）是与基准指数部门敞口相关的风险。以巴克莱资本美国综合债券指数为例。在宏观水平上，这些部门包括国债、政府机构债券、公司债券、住房机构抵押贷款支持证券、商业抵押贷款支持证券和资产支持证券。每个部门都可以进一步细分。例如，公司债券（被称为信用部门）可以分为金融机构债券、工业债券、运输债券和公用事业债券。进而，每个子部门都可以进一步细分。例如，金融机构子部门可以分为：银行债券、经纪公司债券、金融公司债券、保险公司债券和其他金融机构债券。对于住房抵押贷款市场（包括政府机构转手证券），可以细分为：吉利美 30 年期抵押贷款支持证券、15 年期抵押贷款支持证券、传统抵押贷款支持证券（房利美和房地美抵押贷款支持证券）和气球型抵押贷款支持证券。按照抵押贷款支持证券的息票利率范围还可以进一步细分。

信用风险（credit risk）也被称为**质量风险**（quality risk），它是与基准指数中证券的信用评级敞口相关的风险。只包括投资级债券的巴克莱资本美国综合债券指数可以细分为 Aaa+级债券、Aaa 级债券、Aa 级债券、A 级债券、Baa 级债券和抵押贷款支持证券。抵押贷款支持证券包括对政府机构转手证券的信用敞口。

期权风险（optionality risk）是对基准指数中证券的嵌入式期权有不利影响的风险。这种嵌入式期权包括可赎回公司债券、可回售公司债券、抵押贷款支持证券和资产支持证券中的嵌入式期权。

非系统性因素可以分类为与特定发行人相关的非系统性风险——**特定发行人风险**（issuer-specific risk）和与特定证券相关的风险——**特定证券风险**（issue-specific risk）。

自上而下和自下而上的投资组合构建和管理

债券组合的构建和管理有两大类方法：自上而下法和自下而上法。通常，投资组合经理在构建投资组合时不使用纯自上而下法或纯自下而上法，而是混合两种方法的要素，并考虑特定因素和约束。

在**自上而下法**（top-down approach）中，债券组合经理考察债券收益率的主要宏观影响因素（因此这种方法也被称为**宏观法**（macro approach）），并以宏观经济预测的形式获得关于这些影响因素的观点（预测）。① 在获得宏观经济预测时，考虑的主要变量包括

- 货币政策。
- 财政政策。
- 税收政策。
- 政治发展。
- 监管问题。
- 汇率变化。
- 贸易政策。
- 人口趋势。
- 信用市场状况。

管理全球债券组合的投资组合管理者需要所有国家市场的宏观预测。

根据这一评估和预测，投资组合经理决定将多少投资组合资金分配给债券市场的不同部门，将多少投资组合资金分配给现金等价物（即货币市场工具）。给定分配给每个债券市场部门的投资组合资金，投资组合经理必须决定对某个部门内的每个行业分配多少资金。当投资组合经理被授权同时投资美国债券和非美国债券时，第一个决策是在国家之间的分配，然后是在一个国家内不同部门的分配，接下来是行业之间的分配。

采用自上而下法的投资组合经理通常依赖债券市场分析找出这些从经济预测中相对受益最多的国家（如果允许的话）、部门和行业。一旦决定了分配给每个国家、部门和行业的金额，投资组合经理就将开始寻找加入投资组合的债券。自上而下法考察多个宏观经济因素的变化，以评估证券和投资组合的预期超额收益率（预期超过无风险收益率的表现）。国家、部门和行业之间的投资组合配置随着宏观经济条件的变化而变化。

积极债券组合管理的**自下而上法**（bottom-up approach）的重点是债券、部门和行业的微观分析。这种投资形式使用的主要研究工具是信用分析（第 22 章的内容）、行业分析和相对价值分析（本章后面将讨论该内容）。为了控制投资组合风险，将使用风险模型。因素风险模型的使用是下一章的内容。

① 关于债券投资组合经理如何形成宏观经济预测的详细介绍，见 Chris P. Dialynas and Ellen J. Rachlin，"The Art of Fixed Income Investing，" Chapter 20 in Frank J. Fabozzi and Harry M. Markowitz（eds.），*The Theory and Practice of Investment Management*：2nd Edition（Hoboken，NJ：John Wiley & Sons，2011）。

积极的投资组合策略

了解了基准指数的基本风险因素以后，现在，我们将讨论投资组合经理常用的各种积极的投资组合策略。

管理者预期与市场普遍预期

采取积极策略的资金管理者将根据对未来利率的预期来配置投资组合，但是在实施积极策略之前，资金管理者必须估算可能的结果（用总收益率衡量）。这样做的原因主要是，市场对未来利率有某种（共同）预期，而且这种预期反映在债券的市场价格中。我们在第 5 章讨论远期利率时已经了解到，一种策略的结果取决于资金管理者的预期与市场预期之间的差异。而且，市场预期是否正确并不重要。重要的是，债券的价格体现了这些预期。这一道理也同样适用于本章中我们讨论的债券组合管理策略。

因此，尽管一些资金管理者提出了确定预期下应追求的“最优策略”，但是，对于制定投资决策而言这种信息并不足够。如果市场预期与资金管理者的预期一致，那么债券价格就会反映出这些预期。因此，我们强调运用总收益率法来评价积极策略，而不是仅仅根据“如果你预期……那么你应该追求……策略”的一般性陈述而盲目追求某种策略。

利率预期策略

相信自己能够准确预测未来利率水平的资金管理者将改变投资组合对利率变动的敏感性。由于久期是利率敏感性的衡量指标，因此，这意味着如果预期利率将下降，资金管理者应提高投资组合的久期；如果预期利率将上升，资金管理者应减少投资组合的久期。对于那些以债券指数作为基准指数的资金管理者，这意味着如果预期利率将下降，资金管理者应提高投资组合相对于基准指数的久期，如果预期利率将上升，资金管理者应减少投资组合相对于基准指数的久期。投资组合久期可以偏离基准指数久期的程度可能受到客户的限制。

通过将债券组合中的债券互换（或交换）为新的债券，可以改变债券组合的久期，并实现目标债券组合久期。这种互换通常被称为**利率预期互换**（rate anticipation swaps）。此外，改变债券组合久期的一种更有效的方法是运用利率期货合约。正如我们将在第 29 章中说明的，买入期货合约将增加投资组合的久期，而卖出期货合约将减少投资组合的久期。

当然，这种积极策略的关键是对未来利率走向的预测能力。尽管有观点认为，利率是可以预期的，因此资金管理者可以持续地实现经过风险调整的超额收益率，但学术文献并不支持这种观点。关于未来利率能否持续提供超额收益率，仍然存在着疑问。

尽管资金管理者可能不会严格地根据未来利率变动来采取积极策略，但他们将会对利率走势进行预测，以弥补投资债券组合表现不如基准指数的情况。例如，假设一位资金管理者对客户坚持自己的意见，并采取本章后面将讨论的某种积极策略。进一步假设，在 1 年的投资期内对该资金管理者进行评估，且距离投资期结束还有 3 个月时，该资金管理者的投资绩效低于客户指定的基准指数。如果这位资金管理者认为较低的投资绩效会导致投资账户发生损失，那么，他就有动机赌一把利率走势。尽管错误的赌注将导致投资绩效更加不如基准指数，但是如果资金管理者的判断正确，那么投资账户就能免于遭受损失。通过限制投资组合久期偏离基准指数久期的程度，客户可以阻止资金管理者的这种赌博行为。另外，在第28章中介绍的投资管理过程的绩效评估阶段，我们将会把投资组合的收益分解为若干个产生收益的因素，这将突出利率水平变化对投资组合收益率的贡献程度。

另外一些积极策略取决于对未来利率水平的预期。例如，未来利率会影响可赎回债券的嵌入式期权的价值以及抵押贷款支持证券的嵌入式提前偿付期权的价值。如果可赎回公司债券和市政债券的息票利率高于预期的未来利率，那么这两种债券的绩效将次于不可赎回债券和低息票利率债券，这是因为可赎回债券具有负凸性特征。对于第11章至第13章介绍的各种抵押贷款支持证券，利率对提前偿付行为的影响将导致某些债券持有者从未来利率升高中受益，而另一些债券则从未来利率降低中受益。

收益率曲线策略

如第5章所述，美国国债的收益率曲线表明了期限与收益率之间的关系。收益率曲线的形状随着时间的推移而变化。**收益率曲线策略**（yield curve strategies）需要根据对国债收益率曲线形状的预期变化来构建投资组合。在本节中，我们将介绍国债收益率曲线的各种移动方式、各种类型的收益率曲线策略、当收益率曲线发生移动时久期作为债券或债券组合价格敏感性衡量指标的作用以及如何评估收益率曲线策略的可能结果。

收益率曲线移动的类型及其对历史收益率的影响

收益率曲线的移动是指各个期限国债收益率的相对变动。**收益率曲线的平行移动**（parallel shift in the yield curve）是指所有期限国债的收益率变化都相同时的收益率曲线移动。**收益率曲线的非平行移动**（nonparallel shift in the yield curve）是指不同期限国债的收益率变化的基点数不同的收益率曲线移动。

从历史上看，出现过两种类型的收益率曲线非平行移动：收益率曲线的斜率发生扭转以及收益率曲线的峰形发生变动。图表24—1利用图形描绘了所有这些变动。收益率曲线斜率的扭转是指收益率曲线变得平缓或陡峭。在实践中，收益率曲线的斜率由某个长期国债收益率与某个短期国债收益率之间的利差来衡量。例如，一些市场参与者将该斜率视为30年期国债收益率与1年期国债收益率之差。还有一些市场参与者将该斜率视为20年期国债收益率与2年期国债收益率之差。无论怎样定义，**变平缓的收益率曲线**（flattening of the yield curve）都表明长期国债与短期国债之间的收益率利差下降；**变陡峭的收益率曲线**（steepening of the yield curve）都表明长期国债与短期国债之间的收益率利差上升。其他类型的非平行移动（即收益率曲线峰形的变化）被称为**蝶式移动**（butterfly shift）。

Frank Jones分析了1979—1990年发生的收益率曲线移动的类型。[1] 他发现三种收益率曲线移动并非相互独立，其中，最常见的两种收益率曲线移动是：（1）收益率曲线向下移动，并变得更陡峭；（2）收益率曲线向上移动，并变得更平缓。这两种收益率曲线移动的情况如图表24—2所示。例如，Frank Jones的统计分析显示，向上平行移动的国债收益率曲线与趋于平缓的收益率曲线之间的相关系数为0.41。这意味着，如果收益率曲线向上移动10个基点，收益率曲线将变平缓2.5个基点。另外，他还发现收益率曲线的向上移动与趋

① Frank J. Jones, "Yield Curve Strategies," *Journal of Fixed Income*, September 1991, pp. 43-48.

于平缓之间呈正向蝶式相关关系（峰度减少），而向下移动与趋于陡峭之间呈反向蝶式相关关系（峰度增加）。

图表 24—1　　收益率曲线移动的类型

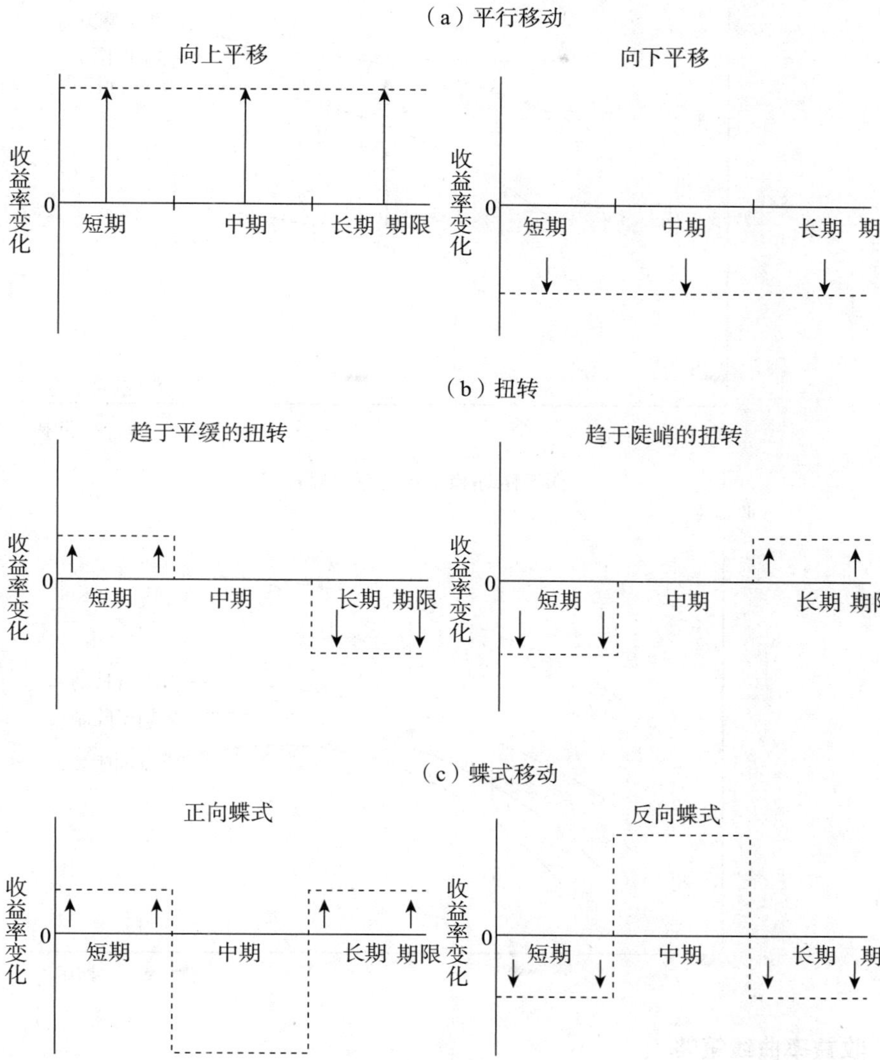

Jones 还提供了 1979—1990 年之间的实证，表明了收益率曲线变动对确定不同期限的国债收益率的重要性。他发现，91.6%的国债收益率变动可以由收益率曲线的平移和扭转来解释，3.4%的国债收益率变动可以由蝶式变动来解释，剩下 5%的国债收益率变动则是由于不详因素的变动。[①] 这一分析表明，收益率曲线策略需要对收益率曲线移动的方向和扭转的类型进行预测。

---

① 这些发现与以下文章中的发现是一致的：Robert Litterman and Jose Scheinkman，“Common Factors Affecting Bond Returns，” *Journal of Fixed Income*，June 1991，pp. 54 - 61。

图表 24—2　　　　　　　　　　收益率曲线移动情况组合

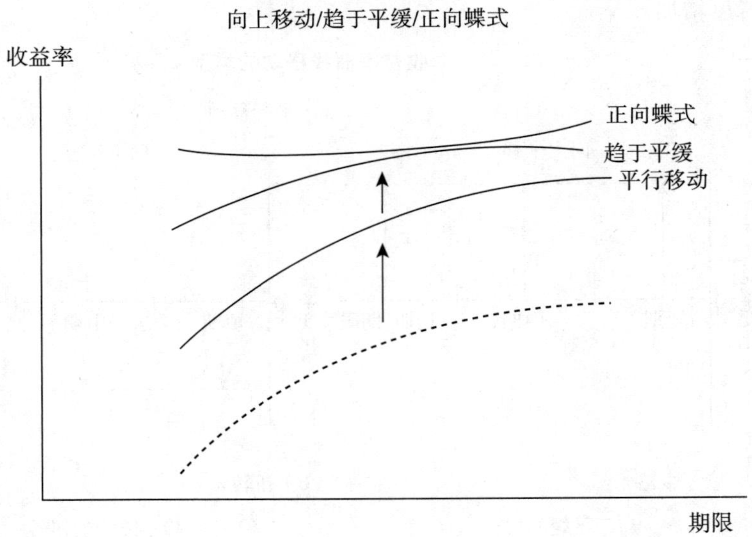

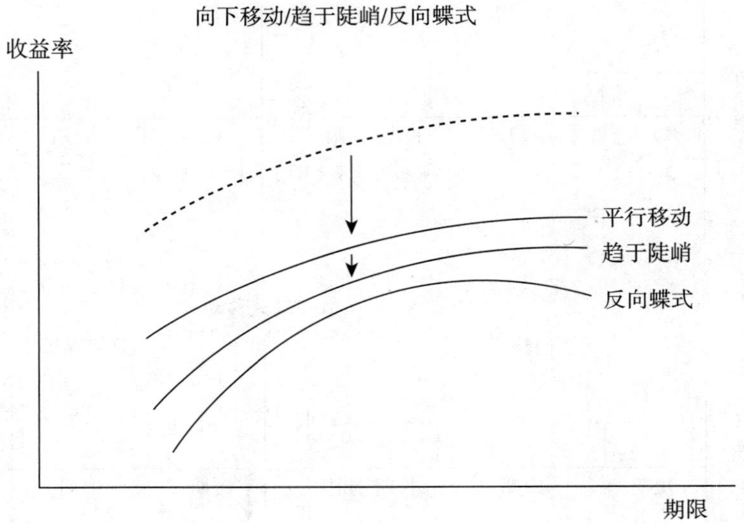

收益率曲线策略

在根据收益率短期变动进行预期的投资组合策略中，投资组合中证券价格受到的影响是收益水平的主要决定因素。这意味着投资组合中的证券期限对投资组合的收益率有重要影响。例如，对于一个由全部于 1 年内到期的证券组成的投资组合而言，投资组合在 1 年投资期内的总收益率对于收益率曲线从现在起 1 年内的移动情况并不敏感。相比之下，对于一个由全部于 30 年内到期的证券组成的投资组合而言，其 1 年投资期总收益率对于收益率曲线的移动将是敏感的，因为从现在起 1 年后，该投资组合的价值将取决于 29 年期证券的收益率。如第 3 章所述，当收益率发生变动时，长期债券的价格波动性会非常大。

当收益率曲线移动时，由相同比例的 1 年内到期的证券和 30 年内到期的证券组成的投资组合在 1 年投资期内的总收益率将明显不同于我们前面介绍过的两个投资组合的总收益率。在这个投资组合中，1 年期证券的价格对 1 年期收益率的变动不敏感，但 30 年期证券的价格对长期收益率的变动高度敏感。

关键是，对于投资期较短的债券，投资组合中的债券期限间隔对总收益率有重要影响。因此，收益率曲线策略需要根据投资组合中包括的证券期限范围来配置投资组合。收益率曲线策略分为三种：（1）子弹式策略；（2）杠铃式策略；（3）阶梯式策略。图表 24—3 描绘了这些策略。

在**子弹式策略**（bullet strategy）中，投资组合中的证券期限高度集中于收益率曲线上的一点。在**杠铃式策略**（barbell strategy）中，投资组合中的证券期限集中于两个极端期限。实际上，当实践中资金管理者谈及杠铃式策略时，通常是相对于子弹式策略而言。例如，子弹式策略创建的投资组合的期限可能集中在 10 年左右，而相应的杠铃式策略创建的投资组合的期限可能为 5 年和 20 年。在**阶梯式策略**（ladder strategy）中，投资组合中各种期限证券的金额基本相等。例如，一个组合中可能包括相同金额的 1 年期证券、2 年期证券等。

当收益率曲线移动时，上述各种策略将产生不同的绩效。实际绩效取决于收益率曲线移动的类型和移动的幅度。因此，我们无法对最优收益率曲线策略进行一般性描述。稍后我们将讨论收益率曲线策略的分析方法。

久期与收益率曲线的移动

在讨论如何分析收益率曲线策略之前，让我们首先回顾久期的概念，以及当收益率曲线移动时久期在估计债券组合价格波动性中的作用。在第 4 章中，我们说明了为什么久期是衡量债券价格或债券组合价格对市场收益率变化的敏感性的指标。因此，如果投资组合的久期为 4，那么，这意味着当市场收益率变动 100 个基点时，债券组合价格的变动幅度约为 4%。

在说明久期的缺陷时，我们曾提到一个关于市场收益率如何变化的假设。具体而言，如果一个债券组合由 5 年期债券、10 年期债券和 20 年期债券构成，且该债券组合的久期为 4，那么当我们说收益率变动 100 个基点导致该组合的价值变动 4%时，假定变化的是哪种债券的市场收益率？5 年期债券、10 年期债券还是 20 年期债券？实际上，当我们用久期作为衡量市场收益率变化时债券组合价值变动情况的指标时，我们假定所有期限债券的收益率均变动相同的基点数。所以，如果由这三种债券构成的债券组合的久期为 4，那么，收益率变动 100 个基点时，债券组合的价值将变动 4%这一情况实际上应表述如下：如果 5 年期、10 年期和 20 年期债券的收益率均变动 100 个基点，那么，债券组合的价值将变动 4%，即假定收益率曲线平移。

下一节中将举例说明收益率曲线发生非平行移动时的债券组合变动。这个例子的关键点是，当收益率曲线移动时，具有相同久期的两个投资组合的表现可能大相径庭。

分析预期收益率曲线策略

分析债券组合策略的正确方法是考察其潜在总收益率。我们在本章开始时就指出了这一点。如果债券组合经理希望在给定的国债收益率曲线移动情况下评估债券组合的表现，那么，他应该通过计算收益率曲线实际发生移动时的潜在总收益率进行评估。

我们以两个假定的国债组合在不同的国债收益率曲线移动情况下的表现为例，来说明上

图表24—3　　　　收益率曲线策略：子弹式策略、杠铃式策略和阶梯式策略

子弹式策略
尖峰表示到期的本金。
评论：子弹式策略所创建投资组合的证券期限集中在10年左右。

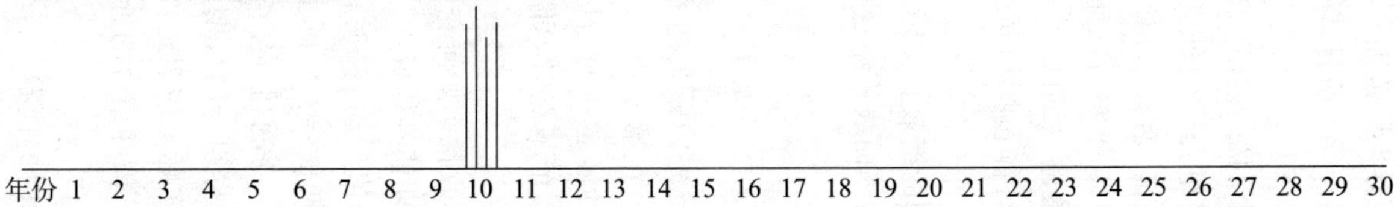

杠铃式策略
尖峰表示到期的本金。
评论：杠铃式策略所创建投资组合的证券期限集中在低于10年与高于10年的范围内。

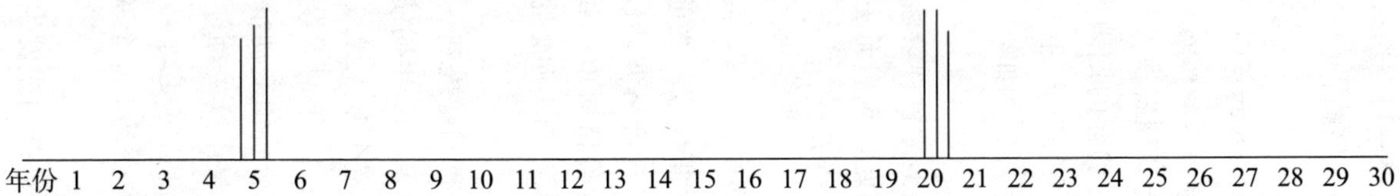

阶梯式策略
尖峰表示到期的本金。
评论：阶梯式策略所创建投资组合的证券期限在20年以内。

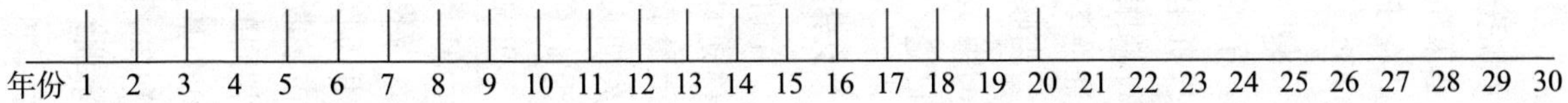

述评估方法。图表 24—4 显示的三只假想国债包括在这两个国债组合中。[①] 因此，在我们的例子中，国债收益率曲线由以下三种国债组成：短期国债（A，5 年期国债）、中期国债（C，10 年期国债）和长期国债（B，20 年期国债）。

考虑以下两种收益率曲线策略：子弹式策略和杠铃式策略。我们将根据这两种策略创建的组合分别称为“子弹式组合”和“杠铃式组合”，它们的构成如下：

- 子弹式组合：100％由债券 C 构成；
- 杠铃式组合：50.2％由债券 A 构成，49.8％由债券 B 构成。

子弹式组合只包括债券 C，即 10 年期债券。在我们假想的债券组合中，债券 C 在 10 年后到期时才能收回全部本金。杠铃式组合由金额基本相等的短期债券和长期债券构成。这是实施杠铃式策略的结果，因为该组合中的本金将在投资期限的开始和末尾收回。具体而言，在我们的例子中，子弹式组合在 10 年后即可收回全部本金，而杠铃式组合则分别在一个较短（5 年）日期和较长（20 年）日期收回本金。

如第 4 章所述，金额久期是衡量债券或债券组合的价格敏感性的指标。如图表 24—4 所示，收益率每变动 100 个基点时，子弹式组合的金额久期为 6.434。杠铃式组合的金额久期等于构成组合的两只债券的金额久期的加权平均值。因此，

杠铃式组合的金额久期＝0.502×4.005＋0.498×8.882＝6.434

图表 24—4　　三只假想的国债

债券	息票利率（％）	期限（年）	价格加应计利息	到期收益率（％）	金额久期	金额凸性
A	8.50	5	100	8.50	4.005	19.816 4
B	9.50	20	100	9.50	8.882	124.170 2
C	9.25	10	100	9.25	6.434	55.450 6

杠铃式组合的金额久期与子弹式组合的金额久期相同（实际上，杠铃式组合就是为产生这种结果而设计的）。

如第 4 章所述，久期只是衡量利率变动导致的价格变化的一级近似值。凸性则提供了二级近似值。尽管我们没有讨论过**金额凸性**（dollar convexity），但它的含义与凸性相似，因为它给出了价格变动的二级近似值。对于金额久期相同的两个债券组合，在收益率发生变动时，凸性越大的债券或债券组合的绩效就越好。对于这个例子，我们需要理解的是：金额凸性越大，债券组合凸性导致的价格变动也越大。如图表 24—4 所示，子弹式组合的金额凸性为 55.450 6，杠铃式组合的金额凸性等于组合中两种债券的金额凸性的加权平均值，即：

杠铃式组合的金额凸性＝0.502×19.816 4＋0.498×124.170 2＝71.784 6

因此，杠铃式组合的金额凸性大于子弹式组合的金额凸性。

类似地，两个债券组合的收益率也不同。子弹式组合的收益率等于债券 C 的到期收益率，即 9.25％。根据传统的收益率计算方法，杠铃式组合的收益率等于组合中两种债券的到期收益率的加权平均值，即 8.998％：

---

① 本例改编自 Ravi E. Dattatreya and Frank J. Fabozzi，*Active Total Return Management of Fixed Income Portfolios*（Chicago：Probus Publishing，1989）。

杠铃式组合的收益率＝0.502×8.50＋0.498×9.50％＝8.998％

这种方法表明，子弹式组合的收益率比杠铃式组合的收益率高25.2个基点（9.25％－8.998％）。尽管两个债券组合具有相同的金额久期，但是，子弹式组合的收益率高于杠铃式组合的收益率。不过，杠铃式组合的金额凸性大于子弹式组合的金额凸性。两个组合的收益率利差有时被称为**凸性成本**（cost of convexity）（即为了获得更优的凸性而放弃收益率所付出的成本）。

现在，假设某位债券组合经理的投资期为6个月，他需要在子弹式组合和杠铃式组合之间作出选择。那么，他应该选择哪一种组合呢？这位债券组合经理知道：（1）这两个组合具有相同的金额久期；（2）子弹式组合的收益率高于杠铃式组合的收益率；（3）杠铃式组合的金额凸性大于子弹式组合的金额凸性。但实际上，这些信息无法满足作出决策的需要。债券组合经理需要做的是评估收益率曲线发生移动时债券组合的潜在总收益率。

图表24—5分析了收益率曲线发生移动时两个债券组合的6个月期总收益率。[①] 表中显示的数据是两个组合的总收益率之差。具体而言，该收益率之差可由以下公式表示：

收益率之差＝子弹式组合的总收益率－杠铃式组合的总收益率

图表24—5　子弹式组合和杠铃式组合6个月投资期内的投资绩效比较[*]

收益率变动	收益率曲线平移	收益率曲线非平移[a]	收益率曲线非平移[b]（％）
－5.000	－7.19	－10.69	－3.89
－4.750	－6.28	－9.61	－3.12
－4.500	－5.44	－8.62	－2.44
－4.250	－4.68	－7.71	－1.82
－4.000	－4.00	－6.88	－1.27
－3.750	－3.38	－6.13	－0.78
－3.500	－2.82	－5.44	－0.35
－3.250	－2.32	－4.82	0.03
－3.000	－1.88	－4.26	0.36
－2.750	－1.49	－3.75	0.65
－2.500	－1.15	－3.30	0.89
－2.250	－0.85	－2.90	1.09
－2.000	－0.59	－2.55	1.25
－1.750	－0.38	－2.24	1.37
－1.500	－0.20	－1.97	1.47
－1.250	－0.05	－1.74	1.53
－1.000	0.06	－1.54	1.57

① 注意，这里不需要对再投资收益率作出假设，因为我们假设图表24—4中的三只债券均在支付息票利息之后立即进行交易。因此，不会产生应计利息。

续前表

收益率变动	收益率曲线平移	收益率曲线非平移[a]	收益率曲线非平移[b]（%）
−0.750	0.15	−1.38	1.58
−0.500	0.21	−1.24	1.57
−0.250	0.24	−1.14	1.53
0.000	0.25	−1.06	1.48
0.250	0.24	−1.01	1.41
0.500	0.21	−0.98	1.32
0.750	0.16	−0.97	1.21
1.000	0.09	−0.98	1.09
1.250	0.01	−1.00	0.96
1.500	−0.08	−1.05	0.81
1.750	−0.19	−1.10	0.66
2.000	−0.31	−1.18	0.49
2.250	−0.44	−1.26	0.32
2.500	−0.58	−1.36	0.14
2.750	−0.73	−1.46	−0.05
3.000	−0.88	−1.58	−0.24
3.250	−1.05	−1.70	−0.44
3.500	−1.21	−1.84	−0.64
3.750	−1.39	−1.98	−0.85
4.000	−1.57	−2.12	−1.06
4.250	−1.75	−2.27	−1.27
4.500	−1.93	−2.43	−1.48
4.750	−2.12	−2.58	−1.70
5.000	−2.31	−2.75	−1.92

a. 债券C的收益率变动。收益率曲线非平移的情况如下所示（收益率曲线趋于平缓）：

债券A的收益率变动＝债券C的收益率变动＋25个基点

债券B的收益率变动＝债券C的收益率变动－25个基点

b. 债券C的收益率变动。收益率曲线非平移的情况如下所示（收益率曲线趋于陡峭）：

债券A的收益率变动＝债券C的收益率变动－25个基点

债券B的收益率变动＝债券C的收益率变动＋25个基点

*评估投资绩效的依据是6个月投资期内的总收益率之差。即：

子弹式组合的总收益率－杠铃式组合的总收益率

因此，如果总收益率之差为负，则表明杠铃式组合的投资绩效优于子弹式组合的投资绩效。

因此，正值表示子弹式组合的绩效优于杠铃式组合的绩效，负值表示杠铃式组合的绩效优于子弹式组合的绩效。

我们现在重点分析图表 24—5 的第二列，即标记为“收益率曲线平移”的一列。该列表示的是收益率曲线发生平移的情况下，在 6 个月投资期内两个组合的总收益率比较结果。在这个例子中，收益率曲线的平移表示短期债券（A）、中期债券（C）和长期债券（B）收益率变动的基点数相同。其中，变动的基点数显示在“收益率变动”一列中。

如果收益率曲线以平行方式移动，且投资期为 6 个月，那么，哪个组合是较好的投资选择呢？答案取决于收益率变动的大小。注意，当收益率的变动少于 100 个基点时，子弹式组合的绩效好于杠铃式组合。当收益率的变动大于 100 个基点时，结果则恰好相反。

这个例子有两个关键点。其一，即使收益率曲线以平行方式移动，具有相同金额久期的两个债券组合的绩效也不同。原因是这两个债券组合的金额凸性不同。第二，尽管在其他条件都相同的情况下，凸性较高的债券组合的绩效好于凸性较低的债券组合，但凸性较高的债券的市场价格也较高（或收益率较低）。高凸性的好处取决于收益率变动的大小。如图表 24—5 所示，如果市场收益率的变动（上升或下降）幅度小于 100 个基点，那么凸性较小的子弹式组合将提供较高的总收益率。

现在，让我们来考察收益率曲线以非平行方式移动时发生的情况。图表 24—5 的最后两列显示的是当收益率曲线以非平行方式移动时两个债券组合的投资绩效比较。具体而言，在显示收益率曲线非平移情况的第一列中，假定债券 C（中期债券）的收益率变动幅度为第一列显示的大小，那么，债券 A（短期债券）的收益率变动幅度将等于债券 C 的收益率变动幅度加上 25 个基点，而债券 B（长期债券）的收益率变动幅度将等于债券 C 的收益率变动幅度减去 25 个基点。如果以长期收益率（债券 B 的收益率）与短期收益率（债券 A 的收益率）之间的利差衡量收益率曲线的陡峭程度，那么，该利差下降了 50 个基点。如前所述，这种收益率曲线非平移表示收益率曲线趋于平缓。我们可以从图表 24—5 中看到，在这种收益率曲线移动假设下，杠铃式组合的绩效优于子弹式组合。

在最后一列的收益率曲线非平移中，假定当债券 C 的收益率发生变动时，债券 A 的收益率变动幅度等于债券 C 的收益率变动幅度减去 25 个基点，而债券 B 的收益率变动幅度等于债券 C 的收益率变动幅度加上 25 个基点。因此，长期收益率与短期收益率之间的利差增加了 50 个基点，收益率曲线变得更加陡峭。在这个例子中，只要债券 C 的收益率上升幅度不超过 250 个基点或下降幅度不超过 325 个基点，子弹式组合的绩效就将优于杠铃式组合。

这里的关键点是，通过观察收益率（到期收益率或某种债券组合的收益率指标）、久期和凸性等指标，我们无法得知债券组合在某个投资期内的绩效，因为组合的绩效取决于收益率变动的大小以及收益率曲线如何移动。因此，当债券组合经理希望根据对收益率曲线移动的预期来构建债券组合时，必须进行总收益率分析。例如，在收益率曲线比较陡峭的情况下，子弹式组合的绩效通常优于杠铃式组合。然而，从图表 24—5 显示的情况看，子弹式组合的绩效并不优于杠铃式组合。子弹式组合的绩效是否优于杠铃式组合取决于收益率曲线的陡峭程度。有一种分析方法与图表 24—5 所示的方法类似，这种方法以不同收益率曲线陡峭程度下的总收益率为基础，清楚表明了某种特定的收益率曲线策略是否优于另一种收益率曲线策略。在评估阶梯式策略的可能结果时，也可以运用相同的分析方法。

估计投资组合的收益率曲线风险敞口

在第 4 章中，我们说明了关键利率久期的含义和作用。投资组合和基准指数都有关键利率久期。投资组合关键利率久期与基准指数关键利率久期的偏离程度有助于识别收益率曲线风险敞口的差异。例如，假设某个投资组合和某个基准指数的关键利率久期如下：

年	投资组合的关键利率久期	基准指数的关键利率久期	差额
0.50	0.173	0.149	0.024
2.00	0.361	0.600	−0.239
5.00	1.725	1.229	0.497
10.00	1.466	1.377	0.089
20.00	0.366	0.730	−0.364
30.00	0.033	0.407	−0.374
久期	4.124	4.491	−0.367

如上表所示，投资组合的久期小于基准指数的久期。投资组合中长期债券对收益率变动的敞口较小（表现为其 20 年关键利率久期和 30 年关键利率久期较低），而期限为 5～10 年的债券对收益率变动的敞口较大。

除了关键利率久期等总结性指标，市场参与者还考察投资组合与基准指数现金流分布的现值之差，以获得对收益率曲线敞口的认识。

复杂策略

至此，我们已经介绍了收益率曲线策略的基础知识。Fabozzi、Martinelli 和 Priaulet 所做的一项研究使用更高级的计量经济模型，发现了随时间推移而变化的美国利率期限结构形状的可预测性的证据。[①] 违约利差、股票波动性、短期利率和远期利率等变量被用于预测收益率曲线斜率的变化，也可以在一定程度上预测曲率的变化。基于蝶式互换的系统性交易策略表明，收益率曲线形状的可预测性证据既具有显著的统计意义，又具有重要的经济意义。

收益率利差策略

如第 5 章所讨论的，债券市场可以按不同方式分为不同部门：按发行人类型可以分为国债、政府机构债券、公司债券和抵押贷款支持证券；按质量或信用可以分为无风险国债、AAA 级债券、AA 级债券等；按息票利率可以分为高息票/溢价债券、当期息票/平价债券、低息票/折价债券；按期限可以分为短期债券、中期债券和长期债券。不同期限债券之间的收益率利差与前面讨论过的收益率曲线变化有关。

收益率利差策略（yield spread strategies）是指构建一个债券组合，以利用不同类别债券之间的收益率利差预期变动。如果债券组合经理认为市场上两种债券之间的现行收益率利差与它们之间的历史收益率利差不一致，那么，债券组合经理将会把一种债券互换（或交换）为另一种债券；在投资期期末，这两个收益率利差将重新趋于一致。这种做法被称为**市**

① Frank J. Fabozzi, Lionel Martellini, and Philippe Priaulet, "Exploiting Predictability in the Time-Varying Shape of the Term Structure of Interest Rates," *Journal of Fixed Income*, June 2005, pp. 40 - 53. 具体而言，他们使用了抗差递推模型方法，该模型方法是基于多因素模型的贝叶斯混合模型。

场间利差互换（intermarket spread swaps）。

信用利差

在第 21 章中，我们讨论了信用利差。在第 26 章中，我们将讨论公司债券组合并介绍不同类型的信用交易。

可赎回证券与不可赎回证券之间的利差

由于可赎回债券与不可赎回债券之间的差异和可赎回债券息票利息的差异而产生的利差将由于下列因素的预期变化而变动：(1) 利率变动方向；(2) 利率波动性。利率水平下降的预期将扩大可赎回债券与不可赎回债券之间的收益率利差，因为发行人执行赎回期权的可能将增加。与此相反，利率上升的预期会缩小可赎回债券与不可赎回债券之间的收益率利差。如第 17 章所述，利率波动性的增加会提高嵌入式赎回期权的价值，因而增加可赎回债券与不可赎回债券之间的收益率利差。对利率变动方向和利率波动性的预期将影响国债和抵押转手证券之间的收益率利差以及低息票利率转手证券与高息票利率转手证券之间的收益率利差，其影响方式与其对公司债券收益率利差的影响方式相同。

用金额久期评估收益率利差策略的重要性

在评估收益率利差策略时，比较具有相同金额久期的头寸是非常关键的一步。为了理解其中的原因，现以债券 X 和债券 Y 为例进行说明。假设债券 X 的价格为 80，修正久期为 5；债券 Y 的价格为 90，修正久期为 4。由于修正久期表示收益率每变动 100 个基点导致的近似价格变动百分比，因此，债券 X 的收益率每变动 100 个基点，债券价格的变动幅度大约为 5%。债券 X 的价格为 80，因此，每 80 美元市场价值对应的价格变化约为 4 美元。因此，当收益率变动 100 个基点时，市场价值为 80 美元的债券 X 的金额久期为 4 美元。同理，我们也可以确定当收益率变动 100 个基点时市场价值为 90 美元的债券 Y 的金额久期，即 3.60 美元。因此，如果将债券 X 和债券 Y 作为不基于预期利率变动的策略的替代投资，那么这种策略中每只债券的金额应使得这两只债券拥有相同的金额久期。

现在举例说明。假设一位债券组合经理拥有面值为 1 000 万美元的债券 X，其市场价值为 800 万美元。当收益率变动 100 个基点时，市场价值为 800 万美元的债券 X 的金额久期为 400 000 美元。进一步假定该债券组合经理正在考虑将其债券组合中的债券 X 调换为债券 Y。如果债券组合经理希望债券 Y 的利率敞口（即金额久期）与债券 X 当前的利率敞口相同，那么他将买入一定市场价值的债券 Y，使其具有相同的金额久期。如果该债券组合经理购买了面值为 1 000 万美元的债券 Y，那么，市场价值为 900 万美元的债券 Y 的收益率每变动 100 个基点时，其价格变动仅为 360 000 美元。另外，如果该债券组合经理买入的债券 Y 的市场价值为 1 000 万美元，那么收益率每变动 100 个基点时，其金额久期将为 400 000 美元。由于债券 Y 的交易价格为 90，因此，债券组合经理必须买入面值为 1 111 万美元的债券 Y，以确保债券 Y 与债券 X 具有相同的金额久期。

这一问题可以用数学方式表示如下：

令

$\$D_X$＝债券 X 的收益率每变动 100 个基点时，按所持 X 债券市场价值计算的金额久期
MD_Y＝债券 Y 的修正久期
MV_Y＝获得与债券 X 相同的金额久期所需持有的债券 Y 的市场价值

那么，下列等式将使债券 X 与债券 Y 具有相同的金额久期：

$$\$D_X = \frac{MD_Y}{100} MV_Y$$

求解，得到

$$MV_Y = \frac{\$D_X}{\frac{MD_Y}{100}}$$

将 MV_Y除以面值为 1 美元的债券 Y 的价格，即可求出与债券 X 具有大致相等的金额久期的债券 Y 的面值。

在我们的例子中，$\$D_X$等于 400 000 美元，$MD_Y$等于 4，那么，

$$MV_Y = \frac{\$400\ 000}{\frac{4}{100}} = \$10\ 000\ 000$$

面值为 100 美元的债券 Y 的市场价值为 90，因此，面值为 1 美元的债券 Y 的市场价值为 0.9。1 000 万美元除以 0.9 等于 1 111 万美元，这就是债券组合经理应当买入的债券 Y 的面值。

如果无法根据收益率利差的预期变动调整债券组合以保持金额久期不变，这就意味着债券组合的表现不仅受收益率利差预期变动的影响，还受收益率水平变动的影响。因此，债券组合经理将会有意识地对收益率利差进行估计，并可能对利率水平做出不理想的估计。

单只证券的选择策略

资金管理者可以采取若干种积极策略来识别被错误定价的债券。最常见的策略通常根据以下因素断定某只债券的价值被低估：(1) 该只债券的收益率高于相同评级的债券；(2) 信用分析表明该只债券的评级将提高，因此其预期收益率将下降（而价格将上升）。

通过互换，资金管理者可以将一种债券调换为另一种具有类似息票利率、期限和信用质量但收益率较高的债券，这种互换被称为**替代互换**（substitution swap）。替代互换取决于资本市场的不完全性。由于非国债债券市场的暂时性市场失衡和市场分割性，债券市场上有时会存在不完全性。在进行替代互换时，资金管理者面临的风险是：买入的债券与替换掉的债券可能不完全相同。此外，一般而言，不同债券之间的期限和息票利率类似但并不相同。这可能导致两种债券的凸性不同，而且任何收益率利差都会反映出凸性成本。

在抵押贷款支持证券市场上使用的一种积极策略是，根据证券定价时的假定提前偿付速度识别出被错误定价的转手证券、抵押担保债券类别和剥离式抵押贷款支持证券。在抵押贷款支持证券市场上，另一种常用的积极策略是，创建一个证券组合，使得在范围较广的利率和收益率曲线情形下，该证券组合的收益率高于市场上有类似久期的现有证券的收益率。由于抵押贷款证券市场的分割性和证券结构的复杂性，这种机会是经常存在的。

智能 beta 债券策略

正如我们在讨论各种债券策略时说明的，最广泛地讲，存在两大类策略。消极（beta）

策略是投资者认为债券市场价格有效且选择复制其绩效的基准指数是市值加权债券指数时采取的策略。另一个极端是积极（alpha）策略，它的前提假设是存在许多价格无效，可以利用这些价格无效超过市值加权债券指数的绩效。

两种策略都涉及一个历史上曾是市值加权债券指数的基准指数。我们已经强调了与使用市值加权债券指数作为债券基准指数的问题。这些问题导致的一个结果是，投资者开始在股票市场使用另一种策略，这种策略现在也在债券市场上使用。这种策略被称为**智能 beta 策略**（smart beta strategy）。

与追求复制和优于债券市场指数中嵌入的风险溢价的传统债券组合策略相反，智能 beta 策略通过低成本投资过程反映出更广泛的风险溢价分布。智能 beta 策略这样做的方法是提供比以市值加权债券指数作为基准指数的传统债券组合策略更高的分散化收益。智能 beta 策略支持者的基本假设是：（1）市值加权债券指数有缺陷；（2）执行与市值加权指数对抗的积极策略费用高昂；（3）在长期，积极策略的绩效将不如市值加权指数；（4）消极（beta）策略和积极（alpha）策略之间存在能更有效地利用债券市场上风险溢价的高成本—收益策略。

智能 beta 策略的基础前提是识别出债券收益率的系统性风险影响因素。① 智能 beta 策略需要构建一个指数作为基准指数。这个指数被称为“智能 beta”，它预期将提供优于本章之前介绍的市值加权债券指数的风险—收益特征。智能 beta 策略的提供者将对策略进行测试，为优于市值加权债券指数的特征提供支持。在采用任何智能 beta 策略之前，测试期必须足够长，以涵盖各种市场和经济条件。

在制定智能 beta 策略时，实践中使用两种加权方法：基于探索的加权法与基于优化的加权法。最简单的一种加权法是基于探索的加权法。这种方法使用本章之前介绍的加权法之一，例如平均加权法或基本面加权法。更复杂的加权法是基于优化的加权法，这种加权法要找出最小方差或最大分散度的智能 beta。基于优化的加权法在股票领域比债券领域更常用。

尽管智能 beta 策略在股票领域很常用，且研究表明固定收益领域对这种方法的兴趣不断增加，但它用起来并不总是那么简单明了。EDHEC Risk Institute 的 Felix Goltz 在 2014 年 4 月的一次采访中指出，“智能 beta 策略成为固定收益投资组合的现实投资策略之前还有很长一段路要走。”②

有人担心试图将智能 beta 股票策略用于债券策略的做法。Felix Goltz 提供了一个例子。③ 一种智能 beta 股票策略是构建波动性最小的智能 beta。在股票中，这是通过集中于低波动性和低风险的股票实现的。然而，最小波动性智能 beta 债券策略的意义没那么大。较低的波动性意味着构建波动性较低的债券组合，这将导致投资组合严重偏向信用风险最低的发行人发行的短期债券。这种智能 beta 债券策略对于多数投资者都不具吸引力。此外，执行这种策略也不像只是用影响债券收益率的基本面因素加权那么简单。State Street Global Advisors 的固定收益高级 beta 总监 Brian Kinney 指出，“如果你单独考察基本面因素，会发现它们并不能很好地指出有降级风险的债券，因为它们对变化的敏感性或反应度不足……通

① 由于用于系统性风险的术语是“beta”，因此这些策略被称为智能 beta 策略。智能 beta 平台的某些创建者称这些策略为高级 beta 策略（例如，State Street Global Advisors），晨星（Morningstar）称其为战略 beta 策略。

② “‘No Consensus’ on Smart Beta Fixed Income Methods,” aiCIO, April 15, 2014, http://www.ai-cio.com/channel/RISK_MANAGEMENT/_No_Consensus_on_Smart_Beta_Fixed_Income_Methods.html.

③ “‘No Consensus’ on Smart Beta Fixed Income Methods.”

过加入更多因素，例如债券的基础波动性和价格波动性，投资者可以避免市值方法的一些缺陷。”①

财务杠杆的运用

如果投资方针允许，债券组合经理可以运用财务杠杆来提高债券组合的收益率。为了在市场上获得比纯现金投资收益率更高的投资组合，债券组合经理可以通过借入资金创建财务杠杆。例如，债券组合经理可能有 5 000 万美元现金投资于债券市场，但他却希望拥有 2 亿美元的风险敞口。

不必通过借款就能获得的资金被称作“股本”。在我们的例子中，股本为 5 000 万美元。* 不包括任何财务杠杆的投资组合被称为**未杠杆化投资组合**（unlevered portfolio），**杠杆化投资组合**（levered portfolio）是指债券组合经理创建了财务杠杆的投资组合。在上面的例子中，杠杆化投资组合为 2 亿美元。

在本节中，我们将考察财务杠杆。首先，我们将考察债券组合经理为什么要运用财务杠杆，以及如何衡量运用财务杠杆的投资组合的久期。然后，我们将考察债券组合经理如何运用回购市场来创建财务杠杆。

财务杠杆的使用动机

运用财务杠杆的一个基本原则是，债券组合经理希望借入资金的收益高于借入资金的成本。借入资金的收益来源于和没有借入资金时相比更高的收入和（或）更高的价格上升幅度。

首先，让我们考察杠杆化债券组合与非杠杆化债券组合相比所可能产生的更高收入。如果某位债券组合经理投资 5 000 万美元，每年可获得 5%的收益率，而借入资金的成本为每年 4.5%，那么，该经理每年可获得的收入将比资金成本高 50 个基点。通过借入更多资金，该债券组合经理的收益将会成倍增长。这就是杠杆化的收益。杠杆化的风险是，借入资金的收益小于资金成本。在这个例子中，杠杆化的风险在于，如果借入资金的投资收益率低于 4.5%，那么，借入资金的收益率将为负值。

资金的投资收益来自两个方面：第一个来源是利息收入，第二个来源是借款期期末的证券（或证券组合）价值变动。例如，假设某位债券组合经理将全部借入资金投资于一只按面值出售、息票利率为 5%、1 年后到期的证券。在 1 年后（我们在这个例子中假定债券组合经理的借款期限也是 1 年），如果债券发行人按面值偿还债券，那么收益率为 5%。再假设该债券为按面值买入、息票利率为 5%的 10 年期债券。那么，借入资金的 1 年期收益率为 5%，该收益表现为根据 1 年后的债券价格变化进行调整后的利息收入。在 1 年后，10 年期债券距离到期还有 9 年，根据 1 年后的市场利率，债券价格可能高于或低于面值。当然，此时的债券投资风险是债券价值下降导致收益率为负值的风险。

有些运用财务杠杆的债券组合经理希望收益主要来自价格变动。运用财务杠杆将会放大

① “Beyond Active and Passive: Advanced Beta Comes of Age,” *State Street Global Investors*, 2004, p. 11.

* 原文此处为“$50”，疑有误。结合上下文，此处译为“5 000 万美元”。——译者注

微小的价格变动。例如，如果一位债券组合经理预期价格将下跌，那么他可以借入资金以承担更高的市场价格风险。实际上，这位债券组合经理提高了投资组合的久期，我们在后面将对此进行分析。

因此，与借入资金相关的风险是：当所投资的证券（或证券组合）未能产生借入资金时的预期利息收入和资本溢价时，借入资金的投资收益可能低于借入资金的风险。

存款类金融机构（例如银行和储贷协会）必须运用财务杠杆，因为这类机构获得的借入资金成本之上的利差通常较低。借入资金的金额（即杠杆化程度）为能给金融机构带来可接受收益的金额。对交易者而言，单笔交易通常只能产生略高于借入资金成本的利差。如果对这些交易进行杠杆化，那么交易产生的收益就足以吸引交易者。

杠杆化投资组合的久期

现在，让我们来分析如何计算包含借入资金的投资组合的久期。我们通过一个例子来理解其中的一般原理。

假设某投资组合的市场价值为 1 亿美元，投资组合经理将资金投资于一种久期为 3 的债券。这意味着当利率变动 100 个基点时，投资组合经理预期投资组合的价值将变动约 300 万美元。对于这笔非杠杆化资金而言，投资组合的久期为 3。

现在，假设投资组合经理能再借入 3 亿美元的资金。这意味着这笔杠杆化资金将有 4 亿美元可用于投资，包括投资组合经理在借入资金前已拥有的 1 亿美元（即股本）和借入的 3 亿美元。所有资金都投资于一只久期为 3 的债券。现在，我们考察利率变动 100 个基点时发生的情况。杠杆化投资组合的价值变动将为 1 200 万美元（3%乘以 4 亿美元）。这意味着 1 亿美元的投资将使投资组合的价值变动 1 200 万美元。衡量投资组合久期的正确方法是计算久期与未杠杆化资金或股本之比，因为投资组合经理关注的是相对于股本的风险敞口。因此，投资组合的久期为 12，因为当投资组合的久期为 12 时，100 个基点的利率变动将导致投资组合的股本价值（1 亿美元）变动 12%，即 1 200 万美元。

通常，运用财务杠杆的投资组合的久期计算步骤如下：

第 1 步：计算杠杆化投资组合的久期。

第 2 步：计算杠杆化投资组合在给定利率变动下的金额久期。

第 3 步：计算杠杆化投资组合的金额久期与最初的未杠杆化投资组合的价值（即初始股本）之比。

第 4 步：因此，未杠杆化投资组合的久期计算公式为：

$$\text{第 3 步计算出的比率} \times \frac{100}{\text{第 2 步使用过的以基点表示的利率变动}} \times 100$$

现在举例说明这一计算过程。假设未杠杆化投资组合的初始价值为 1 亿美元，杠杆化投资组合的初始价值为 4 亿美元（1 亿美元的股本加上 3 亿美元的借款）。

第 1 步：假设杠杆化投资组合的久期计算结果为 3。

第 2 步：我们运用 50 个基点的利率变动来计算金额久期。如果杠杆化投资组合的久期为 3，那么，当利率变动 50 个基点时，金额久期为 600 万美元（1.5%乘以 4 亿美元）。

第 3 步：当利率变动 50 个基点时，金额久期为 600 万美元，最初的未杠杆化投资组合的市场价值为 1 亿美元，二者的比率为 0.06（600 万美元除以 1 亿美元）。

第 4 步：未杠杆化投资组合的久期为：

$$0.06 \times \frac{100}{50} \times 100 = 12$$

如何通过回购市场创建财务杠杆

投资组合经理可以通过两种方式创建财务杠杆。第一种方式是运用衍生工具。正如第29章至第31章将要阐述的，利率衍生工具可以产生与财务杠杆相同的效果。第二种方式是通过抵押贷款协议借入资金。债券组合经理通过抵押贷款协议借入资金的两种最常用的方法是逆回购协议和保证金购买。前者是机构资金管理者最常用的交易方式，因此我们下面就讨论这种方式。

回购协议

回购协议（repurchase agreement）是指在出售证券时，证券卖方承诺在未来指定的日期，按照规定的价格从买方回购这种证券的协议。证券卖方将来回购债券时必须支付的价格被称为**回购价格**（repurchase price），必须回购证券的日期被称为**回购日**（repurchase date）。基本上，回购协议就是一种抵押贷款，其中的担保品就是现在被出售而随后被回购的证券。我们通过一个例子可以更好地说明这种协议。

假设某政府证券交易商已经购入了1 000万美元的某种国债。该交易商运用回购协议或回购市场来获得融资。在回购市场上，该交易商可以用1 000万美元的国债作为担保品来获得贷款。贷款期限和交易商同意支付的贷款利率都已明确规定。这种利率被称为**回购利率**（repo rate）。当贷款期限为1天时，这种回购被称为**隔夜回购**（overnight repo）；当贷款期限超过1天时，这种回购被称为定期回购（term repo）。这种交易之所以被称为回购协议，是因为它要求出售证券并在未来某个日期购回该证券。回购协议规定了售价和买价。买价（回购价格）和售价之差等于贷款的利息成本。

现在继续来看那位购买了1 000万美元国债并计划隔夜持有这些国债的交易商，他需要用这些国债来获得1 000万美元的融资。假设这位交易商的一位客户恰好有1 000万美元的多余资金。（这位客户可能是刚刚征得税款的市政当局，且该客户没有紧急的资金支付需要。）交易商同意向这位客户交割（“出售”）1 000万美元的国债并根据回购利率收取确定的金额；第二天，交易商用1 000万美元从顾客手中买入（“回购”）相同的国债。假设隔夜回购利率为6.5%。那么，如下所述，这位交易商将同意按9 998 195美元的价格交割国债，而在第二天按1 000万美元的价格回购相同的国债。其中，9 998 195美元的“出售”价格与1 000万美元的回购价格之差为1 805美元，这就是这笔融资的利息。

计算回购交易利息的公式如下：

$$\text{利息金额} = \text{借入金额} \times \text{回购利率} \times \text{回购期限}/360$$

注意，利息以每年360天为基础计算。

在我们的例子中，回购利率为6.5%，回购期限为1天（隔夜），1 805美元利息金额的计算过程如下：

$$\$9\,998\,195 \times 0.065 \times 1/360 = \$1\,805$$

交易商通过回购市场进行短期融资的优点在于，其利率低于银行融资成本。（后面将解释其中的原因。）从顾客的角度看，回购市场为高流动性的短期担保交易提供了有吸引力的收益率。

尽管我们的例子只说明了交易商通过回购市场为多头融资的情况，但交易商也可以通过回购市场轧平空头。例如，假设某位政府证券交易商在两周前出售了1 000万美元的国债，但现在必须轧平头寸——也就是说，需要交割证券。该交易商可以进行**逆回购**（reverse repo）（同意买入证券，然后再将证券回售）。当然，该交易商最终还是必须从市场上买入国债，以轧平空头。在这种情况下，交易商实际上向顾客发放了抵押贷款；也就是说，在逆回购中作为贷出资金的一方。然后，客户可以利用抵押贷款获得的资金创建财务杠杆。

华尔街描述回购交易的行话非常多。为了理解这些行话，我们需要记住：一方贷出资金并接受证券作为贷款的担保品；另一方借入资金并为借入的资金提供担保品。当某一方贷出证券以获得资金（即借入资金）时，这一方被称为"倒出"证券。另一方贷出资金并获得证券作为担保品，这一方被称为"倒入"证券。市场上也常用"回购证券"和"做回购"的说法。前者表示某人用证券作为担保品为证券融资；后者表示某一方将要投资于回购交易。最后，"出售担保品"和"买入担保品"的说法是指一方通过回购为证券融资，另一方则根据担保品贷出资金。

投资指引应该明确地规定允许资金管理者从事哪些交易，而不是使用行话。例如，客户可能不反对资金管理者运用回购进行短期投资，即资金管理者可以贷放短期资金。投资指引中应该明确规定如何设计贷款协议以防范信用风险。我们将在后面讨论这个问题。但是，如果客户不希望资金管理者将回购协议用作借入资金以建立财务杠杆的工具，那么，客户应该予以声明。

虽然我们在上述例子中使用国债作为担保品，但是，在回购交易中担保品并不仅限于政府证券。货币市场工具、联邦政府机构证券和抵押贷款支持证券①都可以用作担保品。在某些专门市场上，也可以将整体贷款（即尚未证券化的各笔贷款）用作担保品。

信用风险

尽管回购交易的标的资产可能是高质量的担保品，但是，交易双方仍然面临着信用风险。为什么回购交易中会出现信用风险呢？考虑我们最开始的例子，其中交易商用1 000万美元的国债作为抵押来借款。如果该交易商不能回购国债，那么客户可以保留担保品；如果国债利率在回购交易之后上升，那么国债的市场价值将下降，客户持有国债的市场价值将低于他贷给交易商的资金金额。相反，如果国债的市场价值上升，那么交易商将会关注担保品的收益，此时担保品的市场价值将高于贷款金额。

为了降低信用风险，交易商需要精心设计回购交易。贷款金额应该小于用作担保品的证券的市场价值。因此，当证券的市场价值下降时，这能够为贷款人提供一定的保护。用作担保品的证券的市场价值超过贷款价值的部分被称为**回购保证金**（repo margin）或简称为**保证金**（margin）。保证金也被称为"折减"（haircut）。回购保证金一般在1%～3%之间。如果借款人的信用评级较低且（或）用作担保品的证券流动性较差，那么回购保证金可以达到10%甚至更高。

另一种限制信用风险的方法是对抵押贷款定期盯市。（对某个头寸盯市的意思是，按市场价值记录头寸的价值。）当市场价值变动达到一定的百分比时，就要对回购头寸进行相应的调整。

① 当用作担保品的证券是抵押转手证券时，这种特殊的回购被称作"奖金滚动"（dollar roll）。

在回购交易的结构设计中，有一点值得关注，就是向贷款人交割担保品的程序。对借款人而言，最明显的程序就是将担保品交割给贷款人或其清算代理行。在这种情况下，我们称担保品被“交割出去”。在回购期期末，贷款人将担保品交还给借款人，以交换本金和利息。由于交割担保品时会产生成本，因此，这种程序可能成本过高，对于短期回购而言尤其如此。这种交割成本在交易中体现为：回购利率低于借款人愿意支付的利率。如果贷款人不占有担保品，那么存在的风险是，借款人可能将证券卖出或将证券作为与另一方进行回购交易时的担保品。

作为一种替代方法，贷款人可以允许借款人在独立的客户账户中持有证券，而无须交割担保品。当然，贷款人仍然面临借款人以欺诈方式用担保品充当其他回购交易的担保品的风险。如果借款人不把担保品交割出去，而是持有担保品，那么这种交易被称为**托管持有回购**[hold-in-custody (HIC) repo]。尽管托管持有回购也存在信用风险，但是，一些交易仍在使用托管持有回购；例如，担保品难以交割（例如整体贷款）的交易，或交易金额较小而贷款人对借款人的信誉又比较放心的交易。

另一种方法是借款人将担保品交割至借款人清算银行的贷款人托管账户中。然后，托管人将代表贷款人持有担保品。由于这一过程只是担保品在借款人清算银行内部的转移，因此这种做法降低了交割成本。例如，当交易商与A客户进行隔夜回购交易时，担保品在次日又转回交易商的账户。然后，交易商可以与B客户进行（举例而言）期限为5天的回购交易，而不必交割担保品。清算银行只是为B客户建立了一个托管账户，并在此账户中持有担保品。这种特殊的回购安排被称作**三方回购**（tri-party repo）。

回购利率的决定因素

回购利率并非唯一的。不同交易的回购利率也各不相同，这取决于各种因素：担保品的质量、回购期限、交割要求、获得担保品的难易程度和当前的联邦基金利率。

担保品的信用质量越高、流动性越强，回购利率就越低。回购期限对回购利率的影响取决于收益率曲线的形状。如前所述，如果要求将担保品交割给贷款人，那么支付的回购利率将较低。如果担保品被存放在借款人的清算银行中，那么支付的回购利率将较高。

获得担保品的难度越大，回购利率就越低。为了理解其中的原因，我们需要记住，借款人（即担保品出售方）拥有贷款人基于某种原因希望拥有的证券。这种担保品被称为**热门担保品或特殊担保品**（hot or special collateral）。不具有这种特征的担保品被称为**一般担保品**（general collateral）。希望获得热门担保品的一方将愿意以较低的回购利率贷出资金，以便获得担保品。

上述因素决定了特定交易的回购利率，联邦基金利率决定了回购利率的一般水平。由于回购是一种有担保的借款，而联邦基金交易是无担保的借款，因此回购利率通常低于联邦基金利率。

要　点

- 资产配置决策是决定将多少资金在主要资产类别之间分配的决策，它是根据投资目标做出的。

· 一旦做出资产配置决策，客户就必须决定是只使用内部经理、只使用外部经理，还是同时使用内部经理和外部经理。

· 资产配置这个词还用于已经做出投资具体资产类别的决策之后，以表示如何在该资产类别的不同部门之间分配资金。

· 通常，债券组合策略有三类：基于债券基准指数的策略、绝对收益率策略和负债驱动策略。

· 基于债券基准指数的策略包括指数类策略（纯债券指数匹配策略、匹配基本风险要素的增强指数化策略与少量风险因素错配的增强指数化策略）和积极管理策略（大量风险因素错配策略与充分成熟积极策略）。

· 核心/卫星策略结合了指数化策略（为了创造低风险核心投资组合）和积极策略（为了创造风险容忍度较高的专业化卫星投资组合）。

· 绝对收益率策略追求在与影响债券市场的市场条件变化无关的某段时间内获得正收益率。

· 债券基准指数被用于评估债券绩效。

· 历史上，最常用的债券基准指数是市值加权债券指数。

· 从投资者的角度看，使用市值加权债券市场指数作为债券基准指数存在问题。

· 定制债券指数包括发行人上限指数和负债指数。

· 另类公司债券指数和国际政府债券指数使用专门的债券加权方法。

· 影响投资组合的基本风险因素可以分为系统性风险和非系统性风险两大类。相应地，这些风险因素还可以进一步分类。系统性风险因素可以分为期限结构风险因素和非期限结构风险因素。非期限结构风险因素包括部门风险、信用风险和期权风险。非系统性风险因素可以分为特定发行人风险和特定证券风险。

· 积极的债券组合策略试图利用对影响证券在某个投资期内的价格，进而影响投资绩效的因素变化的预期。

· 我们应该运用总收益率法评估在某段投资期内这些风险因素的变动如何影响债券组合管理策略的绩效。

· 除了使用市值加权债券指数的传统消极债券策略与积极债券策略，还有另一种债券组合策略，它是试图通过低成本投资过程反映出更广泛的风险溢价分布的智能 beta 策略。

· 智能 beta 策略通过提供比用市值加权债券指数作为基准指数的传统债券组合策略更高的分散化收益反映风险溢价。

· 智能 beta 策略的基础是识别出债券收益率的系统性风险影响因素。

· 在投资者采用第三方制定的智能 beta 策略之前，应该对该策略进行充分测试，以评估它的绩效是否超过市值加权债券指数。

· 财务杠杆是指资金管理者通过借入资金承担比未借入资金时更高的市场风险。其目的是希望获得高于借入资金成本的收益。运用财务杠杆的风险是资金管理者获得的收益可能低于借入资金成本。借入资金的收益来源于利息收入与所购证券价值变动之和。运用财务杠杆可以放大投资组合的久期。

· 资金管理者最常见的借入资金方式是通过回购协议借入资金。这是一种抵押贷款安排，在这种安排下，一方借入资金。当一方贷出资金时，这种协议就被称为逆回购协议。回购协议具有信用风险，有一些交易机制可以减轻这种风险。

问　题

1. 为什么人寿保险公司的投资组合管理者与共同基金经理的投资目标会有所不同？

2. 一位投资组合管理者的绩效表现优于基准指数，但是仍未能实现客户的投资目标。请解释为什么会出现这种情况。

3. a. 什么是与市值加权债券市场指数相关的久期问题？

b. 为什么债券指数的久期是“历史偶然”？

c. 什么是与市值加权债券市场指数相关的“流浪汉问题”？

4. 为什么投资者关心市值加权债券指数的投资特征如何随着时间的推移而变化？

5. a. 为什么发行人上限债券指数能克服“流浪汉问题”？

b. 发行人上限债券指数能克服与市场上限加权债券指数相关的久期问题吗？

c. 基础债券指数是什么意思？

6. 在《绩效超过基准指数的投资组合策略》（见 John Wiley & Sons 出版社 2003 年出版的《欧洲固定收益证券手册》）中，作者 William Lloyd 和 Bharath K. Maniumm 列出了良好债券市场指数的下列六项主要原则：

原则 1：与投资者相关。

原则 2：有市场代表性。

原则 3：规则透明、成分一致。

原则 4：可投资、可复制。

原则 5：基于高数据质量。

原则 6：独立。

请说明为何每项原则对于创建债券市场指数都很重要。

7. 下列两段引文摘自 FTIF Franklin High Yield Fund 的网站（日期为 2009 年 12 月 31 日，网址为 http：//www. franklintempleton. com. es/pdf/funds/fdata/0825 _ ksp _ es. pdf）：

a. “通过我们广泛的自下而上式基本面分析过程以及证券与行业分散化，投资组合风险基本得到了控制。”这段话是什么意思？

b. “自上而下式定量法监控和预测了产品整体波动性（即标准差）和相对于基准指数与同类产品的跟踪误差。”自上而下法是什么？（在下一章中，将讨论定量法和跟踪误差。）

8. a. 所有积极投资组合策略中的基本要素是什么？

b. 这些采用指数化策略的投资组合经理被称为“指数拥趸者”，为什么？

9. 请说明你是否同意下列说法：“所有久期匹配策略都是指数化策略。”

10. Threadneedle Bond Fund 的投资目标是“在 18～24 个月期间，每年的绩效超过基准指数 3%（总费用）”。这是什么类型的基金？

11. a. 什么是系统性风险因素？

b. 期限结构风险因素和非期限结构风险因素的差异是什么？

12. 下列文字摘自 T. Rowe Price Institutional Core Plus Fund 2010 年 10 月 1 日的发行说明书：

> **本金投资策略**　基金希望将至少 65%的净资产投资于投资级美元固定收益证券组成的“核心”投资组合，它可能包括但不限于美国政府及其政府机构发行的债券、公司债券、抵押贷款和资产支持证券。通常，基金还将维持投资组合在其他债券市场部门中的“正”头寸，包括高收益债券、非美国美元债券和新兴市场证券，以实现更多价值。
>
> 在通常条件下，基金预期将保持相当于巴克莱美国综合债券指数+/−20%的实际久期。截至 2010 年 7 月 31 日，该

指数的实际久期为4.05；然而，它将随着时间变化。总体上，基金将追求维持A—级或更高的加权平均信用评级，其基础为基金投资组合中证券的加权平均信用质量。

核心投资组合所投资的债券将是投资级债券，最低信用质量为BBB—级。评级将在购买债券时由至少一家国家认可的统计评级机构（NRSRO）确定，如果没有此类评级，则参考T. Rowe Price的可比评级。如果某只证券的评级有分歧（即一种评级为投资级以下，一种评级为投资级或投资级以上），则采用较高的评级。

基金的投资组合中“正”头寸可能由低于投资级的美国债券（垃圾债券）和其他发达国家公司债券（不超过净资产的20%）、低于投资级的新兴市场固定收益证券（不超过净资产的10%）、非美元证券（不超过净资产的20%）和可转换证券与优先证券（不超过净资产的10%）以及其他投资组成。该基金可能持有非美国货币而不持有用这些货币标价的任何债券或其他证券。

基金可能继续在核心投资组合中持有购买后被降级至投资级以下的投资。如果这种降级导致高收益敞口超过净资产的20%或低于投资级的新兴市场证券超过净资产的10%，那么基金将在一段合理时期内降低敞口。

为了保证实现基金的目标，基金可能使用期货、期权或互换。基金可能由于各种理由卖出持有的投资组合，例如调整投资组合的平均期限、久期或信用质量，或者将资产移入或移出收益率较高或较低的证券或不同部门。

请详细讨论该公司的策略。

13. 在积极投资组合策略中，运用久期指标和凸性指标有哪些局限性？

14. 以下两个债券组合的市场价值均为5亿美元。组合中的债券均按面值交易。两个债券组合的金额久期相同。

债券	距离到期日的年数	面值（百万美元）
组合Ⅰ的债券构成		
A	2.0	120
B	2.5	130
C	20.0	150
D	20.5	100
组合Ⅱ的债券构成		
E	9.7	200
F	10.0	230
G	10.2	70

a. 哪个债券组合具有子弹式投资组合的特征？

b. 哪个债券组合具有杠铃式投资组合的特征？

c. 这两个债券组合具有相同的金额久期，请说明当利率发生变动时它们的绩效是否相同。

d. 如果两个组合的绩效不同，假如你的投资期为6个月，那么，你将如何确定哪个组合的绩效更优？

15. 请说明你是否同意下列说法：

a. “凸性较高的投资组合总是优于凸性较低的投资组合。”

b. “如果收益率曲线变陡峭，子弹式投资组合的绩效总是优于具有相同金额久期的杠铃式投资组合。”

16. 什么是阶梯式投资组合？

17. 一位投资组合管理者持有500万美元面值的债券ABC。该债券的交易价格为70，修正久期为6。该投资组合管理者正在考虑将债券ABC互换为债券XYZ。债券XYZ的价格为85，修正久期为3.5。

a. 当收益率变动100个基点时，债券ABC的金额久期是多少？

b. 债券ABC的500万美元头寸的金额久期为多少？

c. 如果要使债券 XYZ 的金额久期近似等于债券 ABC 的金额久期，应该购进多少市值的债券 XYZ？

d. 如果要使债券 XYZ 的金额久期近似等于债券 ABC 的金额久期，应该购进多少面值的债券 XYZ？

18. 请说明为什么在实施收益率利差策略时，有必要保持金额久期不变？

19. 以下引文摘自刊登在 1992 年 1 月 27 日《债券周刊》第 6 页的一篇名为《Smith 公司计划缩短债券投资期限》的文章：

> 据 Smith Affiliated Capital 的执行副总裁 Bob Smith 称，当经济开始反弹，利率开始上升时，该公司计划将 30 年期国债互换为平均剩余年限还有 9 年的 10 年期国债。但是，这家纽约公司预期这种情况在今年年底或明年年初之前不会发生，并认为 30 年期国债的收益率首先会降至 7%以下。Smith 补充说，目前所有新收入的现金都会投向 30 年期国债。

Smith Affiliated Capital 追求的是哪种类型的投资组合策略？

20. 以下引文摘自刊登在 1992 年 1 月 27 日《债券周刊》第 6 页的一篇题为《MERUS 公司准备增持公司债券》的文章：

> 据 MERUS Capital Management 的董事总经理 George Wood 称，该公司准备在未来的 6 个月至 1 年内，在其 7.9 亿美元的投资级固定收益证券组合中增加 3 950 万美元的公司债券投资。MERUS Capital Management 预计，随着经济的复苏和某些公司债券信用评级的提高，公司债券与国债之间的收益率利差将会缩小，因此，MERUS Capital Management 将购入更多的 A 级或更高信用评级的公司债券。

MERUS Capital Management 追求的是哪种类型的积极投资组合策略？

21. 以下引文摘自刊登在 1992 年 1 月 20 日《债券周刊》第 7 页的一篇题为《Eagle 公司考虑购入高息票利率可赎回公司债券》的文章：

> 据 Eagle Asset Management 的高级副总裁 Joseph Blanton 称，如果债券市场进一步回升，那么该公司可以从以下交易中获利：将 800 万美元的 7～10 年期国债调换为可在 2～4 年内赎回的 A 级高息票利率工业债券。但是，Blanton 认为债券市场进一步回升的可能性不大。
>
> Eagle 公司已经卖出了 7～10 年期国债，买入了 2 500 万美元的 A 级高息票利率非银行金融机构债券。这导致该公司 1.6 亿美元固定收益证券组合的久期由 3.7 年下降到 2.5 年，远低于 3.3 年的标准久期……因为该公司认为债券市场的回升即将结束……
>
> Blanton 称，他偏好息票利率为 9%～10%的 A 级工业债券和金融机构债券，因为这些债券可以按比国债高 100～150 个基点的较大收益率利差出售。

Eagle Asset Management 追求的是哪种类型的积极投资组合策略？

22. 以下引文摘自刊登在 1992 年 2 月 17 日《债券周刊》第 5 页的一篇题为《Securities Counselors 考虑缩短久期》的文章：

> 一旦确认将出现利率上升和经济升温，Securities Counselors of Iowa 将缩短其 2.5 亿美元固定收益证券组合的久期（5.3 年）……该公司将通过持有现金等价物和增持少量高信用评级短期电力公司债券来实现缩短久期的目标：其中的现金等价物为出售不确定数量的 10 年期国债产生的收入；而增持电力公司债券的条件是，收益率利差至少增加 100 个基点……
>
> 该债券组合目前由 85%的国债和

15%的政府机构债券构成。1985 年以来，该公司不再持有公司债券，因为该公司发现存在敌意公司收购的风险。

a. 当 Securities Counselors 认为利率将上升时，该公司为什么希望缩短久期？

b. 如何通过购入现金等价物和高信用评级的短期电力公司债券来实现缩短久期的目标？

c. 根据引文中的最后一句话，Securities Counselors 不买入公司债券是为了避免何种风险？

23. 下列文字出自 State Street Global Investor 的一份出版物中，并用粗体大字显示。这份出版物名为《积极策略与消极策略之外：高级 beta 时代来临》(2014)：

> 但是近年来，模糊 alpha 与 beta 界限的“第三种方法”已经出现。

请解释这段文字的含义。

24. 请介绍智能 beta 策略的基本原则。

25. 与财务杠杆的运用相关的风险是什么？

26. 假定一个未杠杆化国债组合的初始价值为 2 亿美元，久期为 7。进一步假定投资组合经理能够借入 8 亿美元并将其投资于同种国债，从而使杠杆化债券组合的价值达到 10 亿美元。那么，这个杠杆化债券组合的久期是多少？

27. 如果一位投资组合经理希望借入 5 000万美元其计划购买的某种国债并持有 20 天，那么他可以与交易商达成回购协议，其中由交易商提供融资，回购利率为 4.2%，保证金要求为 2%。那么，该投资组合经理必须为这笔借入的资金支付多少利息成本？

28. 某家养老金的两个受托人正在商谈回购协议。受托人 A 告诉受托人 B，他认为这是一项安全的短期投资。受托人 B 告诉受托人 A，回购协议是一项投机性很强的投资工具，因为它属于杠杆化投资工具。这两位受托人要求你说明回购协议的投资特征。那么，你该如何向这两位受托人解释呢？

29. 假定一位投资组合经理购买了一种由两家政府资助企业——房地美和房利美提供担保的可调整利率转手证券。假设每个月根据以下息票公式调整息票利率：

1 个月期 LIBOR+80 个基点

息票利率的上限为 9%（即息票利率最高为 9%）。

假设投资组合经理能够在回购交易中使用这些证券。回购交易的条款如下：(1) 回购保证金要求为 5%；(2) 回购期限为 1 个月；(3) 回购利率为 1 个月期 LIBOR 加 10 个基点。另外，假设投资组合经理希望将客户的 100 万美元投资于这些证券。由于保证金要求仅为 100 万美元，因此，投资组合经理可以购买面值为 2 000 万美元的这种证券。投资组合经理需要借入 1 900 万美元资金。由于投资组合经理每月可以从所持有的证券中获得 LIBOR 加 80 个基点的收益率（息票利率），而只需支付 LIBOR 加 10 个基点的成本（回购利率），因此，他能从借入的 1 900 万美元中获得 70 个基点的收益率利差。

与这种策略相关的风险有哪些？

30. 为什么回购交易中存在信用风险？

第 25 章

债券组合的构建

学习目标

阅读本章后，您将了解

- 什么是用于构建投资组合的 Markowitz 均值方差法，以及将其应用于债券组合构建的缺陷
- 系统性风险与异质性风险的区别
- 什么是跟踪误差，以及如何计算跟踪误差
- 前瞻性跟踪误差与回顾性跟踪误差的区别
- 什么是基于单元的债券组合构建方法及其缺陷
- 采用债券指数化策略时，构建债券组合的困难
- 多因素模型的目的
- 如何用多因素模型识别投资组合的风险来源
- 如何用多因素模型构建和再平衡投资组合

在之前的章节中，我们概述了债券组合管理与债券组合策略。在本章中，我们将了解如何构建（建立）投资组合。我们将首先简要回顾投资组合选择理论的基本原则和投资组合的风险。然后，我们将说明在构建、监测和控制投资组合风险时使用的一个关键指标：跟踪误差。在本章最后两节中，我们将说明构建投资组合的两种方法：单元法和多因素模型法。

投资组合理论与风险分解的简要回顾

Harry Markowitz 在 20 世纪 50 年代初提出的投资组合理论为投资组合构建提供了指

南。[1] Markowitz 均值方差法也被称为**均值方差分析**（mean-variance analysis），认为在做出投资组合选择决策时，有三个重要的参数。第一个参数是资产收益率的均值或预期值。第二个参数是资产收益率的方差，这个参数量化了单个资产的风险。随机变量的方差是可能结果在预期值（均值）附近的分散度或波动性指标。对于资产收益率，方差是可能的收益率结果在预期收益率附近的分散度指标。标准差是方差的正平方根，通常提到此类风险时，方差和标准差可以互换使用。

Markowitz 均值方差法体现的观点是，当合并资产创建投资组合时，投资组合的风险只是组成投资组合的各资产风险的加权平均值。而用投资组合方差衡量的投资组合风险取决于组成投资组合的每对资产的收益率协方差或相关系数。协方差是均值方差模型所需的第三个输入值，它是两种资产的收益率联动（一起变动）的程度。相关系数类似于两种资产的预期收益率的协方差。具体而言，两种资产的收益率相关系数等于两种资产的协方差除以其标准差之积。

具体而言，对于简单的双资产情况——资产 1 和资产 2——投资组合均值（或预期收益率）和投资组合方差分别为

$$E(R_p) = w_1 E(R_1) + w_2 E(R_2) \tag{25.1}$$

$$\mathrm{Var}(R_p) = w_1^2 \mathrm{Var}(R_1) + w_2^2 \mathrm{Var}(R_2) + 2w_1 w_2 \mathrm{Cov}(R_1, R_2) \tag{25.2}$$

其中，

$E(R_1)$、$E(R_2)$和 $E(R_p)$分别是资产 1、资产 2 和投资组合的预期收益率（均值）。

w_1 和 w_2 分别是资产 1 和资产 2 在期初投资组合中的资产权重（配置比例）（即每种资产的市场价值占投资组合总市值的比例）。

$\mathrm{Var}(R_1)$、$\mathrm{Var}(R_2)$和 $\mathrm{Var}(R_p)$分别为资产 1、资产 2 和投资组合的方差。

$\mathrm{Cov}(R_1, R_2)$为资产 1 和资产 2 的协方差。

这里要强调关键的几点。正如可以从式（25.1）中看到的，投资组合的预期收益率为两种资产预期收益率的加权平均值。权重为资产在投资组合中的配置比例。式（25.2）显示，与投资组合的预期收益率相反，投资组合的方差不仅是两种资产方差的加权平均值，它也取决于协方差。

通过用相关系数重新表述，可以更容易地看到式（25.2）给出的投资组合方差关系的重要性。协方差与相关系数的关系如下：

$$\mathrm{Cor}(R_1, R_2) = \mathrm{Cov}(R_1, R_2)/[\mathrm{SD}(R_1)\mathrm{SD}(R_2)] \tag{25.3}$$

其中，$\mathrm{Cor}(R_1, R_2)$为资产 1 和资产 2 的收益率的相关系数，$\mathrm{SD}(R_1)$和 $\mathrm{SD}(R_2)$分别为资产 1 和资产 2 的收益率的标准差。从式（25.3）中，我们可以得出

$$\mathrm{Cov}(R_1, R_2) = \mathrm{Cor}(R_1, R_2)/[\mathrm{SD}(R_1)\mathrm{SD}(R_2)] \tag{25.4}$$

将式（25.4）的右侧代入式（25.2）中的 $\mathrm{Cov}(R_1, R_2)$，得到

$$\mathrm{Cor}(R_p) = w_1^2 \mathrm{Var}(R_1) + w_2^2 \mathrm{Var}(R_2) + 2w_1 w_2 \mathrm{Cor}(R_1, R_2)\mathrm{SD}(R_1)\mathrm{SD}(R_2) \tag{25.5}$$

使用式（25.5）可以更容易地看出相关系数衡量的资产收益率之间的关系如何影响投资组合的方差。相关系数指标值的范围为−1.0（表示完全反向联动）到+1.0（表示完全同向联动）。还应指出，由于标准差总是正数，因此，只有在协方差为负数时相关系数才为负数。

[1] Harry Markowitz, "Portfolio Selection," *Journal of Finance* (March 1952), pp. 77 - 91.

相关系数为零表示收益率彼此无关。让我们来看下面三个例子：

相关系数为+1：$\text{Var}(r_p)=w_1^2\text{Var}(r_1)+w_2^2\text{Var}(r_2)+2w_1w_2\text{SD}(r_1)\text{SD}(r_2)$

相关系数为 0：$\text{Var}(r_p)=w_1^2\text{Var}(r_1)+w_2^2\text{Var}(r_2)$

相关系数为−1：$\text{Var}(r_p)=w_1^2\text{Var}(r_1)+w_2^2\text{Var}(r_2)-2w_1w_2\text{SD}(r_1)\text{SD}(r_2)$

当两种资产的收益率完全相关（即相关系数为+1）时，投资组合的方差最大。当相关系数小于+1时，投资组合的方差降低。这就是著名的资产分散化性质。当资产收益率的相关系数为−1时，投资组合的方差最小。

两种资产的收益率方差并非各资产方差加权平均值的数学性质——它对于任何数量的资产都成立——适用于我们将在本章后面讨论的另一个风险指标——投资组合的跟踪误差。

让我们更仔细地考察投资组合方差。金融理论和实证告诉我们，投资组合方差可以分解为两大类：系统性风险和异质性风险。**系统性风险**（systematic risk）是影响投资组合中所有资产收益率的风险。**异质性风险**（idiosyncratic risk）是投资组合中各资产收益率独有的风险。① 在充分分散的投资组合中，异质性风险可以消除，因此投资组合中剩下的唯一风险就是系统性风险。

投资组合理论在债券组合构建中的应用

Markowitz 均值方差法已经通过两种方式应用于投资组合构建。② 第一种是在资产类别水平上的应用。正如前一章提到的，投资者做出资产配置决策。这是如何在主要资产类别（股票、债券、现金、不动产和另类资产）中分配资金的决策。这可能是 Markowitz 均值方差法的主要用途。

第二种应用是使用均值方差法选择证券构建投资组合。这是我们这里重点考察的应用。尽管均值方差法已被用于股票组合管理很多年，但它在构建债券组合中的应用很有限。本节讨论了与其应用于债券组合管理有关的问题（除了专门指出，它也适用于股票组合管理）。然而，尽管存在缺陷，但 Markowitz 均值方差法提供的见解非常重要，为了褒奖 Harry Markowitz 对金融经济学的重大贡献，1990 年他被授予诺贝尔经济学奖。

尽管在引入投资组合理论和分散化收益之前，投资者就会泛泛地谈论分散化，但他们不掌握量化风险的分析工具。Markowitz 说明了如何量化风险，以及投资组合风险的关键贡献者是协方差/相关系数。

从理论到在某个资产类别内构建投资组合，需要估计所有可能纳入投资组合的证券的相关数据——均值、方差和协方差。这些数据估计起来并不容易，有一整类文献讨论的就是与估计风险相关的问题。③ 此外，即使只有少量可能纳入投资组合的证券，必须计算的数据量也十分巨大。例如，如果某个投资组合中可能纳入 N 只证券，就需要估计 N 个方差和 $(N^2-N)/2$ 个协方差。因此，对于只有 50 只候选证券的投资组合，就必须计算 1 225 个协方差。如果候选证券有 100 只，就必须计算 4 950 个协方差。

---

① 这种风险也被称为非系统性风险、特有风险和剩余风险。

② 关于投资组合理论应用的深入讨论，见 Frank J. Fabozzi，Francis Gupta，and Harry M. Markowitz，"The Legacy of Modern Portfolio Theory，" *Journal of Investing* (Fall 2002)，pp. 7-22。

③ 见 Vijay Chopra and William T. Ziemba，"The Effect of Errors in Means，Variances，and Covariances on Optimal Portfolio Choice，" *Journal of Portfolio Management* 19 (1993)，pp. 6-12。

先把估计风险放在一边，对于 Markowitz 来说，必须做出的估计数量之巨大也是显而易见的。他认识到，需要某种协方差结构的模型，以便将投资组合理论实际应用于大型投资组合。他不过是指出了这个问题，并提出了一些可能的协方差模型。Markowitz 提出用于解释证券收益率之间相关性结构的一个模型假设，某只证券的收益率取决于一个“基本因素，即用某个指数表示的市场一般繁荣程度”[①]。1963 年，William Sharpe 检验了 Markowitz 提出的模型，他的方法是检验股票收益率如何随着一般股市指数涨跌。[②] 具体而言，Sharpe——他与 Markowitz 共同获得了诺贝尔经济学奖——用回归分析估计了市场指数收益率（解释变量）和股票收益率（因变量）之间的关系。Sharpe 估计的回归模型被称为**单指数市场模型**（single index market model）或简称为**市场模型**（market model）。被估计的市场模型的回归系数被称为 beta，它是股票对市场指数一般变化的敏感性指标。

值得指出的是，当 Markowitz 讨论估计协方差结构的可能性时，他提出的指数不必是市场指数。市场模型是一个非常简单的因素模型（即单因素模型）。现在，量化投资组合经理使用多因素模型估计收益率的协方差结构。我们将在本章后面讨论用于构建债券组合的这种模型。

使用投资组合方差作为风险指标有两个原因。第一个原因是假定证券的收益率分布为正态分布。如果该假设成立，方差就是合适的风险指标。然而，实证和理论表明，股票收益率和债券收益率不是正态分布。因此，Markowitz 优化法的扩展包括偏斜度和峰度等其他风险指标。[③] 对投资组合方差的第二种批评源自我们在前一章中对投资组合经理目标的讨论：超过基准指数的绩效。秉持该目标而使用的指标是投资组合经理的跟踪误差。这个指标是投资组合收益率与基准指数收益率之差的标准差或方差。接下来我们将详细讨论这个问题。重点是，在构建存在基准指数的投资组合时，相关风险指标不是投资组合方差，而是投资组合的跟踪误差。

最后，让我们重新来看将投资组合整体风险（即投资组合方差）分解为系统性风险和异质性风险的理念。对股市的研究表明，只需大约不超过 25 只随机选择的股票就可消除投资组合的大部分异质性风险。[④] 也就是说，随机选择的股票组合主要面临的是系统性风险。然而，用跟踪误差衡量风险时，需要数量多得多（但合理）的股票消除异质性风险。通常，当基准指数是标准债券市场指数之一时，对债券的处理情况并非如此。这种指数可能包括 6 500只债券。正如我们在本章后面讨论债券组合构建方法时所看到的，通常，债券组合的异质性风险成分较大。

跟踪误差

当债券组合经理的基准指数是某个债券市场指数时，风险的衡量指标并不是债券组合收

---

① 见以下文献第 96～101 页以及第 100 页的专门注释 1：Harry M. Markowitz，*Portfolio Selection*，*Cowles Foundation Monograph 16*（New York：John Wiley & Sons，1959）。

② William F. Sharpe，“A Simplified Model for Portfolio Analysis,” *Management Science*（January 1963），pp. 277－293.

③ 见以下文献第 4 章：Frank J. Fabozzi，*Institutional Investment Management*（Hoboken，NJ：John Wiley & Sons，2010）。

④ 见 Raman Vardharaj，Frank J. Fabozzi，and Frank J. Jones，“Tracking Error and Common Stock Portfolio Management,” Chapter 10 in Frank J. Fabozzi and Harry M. Markowitz，*Equity Analysis and Portfolio Management*（Hoboken，NJ：John Wiley & Sons，2011）。

益率的标准差，而是像之前说明的，是债券组合收益率与基准指数收益率之差的标准差。这种风险衡量指标被称为**跟踪误差**（tracking error），跟踪误差也被称为**积极风险**（active risk）。

跟踪误差的计算

跟踪误差的计算步骤如下：

第 1 步：计算投资组合在每个期间的总收益率。

第 2 步：计算基准指数在每个期间的总收益率。

第 3 步：求出第 1 步和第 2 步所得结果之差，该差额被称为**积极收益率**（active return）。

第 4 步：计算积极收益率的标准差，其结果就是跟踪误差。

假定某个基准指数，图表 25—1 和图表 25—2 显示了两个假定债券投资组合 A 和 B 的跟踪误差计算结果。观察值为 X 年的月数据。A 组合的月跟踪误差为 9.30 个基点。注意，A 组合的月收益率与基准指数的收益率非常接近，即积极收益率较低。相比之下，B 组合的积极收益率较高，因此，B 组合的月跟踪误差也较大，为 79.13 个基点。

图表 25—1　　X 年投资组合 A 跟踪误差的计算结果

月份	组合收益率（%）	基准指数收益率（%）	积极收益率（%）
1 月	−0.02	−0.04	0.02
2 月	1.58	1.54	0.04
3 月	−0.04	0.00	−0.04
4 月	0.61	0.54	0.07
5 月	−0.71	−0.76	0.05
6 月	−0.27	−0.30	0.03
7 月	0.91	0.83	0.08
8 月	1.26	1.23	0.03
9 月	0.69	0.76	−0.07
10 月	0.95	0.90	0.05
11 月	1.08	1.04	0.04
12 月	0.02	0.28	−0.26
总和			0.041
均值			0.003 4
方差			0.008 6
标准差＝跟踪误差			0.093 0
跟踪误差（以基点表示）			9.30

积极收益率＝投资组合收益率－基准指数收益率；方差＝离差平方和/11（观测值的数量减 1，即 11）；标准差＝跟踪误差＝方差的平方根。

图表 25—2　　X 年投资组合 B 跟踪误差的计算结果

月份	组合收益率（%）	基准指数收益率（%）	积极收益率（%）
1月	−1.05	−0.04	−1.01
2月	2.13	1.54	0.59
3月	0.37	0.00	0.37
4月	0.01	0.54	0.47
5月	−1.44	−0.76	−0.68
6月	−0.57	−0.30	−0.27
7月	1.95	0.83	1.12
8月	1.26	1.23	0.03
9月	2.17	0.76	1.41
10月	1.80	0.90	0.90
11月	2.13	1.04	1.09
12月	−0.32	0.28	−0.60
总和			3.42
均值			0.285 0
方差			0.626 2
标准差＝跟踪误差			0.791 3
跟踪误差（以基点表示）			79.13

积极收益率＝投资组合收益率－基准指数收益率；方差＝离差平方和/11（观测值的数量减 1，即 11）；标准差＝跟踪误差＝方差的平方根。

跟踪误差指标是根据观测期间测量的。如果采用月收益率，则跟踪误差为月跟踪误差。如果采用周收益率，则跟踪误差为周跟踪误差。计算年跟踪误差的方法如下：

当采用月观测数据时，

$$年跟踪误差＝月跟踪误差\times\sqrt{12}$$

当采用周观测数据时，

$$年跟踪误差＝周跟踪误差\times\sqrt{52}$$

例如，A 组合和 B 组合的年跟踪误差分别为：

$$A组合的年跟踪误差＝9.30个基点\times\sqrt{12}＝32.16个基点$$

$$B组合的年跟踪误差＝79.13个基点\times\sqrt{12}＝274.11个基点$$

跟踪误差的两面性

我们刚刚介绍了如何根据观察到的投资组合的实际积极收益率来计算跟踪误差。根据投资组合的实际积极收益率来计算跟踪误差的方法反映了投资组合经理在整个观测期间关于本章后面将要介绍的跟踪误差影响因素的决策。我们将根据观察到的投资组合积极收益率计算出的跟踪误差称为**回顾性跟踪误差**（backward-looking tracking error）。回顾性跟踪误差也被称为**事后跟踪误差**（ex-post tracking error）和**实际跟踪误差**（actual tracking error）。

在债券组合管理中，使用回顾性跟踪误差会产生一个问题：它无法反映投资组合经理的当期决策对未来积极收益率的影响，从而也无法反映对未来可能实现的跟踪误差的影响。例如，如果投资组合经理显著改变了当前的投资组合久期或分配给抵押贷款的金额，那么，运用前一观测期间的数据计算出来的回顾性跟踪误差将无法准确地反映当前投资组合风险的未来变化状况。也就是说，回顾性跟踪误差对当前投资组合风险的未来变化状况几乎不具有预测价值，甚至可能产生误导。

投资组合经理需要对跟踪误差进行前瞻性估计，以反映未来的投资组合风险。在实践中，是通过模型开发商或交易商提供的服务来获得前瞻性估计的，这些公司对与债券市场指数（即投资组合经理的基准指数）相关的跟踪误差影响因素建立模型，这些模型被称为**多因素风险模型**（multi-factor risk models）。给定投资组合经理当前持有的投资组合，我们可以计算当前该投资组合对各种风险因素的敞口，并可以将其与基准指数对这些风险因素的敞口进行比较。运用因素敞口和因素风险的差异，可以计算出投资组合的**前瞻性跟踪误差**（forward-looking tracking error）。前瞻性跟踪误差也被称为**预测跟踪误差**（predicted tracking error）和**事前跟踪误差**（ex ante tracking error）。

给定前瞻性跟踪误差，并假定积极收益率为正态分布，就可以计算出投资组合积极收益率的未来可能范围。例如，假设如下：

基准指数的预期收益率＝10％

相对于基准指数的前瞻性跟踪误差＝100 个基点

根据正态分布的性质，可得：

标准差的大小	相应的投资组合收益率范围	概率
1	9％～11％	67％
2	8％～12％	95％
3	7％～13％	99％

应该注意的是，无法保证年初的前瞻性跟踪误差恰好与年末的回顾性跟踪误差相符。其中的原因有二。第一，随着一年中时间的推移和投资组合的变化，前瞻性跟踪误差估计也会改变，以反映新的风险。第二，年初前瞻性跟踪误差的准确性取决于模型开发商在统计模型中用来估计前瞻性跟踪误差的方差和相关系数的稳定性。尽管存在这些问题，但在一年中不同时点求得的前瞻性跟踪误差估计的均值仍将相当接近在年末求得的回顾性跟踪误差估计。

前瞻性跟踪误差在风险控制和投资组合构建中非常有用。投资组合经理能够立即发现投资组合将要发生的变化对跟踪误差可能产生的影响。因此，投资组合经理可以进行情景分析，以评估提出的投资组合策略，并去掉那些将导致跟踪误差超出规定风险容忍度的策略。

跟踪误差与积极策略和消极策略

现在我们已经了解了什么是跟踪误差，因此，我们可以从前瞻性跟踪误差的角度分析积极的债券组合策略与消极的债券组合策略。在构建债券组合时，债券组合经理可以估计债券组合的前瞻性跟踪误差。当所构建组合的前瞻性跟踪误差为零时，债券组合经理设计的组合实际上复制了基准指数的绩效。如果该前瞻性跟踪误差在整个投资期内保持不变，那么积极收益率将接近于零。因此，如果前瞻性跟踪误差为零或很小，那么，这表明债券组合经理追求的是相对于基准指数而言的消极策略。如果前瞻性跟踪误差较大，那么，债券组合经理追求的是积极策略。

基于单元的债券组合构建方法

在本节和接下来的一节中，我们将说明构建债券组合的两种方法：单元法和多因素模型。

根据单元法（cell-based approach），基准指数被分为不同单元，每个单元表示基准指数的一个不同特征。最常用于分解基准指数的单元是：（1）久期；（2）息票利率；（3）期限；（4）市场部门；（5）信用质量；（6）赎回因素；（7）偿债基金特征。最后两个因素尤为重要，因为证券的赎回特征和偿债基金特征将影响其绩效。

例如，假设一位投资组合经理选择了下列单元划分作为基准指数的投资级债券指数：

单元 1：实际久期范围：（1）小于或等于 5 年；（2）大于 5 年；

单元 2：期限范围：（1）小于 5 年；（2）5 年至 15 年；（3）大于或等于 15 年；

单元 3：市场部门：（1）国债；（2）政府机构债券；（3）公司债券；（4）政府机构抵押贷款支持证券；

单元 4：信用质量：（1）AAA 级；（2）AA 级；（3）A 级；（4）BBB 级；

单元总数等于 96（2×3×4×4）。

对于追求消极策略的投资组合经理，目标是匹配基准指数的绩效。根据单元法，投资组合经理从债券指数的所有债券中为每个单元选择一只或多只可以用于代表整个单元的债券。每个单元中购买的债券总金额基于该单元占债券指数总市场价值的比例。例如，如果债券指数中所有债券市场价值的 30%由公司债券组成，那么指数化组合市场价值的 30%应由公司债券组成。

对于追求积极策略的投资组合经理而言，他将有意错配分配给相应特定单元的金额。例如，假设某位投资组合经理认为公司债券部门的绩效将超过国债部门。那么，这位投资组合经理将增加公司部门的权重，并降低国债部门的权重。增加权重是指如果某个单元在债券指数中的权重为 $x\%$，那么分配给该单元的金额超过 $x\%$；降低权重是指分配给该单元的金额少于 $x\%$。当分配给某个单元的金额占比与该单元在债券指数中的权重相同时，这种配置被称为中性配置。

指数制定者使用的单元数量取决于投资组合的金额。例如，在低于 1 亿美元的投资组合中，使用大量单元需要购买大量证券。这将增加购买证券以代表某个单元的成本，因此将增加投资组合的跟踪误差。然而，减少单元数量以解决这个问题也将增加投资组合的跟踪误差，这同样是我们不愿看到的。

在实践中，当使用基于单元的债券组合构建方法时，一旦构建了模型投资组合，就能估计出投资组合的跟踪误差。如果跟踪误差不够令人满意，投资组合经理就必须改变投资组合，使跟踪误差位于投资组合经理或客户可接受的范围内。这通常不是一个简单过程，因为改变投资组合可能改变对单元的配置，从而导致无意之中对市场持有某种预期（或观点）。

此外，单元法还忽略了错配如何影响投资组合风险，这种错配是每个单元的风险交叉相关的结果。例如，两个单元（特征）之间可能存在明显错配，但是单元之间的风险相关性可能导致投资组合的跟踪误差少量增加。

幸运的是，可以用更量化的方法，即下一节讨论的多因素模型法解决单元法的这些缺点。然而，在这样做之前，我们将讨论采用指数化策略的困难。

债券指数化的复杂性

正如第 24 章所说明的，有三种债券指数化：纯债券指数匹配、匹配基本风险因素的增强指数化和允许少量风险因素错配的增强指数化。正如我们在上一章提到的，几乎不可能执行纯债券指数化策略，另两种债券指数化策略也很难执行。我们将说明其中的原因。这些困难既适用于投资组合构建的单元法，也适用于多因素模型法。

在纯债券指数化策略中，投资组合经理必须根据债券在基准指数中的权重购买债券指数中的所有债券。然而，购买所有债券和再投资现金流（到期本金和息票利息）的交易成本（和其他费用）将产生巨大的跟踪误差。广泛的市场指数可能包括超过 6 500 只债券，因此巨大的交易成本让这种策略变得不现实。此外，债券指数中的一些债券可能无法以构建指数时的价格购得。

投资组合经理可以不购买债券指数中的所有债券，而是使用单元法只购买一个债券样本。这使策略从纯债券指数化策略变为主要风险因素少量错配的增强债券指数化策略。在单元法中，主要风险因素为我们之前介绍的特征或单元。尽管这种方法减少了高昂交易成本导致的跟踪误差，但是增加了指数化投资组合和债券指数错配产生的跟踪误差。在实践中，声称自己采用债券指数化策略的投资组合经理通常被迫采用主要风险因素少量错配的增强债券指数化策略。

投资组合经理在构建指数化投资组合时还面临着其他几个数据来源问题。首先，指数发布机构使用的每只债券的价格可能不是指数构建者能获得的执行价格。实际上，它们可能显著不同于某些交易商提供的价格。此外，报告指数值的机构使用的价格是基于买价。然而，交易商卖价才是投资组合经理构建或重新平衡指数化投资组合时必须面对的交易价格。因此，在债券指数绩效和指数化投资组合绩效之间存在偏差，它等于买卖价差。

此外，债券市场上的某些部门还存在特有的数据来源问题。首先考虑公司债券部门。广义债券指数的公司债券部门中通常约有 3 500 只债券。由于这个债券市场部门缺乏流动性，不仅指数发布机构使用的价格可能不可靠，许多债券的价格甚至可能无法获得。接下来，考虑政府机构抵押贷款支持证券市场。市场上有 800 000 多只政府机构转手证券。指数发布机构将所有这些债券分为数百大类的证券。于是，投资组合经理面临着找出这些假想（大类）证券中具有相同风险特征的转手证券的艰巨任务。

最后，前面曾经提到，总收益率取决于息票利息可得的再投资收益率。如果指数发布机构定期高估再投资收益率，指数化投资组合的绩效可能比债券指数每年低很多个基点。

用多因素模型构建投资组合

多因素模型（multi-factor models）是根据证券收益率的主要影响因素估计证券预期收

益率的统计模型。收益率的主要影响因素被称为**风险因素**（risk factors）或简称为**因素**（factors）。这些模型也被称为**多因素风险模型**（multi-factor risk models）或简称为**因素模型**（factor models）。

多因素风险模型为投资组合经理提供了关于投资组合中风险来源的信息。因此，它们是构建投资组合，以实现投资组合经理关心的风险因素理想敞口不可或缺的工具。此外，这些模型还可以用于监测和控制投资组合的风险敞口。

我们的重点不是如何构建债券的多因素风险模型①，而是如何用它们识别债券组合的风险来源和如何用它们构建债券组合。

风险解构

在我们说明如何用多因素风险模型构建投资组合之前，让我们来看如何用多因素风险模型识别投资组合相对于基准指数的风险敞口。我们将使用图表25—3中显示的包含50只证券的投资组合，它们的市场价值在2011年2月28日为1亿美元。现在，了解如何构建该投资组合并不重要。稍后，我们将看到，该投资组合的构建过程结合了多因素风险模型与优化模型。②

该投资组合的风险敞口将用跟踪误差衡量。因此，有必要知道该投资组合的基准指数是什么。在这个例子中，让我们假设客户建立了一个由平均加权（即每个指数的权重均为三分之一）的巴克莱资本美国国债指数、巴克莱资本美国信用指数和巴克莱资本美国抵押贷款支持证券指数组成的综合指数。如图表25—4的第三列所示。巴克莱资本美国信用指数包括公司债券和政府相关证券。在图表25—4中，巴克莱资本美国信用指数的配置情况用公司债券部门（工业公司债券部门、公用事业公司债券部门和金融公司债券部门）和政府相关部门显示。巴克莱资本美国抵押贷款支持证券指数包括政府机构转手证券。

图表25—3　　增强指数化投资组合示例

代码	名称	头寸金额（美元）	市场价值（美元）
20029PAG	康卡斯特有线通信债券（Comcast Cable Communication）	1 559 836	1 994 785
652478AQ	News AM控股公司债券（News AM Holdings）	1 058 588	1 326 367
694032AV	太平洋贝尔公司债券（Pacific Bell）	1 704 496	1 822 829
912810FG	美国长期国债	1 672 649	1 897 604
71713UAW	法玛西亚公司债券（Pharmacia Corp）	1 476 540	1 776 413
16132NAY	渣打第一银行（联邦储蓄银行）债券（Charter One Bank FSB）	2 902 572	3 072 449

① 关于多因素风险模型以及如何建立多因素风险模型的详细介绍，见下述文献中的以下两章：Anthony Lazanas，António Baldaque da Silva，Radu Găbudean，and Arne D. Staal，出现在Frank J. Fabozzi（ed.），*The Handbook of Fixed Income Securities*，8th Edition（New York：McGraw-Hill，2012）：“Introduction to Multi-Factor Risk Models in Fixed-Income and Their Applications”（Chapter 46）and “Analyzing Risk from Multi-Factor Fixed-Income Models”（Chapter 47）。

② 本章后面深入讨论的这个例子中的投资组合以及本章章末第20题中的投资组合是由巴克莱资本的Cenk Ural使用巴克莱资本全球风险模型提供的。

续前表

代码	名称	头寸金额（美元）	市场价值（美元）
636180BE	国家燃气公司债券（National Fuel Gas Co）	1 477 240	1 541 351
FGB05003	美国联邦房屋贷款抵押公司抵押贷款担保单户 30 年期债券（FHLM Gold Guar Single F. 30 yr）	1 474 515	1 559 577
FNA05003	房利美传统长期 30 年期债券（FNMA Conventional Long T. 30yr）	1 885 831	1 995 455
GNA05403	房利美传统长期 30 年期债券	1 434 788	1 549 951
GNA004403	吉利美Ⅰ单户 30 年期债券（GNMA Ⅰ Single Family 30yr）	2 361 203	2 465 800
05946NAD	巴西布拉德斯科银行债券（Banco Bradesco SA）	2 572 158	3 005 201
FGB05005	美国联邦房屋贷款抵押公司抵押贷款担保单户 30 年期债券	1 549 025	1 634 273
FNA05005	房利美传统长期 30 年期债券	1 715 720	1 810 938
25459HAD	直播电视控股/金融公司债券（Directv Holdings/Finance）	1 382 619	1 442 705
FNA06006	房利美传统长期 30 年期债券	1 627 692	1 782 118
37247XAD	盖恩沃斯全球融资（Genworth Global Funding）	1 862 609	1 986 026
13062TZV	加利福尼亚 ST 债券（California ST）	1 692 373	1 748 831
FNA05407	房利美传统长期 30 年期债券	1 419 504	1 552 468
742718DF	宝洁公司—全球债券（Procter＋Gamble Co—Global）	2 074 088	2 295 058
FGB05407	美国联邦房屋贷款抵押公司抵押贷款担保单户 30 年期债券	1 349 686	1 447 383
827065AA	硅谷银行债券（Silicon Valley Bank）	2 691 482	2 815 241
126650BK	CVS 公司—全球债券（CVS Corp-Global）	3 034 915	3 029 619
060505DP	美洲银行公司债券（Bank of America Corp）	1 694 514	1 844 418
29379VAC	企业产品经营公司债券（Enterprise Products Oper）	1 239 177	1 390 729
581557AX	麦克森公司债券（Mckesson Corp）	1 150 435	1 407 417
FNA04409	房利美传统长期 30 年期债券	2 500 251	2 560 817
FGB04409	美国联邦房屋贷款抵押公司抵押贷款担保单户 30 年期债券	2 088 579	2 138 445
36962G4D	通用电气资本债券（General Electric Capital）	1 707 300	1 902 870
912810QC	美国长期国债	2 487 285	2 498 155

续前表

代码	名称	头寸金额（美元）	市场价值（美元）
912828LZ	美国中期国债	758 094	805 949
912828ME	美国中期国债	830 946	866 901
4521518T	伊利诺伊州 ST 债券（Illinois ST）	1 849 220	1 585 124
61747YCL	摩根士丹利添惠债券（Morgan Stanley Dean Witter）	2 033 984	2 090 861
912828MH	美国中期国债	1 844 994	1 892 304
912810QE	美国中期国债	2 381 534	2 439 355
912828MR	美国中期国债	2 663 599	2 737 153
FNA04410	房利美传统长期 30 年期债券	1 819 251	1 862 947
FGB04410	美国联邦房屋贷款抵押公司抵押贷款担保单户 30 年期债券	1 671 888	1 710 444
GNB04410	吉利美Ⅱ单户 30 年期债券（GNMA Ⅱ Single Family 30yr）	1 650 889	1 714 891
GNB04010	吉利美Ⅱ单户 30 年期债券	3 189 834	3 207 290
912828MZ	美国中期国债	1 665 406	1 719 878
912828NK	美国中期国债	2 001 683	1 995 645
912828NL	美国中期国债	2 838 516	2 853 752
912828NR	美国中期国债	2 307 072	2 273 303
172967FF	花旗集团公司（Citigroup Inc）	1 377 851	1 431 826
912828NV	美国中期国债	3 899 465	3 788 034
912828NW	美国中期国债	2 347 035	2 233 159
912828PA	美国中期国债	1 558 736	1 497 788
665859AL	北方信托公司债券（Northern Trust Corp）	1 825 580	1 761 105

图表 25—4　　2011 年 2 月 28 日的投资组合与基准指数部门配置总结

部门	投资组合（%）	基准指数（%）	差异（%）
国债	29.5	33.3	−3.8
政府相关证券	3.6	6.8	−3.2
工业公司债券	15.1	13.9	1.2
公用事业公司债券	2.9	3.0	−0.1
金融公司债券	19.9	9.7	10.2
政府机构抵押贷款支持证券	29.0	33.3	−4.3
总计	100.0	100.0	0.0

投资组合分析首先比较投资组合与基准指数。识别出的错配表示投资组合经理的观点（有意或无意）。图表 25—4 比较了投资组合和基准指数对基准指数主要部门的配置。从图表 25—4 可以明显看出，投资组合经理对公司债券部门持乐观态度（具体而言，是工业公司债券和金融公司债券），因而增加了它们的权重，这是通过减少其他部门的权重实现的。

图表 25—4 中包含的配置信息是基于部门市场价值与基准指数价值之比，尽管它提供了分析的良好起点，但这种信息的价值有限，因为我们不知道对部门的敞口与影响投资组合收益率的风险因素敞口的关系。这里举三个例子。首先，考虑国债部门。在第 4 章中，我们讨论了对投资组合久期的贡献这个概念。投资组合中包含的特定国债对投资组合久期的贡献可能大于基准指数中国债对指数久期的贡献，尽管投资组合中国债权重被压低。第二个例子是为何投资组合经理必须考虑对某个部门的配置比例以外的因素，以金融部门中的公司债券为例。金融公司可能既对投资组合的利差久期也对基准指数的利差久期有贡献。投资组合中该部门的权重可能被调高，而对利差久期的贡献仍然小于对基准指数的贡献。最后，投资组合相对于基准指数的凸性将影响相对绩效。投资组合中的政府机构抵押贷款支持证券可能被调低权重，以创建一个负凸性很大的投资组合，而基准指数的负凸性要低得多。

由于这个原因，投资组合经理必须基于部门配置比例，考察投资组合与基准指数的风险之比这个简单评估指标之外的因素。图表 25—5 提供了用久期衡量的相对利率风险、用利差久期衡量的利差风险、用 vega 衡量的赎回/提前偿付风险和凸性等信息。从图表 25—5 中，我们观察到以下信息：

● 投资组合的久期略微超过基准指数的久期，因此投资组合对利率水平变化的敞口稍高。

● 由于国债权重被低估，因此利差久期较高。

● 与基准指数相比，投资组合的凸性稍高，这表明对赎回和提前偿付风险的敞口较小，这是因为对政府机构抵押贷款支持证券的敞口减少了。

● 投资组合和基准指数对赎回/提前偿付风险的敞口较小且大致相同。

图表 25—5　　对由 50 只债券组成的投资组合和综合指数（基准指数）的分析

敞口	投资组合	基准指数	差异
久期	5.56	5.41	0.15
利差久期	5.37	5.27	0.10
凸性	0.11	0.06	0.05
vega	−0.04	−0.03	−0.01

此外，投资组合的利差为 107 个基点，而基准指数的利差为 57 个基点。

通过考察对投资组合和基准指数久期的贡献，可以获得关于投资组合相对利率风险敞口的信息，如图表 25—6 所示。正如表中所示，投资组合久期稍长于基准指数主要是投资组合选择的国债久期造成的。

图表 25—6　　对由 50 只债券组成的投资组合的资产类别久期的贡献

久期	投资组合	基准指数	差异
国债	2.14	1.77	0.37
政府相关债券	0.07	0.40	−0.33
公司债券	1.84	1.73	0.12
机构抵押贷款支持债券	1.50	1.51	−0.01
总计	5.56	5.41	0.15

至此，我们的分析虽然有用，却忽略了一个重要因素。要理解其中的原因，假设某个投资组合对某个风险因素的敞口高于基准指数。这意味着，如果该风险因素发生变化，投资组合的变化将大于基准指数的变化。但问题是，风险因素的变化程度有多大？换种方式提问，则是：该风险因素的波动性有多高？例如，从图表 25—5 中，我们知道，投资组合对利率水平变化的敞口高于基准指数（即久期更高），但是对利差变化的敞口较小（即利差久期较高）。但是哪个敞口（即风险因素）的波动性更高呢？

为了解决这个问题，必须考虑风险因素的波动性。图表 25—7 显示了所有风险因素种类的月波动率。让我们来看每个波动率及其含义。在这张表中，各类风险显示了投资组合不同敞口的跟踪误差/波动性。首先考虑图表 25—7 中的收益率曲线风险 3.9。收益率曲线风险是对利率变化的风险敞口。我们从图表 25—5 中得知，投资组合久期高于基准指数久期（5.56 与 5.41），但这如何转化为投资组合经理承担的额外风险呢？这就是 3.9 有用的地方。假设投资组合与基准指数的唯一不同就是对收益率曲线变化的敞口。3.9 表示这种相对于基准指数的错配创造出的风险等于每个月波动 3.9 个基点。也就是说，如果利率为投资组合的唯一净敞口，那么这个数字将是投资组合相对于基准指数的跟踪误差波动性（TEV）。

图表 25—7　　风险因素的月跟踪误差

风险因素种类	独立风险/跟踪误差
收益率曲线风险	3.9
互换利差风险	2.6
波动性风险	1.3
政府相关证券的利差风险	0.8
公司债券的利差风险	2.8
证券化产品的利差风险	2.5

同理，考虑图表 25—7 中的风险因素“证券化产品的利差风险”。该风险因素是对政府机构抵押贷款支持证券市场利差变化的敞口。该值为 2.5 表示，如果投资组合与基准指数的区别只在于它对政府机构抵押贷款支持证券部门利差变化的敞口，那么这种相对于基准指数的错配将导致 2.5 个基点的月独立跟踪误差。

注意，在图表 25—7 中，有一个标为“波动性风险”的风险敞口种类。这个风险因素是与利率波动性变化相关的风险，并且对于量化投资组合或基准指数对附有嵌入式期权的证券（例如可赎回债券和政府机构抵押贷款支持证券）的敞口很重要，因为它们受利率波动性变化的影响。因此，1.3 这个值是投资组合对风险因素波动性的敞口。1.3 这个值是指，如果投资组合与基准指数的区别仅仅在于它对利率波动性变化的敞口，那么这种相对于基准指数的错配将导致月独立跟踪误差为 1.3 个基点。

给定图表 25—7 中每个风险因素敞口的月跟踪误差，我们如何确定投资组合的月跟踪误差？人们可能认为，只需加总月跟踪误差就能得出解，结果为 13.9 个基点（3.9＋2.6＋1.3＋0.8＋2.8＋2.5）。然而，这个解并不正确，因为标准差是不能相加的。（我们在本章前面讨论投资组合风险不是投资组合中各证券收益率方差之和时，已经指出了这一点。）假设每对风险因素之间的相关系数为 0，通过取每个风险因素的独立跟踪误差平方，加总它们然后取平方根，可以得出系统性风险造成的投资组合独立跟踪误差。也就是说，在有 K 个风险因素的一般情况下，

$$\text{投资组合的独立系统性跟踪误差}=[(TE_1)^2+(TE_2)^2+\cdots+(TE_K)^2]^{1/2}$$

其中，TE 表示跟踪误差，下标表示风险因素。

因此，对于图表 25—3 中由 50 只证券组成的投资组合，每个风险因素的月独立跟踪误差如图表 25—7 所示，投资组合的月独立系统性跟踪误差为 6.20 个基点，如下所示：

$$\text{投资组合的独立系统性跟踪误差}$$
$$=[(3.9)^2+(2.6)^2+(1.3)^2+(0.8)^2+(2.8)^2+(2.5)^2]^{1/2}=6.20$$

实际值为 6.24，差异是由中间值的四舍五入造成的。

假设每对风险因素的相关系数为 0 是不现实的。显然，为了解决这个问题，分析中必须考虑相关系数或协方差。于是，计算投资组合风险需要使用风险因素的方差—协方差矩阵。前面曾经提到，在均值方差分析中，投资组合方差（风险）通过考虑协方差，反映了分散化效应。在跟踪误差的例子中，让我们考虑只有两个风险因素 F_1 和 F_2 的情况。那么，跟踪误差等于

$$\text{投资组合的跟踪误差}=[(TE_{F1})^2+(TE_{F2})^2+2\mathrm{Cov}(F_1,F_2)]^{1/2}$$

其中，$\mathrm{Cov}(F_1,F_2)$为风险因素敞口 1 和风险因素敞口 2 的协方差。

在我们的例子中，用以下符号标示六个风险因素：

F_1＝收益率曲线风险

F_2＝互换利差风险

F_3＝波动性风险

F_4＝政府相关证券的利差风险

F_5＝公司债券的利差风险

F_6＝证券化的利差风险

那么，方差—协方差矩阵为

$$\begin{bmatrix}
\mathrm{Var}(F_1) & \mathrm{Cov}(F_1,F_2) & \mathrm{Cov}(F_1,F_3) & \mathrm{Cov}(F_1,F_4) & \mathrm{Cov}(F_1,F_5) & \mathrm{Cov}(F_1,F_6)\\
\mathrm{Cov}(F_2,F_1) & \mathrm{Var}(F_2) & \mathrm{Cov}(F_2,F_3) & \mathrm{Cov}(F_2,F_4) & \mathrm{Cov}(F_2,F_5) & \mathrm{Cov}(F_2,F_6)\\
\mathrm{Cov}(F_3,F_1) & \mathrm{Cov}(F_3,F_2) & \mathrm{Var}(F_3) & \mathrm{Cov}(F_3,F_4) & \mathrm{Cov}(F_3,F_5) & \mathrm{Cov}(F_3,F_6)\\
\mathrm{Cov}(F_4,F_1) & \mathrm{Cov}(F_4,F_2) & \mathrm{Cov}(F_4,F_3) & \mathrm{Var}(F_4) & \mathrm{Cov}(F_4,F_5) & \mathrm{Cov}(F_4,F_6)\\
\mathrm{Cov}(F_5,F_1) & \mathrm{Cov}(F_5,F_2) & \mathrm{Cov}(F_5,F_3) & \mathrm{Cov}(F_5,F_4) & \mathrm{Var}(F_5) & \mathrm{Cov}(F_5,F_6)\\
\mathrm{Cov}(F_6,F_1) & \mathrm{Cov}(F_6,F_2) & \mathrm{Cov}(F_6,F_3) & \mathrm{Cov}(F_6,F_4) & \mathrm{Cov}(F_6,F_5) & \mathrm{Var}(F_6)
\end{bmatrix}$$

方差—协方差矩阵的对角线为方差，相当于跟踪误差的平方。

人们可以获得更多信息来描述投资组合的风险特征。这里使用巴克莱资本的交叉资产组合分析和构建方法 POINT® 对投资组合中每个风险因素的敞口以及证券/发行人的详细构成进行详细总结。这里，我们仅提供可以提供的这类信息的一个例子。① 具体而言，我们将考察关于投资组合一般敞口的更详细的信息，然后将重点放在更详细的收益率曲线风险敞口上。

图表 25—8 总结了图表 25—3 中列出的投资组合内容。该投资组合只有 50 个头寸和 25 个发行人，相比之下，基准指数有 5 693 个头寸和 780 个发行人。这意味着投资组合并没有充分分散化，因此，投资组合经理应该预期异质性风险水平较高。持有的所有证券都是以美元计值的，基准指数也是如此。因此，总结报告中只显示了一种货币。从之前的讨论中，我们知道了图表中分析部分给出的最后五个指标。前面的章节讨论了平均存续期和最差收益率这两个指标。

图表 25—8　　由 50 只债券组成的投资组合的总结报告

A. 参数	投资组合	基准指数	
头寸	50	5 693	
发行人	25	780	
货币	1	1	
市场价值（百万美元）	100	13 615	
名义价值（百万美元）	95	12 851	
B. 分析	投资组合	基准指数	差异
息票利率（%）	4.65	4.39	0.26
平均年限（年）	8.09	7.77	0.31
最差收益率（%）	3.69	3.18	0.51
利差（基点）	107	57	50
久期	5.56	5.41	0.15
vega	−0.04	−0.03	−0.01
利差久期	5.37	5.27	0.09
凸性	0.11	0.06	0.05
C. 波动性	投资组合	基准指数	跟踪误差
系统性风险（基点/月）	125.4	123.5	4.6
异质性风险（基点/月）	9.6	4.8	7.8
总计（基点/月）	125.7	123.6	9.0
D. 投资组合的 beta	1.01		

① 在以下文献中可以找到更详细的介绍：Anthony Lazanas，António Baldaque da Silva，Radu Găbudean，and Arne D. Staal，"Multifactor Fixed Income Risk Models and Their Applications，" Chapter 21 in Frank J. Fabozzi and Harry M. Markowitz，*The Theory and Practice of Investment Management*（Hoboken，NJ：John Wiley & Sons，2011）。

图表 25—8 根据系统性风险和异质性风险分解了投资组合和基准指数的收益率标准差。投资组合的系统性风险和异质性风险高于基准指数。对于投资组合和基准指数的总风险，由于系统性风险和异质性风险是独立的，因此可以用以下公式计算投资组合和基准指数的标准差：

$$总风险(收益率波动性)=[(系统性风险)^2+(异质性风险)^2]^{1/2}$$

使用图表 25—8 的值，得出投资组合和基准指数的总风险分别为 125.7 和 123.6。

注意，对于该基准指数，由系统性风险因素（123.5）解释的总风险（123.6）比例为 99.99%。对于该投资组合，由系统性风险因素解释的总风险比例为 99.76%（125.4/125.7）。因此，异质性风险似乎并不重要。然而，涉及投资组合的跟踪误差（投资组合与基准相比净头寸的波动性）时，情况并非如此。系统性跟踪误差和异质性跟踪误差（每月）分别为 4.6 个基点/月和 7.8 个基点/月。投资组合的跟踪误差为

$$投资组合的跟踪误差=[(系统性跟踪误差)^2+(异质性跟踪误差)^2]^{0.5}$$

因此，投资组合的跟踪误差为每月 9 个基点。因此，尽管投资组合独立的异质性风险很低，但评估相对于基准指数的风险时，跟踪误差风险为每月 9 个基点。（系统性风险占总风险的 7.8/9.0，即 87%。正如后面解释的，当我们假设允许投资组合经理的月跟踪误差为 15 个基点时，这个跟踪误差远没有超过风险预算。）

这是极为重要的一点：投资组合经理在构建和监测投资组合时必须考虑的是跟踪误差——不是异质性风险（由异质性收益率的标准差衡量）。在我们的例子中，投资组合的跟踪误差很小，仅为 9 个基点。但当投资组合的系统性风险与总风险之比（由收益率标准差衡量）为 99.76%，月跟踪误差为 200 个基点时，这个例子很容易构建。

正如股票组合的 beta 显示了股票组合对某个股票市场指数（例如标准普尔 500 指数）变化的反应一样，也可以计算债券组合的 beta。如图表 25—8 所示，该投资组合的 beta 为 1.01。因为基准指数为综合指数，因此 beta 为 1.01 表示如果指数增加 10%，投资组合平均将增加 10.1%。

我们可以估计每个风险因素的 beta 类指标。例如，考虑衡量收益率曲线水平变化的风险因素，即投资组合久期。**久期 beta**（duration beta）的计算方法如下：

$$久期\ beta=\frac{投资组合的久期}{基准指数的久期}$$

对于我们的投资组合和基准指数，由于久期分别为 5.56 和 5.41（见图表 25—6），因此久期 beta 为 1.03。

尽管图表 25—8 中包含的信息给了我们理解投资组合相对于基准指数的风险的起点，但通过考察投资组合风险（用跟踪误差衡量）如何在不同的：(1) 风险因素类别；(2) 资产类别（即基准指数的部门）之间配置，可以获得更深入的认识。

图表 25—9 提供了关于不同风险因素类别之间的投资组合风险的信息。表中显示了系统性风险、异质性风险和系统性风险的 7 个部分。第二列显示了独立的跟踪误差。第三列显示了每类风险因素对跟踪误差的贡献。正如我们所见，50 只债券组成的投资组合的主要风险是收益率曲线风险、利差风险、用互换利差衡量的公司利差风险和异质性风险。第四列显示了一个新指标——对跟踪误差的清算效应。巴克莱资本将这个指标定义为对冲（即消除）各类风险的敞口对投资组合跟踪误差的影响。以系统性风险为例。图表中显示的对跟踪误差的

清算效应为－1.2，它可以解释如下：如果投资组合经理对冲系统性风险，那么投资组合的跟踪误差将每月降低 1.2 个基点。由于投资组合的跟踪误差为每月 9 个基点，因此这意味着对冲系统性风险将投资组合的月跟踪误差降至每月 7.8 个基点。

图表 25—9　　由 50 只债券组成的投资组合按风险因素分类的详细月跟踪误差

风险因素类别	独立跟踪误差	对跟踪误差的贡献	对跟踪误差的清算效应	跟踪误差的弹性（%）
总计	9.0	9.0	－9.0	1.0
系统性风险	4.6	2.3	－1.2	0.2
收益率曲线风险	3.9	0.9	－0.1	0.1
互换利差风险	2.6	0.6	－0.2	0.1
波动性风险	1.3	0.1	0.0	0.0
政府相关债券的利差风险	0.8	0.0	0.0	0.0
公司债券的利差风险	2.8	0.7	－0.3	0.1
证券化产品的利差风险	2.5	0.0	0.4	0.0
异质性风险	7.8	6.8	－4.2	0.7

图表 25—10 对资产类别水平而非各风险因素水平上的系统性风险与异质性风险进行了详细分析。第一列显示了前五类资产，第二列显示了每类资产的权重低估或权重高估（称为“净市场权重”）。最后三列报告了系统性风险、异质性风险和总风险对跟踪误差的贡献。标为“总计”的一行显示了我们已经从之前的分析中了解到的投资组合风险：系统性风险为每月 2.3 个基点，异质性风险为每月 6.8 个基点，总风险为每月 9 个基点。该表还显示了每个资产类别对系统性风险、异质性风险和总风险的贡献。在高水平上考察该表，会发现由于投资组合中的证券数量较少，因此与系统性风险相比，异质性风险似乎是主要风险。应该指出，有意思的是，对系统性风险的主要贡献来自国债，尽管该部门的净市场权重（大小）小于公司债券。这主要是由于投资组合中国债部分相对于基准指数的久期错配。另一方面，国债的异质性风险贡献可以忽略不计，因为这些证券收益率波动性的一大部分可以由系统性收益率曲线因素解释。

图表 25—10 的分析中还能得出另一个重要的观察结果，即公司债券是异质性风险的主要贡献者，因为这个部门的权重被高估，在单个证券水平上的异质性风险相对较高。如果投资组合中选择的任何公司债券绩效糟糕（即实现异质性风险），那么这将对投资组合相对于基准指数的绩效产生显著负面影响。这强调了投资组合面临的显著“名称”风险（即个体发行人的风险）。

图表 25—11 显示了类似于图表 25—9 中用资产类别而非风险因素类别解构风险的分析。注意，国债类别和公司债券类别的独立跟踪误差都超过了投资组合的跟踪误差（前两者的跟踪误差分别为每月 10.6 个基点和每月 9.3 个基点，后者的跟踪误差为每月 9 个基点）。这怎么可能？发生这种情况，是因为投资组合中特定资产类别的敞口是作为对其他特定资产类别的对冲（因为国债和公司债券也可以彼此对冲）。在第四列中，可以看到这种对冲效应，图表 25—11 显示了对每类资产跟踪误差的清算效应。

图表 25—10　由 50 只债券组成的投资组合按资产类别分类的系统性月跟踪误差和异质性月跟踪误差

资产类别	净市场权重（%）	对跟踪误差的贡献		
		系统性	异质性	总计
总计	0.0	2.3	6.8	9.0
国债	−3.8	2.5	0.2	2.7
政府机构债券	−1.8	−0.3	0.0	−0.3
非政府机构债券	−1.4	−0.9	0.2	−0.7
公司债券	11.4	1.0	6.0	6.9
抵押贷款支持证券	−4.4	0.0	0.4	0.4

图表 25—11　由 50 只债券组成的投资组合按资产类别分类的独立月跟踪误差与清算效应

资产类别	净市场权重（%）	独立跟踪误差	对跟踪误差的清算效应	跟踪误差的弹性（%）
总计	0.0	9.0	−9.0	1.0
国债	−3.8	10.6	2.9	0.3
政府机构债券	−1.8	2.0	0.5	0.0
非政府机构债券	−1.4	7.2	2.9	−0.1
公司债券	11.4	9.3	−2.9	0.8
抵押贷款支持债券	−4.4	3.4	0.3	0.0

现在，让我们更详细地考察投资组合对收益率曲线风险的敞口。在第 5 章中，我们讨论了利率期限结构。尽管我们的重点是国债收益率曲线，但我们说明了有其他可以使用的利率基准，例如互换曲线。在非危机期间，国债曲线与互换曲线往往以相同方式变化。但在金融市场危机期间，情况并非如此。这在 2008 年次贷危机期间尤为明显。因此，在巴克莱资本模型中，政府产品使用了不同的收益率曲线。除了国债，另四类资产对国债曲线顶端的互换利差因素都有敞口。通过将互换曲线分解为国债曲线利差和互换利差，巴克莱资本模型给予投资组合经理根据偏好分析国债曲线或互换曲线上的利差风险的灵活性。

有不同指标可以用来考察对收益率曲线形状变化的敞口。最常用的是关键利率久期。在巴克莱资本模型中，6 个关键利率为 6 个月期利率、2 年期利率、5 年期利率、10 年期利率、20 年期利率和 30 年期利率。对于由 50 只债券组成的投资组合和基准指数，图表 25—12 显示了美国国债曲线的这六个关键利率久期和期权调整凸性或实际凸性。加总投资组合和基准指数的关键利率久期，得出投资组合的久期为 5.56，基准指数的久期为 5.41，它们与图表 25—8 中的值一致。

第 4 列显示了投资组合和基准指数关键利率久期与凸性的错配。从第 4 章中，我们了解到如何解释关键利率久期。它是保持其他所有利率不变时，特定期限证券的利率变化 100 个基点，投资组合价值或基准指数价值的近似变化百分比。就错配而言，它是保持其他所有利率不变时，特定期限证券的利率变化 100 个基点，投资组合相对于基准指数的近似变化百分比之差。以 5 年期净关键利率久期为 0.09 的情况为例。5 年期利率变化 100 个基点时，对相对于基准指数的收益率的影响为 0.09。问题是 5 年期利率的波动性如何。标为因素波动性的第 5 列为因素的预测月波动性。例如，5 年期利率的因素波动性为每月 29.48 个基点。假设因素波动性表示该因素（即关键利率）的典型变化，则可以按下式计算由 50 只债券组成的投资组合（相对于基准指数）的收益率变化的独立影响：

典型变化对收益率的影响＝－(关键利率久期)×典型利率变化

例如，对于 5 年期关键利率久期，我们有

典型变化对收益率的影响＝－(0.09)×29.48＝－2.7 个基点/月

对于 10 年期关键利率，我们有

典型变化对收益率的影响＝－(－0.12)×30.42＝3.6 个基点/月

前面曾经提到独立收益率影响和相关收益率影响的区别。注意，对于 10 年期关键利率，10 年期利率的典型变化对收益率的独立影响为正，但考虑因素之间的相关性时，它为－2 个基点/月。

图表 25—12 中的最后一列显示了对跟踪误差的边际贡献，它对于希望实际减少投资组合对国债收益率曲线风险的敞口的投资组合经理很有用。基本上，它表明对 10 年期关键利率的敞口变化 1 个单位，跟踪误差每月将变化 6.6 个基点。

图表 25—12　　由 50 只债券组成的投资组合的国债收益率曲线风险

因素名称	投资组合	基准指数	净值*	因素波动性	典型变化对收益率的影响		对跟踪误差的边际贡献
					独立跟踪误差	相关跟踪误差	
美元 6 个月期关键利率	0.11	0.11	0.01	22.20	－0.2	－0.9	2.2
美元 2 年期关键利率	0.59	0.64	－0.05	21.59	1.1	－1.4	3.3
美元 5 年期关键利率	1.53	1.43	0.09	29.48	－2.8	－1.7	5.3
美元 10 年期关键利率	1.39	1.51	－0.12	30.42	3.6	－2.0	6.6
美元 20 年期关键利率	0.98	0.91	0.07	27.84	－2.0	－2.1	6.3
美元 30 年期关键利率	0.96	0.82	0.14	27.18	－3.8	－2.2	6.4
美元凸性	0.11	0.06	0.05	4.72	0.2	0.5	0.3

* 差异是由四舍五入造成的。

图表 25—13 显示了投资组合对互换利差变化的敞口。互换利差是互换利率与国债利率之差。投资组合中除了国债以外的所有证券都面临着这种风险。根据图表 25—12 和图表 25—13 中倒数第二列比较相关因素对收益率的影响，表明互换利差因素的潜在变化对投资组合的影响小于国债收益率曲线因素的潜在变化对投资组合的影响。

使用多因素模型和优化模型构建投资组合

现在，我们已经知道从多因素模型中能获得什么信息，让我们来看如何用它构建债券组合。

图表 25—13　　由 50 只债券组成的投资组合的互换利差风险

因素名称	敞口（SS-KRD）		净值	因素波动性	相关因素对收益率的影响	对跟踪误差的边际贡献
	投资组合	基准指数				
6 个月期美元互换利差	0.11	0.08	0.04	19.5	−0.9	2.0
2 年期美元互换利差	0.43	0.38	0.05	11.0	−0.6	0.7
5 年期美元互换利差	0.74	0.89	−0.15	6.7	−0.5	0.4
10 年期美元互换利差	1.16	1.08	0.09	8.5	1.2	−1.1
20 年期美元互换利差	0.66	0.72	−0.06	9.9	1.7	−1.8
30 年期美元互换利差	0.21	0.40	−0.19	12.5	1.9	−2.6

和投资组合构建的单元法一样，投资组合经理对于影响基准指数收益率的不同基本要素有自己的预期，并希望配置投资组合以利用这些预期。投资组合经理这样做时，面临着风险预算约束和对任何部门、行业或发行人的最大敞口限制。当然，不仅在用现金构建投资组合时，而且在重新平衡当前投资组合以修订投资组合对风险因素的敞口时，投资组合经理几乎都必须考虑交易成本。

投资组合经理将多因素模型和优化模型结合起来构建投资组合。① 我们假设基准指数为图表 25—4 中显示的综合指数。尽管我们讨论过图表 25—3 中由 50 只债券组成的投资组合对风险因素的敞口，但这个投资组合实际上是用巴克莱资本 PIONT^{R} Optimizer 创建的。②

使用优化模型时，决策者追求的所有变量的最优值就是模型的结果。决策者规定了变量（即决策变量）、目标函数和约束。给定所有这些信息，优化模型将得出所有决策变量的最优值。

使用多因素风险模型构建投资组合时，决策变量是优化投资组合中持有的每只证券的金额。这要求投资组合经理规定投资组合中可接受的证券都有哪些。但是需要的信息不仅仅是

① 关于优化模型的解释，见 Dessislava A. Pachamanova and Frank J. Fabozzi，*Simulation and Optimization Modeling in Finance*（Hoboken，NJ：John Wiley & Sons，2010）。

② 见 Anuj Kumar，“The POINT Optimizer，” *Barclays Capital Publication*，June 2010。

投资组合中包括哪些证券，还需要每只候选证券的买价。将使用的可交易证券为综合指数中包括的证券，并规定了最小流通金额（在我们的例子中为 3 亿美元）。可交易证券不必与基准指数相同。如果投资组合经理可以投资于非指数证券，则可以使用更多的可交易证券，例如巴克莱资本美国综合指数。规定最低发行金额可以避免在投资组合中加入小型债券，因为小型债券可能导致流动性问题。

投资组合经理还必须规定目标函数。这是将要最小化或最大化的指标或度量。在使用多因素模型构建投资组合时，要最优化的指标是投资组合的跟踪误差。投资组合经理希望最小化该指标。

目标函数的优化通常是在约束下进行的。这些约束可能是客户根据投资方针规定的，也可能是由投资组合经理自己规定或者由法规规定的。最明显的约束是风险预算，它规定了最大投资组合跟踪误差。最初构建投资组合时的其他常见约束有：（1）对卖空的限制；（2）对基准指数久期的最大偏离程度；（3）对基准指数中任何一个部门的最大错配；（4）对任何发行人或行业的最大敞口；（5）对某只证券的最小购买金额，以避免购买零股。如果可交易证券组合中包括基准指数中不包括的证券，那么对投资组合经理的典型约束就是投资组合中可以配置给非指数证券的百分比。当然，对于投资组合的市场价值和证券数量上限必须有要求。

构建图表 25—3 列出的投资组合时，有下列约束条件：

1. 市场价值为 1 亿美元。
2. 投资组合中包括的证券不超过 50 只。
3. 没有卖空。
4. 投资组合的久期必须至少超过基准指数久期 0.15，但是不能超过 0.30。
5. 比基准指数高出 50 个基点至 80 个基点的利差。
6. 月跟踪误差不超过 15 个基点。
7. 每个发行人的最大权重低估/高估为 3%。

注意，第 4 个约束条件与投资组合的久期有关。这个要求使投资组合偏向投资组合经理的观点，使投资组合与基准指数在表示曲线风险的风险因素上存在错配。第 5 个约束条件是风险预算，它不仅允许久期错配，而且允许部门配置错配。第 7 个约束条件是出于分散化目的。

从图表 25—4 可以清楚地看到，投资组合经理对于公司债券部门也持积极观点，他们通过低估其他三个部门的权重，高估该部门的权重。

投资组合的重新平衡

尽管人们常常从现金头寸和建立证券组合开始说明投资组合构建，但是在实际中，更常见的任务是重新平衡现有投资组合。结合多因素模型和优化模型，可以有效地重新平衡投资组合，以重新校准逐渐偏离基准指数特征的投资组合（例如要求投资组合久期变化的基准指数变化，或者投资组合中某些证券的升级或降级）和（或）使投资组合偏向反映投资组合经理的新观点。在投资组合经理从客户或投资组合现金流入中得到新资金或客户提取资金时，也需要重新平衡投资组合。

重新平衡投资组合时，必须降低对当前所持证券不必要的换手需求，从而最小化交易成本。优化模型可以权衡用另一种证券（即购买该证券）代替持有的某种证券（即出售该证券）的利弊。优化模型可以识别出一系列交易（即买卖）并识别出执行这些交易所减少（或增加）的风险，这样投资组合经理就能对比风险调整收益与交易执行成本。

为了举例说明，图表 25—3 对投资组合中所持证券进行了详细分析，分析表明，银行部门发行人的权重被高估。假设投资组合经理希望将银行部门的权重高估限制为 5%，但是希望通过不超过 15 笔交易达到这一目标。然后，投资组合经理将使用优化模型，输入值为可交易证券组合及其当前价格。必须施加的约束是，对银行部门的权重高估不超过 5%，且交易次数不超过 15 次。

图表 25—14 显示了优化模型当时推荐的交易。交易的总市值约为 1 300 万美元。投资组合中卖出的债券几乎一半是银行债券，它们被不同中期国债、公司债券、主权债券和政府机构抵押贷款支持证券代替。

图表 25—14　　重新平衡投资组合的交易

买入			
代码	描述	头寸金额（美元）	市场价值（美元）
912828LK	美国中期国债	3 133 909	3 235 179
912828LS	美国中期国债	2 814 967	2 924 353
489170AB	Kennametaling 公司债券	1 959 720	2 087 886
94986EAA	富国资本XIII（Wells Fargo Capital XIII）	1 286 097	1 360 888
912810QD	美国长期国债	1 118 189	1 111 380
465138ZR	以色列国债	920 297	1 097 735
912810QB	美国长期国债	1 017 169	991 185
GNG03410	吉利美Ⅱ单户 15 年期债券（GNMA Ⅱ Single Family 15yr)	117 277	119 672
总计			12 928 278

卖出			
代码	描述	头寸金额（美元）	市场价值（美元）
912828NV	美国中期国债	− 2 662 260	−2 586 183
16132NAY	渣打第一银行（联邦储备银行）债券	−2 203 358	−2 332 312
05946NAD	巴西布拉德斯科银行债券	−1 564 870	−1 828 328
827065AA	硅谷银行债券	−1 692 776	−1 770 613
912828NL	美国中期国债	−1 603 631	−1 612 239
912810QC	美国长期国债	−1 462 336	−1 468 727
912810QE	美国长期国债	−1 298 352	−1 329 875
总计			−12 928 278

在投资组合经理执行图表 25—14 建议的一系列交易之前，必须评估风险敞口的变化。

重新平衡投资组合后，新的系统性跟踪误差为4.2个基点（初始跟踪误差为4.6个基点）；异质性跟踪误差为7.8个基点（和重新平衡投资组合之前相同）；总跟踪误差为8.8个基点（重新平衡投资组合之前为9.0个基点）。总跟踪误差的减少是由于重新平衡投资组合后，投资组合中有超过50只证券。

要　点

· Markowitz均值方差模型用于资产配置和投资组合构建。需要的输入值为投资组合的每只备选证券的均值（预期收益率）和方差，以及每对证券的协方差或相关系数。

· 尽管Markowitz均值方差模型提供的见解很重要，但有几个限制其应用于债券组合构建的因素。

· 跟踪误差（或积极误差）是指投资组合收益率与基准指数收益率之差的标准差。

· 跟踪误差有两类——回顾性跟踪误差和前瞻性跟踪误差。

· 回顾性跟踪误差，也被称为历史性跟踪误差和事后跟踪误差，是根据投资组合相对于基准指数的实际绩效计算出来的。

· 前瞻性跟踪误差是根据投资组合相对于基准指数的未来预期绩效估计出来的。前瞻性跟踪误差也被称为预测跟踪误差和事前跟踪误差，经常用于风险控制和构建投资组合。前瞻性跟踪误差越高，投资组合经理越希望投资组合具有不同于基准指数的风险特征，因此所采取的组合管理策略也就更积极。

· 在债券组合构建的单元法中，基准指数被分为不同单元，它们是基准指数的特征。然后，投资组合经理根据消极策略或积极策略选择一只或多只证券与单元进行匹配或错配。在后一种情况下，错配是基于投资组合经理的观点。

· 债券组合经理构建债券指数化策略的投资组合时，面临着采用股票指数化策略的股票组合经理不面临的复杂性。

· 多因素风险模型（也被称为因素模型）是用于根据证券收益率的基本影响因素估计证券预期收益率的统计模型。

· 多因素风险模型中的系统性风险包括收益率曲线风险、互换利差风险、波动性风险、政府相关债券的利差风险、公司债券的利差风险和证券化产品的利差风险。

· 多因素风险模型中的风险敞口是用跟踪误差衡量的。

· 多因素风险模型与优化模型共同用于构建投资组合，这种投资组合在投资组合经理的约束（由客户规定或投资组合经理自己规定）下最小化跟踪误差，并反映了投资组合经理的观点。

问　题

1. Markowitz均值方差法在投资组合理论中提供的主要观点是什么？

2. 请说明你是否同意以下两种说法：

a. “在投资组合选择的均值方差模型中，重要的是协方差而非相关系数。”

b. “在均值方差法中，投资组合资产之间的方差越低，相关系数越高。”

3. 投资者使用Markowitz均值方差法

的两种方式是什么？

4. 在构建投资组合时使用 Markowitz 均值方差法的困难是什么？

5. William Sharpe 建立单指数市场模型的目的是什么？

6. 当相对于基准指数评价投资组合经理的绩效时，为什么跟踪误差比投资组合的收益率方差更重要？

7. 什么是跟踪误差？

8. 请解释为什么回顾性跟踪误差在估计投资组合的未来跟踪误差时存在缺陷。

9. 采取积极投资组合管理策略的投资组合经理为什么会预期年末的回顾性跟踪误差不同于年初的前瞻性跟踪误差？

10. a. 请根据以下数据计算跟踪误差：

月份（2001 年）	投资组合 A 的收益率（%）	基准指数的收益率（%）
1 月	2.15	1.65
2 月	0.89	−0.10
3 月	1.15	0.52
4 月	−0.47	−0.60
5 月	1.71	0.65
6 月	0.10	0.33
7 月	1.04	2.31
8 月	2.70	1.10
9 月	0.66	1.23
10 月	2.15	2.02
11 月	−1.38	−0.61
12 月	−0.59	−1.20

b. 第 a 问中求出的跟踪误差是回顾性跟踪误差还是前瞻性跟踪误差？

c. 请比较第 a 问中求出的跟踪误差与图表 25—1 和图表 25—2 中 X 组合和 Y 组合的跟踪误差。你认为这位投资组合经理追求的是哪种投资管理策略？

11. 现有如下假定：

基准指数的预期收益率＝7％；

相对于基准指数的前瞻性跟踪误差＝200 个基点。

假设收益率为正态分布，请完成下表：

标准差的数量	投资组合收益率的范围	概率
1		
2		
3		

12. 在投资组合经理与未来客户举行的一次会议上，投资组合经理称其公司的债券投资策略是稳健型投资策略。投资组合经理告诉这位未来客户，他构建了一个投资组合，该组合相对于客户指定的债券指数的前瞻性跟踪误差通常在 250 个基点至 300 个基点之间。你是否同意该投资组合经理认为该投资组合策略是稳健型投资策略的说法？为什么？

13. 什么是系统性风险因素导致的跟踪误差？

14. 假设你正在审核一位投资组合经理的报告，这份报告显示，（前瞻性）跟踪误差为 94.87 个基点。此外，该报告还称，系统性风险导致的预测跟踪误差为 90 个基点，非系统性风险导致的预测跟踪误差为 30 个基点。为什么这两个跟踪误差之和不等于 94.87 个基点？

15. 债券组合构建的单元法有哪些缺点？

16. 为什么很难采用纯债券指数化策略构建投资组合？

17. 如何用多因素风险模型监测和控制投资组合风险？

18. 如何用多因素风险模型重新平衡投资组合？

19. 在多因素风险模型中，独立跟踪误差是什么意思？

20. 以下是一个由 50 只债券组成的投资组合，该投资组合 2011 年 4 月 29 日的市场价值为 1 亿美元：

代码	描述	头寸金额（美元）	市场价值（美元）
003723AA	荷兰银行债券（ABN AMRO Bank NV）	1 449 636	1 422 596
00104BAC	AES 东部能源债券（AES Eastern Energy）	1 682 044	1 206 446
02051PAC	阿龙炼油厂（克罗茨）债券（Alon Refining Krotz）	592 304	630 655
02360XAL	阿麦龙能源公司债券（Ameren Energy Generating）	707 484	737 343
101137AD	波士顿科学债券（Boston Scientific）	1 551 232	1 656 030
12527GAA	CF 实业公司债券（CF Industries INC）	1 328 707	1 499 778
165167BS	切萨皮克能源公司债券（Chesapeake Energy Corp）	797 314	880 013
125896BG	CMS 能源债券（CMS Energy）	1 286 476	1 337 697
251591AY	蛙人开发者不动产债券（Developers Divers Reality）	646 714	644 344
FGB08000	美国联邦住房贷款抵押公司抵押贷款担保单户 30 年期债券	2 683 702	3 040 911
FGB07001	美国联邦住房贷款抵押公司抵押贷款担保单户 30 年期债券	690 235	780 262
FGB06402	美国联邦住房贷款抵押公司抵押贷款担保单户 30 年期债券	885 600	1 004 579
FGB07002	美国联邦住房贷款抵押公司抵押贷款担保单户 30 年期债券	3 751 831	4 235 068
FGB05403	美国联邦住房贷款抵押公司抵押贷款担保单户 30 年期债券	1 411 009	1 531 707
FGB06003	美国联邦住房贷款抵押公司抵押贷款担保单户 30 年期债券	1 387 727	1 537 027
FGB06004	美国联邦住房贷款抵押公司抵押贷款担保单户 30 年期债券	633 691	700 545
FGB05011	美国联邦住房贷款抵押公司抵押贷款担保单户 30 年期债券	651 568	690 585
FNA07098	房利美传统长期 30 年期债券	884 357	1 014 899
FNA08000	房利美传统长期 30 年期债券	1 643 844	1 883 297
FNA05402	房利美传统长期 30 年期债券	1 707 042	1 854 853
FNA06402	房利美传统长期 30 年期债券	1 155 221	1 311 433
FNA07002	房利美传统长期 30 年期债券	2 241 336	2 563 939
FNA05003	房利美传统长期 30 年期债券	641 485	684 085

续前表

代码	描述	头寸金额（美元）	市场价值（美元）
FNA05403	房利美传统长期 30 年期债券	3 194 556	3 469 103
FNA06003	房利美传统长期 30 年期债券	1 548 573	1 715 870
FNA05010	房利美传统长期 30 年期债券	794 384	843 855
FNA05011	房利美传统长期 30 年期债券	1 105 717	1 173 465
GNB04411	吉利美Ⅱ单户 30 年期债券	2 391 899	2 509 580
381427AA	高盛资本Ⅱ债券（Goldman Sachs Capital Ⅱ）	3 123 435	2 761 546
45905CAA	国际复兴与开发银行—全球债券（International Bank Recon DEV—Global）	1 151 247	1 200 080
45950KBJ	国际金融公司债券（INTL Finance Corporation）	1 227 607	1 198 808
46513E5Y	以色列—全球债券	1 797 220	1 911 761
500769BR	德国复兴信贷银行—全球债券（Kredit Fuer Wiederaufbau-Global）	3 461 061	1 012 672
500769CH	德国复兴信贷银行—全球债券	3 430 115	941 429
582834AM	米德公司债券（Mead Corp）	727 352	787 191
58551TAA	梅隆资本Ⅳ债券（Mellon Capital Ⅳ）	3 326 734	3 102 915
651715AF	新页公司债券（Newpage Corp）	6 414 006	1 603 501
665772CE	北方各州电力公司（明尼阿波利斯）债券（Northern States PWR MINN）	889 932	907 113
723787AG	先锋自然资源债券（Pioneer Natural Resources）	945 542	1 045 275
749685AQ	RPM 国际公司债券（RPM International INC）	591 159	642 823
797440BM	圣地亚哥燃气电力公司债券（San Diego Gas & Electric）	957 058	856 840
784635AM	SPX 公司债券（SPX Corporation）	708 877	766 621
91311QAD	联合公用事业公司债券（United Utilities PLC）	844 170	848 272
915436AF	芬欧汇川公司债券（Upm-Kymmene Corp）	655 540	648 265
912810PW	美国长期国债	797 859	804 588
912810QA	美国长期国债	8 725 929	7 505 533
912810QK	美国长期国债	4 408 259	4 048 097
912828PA	美国中期国债	3 507 446	3 378 751
912828PF	美国中期国债	21 453 185	20 596 365
962166AV	惠好公司债券（Weyerhaeuser Co）	750 667	871 588

构建该投资组合的投资组合经理的基准指数是一个综合指数，其中巴克莱资本美国国债指数、巴克莱资本美国信用指数和巴克莱资本美国抵押贷款支持证券指数各占三分之一。

资产类别	投资组合（%）	基准指数（%）
总计	100.0	100.0
国债	36.3	33.3
政府相关债券	6.3	6.8
工业公司债券	11.0	13.9
公用事业公司债券	5.9	2.9
金融公司债券	7.9	9.7
政府机构抵押贷款支持证券	32.6	33.3

分析	投资组合	基准指数	差异
久期	6.87	5.37	1.50
利差久期	6.77	5.27	1.50
凸性	0.47	0.00	0.47
vega	−0.01	−0.03	0.02
利差（基点）	355	55	300

久期的贡献	投资组合	基准指数	差异
总计	6.87	5.37	1.50
国债	3.62	1.78	1.84
政府相关债券	0.92	0.41	0.51
公司债券	1.10	1.74	−0.63
证券化产品	1.23	1.45	−0.22

风险因素类别	独立风险/跟踪误差
收益率曲线风险	40.8
互换利差风险	2.5
波动性风险	2.8
政府相关债券的利差风险	5.3
公司债券的利差风险	30.6
证券化产品的利差风险	5.8

风险因素类别	独立风险/跟踪误差
总计	33.2
收益率曲线风险	23.4
互换利差风险	0.2
波动性风险	0.5
政府相关债券的利差风险	0.0
公司债券的利差风险	10.0
证券化产品的利差风险	−0.8

波动性	投资组合	基准指数	跟踪误差
系统性波动性	141.9	117.4	37.9
异质性波动性	19.3	4.8	18.7
总计	143.2	117.5	42.3
投资组合的 beta	1.18		

风险因素类别	独立跟踪误差值	对跟踪误差值的贡献	对跟踪误差值的清算效应	跟踪误差值的弹性（%）
总计	42.3	42.3	−42.3	1.0
系统性风险	37.9	33.2	−22.4	0.8
曲线	40.8	23.4	−4.3	0.5
互换利差	2.5	0.2	−0.1	0.0
波动性	2.8	0.5	−0.4	0.0
政府相关债券的利差	5.3	0.0	0.3	0.0
公司债券的利差	30.6	10.0	0.8	0.2
证券化产品的利差	5.8	−0.8	1.1	0.0
异质性风险	18.7	9.1	−4.2	0.2

请详细描述该投资组合的风险特征。并请务必讨论投资组合经理可能对市场持有的观点。

第 26 章

公司债券组合管理中需考虑的因素

学习目标

阅读本章后，您将了解

- 股票投资者与债券投资者（假设他们所投资的股票和债券为同一家公司发行）的风险—收益分布迥异的原因及其对构建公司债券投资策略的意义
- 市值加权公司债券指数的波动利率风险与信用风险敞口的实证以及对公司债券组合管理的意义
- 相对价值公司债券交易的含义以及对这种交易所做的假设
- 相对价值公司债券交易的不同类型
- 约束容忍投资的含义
- 关于约束容忍投资的实证
- 如何使用信用风险模型构建公司债券组合
- 如何衡量公司债券的流动性
- 什么是巴克莱资本流动性成本评分，如何用它进行公司债券流动性管理

债券市场的信用资产类别包括公司债务（债券和贷款）、非政府机构住房抵押贷款支持证券、商业不动产抵押贷款支持证券和资产支持证券。它还包括由主权国家和政府控制实体发行、被投资者认为信用风险高于一国政府债务的外币债务。[①] 在本章中，我们将讨论公司债券组合管理中的特殊考虑因素。

公司债券与股票的风险与收益

股票投资者与债券投资者（假设他们投资的股票和债券为同一家公司发行）的风险与收

① Jack Malvey, "Global Credit Bond Portfolio Management," Chapter 51 in Frank J. Fabozzi (ed.), *The Handbook of Fixed Income Securities*, 8th ed. (New York: McGraw Hill, 2012).

益分布迥异。公司债券投资者的有利之处在于以面值购买债券且持有至到期时的息票利息。对于以折价购买并持有至到期的债券，公司债券投资者的有利之处在于实现的资本利得加上息票利息。也就是说——不能再从发行者那里获得更多收益。当然，对于在到期前出售的公司债券且不是以极低价格出售的不良债券，将出现市场价格上涨。然而，价格上涨幅度有限。股票投资者的优势在于价格上涨可能是无限的。在短期内增长 2 倍、3 倍甚至更高都是寻常事。公司债券投资者的不利之处在于，本金和利息都可能损失，但回收的债券价值可能挽回部分损失。而股票投资者的整笔投资都可能损失殆尽。

穆迪公司的 Zan Li 和 Jing Zhang 进行的一个有趣实验强调了公司债券投资者与股票投资者的收益率分布的差异。这个实验对于公司债券投资有重要意义。① Li 和 Zhang 使用美林投资级指数剔除了 1999 年 7 月—2009 年 7 月之间 10%绩效最好的债券和 10%绩效最差的债券。图表 26—1（a）显示了这段时期内初始指数和截尾指数（即剔除了 10%绩效最好的债券和 10%绩效最差的债券的指数）的累计总收益率。正如你所见，截尾指数的绩效优于初始指数。当对美林高收益指数进行相同分析时，截尾指数的绩效远远领先（见图表 26—1（b））。最后，Li 和 Zhang 用道琼斯 30 股票指数进行了相同的实验。结果如图表 26—1（c）所示，它不同于两个公司债券指数的结果。截尾股票指数的累计收益率显著低于初始指数。

这个实验对于确立公司债券组合管理的投资理念有什么意义？我们可以看到，对于信用投资组合，公司债券组合与股票组合相比，避免“输家”要重要得多。而只做多的投资者②对股票组合进行管理时需要找出“赢家”。

此外，在管理公司债券组合中，实现分散化尤为重要。如果基准指数为有 3 000 多只债券的公司债券指数，那么持有超过约 150 只债券将是不现实的。这意味着存在巨大的异质风险。这种风险不能避免，但能用传统信用风险分析（见第 22 章）和信用风险模型（见第 23 章）降到最低。

图表 26—1　　1999 年 7 月—2009 年 7 月初始指数和截尾指数的累计收益率：美林投资级指数、美林高收益指数和道琼斯 30 指数

（a）美林投资级指数：初始指数与截尾指数

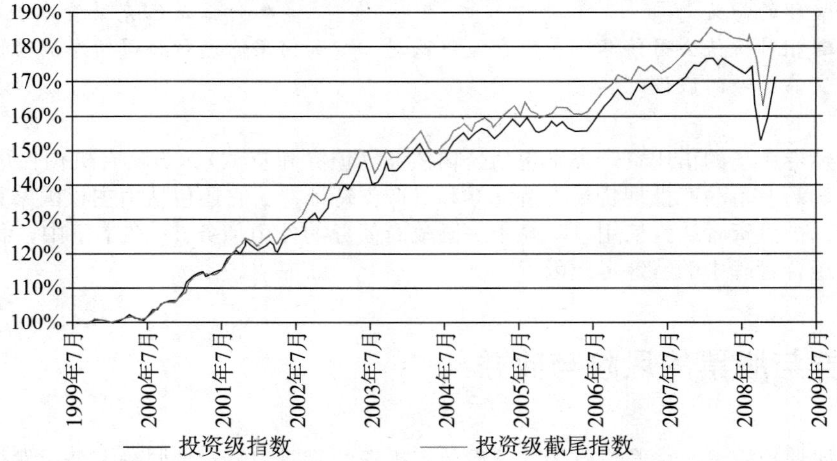

① Zan Li and Jing Zhang, “Investing in Corporate Credit Using Quantitative Tools,” *Moody's Analytics*, September 14, 2010.

② 不允许做空股票的投资者被称为只做多投资者。

(b) 美林投资高收益指数：初始指数与截尾指数

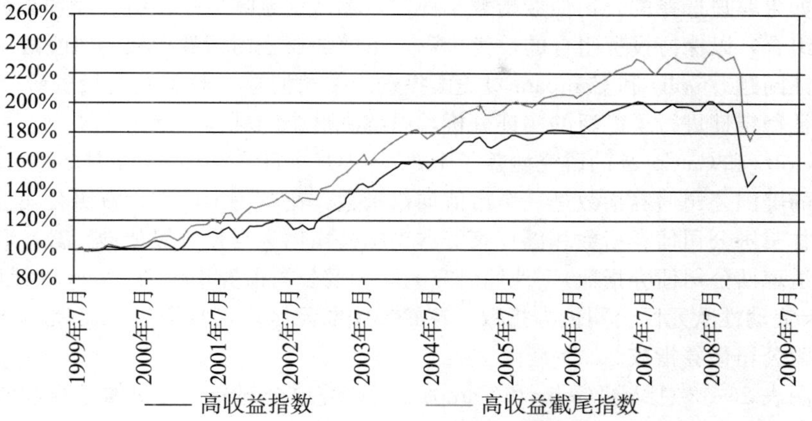

(c) 道琼斯 30 指数：初始指数与截尾指数

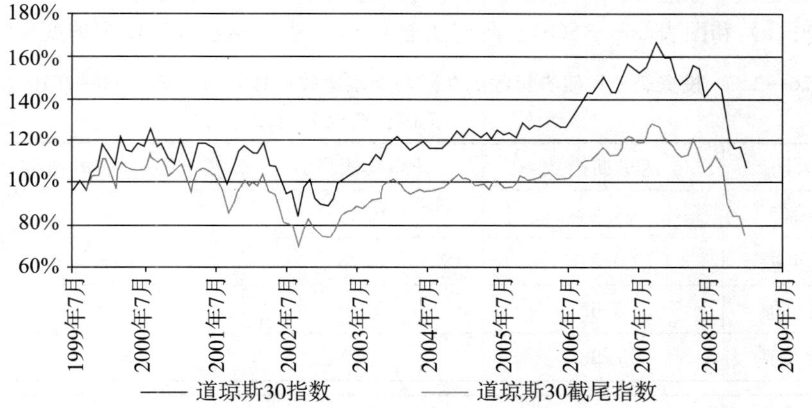

资料来源：Zan Li and Jing Zhang，“Investing in Corporate Credit Using Quantitative Tools,” *Moody's Analytics*，September 14，2010；Panel a from Figure 3；Panel b from Figure 4；Panel c from Figure 4. © Moody's Investors Service，Inc. and/or its affiliates. 版权所有。

公司债券的基准指数

在第 24 章对债券组合策略的讨论中，我们从投资者的角度讨论了市值加权债券指数的三个问题：久期问题、风险敞口变化问题和所谓的“流浪汉问题”。我们推迟到本章才给出市值加权债券指数风险敞口变化问题的实证。

公司债券指数的债券组成由于以下三个原因而变化：(1) 发行符合纳入指数资格的新公司债券；(2) 由于到期、被发行人赎回、被投资者卖出或转换为普通股而收回的债券；(3) 由于不满足纳入指数的标准（例如降级、期限缩短、发行规模减小）而从指数中剔除债券；(4) 由于债券升级而被纳入投资级公司债券指数。由于公司债券指数的组成变化，利率风险（用久期和凸性衡量）和信用风险将会变化。这种变化可能使起初由于其利率风险和信用风险可接受而采用某个市值加权债券指数作为基准指数的投资者不再接受该指数的利率风险和信用风险，因为指数的构成发生了变化。

如果客户选择的公司债券指数不稳定，那么这意味着投资组合经理必须动态监控客户的投资组合，以保持投资组合的最优投资。市值加权公司债券指数的风险敞口稳定性如何是一个实证问题。Goltz 和 Campani 对美国投资级公司债券指数和欧元投资级公司债券指数的风险特征稳定性进行了广泛的实证分析，以解决这个问题。①

Goltz 和 Campani 的研究涵盖了 1997 年 1 月 1 日—2010 年 12 月 31 日这段时期。研究中调查的美国公司债券指数是三个市值加权指数（花旗美国广义投资级公司债券指数、美洲银行美林美国公司债券指数和巴克莱资本美国公司债券与投资级债券指数）和一个平均加权指数（道琼斯公司债券指数）。他们研究的欧元区公司债券指数为 iBoxx 欧元区公司债券指数、iBoxx 流动性欧元区公司债券指数、花旗集团欧元区广义投资级公司债券指数和美洲银行美林欧盟公司债券指数。

图表 26—2 总结了 Goltz 和 Campani 的研究中全部 8 个公司债券指数的久期与到期期限的统计数据。有意思的是，欧元区公司投资级债券指数往往比美国债券指数久期更短、到期期限也更短。图表 26—3 显示了在美国公司债券指数和欧元区公司债券指数（分别为图表 26—3（a）和图表 26—3（b））研究涵盖的 14 年中久期和到期期限的变化。

图表 26—2　　投资级公司债券指数的久期与期限比较：1997 年 1 月 1 日—2010 年 12 月 31 日

（a）美国投资级公司债券指数

久期	道琼斯指数	花旗集团指数	美洲银行/美林指数	巴克莱指数
均值	6.33	6.00	5.87	6.06
标准差	0.31	0.28	0.25	0.26
最小值	5.69	5.40	5.40	5.50
最大值	7.68	6.67	6.56	6.67

期限	道琼斯指数	花旗集团指数	美洲银行/美林指数	巴克莱指数
均值	11.23	10.54	9.86	10.79
标准差	0.57	1.04	0.60	1.16
最小值	10.49	9.17	9.05	9.46
最大值	12.99	12.79	12.67	13.31

（b）欧元区投资级公司债券指数

久期	iBoxx 指数	iBoxx 流动性指数	花旗集团指数	美洲银行/美林指数
均值	4.85	5.27	4.38	4.34
标准差	0.52	0.98	0.28	0.26
最小值	4.15	3.59	3.87	3.79
最大值	6.46	7.49	5.09	4.99

① Felix Goltz and Carlos Heitor Campani, "Review of Corporate Bond Indices: Construction Principles, Return Heterogeneity, and Fluctuations in Risk Exposures," EDHEC—Risk Institute Publications, June 2011.

期限	iBoxx 指数	iBoxx 流动性指数	花旗集团指数	美洲银行/美林指数
均值	5.69	5.89	5.55	5.44
标准差	0.39	0.98	0.41	0.36
最小值	3.30	2.67	2.76	3.02
最大值	6.23	7.58	6.46	6.27

无法获得 2002 年 9 月之前的 iBoxx 指数的到期期限数值。

资料来源：Table 5 and 10 in Felix Goltz and Carlos Heitor Campani, "Review of Corporate Bond Indices: Construction Principles, Return Heterogeneity, and Fluctuations in Risk Exposures," EDHEC－Risk Institute Publication, June 2011.

图表 26—4 和图表 26—5 分别给出了美国公司债券指数和欧元区公司债券指数的时间序列信用风险。每张图中都有两个子图。图（a）显示了使用标准普尔信用评级的指数的构成变化[①]；图（b）显示了平均信用评级。平均信用评级是根据构成投资组合的公司债券评级将某个指数分为某个投资级的过程。用于量化每个指数的方法是基于一种数学评级方法。这种方法是，每只构成投资组合的债券被赋予一个数值，如下所示：AAA 级＝20、AA1 级＝19、AA2 级＝18、AA3 级＝17、A1 级＝16、A2 级＝15、A3 级＝14、BBB1 级＝13、BBB2 级＝12、BBB3 级＝11。然后，就能计算出每个类别的市值加权平均值。[②] 图表 26—4（b）和图表 26—5（b）的纵轴显示了用数值表示的平均信用评级。三个美国指数的平均信用评级大体上在 A2 级至 A3 级之间变化，但一个债券指数——巴克莱指数——的平均信用评级在 2004 年下降至 BBB1 级。正如图表 26—5（b）所示，欧元区公司债券指数的不稳定性甚至更高。例如，iBoxx 指数的平均信用评级在约 14.5 的低点至 18 的高点之间波动。

图表 26—3　　久期和到期期限的时间序列：1997 年 1 月—2010 年 12 月 31 日

（a）美国投资级公司债券指数

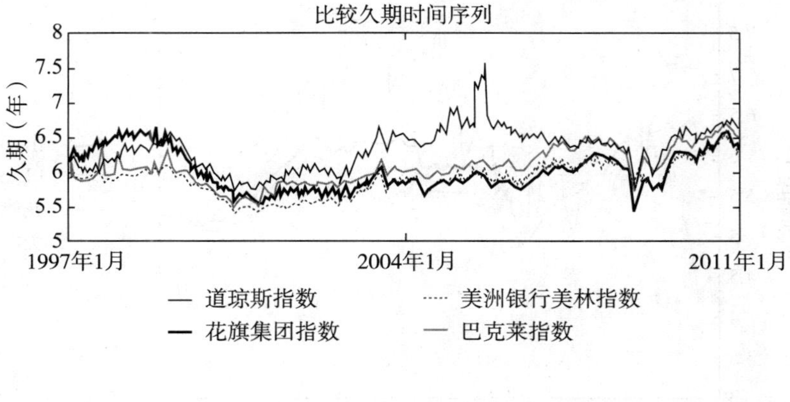

① 对于美国公司债券指数，只报告了市值加权指数且只涵盖 2000 年 8 月至 2010 年 12 月 31 日这段时期。

② 这种获得平均信用评级的方法是由 Miguel A. Ferreira 和 Paulo M. Gama 提出的，见"Does Sovereign Debt Rating News Spill over to International Stock Markets?" *Journal of Banking and Finance* 31, 10 (2007), pp. 3162－3182。

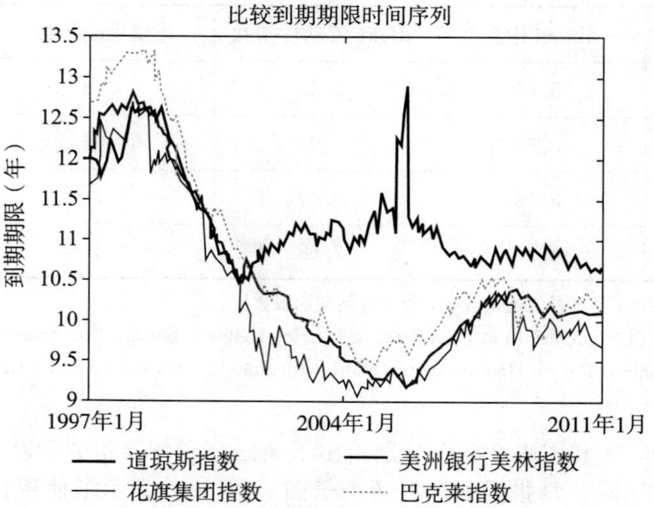

（b）欧元区投资级公司债券指数

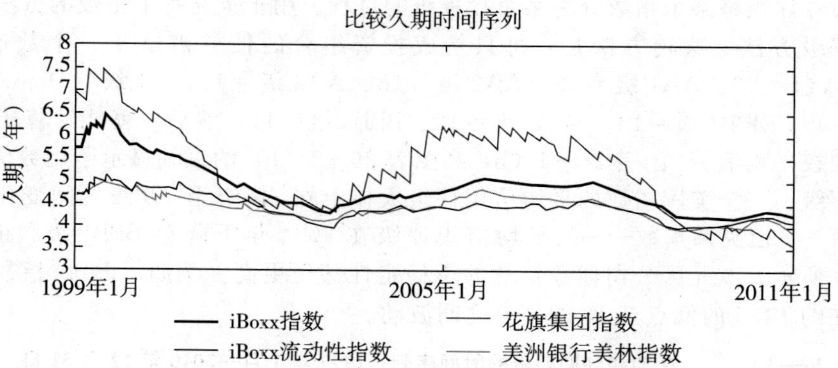

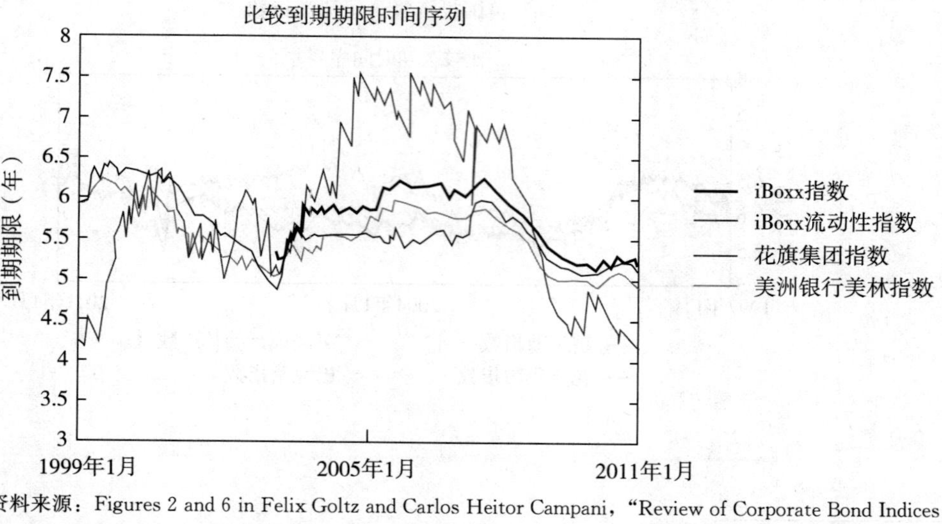

资料来源：Figures 2 and 6 in Felix Goltz and Carlos Heitor Campani，"Review of Corporate Bond Indices：Construction Principles，Return Heterogeneity，and Fluctuations in Risk Exposures，" EDHEC－Risk Institute Publication，June 2011.

图表 26—4　美国投资级公司债券指数的时间序列：2000 年 1 月 1 日—2010 年 12 月 31 日

（a）标准普尔信用评级的构成

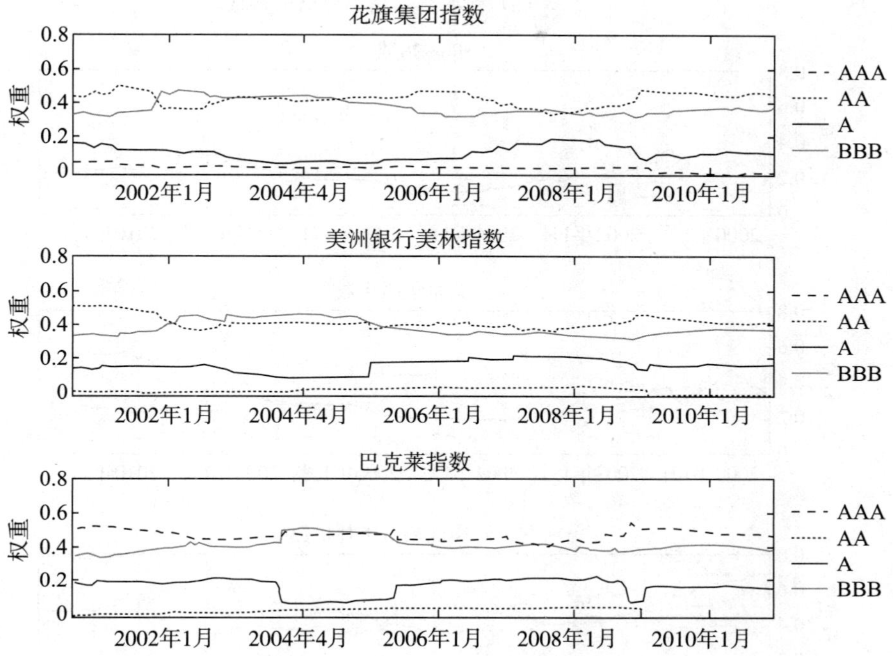

（b）平均信用评级

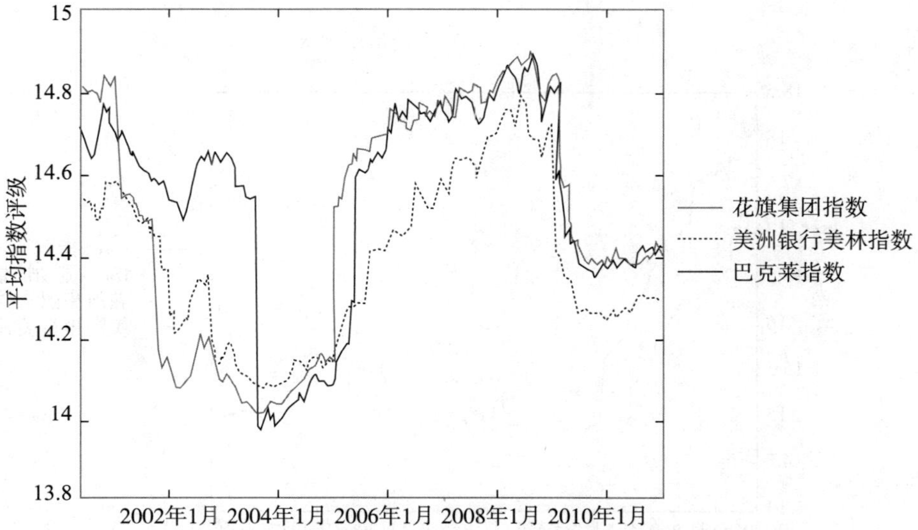

资料来源：Figure 3 and 4 in Felix Goltz and Carlos Heitor Campani，“Review of Corporate Bond Indices：Construction Principles，Return Heterogeneity，and Fluctuations in Risk Exposures，” EDHEC－Risk Institute Publication，June 2011.

图表 26—5　　美国投资级公司债券指数的信用风险时间序列，1997 年 1 月 1 日—2010 年 12 月 31 日

(a) 标准普尔信用评级的构成

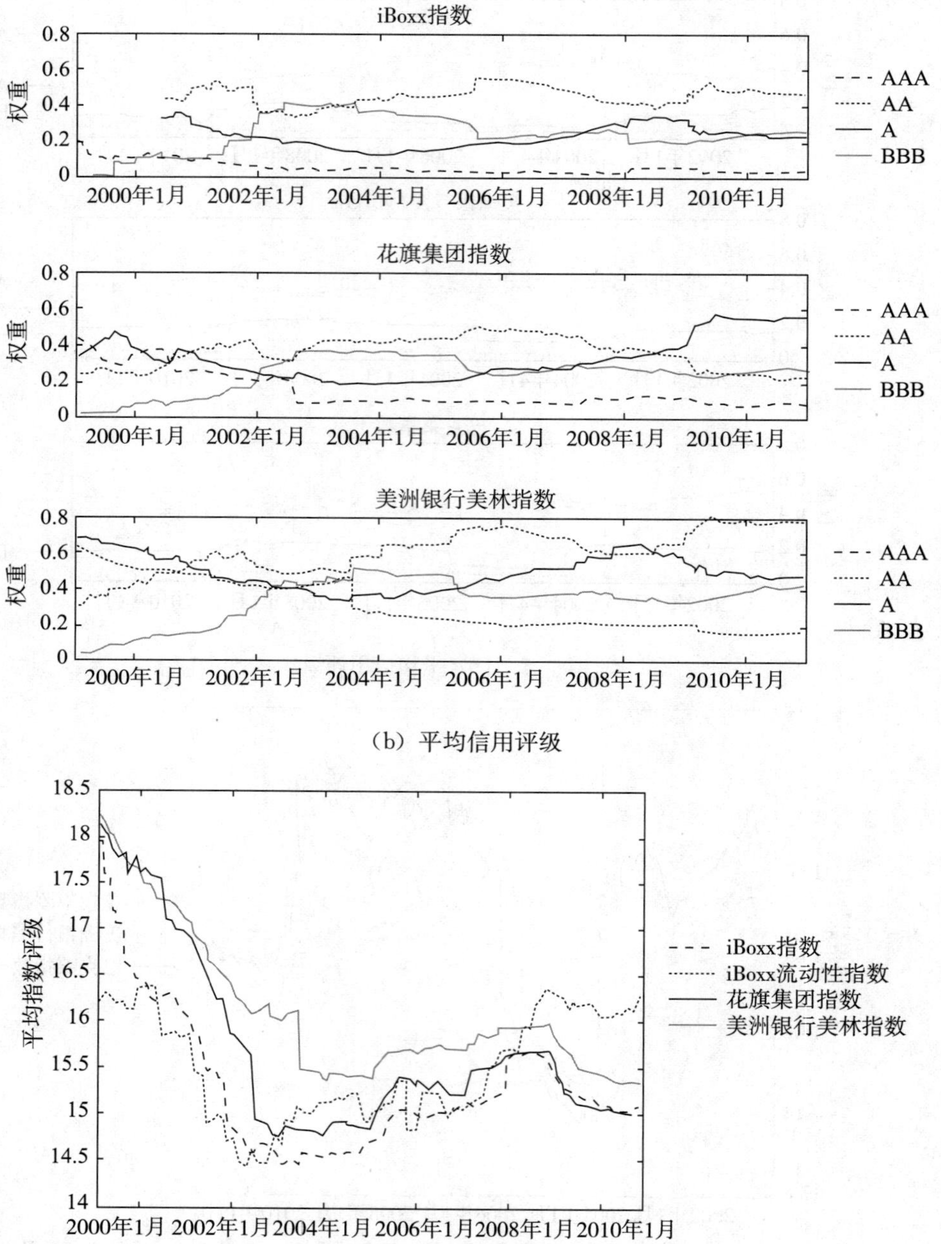

资料来源：Figures 7 and 8 in Felix Goltz and Carlos Heitor Campani, "Review of Corporate Bond Indices: Construction Principles, Return Heterogeneity, and Fluctuations in Risk Exposures," EDHEC－Risk Institute Publication, June 2011.

Goltz 和 Campani 得出的结论是，市值加权投资级公司债券指数对利率风险和信用风险的敞口相当不稳定。"一方面，风险敞口波动性相当高；另一方面，投资者又要求这些敞口相对稳定，二者不相容，因此配置决策不是对这种波动的妥协。”①

信用相对价值策略

在前面的章节中，我们讨论了各种债券估值策略。估值方法包括贴现预期未来现金流。估值的目标是根据投资组合经理或分析师关于模型中使用的输入值的假设找出定价错误的债券。然后，债券被分为廉价债券、高价债券或公允价值债券。被分类为廉价债券（即根据估值模型计算出的理论价值高于市场价格的债券）的债券被定为购买目标，而被定为高价债券（即市场价格高于根据估值模型计算出的理论价值的债券）的债券被卖空（如果允许的话）或者被卖出（如果现在投资组合中持有这种债券）。基础假设是，债券市场的定价无效，因此良好的估值模型可以找到定价错误的债券，从而提高投资组合的收益率。

与仅仅根据估值模型识别错误定价债券相反，相对价值法试图根据在特定投资时期内的预期收益率对“可比”债券排序。“可比”的意思是，相同期限和相同债券部门的债券可能拥有相同的信用评级，但结构不同（即可赎回债券与不可赎回债券、固定息票利率债券与浮动息票利率债券）。当得到正确解释时，相对价值法可以向投资组合经理提供关于当前类似债券相对市场价格的参考。

使用相对价值法时，有两个基本假设。第一，在债券市场上的某些部门中，相对定价极为困难，因为债券结构和市场机制非常复杂，难以用估值模型识别出错误定价的债券，因此人们应该接受市场价格反映出债券公允价值的假设。第二，尽管债券市场定价可能是无效的，因此即使根据最优的理论估值模型可能也无法为债券定价，但对于可比债券，可以识别出定价错误，因此在某段投资时期内定价错误将进行自我纠正。

进行信用相对价值分析时，最好从分解历史债券收益率开始。例如，对于公司债券市场上的不同子部门，投资组合经理将计算不同收益来源创造的收益，包括信用利差变化、信用曲线形状变化、信用利差波动性变化和影响发行人信誉的基本因素变化创造的收益。

此外，还应该分析导致每种收益率来源的宏观因素。例如，如果在某段时期内信用利差增加，其原因是不是经济放缓？正如第 21 章所说明的，可以观察到经济、国债收益率曲线和信用利差之间存在负相关性。从总收益率分析获得的信息可以被投资组合经理用作预测预期收益率的参考。例如，根据 Malvey 的分析，由于投资组合经理能获得提供月收益率、年收益率和多年收益率的公司数据库，投资组合经理可以识别出不同模式，例如大规模债券与小规模债券的绩效差异、季节性和选举周期影响。②

将历史总收益率分解为不同收益率来源的方法也被称为收益率贡献分析。在第 28 章中，我们讨论了一种类似的方法，它被称为绩效贡献分析，其目的是将投资组合的实际绩效分解为导致某段时期内的投资组合收益率的因素。

信用相对价值与二级市场交易

投资组合经理不断受到宏观经济数据和行业信息与公司信息的轰炸，这让他们不断修订

① Goltz and Campani，“Review of Corporate Bond Indices：Construction Principles，Return Heterogeneity，and Fluctuations in Risk Exposures，” p. 44.

② Malvey，“Global Credit Bond Portfolio Management，” p. 1191.

自己的预期。随着预期的变化，出现了在二级市场上进行交易的动机。信用交易有如下类型：①

- 收益率利差提升交易。
- 买入预期升级债券的交易。
- 卖出预期降级债券的交易。
- 新债券互换交易。
- 部门轮换交易。
- 曲线调整交易。
- 结构交易。

我们将逐一简要介绍。

收益率利差提升交易

尽管收益率指标有缺陷，但信用市场上二级市场交易的主要原因之一就是用一种公司债券交换另一种信用利差更高的公司债券。即使两只债券的期限、信用评级、结构甚至行业不同，也可能发生交易。收益率提升交易不一定意味着债券仅仅因为利差较高而有出众的预期收益率。当进行交易时，投资组合经理必须确定这是金额久期中性交易，因而投资组合不受国债利率水平变化的影响。此外，正如第 21 章所说明的，随着国债利率变化，信用评级不同的公司债券将受到信用利差变化和信用利差波动性变化的影响。

在 2008 年以来的低利率环境中，收益率利差提升交易变得更为流行。这种交易的成功程度是由已实现收益率衡量的，而已实现收益率取决于两只互换备选公司债券的当期信用利差大小以外的因素。

买入预期升级债券的交易

在第 26 章中，我们讨论了传统公司债券信用分析。假设从事公司债券市场内某个特定部门分析的信用分析师认为某个发行人的信用评级将提高，且现在的交易利差大于信用升级后的利差。假设市场没有在债券价格中反映评级机构预期采取的行为，根据该信用分析报告，投资组合经理可能采取的行为是购买预期将升级的债券。这种交易被称为买入预期升级债券的交易。

公司信用分析师关注可能导致发行人信用能力提升的宏观经济、行业或公司事件。这种事件被称为“信用正面事件”。穆迪公司在其出版物《信用展望：当前事件的信用意义》(*CreditOutlook*：*Credit Implications of Current Events*）上每周报告信用正面事件。

买入预期升级债券的交易通常是对预期将升至投资级信用评级的高收益公司债券进行的交易。这种交易有双重好处。首先，如果债券的确升至投资级，那么预期收益率将高于相同信用评级的其他投资级公司债券，因为其信用利差缩小了。第二，由于债券将从高收益公司债券指数中剔除，并加入投资级公司债券指数，因此其流动性预期将提高。

在本章后面，我们将讨论从高收益信用评级移至投资级信用评级的公司债券的表现。

卖出预期降级债券的交易

与买入预期升级债券的交易相反，卖出预期降级债券的交易发生在可能对信用利差产生

① Malvey, “Global Credit Bond Portfolio Management,” pp. 1194 - 1198.

不利影响的宏观经济事件或行业事件的影响不确定时。例如，如果预期行业监管增加将对该行业内的公司偿债能力产生不利影响，那么投资组合经理将减少对该行业公司的敞口。同理，预期行业竞争增加可能减少该行业公司的潜在偿债能力，导致减少信用敞口的交易。和信用正面事件一样，穆迪的《信用展望》每周刊登信用负面事件。

当债券降级时，投资组合经理面临的问题是是否出售降级债券。投资组合经理必须考虑三个因素。第一，如果降级后，信用评级位于客户投资方针允许的信用评级以下，可能要求从投资组合中剔除被降级债券。投资组合经理没有选择。第二，对于降级后信用评级低于客户最低要求的债券，如果投资经理可以选择保留还是出售它们，那么必须分析保留该债券的潜在预期收益和用其他债券替代降级债券的潜在预期收益。在本章后面讨论降级容忍投资时，我们将提供实证，为投资组合经理做出这种决策提供指南。第三，在处置降级债券的决策中，如果必然出现亏损，某些金融机构（例如保险公司）的投资组合经理剔除债券的动作可能很缓慢，尽管这种观点看来正在改变。[①]

新债券互换交易

将旧债券换为新债券的交易被称为新债券互换交易，发生这种交易的原因有二。第一，新债券的流动性被认为高于旧债券。当我们讨论公司债券的流动性指标时，后文提供的证据证实新债券的流动性更高。除了提高流动性以外，购买新债券的第二个原因是获得对新发行人的敞口或对新类型公司债券结构的敞口。

部门轮换交易

我们在第 24 章中讨论了不同于基准指数以创造胜过基准指数的收益率的资产配置。公司债券部门内的三大部门为金融债券、工业债券和公用事业债券。在每个部门内部都按行业进行更细致的分类。这些交易的目的是对公司债券市场上预期绩效优于其他部门，但权重不足的部门债券赋予更多权重。在每个部门内部，都按行业进行相同操作。

曲线调整交易

这种交易的目的是调整投资组合相对于基准指数的久期。投资组合久期可以进行调整，以保持其久期与基准指数相同，这是投资组合经理希望对基准指数保持中性时持有的利率头寸。调整投资组合久期以使其低于或高于基准指数久期的行为是基于对未来利率变化的预期。为调整投资组合久期而进行的交易被称为曲线调整交易。

通常，曲线调整交易是在流动性较高的国债市场（现货市场或衍生工具市场）而非公司债券市场上进行的。然而，信用投资组合经理可能发现，根据预期调整投资组合对信用曲线的敞口很有利。这样做时，应该使用第 21 章讨论的信用指标，同时考虑信用利差变化以及国债收益率曲线变化。

结构交易

结构交易涉及以下交易之一：(1) 用一种债券结构（例如子弹式债券、可赎回债券或可回售债券）交换另一种债券结构；(2) 交换为不同息票类型的债券（固定息票利率债券交换为浮动息票利率债券或浮动息票利率债券交换为固定息票利率债券）；(3) 用契约限制性较

---

① Malvey, “Global Credit Bond Portfolio Management,” p. 1195.

少的债券交换为契约限制性较高的债券，或者相反。进行结构交易的决策是根据对收益率、利差和利率波动性变化的预期，使用总收益率分析以评估潜在绩效作出的。

约束容忍投资

在第 24 章中，我们讨论了不同类型的债券指数。所有指数，不管股票指数还是债券指数，都有一个特征——它们的组成可能会发生变化。对于投资级公司债券，发行人由于不同原因被加入指数或从指数中剔除。因此，如果投资策略只是购买并持有现在的指数成分，那么这种策略将随着指数的发展变化而产生跟踪误差。

本章前面分析了投资级指数构成发生变化的原因。当新债券符合入选指数的特征时，将被加入指数。当之前的非投资级债券升为投资级债券且满足其他所有入选指数的要求时，也将被加入指数。当债券评级降至投资级以下，债券剩余期限不足入选指数所要求的最低期限（期限要求）或未清偿债券金额低于入选指数所要求的最低金额（所谓的流动性要求）时，债券将被剔除出指数。

正如第 7 章所说明的，降为非投资级债券的投资级债券被称为“堕落天使”。多数公司债券指数的最低期限要求为一年。对于我们讨论中使用的投资级公司债券指数——巴克莱公司投资级债券指数，最低流动性为 2.5 亿美元。

这里，我们将研究如果客户允许投资组合经理使用自由裁量权并继续持有由于上述任何一种理由（例如，降至非投资级、不满足期限要求或流动性要求）从投资级公司债券指数中剔除的债券，投资组合经理将如何表现。这被称为约束容忍投资。

基准指数为某个投资级公司债券指数的投资组合经理面临的问题是，如果他们的投资组合保留了从指数中剔除的债券，那么应该采取什么行为？应该卖掉还是保留这只债券？如果客户在投资方针中规定，债券降至投资级以下时应该被卖掉，那么投资组合经理没有选择。投资组合经理通常无须立即出售债券，而是可以等待一段时间，在这段时间以后，必须出售降级债券。如果投资组合经理不必非得出售堕落天使头寸，那么会产生两种不利后果。首先，堕落天使将成为持有的指数外资产，这将对投资组合的跟踪误差产生不利影响。第二，根据保险公司的监管规定，必须增加资本准备，因为非投资级债券要求的资本准备高于投资级债券。

Ng 和 Phelps 进行了一项重大研究，这项研究为投资组合经理是否应容忍不满足纳入指数要求的债券，并继续持有从指数中剔除的债券提供了指南。[①] 他们考察了允许保留从指数中剔除的债券的投资组合的信用利差溢价（即超过类似久期的国债组合收益率的收益率）并将其与指数本身比较。具体而言，Ng 和 Phelps 构建了不同的“容忍”投资组合，他们称其为“另类公司债券指数”。五个容忍投资组合如下所示[②]：

1. 降级容忍：只要降级债券的期限和流动性符合要求，就将它们留在投资组合中。

2. 剩余期限容忍：允许持有距到期一年或不足一年的债券，但不允许持有降至非投资级或流动性低于要求的债券。

---

① Kwok Yuen Ng and Bruce Phelps, “Capturing Credit Spread Premium: Alternative Benchmarks for Credit Investors,” *Barclays Capital*, June 2010.

② Ng 和 Phelps 将这些投资组合称为指数。

3. 流动性约束容忍：允许持有流动性低于要求（2.5 亿美元）的债券，但是不允许持有降至非投资级或距到期不足一年的债券。

4. 仅投资级完全容忍：即使不满足期限和流动性要求，只要债券是投资级就可以加入投资组合。也就是说，不允许持有降至非投资级的债券。

5. 完全容忍：不会有债券因为降级、不满足期限要求或流动性要求而被剔除。

我们将在本章后面详细讨论剔除降至非投资级的债券的问题。

图表 26—6 显示了 1990—2009 年巴克莱资本投资级公司债券指数和五个“容忍”投资组合的平均年信用利差溢价及其标准差。如你所见，所有“容忍”投资组合的平均年信用利差溢价总高于指数的平均年信用利差溢价，最高的两个投资组合是降级容忍投资组合和完全容忍投资组合。所有容忍投资组合的年标准差均较小（剩余期限容忍组合的年标准差稍高于指数，分别为 89 个基点和 88 个基点）。尽管图表 26—6 中没有显示，但只有一年，即 1993 年的降级容忍投资组合和完全容忍投资组合的绩效没有超过指数。

图表 26—6　　估计年实现信用利差溢价：巴克莱资本投资级公司债券指数与五个容忍投资组合：1990—2009 年

年份	指数	降级容忍	容忍投资组合		仅投资级完全容忍	完全容忍
			剩余期限容忍	流动性约束容忍		
年平均值（基点/年）	48	80	51	54	56	86
年标准差（指数）	88	80	89	84	85	77

资料来源：改编自 Figure 11 in Kwok Yuen Ng and Bruce Phelps，“Capturing Credit Spread Premium：Alternative Benchmarks for Credit Investors，” *Barclays Capital*，June 2010。经巴克莱资本公司允许。

为了说明这一点，Ng 和 Phelps 以一位投资组合经理为例，该投资组合经理的基准指数不是巴克莱资本投资级公司债券指数，而是更广泛的巴克莱资本美国综合指数。[①] 由于 18% 的巴克莱资本美国综合指数都配置于投资级公司债券（即公司债券指数），如果采用降级容忍和所有要求容忍，增加的信用利差将为 6～7 个基点，即潜在超常绩效。由于积极管理的固定收益投资组合在支付管理费前每年平均高于基准绩效（alpha）44 个基点，因此每年6～7 个基点的超常绩效不是小数目。

降级容忍投资：堕落天使的例子

Ng 和 Phelps 的研究提供了持有从巴克莱资本投资级公司债券指数中剔除的债券的初步证据。让我们来仔细研究这个问题。

对于有权灵活决定是否保留堕落天使的投资经理而言，问题是在宣布降级后立即处置债券还是将其留在投资组合中能实现更优的长期绩效。处置堕落天使的缺点是，假设高收益公司债券市场上的流动性有限，那么与其他被迫变现或选择变现的投资组合经理同时变现可能导致堕落天使的售价低于基本价值。然后，问题是，由于降级造成市场流动性很低，降级预

① Ng and Phelps，“Capturing Credit Spread Premium，” p. 14.

示的信息是否会导致投资组合经理被迫以抑价出售堕落天使？

从投资组合经理的角度看，在这种情况下应该采取什么行动？在债券降至非投资级后，是否存在处置投资组合的最优时间？这个问题的答案不仅为面临这种情况的投资组合经理提供了指南，也为客户制定投资组合经理必须遵循的投资方针提供了指南。进一步分析，对冲基金经理等实体是否有可能采用绝对收益率策略，从债券由投资级降为非投资级导致的价格变化中获利？

Dor 和 Xu 认为，通过了解堕落天使的特征和价格变化，公司债券组合的投资组合经理可以制定基于规则的策略，以利用价格行为创造 alpha。[①] 他们的发现不仅对于投资组合经理可以选择变现还是保留降至非投资级的债券时应采取什么行动这个问题有意义，还可以作为高收益公司债券投资组合经理的策略。

他们研究了投资级债券降至非投资级后，投资组合经理集体抛售降级债券造成的价格压力。研究结果为这种价格压力提供了强有力的支持，这种压力导致降级后市场价格很快便降到基础价值以下。具体而言，市场行为及其对价格的影响遵循以下时间线：

● 市场预期到出售投资级债券的行为，导致投资组合经理在债券宣布降级之前卖出很快将降级的债券，使之成为堕落天使。堕落天使的价格开始下降。

● 债券宣布降级后，出售债券的行为继续，最长可达 3 个月，现在堕落天使的价格进一步下降。

● 债券宣布降级两年后，出售债券的行为逐渐不再密集，价格下降趋势开始逆转，且逆转程度使堕落天使的绩效超过同类高收益债券。Dor 和 Xu 发现，2 年后的超常绩效总计为 6.63％。

使用信用风险模型构建公司债券组合

在第 23 章中，我们讨论了信用风险模型。尽管我们在那一章中的重点是介绍信用风险建模的不同方法和相关指标，但我们也用 Kamakura 公司风险管理系统的例子说明了相对价值分析。这里，我们将提供另一个例子，以说明如何用穆迪信用风险模型算出的数值构建公司债券组合。[②]

穆迪公司提供的一个重要信用风险指标是预期违约频率（EDF）。这个指标是基于第 23 章说明的结构模型。穆迪公司使用预期违约频率作为信用风险指标，提供了考虑信用利差影响因素（例如，回收风险、市场风险溢价、到期期限和研究发现的其他因素）的方法，以确定信用利差。它提出的方法被称为公允价值利差（FVS）法，可以用于根据信用利差观察值与模型信用利差（即 FVS）的相对值构建投资组合。公允价值利差法不是一种投资策略，而是一种可以用于构建投资组合的工具，它适用于采用任何策略的信用投资组合经理。它可以用作监测工具，根据相对价值分析识别出应该从投资组合中剔除的债券以及可能加入投资组合的债券。

---

① Arik Ben Dor and Zhe Xu, "Fallen Angels: Characteristics, Performance, and Implications for Investors," *Journal of Fixed Income*, 4 (Spring 2011), pp. 33 - 58; and Arik Ben Dor, Yael Eistenthal-Berkovitz, and Jason Xu, "Investing in Fallen Angels: Capacity, Transaction Costs, and the Bond-CDS Basis," Barclays Capital, Quantitative Portfolio Strategy, February 29, 2012.

② Li and Zhang, "Investing in Corporate Credit Using Quantitative Tools."

投资组合构建包括两步。第一步是定义两种策略：基于风险的策略和基于价值的策略。这需要使用某种指标识别出所有可能纳入投资组合的候选债券的吸引力。

对于基于风险的策略，穆迪公司用债券单位预期亏损的利差定义吸引力，它被称为gamma，计算公式如下：

$$\text{基于风险的策略 gamma}=\frac{\text{OAS}}{\text{EDF}\times\text{LGD}}$$

其中，

OAS＝期权调整利差；

EDF＝预期违约频率；

LGD＝给定违约损失。

基于风险的策略中的gamma是债券单位亏损的利差，因为分子是根据债券期权进行调整的利差指标，分母是预期亏损。

对于基于价值的策略，穆迪公司计算了公允价值利差，它是市场期权调整利差与模型利差之差。然后，用这个差除以债券的预期亏损，得出单位亏损的利差。基于估值的指标，也称gamma的计算公式为

$$\text{基于估值的策略的 gamma}=\frac{\text{OAS}-\text{FVS}}{\text{EDF}\times\text{LGD}}$$

任何一种策略计算出的策略gamma值越高，债券就越具吸引力。注意，如果债券是根据穆迪公司估计公允价值利差模型公允定价的，那么gamma为零。

第二步是根据gamma值构建投资组合。为此，每只候选债券将根据gamma值从低到高排序。为了方便说明，穆迪公司根据gamma值按百分比以1%、5%、10%、25%、50%、75%、90%、95%和99%为节点。将所有候选债券分为10类，10类中每类都用n表示，从$n=0$开始，到$n=9$结束。n值越高，该类中的债券越具吸引力。1%这类（即用$n=0$表示的第一类）中的债券是gamma值排在前1%的债券。5%这类（用$n=1$表示的第二类）中的债券是gamma值位于1%～5%之间的债券，依此类推。

给定9个类别，问题是，在构建投资组合时应该如何对每个类别加权？为了研究不同的配置，人们使用了7种加权方法。不同的加权方法可以被视为不同的投资策略。通常，高gamma值的类别被赋予的权重越高，投资组合越集中（即分散度越差），预期它比集中度较低的高gamma值债券组合的波动高。在确定权重时，穆迪公司使用了权重参数，它用c表示，范围从1到19。这里没有必要讨论不同c值下的加权方法。相反，重要的是c值越高，高gamma值债券的集中度越高。

在分析中，每只债券的收益率都是按月计算的，该债券的gamma值是用上个月的数据计算的。预期违约频率指标和公允价值利差使用的时间段与债券久期匹配，久期范围为1～10。所分析的时期为1999年7月—2009年7月。分析中考虑了交易成本。

比较绩效的指标是美林美国投资级债券指数和美林美国高收益债券指数的修正指数。①该修正指数被穆迪公司称为“伪指数”（pseudo index）。人们计算了使用不同加权方法（即

① 初始指数中的债券必须满足下列条件才能被加入修正指数：（1）发行人是有预期违约频率信用指标的上市公司；（2）债券支付固定息票利息，且没有特殊特征（即不可转换、不可回售）；（3）债券最近交易过。可能有数据错误的债券不在分析之列：即与相同评级的债券相比，价格极低的债券和与相同评级的债券相比预期违约频率指标极高的债券。

从 1 至 19 的不同 c 值）构建的投资组合的月收益率和累计收益率，以及伪指数的月收益率和累计收益率。图表 26—7 的两张图显示了不同加权方法下投资级债券的平均年收益率和标准差。横轴显示了权重参数 c，该参数值越高，意味着高 gamma 值债券的集中度越高（因此分散度越低）。每张图中有四条曲线：（1）伪指数收益率；（2）伪指数收益率的标准差；（3）（每个权重参数下的）投资组合收益率；（4）（每个权重参数下的）投资组合收益率的标准差。纵轴为平均收益率。伪指数的平均收益率（5.75%）和收益率的标准差（5.8%）不受权重参数 c 的影响。图（a）显示了基于风险的策略的结果，图（b）显示了基于估值的策略的结果。

图表 26—7　不同加权方法下的投资级公司债券投资策略：1999 年 7 月—2009 年 7 月

（a）基于风险的策略

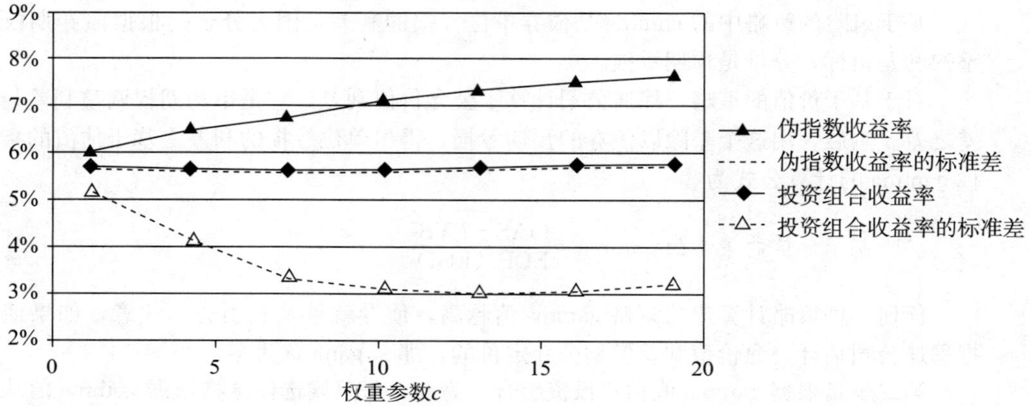

（b）基于价值的策略

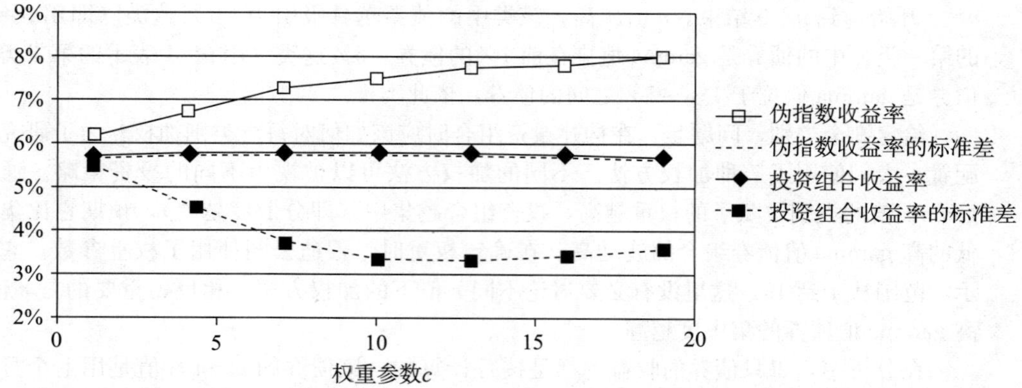

资料来源：Zan Li and Jing Zhang, "Investing in Corporate Credit Using Quantitative Tools," *Moody's Analytics*, September 14, 2010；图（a）摘自上述文献图 11；图（b）摘自上述文献图 12。© Moody's Investor's Service. Inc. and/or its affiliates。版权所有。

结果表明，不管两种策略的加权方法是什么，投资组合的平均收益率都高于伪指数，投资组合的收益率标准差都低于伪指数。高 gamma 值债券的权重越集中，绩效优于伪指数的程度越大。还要指出的是，高 gamma 值债券的集中度达到特定水平之后，标准差将不会增加。

对于初始的美林指数、基于风险的策略和基于估值的策略，Li 和 Zhang 还报告了在指数权重控制参数 c 的不同值下投资级债券的累计收益率结果。这里没有给出累计收益率的数据，而是总结了研究中出现的这段时期内的年化超额收益率（即超过初始美林指数的年化收益率）数据，如下：

权重控制 c	基于风险的策略	基于估值的策略
1	113 个基点	117 个基点
13	239 个基点	274 个基点
19	265 个基点	309 个基点

图表 26—8 的两张图提供了高收益债券的结果。投资级债券的结果是相同的：基于风险的策略和基于估值的策略绩效均超过伪指数，且收益率的标准差较低。这段时期的年化超额收益率（即超过初始美林指数的收益率）总结如下：

权重控制 c	基于风险的策略	基于估值的策略
12	675 个基点	765 个基点
19	665 个基点	762 个基点

公司债券组合的流动性管理

在第 7 章中，我们介绍了流动性风险。基本上，流动性是投资组合经理根据预期重新平衡投资组合的灵活性。尽管市场参与者早已意识到流动性的重要性，但问题是如何衡量它。此外，一旦计算出流动性，投资组合经理和（或）客户应该如何使用这个指标执行和设计投资组合策略呢？

客户可以用流动性指标为其债券组合经理制定个性化流动性基准指数。从更广泛的基准指数中筛选所有债券，只留下根据流动性指标确定的流动债券，就得到了这种个性化债券基准指数中的债券。投资组合经理可以按几种方法使用流动性指标。首先，几项研究认为，历史上观察到的信用利差（即使在调整嵌入式期权之后）大于与历史违约率和回收率相称的信用利差。[①] 流动性指标可以用于将观察到的信用风险债券的利差（被称为信用利差）分解为流动性调整信用利差和流动性利差。这种分解让投资组合经理有可能通过更好的真实债券信用风险指标提高收益率，并持有流动性预期提高或降低的债券头寸。第二，在低流动性时期执行交易时，可以通过监测这段时期的流动性指标变化确定在流动性危机开始时应该采取什么行动。了解这段时期内低流动性债券的绩效可以为投资组合经理是卖掉高流动性债券（由流动性指标确定）还是低流动性债券提供参考。

① Edwin J. Elton, Martin J. Gruber, Deepak Agrawal, and Christopher Mann, "Explaining the Rate Spread on Corporate Bonds," *Journal of Finance*, 56, 1 (2001), pp. 247 - 277.

图表 26—8　　不同权重下高收益公司债券的投资策略：1999 年 7 月—2009 年 7 月

(a) 基于风险的策略

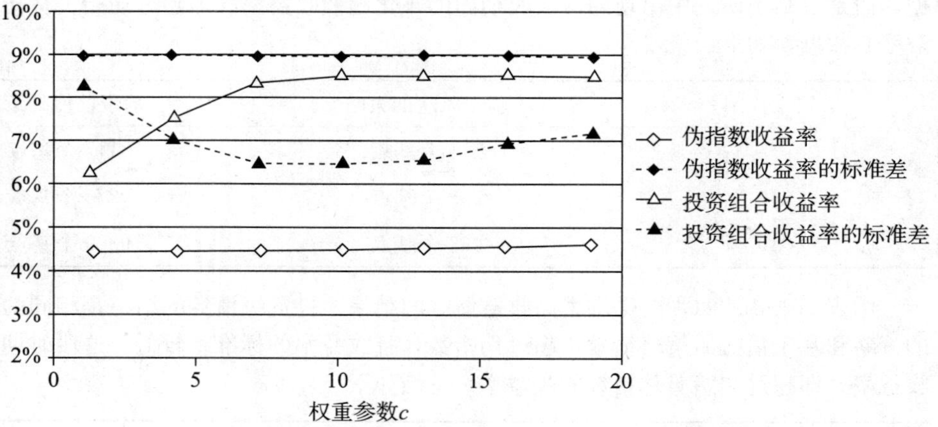

（b）基于估值的策略

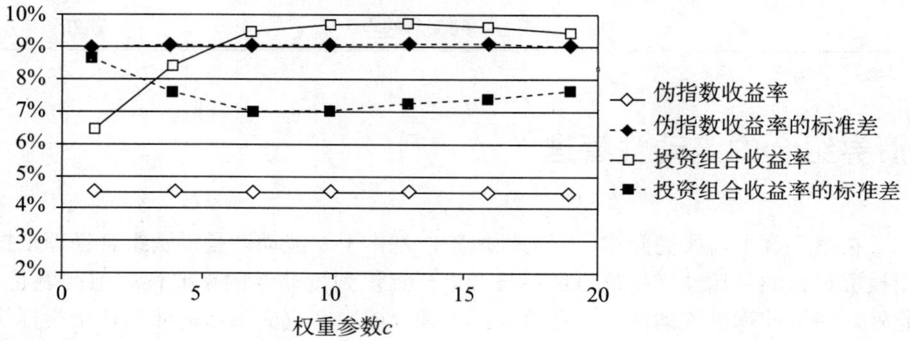

资料来源：Zan Li and Jing Zhang，"Investing in Corporate Credit Using Quantitative Tools，" *Moody's Analytics*，September 14，2010；图（a）摘自上述文献图 25；图（b）摘自上述文献图 26。© Moody's Investor's Service. Inc. and/or its affiliates。版权所有。

人们提出了几种衡量流动性的方法。我们这里的重点是巴克莱资本使用的指标——流动性成本评分（LCS），它的定义为："一个完整机构规模债券交易回合的成本"①。对于按买卖利差报价的债券（被称为利差报价债券），流动性成本评分的定义为

买价与卖价的利差基点×利差久期②

例如，如果信用风险债券的利差久期为 4，买卖利差为 40 个基点，那么流动性成本评分为 4×40 个基点，即 160 个基点或 1.6%。

对流动性成本评分的解释如下：它是一个完整回合的交易成本占"立即执行一笔标准机

① Arik Ben Dor，Lev Dynkin，Jay Hyman，and Bruce D. Phelps，*Quantitative Credit Portfolio Management：Practical Innovations for Measuring and Controlling Liquidity，Spread and Issuer Concentration Risk*（Hoboken，NJ：John Wiley & Sons，2012），p. 81.

② 具体而言，它是期权调整利差久期。

构交易”债券价值的百分比。[①] 回合成本是指购买债券然后卖出债券的成本。标准机构交易为面值300万～500万美元的交易。以85的买价交易的债券的流动性成本评分为1.6%，意味着当前即时回合成本为债券价格的1.6%。流动性成本评分的值越高，表示流动性越差。

对于以价格而非买卖利差报价的债券（被称为按价格报价的债券），流动性成本评分的计算方法为

(卖价－买价)/买价

两个指标都是基于巴克莱资本的债券交易商（投资级债券交易商和高收益债券交易商）对客户同时报出的买卖利差计算的。这个数据库是根据债券交易商对标准机构交易债券水平买卖利差报送的数百条信息建立的。巴克莱资本承认流动性成本评分不是完美的流动性指标。巴克莱资本提出的这个指标有三个相关问题[②]：

- 报价可能不是当时的最优市场报价。例如，如果巴克莱资本的利差报价为140－165，另一家公司的交易商报价可能为135－155。因此，客户的“实际”买卖利差将为140－155。
- 报价可能受交易商持有的存货或交易商对债券前景预期的影响。
- 报价是指标，而不一定是投资者可以交易的双向价格。

并非所有构成债券指数的债券都有来自巴克莱资本交易商的报价。指数中也不一定有被交易商紧密监测的债券。因此，人们对这类债券的流动性成本评分进行了调整。为此，巴克莱资本将债券分为两组：交易商报价的债券（当月至少有两次买卖报价的债券）和无报价债券（当月没有报价或只有一次买卖报价的债券）。在每组中，债券都可以进一步分类为基准债券和非基准债券。前者被定义为高曝光债券，它被交易商紧密监测，买卖报价可能接近于市场实际买卖价差。高曝光债券被定义为交易活跃且交易量很高的债券。非基准债券是交易不活跃且交易量很低的债券。

例如，使用这种分类，截至2009年6月，巴克莱资本美国投资级债券指数包括3 633只债券，详细分类如下：

	交易商报价债券	无报价债券
基准债券（高曝光率）		
活跃交易债券	97	68
高交易量债券	406	147
非基准债券	674	2 241
总计	1 177	2 456

巴克莱资本研究出了一种调整交易商报价债券的流动性成本评分，以获得无报价债券流动性成本评分的方法。该公司使用一种统计方法，根据发现的特征影响买卖利差，以获得基于特征的流动性成本评分。这些特征包括部门、期权调整利差、交易量、未清偿债券金额、债券券龄（即发行后经过的时间）和债券是否被纳入基准指数。一旦用统计方法获得无报价

① Dor Dynkin, Hyman, and Phelps, *Quantitative Credit Portfolio Management*, p. 88.

② Dor Dynkin, Hyman, and Phelps, *Quantitative Credit Portfolio Management*, p. 90.

债券基于特征的流动性成本评分，就可以进一步根据最近几个月特定债券的报价频率进行调整。[1]

这种方法让巴克莱资本能为美国债券和泛欧债券中除了投资级公司债券和高收益公司债券以外的部门进行流动性成本评分。例如，可以获得美国国债、TIPS和固定利率政府机构抵押贷款支持证券（MBS）的流动性成本评分。此外，这种扩展方法还可以用于指数中不包括的债券（即非指数债券）。

图表26—9显示了截至2014年4月一组信用债券部门的流动性成本评分（数据由巴克莱资本提供）。图表26—10显示了2007年夏金融危机开始之前四种巴克莱资本债券指数（美国长期债券指数、美国债券指数、美国中期债券指数、美国1～3年债券指数）的流动性成本评分。人们可以从表中观察到，四个债券指数都在金融危机顶峰达到了最大值（即流动性最差）。图表26—11显示，这场金融危机以来，用流动性成本评分衡量的美国投资级公司债券和高收益公司债券的市场流动性显著提升。另一个有意思的观察结果是，流动性成本评分与投资者用作市场流动性指标的其他因素（例如波动性）相关。股票市场上的波动性用VIX衡量，它表示市场对30天波动性的预期。[2] 图表26—12显示了2007年1月—2012年2月巴克莱资本投资级债券指数的流动性成本评分和VIX。注意，这两个指标的相关性很高。

正如我们之前提到的，流动性指标的一个可能的应用是，它可以帮助将信用风险债券对可比国债的利差（通常称为信用利差）分解为真实信用相关利差和流动性利差。巴克莱资本有一个模型，该模型用横截面回归准确估计每个月的这种利差。具体而言，巴克莱资本将期权调整利差分解为三个部分，如下[3]：

债券的期权调整利差＝风险溢价＋预期违约亏损＋预期流动性成本

图表26—13显示了2007年1月至2011年期权调整利差分解为三部分的情况。

图表26—9　　按部门分类的不同市场的流动性成本评分（%）：巴克莱资本2014年4月的报告

	当前月份	—1月	—3月	—6月	—12月	—24月
美元投资级债券指数	0.762	0.755	0.781	0.807	0.937	1.104
公用事业债券	0.842	0.839	0.858	0.917	1.122	1.180
金融公司债券	0.921	0.903	0.904	0.904	1.161	1.642
非公司债券	0.693	0.702	0.714	0.700	0.767	1.114
美元高收益债券指数	0.610	0.579	0.653	0.670	0.651	0.718
工业公司债券	1.218	1.272	1.302	1.378	1.340	1.708
公用事业公司债券	1.220	1.262	1.296	1.373	1.295	1.622
金融公司债券	1.280	1.529	1.601	1.712	1.602	2.273

① Presentation by Bruce D. Phelps of Barclays Capital, "Liquidity Cost Scores (LCS) Incorporating Quantitative Bond-Level Liquidity Measures in Portfolio Management," March 9, 2012.

② VIX被称为"投资者恐慌指数"，它是用大量标准普尔500指数看涨期权和标准普尔500指数看跌期权的隐含波动性构建的。

③ Phelps, "Liquidity Cost Scores (LCS) Incorporating Quantitative Bond-Level Liquidity Measures in Portfolio Management," p. 16.

续前表

	当前月份	－1月	－3月	－6月	－12月	－24月
美元新兴市场指数	1.160	1.164	1.139	1.172	1.510	1.894
非公司债券	1.296	1.087	1.440	1.361	1.023	1.346
工业公司债券	1.124	0.963	1.282	1.216	0.937	1.315
金融公司债券	1.820	1.474	1.905	1.819	1.271	1.347
欧元投资级债券指数	1.513	1.219	1.624	1.447	1.147	1.842
工业公司债券	0.386	0.388	0.406	0.455	0.477	0.667
公用事业公司债券	0.342	0.337	0.342	0.368	0.346	0.450
金融公司债券	0.433	0.429	0.411	0.422	0.445	0.660
非公司债券	0.345	0.368	0.384	0.409	0.526	0.832
欧元高收益债券指数	0.463	0.453	0.494	0.607	0.568	0.701
工业公司债券	0.737	0.793	0.807	0.842	0.933	1.686
公用事业公司债券	0.736	0.792	0.795	0.783	0.814	1.458
金融公司债券	0.585	0.531	0.525	0.620	0.605	1.121
英镑投资级债券指数	0.774	0.852	0.915	1.078	1.336	2.790
工业公司债券	0.782	0.807	0.826	0.864	0.999	1.224
公用事业公司债券	0.719	0.706	0.735	0.746	0.870	0.884
金融公司债券	1.086	1.100	1.051	1.042	1.192	1.071
非公司债券	0.766	0.822	0.866	0.837	0.899	1.314
全球资产担保债券	0.482	0.584	0.595	0.569	0.747	n/a

资料来源：已得到巴克莱资本的转载许可。

图表 26—10 **金融危机期间观察到的交易成本**

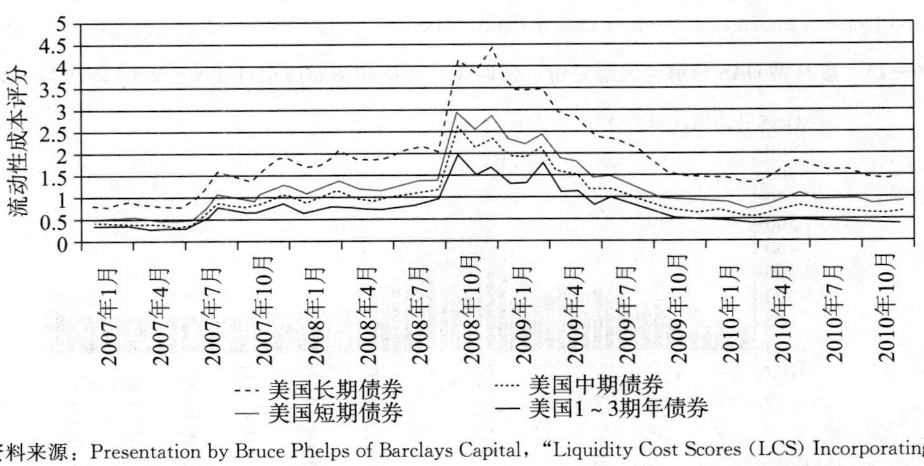

资料来源：Presentation by Bruce Phelps of Barclays Capital，“Liquidity Cost Scores (LCS) Incorporating Quantitative Bond-Level Liquidity Measures in Portfolio Management，” March 9，2012，p. 10. 转载已得到巴克莱资本的许可。

图表 26—11　美国投资级债券与高收益债券的流动性成本评分：2007 年 1 月—2012 年 2 月

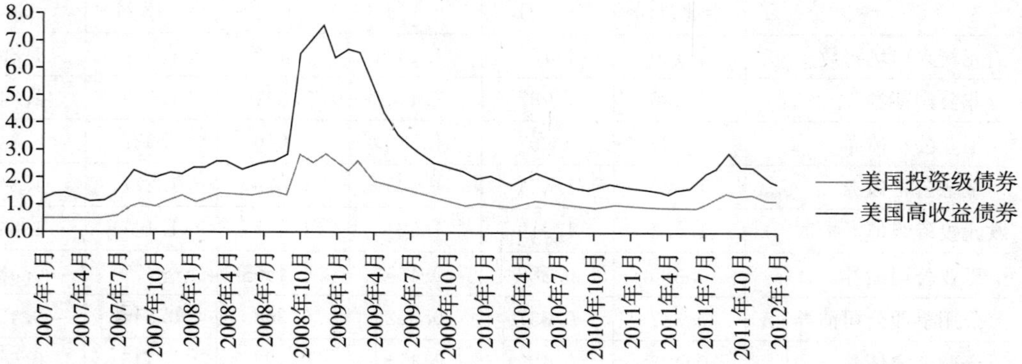

资料来源：Presentation by Bruce Phelps of Barclays Capital，"Liquidity Cost Scores（LCS）Incorporating Quantitative Bond-Level Liquidity Measures in Portfolio Management，" March 9，2012，p. 10. 转载已得到巴克莱资本的许可。

图表 26—12　投资级债券指数的流动性成本评分与 VIX：2007 年 1 月—2012 年 2 月

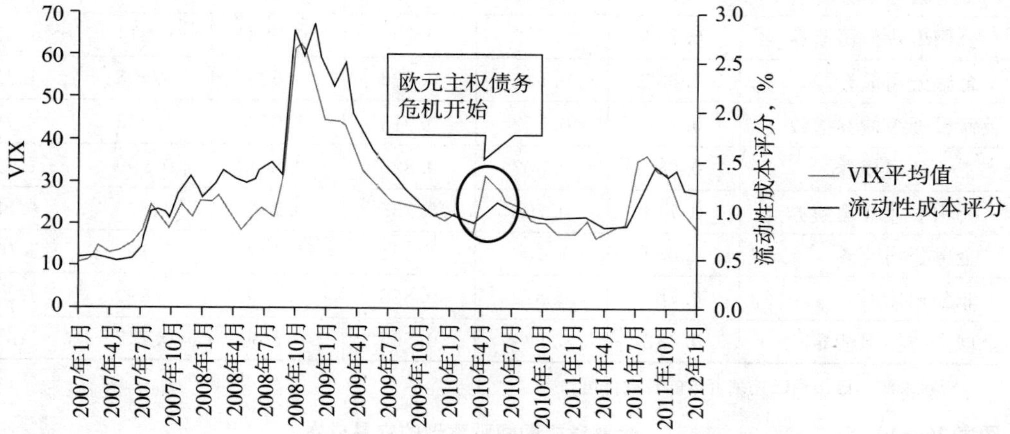

资料来源：Presentation by Bruce Phelps of Barclays Capital，"Liquidity Cost Scores（LCS）Incorporating Quantitative Bond-Level Liquidity Measures in Portfolio Management，" March 9，2012，p. 10. 转载已得到巴克莱资本的许可。

图表 26—13　按月将 OAS 分解为风险溢价、预期违约亏损和预期流动性成本：2007 年 1 月—2011 年 11 月

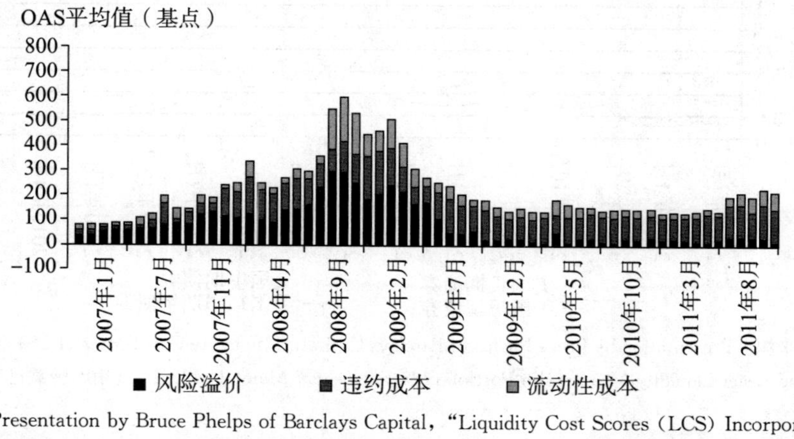

资料来源：Presentation by Bruce Phelps of Barclays Capital，"Liquidity Cost Scores（LCS）Incorporating Quantitative Bond-Level Liquidity Measures in Portfolio Management，" March 9，2012，p. 16. 转载已得到巴克莱资本的许可。

要　点

• 公司普通股投资者的风险—收益特征与同一家公司的公司债券投资者的风险—收益特征显著不同，这将影响公司债券组合管理的投资理念。

• 公司债券组合管理的意义是避免“输家”，这远比对股票组合管理的意义重要。仅针对多头投资者的股票组合管理需要找出“赢家”。

• 假设公司债券指数中的债券远远多于债券组合经理能在普通债券组合中购买的债券，那么对于公司债券组合，尤为重要的是在管理公司债券组合时实现分散化。

• 与使用市值加权公司债券指数相关的一个问题是，随着时间的推移，由于增加和剔除债券，基准指数的利率风险敞口和信用风险敞口将会变化。

• 随着时间的推移，市值加权公司债券指数风险特征的变化可能使最初采用特定指数作为基准指数的投资者发现新的风险敞口水平变得不可接受。

• 美国投资级公司债券指数和欧元区投资级公司债券指数的实证都表明，它们的风险敞口会随着时间的流逝大幅波动。

• 基于相对价值法的公司债券交易力图根据某段特定投资期的预期收益率对可比公司债券进行排序。

• 相对价值法为投资组合经理提供了类似债券当前相对市场价格的参考。

• 使用相对价值法时的两个假设是：（1）由于特定债券市场部门的复杂性，将产生错误定价的证券；（2）可以找出定价误差，而且定价误差将在特定投资期内进行自我纠正。

• 债券相对价值二级市场交易包括收益率利差提升交易、买入预期升级债券的交易、卖出预期降级债券的交易、部门轮换交易、曲线调整交易和结构交易。

• 从基准指数中剔除投资组合中持有的债券时，投资组合经理可能必须要在特定时期内处置这些债券。约束容忍投资是一种投资策略，使用这种策略的投资组合经理可以继续投资于从指数中剔除的债券。

• 约束容忍投资是指对信用降级、剩余期限和流动性（用债券规模衡量）的容忍。

• 对降级容忍投资、剩余期限容忍投资、流动性约束容忍投资、仅投资级债券完全容忍投资和完全容忍投资的绩效研究表明，容忍约束投资的绩效优于指数本身的绩效。

• 降级容忍投资包括对堕落天使的投资，这是公司债券组合经理尤其有兴趣的一种约束。实证表明，在债券从投资级降为非投资级之后不久，价格压力就将导致市场价格低于基础价值，且两年后，将出现逆转，导致堕落天使的绩效更优异。

• 信用风险模型可以用于构建公司债券组合。

• 公司债券的流动性是它为债券组合经理提供的根据预期对投资组合进行再平衡的灵活性。

• 机构投资者最常用的流动性量化指标是巴克莱资本流动性成本评分，它被定义为一个完整机构规模债券交易回合的成本（即买入债券和卖出债券的成本）。

• 通过衡量流动性，可以对通常被称为信用利差的部分进行调整以剔除流动性部分。

问　题

1. 公司债券的投资风险特征和同一家公司的普通股投资风险特征如何影响管理公司债券组合的投资理念？

2. 一家财富管理公司请你为一位决定只投资于美国投资级公司债券的客户选择基准指数提出建议。这家公司推荐的基准指数之一是一个市值加权投资级公司债券指数。投资组合经理认为，这样客户将了解基准指数的投资特征，并确定它是否在客户的风险容忍范围内。

a. 基准指数的投资特征是指什么？

b. 你如何评论投资组合经理关于合适基准指数的建议？

3. 收益率利差提升交易与买入预期升级债券的交易的区别是什么？

4. 新债券互换交易的动机是什么？

5. 请举出两个结构交易的例子。

6. 约束容忍投资的含义是什么？

7. 不同类型的约束容忍投资对制定公司债券组合投资政策的影响有什么含义？

8. 在投资级公司债券指数中的债券降至非投资级之后处置债券的风险是什么？

9. 堕落天使降级后，可以观察到什么价格表现？

10. 穆迪公司的哪些指标可以用来评估债券单位预期亏损利差的吸引力？

11. 研究表明，市场上观察到的信用利差大于与违约率和回收率相称的信用利差。请说明如何通过量化流动性利差获得信用利差的真实指标。

12. 巴克莱资本流动性成本评分为1.2意味着什么？

13. a. 如何获得巴克莱资本流动性成本评分的买卖利差？

b. 巴克莱资本使用买卖利差计算流动性成本评分时有什么局限性？

14. 如何计算下列对象的巴克莱资本流动性成本评分？

a. 利差报价债券。

b. 价格报价债券。

第 27 章

固定收益养老金计划的负债驱动投资

学习目标

阅读本章后，您将了解

- 什么是负债驱动投资
- 为什么固定收益养老金计划需要使用负债驱动投资
- 如何预测固定收益养老金计划的负债并确定它的价值
- 与固定收益养老金计划负债相关的风险
- 融资缺口和融资比率的含义
- 融资缺口风险的含义
- 负债驱动投资解决方案
- 降低养老金风险的去风险解决方案
- 免疫理论的基本原则
- 可以被固定收益养老金用来对冲利率风险的两种方法：多期免疫与现金流匹配

对于许多机构投资者而言，投资目标受机构负债性质的影响。尽管投资者投资金融资产时也面临相同类型的风险，但不同机构的负债性质不同，因此投资组合经理选择加入投资组合的资产类别时，这是一个关键因素。

在本章中，我们将说明负债驱动投资（LDI），它是评估绩效的基准不是资产基准或同类组合而是客户负债时的投资风险控制。负债驱动投资不是只管理资产，而是同时管理资产和负债。资产有投资风险，而且正如我们将看到的，负债也有投资风险。寿险公司对几种产品进行负债驱动投资：年金、担保投资合同（GICs）和保证最低利率的结构性合同。固定收益养老金计划发起人也进行负债驱动投资，这将是本章的重点。具体而言，固定收益养老金计划是公司和政府等计划发起人为员工提供的两类养老金计划之一。另一种类型是固定缴款养老金计划。固定收益养老金计划不同于固定缴款养老金计划的是，前者的退休福利是发起人的负债。

尽管固定收益养老金计划的负债可能与债券类工具的现金流（在负债现金流出的情况下）类似，但负债驱动投资不需要只投资于债券。我们将简要讨论负债驱动投资对固定收益养老金计划提出的不同解决方案。一个方案是投资于债券和股票，其中债券部分被本章讨论的一种负债风险对冲。为了理解负债驱动投资的解决方案，有必要了解与负债相关的风险。我们首先将简要回顾固定收益养老金计划管理的历史。

历史背景

从历史上看，人们认为固定收益养老金计划主要是仅用资产管理的。发起人做出的假设是，如果资产按照不同资产类别的主要市场指数所示增长，那么它们在长期总能足以偿还负债。自从通过《2006 年养老金保护法案》（Pension Protection Act of 2006）以来，固定收益养老金计划发起人现在必须根据 2012 年分阶段规定的贴现利率对预计负债进行盯市。

北方信托银行（Northern Trust Bank）和格林尼治储贷协会（Greewich Associates）在 2006 年进行的一项研究发现，即使在利率降至当前低利率之前，固定收益养老基金计划发起人也不愿进行负债驱动投资。[①] 这项研究的调查对象包括美国（1 050）、英国（224）、加拿大（197）和欧洲（217）的基金经理。根据这项调查研究，不到 10%的固定收益养老金计划受托人愿意使用负债驱动投资策略。在美国之外的国家，这种策略的采用范围更广，这些国家对养老金会计的监管也更严格。根据咨询公司 Towers Watson 的说法，美国按照《2006 年养老金保护法案》采用的监管规定已经针对固定收益养老金计划做出了变化。[②]

了解固定收益养老金计划的负债

为了了解与负债相关的风险以有效管理这些风险，必须首先了解如何在成员生命周期内预测固定收益养老金计划的未来负债，以及如何对预计未来负债估值。

固定收益养老金计划的条款规定了受益权要求，以及在不同年龄退休时支付给成员的金额。预测负债需要对两个关键因素作出假设：通货膨胀率和成员的预期寿命。必须考虑通货膨胀率，是因为未来薪酬受通货膨胀的影响，因此在成员退休时支付的福利也受通货膨胀的影响。

一旦预测出养老金计划的负债，下一步就是对负债估值。适当的贴现率，即应该用来贴现预计负债的贴现率是一个广受讨论的问题。第一个问题是，它应该是单贴现率还是贴现率期限结构。几乎没有人不同意应该使用利率期限结构。真正的争议在于使用哪个债券部门的期限结构。最强烈的争论焦点是使用国库券利率期限结构的贴现。实际上，具体而言，它是应该根据剥离式国债的利率使用的国债即期利率曲线。然而，监管机构不这么认为。《2006 年养老金保护法案》要求公司用至少为 A 评级（AAA 级、AA 级或 A 级）的公司债券收益率对养老金负债进行贴现。给定负债的长期性，负债价值对于使用的利率高度敏感。由于国债利率低于公司债券利率，因此使用公司债券利率会导致负债价值降低。

---

① "Implementing LDI in Pension Plans," *Point of View*, Northern Trust, January 2007. 文章网址为 http://www.northerntrust.com/pointofview/07_Jan/jan07_implementingLDI.html#。

② "Towers Watson: LDI Strategies Gaining in Popularity Among U.S. Investors," June 15, 2010. 文章网址为 http://www.towerswatson.com/united-states/press/2184。

使用国债利率而非高质量公司债券利率的理由有三条。第一，负债可以被视为必须由固定收益养老金计划发起人支付的无风险现金流。因此，负债应该用无违约利率贴现。尽管国债并非没有违约可能，但它们是市场参与者认为违约风险最低的金融工具。第二，如果最终目的是消除负债的利率风险，那么正如之后将说明的，大量固定福利养老金计划不可能创造出至少为 A 级的对冲公司债券组合。也就是说，没有足够多的至少为 A 级的公司债券供固定福利养老金发起人消除利率风险。最后，与使用公司债券利率贴现时不同的是，它提供了高于国债利率的利差，以补偿信用风险和流动性风险。以国债利率不变，但所有 AAA 级、AA 级和 A 级公司债券的信用利差提高 50 个基点的情况为例。信用利差增加意味着市场认为公司债券的信用风险较高。正如之后将要说明的，提高 50 个基点将导致固定收益养老金计划的财务稳健性提高。因此，随着公司债券风险升高，固定收益养老金计划的财务状况将会改善。尽管存在这些反对使用公司债券利率贴现负债的意见，但《2006 年养老金保护法案》允许使用公司债券利率，现在这已成为游戏规则。

与负债相关的风险

以下是与固定收益养老金计划预计负债相关的三种风险：

1. 利率风险。
2. 通货膨胀风险。
3. 长寿风险。

预计负债的利率风险量化方式与资产相同：计算负债的久期。我们将这种久期称为**负债久期**（liability duration）。给定负债的长期性，固定收益养老金计划的负债久期可能为 15 年至 20 年以上。这么大的负债久期在制定负债驱动投资策略时很重要，因为正如我们将要说明的，对冲利率风险需要匹配资产和负债的金额久期。为此，必须能获得金额久期接近于负债金额久期的资产。

固定收益养老金计划的通货膨胀风险是预测期内的实际通货膨胀率高于预测负债时假定的通货膨胀率的风险。负债对通货膨胀风险的敏感度可以通过改变预测负债时使用的通货膨胀率，然后对负债重新估值而量化。

固定收益养老金计划的**长寿风险**（longevity risk）是指计划成员退休后的实际寿命预期超过预测负债时假设的寿命预期的风险。因此，实际必须向计划成员支付的金额将超过预计支付的金额。尽管我们在固定收益养老金计划中考虑了长寿风险，但寿险公司为保单定价时，以及个人制定退休计划时也面临这种风险。为了评估长寿风险的重要性，我们以过去 100 多年的预期寿命变化为例，并假设退休年龄为 65 岁。在美国，根据抵押贷款表格，两性出生时的平均寿命预期详细分类如下：1950 年为 68.2 岁；1960 年为 69.7 岁；1970 年为 70.8 岁；1980 年为 73.7 岁；1990 年为 75.8 岁；2000 年为 77 岁；2010 年为 78.7 岁。预期到 2020 年，这个数字将为 79.5 岁。因此，使用 1980 年的预期寿命 73.7 岁，在 65 岁以后支付 8.7 年养老金的养老金计划到 2010 年平均要多支付 5 年（78.7 岁－73.7 岁）现金。和通货膨胀风险一样，可以用对预测负债时使用的预期寿命变化的敏感性和基于该预期寿命的负债新价值评估长寿风险的重要性。

融资缺口、融资比率和发起人贡献

融资缺口（funding gap）是资产市场价值与负债市场价值之差。也就是说，

$$融资缺口=预计负债价值-基金资产的市场价值$$

融资缺口也被称为**无偿债资金的负债**（unfunded liability）。

融资缺口风险（funding gap risk）是融资缺口由于影响资产和负债的因素的不利变化而增加的金额，包括：

风险类型	资产风险	负债风险
利率风险	×	×
通货膨胀风险	×	×
长寿风险	—	×
信用风险	×	—
流动性风险	×	—
货币风险	×	—
赎回风险/提前偿还风险	×	—

融资缺口的波动性取决于这些风险因素的波动性。例如，利率波动性将影响资产和负债基于各自久期（正如本章后面将说明的）的价值。对融资缺口波动性的担心在于，监管融资要求可能要求固定收益养老金计划发起人缴纳更多供款。

考察固定收益养老基金计划稳健性的另一种方式是将养老金计划的资产视为占预计负债的百分比。这个比率被称为**融资比率**（funding ratio）：

$$融资比率=\frac{基金资产的市场价值}{负债的预计价值}$$

融资比率越低，融资缺口越大。显然，刚才对融资缺口风险的描述也适用于融资比率风险。

除了开始时固定收益养老金计划的融资不足，融资缺口产生的主要原因是计划发起人过去选择的资产配置决策（即对股票、债券、另类投资和现金的配置）导致养老金计划相对于负债价值表现不佳。历史上，固定收益养老金计划发起人没有考虑基金负债结构和风险，只将重点放在资产管理上。考虑到这一点，这并不令人惊讶。在进行资产配置决策时，计划发起人考虑了资产类别彼此的相对绩效，而没有考虑负债。现在人们最终认识到设计投资策略需要考虑负债时，才开始更多地应用负债驱动投资。

融资缺口不一定在某一个年份内闭合。通过负债驱动投资策略，计划发起人希望减少融资缺口，降低融资缺口风险。除了创造用融资缺口/融资比率衡量的绩效，计划发起人还必须每年供款。年供款被称为**年必要供款**（annual required contribution），它是由一位精算师确定的，包括两个部分。第一个部分是成员当年获得的新福利估计成本。该成本被称为**正常成本**（normal cost）。在正常成本上还要加上一笔基于融资缺口的金额。计划发起人未能提供年必要供款将导致融资缺口增加（融资比率降低）。

由于年必要供款及其对弥补融资缺口的影响，评估融资缺口风险的一个重要因素是固定收益养老金计划发起人满足必要供款要求而不引起公司财务问题的能力。公司计划发起人希望尽量降低年必要供款和这些供款的波动性。因此，在设计负债驱动投资策略时，固定收益养老金计划发起人的目标是尽量降低年供款。

负债驱动投资策略

了解融资缺口的资产方风险和负债方风险的性质有助于制定负债驱动投资解决方案。接下来，我们将讨论两种解决方案。

完全高评级债券组合解决方案

我们提倡的一种方法是，建立仅由高评级债券和利率衍生工具组成的投资组合。为了解如何做到这一点，忽略利率风险以外的所有风险。融资缺口面临的利率风险的一级近似值是资产与负债的金额久期。也就是说，

融资缺口的利率风险＝利率风险导致的融资缺口变化
＝预计负债的金额久期－基金资产的金额久期

当利率变化时，资产和负债的市场价值相对变化将取决于它们各自的金额久期。如果预计负债的金额久期超过基金资产的金额久期，那么利率上升将降低融资缺口，因为负债下降得比资产快。风险在于，随着利率下降，将导致融资缺口增加。

例如，考虑下列固定收益养老金计划：

基金资产的市场价值＝5 亿美元
预计负债价值＝6 亿美元
投资组合久期（即基金资产的久期）＝7
负债久期（即预计负债的久期）＝12

这个假想计划的融资缺口和融资比率分别为 1 亿美元和 85.7%。

假设利率平移 100 个基点，让我们来看预计负债和基金资产的美元久期：

利率变化 100 个基点时，基金资产将变化大约 7%。

利率变化 100 个基点时，预计负债将变化大约 12%。

利率变化的金额久期（每 100 个基点）为：

投资组合的金额久期＝7%×5 亿美元＝3 500 万美元
负债的金额久期＝12%×6 亿美元＝7 200 万美元

这意味着利率变化 100 个基点时，融资缺口的变化约为 3 700 万美元。具体而言，风险是利率可能下跌。在这种情况下，负债将增加 7 200 万美元，基金资产的价值将增加 3 500 万美元，使融资缺口增加 3 700 万美元。

为了对冲或免疫（至少作为一级近似对冲或免疫）利率风险（这种风险将导致纯债券组合的融资缺口发生不利变化），可以构建基金投资组合并对其重新进行平衡，保持金额—久期匹配，以防止融资缺口增加。后文将介绍免疫利率风险，即使融资缺口不再增加的策略（免疫策略和专属投资组合策略）。

用我们假想的固定收益养老金计划解释这种情况，因为负债的金额久期不能改变，所以为了对冲利率风险，投资组合的金额久期必须为 7 200 万美元。令（D_p）表示投资组合的久期，当利率变化 100 个基点时，投资组合的金额久期为

$0.01\times D_p\times 5$ 亿美元

这个金额必然等于 7 200 万美元负债的金额久期。也就是说，

$$0.01\times D_p\times 5\text{ 亿美元}=7\ 200\text{ 万美元}$$

解该式，得出 $D_p=12$。也就是说，投资组合的久期必然与负债久期相同，以避免利率上升导致融资缺口变化。

这听起来很简单，但在实践中有两个问题。首先，正如前面提到的，负债久期可能高于 20。相反，国债和高评级公司债券的久期并不接近于 20，因此难以获得对冲利率风险所需的金额久期。因此，即使在我们的例子中，高评级债券也不太可能实现 12 的久期。这个问题的解决方法是使用期货和互换等利率衍生工具以“延长”金额久期。在第 29 章和第 31 章中，我们分别说明了期货和互换的金额久期。因此，希望久期匹配所有或部分利率风险的养老金计划发起人必须准备好授权使用利率衍生工具。

第二个问题是，久期匹配可以对冲利率变化幅度较小时的利率风险。这可以通过频繁重新平衡投资组合实现。如果在重新平衡期间利率发生显著变化，久期匹配就不足以作为对冲条件。相反，资产和负债的凸性必须尽可能密切地匹配。

尽管只涉及高评级债券、国债和利率衍生工具投资组合的负债驱动投资策略可以对冲利率风险，但仍存在其他风险。高评级债券的信用风险较低，尽管如此，它仍存在一些信用风险。尤其是，信用利差风险和流动性风险可能产生不利变化。以信用利差风险为例。高评级可赎回债券存在赎回风险，计算资产久期时必须考虑这种风险。一些纯债券策略使用政府机构住房抵押贷款支持证券，因为与高评级公司债券相比，它们的信用风险较低，承诺收益率较高。[①] 然而，将这种证券加入投资组合使基金投资组合的投资者面临提前偿还风险。

尽管债券衍生工具策略创造出刚才介绍的资产方风险，但仍然留有与负债相关的其他风险。其他风险取决于计划发起人的风险容忍度，如果策略导致日融资缺口增加，要求超过正常成本的额外供款，这将取决于固定收益养老金计划发起人满足年必要供款的能力。

高评级债券与衍生工具以外的负债驱动策略

由于使用债券和衍生工具时只对冲利率风险的负债驱动投资策略存在缺点，因此实践中使用的策略需要使用更广泛的资产类别以控制利率风险、通货膨胀风险和长寿风险的水平。选择的资产类别是与这些风险高度相关的资产类别，使对负债方融资缺口产生不利影响的任何风险的不利变化都将被对资产方的有利影响（部分或全部）抵消。我们已经提到如何用债券和利率衍生工具控制利率风险。通过使用 TIPS 等通货膨胀保护固定收益工具可以控制通货膨胀风险。

人们提出的方法是一把双刃剑：执行管理风险的策略和创造资产增长的策略。用来创造资产增长的投资组合被称为“寻求绩效的投资组合”[②] 或“超额收益率投资组合”[③]。于是，养老金计划的总收益率可以被视为

---

① 正如第 12 章说明的，住房抵押贷款支持证券的收益率是现金流收益率，并且在建模上高度依赖预测现金流。

② Saad Badaoui，Romain Deguest，Lionel Martellini，and Vincent Milhau，“Dynamic Liability-Driven Investing Strategies：The Emergence of a New Investment Paradigm for Pension Funds? A Survey of the LDI Practices for Pension Funds，” EDHEC—Risk Institute Publications，February 2014.

③ Paul Ross，Dan Bernstein，Niall Ferguson，and Ray Dalio，“Creating an Optimal Portfolio to Fund Pension Liabilities，” Chapter 47 in Frank J. Fabozzi（ed.），*Handbook of Finance*：*Volume 2*（Hoboken，NJ：John Wiley & Sons，2008）. 作者举例说明了这种策略。

$$\text{养老金计划的总收益率} = \text{负债免疫投资组合的收益率} + \text{寻求绩效的投资组合的收益率} - \text{负债收益率}$$

人们可以将风险管理策略视为 beta 策略（基准为负债），将创造资产增长的策略视为 alpha 策略。alpha 策略的目标是使资产的增长快于负债。通过股票、高收益债券和另类投资等资产类别可以创造资产增长。

引入风险溢价高于高评级债券的现货市场工具导致了其他投资风险。计划发起人愿意接受的风险水平仍然取决于其风险容忍度，进而取决于计划发起人满足超过正常成本的额外供款要求的能力。

由于创造资产增长的策略涉及股票或另类投资的投资策略，因此我们这里不会讨论这种策略。

降低风险的去风险解决方案

固定收益养老金计划发起人用三种解决方案降低他们面临的风险。这些解决方案被称为**去风险解决方案**（de-risking solutions），它们是：

● 关闭（冻结）。

● 终止。

● 风险转移。

我们下面将简要介绍这些策略，而不讨论它们的相对优劣。基本上，这些解决方案都是处理长寿风险的方法。

关闭养老金计划意味着冻结而非终止养老金计划。养老金计划仍由联邦保险机构——养老金担保福利公司（PGBC）——提供保险。冻结的养老金计划有三类[①]：

● 硬冻结：所有参与计划的员工都不能获得更多福利，但员工可以立即获得已应给付的福利。

● 部分冻结：部分员工，但非所有员工的福利不会增加。这通常出现在雇主不允许新员工加入养老金计划，但继续为现有员工实行养老金计划的情况下。

● 软冻结：员工未来年份的工作不能再依据养老金计划获得养老金，但他们可以在脱离养老金计划时而非冻结养老金计划时获得福利给付。

冻结的养老金计划可以根据雇主的选择解冻。

终结养老金计划导致养老金计划运行完全停止，不能被“重启”。养老金计划资产和对养老金计划成员的给付将产生什么变化取决于养老金计划是资金不足还是资金富余。资金不足的养老金计划的资产将移交给养老金担保福利公司。这家联邦保险公司将对养老金计划成员支付承诺金额（根据联邦法规允许向养老金计划成员支付的最高金额）。如果在罕见情况下，养老金计划的资金有富余，那么养老金计划的资产将移交给一家合格保险公司，这家保险公司将负责向养老金计划成员支付所有福利。

养老金计划发起人可以向有权获得福利的员工进行一次性支付。这消除了这群成员的所有养老金风险。这种解决方案将养老金风险转移给接受一次性支付的成员。

① 关于对养老金冻结的详细讨论，见“Pension Freezes,” Pension Center Rights (undated), http://www.pensionrights.org/publications/fact-sheet/pension-freezes。

其他风险转移解决方案包括买断、买入和长寿互换。在买断中，发起人花一笔保费为所有员工购买某份保险合同（年金合同）。这将养老金风险从计划发起人转移到年金发行人（通常为一家寿险公司）上。这种解决方案被称为年金化。尽管消除了标准养老金风险，但仍存在交易对手的信用风险。

在买入中，计划发起人花一笔保费购买一笔年金，它不能为预计负债提供全额保障。基金中没有用于购买年金的资产仍然受计划发起人管理，因此只有部分养老金风险被转移。年金成为养老金计划的资产，相关信用风险类似于公司债券的信用风险。

养老金计划通过进行长寿互换或买入长寿债券，可以对长寿风险进行对冲。在长寿互换中，养老金计划与交易对手（通常是一家投资银行或保险公司）签订互换协议。养老金计划在这笔互换交易中定期向交易对手支付一笔固定金额，交易对手根据实际死亡率和预期死亡率之差定期向养老金计划支付浮动金额。长寿互换有不同类型：定制长寿互换和标准化长寿互换（或与指数挂钩的工具）。标准化长寿互换的风险是，合同可能没有准确提供养老金计划面临的长寿风险。①

对冲利率风险的策略

在本章剩余部分，我们的重点是对冲固定收益养老金计划负债利率风险的策略。首先，我们来看单期免疫策略。这不是固定收益养老金计划用来对冲利率风险的策略，因为它只对冲了未来的一笔负债。寿险公司用这种策略对冲一种常见保险产品——担保利率合同（GIC）的利率风险。实际上，寿险公司将担保利率合同产品卖给固定收益养老金计划。了解单期免疫的基本原则后，我们将分析免疫（即对冲）一系列未来支付的利率风险，在我们的例子中，它们为固定收益养老金计划的预计负债。

单期免疫

F. M. Reddington 通常被认为是单期免疫策略的创始人，他在 1952 年将免疫定义为“使现有业务对一般利率变化免疫的资产投资”②。为了理解投资组合对利率变化免疫以偿还单笔未来负债的基本原则，请考虑出售担保利率合同的寿险公司面临的情况。根据这种政策，保险公司担保将在特定未来日期向保单持有者一次性支付特定金额。也就是说，保险公司对这笔支付提供了特定收益率担保。

如果担保利率合同的期限为 H 年，担保利率为 r，投资金额为 I，那么保险公司同意在 H 年后支付的金额（即担保价值）F 为

$$F=I(1+r)^H$$

产生足够资金以实现担保价值所需的三个收益率来源为：(1) 息票利息；(2) 利息的利息；(3) 资本收益。我们在第 3 章中讨论了这三个来源。免疫理论的原则是，尽管息票利息

---

① 见“Longevity Swaps: The Deal of a Lifetime,” *Global Agenda*, October 2013。原文见 http://projectmonline.com/global-agenda/risk/longevity-swap-the-deal-of-a-lifetime。

② F. M. Reddington, “Review of the Principle of Life Office Valuation,” *Journal of the Institute of Actuaries* (1952), pp. 286 - 340.

不受利率变化的影响，但后两种来源受其影响。此外，它们会产生抵消效应。利率上升将导致投资组合中持有的债券产生资本亏损，但再投资收益将上升；利率下降意味着在投资组合中持有的债券产生资本收益，但再投资收益将降低。解决方法是构建一个投资组合，抵消利率变化时的这两种效应，以至少实现担保价值。

Reddington 说明了构建和重新平衡投资组合时出现这种抵消效应的条件。假设收益率曲线平移，当投资组合的结构如下时，投资组合的最小价值将是担保价值（F）：

条件 1：投资组合久期等于负债久期。

条件 2：投资组合产生的现金流现值等于未来负债的现值。

构建投资组合之后，利率变化时必须对其进行重新平衡，因为投资组合久期和负债久期将会变化。投资组合必须进行重新平衡，使投资组合和负债的久期匹配。

让我们来看负债的久期。由于我们面对的是单期负债，因此负债实际上是零息负债（这意味着没有期间现金支付）。我们知道，零息债券的久期为距离到期日的年数。也就是说，5 年期零息债券的久期为 5。对于零息负债而言，负债久期是距离必须支付担保价值时的年数。因此，最初构建支持 5 年期担保利率合同的投资组合时，投资组合久期必须等于 5（负债久期）。随着时间流逝、利率变化，投资组合的久期也必须变化，以匹配距离必须偿还负债时的剩余年数。这意味着，如果担保利率合同最初发行时的期限为 5 年，且已经过了 3 年，剩余 2 年，那么投资组合久期必须调整为 2（负债的久期）。

免疫风险

单笔负债免疫的两个条件意味着，只有在收益率曲线平坦，收益率曲线的任何变化均为平行变化（即所有期限的利率上升或下降相同基点数）时，投资组合才对利率变化免疫。第 4 章曾经提到，久期是收益率曲线平移时价格波动性的指标。如果利率没有根据这种形状不变的平移相应变化，那么将投资组合的久期和负债久期匹配不能确保免疫。也就是说，目标收益率不再是投资组合的最低总收益率。

由于可以构建许多久期匹配的投资组合以免疫负债，那么是否可能构建一个投资组合，使不能实现目标收益率的风险降到最低？也就是说，根据收益率曲线的不确定变化方式，是否有可能建立一个标准，最小化久期匹配投资组合没有免疫的风险？Fong 和 Vasicek① 以及 Bierwag、Kaufman 和 Toevs② 研究了这个问题。图表 27—1 举例说明了如何最小化免疫风险。

图表 27—1 的两幅图中的竖线表示实际投资组合的现金流。较高的竖线表示已到期的证券产生的实际现金流，较短的竖线表示息票支付。投资组合 A 和投资组合 B 均由投资组合久期等于负债久期的两只债券组成。实际上，投资组合 A 是一个杠铃式投资组合，由短期债券、长期债券和期间息票支付组成。投资组合 B 的两只债券到期日非常接近于负债到期日，投资期内的息票支付为名义金额。实际上投资组合 B 是一个子弹式投资组合。

现在，我们可以看到为何杠铃式投资组合的风险高于子弹式投资组合。假设两个投资组合的久期均等于负债久期，因此每个投资组合都对收益率曲线的平移免疫。假设收益率曲线

---

① H. Gifford Fong and Oldrich Vasicek, "A Risk Minimizing Strategy for Multiple Liability Immunization," *Journal of Finance* (December 1984), pp. 1541 - 1546.

② G. O. Bierwag, George K. Kaufman, and Alden Toevs, "Bond Immunization and Stochastic Process Risk," Working Paper, Center for Capital Market Research, University of Oregon, July 1981.

以非平行方式移动而导致长期利率增加时短期利率下降。那么，两个投资组合将在负债到期日产生累计价值，该价值低于担保价值，因为短期利率下降会导致再投资利率下降，因而长期利率升高、利息的利息下降，所以出现了资本亏损。

图表 27—1　　免疫风险指标

（a）投资组合A：高风险的免疫组合

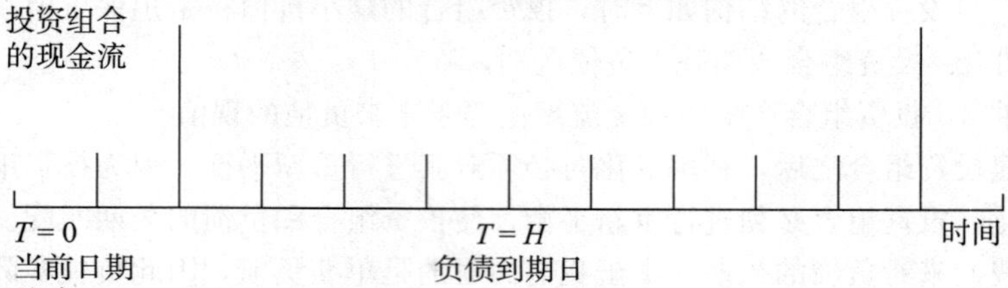

注意：
投资组合的久期与负债久期匹配。
投资组合的现金流是分散的。

（b）投资组合B：低风险的免疫组合

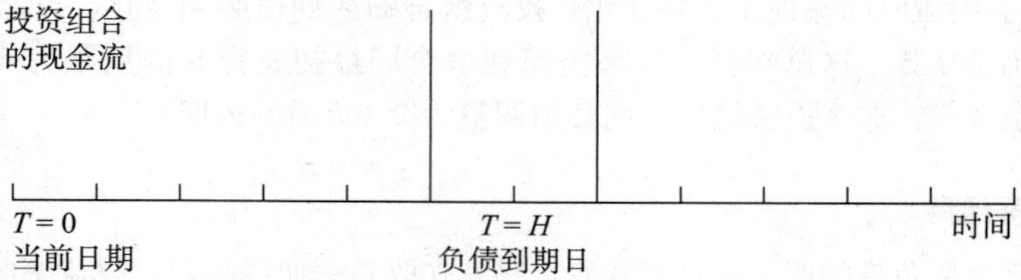

注意：
投资组合的久期与负债久期匹配。
投资组合的现金流集中于负债到期日附近。

然而，杠铃式投资组合在负债到期日的累计价值与担保价值之差将高于子弹式投资组合。这有两个原因。第一，与子弹式投资组合相比，长期内期间现金流较多的杠铃式投资组合的再投资利率较低。第二，杠铃式投资组合在负债到期日结束时仍未清偿部分的期限比子弹式投资组合的期限久得多，导致杠铃式投资组合的资本亏损大于子弹式投资组合。因此，子弹式投资组合对可能发生的利率结构变化的风险敞口低于杠铃式投资组合。

从这一分析可以明显看出，免疫风险是再投资风险。再投资风险最低的投资组合的免疫风险也最低。当现金流在负债到期日附近高度分散时，投资组合将面临很高的再投资风险。当现金流集中在负债到期日附近时——正如子弹式投资组合那样——投资组合将面临很低的再投资风险。

Fong 和 Vasicek 提出了一个免疫风险衡量指标。他们证明，如果收益率曲线以任意方式移动，那么投资组合价值的相对变化将取决于以下两项的乘积。第一项取决于投资组合的特征。第二项仅是利率变化的函数。第二项描述了收益率曲线形状变化的性质。由于这种变化不可能根据推理预测出来，因此不可能控制它。然而，构建免疫投资组合时是可以控制第一项的，因为它仅取决于投资组合的组成。第一项是免疫投资组合的风险指标，用 M^2 衡量，它等于

$$M^2=\frac{CF_1(1-H)^2}{(1+y)}+\frac{CF_2(2-H)^2}{(1+y)^2}+\cdots+\frac{CF_n(n-H)^2}{(1+y)^n}$$

其中，

CF_t＝投资组合在时期 t 时的现金流；

H＝投资期或负债到期日的长度（年）；

y＝投资组合的收益率；

n＝收到最后一笔现金流的时间。

免疫风险指标与我们之前对杠铃式投资组合和子弹式投资组合的相对风险图形分析吻合。杠铃式投资组合（图表 27—1 中的投资组合 A）的现金流支付在时间上广泛分散，因此免疫风险指标较高。子弹式投资组合（图表 27—1 中的投资组合 B）的现金流支付接近于负债到期日，因此免疫风险指标较低。

请注意，如果所有现金流都是在负债到期日收到的，那么免疫风险指标将为零。在这种情况下，投资组合将等于在负债到期日到期的纯贴现证券（零息证券）。如果投资组合的结构能够复制在负债到期日到期的纯贴现证券，这个投资组合的免疫风险将最低。然而，通常不可能构建这么理想的投资组合。

构建免疫投资组合的目标是将投资组合久期与负债久期匹配，并选择最小化免疫风险 M^2 的投资组合。免疫风险指标可以用于构建担保价值的近似置信区间。

零息债券与免疫

令投资组合对利率变化免疫以消除免疫风险的一种方法是投资于期限等于投资期的零息债券。这与免疫的基本原则一致，因为零息债券的久期等于负债久期。然而，在实践中，零息债券的收益率通常低于息票债券的收益率。因此，使用零息债券为子弹式负债融资需要更多资金，因为锁定的目标收益率较低（等于零息债券的收益率）。

信用风险与担保价值

如果投资组合中的任意债券由于信用质量下降而违约或者价值下跌，就可能无法实现担保价值。消除信用风险的方法是，限制可用于构建对国债免疫的投资组合的债券种类。然而，可能实现的累计价值将低于有信用风险因而负债融资成本将增加的债券的累计价值。

在多数免疫应用中，客户都规定了可接受的信用风险水平。免疫投资组合备选债券仅限于等于或高于该信用评级的债券。客户愿意接受的信用风险越高，可实现的目标收益率越高，但免疫投资组合由于债券违约或降级而无法实现目标收益率的风险越高。规定了最低信用风险并构建了免疫投资组合后，投资组合经理必须监督债券以防信用质量下降。如果某只债券的信用评级降至最低信用评级以下，那么必须出售该债券（如果没有约束容忍）或者变更可接受的信用风险水平。

赎回风险

当可接受的债券包括公司债券时，如果其中的可赎回债券之后被赎回，担保价值可能被蒸发。通过将可接受债券限制为不可赎回债券和高折扣可赎回债券，可以避免赎回风险。强加这种约束不会没有成本。由于不可赎回债券和高折扣债券的收益率较低，因此将可接受债券限制为这些债券减少了可实现的累计价值，因而增加了负债融资成本。而且，可能很难找到可接受的不可赎回债券。

必须认真监控包括可赎回债券的免疫投资组合，保证出售可能被赎回的债券并用赎回概率较低的债券代替它。

构建免疫投资组合

确定了可接受债券组合，并施加了约束之后，投资组合经理就有更多债券可以用来构建初始免疫投资组合，并从中选择债券对免疫投资组合重新进行平衡。投资组合经理可以规定目标函数，并确定使用数学规划工具最优化目标函数的投资组合。给定之前讨论的免疫风险，通常的目标函数是最小化免疫风险指标。①

多期免疫

至此，我们已经讨论了单笔负债的免疫。对于固定收益养老金计划，必须偿还多笔负债——对计划成员的付款。出售保单并需要对保单（例如年金保单，我们在本章中讨论的为固定收益养老金计划去风险的替代产品之一）持有者支付多笔款项的寿险公司也必须偿还多笔负债。偿还多笔负债可以使用两种策略：（1）多期免疫；（2）现金流匹配。我们在这里将介绍多期免疫，在下一节中介绍现金流匹配。

多期免疫是一种投资组合策略，所创建的投资组合可以偿还多笔事先确定的未来负债，不管利率如何变化。即使收益率曲线平移，Bierwag、Kaufman 和 Toevs 也证明，将投资组合久期与负债久期匹配不是对旨在偿还多笔负债的投资组合免疫的充分条件。② 相反，有必要分解投资组合的支付流，使每笔负债都被其中一个组成部分的现金流免疫。理解这种方法的关键是认识到，必须以这种方式分解投资组合创造的支付流——而不是投资组合中的各只债券。可能没有哪只实际债券能产生组成部分的支付流。

在收益率曲线平移的特殊例子中，Fong 和 Vasicek 证明了确保对多笔负债免疫所必须满足的必要条件与充分条件③：

1. 投资组合久期必须等于负债久期。
2. 投资组合资产的久期分布范围必须比投资组合负债的久期分布范围更广。
3. 投资组合产生的现金流现值必须等于负债流的现值。

然而，这些条件只有在收益率曲线平移时才能免疫。为了处理由于收益率曲线非平移而无法免疫的问题，Fong 和 Vasicek 将本章之前讨论的单笔负债免疫风险指标（M^2）推广到了多笔负债的情况。最优免疫策略是根据之前提到的三个约束条件（久期、资产与负债的分布、资产现金流现值等于负债流现值）以及客户可能施加的其他约束条件最小化该免疫风险指标。

---

① 关于其他目标函数的讨论，见 H. Gifford Fong and Frank J. Fabozzi, *Fixed Income Portfolio Management* (Homewood, IL: Dow Jones-Irwin, 1985), Chapter 6; Peter C. Christensen and Frank J. Fabozzi, "Bond Immunization: An Asset Liability Optimization Strategy," Chapter 31 in Frank J. Fabozzi and Irving M. Pollack (eds.), *The Handbook of Fixed Income Securities* (Homewood, IL: Dow Jones-Irwin, 1987); and Peter C. Christensen and Frank J. Fabozzi, "Dedicated Bond Portfolios," Chapter 32 in Frank J. Fabozzi (ed.), *The Handbook of Fixed Income Securities*, 3rd ed. (Homewood, IL: Business One-Irwin, 1991)。

② G. O. Bierwag, George K. Kaufman, and Alden Toevs, "Immunization Strategies for Funding Multiple Liabilities," *Journal of Financial and Quantitative Analysis* (March 1983), pp. 113 - 124.

③ Fong and Vasicek, "A Risk Minimizing Strategy for Multiple Liability Immunization."

在一系列文章中，Reitano研究了平移假设的缺陷。[①] 他还提出了将多笔负债免疫推广至任意收益率曲线移动情况下的模型。他的研究明确了经典多期免疫可能会掩盖与收益率曲线非平移相关的风险，且防止受某类收益率曲线移动影响的模型可能造成对其他类型收益率曲线移动的大量敞口和脆弱性。

现金流匹配

除了多期免疫，还有一种方法是**现金流匹配**（cash flow matching）。这种方法也被称为**专属投资组合**（dedicated portfolio），它可以总结如下。首先，选出期限与最后一笔负债流匹配的债券。然后投资于这只债券，投资金额为本金加上最后一笔息票利息，该金额等于最后一笔负债流。然后，用负债流剩下的部分减去这只债券的息票支付，并选出另一只与减去息票支付后倒数第二笔负债流的新金额匹配的债券。往前回溯，继续这个现金流匹配过程，直到所有负债都由投资组合中的证券支付匹配。

图表27—2用一笔5年期负债流的简单例子说明了这个过程。可以用数学规划方法从可接受的债券中构建成本最低的现金流匹配投资组合。

你应该理解现金流匹配策略和多期免疫策略的区别。首先，与免疫法不同，现金流匹配法没有久期要求。第二，在免疫策略中，即使利率不变，也需要重新进行平衡。与之相比，在现金流匹配策略中，除了处置或置换信用评级降至可接受水平以下的债券，无须重新进行平衡。第三，不存在现金流匹配投资组合无法偿还负债的风险（杜绝了违约可能）。对于使用多期免疫策略构建的投资组合，存在再投资风险导致的免疫风险。

刚才提到的区别看起来支持使用现金流匹配策略。然而，我们忽略了两种策略的相对成本。Gifford Fong Associates使用初始投资组合的成本作为评估指标，发现使用评级至少为AA级公司债券的现金流匹配投资组合的成本比多期免疫投资组合多3%～7%。现金流匹配策略成本更高的原因是，通常现金流与负债的匹配并不完全。这意味着必须留出比所需更多的资金以匹配负债。用来设计现金流匹配投资组合的优化方法假设以保守的再投资收益率对超额资金进行再投资。在多期免疫策略中，假设所有再投资收益率都锁定为较高的目标收益率。因此，投资组合经理需要权衡两种决策从而进行选择：现金流匹配策略可以避免无法偿还负债的风险，而多期免疫策略的成本较低。

在基本的现金流匹配方法中，只有出现在负债日期之前的资产现金流可以用于偿还负债。经过扩展以后，这种方法可以处理用发生在负债日之前或之后的现金流偿还负债的情形。这种方法被称为对称现金匹配，它让投资组合经理可以在负债到期日之前用短期借款获得的资金偿还负债。利用借入短期资金以进行对称现金匹配的机会可以降低负债融资成本。

一种对多期免疫策略和现金流匹配策略进行变形从而为负债融资的常见策略是结合上述两种策略。这种策略被称为**合并匹配策略**（combination matching）或**投资期匹配策略**（horizon matching），它创建了一个投资组合，该投资组合的久期与增加的约束条件匹配，即在前几年（通常为5年）为现金匹配。多期免疫的合并匹配策略的优点是，在初始现金流

① Robert R. Reitano, "A Multivariate Approach to Immunization Theory," *Actuarial Research Clearing House*, Vol. 2, 1990; and "Multivarite Immunization Theory," *Transactions of the Society of Actuaries*, Vol. XLIII, 1991. 对基础收益率曲线移动和免疫之间关系的详细示例，见 Robert R. Reitano, "Non-Parallel Yield Curve Shifts and Immunization," *Journal of Portfolio Management* (Spring 1992), pp. 36 - 43。

匹配期中提供了流动性需求。与负债流初始部分匹配的现金流降低了与收益率曲线非平移相关的风险。多期免疫的合并匹配策略的缺点是，它的成本略高。在免疫策略和专属现金流匹配策略中，一些投资组合经理可以通过进行债券互换积极管理投资组合，从而提高投资组合的绩效。显然，投资组合经理只能进行风险敞口较小的投资，以尽量降低无法偿还负债的可能性。

图表 27—2　　现金流匹配过程

假设：5年期负债现金流
债券现金流为年现金流。

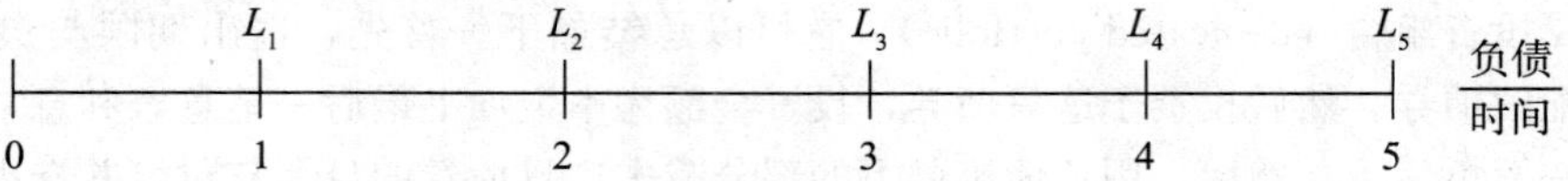

第1步：
选定债券A的现金流以偿还L_5
息票利息=A_S；本金=A_P，$A_S+A_P=L_5$
未偿还的剩余负债：

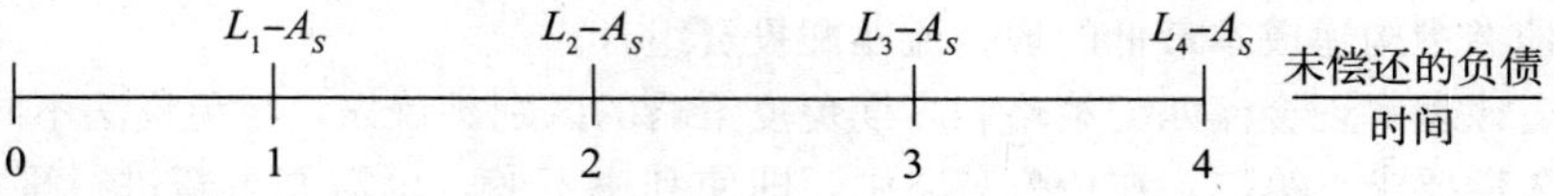

第2步：
选定债券B的现金流以偿还L_4
未偿还的负债= L_4-A_S
息票利息=B_S；本金=B_P，$B_S+B_P= L_4-A_S$
未偿还的剩余负债：

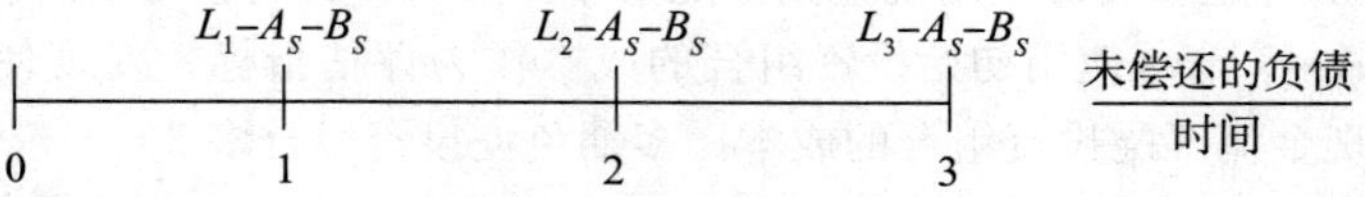

第3步：
选定债券C的现金流以偿还L_3
未偿还的负债= $L_3-A_S-B_S$
息票利息=C_S；本金=C_P，$C_S+C_P= L_3-A_S-B_S-C_S$
未偿还的剩余负债：

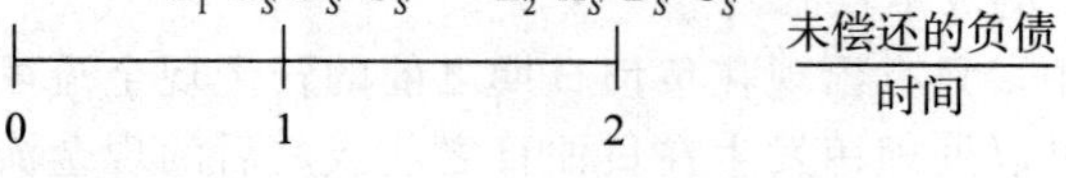

第4步：
选定债券D的现金流以偿还L_2
未偿还的负债= $L_2-A_S-B_S-C_S$
息票利息=D_S；本金=D_P，$D_S+D_P= L_2-A_S-B_S-C_S$
未偿还的剩余负债：

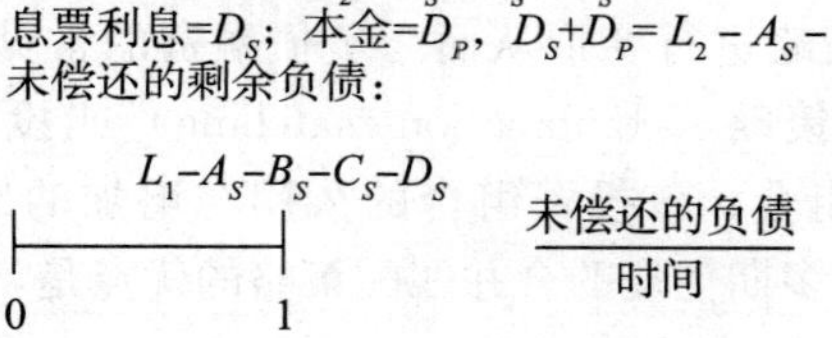

第5步：
选定债券E，其现金流为$L_1-A_S-B_S-C_S-D_S$

要　点

・负债驱动投资（LID）是指为偿还客户负债而非超过资产基准或同类组合的绩效而控制投资风险。

・负债驱动投资与资产和负债的投资风险有关。

・固定收益养老金计划发起人在管理养老金计划时使用负债驱动投资解决方案，这与他们过去仅根据资产基准管理资产，而不考虑或几乎不考虑负债的做法相反。

・在《2006 年养老金保护法案》的影响下，人们使用至少为 A 级公司债券的利率期限结构对预计负债贴现，从而确定负债的价值。

・养老金负债的价值与利率反向变化。

・预计养老金负债时，需要假设通货膨胀率和养老金计划成员的预期寿命。

・固定收益养老金计划的稳健性是由融资缺口（即预计负债价值和养老金计划资产市场价值之差）和融资比率（即养老金计划资产市场价值与预计负债价值之比）衡量的。

・融资缺口风险（融资比率风险）是融资缺口将增加（融资比率将下降）的风险。

・融资缺口（融资比率）风险是与影响资产和负债的不利变化相关的风险。

・与负债相关的风险有利率风险、通货膨胀风险和长寿风险。

・固定收益养老金计划的长寿风险源自养老金计划成员的实际预期寿命可能超过预测负债时假定的预期寿命，导致养老金供款的年数增加。

・固定收益养老金计划面临的问题的一个负债驱动投资解决方案是，用债券和利率衍生工具消除利率风险。

・由于对冲利率风险需要匹配投资组合久期与负债久期，因此必须用久期与负债久期相同的资产构建投资组合。假如典型固定收益养老金计划的负债久期长于多数利率期间的债券久期，则需要用利率衍生工具延长投资组合久期。

・人们提出的两个负债驱动投资解决方案为：(1) 只使用高评级债券和利率衍生工具对冲利率风险；(2) 使用所有可得资产类别构建两个投资组合——一个对冲利率风险的投资组合和一个追求绩效以弥补融资缺口的投资组合。

・固定收益养老金计划发起人使用的去风险解决方案为：(1) 关闭（冻结）计划；(2) 终结计划；(3) 转移风险。

・对冲利率风险的策略包括多期免疫策略和现金流匹配策略。

・免疫理论是一种利率对冲策略，当利率变化时，这种策略使利率风险和再投资风险彼此抵消，最低累计价值为担保价值。

・免疫策略要求投资组合经理创造久期等于负债久期的债券组合。

・由于免疫策略是基于收益率曲线的平移，因此风险在于即使满足久期匹配条件，投资组合也不会被免疫。免疫风险可以量化，以便构建最小化这种风险的投资组合。

・多期免疫是一种使投资组合面临免疫风险的久期匹配策略。

・现金流匹配策略没有任何久期要求。

问　题

1. 固定收益养老金计划和固定缴款养老金计划有什么区别？

2. 为什么管理固定收益养老金计划时，计划发起人有必要采用负债驱动解决方案，而不是采取只关注资产管理的策略？

3. 你无意中听到固定收益养老金计划受托人关于他们如何成功做出资产配置决策和选择资产经理的对话。他们每年的资产配置决策都使资产配置给绩效最优秀的资产类别，他们所选择经理的绩效超过资产类别基准的绩效。请评论你能否判断这些受托人指导养老金计划的工作是否有效。

4. 为什么固定收益养老金计划的预计负债价值取决于估值过程中使用的贴现率？

5. 为什么固定收益养老金计划的融资缺口被称为“无偿债资金的负债”？

6. 如果固定收益养老金计划的融资缺口增加，那么融资比率将如何变化？

7. 与融资缺口风险相关的风险是什么？

8. 与固定收益养老金计划的预计负债相关的风险是什么？

9. 如何衡量固定收益养老金计划的预计负债的利率风险？

10. a. 采用久期匹配策略对冲固定收益养老金计划的利率风险的困难是什么？

b. 如何在债券组合中使用利率衍生工具？

11. “通过对冲固定收益养老金计划的利率风险，发起人可以消除养老金风险”。请评论这个说法。

12. 可以用其他哪种负债驱动投资解决方案管理固定收益养老金计划，而不是只管理利率风险？

13. 2003 年 12 月，欧洲保险公司瑞士再保险公司（Swiss Re）发行了 2007 年 1 月 1 日到期的 3 年期浮动利率债券，面值为 4 亿美元。利率每季支付一次，调息公式为 3 个月期美国 LIBOR 加 135 个基点。到期时的本金与专门构建的五国（美国、英国、法国、意大利和瑞士）提前偿付率指数（即提前偿付指数）挂钩。如果提前偿付指数在债券 3 年期限中任何一年不超过 1.3 乘以 2002 年的基础水平，到期时就将要求完全偿还本金。然而，如果提前偿付指数超过该水平，那么指数每变化 0.01，提前偿付额将增加 5%。

a. 瑞士再保险公司发行这只债券的目的是什么？

b. 瑞士再保险公司的这只债券被称为灾祸债券。为什么？

14. a. 为什么固定收益养老金计划的资产和负债的利率敏感性很重要？

b. 1986 年，Martin Leibowitz 写了一篇题为《投资组合总久期：关于资产配置的新观点》的文章。你认为“总久期”是指什么？

15. 如果某个固定收益养老金计划的负债对利率敏感，且养老金计划发起人允许对普通股组合投资，你是否能确定利率变化时它的融资缺口将如何变化？

16. 下列文字摘自 2008 年 1 月 18 日 SAUL Trustee Company（一家对养老金管理提供咨询的英国公司）的首席执行官 Penny Green 撰写的关于负债驱动型投资策略的文章（《易于生效的负债驱动型投资策略》）：

> ……没有一种资产类别能精确匹配养老金计划的负债。债券提供的现金流可以用于满足养老金计划的现金流出。但是股票也能满足养老金计划的现金流出——只是来自股票的现金流（股利）无法得到担保。然而，债券不能抵御长寿风险或薪水上涨，因此债券不是完全匹配——但股票也不是。实际上，目前没有哪类资产能匹配长寿风险或薪水上

涨。这是受托人面临的难题，也是负债驱动型投资策略要解决的问题。

请说明你是否同意这一观点。

17. 解释养老金是否应该转用负债驱动型投资策略时，Northern Trust 全球投资解决方案团队的董事总经理 Duane Rocheleau 写道（见发表于 2007 年 1 月的《在养老金计划中执行负债驱动型投资》一文，网址为 http：//www. ntrs. com/pointofview/o7_ Jan/implementing-Idi-pension-plans. html)：

1. 分析并描述负债的特征；
2. 量化资产与负债的关系；
3. 制定并执行适当的投资策略；
4. 监控账户、重新平衡资产与负债组合，并在必要时调整投资策略。

请逐一描述这些要素。

18. 免疫债券组合是什么意思？

19. a. 免疫策略的基本原则是什么？

b. 为什么将附息债券的期限与负债距到期的时间匹配无法免疫投资组合？

20. 为什么必须定期重新平衡免疫投资组合？

21. 与债券免疫策略相关的风险是什么？

22. “我只需投资于零息国债就能免疫投资组合。”请评价这种说法。

23. 为什么多期免疫策略的风险高于现金流匹配策略？

第 28 章

债券投资绩效的衡量和评估

学习目标

阅读本章后，您将了解

- 投资绩效衡量与投资绩效评估之间的区别
- 计算某个评估期间内收益率的各种方法：算术平均收益率、时间加权收益率和金额加权收益率
- 客户注资和提款行为对收益率计算结果的影响
- 使客户注资和提款行为影响最小化的收益率计算方法
- 建立投资绩效衡量基准的必要性
- 如何创建标准投资组合以及创建标准投资组合的困难
- 什么是固定收益证券的投资绩效归因模型，以及为什么该模型有助于评估投资组合经理的投资绩效

在本章中，我们将了解如何衡量和评估固定收益证券组合经理的投资绩效。投资绩效衡量是指计算投资组合经理在某个时段内（我们称为评估期）实现的收益率。投资绩效的评估涉及两个问题。第一，确定投资组合经理的绩效表现是否超过了设定的基准；第二，确定投资组合经理如何实现计算出的收益率。例如，如第 24 章所述，固定收益证券组合经理可以采用多种积极管理策略。我们通过分析投资绩效的构成来解释取得这种绩效的原因，这种分析方法被称为投资绩效归因分析法或收益率归因分析法。

债券投资绩效和归因分析过程的要求

债券投资绩效和归因分析过程必须满足三个期望要求。首先，分析过程应该准确。例如，正如我们将要说明的，投资组合收益率有多种衡量方法。良好的收益率衡量指标应能确

认每一笔现金流实际发生的时间，从而更加准确地衡量实际的投资组合绩效。其次，分析过程应提供足够的信息。投资绩效归因分析过程应能评估出固定收益证券组合经理的管理技巧。为了提供足够的信息，投资绩效归因分析必须有效地评估重要的管理技巧，并说明如何利用已实现的投资绩效表示这些管理技巧。最后，分析过程应该简单明了。不论得出何种结果，该过程都应该使投资组合经理、客户和其他关注投资组合绩效的人理解这一结果。就像我们在本章分析债券投资绩效的过程中所说明的，应该将这些要求牢记于心。

债券投资绩效的衡量

衡量收益率是评估投资组合经理投资绩效的起点。在建立投资组合收益率的计算方法时，我们必须首先解决几个重要问题。由于有不同的计算方法，且这些计算方法会产生截然不同的结果，因此对投资组合经理的投资绩效进行比较是很困难的。因此，对投资组合经理提供给现有客户和未来客户的数据含义会产生许多混淆。这导致有些投资组合经理滥用这一点来虚报绩效，使其好于实际绩效。为了解决这个问题，CFA 协会公布了一套行业准则，它被称为全球投资绩效标准（GIPS），用于计算和列报投资绩效。

可供选择的收益率衡量指标

我们首先介绍基本概念。在任何一个评估期（即 1 年、1 个月或 1 周）内，投资组合实现的收益等于下列两项之和：(1) 投资组合在评估期期末的市场价值与评估期期初的市场价值之差；(2) 投资组合的所有收益分配。投资组合向客户或投资组合受益人分配的所有资本或收入都应计入投资收益，这一点是很重要的。

收益率等于投资收益占评估期期初的投资组合市场价值之比。因此，投资收益可以看作是保持期初投资组合市场价值不变的条件下，在评估期期末可以提取的金额（表示为期初投资组合市场价值的一部分）。

投资组合的收益率可以用等式表示如下：

$$R_P=\frac{MV_1-MV_0+D}{MV_0} \tag{28.1}$$

其中，

R_P＝投资组合的收益率；

MV_1＝评估期期末的投资组合市场价值；

MV_0＝评估期期初的投资组合市场价值；

D＝客户在评估期内从投资组合中获得的现金分配。

现在举例说明收益率的计算过程。假定一家养老金计划发起人的外部管理者获得了以下信息：投资组合在投资期期初和投资期期末的市场价值分别为 2 500 万美元和 2 800 万美元，并且在评估期内养老金计划发起人将从投资收入中分得 100 万美元。那么，

$MV_1=\$28\ 000\ 000$

$MV_0=\$25\ 000\ 000$

$D=\$1\ 000\ 000$

因此，

$$R_P=\frac{\$28\,000\,000-\$25\,000\,000+\$1\,000\,000}{\$25\,000\,000}$$

$$=0.16=16\%$$

根据式（28.1）计算收益率时有三个假设。第一，假设评估期内投资组合获得的利息收入现金流没有被分配，而是作为对投资组合的再投资。例如，如果在评估期内投资组合获得了 200 万美元的利息收入，那么，在评估期期末这笔收入就反映在投资组合的市场价值中。

第二，如果投资组合进行了分配，那么，假定在评估期期末进行分配，或者以现金的形式持有分配到的收益至评估期期末。在上面的例子中，分配给养老金计划发起人的金额为 100 万美元。但是，分配实际发生在什么时间呢？为了理解分配时间的重要性，我们考虑两种极端情况：(1) 按照式（28.1）的假设，在评估期期末进行分配；(2) 在评估期期初进行分配。在第一种情况下，投资组合经理可以动用这 100 万美元在整个投资期内进行投资。而在第二种情况下，投资组合经理失去了在评估期内投资的机会。因此，分配时间将影响收益率，但式（28.1）并未考虑这种情况。

第三，假设客户没有对投资组合追加现金投入。例如，假设在评估期内，养老金计划发起人追加 150 万美元给外部管理者用于投资。那么，在我们的例子中，评估期期末的 2 800 万美元投资组合市场价值中将反映出这 150 万美元的贡献。式（28.1）并未反映出投资组合的期末市场价值受到养老金计划发起人追加现金投资的影响。而且，这笔现金流入的产生时间也会影响计算出的收益率结果。

因此，尽管我们可以使用式（28.1）来计算任何长度的评估期（例如，1 天、1 个月或 5 年）的投资组合收益率，但是，上面讨论的这些假设限制了该公式在实际中的应用。评估期越长，假设条件无法满足的可能性就越大。例如，假如评估期为 5 年，那么在此期间内可能会发生多次现金分配或追加投资。由于计算收益率时假定所有现金收支都发生在评估期期末，因此在较长期间（超过几个月）内的收益率计算结果可靠性不是很高。

如果这些假设条件没有得到满足，那么，我们不仅难以比较两位投资组合经理在评估期内的投资绩效，而且评估不同期间的投资绩效也变得没有价值。例如，式（28.1）在比较评估期分别为 1 个月和 3 年的投资绩效时就无法提供可靠的信息。为了进行这种比较，收益率必须表示为单位时间的收益率，如年收益率。

解决这些实际问题的方法是，计算一个相对较短的时间单位的收益率，例如 1 个月或 1 个季度的收益率。我们将这种收益率称为**子期间收益率**（subperiod return）。为了获得评估期的收益率，应计算各个子期间收益率的平均值。例如，如果评估期间为 1 年，且已计算出 12 个月中每个月的收益率，那么，这些月收益率就是子期间收益率，将月收益率进行平均就可以得到年收益率。如果评估期为 3 年，且能计算出 12 个季度的收益率，那么季度收益率就是子期间收益率，将季度收益率进行平均就可以得到 3 年期收益率。通过后面介绍的直接换算程序，3 年期收益率又可以换算为年收益率。

在实践中，计算子期间收益率平均值的方法有三种：(1) 算术平均收益率；(2) 时间加权收益率（也称为几何收益率）；(3) 金额加权收益率。

算术平均收益率

算术平均收益率（arithmetic average rate of return）是子期间收益率的非加权平均值。其一般公式为：

$$R_A = \frac{R_{P1} + R_{P2} + \cdots + R_{PN}}{N}$$

其中，

R_A＝算术平均收益率；

R_{PK}＝根据式（28.1）求出的第 k 个子期间的投资组合收益率，$k=1$，…，N；

N＝评估期内的子期间数量。

例如，如果投资组合在 7 月、8 月和 9 月的收益率［根据式（28.1）计算］分别为－10%、20%和 5%，则算术平均月收益率为 5%：

$$N=3;\ R_{P1}=-0.10;\ R_{P2}=0.20;\ R_{P3}=0.05$$

$$R_A = \frac{-0.10+0.20+0.05}{3} = 0.05 = 5\%$$

我们在使用算术平均收益率时会遇到一个大问题。为了说明这个问题，假设投资组合的期初市场价值为 2 800 万美元，在接下来两个月月末的市场价值分别为 5 800 万美元和 2 800 万美元，且在这两个月中投资组合都没有进行分配，客户也没有对投资组合追加现金投入。那么，根据式（28.1），第一个月的子期间收益率（R_{P1}）为 100%，第二个月的子期间收益率（R_{P2}）为－50%。因此，算术平均收益率为 25%。这是一个看上去不错的收益率！但是注意，投资组合的初始市场价值为 2 800 万美元，而两个月之后它的市场价值仍为 2 800 万美元。因此，该投资组合在两个月评估期内的收益率为零，但是，算术平均收益率却高达 25%。

因此，将算术平均收益率解释为评估期的平均收益率指标是不恰当的。正确的解释如下：算术平均收益率是在保持投资组合初始市场价值不变的情况下，在每一子期间期末的可提取金额平均价值（表示为投资组合初始市场价值的一定比例）。在我们的第一个例子中，月平均收益率为 5%，投资者必须在第一个月月末追加投资该投资组合初始市场价值的 10%，才能在第二个月的月末提取该投资组合初始市场价值的 20%，在第三个月的月末提取该投资组合初始市场价值的 5%。在我们的第二个例子中，月平均收益率为 25%，这意味着在第一个月月末，能够提取初始投资组合市场价值的 100%（2 800 万美元），而在第二个月月末，投资者必须追加相当于 50%的初始投资组合市场价值的投资。

时间加权收益率

时间加权收益率（time-weighted rate of return）是指假设所有现金分配都被再投资于投资组合时，投资组合的初始市场价值在评估期内的复利增长率。由于时间加权收益率的计算方法是对式（28.1）计算出的投资组合各子期间收益率求几何平均值，因此，时间加权收益率通常也被称为**几何收益率**（geometric rate of return）。其一般计算公式为：

$$R_T = [(1+R_{P1})(1+R_{P2})\cdots(1+R_{PN})]^{1/N} - 1$$

其中，R_T 为时间加权收益率，R_{PK} 和 N 与上文的定义相同。例如，假设与第一个例子相同，投资组合在 7 月、8 月和 9 月的收益率分别为－10%、20%和 5%。那么，时间加权收益率为：

$$\begin{aligned} R_T &= \{[1+(-0.10)](1+0.20)(1+0.05)\}^{1/3} - 1 \\ &= [(0.90)(1.20)(1.05)]^{1/3} - 1 = 0.043 \end{aligned}$$

如果每个月的时间加权收益率为 4.3%，那么，在 7 月初投入投资组合的 1 美元在 3 个月评估期内的月增长率将为 4.3%。

在第二个例子中，时间加权收益率为 0，如下所示：

$$R_T=\{(1+1.00)[1+(-0.50)]\}^{1/2}-1$$
$$=[(2.00)(0.50)]^{1/2}-1=0$$

通常，在某个评估期内的算术平均收益率和时间加权收益率是不同的。这是因为在计算算术平均收益率时，假定投资金额维持在与初始投资组合市场价值相同的水平上（通过追加投资和提款来维持）。另一方面，计算时间加权收益率时则假定所有收益都用来进行再投资，因此，时间加权收益率衡量的是规模不断变化的投资组合的收益率。

通常，算术平均收益率高于时间加权收益率。只有在所有子期间收益率都相等的特殊情况下，两者才会相等。在评估期内，子期间收益率的变动幅度越小，这两个收益率之间的差别就越小。例如，假设评估期为 4 个月，4 个月的收益率如下所示：

$$R_{P1}=0.04 \qquad R_{P2}=0.06 \qquad R_{P3}=0.02 \qquad R_{P4}=-0.02$$

平均算术收益率为 2.5%，时间加权收益率为 2.46%，二者之间的差距并不大。而在前面的例子中，我们求出的算术平均收益率为 25%，而时间加权收益率却为 0，这么大的差异是这两个月收益率的大幅变动造成的。

金额加权收益率

金额加权收益率（dollar-weighted rate of return）计算的是使评估期内所有子期间的现金流现值加上投资组合的期末市场价值等于投资组合初始市场价值的利率。

现金流的定义如下[①]：

● 现金提款可以被视为一种现金流入。因此，如果客户在给定时期内没有向投资组合注入现金，那么现金提款（例如，向客户进行现金分配）就可视为该时期内的正现金流。

● 现金注资可以被视为一种现金流出。因此，如果客户在给定的时期内没有从投资组合提取现金，那么，现金注资就可视为该时期内的负现金流。

● 如果客户在给定的时期内既进行现金注资又进行现金提款，那么，该期现金流的情况如下：如果现金提款大于现金注资，那么该时期具有正现金流；如果现金提款小于现金注资，那么该时期具有负现金流。

金额加权收益率的计算过程也就是内部收益率的计算过程。因此，金额加权收益率也被称为**内部收益率**（internal rate of return），其一般计算公式为：

$$V_0=\frac{C_1}{1+R_D}+\frac{C_2}{(1+R_D)^2}+\cdots\frac{C_N+V_N}{(1+R_D)^n}$$

其中，

R_D＝金额加权收益率；

V_0＝投资组合的初始市场价值；

① 这里有一个记住如何处理现金提款的简单方法：以对待普通债券的方法对待现金提款。为了计算债券的收益率，需要将息票支付（即从投资中提取现金）的现金流视为正现金流。由于现金提款是一笔正的现金流，因此现金注资就是一笔负的现金流。

V_n＝投资组合的期末市场价值；

C_k＝第 k 个子期间内的投资组合现金流（现金流入减去现金流出）；

$k=1, 2, \cdots, N$。

注意，在计算金额加权收益率时，不必确知每个子期间的投资组合市场价值。例如，假设一个投资组合在 7 月初的市场价值为 100 000 美元，在 7 月末、8 月末和 9 月末分别提取资本 5 000 美元。假设在投资期间没有任何追加投资，投资组合在 9 月末的市场价值为 110 000美元。那么，$V_0=100\ 000$ 美元，$N=3$，$C_1=C_2=C_3=5\ 000$ 美元，$V_3=110\ 000$ 美元，R_D 为满足下式的利率：

$$\$100\ 000=\frac{\$5\ 000}{1+R_D}+\frac{\$5\ 000}{(1+R_D)^2}+\frac{\$5\ 000+\$110\ 000}{(1+R_D)^3}$$

我们可以证明，满足上式的 R_D 等于 8.1%。这便是金额加权收益率。

如果在评估期内没有发生提资和注资，而且所有的投资收益都被用于再投资，那么，金额加权收益率和时间加权收益率就将相同。金额加权收益率的问题在于，它会受到一些投资组合经理无法控制的因素的影响。具体而言，客户的注资或提资都会影响计算出的收益率。因此，难以用这个收益率来比较两位投资组合经理的投资绩效。

为了说明这个问题，假设一个养老金计划发起人雇用了两名投资组合经理，A 和 B。A 管理着 1 000 万美元的资金，而 B 管理着 2 亿美元的资金。假设：

● 两位投资组合经理投资于相同的投资组合（也就是说，两个投资组合内证券的种类和比例都相同）。

● 在接下来的两个月内，两个投资组合的收益率分别为 20%（第 1 个月）和 50%（第 2 个月）。

● 以现金的形式获得投资收益。

● 养老金计划发起人没有向任何一位投资组合经理的投资组合追加投资。

很显然，在这些假设条件下，两位投资组合经理的绩效将是相同的。

现在改变假设条件，假设养老金计划发起人在第二个月月初从 A 那里提取资本 400 万美元。这意味着 A 不能在第一个月月末将全部资金用于投资，并获得 50%的投资组合价值增长率。A 的净现金流如下：

● 第一个月：现金流为 600 万美元，包括实现的 200 万美元（20%×1 000 万美元）投资收益和养老金计划发起人提取的 400 万美元。

● 第二个月：该月的投资金额为 800 万美元，包括第一个月实现的投资收益 200 万美元加上 600 万美元（第一个月的最初投入 1 000 万美元减去 400 万美元的提资）。因此，第二个月实现的收益为 400 万美元（50%×800 万美元）。第二个月的现金流为 800 万美元加上 400 万美元，即 1 200 万美元。

因而，A 的金额加权收益率的计算过程如下：

$$\$10=\frac{\$6}{1+R_D}+\frac{\$12}{(1+R_D)^2}\rightarrow R_D=28.4\%$$

对 B 而言，第一个月的现金流入为 4 000 万美元（20%×2 亿美元），第二个月末的投资组合市场价值为 3.6 亿美元（1.5×2.4 亿美元），其金额加权收益率为：

$$\$200=\frac{\$40}{1+R_D}+\frac{\$360}{(1+R_D)^2}\rightarrow R_D=44.5\%$$

刚才我们还得出两者的投资绩效相同的结论，现在的结果却大相径庭。养老金计划发起人的提资行为和相对于投资组合价值而言的提资规模对计算出的收益率产生了重大影响。注意，即使养老金计划发起人在第二个月月初从B那里提资400万美元，也不会对结果产生很大影响。但是，如果我们假定第二个月的收益率为－50%，并假设发起机构不是从A那里提资400万美元而是向A追加投资400万美元时，也会产生同样的问题。

尽管具有上述缺陷，但是金额加权收益率仍能提供一些信息。它提供的资金增长信息对客户来说很有价值。然而，这种增长不能归因于投资组合经理的投资绩效，而是来自发起机构的追加投资和提取资本行为。

计算年收益率

评估期可能短于或长于一年。通常，收益率指标是以年均收益率的形式表示的。这就要求我们将子期间的收益率折算成年收益率。子期间的长度通常短于一年，我们已经在前面解释过其中的原因。我们可以利用下面的公式将子期间收益率折算为年收益率：

$$\text{年收益率}=(1+\text{平均子期间收益率})^{\text{1年内的子期间数}}-1$$

例如，假设评估期为3年，且已经计算出月收益率。进一步假设月平均收益率为2%，那么，年收益率为：

$$\text{年收益率}=(1.02)^{12}-1=26.8\%$$

假如我们用的是季度收益率且季度平均收益率为3%，那么，年收益率为：

$$\text{年收益率}=(1.03)^{4}-1=12.6\%$$

投资绩效归因分析

在上一节中，我们主要关注的是投资绩效的衡量指标。债券归因模型试图找出对投资组合绩效有贡献的积极管理决策，并对这些决策的贡献度进行量化评估。由于这些模型考察的是相对于基准指数的绩效，因此我们首先将讨论基准指数，然后简要介绍两个绩效指数。

基准组合

为了评估投资组合经理的投资绩效，客户必须规定一个衡量基准。在评估固定收益证券组合的投资组合经理时，通常采用两类衡量基准：(1) 由交易商和指数编制机构发布的市场指数；(2) 标准投资组合。

标准投资组合（normal portfolio）是一种定制的基准指数，它包括“一组证券，这组证券包含了投资组合经理通常会选择的所有证券，其中每只证券所占比重等于该证券在投资组合经理的投资组合中所占的比重”[①]。因此，标准投资组合是一种特定指数。有人认为标准

① Jon Christopherson, “Normal Portfolios: Construction of Customized Benchmarks,” Chapter 6 in Frank J. Fabozzi (ed.), *Active Equity Portfolio Management* (New Hope, PA: Frank J. Fabozzi Associates, 1998), p. 92.

投资组合比市场指数更适于作为评估投资组合经理投资绩效的基准，因为它控制了投资组合经理的投资管理风格，因而代表了对投资组合经理进行评估所参照的消极管理投资组合。

为特定的投资组合经理构建标准投资组合并不是一项简单的任务。[①] 其原则是以该投资组合经理过去持有的投资组合为参照，所构建的标准投资组合应能反映出该投资组合经理选择资产种类和权重的风格。为投资组合经理构建标准投资组合要求：(1) 确定标准投资组合中包括的固定收益证券范围；(2) 确定这些债券的权重（即平均加权还是按照市值加权）。

在确定标准投资组合中包括的证券范围时，客户与投资组合经理首先要讨论并确定投资组合经理的投资风格。根据这些讨论，就可以将选择范围从所有公开交易的证券缩小到那些投资组合经理认为与其投资风格相适合的证券。

确定了这些证券之后，下一个问题就是确定它们在标准投资组合中的权重。此时有两种选择：平均加权或按照每只证券的市值加权。确定权重的方法多种多样，但通常都需要对投资组合经理曾经持有的投资组合和这些投资组合的风险敞口进行统计分析。

养老金计划发起人与养老金顾问共同为投资组合经理确定标准投资组合。养老金顾问使用商业分析系统（一种为执行所需的统计分析和最优化程序而开发的系统）来创建投资组合，该投资组合可以复制出与投资组合经理的“标准”头寸类似的因素头寸。养老金计划发起人必须认识到构建和更新标准投资组合是需要付出成本的。

有人主张由投资组合经理承担构建标准投资组合的任务。然而，许多客户并不愿意让投资组合经理控制标准投资组合的构建，因为他们认为投资组合经理会倾向于构建容易被他们超过的基准组合［即“慢兔子”(slow rabbit) 组合］。Bailey 和 Tierney 的研究证明，在合理条件下，投资组合经理构建“慢兔子”基准组合从长期来讲没有好处，并说明了这种策略对投资组合经理的不利之处。[②] 此外，还有人建议客户应该让投资组合经理来控制基准组合，而客户应集中精力监控基准组合的质量和投资组合经理积极管理策略的有效性。

单指数投资绩效评价指标

投资组合经理通常报告下列两个单指数投资绩效评价指标，作为相对投资绩效的指标：夏普比率和信息比率。两个指标基本上都是回报—风险比率；比率越高，相对投资绩效越好。

夏普比率 (Sharpe ratio) 是下列回报—风险指标的指标[③]：

$$夏普比率=\frac{投资组合的收益率-无风险利率}{投资组合收益率的标准差}$$

也就是说，夏普比率是衡量超额收益率（即回报）与投资组合收益率总波动性（即风险）相对关系的指标。

第 25 章中曾经说明过回顾性跟踪误差，使用计算回顾性跟踪误差得到的数据，**信息比**

① Mark Kritzman, "How to Build a Normal Portfolio in Three Easy Steps," *Journal of Portfolio Management*, Spring 1987, pp. 21 - 23.

② Jeffery V. Bailey and David E. Tierney, "Gaming Manager Benchmarks," *Journal of Portfolio Management*, Summer 1993, pp. 37 - 40.

③ William F. Sharpe, "Mutual Fund Performance," *Journal of Business* 34 (1966, Special Supplement), pp. 119 - 133.

率（information ratio）为：

$$信息比率=\frac{平均积极收益率}{回顾性跟踪误差}$$

信息比率中的回报为平均积极收益率。正如第 25 章所说明的，积极收益率为投资组合收益率和基准组合收益率之差。在信息比率中，平均积极收益率也被称为“alpha”。

投资绩效归因分析模型

资产管理公司的客户需要知道的信息不仅仅是投资组合经理的投资绩效是否优于基准组合、投资绩效差异为多少。他们需要知道投资组合经理实现相对于基准组合的投资绩效的原因。例如，假设一家养老金雇用了一位外部经理，因为他声称通过选择证券可以提高收益率。进一步假设这位外部经理的实际投资绩效超过了基准组合，且超出的部分足以弥补管理费。这位投资组合经理是否实现了规定目标？仅仅根据他的投资绩效较优不可能知道这一点，因为我们不知道投资组合经理创造高收益率所承担的相对于基准组合的风险。投资绩效较优完全可能是对基准组合久期错配的结果。实际上，投资组合经理的投资绩效超过基准组合可能是由于久期错配，并投资于某些表现糟糕的证券。客户仅仅通过考察投资组合相对于基准组合的收益率无从确定这一点。

不仅是客户需要关于为何投资组合收益率不同于基准组合收益率的信息，客户雇用的资产管理公司中的员工也需要这些信息。在企业层面上，投资组合管理团队[①]成员的奖金将根据投资绩效决定。因此，将投资绩效分解到团队成员水平很重要，因为它影响了关于团队成员晋升和留任的决策。

尽管有用，但单指数投资绩效指标没有提供充足的投资绩效信息，以解决之前提出的问题。可以使用的模型是投资绩效归因分析，这是一种识别投资组合风险和投资绩效来源的量化方法，因此可以衡量投资组合管理团队成员的贡献，并量化重大投资组合决策对收益率的影响。

第三方机构提供了几种投资绩效归因模型。（一些较大的资产管理公司建立了自己的模型。）在选择第三方模型时，良好的归因模型应该满足一些要求，以评估投资组合管理团队成员的决策能力：可加性、完整性和公平性。[②] **可加性**（additivity）是指投资组合管理团队的两个或更多决策者对投资绩效的贡献应等于这些决策者的贡献之和。**完整性**（completeness）是指加总所有决策者对投资组合绩效的贡献时，结果应等于对投资组合相对于基准组合的绩效的贡献。最后，决策过程涉及许多投资组合管理团队成员的互动。**公平性**（fairness）是指投资组合管理团队成员应该认为选择的投资绩效归因模型公平反映了他们的贡献。

投资绩效归因模型的类型

20 世纪 70 年代初，Fama 提出了一种分解股票经理的风险调整后投资组合绩效的方

① 我们在第 24 章中讨论了投资组合管理团队。

② Anthony Lazanas，António Baldaque da Silva，Chris Sturhahn，Eric P. Wilson，and Pam Zhong，“Principles of Performance Attribution，” Chapter 69 in Frank J. Fabozzi（ed.），*Handbook of Fixed Income Securities*（New York：McGraw-Hill，2012）.

法。[1] 然后，Kon 和 Jen[2] 对 Fama 的框架进行了扩展，Kon[3] 提出了适用于基金的方法。1980 年，Dietz、Fogler 和 Hardy 率先将投资绩效归因模型用于债券。[4] 几年后，Fong、Pearson 和 Vasicek 提供了一个更详尽的债券投资绩效归因模型。[5]

现在，投资绩效归因模型可以分为三类：

1. 基于部门的归因模型。
2. 基于因素的归因模型。
3. 基于部门/基于因素的混合归因模型。

接下来我们将逐一讨论这些类型。

基于部门的归因模型

最简单的模型是**基于部门的归因模型**（sector-based attribution），也被称为 **Brinson 模型**（Brinson model）。[6] 在该模型中，投资组合相对于基准组合的收益率由以下两个决策表示：（1）资金在不同部门之间的分配；（2）每个部门中的具体证券选择。第一个决策被称为**资产配置决策**（asset allocation decision），第二个决策被称为**证券选择决策**（security selection decision）。[7]

例如，考虑下列三个投资组合，其中相对于同一个基准组合的收益率（即积极收益率）用基点表示：

决策	投资组合 A	投资组合 B	投资组合 C
资产配置	130	235	−45
证券选择	70	−35	245

所有三位投资经理的投资绩效均超过基准组合 200 个基点。然而，他们实现绩效的方式不同。投资组合 A 的经理既在不同部门之间正确分配资金，又正确选出每个部门中的证券。投资组合 B 的经理绩效超过基准组合的原因是他做出了优秀的资产配置决策，但同时证券选择失误。也就是说，该投资组合经理选择向正确的基准组合部门分配资金，但是在这些部门中选择了绩效糟糕的证券。最后，投资组合 C 的投资经理绩效超过基准组合的原因是因为他在部门内部选出了绩效较好的证券，但没有选出绩效较好的部门。

更详细的分析将分解每个部门的积极收益率和每个部门中的证券。对于不同部门，证券选择导致的投资绩效可能不同。例如，考虑投资组合 C，并假设证券选择导致的超出基准组

① Engene F. Fama, "Components of Investment Performance," *Journal of Finance* 27, 3 (1972), pp. 551 - 567.

② Stanley J. Kon and Frank C. Jen, "The Investment Performance of Mutual Funds: An Empirical Investigation of Timing, Selectivity, and Market Efficiency," *Journal of Business* 52, 2 (1979), pp. 263 - 289.

③ Stanle J. Kon, "The Market-Timing Performance of Mutual Fund Managers," *Journal of Business* 56 (1983), pp. 323 - 347.

④ Peter O. Dietz, H. Russell Fogler, and Donald J. Hardy, "The Challenge of Analyzing Bond Portfolio Returns," *Journal of Portfolio Management* 6, 3 (1980), pp. 53 - 58.

⑤ H. Gifford Fong, Charles Pearson, and Oldrich A. Vasicek, "Bond Performance: Analyzing Sources of Return," *Journal of Portfolio Management* 9, 2 (1983), pp. 46 - 50.

⑥ Gary Brinson and Nimrod Fachler, "Measuring Non-U. S. Equity Portfolio Performance," *Journal of Portfolio Management* 11, 3 (1985), pp. 73 - 76.

⑦ 当两个因素对收益率表现均有贡献时，还会产生互动决策，但模型提供商将把该项并入另两项之一。

合的投资绩效为245个基点，使除了担保抵押贷款支持证券和政府机构抵押贷款支持证券以外，基准组合中所有部门证券选择的积极收益率为0。进一步假设这两个例外部门各自的积极收益率分别为100个基点和145个基点。这表明，负责选择这两个部门证券的分析师的证券选择决策非常出色。

基于因素的归因模型

在第25章中，我们讨论了如何使用基于因素的模型构建投资组合。前面曾经提到，这些模型决定了基准指数收益率的关键共同影响因素以及风险，并可以用于构建相对于基准指数的投资组合，以控制跟踪误差。这些共同因素被称为系统性风险因素。第25章中也说明过，美国基准指数的主要系统性风险因素可以分解为收益率曲线风险（收益率曲线风险水平与形状的变化）和非收益率曲线风险。后者包括互换利差风险、波动性风险、政府相关利差风险、公司利差风险和证券化利差风险。

例如，考虑以下三个假想的投资组合，它们的积极收益率均为110个基点：

风险因素	投资组合D	投资组合E	投资组合F
收益率曲线风险	140	1	−60
互换利差风险	0	10	20
波动性风险	−1	9	15
政府相关债券的利差风险	−19	2	10
公司债券的利差风险	−8	48	60
证券化产品的利差风险	−2	40	55

投资组合D的经理只是下了一个正确的赌注：利率赌注。投资组合中的其他所有赌注都对投资绩效有负面影响。相反，看来投资组合E的经理对利率没有表达自己的观点。所有非利率赌注都有回报，最主要的回报来自对公司债券和证券化产品相关风险的赌注。投资组合F的经理也对非利率风险作出了正确赌注，投资组合E的经理同样如此，投资绩效优秀的主要原因是与公司债券和证券化产品相关的风险。然而，投资组合F的经理做出了错误的利率赌注，导致该投资组合的绩效恰好与投资组合E经理的投资绩效匹配。

基于因素的归因模型实际上允许将收益率曲线风险分解为水平风险和收益率曲线的形状变化。例如，对于刚才讨论的三个假想投资组合，假设造成收益率曲线风险的原因由以下因素决定：

	投资组合D	投资组合E	投资组合F
收益率曲线风险	140	1	−60
水平风险	135	60	3
形状风险	5	−59	−63

注意，一旦按上表所示分解收益率曲线风险，结果将表明，投资组合E的经理实际上做出了利率赌注。结果是，两个赌注几乎彼此抵消，因此净结果是，只有一个基点的收益率是利率赌注造成的。投资组合D的经理做出的主要是久期赌注，但是对收益率曲线形状变化基本没有做出赌注。投资组合F的经理做出的利率赌注是关于收益率曲线形状变化的，

但在其他方面基本为久期中性。

基于部门/基于因素的混合归因模型

正如其名称所示，**基于部门/基于因素的混合归因模型**（hybrid sector-based/factor-based attribution model）结合了前两种归因模型。这种模型不仅允许更详细地考察对影响收益率的基本系统性风险因素的赌注，还允许更详细地考察部门与证券选择决策的影响。这种模型的详细水平取决于客户或投资组合经理追求的目标。

要　点

- 投资绩效衡量是指计算投资组合经理在某段评估期内实现的绩效。
- 投资绩效评估关注的是确定投资组合经理是否比既定基准组合表现得更出色并实现价值增值，以及投资组合经理如何实现计算出的收益率。
- 收益率等于投资收益总额与评估期期初的初始投资额（即投资组合的初始市场价值）之比。
- 在实践中，计算子期间收益率平均值的方法有三种：(1) 算术平均收益率；(2) 时间加权（或几何加权）收益率；(3) 金额加权收益率。
- 算术平均收益率是指在保持投资组合初始市场价值不变的情况下，在每个子期间的期末可提取收益的平均值（表示为占投资组合初始市场价值的比例）。
- 时间加权收益率是指在假设所有现金分配都对投资组合进行再投资的情况下，在评估期内初始投资组合的复利增长率。时间加权收益率是投资组合规模变化时的收益率，因为假设所有收入均进行再投资。通常，平均算术收益率将超过时间加权平均收益率。评估期内的子期间收益率变化越小，两个收益率之差越小。
- 金额加权收益率计算的是使评估期内所有子期间的现金流现值加上投资组合的期末市场价值等于投资组合初始市场价值的利率。金额加权收益率是一种内部收益率，在满足以下两个条件时，金额加权收益率与时间加权收益率的值相同：(1) 在评估期内没有发生提款或注资行为；(2) 所有的息票利息均被用于再投资。
- 使用金额加权收益率评估投资组合经理投资绩效的问题在于，它会受到一些不受投资组合经理控制的因素的影响。具体而言，客户进行的所有注资和客户要求的提款将影响计算出的收益率，使得比较两个投资组合经理的绩效变得困难。
- 评估投资绩效的作用是确定投资组合经理能否使投资组合的绩效优于采用消极策略的基准组合的绩效。这种分析需要建立一个基准组合。
- 标准投资组合是定制化基准组合，它包括一组证券，投资组合经理通常从中选择证券，并按照投资组合经理在投资组合中对其赋予的权重进行加权。支持者称，标准投资组合是比市场指数更适合的基准组合，因为它控制了投资管理风格，因而表示可以据此评估投资组合经理的消极投资组合。
- 债券指数通常被用作基准指数。
- 单指数投资绩效评估指标包括夏普比率和信息比率。这些比率为回报—风险比率。它们的用途有限，因为它们无法解释相对投资绩效的原因。

· 投资绩效归因模型可以用于解释为何能实现投资组合的积极收益率。现有的三类投资绩效归因模型为基于部门的归因模型、基于因素的归因模型和基于部门/基于因素的混合归因模型。

问　题

1. 投资绩效衡量与投资绩效评估之间有什么区别？

2. 假设两位债券投资组合经理的月收益率如下所示：

月份	投资组合经理Ⅰ	投资组合经理Ⅱ
1	9%	25%
2	13%	13%
3	22%	22%
4	−18%	−24%

这两位投资组合经理的算术平均月收益率是多少？

3. 在第2题中，两位投资组合经理的时间加权平均月收益率是多少？

4. 在第2题中，为什么投资组合经理Ⅱ的算术平均月收益率与时间加权月收益率之间的偏离程度比投资组合经理Ⅰ更大？

5. Smith & Jones公司是一家专门投资于固定收益证券的资金管理公司。一位客户将1亿美元的资金委托给他们管理。4个月后，他们运用这笔资金构建的投资组合的市场价值如下：

月份	市场价值（百万美元）
1	50
2	150
3	75
4	100

a. 请计算每个月的收益率。

b. Smith & Jones公司向客户报告，4个月投资期的月平均收益率为33.33%。请问这个收益率是怎么算出来的？

c. 33.33%的月平均收益率是否代表该公司的投资绩效？如果不是，那么哪种指标更适于衡量该公司的投资绩效？

6. Mercury公司是一家固定收益证券管理公司，管理着一些养老金计划发起人的资金。其中有一位客户委托其管理2亿美元的资金。在过去3个月内，该客户投资组合的现金流分别为2 000万美元、−800万美元和400万美元。在3个月期末，该投资组合的市场价值为2.08亿美元。

a. 在3个月的投资期内，该客户的投资组合的金额加权收益率是多少？

b. 假设在第2个月由于养老金计划发起人提资导致了800万美元的现金流出，对这笔提资进行调整后的现金流变为零。这时该客户的投资组合金额加权收益率将为多少？

7. 如果某个投资组合的月平均收益率为1.23%，那么，该投资组合的年收益率是多少？

8. 如果某个投资组合的季度平均收益率为1.78%，那么该投资组合的年收益率是多少？

9. 构建标准投资组合存在哪些困难？

10. 假设某个投资组合去年的积极收益率在扣除管理费后为130个基点。在得出投资组合经理绩效出众的结论之前，你必须提出什么问题？

11. 不仅客户发现投资绩效归因分析很有帮助，一家资产管理公司的首席投资官在评估公司的债券组合团队时也发现投资绩效归因分析很有帮助。请解释原因。

12. 一家金融机构雇佣了三位外部投资

组合经理：X、Y 和 Z。三位投资组合经理使用相同的基准组合。对去年三位投资组合经理管理的投资组合的投资绩效归因分析为（以基点表示）：

风险因素	投资组合 X	投资组合 Y	投资组合 Z
收益率曲线风险	−1	92	−3
互换利差风险	20	4	20
波动性风险	40	3	25
政府相关债券的利差风险	35	−5	10
公司债券的利差风险	−2	6	30
证券化产品的利差风险	−2	−4	5

这家金融机构的投资委员会使用之前的信息评估三位外部经理的投资绩效。以下是投资绩效评估委员会的三位成员的声明。请对每段声明做出回应。

a. 委员 1："根据整体投资绩效，显然经理 Y 是绩效最优的经理，因为他的投资绩效超出基准组合 96 个基点。"

b. 委员 2："雇用这三位经理，是因为他们都声称自己有能力利用公司债券投资机会。尽管他们的投资绩效都超过了基准组合，但我在雇佣他们的时候关心的是他们的声明。"

c. 委员 3："看来经理 X 和经理 Z 都能在完全不承担任何利率风险的情况下实现超过基准组合的绩效。"

13. 在讨论一家金融机构雇佣的外部经理的投资绩效时，有以下陈述："我们在留任决策中考虑的最重要因素是由信息比率衡量的投资绩效。"请评价这句话。

第 29 章

利率期货合约

学习目标

阅读本章后，您将了解

- 什么是期货合约
- 期货合约与远期合约的区别
- 两种重要短期期货合约的基本特征：欧洲美元期货和 EURIBOR 期货
- 不同类型的国债期货合约
- 最便宜可交割国债期货合约以及如何确定最便宜可交割国债期货合约
- 如何确定期货合约的理论价格
- 交割期权如何影响国债期货合约的理论价格
- 期货合约在债券组合管理中的应用：调整投资组合久期、提高收益率和对冲
- 在利用国债期货合约进行对冲时，如何计算对冲比率和需要出售的期货合约数量

期货合约是这样一种协议，它要求协议中的一方在指定的未来日期按事先确定的价格购买或出售某种标的资产。在本章中，我们将介绍利率期货合约。在第 30 章中，我们将介绍利率期权和期货期权。在第 31 章中，我们将介绍利率互换和利率互换协议。

随着利率期货、利率期权、利率互换、利率上限和利率下限交易的出现，积极的投资组合风险管理迈入了一个更为广阔的新空间。投资组合经理能实现更高的自由度。现在，投资组合经理可以经济而迅速地改变债券组合或资产负债头寸的利率敏感性。这些衍生工具合约（这么称呼是因为它们的价值是从某种标的资产中衍生出来的）为投资组合经理提供了一种风险与收益模式，以前要么无法获得这种模式，要么因为成本过于昂贵而无法创建这种模式。

期货交易机制

期货合约（futures contract）是指买方（卖方）与一家知名交易所或其清算所之间达成的一种协议，这种协议规定买方（卖方）同意在指定期间的期末按规定价格收取（交付）某种标的资产。双方约定的未来交易价格被称为期货价格。双方约定的交易日被称为**结算日**（settlement date）或**交割日**（delivery date）。

例如，假设在一家交易所交易的某种期货合约的标的资产为债券 XYZ，结算日为从现在起 3 个月后。假设 Bob 购买了这种期货合约，Sally 出售了这种期货合约，他们同意在未来以 100 美元的价格交易。那么，这 100 美元的交易价格就是**期货价格**（futures price）。在结算日，Sally 将向 Bob 交付债券 XYZ，Bob 则向 Sally 支付 100 美元，即期货价格。

大多数金融期货合约以 3 月、6 月、9 月和 12 月作为结算月份。这意味着，在合约的结算月份中某个预先确定的时间，合约将停止交易，交易所将确定结算合约的价格。距离结算日最近的期货合约被称为**近期期货合约**（nearby futures contract）。随后的期货合约紧接在近期期货合约之后进行结算。距离结算日最远的期货合约被称为**最远期期货合约**（most distant futures contract）。

建　仓

当投资者在市场上购买期货合约而持有期货头寸时，该投资者被称为**持有多头**（long positions）或**期货多头**（long futures）。相反，如果投资者通过出售期货合约建仓，那么该投资者被称为**持有空头**（short positions）或**期货空头**（short futures）。

平　仓

期货合约的一方在平仓时有两种选择。第一种选择是在交割日之前平仓。为此，该方必须持有同一份期货合约的抵消头寸。对于期货合约的买方而言，这意味着他必须卖出相同数量的同一期货合约；对于期货合约的卖方而言，这意味着他必须买入相同数量的同一期货合约。

另一种选择是等到结算日交割再平仓。届时，期货合约的买方需要按事先约定的价格接受被交割的标的资产；期货合约的卖方则按事先约定的价格交付标的资产来进行平仓。本章介绍的一些期货合约仅以现金形式结算，这种合约被称为**现金结算合约**（cash-settlement contracts）。

清算所的作用

每家期货交易所都有一家具备多种功能的清算所。清算所的功能之一就是保证交易双方履行合约。为了说明这种功能的重要性，我们不妨从交易双方的角度考察上述期货交易中（Bob 是买方，Sally 是卖方）可能发生的问题。各方都必须关注交易对方在结算日的履约能力。如果在结算日债券 XYZ 的现货市场价格为 70 美元，那么，Sally 就可以按 70 美元的价格购入该债券并交割给 Bob，Bob 则必须向 Sally 支付 100 美元。然而，如果 Bob 没有能力支付 100 美元或拒绝支付 100 美元，那么，Sally 就将失去实现 30 美元利润的机会。如果在结算日债券 XYZ 的现货市场价格为 150 美元，那么，此时 Bob 将准备且愿意接受 Sally 交割的债券 XYZ，并支付约定的 100 美元。当然，如果 Sally 没有能力交付债券或拒绝交付债券，那么，Bob 将失去实现 50 美元利润的机会。

清算所的存在解决了上述问题。当投资者在期货市场上持有头寸时，清算所就相应地建立一个反向头寸，并承诺遵守合约规定的条款。由于有了清算所，投资者就不必担忧合约对方的财务实力和信用。在执行交易指令后，合约双方的关系也随之终止。清算所在每次出售交易中充当买方，在每次购买交易中充当卖方。因此，投资者可以自由地平仓，而不必与初始合约的另一方打交道，也不必担心另一方会违约。这就是我们为什么将期货合约定义为市场参与者与交易所的清算所之间达成的协议。

除了担保功能以外，清算所还使期货合约双方在结算日之前平仓变得很简单。假设 Bob 希望轧平其期货头寸，他没有必要找到 Sally 并与她签订一份取消初始合约的协议。他只需出售一份相同的期货合约来轧平头寸。清算所的记录上会显示 Bob 买入并卖出了一份相同的期货合约。在结算日，Sally 不必向 Bob 交割债券 XYZ，而是按照清算所的指令将债券交割给某位购买了该期货合约但还未平仓的投资者。同样地，假如 Sally 希望在结算日之前平仓，她可以购买一份相同的期货合约。

保证金要求

当投资者第一次持有期货合约时，他必须根据交易所的规定为每份合约存入一笔最低金额的资金。这笔资金被称为**初始保证金**（initial margin），按要求每份合同都必须存入这笔资金。[①] 附息证券也可以充当初始保证金，例如国库券。随着期货合约价格的波动，投资者持有的头寸价值也随之发生变动。在每个交易日收盘时，交易所都会确定期货合约的结算价格。结算价格用来对投资者的头寸盯市，以使头寸的所有盈亏反映在投资者的权益账户中。

维持保证金（maintenance margin）是指交易所规定的投资者权益头寸可以下降到的最低水平，这种头寸价值下降通常是由价格不利波动导致的，如果头寸价值低于这一水平，投资者将需要追加保证金。追加的保证金金额被称为**变动保证金**（variation margin），它是使权益账户恢复到初始保证金水平所需的保证金金额。与初始保证金不同，变动保证金必须是现金，不能是附息金融工具。投资者可以提取账户中的超额保证金。如果期货合约中被要求存入变动保证金的一方没有在 24 小时内存入变动保证金，那么其期货合约头寸将被强行平仓。

尽管以保证金方式购买证券有对初始保证金和维持保证金的要求，但是证券和期货合约的保证金概念不同。对于以保证金方式购买的证券而言，证券价格与初始保证金之间的差额由经纪商的贷款补足。所购买的证券被用作贷款的担保品，而投资者要为贷款支付利息。对于期货合约而言，初始保证金实际上充当了“信誉良好”的资金，它表明投资者将履行合约。通常，投资者不会借入资金。

---

① 各家经纪公司可以在交易所规定的最低保证金金额之上任意设定保证金要求。

期货合约与远期合约的比较

与期货合约类似，**远期合约**（forward contract）也是指在未来指定期间的期末按约定价格交割某种标的资产的协议。但是，期货合约是关于交割日（或交割月）和可交割资产质量的标准化协议，并且这些标准化协议在有组织的交易所交易。而远期合约则不同，它通常是非标准化的（也就是说，每份合约的条款是由买卖双方单独议定的）；没有清算所；通常不存在二级市场，或者即使存在，交易也极为清淡。与期货合约这种在交易所交易的金融产品不同，远期合约是一种场外金融工具。

在远期合约中，由于不存在为交易双方履约提供保证的清算所，因此，交易双方都面临着**交易对手风险**（counterparty risk）。交易对手风险是指交易对手不履行合约的风险，也就是说，远期合约的一方面临着另一方的信用风险或违约风险。

尽管期货合约和远期合约都规定了交割条件，但是，期货合约通常不通过实物交割来结算。实际上，通常只有不到2%的未清偿合约通过实物交割来结算。相反，远期合约的目的就是为了进行交割。

期货合约的价格在每个交易日结束时都要调整至市价。而远期合约的价格可以调整至市价，也可以不调整至市价。远期合约的一方或双方需要交纳的变动保证金金额取决于双方协商的条件。因此，尽管由于出现不利价格变动的情况下可能需要追加保证金，或者在出现有利价格变动的情况下投资者可能提取现金而导致期货合约伴有期间现金流量，但远期合约未必需要变动保证金。

最后，由于远期合约的任何一方都有可能违约，因此，交易双方都面临着信用风险。相比之下，期货合约的信用风险微乎其微，因为与交易所关联的清算所保证交易对方将履行合约。除了以上这些差别以外，我们所讨论的多数期货合约内容都适用于远期合约。

期货合约的风险与收益特征

如果期货价格上升，期货合约的买方将盈利；如果期货价格下降，期货合约的卖方将盈利。例如，假设Bob和Sally持有期货合约中的头寸1个月后，债券XYZ的期货价格上升到120美元，那么，作为期货合约的买方，Bob可以出售期货合约并实现20美元的利润。实际上，Bob同意在结算日以100美元的价格购买债券XYZ，而以120美元的价格出售债券XYZ。作为期货合约的卖方，Sally将蒙受20美元的损失。

如果期货价格下降到40美元，作为期货合约的买方，Sally可以实现60美元的利润，因为她同意以100美元的价格出售债券XYZ，而现在她可以按40美元的价格买入这种债券。Bob则会蒙受60美元的亏损。因此，如果期货价格下降，那么期货合约的买方将蒙受损失，而期货合约的卖方将实现利润。

期货的杠杆性

当投资者持有期货合约头寸时，投资者不需要进行全额投资，只需要投入初始保证金即可。假设 Bob 拥有 100 美元并希望投资于债券 XYZ，因为他认为债券价格将由于利率下降而上升。如果债券 XYZ 的售价为 100 美元，那么，他只能购买一只 XYZ 债券。但是，如果交易债券 XYZ 期货合约的交易所规定初始保证金为 5 美元，那么，Bob 就可以用 100 美元的投资购买 20 份期货合约（这旦忽略 Bob 需要存入变动保证金的情况）。Bob 得到的回报也将取决于这 20 份 XYZ 债券期货合约的价格表现，而不是他用 100 美元购买的一只债券的价格表现。因此，Bob 能够利用他的资金进行杠杆化。虽然期货市场上杠杆效应的大小因期货合约的不同而有所差异，但是，期货市场上可实现的杠杆效应远远高于现货市场上可实现的杠杆效应。

首先，期货市场上可实现的杠杆效应可能显示，市场只有利于那些希望对价格变动进行投机的市场参与者。其实不然，期货市场也可以用来降低价格风险。如果没有期货交易的杠杆效应，那么对于许多市场参与者而言，利用期货交易降低价格风险的成本将变得过高。

利率期货合约

交易利率期货合约的两大交易所是芝加哥商品交易所（CME）和纽约证交所—泛欧交易所全球衍生品交易所。这两家交易所提供许多合约，且合约逐年递增。两家交易所均提供短期利率期货合约，允许持有美国短期 LIBOR（欧洲美元期货）和短期欧元利率（EURIBOR 期货）敞口。

两家交易所均提供几种国债期货合约：2 年期、5 年期和 10 年期中期国债期货；30 年期长期国债期货和超长期国债期货。超长期国债期货是一种管理长期利率的合约。此外，这些交易所已经提供或计划提供其他允许持有美国以外的短期利率敞口以及美国以外的中期利率和长期利率敞口。

每份期货合约的具体内容都涵盖了下列每种特征：允许交割的内容（可交割等级）、报价系统、最小报价单位、合约月份、最后交易日、最后交割日和交割方法。不可能也不必要考察所有这些合约，因为交易所在互联网上提供每份合约的信息。我们将讨论同时在两家交易所交易的两种短期利率期货——欧洲美元期货和 EURIBOR 期货——以及中期国债期货、长期国债期货和超长期国债期货。

欧洲美元期货

欧洲美元期货既在芝加哥商品交易所的国际货币市场上交易，又在伦敦国际金融期货交易所上交易。面值为 100 万美元、距到期还有 3 个月的欧洲美元定期存款是这种合约的标的资产。欧洲美元期货合约是世界上交易量最大的期货合约之一。它通常被用于短期利率交易，许多对冲者发现这种合约是许多对冲情况下最好的对冲工具。

欧洲美元定期存款是美国以外的国家发行的美元存款。对欧洲美元定期存款支付的利率为伦敦银行同业拆借利率（LIBOR），而且是一种追加利率（add-on-interest rate）。欧洲美元期货合约双方同意按“3 个月期 LIBOR”进行买卖。

该合约是以指数价格为基础报价的。例如，指数价格可能为 94.52。根据期货指数价格，折算成年利率的期货 3 个月期 LIBOR 计算方法如下：100－指数价格。例如，欧洲美元期货指数价格为 94.52，意味着合约双方同意按 5.48%的利率买卖 3 个月期 LIBOR。由于基础利率是显然不能交割的利率，因此这种合约为现金结算合约。

这种期货合约的面值为 100 万美元。该合约的指数价格的最小价格变动单位为 0.01。例如，指数价格从 94.52 变为 94.53，即变动 0.01 或 1 个单位。现在举例说明如何将 1 个单位的指数价格变动换算为 3 个月期 LIBOR 的变化。当指数价格从 94.52 变为 94.53 时，3 个月期 LIBOR 从 5.48%变为 5.47%。用基点来衡量，指数价格变动 1 个单位意味着 3 个月期 LIBOR 变动 1 个基点（0.000 1）。

我们知道，100 万美元的 90 天期单利等于：

$$\$1\,000\,000\times(\text{LIBOR}\times 90/360)$$

如果 LIBOR 变动 1 个基点（0.000 1），那么

$$\$1\,000\,000\times(0.000\,1\times 90/360)=\$25$$

因此，指数价格变动 1 个单位，或 3 个月期 LIBOR 变动 1 个基点，意味着合约价值变动 25 美元。因此，如果指数价格变动 10 个单位，或 3 个月期 LIBOR 变动 10 个基点，就意味着合约价值变动 250 美元（25 美元×10）。

指数价格的最小价格波动为半个单位，即 12.50 美元。在该合约的最近一个交易月，最小指数价格波动为四分之一个单位，即 6.25 美元。

这些合约在三月季度周期（即 3 月、6 月、9 月、12 月，称为“三月周期”）的最近 40 个月以及最近的 4 个连续合同月份上市。投资组合经理最长可以持有该合约的头寸 10 年。

如前所述，欧洲美元期货合约是一种现金结算合约。也就是说，双方根据 3 个月期 LIBOR 在结算日以现金结算。假设一笔交易的交易价格为 94.52，结算日的结算指数价格为 95.00。从买方的角度看，指数价格上升了。因此，卖方必须支付买方 0.48。由于一个单位为 25 美元，0.48 为 48 个单位，因此买方从卖方收到 1 200 美元（48×25 美元）。另一种思考方式是，买方签订了一份收取 5.48%（100.00－94.52）的 3 个月期利率的合约。在结算日，指数价格为 95.00。这意味着在市场上可以获得利率为 5.00%的 3 个月期 LIBOR。卖方付给买方的 1 200 美元补偿是相对于较低的现行 3 个月期 LIBOR（5.00%），而不是合约规定的 5.48%而言的。

为了了解如何用这种合约进行对冲，假设市场参与者担心从现在起 6 个月后的借款成本将变得更高。为了自我保护，市场参与者可以持有欧洲美元期货合约的头寸，这样短期利率的上升就将对其有利。有了这份期货合约头寸，如果短期利率实际上升，那么未来借款成本也将上升，但是它会与欧洲美元期货合约的头寸（全部或部分）抵消。从利率上升中受益的期货合约头寸被称为空头（即卖出期货合约）。为了了解这一点，考虑我们之前所举的价格为 94.52（利率为 5.48%）的欧洲美元期货合约的例子。假设在结算日，3 个月期 LIBOR 上升到 6.00%，因此，结算指数价格为 94.00。这意味着，卖方以 94.52 的价格卖出合约，以 94.00 的价格买入合约，实现了 0.52（即 52 个单位）的收益。买方必须向卖方支付 1 300 美元（52×25 美元）。然后，来自期货空头的收益被用于抵消短期利率上升所产生的更高的借款成本。

有些类似的期货合约基于其他货币浮动利率贷款的参考利率，它们的具体内容类似于欧洲美元期货。例如，对于欧元贷款，使用的参考利率通常为 EURIBOR。EURIBOR 是欧元存款利率，它是 EURIBOR 期货合约的基础利率。EURIBOR 期货合约和欧洲美元期货合约是全球交易最活跃的期货合约。

EURIBOR 期货

欧洲银行同业拆借利率（EURIBOR）是欧元区银行彼此贷出无担保资金的参考利率。和 LIBOR 一样，该参考利率是银行同业利率。这种合约是在结算日支付/收取季度利息的承诺，它由 3 个月期 EURIBOR 的水平决定，支付的金额基于 100 万欧元的名义本金。该合约是现金结算合约。

和欧洲美元期货一样，这种合约是以指数价格为基础报价的，如下：100 减去年期货参考利率，其中参考利率的基础是 EURIBOR 而非 LIBOR。例如，EURIBOR 期货价格为 94.00 是指 3 个月期 EURIBOR 为 6%。该合约的最低价格波动（最小报价单位）为 0.05（用 EURIBOR 表示为 0.000 05）。这意味着该合约的基点价格为 12.50 欧元。

国债期货

最活跃的债券衍生工具合约为国债期货合约。这些合约可以按照期限分类。**长期国债期货合约**（Treasury bond futures contract）的标的工具是最初作为长期国债发行的国债息票证券。**中期国债期货**（Treasury note futures）合约包括 2 年期、5 年期和 10 年期国债期货。

长期国债期货合约

长期国债期货合约的标的工具是一种虚构的面值为 100 000 美元、息票利率为 6% 的 20 年期长期国债。长期国债期货合约以面值为 100 的形式进行报价。报价单位表示为 1% 的 1/32。因此，如果一份长期国债期货合约的报价为 97－16，那么它表示 97 加上 16/32，即 97.5。[①] 因此，如果买卖双方达成的期货价格为 97－16，这意味着买方同意接受这种虚构的标的长期国债，并支付面值的 97.5%；卖方则同意接受面值的 97.5% 这个价格。由于国债的面值为 100 000 美元，因此买卖双方对这种虚构的长期国债达成的期货交易价格为 97 500 美元。

长期国债期货合约的最小价格波幅为 1% 的 1/32。100 000 美元面值（标的长期国债的面值）的 1/32 为 31.25 美元。因此，这种合约的最小价格波幅为 31.25 美元。

我们已经指出，长期国债期货合约的标的工具是一种虚构的长期国债。这是否意味着与欧洲美元期货合约一样，该合约也是一种现金结算合约？答案是否定的。如果长期国债期货合约的卖方决定进行交割，而不是在结算日之前通过买回期货合约来平仓，那么，卖方必须在结算日交割某种长期国债。但是，卖方应该交割哪种国债呢？芝加哥商品交易所允许卖方交割芝加哥商品交易所宣布可用于交割的若干长期国债中的一种。在具有规定结算日的期货合约初次交易之前，芝加哥商品交易所会公布卖方可以交割的具体债券品种。图表 29—1 显示了在交割月卖方可以选择向买方交割的四种长期国债期货合约。芝加哥商品交易所根据以下标准从所有未清偿的国债中确定可用于交割的国债品种：（1）当债券不可赎回时，从交割日算起，距到期至少为 15 年的债券；（2）当债券可赎回时，从交割月的第一天起至少 15 年内不可赎回的债券。除了表中显示的符合条件的债券，新发行的长期国债也将符合交割条件。

---

① 在报价时，有时用撇号代替横杠。例如，97－16 的另一种表示方法为 97'16。

图表 29—1　　　　可用于交割的国债与转换系数

息票	到期日	2011 年 3 月	2011 年 6 月	2011 年 9 月	2011 年 12 月	2012 年 3 月	2012 年 6 月	2012 年 9 月	2012 年 12 月	2013 年 3 月
6 3/4	08/15/26	1.074 1	1.073 5	—	—	—	—	—	—	—
6 1/2	11/15/16	1.050 0	1.049 4	1.049 0	—	—	—	—	—	—
6 5/8	02/15/27	1.063 0	1.062 5	1.061 8	1.061 3	—	—	—	—	—
6 3/8	08/15/27	1.038 5	1.038 2	1.037 7	1.037 5	1.037 0	1.036 8	—	—	—
6 1/8	11/15/27	1.013 0	1.012 7	1.012 7	1.012 5	1.012 5	1.012 3	1.012 3	—	—
5 1/2	08/15/28	0.946 6	0.947 2	0.947 5	0.948 1	0.948 5	0.949 0	0.949 4	0.950 0	0.950 4
5 1/4	11/15/25	0.919 4	0.920 0	0.920 8	0.921 3	0.922 1	0.922 7	0.923 5	0.924 2	0.925 0
5 1/4	02/15/29	0.918 7	0.919 4	0.920 0	0.920 8	0.921 3	0.922 1	0.922 7	0.923 5	0.9242
6 1/8	08/15/29	1.013 6	1.013 6	1.013 4	1.013 4	1.013 2	1.013 2	1.013 0	1.013 0	1.012 7
6 1/4	05/15/30	1.028 1	1.027 8	1.027 7	1.027 4	1.027 3	1.027 0	1.026 9	1.026 5	1.026 4
5 3/8	02/15/31	0.928 1	0.928 7	0.929 1	0.929 7	0.930 1	0.930 7	0.931 1	0.931 8	0.932 2
4 1/2	02/15/36	0.807 8	0.808 7	0.809 5	0.810 5	0.811 3	0.812 3	0.813 2	0.814 2	0.815 1
4 3/4	02/15/37	—	—	—	—	0.839 8	0.840 6	0.841 3	0.842 1	0.842 7
5	05/15/37	—	—	—	—	—	0.871 8	0.872 5	0.873 0	0.873 7
4 3/8	02/15/38	—	—	—	—	—	—	—	—	0.791 8

长期国债期货合约的交割程序是这种合约的特别之处。在结算日，期货合约的卖方（空头）被要求向期货合约的买方（多头）交割息票利率为 6%、面值为 100 000 美元的 20 年期长期国债。由于实际上不存在这种国债，因此卖方必须从芝加哥商品交易所规定的可用于交割的长期国债中选择一种用于交割。假设卖方有权选择交割息票利率为 5%、面值为100 000美元的 20 年期长期国债来结算期货合约。显然，这种国债的价值低于息票利率为 6%的 20 年期长期国债。如果卖方交割了这种息票利率为 5%的 20 年期长期国债，那么，这对于期货合约的买方是不公平的。因为期货合约中规定买方应获得息票利率为 6%、面值为100 000美元的 20 年期长期国债。同理，如果卖方交割的是利率为 7%、面值为 100 000 美元的 20 年期长期国债，那么，这种国债的价值高于利率为 6%、面值为 100 000 美元的 20 年期长期国债的价值，因此，这不利于期货合约的卖方。

如何解决这一问题呢？为了使交割对交易双方平等，芝加哥商品交易所采用**转换系数**（conversion factors）来确定长期国债期货合约中每只可用于交割的国债的交割应付价格。转换系数由芝加哥商品交易所在具有特定结算日的合约开始交易之前确定。图表 29—1 显示了每份合约中每只可用于交割的国债所对应的转换系数。[①] 在期货合约的交易期间，给定结算月的转换系数保持不变。在交割日的前一天，空头方必须通知多头方实际用来交割的国债种类。

当长期国债被交割时，买方必须支付给卖方的价格被称为**交割应付价格**（invoice price）。交割应付价格等于期货合约的结算价格加上被交割长期国债的应计利息。但是，如

① 转换系数以收益率为 6%时可交割债券在交割月月初的售价为基础。

前所述，卖方可以交割若干可交割国债中的一种。为了确保交割对双方都是公平的，交割应付价格必须根据实际交割的国债进行调整。转换系数经常被用于对交割应付价格进行调整。交割应付价格为：

交割应付价格＝合约规模×期货合约结算价格×转换系数＋应计利息

假设长期国债期货合约的结算价格为 94－08，且空头选择用来交割的国债的转换系数为 1.20。期货合约的结算价格为 94－08 意味着其价格等于面值的 94.25%。如果期货合约规模为 100 000 美元，则买方支付给卖方的交割应付价格为：

＄100 000×0.942 5×1.20＋应计利息＝＄113 100＋应计利息

在选择交割的国债品种时，空头方将从所有可用于交割的国债品种中选择最便宜的交割品种。这种债券被称为**最便宜可交割债券**（cheapest-to-deliver issue）；它在期货合约的定价中具有重要作用。这种最便宜可交割债券由市场参与者根据以下条件确定：对卖方可选择的每一种可交割国债，卖方都要计算购买这种国债并在结算日交割这种国债所能获得的收益率。注意，由于卖方知道目前的国债价格和期货价格（卖方同意按该价格进行交割），因此，卖方能够计算出该收益率。所计算出的收益率被称为**隐含回购利率**（implied repo rate）。因此，最便宜可交割债券也就是所有可交割国债中隐含回购利率最高的国债，因为这种国债可以使期货合约卖方通过购买并交割国债而获得最高收益率。图表 29—2 描述了这一过程。

图表 29—2　　　　根据隐含回购利率确定最便宜可交割债券

购买国债	按期货价格交割国债	计算收益率（隐含回购利率）
可交割国债#1	交割国债#1	隐含回购利率#1
可交割国债#2	交割国债#2	隐含回购利率#2
可交割国债#3	交割国债#3	隐含回购利率#3
……	……	……
可交割国债#*N*	交割国债#*N*	隐含回购利率#*N*

隐含回购利率：购买一种可交割的国债，然后卖空国债期货合约并在结算日交割国债所获得的收益率。

最便宜可交割债券产生了最高的隐含回购利率。

除了确定选择哪种可接受国债进行交割［这种选择权有时被称为**质量期权**（quality option）或**互换期权**（swap option）］之外，芝加哥商品交易所的交割指引还授予空头方另外两项选择权。空头方有权决定在交割月进行实际交割的时间，这被称为**时间选择权**（timing option）。另一种选择权是空头方有权发出意向通知，说明其有意在期货交割价格确定当天交易所收市（芝加哥时间下午 3：15）后至芝加哥时间晚上 8 点交割。这种选择权被称为**百搭牌期权**（wild card option）。质量期权、时间选择权和百搭牌期权［统称为**交割选择权**（delivery options）］意味着多头方永远不能确定哪一种国债将被用于交割，以及何时进行交割。交割选择权总结如下：

质量期权或互换期权	交割哪种可接受国债的选择权
时间选择权	在交割月中何时交割的选择权
百搭牌期权	在期货合约的收盘价已经确定后交割的选择权

超长期国债期货合约

可用于交割超长期国债期货合约的债券是期限至少为25年的债券。该合约的其他所有具体内容都与长期国债期货合约相同。修改长期国债期货合约，将可交割债券的期限限制为25年以下，并要求超长期国债期货合约的可交割债券期限至少为25年，实际上允许市场参与者更好地管理长期收益率。长期国债期货合约实际上是距到期日时间较短的债券期货合约，超长期国债期货合约实际上是距到期日时间较长的债券期货合约，其久期更适合管理长期债券组合的久期。

中期国债期货合约

中期国债期货合约分为三种：10年期、5年期和2年期。这三种中期国债期货合约的形式类似于长期国债期货合约，而且也都在芝加哥商品交易所交易。10年期中期国债期货合约的标的工具为一种虚构的息票利率为6%、面值为100 000美元的10年期中期国债。可以由空头方交割的可接受国债有多个种类。其中一种是到期日距离交割月的第一天不少于6.5年且不长于10年的国债。中期国债期货合约赋予空头方的交割选择权和最小价格波动单位都与长期国债期货合约相同。

5年期中期国债期货合约的标的工具为面值为100 000美元且符合下列条件的美国中期国债：(1) 初始期限不超过5年零3个月；(2) 剩余期限不超过5年零3个月；(3) 剩余期限不少于4年零3个月。

2年期中期国债合约的标的工具为剩余期限不超过2年且不少于1年零9个月、面值为200 000美元的美国中期国债。此外，根据2年期国债期货合约的要求，被交割中期国债的初始到期期限不能超过5年零2个月。

利率期货市场的定价和套利

大多数持有期货合约头寸的交易商和投资者关注的一个主要问题是，他们的期货交易价格是否为“公允”价格？买方担心价格过高，也担心经验更丰富的期货交易商利用自己缺乏经验而造成的失误来获利。卖方担心价格被人为压低，也担心精明的交易商可能操纵市场从而以低廉的价格购买合约。此外，对于期货市场上不时发生的剧烈波动，潜在的市场参与者往往找不到理性的解释。对于那些了解或经历过高杠杆期货市场上发生的突然损失的投资者而言，有效市场理论丝毫不能使他们安心。

幸运的是，期货市场并不像它起先看上去那样非理性；如果期货市场是非理性的，那么就不会变得如此成功。利率期货市场并不是完全有效市场，但是它的有效性可能并不比任何市场差。此外，我们不仅能非常清楚地解释期货价格水平的形成原因，还能清楚地解释交易商、投资者和借款人能够迅速地消除期货价格与其公允价格水平之间缺口的原因。

期货合约有多种定价方法。幸运的是，对于特定的期货合约而言，所有方法都会产生相同的公允价格。每种方法都以一价法则为基础。一价法则是指，对于特定的金融资产（负债），不论它是如何创建的，都只能有一种价格。在这里，我们只介绍一种方法，这种方法能够将期货合约与现货市场工具结合起来，产生与其他现货市场证券相同的现金流。一价法则意味着人为创建的现货证券必须和实际的现货证券具有相同的价格。类似地，现货工具也可以结合起来以创建与期货合约相同的现金流。根据一价法则，期货合约必须与由现货工具人为创建的期货合约具有相同的价格。

期货合约的定价

为了理解期货合约如何定价，我们考察下面这个例子。假设一种息票利率为 12%、面值为 100 美元的 20 年期债券按面值出售。另外，假设这种债券可用于交割 3 个月后结算的期货合约。如果当前的 3 个月期借贷年利率为 8%，那么，这种期货合约的价格应该为多少?

假设该期货合约的价格为 107 美元。考虑以下策略：

- 以 107 美元的价格卖出期货合约。
- 以 100 美元的价格买入债券。
- 以 8%的年利率借入 100 美元，期限为 3 个月。

借入的资金用于购买债券，因此，这种策略没有初始现金支出。从现在起 3 个月后，买入的债券必须被交割，以便对该期货合约进行结算，而借入的资金也必须偿还。这些交易将产生如下现金流：

期货合约结算产生的现金流：	
债券净价	107
应计利息（息票利率为 12%，期限为 3 个月）	3
总收入	110
贷款产生的现金流：	
偿还贷款本金	100
贷款利息（息票利率为 8%，期限为 3 个月）	2
总支出	102
利润	8

这一策略将确保获得 8 美元的利润。而且，这笔利润是在无初始支出的情况下产生的，因为购买债券的资金是借入的。无论结算日的期货价格为多少，这笔利润都会实现。显然，在一个运行良好的市场上，套利者会卖出期货同时买入债券，从而迫使期货合约价格下降、债券价格上升，结果导致这种利润消失。这种策略被称为**现货持有交易**（cash-and-carry trade）。

相反，假定期货价格为 92 美元，而不是 107 美元。考虑以下策略：

- 以 92 美元的价格买入期货合约。
- 以 100 美元的价格卖出（卖空）债券。
- 以 8%的年利率投资（贷放）100 美元，期限为 3 个月。

同样，这种策略也没有初始现金支出。从现在起 3 个月后，必须购买债券以结清期货合约的多头。然后，这只债券将用来抛补空头（即抛补现货市场上的卖空交易）。3 个月后的结果如下：

期货合约结算产生的现金流：	
债券净价	92
应计利息（息票利率为12%，期限为3个月）	3
总支出	95
贷款产生的现金流：	
投资到期时收回的本金	100
3个月投资所获得的利息（息票利率为8%，期限为3个月）	2
总收入	102
利润	7

这种策略所获得的7美元利润是纯套利利润。它不需要任何初始现金支出，而且不管结算日的期货价格为多少，这笔利润总能实现。这种策略被称为**反向现货持有交易**（reverse cash-and-carry trade）。

但是，有一种期货价格可以消除套利利润。如果期货价格为99美元，那么，就不存在套利机会。假如期货价格为99美元，让我们考察一下以上两种策略会产生什么结果。首先，考虑以下现货持有交易策略：

- 以99美元的价格卖出期货合约。
- 以100美元的价格买入债券。
- 以8%的年利率借入100美元，期限为3个月。

3个月后的结果如下：

期货合约结算产生的现金流：	
债券净价	99
应计利息（息票利率为12%，期限为3个月）	3
总收入	102
贷款产生的现金流：	
偿还贷款本金	100
贷款利息（息票利率为8%，期限为3个月）	2
总支出	102
利润	0

在这种情况下不会产生套利利润。

接下来，考虑以下反向现货持有交易策略：

- 以99美元的价格买入期货合约。
- 以100美元的价格卖出（卖空）债券。
- 以8%的年利率投资（贷放）100美元，期限为3个月。

3个月后的结果如下：

期货合约结算产生的现金流：	
债券净价	99
应计利息（息票利率为 12%，期限为 3 个月）	3
总支出	102
贷款产生的现金流：	
投资到期时收回的本金	100
3 个月投资所获得的利息（息票利率为 8%，期限为 3 个月）	2
总收入	102
利润	0

因此，以上两种策略都不会产生利润。所以，99 美元的期货价格就是理论期货价格，因为任何更高或更低的期货价格都会产生套利利润。

基于套利模型的理论期货价格

基于刚才提出的套利观点，我们可以根据以下信息确定理论期货价格：

1. 现货市场上的债券价格。

2. 债券的息票利率。在我们的例子中，息票利率为 12%的年利率。

3. 结算日前资金的借贷利率。借贷利率被称为**融资利率**（financing rate），在我们的例子中，融资利率为 8%的年利率。

令

r＝融资利率

c＝当前收益率，即息票利率除以现货市场价格

P＝现货市场价格

F＝期货价格

t＝距离未来交割日的时间（年）

然后，考虑从计息日开始采取的下列现货持有交易策略：

- 以价格 F 卖出期货合约。
- 以价格 P 购买债券。
- 以利率 r 借入 P，期限到结算日为止。

在结算日的结果如下：

期货合约结算产生的现金流：	
债券净价	F
应计利息	ctP
总收入	$F+ctP$
贷款产生的现金流：	
偿还贷款本金	P
贷款利息	rtP
总支出	$P+rtP$

利润为：

$$\begin{aligned}利润&=总收入-总支出\\&=F+ctP-(P+rtP)\end{aligned}$$

当这笔交易的利润为零时，市场达到均衡，并产生理论期货价格。因此，为了达到均衡状态，必须满足下列条件：

$$0=F+crP-(P+rtP)$$

求解理论期货价格，得到：

$$F=P[1+t(r-c)] \tag{29.1}$$

再考虑下列反向现货持有交易策略：

- 以价格 F 购买期货合约。
- 以价格 P 卖出（卖空）债券。
- 以利率 r 投资（贷放）P，期限到结算日为止。

在结算日的结果如下：

期货合约结算产生的现金流：	
债券净价	F
应计利息	ctP
总支出	$F+ctP$
贷款产生的现金流：	
投资到期时得到的收入	P
利息收益	rtP
总收入	$P+ctP$

利润为：

$$\begin{aligned}利润&=总收入-总支出\\&=P+rtP-(F+ctP)\end{aligned}$$

将利润设为零，即没有套利利润。求解期货价格，我们将得到与式（29.1）相同的期货价格公式。

将式（29.1）应用到之前的例子中，在该例中：

$r=0.08$

$c=0.12$

$p=100$

$t=0.25$

于是，理论期货价格为

$$F=100[1+0.25(0.08-0.12)]=99$$

这一结果与我们前面求出的理论期货价格相同。

理论期货价格可能是现货市场价格的溢价（高于现货市场价格），也可能是现货市场价格的折价（低于现货市场价格），这取决于（$r-c$）项。（$r-c$）项被称为**净融资成本**（net financing cost），因为它能够根据所赚取的息票利息来调节融资利率。净融资成本通常被称为**持有成本**（cost of carry，或简称为 carry）。**正持有成本**（positive carry）表示当前收益率高于融资成本；**负持有成本**（negative carry）表示融资成本高于当前收益率。这种关系可以由下表说明：

持有成本	期货价格
正（$c>r$）	以现货价格的折价出售（$F<P$）
负（$c<r$）	以现货价格的溢价出售（$F>P$）
零（$c=r$）	以等于现货价格的价格出售（$F=P$）

在利率期货中，持有成本（短期融资利率与债券当前收益率之间的关系）取决于收益率曲线的形状。当收益率曲线向上倾斜时，短期融资利率通常低于债券的当前收益率，从而产生正持有成本。因此，期货将以债券现货价格的折价出售。当收益率曲线向下倾斜时，情况则恰好相反。

对理论期货价格的进一步考察

为了运用套利理论推导理论期货价格，我们做了若干假设。这些假设都具有特定含义。

期间现金流

在模型中，假定不存在由变动保证金或息票利息支付引起的期间现金流。然而，我们知道变动保证金和息票利息支付都可能产生期间现金流。由于我们假定不存在变动保证金，因此从技术上讲，我们求出的理论期货价格实际上是理论远期合约价格（远期合约不需要在每个交易日收市时盯市）。当利率上升时，期货的空头方将因期货价格的下降而获得保证金，并且这笔保证金能以更高的利率进行再投资。相反，当利率下降时，空头方需要存入变动保证金，然而，由于利率已经下降，所以空头方可以用较低的成本融资。因此，无论利率如何变动，与远期合约的空头方相比，期货合约的空头方都将获利。但是，与远期合约的多头方相比，期货合约的多头方将蒙受损失。这些事实反映了期货合约与远期合约价格之间的差异。

将期间现金流中的息票利息支付纳入定价模型并不困难。但是，息票利息支付在结算日的价值将取决于再投资利率。期货合约的期限越短，息票利率越低，再投资收入在确定期货价格中的重要性就越小。

短期利率（融资利率）

在推导理论期货价格时，我们假定借款利率与贷款利率相等。但是，借款利率通常高于贷款利率。我们令：

r_B＝借款利率；

r_L＝贷款利率。

考虑下列策略：

● 以价格 F 卖出期货合约。

● 以价格 P 买入债券。

● 以利率 r_B 借入资金 P，期限到结算日为止。

如果不产生套利利润，那么，期货价格为：

$$F=P[1+t(r_B-c)] \tag{29.2}$$

现在考虑下列策略：

● 以价格 F 买入期货合约。

● 以价格 P 卖出（卖空）债券。

● 以利率 r_L 投资（贷放）资金 P，期限到结算日为止。

如果不产生套利利润，那么期货价格为：

$$F=P[1+t(r_L-c)] \tag{29.3}$$

式（29.2）和式（29.3）共同确定了理论期货价格的边界。式（29.2）提供了理论期货价格的上限，而式（29.3）确定了理论期货价格的下限。例如，假设借款的年利率为 8%，贷款的年利率为 6%。那么，根据式（29.2），上例的理论期货价格上限为：

$$\begin{aligned}F(\text{上限})&=\$100\times[1+0.25\times(0.08-0.12)]\\&=\$99\end{aligned}$$

根据式（29.3），上例的理论期货价格下限为：

$$\begin{aligned}F(\text{下限})&=\$100\times[1+0.25\times(0.06-0.12)]\\&=\$98.50\end{aligned}$$

在计算理论期货价格的边界时，我们假定取得期货头寸不存在交易成本。事实上，我们必须考虑取得和轧平现货头寸的交易成本，以及期货合约的一个回合交易所产生的交易成本，而且，这些成本的确会影响期货合约的边界。

可交割债券未知的情况

我们用来推导式（29.1）的套利原理假定只有一种金融工具可用于交割。但是，我们设计的长期国债期货合约和中期国债期货合约允许空头方从一系列可交割债券中选择一种用于交割（质量期权或互换期权）。由于存在多种可交割债券，因此市场参与者会追踪每种可交割债券的价格，并确定选择哪种债券进行交割是最便宜的。这样，期货价格就与最便宜可交割债券有关。

市场上存在着一种风险：虽然取得期货合约头寸时某只债券可能是最便宜可交割债券，但是此后，该债券可能就不是最便宜可交割债券了。最便宜可交割债券的变化会使期货价格发生巨大变动。

期货价格的质量（互换）选择权有什么含义呢？由于互换期权是多头方授予空头方的一种选择权，因此多头方愿意支付的期货合约价格低于由式（29.1）确定的价格。因此，在质量期权的影响下，根据式（29.1）确定的理论期货价格必须作出如下调整：

$$F=P[1+t(r-c)]-\text{质量期权的价值} \tag{29.4}$$

市场参与者采用了一些理论模型来估算质量期权的公允价值。这些模型超出了本章的介绍范围。

结算日未知的情况

在以套利原理为基础的定价模型中，我们假设交割日期是已知的。但是，对于长期国债期货合约和中期国债期货合约而言，空头方拥有时间选择权和百搭牌期权。因此，多头方无法确知何时交割债券。时间选择权和百搭牌期权对理论期货价格的影响与质量期权对理论期货价格的影响相同。这些交割选择权使理论期货价格低于根据式（29.1）计算出的结果，如下所示：

$$F=P[1+t(r-c)]-\text{质量期权的价值}-\text{时间选择权的价值}-\text{百搭牌期权的价值} \quad (29.5)$$

或者，

$$F=P[1+t(r-c)]-\text{交割选择权的价值} \quad (29.6)$$

市场参与者希望计算出交割选择权的价值，以运用式（29.6）。

可交割债券不是一篮子债券的情况

市政债券指数期货合约是一种以一篮子债券为标的的现金结算合约。对这种期货合约套利的困难在于，买卖该指数中包括的任何一种债券的成本都非常高。因此，我们可以构建只包括少量债券的债券组合以“跟踪”指数。然而，由于存在跟踪误差风险，这种套利也是有风险的。

债券组合管理的应用

投资组合经理可以用多种方法使用利率期货合约。

控制投资组合的久期

利率期货合约可以用于改变投资组合的利率敏感性。如果投资组合经理对利率的未来变动方向有强烈的预期，那么，他可以通过调整投资组合的久期来利用其预期。具体而言，如果投资组合经理预期利率上升，那么久期就将被缩短；如果投资组合经理预期利率下降，那么久期就将被加长。[①] 尽管投资组合经理也可以利用现货市场工具改变投资组合的久期，但是，期货合约不失为调整久期的一种快捷经济的方法（不论从暂时的角度看还是从永久的角度看）。

除了根据预期利率变动调整投资组合以外，利率期货合约还可以用来构建比现货市场证券久期更长的证券组合。例如，假设在某个特定的利率环境中，一位养老金经理必须构建一个久期为15年的投资组合来实现特定的投资目标。在市场上可能无法获得具有这么长久期的债券。但是，养老金经理可以运用适当数量和种类的利率期货合约，将投资组合的久期增加到15年的目标水平。

① 第27章曾经提到，在负债驱动型投资策略中，长期国债期货可以用于延长久期以对冲利率风险。

举例来说，假设某位投资组合经理管理的投资组合基准指数为巴克莱资本中期综合指数，它的久期为 3.68。进一步假设，该投资组合在 2011 年 3 月 31 日的市场价值为 48 109 810美元。图表 29—3 显示了投资组合中持有的证券。① 如表所示，投资组合的久期为 2.97，它小于基准指数的久期 3.68。这意味着投资组合的利率敞口（当收益率曲线平行移动时）小于基准指数。

图表 29—3　　　　用于对冲的投资组合示例

CUSIP	证券	市场价值（美元）	实际久期
00209TAA3	康卡斯特有线电视通信控股公司（Comcast Cable Communications Holdings）债券	367 082	1.84
05947UES3	BACM _ 02-PB2	498 539	0.58
07383FX52	BSCMS _ 04-PWR6	481 631	3.10
07386H9X3	BALTA _ 04-12	170 260	0.10
07386HPX3	BALTA _ 04-13	81 731	0.10
12669GHY0	CWHL _ 04-29	44 259	0.10
156700AJ5	世纪通讯公司（Centurytel Inc）债券	11 642	3.53
25179SAC4	德文融资公司（Devon Financing Corp Ulc）债券	56 686	0.50
26884AAE3	ERP 经营有限合伙公司（ERP Operating Limited Partnership）债券	58 702	5.19
3128X2F32	美国联邦住房贷款抵押公司债券	1 112 838	3.24
31359MQV8	房利美基准中期债券	314 068	1.82
31385JPS1	房利美 10 年期气球型多户贷款债券	323 203	1.24
31385XEC7	房利美 30 年期债券	1 155 490	2.39
31385XQ91	房利美 30 年期债券	25 628	2.39
31393X4L8	房利美债券 _ 04-36	7 532	0.08
31393XRP4	房利美债券 _ 04-25	2 000	0.07
31393YRY3	房利美债券 _ 04-M1	49 167	0.84
31394DA42	房利美债券 _ 05-48	172 658	2.51
31394EBH0	房利美债券 _ 05-51	454 910	2.34
31394ERM2	房利美债券 _ 05-57	148 601	0.68
31395TXY5	美国联邦住房贷款抵押公司债券 _ 2973	215 040	2.85
31395UM24	美国联邦住房贷款抵押公司债券 _ 2979	597 884	2.83
31395UYX3	美国联邦住房贷款抵押公司债券 _ 29-96	174 293	3.12

① 感谢 BlackRock Solutions 的 Mark Paltrowitz 提供假想投资组合、投资组合分析和通过使用 5 年期中期国债期货合约得到的关于投资组合的信息。第 31 章使用了同一个投资组合说明使用利率互换和互换期权进行的久期调整。

续前表

CUSIP	证券	市场价值（美元）	实际久期
361849ZS4	GMACC _ 03-C3	72 523	1.24
36228CVT7	GSMS _ 05-GG4	470 388	3.44
36228FYY6	GSR _ 03-13	143 370	0.64
396789JS9	GCCFC _ 05-GG3	482 580	2.74
46625YDB6	JPMCC _ 04-CBX	152 149	0.04
46625YSG9	JPMCC _ 05-LDP3	416 307	3.67
471060AN3	日本市政债券融资机构（Japan Finance Organization For MUN）债券	198 247	3.66
52108H2S2	LBUBS _ 05-C1	430 328	0.70
52108HUL6	LBUBS _ 03-C7	299 329	0.88
577778BF9	五月百货（May Department Stores CO/THE）债券	20 508	3.14
59156RAN8	大都会人寿保险公司（Metlife Inc）债券	122 518	3.77
652482BG4	美国新闻公司（News America Inc）债券	200 980	3.36
783764AN3	莱兰德集团（Ryland Group Incc）债券	11 367	3.09
79549AJJ9	SBMVII _ 01-C2	199 970	0.34
831641DQ5	SBIC _ 03-P10B	2 385 687	1.52
872287AC1	TCI 通信公司（TCI Communications Inc）债券	88 550	3.69
87927VAE8	意大利电信资本（Telecom Italia Capital SA）债券	77 441	2.43
87927VAL2	意大利电信资本债券	74 839	3.24
912810ED6	长期国债	205 399	6.38
912810EG9	长期国债	457 196	6.84
912810EQ7	长期国债	1 045 939	8.81
912810EW4	长期国债	71 650	10.01
912810FB9	长期国债	362 442	10.54
912010FP8	长期国债	743 901	12.16
912828EE6	中期国债	937 817	4.00
912828EN6	中期国债	1 689 187	4.14
912828FF2	中期国债	10 426 256	4.48
92344UAA3	威瑞森新泽西公司（Verizon New Jersey Inc）债券	246 008	0.78

续前表

CUSIP	证券	市场价值（美元）	实际久期
92553PAB8	维亚康姆公司（Viacom Inc）债券	94 764	5.30
9297667G2	WBCMT _ 05-C21	542 938	3.35
929766JE4	WBCMT-03-C6	324 841	1.91
94979TAA4	WFMBS _ 04-H	152 523	0.00
977100AA4	WI ST	141 256	1.97
BRS344PH7	房利美 15 年期预售抵押贷款支持证券	1 189 283	2.17
BRS344PT1	房地美 15 年期预售抵押贷款支持证券	760 939	2.17
FG040015Q	房地美 15 年期 2004 年抵押贷款支持住房生产债券	44 207	2.19
FG043215Q	房地美 15 年期 2004 年抵押贷款支持住房生产债券	234 314	1.99
FG043215R	房地美 15 年期 2005 年抵押贷款支持住房生产债券	389 860	2.00
FG050015Q	房地美 15 年期 2004 年抵押贷款支持住房生产债券	100 219	1.59
FG050015R	房地美 15 年期 2005 年抵押贷款支持住房生产债券	202 364	1.72
FG050030R	房地美 30 年期 2005 年抵押贷款支持住房生产债券	342 051	3.22
FG060030K	房地美 30 年期 1999 年抵押贷款支持住房生产债券	88 299	1.56
FG060030P	房地美 30 年期 2003 年抵押贷款支持住房生产债券	196 141	1.42
FN043215P	房利美 15 年期 2003 年抵押贷款支持住房生产债券	106 718	1.74
FN043230R	房利美 30 年期 2005 年抵押贷款支持住房生产债券	132 376	3.79
FN050015N	房利美 15 年期 2002 年抵押贷款支持住房生产债券	238 631	1.50
FN050015P	房利美 15 年期 2003 年抵押贷款支持住房生产债券	46 633	1.75
FN050030P	房利美 30 年期 2003 年抵押贷款支持住房生产债券	194 263	3.30
FN050030R	房利美 30 年期 2005 年抵押贷款支持住房生产债券	171 727	3.15

续前表

CUSIP	证券	市场价值（美元）	实际久期
FN053215N	房利美 15 年期 2002 年抵押贷款支持住房生产债券	586 289	1.11
FN053215P	房利美 15 年期 2003 年抵押贷款支持住房生产债券	81 430	1.90
FN053215Q	房利美 15 年期 2004 年抵押贷款支持住房生产债券	27 676	1.61
FN053215R	房利美 15 年期 2005 年抵押贷款支持住房生产债券	11 587 216	1.24
FN053230P	房利美 30 年期 2003 年抵押贷款支持住房生产债券	428 986	2.06
FN053230Q	房利美 30 年期 2004 年抵押贷款支持住房生产债券	31 671	2.06
FN060015N	房利美 15 年期 2002 年抵押贷款支持住房生产债券	14 526	1.60
FN060030P	房利美 30 年期 2003 年抵押贷款支持住房生产债券	167 591	1.36
FN063230N	房利美 30 年期 2002 年抵押贷款支持住房生产债券	111 750	0.52
FN070030K	房利美 30 年期 1999 年抵押贷款支持住房生产债券	78 974	2.18
FN070030L	房利美 30 年期 2000 年抵押贷款支持住房生产债券	30 117	2.25
GN053230P	房利美 30 年期 2003 年抵押贷款支持住房生产债券	88 083	3.52
GN060030P	房利美 30 年期 2003 年抵押贷款支持住房生产债券	131 655	3.07
GN063230L	房利美 30 年期 2000 年抵押贷款支持住房生产债券	59 712	2.78
GN063230Q	房利美 30 年期 2004 年抵押贷款支持住房生产债券	30 165	2.94

数据来自 BlackRock Solutions（BRS）。实际久期是作者使用的词。BRS 使用“OAD”表示期权调整久期。

假设投资组合经理希望重组投资组合，使其久期与基准指数的久期匹配。也就是说，投资组合经理希望采用久期匹配策略，因此投资组合的目标久期为 3.68。当利率变化 100 个基点时，投资组合的目标金额久期为 3.68%与投资组合的当前市场价值之积。因此，

投资组合的目标金额久期＝3.68%×＄48 109 810＝＄1 770 110

当前的投资组合久期为 2.97，因此当利率变化 100 个基点时，

投资组合的当前金额久期＝2.97％×48 109 810＝＄1 428 594

投资组合的目标金额久期与当前金额久期之差为 341 516 美元。这意味着为了达到 3.68 的目标投资组合久期，投资组合经理必须将当前投资组合的金额久期增加 341 516 美元。

正如我们刚才讨论的，这样做的一种方法是持有期货合约头寸。购买期货合约增加了金额久期。问题是，期货合约的金额久期是多少？让我们假设投资组合经理希望使用 5 年期中期国债期货合约。2011 年 3 月 31 日的期货价格为 116.79。根据对该合约的分析，投资组合经理确定，当利率变化 100 个基点时，5 年期中期国债期货合约将变化大约 5 022 美元。① 如果投资组合经理购买 C 合约，那么利率变化 100 个基点时，期货头寸的金额久期为期货合约数量和 5 022 美元的乘积，即

期货头寸的金额久期＝＄5 022×C

投资组合经理希望上式等于 341 516 美元。因此，

5 022 美元×C＝341 516 美元

解该式，得到

C＝68 份合约

因此，通过购买 68 份 5 年期中期国债期货合约，当利率变化 100 个基点时，投资组合经理将增加投资组合的金额久期 341 516 美元。

由于期货合约的名义金额为 100 000 美元，因此这意味着期货头寸的总名义金额为 6 800 000美元。给定期货价格为 116.79 美元，期货头寸的市场价值等于

(116.79/100)×100 000 美元×68＝7 941 720 美元

将投资组合久期调整为目标水平所需的期货合约数量近似计算公式为

$$\text{期货合约的近似数量}=\frac{\text{投资组合的目标金额久期}-\text{投资组合的当前金额久期}}{\text{期货合约的金额久期}} \tag{29.7}$$

负数表示应卖出的合约数量；正数表示应买入的合约数量。

在我们的例子中，

$$\text{期货合约的近似数量}=\frac{\$1\ 770\ 110-\$1\ 428\ 594}{\$5\ 022}=68$$

假设投资组合经理不希望久期与基准指数匹配，而是希望久期为基准指数的 90％。由于基准指数的久期为 3.68，因此这意味着投资组合经理希望投资组合的目标久期为 3.31。当利率变化 100 个基点时，投资组合的目标金额久期为

投资组合的目标金额久期＝3.31％×＄48 109 810＝＄1 592 435

那么，通过下式可以得到

$$\text{增加久期的期货合约近似数量}=\frac{1\ 592\ 435\ \text{美元}-1\ 428\ 594\ \text{美元}}{5\ 022\ \text{美元}}=33$$

① 这是通过改变利率 100 个基点并计算平均价格变化得到的。

因此，应购买 33 份期货合约。

重要的是记住，尽管人们可以匹配基准指数的久期，但这不意味着其他利率风险特征也与基准指数匹配。具体而言，久期可能是匹配的，但是基准指数和投资组合的凸性和关键利率久期可能是错配的。这就是为什么投资组合经理实际上使用其他对冲工具中和关键利率久期和凸性的差异。

对　冲

尽管我们将对冲作为一项独立应用进行讨论，但它不过是一种特殊的利率风险管理，其中目标久期为 0。在对冲投资组合的情况下，一种确定卖空期货合约数量的简单方法是使用式（29.7）。目标投资组合的金额久期为 0。也就是说，通过用当前的投资组合金额久期除以用作对冲工具的期货合约金额久期，可以得出应卖空的期货合约数量。在对冲债券头寸时，可以进行更详细的分析。这里，我们将介绍这种对冲的细微差别。

利用期货对债券头寸进行对冲时，对冲者持有期货头寸，作为以后在现货市场上进行的交易的暂时替代物。如果现货价格与期货价格一起变动，那么，对冲者从一个头寸（现货或期货）中蒙受的损失将会由另一个头寸实现的利润抵消。当可以准确预期从这些头寸中获取的净利润或净亏损时，这种对冲被称为**完全对冲**（perfect hedge）。

在实践中，对冲并非如此简单。净利润的金额未必与预期结果相同。对冲的结果取决于对冲开始和结束时现货价格与期货价格之间的关系。现货价格与期货价格之差被称为**基差**（basis）。基差以不可预测的方式变动，由此引起的风险被称为**基差风险**（basis risk）。

通常，在债券组合管理中，被对冲的债券与期货合约的标的债券不同。这种对冲被称为**交叉对冲**（cross hedging）。交叉对冲交易中存在着大量基差风险。未对冲的头寸面临着价格风险，即现货价格的不利变动引起的风险。对冲头寸用基差风险代替了价格风险。

空头（或卖出）对冲［short（or sell）hedge］可以用来防范债券现货价格下跌的风险。为了实施空头对冲，对冲者需要卖出期货合约。通过创建空头对冲，对冲者锁定了未来的现货价格，并将价格风险转移给期货合约的买方。为了理解为什么要实施空头对冲，假设一位养老金管理者知道为了向养老金受益者支付 500 万美元，必须在 40 天后变现债券。如果利率在 40 天内上升，那么为了获得 500 万美元，就必须变现更多债券。为了避免这种情况发生，投资组合经理可以在期货市场上卖出债券以锁定债券售价。

多头（或买入）对冲［long（or buy）hedge］可以用来防范债券现货价格上升的风险。在多头对冲中，对冲者买入期货合约以锁定买价。当养老金管理者预期将收到大量现金供款且担心利率会下降时，他可能会运用多头对冲。同样，如果投资组合经理知道债券将于近期到期并预期利率将下降，那么，他可以运用多头对冲来锁定投资收益的再投资收益率。

从概念上讲，交叉对冲比可交割证券的对冲更复杂。因为交叉对冲涉及两方面的关系：一方面是最便宜可交割证券与期货合约之间的关系，另一方面是用来对冲的证券与最便宜可交割证券之间的关系。

对冲比率

在交叉对冲中，最小化风险的关键是选择正确的对冲比率。对冲比率取决于用波动率加权还是用价值相对变动率加权。对冲的目的是利用期货头寸的盈亏抵消资产的目标售价与实际售价之间的差额。因此，我们选取的对冲比率需要使期货合约的波动率（即金额变化）与资产的波动率相匹配。因此，对冲比率可由下式给出：

$$对冲比率=\frac{被对冲债券的波动率}{对冲金融工具的波动率} \tag{29.8}$$

如式（29.8）所示，如果被对冲债券的波动率大于对冲金融工具的波动率，那么，对冲者就需要更多的对冲工具。

波动率是决定对冲比率的关键变量，其中的原因显而易见，但是波动率（volatility）有许多种定义。基于对冲的目的，我们需要从绝对价值的角度关注波动率。为了计算债券的价格波动率，我们必须了解计算波动率的确切时点（因为随着债券趋于到期，波动率通常将下降）和计算波动率时采用的价格或收益率（因为对于给定的收益率变动，收益率升高通常会降低债券价格波动率）。在债券的存续期内，计算波动率的相关时点是对冲结束的时点。由于我们的目标是锁定特定日期的价格或收益率，因此，其他时点的波动率基本上无关紧要。同理，计算初始波动率时所采用的相关收益率就是目标收益率。因此，式（29.8）中所指的“被对冲债券的波动率”是交割被对冲债券时一个基点的价值。[①]

下面的例子说明了为什么用波动率加权会产生正确的对冲比率。[②] 假设在 2007 年 12 月 24 日，某投资者持有 2037 年 3 月 5 日到期、息票利率为 5.55%、面值为 1 000 万美元的宝洁公司（Procter & Gamble）债券（CUSIP 742718DF3），并卖出了 2008 年 3 月的长期国债期货，以对未来出售的债券实行对冲。这就是一个交叉对冲的例子。假设：

1. 2023 年 8 月 15 日到期、息票利率为 6.25%的国债是合约的最便宜可交割债券，且交易时的收益率为 4.643%，交易价格为 117.719，转换系数为 1.024 6。

2. 宝洁公司债券的交易收益率为 5.754%，价格为 97.127。

3. 长期国债期货合约的价格为 114.375 美元。宝洁公司债券和最便宜可交割债券之间的收益率利差为 111.1 个基点，假设该利差在对债券进行对冲期间保持不变。

简化起见，假设预期出售日期为合约的最后一个交易日，即 2008 年 3 月 31 日。

给定最便宜可交割债券的转换系数（1.024 6）和 2007 年 3 月合约的期货价格（114.375），最便宜可交割债券的目标远期价格可以通过将上述两个数值相乘得到；也就是说，最便宜可交割债券的目标远期价格为对应于 117.188 6 的价格的目标远期收益率。相应于 2023 年 8 月 15 日到期，息票利率为 6.25%、价格为 117.188 6 美元的债券，2008 年 3 月 31 日（期货合约的结算日）的最便宜可交割债券的目标远期收益率为 4.670%。

给定最便宜可交割债券的目标远期收益率为 4.670%，我们必须确定宝洁公司债券的目标远期收益率。为此，我们假设收益率利差维持在 111.1 个基点不变。将该利差与 4.670%相加，得到宝洁公司债券的目标远期收益率为 5.781%。假设期货合约的结算日为 2008 年 3 月 31 日，那么收益率为 4.670%、息票利率为 5.55%、到期日为 2037 年 3 月 5 日的宝洁公司债券在 2008 年 3 月 31 日的目标远期价格为 96.768。当面值为 1 000 万美元时，目标远期价格为 9 678 000 美元。

在这些目标水平上，最便宜可交割债券一个基点的价格为 0.120 7，对于宝洁公司债券而言，一个基点的价格为 0.136 3。如前所述，所有这些结果都是根据结算日与预期出售日相同的假设计算出来的，在本例中预期出售日为 2008 年 3 月 31 日。因此，根据假定的出售日和目标价格，我们就能轻松地算出被对冲的债券和可交割债券的相对价格波动率。

---

① 为了确定一个基点的价格而在这个日期使用的收益率是远期利率。我们在第 5 章中讨论过远期利率。

② 本例由 Peter Ru 提供。

然而，为了计算对冲比率［式（29.8）］，我们需要的并不是最便宜可交割债券的波动率，而是对冲工具的波动率，也就是期货合约的波动率。幸运的是，在已知被对冲的债券相对于最便宜可交割债券的波动率和最便宜可交割债券相对于期货合约的波动率后，我们可以轻松地计算出用来定义对冲比率的相对波动率：

$$对冲比率=\frac{被对冲债券的波动率}{\text{CTD}债券的波动率}\times\frac{\text{CTD}债券的波动率}{对冲工具的波动率} \tag{29.9}$$

其中，CTD为最便宜可交割债券。第二个比率等于最便宜可交割债券的转换系数。假定在被对冲债券与最便宜可交割债券之间存在固定的收益率利差，则式（29.9）可以改写为：

$$对冲比率=\frac{被对冲债券一个基点的价格}{\text{CTD}债券一个基点的价格}\times\text{CTD}转换系数 \tag{29.10}$$

因此，对冲比率为：

$$对冲比率=\frac{0.136\,3}{0.120\,7}\times1.024\,6=1.157$$

给定对冲比率，必须卖空的期货合约数量可以由下式确定：

$$期货合约数量=对冲比率\times\frac{被对冲债券的面值}{期货合约的面值} \tag{29.11}$$

由于被对冲债券的面值为1 000万美元，且每份长期国债期货合约的面值为100 000美元，因此这意味着必须出售的期货合约数量为：

$$\begin{aligned}期货合约数量&=对冲比率\times\frac{\$10\,000\,000}{\$100\,000}\\&=1.157\times100\\&=116\text{ 份合约（四舍五入）}\end{aligned}$$

图表29—4显示了在简化假设条件成立的情况下，如何运用建议对冲比率的期货对冲交易将1 000万美元面值的宝洁公司债券价格锁定在9 678 000美元的目标远期价格附近。①

图表29—4　　用期货对不可交割债券进行对冲以锁定交割日的债券价格

对冲工具：2037年3月5日到期、息票利率为5.55%的宝洁公司债券
对冲比率：1.15
卖空的合约数量：116
对冲开始时出售期货合约的价格：114.375美元
对冲债券的目标远期价格：96.768美元

宝洁公司债券的实际售价（美元）	出售收益率（%）	国债收益率[a]（%）	国债价格（美元）	期货价格[b]（美元）	116份合约的收益（损失）（美元）	实际出售价格[c]（美元）
8 000 000	7.204%	6.093%	101.544	99.106	1 771 194	9 771 194
8 200 000	7.010%	5.899%	103.508	101.023	1 548 862	9 748 862
8 400 000	6.824%	5.713%	105.438	102.907	1 330 323	9 730 323

① 在实践中，考虑到一个基点的价格会随利率升降而变动，因此大部残差可以通过对对冲比率的频繁调整来消除。

续前表

宝洁公司债券的实际售价（美元）	出售收益率（%）	国债收益率[a]（%）	国债价格（美元）	期货价格[b]（美元）	116份合约的收益（损失）（美元）	实际出售价格[c]（美元）
8 600 000	6.645%	5.534%	107.341	104.764	1 114 875	9 714 875
8 800 000	6.472%	5.361%	109.224	106.601	901 748	9 701 748
9 000 000	6.306%	5.195%	111.071	108.404	692 606	9 692 606
9 200 000	6.144%	5.033%	112.914	110.203	484 008	9 684 008
9 400 000	5.989%	4.878%	114.714	111.960	280 164	9 680 164
9 600 000	5.838%	4.727%	116.504	113.707	77 476	9 677 476
9 800 000	5.691%	4.580%	118.282	115.442	(123 809)	9 676 191
10 000 000	5.550%	4.439%	120.021	117.139	(320 633)	9 679 367
10 200 000	5.412%	4.301%	121.755	118.831	(516 925)	9 683 075
10 400 000	5.278%	4.167%	123.469	120.505	(711 032)	9 688 968
10 600 000	5.149%	4.038%	125.149	122.144	(901 256)	9 698 744
10 800 000	5.022%	3.911%	126.832	123.787	(1 091 785)	9 708 215
11 000 000	4.899%	3.788%	128.490	125.405	(1 279 473)	9 720 527
11 200 000	4.780%	3.669%	130.120	126.996	(1 464 047)	9 735 953
11 400 000	4.663%	3.552%	131.749	128.586	(1 648 452)	9 751 548
11 600 000	4.550%	3.439%	133.347	130.145	(1 829 358)	9 770 642

a. 根据假设，2023 年 8 月 15 日到期、息票利率为 6.25%的最便宜可交割债券的收益率比宝洁债券的收益率低 111.1 个基点。

b. 根据收敛性，期货价格等于最便宜可交割债券的价格除以 1.024 6（转换系数）。

c. 忽略交易成本和保证金融资费用。

根据收益率利差变动调整对冲比率

为了对不可交割证券进行对冲，通常需要对对冲策略进行微调。这种调整涉及最便宜可交割债券与被对冲债券之间的相对收益率利差假设。在前面的讨论中，我们假设这一收益率利差不随时间推移而变动。但是，收益率利差实际上并非固定不变，它随着金融工具的期限、利率水平及许多不确定因素和非系统性因素的变化而变化。因此，对冲比率需要进行调整。

对冲比率的公式，即式（29.10），应进行如下调整以反映收益率 β 的影响：

$$\text{对冲比率}=\frac{\text{被对冲债券一个基点的价值}}{\text{CTD 一个基点的价值}}\times \text{CTD 转换系数}\times \text{调整系数} \qquad (29.12)$$

以下两种方法可以用来估计考虑了收益率水平和收益率利差关系的调整系数：(1) 回归方法；(2) 纯波动性方法。

回归方法需要根据历史数据估计以下回归模型：

被对冲债券的收益率变动＝a＋b×CTD债券的收益率变动＋误差　(29.13)

根据回归程序可以算出b的估计值，称为收益率β，这是两种债券之间的预期相对收益率变动。图表29—5显示了上例中的两只债券（即到期日为2037年3月5日、息票利率为5.55％的宝洁公司债券和2023年8月15日到期、息票利率为6.25％的最便宜可交割国债）在2007年2月28日—2007年12月21日这段期间内每个交易日的收益率和收益率的日变化。这里没有设定确定所用交易日天数的公式。下表总结了使用三种不同交易日的收益率β：

交易日天数	收益率β
2007年12月21日前的30个交易日	0.906
2007年12月21日前的90个交易日	0.894
2007年12月21日前的218个交易日	0.906

图表29—5　2037年3月5日到期、息票利率为5.55％的宝洁公司债券和2023年8月15日到期、息票利率为6.25％的最便宜可交割债券在每个交易日的收益率和收益率变动：2007年2月28日—2007年12月21日

	2037年3月5日到期、息票利率为5.55％的宝洁公司债券			2023年8月15日到期、息票利率为6.25％的最便宜可交割债券		
交易日	价格（美元）	收益率	收益率变动	价格（美元）	收益率	收益率变动
2007年2月28日	99.766	5.566		116.709	4.773	
2007年3月1日	99.612	5.577	0.011	116.571	4.783	0.010
2007年3月2日	99.975	5.552	−0.025	116.957	4.752	−0.031
2007年3月5日	100.018	5.549	−0.003	116.963	4.752	0.000
2007年3月6日	99.761	5.566	0.017	116.921	4.755	0.003
2007年3月7日	100.039	5.547	−0.019	117.244	4.729	−0.026
2007年3月8日	99.700	5.571	0.024	117.092	4.741	0.012
2007年3月9日	98.841	5.630	0.059	116.151	4.816	0.075
2007年3月12日	99.375	5.593	−0.037	116.557	4.783	−0.033
2007年3月13日	99.878	5.558	−0.035	117.096	4.740	−0.043
2007年3月14日	99.259	5.601	0.043	116.686	4.772	0.032
2007年3月15日	99.417	5.590	−0.011	116.619	4.777	0.005
2007年3月16日	99.361	5.594	0.004	116.548	4.783	0.006
2007年3月19日	99.026	5.617	0.023	116.213	4.809	0.026
2007年3月20日	99.151	5.609	−0.008	116.435	4.791	−0.018
2007年3月21日	99.319	5.597	−0.012	116.702	4.770	−0.021
2007年3月22日	97.990	5.690	0.093	115.708	4.849	0.079

续前表

	2037年3月5日到期、息票利率为5.55%的宝洁公司债券			2023年8月15日到期、息票利率为6.25%的最便宜可交割债券		
交易日	价格（美元）	收益率	收益率变动	价格（美元）	收益率	收益率变动
2007年3月23日	97.879	5.698	0.008	115.463	4.869	0.020
2007年3月26日	97.878	5.698	0.000	115.669	4.852	−0.017
2007年3月27日	97.711	5.710	0.012	115.365	4.877	0.025
2007年3月28日	97.445	5.729	0.019	115.190	4.891	0.014
2007年3月29日	97.487	5.726	−0.003	115.156	4.893	0.002
2007年3月30日	97.165	5.749	0.023	114.830	4.920	0.027
2007年4月2日	97.347	5.736	−0.013	114.948	4.910	−0.010
2007年4月3日	97.207	5.746	0.010	114.788	4.923	0.013
2007年4月4日	97.221	5.745	−0.001	114.870	4.916	−0.007
2007年4月5日	96.885	5.769	0.024	114.568	4.940	0.024
2007年4月6日	96.670	5.785	0.016	113.813	5.002	0.062
2007年4月9日	96.241	5.816	0.031	113.882	4.997	−0.005
2007年4月10日	96.408	5.804	−0.012	114.086	4.980	−0.017
2007年4月11日	96.695	5.783	−0.021	113.925	4.993	0.013
2007年4月12日	96.751	5.779	−0.004	113.955	4.990	−0.003
2007年4月13日	96.512	5.796	0.017	113.718	5.009	0.019
2007年4月16日	97.019	5.760	−0.036	114.100	4.978	−0.031
2007年4月17日	97.653	5.714	−0.046	114.671	4.930	−0.048
2007年4月18日	98.047	5.686	−0.028	115.045	4.900	−0.030
2007年4月19日	97.948	5.693	0.007	114.899	4.911	0.011
2007年4月20日	97.849	5.700	0.007	114.820	4.918	0.007
2007年4月23日	98.047	5.686	−0.014	115.016	4.901	−0.017
2007年4月24日	98.386	5.662	−0.024	115.302	4.878	−0.023
2007年4月25日	98.357	5.664	0.002	115.048	4.898	0.020
2007年4月26日	97.776	5.705	0.041	114.574	4.937	0.039
2007年4月27日	97.563	5.721	0.016	114.415	4.950	0.013
2007年4月30日	98.528	5.652	−0.069	115.310	4.876	−0.074
2007年5月1日	98.556	5.650	−0.002	115.278	4.879	0.003
2007年5月2日	98.400	5.661	0.011	115.279	4.879	0.000
2007年5月3日	98.103	5.682	0.021	114.973	4.903	0.024

续前表

	2037年3月5日到期、息票利率为5.55%的宝洁公司债券			2023年8月15日到期、息票利率为6.25%的最便宜可交割债券		
交易日	价格（美元）	收益率	收益率变动	价格（美元）	收益率	收益率变动
2007年5月4日	98.584	5.648	−0.034	115.392	4.869	−0.034
2007年5月7日	98.740	5.637	−0.011	115.510	4.859	−0.010
2007年5月8日	98.612	5.646	0.009	115.414	4.867	0.008
2007年5月9日	98.088	5.683	0.037	114.878	4.910	0.043
2007年5月10日	98.272	5.670	−0.013	115.108	4.891	−0.019
2007年5月11日	97.975	5.691	0.021	114.823	4.914	0.023
2007年5月14日	97.819	5.702	0.011	114.619	4.931	0.017
2007年5月15日	97.493	5.726	0.024	114.373	4.951	0.020
2007年5月16日	97.606	5.718	−0.008	114.435	4.946	−0.005
2007年5月17日	97.067	5.756	0.038	113.910	4.989	0.043
2007年5月18日	96.444	5.802	0.046	113.374	5.034	0.045
2007年5月21日	96.656	5.786	−0.016	113.557	5.018	−0.016
2007年5月22日	96.104	5.826	0.040	113.012	5.064	0.046
2007年5月23日	95.706	5.856	0.030	112.627	5.096	0.032
2007年5月24日	95.749	5.853	−0.003	112.670	5.092	−0.004
2007年5月25日	95.749	5.853	0.000	112.670	5.092	0.000
2007年5月29日	95.663	5.859	0.006	112.484	5.107	0.015
2007年5月30日	95.870	5.844	−0.015	112.540	5.103	−0.004
2007年5月31日	95.883	5.843	−0.001	112.534	5.103	0.000
2007年6月1日	95.199	5.893	0.050	111.881	5.158	0.055
2007年6月4日	95.739	5.853	−0.040	112.337	5.119	−0.039
2007年6月5日	95.154	5.897	0.044	111.774	5.167	0.048
2007年6月6日	94.659	5.934	0.037	111.664	5.176	0.009
2007年6月7日	93.084	6.053	0.119	110.183	5.304	0.128
2007年6月8日	92.899	6.068	0.015	109.954	5.324	0.020
2007年6月11日	92.640	6.088	0.020	109.854	5.332	0.008
2007年6月12日	91.169	6.203	0.115	108.527	5.449	0.117
2007年6月13日	92.070	6.132	−0.071	109.270	5.383	−0.066
2007年6月14日	91.818	6.152	0.020	109.064	5.402	0.019
2007年6月15日	92.271	6.117	−0.035	109.478	5.365	−0.037

续前表

2037年3月5日到期、息票利率为5.55%的宝洁公司债券				2023年8月15日到期、息票利率为6.25%的最便宜可交割债券		
交易日	价格（美元）	收益率	收益率变动	价格（美元）	收益率	收益率变动
2007年6月18日	92.371	6.109	−0.008	109.679	5.347	−0.018
2007年6月19日	93.037	6.057	−0.052	110.310	5.292	−0.055
2007年6月20日	92.798	6.076	0.019	109.849	5.332	0.040
2007年6月21日	92.213	6.121	0.045	109.336	5.377	0.045
2007年6月22日	92.526	6.097	−0.024	109.581	5.355	−0.022
2007年6月25日	93.353	6.033	−0.064	110.324	5.290	−0.065
2007年6月26日	93.011	6.059	0.026	110.059	5.313	0.023
2007年6月27日	93.060	6.056	−0.003	110.418	5.282	−0.031
2007年6月28日	92.692	6.084	0.028	110.056	5.313	0.031
2007年6月29日	93.880	5.993	−0.091	111.081	5.224	−0.089
2007年7月2日	94.273	5.963	−0.030	111.376	5.199	−0.025
2007年7月3日	93.652	6.010	0.047	110.822	5.246	0.047
2007年7月5日	92.544	6.096	0.086	109.836	5.332	0.086
2007年7月6日	91.908	6.146	0.050	109.304	5.379	0.047
2007年7月9日	92.347	6.111	−0.035	109.718	5.342	−0.037
2007年7月10日	93.848	5.996	−0.115	111.001	5.230	−0.112
2007年7月11日	93.213	6.044	0.048	110.456	5.277	0.047
2007年7月12日	92.791	6.077	0.033	110.095	5.309	0.032
2007年7月13日	93.003	6.061	−0.016	110.221	5.298	−0.011
2007年7月16日	93.895	5.992	−0.069	110.996	5.230	−0.068
2007年7月17日	93.428	6.028	0.036	110.523	5.271	0.041
2007年7月18日	93.971	5.986	−0.042	111.243	5.208	−0.063
2007年7月19日	93.760	6.003	0.017	111.042	5.226	0.018
2007年7月20日	94.450	5.950	−0.053	111.706	5.168	−0.058
2007年7月23日	94.407	5.954	0.004	111.657	5.172	0.004
2007年7月24日	94.464	5.949	−0.005	111.745	5.165	−0.007
2007年7月25日	94.971	5.911	−0.038	112.172	5.128	−0.037
2007年7月26日	96.054	5.831	−0.080	113.267	5.035	−0.093
2007年7月27日	96.012	5.834	0.003	113.115	5.048	0.013
2007年7月30日	92.944	6.066	0.232	112.938	5.062	0.014

续前表

	2037年3月5日到期、息票利率为5.55%的宝洁公司债券			2023年8月15日到期、息票利率为6.25%的最便宜可交割债券		
交易日	价格（美元）	收益率	收益率变动	价格（美元）	收益率	收益率变动
2007年7月31日	94.163	5.972	—0.094	113.397	5.023	—0.039
2007年8月1日	94.313	5.961	—0.011	113.388	5.024	0.001
2007年8月2日	94.449	5.951	—0.010	113.570	5.009	—0.015
2007年8月3日	94.855	5.920	—0.031	113.989	4.973	—0.036
2007年8月6日	94.313	5.961	0.041	113.516	5.013	0.040
2007年8月7日	94.380	5.956	—0.005	113.514	5.013	0.000
2007年8月8日	93.587	6.016	0.060	112.173	5.127	0.114
2007年8月9日	93.530	6.021	0.005	112.317	5.114	—0.013
2007年8月10日	93.704	6.008	—0.013	112.541	5.095	—0.019
2007年8月13日	93.708	6.007	—0.001	112.692	5.082	—0.013
2007年8月14日	93.983	5.986	—0.021	113.052	5.051	—0.031
2007年8月15日	93.822	5.999	0.013	112.821	5.071	0.020
2007年8月16日	94.982	5.911	—0.088	113.916	4.978	—0.093
2007年8月17日	93.970	5.987	0.076	113.100	5.047	0.069
2007年8月20日	94.396	5.955	—0.032	113.542	5.009	—0.038
2007年8月21日	94.770	5.927	—0.028	114.011	4.969	—0.040
2007年8月22日	93.650	6.012	0.085	113.777	4.989	0.020
2007年8月23日	94.070	5.980	—0.032	114.068	4.964	—0.025
2007年8月24日	94.095	5.978	—0.002	114.220	4.951	—0.013
2007年8月27日	94.526	5.945	—0.033	114.715	4.910	—0.041
2007年8月28日	94.951	5.914	—0.031	114.989	4.887	—0.023
2007年8月29日	95.492	5.873	—0.041	114.814	4.901	0.014
2007年8月30日	95.492	5.873	0.000	114.814	4.901	0.000
2007年8月31日	96.118	5.827	—0.046	115.195	4.869	—0.032
2007年9月4日	96.078	5.830	0.003	115.050	4.881	0.012
2007年9月5日	95.406	5.880	0.050	115.915	4.809	—0.072
2007年9月6日	95.198	5.895	0.015	115.722	4.825	0.016
2007年9月7日	96.560	5.795	—0.100	117.060	4.715	—0.110
2007年9月10日	97.272	5.743	—0.052	117.754	4.658	—0.057
2007年9月11日	97.156	5.751	0.008	117.548	4.675	0.017

续前表

交易日	2037年3月5日到期、息票利率为5.55%的宝洁公司债券			2023年8月15日到期、息票利率为6.25%的最便宜可交割债券		
	价格（美元）	收益率	收益率变动	价格（美元）	收益率	收益率变动
2007年9月12日	95.307	5.887	0.136	117.098	4.711	0.036
2007年9月13日	94.495	5.948	0.061	116.326	4.774	0.063
2007年9月14日	94.775	5.927	−0.021	116.500	4.760	−0.014
2007年9月17日	94.902	5.917	−0.010	116.530	4.757	−0.003
2007年9月18日	94.306	5.962	0.045	116.174	4.786	0.029
2007年9月19日	93.665	6.011	0.049	115.308	4.857	0.071
2007年9月20日	92.145	6.129	0.118	113.770	4.985	0.128
2007年9月21日	93.149	6.051	−0.078	114.270	4.943	−0.042
2007年9月24日	93.026	6.060	0.009	114.396	4.932	−0.011
2007年9月25日	94.718	5.931	−0.129	114.301	4.940	0.008
2007年9月26日	94.613	5.939	0.008	114.199	4.948	0.008
2007年9月27日	95.402	5.880	−0.059	114.877	4.891	−0.057
2007年9月28日	95.281	5.889	0.009	114.877	4.891	0.000
2007年10月1日	95.806	5.850	−0.039	115.284	4.857	−0.034
2007年10月2日	96.055	5.832	−0.018	115.572	4.833	−0.024
2007年10月3日	96.059	5.831	−0.001	115.381	4.849	0.016
2007年10月4日	96.335	5.811	−0.020	115.632	4.828	−0.021
2007年10月5日	94.915	5.916	0.105	114.224	4.945	0.117
2007年10月8日	94.915	5.916	0.000	114.224	4.945	0.000
2007年10月9日	94.915	5.916	0.000	114.224	4.945	0.000
2007年10月10日	96.247	5.818	−0.098	114.224	4.944	−0.001
2007年10月11日	95.952	5.839	0.021	114.039	4.960	0.016
2007年10月12日	95.630	5.863	0.024	113.761	4.983	0.023
2007年10月15日	95.643	5.862	−0.001	113.815	4.978	−0.005
2007年10月16日	95.523	5.871	0.009	113.769	4.982	0.004
2007年10月17日	97.233	5.746	−0.125	115.112	4.869	−0.113
2007年10月18日	97.677	5.714	−0.032	115.608	4.827	−0.042
2007年10月19日	98.915	5.625	−0.089	116.738	4.734	−0.093
2007年10月22日	99.170	5.607	−0.018	116.916	4.719	−0.015
2007年10月23日	98.903	5.626	0.019	116.698	4.737	0.018

续前表

	2037年3月5日到期、息票利率为5.55%的宝洁公司债券			2023年8月15日到期、息票利率为6.25%的最便宜可交割债券		
交易日	价格（美元）	收益率	收益率变动	价格（美元）	收益率	收益率变动
2007年10月24日	99.369	5.593	—0.033	117.488	4.672	—0.065
2007年10月25日	99.155	5.608	0.015	117.329	4.685	0.013
2007年10月26日	98.780	5.635	0.027	117.026	4.710	0.025
2007年10月29日	99.034	5.617	—0.018	117.180	4.697	—0.013
2007年10月30日	99.185	5.606	—0.011	117.105	4.703	0.006
2007年10月31日	98.068	5.686	0.080	116.050	4.789	0.086
2007年11月1日	99.589	5.578	—0.108	117.353	4.682	—0.107
2007年11月2日	100.343	5.526	—0.052	118.040	4.626	—0.056
2007年11月5日	99.978	5.551	0.025	117.731	4.651	0.025
2007年11月6日	99.454	5.587	0.036	117.265	4.688	0.037
2007年11月8日	98.356	5.665	—0.007	117.585	4.662	—0.029
2007年11月9日	98.264	5.672	0.007	118.216	4.611	—0.051
2007年11月12日	98.264	5.672	0.000	118.216	4.611	0.000
2007年11月13日	99.111	5.612	—0.060	117.976	4.629	0.018
2007年11月14日	98.893	5.627	0.015	117.977	4.629	0.000
2007年11月15日	99.922	5.555	—0.072	119.051	4.543	—0.086
2007年11月16日	100.081	5.544	—0.011	119.201	4.530	—0.013
2007年11月19日	100.754	5.497	—0.047	119.890	4.475	—0.055
2007年11月20日	100.504	5.514	0.017	119.916	4.473	—0.002
2007年11月21日	100.727	5.499	—0.015	120.180	4.452	—0.021
2007年11月23日	101.189	5.467	—0.032	120.565	4.421	—0.031
2007年11月26日	103.537	5.310	—0.157	122.554	4.265	—0.156
2007年11月27日	102.331	5.390	0.080	121.322	4.361	0.096
2007年11月28日	101.554	5.443	0.053	120.608	4.417	0.056
2007年11月29日	101.863	5.422	—0.021	121.492	4.347	—0.070
2007年11月30日	101.140	5.471	—0.049	120.804	4.401	—0.054
2007年12月3日	101.802	5.426	—0.045	121.638	4.335	—0.066
2007年12月4日	101.881	5.420	—0.006	121.670	4.332	—0.003
2007年12月5日	99.350	5.595	0.175	121.262	4.364	0.032
2007年12月6日	98.063	5.686	0.091	120.151	4.451	0.087

续前表

	2037年3月5日到期、息票利率为5.55%的宝洁公司债券			2023年8月15日到期、息票利率为6.25%的最便宜可交割债券		
交易日	价格（美元）	收益率	收益率变动	价格（美元）	收益率	收益率变动
2007年12月7日	96.671	5.787	0.101	118.645	4.571	0.120
2007年12月10日	96.317	5.813	0.026	118.244	4.603	0.032
2007年12月11日	98.093	5.684	−0.129	120.015	4.461	−0.142
2007年12月12日	98.142	5.680	−0.004	119.156	4.529	0.068
2007年12月13日	96.989	5.764	0.084	117.981	4.624	0.095
2007年12月14日	96.284	5.815	0.051	117.245	4.684	0.060
2007年12月17日	96.824	5.776	−0.039	117.764	4.641	−0.043
2007年12月18日	98.203	5.676	−0.100	118.801	4.557	−0.084
2007年12月19日	98.796	5.634	−0.042	119.325	4.515	−0.042
2007年12月20日	99.466	5.587	−0.047	119.987	4.462	−0.053
2007年12月21日	97.757	5.708	0.121	118.364	4.592	0.130

注意，在本例中，收益率β在所有时期内是不变的。收益率β近似等于0.90，因此，式(29.12)中的调整系数为0.90。

这意味着宝洁公司债券的预期收益率变动将比最便宜可交割债券的收益率变动小10%。为了正确计算两种债券的相对波动率，必须考虑这一事实，因此，需要用在我们较早的例子中得出的对冲比率乘以系数0.90。这样一来，就不用卖出116份长期国债期货合约来对冲1 000万美元面值的宝洁公司债券，而只需卖出105份合约。

对冲比率的公式，即式(27.12)，应进行如下修订以反映收益率β的影响：

$$\text{对冲比率}=\frac{\text{被对冲债券一个基点的价格}}{\text{CTD 一个基点的价格}}\times \text{CTD 转换系数}\times\text{收益率}\,\beta \qquad (29.14)$$

反映收益率相对变动和估计调整值大小的第二种方法是纯波动率调整值。这种方法的第一步是计算被对冲的债券和最便宜可交割债券的日收益率变动。然后，计算收益率变动的标准差。纯波动率调整值是两个标准差之比，即：

$$\text{纯波动率调整值}=\frac{\text{被对冲的债券收益率变动标准差}}{\text{CTD 债券收益率变动标准差}} \qquad (29.15)$$

同样，这里没有设定确定所用交易日天数的公式。下表总结了使用三种不同交易日的纯波动率调整值：

交易日天数	标准差		
	宝洁公司债券	最便宜可交割债券	纯波动率调整
2007年12月21日的前30个交易日	0.085	0.084	1.011
2007年12月21日的前90个交易日	0.064	0.060	1.064
2007年12月21日的前218个交易日	0.053	0.049	1.084

与回归方法相反，人们会看到，根据所用时期的不同，调整值也会有所不同，此外，需要卖空的合约数量也更多，因为纯波动率调整值大于1。

最便宜可交割债券的变化

人们可以事先对最便宜可交割债券和收益率利差变化的影响进行评估。根据形形色色的假设，可以构建出类似于图表29—4的表格。例如，在对冲结束日的不同收益率水平上（图表29—4第2列），另一种收益率利差可能是合适的，而另一种可交割债券将成为最便宜可交割债券。投资组合经理可以确定这将对对冲结果产生什么影响。

创造合成式证券以提高收益率

通过持有期货合约和可交割工具头寸，可以通过合成创造出现货市场证券。如果合成式证券的收益率与现货市场证券的收益率相同，就不存在套利机会。利用两种收益率之差可以提高投资组合的收益率。

为了了解如何做，假设一位投资者持有20年期国债，并卖出要求在3个月后交割该债券的国债期货。尽管国债期限为20年，但投资者实际上将债券到期期限缩短为3个月。

因此，对20年期国债的多头和期货空头相当于3个月无风险证券的多头。该头寸是无风险的，因为投资者锁定了3个月后将得到的价格——期货价格。通过对债券做多、对期货做空，投资者合成了3个月期国库券。投资者希望从这个合成式头寸中获得的收益率应该是3个月期国库券的收益率。如果3个月期国库券的收益率大于现货市场国库券的收益率，那么投资者可以通过创造合成式短期证券提高收益率。创造合成式证券的基本关系为

$$RSP=CBP-FBP \tag{29.16}$$

其中，

RSP＝无风险短期证券头寸；

CBP＝现货债券头寸；

FBP＝期货债券头寸。

头寸前的负号表示空头。在我们之前的例子中，CBP为现货债券多头，FBP前面的负号是指期货空头，RSP是无风险合成式3个月期证券或国库券。

式（29.16）表明，做多现货市场债券、做空期货合约的投资者应该预期获得相同期限的无风险证券在期货交割日的收益率。解关于债券多头的式（29.16），有

$$CBP=RSP+FBP \tag{29.17}$$

式（29.17）表明现货债券头寸等于短期无风险证券头寸加上债券期货多头。因此，现货市场债券可以通过买入期货合约并投资于国库券合成出来。解式（29.17）的债券期货头寸，我们有

$$FBP=CBP-RSP \tag{29.18}$$

式（29.18）告诉我们，期货合约多头可以通过持有现货市场债券多头和短期无风险证券空头合成出来。但是做空短期无风险证券等于借款。注意，我们在期货合约价格被低估时推导理论期货价格使用的是式（29.18）。前面曾经提到，当实际期货价格大于理论期货价格时，获得套利利润的策略是卖出期货合约并通过用借款买入资产创造合成式期货多头。这恰

恰是式（29.18）表述的内容。在这个例子中，我们没有像式（29.16）和式（29.17）那样创造合成式现货市场工具，而是创造了合成式期货合约。合成式期货多头比实际期货多头更便宜，这提供了套利机会。如果我们对式（29.18）两侧同时取相反符号，就能看到如何合成期货空头。

在有效市场上，提高收益率的机会不应持续很久。但即使收益率没有提高，投资组合经理也可以使用合成式证券对他们发现由于缺乏流动性或其他约束而难以在现货市场上对冲的投资组合头寸进行对冲。

股票与债券之间的资金分配

养老金发起人可能希望调整养老金的资金在股票和债券之间的投资比例，也就是说，调整投资组合的资产配置。假设养老金发起人持有10亿美元资金，目前的资产配置状况为5亿美元投资于股票、5亿美元投资于债券。如果他希望将资产配置情况改变为3亿美元投资于股票、7亿美元投资于债券，那么，他可以通过卖出2亿美元股票、买入2亿美元债券的方式来实现。这种资金转移方式的成本为：(1) 与佣金和买卖价差相关的交易成本；(2) 市场影响成本；(3) 养老金发起人雇佣的投资组合经理的活动被打断所产生的成本。

另一种方法是运用利率期货和股指期货。假设养老金发起人希望将2亿美元资金从股票转移到债券。通过买入适量的利率期货并出售适量的股指期货，养老金发起人就能实现这一目标。随着投资于现货市场的资金被实际转移，养老金发起人可以维持期货头寸或逐渐将其平仓。运用金融期货合约的优点包括：(1) 交易成本较低；(2) 由于养老金发起人有足够的时间在现货市场上买卖证券，因此，可以避免或降低市场影响成本；(3) 养老金发起人雇用的投资组合经理的行为不会被打断。[①]

为了确定改变分配给债券的投资组合市场价值所需的利率期货合约数量的近似值，我们可以运用下列公式：

$$\text{期货合约数量的近似值}=\frac{\text{目标债券分配的金额久期}-\text{当前债券分配的金额久期}}{\text{期货合约的金额久期}}$$

要　点

• 期货合约指的是买方（卖方）与一家知名交易所或其清算所之间达成的一种协议，这种协议规定买方（卖方）同意在结算日或交割日按期货价格收取（交付）某种标的资产。

• 每家期货交易所都有一家相关的清算所，它保证交易双方将履行交易，并使交易双方不必再与初始交易的另一方进行交易即可结清头寸。

• 期货合约的一方必须遵守保证金要求（初始保证金、维持保证金和变动保证金）。

• 与期货合约不同，远期合约通常是非标准化合约（即每份合约的条款由买卖双方单独议

① Roger Clarke，"Asset Allocation Using Futures，" Chapter 16 in Robert Arnott and Frank J. Fabozzi（eds.），*Asset Allocation*（Chicago：Probus Publishing，1988）；and Mark Zurak and Ravi Dattatreya，"Aseet Allocation Using Futures Contracts，" Chapter 20 in Frank J. Fabozzi and Gregory Kipnis（eds.），*The Handbook of Stock Index Futures and Options*（Homewood，IL：Probus Publishing，1988）.

定）；远期合约交易中没有清算所，通常不存在二级市场，或者即使存在，交易也极为清淡。

· 最常见的两种短期利率期货合约为欧洲美元期货和 EURIBOR 期货，两者都是现金结算合约。

· 有两种美国长期国债期货合约：（1）可接受可交割债券距离到期日的时间必须为15～25 年的长期国债期货；（2）可接受可交割债券距离到期日的时间必须至少为 25 年的超长期国债期货。

· 期货合约的理论价格等于现货价格或即期价格加上持有成本。持有成本等于融资成本减去标的证券的现货收益率。收益率曲线的形状将影响持有成本。

· 实际期货价格偏离理论期货价格的原因有若干种。对于长期国债期货合约而言，交割选择权授予卖方将实际期货价格降至标准套利定价模型确定的理论期货价格以下的权利。

· 购买期货增加了投资组合的金额久期；出售期货降低了投资组合的金额久期。

· 投资组合经理可以使用利率期货合约控制投资组合久期、对冲投资组合或债券头寸、当期货定价错误时提高收益率并在股票和债券之间有效分配资金。

问　题

1. 请说明期货合约与远期合约之间的区别。

2. a. 什么是交易对手风险？

b. 为什么远期合约的买方和卖方都面临着交易对手风险？

3. 如果长期国债期货合约的持有成本为正，这意味着什么？

4. 如果欧洲美元期货合约的报价为 91.75，那么 3 个月期 LIBOR 期货合约的年利率为多少？

5. 假设投资者以 95.00 的指数价格购买了一份欧洲美元期货合约。在结算日，假设结算价格为 95.40。请说明期货合约的买方或卖方是否在结算日收到了付款。

6. 请说明担心 3 个月期 LIBOR 下降的市场参与者如何利用欧洲美元期货合约对冲这种风险。

7. a. 什么是 EURIBOR？

b. 什么是 EURIBOR 期货合约？

8. 你认为国债期货合约的持有成本将如何影响空方选择在交割月份中何时交割的空头决策？

9. 请说明利率变动对利率期货合约空头方和多头方的变动保证金和现金流的不对称影响。

10. 什么是授予国债期货合约卖方的交割选择权？

11. 授予空头方的交割选择权如何影响国债期货合约的理论期货价格？

12. 请说明收益率曲线形状如何影响国债期货合约的理论价格。

13. 假设在国债期货合约中某只可交割国债的转换系数为 0.85，期货合约的结算价格为 105，并假定这种国债的应计利息为 4。如果卖方在结算日交割这种国债，则交割应付价格是多少？

14. 假设债券 ABC 是从现在起 6 个月后结算的期货合约的标的资产。你所了解的债券 ABC 和期货合约的有关信息如下：（1）现货市场上债券 ABC 的售价为 80 美元（面值为 100 美元）；（2）债券 ABC 每半年支付一次利息，每次 4 美元，每年为 8 美元，下次付息恰好在从现在起 6 个月后；（3）当前 6 个月期的资金借贷利率为 6%。

a. 理论期货价格为多少？

b. 如果期货价格为 83 美元，你会采取什么行动？

c. 如果期货价格为 76 美元，你会采取什么行动？

d. 假设债券ABC按季支付利息而不是每半年支付一次利息。如果你在从现在起3个月后将收到的资金按1%的利率进行再投资，期限为3个月，那么，6个月后结算时的理论期货价格为多少？

e. 假设借款利率与贷款利率不同，当前6个月期借款利率为8%，6个月期贷款利率为6%。那么理论期货价格的边界为多少？

15. 什么是隐含回购利率？

16. 请说明为什么隐含回购利率对确定最便宜可交割债券具有重要作用。

17. 某投资组合经理希望通过卖出长期国债期货合约来对面值为2 000万美元的债券实施对冲。假设：(1) 最便宜可交割债券的转换系数为0.91；(2) 在结算日，最便宜可交割债券的一个基点的价格为0.068 95；(3) 被对冲债券的一个基点的价格为0.059 54。

a. 对冲比率是多少？

b. 为了对债券进行对冲，需要出售多少份长期国债期货合约？

18. 假设在没有调整被对冲债券收益率与对冲工具收益率之间关系的情况下，对冲比率为1.30。

a. 假设计算出的收益率β为0.8。修订后的对冲比率为多少？

b. 假设被对冲债券和对冲工具的标准差分别为0.9和0.10。那么，纯波动率调整值为多少？修订后的对冲比率为多少？

19. 假设某管理者希望缩短投资组合的久期，请说明如何利用国债期货合约来实现该目标。

20. 与对冲相关的风险有哪些？

21. 投资组合经理如何运用国债期货合约来对冲下一季度的利率上升风险？

22. 考虑图表29—3中的投资组合。假设5年期中期国债期货合约的美元久期为5 022美元。

a. 投资组合经理必须在合约中持有什么头寸，才能对冲投资组合的风险？

b. 投资组合经理必须持有的投资组合头寸的市场价值为多少？

23. 考虑图表29—3中的投资组合。假设5年期中期国债期货合约的美元久期为5 022美元。

a. 投资组合经理必须在合约中持有什么头寸，才能使投资组合的久期为4？

b. 投资组合经理必须持有的头寸市场价值为多少？

24. 假设某机构投资者希望运用长期国债期货合约对抵押转手证券的投资组合进行对冲。那么，与这种对冲交易相关的风险有哪些？

25. 以下文字摘自1992年11月16日《衍生产品周刊》(*Derivatives Week*) 第9页的一篇题为《久期》的文章：

> TSA资本管理公司交易部负责人David Depew称，位于洛杉矶的TSA资本管理公司必须决定其采用的期货合约的久期，以便与标的债券的美元久期相匹配。期货合约的久期应该以最有可能用于交割的标的债券的久期为基础……

a. 请说明为了实施对冲，为什么需要了解标的债券的美元久期。

b. 为什么可以用基点的价值代替美元久期？

26. 使用现金市场国债对冲利率风险的负债驱动型投资的一个问题是，久期将产生与负债美元久期不匹配的美元久期。请说明超级国债期货合约如何有助于解决这个问题。

27. 假设你在一家保守的投资管理公司工作。最近你向公司的一位高级合伙人请求开立一个期货账户，以便你能交易利率期货合约和现货市场工具。这位合伙人答道："你是不是疯了？我可以给你开张支票，送你乘上开往拉斯韦加斯的公车，并祝你好运。期货市场只不过是一个体面的赌博场所。你难道不认为交易现货工具已经承担了足够大的风险吗？"你应该如何劝说该高级合伙人，让他同意你使用期货工具？

第 30 章

利率期权

学习目标

阅读本章后，您将了解

- 利率期权合约的基本特征
- 机构投资者为什么使用场外交易的利率期权
- 什么是期货期权、期货期权的交易机制以及期货期权被广泛应用的原因
- 期权与期货之间的区别
- 基本的期权头寸
- 影响期权价值的因素
- 期权的内在价值和时间价值
- 看涨期权与看跌期权价格之间的关系
- 运用 Black-Scholes 期权定价模型为固定收益证券期权定价的缺陷
- 怎样运用无套利二叉树模型为固定收益证券的期权定价
- 怎样运用 Black 模型为利率期货合约的期权定价
- 估计期权价格对价格决定因素的敏感性的指标
- 什么是隐含波动率
- 如何计算收益率波动率
- 如何计算期权的久期
- 如何运用期货期权进行对冲

在本章中，我们将介绍各种类型的利率期权、利率期权在投资组合管理中的应用以及如何为利率期权定价。

期权的定义

期权（option）是指期权的卖方赋予期权的买方在规定的时期内按规定价格向卖方购买或出售某种指定工具的权利的一种合约。卖方（出售方）赋予买方权利的同时也得到一定数量的资金，这笔资金收入被称为**期权价格**（option price）或**期权费**（option premium）。被买

入或卖出的金融工具的价格被称为**行权价格**（strike price）或**执行价格**（exercise price）。期权被终止的那一天被称为**到期日**（expiration date）。**美式期权**（American option）可以在到期日以及到期日之前的任何时间执行，而**欧式期权**（European option）只能在到期日执行。

如果一项期权赋予买方从卖方那里购买指定金融工具的权利，那么这种期权被称为**看涨期权**（call option）。如果一项期权赋予期权买方向期权卖方出售指定金融工具的权利，那么这种期权被称为**看跌期权**（put option）。期权的买方被称为**期权多头**（long the option）；期权的卖方被称为**期权空头**（short the option）。

期权价格是期权买方在交易中可能遭受的最大损失。期权价格也是期权卖方可能实现的最大利润。期权买方拥有巨大的收益上升潜力，而期权卖方则要承受巨大的损失风险。我们将在本章后面分析期权买卖双方的风险/收益关系。

期权与期货合约之间的区别

注意，期权与期货不同，期权买方有执行交易的权利却无执行交易的义务，而期权卖方则有执行交易的义务。但是，在期货合约中，买方和卖方都有执行交易的义务。另外，在期货合约中，买方不必因为卖方承担这种义务而向其付费；但是在期权合约中，买方必须向卖方支付期权费。

因此，这两种合约的风险/收益特征也不同。在期货合约中，多头在期货价格上涨时，价格每上涨1美元，便多实现1美元的盈利；在期货价格下跌时，价格每下跌1美元，便多蒙受1美元的亏损。对空头来说，情况恰好相反。相比之下，期权提供的并不是这样一种对称的风险/收益关系。多头可能遭受的最大损失是期权价格，但多头将保留所有的潜在收益，只是所获取的收益要扣除期权价格。空头可能实现的最大利润是期权价格，但是这种头寸具有巨大的损失风险。

利率期权的类型

利率期权既可以将现货工具作为标的资产，也可以将期货工具作为标的资产。曾经有几种在交易所交易的期货合约以债务工具作为标的工具。这种期权合约被称为**实物期权**（options on physicals）。在芝加哥商品交易所集团交易的国债期权是流动性最高的以固定收益证券作为标的工具的交易所交易期权。期货期权远比实物期权常见，稍后我们将解释其中的原因。近年来，市场参与者越来越多地使用场外交易的国债期权和抵押贷款支持证券期权。

某些机构投资者希望购买以特定国债或吉利美转手证券为标的工具的期权，他们可以通过场外交易市场来购买这种期权。政府和抵押贷款支持证券交易商为以特定证券为标的工具的期权做市。场外（或交易商）期权的购买者通常是希望对特定证券的风险进行对冲的机构投资者。例如，一家储蓄机构可能希望对其持有的特定抵押转手证券头寸进行对冲。通常，期权的期限与期权买方希望进行对冲的期限一致。因而，买方通常并不关心期权的流动性。除了固定收益证券期权以外，还有以收益率曲线的形状或两种证券的收益率利差（例如，抵押转手证券与国债之间的利差，或者AA级公司债券与国债之间的利差）为标的工具的场外期权。

交易所交易期货期权

以期货合约作为标的工具的期权通常被称为**期货期权**（futures option），它赋予买方在期权存续期内的任何时间按规定价格从卖方买入或向卖方出售某种指定期货合约的权利。如果期货期权是看涨期权，那么，买方有权按执行价格买入某种指定的期货合约。也就是说，期权的买方有权获得指定期货合约的多头。如果买方执行看涨期权，那么，卖方将相应地获得期货合约的空头。

期货合约的看跌期权赋予买方以执行价格向卖方出售某种指定期货合约的权利。也就是说，期权的买方有权获得指定期权合约的空头。如果买方执行看跌期权，那么，卖方将相应获得指定期货合约的多头。

期货期权的交易机制

期货期权的执行

当期货期权被执行时，期货期权的交易双方将分别成为期货合约的多头方和空头方。问题是：期货价格将是多少？也就是说，多头方需要为期货合约的标的工具支付的购买价格为多少？空头方需要对期货合约的标的工具收取的出售价格为多少？

当期货期权被执行时，为期货合约设定的期货价格与执行价格相同。交易双方的头寸会立即根据当时的期货价格进行调整，以盯住市场。因此，交易双方的期货头寸将根据当前的期货价格确定。同时，期权买方将在期权执行中从期权卖方处获得经济利益。对于看涨期货期权来说，期权卖方必须向期权买方支付当前期货价格与期权执行价格之间的差额。对于看跌期货期权来说，期权卖方必须向期权买方支付执行价格与当前期货价格之间的差额。

例如，假定某投资者买入执行价格为 85 美元的某种期货合约的看涨期权。假设期货价格为 95 美元且买方执行了看涨期权。那么，期权买方在执行价格为 85 美元的期货合约中处于多头地位，而期权卖方在执行价格为 85 美元的同一期货合约中处于空头地位。买方和卖方的期货头寸通过交易所实现瞬间盯市。由于当前的期货价格为 95 美元，而执行价格为 85 美元，因此，多头期货头寸（看涨期权买方的头寸）实现的收益为 10 美元，而空头期货头寸（看涨期权卖方的头寸）蒙受的损失为 10 美元。看涨期权卖方向交易所支付 10 美元，而看涨期权买方可以从交易所获得 10 美元。看涨期权买方（目前持有期货价格为 95 美元的期货合约多头）可以按 95 美元的价格变现所持有的期货头寸，也可以保持多头期货头寸。如果选择变现所持有的期货头寸，看涨期权买方将以 95 美元的现行期货价格出售期货合约。变现这一头寸时不会出现损益。总之，看涨期权买方实现的收益为 10 美元。选择持有期货合约多头的看涨期权买方将面临与其他持有这种头寸的交易者相同的风险和收益。但是，看涨期权买方仍可以通过执行看涨期权而获得 10 美元的收益。

相反，假定投资者买入的是某种期货合约的看跌期权而非看涨期权，并且当前的期货价格为 60 美元而不是 95 美元。当该看跌期权的买方执行期权时，期权买方在执行价格为 85 美元的期货合约中处于空头地位，而期权卖方在执行价格为 85 美元的同一期货合约中处于多头地位。然后，交易所将交易双方的头寸盯住 60 美元的当前期货价格。从而，看跌期权的买方将实现 25 美元的收益，看跌期权卖方将蒙受 25 美元的损失。看跌期权的买方（目前持有期货价格为 60 美元的期货合约空头）既可以按 60 美元的现行期货价格买入期货合约来变现空头期货头寸，也可以维持这一空头期货头寸。无论在哪一种情况下，看跌期权的买方通过执行看跌期权都可以实现 25 美元的收益。

保证金要求

在全额支付期权价格后，期货期权的买方就不再需要交纳保证金。由于无论标的工具的价格如何变动，期权买方的最大损失只是期权价格，所以，期权买方没有必要交纳保证金。

由于期权卖方事先同意承担标的工具头寸的全部风险（而不享有收益），因此，期权卖方不仅需要对作为期权标的工具的利率期货合约交纳要求的保证金，而且（存在某些例外情况）还要将出售期权所收取的期权价格作为保证金。此外，一旦价格变化对期权卖方的头寸产生不利影响，卖方还需要在盯市时交纳变动保证金。

期货期权受欢迎的原因

作为可供机构投资者选择的期权工具，以固定收益证券作为标的工具的期货期权基本上取代了以实物资产作为标的工具的期权。其中的原因有三方面：第一，与固定收益证券期权不同，附息国债期货期权不需要支付应计利息。因此，当执行期货期权时，看涨期权买方和看跌期权卖方都不必向交易对方支付应计利息。

第二，由于逼仓（squeezes）的可能性降低，因此期货期权被认为是"更清洁"的金融工具。必须交割某种金融工具的市场参与者担心的是：被交割的金融工具在交割时处于供给不足的状态，从而导致该金融工具的价格被抬高。由于可交割的期货合约供给量大于对当前交易的期货期权的需求，因此，市场参与者不担心在交割时出现逼仓。

第三，为了确定期权的价格，市场参与者必须时刻了解标的工具的价格。在债券市场上，当前的债券价格不像期货合约的价格信息那样容易获得。

对交易活跃的期货期权的说明

第 29 章介绍的各种期货合约都可以作为期权的标的资产。所有期货期权都是美式期权。如果期权买方选择在到期日之前执行期权合约，那么就必须通知清算所，然后，清算所将随机选择一个清算会员，该会员再从其顾客中选取一个空头方。

长期国债期货合约的交割月份为 3 月、6 月、9 月和 12 月。在第 29 章中，我们介绍了交割过程和赋予空头方的选择。接下来每三个月（即季度到期月份）都会有期货期权到期。长期国债期货期权在标的期货合约的交割月份之前停止交易。在该月中，期货期权停止交易的日期为长期国债期货合约的第一个通知日之前（至少五天）的第一个星期五。

为了和场外期权市场竞争，引入了**浮动利率国债期货期权**（flexible Treasury futures options）。这类期货期权允许交易双方定制具有特定限制的期权。具体而言，执行价格、到期日和执行方式（美式或欧式）都可以按照芝加哥期货交易所的要求定制。芝加哥期货交易所的一项主要规定是，浮动利率合约的到期日不能超过在芝加哥期货交易所交易的标准期权的最长到期日。场外期权的买方面临着交易对方违约的风险。与期权买方面临交易对手风险的场外期权不同，浮动利率国债期货期权交易由清算所担保。浮动利率期货期权的最低首次发行规模要求为 100 份合约。

期权的内在价值和时间价值

期权买方的成本主要反映了期权内在价值以及内在价值的增加值。超过期权内在价值的溢价通常被称为**时间价值**（time value)。

期权的内在价值

期权的内在价值是期权被立即执行时期权的经济价值。期权的买方并非一定要执行期权。实际上，如果买方从执行期权中不能获得经济收益，也就不会执行期权，因而，期权的内在价值不可能小于零。

看涨期权

债券看涨期权的内在价值等于债券价格与执行价格之差。例如，如果看涨期权的执行价格为100美元，当前的债券价格为105美元，则看涨期权的内在价值就是5美元。也就是说，如果该期权买方在执行期权的同时卖出债券，那么，期权买方就可以从出售债券中获得105美元，扣除向期权卖方购买该债券所支付的100美元后，期权买方将净赚5美元。

如果看涨期权具有内在价值，就称该看涨期权为**价内期权**（in-the-money)。当标的债券的价格高于100美元时，上面例子中执行价格为100美元的看涨期权将是价内期权。当看涨期权的执行价格高于债券价格时，就称该看涨期权为**价外期权**（out-of-the-money)，而且没有内在价值。执行价格与当前债券价格相等的期权被称为**平价期权**（at-the-money)。平价期权和价外期权的内在价值都为零，因为执行这种期权是无利可图的。

看跌期权

看跌期权的内在价值等于债券价格低于执行价格的部分。例如，如果看跌期权的执行价格等于100美元，当前的债券价格为92美元，则其内在价值为8美元。也就是说，如果看跌期权的买方在执行看跌期权的同时买入债券，即可净赚8美元，因为期权买方可以按100美元的价格将债券卖给期权卖方，再从市场上以92美元的价格将该债券买回。

当看跌期权具有内在价值时，就称该期权为价内期权。以上述执行价格为100美元的看跌期权为例，当债券价格低于100美元时，就称该期权为价内期权。当债券价格高于执行价格时，就称该看跌期权为价外期权。当执行价格等于债券价格时，就称该看跌期权为平价期权。

期权的时间价值

期权的时间价值等于期权价格超出内在价格的部分。期权买方希望在到期日之前的某个时间，市场收益率的变动能够提高期权所赋予的权利的价值。从这个角度说，期权的买方愿意支付超过内在价值的那部分溢价。例如，当前债券价格为105美元时，执行价格为100美元的看涨期权的价格为9美元，那么，该期权的时间价值就等于4美元（9美元减去5美元的内在价值)。当债券价格为90美元而非105美元时，该期权的时间价值就等于9美元，因为该期权不具有内在价值。

期权的买方可以通过两种方法实现期权头寸的价值。第一种方法是投资者执行期权。对期货期权而言，通过执行期权，期权买方可以按当前期货价格获得标的期货合约头寸，并获得期权卖方支付的当前期货价格和执行价格之间的差额，然后投资者可以按当前价格出售该期货合约。例如，对上述执行价格为 100 美元、期权价格为 9 美元的假想看涨期权的例子来说，当前期货价格为 105 美元时，期权买方可以执行期权。这样，买方将持有当前价格为 105 美元的期货合约多头。看涨期权的卖方将支付给买方 5 美元（105 美元的当前期货价格与 100 美元的执行价格之差）。同时，期权买方以 105 美元的价格出售标的期货合约，并实现 5 美元的收益。

实现期权头寸价值的第二种方法是以 9 美元的价格出售看涨期权。显然，这是一种更受青睐的方法，因为执行期权会导致任何时间价值立即发生损失（在这个例子中为 4 美元）。

是否在到期日之前执行期权，取决于到期日时的总收益是否高于持有期权至到期日所获得的收益，或者在到期日之前执行期权并将获得的资金进行再投资所获得的收益。

简单的裸期权策略的盈亏特征

为了评估利率期权的投资机会，我们必须了解各种期权策略的盈亏特征。我们首先分析债券中只附有一项期权的简单策略，这被称为**裸期权策略**（naked option strategies）。也就是说，我们未持有任何其他期权或债券头寸。我们提出的盈亏特征假定每笔期权头寸都被一直持有至到期日，而未被提前执行。另外，为了简化说明，我们还假定实施这种策略时不存在交易成本。

我们将说明的四种裸期权策略包括：(1) 看涨期权多头策略（买入看涨期权）；(2) 看涨期权空头策略（卖出看涨期权）；(3) 看跌期权多头策略（买入看跌期权）；(4) 看跌期权空头策略（卖出看跌期权）。

看涨期权多头策略（买入看涨期权）

在预期利率将下降（债券价格上升）时，最简单的期权策略就是买入某种债券的看涨期权。这被称为**看涨期权多头策略**（long call strategy）。为了说明这种策略，假定有一种以债券作为标的资产的看涨期权，该债券的息票利率为 8%，面值为 100 美元，距离到期日还有 20 年零 1 个月。该看涨期权 1 个月以后到期，执行价格为 100 美元，期权价格为 3 美元。虽然该期权以现货市场证券为标的资产，但是，其中的基本原理与期货期权是相同的。

假定当前的债券价格为 100 美元（即债券按面值出售），那么，这意味着该债券当前的收益率为 8%。由于执行价格等于当前的债券价格，因此该期权为平价期权。那么，购买该看涨期权并持有至到期日的投资者将盈利还是亏损呢?

这种策略的盈亏取决于债券在到期日的价格。而债券价格又取决于息票利率为 8%的 20 年期债券的收益率，因为 1 个月后债券距离到期日的时间只有 20 年。图表 30—1 显示了在 4%～12%的利率范围内，息票利率为 8%的 20 年期债券的价格。其结果可能有以下五种：

1. 如果在到期日债券价格低于 100 美元（这意味着市场收益率高于 8%），那么，投资者将不会执行期权。（当投资者能在市场上以更低的价格买入同样的债券时，他为什么要执行期权并支付给期权卖方 100 美元来购买这种债券呢?）在这种情况下，期权买方会损失全部的期权价格，即 3 美元。但是，请注意，不管债券价格的下降幅度有多大，期权买方遭受的最大损失都只有 3 美元。

图表 30—1　　息票利率为 8%的 20 年期附息债券的价格—收益率关系

收益率（%）	价格（美元）	收益率（%）	价格（美元）
4.0	154.71	8.1	99.02
4.2	151.08	8.2	98.05
4.4	147.56	8.3	97.10
4.6	144.15	8.4	96.16
4.8	140.85	8.5	95.23
5.0	137.65	8.6	94.32
5.2	134.56	8.7	93.42
5.4	131.56	8.8	92.53
5.6	128.66	8.9	91.66
5.8	125.84	9.0	90.80
6.0	123.11	9.1	89.95
6.1	121.78	9.2	89.11
6.2	120.47	9.3	88.29
6.3	119.18	9.4	87.48
6.4	117.91	9.5	86.68
6.5	116.66	9.6	85.89
6.6	115.42	9.7	85.11
6.7	114.21	9.8	84.34
6.8	113.01	9.9	83.59
6.9	111.84	10.0	82.84
7.0	100.68	10.2	81.38
7.1	109.54	10.4	79.96
7.2	108.41	10.6	78.58
7.3	107.30	10.8	77.24
7.4	106.21	11.0	75.93
7.5	105.14	11.2	74.66
7.6	104.08	11.4	73.42
7.7	103.04	11.6	72.22

续前表

收益率（%）	价格（美元）	收益率（%）	价格（美元）
7.8	102.01	11.8	71.05
7.9	101.00	12.0	69.91
8.0	100.00		

2. 如果债券价格等于 100 美元（这意味着市场收益率也为 8%），那么执行期权将不会产生任何经济价值。和债券价格低于 100 美元时的结果一样，该看涨期权的买方将损失全部的期权价格，即 3 美元。

3. 如果债券价格高于 100 美元，但是低于 103 美元（这意味着市场收益率低于 8%但高于 7.70%——见图表 30—1），那么，期权买方就会执行期权。通过执行期权，期权买方可以按 100 美元（执行价格）的价格买入债券，并在市场上以更高的价格将其出售。例如，假设市场收益率为 7.8%，那么到期日的债券价格将约为 102 美元。看涨期权的买方通过执行期权将实现 2 美元的收益。但是，购买看涨期权的成本为 3 美元，因而，收益与成本相抵后，该策略的总损失是 1 美元。如果投资者没有执行期权，则会损失 3 美元。

4. 如果在到期日债券价格为 103 美元（市场收益率大约为 7.70%），那么，投资者将执行期权。在这种情况下，投资者盈亏平衡，即通过债券实现的 3 美元收益恰好抵消了 3 美元的期权成本。尽管没有获得净收益，但是投资者已经收回了所支付的期权价格。

5. 如果在到期日债券价格高于 103 美元（市场收益率低于 7.70%），那么，投资者将执行期权并实现盈利。例如，如果市场收益率从 8%下降到 6.8%，从而债券价格上升到 113 美元，那么，投资者执行期权将会获得 13 美元的利润。扣除 3 美元的期权成本后，投资者通过该策略获取的净利润为 10 美元。

图表 30—2 显示了以上例子中假想看涨期权买方的盈亏情况，图表 30—3 用图形的形式描绘了这种情况。虽然盈亏平衡点和损失取决于期权价格和执行价格，但是，图表 30—3 显示的曲线形状对所有看涨期权的买方都适用。这种曲线形状表明，最大损失为期权价格，但是涨价空间巨大。

图表 30—2　　看涨期权多头策略的盈亏特征

假设：
看涨期权价格：3 美元
执行价格：100 美元
距离到期日的时间：1 个月

到期日			到期日		
市场收益率(%)	债券价格(美元)	净利润(美元)	市场收益率(%)	债券价格(美元)	净利润(美元)
4.0	154.71	51.71	8.1	99.02	−3.00
4.2	151.08	48.08	8.2	98.05	−3.00
4.4	147.56	44.56	8.3	97.10	−3.00
4.6	144.15	41.15	8.4	96.16	−3.00
4.8	140.85	37.85	8.5	95.23	−3.00

续前表

到期日			到期日		
市场收益率(%)	债券价格(美元)	净利润(美元)	市场收益率(%)	债券价格(美元)	净利润(美元)
5.0	137.65	34.65	8.6	94.32	−3.00
5.2	134.56	31.56	8.7	93.42	−3.00
5.4	131.56	28.56	8.8	92.53	−3.00
5.6	128.66	25.66	8.9	91.66	−3.00
5.8	125.84	22.84	9.0	90.80	−3.00
6.0	123.11	20.11	9.1	89.95	−3.00
6.1	121.78	18.78	9.2	89.11	−3.00
6.2	120.47	17.47	9.3	88.29	−3.00
6.3	119.18	16.18	9.4	87.48	−3.00
6.4	117.91	14.91	9.5	86.68	−3.00
6.5	116.66	13.66	9.6	85.89	−3.00
6.6	115.42	12.42	9.7	85.11	−3.00
6.7	114.21	11.21	9.8	84.34	−3.00
6.8	113.01	10.01	9.9	83.59	−3.00
6.9	111.84	8.84	10.0	82.84	−3.00
7.0	110.68	7.68	10.2	81.38	−3.00
7.1	109.54	6.54	10.4	79.96	−3.00
7.2	108.41	5.41	10.6	78.58	−3.00
7.3	107.30	4.30	10.8	77.24	−3.00
7.4	106.21	3.21	11.0	75.93	−3.00
7.5	105.14	2.14	11.2	74.66	−3.00
7.6	104.08	1.08	11.4	73.42	−3.00
7.7	103.04	0.04	11.6	72.22	−3.00
7.8	102.01	−0.99	11.8	71.05	−3.00
7.9	101.00	−2.00	12.0	69.91	−3.00
8.0	100.00	−3.00			

图表 30—3　　看涨期权多头策略的盈亏状况图示

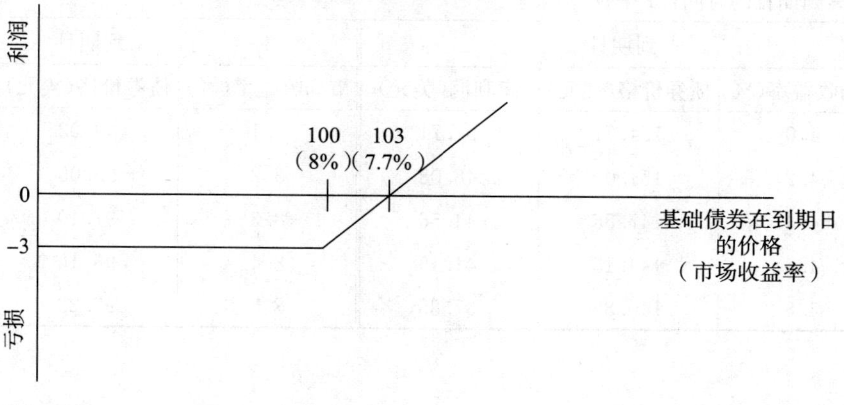

我们有必要将看涨期权买方的盈亏状况与同一只债券多头策略的盈亏状况进行比较。这一策略的盈亏取决于到期日的债券价格，而债券价格取决于到期日的市场收益率。再次分析上面给出的5种价格结果：

1. 如果在到期日债券价格低于100美元（市场收益率高于8%），那么，投资者将损失全部的期权价格，即3美元。相比之下，债券多头可能会出现下列三种结果：

a. 如果债券价格低于100美元（市场收益率高于8%）但高于97美元（市场收益率低于8.3%），那么，债券多头的损失将小于3美元。

b. 如果债券价格为97美元（市场收益率约为8.3%），那么，债券多头的损失将等于3美元。

c. 如果债券价格低于97美元，那么，债券多头的损失将大于3美元。例如，如果在到期日债券价格因市场收益率上升到10.4%而变为80美元，那么，债券多头将蒙受20美元的损失。

2. 如果市场收益率不变，因而债券价格仍为100美元，那么，看涨期权买方将蒙受3美元的损失（期权成本）。债券多头将不赔不赚。

3. 如果市场收益率下降到8%以下，从而到期日的债券价格高于100美元但低于103美元（市场收益率高于7.70%），那么，期权买方遭受的损失将小于3美元，而债券多头将会盈利。

4. 如果市场收益率下降到7.70%左右，从而到期日的债券价格等于103美元，那么，看涨期权买方将不赚不赔，而债券多头将会得到3美元的收益。

5. 如果在到期日债券价格高于103美元（市场收益率低于7.70%），那么，看涨期权买方和债券多头方都将盈利。然而，看涨期权买方的利润将比债券多头方的利润低3美元。例如，如果市场收益率下降到6.8%，债券价格上升到113美元，那么，看涨期权多头获得的利润为10美元，而债券多头方获得的利润为13美元。

图表30—4比较了看涨期权多头策略和债券多头策略。通过比较，清晰地表明了期权改变投资者所能获得的风险/收益特征的方式。随着市场收益率的下降，债券价格每上升1美元，持有债券多头的投资者就能实现1美元的利润。但是，当市场收益率上升时，投资者也会遭受与价格变动等额的损失。所以，如果债券价格的下跌幅度超过3美元，持有债券多头的投资者所遭受的损失也会超过3美元。相比之下，看涨期权多头策略的损失最高不超过3美元的期权价格，而且还保留了获利潜力，该利润比债券多头的利润低3美元。

图表30—4　看涨期权多头策略与债券多头策略的比较

假设：
当前的债券价格：100美元
看涨期权价格：3美元
执行价格：100美元
距离到期日的时间：1个月

到期日		利润（美元）		到期日		利润（美元）	
市场收益率（%）	债券价格（美元）	看涨期权多头策略	债券多头策略	市场收益率（%）	债券价格（美元）	看涨期权多头策略	债券多头策略
4.0	154.71	51.71	54.71	8.1	99.02	−3.00	−0.98

续前表

到期日		利润（美元）		到期日		利润（美元）	
市场收益率（%）	债券价格（美元）	看涨期权多头策略	债券多头策略	市场收益率（%）	债券价格（美元）	看涨期权多头策略	债券多头策略
4.2	151.08	48.08	51.08	8.2	98.05	−3.00	−1.95
4.4	147.56	44.56	47.56	8.3	97.10	−3.00	−2.90
4.6	144.15	41.15	44.15	8.4	96.16	−3.00	−3.84
4.8	140.85	37.85	40.85	8.5	95.23	−3.00	−4.77
5.0	137.65	34.65	37.65	8.6	94.32	−3.00	−5.68
5.2	134.56	31.56	34.56	8.7	93.42	−3.00	−6.58
5.4	131.56	28.56	31.56	8.8	92.53	−3.00	−7.47
5.6	128.66	25.66	28.66	8.9	91.66	−3.00	−8.34
5.8	125.84	22.84	25.84	9.0	90.80	−3.00	−9.20
6.0	123.11	20.11	23.11	9.1	89.95	−3.00	−10.05
6.1	121.78	18.78	21.78	9.2	89.11	−3.00	−10.89
6.2	120.47	17.47	20.47	9.3	88.29	−3.00	−11.71
6.3	119.18	16.18	19.18	9.4	87.48	−3.00	−12.52
6.4	117.91	14.91	17.91	9.5	86.68	−3.00	−13.32
6.5	116.66	13.66	16.66	9.6	85.89	−3.00	−14.11
6.6	115.42	12.42	15.42	9.7	85.11	−3.00	−14.89
6.7	114.21	11.21	14.21	9.8	84.34	−3.00	−15.66
6.8	113.01	10.01	13.01	9.9	83.59	−3.00	−16.41
6.9	111.84	8.84	11.84	10.0	82.84	−3.00	−17.16
7.0	110.68	7.68	10.68	10.2	81.38	−3.00	−18.62
7.1	109.54	6.54	9.54	10.4	79.96	−3.00	−20.04
7.2	108.41	5.41	8.41	10.6	78.58	−3.00	−21.42
7.3	107.30	4.30	7.30	10.8	77.24	−3.00	−22.76
7.4	106.21	3.21	6.21	11.0	75.93	−3.00	−24.07
7.5	105.14	2.14	5.14	11.2	74.66	−3.00	−25.34
7.6	104.08	1.08	4.08	11.4	73.42	−3.00	−26.58
7.7	103.04	0.04	3.04	11.6	72.22	−3.00	−27.78
7.8	102.01	−0.99	2.01	11.8	71.05	−3.00	−28.95
7.9	101.00	−2.00	1.00	12.0	69.91	−3.00	−30.09
8.0	100.00	−3.00	0.00				

我们可以运用这个看涨期权的例子来说明期权的投机吸引力。假设某位投资者强烈地预期市场收益率将于 1 个月后下降。投资者每投资 100 美元即可购入期权价格为 3 美元的 33.33 份看涨期权。因此，如果市场收益率确实下降，那么该投资者就可以实现 33.33 份 100 美元面值债券（或面值为 3 333 美元的债券）的溢价。但是，用同样的 100 美元，该投资者只能购买一份 100 美元面值的债券。如果市场收益率下降，他也只能获得这一份债券的溢价。现在假定 1 个月之后市场收益率下降到 6%，从而债券价格上升到 123.11 美元，那么，看涨期权多头策略可以实现 670.26 美元的利润（23.11 美元×33.33－100 美元）；或者说，购买看涨期权的 100 美元投资获得了 670%的收益率。债券多头策略则只能获得 23.11 美元的利润，或者说，100 美元的投资获得了 23%的收益率。

期权买方获得的这种更高的杠杆效应吸引了希望对利率波动进行投机的投资者参与期权交易。但是，这种杠杆效应也有一定的缺点。假定市场收益率在到期日未发生变化，从而债券价格仍然为 100 美元，那么，看涨期权多头策略就会遭受全部 100 美元的投资损失，而债券多头策略将不赚不赔。

看涨期权空头策略（卖出看涨期权）

如果投资者确信利率会上升或者变动不大，那么当现实与预期相符时，投资者可以出售看涨期权并从中获益。这种策略被称为**看涨期权空头策略**（short call strategy）。

为了说明这种期权策略，我们仍以上述看涨期权多头策略中的看涨期权为例。看涨期权空头策略（看涨期权卖方）的盈亏状况与看涨期权多头策略（看涨期权买方）的盈亏状况恰好相反。也就是说，在到期日的债券价格既定的情况下，看涨期权空头的利润（损失）等于看涨期权多头的损失（利润）。因此，看涨期权空头策略可以获得的最大利润就是期权价格。其最大损失则仅限于到期日的债券价格能够上升的幅度（即市场收益率能够下降的幅度）减去期权价格。图表 30—5 显示了看涨期权空头策略的盈亏状况。

图表 30—5　　看涨期权空头策略的盈亏状况图示

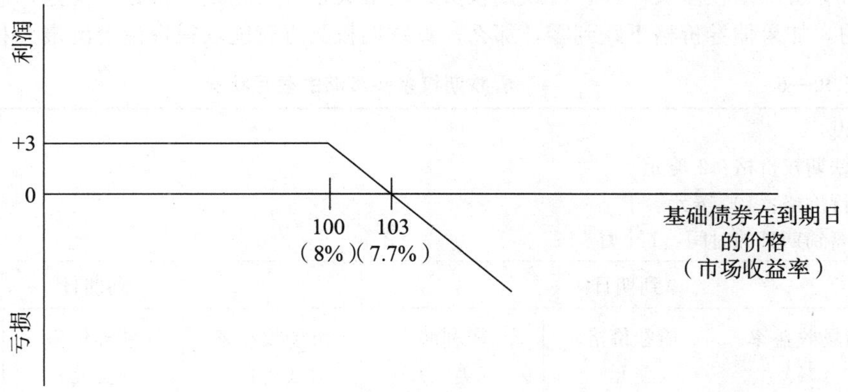

看跌期权多头策略（买入看跌期权）

从预期利率上升中获取收益的最简单的期权策略就是买入看跌期权。这种策略被称为看跌期权多头策略。

为了说明这种策略，假定有一种以债券作为标的资产的看跌期权，该债券的息票利率为8%、面值为100美元、距离到期日还有20年零1个月。该看跌期权的执行价格为100美元，期权价格为2美元。由于当前的债券价格为100美元（市场收益率为8%），因此，该看跌期权为平价期权。在到期日，这种策略的盈亏状况将取决于当时的市场收益率。这可能会出现下列结果：

1. 如果市场收益率下降到8%以下，从而债券价格高于100美元，那么，看跌期权买方不会执行期权，因为如果执行期权，这意味着期权买方将以低于当前市场价格的价格向期权卖方出售债券。因此，看跌期权多头策略会带来2美元（期权价格）的损失。期权价格仍然表示看跌期权买方可能遭受的最大损失。

2. 如果市场收益率保持8%不变，从而到期日的债券价格仍然等于100美元，那么，看跌期权买方不会执行期权。因而，看跌期权多头的损失等于2美元（期权价格）。

3. 如果市场收益率上升到8%以上，从而债券价格低于100美元但高于98美元（市场收益率约为8.2%），那么，看跌期权买方将遭受损失；但是，如果执行看跌期权，投资者的损失将小于2美元（期权价格）。例如，假设市场收益率上升到8.6%，从而到期日的债券价格变为99.03美元。如果执行看跌期权，期权买方将遭受1.03美元的损失。这是因为看跌期权买方可以将按99.03美元的价格从市场上买入的债券按100美元的价格出售给期权卖方，从而获得0.97美元的收益。扣除2美元的期权成本后，净损失为1.03美元。

4. 如果到期日的价格为98美元（市场收益率约为8.2%），那么，看跌期权多头策略正好盈亏平衡。投资者将以100美元的价格向期权卖方出售债券并获得2美元的收益，这刚好与期权成本（2美元）相抵消。

5. 如果市场收益率上升到8.2%以上，从而到期日的债券价格低于98美元，那么，看跌期权多头将实现盈利。例如，如果市场收益率上升260个基点（即由8%上升到10.6%），从而到期日的债券价格变为78.58美元，那么，看跌期权多头将获得19.42美元的利润（21.42美元的债券收益减去2美元的期权价格）。

看跌期权多头策略的盈亏状况如图表30—6所示，图表30—7用图形对其进行了描述。与所有看涨期权多头一样，看跌期权买方的最大损失就是期权价格，但是，盈利潜力却是巨大的，如果债券价格下跌到零，那么，看跌期权买方就能获得理论上的最大利润。

图表30—6　　看跌期权多头策略的盈亏状况

假设：
看跌期权价格：2美元
执行价格：100美元
距离到期日的时间：1个月

到期日			到期日		
市场收益率（%）	债券价格（美元）	净利润（美元）	市场收益率（%）	债券价格（美元）	净利润（美元）
4.0	154.71	−2.00	8.1	99.02	−1.92
4.2	151.08	−2.00	8.2	98.05	−0.05
4.4	147.56	−2.00	8.3	97.10	0.90

续前表

到期日			到期日		
市场收益率（%）	债券价格（美元）	净利润（美元）	市场收益率（%）	债券价格（美元）	净利润（美元）
4.6	144.15	−2.00	8.4	96.16	1.84
4.8	140.85	−2.00	8.5	95.23	2.77
5.0	137.65	−2.00	8.6	94.32	3.68
5.2	134.56	−2.00	8.7	93.42	4.58
5.4	131.56	−2.00	8.8	92.53	5.47
5.6	128.66	−2.00	8.9	91.66	6.34
5.8	125.84	−2.00	9.0	90.80	7.20
6.0	123.11	−2.00	9.1	89.95	8.05
6.1	121.78	−2.00	9.2	89.11	8.89
6.2	120.47	−2.00	9.3	88.29	9.71
6.3	119.18	−2.00	9.4	87.48	10.52
6.4	117.91	−2.00	9.5	86.68	11.32
6.5	116.66	−2.00	9.6	85.89	12.11
6.6	115.42	−2.00	9.7	85.11	12.89
6.7	114.21	−2.00	9.8	84.34	13.66
6.8	113.01	−2.00	9.9	83.59	14.41
6.9	111.84	−2.00	10.0	82.84	15.16
7.0	110.68	−2.00	10.2	81.38	16.62
7.1	109.54	−2.00	10.4	79.96	18.04
7.2	108.41	−2.00	10.6	78.58	19.42
7.3	107.30	−2.00	10.8	77.24	20.76
7.4	106.21	−2.00	11.0	75.93	22.07
7.5	105.14	−2.00	11.2	74.66	23.34
7.6	104.08	−2.00	11.4	73.42	24.58
7.7	103.04	−2.00	11.6	72.22	25.78
7.8	102.01	−2.00	11.8	71.05	26.95
7.9	101.00	−2.00	12.0	69.91	28.09
8.0	100.00	−2.00			

图表 30—7 **看跌期权多头策略的盈亏状况图示**

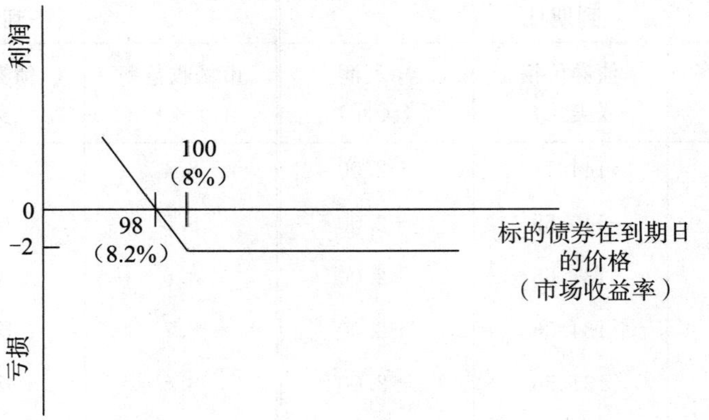

我们仍然可以将该策略与持有债券头寸进行比较，从而观察期权将如何改变投资者的风险/收益特征。我们可以比较看跌期权多头与债券空头：如果市场收益率上升（债券价格下降），这两种策略都会盈利。假如投资者以 100 美元的价格将债券卖空，那么与看跌期权多头相比，这种债券空头可能会产生以下损益：

1. 如果市场收益率下降，从而债券价格上升到 100 美元以上，那么，看跌期权多头会产生 2 美元的损失，而债券空头将实现下列结果中的一种：

a. 如果市场收益率下降到 7.80%以下，从而债券价格低于 102 美元，那么，债券空头的损失将小于 2 美元。

b. 如果债券价格为 102 美元，那么，债券空头的损失与看跌期权多头策略的损失相同，都为 2 美元。

c. 如果债券价格高于 102 美元，那么，债券空头的损失将大于 2 美元。例如，如果债券价格由于市场收益率下降到 5.8%而变为 125.84 美元，那么债券空头将遭受 25.84 美元的损失。因为对于以 100 美元的价格卖空的债券，债券空头方现在必须支付 125.84 美元才能买回。

2. 如果市场收益率未发生变化，从而到期日的债券价格仍为 100 美元，那么，多头看跌策略将产生 2 美元的损失，而债券空头策略将不赔不赚。

3. 如果债券价格低于 100 美元但高于 98 美元（市场收益率约为 8.2%），那么，看跌期权多头策略产生的损失将小于 2 美元，但是，债券空头策略可以获得利润。例如，99.02 美元的价格（市场收益率为 8.1%）将使看跌期权多头策略产生小于 2 美元的损失，但是，债券空头策略可以获得利润。例如，当到期日的债券价格为 99.02 美元（市场收益率为 8.1%）时，看跌期权多头策略将产生 1.02 美元的损失，但债券空头策略可以获得 0.98 美元的利润。

4. 当到期日的债券价格为 98 美元时，看跌期权多头策略恰好盈亏平衡。但是，债券空头策略可以获得 2 美元的利润。

5. 当债券价格低于 98 美元（市场收益率高于 8.2%）时，两种策略都会获得利润。但是，看跌期权多头策略的利润总是比债券空头策略的利润低 2 美元。

图表 30—8 以表格的形式比较了看跌期权多头策略和债券空头策略的盈亏状况。采用债券空头策略的投资者具有全部获利潜力，同时也面临着全部亏损风险；采用看跌期权多头策略的投资者的亏损风险仅限于期权价格，但是保留了获利潜力。然而，看跌期权多头策略的

获利潜力总是低于债券空头策略的获利潜力，两者之间的差额等于期权价格。

图表 30—8　　看跌期权多头策略与债券空头策略的比较

假设：
当前的债券价格：100 美元
看跌期权价格：2 美元
执行价格：100 美元
距离到期日的时间：1 个月

到期日		利润（美元）		到期日		利润（美元）	
市场收益率（%）	债券价格（美元）	看跌期权多头策略	债券空头策略	市场收益率（%）	债券价格（美元）	看跌期权多头策略	债券空头策略
4.0	154.71	−2.00	−54.71	8.1	99.02	−1.02	0.98
4.2	151.08	−2.00	−51.08	8.2	98.05	−0.05	1.95
4.4	147.56	−2.00	−47.56	8.3	97.10	0.90	2.90
4.6	144.15	−2.00	−44.15	8.4	96.16	1.84	3.84
4.8	140.85	−2.00	−40.85	8.5	95.23	2.77	4.77
5.0	137.65	−2.00	−37.65	8.6	94.32	3.68	5.68
5.2	134.56	−2.00	−34.56	8.7	93.42	4.58	6.58
5.4	131.56	−2.00	−31.56	8.8	92.53	5.47	7.47
5.6	128.66	−2.00	−28.66	8.9	91.66	6.34	8.34
5.8	125.84	−2.00	−25.84	9.0	90.80	7.20	9.20
6.0	123.11	−2.00	−23.11	9.1	89.95	8.05	10.05
6.1	121.78	−2.00	−21.78	9.2	89.11	8.89	10.89
6.2	120.47	−2.00	−20.47	9.3	88.29	9.71	11.71
6.3	119.18	−2.00	−19.18	9.4	87.48	10.52	12.52
6.4	117.91	−2.00	−17.91	9.5	86.68	11.32	13.32
6.5	116.66	−2.00	−16.66	9.6	85.89	12.11	14.11
6.6	115.42	−2.00	−15.42	9.7	85.11	12.89	14.89
6.7	114.21	−2.00	−14.21	9.8	84.34	13.66	15.66
6.8	113.01	−2.00	−13.01	9.9	83.59	14.41	16.41
6.9	111.84	−2.00	−11.84	10.0	82.84	15.16	17.16
7.0	110.68	−2.00	−10.68	10.2	81.38	16.62	18.62
7.1	109.54	−2.00	−9.54	10.4	79.96	18.04	20.04
7.2	108.41	−2.00	−8.41	10.6	78.58	19.42	21.42
7.3	107.30	−2.00	−7.30	10.8	77.24	20.76	22.76
7.4	106.21	−2.00	−6.21	11.0	75.93	22.07	24.07
7.5	105.14	−2.00	−5.14	11.2	74.66	23.34	25.34

续前表

到期日		利润（美元）		到期日		利润（美元）	
市场收益率（%）	债券价格（美元）	看跌期权多头策略	债券空头策略	市场收益率（%）	债券价格（美元）	看跌期权多头策略	债券空头策略
7.6	104.08	−2.00	−4.08	11.4	73.42	24.58	26.58
7.7	103.04	−2.00	−3.04	11.6	72.22	25.78	27.78
7.8	102.01	−2.00	−2.01	11.8	71.05	26.95	28.95
7.9	101.00	−2.00	−1.00	12.0	69.91	28.09	30.09
8.0	100.00	−2.00	0.00				

看跌期权空头策略（卖出看跌期权）

我们分析的最后一种裸期权策略为看跌期权空头策略。**看跌期权空头策略**（short put strategy）是指卖出看跌期权。如果投资者预期利率将下降或保持稳定，从而债券价格将上升或保持不变，那么就可以采取这种策略。看跌期权空头的盈亏状况与看跌期权多头的盈亏状况正好相反。这种策略的最大损失仅限于到期日的债券价格下降幅度减去卖出期权所收到的期权价格。图表 30—9 用图形描绘了看跌期权空头策略的盈亏状况。

图表 30—9　　看跌期权空头策略的盈亏状况图示

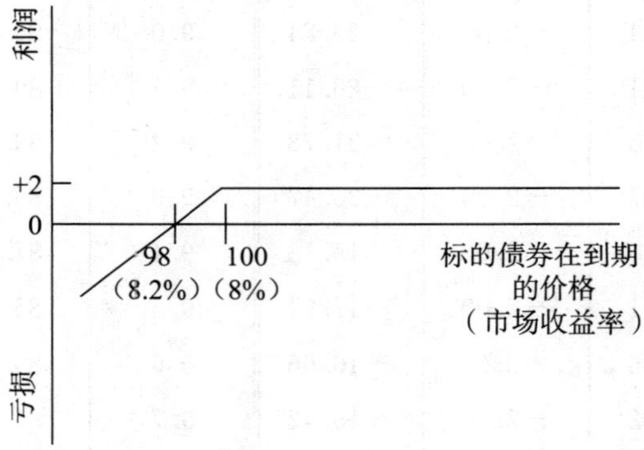

总之，如果债券价格上升（利率下降），那么，采取看涨期权多头策略和看跌期权空头策略的投资者将会获益。如果债券价格下降（利率上升），那么，采取看涨期权空头策略和看跌期权多头策略的投资者将会获益。在下面各种情况下，投资者希望采取的策略为：

市场状况	策略
非常强劲的牛市	买入看涨期权
轻微的牛市	卖出看跌期权
轻微的熊市	卖出看涨期权
非常疲软的熊市	买入看跌期权

考虑货币的时间价值

在分析四种裸期权头寸时，我们的例子中没有反映出货币的时间价值。具体而言，期权买方在购买期权时必须向期权卖方支付期权价格，因此，期权买方必须为购买期权进行融资；即使不必借款，期权买方仍然丧失了在期权到期之前将期权价格进行投资所能获得的利息收入。相比之下，假设期权卖方不必用期权价格作为空头的保证金，那么，期权卖方将有机会对期权价格进行投资。

当考虑到货币的时间价值时，裸期权头寸的盈利情况就会发生变化。期权买卖双方的盈亏平衡价格与我们上面例子中的盈亏平衡价格不同。在到期日，标的工具的盈亏平衡价格对期权买方来说变高，对期权卖方来说则变低。

我们在比较期权策略与标的工具头寸时也忽略了货币的时间价值。也就是说，我们没有考虑这一事实：当标的工具是一种现货市场上的附息证券时，该证券可能会在买入期权与期权到期日之间支付利息。一旦收到利息，就可以对其进行再投资。因此，在分析期权头寸时必须考虑再投资收入。另外，在分析中还必须分别考虑债券多头或债券空头的融资成本和机会成本的影响。然而，为了分析简便，在本章后面的讨论中仍然不考虑货币的时间价值。

看跌期权—看涨期权平价关系与等价头寸

如果看涨期权和看跌期权具有相同的标的工具、相同的执行价格和相同的到期日，那么，两者的价格之间是否存在某种关系？答案是肯定的。为了了解这种通常被称为**看跌期权—看涨期权平价关系**（put-call parity relationship）的关系，让我们用一个例子来说明。

在前面的例子中，我们使用了具有相同标的工具（从现在算起还有 20 年零 1 个月到期的债券）的看跌期权和看涨期权；这两种期权的执行价格均为 100 美元，距离到期日的期限均为 1 个月。假定标的债券的价格为 100 美元，看涨期权价格和看跌期权价格分别为 3 美元和 2 美元。考虑下列策略：

- 以 100 美元的价格买入债券。
- 以 3 美元的价格卖出看涨期权。
- 以 2 美元的价格买入看跌期权。

因此，该策略需要进行如下操作：

- 做多债券。
- 做空看涨期权。
- 做多看跌期权。

图表 30—10 显示了这种策略在到期日的盈亏状况。注意，无论标的债券在到期日的价格为多少，这种策略都会产生 1 美元的利润。如果忽略债券多头和看跌期权多头的融资成本，那么这种情况在有效市场中并不存在。市场参与者实施这种策略以获取 1 美元利润的行为将导致以下一种或几种结果：(1) 债券价格上升；(2) 看涨期权价格下降；(3) 看跌期权价格上升。这些结果将导致这 1 美元的利润消失。

图表 30—10　　债券多头策略、看涨期权空头策略和看跌期权多头策略的盈亏状况

假设：

当前的债券价格：100 美元　　看跌期权价格：2 美元

看涨期权价格：3 美元　　看跌期权的执行价格：100 美元

看涨期权的执行价格：100 美元　　距离到期日的时间：1 个月

到期日		债券多头的利润（美元）	对看涨期权收取的价格（美元）	为看跌期权支付的价格（美元）	利润总额（美元）
市场收益率（%）	债券价格（美元）				
5.0	137.65	0[a]	3	−2	1
6.0	123.11	0[a]	3	−2	1
7.0	110.68	0[a]	3	−2	1
7.9	101.00	0[a]	3	−2	1
8.0	100.00	0	3	−2	1
8.1	99.02	0[b]	3	−2	1
9.0	90.80	0[b]	3	−2	1
10.0	82.84	0[b]	3	−2	1
11.0	75.93	0[b]	3	−2	1

a. 如果债券价格高于期权的执行价格，那么看涨期权的买方将执行期权。

b. 如果债券价格低于期权的执行价格，那么投资者将执行看跌期权。

在我们的例子中，假设债券价格不发生变动，那么，这意味着看涨期权的价格与看跌期权的价格必定相等。但是，只有当我们忽略货币的时间价值（融资成本、机会成本、息票利息收入和再投资收入）时，这一结论才成立。而且，在这个例子中，我们也没有考虑提前执行期权的可能性。因此，我们只考虑了欧式期权的看跌期权—看涨期权平价关系。如果忽略货币的时间价值并考虑欧式期权，那么，下列头寸之间的关系必定是无套利利润的结果：

$$债券多头+看涨期权空头+看跌期权多头=0 \tag{30.1}$$

从价格的角度看，如果下式成立且两种期权的执行价格和到期日相同，那么，任何时间（而不仅仅是到期日）都不存在套利利润：

$$P_{po}=P_{co}+S-P_b \tag{30.2}$$

其中，

P_{po}＝看跌期权价格；

P_{co}＝看涨期权价格；

S＝期权执行价格；

P_b＝标的债券的当前价格。

如果不考虑货币的时间价值，那么，这一关系是欧式期权的看跌期权—看涨期权平价关系的一种形式。对于美式期权而言，这一结论基本上也是正确的。如果考虑到货币的时间价值，那么，附息债券的看跌期权—看涨期权平价关系如下：

$$P_{po}=P_{co}+PV(S)+PV(息票利息)-P_b \tag{30.3}$$

其中，

$PV(S)$＝执行价格的现值；

PV(息票利息)＝息票利息的现值。

等价头寸

根据式（30.1），我们可以计算出等价头寸；也就是说，能够提供相同利润特征的头寸。例如，将式（30.1）的两边同时减去看跌期权多头，有：

债券多头＋看涨期权空头＝－看跌期权多头　　(30.4)

由于式（30.4）右侧的头寸等于看跌期权空头，因此：

债券多头＋看涨期权空头＝看跌期权空头　　(30.5)

在本章后面的内容中，我们将了解到抛补看涨期权头寸（债券多头加上同一债券的看涨期权空头）的盈利状况与看跌期权空头的盈利状况相同。这也正是式（30.5）所表达的含义。持有可赎回证券等价于一个债券多头加上一个看涨期权空头。因此，这些证券将具有与看跌期权空头相似的盈利状况。但是请记住，这种等价头寸只适用于欧式期权，且在更精确的关系式中需要考虑货币的时间价值。

对式（30.1）进行变换后，我们可以得出下列等价头寸：

债券空头＋看跌期权空头＝看涨期权空头

债券多头＋看跌期权多头＝看涨期权多头

债券空头＋看涨期权多头＝看跌期权多头

看涨期权多头＋看跌期权空头＝债券多头

看跌期权多头＋看涨期权空头＝债券空头

因此，投资者运用这些公式左侧显示的两个头寸，可以人为合成这些公式右侧的任何一种头寸。

期权价格

以下六个因素将影响期权价格：

1. 标的金融工具的当前价格。
2. 执行价格。
3. 距离到期日的时间。
4. 期权存续期内的短期无风险利率。
5. 债券的息票利率。
6. 期权存续期内标的工具收益率（或价格）的预期波动性。

上述各种因素的影响可能取决于：（1）期权是看涨期权还是看跌期权；（2）期权是美式期权还是欧式期权；（3）标的工具是债券还是债券期货合约。

标的金融工具的当前价格

对于看涨期权来说，当标的金融工具的当前价格上升（下降）时，期权价格也将上升（下降）。对于看跌期权来说，当标的金融工具的当前价格下降（上升）时，期权价格将会上升（下降）。

执行价格

假定其他所有因素不变，执行价格越高，看涨期权的价格就越低。看跌期权的情况恰好相反：执行价格越高，看跌期权的价格也越高。

距离到期日的时间

在其他所有因素保持不变的情况下，美式期权（包括看跌期权和看涨期权）距离到期日的时间越长，期权价格就越高。而对于欧式期权却无法得出一般性结论。距离到期日的时间对欧式期权的影响取决于期权是看跌期权还是看涨期权。

期权存续期内的短期无风险利率

在其他所有因素保持不变的情况下，债券看涨期权的价格会随着短期无风险利率的上升而上升。对于看跌期权来说，情况则恰好相反：短期无风险利率的上升会使看跌期权的价格下降。相比之下，对于期货期权来说，如果短期无风险利率上升，则看涨期权和看跌期权的价格都会下降。

息票利率

对于债券期权而言，由于息票利息使持有债券比持有期权更有吸引力，因此，息票利息往往会降低看涨期权的价格。因此，附息债券看涨期权的定价往往比类似的无息债券看涨期权的定价要低。相反，息票利息往往会提高看跌期权的价格。

期权存续期内标的工具收益率的预期波动性

当期权存续期内标的工具收益率的预期波动性增大时，期权价格将会提高。因为预期波动性越大（由收益率的标准差或方差衡量），标的债券或期货合约的价格朝有利于期权买方的方向变动的可能性就越大。

期权定价模型

确定期权理论价值的模型有若干种，这些模型被称为期权定价模型，包括债券期权定价模型和债券期货期权定价模型。下面我们将分别介绍这些不同的模型。

债券期权定价模型

首先，我们将讨论债券期权（即现货期权）定价模型。在股票期权领域，最流行的定价模型是 Black-Sholes 期权定价模型。[①] 然而，正如后面将要分析的，这一模型在债券期权定价中的作用有限。有一种模型比上述模型更为合适，这种模型考虑了收益率曲线，其基础为第 18 章介绍利率二叉树模型时提到的估值过程。

Black-Scholes 期权定价模型

通过设定某些假设条件（稍后将讨论这些假设条件）和运用套利原理，**Black-Scholes 期权定价模型**（Black-Scholes option pricing model）可以利用下式计算出无股利分配的欧式看涨期权的公允价格（或理论价格）：

$$C=SN(d_1)-Xe^{-rt}N(d_2) \tag{30.6}$$

其中，

$$d_1=\frac{\ln(S/X)+(r+0.5s^2)t}{s\sqrt{t}} \tag{30.7}$$

$$d_2=d_1-s\sqrt{t} \tag{30.8}$$

其中，

ln＝自然对数；

C＝看涨期权价格；

S＝当前股价；

X＝执行价格；

r＝短期无风险利率；

e＝2.718（1 的反自然对数）；

t＝距离到期日的时间（以占 1 年的百分比来衡量）；

s＝股票收益率的标准差；

$N(\cdot)$＝累计概率密度［$N(\cdot)$的值可以从多数统计学教科书的正态分布函数表中查得］。

除了现金支付以外，注意我们在前面提到的影响期权价格的因素都包括在这个公式中。因为该模型适用于无股利分配的股票，所以现金支付未包括在公式中。

从 Black-Scholes 期权定价模型中推导出的期权价格是公允价格，因为如果存在其他价格，那么，通过持有标的股票抵消头寸就可以获得无风险套利利润。也就是说，如果市场上看涨期权的价格高于根据 Black-Scholes 期权定价模型推导出的价格，那么，投资者可以卖出看涨期权，同时买入一定数量的标的股票。如果情况相反，也就是说，看涨期权的市场价格低于根据该模型推导出的公允价格，那么，投资者可以买入看涨期权，并卖出一定数量的标的股票。这种通过持有一定数量的标的股票头寸来进行对冲的过程使投资者可以锁定无风险套利利润。进行对冲所需要的股票数量随着期权价格影响因素的变化而变化，因此，对冲的头寸也必须不断变化。

计算零息债券看涨期权的价格

式（30.6）给出的是无现金支付证券的基本 Black-Scholes 期权定价模型，我们可以将其应用于还有 3 年到期的零息债券。假设如下：

---

① Fischer Black and Myron Scholes, "The Pricing of Corporate Liabilities," *Journal of Political Economy*, May-June 1973, pp. 637－659.

执行价格＝88 美元

距离到期日的时间＝2 年

当前的债券价格＝83.96 美元

预期价格波动率＝标准差＝10%

无风险利率＝6%

注意，当前的债券价格为 83.96 美元，它等于 100 美元的到期价值按 6%的贴现率进行贴现所得到的现值（假设收益率曲线为水平曲线）。

式中各项数值如下：

$S=83.96$

$X=88.00$

$t=2$

$s=0.10$

$r=0.06$

将这些数值代入式（30.7）和式（30.8），可得：

$$d_1=\frac{\ln(83.96/88)+[0.06+0.5(0.10)^2]2}{0.10\sqrt{2}}=0.5869$$

$$d_2=0.5869-0.10\sqrt{2}=0.4455$$

查正态分布表，可得：

$N(0.5869)=0.7214$ 和 $N(0.4455)=0.6720$

由式（30.6），可得：

$$C=83.96(0.7214)-88[e^{-(0.06)(2)}(0.6720)]=\$8.116$$

没有理由怀疑这个估计值是不合理的。但是，我们稍微改变一下这个问题。假设执行价格不是 88 美元，而是 100.25 美元。将新的执行价格代入式（30.7）和式（30.8），可得：

$$d_1=\frac{\ln(83.96/100.25)+[0.06+0.5(0.10)^2]2}{0.10\sqrt{2}}=-0.3346$$

$$d_2=-0.3346-0.10\sqrt{2}=-0.4761$$

查正态分布表，可得

$N(-0.3346)=0.3689$ 和 $N(-0.4761)=0.3170$

由式（30.6），可得：

$$C=83.96(0.3689)-100.25[e^{-(0.06)(2)}(0.3170)]=\$2.79$$

因此，根据 Black-Scholes 期权定价模型，我们可以求出看涨期权的公允价值为 2.79 美元。我们是否有理由认为这是一个不合理的公允价格？由于这是零息债券的看涨期权，而零息债券的价格不可能高于 100 美元的到期价值。因此，执行价格为 100.25 美元的看涨期权的价值必然为零。然而，Black-Scholes 期权定价模型求出的看涨期权的价值为 2.79 美元！实际上，假设的波动率越高，该模型求出的看涨期权价值也越高。

在上面的例子中，为什么 Black-Scholes 模型的偏差如此之大？原因在于模型的基本假设。Black-Scholes 模型的三个基本假设限制了它在利率工具期权定价中的应用。第一，Black-Scholes 期权定价模型对收益率概率分布的假定使得收益率有可能取任意正值——无论这种可能性有多小。但是，零息债券的价格不可能高于 100 美元，因此，此时的收益率具有上限。我们知道，附息债券的价格不能超过利息与债券到期价值的总和。例如，对息票利率为 10%、到期价值为 100 美元的 5 年期债券而言，债券价格不可能高于 150 美元（5 笔 10 美元的利息加上 100 美元的到期价值）。所以，与股票收益率不同，债券价格有最大收益率。债券收益率超过最大值的唯一方法是允许利率为负。这是不可能发生的，因此，任何允许债券价格超过债券最大价值的期权定价模型假设的价格概率分布都有可能产生不合理的期权价格。Black-Scholes 模型确实允许债券价格超过债券最大价值（即允许存在负利率）。这就是 3 年期零息债券的 3 个月期欧式看涨期权可能出现不合理期权价格的原因之一。

Black-Scholes 期权定价模型的第二个假设是：短期利率在期权存续期内保持不变。然而，利率期权的价格将随着利率的变动而变动。短期利率的变动将使收益率曲线上的收益率发生变动。因此，短期利率保持不变的假设对于利率期权来说是不适当的。第三个假设是，价格的方差在期权存续期内保持不变。第 4 章中曾经提到，随着债券逐渐临近到期日，债券价格的波动性也将降低。因此，价格的方差在期权存续期内保持不变的假设也是不适当的。

我们已经举例说明了运用 Black-Scholes 模型为利率期权定价所存在的问题：我们还可以说明，以标的债券的价格分布为基础的二叉树期权定价模型也存在同样的问题。

无套利二叉树模型

为利率工具期权定价的正确方法是利用考虑了收益率曲线因素的无套利模型。这种模型可以包含收益率曲线上不同的波动率假设。交易商最常使用的定价模型是 Black-Derman-Toy 模型。①

我们已经确立了应用这种模型的基本原则。在第 18 章中，我们说明了如何构建无套利的二叉树利率模型。我们可以运用利率二叉树为债券定价（未附期权债券和附有嵌入式期权的债券）。我们也可以运用相同的利率二叉树为以债券为标的工具的独立欧式期权定价。

现在举例说明，假设某 2 年期欧式看涨期权以息票利率为 5.25%的 3 年期国债为标的债券，期权的执行价格为 99.25 美元。我们假设新发行国债的收益率与第 18 章中的例子一致，并假设年波动率为 10%。图表 18—18 显示了在各个节点上国债价值所对应的利率二叉树。看涨期权定价运用的只是该表中利率二叉树的一部分。具体而言，图表 30—11 显示了第二年年末每个节点上的国债价值（不含息票利息）。图表中显示了三个数值：98.588 4、99.732 8 和 100.688 8。如果给定这三个数值，我们就可以求出执行价格为 99.25 美元的看涨期权在各个节点的价值。例如，如果 2 年后该国债的价格为 98.588 4 美元，那么，由于执行价格为 99.25 美元，因此看涨期权的价值为零。在另外两种情况下，由于从现在起两年后的国债价格高于执行价格，因此看涨期权的价值便是每个节点上的债券价格与 99.25 之间的差额。

---

① Fischer Black, Emanuel Derman, and William Toy, "A One-Factor Model of Interest Rates and Its Application to Treasury Bond Options," *Financial Analysis Journal*, January-February 1990, pp. 24 - 32.

图表30—11 **利用二叉树方法计算欧式看跌期权的价值**

基础工具：息票利率为5.25%的3年期国债

看涨期权：
到期期限：2年
执行价格：99.25美元
当前价格：102.075美元
波动率假设：10%

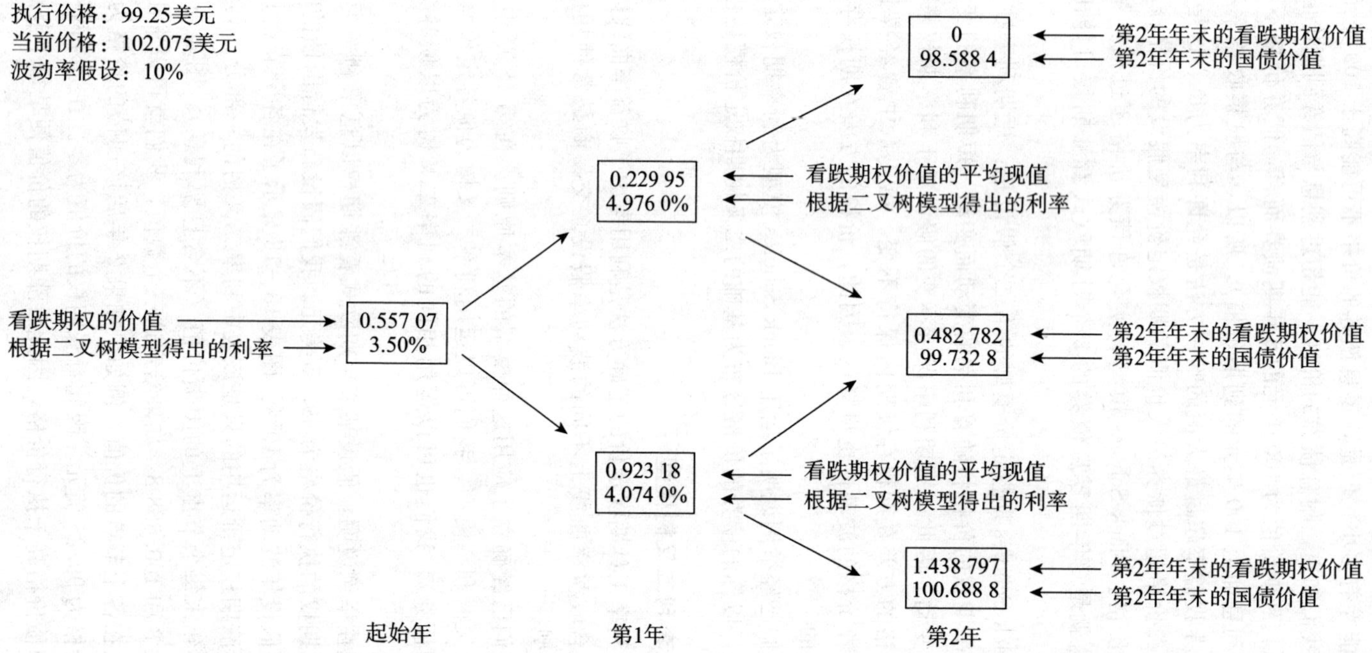

图表 30—11 显示了从现在起两年后（期权的到期日）三个节点上的看涨期权价值。如果给定这些价值，我们就可以利用倒推过程，并运用利率二叉树来求出看涨期权的现值。贴现率可以从利率二叉树中获得。第 0 年和第 1 年的贴现率是每个节点上显示的第二个数值。对于第 1 年来说，每个节点上的第一个数值是运用该节点的贴现率对右边两个节点的看涨期权价值进行贴现所得出的现值的平均值。看涨期权价值是利率二叉树根部显示的第一个数值，即 0.557 07 美元。

我们可以用相同的过程来计算欧式看跌期权的价值，如图表 30—12 所示。假设看跌期权还有两年到期，执行价格为 99.25，第 2 年的三个节点上均给出了从现在起两年后的看跌期权价值。

为了证明无套利二叉树模型满足式（30.3）给出的欧式期权的看跌期权—看涨期权平价关系，让我们运用上面例子中的数值。我们将得到：

$$P_{po}=0.557\ 07$$
$$P_{co}=0.152\ 24$$

在第 18 章中，我们证明了息票利率为 5.25%的 3 年期未附期权债券的理论价格为 102.075。因此，

$$P_b=102.075$$

在第 18 章中，我们还给出了每年的即期利率。第 2 年的即期利率为 4.01%。因此，执行价格 99.25 的现值为：

$$PV(S)=\frac{99.25}{(1.040\ 1)^2}=91.744\ 6$$

将两期 5.25 的利息支付按即期利率进行贴现，就可以求出利息支付的现值。正如刚才所提到的，第 2 年的即期利率为 4.01%，第 1 年的即期利率为 3.5%。因此，

$$PV(\text{息票利息})=\frac{5.25}{1.035}+\frac{5.25}{(1.040\ 1)^2}=9.925\ 5$$

由式（30.3）给出的看跌期权—看涨期权平价关系可以重新表述如下：

$$P_{po}=P_{co}+PV(S)+PV(\text{息票利率})-P_b$$

将数值代入该关系式右侧，可得

$$0.557\ 07+91.744\ 6+9.925\ 5-102.075=0.152\ 17$$

我们求出的看跌期权价值为 0.152 24。两者之差是由于四舍五入的误差导致的。因此，看跌期权—看涨期权平价关系成立。

隐含波动率

根据前面讨论的六个因素，期权定价模型给出了一个理论期权价格。在这六个因素中，唯一未知而我们又必须估计的是期权存续期内收益率或价格的预期波动率。一种常用的评估期权定价是否公允的方法是：首先假定期权的定价是正确的，然后在给定观察到的期权价格和其他五个期权价格决定因素的情况下，利用期权定价模型估计模型所隐含的波动率。根据这种方法所估算出的波动率被称为**隐含波动率**（implied volatility）。

图表30—12　　利用二叉树方法计算欧式看涨期权的价值

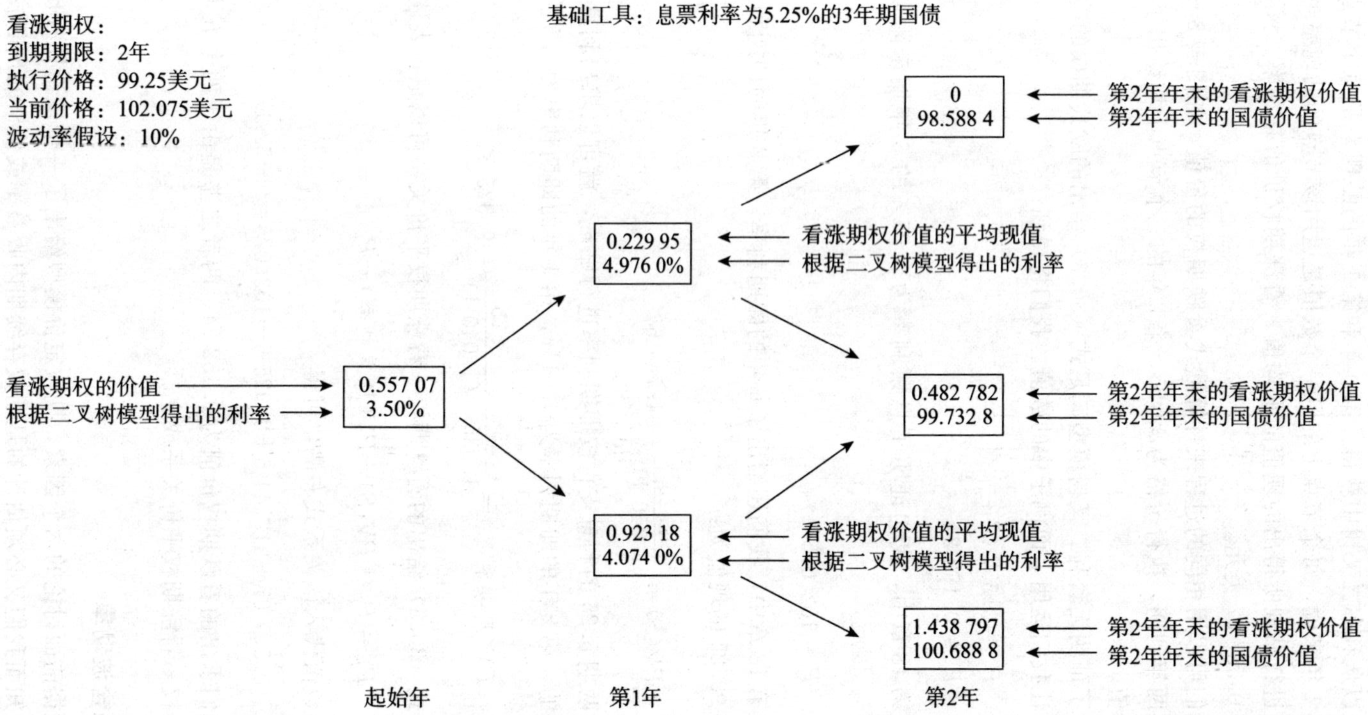

例如，假定某位投资组合经理运用某种期权定价模型、期权的当前价格和决定期权价格的其他五个因素所计算出的隐含收益率波动率为 12%。如果该投资组合经理预期期权存续期内的收益率波动率将高于隐含波动率（12%），则认为期权价格被低估。相反，如果该投资组合经理预期期权存续期内的收益率波动率将低于隐含波动率（12%），则认为期权价格被高估。虽然我们重点关注的是期权价格，但是理解期权市场的关键在于掌握期权市场上涉及购买和出售价格波动率的交易策略和投资策略。估计隐含波动率并将其与交易商或投资组合经理的未来波动率预期进行比较只不过是为期权估值的另一种方法。当投资者运用预期波动率来计算期权的公允价值时，相同情况下的期权价格会显得更便宜或更昂贵一些。

债券期货期权定价模型

最常用的期货期权定价模型是由 Fischer Black 建立的。[①] 这一模型最初用于为以远期合约为标的工具的欧式期权定价。基于 Black 模型的看涨期权和看跌期权的价值分别为：

$$C=e^{-rt}[FN(d_1)-XN(d_2)]$$
$$P=e^{-rt}[XN(-d_2)-FN(-d_1)]$$

其中，

$$d_1=\frac{\ln(F/X)+0.5\,s^2t}{s\sqrt{t}};$$

$$d_2=d_1-s\sqrt{t};$$

ln＝自然对数；
C＝看涨期权价格；
P＝看跌期权价格；
F＝期货价格；
X＝执行价格；
r＝短期无风险利率；
e＝2.718（1 的反自然对数）；
t＝距离到期日的时间（以占 1 年的百分比来衡量）；
s＝收益率的标准差；
$N(\cdot)$＝累计概率密度[$N(\cdot)$值可由正态分布函数求得]。

这个模型存在两个问题。第一，它没有克服前面提到的 Black-Scholes 模型中存在的问题。它没有认识到收益率曲线意味着国债期货的定价与国债期货期权的定价之间缺乏一致性。第二，Black 模型是用来为以期货合约为标的工具的欧式期权定价的，而国债期货期权属于美式期权。

第二个问题是可以克服的。Barone-Adesi 和 Whaley 扩展了 Black 模型，将其运用于期货合约的美式期权。[②] 芝加哥期货交易所就使用该模型进行浮动利率国债期货期权的结算。

① Fischer Black, "The Pricing of Commodity Contract," *Journal of Financial Economics*, March 1976, pp. 161－179.

② Giovanni Barone-Adesi and Robert E. Whaley, "Efficient Analytic Approximation of American Option Values," *Journal of Finance*, June 1987, pp. 301－320.

这个模型也可以用来为股票定价，但也存在前面提到的第一个问题。尽管 Black 模型存在局限性，但它仍然是最常用的国债期货期权定价模型。

计算隐含波动率

尽管用于期货期权定价的 Black 模型存在许多局限性和不一致的假设，但是交易商广泛应用该模型计算国债期货期权的隐含波动率。有些投资公司和数据提供商也发布和提供这些隐含波动率的数据。

当计算国债期货期权的收益率隐含波动率时，其过程比计算单个股票期权或股票指数期权的收益率隐含波动率更复杂。前面曾经提到，期权是以期货价格为基础的。因此，根据 Black 模型直接计算出的隐含波动率为标的期货合约的价格波动率。将隐含价格波动率转换为隐含收益率波动率要求计算相应最便宜可交割国债的久期。该表倒数第 2 列显示了久期。我们从第 4 章中了解到：

价格百分比变化的近似值＝久期×收益率变动

相同的关系式对价格波动率和收益率波动率也成立。因此，

价格波动率＝久期×收益率波动率

解收益率波动率，得到

收益率波动率＝价格波动率/久期

隐含波动性的选择与解释

是否存在一个实践中适用的隐含收益率波动率？大量资料表明，相同到期月份的隐含波动率随着执行价格的变化而变化。然而，20 世纪 80 年代末以来，观察到的模式并非随机模式。相反，这种关系如下：到期日相同的价内期权和价外期权的隐含波动率均高于相同到期日的平价期权的隐含波动率。如果在横轴上画出执行价格，在纵轴上画出隐含波动率，将出现一条 U 形曲线，它看上去像在微笑，因此这种关系被称为**波动率微笑**（volatility smile）。[①] 然而，最近观察到的执行价格和隐含波动率之间的模式表明，隐含波动率随着执行价格提高而减少，这种模式被称为**波动性偏斜**（volatility skew）。

如果隐含收益率波动率不固定，那么应该使用什么指标？标准做法是使用平价期权或近价期权的隐含波动率。

我们如何解释隐含波动率的含义呢？例如，“隐含收益率波动率为 $X\%$”的含义是什么？为了解释这一数值，人们需要认识到，这一数值是根据 Black 模型等期权定价模型从观察到的期权价格中推导出来的。因此，这一数值的含义并不仅仅取决于市场正确为期权定价这一假设，还取决于市场根据用于计算隐含波动率的模型为期权定价这一假设。这两个假设都不必然成立。实际上，最可能的情况是，两个假设都是不现实的。如果给定这些假设，那么人

① 对于利率期权波动性微笑的经济决定因素的实证分析，见 Prachi Deuskar，Anurag Gupta，and Marti G. Subrahmanyam，“The Economic Determinants of Interest Rate Option Smiles，” *Journal of Banking and Finance* 35，2 (2008)，pp. 714－728。

们可以将上述说法解释为，期权市场预期该期权在存续期内（即至期权到期日）的固定年收益率波动率为 $X\%$。

期权价格对价格决定因素变化的敏感性

在投资策略中运用期权时，投资组合经理希望了解期权价格对价格影响因素变化的敏感性。下面我们将考察看涨期权的价格对标的债券价格、距离到期日的时间和预期价格波动率变化的敏感性。

看涨期权的价格和标的债券的价格

图表 30—13 显示了基于标的债券价格的看涨期权的理论价格。图中横轴表示的是任一时点的标的债券价格，纵轴表示的是看涨期权的价格。对于给定的标的债券价格，无论实际使用哪种期权定价模型，代表看涨期权理论价格的曲线形状都是相同的。具体而言，标的债券价格与看涨期权的理论价格之间为凸性关系，因此，期权价格也呈现为凸性。

在图表 30—13 中，横轴上从原点到执行价格之间的线段表示当标的债券的价格低于执行价格时看涨期权的内在价值，此时，内在价值为零。从横轴延伸出去的 45°线表示一旦标的债券的价格超过执行价格时看涨期权的内在价值，因为看涨期权内在价值的上升金额与标的债券价格的上升金额相同。例如，如果执行价格为 100 美元，当标的债券价格从 100 美元上升到 101 美元时，看涨期权的内在价值也将上升 1 美元。当标的债券价格从 101 美元上升到 110 美元时，看涨期权的内在价值将从 1 美元上升到 10 美元。因此，当债券价格达到执行价格后，代表内在价值的曲线的斜率等于 1。

图表 30—13　　看涨期权的理论价格与标的债券的价格

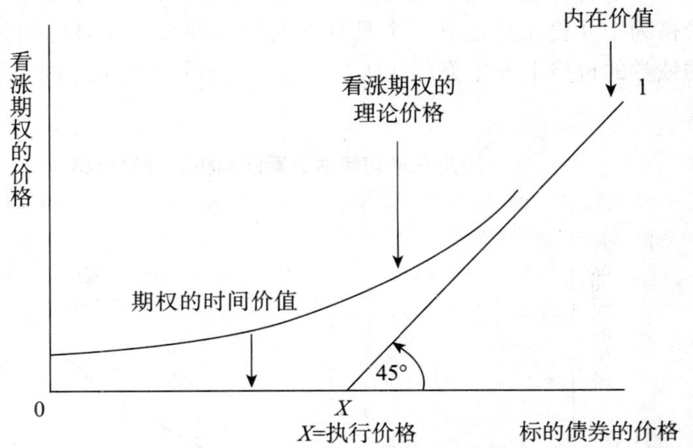

由于看涨期权的理论价格由一条凸形曲线表示，因此对于任意给定的标的债券价格，看涨期权的理论价格与内在价值之差即为期权的时间价值。

图表 30—14 显示了看涨期权的理论价格，但在价格 p^* 处加上了一条切线。这条切线可以用来估计当标的债券的价格发生变化时，期权的新价格将为多少（即期权价格的变化幅度）。由于期权价格与标的债券价格之间呈现凸性关系，因此，这条切线能准确地近似估计

标的债券价格发生小幅变动时新的期权价格。但是，对于标的债券价格的大幅变动，这条切线无法准确地估计新的期权价格。

图表 30—14　　运用切线估计看涨期权的理论价格

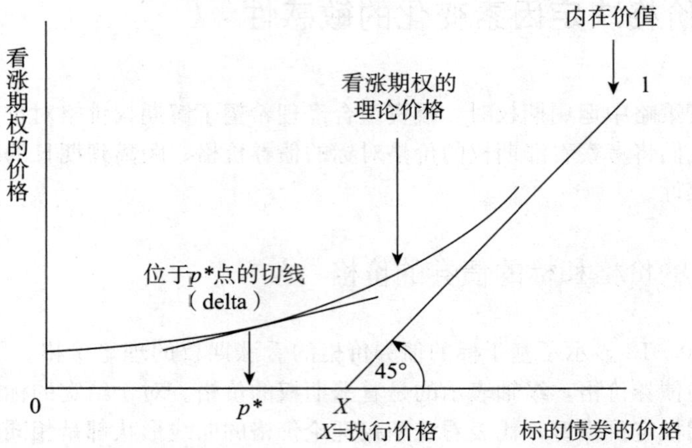

切线的斜率显示了当标的债券价格发生小幅变动时，看涨期权理论价格的变动情况。这一斜率通常被称为期权的 delta。具体而言，

$$\text{delta}=\frac{\text{看涨期权的价格变动}}{\text{标的债券的价格变动}}$$

例如，如果 delta 等于 0.4，那么，这意味着 1 美元的债券价格变动将导致看涨期权的价格变动大约 0.40 美元。

图表 30—15 显示了看涨期权的理论价格及其三条切线。切线越陡峭，delta 值越大。当期权处于深度价外状态（即标的债券的价格远低于执行价格）时，切线将接近于一条水平线（见图表 30—15 中的切线 1），这意味着 delta 值接近于零。为了理解其中的原因，我们考虑一个执行价格为 100 美元且还有 2 个月到期的看涨期权。如果标的债券的价格为 20 美元，那么当标的债券的价格上升 1 美元（从 20 美元上升到 21 美元）时，期权价格几乎不会发生多大变动。

图表 30—15　　运用三条切线估计看涨期权的理论价格

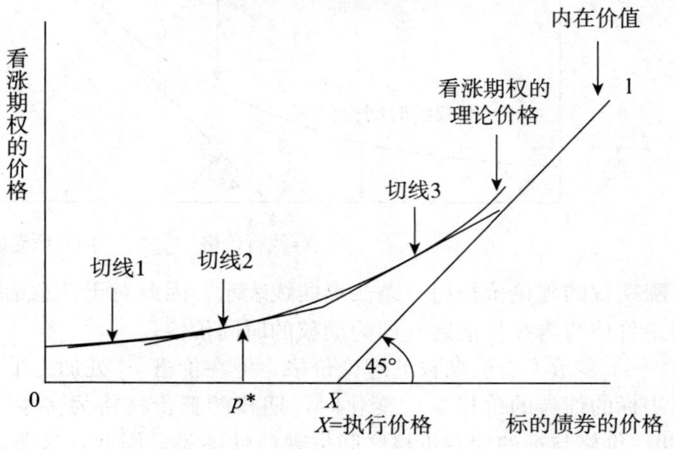

对于处于深度价内状态的看涨期权而言，delta 值将接近于 1。也就是说，看涨期权价格与标的债券价格的上涨金额几乎相同。在图表 30—15 中，在执行价格后方，切线的斜率接近于内在价值曲线的斜率。如前所述，后者的斜率等于 1。

因此，看涨期权的 delta 值在 0（对于处于深度价外状态的看涨期权而言）和 1（对于处于深度价内状态的看涨期权而言）之间变动。处于平价状态的看涨期权的 delta 值约为 0.5。

我们也可以估计凸性关系的曲率。这就是标的债券价格变动导致的 delta 值变动率。这一指标通常被称为 gamma：

$$\text{gamma}=\frac{\text{delta 的变动}}{\text{标的债券的价格变动}}$$

看涨期权价格与距离到期日的时间

在其他因素不变的情况下，距离到期日的时间越长，期权价格就越高。由于期权每天都在逼近到期日，因此，距离到期日的时间将逐渐缩短。期权的 theta 衡量的是距离到期日的时间逐渐缩短时，期权价格的变动情况。这一指标也被称为**时间价值衰减性**（time decay）。theta 的计算公式如下：

$$\text{theta}=\frac{\text{期权价格的变动}}{\text{距离到期日的时间缩短长度}}$$

假设标的债券的价格保持不变（即期权的内在价值保持不变），theta 衡量的是期权逐渐接近到期时，期权的时间价值变动的迅速程度。期权买方更愿意接受一个较低的 theta，因为这可以使期权价格不会随着到期日的接近而快速下降。相反，期权卖方则可以从 theta 较高的期权中获益。

看涨期权价格与预期利率波动率

在其他所有因素不变的情况下，预期利率波动率的变化将导致期权价格发生变化。期权的 kappa 衡量的是预期价格波动率变动 1%时期权价格的变动。其计算公式如下：

$$\text{kappa}=\frac{\text{期权价格的变动}}{\text{预期价格波动率变动 }1\%}$$

期权的修正久期

期权的修正久期衡量的是期权价格对于利率变动的敏感性。期权修正久期的计算公式如下：

$$\text{期权的修正久期}=\text{标的工具的修正久期}\times\text{delta}\times\frac{\text{标的工具的价格}}{\text{期权价格}}$$

正如预期的一样，期权的修正久期取决于标的债券的修正久期，还取决于期权价格相对于标的工具价格变动的反应程度（用期权的 delta 衡量）。公式中的最后一项比率表示期权产生的杠杆效应。标的工具相对于期权的价格越高，杠杆效应就越大（即对于给定的投资金额，利率风险越高)。

三个因素的相互作用影响了期权的修正久期。例如，处于深度价外状态的期权比处于深度价内状态的期权具有更高的杠杆效应，但是前者的 delta 低于后者。

由于看涨期权的 delta 为正值，因而，利率看涨期权的修正久期也为正值。所以，当利率下降时，利率看涨期权的价值就会上升。然而，看跌期权的 delta 为负值，因此，利率看跌期权的修正久期也为负值。因此，当利率上升时，看跌期权的价值就会上升。

对冲策略

对冲策略需要建立期权头寸和标的债券头寸，使期权头寸的价值变动抵消其他头寸的任何不利价格（利率）变动。我们在这里将讨论两种常用的对冲策略：(1) 买入保护性看跌期权策略；(2) 卖出抛补的看涨期权策略。在本节中，我们将运用期货期权来说明这两种策略。运用期货期权来说明对冲策略是很有价值的，因为它表明了运用期货期权进行对冲交易的复杂性，并说明了这一过程中涉及的关键参数。同时，我们还比较了期货对冲和期货期权对冲的结果。①

运用期货看跌期权对长期债券进行对冲

为了防范可能出现的利率上升，投资者通常希望对他们的债券头寸进行对冲。买入期货看跌期权是防范利率上升风险的一种最简单的途径。为了说明这种策略，我们仍然采用第 29 章说明对长期国债期货实施对冲时使用的宝洁公司债券的例子。在这个例子中，投资者持有的是息票利率为 5.55%、2037 年 3 月 5 日到期的宝洁公司债券，并运用长期国债期货来锁定期货交割日的债券售价。持有的宝洁公司债券的面值，即被对冲的面值为 1 000 万美元。现在，我们希望说明投资者可以如何利用国债期货期权代替国债期货防范利率上升风险。

在前面的章节中，我们曾使用在 2008 年 3 月结算的长期国债期货合约。我们将使用相同长期国债期货合约的看跌期权。该合约的看跌期权于 2008 年 2 月 22 日到期。前面曾经提到，国债期货合约中最便宜可交割债券为息票利率为 6.25%、2023 年 8 月 15 日到期的国债。

在这个例子（总结见图表 30—16 的上部）中，宝洁公司债券在出售时的收益率为 5.74%，2008 年 3 月合约的最便宜可交割债券交易时的收益率为 4.643%。为了分析简便，我们假设收益率利差保持在 111.1 个基点。为了进行对冲，投资者必须确定他希望为宝洁公司债券制定的最低价格。在我们的例子中，假设每只债券的最低价格为 96.219，即每 1 000 万美元面值债券的价格为 9 621 900 美元。因此，96.219 成为了宝洁公司债券的目标远期价格。但是，投资者不会购买宝洁公司债券的看跌期权，而会购买国债期货合约的看跌期权。因此，为了进行对冲，投资者必须确定国债期货合约看跌期权的执行价格，该执行价格等于宝洁公司债券的执行价格 96.219。

① 本节中的例子由 Peter Ru 提供。

图表 30—16　运用看跌期货期权对不可交割债券进行对冲以锁定交割日时的债券价格

被对冲的金融工具：息票利率为 5.5%、到期日为 2037 年 3 月 5 日的宝洁公司债券
对冲比率：1.15　　期货合约数量：115
看跌期货期权的执行价格：114.000 美元
被对冲债券的最低目标价格：96.219 美元
每份合约的看跌期权价格：192 美元

宝洁公司债券的实际售价（美元）	期货价格[a]（美元）	115 份看跌期权的价值[b]（美元）	115 份看跌期权的成本（美元）	实际售价[c]（美元）
8 000 000	99.139	1 709 040	22 678	9 686 362
8 200 000	101.054	1 488 827	22 678	9 666 149
8 400 000	102.946	1 271 207	22 678	9 648 529
8 600 000	104.812	1 056 651	22 678	9 633 973
8 800 000	106.647	845 619	22 678	9 622 941
9 000 000	108.469	636 036	22 678	9 613 358
9 200 000	110.265	429 516	22 678	9 606 838
9 400 000	112.042	225 118	22 678	9 602 440
9 600 000	113.787	24 502	22 678	9 601 824
9 800 000	115.519	0	22 678	9 777 322
10 000 000	117.237	0	22 678	9 977 322
10 200 000	118.938	0	22 678	10 177 322
10 400 000	120.608	0	22 678	10 377 322
10 600 000	122.269	0	22 678	10 577 322
10 800 000	123.908	0	22 678	10 777 322
11 000 000	125.522	0	22 678	10 977 322
11 200 000	127.135	0	22 678	11 177 322
11 400 000	128.721	0	22 678	11 377 322
11 600 000	130.303	0	22 678	11 577 322

a. 这些数值为近似值，因为期货交易是以 1/32 为单位进行的。
b. 计算公式：115×1 000 美元×max[(114－期货价格)，0]。
c. 不包括交易成本或期权头寸的融资成本。

这可以由图表 30—17 所示的程序来说明。我们从图形中左上方的方框开始。由于宝洁公司债券的最低价格为 96.219，因此这意味着投资者力图实现的最高收益率为 5.821%。这是通过价格与收益率的关系求出来的：给定宝洁公司的债券价格为 96.219，就等于给定债券收益率为 5.821%。（这让我们前进到图表 30—17 左下方的方框中。）根据我们的假设，宝洁公司的债券和最便宜可交割债券的收益率利差为固定的 111.1 个基点，因此，将债券的最大收益率定为 5.821%相当于将最便宜可交割债券的最大收益率定为 4.710%。（现在我们处于图表 30—17 中间一列下方的方框中。）

给定最便宜可交割债券的收益率为 4.710%，就可以确定最低价格（图表 30—17 中间一列上方的方框）。由于最便宜可交割债券为息票利率为 6.25%、2023 年 8 月 15 日到期的国债，因此，收益率为 4.710%意味着最便宜可交割债券的目标远期价格为 116.804 4。相应的期货价格是用最便宜可交割债券的价格除以转换系数得出的。这使我们前进到图表 30—17 右侧一列的方框中。由于最便宜可交割债券的转换系数为 1.024 6，因此期货价格约为 114.373（116.804 4 除以 1.024 6）。根据执行价格的可获得性，这里使用的期货价格为 114.000。这意味着，执行价格为 114.000 的国债期货合约看跌期权大致相当于执行价格为 96.219 的宝洁公司债券看跌期权。

图表 30—17　　计算运用期货期权进行对冲的等值价格和收益率

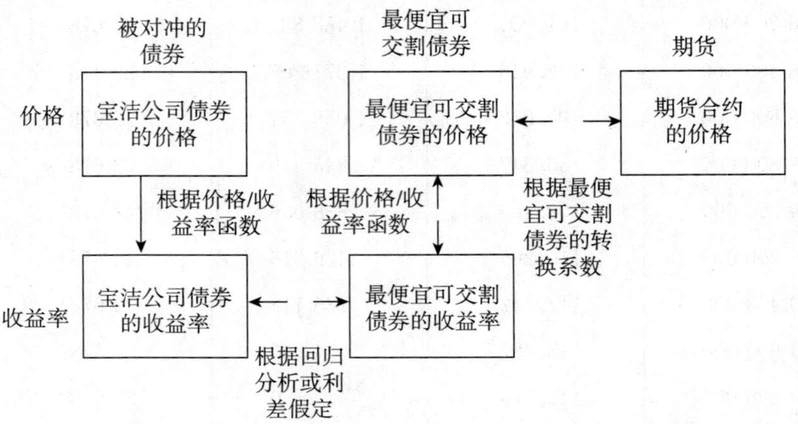

为了计算合适的看跌期货期权执行价格，上述计算步骤缺一不可。这一过程并不复杂，其中需要确定：（1）价格与收益率之间的关系；（2）被对冲债券与最便宜可交割债券的收益率利差之间的假定关系；（3）最便宜可交割债券的转换系数。与第 29 章中说明的利用期货进行的对冲一样，这里的对冲策略的成功取决于：（1）最便宜可交割债券是否会发生变化；（2）被对冲的债券与最便宜可交割债券之间的收益率利差。

由于我们假定被对冲债券与最便宜可交割债券之间的收益率利差为常数，因此，我们可以用第 29 章中的式（29.10）来确定对冲比率。为了计算对冲比率，我们要计算期权到期日（假定为 2008 年 2 月 22 日）的一个基点的价格，以及与执行价格为 114.000 的期货相对应的收益率（最便宜可交割债券的收益率为 4.710%，宝洁公司债券的收益率为 5.821%）。宝洁公司债券和最便宜可交割债券每 100 美元面值的 1 个基点的价格分别为 0.135 3 和 0.120 8。因此，期权的对冲比率为 1.148，四舍五入为 1.15。

这意味着应该购买 115 份于 2008 年 2 月 22 日到期、执行价格为 114 的国债期货合约看跌期权。在进行对冲时，也就是 2007 年 12 月 24 日，该看跌期权的报价为 1.972。这意味着每份看跌期权的成本为 197.2 美元。由于购买了 115 份合约，因此看跌期权的总成本（忽略手续费）为 22 678 美元。

我们可以利用第 29 章中图表 29—4 里的一些数据，编制一张描述保护性看跌期权对冲策略的图表。图表 30—16 的第一列与图表 29—4 第一列的数据相同；由于结算日期不同，图表 30—16 的第二列与图表 29—4 第五列的期货价格数据稍有不同。图表 30—16 剩下各列的数据可以据此计算出来。图表中第三列显示的看跌期权价值很容易计算，因为到期时每份期权的价值正好是期货期权的执行价格（114）减去期货价格（如果差额为负，则减去零），得到的所有数值均乘以 1 000 美元。通过考察期货价格为 99.139 的第一行中的数据，可以了解为什么这样计算。由于看跌期权的执行价格为 114.000，因此这意味着看跌期权的价值为 14.861（114.000－99.139）。这是每 1 000 美元面值所对应的价值。但是，国债期货合约的面值为 100 万美元。因此，必须用 14.861 乘以 1 000 美元。因此，合约的价值为 14.861 乘以 1 000 美元，即 14 861 美元。由于购买了 115 份合约，因此其总价值为 1 709 015 美元。由于在前面的计算中进行了四舍五入，因此第三列中显示的 115 份看跌期权合约的价值（1 709 040 美元）与上述数值相差 25 美元。

倒数第二列显示了 115 份看跌期权的成本。宝洁公司债券的实际售价是债券的实际市场价格加上 115 份看跌期权到期时的价值再减去 115 份看跌期权的成本。该表最后一列显示了债券的实际售价。该实际售价永远不会小于 9 601 824 美元。前面曾经提到，我们设定的最低价格为 9 621 900 美元。该最低实际售价可以在开始进行对冲之前就计算出来。（当价格下降时，实际售价实际上稍稍超过了 96.219 的预计实际最低售价。这是由于四舍五入和对冲比率不变造成的，尽管计算对冲比率的公式中，一个基点的相对价格会因收益率的变动而变动。）然而，当价格上升时，宝洁公司债券的实际售价也会上升；与图表 29—4 中显示的期货对冲不同，看跌期权对冲保护投资者免受利率上升风险的影响，但允许投资者在利率下降时获利。

卖出抛补的期货看涨期权

与保护性看跌期权策略不同，卖出抛补看涨期权策略的目的不只是为投资组合防范利率上升的风险。认为市场交易价格不会高于或低于当前水平很多的抛补看涨期权卖方将卖出现有债券投资组合的价外看涨期权。卖出看涨期权将带来期权费收入，这在利率上升的情况下提供了部分保护。当然，收到的期权费提供的保护与看跌期权多头提供的保护不同，但是它的确提供了额外收入来抵消价格下降的损失。另一方面，当利率下降时，投资组合的价格上升潜力将会受到限制，因为看涨期权空头由卖方的负债构成，而这种负债将随着利率的下降而增加。因此，抛补看涨期权卖方的盈利空间是有限的。当然，如果价格基本上保持不变，那么这种策略也不会很差，因为从出售期权中获得的额外收入并不以牺牲收益为代价。

为了解卖出抛补期货看涨期权对保护性看跌期权例子中的债券的效果，我们编制了一张与前面类似的表格。在对冲开始日，期货的售价约为 114.375，卖出 120 份期货看涨期权可能是适当的。2008 年 2 月 22 日到期、执行价格为 120 的 3 月份看涨期权的价格为 0.512 或 51.20 美元。和以前一样，假设被对冲债券和最便宜可交割债券的收益率利差保持在 111.11 个基点。卖出的期权合约数量和以前一样，仍为 115 份。

图表 30—18 显示了在上述假设下，卖出抛补看涨期权策略的结果。为了计算卖出抛补看涨期权策略中的债券实际售价，应在债券实际售价之上加上卖出看涨期权收到的期权费，并从实际售价中减去与看涨期权空头相关的负债。与每份看涨期权相关的负债为期货价格减去执行价格 120（如果差额为负，则减去零），得到的所有数值均乘以 1 000 美元。表中中间一列为该值乘以 115 的结果，即卖出的期权数量。

就像可以提前计算出保护性看跌期权策略的最低实际售价一样，也可以提前计算出卖出抛补的看涨期权策略的最高实际售价。该最高实际售价是与卖出的看涨期权执行价格相应的被对冲证券的价格，再加上收到的期权费。此时，期货看涨期权的执行价格为 120。价格为 120 的期货对应的最便宜可交割债券的价格为 122.952 0（120 乘以转换系数 1.024 6），收益率为 4.126%。宝洁公司债券的等值收益率要高出 111.11 个基点，即 5.327 1%，相对应的价格为 103.273。加上收到的期权费，0.512，最终得到的最高实际售价约为 103.785，或 10 378 500美元。如图表 30—18 所示，如果被对冲的债券没有像假设那样按高于最便宜可交割债券 111.11 个基点的价格交易，那么实际上宝洁公司债券的最高实际售价将略高于该值。该表中显示的差额是由于四舍五入以及尽管收益率变化时基点相对价格发生变化，但并没有调整头寸而造成的。

图表 30—18　　用期货看涨期权对不可交割债券进行对冲以锁定交割日的债券价格

被对冲的金融工具：2037 年 3 月 5 日到期、息票利率为 5.55%的宝洁公司债券

对冲比率：1.15　　　　期货合约数量：115

看涨期货期权的执行价格：120 美元

被对冲债券的预期最高价格：103.785 美元

每份合约的看涨期权价格：51.2 美元

宝洁公司债券的实际售价（美元）	期货价格[a]（美元）	115 份看涨期权的负债[b]（美元）	115 份看涨期权的期权费（美元）	实际售价[c]（美元）
8 000 000	99.139	0	5 888	8 005 888
8 200 000	101.054	0	5 888	8 205 888
8 400 000	102.946	0	5 888	8 405 888
8 600 000	104.812	0	5 888	8 605 888
8 800 000	106.647	0	5 888	8 805 888
9 000 000	108.469	0	5 888	9 005 888
9 200 000	110.265	0	5 888	9 205 888
9 400 000	112.042	0	5 888	9 405 888
9 600 000	113.787	0	5 888	9 605 888
9 800 000	115.519	0	5 888	9 805 888
10 000 000	117.237	0	5 888	10 005 888
10 200 000	118.938	0	5 888	10 205 888
10 400 000	120.608	69 902	5 888	10 335 986
10 600 000	122.269	260 978	5 888	10 344 910
10 800 000	123.908	449 427	5 888	10 356 461
11 000 000	125.522	635 003	5 888	10 370 885
11 200 000	127.135	820 568	5 888	10 385 320
11 400 000	128.721	1 002 866	5 888	10 403 022
11 600 000	130.303	1 184 850	5 888	10 421 038

a. 这些数值为近似值，因为期货是以 1/32 为单位进行交易的。

b. 计算公式：115×1 000 美元×max[(期货价格−120)，0]。

c. 不包括交易成本或期权头寸的融资成本。

对冲策略的比较

在第 29 章和本章中，我们考察了三种对债券头寸进行对冲的基本策略：（1）用期货进行的对冲；（2）用价外保护性看跌期权进行的对冲；（3）用价外看涨期权进行的卖出抛补看涨期权对冲。对于存在利率下降风险的对冲者而言，这三种策略彼此类似但又相互对立。正如预期的一样，并不存在一个“最优”策略。每种策略都有其优点和缺点，运用每种策略时都需要有所取舍。如果要想得到有价值的东西，就必须付出其他有价值的东西。

为了在各种策略中进行选择，我们需要逐个对比这些策略。我们仍然使用本章前面的期货和期货期权的例子。图表 30—19 显示了各种策略所对应的投资组合的终值。可以很容易地从图表 30—19 中看到，在某个利率水平下，如果某种对冲策略优于另一种对冲策略，那么，在另一个利率水平下，二者之间的优劣关系可能相反。

图表 30—19　　可供选择的对冲策略比较　　单位：美元

债券的实际售价	期货对冲策略下的实际售价	保护性看跌期权策略下的实际售价	抛补看涨期权策略下的实际售价
8 000 000	9 767 401	9 686 362	8 005 888
8 200 000	9 745 273	9 666 149	8 205 888
8 400 000	9 725 761	9 648 529	8 405 888
8 600 000	9 709 339	9 633 973	8 605 888
8 800 000	9 696 472	9 622 941	8 805 888
9 000 000	9 685 066	9 613 358	9 005 888
9 200 000	9 676 751	9 606 838	9 205 888
9 400 000	9 670 575	9 602 440	9 405 888
9 600 000	9 668 215	9 601 824	9 605 888
9 800 000	9 667 281	9 777 322	9 805 888
10 000 000	9 668 034	9 977 322	10 005 888
10 200 000	9 670 700	10 177 322	10 205 888
10 400 000	9 676 990	10 377 322	10 335 986
10 600 000	9 684 253	10 577 322	10 344 910
10 800 000	9 694 165	10 777 322	10 356 461
11 000 000	9 706 975	10 977 322	10 370 885
11 200 000	9 719 797	11 177 322	10 385 320
11 400 000	9 735 913	11 377 322	10 403 022
11 600 000	9 752 347	11 577 322	10 421 038

因此，我们无法得出哪种策略是最优策略的结论。决定采用何种策略的投资组合经理通常是在各种可能的概率分布中进行选择，而不是在各种具体结果中进行选择。除了完全对冲

策略以外，投资组合的终值总是处于某个范围内。当然，这个范围具体是什么，以及与各种可能的结果相关的概率都取决于主观判断。

要　点

· 期权赋予期权的买方在到期日按执行价格向卖方购买（在看涨期权的情况下）或出售（在看跌期权的情况下）某种标的资产的选择权。

· 期权价格或期权费是期权买方支付给期权卖方的价格。

· 美式期权允许期权买方在到期日以及到期日之前的任何时间执行期权，而欧式期权只能在到期日执行。

· 利率期权包括固定收益证券期权和利率期货合约期权。后者通常被称为期货期权，它是实施投资策略时的优选工具。

· 由于对特定债券或转手证券进行对冲有困难，因此，许多机构投资者发现场外期权更有用；这些期权合约可以进行定制以满足特定投资目标。

· 期权买方的损失不会超过期权价格，而收益上升潜力是无限的。相反，期权卖方所能获得的最大收益是期权价格，但是要承担全部损失风险。

· 期权价格由两部分组成：内在价值和时间价值。内在价值是期权被立即执行时的经济价值（如果立即执行期权不会带来正的经济价值，那么，内在价值等于零）。期权的时间价值等于期权价格超出内在价值的部分。

· 以下六个因素会影响期权价格：（1）标的债券的当前价格；（2）期权的执行价格；（3）距离期权到期日的时间；（4）标的债券的预期价格波动率（即预期利率波动率）；（5）期权存续期内的短期无风险利率；（6）息票利息支付额。

· 期权定价模型可用来确定期权的理论价值或公允价值。有些期权定价模型适用于债券期权（即现货期权），而有些定价模型则适用于债券期货期权。

· 用于对债券期权定价的两种模型为 Black-Scholes 期权定价模型和无套利二叉树期权定价模型。Black-Scholes 期权定价模型的局限性在于没有把收益率曲线纳入模型中，而且没有认识到债券价格有上限。

· 最常用的债券期货期权定价模型是 Black 模型。

· 两种常用的期权对冲策略是买入保护性看跌期权策略和卖出抛补看涨期权策略。

问　题

1. 某投资者持有执行价格为 100 美元的债券 X 的看涨期权。债券 X 的息票利率为 9%，还有 10 年到期。今天看涨期权到期时，债券 X 的出售收益率为 8%。请问，投资者是否应执行该看涨期权？

2. 请说明当期货合约看跌期权的买方执行期权时，将对期权买方和卖方的头寸产生什么影响。

3. 某投资者希望防范长期国债市场收益率上升的风险，那么，该投资者应该买入看跌期权还是看涨期权？

4. 请根据以下信息，计算债券 W 的看涨期权的内在价值和时间价值：

看涨期权的执行价格＝97 美元；

债券 W 的当前价格＝102 美元；

看涨期权的价格＝9 美元。

5. “期权和期货没有本质的区别，两者都是对冲的工具，并且都是金融衍生产品。只是期权要求支付期权费，而除了‘良好信用’保证金外，期货不要求事前付费。我不明白人们为什么还要使用期权。”你是否同意这种说法?

6. 有人认为 Black-Scholes 期权定价模型不适用于利率期权定价，他们的依据是什么?

7. 假设你是一个机构账户的高级投资组合经理。你正在分析你的投资组合管理团队中一位初级成员对一位咨询期权与期货用途的客户的回答。以下摘自致客户的信中的四段。

a. “利率的大幅波动迫使我们的许多客户授权我们使用期权对其债券组合进行对冲。”请说明为什么这种利率变化会鼓励客户授权投资组合经理使用期权。

b. “我们认为期权是审慎的选择，因为如果市场变化不利于我们，而我们为你的账户购买了期权，那么唯一的负面影响将是期权到期时一文不值，你的账户的唯一损失是支付的期权价格。”请评价这段文字的准确性。

c. “作为一项替代选择，我们可以使用另一种衍生工具对债券组合进行对冲：期货合约。我们不太愿意使用此类衍生工具，因为期货的成本更高，而且有巨大的损失风险；也就是说，在我们平掉期货头寸之前，你的账户可能发生的亏损金额没有限制。”请评价这段文字的准确性。

d. “使用期权时的整体策略很简单明了。如果我们担心利率上升但不希望对你的投资组合进行大幅重新平衡，我们只需持有看跌期权头寸。”为什么看跌期权而非重新平衡投资组合可能是改变债券组合的更优方法?

8. 债券期权和债券期货期权之间有什么区别?

9. 购买场外期权的动机是什么?

10. 如果投资者希望对利率变动进行投机，那么，他购买场外期权有意义吗?

11. “我不了解投资组合经理怎样计算利率期权的久期，难道利率期权的久期不是表示距离到期日的时间吗?”请回答这一问题。

12. a. 利率期权修正久期的影响因素有哪些?

b. 处于深度价内状态的期权总是比处于深度价外状态的期权具有更高的修正久期。请评论这种说法。

c. 所有期权的修正久期均为正值。这种说法正确吗?

13. 如何确定期权的隐含波动率?

14. a. 什么是期权的 delta 和 gamma?

b. 如果国债期货合约看涨期权的隐含价格波动率为 10.0，最便宜可交割债券的久期为 8，那么隐含收益率波动率是多少?

15. 请说明为什么在其他因素相同的情况下，期权卖方更偏好 theta 较高的期权。

16. 请说明在实施买入保护性看跌期权策略时，策略成本与所选执行价格之间的取舍关系。

17. 以下引文摘自刊登在 1992 年 7 月 20 日《衍生产品周刊》第 7 页的一篇题为《Dominguez Barry 基金管理公司考虑采取卖出抛补的看涨期权策略》的文章：

> 投资组合经理 Carl Hanich 称，位于悉尼、管理着 55 亿澳元资金的 SBC Dominguez Barry 基金管理公司正考虑对其澳大利亚债券组合采取卖出抛补的看涨期权策略，以利用非常高的隐含波动率。平价看涨期权的隐含价格波动率为 9.8%，这是 Hanich 记忆中的最高点……
>
> 为应对不断增加的波动率，Hanich 正在考虑卖出执行利率为 8.5%的看涨期权，以获得期权费收入。“鉴于目前的市场收益率达到 8.87%，我乐意以 8.5%的利率出售债券”，他说。

请解释 Hanich 正在考虑的策略。

18. 假设条件如下，请确定息票利率为 6.5%、执行价格为 100.25 美元、还有 2 年到期的 4 年期国债的欧式看涨期权的价格：(1) 无套利利率二叉树模型如图表 30—11 所示（基于 10%的波动率假设）；(2) 从现在起 2 年后每个节点上显示的国债价格。

19. 在假设条件与图表 30—12 提供的信息相同的条件下，请确定息票利率为 6.5%、执行价格为 100.25 美元、还有 2 年到期的 4 年期国债的欧式看跌期权的价格。

第 31 章

利率互换、利率上限和下限

学习目标

阅读本章后，您将了解

- 什么是利率互换
- 利率互换与远期合约之间的关系
- 市场上如何对利率互换报价
- 如何计算互换利率
- 如何确定互换的价值
- 机构投资者如何使用互换
- 如何运用利率互换创建结构性票据
- 什么是互换期权以及机构投资者如何运用互换期权
- 什么是利率上限和利率下限，以及机构投资者如何运用利率上限和利率下限
- 利率上限和利率下限与期权之间的关系
- 如何为利率上限和利率下限估值
- 如何创建利率双限

在第 29 章和第 30 章中，我们讨论了如何利用利率期货和利率期权来控制利率风险。一些商业银行和投资银行为它们的客户定制了其他可以控制利率风险的合约。这些合约包括：(1) 利率互换和互换期权；(2) 利率上限和利率下限，以及以利率上限和利率下限为标的的期权。在本章中，我们将逐一分析这些合约，并说明机构投资者如何运用这些合约。

利率互换

在**利率互换**（interest-rate swap）中，交易双方［称为**对方**（counterparties）］同意交换定期利息支付。所交换的利息支付金额根据预先确定的本金金额来计算。其中，预先确定的本金金额被称为**名义本金金额**（notional principal amount）。交易双方中的各方支付给对方的金额等于双方商定的定期利率与名义本金金额的乘积。互换双方交换的只是利息支付额，而非名义本金金额。最常见的互换类型是，交易一方同意在合约期间的指定日期向另一方支付

固定利率的利息，这一方被称为**固定利率支付方**（fixed-rate payer）或**浮动利率接受方**（floating-rate receiver）。另一方则同意向前者支付随着某种参考利率浮动的浮动利率的利息，这一方被称为**浮动利率支付方**（floating-rate payer）或**固定利率接受方**（fixed-rate receiver）。在实践中，这两方通常根据它们支付还是收取固定利率进行称呼。也就是说，这两方面通常被称为固定利率支付方和固定利率接受方。浮动利率支付者所必须支付利率的调整频率被称为**调息频率**（reset frequency）。

在利率互换中，浮动利率采用的参考利率来自各种货币市场工具的利率：伦敦银行同业拆借利率、国库券利率、商业票据利率、银行承兑汇票利率、银行存单利率、联邦基金利率和优惠利率。最常用的参考利率是伦敦银行同业拆借利率（London Interbank Offered Rate, LIBOR）。LIBOR 是一级大银行向其他一级大银行承诺支付的给定期限的欧洲美元存款利率。它被公认为是全球银行间借款成本。LIBOR 并非单指一种利率，而是指一系列具有不同期限的利率。例如，有 1 个月期 LIBOR、3 个月期 LIBOR 和 6 个月期 LIBOR。

我们现在举例说明利率互换。假设在接下来 5 年内，X 方同意向 Y 方支付 10%的年利率。同时，Y 方同意向 X 方支付 6 个月期 LIBOR（参考利率）。那么，X 方就是固定利率支付方，而 Y 方是固定利率接受方。假设名义本金金额为 5 000 万美元，在今后的 5 年内双方每 6 个月进行一次支付互换。这意味着，每 6 个月 X 方（固定利率支付方）向 Y 方支付 250 万美元[(10%×5 000 万美元)/2]；同时，Y 方（固定利率接受方）向 X 方支付的金额为 6 个月期 LIBOR 乘以 5 000 万美元再除以 2。如果 6 个月期 LIBOR 为 7%，那么 Y 方将向 X 方支付的金额为 175 万美元[(7%×5 000 万美元)/2]。注意，因为支付的是半年期利息，所以我们要将支付额除以 2。

下面，我们将说明市场参与者如何利用利率互换来实现固定利率与浮动利率之间的相互转换，从而改变资产或负债的现金流特征。

进行互换交易和对手风险

利率互换是场外交易工具。这意味着利率互换不在交易所交易。希望进行互换交易的机构投资者可以通过开办了互换交易业务的证券公司或商业银行进行交易。[①] 这些机构可以开展以下业务：首先，它们可以为希望进行利率互换的双方安排交易或充当经纪人。在这种情况下，证券公司或商业银行将发挥经纪人的功能。

证券公司或商业银行帮助机构投资者进行互换交易的第二种方法是充当互换交易的另一方。这意味着证券公司或商业银行是交易中的交易商，而非经纪人。作为交易商，证券公司或商业银行必须按照对冲其持有的其他证券的方法来对冲其持有的互换头寸。这也表明交易商［我们称之为**互换交易商**（swap dealer）］是交易中的对方。例如，高盛公司就是一家互换交易商。如果某机构投资者与高盛公司进行互换交易，那么，该机构投资者将要求高盛公司必须履行互换交易的义务；类似地，高盛公司也要求这家机构投资者必须履行互换交易中规定的义务。目前，互换通常通过互换交易商进行交易。

在互换交易中，交易双方面临的风险是对方不能履行互换协议中规定的义务的风险。也就是说，各方都面临着违约风险。互换协议中的违约风险被称为**对手风险**（counterparty

① 在这里，不要搞混商业银行的作用。商业银行可以在资产负债管理中运用互换，也可以为客户办理（买入和卖出）互换交易业务，并赚取手续费收入。后一种作用才是我们在这里讨论的商业银行在互换市场上的作用。

risk)。事实上，对于仅有一份互换协议的情况而言，对手风险比违约风险更为常见。在交易双方达成的任何互换协议中，双方都必须履行合约中规定的条款，因此，对手风险就是交易对方可能违约的风险。对于期货和交易所交易期权而言，对手风险是指为交易双方履约提供担保的清算所发生违约的风险。市场参与者认为这种风险很低。相比之下，互换交易中的对手风险可能会非常大。

由于存在对手风险，因此并非所有的证券公司和商业银行都可以充当互换交易商。有些证券公司设立了资本独立的子公司，这些子公司具有较高的信用评级，从而可以作为交易商来进行互换交易。因此，需要谨记，互换交易的任何一方都面临着对手风险。

对互换头寸的解释

解释互换头寸的方法有两种：(1) 将互换解释为一篮子远期/期货合约；(2) 将互换解释为买卖现货市场工具所产生的一篮子现金流。

一篮子远期合约

我们利用上文说明互换时采用的利率互换例子来考察一笔互换。假设 X 方持有某个头寸，且 X 方已经同意支付 10%的利率并接受 6 个月期 LIBOR。具体而言，假设名义本金金额为 5 000 万美元，X 方同意支付 250 万美元购买一种被称为 6 个月期 LIBOR 的商品。这实际上就是一份 6 个月期远期合约，其中 X 方同意支付 250 万美元来换取 6 个月期 LIBOR。如果利率上升到 11%，那么，商品（6 个月期 LIBOR）的价格也将上升，固定利率支付方就会获利。固定利率支付方实际上是以 6 个月期 LIBOR 为标的工具的 6 个月期远期合约的多头方。固定利率收取方实际上是以 6 个月期 LIBOR 为标的工具的 6 个月期远期合约的空头方。因此，每个交易日都对应着一个隐性远期合约。

因此，利率互换可以被视为一篮子更基本的利率风险控制工具，如远期合约。利率互换的定价将取决于具有相同结算日的一篮子远期合约的价格，其中，远期合约的标的工具是同一个指数。

尽管利率互换可能只不过是一篮子远期合约，但这并不是一种多余的合约，原因有几个：第一，远期合约或期货合约的期限不像利率互换的期限那么长；利率互换的期限可以长达 15 年，甚至更长。第二，利率互换是一种交易效率更高的工具。也就是说，一家实体在一次互换交易中实现的盈亏结果实际上相当于一篮子远期合约实现的盈亏结果，而每一份远期合约都需要单独协商。第三，从 1981 年利率互换市场建立以来，该市场的流动性就不断增强。目前，与远期合约尤其是期限较长的远期合约（即长期远期合约）相比，利率互换可以提供更高的流动性。

一篮子现货市场金融工具

为了说明为什么互换也可以被解释为一篮子现货市场工具，我们可以考察一位投资者进行下列交易的情况：

- 买入面值为 5 000 万美元的 5 年期浮动利率债券，债券每 6 个月支付 6 个月期 LIBOR。
- 为了购买上述债券，投资者进行如下融资：按 10%的年利率借入 5 000 万美元资金，借款期限为 5 年，每 6 个月付息一次。

这笔交易的现金流如图表 31—1 所示。表中第二列显示了购买 5 年期浮动利率债券所产生的现金流。首先是 5 000 万美元的现金支出，然后是 10 笔现金流入。现金流入的金额是不确定的，因为它取决于未来的 LIBOR。下一列显示了以固定利率借入 5 000 万美元所产生的现金流。最后一列显示了整笔交易产生的净现金流。如最后一列所示，交易中不存在初始现金流（没有现金流入或现金流出）。在全部 10 个 6 个月期间内，净头寸产生了根据 LIBOR 确定的现金流入和 250 万美元的现金流出。但是，这个净头寸与固定利率支付者的头寸相同。

图表 31—1　　通过固定利率借款融资购买 5 年期浮动利率债券的现金流

交易：购买 5 000 万美元的 5 年期浮动利率债券：浮动利率＝LIBOR，每半年付息一次；借入 5 000 万美元，借款期限为 5 年：固定利率＝10%，每半年付息一次。

6 个月期	现金流（百万美元）		
	浮动利率债券[a]	借款成本	净现金流
0	－50	＋50.0	0
1	$+(\text{LIBOR}_1/2)\times 50$	－2.5	$+(\text{LIBOR}_1/2)\times 50-2.5$
2	$+(\text{LIBOR}_2/2)\times 50$	－2.5	$+(\text{LIBOR}_2/2)\times 50-2.5$
3	$+(\text{LIBOR}_3/2)\times 50$	－2.5	$+(\text{LIBOR}_3/2)\times 50-2.5$
4	$+(\text{LIBOR}_4/2)\times 50$	－2.5	$+(\text{LIBOR}_4/2)\times 50-2.5$
5	$+(\text{LIBOR}_5/2)\times 50$	－2.5	$+(\text{LIBOR}_5/2)\times 50-2.5$
6	$+(\text{LIBOR}_6/2)\times 50$	－2.5	$+(\text{LIBOR}_6/2)\times 50-2.5$
7	$+(\text{LIBOR}_7/2)\times 50$	－2.5	$+(\text{LIBOR}_7/2)\times 50-2.5$
8	$+(\text{LIBOR}_8/2)\times 50$	－2.5	$+(\text{LIBOR}_8/2)\times 50-2.5$
9	$+(\text{LIBOR}_9/2)\times 50$	－2.5	$+(\text{LIBOR}_9/2)\times 50-2.5$
10	$+(\text{LIBOR}_{10}/2)\times 50+50$	－52.5	$+(\text{LIBOR}_{10}/2)\times 50-2.5$

a. LIBOR 的下标表示浮动利率债券在 t 时刻的 6 个月期 LIBOR。

从图表 31—1 的净现金流中可以看出，固定利率支付方持有的现货市场头寸相当于浮动利率债券多头和固定利率债券空头，其中，固定利率债券空头等于通过发行固定利率债券而获得的借款额。

那么，固定利率收取方的头寸如何呢？我们可以很容易地证明，固定利率收取方的头寸相当于购买固定利率债券并以浮动利率的方式为购买债券融资，这里的浮动利率是互换交易的参考利率。也就是说，固定利率收取方的头寸相当于固定利率债券的多头加上浮动利率债券的空头。

术语、惯例和市场报价

这里，我们首先回顾一下互换市场上使用的一些术语，并说明互换是如何报价的。交易双方进行互换交易的日期被称为**交易日**（trade date）。互换交易开始计息的日期被称为**生效日**（effective date），互换交易结束计息的日期被称为**到期日**（maturity date）。

我们的例子假设固定利率支付方和固定利率收取方的现金流发生时间是相同的，但是，实际的互换交易中并不一定是这种情况。而且，交易中各个阶段的计息方式可能不同，因为在固定收益证券市场上存在着多种天数计算惯例。

在互换市场上，由于互换头寸被解释为一篮子现货市场工具的头寸或一篮子期货/远期头寸，因此用来描述互换交易方头寸的术语综合了现货市场和期货市场的各种行话。如前所述，利率互换交易中的交易对方不是固定利率支付方就是固定利率收取方。这些头寸可以用下列方式进行描述：

固定利率支付方	固定利率收取方
在互换交易中支付固定利率	在互换交易中支付浮动利率
在互换交易中收取浮动利率	在互换交易中收取固定利率
买入一笔互换	卖出一笔互换
互换多头	互换空头
债券市场空头	债券市场多头

以上描述固定利率支付方头寸和固定利率收取方头寸的前两种表述不释自明。为了理解为什么将固定利率支付方视为债券市场空头，将固定利率收取方视为债券市场多头，我们将考察利率变动时所发生的情况。那些以固定利率借款的人会从利率上升中获益，因为他们已经将借款成本锁定在较低的利率上，但是那些持有债券空头的人也可以从利率上升中获益。因此，固定利率支付方可以被称为债券市场空头。如果利率下降，固定利率收取方将会获益，持有债券多头的人也会因利率下降而获益。因此，将固定利率收取方描述为债券市场多头也就不足为奇了。

另一种描述互换交易对手头寸的方法是根据我们将互换解释为一篮子现货市场工具的讨论来进行描述。也就是说，

固定利率支付方：对长期负债和浮动利率债券的价格敏感的头寸。

固定利率收取方：对固定利率债券和浮动利率负债的价格敏感的头寸。

随着互换交易报价水平演化而成的惯例是，互换交易商确定一个等于某个指数的浮动利率，并报出将采用的固定利率。为了说明这种惯例，图表 31—2 显示了互换交易商向市场参与者提供的一份 10 年期互换。

图表 31—2　当国债收益率为 8.35%时 10 年期互换报价“40－50”的含义（买卖利差为 10 个基点）

	固定利率收取方	固定利率支付方
支付	6 个月期 LIBOR 的浮动利率	8.85%的固定利率
收取	8.75%的固定利率	6 个月期 LIBOR 的浮动利率

交易商向固定利率支付方报出的售价为支付 8.85%的固定利率并收取与 LIBOR“持平”的利率（持平表示与 LIBOR 之间没有利差）。交易商向固定利率收取方报出的买价为支付与 LIBOR 持平的利率并收取 8.75%的固定利率。买卖利差为 10 个基点。

与和互换有相同期限的国债收益率曲线相比，该固定利率高出一定的利差。在我们的例子中，假定 10 年期国债的收益率为 8.35%。那么，交易商向固定利率支付方报出的售价为 10 年期国债利率加 50 个基点，并收取与 LIBOR 持平的利率。交易商向固定利率收取方报

出的买价为买方支付与 LIBOR 持平的利率，并收取 10 年期国债利率加 40 个基点。交易商对这笔互换的报价为 40－50，这表明交易商愿意达成一笔互换交易以收取 LIBOR 并支付固定利率（该固定利率等于 10 年期国债利率加 40 个基点），且交易商愿意达成一笔互换交易以支付 LIBOR 并收取固定利率（该固定利率等于 10 年期国债利率加 50 个基点）。所支付的国债利率与所收取的国债利率之间的差额即为买卖利差。

互换利率的计算

在利率互换开始时，交易双方同意交换未来的利率支付，并且任何一方都不进行提前支付。这意味着互换协议的条款必须确保交易双方未来支付的现金流现值相等。也就是说，交易双方未来收取的现金流的现值必须相等。现金流相等是计算互换利率的原则。

对于固定利率方面而言，当互换利率被确定后，固定利率支付者的支付金额也就确定了。但是，浮动利率支付额仍然未知，因为它取决于调息日的参考利率大小。对于基于 LIBOR 的互换而言，欧洲美元期货合约（在第 29 章中讨论过）可用于确定 3 个月期 LIBOR 的远期（或期货）利率。如果给定由 3 个月期 LIBOR 的远期利率计算出的现金流，那么，互换利率就是使固定利率方支付额的现值等于浮动利率方支付额的现值的贴现率。

下一个问题是，我们应该用哪种利率对支付额进行贴现？根据第 5 章的阐述，用来贴现现金流的合适利率是理论即期利率。每一笔现金流都应该用特定的贴现率来贴现。那么，我们从哪里获得理论即期利率呢？回忆一下第 5 章的内容，即期利率可以通过远期利率计算出来。同理，我们可以从欧洲美元期货合约中推导出 3 个月期 LIBOR 远期利率，然后再由 3 个月期 LIBOR 远期利率推导出理论即期利率。

我们将用一个例子说明这个过程。[①] 考察下列互换条款：

- 互换开始日：第 1 年的 1 月 1 日（互换结算日）。
- 浮动利率按季支付，计息天数惯例为“实际天数/360 天”。
- 参考利率：3 个月期 LIBOR。
- 互换的名义本金金额：1 亿美元。
- 互换期限：3 年。

浮动利率按季支付，计息天数惯例为“实际天数/360 天”。这种惯例意味着假设一年有 360 天，并根据一个季度内的实际天数计算各个季度应支付的利息。浮动利率支付额在每个季度开始时已经设定，但是在每个季度末才进行支付——也就是说，浮动利率支付采取的是延后支付的方式。

假设目前 3 个月期 LIBOR 为 4.05%。让我们来考察在第 1 年的 3 月 31 日（互换交易的第一个季度支付日）固定利率支付方将收取的金额。浮动利率支付额通常是确定的。一般来说，浮动利率支付额的计算公式如下：

$$\text{名义金额}\times(3\text{ 个月期 LIBOR})\times\frac{\text{期间内的实际天数}}{360}$$

在我们的例子中，假设不存在闰年，从第 1 年的 1 月 1 日到第 1 年的 3 月 31 日（第一季度）共计有 90 天。如果 3 个月期 LIBOR 为 4.05%，那么固定利率支付方在第 1 年的 3 月

① 这个例子摘自 Frank J. Fabozzi，*Fixed Income Analysis for the Chartered Financial Analyst Program*（New Hope，PA：Frank J. Fabozzi Associates，2000），pp. 609－621。

31 日将收到一笔浮动利率支付，其金额等于

$$\$100\ 000\ 000 \times 0.040\ 5 \times \frac{90}{360} = \$1\ 012\ 500$$

现在，困难在于确定第一个季度以后的浮动利率支付额。也就是说，这笔 3 年期互换交易将共计有 12 次季度浮动利率支付。因此，尽管第一个季度的浮动利率支付额是已知的，但剩下 11 个季度的浮动利率支付额仍然未知。但是，我们可以运用期货合约对未来的 11 笔浮动利率支付进行对冲。具体而言，我们可以利用欧洲美元期货合约对参考利率为 3 个月期 LIBOR 的互换交易中的未来浮动利率支付进行对冲。我们已经在第 29 章中讨论过这种合约，下面我们将说明如何用这种合约来计算浮动利率支付额。

我们首先计算下一个季度（从第 1 年的 4 月 1 日到第 1 年的 6 月 30 日）的支付额。这个季度共有 91 天。浮动利率支付额由第 1 年 4 月 1 日的 3 个月期 LIBOR 决定，并于第 1 年的 6 月 30 日支付。市场上目前存在将于第 1 年 6 月 30 日结算的 3 个月期欧洲美元期货合约。该期货合约提供的利率可以锁定为第 1 年 4 月 1 日的 3 个月期 LIBOR。例如，如果在第 1 年 6 月 30 日结算的 3 个月期欧洲美元期货合约的期货价格为 95.85 美元，那么根据刚才的分析，3 个月期欧洲美元期货合约的利率为 4.15%。我们将 3 个月期 LIBOR 当作远期利率。因此，如果固定利率支付者在第 1 年的 1 月 1 日（互换交易开始时）购买了 100 份结算日为第 1 年 6 月 30 日的 3 个月期欧洲美元期货合约，那么，该季度（第 1 年 4 月 1 日至 6 月 30 日）的支付金额将被锁定为

$$\$100\ 000\ 000 \times 0.041\ 5 \times \frac{91}{360} = \$1\ 049\ 028$$

（注意，每份期货合约的名义金额为 100 万美元，因此，100 份合约的名义金额为 1 亿美元。）类似地，欧洲美元期货合约也可以用于锁定接下来 10 个季度的浮动利率支付额。需要重点强调的是，在时期 t 期初的参考利率决定了这段时期内所支付的浮动利率。然而，直到时期 t 的期末才支付浮动利率。

图表 31—3 显示了 3 年期互换交易的情况。第（1）列显示的是每个季度的开始日，第（2）列显示的是每个季度的结束日。实际支付额将于第一个季度的季末（第 1 年的 3 月 31 日）收到，金额为 1 012 500 美元。如前所述，这个支付金额是已知的浮动利率支付额，也是唯一已知的支付额。第（4）列给出了用来计算第一次支付额的信息，即当前的 3 个月期 LIBOR（4.05%）。最后一列，即第（8）列显示了支付额。

图表 31—3　　基于初始 LIBOR 和欧洲美元期货的浮动利率现金流

（1）季度开始日	（2）季度结束日	（3）季度天数	（4）当前的 3 个月期 LIBOR（%）	（5）欧洲美元期货价格（美元）	（6）期货利率（%）	（7）时期＝季度末	（8）季度末的浮动利率现金流（美元）
第 1 年的 1 月 1 日	第 1 年的 3 月 31 日	90	4.05%			1	1 012 500
第 1 年的 4 月 1 日	第 1 年的 6 月 30 日	91		95.85	4.15%	2	1 049 028

续前表

(1) 季度 开始日	(2) 季度 结束日	(3) 季度 天数	(4) 当前的 3 个月期 LIBOR（%）	(5) 欧洲美元 期货价格 （美元）	(6) 期货利率 （%）	(7) 时期＝ 季度末	(8) 季度末的浮 动利率现金 流（美元）
第 1 年的 7 月 1 日	第 1 年的 9 月 30 日	92		95.45	4.55%	3	1 162 778
第 1 年的 10 月 1 日	第 1 年的 12 月 31 日	92		95.28	4.72%	4	1 206 222
第 2 年的 1 月 1 日	第 2 年的 3 月 31 日	90		95.10	4.90%	5	1 225 000
第 2 年的 4 月 1 日	第 2 年的 6 月 30 日	91		94.97	5.03%	6	1 271 472
第 2 年的 7 月 1 日	第 2 年的 9 月 30 日	92		94.85	5.15%	7	1 316 111
第 2 年的 10 月 1 日	第 2 年的 12 月 31 日	92		94.75	5.25%	8	1 341 667
第 3 年的 1 月 1 日	第 3 年的 3 月 31 日	90		94.60	5.40%	9	1 350 000
第 3 年的 4 月 1 日	第 3 年的 6 月 30 日	91		94.50	5.50%	10	1 390 278
第 3 年的 7 月 1 日	第 3 年的 9 月 30 日	92		94.35	5.65%	11	1 443 889
第 3 年的 10 月 1 日	第 3 年的 12 月 31 日	92		94.24	5.76%	12	1 472 000

注意，第（7）列是对第 1 个季度到第 12 个季度的编号。注意第（7）列的标题，它是根据季度末来区分每个季度的。这一点很重要，因为我们最后将对支付额（现金流）进行贴现。为了正确进行贴现，我们必须了解交换每笔支付的时间。因此，第一次的支付额 1 012 500美元将在第 1 个季度末收到。当我们提到某段时期的支付额时，都是指季度末的支付额。因此，第 5 次支付额 1 225 000 美元应为第 5 期的支付额，而第 5 期表示将在第 5 个季度末进行支付。

现在，我们回过头来分析固定利率支付。互换协议规定了这些支付的结算频率。结算频率不一定等于浮动利率支付的频率。例如，在我们列举的计算浮动利率支付额的 3 年期互换的例子中，结算频率是每季度结算一次。而固定利率支付的频率可能是每半年支付一次，而不是每季度支付一次。

在我们的例子中，我们假定固定利率支付的结算频率为每季度一次，这与浮动利率支付的频率相同。天数计算惯例也与浮动利率支付相同，为“实际天数/360 天”。某段时期内的固定利率支付额的计算公式为：

$$名义金额\times互换利率\times\frac{期间内的实际天数}{360}$$

在这个公式中，除了用互换利率代替参考利率（在我们的例子中是 3 个月期 LIBOR）外，其他方面与浮动利率支付额的计算公式相同。

例如，假定互换利率为 4.98%，每个季度为 90 天，那么，每个季度的固定利率支付额为

$$\$100\ 000\ 000\times0.049\ 8\times\frac{90}{360}=\$1\ 245\ 000$$

图表 31—4 显示了假定互换利率为 4.987 5%时的固定利率支付额（我们将在后面分析如何确定互换利率）。图表 31—4 的前三列与图表 31—3 的前三列显示的信息相同，包括季度开始日、季度结束日和每个季度的天数。第四列显示了各个时期的标号。也就是说，第 1 期表示第 1 季度的结束，第 2 期表示第 2 个季度的结束，依此类推。第五列显示了互换利率为 4.987 5%时各个时期的固定利率支付额。

图表 31—4　　互换利率为 4.987 5%时的固定利率支付额

季度开始日	季度结束日	季度天数	时期＝季度末	互换利率为 4.987 5%时的固定利率支付额（美元）
第 1 年的 1 月 1 日	第 1 年的 3 月 31 日	90	1	1 246 875
第 1 年的 4 月 1 日	第 1 年的 6 月 30 日	91	2	1 260 729
第 1 年的 7 月 1 日	第 1 年的 9 月 30 日	92	3	1 274 583
第 1 年的 10 月 1 日	第 1 年的 12 月 31 日	92	4	1 274 875
第 2 年的 1 月 1 日	第 2 年的 3 月 31 日	90	5	1 246 875
第 2 年的 4 月 1 日	第 2 年的 6 月 30 日	91	6	1 260 729
第 2 年的 7 月 1 日	第 2 年的 9 月 30 日	92	7	1 274 583
第 2 年的 10 月 1 日	第 2 年的 12 月 31 日	92	8	1 274 583
第 3 年的 1 月 1 日	第 3 年的 3 月 31 日	90	9	1 246 875
第 3 年的 4 月 1 日	第 3 年的 6 月 30 日	91	10	1 260 729
第 3 年的 7 月 1 日	第 3 年的 9 月 30 日	92	11	1 274 583
第 3 年的 10 月 1 日	第 3 年的 12 月 31 日	92	12	1 274 583

对于给定的互换支付，我们可以说明如何计算互换利率。在利率互换开始时，交易双方同意交换未来的支付，并且双方都不进行提前支付。这意味着互换协议的条款必须确保交易双方未来支付额的现值至少等于双方将要收取的现金流的现值。实际上，为了消除套利机会，交易一方支付额的现值必须等于其收到的现金流的现值。收付金额的现值相等（即套利机会为零），这是计算互换利率的一项重要原则。

由于我们必须计算支付额的现值，因此下面将说明这一计算过程。如前所述，我们在计

算支付额的现值时必须非常谨慎。尤其是，我们必须仔细地规定：(1) 发生支付的时间；(2) 用来对支付额进行贴现的利率。我们已经解决了第一个问题。

在编制上面的表格时，我们已经指出发生支付的时间为每个季度末。因此，我们将支付发生的时间指定为季度末。

应选用哪种利率进行贴现呢？每笔现金流都应运用特定的贴现率（即期利率）进行贴现。因此，如果我们利用第 t 期的即期利率对 1 美元的现金流进行贴现，那么，这笔现金流的现值为：

$$第\ t\ 期收到的\ 1\ 美元现金流的现值=\frac{\$1}{(1+第\ t\ 期的即期利率)^t}$$

如第 5 章所述，我们可以由即期利率来推导远期利率，因此，如果我们利用远期利率代替即期利率来对现金流进行贴现，那么，我们将得到相同的现值。也就是说，第 t 期收到的 1 美元现金流的现值可以改写为：

$$第\ t\ 期收到的\ 1\ 美元的现值=\frac{\$1}{(1+第\ 1\ 期的远期利率)(1+第\ 2\ 期的远期利率)\cdots(1+第\ t\ 期的远期利率)}$$

我们将第 t 期收到的 1 美元现金流的现值称为**远期贴现系数**（forward discount factor）。在涉及互换的计算中，我们将使用远期利率计算某段时期的远期贴现系数。同样，我们也可以使用远期利率来计算通过欧洲美元期货合约获得的浮动利率支付额。当然，我们还必须再进行一项调整。我们需要根据一段时期内（在我们的例子中为一个季度）的天数来调整公式中的远期利率。调整方式与我们对支付额进行调整的方式相同。具体而言，我们将一段时期内的远期利率称为**期间远期利率**（period forward rate），其计算公式如下：

$$期间远期利率=年远期利率\times\frac{期间内的天数}{360}$$

以图表 31—3 提供的数据为例。第 4 期的年远期利率为 4.72%。那么，第 4 期的期间远期利率为：

$$期间远期利率=4.72\%\times\frac{92}{360}=1.206\ 2\%$$

图表 31—5 的第 (5) 列显示了全部 12 个时期的年远期利率（摘自图表 31—3），第 (6) 列显示了全部 12 个时期的期间远期利率。注意，第 1 期的期间远期利率为 4.05% 的 90/360，它是已知的 3 个月期 LIBOR 的 90/360。

图表 31—5　　计算远期贴现系数

(1) 季度开始日	(2) 季度结束日	(3) 季度天数	(4) 时期＝季度末	(5) 远期利率（%）	(6) 期间远期利率（%）	(7) 远期贴现系数
第 1 年的 1 月 1 日	第 1 年的 3 月 31 日	90	1	4.05	1.012 5	0.989 976 4
第 1 年的 4 月 1 日	第 1 年的 6 月 30 日	91	2	4.15	1.049 0	0.979 699 1
第 1 年的 7 月 1 日	第 1 年的 9 月 30 日	92	3	4.55	1.162 8	0.968 438 3

续前表

(1) 季度开始日	(2) 季度结束日	(3) 季度天数	(4) 时期＝季度末	(5) 远期利率（%）	(6) 期间远期利率（%）	(7) 远期贴现系数
第 1 年的 10 月 1 日	第 1 年的 12 月 31 日	92	4	4.72	1.206 2	0.956 896 0
第 2 年的 1 月 1 日	第 2 年的 3 月 31 日	90	5	4.90	1.225 0	0.945 315 9
第 2 年的 4 月 1 日	第 2 年的 6 月 30 日	91	6	5.03	1.271 5	0.933 447 4
第 2 年的 7 月 1 日	第 2 年的 9 月 30 日	92	7	5.15	1.316 1	0.921 321 8
第 2 年的 10 月 1 日	第 2 年的 12 月 31 日	92	8	5.25	1.341 7	0.909 124 4
第 3 年的 1 月 1 日	第 3 年的 3 月 31 日	90	9	5.40	1.350 0	0.897 014 7
第 3 年的 4 月 1 日	第 3 年的 6 月 30 日	91	10	5.50	1.390 3	0.884 714 7
第 3 年的 7 月 1 日	第 3 年的 9 月 30 日	92	11	5.65	1.443 9	0.872 122 2
第 3 年的 10 月 1 日	第 3 年的 12 月 31 日	92	12	5.76	1.472 0	0.859 470 8

图表 31—5 还显示了全部 12 个时期的远期贴现系数。最后一列给出了这些贴现系数的数值。现在，让我们说明第 1 期、第 2 期和第 3 期的远期贴现系数计算过程。第 1 期的远期贴现系数为：

$$\text{远期贴现系数}=\frac{\$1}{1.010\,125}=0.989\,976\,4$$

第 2 期的远期贴现系数为：

$$\text{远期贴现系数}=\frac{\$1}{1.010\,125\times 1.010\,490}=0.979\,699\,1$$

第 3 期的远期贴现系数为：

$$\text{远期贴现系数}=\frac{\$1}{1.010\,125\times 1.010\,490\times 1.011\,628}=0.968\,438\,3$$

给定一段时期内的浮动利率支付额和远期贴现系数，那么，我们就能计算出支付额的现值。例如，从图表 31—3 中可以看出，第 4 期的浮动利率支付额为 1 206 222 美元。从图表 31—6 中可以看到，第 4 期的远期贴现系数为 0.956 896 0。因此，支付额的现值为：

$$\text{第 4 期支付额的现值}=\$1\,206\,222\times 0.956\,896\,0=\$1\,154\,229$$

图表 31—6 显示了每笔浮动利率支付额的现值。12 笔浮动利率支付额的现值总和为 14 052 917美元。因此，固定利率支付者收到的支付额现值为 14 052 917 美元，固定利率接受者支付的支付额现值为 14 052 917 美元。

图表 31—6　　浮动利率支付额的现值

(1) 季度开始日	(2) 季度结束日	(3) 时期＝季度末	(4) 远期贴现系数	(5) 季度末的浮动利率现金流（美元）	(6) 现金流的现值（美元）
第 1 年的 1 月 1 日	第 1 年的 3 月 31 日	1	0.989 976 4	1 012 500	1 002 351

续前表

(1) 季度开始日	(2) 季度结束日	(3) 时期＝ 季度末	(4) 远期贴 现系数	(5) 季度末的浮动利 率现金流（美元）	(6) 现金流的 现值（美元）
第 1 年的 4 月 1 日	第 1 年的 6 月 30 日	2	0.979 699 1	1 049 028	1 027 732
第 1 年的 7 月 1 日	第 1 年的 9 月 30 日	3	0.968 438 3	1 162 778	1 126 079
第 1 年的 10 月 1 日	第 1 年的 12 月 31 日	4	0.956 896 0	1 206 222	1 154 229
第 2 年的 1 月 1 日	第 2 年的 3 月 31 日	5	0.945 315 9	1 225 000	1 158 012
第 2 年的 4 月 1 日	第 2 年的 6 月 30 日	6	0.933 447 4	1 271 472	1 186 852
第 2 年的 7 月 1 日	第 2 年的 9 月 30 日	7	0.921 321 8	1 316 111	1 212 562
第 2 年的 10 月 1 日	第 2 年的 12 月 31 日	8	0.909 124 4	1 341 667	1 219 742
第 3 年的 1 月 1 日	第 3 年的 3 月 31 日	9	0.897 014 7	1 350 000	1 210 970
第 3 年的 4 月 1 日	第 3 年的 6 月 30 日	10	0.884 714 7	1 390 278	1 229 999
第 3 年的 7 月 1 日	第 3 年的 9 月 30 日	11	0.872 122 2	1 443 889	1 259 248
第 3 年的 10 月 1 日	第 3 年的 12 月 31 日	12	0.859 470 8	1 472 000	1 265 141
				总计	14 052 917

固定利率支付方要求基于互换利率的固定利率支付额的现值不得超过将收到的浮动利率支付额的现值（14 052 917 美元）。固定利率接受方要求所收到的固定利率支付额的现值不得低于所支付的 14 052 917 美元。这意味着交易双方都要求固定利率支付额的现值为 14 052 917美元。在这种情况下，固定利率支付额的现值等于浮动利率支付额的现值。因此，在互换交易开始时，互换的价值对于双方来说都是零。用来计算固定利率支付额现值的贴现率和用来计算浮动利率支付额现值的贴现率相同。

我们首先考察无套利情况下的基本关系式：

浮动利率支付额的现值＝固定利率支付额的现值

互换利率公式的推导过程如下。第 t 期的固定利率支付额等于：

$$\text{名义金额}\times\text{互换利率}\times\frac{\text{第 } t \text{ 期的实际天数}}{360}$$

第 t 期的固定利率支付额的现值等于上面的表达式乘以第 t 期的远期贴现系数。也就是说，第 t 期的固定利率支付额的现值等于：

$$\text{名义金额}\times\text{互换利率}\times\frac{\text{第 } t \text{ 期的实际天数}}{360}\times\text{第 } t \text{ 期的远期贴现系数}$$

将每个时期的固定利率支付额的现值相加，就可以得到固定利率支付额的现值总和。令 N 表示互换交易中的时期数，那么，固定利率支付额的现值总额就可以表示为：

$$\text{互换利率}\times\sum_{t=1}^{N}\text{名义金额}\times\frac{\text{第 } t \text{ 期的天数}}{360}\times\text{第 } t \text{ 期的远期贴现系数}$$

无套利假设成立的条件是，前面公式中给出的固定利率支付的现值总额等于浮动利率支付的现值总额。也就是说，

$$互换利率\times\sum_{t=1}^{n}名义金额\times\frac{第\,t\,期的天数}{360}\times第\,t\,期的远期贴现系数$$
$$=浮动利率支付额的现值$$

求解互换利率，得到：

$$互换利率=\frac{浮动利率支付额的现值}{\sum_{t=1}^{n}名义金额\times\frac{第\,t\,期的天数}{360}\times第\,t\,期的远期贴现系数}$$

注意，上式中所有用来计算互换利率的值都是已知的。

现在，我们可以运用这一公式来确定 3 年期互换交易的互换利率。图表 31—7 显示了公式中分母的计算过程。图表 31—7 中第（5）列显示的每个时期的远期贴现系数都可以从图表 31—6 的第（4）列中得到。图表 31—7 的最后一列显示的加总值（281 764 281 美元）为互换利率公式中的分母。由图表 31—6 可知，浮动利率支付额的现值为 14 052 917 美元。因此，互换利率为：

$$互换利率=\frac{\$14\,052\,917}{\$281\,764\,281}=0.049\,875=4.987\,5\%$$

图表 31—7　　计算互换利率公式中的分母

(1) 季度开始日	(2) 季度结束日	(3) 每个季度的天数	(4) 时期＝季度末	(5) 远期贴现系数	(6) (天数/360)	(7) 远期贴现系数×(天数/360)×名义金额
第 1 年的 1 月 1 日	第 1 年的 3 月 31 日	90	1	0.989 976 49	0.250 000 00	24 749 412
第 1 年的 4 月 1 日	第 1 年的 6 月 30 日	91	2	0.979 699 17	0.252 777 78	24 764 618
第 1 年的 7 月 1 日	第 1 年的 9 月 30 日	92	3	0.968 438 39	0.255 555 56	24 748 981
第 1 年的 10 月 1 日	第 1 年的 12 月 31 日	92	4	0.956 896 09	0.255 555 56	24 454 011
第 2 年的 1 月 1 日	第 2 年的 3 月 31 日	90	5	0.945 315 97	0.250 000 00	23 632 899
第 2 年的 4 月 1 日	第 2 年的 6 月 30 日	91	6	0.933 447 45	0.252 777 78	23 595 477
第 2 年的 7 月 1 日	第 2 年的 9 月 30 日	92	7	0.921 321 83	0.255 555 56	23 544 891
第 2 年的 10 月 1 日	第 2 年的 12 月 31 日	92	8	0.909 124 41	0.255 555 56	23 233 179
第 3 年的 1 月 1 日	第 3 年的 3 月 31 日	90	9	0.897 014 71	0.250 000 00	22 425 368
第 3 年的 4 月 1 日	第 3 年的 6 月 30 日	91	10	0.884 714 72	0.252 777 78	22 363 622
第 3 年的 7 月 1 日	第 3 年的 9 月 30 日	92	11	0.872 122 24	0.255 555 56	22 287 568
第 3 年的 10 月 1 日	第 3 年的 12 月 31 日	92	12	0.859 470 83	0.255 555 56	21 964 255
总计						281 764 281

给定互换利率，就能确定互换利差。例如，对于3年期互换，习惯上将新发行的3年期国债利率作为基准利率。如果新发行的3年期国债利率为4.587 5%，那么互换利差就为40个基点（4.987 5%－4.587 5%）。

各种互换交易的互换利率计算都遵循同一个原则：固定利率支付额的现值等于浮动利率支付额的现值。

互换的定价

一旦互换交易完成，市场利率的变动就会影响互换浮动利率方的支付额。利率互换的价值就是互换交易双方支付额的现值之间的差额。我们可以根据当前的欧洲美元期货合约推导出3个月期LIBOR远期利率，该远期利率可以用于：（1）计算浮动利率支付额；（2）确定用来计算支付额现值的贴现系数。

现在我们以3年期互换交易为例来说明如何计算互换利率。假设1年后，利率的变动情况如图表31—8的第（4）列和第（6）列所示。第（4）列显示了当前的3个月期LIBOR。第（5）列显示了每个时期的欧洲美元期货合约的价格。这些利率可以用来计算第（6）列中的远期利率。注意，由于图表31—8中的利率高于图表31—3中的利率，因此，利率在一年后上升了。与图表31—3相同，我们可以用当前的3个月期LIBOR和远期利率来计算浮动利率支付额。这些支付额如图表31—8第（8）列所示。

图表31—8　　1年后利率上升情况下的互换利率和浮动利率支付额

（1） 季度开始日	（2） 季度结束日	（3） 每个季度的天数	（4） 当前的3个月期LIBOR（%）	（5） 欧洲美元期货价格	（6） 远期利率（%）	（7） 时期＝季度末	（8） 季度末的浮动利率现金流
第2年的1月1日	第2年的3月31日	90	5.25			1	1 312 500
第2年的4月1日	第2年的6月30日	91		94.27	5.73	2	1 448 417
第2年的7月1日	第2年的9月30日	92		94.22	5.78	3	1 477 111
第2年的10月1日	第2年的12月31日	92		94.00	6.00	4	1 533 333
第3年的1月1日	第3年的3月31日	90		93.85	6.15	5	1 537 500
第3年的4月1日	第3年的6月30日	91		93.75	6.25	6	1 579 861
第3年的7月1日	第3年的9月30日	92		93.54	6.46	7	1 650 889
第3年的10月1日	第3年的12月31日	92		93.25	6.75	8	1 725 000

在图表31—9中，各期的远期贴现系数已经求出。计算方法与图表31—5中各期远期贴现系数的计算方法相同。图表31—9的最后一列给出了各期的远期贴现系数。

图表 31—9　　1年后利率上升情况下的期间远期利率和远期贴现系数

(1) 季度开始日	(2) 季度结束日	(3) 每个季度的天数	(4) 时期＝季度末	(5) 远期利率（%）	(6) 期间远期利率（%）	(7) 远期贴现系数
第2年的1月1日	第2年的3月31日	90	1	5.25	1.312 5	0.987 045 03
第2年的4月1日	第2年的6月30日	91	2	5.73	1.448 4	0.972 952 63
第2年的7月1日	第2年的9月30日	92	3	5.78	1.477 1	0.958 790 23
第2年的10月1日	第2年的12月31日	92	4	6.00	1.533 3	0.944 310 80
第3年的1月1日	第3年的3月31日	90	5	6.15	1.537 5	0.930 011 86
第3年的4月1日	第3年的6月30日	91	6	6.25	1.579 9	0.915 547 49
第3年的7月1日	第3年的9月30日	92	7	6.46	1.650 9	0.900 678 29
第3年的10月1日	第3年的12月31日	92	8	6.75	1.725 0	0.885 405 05

图表31—10显示了远期贴现系数（摘自图表31—9）和浮动利率支付额（摘自图表31—8）。我们不必重新计算固定利率支付额。我们仍然采用图表31—4中互换利率为4.987 5%时的固定利率支付额，并且在图表31—10中直接引用。现在，这两种支付现金流必须用新的远期贴现系数进行贴现。如图表31—10的底部所示，这两个现值如下：

浮动利率支付额的现值	$11 459 496
固定利率支付额的现值	$9 473 392

这两个现值并不相等；因此，互换交易双方中，一方的互换价值增加而另一方的互换价值减少。现在，我们分析一下哪一方会盈利，哪一方会亏损。

固定利率支付方将收到浮动利率支付额，这笔支付额的现值为11 459 496美元。固定利率支付方必须支付的现金流的现值为9 473 392美元。因此，固定利率支付方的互换价值为正值，它等于这两个现值之间的差额，即1 986 104美元。这是互换对于固定利率支付方的价值。注意，当利率上升时（如上述例子中的情况），互换价值也将提高，从而固定利率支付方将从中受益。

相比之下，固定利率收取方必须支付现值为11 459 496美元的现金流，但只能收到现值为9 473 392美元的现金流。因此，固定利率收取方的互换价值为−1 986 104美元。因此，由于利率上升时互换价值将下降，固定利率收取方将会受到不利影响。

这个估值原则同样适用于更为复杂的互换交易，我们将在本节后面介绍这些互换交易。

图表 31—10　　当1年后利率上升时，计算利率互换的价值

(1) 季度开始日	(2) 季度结束日	(3) 远期贴现系数	(4) 季度末的浮动利率现金流（美元）	(5) 浮动利率现金流的现值（美元）	(6) 季度末的固定利率现金流（美元）	(7) 固定利率现金流的现值（美元）
第2年的1月1日	第2年的3月31日	0.987 045 03	1 312 500	1 295 497	1 246 875	1 230 722
第2年的4月1日	第2年的6月30日	0.972 952 63	1 448 417	1 409 241	1 260 729	1 226 630

续前表

(1) 季度开始日	(2) 季度结束日	(3) 远期贴现系数	(4) 季度末的浮动利率现金流（美元）	(5) 浮动利率现金流的现值（美元）	(6) 季度末的固定利率现金流（美元）	(7) 固定利率现金流的现值（美元）
第 2 年的 7 月 1 日	第 2 年的 9 月 30 日	0.958 790 23	1 477 111	1 416 240	1 274 583	1 222 058
第 2 年的 10 月 1 日	第 2 年的 12 月 31 日	0.944 310 80	1 533 333	1 447 943	1 274 583	1 203 603
第 3 年的 1 月 1 日	第 3 年的 3 月 31 日	0.930 011 86	1 537 500	1 429 893	1 246 875	1 159 609
第 3 年的 4 月 1 日	第 3 年的 6 月 30 日	0.915 547 49	1 579 861	1 446 438	1 260 729	1 154 257
第 3 年的 7 月 1 日	第 3 年的 9 月 30 日	0.900 678 29	1 650 889	1 486 920	1 274 583	1 147 990
第 3 年的 10 月 1 日	第 3 年的 12 月 31 日	0.885 405 05	1 725 000	1 527 324	1 274 583	1 128 523
总计				11 459 496		9 473 392
小结			固定利率支付方		固定利率收取方	
收到金额的现值			11 459 496		9 473 392	
支付金额的现值			9 473 392		11 459 496	
互换的价值			1 986 104		−1 986 104	

互换的久期

与所有固定收益证券一样，互换的价值也随着利率的变动而变动。金额久期是衡量固定收益证券利率敏感性的指标。从支付浮动利率和收取固定利率的交易方的角度看，利率互换头寸可以分解为：固定利率债券多头＋浮动利率债券空头。这意味着，从固定利率收取方的角度看，利率互换的金额久期就是构成这笔互换的两种债券的金额久期之差，也就是：

互换的金额久期＝固定利率债券的金额久期－浮动利率债券的金额久期

互换价格对利率变动的敏感性大部分由固定利率债券的金额久期决定，因为浮动利率债券的金额久期比较小。互换交易越临近调息日，浮动利率债券的金额久期就越小。

这种特性的意义在于，为了增加投资组合的金额久期，投资组合经理应该进行互换并作为固定利率收取方。这在经济上等同于对投资组合的利率风险敞口进行杠杆化，从而增加金额久期。相反，通过在互换交易中作为固定利率支付方，投资组合经理可以减少投资组合的金额久期。

互换在投资组合风险控制中的应用

在第 29 章中，我们说明了如何用期货改变投资组合对利率变化的风险敞口（即改变投资组合的久期）。在本章前面，我们说明了如何让利率互换等同于远期/期货合约的投资组合。因此，当我们知道使用利率互换可以提供和第 29 章中介绍的期货合约一样的久期调整机制时，不应感到意外。在我们说明利率互换久期时，我们介绍了互换头寸如何增加金额久期（通过成为固定利率收取方）或减少金额久期（通过成为固定利率支付方）。

让我们举例说明如何使用利率互换改变投资组合的久期。我们将使用第 29 章中的图表 29—3 所示投资组合的例子。以下是对该例的简要重述。2011 年 3 月 31 日，投资组合经理的投资组合市场价值为 48 109 810 美元，它的基准指数为巴克莱资本中期债券综合指数。2011 年 3 月 31 日，该指数和投资组合的久期分别为 3.68 和 2.97。投资组合经理希望对投资组合进行重组，使投资组合的久期与基准指数的久期匹配。也就是说，投资组合经理希望采取久期中性策略，因此投资组合的目标久期为 3.68。我们知道，当利率变化 100 个基点时：

投资组合的目标金额久期＝3.68％×＄48 109 810＝＄1 770 441

投资组合当前的金额久期＝2.97％×＄48 109 810＝＄1 428 861

投资组合的目标金额久期和当前金额久期之差为 341 580 美元。这意味着，为了达到目标投资组合久期 3.68，利率变化 100 个基点时，投资组合经理必须增加当前投资组合的金额久期 341 580 美元。

2011 年 3 月 31 日，投资组合经理决定使用 5 年期利率平价互换。互换利率为 2.42％。由于目标是增加金额久期，因此这需要投资组合经理作为固定利率收取方进行互换交易。可以看到，名义金额为 7 699 779 美元的金额久期为 340 881 美元。因此，该名义金额的 5 年期利率互换与当前投资组合结合，将导致该投资组合的新金额久期为 1 769 475 美元，它接近于获得 3.68 的投资组合久期所需的目标金额久期。

互换在资产负债管理中的应用

迄今为止，我们只是单纯地介绍利率互换并考察其特征。现在，我们将举例说明如何在资产负债管理中运用互换。在我们已经介绍的普通利率互换之外，还存在其他类型的利率互换，我们将在后面对其进行介绍。

利率互换可用来改变机构资产的现金流特征，从而使资产与负债更好地匹配。在这里，我们通过两家机构——一家商业银行和一家人寿保险公司——来举例说明。

假设一家银行持有一个由 5 年期固定利率商业贷款组成的投资组合。该投资组合的本金为 5 000 万美元，投资组合中所有贷款的利率均为 7％。这些贷款是只付利息的贷款，每半年付息一次，本金在第 5 年年末偿还。也就是说，假设贷款没有违约风险，那么，该贷款组合产生的现金流为：在接下来的 5 年内每 6 个月支付 175 万美元的利息，并在第 5 年年末偿还 5 000 万美元的本金。假定这家银行依靠发放 6 个月期存单来为该贷款组合融资。银行准备对 6 个月期存单支付的利率是 6 个月期 LIBOR 加上 40 个基点。

这家银行面临的风险是 6 个月期 LIBOR 达到或超过 6.6％的风险。为了理解其中的原因，不要忘记该银行从其商业贷款组合中每年赚取 7％的利率。如果 6 个月期 LIBOR 达到 6.6％，那么，银行就需要向 6 个月期资金的储户支付 6.6％加 40 个基点，即 7％的利率，因此银行将无法获得利差收入。更糟的是，如果 6 个月期 LIBOR 高于 6.6％，那么，银行将遭受损失。也就是说，融资成本将超过从贷款组合中赚取的利息收益。银行的目标是锁定超过其融资成本的利差。

这个利率互换例子中的另一方是一家人寿保险公司，该公司承诺在接下来 5 年内对其已发行的担保投资合约（GIC）支付 6％的年利率，担保投资合约的金额为 5 000 万美元。假定该人寿保险公司有机会将5 000万美元投向它认为有吸引力的一种私人发行的5年期浮动利率金融工具。这种金融工具的利率为6个月期LIBOR加上160个基点。息票利率每6个月调整一次。在这种情况下，人寿保险公司面临的风险是6个月期LIBOR可能下降，以至于保险公司无法赚取足够的收益以产生6%（保险公司向担保投资合约持有人承诺支付的利率）之上的利差。如果6个月期LIBOR下降到4.4%甚至更低，那么就不会产生任何利差收益。为了理解其中的原因，假设在重新调整浮动利率工具的息票利率时，6个月期LIBOR为4.4%。那么，在接下来6个月内的息票利率将为6%（4.4%加上160个基点）。由于人寿保险公司已经同意对其发行的担保投资合约保单支付7%的利率，因此不会产生利差收益。如果6个月期LIBOR下降到4.4%以下，人寿保险公司就会蒙受损失。

我们可以将上例中银行和人寿保险公司的资产负债管理问题总结如下：

银行：

1. 贷出长期资金，借入短期资金。
2. 如果6个月期LIBOR上升，利差收入将下降。

人寿保险公司：

1. 贷出短期资金，借入长期资金。
2. 如果6个月期LIBOR下降，利差收入将下降。

现在，我们假设市场上存在名义本金金额为5 000万美元的5年期利率互换交易。银行可以获得的互换条款为：

1. 银行每6个月将支付5.45%的利率（年利率）。
2. 银行每6个月将收到LIBOR。

人寿保险公司可以得到的互换条款为：

1. 人寿保险公司每6个月将支付LIBOR。
2. 人寿保险公司每6个月将收到5.40%的利率。

这种利率互换协议对银行和人寿保险公司分别有什么影响呢？我们首先来考察银行。在互换协议的有效期内，每6个月的利差变动情况如下：

收到的年利率	
来自商业贷款组合	7.00%
来自利率互换	6个月期LIBOR
总计	7.00%+6个月期LIBOR
支付的年利率	
对存单持有人的支付	6个月期LIBOR+0.4%
对利率互换的支付	5.45%
总计	5.85%+6个月期LIBOR
结果	
收到的利率	7.00%+6个月期LIBOR
支付的利率	5.85%+6个月期LIBOR
利差收益	1.15%或115个基点

因此，无论 6 个月期 LIBOR 如何变动，银行都可以将利差收益锁定为 115 个基点。

现在，我们考察一下利率互换对人寿保险公司的影响：

收到的年利率	
来自浮动利率金融工具	1.6%+6 个月期 LIBOR
来自利率互换	5.40%
总计	7.00%+6 个月期 LIBOR
支付的年利率	
对担保投资合约持有人的支付	6.00%
对利率互换的支付	6 个月期 LIBOR
总计	6.00%+6 个月期 LIBOR
结果	
收到的利率	7.00%+6 个月期 LIBOR
支付的利率	6.00%+6 个月期 LIBOR
利差收益	1.00%或 100 个基点

因此，无论 6 个月期 LIBOR 如何变动，人寿保险公司都可以将利差收益锁定为 100 个基点。

利率互换使交易双方都能实现锁定利差的资产负债目标。① 利率互换允许两家金融机构改变其资产的现金流特征：银行由固定利率变为浮动利率，而人寿保险公司由浮动利率变为固定利率。这种类型的交易被称为**资产互换**（asset swap）。银行与人寿保险公司之间的另一种互换方法是通过互换市场来改变负债的现金流特征。这种互换被称为**负债互换**（liability swap）。

当然，这两家金融机构也可以通过其他方法来实现相同的目标。银行可能会拒绝发放固定利率商业贷款。但是，如果借款人能找到其他愿意发放固定利率贷款的机构，那么银行就会失去这些客户。人寿保险公司可能会拒绝购买浮动利率金融工具。但是，假如某个私募金融工具向人寿保险公司提供的条款比同等信用风险的浮动利率金融工具更有吸引力，那么，通过利用互换市场，人寿保险公司就能获得比直接投资于 5 年期固定利率债券更高的收益率。例如，假设人寿保险公司可以投资于具有同等信用风险、收益率为 6.8%的 5 年期固定利率债券，同时假设人寿保险公司需要对发行的担保投资合约支付 6%的利率。那么，人寿保险公司的利差收入将为 80 个基点，低于人寿保险公司购买浮动利率金融工具并进行互换交易所能获得的 100 个基点的利差收入。

因此，利率互换交易不仅可以通过改变资产或负债的现金流特征来改变交易风险，而且，在某些情况下，利率互换还可以用来提高收益。显然，这取决于是否存在市场不完全性。

运用互换创建结构性票据

如第 7 章所述，对于希望借利率、货币和（或）股市波动之机盈利的机构投资者，公司

① 至于利差是否足够大，并不是我们在这个例子中要解决的问题。

可以为其定制中期票据。也就是说，这些票据的息票利率基于上述金融变量的变动。一家公司可以通过发行中期票据并同时进行互换来人为地固定息票利率。以这种方式创建的中期票据被称为**结构性中期票据**（structured MTNs）。

下面的例子说明了如何运用利率互换来创建息票利率的变动方向与 LIBOR 的变动方向相反的结构性票据，也就是反向浮动利率中期票据。如第 8 章所述，我们可以通过为固定利率证券构造对应的浮动利率证券来创建反向浮动利率证券。如果使用利率互换，就没有必要创建浮动利率证券。

为了说明如何利用利率互换构建浮动利率证券，我们作出如下假设：Arbour 公司希望发行 1 亿美元的 5 年期固定利率中期票据。购买这些中期票据的银行表示，只能支付 6.10%的收益率。但是，银行建议 Arbour 公司发行反向浮动利率中期票据，并进行下面两笔交易：

交易 1：发行 1 亿美元的 5 年期反向浮动利率中期票据，利率每 6 个月按照下列公式调整一次：13%－LIBOR。

交易 2：与银行进行名义本金为 1 亿美元的 5 年期利率互换，支付额按以下方式每半年交换一次：

Arbour 公司支付 LIBOR。

Arbour 公司收取 7%的固定利率。

注意，由于随着 LIBOR 的上升，息票利率将下降，因此，Arbour 公司的中期票据是反向浮动利率票据。但是，尽管中期票据具有反向浮动利率，以上两笔交易的结合仍然使 Arbour 公司得到了固定利率融资，如下：

Arbour 公司收到	
银行支付的互换利率	7%
Arbour 公司支付	
对中期票据持有人支付的利率	13%－LIBOR
向银行支付的互换利率	LIBOR
净支付	(13%－LIBOR)＋LIBOR－7%＝6%

这种结构性中期票据的优点在于：发行人能够获得 6%的融资成本，而发行固定利率中期票据的融资成本为 6.1%。通过运用其他类型的互换（股票互换和货币互换），还可以创建出其他类型的息票利率。

普通型互换的变型

到目前为止，我们已经介绍了普通利率互换。为了满足借款人和贷款人的资产负债管理需要，出现了一些特定的或个性化的互换交易，包括：在互换交易的期限内名义本金可以按预先确定的方式变化的互换，以及互换交易双方同时支付浮动利率的互换。有些互换交易具有复杂的互换结构，例如基于互换的期权（称为**互换期权**，swaptions），以及在将来某个时间才开始执行的互换（称为**远期启动互换**，forward start swaps)。接下来我们将讨论所有这些互换。[①] 需要重点指出的是，这些互换结构并不只是让普通互换更加复杂的“点缀”，

① 见 Geoffrey Buetow, Jr., and Frank J. Fabozzi, *Valuation of Interest Rate Swaps and Swaptions* (New Hope, PA: Frank J. Fabozzi Associates, 2001)。

投资组合经理已经发现，它们拥有控制利率风险所需的性质。

改变名义本金金额的互换

在普通利率互换中，名义本金金额在互换期限内保持不变。因此，这种互换有时被称为**子弹式互换**（bullet swap）。相比之下，递减式互换、递增式互换和滚动式互换的名义本金金额在互换期限内会发生变化。

递减式互换（amortizing swap）是名义本金金额在互换期限内按预先确定的方式逐渐减少的互换。如果用互换对冲的资产的本金在互换期限内逐渐减少，就将采用递减式互换。例如，在我们说明银行面临的资产负债管理问题时所举的例子中，假设商业贷款每 6 个月支付一次利息，并且只在贷款期末偿还本金。然而，如果这笔商业贷款是典型的定期贷款，也就是分期偿还的贷款，那么情况会是怎样呢？例如，假设这是一笔典型的分期偿还抵押贷款。在这种情况下，未偿还的贷款本金将逐渐减少，银行将需要一种名义本金金额以与贷款同样的方式逐渐减少的互换。

递增式互换和滚动式互换不如递减式互换那么常见。**递增式互换**（accreting swap）是名义本金金额在互换期限内按预先确定的方式逐渐增加的互换。**滚动式互换**（roller coaster swap）是名义本金金额在不同的时期可能增加也可能减少的互换。

基差互换和固定期限互换

普通利率互换的条款要求对固定利率支付和浮动利率支付进行互换。在**基差互换**（basis swap）中，交易双方基于不同的参考利率进行浮动利率支付的互换。例如，假定一家商业银行有一个贷款组合，其贷款利率以优惠利率为基础，但是银行的资金成本以 LIBOR 为基础。银行面临的风险是优惠利率与 LIBOR 之间利差改变的风险，这种风险被称为**基差风险**（basis risk）。银行可以运用基差互换进行基于优惠利率的浮动利率支付（因为这是决定银行贷款收入的参考利率），并基于 LIBOR 收取浮动利率支付（因为这是决定银行融资成本的参考利率）。

另一种常见的互换是将浮动利率与某种长期利率绑定，例如，与 2 年期中期国债的息票利率，而不是货币市场利率绑定。例如，互换交易中的一方将支付 2 年期国债利率，交易的另一方将支付 LIBOR。这种互换被称为**固定期限互换**（constant maturity swap）。在固定期限互换中，决定固定期限国债收益率的参考利率通常是由美联储公布的**固定期限国债**（constant maturity Treasury，CMT）利率。由于固定期限互换与固定期限国债利率绑定，因此，固定期限互换又被称为**固定期限国债互换**（constant maturity Treasury swap）。

远期启动互换

远期启动互换（forward start swap）是直到互换协议规定的某个未来日期才开始的互换。因此，存在未来某个时间的互换起始日和互换到期日。互换起始互换还规定了交易对方同意在起始日开始交换支付额的互换利率。

例如，2011 年 4 月 21 日，10 年期国债利率为 3.40%，10 年期互换利率为 3.49%。同一天，远期互换利率为

2 年期	4.42%
3 年期	4.74%
5 年期	5.08%

10 年期　　5.13%

因此，例如，考虑10年期互换的2年期远期启动互换。对于该合约，交易对方同意在2011年4月21日起的两年后进行10年期利率互换，该互换的互换利率将为4.42%。

互换期权

有一种期权以利率互换作为标的工具。这种互换结构被称为**互换期权**（swaptions）。互换期权赋予期权买方在未来某日进行利率互换的权利。互换期权买方必须向互换期权卖方支付一笔费用，即互换期权价格或互换期权费。互换期权明确规定了互换的到期日、互换期限和互换利率。互换利率是互换期权的执行利率。互换期权可能具有美式执行条款，也可能具有欧式执行条款。

互换期权有两种类型——支付方互换期权和收取方互换期权。**支付方互换期权**（payer swaption）买方有权进行支付固定利率并收取浮动利率的利率互换交易。在**收取方互换期权**（receiver swaption）中，互换期权买方有权进行支付浮动利率并收取固定利率的利率互换交易。

描述互换期权的惯例如下："A×B"，其中A为期权到期的年数，B为执行期权时的互换年数（期限）。这种期权也被描述为"A换为B"的期权。例如，3×10的欧式互换期权（也可以描述为"3换为10"的互换期权）是互换期权买方有权在从现在起3年后进行10年期利率互换的互换期权。

正如我们在第30章介绍期权时所说明的，期权可以是价内期权（ITM）、平价期权（ATM）或价外期权（OTM）。这些术语是根据执行价格与标的工具现行市场价格的差异而使用的。同理，互换期权也是如此。通常，交易商根据假设波动率对平价互换期权报价。价内互换期权和价外互换期权的报价则是基于比平价期权更高的波动率。

如何使用互换期权？考察之前给出的两个互换应用可以看出它的用途：控制投资组合的久期和资产负债管理。

控制利率风险　在第30章中，我们举例说明了如何使用期货期权控制债券的利率风险。让我们来看如何用互换期权创建在第29章中使用的债券组合的期权式报酬，以说明如何使用期货改变久期，在本章前面也用这种方法说明了如何用互换达到相同目的。

让我们来看必须持有的头寸类型。在这个例子中曾经提到，投资组合经理希望增加投资组合的利率风险敞口。在期货合约中，这是通过买入国债期货实现的，在利率互换中，这是通过作为固定利率收取方实现的。使用互换期权等期权型工具，如果利率下降，投资组合经理希望获得非线性报酬，那么投资组合的报酬将类似于久期为3.68的基准指数。然而，如果利率上升，投资组合的价值下降幅度将小于久期为3.68的投资组合。获利空间增加了，但亏损风险得到了限制，这正是互换期权等期权型工具的特征。当然，这不是免费的；它需要支付费用，即互换期权费。

投资组合经理在互换期权中应该持有什么头寸？由于投资组合经理希望增加投资组合的久期，而固定利率收取方互换将增加久期，因此这意味着投资组合经理将购买收取方互换（即收取固定利率并支付浮动利率）。假设2011年3月31日，投资组合经理决定使用执行利率（互换利率）为3.26%的1×5平价收取方欧式互换期权。假设波动率为115个基点，产生理想利率敞口所需的收取方互换期权成本为307 705美元（收取方互换期权的名义金额为14 487 071美元）。使用收取方互换期权将为投资组合增加的金额久期为340 881美元（和固定利率互换相同）。

资产负债管理 为了说明如何在资产负债管理中使用互换期权，让我们回到银行—保险公司的例子中。银行在利率互换中使用其在商业贷款中获得的利率（10%）支付固定利率（10%）。假设商业贷款的借款人对其债务违约。那么，银行将不会从商业贷款中收到10%的利率以进行互换支付。当银行进行实际上赋予其中止或取消互换权利的互换期权交易时，可以在初始互换交易开始时解决这个问题。也就是说，银行将进行收取方互换期权——收取10%的固定利率，以抵消它在初始互换中有义务支付的固定利率。实际上，借款人不必对互换违约才能对银行有负面影响。假设商业贷款可以被提前偿还。那么，银行将有类似的问题。例如，假设商业贷款利率降至7%，借款人提前偿还贷款。那么，银行将被迫按照互换条款支付10%的利率。使用提前偿还商业贷款得到的收入，银行可能只能投资于——例如，利率为7%的类似贷款，这个利率低于银行按合约必须支付的利率。

利率上限和利率下限

利率协议（interest-rate agreement）是交易双方达成的一种协议，其中，一方当事人在收取一定的前期费用后，同意在指定的利率（称为**参考利率**，reference rate）偏离了预定的利率水平时在特定时期内给予另一方当事人一定的经济补偿。如果一方同意在参考利率超过预定的利率水平时向另一方进行经济补偿，那么，这种协议被称为**利率上限**（interest-rate cap）或**上限**（ceiling）。如果一方同意在参考利率低于预定的利率水平时向另一方进行经济补偿，那么，这种协议被称为**利率下限**（interest-rate floor）。预先确定的利率水平被称为**执行利率**（strike rate）。

利率协议的条款包括：

1. 参考利率。
2. 设定了上限或下限的执行利率。
3. 协议的期限长度。
4. 结算频率。
5. 名义本金金额。

假设C向D购买了一份具有以下条款的利率上限协议：

1. 参考利率为6个月期LIBOR。
2. 执行利率为8%。
3. 协议期限为7年。
4. 每6个月结算一次。
5. 名义本金金额为2 000万美元。

根据该协议，未来7年内的每6个月中，只要6个月期LIBOR超过8%，D就得向C支付一定的款项，支付额等于6个月期LIBOR与8%之间的差额乘以名义本金金额再除以2。例如，如果从现在起6个月后的6个月期LIBOR为11%，那么，D需要向C支付的金额为：3%（11%－8%）乘以2 000万美元再除以2，即300 000美元。如果6个月期LIBOR为8%或低于8%，那么D就不必向C支付任何款项。

我们仍然采用利率上限例子中的条款来说明利率下限。在这个例子中，如果6个月期LIBOR为11%，那么，C从D处得不到任何款项。但是，如果6个月期LIBOR低于8%，那么，D需要向C补偿其中的差额。例如，如果6个月期LIBOR为7%，那么D将向C支付 100 000 美元[(8%－7%)×2 000 万美元÷2]。

我们可以将利率上限和利率下限结合起来创建利率双限。这可以通过买入一份利率上限和卖出一份利率下限来实现。有些商业银行和投资银行向客户出售利率协议期权。其中，以利率上限为标的工具的期权被称为**利率上限期权**（captions）；以利率下限为标的工具的期权被称为**利率下限期权**（flotions）。

风险—收益特征

在利率协议中，买方需要支付前期费用，前期费用代表了买方可能损失的最高金额和卖方可能获得的最高金额。一旦买方支付了费用，履约责任就全落到了利率协议的卖方身上。如果参考利率高于执行利率，那么，利率上限协议的买方将从中受益，因为利率上限协议的卖方必须向买方提供补偿。如果参考利率低于执行利率，那么，利率下限协议的买方将从中受益，因为利率下限协议的卖方必须向买方提供补偿。

为了更好地理解利率上限和利率下限，我们可以将其视为在本质上等价于一篮子利率期权。在利率上限协议中，当参考利率高于执行利率时，买方将受益，因此，利率上限协议类似于购买一篮子以参考利率为标的工具的看涨期权或一篮子以债券为标的工具的看跌期权。利率上限协议的卖方实际上出售了一篮子以参考利率为标的工具的看涨期权或一篮子以债券为标的工具的看跌期权。当参考利率低于执行利率时，利率下限协议的买方将从中受益。因此，利率下限协议的买方实际上从期权卖方那里买入了一篮子以参考利率为标的工具的看跌期权或一篮子以债券为标的工具的看涨期权。

在这里，一份复杂的合约仍然可以被视为一篮子基础合约，或者说一份复杂的利率协议可以被视为一篮子期权合约。利率上限期权和利率下限期权都可以被视为一篮子期权的期权。

计算利率上限和利率下限的价值①

我们在第 18 章介绍的无套利二叉树模型也可以用来计算利率上限和利率下限的价值。如前所述，这是因为利率上限和利率下限只不过是各种期权的组合或剥离。具体而言，它们就是欧式利率期权的剥离。因此，计算利率上限的价值时，应先计算出每个时期的利率上限[称为**利率上限单元**（caplet）]价值，然后将其加总。我们将这种利率上限估值方法称为**利率上限单元法**（caplet method）（我们也可以用相同的方法计算利率下限的价值）。说明了利率上限单元法后，我们将说明计算利率上限价值的简单方法。

现在我们举例说明利率上限单元法。我们仍然采用第 18 章中计算利率期权价值时用过的利率二叉树模型，计算一份名义本金金额为 1 000 万美元、利率上限为 5.2%的 3 年期利率上限协议的价值。参考利率为利率二叉树模型中的 1 年期利率。利率上限的支付方式为每年支付一次。

对于需要修正用于利率期权估值的利率二叉树方法的利率上限和利率下限而言，存在一个和支付时间有关的缺陷。这是由于典型的利率上限和利率下限是滞后结算的。如本书在其他地方曾说明过的，这意味着对具有该特征的金融工具支付的利率是在期初确定的，但却是

① 这里的表述是以波士顿大学的 Donald Smith 教授提供的框架为基础的。

在期末（即下一期的期初）支付的。我们将使用阿拉伯数字表示日期（即，日期 0、日期 1、日期 2 和日期 3）并用文字表示年份（即，第 1 年、第 2 年和第 3 年），来避免混淆确定支付和进行支付的日期。图表 31—11 显示了标明日期和年份的利率二叉树。

图表 31—11　　　　　　　　　　标明日期和年份的利率二叉树

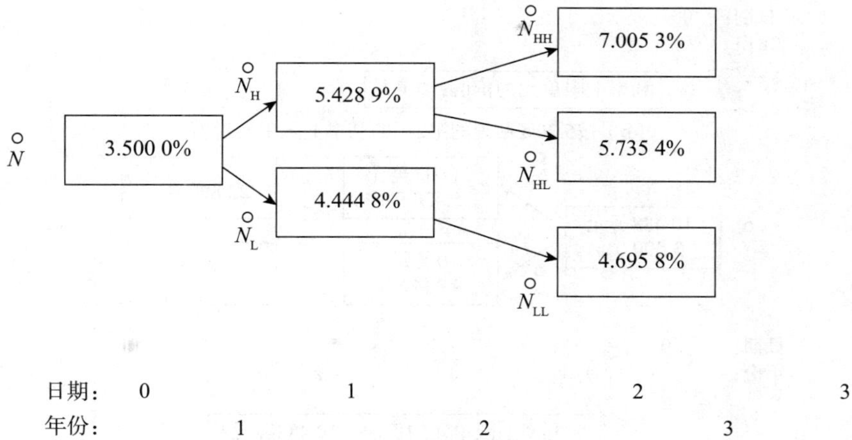

利用图表 31—11，我们可以理解滞后支付的含义。首先来看日期 1，在该日有两个利率：4.444 8%和 5.428 9%。假设在日期 0，某位投资者签订了一份利率互换协议，协议规定，如果日期 1 的参考利率超过 5.2%，那么该投资者将在日期 2 收到的金额为参考利率和 5.2%之差再乘以 1 000 万美元；如果参考利率低于 5.2%，则不会收到任何金额。该协议规定的支付方式为滞后支付。例如，假设日期 1 的利率（参考利率）为 5.428 9%。那么，支付额将为：

$$(5.428\,9\%-5.200\,0\%)\times\$10\,000\,000=\$22\,890$$

在日期 2 将支付 22 890 美元。

有了这一背景，我们将首先说明如何利用利率上限单元法计算 3 年期利率上限的价值。

利率上限单元法

首先考虑第一年的利率上限单元价值，如图表 31—12（a）所示。在日期 0，1 年期利率为 3.5%。由于该利率没有超过 5.2%的利率上限，因此支付额为 0。

现在，我们来看图表 31—12（b）显示的第 2 年的利率上限单元。日期 1 有两个利率：4.444 8%和 5.428 9%。如果日期 1 的利率为 4.444 8%，那么就不会发生支付，因为该利率小于 5.2%。如果利率为 5.428 9%，那么如前所述，将于日期 2 发生支付，支付额为 22 890 美元。

在日期 2 发生的支付额为 0 美元或 22 890 美元。这些值将被贴现回日期 0。在贴现过程中，首先要将这些值贴现回日期 1，然后再贴现回日期 0。由于假设两种支付额发生的可能性相同，因此在每个日期，都要计算现值的平均值。

应该使用什么贴现率呢？应该使用的贴现率是要将利率贴现回去的那个日期节点上的贴现率。例如，日期 2 的 22 890 美元支付额应该按 5.428 9%的贴现率贴现，以获得在日期 1 的现值。该现值为 21 711 美元（22 890 美元/1.054 289），如图表 31—12（b）的节点所示。显然，0 美元支付额的现值为 0 美元。这两个现值在日期 1 的平均值为 10 855.5 美元。

图表 31—12　　　　　用利率上限单元法计算利率上限的价值

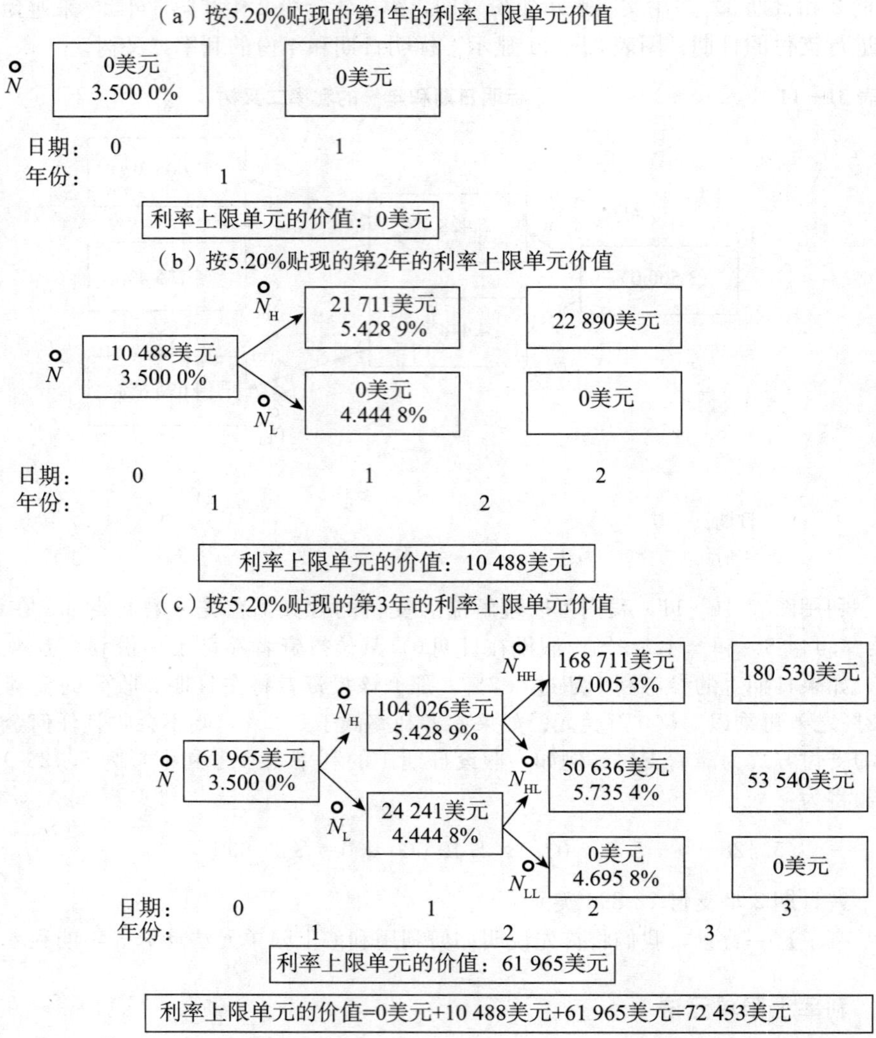

日期 1 的现值应按 3.5%贴现到日期 0。其现值为 10 488.41 美元（10 855.5 美元/1.035）。日期 0 显示的是四舍五入后的近似值，10 488 美元。

图表 31—12（c）显示了第 3 年的利率上限单元的价值。日期 2 有 3 个利率：4.695 8%、5.735 4%和 7.005 3%。如果日期 2 的利率为 4.695 8%，则不发生支付。对于另两个利率，支付额分别为：

$$(5.735\ 4\%-5.200\ 0\%)\times \$10\ 000\ 000=\$53\ 540$$

$$(7.005\ 3\%-5.200\ 0\%)\times \$10\ 000\ 000=\$180\ 530$$

这些支付额显示在日期 3 的位置上，因为它们是滞后支付的。将于日期 3 收到的两笔支付额在日期 2 的现值为：

$$\$53\ 540/1.057\ 354=\$50\ 636$$

$$\$180\ 530/1.070\ 053=\$168\ 711$$

这些现值显示在日期 2 的位置上。

再回到日期 1，我们必须计算日期 2 的两个数值的平均值，并用相应的利率贴现。日期 1 的较低利率（4.444 8%）所对应的日期 2 的平均值为 25 318 美元[(0 美元+50 636 美元)/2]*。因此，日期 1 的现值为 24 240.56 美元（25 318 美元/1.044 448）。日期 1 的节点显示了四舍五入后的数值。同理，日期 1 的较高利率（5.428 9%）所对应的日期 2 的平均值为 50 636 美元和 168 711 美元的平均值，即 109 673.5 美元。按 5.428 9% 的贴现率将 109 673.5美元贴现回日期 1 的现值为 104 026 美元。

最后一步是将日期 1 的两笔支付额的值贴现回日期 0。在日期 1，两笔支付额的平均值为 64 134 美元。以 3.5%的利率贴现，得到第 3 年的利率上限单元价值为 61 964.73 美元。图表 31—12（c）显示了四舍五入后的近似值，61 965 美元。

这样，3 年期利率上限的值就是 3 个利率上限单元的价值之和；也就是说，利率上限的价值=第 1 年的利率上限单元价值+第 2 年的利率上限单元价值+第 3 年的利率上限单元价值。在我们的例子中，

第 1 年的利率上限单元价值	0 美元
第 2 年的利率上限单元价值	10 488 美元
第 3 年的利率上限单元价值	61 965 美元
3 年期利率上限的价值	72 453 美元

用单利率二叉树计算利率上限的价值

利率上限的价值可以用单利率二叉树进行计算。仅从必要的贴现次数有所减少上看，这一过程更为简单。

图表 31—13 显示了这种方法。通过计算日期 3 的支付额并贴现回日期 2，可以得到日期 2 的三个值。图表 31—12（c）显示了日期 2 的值。

让我们来看日期 1 的利率较高的节点（利率为 5.428 9%）。上面的数值，104 026 美元，是从该节点分出的两个日期 2 的值的现值。其计算方法与图表 31—12（c）的计算方法相同。下面的数值，21 711 美元，是日期 1 的第 2 年利率上限单元的支付额，其计算方法如图表 31—12 所示。在图表 31—13 中，日期 1 上面那个节点的第三行数值（用黑体显示）是前两个值之和。在倒推过程中将用到这个值。日期 1 下面那个节点的框中所显示的数值是用相同的方法求出的。

给定日期 1 两个节点上的值，将用黑体表示的数值平均，得到 74 989 美元[(125 737 美元+24 241 美元)/2]。将该值用 3.5%贴现，得到 72 453 美元。这就是用利率上限单元法求出的相同的数值。

计算利率下限的价值

利率下限价值可以用和计算利率上限价值相同的两种方法计算出来，唯一的例外是，支付发生时间为利率低于执行利率时。在利率下限中，某个年份的利率下限价值被称为**利率下**

---

* 原文此处为“$25 318=（$0+$50 636)”，疑有误。根据上下文，此处将算式补完为“25 318 美元=(0 美元+50 636美元)/2”。——译者注

限单元（floorlet）。利率下限单元之和即为利率下限的价值。利率下限的价值也可以通过单利率二叉树计算出来。

图表 31—13　　　　　　用单利率二叉树计算利率上限的价值

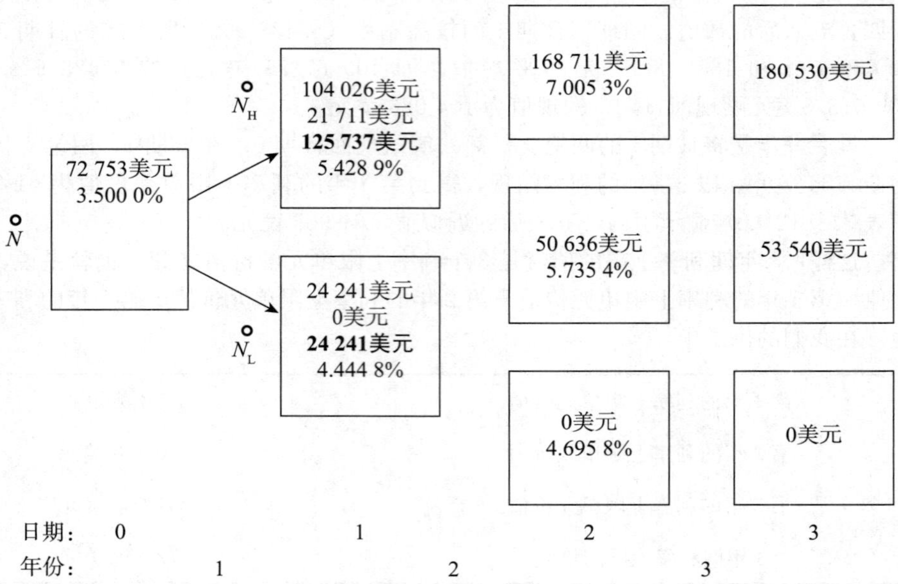

应　用

为了理解如何在资产负债管理中运用利率协议，请考虑我们用来说明利率互换应用的例子中商业银行和人寿保险公司所面临的问题。[①] 前面曾经提到，商业银行的目标是锁定超过融资成本的利差。但是，由于商业银行借入的资金是短期的，因此其融资成本不确定。但是，商业银行可能购买这样一种利率上限，其上限利率加上购买该利率上限的成本低于它从固定利率商业贷款中获得的利息收益。如果短期利率下降，那么，银行虽然不能从利率上限中受益，但是其融资成本却下降了。因而，利率上限使银行可以设定融资成本的上限，同时保留从利率下降中获益的机会。

银行可以通过出售利率下限来降低购买利率上限的成本。在这种情况下，如果参考利率降到执行利率以下，银行将同意向利率下限的买方支付一定的款项。银行从出售利率下限中获得一笔费用收入，同时也放弃了参考利率降到执行利率以下时的获利机会。通过买入利率上限和卖出利率下限，银行为其融资成本预先设定了一个范围（即利率双限）。

回想一下该例中人寿保险公司面临的问题：人寿保险公司保证在未来 5 年内向担保投资合约持有人每年支付 9%的利率，并考虑购买一种有吸引力的私募交易的浮动利率工具。人寿保险公司面临的风险是，利率可能下降，以至于无法获得足够的收益以实现 9%的保证收益率以及一定的利差。人寿保险公司可以买入利率下限以设定投资收益率的下限，但保留利

① 至于在保险业中的其他应用，见 David F. Babbel，Peter Bouyoucos，and Robert Stricker，“Capping the Interest Rate Risk in Insurance Products，” Chapter 21 in Frank J. Fabozzi (ed.)，*Fixed Income Portfolio Strategies* (Chicago：Probus Publishing，1989)。

率上升时的获利机会。为了降低利率下限的购买成本，人寿保险公司可以同时出售利率上限。但是，这样做就使其丧失了6个月期LIBOR上升至利率上限的执行利率以上时的获利机会。

要　点

• 利率互换是指一种交易双方在规定的时间交换利率支付的协议。

• 在普通互换交易中，一方支付固定利率（称为固定利率支付方），另一方支付浮动利率（称为固定利率收取方），所支付的金额以利率互换的名义本金金额为基础。

• 资产经理与风险经理利用利率互换来改变投资组合的久期、其资产或负债的现金流特征，或者利用觉察到的资本市场无效率获益。

• 互换头寸可以解释为一篮子远期/期货合约，或买卖现货市场工具产生的一篮子现金流。

• 通过寻找使互换交易双方现金流现值相等的贴现率，可以计算出互换利率。现有互换的价值等于交易双方支付额的现值之差。

• 从浮动利率支付者的角度看，互换的利率敏感性或久期恰好等于构成互换的固定利率债券的久期与浮动利率债券的久期之差。由于浮动利率债券的久期很小，因此，互换的利率敏感性主要取决于固定利率债券的久期。

• 非普通互换包括名义本金金额在互换交易的期限内以预先确定的方式变动的互换（递减式互换、递增式互换和滚动式互换），以及互换交易的双方同时支付浮动利率的互换（基差互换和固定期限国债互换）。

• 有些互换交易具有复杂的互换结构，例如直到某个未来时间才开始的互换（远期启动互换）和基于互换的期权（互换期权）。

• 互换期权可以用于创建这样一种具有期权式支付的投资组合：当利率朝有利方向变化时，具有理想久期；但限制利率朝相反方向的不利变化。创建这种有利风险—收益关系的成本就是互换期权的成本。

• 利率协议是交易双方达成的一种协议，其中，一方在支付了一定前期费用后，有权在指定利率偏离预先确定的水平时得到协议卖方一定的补偿。

• 利率上限要求一方同意在指定利率超过执行利率时向另一方进行支付。利率下限要求一方同意在指定利率低于执行利率时向另一方进行支付。

• 利率上限可以用来对融资成本设定上限；利率下限可以用来对收益率设定下限。我们可以通过买入利率上限和卖出利率下限来创建利率双限。

• 我们可以利用利率二叉树模型计算利率上限和利率下限的价值。

问　题

1. 假设一家交易商对一份5年期的互换协议报出的条款如下：固定利率支付方为了获得LIBOR将支付4.4%的利率，固定利率收取方为获得4.2%的利率将支付LIBOR。请问：交易商的买卖利差为多少？

2. 请给出利率互换的两种解释。

3. 请说明如何确定 LIBOR 互换交易中浮动利率方的现金流。

4. 如何计算互换利率？

5. 假设一家人寿保险公司发行了一种固定利率为 10% 的 3 年期担保投资合约。请问在什么情况下，这家人寿保险公司投资于浮动利率债券，并进行支付浮动利率和收取固定利率的 3 年期利率互换交易是可行的？

6. 如何使用利率互换降低投资组合的久期以匹配基准指数的久期？

7. 某位投资组合管理者购买了执行利率为 4.5%的互换期权。该互换期权使该投资组合管理者有权进行一笔支付固定利率并收取浮动利率的利率互换交易。互换期权的期限为 5 年。

a. 该互换期权是支付方互换期权还是收取方互换期权？请说明原因。

b. 4.5%的执行利率的含义是什么？

8. 某份报价单上有以下文字：

"收取方互换期权：在互换中收取固定利率的期权（即多头收取方为多头久期）。

支付方互换期权：在互换中支付固定利率的期权（即多头支付方为空头久期）。"

a. 请说明为何收取方互换期权为多头久期。

b. 请说明为何支付方互换期权为空头久期。

9. 某家储蓄贷款协会的投资组合经理考虑将互换作为资产负债管理策略的一部分。互换可以用来将固定利率住房抵押贷款组合的支付转换为浮动利率支付。

a. 运用普通利率互换有什么风险？

b. 在名义本金金额随着时间的推移而下降时，投资组合经理为什么可能考虑运用利率互换？

c. 投资组合经理为什么会考虑购买互换期权？

10. 考虑下列利率互换：

- 互换开始日：第 1 年的 1 月 1 日。
- 浮动利率按季支付，计息天数惯例为"实际天数/360"。
- 参考利率为 3 个月期 LIBOR。
- 互换的名义金额：4 000 万美元。
- 互换期限：3 年。

a. 假定 3 个月期 LIBOR 为 5.7%，那么，利率互换交易中的固定利率支付方在第一年的 3 月 31 日将收到多少金额（假设第一年不是闰年）？

b. 假设接下来的 7 个季度，欧洲美元期货价格如下表所示：

季度开始日	季度结束日	每个季度的天数	欧洲美元期货的价格（美元）
第 1 年的 4 月 1 日	第 1 年的 6 月 30 日	91	94.10
第 1 年的 7 月 1 日	第 1 年的 9 月 30 日	92	94.00
第 1 年的 10 月 1 日	第 1 年的 12 月 31 日	92	93.70
第 2 年的 1 月 1 日	第 2 年的 3 月 31 日	90	93.60
第 2 年的 4 月 1 日	第 2 年的 6 月 30 日	91	93.50
第 2 年的 7 月 1 日	第 2 年的 9 月 30 日	92	93.20
第 2 年的 10 月 1 日	第 2 年的 12 月 31 日	92	93.00

请计算每个季度的远期利率和每个季度末的浮动利率支付额。

c. 该利率互换每个季度末的浮动利率支付额是多少？

11. a. 假设某笔利率互换交易的互换利率为 7%，固定利率互换每季支付一次，计息天数惯例为"实际天数/360 天"。如果 2 年期互换的名义金额为 2 000 万美元，且每个季度的天数如下所示，那么，每个季度末的固定利率支付额为多少？

季度期	每个季度的天数
1	92
2	92
3	90
4	91
5	92
6	92
7	90
8	91

b. 假设在第 a 问中，固定利率互换每半年支付一次而不是每季支付一次，那么，半年期的固定利率支付额为多少？

c. 假设 2 年期固定利率互换的名义本金金额在两年内是不同的。第 1 年的名义金额为 2 000 万美元，第 2 年的名义金额为 1 200 万美元。那么，每 6 个月的固定利率支付额为多少？

12. 下表给出了当前的 3 个月期 LIBOR 和欧洲美元期货的价格，请计算每个时期的远期利率和远期贴现系数。

时期	每个季度的天数	3 个月期 LIBOR	当前的欧洲美元期货价格（美元）
1	90	5.90%	
2	91		93.90
3	92		93.70
4	92		93.45
5	90		93.20
6	91		93.15

13. a. 假设在 5 年期利率互换交易中，参考利率为 3 个月期 LIBOR，浮动利率支付额的现值为 16 555 000 美元。假设每半年支付一次固定利率，并假设用下式计算固定利率支付额（使用本章中的符号）：

$$\sum_{t=1}^{10} \text{名义金额} \times \text{互换利率} \times \frac{\text{第 } t \text{ 期的实际天数}}{360} \times \text{第 } t \text{ 期的远期贴现系数} = 236\,500\,000 \text{ 美元}$$

该互换交易的互换利率为多少？

b. 假设新发行的 5 年期国债的收益率为 6.4%，那么，互换利差为多少？

14. 某笔利率互换的初始期限为 5 年。目前，该互换还有 2 年到期。在剩余的期限内，该利率互换交易的固定利率支付额的现值为 910 000 美元，浮动利率支付额的现值为 710 000 美元。

a. 从固定利率支付方的角度看，该互换的价值是多少？

b. 从固定利率收取方的角度看，该互换的价值是多少？

15. 假设一家储蓄贷款协会购买了具有以下条款的利率上限协议：参考利率为 6 个月期国库券利率；利率上限的期限为 5 年；每半年支付一次；执行利率为 5.5%；名义金额为 1 000 万美元。另外，假设在 6 个月期的期末，6 个月期国库券利率为 6.1%。

a. 储蓄贷款协会收到的支付额为多少？

b. 如果 6 个月期国库券的利率是 5.45% 而不是 6.1%，那么，利率上限协议卖方的支付金额为多少？

16. 利率协议与以利率为标的工具的期权之间是什么关系？

17. 如何创建利率双限？

18. 请用图表 31—11 中显示的利率二叉树模型计算名义金额为 1 000 万美元、利率下限为 4.8% 的 3 年期利率下限的价值。

第 32 章

信用违约互换

学习目标

阅读本章后，您将了解

- 信用衍生工具与利率衍生工具的区别
- 什么是信用违约互换，以及如何定义信用事件
- 什么是信用事件，以及资产支持证券信用事件的特殊定义
- 信用违约互换合约的机制，包括互换费的计算
- 单一名称信用违约互换和指数信用违约互换的区别
- 近似计算单一名称信用违约互换的价值
- 什么是资产互换，以及它与单一名称信用违约互换估值的联系
- 信用违约互换的隐含违约概率的含义以及用于计算信用违约互换的基础假设
- 不同类型的指数信用违约互换
- 信用违约互换的经济解释
- 如何使用信用违约互换控制投资组合的信用风险

前三章讨论的利率衍生工具可以用于控制债券组合管理中内含的主要基本风险：利率风险。另一种主要基本风险是信用风险。正如第 1 章说明的，信用风险包括违约风险、信用利差风险和降级风险。为了控制投资组合对信用风险的敞口，可以使用信用衍生产品。尽管信用衍生产品有很多种，但迄今为止最常用的信用衍生产品为信用衍生互换（CDS），因为它可能是所有信用衍生产品中最简单的信用风险转移形式。

信用衍生互换有两类：单一名称信用违约互换和指数信用违约互换。不管信用违约互换是什么类型，合约都有两方：信用保障买方和信用保障卖方。信用保障卖方向信用保障买方提供针对“某种对象”的某种“信用事件”的信用保障并收取费用。交易文件中必须规定的信用违约互换关键条款是“信用事件”的定义和被提供信用保障的“对象”。被提供信用保障的“对象”是参考实体或参考标的。**参考实体**（reference entity）是指寻求信用保障的债

务工具的发行人。**参考标的**（reference obligation）是指寻求信用保障的特定债券。例如，参考实体可以是福特汽车信贷公司。参考标的可以是福特汽车信贷公司发行的特定债券。在单一名称信用违约互换中，只有一个参考实体或参考标的。在指数信用违约互换中，存在一个参考实体标准化篮子。信用保障买方向信用保障卖方支付的金额被称为信用违约互换利差或互换支付。[①]

根据信用事件的定义，可能不仅只有一个事件，而是有多个可能事件将对参考标的或参考实体的所有债务产生不利影响。在信用违约互换的交易文件中规定了这些信用事件。在1998年之前，信用衍生产品的发展受到缺少标准法律文件的阻碍。每笔交易（即买卖信用衍生产品合约）都必须进行定制。1998年，国际互换与衍生产品协会（ISDA）制定了一份标准合约，供信用衍生产品合约交易的双方使用。尽管这份文件主要是为信用违约互换设计的，但合约形式非常灵活，因此也可以用于其他形式的信用衍生产品。

在本章中，我们介绍不同类型的信用违约互换、单一名称信用违约互换估值的基本内容，以及如何用信用违约互换控制风险。我们将首先考察信用违约互换中的基本要素：信用事件的定义。

信用事件

信用违约互换可能在发生**信用事件**（credit event）时进行支付。国际互换与衍生产品协会给出了信用事件的定义。国际互换与衍生产品协会最初的重点是定义公司债务和主权债务的信用事件。随着资产支持证券和市政债券单一组别信用违约互换交易的增加，国际互换与衍生产品协会提出了以这两类资产为合约标的资产时的信用事件定义。

1999年版国际互换与衍生产品协会信用衍生工具定义（被称为“1999年版定义”）给出了八种信用事件的情形：（1）破产；（2）兼并中的信用事件；（3）交叉加速到期；（4）交叉违约；（5）信用降级；（6）未履行支付义务；（7）拒绝清偿/延期偿付；（8）债务重组。这八种违约事件基本上包括了各种导致参考实体信用质量恶化或参考标的价值下降的情形。

破产（bankruptcy）被定义为与破产法相关的各种行为。如果参考实体未在到期时按合约进行支付，就会产生**未履行支付义务**（failure to pay）的情况。当参考实体未能履行合约条款时，那么它已经对其债务违约。发生违约事件时，债务的到期和应偿付时间早于参考实体正常履约时的预定到期日。这被称为**债务加速到期**（obligation acceleration）。参考实体可以否认或反对债务合约的有效性，这种信用事件被称为**拒绝清偿/延期偿付**（repudiation/moratorium）。

在信用违约衍生产品中，争议最大的信用事件是债务重组。当债务条款发生变化，新条款对债务持有者的吸引力不及初始条款时，就会发生**债务重组**（restructuring）。有可能改变的条款通常包括但不局限于下列一项或多项条款：（1）降低利率；（2）减少本金；（3）重新安排本金偿还时间表（例如，延长债务期限）或延迟支付利息；（4）参考实体的债务结构中债务优先水平的变化。

---

① 在之前的章节中，我们说明了发行人贷款的定价为何低于某个参考利率加上利差，通常是LIBOR加上利差。某些发行人现在可以选择由信用违约互换市场上的利率决定其贷款利率。例如，2011年，Honeywell International与多家银行签订了包含这种条款的5年期、28亿美元信用额度协议。

债务重组如此具有争议性的原因在于，信用保障买方将债务重组作为信用事件，并从中受益；而且，买方认为如果将债务重组从信用事件中去除，将会破坏其信用保障。与之相反，信用保障卖方不愿意将债务重组作为信用事件，因为即使是贷款安排中发生的常规性债务变更，也会引起对信用保障买方的偿付。而且，如果参考标的是贷款，并且信用保障买方是贷款人，那么信用保障买方将会从这笔贷款的债务重组中获得双重收益。第一重收益是，信用保障买方获得信用保障卖方的支付；第二重收益是，向债务重组提供的资金融通促进了贷款人（信用保障买方）和客户（公司实体，即参考标的的债务人）之间的关系。

由于存在这一问题，2001 年 4 月发布的“1999 年国际互换与衍生产品协会信用衍生工具定义债务重组补充定义”（“补充定义”）提供了修正后的债务重组定义。关于信用保障买方向借款人（参考标的债务人）所提供贷款的债务重组，定义中的相关条款对参考标的作出了限制。对于债务重组资格，该条款提出了以下要求：（1）参考标的的持有者不得少于四个；（2）参考标的的债务重组必须得到绝对多数（2/3 以上）人的同意。此外，补充定义还限制了当债务重组导致信用保障买方引发的偿付时，可以进行实物交割的参考标的的期限。

随着信用衍生工具市场的发展，尤其是随着 2002 年高收益公司债券违约率达到历史最高水平和吸取 2001—2002 年阿根廷债务危机等主权国家违约的经验，市场参与者更加了解如何更好地定义信用事件。2003 年 1 月，国际互换与衍生产品协会在“2003 年国际互换与衍生产品协会信用衍生工具定义”（被称为“2003 年版定义”）中公布了修订后的信用事件定义。修订后的定义对 1999 年版定义中的信用事件定义作出了多处修改。具体而言，这些修改包括对破产、拒绝清偿和债务重组的定义的修改。

债务重组的定义变化最大，国际互换与衍生产品协会允许交易双方从下列四种定义中进行选择：（1）无债务重组；（2）基于 1998 年版定义的“完全”或“旧式”债务重组；（3）基于补充定义的“修正的债务重组”；（4）“重新修正的债务重组”。最后一个选项是新公布的定义，主要用来解决欧洲市场上产生的问题。

并非刚才介绍的公司发行人和主权发行人信用事件的全部八种定义都适用于市政债券发行人。市政债权信用违约互换中使用的三种信用事件为破产、未履行支付义务和债务重组。由于信用事件可能不适用于所有类型的市政债券，所以国际互换与衍生产品协会对市政债券信用违约互换的标准化确认要求交易参与方规定作为交易标的工具的市政债券类型。国际互换与衍生产品协会的确认提供了下列三种市政债券类型选择：（1）由市政府的十足信用支持的市政证券（十足信用债券）；（2）由现成资金支付的证券（一般基金债券）；和(3)由特别收入流支持的证券（收益债券）。

资产支持证券的信用事件

以资产支持证券（ABSs）为标的进行的信用违约互换被称为资产支持证券信用违约互换。正如第 13 章、第 14 章和第 15 章说明的，资产支持证券包括许多资产类型。前面曾经提到，2007 年的市场惯例是将担保品为一组次级抵押贷款的住房抵押贷款支持证券分类为资产支持证券而非抵押贷款支持证券的一部分。因此，许多以资产支持证券为标的的信用违约互换都涉及次级抵押贷款组合。

资产支持证券有一些独特之处，它要求当参考实体为资产支持证券组别时，修正国际互换与衍生产品协会文件中对信用事件的定义。[1] 2005 年 6 月，国际互换与衍生产品协会发布了资产支持证券的**现购现付**（pay-as-you-go，PAUG）模板。重点是资产支持证券结构的现金流充足性而非破产可能。（第 15 章曾经提到，资产支持证券的发行人不是公司，而是破产风险隔离信托。）据此，国际互换与衍生产品协会的 PAUG 模板提供了下列三种信用事件，它们的重点是资产支持证券交易的现金流充足性：

- 未履行支付义务。基础参考标的未能按期支付利息或偿还本金。
- 减记。基础参考标的的本金被减记且不可撤销。
- 不良证券评级下调。基础参考标的被降至 Caa2/CCC 级或更低。

正如我们看到的，与参考实体是公司、信用事件反映违约情况的信用违约互换不同，PAUG 模板意图反映影响特定参考资产支持证券组别的现金流的任何非违约事件。

单一名称信用违约互换

在**单一名称信用违约互换**（single-name CDS）中，只有一个参考实体或参考标的。单一名称信用违约互换基于以下对象进行：

- 公司债务发行人（债券或杠杆贷款）。
- 主权发行人。
- 市政债券发行人。
- 资产支持证券的组别。

为了说明单一名称信用违约互换的机制，我们将举以公司债券发行人为标的的信用违约互换为例。在这个例子中，我们假设参考实体为 XYZ 公司，发行人只有一只未清偿债券。信用违约互换的标的工具为面值为 1 000 万美元的 XYZ 债券。和互换、利率上限和利率下限等利率衍生工具一样，信用违约互换有名义金额，它在我们的例子中为 1 000 万美元。

假设互换费——信用保障买方向信用保障卖方支付的费用——为 200 个基点。单一名称信用违约互换的标准合约要求每季支付互换费。季度支付额根据债券市场上的某种天数计算惯例确定。用于信用违约互换的天数计算惯例为实际天数/360，该惯例也用于利率互换市场。这种“实际天数/360”的天数计算惯例意味着在确定季度支付额时，需要使用季度内的实际天数，并假定每年为 360 天。因此，每个季度支付的互换费为：

$$\text{每季度支付的互换费}=\text{名义金额}\times\text{互换利率（用小数表示）}\times\frac{\text{季度内的实际天数}}{360}$$

例如，假设一笔信用违约互换的名义金额为 1 000 万美元，一个季度的实际天数为 92 天。同时假定互换费为 200 个基点（0.02），那么，信用保障买方该季度需要支付的互换费用为：

$$\$10\ 000\ 000\times 0.02\times\frac{92}{360}=\$51\ 111.11$$

如果未发生信用事件，信用保障买方将在互换期限内每季支付互换费。如果发生了信用

---

① 关于对公司债券信用违约互换和要求修正信用违约事件定义的资产支持证券信用违约互换之间差异的详细讨论，见以下文献第 6 章：Laurie S. Goodman，Shumin Li，Douglas J. Lucas，Thomas A. Zimmerman，and Frank J. Fabozzi，*Subprime Mortgage Credit Derivatives*（John Wiley & Sons，2008）。

事件，那么将会发生两种情况。第一，信用保障买方将不必向信用保障卖方支付更多互换费。第二，互换的**终止价值**（termination value）得以确定。计算终止价值的程序取决于互换协议规定的结算条款。结算方式既可能是实物结算，也可能是现金结算。单一名称信用违约互换的市场结算惯例是实物交割。

在**实物交割**（physical settlement）中，信用保障买方将参考实体的一定面值的债券交割给信用保障卖方。信用保障卖方向信用保障买方支付债券的面值。和参考实体只有一只未清偿债券的XYZ公司的假想例子不同，实际中所有参考实体都有许多只未清偿的债券，因此信用保障买方可以向信用保障卖方交割许多不同的参考实体债券。这些债券被称为**可交割债券**（deliverable obligations）。互换协议将规定债券符合可交割债券的资格必须具备的特征。前面曾经提到，长期国债期货合约和中期国债期货合约的空头可以选择交割哪只被交易所规定为可交割债券的国债。空头方将选择最便宜可交割债券，而赋予空头方的这种选择权实际上是嵌入式期权。对于单一名称信用违约互换的实物交割，道理是相同的。从可交割债券列表中，信用保障买方可以选择向信用保障卖方交割最便宜可交割债券。

图表32—1显示了单一名称信用违约互换的机制。图中显示了信用事件发生前后的现金流。假设图中的交割方式为实物交割。

规定了实物交割的标准信用违约互换合约的另一种形式是**固定回收率信用违约互换**（fixed recovery CDS）。这种信用违约互换消除了回收率的不确定性，将其固定为交易时的特定回收价值。对于固定回收率信用违约互换，如果参考实体触发了信用事件，信用保障卖方将进行现金交割，它等于100减去规定的固定回收率。

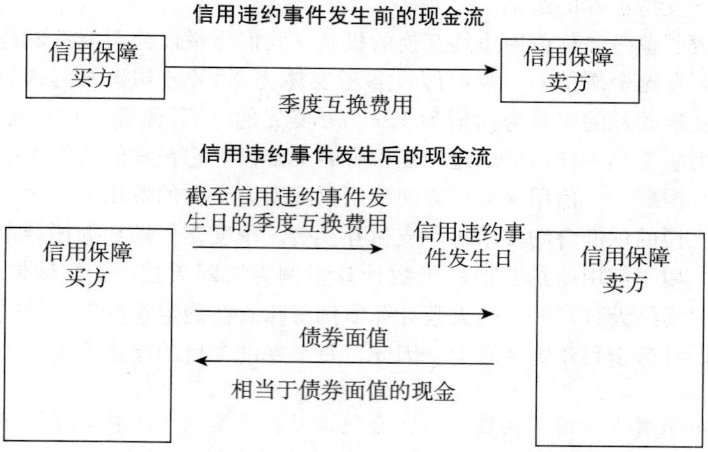

图表32—1　以实物交割的单一名称信用违约互换的机制

近似计算单一名称信用违约互换的价值

让我们来看公司债券发行人的单一名称信用违约互换的一般定价或估值原则。[①]“估值”或“定价”的意思是确定信用违约互换利差的公允价值。单一名称信用违约互换的一般估值

① 更详细的讨论，见Ren-Raw Chen，Frank J. Fabozzi，and Dominic O'Kane，"The Valuation of Credit Default Swaps," in Frank J. Fabozzi (ed.)，*Professional Perspectives on Fixed Income Portfolio Management*：*Volume 4* (Hoboken，NJ：John Wiley & Sons，2003)。

或定价原则是，现货市场和衍生工具市场之间存在着某种关系。我们在前面章节对利率衍生工具定价的讨论中已经了解到这一点。

我们将从一系列简化假设开始。更详细的信用违约互换定价模型需要分析当放松假设时，必须如何修正模型。

以下是我们为期限为 T 年的某个参考实体的单一名称信用违约互换定价所需的八个假设条件：

假设 1：参考实体发行的证券中，有期限为 T、以平价交易、息票利率为 LIBOR 加某个利差（用 F 表示）的浮动利率债券。（也就是说，该债券的调息公式为 LIBOR$+F$。）

假设 2：浮动利率债券的息票支付日期与必须向单一名称信用违约互换的信用保障卖方进行支付的日期相同。

假设 3：希望借入资金来购买假设 1 中的浮动利率债券的市场参与者可以按回购利率来借入资金。此外，市场参与者还可以获得时期长度相当于 T（浮动利率债券的期限）的回购利率。回购交易的借款利率（即回购利率）为 LIBOR$+B$，其中 B 是 LIBOR 之上的利差，且借款利率适用于所有市场参与者。

假设 4：如果发生信用事件，那么发生时间为付息日的一天之后。

假设 5：信用违约互换要求进行实物结算，而假设 1 中的浮动利率证券是满足交割条件的最便宜可交割证券。

假设 6：在市场上卖空债券没有困难。

假设 7：没有交易成本。

假设 8：信用违约互换的交易对手和回购协议的交易对手没有交易对手风险。

在我们讨论定价模型时，将揭开这些假设之所以重要的原因。

对于某个参考实体的期限为 T 的单一名称信用违约互换，我们希望了解如何计算其信用违约互换费（用 X 表示）。考虑以下策略：

- 购买参考实体发行的期限为 T 的浮动利率债券。
- 通过在回购市场上借入与该债券期限 T（这也是信用违约互换的期限）相同的资金，为购买浮动利率债券融资。
- 为了对冲与浮动利率债券有关的信用风险，通过购买参考实体的期限为 T 的信用违约互换买入信用保障。

正如我们将要看到的，该策略等同于一笔无违约投资。（前面曾经提到，根据假设 8，不存在交易对手风险。）

让我们来考察以下两种可能结果的报酬：

- 没有信用事件发生；
- 发生一次信用事件。

如果没有发生信用事件，那么浮动利率债券将自然到期。在该债券期限内，每期获得的利息等于 LIBOR$+F$（根据假设 1）。每期的借款成本（即回购利率）为 LIBOR$+B$（根据假设 3）。因此，该资产所有者将收到 LIBOR$+F$，并为借入资金支付 LIBOR$+B$。因此，获得的净现金流为 $F-B$。也就是说，根据我们的简化假设，在没有发生信用事件的情况下，该策略的报酬为 $F-B$。

接下来，考虑如果发生了一次信用事件时的情况。根据假设 5，浮动利率债券采用实物交割的方法。这意味着浮动利率证券将被交割给信用保障卖方（即单一名称信用违约互换的卖方）。根据假设 4，在支付了浮动利率证券的息票利息之后，将马上出现信用事件。因此，没有更多的息票支付，也没有应计的信用违约互换支付。从信用违约互换的信用保障卖方获得的收益将被用于偿还为购买浮动利率债券而借入的资金。这样，就偿还了通过回购借入的资金。因此，该策略的报酬和没有信用事件时相同，都是 $F-B$。

根据我们的八条简化假设，由于我们的策略中没有出现套利，因此信用违约互换的利差 S 必定等于这两种情况下的报酬，$F-B$。因此，信用违约互换利差的第一近似值为参考实体发行的平价浮动利率债券利率和 LIBOR 的利差（F）与为购买浮动利率债券的借款成本和 LIBOR 的利差（B）之差。

这个第一近似值为市场参与者确定信用违约互换交易价格提供了起点。我们说这是一个近似值，是因为我们作出了简化假设。其中一个假设值得注意，因为它提供了信用违约互换的经济原理的基本假设，即回购利率在信用违约互换的期限内保持不变（假设 3）。本章后面对信用违约互换进行经济解释时将对其进行说明。我们从第 24 章关于回购市场的讨论中得知，回购利率不止一个。例如，人们可以借入隔夜资金（即隔夜回购）或更长时期的资金（定期回购）。但是，回购利率通常是短期利率。也就是说，人们不能以固定利率在回购市场上借入为期几年的资金。但是，通过进行信用违约互换，就能有效地锁定信用违约互换期限内的借款利率。因此，这就是信用违约互换的吸引力所在。

在实践中，我们知道假设 1 可能不成立。也就是说，对于作为单一名称信用违约互换参考实体的公司发行人而言，不太可能有以平价交易的浮动利率债券。因此，市场参与者转而考虑资产互换市场，因为它允许市场参与者将资产的现金流特征从固定利率转换为浮动利率，或从浮动利率转换为固定利率。在平价资产互换的资产互换市场上，可以获得与 LIBOR 的利差的替代指标（F）。因此，单一名称信用违约互换的第一近似值是（平价资产互换市场上的）资产互换利差和回购市场上的 LIBOR 之上的利差之差。

资产互换

由于资产互换在单一名称信用违约互换定价中的重要性，我们将在这里介绍这类互换。如前面的章节所述，投资者可以利用利率互换将债券固有的现金流特征转换为理想的现金流特征——将固定利率转换为浮动利率，或将浮动利率转换为固定利率。当投资者拥有一项资产，并转换了资产的现金流特征时，就称该投资者创建了一项**资产互换**（asset swap）。常见的资产互换形式是，投资者购买有信用风险的固定利率债券，并将其转换为浮动利率债券。如果债券发行人违约，那么投资者必须继续向利率互换的交易对方（即互换交易商）进行支付，因此，投资者仍然面临债券发行人的信用风险。

现在，让我们举例说明基本的资产互换。假设投资者按平价购买了面值为 1 000 万美元、利率为 7.85%、期限为 5 年的 BBB 级公司债券。利息每半年支付一次。同时，投资者与交易商进行了一笔 5 年期利率互换，其中，投资者支付固定利率且每半年支付一次。假设互换利率为 7.00%，投资者收取 6 个月期 LIBOR。

让我们来看未来 5 年内投资者每 6 个月的现金流状况：

向债券收取的利率	7.85%
一向互换交易商支付的利率	7.00%
＋向互换交易商收取的利率	6 个月期 LIBOR
投资者收取的净利率	0.85%＋6 个月期 LIBOR

因此，不论利率如何变动，只要债券发行人没有违约，投资者就能赚取高于 6 个月期 LIBOR 85 个基点的利差。实际上，投资者将 BBB 级的 5 年期固定利率债券转换为利率高于 6 个月期 LIBOR 一定利差的 5 年期浮动利率债券。这样，投资者就创建了一种合成式浮动利率债券。准确地说，资产互换的目的是：创建有信用风险的合成式浮动利率证券。

虽然在我们关于资产互换的介绍中，投资者购买信用风险债券并与交易商进行利率互换交易，但是，资产互换通常是将利率互换与债券交易相结合，即在利率互换的同时，将所持信用风险债券以平价出售给交易对手，且没有应计利息。这种资产互换结构或一篮子资产互换被称为**平价资产互换**（par asset swap）。如果信用风险债券的发行人发生违约，那么资产互换交易将终止，违约债券也将在加上或减去根据市场价格对资产互换交易进行价格调整的差价后返还给投资者。因此，投资者仍会面临发行人的信用风险。

在平价资产互换中，支付债券息票利息以交换 LIBOR，并且在必要的时候再加上一个利差，该利差被称为**资产互换利差**（asset swap spread），它是资产互换的价格。实际上，资产互换允许投资者支付以 LIBOR 计息的资金，并收取资产互换利差。这个利差是标的信用风险债券的信用风险的函数。

现在举例说明该资产互换的结构，假定在前面的例子中，市场上的现行互换利率为 7.30%，而非 7.00%。投资者拥有债券，并将其按面值出售给交易商且没有应计利息。交易商与投资者之间达成的资产互换协议如下：

- 期限为 5 年。
- 投资者同意向交易商支付 7.30%的固定利率，每半年支付一次。
- 交易商同意每 6 个月向投资者支付 6 个月期 LIBOR 加上 30 个基点的资产互换利差。

让我们来看在这种资产互换结构下，未来 5 年内投资者每 6 个月的现金流状况：

向债券收取的利率	7.85%
一向互换交易商支付的利率	7.30%
＋向互换交易商收取的利率	6 个月期 LIBOR＋30 个基点
投资者收取的净利率	0.85%＋6 个月期 LIBOR

在第一个资产互换例子中，投资者创建了一个不涉及交易商的合成式浮动利率债券。投资者拥有债券。唯一涉及交易商的是，交易商充当利率互换的交易对手。在第二个资产互换结构中，交易商是资产互换的交易对手，并且交易商拥有标的信用风险债券。如果发生违约，交易商必须将债券返还给投资者。

信用违约互换的隐含违约概率

信用违约互换利差反映了市场对参考实体的违约概率和发生违约时所能回收金额的观点。在信用违约互换市场初期，人们使用下列简单关系式从观察到的信用违约互换利差中倒算出违约概率：

$$\text{观察到的信用违约互换利差基点}/10\,000=(1-\text{假设的回收率})\times\text{假设的违约概率}$$

注意，在这个公式中，我们使用了违约概率。使用信用违约互换时，这不一定意味着破产，但是更广泛地说，它是实现信用事件的概率。

给定假设的回收率，**隐含违约概率**（implied default probability）可以通过解上述违约概率公式获得：

$$隐含违约概率=\frac{观察到的信用违约互换利差基点/10\ 000}{1-假设的回收率}$$

因此，举例来说，如果观察到的某家公司5年期信用违约互换利差为500个基点，且假设回收率为40%，那么隐含违约概率为8.33%，如下所示：

$$隐含违约概率=\frac{500/10\ 000}{1-0.40}=0.083\ 3=8.33\%$$

注意，假设的回收率越高，给定信用违约互换的隐含违约概率就越高。因此，举例来说，如果假设回收率为60%，则隐含违约概率为12.5%。

市场参与者将根据标的工具使用行业标准固定回收率获得隐含违约概率。例如，市场惯例是假设贷款的回收率高于公司债券，市政债券的回收率高于公司债券。

随着信用违约互换市场的成熟，人们广泛承认上述隐含违约概率公式只是非常粗略的违约概率近似计算公式。该公式没有考虑影响信用违约互换利差的几个因素，例如买卖利差和交易对手风险。① 此外，它假设回收率是正确和固定的。

现在，人们使用更复杂的隐含违约概率计算模型。这些模型使用了第23章中介绍的信用风险模型。然而，使用任何违约概率时，重要的都是理解这些值是根据模型算出来的，模型做出了假设并要求估计模型输入值。② Singh 和 Spackman 提供了一些绝佳案例，这些案例说明了在经济危机时期错误使用基于行业标准固定回收率假设的信用违约互换利差推导出的违约概率。③

指数信用违约互换

指数信用违约互换（index CDS）是以标准化一篮子参考实体为标的的信用违约互换，包括基于下列对象进行的信用违约互换：④

- 公司债务发行人；

---

① 由于定价中存在其他因素，例如信用违约互换交易中的流动性风险和交易对手风险，因此这条简要信息并不简单。关于这些因素的重要性，见 Ren-Raw Chen，Frank J. Fabozzi，and Ronald Sverdlove，"Corporate Credit Default Swap Liquidity and Its Implications for Corporate Bond Spreads，" *Journal of Fixed Income* 20，2（2010），pp. 31 - 57；Xiaoling Pu，Junbo Wang，and Chunchi Wu，"Are Liquidity and Counterparty Risk Priced in the Credit Default Swap Market?" *Journal of Fixed Income* 20，4（2011），pp. 59 - 79；and Navneet Arora，Priyank Gandhi，and Francis A Longstaff，"Counterparty Credit Risk and the Credit Default Swap Market，" *Journal of Financial Economics* 103，2（2012），pp. 280 - 293。

② 这不仅对从观测到的信用违约互换价格中提取信息很重要，而且在其他涉及观测价格的应用中也很重要。根据观测期权价格计算隐含波动率可能是最著名的例子。在第30章中，我们讨论了应用于债券期权定价的 Black-Scholes 期权定价模型，我们指出了该模型的假设以及为何部分假设不适用于债券期权定价。

③ 见 Manmohan Singh and Carolyne Spackman，"The Use (and Abuse) of CDS Spreads During Distress，" International Monetary Fund，Working Paper WP/09/62，March 2009。

④ 市场上还存在由交易对手之一选出参考实体的篮子信用违约互换。也就是说，和指数信用违约互换不同，篮子信用违约互换有定制化参考实体篮子。这类信用违约互换通常被用于结构性信用产品，以创造出合成担保债务，这类债务已经停止发行。

- 主权政府发行人；
- 市政债券发行人；
- 资产支持证券组别；
- 商业不动产抵押贷款支持证券组别。

指数信用违约互换的机制与单一名称信用违约互换稍有不同。和单一名称信用违约互换一样，它需要支付互换费。然而，如果发生信用事件，一旦支付了信用事件日期的应付金额，单一名称信用违约互换的互换费支付就将停止。相反，对于指数信用违约互换，信用保障买方将继续支付互换费。然而，季度互换费将减少。这是因为参考实体发生信用事件后，名义金额减少了。

对于指数信用违约互换，指数提供者每 6 个月创建一个新的指数系列。届时，将确定每个新系列的参考实体的具体构成和每个期限的新互换费水平。除了结构性交易中的组别，指数信用违约互换的互换费每个季度交易一次，交易时间为 3 月、6 月、9 月和 12 月的 20 日左右。伦敦公司 Markit Group Ltd. 负责管理接下来讨论的指数信用违约互换的指数。

以公司债券发行人、主权债券发行人和市政债券发行人为参考实体的指数信用违约互换

在北美，交易最活跃的两个以公司债券作为参考实体的指数信用违约互换（用 CDX 表示）为北美投资级指数（用 CDX. NA. IG 表示）和北美高收益率指数（用 CDX. NA. HY 表示）。CDX. NA. IG 有 125 个投资级参考实体；CDX. NA. HY 有 100 个非投资级公司参考实体。对于欧洲公司债券，交易最活跃的指数信用违约互换为 iTraxx Europe，它有 125 个公司参考实体。三个指数信用违约互换都对参考实体进行等权重加权。因此，对于 CDX. NA. IG 和 iTraxx Europe，每个参考实体占指数的 0.18%，而对于 CDX. NA. HY，每个参考实体占指数的 1%。

上述三个指数 CDX 的期限为 1～10 年，流动性最高的为 5 年期指数 CDX、10 年期指数 CDX 和 7 年期指数 CDX。至于构成信用事件的内容，它不同于北美指数和 iTraxx Europe 指数。对于北美指数，只有破产和未履行支付义务属于信用事件，尽管修正债务重组在北美市场上通常也是信用事件。对于 iTraxx Europe，破产、未履行支付义务和重新修正债务重组为信用事件。

三个指数信用违约互换均有子指数，这些子指数也在市场上交易。例如，北美投资级指数有 5 个行业子指数，根据它们制定 CDX（消费、能源、金融、工业和科技/媒体/电信）。

除了公司债券发行人的指数信用违约互换，还有杠杆贷款的指数信用违约互换（被称为 LCDX）。杠杆贷款的指数信用违约互换与 CDX. HY 等公司债券指数信用违约互换的区别是，杠杆贷款指数信用违约互换的参考实体是贷款组合（即参考发行人的任何/所有未清偿高级担保银行债务）。

还有以全球各地区的主权政府为参考实体的指数信用违约互换。这些指数信用违约互换用 SovX 表示，部分列举如下：

- iTraxx SovX Western Europe Index：欧元区的 15 个参考实体加上英国、丹麦、挪威和瑞典。
- iTraxx SovX CEEMEA Index：中东欧、中东和非洲国家的 15 个参考实体。
- iTraxx SovX Asia Pacific Index：亚洲和大洋洲地区的 10 个参考实体。

SovX 指数有 5 年期和 10 年期之分，标的货币为美元。

市场上存在一个以 50 个市政机构为参考实体的指数信用违约互换（用 MCDX 表示），这些市政机构发行从一般责任债券到收益债券的各种债券（不包括烟草债券和医疗债券）。这些债券必须为 BBB－级（标准普尔）、Baa3 级（穆迪）、BBB－级（惠誉）或以上且不属于负面观察对象。

以资产支持证券组别为参考实体的指数信用违约互换

正如第 10 章说明的，住房权益贷款是向信用历史有损或贷款人索偿权不具有对被抵押不动产的第一留置权的借款人发放的住房抵押贷款。这种贷款通常被称为次级抵押贷款。创造出来的资产支持证券被称为次级抵押贷款资产支持证券。以这些资产支持证券交易为参考实体的指数信用违约互换被称为 ABX. HE。该指数包括当时“前 20 位”发行人的 20 笔住房权益贷款交易。

我们曾经在第 13 章中讨论过非政府机构住房抵押贷款支持证券（RMBS），这种证券的每笔交易中都有不同组别，每个组别都有独立评级。通常，次贷交易的组别有如下五种评级：AAA 级、AA 级、A 级、BBB 级和 BBB－级。ABX. HE 有五个独立的子指数，表示五种信用评级，它们分别被称为 ABX. HE. AAA 级、ABX. HE. AA 级、ABX. HE. A 级、ABX. HE. BBB 级和 ABX. HE. BBB－级。每个子指数都由 ABX. HE 中的 20 笔资产支持证券交易的相应组别构成。因此，ABX. HE 子指数中的头寸相当于构成该指数的 20 个组别中每个组别的头寸。

除了信用事件的定义，ABX. HE 的机制也不同于前面介绍过的其他指数信用违约互换。我们介绍过的其他指数信用违约互换每季交换支付额。对于 ABX. HE，信用保障买方每月根据名义金额进行互换支付。由于组别分期偿付，名义金额将逐渐下降。发生信用事件时，信用保障卖方向信用保障买方进行支付，正如之前说明的，它是由于未足额支付利息、未足额偿还本金或坏账导致的。然而，和其他指数信用违约互换不同，根据 PAUG 模板，坏账或未足额支付利息等触发事件可能在之后的时期逆转。也就是说，保障买方可能必须在这种情况下向保障卖方退款。

以商业不动产抵押贷款支持证券组别为参考实体的指数信用违约互换

有些指数信用违约互换以商业不动产抵押贷款支持证券（CMBSs）交易为参考实体。这种指数信用违约互换被称为 CMBX，它由 25 笔商业不动产抵押贷款支持证券交易组成。和 ABX. HE 一样，它们有基于组别评级的子指数。PAUG 模板的使用方式和 ABX. HE 相同。

信用违约互换与指数信用违约互换的经济解释

为了评估如何用信用违约互换和指数信用违约互换控制下一节将讨论的投资组合信用风险，让我们从信用保障卖方和信用保障买方的角度来考察这些衍生产品的经济解释。

信用保障卖方

首先，考虑单一名称信用违约互换的信用保障卖方。在现货市场上，信用保障卖方的等价头寸是什么？为了举例说明，我们将假设参考标的为债券 ABC。如果某位投资者购买债券 ABC，那么这位投资者将有下列现金流：

现金支出等于债券 ABC 的价格，P_0。

半年现金流入等于债券 ABC 年息票利率的一半。

只要债券 ABC 不违约，就将获得半年期息票支付。

如果投资者在时间 T 卖出债券 ABC，就会出现等于债券 ABC 售价的现金流入 P_t。假设在时间 T 发生了不利事件，导致债券 ABC 的价格跌至投资者支付的买价以下（即 $P_t<P_0$）。那么，投资者将蒙受亏损，亏损金额等于 P_t-P_0。

让我们来看参考标的为债券 ABC 时的信用保障卖方的现金流。信用违约互换的这一方每季收到的支付金额等于信用违约互换价差。也就是说，现金流入等于季度互换支付额。然而，只有在债券 ABC 不触发信用事件时，才进行互换支付。因此，和购买债券 ABC 的投资者一样，只要没有阻止支付的不利信用事件（在应付现货债券的情况下违约和在信用违约互换情况下的信用事件），就存在定期现金流入。迄今为止，保障卖方头寸的现金流特征看上去类似于现货债券买方的现金流特征。

现在，让我们假设发生了信用事件。信用保障卖方必须向信用保障买方进行支付。这笔支付表示信用保障卖方的现金支出或损失。但是，假设在发生不利事件时，购买债券 ABC 的投资者发生了损失。这笔现金流的特征仍然类似于信用保障卖方和债券投资者的现金流特征。

因此，信用保障卖方的经济头寸类似于现货债券投资者（即持有债券的投资者）的头寸。这是合乎情理的，因为信用保障卖方和持有现货债券多头的投资者都是债券发行人信用风险的买方。

这两种头寸在融资上有重要差异，由于现在我们已经了解了衍生工具，因此这不足为奇。注意，购买债券多头需要投资者支付相当于债券买价的金额。相反，通过信用违约互换卖出信用保障获得相同的债券信用风险敞口不需要支出现金。由于这种做法没有进行融资，因此通过信用违约互换卖出该债券的信用保障获得的债券敞口是杠杆头寸。

我们介绍了单一名称信用违约互换中信用保障卖方的经济头寸，而同样的道理也适用于指数信用违约互换的信用保障卖方。在这种情况下，信用保障卖方持有标准化参考实体篮子的杠杆多头。

信用保障买方

如果信用违约互换中信用保障卖方的头寸类似于现货债券多头，那么信用违约互换中信用保障买方的头寸就自然类似于现货债券空头。让我们来看其中的原因，再次以参考标的为债券 ABC 的单一名称信用违约互换为例。

如果某位投资者卖空债券 ABC，那么这位投资者将有下列现金流：

等于债券 ABC 价格 P_0 的现金流；

等于债券 ABC 年息票利率一半的半年现金流出。

投资者每半年将进行一次息票支付，因为空头有责任向其借入债券的一方进行补偿，补偿金额等于息票支付额。只要债券 ABC 没有违约，就会发生这种支付。

如果投资者在时间 T 购买了债券 ABC 抛补空头，就会出现等于债券 ABC 售价 P_t 的现金流出。假设在时间 T，出现了导致债券 ABC 的价格跌至投资者卖空债券的价格之下（即 $P_t<P_0$）的不利事件。那么，投资者将实现收益，收益金额等于 P_0-P_t。

让我们来看参考标的为债券 ABC 时信用保障买方的现金流。信用违约互换的这一方每季支付等于信用违约互换价差的金额。也就是说，将产生等于季度互换支付额的现金流出。然而，只有在债券 ABC 不触发信用事件时才进行互换支付。因此，和卖空债券 ABC 的投资者一样，只要不出现阻止支付的不利信用事件（在卖空现货债券的情况下为违约，在信用违约互换的情况下为信用事件），就会有定期现金流出。信用保障买方头寸的这种现金流特征类似于现货债券空头卖方的现金流特征。

现在，让我们假设发生了信用事件。信用保障买方不必再对信用保障卖方进行支付。相反，如果发生信用事件，信用保障买方将获得一笔支付，这类似于发生不利事件时债券 ABC 空头卖方获得的收益。这种现金流的特征也类似于信用保障买方和卖空债券的投资者的现金流特征。

因此，信用保障买方的经济头寸类似于现货债券空头方的经济头寸。

使用信用违约互换控制信用风险

理解刚才介绍的信用违约互换的经济解释和前三章介绍的衍生工具的一般作用，将有助于我们理解投资组合经理如何同时使用单一名称信用违约互换和指数信用违约互换。前面曾经提到，衍生工具可以用于控制风险（对冲是消除风险的风险控制的特殊例子），并且是一种交易效率更高的工具。同样，也有可能通过在现货市场与信用违约互换市场之间进行相对价值交易提高收益率。

考虑以某家公司为参考实体的单一名称信用违约互换。与公司债券市场相比，信用违约互换市场的流动性使通过持有信用违约互换市场的头寸获得对参考实体的敞口比通过持有现货市场头寸获得对参考实体的敞口更容易。应该持有信用违约互换市场上的什么头寸获得对参考实体的敞口呢？正如上一节所说明的，投资组合经理将卖出信用保障（即作为信用违约互换中的信用保障卖方），因为这类似于多头。[①] 由于信用违约互换市场的流动性较高，因此在该市场上创造多头可能更容易。

希望持有公司债券杠杆头寸的投资组合经理可以用信用违约互换实现这一目的，因为信用保障卖方的经济头寸等于公司债券的杠杆头寸。当然，投资组合经理可以使用第 24 章说明的回购创造杠杆。然而，使用回购获得杠杆有缺点。首先，融资成本不是 LIBOR 之上的固定利差，因为贷款人要求的利差会变化。通过使用信用违约互换，投资组合经理可以获得

① 影响用市政债券信用违约互换替代现货市场头寸的主要因素是联邦所得税的税务处理。正如第 8 章所说明的，多数市政债券的利息免缴联邦所得税。而截至本书写作之时，信用保障卖方获得的互换利差仍不能免缴联邦所得税，尽管美国国税局尚未对信用违约互换的税务处理发表官方意见。显然，对于希望考虑出售信用保障替代持有债券的投资组合经理，这是一个缺点。例如，免税市政债券基金的投资组合经理此时不能卖出信用保障以替代购买现货债券。然而，有些市场参与者（例如对冲基金经理）不关心这种税务处理差异。相反，他们在使用市政债券信用违约互换有效持有信用头寸时有其他目标。

固定融资利率（即对 LIBOR 的利差固定）。第二，回购是一种短期融资安排，贷款人可以通过临时通知撤回资金。相比之下，信用违约互换提供了信用违约互换期限内的嵌入式永久融资特征。最后，回购中有贷款人规定的估值折扣或利润，而信用违约互换为 100%融资。显然，指数信用违约互换也有这些优点。

投资组合经理可以通过单一名称信用违约互换购买信用保障，将敞口抛给投资组合中持有的特定公司债券。一个合理问题是，为什么投资组合经理希望使用信用违约互换而不是在现货市场上卖出债券？对于某些流动性较低的公司债券，一个原因是，当投资组合经理担心公司债券发行人的信用时，现货市场上的条件可能使投资组合经理难以卖出现在持有的这种公司债券。

假设投资组合经理认为投资组合中不包括的某个发行人可能在未来遇到困难，并希望根据该预期持有头寸。当然，如果允许持有空头，投资组合经理将卖空该发行人的债券。然而，在国债市场以外的现货市场上卖空债券通常很困难。通过进行信用违约互换并作为信用保障买方可以获得相同头寸。同理，使用指数信用违约互换可以对整体部门进行相同操作。

我们之前在指数信用违约互换中介绍过，投资组合经理可以通过出售信用保障获得标准篮子参考实体的信用敞口；投资组合经理可以通过购买信用保障减少标准篮子参考实体的信用敞口。因此，调整指数信用违约互换头寸让投资组合经理可以改变对债券市场的信用敞口。

对于小型债券组合的投资组合经理，指数信用违约互换的这种用途尤为有价值。我们在前面关于债券组合管理的章节中强调过，相对于债券指数管理投资组合面临巨大异质性风险，因为典型指数中包含大量债券，所以不能购买广义债券指数中的所有债券。对于构成广义债券指数的某个债券部门的大量参考实体，获得其敞口的一种方式是通过指数信用违约互换。

应该指出，尽管信用违约互换的确为可以进行杠杆操作的投资组合经理提供了杠杆操作的机会，但如果本可用于购买参考实体的资金被作为现金而不是购买其他参考实体，就不需要产生杠杆。我们在讨论利率期货和互换时提出了相同观点。如果投资组合经理使用衍生工具进行杠杆操作，通过考察投资组合的关键风险指标就可以轻松看出这一点。在利率期货和利率互换的例子中，可以通过投资组合久期看出这一点。在信用违约互换的例子中，可以通过投资组合的利差久期看出这一点。

要　点

- 利率衍生工具可以用来控制与利率水平变动相关的利率风险。信用衍生工具可以用来控制信用风险。
- 迄今为止，最主要的一类信用衍生产品是信用违约互换，其中信用保障买方向信用保障卖方支付互换费，但是，只有在发生信用事件时，信用保障买方才能收到信用保障卖方支付的金额。
- 信用违约互换的支付取决于信用事件的触发。国际互换与衍生产品协会的互换交易文件定义了潜在信用事件。最具争议性的信用事件是债务重组。
- 以资产支持证券组别为参考实体的信用违约互换有特殊的信用事件定义（现购现付定义）。
- 在单一名称信用违约互换中，只有一个参考实体或参考标的，这些合约以公司债务发行人（债券或杠杆贷款）、主权债务发行人、资产支持证券组别和市政债券发行人为参考实体。

· 单一名称信用违约互换的价值可以通过（与平价资产互换市场的）资产互换利差和回购市场中的 LIBOR 的利差之差近似计算出来。在交易商设计的资产互换中，投资者向交易商出售固定利率信用风险债券并获得浮动利率支付。

· 信用违约互换估值模型可以用于计算参考实体的隐含违约概率。然而，计算出的概率取决于模型和估计输入值的有效性。

· 基于标准篮子参考实体的信用违约互换被称为指数信用违约互换；这类信用违约互换以公司债务发行人、主权政府发行人、市政债务发行人、资产支持证券组别和商业不动产抵押贷款支持证券组别为参考实体。

· 与合约在触发信用事件时中止的单一名称信用违约互换不同，对于指数信用违约互换，如果一个参考实体触发了信用事件，将继续进行互换支付。然而，由于触发信用事件时参考实体从指数中剔除而导致名义金额降低，因此互换支付将减少。

· 信用保障卖方的经济解释是，它类似于参考实体的杠杆头寸（在单一名称信用违约互换的情况下）或者标准参考实体篮子（在指数信用互换的情况下）。信用保障买方的头寸类似于参考实体的空头。

· 单一名称信用违约互换可以用于改变参考实体的信用风险敞口。通常，信用违约互换市场的流动性高于现货市场的流动性，因此在信用违约互换市场上更容易卖空。指数信用违约互换可以用于调整投资组合的信用敞口：通过作为信用保障卖方增加信用敞口，通过作为信用保障买方减少信用敞口。

问　题

1. 信用衍生产品与利率互换在控制风险上的作用有何区别？

2. 评估投资组合的信用风险时，为什么投资组合经理关心的不只是违约风险？

3. 请解释下列术语的含义：

a. 参考实体。

b. 参考标的。

4. “信用事件”的定义出自哪个权威来源？

5. 为什么说“债务重组”是最具争议性的信用事件？

6. 为什么信用违约互换具有期权型报酬？

7. 请评论下列说法：“债务重组属于信用违约互换，因此，参考标的的利率降低将会引发支付行为。这使信用保障卖方面临着巨大的风险。”

8. 其他所有因素保持不变，对于给定的参考实体和预定期限，请说明信用违约互换采取完全或旧式债务重组，还是修正债务重组的成本更高？

9. 资产支持证券信用违约互换的重点是担保品的现金支付能力而非破产。为什么？

10. a. 对于单一名称信用违约互换而言，实物交割和现金交割的区别是什么？

b. 在实物交割中，为什么会存在最便宜可交割债券？

11. 对于具有下列条款的单一名称信用违约互换，请指出季度互换费支付额。

互换费	名义金额	季度天数	季度互换费支付额
a. 600 个基点	$ 15 000 000	90	
b. 450 个基点	$ 8 000 000	91	
c. 720 个基点	$ 15 000 000	92	

12. 在国际互换与衍生产品协会的现购现付模板中，为什么信用保障买方可能向信用保障卖方支付互换费以外的费用？

13. 指数信用违约互换的现金流和单一名称信用违约互换的现金流有何不同？

14. 如何近似计算公司实体单一名称信用违约互换的信用违约互换利差？

15. a. 什么是资产互换？

b. 在为单一名称信用违约互换定价时，平价资产互换市场包含什么信息？

16. 下列文字摘自《MCDX 市政债券信用违约互换指数上涨》，《信用违约互换市场报告》，2010 年 7 月 1 日（http：//blog.creditlime. com/2010/07/01/municipal-cds-index-rising/）：

> 2010 年 4 月 20 日—2010 年 6 月 11 日，5 年期 MCDX 从 115 个基点增至 209 个基点，并在 11 天后接近翻倍，6 月 22 日收盘于 226.5 个基点。而在 2009 年 9 月 28 日—2010 年 4 月 20 日之间，该指数仅从 90 个基点增至 115 个基点。
>
> 即使在信用违约互换市场价格上体现得不明显，该指数上涨的原因也早已十分明显。气球型市政赤字和税收降低导致美国许多州出现财政问题。加利福尼亚州和马萨诸塞州都宣布开始试行（尽管迄今为止尚未形成定论）市政债券信用违约互换交易，而伊利诺伊州的信用违约互换已经达到了全美最高风险水平。

a. 5 年期 MCDX 是什么意思？

b. “气球型市政赤字与税收降低”与信用违约互换利差增加之间的联系是什么？

17. 你在一份流行商业期刊上看到了以下文字：

> 希腊的信用违约互换利差现在为 1 340个基点。这意味着在 5 年内希腊违约的概率为 68%。

a. “违约概率为 68%”是如何得出的？

b. 使用该概率估计违约必须做出什么假设？

18. a. 请说明希望卖空参考实体的投资组合经理如何使用单一名称信用违约互换。

b. 请说明难以在现货市场上购买特定公司债券的投资组合经理如何使用单一名称信用违约互换。

19. 投资组合经理如何使用指数信用违约互换？

20. 客户如何确定投资组合经理使用信用违约互换进行杠杆操作是否会增加投资组合相对于债券指数的风险？

译后记

债券市场是发行和交易债券的场所，它是金融市场的重要组成部分。债券市场在为投资者和筹资者提供投融资工具的同时，所形成的债券收益率曲线还是其他金融商品收益水平的参考基准。近年来，国际债券市场上不断涌现出各类创新型债券工具，尤其是为迎合广大机构投资者特定投资需求而出现的债券衍生工具，这为投资者提供了更丰富的投资选择，同时也为债券市场的研究和监管提出了新的课题。

我国于 1981 年恢复发行国债，此后，我国的债券市场经历了不断的探索和发展，为货币政策的有效实施和金融体系的稳健运行做出了积极贡献。然而，我国的债券市场仍有相当大的发展空间，无论从总体规模还是债券品种上看，和国外成熟的债券市场相比都有一定差距。本书在详细阐述债券市场基本理论的基础上，主要以美国债券市场为例进行了分析介绍。作为世界上最大的债券市场，美国债券市场上的可流通债券品种丰富、交易制度发展成熟、金融创新活跃。因此，本书所介绍的内容将为希望全面而深入地了解债券市场及其前沿发展的读者提供非常有价值的参考。

本书的作者弗兰克·法博齐（Frank J. Fabozzi）博士是耶鲁大学管理学院实务金融系教授。他著作颇丰，专长的研究领域是固定收益证券和投资组合管理，并与 Andrew J. Kalotay 和 George O. Williams 共同提出了用于利率衍生产品定价的 Kalotay-Williams-Fabozzi 模型。法博齐曾撰写过多本有关固定收益证券的教材，本书即是其中广受欢迎的一本。本书首先对债券及债券市场进行了概述，重点介绍了各种债券定价方法和债券收益率的衡量方法。其次，作者逐一介绍了美国债券市场的各个重要组成部分，包括国债市场、政府机构债券市场 、市政债券市场、公司债券市场、资产支持证券市场和抵押贷款支持证券市场等。最后，本书阐述了债券的信用风险及其分析方法，讨论了如何利用不同的债券投资策略实现债券组合管理的目标以及如何衡量和评价债券组合管理者的投资业绩。本书还结合近年来债券市场上出现的金融创新趋势，介绍了各种与固定收益证券市场相关的新型衍生工具，例如利率期货、利率期权、利率互换、信用违约互换等。在最新修订的这一版中，作者根据固定收益证券市场的发展增加了一些新内容，例如集合投资工具、公司债券信用价差的衡量、债券基准指数的选择以及智能 beta 策略等，并辅以更丰富的案例说明债券信用分析等复杂而实务性较强的问题。

作为一本兼具理论性和实用性的专著，本书可以满足不同读者的需要。在展开对债券市场的详细分析之前，本书为读者梳理了债券市场方面的基本概念和理论等必要预备知识，即使对于以前没有深入研究过债券市场的读者而言，也能够轻松入门。在介绍具体债券市场产品和定价分析技术时，本书充分体现出了贴合实际的特点，详细介绍了各类债券，包括许多与衍生产品结合的新型债券的定价方法、收益率计算等内容，并给出了大量实例，方便读者理解应用。同时，本书也注重与相关前沿理论的结合，重点介绍了信用风险模型等最新分析技术的发展，并将其与投资组合管理有机结合。投资组合管理者可以从本书了解到更加丰富深入的债券组合管理策略，从而能够作出恰当的投资决策。

最后，在本书译稿完成之际，感谢本书的出版单位中国人民大学出版社和读者们，以及在翻译过程中给予本人热情支持和帮助的家人和朋友。愿本书能为各位读者打开了解债券市场的一个窗口，并衷心欢迎各位读者对译文中存在的问题提出指正。

路蒙佳

2016 年 1 月

经济科学译丛						
序号	书名	作者	Author	单价	出版年份	ISBN
1	经济学中的数学	卡尔·P. 西蒙	Carl P. Simon	118.00	2018	978-7-300-26292-5
2	劳动经济学(第七版)	乔治·J. 鲍哈斯	George J. Borjas	75.00	2018	978-7-300-25226-1
3	组织经济学:经济学分析方法在组织管理上的应用(第五版)	塞特斯·杜玛等	Sytse Douma	62.00	2018	978-7-300-25545-3
4	经济理论的回顾(第五版)	马克·布劳格	Mark Blaug	88.00	2018	978-7-300-26252-9
5	实地实验:设计、分析与解释	艾伦·伯格等	Alan S. Gerber	69.80	2018	978-7-300-26319-9
6	金融学(第二版)	兹维·博迪等	Zvi Bodie	75.00	2018	978-7-300-26134-8
7	空间数据分析:模型、方法与技术	曼弗雷德·M. 费希尔等	Manfred M. Fischer	36.00	2018	978-7-300-25304-6
8	《宏观经济学》(第十二版)学习指导书	鲁迪格·多恩布什等	Rudiger Dornbusch	38.00	2018	978-7-300-26063-1
9	宏观经济学(第四版)	保罗·克鲁格曼等	Paul Krugman	68.00	2018	978-7-300-26068-6
10	计量经济学导论:现代观点(第六版)	杰弗里·M. 伍德里奇	Jeffrey M. Wooldridge	109.00	2018	978-7-300-25914-7
11	经济思想史:伦敦经济学院讲演录	莱昂内尔·罗宾斯	Lionel Robbins	59.80	2018	978-7-300-25258-2
12	空间计量经济学入门——在R中的应用	朱塞佩·阿尔比亚	Giuseppe Arbia	45.00	2018	978-7-300-25458-6
13	克鲁格曼经济学原理(第四版)	保罗·克鲁格曼等	Paul Krugman	88.00	2018	978-7-300-25639-9
14	发展经济学(第七版)	德怀特·H.波金斯等	Dwight H. Perkins	98.00	2018	978-7-300-25506-4
15	线性与非线性规划(第四版)	戴维·G.卢恩伯格等	David G. Luenberger	79.80	2018	978-7-300-25391-6
16	产业组织理论	让·梯若尔	Jean Tirole	110.00	2018	978-7-300-25170-7
17	经济学精要(第六版)	巴德、帕金	Bade, Parkin	89.00	2018	978-7-300-24749-6
18	空间计量经济学——空间数据的分位数回归	丹尼尔·P. 麦克米伦	Daniel P. McMillen	30.00	2018	978-7-300-23949-1
19	高级宏观经济学基础(第二版)	本·J. 海德拉	Ben J. Heijdra	88.00	2018	978-7-300-25147-9
20	税收经济学(第二版)	伯纳德·萨拉尼耶	Bernard Salanié	42.00	2018	978-7-300-23866-1
21	国际宏观经济学(第三版)	罗伯特·C. 芬斯特拉	Robert C. Feenstra	79.00	2017	978-7-300-25326-8
22	公司治理(第五版)	罗伯特·A.G. 蒙克斯	Robert A.G. Monks	69.80	2017	978-7-300-24972-8
23	国际经济学(第15版)	罗伯特·J. 凯伯	Robert J. Carbaugh	78.00	2017	978-7-300-24844-8
24	经济理论和方法史(第五版)	小罗伯特·B. 埃克伦德等	Robert B. Ekelund. Jr.	88.00	2017	978-7-300-22497-8
25	经济地理学	威廉·P. 安德森	William P. Anderson	59.80	2017	978-7-300-24544-7
26	博弈与信息:博弈论概论(第四版)	艾里克·拉斯穆森	Eric Rasmusen	79.80	2017	978-7-300-24546-1
27	MBA宏观经济学	莫里斯·A. 戴维斯	Morris A. Davis	38.00	2017	978-7-300-24268-2
28	经济学基础(第十六版)	弗兰克·V. 马斯切纳	Frank V. Mastrianna	42.00	2017	978-7-300-22607-1
29	高级微观经济学:选择与竞争性市场	戴维·M. 克雷普斯	David M. Kreps	79.80	2017	978-7-300-23674-2
30	博弈论与机制设计	Y. 内拉哈里	Y. Narahari	69.80	2017	978-7-300-24209-5
31	宏观经济学精要:理解新闻中的经济学(第三版)	彼得·肯尼迪	Peter Kennedy	45.00	2017	978-7-300-21617-1
32	宏观经济学(第十二版)	鲁迪格·多恩布什等	Rudiger Dornbusch	69.00	2017	978-7-300-23772-5
33	国际金融与开放宏观经济学:理论、历史与政策	亨德里克·范登伯格	Hendrik Van den Berg	68.00	2016	978-7-300-23380-2
34	经济学(微观部分)	达龙·阿西莫格鲁等	Daron Acemoglu	59.00	2016	978-7-300-21786-4
35	经济学(宏观部分)	达龙·阿西莫格鲁等	Daron Acemoglu	45.00	2016	978-7-300-21886-1
36	发展经济学	热若尔·罗兰	Gérard Roland	79.00	2016	978-7-300-23379-6
37	中级微观经济学——直觉思维与数理方法(上下册)	托马斯·J·内契巴	Thomas J. Nechyba	128.00	2016	978-7-300-22363-6
38	环境与自然资源经济学(第十版)	汤姆·蒂坦伯格等	Tom Tietenberg	72.00	2016	978-7-300-22900-3
39	劳动经济学基础(第二版)	托马斯·海克拉克等	Thomas Hyclak	65.00	2016	978-7-300-23146-4
40	货币金融学(第十一版)	弗雷德里克·S·米什金	Frederic S. Mishkin	85.00	2016	978-7-300-23001-6
41	动态优化——经济学和管理学中的变分法和最优控制(第二版)	莫顿·I·凯曼等	Morton I. Kamien	48.00	2016	978-7-300-23167-9
42	用Excel学习中级微观经济学	温贝托·巴雷托	Humberto Barreto	65.00	2016	978-7-300-21628-7
43	宏观经济学(第九版)	N·格里高利·曼昆	N. Gregory Mankiw	79.00	2016	978-7-300-23038-2
44	国际经济学:理论与政策(第十版)	保罗·R·克鲁格曼等	Paul R. Krugman	89.00	2016	978-7-300-22710-8
45	国际金融(第十版)	保罗·R·克鲁格曼等	Paul R. Krugman	55.00	2016	978-7-300-22089-5
46	国际贸易(第十版)	保罗·R·克鲁格曼等	Paul R. Krugman	49.00	2016	978-7-300-22088-8
47	经济学精要(第3版)	斯坦利·L·布鲁伊等	Stanley L. Brue	58.00	2016	978-7-300-22301-8
48	经济分析史(第七版)	英格里德·H·里马	Ingrid H. Rima	72.00	2016	978-7-300-22294-3
49	投资学精要(第九版)	兹维·博迪等	Zvi Bodie	108.00	2016	978-7-300-22236-3
50	环境经济学(第二版)	查尔斯·D·科尔斯塔德	Charles D. Kolstad	68.00	2016	978-7-300-22255-4
51	MWG《微观经济理论》习题解答	原千晶等	Chiaki Hara	75.00	2016	978-7-300-22306-3
52	现代战略分析(第七版)	罗伯特·M·格兰特	Robert M. Grant	68.00	2016	978-7-300-17123-4
53	横截面与面板数据的计量经济分析(第二版)	杰弗里·M·伍德里奇	Jeffrey M. Wooldridge	128.00	2016	978-7-300-21938-7
54	宏观经济学(第十二版)	罗伯特·J·戈登	Robert J. Gordon	75.00	2016	978-7-300-21978-3

经济科学译丛						
序号	书名	作者	Author	单价	出版年份	ISBN
55	动态最优化基础	蒋中一	Alpha C. Chiang	42.00	2015	978-7-300-22068-0
56	城市经济学	布伦丹·奥弗莱厄蒂	Brendan O'Flaherty	69.80	2015	978-7-300-22067-3
57	管理经济学:理论、应用与案例(第八版)	布鲁斯·艾伦等	Bruce Allen	79.80	2015	978-7-300-21991-2
58	经济政策:理论与实践	阿格尼丝·贝纳西-奎里等	Agnès Bénassy-Quéré	79.80	2015	978-7-300-21921-9
59	微观经济分析(第三版)	哈尔·R·范里安	Hal R. Varian	68.00	2015	978-7-300-21536-5
60	财政学(第十版)	哈维·S·罗森等	Harvey S. Rosen	68.00	2015	978-7-300-21754-3
61	经济数学(第三版)	迈克尔·霍伊等	Michael Hoy	108.00	2015	978-7-300-21674-4
62	发展经济学(第九版)	A. P. 瑟尔沃	A. P. Thirlwall	69.80	2015	978-7-300-21193-0
63	宏观经济学(第五版)	斯蒂芬·D·威廉森	Stephen D. Williamson	69.00	2015	978-7-300-21169-5
64	资源经济学(第三版)	约翰·C·伯格斯特罗姆等	John C. Bergstrom	58.00	2015	978-7-300-20742-1
65	应用中级宏观经济学	凯文·D·胡佛	Kevin D. Hoover	78.00	2015	978-7-300-21000-1
66	计量经济学导论:现代观点(第五版)	杰弗里·M·伍德里奇	Jeffrey M. Wooldridge	99.00	2015	978-7-300-20815-2
67	现代时间序列分析导论(第二版)	约根·沃特斯等	Jürgen Wolters	39.80	2015	978-7-300-20625-7
68	空间计量经济学——从横截面数据到空间面板	J·保罗·埃尔霍斯特	J. Paul Elhorst	32.00	2015	978-7-300-21024-7
69	国际经济学原理	肯尼思·A·赖纳特	Kenneth A. Reinert	58.00	2015	978-7-300-20830-5
70	经济写作(第二版)	迪尔德丽·N·麦克洛斯基	Deirdre N. McCloskey	39.80	2015	978-7-300-20914-2
71	计量经济学方法与应用(第五版)	巴蒂·H·巴尔塔基	Badi H. Baltagi	58.00	2015	978-7-300-20584-7
72	战略经济学(第五版)	戴维·贝赞可等	David Besanko	78.00	2015	978-7-300-20679-0
73	博弈论导论	史蒂文·泰迪里斯	Steven Tadelis	58.00	2015	978-7-300-19993-1
74	社会问题经济学(第二十版)	安塞尔·M·夏普等	Ansel M.Sharp	49.00	2015	978-7-300-20279-2
75	博弈论:矛盾冲突分析	罗杰·B·迈尔森	Roger B. Myerson	58.00	2015	978-7-300-20212-9
76	时间序列分析	詹姆斯·D·汉密尔顿	James D. Hamilton	138.00	2015	978-7-300-20213-6
77	经济问题与政策(第五版)	杰奎琳·默里·布鲁克斯	Jacqueline Murray Brux	58.00	2014	978-7-300-17799-1
78	微观经济理论	安德鲁·马斯-克莱尔等	Andreu Mas-Collel	148.00	2014	978-7-300-19986-3
79	产业组织:理论与实践(第四版)	唐·E·瓦尔德曼等	Don E. Waldman	75.00	2014	978-7-300-19722-7
80	公司金融理论	让·梯若尔	Jean Tirole	128.00	2014	978-7-300-20178-8
81	经济学精要(第三版)	R·格伦·哈伯德等	R. Glenn Hubbard	85.00	2014	978-7-300-19362-5
82	公共部门经济学	理查德·W·特里西	Richard W. Tresch	49.00	2014	978-7-300-18442-5
83	计量经济学原理(第六版)	彼得·肯尼迪	Peter Kennedy	69.80	2014	978-7-300-19342-7
84	统计学:在经济中的应用	玛格丽特·刘易斯	Margaret Lewis	45.00	2014	978-7-300-19082-2
85	产业组织:现代理论与实践(第四版)	林恩·佩波尔等	Lynne Pepall	88.00	2014	978-7-300-19166-9
86	计量经济学导论(第三版)	詹姆斯·H·斯托克等	James H. Stock	69.00	2014	978-7-300-18467-8
87	发展经济学导论(第四版)	秋山裕	秋山裕	39.80	2014	978-7-300-19127-0
88	中级微观经济学(第六版)	杰弗里·M·佩罗夫	Jeffrey M. Perloff	89.00	2014	978-7-300-18441-8
89	平狄克《微观经济学》(第八版)学习指导	乔纳森·汉密尔顿等	Jonathan Hamilton	32.00	2014	978-7-300-18970-3
90	微观经济学(第八版)	罗伯特·S·平狄克等	Robert S.Pindyck	79.00	2013	978-7-300-17133-3
91	微观银行经济学(第二版)	哈维尔·弗雷克斯等	Xavier Freixas	48.00	2014	978-7-300-18940-6
92	施米托夫论出口贸易——国际贸易法律与实务(第11版)	克利夫·M·施米托夫等	Clive M. Schmitthoff	168.00	2014	978-7-300-18425-8
93	微观经济学思维	玛莎·L·奥尔尼	Martha L. Olney	29.80	2013	978-7-300-17280-4
94	宏观经济学思维	玛莎·L·奥尔尼	Martha L. Olney	39.80	2013	978-7-300-17279-8
95	计量经济学原理与实践	达摩达尔·N·古扎拉蒂	Damodar N.Gujarati	49.80	2013	978-7-300-18169-1
96	现代战略分析案例集	罗伯特·M·格兰特	Robert M. Grant	48.00	2013	978-7-300-16038-2
97	高级国际贸易:理论与实证	罗伯特·C·芬斯特拉	Robert C. Feenstra	59.00	2013	978-7-300-17157-9
98	经济学简史——处理沉闷科学的巧妙方法(第二版)	E·雷·坎特伯里	E. Ray Canterbery	58.00	2013	978-7-300-17571-3
99	管理经济学(第四版)	方博亮等	Ivan Png	80.00	2013	978-7-300-17000-8
100	微观经济学原理(第五版)	巴德、帕金	Bade, Parkin	65.00	2013	978-7-300-16930-9
101	宏观经济学原理(第五版)	巴德、帕金	Bade, Parkin	63.00	2013	978-7-300-16929-3
102	环境经济学	彼得·伯克等	Peter Berck	55.00	2013	978-7-300-16538-7
103	高级微观经济理论	杰弗里·杰里	Geoffrey A. Jehle	69.00	2012	978-7-300-16613-1
104	高级宏观经济学导论:增长与经济周期(第二版)	彼得·伯奇·索伦森等	Peter Birch Sørensen	95.00	2012	978-7-300-15871-6
105	宏观经济学:政策与实践	弗雷德里克·S·米什金	Frederic S. Mishkin	69.00	2012	978-7-300-16443-4
106	宏观经济学(第二版)	保罗·克鲁格曼	Paul Krugman	45.00	2012	978-7-300-15029-1
107	微观经济学(第二版)	保罗·克鲁格曼	Paul Krugman	69.80	2012	978-7-300-14835-9

经济科学译丛						
序号	书名	作者	Author	单价	出版年份	ISBN
108	克鲁格曼《微观经济学(第二版)》学习手册	伊丽莎白·索耶·凯利	Elizabeth Sawyer Kelly	58.00	2013	978-7-300-17002-2
109	克鲁格曼《宏观经济学(第二版)》学习手册	伊丽莎白·索耶·凯利	Elizabeth Sawyer Kelly	36.00	2013	978-7-300-17024-4
110	微观经济学(第十一版)	埃德温·曼斯费尔德	Edwin Mansfield	88.00	2012	978-7-300-15050-5
111	卫生经济学(第六版)	舍曼·富兰德等	Sherman Folland	79.00	2011	978-7-300-14645-4
112	宏观经济学(第七版)	安德鲁·B·亚伯等	Andrew B. Abel	78.00	2011	978-7-300-14223-4
113	现代劳动经济学:理论与公共政策(第十版)	罗纳德·G·伊兰伯格等	Ronald G. Ehrenberg	69.00	2011	978-7-300-14482-5
114	宏观经济学:理论与政策(第九版)	理查德·T·弗罗恩	Richard T. Froyen	55.00	2011	978-7-300-14108-4
115	经济学原理(第四版)	威廉·博伊斯等	William Boyes	59.00	2011	978-7-300-13518-2
116	计量经济学基础(第五版)(上下册)	达摩达尔·N·古扎拉蒂	Damodar N.Gujarati	99.00	2011	978-7-300-13693-6
117	《计量经济学基础》(第五版)学生习题解答手册	达摩达尔·N·古扎拉蒂等	Damodar N. Gujarati	23.00	2012	978-7-300-15080-8
118	计量经济分析(第六版)(上下册)	威廉·H·格林	William H.Greene	128.00	2011	978-7-300-12779-8
119	国际贸易	罗伯特·C·芬斯特拉等	Robert C.Feenstra	49.00	2011	978-7-300-13704-9
120	经济增长(第二版)	戴维·N·韦尔	David N.Weil	63.00	2011	978-7-300-12778-1
121	投资科学	戴维·G·卢恩伯格	David G. Luenberger	58.00	2011	978-7-300-14747-5
122	博弈论	朱·弗登博格等	Drew Fudenberg	68.00	2010	978-7-300-11785-0

金融学译丛						
序号	书名	作者	Author	单价	出版年份	ISBN
1	金融学原理(第八版)	阿瑟·J. 基翁等	Arthur J. Keown	79.00	2018	978-7-300-25638-2
2	财务管理基础(第七版)	劳伦斯·J. 吉特曼等	Lawrence J. Gitman	89.00	2018	978-7-300-25339-8
3	利率互换及其他衍生品	霍华德·科伯	Howard Corb	69.00	2018	978-7-300-25294-0
4	固定收益证券手册(第八版)	弗兰克·J. 法博齐	Frank J. Fabozzi	228.00	2017	978-7-300-24227-9
5	金融市场与金融机构(第8版)	弗雷德里克·S. 米什金等	Frederic S. Mishkin	86.00	2017	978-7-300-24731-1
6	兼并、收购和公司重组(第六版)	帕特里克·A. 高根	Patrick A. Gaughan	89.00	2017	978-7-300-24231-6
7	债券市场:分析与策略(第九版)	弗兰克·J·法博齐	Frank J. Fabozzi	98.00	2016	978-7-300-23495-3
8	财务报表分析(第四版)	马丁·弗里德森	Martin Fridson	46.00	2016	978-7-300-23037-5
9	国际金融学	约瑟夫·P·丹尼尔斯等	Joseph P. Daniels	65.00	2016	978-7-300-23037-1
10	国际金融	阿德里安·巴克利	Adrian Buckley	88.00	2016	978-7-300-22668-2
11	个人理财(第六版)	阿瑟·J·基翁	Arthur J. Keown	85.00	2016	978-7-300-22711-5
12	投资学基础(第三版)	戈登·J·亚历山大等	Gordon J. Alexander	79.00	2015	978-7-300-20274-7
13	金融风险管理(第二版)	彼德·F·克里斯托弗森	Peter F. Christoffersen	46.00	2015	978-7-300-21210-4
14	风险管理与保险管理(第十二版)	乔治·E·瑞达等	George E. Rejda	95.00	2015	978-7-300-21486-3
15	个人理财(第五版)	杰夫·马杜拉	Jeff Madura	69.00	2015	978-7-300-20583-0
16	企业价值评估	罗伯特·A·G·蒙克斯等	Robert A. G. Monks	58.00	2015	978-7-300-20582-3
17	基于Excel的金融学原理(第二版)	西蒙·本尼卡	Simon Benninga	79.00	2014	978-7-300-18899-7
18	金融工程学原理(第二版)	萨利赫·N·内夫特奇	Salih N. Neftci	88.00	2014	978-7-300-19348-9
19	投资学导论(第十版)	赫伯特·B·梅奥	Herbert B. Mayo	69.00	2014	978-7-300-18971-0
20	国际金融市场导论(第六版)	斯蒂芬·瓦尔德斯等	Stephen Valdez	59.80	2014	978-7-300-18896-6
21	金融数学:金融工程引论(第二版)	马雷克·凯宾斯基等	Marek Capinski	42.00	2014	978-7-300-17650-5
22	财务管理(第二版)	雷蒙德·布鲁克斯	Raymond Brooks	69.00	2014	978-7-300-19085-3
23	期货与期权市场导论(第七版)	约翰·C·赫尔	John C. Hull	69.00	2014	978-7-300-18994-2
24	国际金融:理论与实务	皮特·塞尔居	Piet Sercu	88.00	2014	978-7-300-18413-5
25	货币、银行和金融体系	R·格伦·哈伯德等	R.Glenn Hubbard	75.00	2013	978-7-300-17856-1
26	并购创造价值(第二版)	萨德·苏达斯纳	Sudi Sudarsanam	89.00	2013	978-7-300-17473-0
27	个人理财——理财技能培养方法(第三版)	杰克·R·卡普尔等	Jack R. Kapoor	66.00	2013	978-7-300-16687-2
28	国际财务管理	吉尔特·贝克特	Geert Bekaert	95.00	2012	978-7-300-16031-3
29	应用公司财务(第三版)	阿斯沃思·达摩达兰	Aswath Damodaran	88.00	2012	978-7-300-16034-4
30	资本市场:机构与工具(第四版)	弗兰克·J·法博齐	Frank J.Fabozzi	85.00	2011	978-7-300-13828-2
31	衍生品市场(第二版)	罗伯特·L·麦克唐纳	Robert L. McDonald	98.00	2011	978-7-300-13130-6
32	跨国金融原理(第三版)	迈克尔·H·莫菲特等	Michael H. Moffett	78.00	2011	978-7-300-12781-1
33	统计与金融	戴维·鲁珀特	David Ruppert	48.00	2010	978-7-300-11547-4
34	国际投资(第六版)	布鲁诺·索尔尼克等	Bruno Solnik	62.00	2010	978-7-300-11289-3

图书在版编目(CIP)数据

债券市场：分析与策略：第九版 /（美）弗兰克·J·法博齐著；路蒙佳译 .--北京：中国人民大学出版社，2016.11
（金融学译丛）
ISBN 978-7-300-23495-3

Ⅰ.①债… Ⅱ.①弗… ②路… Ⅲ.①债券市场-研究 Ⅳ.①F830.91

中国版本图书馆 CIP 数据核字（2016）第 243409 号

金融学译丛
债券市场：分析与策略（第九版）
弗兰克·J·法博齐 著
路蒙佳 译
Zhaiquan Shichang：Fenxi yu Celüe

出版发行	中国人民大学出版社		
社　　址	北京中关村大街 31 号	**邮政编码**	100080
电　　话	010－62511242（总编室）		010－62511770（质管部）
	010－82501766（邮购部）		010－62514148（门市部）
	010－62511173（发行公司）		010－62515275（盗版举报）
网　　址	http://www.crup.com.cn		
经　　销	新华书店		
印　　刷	涿州市星河印刷有限公司		
开　　本	787 mm×1092 mm　1/16	**版　　次**	2016 年 11 月第 1 版
印　　张	46.5　插页 1	**印　　次**	2025 年 6 月第 7 次印刷
字　　数	1 212 000	**定　　价**	138.00 元